Der Minderheitenschutz im deutschen Verfassungsrecht

SCHRIFTEN ZUM STAATS- UND VÖLKERRECHT

Herausgegeben von Prof. Dr. Dieter Blumenwitz

Band 92

Peter Lang
Frankfurt am Main · Berlin · Bern · Bruxelles · New York · Oxford · Wien

Markus Pallek

Der Minderheitenschutz im deutschen Verfassungsrecht

Eine analytische Untersuchung
des Begriffs sowie der bundes- und
landesverfassungsrechtlichen Stellung
der ethnischen, nationalen, sprachlichen,
kulturellen und religiösen Minderheiten
in der Bundesrepublik Deutschland
vor dem Hintergrund der völker- und
europarechtlichen Rahmenbedingungen

Peter Lang
Europäischer Verlag der Wissenschaften

Die Deutsche Bibliothek - CIP-Einheitsaufnahme

Pallek, Markus:

Der Minderheitenschutz im deutschen Verfassungsrecht : eine analytische Untersuchung des Begriffs sowie der bundes- und landesverfassungsrechtlichen Stellung der ethnischen, nationalen, sprachlichen, kulturellen und religiösen Minderheiten in der Bundesrepublik Deutschland vor dem Hintergrund der völker- und europarechtlichen Rahmenbedingungen / Markus Pallek. - Frankfurt am Main ; Berlin ; Bern ; Bruxelles ; New York ; Oxford ; Wien : Lang, 2001
(Schriften zum Staats- und Völkerrecht ; Bd. 92)
Zugl.: Würzburg, Univ., Diss., 2001
ISBN 3-631-38657-5

D 20
ISSN 0172-7796
ISBN 3-631-38657-5

www.peterlang.de

Meinen Eltern Walli und Walter Pallek

Vorwort

Die vorliegende Arbeit wurde im Sommersemester 2001 von der Juristischen Fakultät der Bayerischen Julius-Maximilians-Universität Würzburg als Dissertation angenommen. Der Gedanke hierzu entstand allerdings bereits im Würzburger Sommer des Jahres 1995 im Rahmen eines Seminars. Zwischen Beginn und Vollendung dieser Arbeit liegen ereignisreiche Jahre mit Aufenthalten in Berlin, New York, Bangkok, Luxemburg und Paris. Vielen wundervollen Menschen, denen ich in diesen Jahren begegnen durfte oder die mich begleiteten, bin ich für ihre Unterstützung auf diesem Weg sehr dankbar.

In erster Linie danke ich meinem charismatischen Doktorvater Professor Dr. Dieter Blumenwitz. In meinem dritten Semester hielten mich seine Völkerrechtsvorlesungen zunächst von einem Studienabbruch ab. Nach meinem Abschluß regte er diese Untersuchung an und begleitete sie mit viel Geduld, freundlicher und konstruktiver Kritik und großem Verständnis für die Freiheiten, die ich zu ihrer Erstellung benötigte.

Zu großem Dank bin ich auch meinem Freund Herrn Professor Dr. Hans Rechenberg verpflichtet, der diese Arbeit ebenfalls von Anfang bis Ende mit seinem Rat und seiner Erfahrung begleitete. Seine mahnenden Worte "Wo wollen sie denn jetzt schon wieder hin ? Schreiben sie doch endlich ihre Arbeit fertig." hörte ich so manches Mal.

Herrn Professor Dr. Burkhard Schöbener danke ich ganz herzlich für die schnelle Erstellung des Zweitgutachtens, was beim Umfang dieser Arbeit alles andere als eine Selbstverständlichkeit war. Herrn Professor Dr. Dr. Eric Hilgendorf und Herrn Professor Dr. Dr. Hugo J. Hahn, LL.M. (Harvard) danke ich für die angenehme Atmosphäre in meinem Rigorosum. Besonderer Dank gebührt der einzigartigen Frau Ruth Rupp, ohne deren Unterstützung ich insbesondere in der Endphase des Promotionsverfahrens völlig verloren gewesen wäre. Bedanken möchte ich mich weiterhin für die Aufnahme dieser Arbeit in die "Schriften zum Staats- und Völkerrecht" und den großzügigen Druckkostenzuschuß des Europäischen Rechtszentrums der Universität Würzburg.

Während meiner Assistentenzeit an der Humboldt Universität zu Berlin hatte ich das große Glück, für Herrn Professor Dr. Ingolf Pernice arbeiten und von ihm lernen zu dürfen. Auch bei ihm und bei meinen Berliner Freunden und Kollegen möchte ich mich an dieser Stelle vielmals bedanken.

Viele hilfreiche Anregungen zu diese Arbeit hat Professor Benedict Kingsbury von der New York University beigesteuert, in dessen Seminar ich einige Thesen zur Diskussion stellen konnte.

Die Arbeit profitierte immens von der freundlichen Unterstützung vieler Forschungseinrichtungen und Behörden, die mir die schwierige Materialsammlung sehr erleichterten. Herzlicher Dank hierfür gebührt dem European Center for Minority Issues in Flensburg, dem Dänischen Schulverein Südschleswig, dem Südschleswigschen Wählerverband (SSW), der Staatskanzlei des Landes Schleswig-Holstein, dem Nordfriisk Instituut, dem Niedersächsischen Justizministerium und dem Niedersächsischen Landtag, der Sächsischen Staatskanzlei, dem Sächsischen Staatsministerium für Wissenschaft und Kunst und dem Sächsischen Landtag, dem Ministerium der Justiz des Landes Brandenburg und dem Landtag Brandenburg, dem Thüringer Justizministerium und dem Thüringer Landtag, dem Ministerium für Justiz und Angelegenheiten der Europäischen Union des Landes Mecklenburg-Vorpommern und dem Landtag Mecklenburg-Vorpommern, dem Ministerium der Justiz des Landes Sachsen-Anhalt und dem Landtag von Sachsen-Anhalt.

Trotz all dieser Unterstützung wäre diese Arbeit ohne den Rückhalt, den ich während dieser Zeit von meiner Familie, meinen Freunden und Kollegen bekam, nicht möglich gewesen.

Mein ganz besonderer Dank gilt meiner Freundin Suna, die mich bedingungslos unterstützt hat und immer mitgekommen ist. Was wäre ich ohne sie.

Gewidmet ist diese Arbeit meinen lieben Eltern Walli und Walter Pallek, die immer an mich glaubten und mir halfen, so viele Träume zu verwirklichen. Ihnen verdanke ich alles.

Berlin, im Juli 2001

Markus Pallek

Inhaltsverzeichnis

Einleitung

> *„Es ist nicht Zeit, ein Wort freudiger Hoffnung auszusprechen. Sei es drum ein Wort der Warnung: Gelingt es nicht, das Verhältnis zwischen den mehrheitlich bestimmten Staaten und ihren nationalen Minderheiten zu befrieden, dann ist der Leidenskelch, den Europa, den die Welt so manches bittere Mal ansetzte, noch nicht geleert. Dann werden die Staaten darauf warten können, daß die Bataillone der Unerlösten eines Tages versuchen, die Minderheitenfrage mit stärkeren Mitteln zu lösen.“*
>
> *(Georg H.J. Erler, 1931)*

Es ist bedrückend, feststellen zu müssen, daß *Georg Erlers* Schlußworte in seiner Studie „*Das Recht der nationalen Minderheiten*“[1] aus dem Jahr 1931 an der Schwelle des 21. Jahrhunderts nichts von ihrer Aktualität verloren haben. *Erlers* Studie ist eines der minderheitenrechtlichen Standardwerke der Zeit zwischen den Weltkriegen, in der bislang auch die größten Anstrengungen erfolgten - sowohl völkerrechtlich[2] als auch im deutschen Staatsrecht[3] - um die Minderheitenfrage durch umfassende rechtliche Regelungen einer Lösung zuzuführen. Doch seine finstere Prognose deutete bereits das Heraufdämmern der Erkenntnis an, daß das Minderheitenschutzsystem der Völkerbundzeit scheitern würde.[4]

Am Ende des Zweiten Weltkrieges hatten die Architekten der künftigen Weltordnung angesichts dieses Versagens des Minderheitenschutzsystems der Zwischenkriegszeit ihren Glauben an kollektivrechtlich ausgestaltete Schutzsysteme verloren.[5] Das menschliche Individuum rückte in das Zentrum der Schutzbemühungen. Gelänge nur die umfassende Absicherung von individuellen Menschenrechten, so die jetzt vorherrschende Meinung,[6] dann

---

[1] *Erler*, Das Recht der nationalen Minderheiten, S. 516.

[2] Vgl. etwa: *Kimminich*, in: *Wittmann/Graf Bethlen*, Volksgruppenrecht, S. 37 ff.; *Héraud*, in: *Wittmann/Graf Bethlen*, Volksgruppenrecht, S. 15, 28 ff.; *Thornberry*, International law and the rights of minorities, S. 38 ff.

[3] Hier sei auf die umfangreiche Literatur zum Minderheitenschutz der Weimarer Verfassung verwiesen: *Gerber*, in: *Nipperdey* (Hrsg.), Die Grundrechte und Grundpflichten der Reichsverfassung, Bd. 1, S. 272 ff.; *Gerber*, Minderheitenrecht im Deutschen Reich, S. 9 ff.; *Anschütz/Thoma*, Handbuch des Deutschen Staatsrechts, Bd. 1, S. 254 ff.

[4] Eine detaillierte Betrachtung dieser Fragen erfolgt in Kapitel 2.

[5] *Thornberry*, International law and the rights of minorities, S. 46 ff.

[6] *Kunz*, 48 AJIL S. 282 ff. (1954); *Lerner*, Group rights and discrimination in international law, S. 14.

wäre auch dem Minderheitenschutz adäquat Rechnung getragen.[7] Der Schutz der Gruppe, sozusagen des sozialen Kontexts des einzelnen, erschien überflüssig. Weder die Charta der Vereinten Nationen vom 26. Juni 1946 noch die Allgemeine Erklärung der Menschenrechte vom 10. Dezember 1948 enthielten Minderheitenschutzbestimmungen. Einzig die von der Generalversammlung ebenfalls am 10. Dezember 1948 verabschiedete Resolution 217 (III) C. befand lakonisch, daß die Vereinten Nationen dem Schicksal der Minderheiten nicht gleichgültig gegenüberstehen dürften.[8] Dieser Hintergrund erklärt den - einen Bruch mit der deutschen Verfassungstradition darstellenden - Verzicht auf die Aufnahme einer Minderheitenschutzklausel in das Grundgesetz von 1949.[9]

Es brach eine Eiszeit für die Weiterentwicklung des Minderheitenrechts, zumindest in seiner kollektivrechtlichen Ausgestaltung, herein. Daran änderte auch die engagierte Arbeit der Unterkommission zur Verhinderung und zum Schutz von Minderheiten,[10] die 1947 durch die Menschenrechtskommission der Vereinten Nationen eingesetzt wurde, und die Aufnahme einer Minderheitenschutzklausel[11] in den Internationalen Pakt über bürgerliche und politische Rechte vom 19. Dezember 1966 nicht viel. Aus der Sorge um den Erhalt der Einheit ihrer multi-ethnischen Staatsgebilde hatten innerhalb der internationalen Gemeinschaft einzig Vielvölkerstaaten wie die Sowjetunion oder Jugoslawien vitale Interessen an der Fortentwicklung von Minderheitenrechten.[12]

Ein langsames Umdenken setzte zu Beginn der 80er Jahre ein, als mit dem Tode von *Josip Broz Tito* die jugoslawische Tragödie ihren Anfang nahm. Sowohl Jugoslawien als auch die Sowjetunion zerbrachen an den aufflammenden Nationalismen ihrer verschiedenen ethnischen Minderheiten, die sich in den Vielvölkerstaaten nicht mehr länger bändigen ließen. Die Stabilität des Kalten Krieges war verschwunden und in Europa wie in den anderen Kontinenten brachen viele, teilweise historisch tief verwurzelte Nationalitätenkonflikte

---

[7] Vgl. hierzu insbesondere die aufschlußreiche Studie des Generalsekretariates der Vereinten Nationen aus dem Jahre 1950 „*Study of the Legal Validity of the Undertakings Concerning Minorities*", UN Doc. E/CN.4/367, S. 70 ff.

[8] Res. 217 (III) C., „*Fate of minorities*", UN Doc. A/3/SR.183, S. 935; vgl. hierzu *Scherer-Leydecker*, Minderheiten und sonstige ethnische Gruppen, S. 47 ff.

[9] *Stopp*, Staatswissenschaften und Staatspraxis 1994, S. 3, 15 f.

[10] *Ansbach*, AVR 1993, S. 232 ff.

[11] Art. 27 IPBPR; vgl. dazu die Ausführungen in Kapitel 3.

[12] *Brems*, Die politische Integration ethnischer Minderheiten, S. 21 ff. und 224 ff.; *Meissner*, in: *Blumenwitz/v. Mangoldt*, Neubestätigung und Weiterentwicklung von Menschenrechten und Volksgruppenrechten in Mitteleuropa, S. 95 ff.

oftmals blutig wieder auf.[13] *Pandoras Büchse* der Minderheiten- und Volksgruppenprobleme war wieder offen.[14]

Wissenschaft und Praxis erkannten, daß Menschenrechte allein diese Konfliktpotentiale nicht entschärfen konnten und besannen sich wieder auf die Notwendigkeit der rechtlichen Gewährleistung und Absicherung des Minderheitenschutzes.[15] *Patrick Thornberry* sah das Minderheitenrecht wie Phönix aus der Asche steigen.[16] Und in der Tat entwickelten sich seit Beginn der 90er Jahre wichtige minderheitenschutzrechtliche Instrumente, sowohl auf universeller[17] als auch auf regionaler Ebene.[18]

Im Zuge der völkerrechtlichen Weiterentwicklung des Minderheitenrechts erlebte auch das Minderheitenrecht der Bundesrepublik Deutschland eine Renaissance. Nach der Wiedererlangung der vollen inneren und äußeren Souveränität[19] suchte das wiedervereinigte Deutschland seine Beziehungen zu seinen östlichen Nachbarn durch den Abschluß einer Reihe von bilateralen Nachbarschafts- und Freundschaftsverträgen zu verbessern. Am 9. November 1990 wurde der Vertrag zwischen der Bundesrepublik Deutschland und der Union der Sozialistischen Sowjetrepubliken über gute Nachbarschaft, Partnerschaft und Zusammenarbeit[20] geschlossen, der durch das Protokoll über die Zusammenarbeit zwischen der Regierung der Bundesrepublik Deutschland und der Regierung der Russischen Föderation zur stufenweisen Wiederherstellung der Staatlichkeit der Rußlanddeutschen vom 23. April 1992[21] in minderheitenrechtlicher Hinsicht ausgestaltet und konkretisiert wurde. Am 17. Juni

---

[13] *Brems*, Die politische Integration ethnischer Minderheiten, S. 1.

[14] *Blumenwitz*, Minderheiten- und Volksgruppenrecht – Aktuelle Entwicklungen, S. 5.

[15] Vgl. etwa: *Capotorti*, VN 1980, S. 113 ff.; *Gerdes*, VN 1980, S. 126 ff.; *Ermacora*, VN 1992, S. 149 ff.

[16] *Thornberry*, 15 TexasILJ 421 ff. (1981).

[17] Hier sei insbesondere hingewiesen auf die *„Declaration on the rights of persons belonging to national or ethnic, religious and linguistic minorities"* vom 18. Dezember 1992, die als Resolution 47/135 von der UN-Generalversammlung angenommen wurde; UN Doc. A/RES/47/135, S. 210 ff.; eine deutsche Übersetzung findet sich in: VN 1993, S. 190 f.

[18] Exemplarisch sei hier verwiesen auf das Dokument des Kopenhagener Treffens der Konferenz über die menschliche Dimension der KSZE vom 29. Juni 1990, abgedruckt in: 29 ILM 1305 ff. (1990), deutsche Übersetzung in der von der Bundeszentrale für politische Bildung herausgegebenen Dokumentensammlung *„Menschenrechte"*, S. 315 ff. Weiterhin sei hingewiesen auf die Europäische Charta für Regional- und Minderheitensprachen vom 22. Juni 1992 (BGBl. 1998 II S. 1315 ff.), und auf die Europäische Rahmenkonvention zum Schutz der nationalen Minderheiten des Europarats vom 10. November 1994, EuGRZ 1995, S. 268 ff.

[19] Art. 7 Abs. 2 des Vertrages über die abschließende Regelung in bezug auf Deutschland vom 12. September 1990 (BGBl. 1990 II S. 1318 ff.).

[20] BGBl. 1991 II S. 799 ff.

[21] abgedruckt in: Bulletin des Presse- und Informationsdienstes der Bundesregierung 1992, S. 410 ff.

1991 wurde der Vertrag zwischen der Bundesrepublik Deutschland und der Republik Polen über gute Nachbarschaft und freundschaftliche Zusammenarbeit[22] geschlossen, am 6. Februar 1992 der Vertrag zwischen der Bundesrepublik Deutschland und der Republik Ungarn über freundschaftliche Zusammenarbeit und Partnerschaft in Europa.[23] Am 27. Februar 1992 wurde der Vertrag zwischen der Bundesrepublik Deutschland und der Tschechischen und Slowakischen Föderativen Republik über gute Nachbarschaft und freundschaftliche Zusammenarbeit[24] unterzeichnet und am 21. April 1992 wurde schließlich der Vertrag zwischen der Bundesrepublik Deutschland und Rumänien über freundschaftliche Zusammenarbeit und Partnerschaft in Europa geschlossen.[25] All diese Verträge enthalten, meist auf reziproker Basis, Minderheitenschutzklauseln.[26] Obgleich die Bundesregierung in erster Linie auf diese Klauseln insistierte, um das Schicksal der deutschen Minderheiten im östlichen Europa zu verbessern, wurde doch durch die Reziprozität auch die innerstaatliche Rechtslandschaft in Deutschland beeinflußt.[27]

Die Wiedervereinigung markierte auch den Ausgangspunkt einer grundsätzlichen Diskussion um die Verankerung von Minderheitenrechten im deutschen Bundes- und Landesverfassungsrecht. Auf bundesdeutschem Territorium siedeln seit jeher die Dänen und die Friesen, deren Minderheitenstatus offiziell anerkannt und unumstritten ist und deren Rechte verfassungsmäßig auch relativ gesichert sind. Durch die Wiedervereinigung kam mit den Sorben eine weitere, traditionell auf deutschem Boden beheimatete Minderheit hinzu. Der Einigungsvertrag[28] verpflichtete zur Bewahrung und Fortentwicklung insbesondere der sorbischen Kultur, Traditionen und Sprache.[29] Art. 5 des Einigungsvertrages sprach ohnehin die Empfehlung an die gesetzgebenden Körperschaften des vereinten Deutschlands aus, sich mit den im Zusammenhang mit der deutschen Einigung aufgeworfenen Fragen zur Änderung oder Ergänzung des Grundgesetzes zu befassen. Im Rahmen der Revision des Grundgesetzes[30] und der parallel dazu stattfindenden Verfassungsentwicklung in den neuen

[22] BGBl. 1991 II S. 1314 ff.

[23] BGBl. 1992 II S. 475 ff.

[24] BGBl. 1992 II S. 462 ff.

[25] BGBl. 1993 II S. 1774 ff.

[26] Zur Lage der deutschen Minderheiten im osteuropäischen Ausland vgl. insbesondere die Öffentliche Anhörung von Sachverständigen zum Thema „*Lage der deutschen Minderheiten und Pflege des deutschen kulturellen Erbes im östlichen Europa einschließlich der Nachfolgestaaten der früheren Sowjetunion*“; Stenografisches Protokoll über die 46. Sitzung des Innenausschusses und die 51. Sitzung des Auswärtigen Ausschusses des Deutschen Bundestages vom 1. Dezember 1992.

[27] Auch diesbezüglich sei auf die Ausführungen in Kapitel 3 verwiesen.

[28] Vertrag zwischen der Bundesrepublik Deutschland und der Deutschen Demokratischen Republik über die Herstellung der Einheit Deutschlands - Einigungsvertrag - vom 31. August 1990 (BGBl. 1990 II S. 889 ff.).

[29] Ziffer 14 des Protokolls zum Einigungsvertag. Vgl. auch die Denkschrift zum Einigungsvertrag, BR.-Drucks. 600/90, S. 378 bzw. BT.-Drucks. 11/7760.

[30] Vgl. hierzu Kapitel 5.

Bundesländern[31] fand eine bislang in der Geschichte der Bundesrepublik noch nicht geführte verfassungspolitische Diskussion über die Einführung oder Fortentwicklung verfassungsrechtlichen Minderheitenschutzes statt. Das bisherige Ergebnis dieser Entwicklung ist äußerst heterogen. Die unterschiedlichen politischen Konstellationen auf Bundesebene und in den Ländern führten dazu, daß die Einführung einer Minderheitenschutzklausel in das Grundgesetz scheiterte, sich aber in vielen Verfassungen der neuen Bundesländer Minderheitenschutznormen höchst unterschiedlicher Ausgestaltung finden. Diese Heterogenität zeigt deutlich, daß die Problematik der verfassungsrechtlichen Ausgestaltung des Minderheitenschutzes in Deutschland noch nicht in zufriedenstellender Weise gelöst ist.

Nach Abschluß der vereinigungsbedingten Grundgesetzreform im Jahr 1994 und nachdem auch die Verfassungsgebung in den neuen Ländern und die Verfassungsrevisionen in einigen alten Ländern durchgeführt war, setzte sich die Diskussion um den Minderheitenschutz in Deutschland fort. Einer der Hauptgründe hierfür war, daß man sich nicht über den Inhalt des Rechtsterminus *Minderheit* verständigen konnte. Dieses Unvermögen war wohl auch ausschlaggebend für die unterbliebene Einfügung einer Minderheitenschutzklausel in das Grundgesetz. Hintergrund hierfür wiederum ist, daß es der Völkerrechtslehre bislang nicht gelungen ist, eine allseits akzeptierte Definition dieses Terminus zu finden.[32] Wohl gibt es Orientierungshilfen,[33] auf eine umfassende Definition konnte man sich allerdings nicht einigen und mittlerweile erscheint es mehr als nur zweifelhaft, ob dies jemals gelingen kann.

Diese schwierige Situation wird neuerdings noch zusätzlich dadurch kompliziert, daß sich im völkerrechtlichen Schrifttum eine *progressive* Strömung[34] etabliert hat, welche die Subsumtion von zugewanderten ethnischen Gruppen unter den Begriff der *Minderheit* zulassen will.[35] Das neuere Schrifttum verwendet für diese Gruppen die Bezeichnung *neue*

---

[31] Vgl. hierzu Kapitel 6.

[32] Manche Autoren kommentieren daher spöttisch, daß der Minderheitenschutz eine „*Rechtsnorm auf der Suche nach ihrem Gegenstand*" sei. Vgl. *Gerdes*, VN 1980, S. 126 ff.

[33] Der überwiegende Teil des völkerrechtlichen Schrifttums orientiert sich (noch immer) an der Definition, die der Spezialberichterstatter der Unterkommission über die Verhinderung der Diskriminierung und den Schutz der Minderheiten der Menschenrechtskommission der Vereinten Nationen Professor *Francesco Capotorti* in seinem 1977 vorgelegten Bericht „*Study on the rights of persons belonging to ethnic, religious and linguistic minorities*", UN Doc. E/CN.4/Sub.2/384 Rev. 1; vorgeschlagen hat. Die Definition findet sich in § 568 auf S. 96; deutsche Übersetzung: *Capotorti*, VN 1980, S. 113, 117.

[34] So *Oeter*, in: *Matscher* (Hrsg.), Wiener Internationale Begegnung zu aktuellen Fragen nationaler Minderheiten, S. 229, 232.

[35] Vertreter dieser Ansicht sind u.a.: *Tomuschat*, in: FS für *Mosler*, S. 949 ff.; *Wolfrum*, in: *Brölmann/Lefeber/Zieck* (Hrsg.), Peoples and minorities in international law, 1993, S. 153 ff.; *Nowak*, CCRP-Kommentar, Art. 27, Rn 16; *Niewerth*, Der kollektive und der positive Schutz von Minderheiten und ihre Durchsetzung im Völkerrecht, S. 44 ff.; *Scherer-Leydecker*, Minderheiten und sonstige ethnische Gruppen, S. 270 ff.

Minderheiten. Bislang war allgemein die Meinung vorherrschend,[36] daß der Minderheitenschutz auf sogenannte autochthone Minderheiten beschränkt bleiben sollte. Dies wird zunehmend von denen in Frage gestellt, die einen Minderheitenschutz auf Einwanderer, seien sie nun eingebürgert oder nicht, erstrecken wollen. Es sei bereits an dieser Stelle darauf hingewiesen, daß der Menschenrechtsausschuß der Vereinten Nationen der gewichtigste Vertreter dieser progressiven Strömung ist.[37]

Die Entwicklung der Migration[38] nach Europa an der Schwelle zum 21. Jahrhundert hat auch in Deutschland die Bevölkerungsstruktur verändert und bedingte in vielen Bereichen eine Anpassung der Rechtslandschaft.[39] Die Forderung, den Minderheitenschutz auch auf Migranten zu erstrecken, gibt allerdings dem Problemkreis des Minderheitenschutzes im deutschen Verfassungsrecht eine völlig neue Dimension. *Murswiek* hat den Minderheitenschutz, wie er in der Bundesrepublik bislang existierte und verstanden wurde, sehr treffend eine *Idylle* genannt.[40] Zählt man zur Gruppe der etwa 240.000 Personen (etwa 0,3% der Gesamtbevölkerung) der in Deutschland verfassungsrechtlich anerkannten autochthonen Minderheiten[41] noch alle Fremden und eingebürgerten ethnischen Gruppen, die dann zahlenmäßig eine Stärke von etwa 7,37 Millionen (etwa 9 % der Gesamtbevölkerung)[42]

---

[36] So etwa: *Blumenwitz*, Minderheiten- und Volksgruppenrecht – Aktuelle Entwicklungen, S. 27; *Hofmann*, ZaöRV, 1992, S. 1, 7; *Modeen*, The International Protection of National Minorities in Europe, S. 108; *Sohn*, in: *Henkin*, The International Bill of Rights - The Covenant on Civil and Political Rights, S. 271, 279; *Pircher*, Der vertragliche Schutz ethnischer, sprachlicher und religiöser Minderheiten im Völkerrecht, S. 25.

[37] Vgl. etwa den Kommentar des Menschenrechtsausschusses zu Art. 27 IPBPR: „*Just as they need not be nationals of citizens, they need not be permanent residents. Thus, migrant workers or even visitors in a State party constituting such minorities are entitled not to be denied the exercise of those rights.*" UN Doc. CCPR/C/21/Rev.1: General comment No. 23 (50) (Art. 27) adopted by the Human Rights Committee under Art. 40, paragraph 4, of the International Covenant on Civil and Political Rights at its 1314th meeting on 6 April 1994. Am Rande nur sei angemerkt, daß es wohl Ausschußmitglied Professor *Tomuschat* war, der seine Kollegen im Menschenrechtsausschuß der Vereinten Nationen von der Richtigkeit seiner, in FS für *Mosler* (S. 949 ff.) erstmals veröffentlichten Meinung überzeugen konnte.

[38] Vgl. etwa: *Schöneberg*, Gestern Gastarbeiter, morgen Minderheit, S. 12 ff. und S. 44 ff.; *Münz/Seifert/Ulrich*, Zuwanderung nach Deutschland, S. 35 ff.; *Hasenau*, 38 GYIL 208 ff. (1995).

[39] Vgl. hierzu allgemein: *Sieveking*, RuP 1992, S. 135 ff.; *Kimminich*, in: *Bade*, Migration-Ethnizität-Konflikt: Systemfragen und Fallstudien, S. 349, 363 ff.; *v. Bethlenfalvy*, in: *Alfredsson/Macalister-Smith*, The living law of nations, S. 7 ff.

[40] *Murswiek*, in: *Blumenwitz/Murswiek*, Aktuelle rechtliche und praktische Fragen des Volksgruppen- und Minderheitenschutzrechts, S. 39, 40 ff.

[41] Auf diese Summe kommt *Murswiek*, in: *Blumenwitz/Murswiek*, Aktuelle rechtliche und praktische Fragen des Volksgruppen- und Minderheitenschutzrechts, S. 39, 41.

[42] FAZ vom 20. Juni 1997. Gezählt waren nur Personen, die mindestens (auch) eine ausländische Staatsangehörigkeit hatten. Die aktuelle Zahl ist daher tendenziell noch größer. Vgl. auch Das Parlament vom 20. August 1999. Es wird erwartet, daß diese Zahl weiter steigen wird und sich der Prozentsatz der ausländischen Bevölkerung bis zum Jahr 2030 auf dann 17 % nahezu verdoppeln wird. Vgl. *Schulze-Fielitz*, in: *Fleiner-Gerster*, Die multikulturelle und multi-ethnische Gesellschaft, S. 133, 139.

hätten, hinzu, dann ist unschwer zu erkennen, daß hier bislang geltende Regeln nicht mehr greifen können. Auch und gerade im Rahmen der Revision des Grundgesetzes von 1994 spielte das Thema *neue Minderheiten* daher eine wichtige Rolle. Von einem breiten Konsens in bezug auf die Behandlung dieser *neuen Minderheiten* ist man weit entfernt.

Die Bundestagswahlen im September 1998 ergaben veränderte Kräfteverhältnisse im Deutschen Bundestag und führten zur Bildung einer neue Bundesregierung, die in der ersten Jahreshälfte 1999 Veränderungen des bundesdeutschen Staatsangehörigkeitsrechts auf den Weg brachte.[43] Dies führte zum Auftauchen eines weiteren aktuellen Problems des verfassungsrechtlichen Minderheitenschutzes in Deutschland. Im Rahmen der Diskussion um eine erleichterte Einbürgerung von Ausländern unter verstärkter Hinnahme von Mehrstaatigkeit ist auch die Norm des § 6 Abs. 6 Satz 2 des Bundeswahlgesetzes (BWG),[44] die besagt, daß *Parteien nationaler Minderheiten* bei der Wahl zum Deutschen Bundestag von der 5%-Hürde befreit sind, aus einem Schattendasein ins Zentrum der Aufmerksamkeit gerückt.[45] Es fragt sich hier, welche Parteien sich auf diesen privilegierten Minderheitensonderstatus berufen dürfen.[46] Eine Parallelproblematik existiert in bezug auf die Privilegierung der *Parteien nationaler Minderheiten* im Rahmen der Bestimmungen über die Parteienfinanzierung.[47]

Weitere aktuelle Facetten der Minderheitenproblematik in Deutschland ergaben sich im Rahmen des Strebens der Volksgruppe der Sinti und Roma um eine verfassungsrechtliche

---

[43] Die Reform des Staatsangehörigkeitsrechts ist am 1. Januar 2000 in Kraft getreten. Vgl. FAZ vom 22. und vom 8. Mai 1999. Zur Entstehungsgeschichte vgl. das stenografische Protokoll und die Ausschußdrucksache 14/14 über die 12. Sitzung des Innenausschusses vom 13. April 1999 (Sachverständigenanhörung); vgl. auch Aufbruch und Erneuerung – Deutschlands Weg ins 21. Jahrhundert, Koalitionsvereinbarung zwischen der Sozialdemokratischen Partei Deutschlands und BÜNDNIS 90/GRÜNE, Bonn, 20. Oktober 1998, S. 36 f.

[44] Vgl. zur Norm grundsätzlich: *Schreiber*, Handbuch des Wahlrechts zum Deutschen Bundestag, 6. Aufl. 1998, § 6, Rn. 22 ff., S. 204 ff.; *Kühn*, Privilegierung nationaler Minderheiten im Wahlrecht der Bundesrepublik Deutschland und Schleswig-Holstein, 1990, S. 11 ff.

[45] *Hailbronner*, FAZ vom 20. Januar 1999, S. 8; *Gelinsky*, FAZ vom 19. Februar 1999, S. 12; *Jach*, Focus 9/99 vom 1. März 1999 und *Wolfrum*, FAZ vom 6. März 1999.

[46] *Rechenberg*, Zur Frage der Auswirkungen von Masseneinbürgerungen auf das Wahlrecht durch die Entstehung von Minderheiten, Ausarbeitung der Wissenschaftlichen Dienste des Deutschen Bundestages vom 8. März 1999, S. 10 ff.

[47] Vgl. § 18 Abs. 4 des Parteiengesetzes: *„Anspruch auf staatliche Mittel gemäß Absatz 3 Nr. 1 und 3 haben Parteien, die nach dem endgültigen Wahlergebnis der jeweils letzten Europa- oder Bundestagswahl mindestens 0,5 vom Hundert oder einer Landtagswahl 1,0 vom Hundert der für Listen abgegebenen gültigen Stimmen erreicht haben; für Zahlungen nach Absatz 3 Satz 1 Nr. 1 und Satz 2 muß die Partei diese Voraussetzungen bei der jeweiligen Wahl erfüllen. Anspruch auf die staatlichen Mittel gemäß Absatz 3 Nr. 2 haben Parteien, die nach dem endgültigen Wahlergebnis 10 vom Hundert der in einem Wahl- oder Stimmkreis abgegebenen gültigen Stimmen erreicht haben. Die Sätze 1 und 2 gelten nicht für Parteien nationaler Minderheiten.“*

Absicherung ihres Minderheitenstatus.[48] Das Bundesverfassungsgericht nahm eine Verfassungsbeschwerde aufgrund mangelnder Aussicht auf Erfolg nicht zur Entscheidung an, mit welcher der Zentralrat Deutscher Sinti und Roma einen verfassungsrechtlichen Anspruch auf Berücksichtigung in Aufsichtsgremien der Rundfunkanstalten durchsetzen wollten.[49] Eine weitere Niederlage auf dem Weg zu einer verfassungsrechtlichen Anerkennung ihres Sonderstatus mußten die Sinti und Roma hinnehmen, als der schleswig-holsteinische Landtag im Februar 1998 eine Ausdehnung der Minderheitenschutznorm der Landesverfassung auf ihre Volksgruppe ablehnte.[50]

Ein weiteres aktuelles Problem des verfassungsrechtlichen Minderheitenschutzes in Deutschland ist der Streit um den Braunkohletagebau im Siedlungsgebiet der Sorben im Bundesland Brandenburg, in dem es letztendlich um die grundsätzliche Bestimmung des Verhältnisses der brandenburgischen Energieversorgungs- und Wirtschaftspolitik zum Verfassungsrecht der Sorben auf Erhalt ihres angestammten Siedlungsgebiets ging.[51] Hier hat das Verfassungsgericht des Landes Brandenburg mittlerweile entschieden, daß die Umsiedlung der kleinen, überwiegend sorbischen Gemeinde Horno wegen des Braunkohletagebaus keinen Verstoß gegen den verfassungsrechtlichen Minderheitenschutz in Brandenburg darstellt.[52]

Darüber hinaus tauchen in jüngster Zeit verstärkt Fragen an der Schnittstelle von verfassungsmäßigem Minderheitenschutz und dem Grundrecht auf Religionsfreiheit auf. Diskussionen, die in diesem Bereich unter den Schlagworten *neue Weltanschauungsgemeinschaften*, *islamischer Religionsunterricht* oder *LER als Ersatz für den Religionsunterricht* stattfinden, werden ebenfalls auf ihre Relevanz für die Thematik dieser Arbeit untersucht werden müssen.[53]

---

[48] Vgl. hierzu grundlegend: *Simon*, Gutachten, erstellt im Auftrag des Zentralrats Deutscher Sinti und Roma, Heidelberg Juli 1993.

[49] Pressemitteilung Nr. 101/98 der Pressestelle des Bundesverfassungsgerichts vom 16. September 1998; FAZ vom 17. September 1998; EuGRZ 1998, S. 540 f.

[50] Vgl. *Verband Deutscher Sinti und Roma e.V., Landesverband Schleswig-Holstein*, Jahresberichte 1997 und 1998, S. 11 f.

[51] Zum Ganzen: *Degenhart*, Rechtsfragen der Braunkohleplanung für Brandenburg, S. 67 ff.

[52] Verfassungsgericht des Landes Brandenburg, Urteil vom 18. Juni 1998 – VfGBbg 27/97, abgedruckt in: EuGRZ 1998, S. 698 ff. In einem ersten Urteil vom 1. Juni 1995 – VfGBbg 6/95 – konnte das Verfassungsgericht die Mindrheitenproblematik noch umgehen.

[53] Vgl. hierzu Kapitel 4.

Auch zu Rechtsfragen bezüglich der *multikulturellen Gesellschaft* und ihren Bezügen zum Minderheitenschutz soll Stellung bezogen werden.[54]

An dieser Stelle erscheint eine Bemerkung zum Thema *political correctness*[55] und Polemik in wissenschaftlichen Arbeiten[56] notwendig. Im Themenbereich dieser Arbeit wird es unumgänglich sein, zur Beschreibung von Vorgängen Begriffe zu benutzen, die in dunklen Abschnitten der deutschen Geschichte mit negativen Konnotationen belegt wurden. Bei manchen Begriffen mag sich diese Konnotation auch durch ihren Gebrauch in politischen und ideologischen Auseinandersetzungen ergeben haben. *Political correctness* und Polemik mögen in anderen Bereichen durchaus ihren Sinn und auch ihre Berechtigung haben. In wissenschaftlichen Abhandlungen erweisen sie sich jedoch oftmals als großes Hindernis auf dem Weg zu sachdienlichen Ergebnissen. Durch die Beschreibung von Vorgängen in dieser Arbeit beabsichtige ich weder politische oder gesellschaftliche Gruppen anzugreifen noch verfolge ich ideologische oder politische Ziele.

Nach dieser *tour d'horizon* durch die Thematik dieser Arbeit soll nun kurz der Gang der Darstellungen aufgezeigt werden. Zum Einstieg erscheint es sinnvoll, nach einer Festlegung der Ziele dieser Untersuchung diejenigen Bevölkerungsgruppen in der Bundesrepublik Deutschland vorzustellen, die einen verfassungsrechtlichen Minderheitenstatus besitzen, einen solchen fordern oder dafür in Frage kommen. Diese Darstellung wird auch die sozio-kulturelle Situation dieser Gruppen beleuchten müssen, um die Dimension des Minderheitenschutzes in der Verfassungswirklichkeit des Bundesrepublik Deutschland erfassen zu können (Kapitel 1). In einem rechtshistorischen Rückblick soll danach auf die Entstehung des Minderheitenschutzes in Deutschland eingegangen werden (Kapitel 2). Vor der Analyse des deutschen Minderheitenrechts werden sodann die völker- und europarechtlichen Vorgaben für die innerstaatliche Rechtslandschaft zu betrachten sein. Hier sollen sowohl die Bemühungen um eine einheitliche Minderheitendefinition als auch die Erarbeitung internationaler materieller Standards des Minderheitenrechts dargestellt werden, um den Rahmen zu bestimmen, in welchem das deutsche Minderheitenrecht positioniert werden muß (Kapitel 3). Im folgenden Kapitel soll die Bedeutung der Bestimmungen des Grundgesetzes für den Minderheitenschutz in Deutschland untersucht werden (Kapitel 4), woran sich die Darstellung und Analyse der Bestrebungen, einen Minderheitenschutzartikel in das Grundgesetz einzufügen, anschließen wird (Kapitel 5). Danach wird die Ausgestaltung des verfassungsrechtlichen Minderheitenschutzes in den Ländern zu untersuchen sein. Hier wird es sowohl um das Verhältnis von Bundes- und Landesrecht als auch um die einzelnen Inhalte der sehr heterogenen Regelungen in den verschiedenen Ländern gehen (Kapitel 6). Nach dieser Analyse soll aus den gewonnenen Erkenntnissen eine Bestandsaufnahme des

---

[54] In Kapitel 5.

[55] Vgl. etwa *Kurthen/Losey*, Aus Politik und Zeitgeschichte, B 21-22/1995 vom 19. Mai 1995; vgl. dazu auch *Brunner*, Das Parlament vom 20. August 1999, S. 1.

[56] Ein extremes Beispiel ist hier der Aufsatz von *Röper*, Deutschland Archiv 1995, S. 625. Um die Balance zu wahren, sei darauf hingewiesen, daß auch das konservative Lager gelegentlich zu Übertreibungen neigt: vgl. *Tibi*, FAZ vom 11. Januar 1994; *Kriele*, FAZ vom 21. Dezember 1993.

verfassungsrechtlichen Minderheitenschutzes in der Bundesrepublik Deutschland vorgenommen werden und es sollen einige Reformvorschläge formuliert werden (Kapitel 7). Eine Zusammenfassung der Ergebnisse mit einem Ausblick in die Zukunft soll die Untersuchung abschließen (Kapitel 8).

1. Kapitel: Die Dimension des Minderheitenschutzes in der Verfassungswirklichkeit der Bundesrepublik Deutschland als Problemfeld

I. Die Aufgabenstellung

Das Thema dieser Untersuchung ist die Betrachtung des Minderheitenschutzes im deutschen Verfassungsrecht. Ausgehend von einer deskriptiven Darstellung des *status quo* des verfassungsrechtlichen Minderheitenschutzes sollen in einem weiteren analytischen Schritt der Begriff sowie die bundes- und landesverfassungsrechtliche Stellung der ethnischen, nationalen, sprachlichen, kulturellen und religiösen Minderheiten in der Bundesrepublik Deutschland untersucht werden. Aufbauend auf dieser Analyse sollen dann einige Vorschläge für eine Reform des verfassungsrechtlichen Minderheitenschutzes in Deutschland erarbeitet werden.

Derzeit ist ein Gesamtkonzept des verfassungsrechtlichen Minderheitenschutzes in Deutschland nicht ersichtlich. Die Positionierung des Minderheitenrechts im Spannungsverhältnis von völker- und europarechtlichen Vorgaben, fragmentarischen Regelungen im Grundgesetz und einer äußerst unterschiedlichen Ausgestaltung des Minderheitenschutzes in verschiedenen deutschen Landesverfassungen läßt den verfassungsrechtlichen Minderheitenschutz in Deutschland in einer komplexen Heterogenität erscheinen. Diese Heterogenität, die auf einen fundamentalen Dissens der verschiedenen Souveränitätsebenen schließen läßt, führt unvermeidlich zu Friktionen und Unstimmigkeiten hinsichtlich der Effektivität und letztendlich auch der Ausgewogenheit des deutschen Minderheitenrechts. Ziel dieser Arbeit ist es, einige Lösungsvorschläge zu erarbeiten als einen Beitrag zur Verringerung dieser Friktionen und Unstimmigkeiten des deutschen Minderheitenverfassungsrechts.

Ausgangspunkt ist eine kurze Betrachtung der Bandbreite der umgangssprachlichen Bedeutung des Begriffs der Minderheit. Anschließend werden, gestuft nach der Absicherung ihres verfassungsrechtlichen Status, die anerkannten, stillschweigend anerkannten und *potentiellen* bzw. nicht anerkannten Minderheitengruppen Deutschlands vorgestellt.

II. Eine Analyse der Wortbedeutung des Begriffs der Minderheit

1. Etymologische Analyse des Begriffs der Minderheit

Eine Annäherung an den Begriff der *Minderheit* über eine etymologische Analyse erweist sich für seine Bestimmung als wenig aufschlußreich. Nach Herkunft und Geschichte[57] des Wortes ist seine Grundbedeutung *kleine Anzahl* oder *kleine Gruppe*.[58] Dabei impliziert nach der Etymologie weder das Substantiv *Minderheit* noch das Adjektiv *minder* eine pejorative Konnotation oder Grundbedeutung.

2. Grammatische Auslegung des Begriffs der Minderheit

Versucht man, den Begriff der Minderheit völlig aus dem Kontext gelöst, allein nach seiner Bedeutung im umgangssprachlichen Gebrauch zu bestimmen, so stößt man auf eine Vielzahl von Definitionen bzw. Definitionsversuchen. Neben den Vertretern der Rechts- und Sozialwissenschaften[59] befassen sich auch die Historiker,[60] Ethnologen,[61] Pädagogen,[62] Politologen[63] und Linguisten[64] mit dem Thema bzw. dem Begriff der Minderheit. Die Bandbreite[65] des Begriffs *Minderheit* erstreckt sich über die folgenden möglichen Inhalte, bei denen im Hintergrund immer der Komplementärbegriff *Mehrheit* steht: der Begriff der Minderheit wird verwandt

---

57 das althochdeutsche Wort *minnirheit* bedeutete soviel wie *Wenigersein*.

58 Nach *Köbler*, Etymologisches Rechtswörterbuch, S. 269.

59 Vgl. *Heckmann*, Ethnische Minderheiten, Volk und Nation, 1992, S. 6 ff. und 59 ff.; *Endruweit/Trommsdorff*, Wörterbuch der Soziologie, Bd. 2, S. 444 ff.; *Bukow*, Feindbild: Minderheit, S. 134 ff.

60 Vgl. die Beiträge von *Bade* in den von ihm herausgegebenen Aufsatzbänden, Deutsche im Ausland - Fremde in Deutschland, und Die multikulturelle Herausforderung.

61 *Wentzel*, Schutz und Unterstützung ethnischer Minderheiten, S. 10 ff.

62 *Boehm*, AWR-Bulletin 1994, S. 34 ff.

63 *Brusis/Janning*, Internationale Politik, Heft 9/1999, S. 1 ff. Vgl. auch *Bartsch*, Minderheitenschutz in der internationalen Politik.

64 Vgl. die Beiträge von *Hinderling*, S. 1 ff. und *Eriksen*, S. 149 ff., in: *Hinderling* (Hrsg.), Europäische Sprachminderheiten im Vergleich.

65 Nach *Brockhaus*, Enzyklopädie, 19. Aufl., 1991, Bd. 14, S. 621 ff. und *Endruweit/Trommsdorff*, Wörterbuch der Soziologie, Bd. 2, S. 444 ff.

- im Bereich des Staats- und Völkerrechts für bestimmte Bevölkerungsteile;
- im Bereich des Staats- und Verfassungsrechts bei Abstimmungen im politischen Bereich;
- im Bereich des Gesellschaftsrechts bei der Beschreibung von Anteilsverhältnissen;
- im religiösen Bereich zur Feststellung der Abweichung von einer dominierenden Religionsgemeinschaft;
- in den Sozialwissenschaften als Bezeichnung für Menschen und soziale Gruppen, denen ein Anderssein bezüglich der gesamtgesellschaftlich bestimmenden Merkmale zugesprochen wird oder die dieses für sich beanspruchen. Hier kann dann nochmals differenziert werden zwischen:
    - diskriminierten Randgruppen (z.B. Vorbestrafte, Prostituierte, Homosexuelle)
    - gesellschaftlichen Außenseitern (z.B. Obdachlose, Nichtseßhafte)
    - wegen besonderer Körpermerkmale Benachteiligten (z.B. Behinderte)
    - Menschen, die sich in ihrer Persönlichkeitsstruktur, in ihrem Verhalten und in ihrer Konstitution von anderen Menschen und deren sozialen Normen unterscheiden (sozialpsychologischer Bereich)

In der sozialwissenschaftlichen Literatur kann zwischen deskriptiven und analytischen Definitionsversuchen zur Begriffsbestimmung des Terminus *Minderheit* unterschieden werden. Deskriptive Definitionsversuche orientieren sich an gemeinsamen dominanten Merkmalen dieser Gruppe, von denen angenommen wird, daß sie konstitutiv für den Minderheitenstatus sind. Analytische Definitionen versuchen, die vorhandenen sozialstrukturellen Unterschiede zwischen den einzelnen Minderheiten herauszustellen und diesen durch typisierende Beschreibung gerecht zu werden. Eine analytische sozialwissenschaftliche Definition sieht beispielsweise so aus:[66] Eine Minderheit ist eine Bevölkerungsgruppe innerhalb einer Gesellschaft, die sich durch bestimmte (sozio-kulturelle, ethnisch oder politisch bedeutsame) Merkmale von den als *normal* und erwünscht geltenden Eigenschaften der Majorität (aus der Sicht der *Mehrheit* der Bevölkerung) negativ unterscheidet, eine *Fremdgruppe* darstellt und verschiedenen Formen der Stigmatisierung, sozialen Diskriminierung oder auch politischen Unterdrückung ausgesetzt ist.

All diese Erkenntnisse sind jedoch für eine juristische Bestimmung des Begriffs der Minderheit wenig hilfreich. Über eine grammatische Auslegung oder einen interdisziplinären

---

[66] Zitiert nach *Endruweit/Trommsdorff*, Wörterbuch der Soziologie, Bd. 2, S. 444, 445.

Blick in andere Wissenschaften erweist es sich daher als nicht möglich, den Begriff der Minderheit juristisch zu erfassen.

3. Die *Minderheitenkategorien*

Üblicherweise findet sich im juristischen Schrifttum die Einteilung der Minderheitengruppen in die Kategorien ethnisch, national, sprachlich, kulturell und religiös.[67] Manche dieser Kategorien überschneiden sich und können in vielen Fällen nicht trennscharf voneinander abgegrenzt werden. Da es jedoch Sinn der Kategorisierung ist, die verschiedenen Gruppen besser beschreiben zu können, ist die mangelnde Trennschärfe in den Fällen, in denen sie auftritt, irrelevant, da die Kategorien dann meist rechtlich gleich behandelt werden.

Der Begriff *ethnisch* bezieht sich auf alle biologischen, kulturellen und historischen Eigenschaften, die einer Gruppe von Menschen innerhalb eines Staates gemein sind und deren Vorhandensein sich die Gruppe und ihre Umwelt bewußt sind.[68] In dieser extensiven Definition umfaßt der Begriff der ethnischen Minderheit auch religiöse und sprachliche Minderheiten. *Eglin*[69] bezeichnet diese Definition als *ethnische Minderheit im weiteren Sinne*, wohingegen er unter *ethnischen Minderheiten im engeren Sinne* nur die rassischen Minderheiten erfassen will. Rassische Minderheiten werden demnach durch besondere biologische Merkmale charakterisiert, wie etwa besondere körperliche und vererbliche Eigenschaften von Menschen.

Nationale Minderheiten sind Gruppen innerhalb eines Staatsverbandes, die eine enge, separate, von der Mehrheit unterschiedliche Kulturgemeinschaft pflegen bzw. über ein eigenes Volkstum verfügen.[70] Charakteristisch für eine nationale Minderheit ist, daß ihre Angehörigen mit der Bevölkerungsmehrheit eines anderen, fremden Staates besonders verbunden sind. Bei den meisten nationalen Minderheiten ist ein zusätzliches Kriterium vorhanden, das sie klar von der übrigen, der Mehrheitsbevölkerung abgrenzt, wie beispielsweise eine andere Sprache oder Religion.[71] Obwohl auch hier eine weitgehende Überschneidung besteht, spricht man von einer nationalen Minderheit, wenn ein ko-nationaler

---

[67] Vgl. etwa: *Blumenwitz*, Minderheiten- und Volksgruppenrecht – Aktuelle Entwicklungen, S. 29 ff.; *Messtorff*, Die Rechtsstellung der ethnischen Minderheiten in der Bundesrepubik Deutschland, S. 4 ff.; *Eglin*, Demokratie und Minderheiten, S. 201 ff.

[68] *Oxenknecht*, in: *Hinderling*, Europäische Sprachminderheiten im Vergleich, S. 325, 333.

[69] *Eglin*, Demokratie und Minderheiten, S. 201 f.

[70] *Blumenwitz*, Minderheiten- und Volksgruppenrecht – Aktuelle Entwicklungen, S. 29.

[71] *Eglin*, Demokratie und Minderheiten, S. 202 f.

fremder Staat existiert,[72] wohingegen dieser ko-nationale Staat der rein ethnischen Minderheit fehlt.[73]

Minderheitengruppen können sich auch in rein *kultureller* Weise von der Mehrheit unterscheiden, etwa durch spezifische Traditionen, Sitten, Gebräuche usw. Die sprachliche Minderheit ist hierbei ein Unterfall, aber wohl auch die Haupterscheinungsform der kulturellen Minderheit.[74] Die Mitglieder einer Sprachminderheit müssen sich schriftlich oder mündlich, öffentlich oder privat, einer Sprache bedienen, die sich von der im betreffenden Staat gebräuchlichen unterscheidet und die nicht als Nationalsprache angesehen wird,[75] wobei neben der Hochsprache auch Dialekte erfaßt werden.[76]

Eine *religiöse* Minderheit bekennt sich zu religiösen Vorstellungen oder konfessionellen Zugehörigkeiten, die nicht mit der offiziellen Staatsreligion oder dem religiösen Bekenntnis der Mehrheit der Bevölkerung übereinstimmen oder im Gegensatz zur atheistischen Haltung der Bevölkerungsmehrheit stehen.[77] Die Begriffe *Religion* oder gegebenenfalls *Überzeugung* sind dabei im weitesten Sinne auszulegen und umfassen jede theistische, nicht-theistische oder atheistische Haltung.[78]

In diesem Zusammenhang sei auch noch auf den Begriff der *Volksgruppe* hingewiesen, der in den allermeisten Fällen synonym zum Begriff der ethnischen oder der nationalen Minderheit verwendet wird.[79] Aufgrund einer pejorativen Konnotation, die dem Begriff der Minderheit anhaften soll, bevorzugen es manche Minderheitengruppen, als *Volksgruppe* bezeichnet zu werden.[80]

---

[72] Dänemark wäre beispielsweise der ko-nationale Staat der dänischen Minderheit in Deutschland.

[73] So haben beispielsweise die Sorben in Deutschland keinen entsprechenden ko-nationalen Staat.

[74] *Eglin*, Demokratie und Minderheiten, S. 204.

[75] *Ermacora*, Minderheitenschutz im Rahmen der Vereinten Nationen, S. 46.

[76] *Pircher*, Der vertragliche Schutz ethnischer, sprachlicher und religiöser Minderheiten im Völkerrecht, S. 35; *Messtorff*, Die Rechtsstellung der ethnischen Minderheiten in der Bundesrepubik Deutschland, S. 5 f.

[77] *Ermacora*, Minderheitenschutz im Rahmen der Vereinten Nationen, S. 45.

[78] *Blumenwitz*, Minderheiten- und Volksgruppenrecht – Aktuelle Entwicklungen, S. 29.

[79] Vgl. *Blumenwitz*, Minderheiten- und Volksgruppenrecht – Aktuelle Entwicklungen, S. 31, der die verschiedenen Kriterien erläutert, die zur Abgrenzung der beiden Begriffe entwickelt wurden. Vgl. zum Ganzen auch *Pernthaler*, in: *Wittmann/Graf Bethlen*, Volksgruppenrecht, S. 9, 10; *Brunner*, Das Parlament vom 20. August 1999, S. 1.

[80] GVK, Arbeitsunterlage Nr. 77 (Positionspapier des Justizministeriums von Brandenburg), S. 6 und Anl. 2: Danach verstehen sich die Dänen in Deutschland als *nationale Minderheit*, wohingegen die Friesen, die Sorben

III. Minderheitengruppen in der Bundesrepublik Deutschland

Vor einer juristischen Analyse des verfassungsrechtlichen Minderheitenschutzes in Deutschland sollen zunächst die tatsächlichen und die potentiellen Rechtsträger vorgestellt werden. Zur Einteilung bietet sich eine Aufgliederung danach an, über welchen verfassungsmäßigen Schutzstandard die verschiedenen Personengruppen, die als Minderheiten anerkannt sind oder zumindest in Betracht gezogen werden, verfügen.[81]

1. Minderheitengruppen mit gesichertem verfassungsrechtlichen Status

Eine verfassungsrechtlich abgesicherte Stellung haben in Deutschland die dänische Minderheit, die friesische Volksgruppe und die Sorben.

a) Die Dänen

Die dänische Minderheit[82] ist nach ihrem Selbstverständnis eine Gruppe deutscher Staatsbürger, die sich in besonderer Weise der dänischen Kultur, Tradition und Sprache verbunden und verpflichtet sieht und das Königreich Dänemark als ihr kulturelles Vaterland betrachtet.[83] Das Siedlungsgebiet der dänischen Minderheit liegt in dem Landesteil Schleswig (aus dänischer Sicht Südschleswig oder Sydslesvig) des deutschen Bundeslandes Schleswig-Holstein, das sich von der deutsch-dänischen Grenze bis zum Fluß Eider erstreckt. Zentren sind die Städte Flensburg mit einem dänischen Bevölkerungsanteil von 20%, Schleswig und

---

und die Sinti und Roma es vorziehen, als *Volksgruppe* bezeichnet zu werden (Ergebnis einer vom Justizministerium des Landes Brandenburg durchgeführten Umfrage).

[81] Diese Einteilung folgt der von *Siegert*, Minderheitenschutz in der Bundesrepublik Deutschland, S. 72 ff.

[82] Vgl. allgemein: *Hahn*, in: *Frowein/Hofmann/Oeter*, Das Minderheitenrecht europäischer Staaten, Teil 1, S. 62, 64 ff.; *Präsidentin des Schleswig-Holsteinischen Landtages* (Hrsg.), Minderheitenbericht 1992-1996 der Landesregierung Schleswig-Holstein, S. 39 ff.; *Präsidentin des Schleswig-Holsteinischen Landtages* (Hrsg.), Bericht zur Arbeit der Minderheiten und der friesischen Volksgruppe für die 12. Legislaturperiode (1988-1992), S. 47 ff.; *Sigaard-Madsen*, in: *Schmalz-Jacobsen/Hansen* (Hrsg.), Ethnische Minderheiten in der Bundesrepublik Deutschland, S. 134 ff.; *Königlich Dänisches Ministerium des Äußeren*, 40 Jahre Zusammenarbeit im Grenzland, S. 19 ff.; *Runge*, in: *Hansen/Johannsen/Runge/Steensen*, Minderheiten im deutsch-dänischen Grenzbereich, S. 73 ff.; *Dansk Generalsekretariat*, Südschleswig, S. 4 ff.; *Minority Rights Group*, World Directory of Minorities, S. 150 f.

[83] *Präsidentin des Schleswig-Holsteinischen Landtages* (Hrsg.), Minderheitenbericht 1992-1996 der Landesregierung Schleswig-Holstein, S. 39; *Sigaard-Madsen*, in: *Schmalz-Jacobsen/Hansen* (Hrsg.), Ethnische Minderheiten in der Bundesrepublik Deutschland, S. 134 f.

Husum sowie andere kleinere Gemeinden. Die soziologische Struktur der Minderheit ist jener der deutschen Mehrheitsbevölkerung sehr ähnlich.[84]

Die dänische Minderheit in der Bundesrepublik Deutschland und die deutsche Minderheit im Königreich Dänemark bildeten sich im Grenzgebiet an der schmalsten Stelle der Jütland-Halbinsel heraus, wo beide Völker über ein Jahrtausend aufeinandertrafen und sich vermischten und wo im Laufe der Geschichte die Grenze mehrmals verschoben wurde.[85] Die moderne Geschichte der dänisch-deutschen Frage beginnt 1864.[86] Bis zu dieser Zeit gehörten die Herzogtümer Schleswig und Holstein zur dänischen Krone, wobei der König von Dänemark in Personalunion auch Herzog von Schleswig, Holstein und Lauenburg war.[87] Die beiden letzteren Herzogtümer hatten eine rein deutsche Bevölkerung und waren Mitglieder des Deutschen Bundes, wohingegen Schleswig über eine gemischte dänische und deutsche Bevölkerung verfügte und nicht Mitglied des Deutschen Bundes war. Als Folge der Niederlage im Deutsch-Dänischen Krieg von 1863/64 verlor Dänemark die drei Herzogtümer an Preußen und Österreich als Kondominium beider.[88]

Am Ende des Ersten Weltkrieges beschlossen die alliierten Siegermächte, die Schleswig-Frage durch eine Volksabstimmung zu lösen. Im Friedensvertrag von Versailles von 1919 wurde zwischen den Bündnismächten und Deutschland festgelegt, daß in Schleswig zwei Volksabstimmungen durchgeführt werden sollten.[89] In zwei Zonen, die der Vertrag festlegte, wurden am 10. Februar und am 14. März 1920 Referenden durchgeführt, bei denen die wahlberechtigten Bürger dieser Gebiete und früher dort Ansässige abstimmen konnten. Das nördliche Gebiet stimmte für einen Anschluß an Dänemark und der südliche Teil votierte für Deutschland, womit im Ergebnis die Aufteilung Schleswigs beschlossen war.[90] Die 1920 so festgelegte Grenze hatte auch nach dem Zweiten Weltkrieg Bestand. Zwar bot die britische

---

[84] *Königlich Dänisches Ministerium des Äußeren*, 40 Jahre Zusammenarbeit im Grenzland, S. 19 f.

[85] Die Geschichte der deutsch-dänischen Beziehungen vor dem Hintergrund der Landtagswahl in Schleswig-Holstein 2000 ist kurz dargestellt bei *Wenz*, FAZ vom 5. Januar 2000.

[86] Zur Geschichte des dänisch-deutschen Verhältnisses vgl. *Hansen*, in: *Hansen/Johannsen/Runge/Steensen*, Minderheiten im deutsch-dänischen Grenzbereich, S. 13 ff.; *Dansk Generalsekretariat*, Südschleswig, S. 4 ff.

[87] Die besondere Situation der Elbherzogtümer Schleswig und Holstein hatte vorher bereits in den Revolutionsjahren 1848/49 zum Krieg des Deutschen Bundes und Preußens mit Dänemark geführt, weil Dänemark völkerrechtswidrig Schleswig annektiert hatte. Vgl. *Müller*, Schlaglichter der deutschen Geschichte, S. 174.

[88] *Berber*, Lehrbuch des Völkerrechts, Bd. 1, 2. Aufl., S. 310.

[89] Art. 109 bis 113 des Friedensvertrages von Versailles, RGBl. 1919, S. 879 ff., legten die Modalitäten der Durchführung dieser Volksabstimmung fest. Vgl. auch *Sigaard-Madsen*, in: *Schmalz-Jacobsen/Hansen* (Hrsg.), Ethnische Minderheiten in der Bundesrepublik Deutschland, S. 135.

[90] *Königlich Dänisches Ministerium des Äußeren*, 40 Jahre Zusammenarbeit im Grenzland, S. 10 ff.; *Sigaard-Madsen*, in: *Schmalz-Jacobsen/Hansen* (Hrsg.), Ethnische Minderheiten in der Bundesrepublik Deutschland, S. 135.

Militärregierung Dänemark am 9. September 1946 eine Grenzrevision an;[91] da die dänische Regierung jedoch die Schwäche des besiegten Deutschlands nicht für eine Entscheidung ausnutzen wollte, die das zukünftige Verhältnis beider Staaten wohl schwer belastet hätte, lehnte sie diesen Vorschlag am 19. Oktober 1946 ab.[92]

Die dänische Minderheit besteht heute aus etwa 50.000[93] Angehörigen.[94] Diese Zahl kann allerdings nur geschätzt werden, da die Verfassung des Landes Schleswig-Holstein vorsieht, daß das Bekenntnis zur Minderheit frei ist[95] und die Minderheitsangehörigen nicht verpflichtet sind, dieses Bekenntnis in irgendeiner Weise amtlich zu bekunden. Neben der dänischen und der deutschen Sprache bedienen sich die Angehörigen der dänische Minderheit auch des Plattdeutschen, also einer niederdeutschen Regionalsprache, und des Sønderjysk, eines südjütischen Dialekts.[96]

Grundlage der Rechte und der verfassungsmäßigen Sonderstellung der dänischen Minderheit bildet die Bonn-Kopenhagener Erklärung vom 29. März 1955,[97] der eine Erklärung der Landesregierung von Schleswig-Holstein vom 26. September 1949,[98] die sogenannte „Kieler Erklärung", vorangegangen war. Überdies ist der Minderheitenschutz seit langem in der Schleswig-Holsteinischen Landesverfassung verankert.[99] Das Bundesrecht und das schleswig-holsteinische Landesrecht befreit Minderheitenparteien von der 5%-Hürde bei Bundestags- und Landtagswahlen und auch schulrechtlich genießt die dänische Minderheit eine Sonderstellung, die ebenfalls verfassungsrechtlich untermauert ist.[100] Seit 1965 besteht beim

---

[91] *Teef*, Das Parlament vom 20. August 1999, S. 6.

[92] *Runge*, in: *Hansen/Johannsen/Runge/Steensen*, Minderheiten im deutsch-dänischen Grenzbereich, S. 73, 136.

[93] Wenn hier und im Folgenden in bezug auf andere Minderheiten Zahlenangaben gemacht werden, so können und sollen dies immer nur Anhaltspunkte sein, um dem Leser eine Vorstellung von der ungefähren Größe der jeweiligen Gruppe zu vermitteln. Exakte Zahlenangaben existieren in diesem Bereich nicht. Wenn Zahlenangaben im Schrifttum divergierten, wurde versucht, hier einen Mittelwert anzugeben.

[94] *Königlich Dänisches Ministerium des Äußeren*, 40 Jahre Zusammenarbeit im Grenzland, S. 20; *Präsidentin des Schleswig-Holsteinischen Landtages* (Hrsg.), Minderheitenbericht 1992-1996 der Landesregierung Schleswig-Holstein, S. 39; *Sigaard-Madsen*, in: *Schmalz-Jacobsen/Hansen* (Hrsg.), Ethnische Minderheiten in der Bundesrepublik Deutschland, S. 135; *Siegert*, Minderheitenschutz in der Bundesrepublik Deutschland, S. 72; *Fischer/Schulz*, Vom Kanon der Kulturen, S. 18; *Kühl*, The Schleswig Experience, S. 35.

[95] Art. 5 Abs. 1 der Verfassung des Landes Schleswig-Holstein; näheres hierzu in Kapitel 6.

[96] *Königlich Dänisches Ministerium des Äußeren*, 40 Jahre Zusammenarbeit im Grenzland, S. 20.

[97] Erklärung der Bundesregierung, abgedruckt in: BT.-Drucks. 2/145.

[98] Erklärung des schleswig-holsteinischen Ministerpräsidenten, abgedruckt in: GVBl. Schleswig-Holstein 1949, S. 183.

[99] Vgl. hierzu Kapitel 6.

[100] *Dansk Skoleforening for Sydslesvig*, Dänische Schulen und Kindergärten in Südschleswig, S. 19.

Bundesminister des Inneren ein Beratender Ausschuß für Fragen der dänischen Minderheit, dessen Vorsitzender der Bundesminister des Inneren ist, und dem je zwei Vertreter der Fraktionen des Deutschen Bundestages, der schleswig-holsteinische Minister für Bundes- und Europaangelegenheiten, sowie drei Vertreter der dänischen Minderheit angehören. Dieser Ausschuß tritt einmal jährlich zusammen und erörtert Fragen der Bundesinnenpolitik, welche die dänische Minderheit berühren.[101] Am 28. Januar 1986 bat der Schleswig-Holsteinische Landtag die Landesregierung, in jeder Legislaturperiode einen Bericht vorzulegen über die Entwicklung der Arbeit der dänischen Minderheit im Land im kulturellen und sozialen Bereich, ihre finanziellen, wirtschaftlichen und organisatorischen Bedingungen und ihre politische und gesellschaftliche Bedeutung für die Entwicklung des Landesteils Schleswig und das Zusammenleben von Minderheit und Mehrheit in diesem Raum. Bislang sind dieser Maßgabe folgend vier Minderheitenberichte erschienen.[102] Seit dem 1. November 1988 gibt es schließlich den ehrenamtlichen Posten eines *Beauftragten des Ministerpräsidenten für Fragen der deutschen und dänischen Minderheiten und für friesische Angelegenheiten* (*Grenzlandbeauftragter* oder *Minderheitenbeauftragter*).[103] Der Grenzlandbeauftragte beobachtet die Entwicklung im kulturellen, sozialen und wirtschaftlichen Bereich des Grenzlandes mit Auswirkungen auf die Minderheiten und Volksgruppen. Er wirkt sozusagen als Mediator zwischen der Minderheit und der Politik bzw. den Institutionen der Mehrheit und berät den Ministerpräsidenten in der Minderheitenpolitik.[104]

Die politische Organisation der dänischen Minderheit (und auch der friesischen Volksgruppe) ist der Südschleswigsche Wählerverband (Sydslesvigs Vælgerforening - SSW), der seit 1996 über zwei Mandate im schleswig-holsteinischen Landtag verfügt.[105] Bei den Kommunalwahlen vom 22. März 1998 konnte der SSW in den Kreisen, Städten und Gemeinden fast 170 Mandate erzielen. Erstmalig besteht im Rahmen der Landtagswahl 2000

---

[101] *Königlich Dänisches Ministerium des Äußeren*, 40 Jahre Zusammenarbeit im Grenzland, S. 21; *Präsidentin des Schleswig-Holsteinischen Landtages* (Hrsg.), Minderheitenbericht 1992-1996 der Landesregierung Schleswig-Holstein, S. 39 f.

[102] Der erste Minderheitenbericht wurde im Schleswig-Holsteinischen Landtag am 29. Oktober 1986 debattiert, vgl. Plenarprotokoll der 91. Sitzung des Schleswig-Holsteinischen Landtages und LT.-Drucks. (Schleswig-Holstein) 10/1730; vgl. auch die Minderheitenberichte für die 12., 13. und 14. Legislaturperiode: *Präsidentin des Schleswig-Holsteinischen Landtages* (Hrsg.), Bericht zur Arbeit der Minderheiten und der friesischen Volksgruppe für die 12. Legislaturperiode (1988-1992) und *Präsidentin des Schleswig-Holsteinischen Landtages* (Hrsg.), Minderheitenbericht 1992-1996 der Landesregierung Schleswig-Holstein; *Präsident des Schleswig-Holsteinischen Landtages* (Hrsg.), Minderheitenbericht 1996-2000 der Landesregierung Schleswig-Holstein. Der nächste Minderheitenbericht wird im Jahr 2004 erscheinen.

[103] *Präsident des Schleswig-Holsteinischen Landtages* (Hrsg.), Minderheitenbericht 1996-2000 der Landesregierung Schleswig-Holstein, S. 41.

[104] *Präsidentin des Schleswig-Holsteinischen Landtages* (Hrsg.), Bericht zur Arbeit der Minderheiten und der friesischen Volksgruppe für die 12. Legislaturperiode (1988-1992), S. 41; *Fischer/Schulz*, Vom Kanon der Kulturen, S. 72 ff.

[105] Die Inhalte, die der SSW im Landtagswahlkampf 2000 vertrat, sind dargestellt bei *Wenz*, FAZ vom 5. Januar 2000.

landesweit die Möglichkeit einer Zweitstimmenabgabe für den SSW.[106] 1991 wurde von dänischen Organisationen und Institutionen auf Anregung des SSW der Sydslesvigsk Oplysningsforbund e.V. gegründet, der die Aufgabe hat, kulturelle und politische Informationen an und über Angehörige der dänischen Minderheit und der friesischen Volksgruppe zu verbreiten.[107]

Hauptorganisation für die kulturelle Arbeit[108] der dänischen Minderheit ist der am 26. Juni 1920 in Flensburg gegründete Südschleswigsche Verein (Sydslesvigsk Forening - SSV), der ca. 17.000 Mitglieder hat. Dem SSV ist der Verein für nationale Friesen (Foriining for nationale Friiske - NF), der ca. 800 Mitglieder zählt, angeschlossen. Der Zweck des SSV ist *„die Verbreitung der dänischen Sprache, dänische und nordische Kultur zu schützen und zu fördern, dänisches Volkstum in Südschleswig zu verwirklichen, das Verständnis für die südschleswigsche Heimat und ihre Eigenart zu mehren und den Zusammenhalt der Mitglieder untereinander zu stärken.“*[109] Darüber hinaus organisiert der SSV dänische Theater-, Konzert- und Filmveranstaltungen und unterhält einen Pressedienst zur Unterrichtung deutscher und dänischer Medien. Dem SSV sind 27 Vereine, ein Museum sowie mehrere Altenheime und Begegnungsstätten angeschlossen. Anlaufstelle in bezug auf kulturelle Angelegenheiten ist das Dänische Generalsekretariat (Dansk Generalsekretariat) in Flensburg.[110] Als Koordinierungsorgan für alle dänischen Organisationen und Aktivitäten fungiert der Gemeinsame Rat (Det Sydslesvigske Samråd). Der SSV pflegt vielfache Verbindungen zu Dänemark und anderen nordischen Ländern und ist mit Organisationen anderer nationaler Minderheiten in der Föderalistischen Union Europäischer Volksgruppen (FUEV) zusammengeschlossen.[111]

Eine weitere wichtige Komponente des kulturellen Lebens ist ein Bibliothekensystem, dessen Zentrum die Dänische Zentralbibliothek für Südschleswig (Dansk Centralbibliothek for

---

[106] *Fischer/Schulz*, Vom Kanon der Kulturen, S. 19; *Wenz*, FAZ vom 5. Januar 2000 und *Zastrow*, FAZ vom 8. Januar 2000. *Zastrow* zweifelt die Verfassungsmäßigkeit des neu eingeführten Zwei-Stimmen-Wahlrechts an, welches dem SSW in Kreisen Zugewinne verheißt, in denen er nicht einmal Direktkandidaten aufstellen muß, während die Wahlrechtsprivilegierung aufrechterhalten bleibt.

[107] *Präsidentin des Schleswig-Holsteinischen Landtages* (Hrsg.), Minderheitenbericht 1992-1996 der Landesregierung Schleswig-Holstein, S. 39.

[108] *Präsident des Schleswig-Holsteinischen Landtages* (Hrsg.), Minderheitenbericht 1996-2000 der Landesregierung Schleswig-Holstein, S. 43.

[109] § 2 der Vereinssatzung des SSV von 1990. Zitiert nach *Sigaard-Madsen*, in: *Schmalz-Jacobsen/Hansen* (Hrsg.), Ethnische Minderheiten in der Bundesrepublik Deutschland, S. 148.

[110] *Präsidentin des Schleswig-Holsteinischen Landtages* (Hrsg.), Minderheitenbericht 1992-1996 der Landesregierung Schleswig-Holstein, S. 40.

[111] *Königlich Dänisches Ministerium des Äußeren*, 40 Jahre Zusammenarbeit im Grenzland, S. 22; *Präsident des Schleswig-Holsteinischen Landtages* (Hrsg.), Minderheitenbericht 1996-2000 der Landesregierung Schleswig-Holstein, 37.

Sydslesvig) in Flensburg ist. Die dänische Zentralbibliothek unterhält in Husum und Schleswig Hauptfilialen, 110 kleinere Filialen in Schulen und Kindergärten sowie eine Forschungsabteilung und ein Archiv.[112] Das Zentrum der dänischen Medienlandschaft in Deutschland ist die überwiegend dänischsprachige Tageszeitung *Flensborg Avis*, die täglich 15.000 Leser im Minderheitsgebiet erreicht. *Flensborg Avis* ist weiterhin anteilig am Privatsender *Radio Schleswig-Holstein (RSH)* beteiligt, der täglich Nachrichtensendungen in dänischer Sprache ausstrahlt. Viele Minderheitsangehörige informieren sich über die dänischen Fernseh-, Funk- und Pressemedien, die im Minderheitsgebiet problemlos zugänglich sind.[113]

Die evangelisch-lutherische dänische Kirche in Südschleswig e.V. (Dansk Kirke i Sydslesvig) kümmert sich als Trägerin des kirchlichen Lebens um die Seelsorge im Minderheitsgebiet. Sie umfaßt 43 eigene Kirchengemeinden mit 24 Pastoren und besitzt zehn eigene Kirchen.[114]

Träger der Schul- und Kindergartenarbeit[115] ist der Dänische Schulverein für Südschleswig e.V. (Dansk Skoleforening for Sydslesvig), der gegenwärtig 53 Schulen und 61 Kindergärten betreibt, die von insgesamt rund 7.500 Kindern besucht werden. Die dänischen Schulen sind als staatlich anerkannte Ersatzschulen in freier Trägerschaft organisiert, werden vom Land Schleswig-Holstein finanziell gefördert und unterstehen der staatlichen Aufsicht des schleswig-holsteinischen Kultusministeriums.[116] Das Land Schleswig-Holstein übernimmt pro Schüler 100% der Kosten, die im Durchschnitt für einen Schüler einer vergleichbaren öffentlichen Schule aufgewendet werden. Weitere Zuschüsse für die Kosten des Schülertransports werden vom Land Schleswig-Holstein, von den Kreisen und Gemeinden gewährt. Unterrichtssprache in den Minderheitenschulen ist dänisch, Deutsch ist jedoch Pflichtfach. Die erworbenen Abschlüsse werden sowohl in Deutschland als auch in Dänemark anerkannt.[117]

---

[112] *Königlich Dänisches Ministerium des Äußeren*, 40 Jahre Zusammenarbeit im Grenzland, S. 24.

[113] *Präsidentin des Schleswig-Holsteinischen Landtages* (Hrsg.), Minderheitenbericht 1992-1996 der Landesregierung Schleswig-Holstein, S. 42; *Königlich Dänisches Ministerium des Äußeren*, 40 Jahre Zusammenarbeit im Grenzland, S. 22.

[114] *Präsidentin des Schleswig-Holsteinischen Landtages* (Hrsg.), Minderheitenbericht 1992-1996 der Landesregierung Schleswig-Holstein, S. 40; *Sigaard-Madsen*, in: *Schmalz-Jacobsen/Hansen* (Hrsg.), Ethnische Minderheiten in der Bundesrepublik Deutschland, S. 150.

[115] *Präsident des Schleswig-Holsteinischen Landtages* (Hrsg.), Minderheitenbericht 1996-2000 der Landesregierung Schleswig-Holstein, S. 44.

[116] *Dansk Skoleforening for Sydslesvig*, Dänische Schulen und Kindergärten in Südschleswig, S. 15 ff.

[117] *Präsidentin des Schleswig-Holsteinischen Landtages* (Hrsg.), Minderheitenbericht 1992-1996 der Landesregierung Schleswig-Holstein, S. 40 f.; *Königlich Dänisches Ministerium des Äußeren*, 40 Jahre Zusammenarbeit im Grenzland, S. 22 f.

Die Jugendarbeit wird vom Dänischen Jugendverband für Südschleswig (Sydslesvigs danske Ungdomsforening - SdU) koordiniert, einem Dachverband, dem 74 Vereine mit insgesamt ca. 12.000 Mitgliedern angehören. Die Finanzierung von Projekten und Einrichtungen in diesem Bereich erfolgt größtenteils durch den dänischen Staat.[118]

Die Sozialarbeit wird vom Dänischen Gesundheitsdienst für Südschleswig (Dansk Sundhedstjeneste for Sydslesvig), in dem die sozialen Dienste für die dänische Minderheit organisiert sind, wahrgenommen. Der Dänische Gesundheitsdienst für Südschleswig betreibt eigene Sozialstationen und Krankenpflegestationen sowie Alten-, Pflege- und Kinderheime. Außerdem nimmt er die Schulgesundheitspflege in den Minderheitenschulen sowie die Mütterberatung und die Säuglingspflege wahr.[119]

Obwohl es gelegentlich Schwierigkeiten in einigen Bereichen geben mag,[120] gestaltet sich das Zusammenleben von deutscher Mehrheitsbevölkerung und dänischer Minderheit in Schleswig-Holstein im täglichen Leben als unproblematisch.[121] Im allgemeinen wird das deutsch-dänische Minderheitenmodell insgesamt aber sehr positiv bewertet.[122]

b) Die Friesen

Die Volksgruppe der Friesen[123] wird gemäß ihren drei Hauptsiedlungsgebieten in Europa häufig in drei Gruppen eingeteilt. Die mit ca. 500.000 Personen zahlenmäßig größte Gruppe,

---

118 *Präsidentin des Schleswig-Holsteinischen Landtages* (Hrsg.), Minderheitenbericht 1992-1996 der Landesregierung Schleswig-Holstein, S. 41; *Königlich Dänisches Ministerium des Äußeren*, 40 Jahre Zusammenarbeit im Grenzland, S. 24.

119 *Präsidentin des Schleswig-Holsteinischen Landtages* (Hrsg.), Minderheitenbericht 1992-1996 der Landesregierung Schleswig-Holstein, S. 41 f.

120 Gelegentlich beklagt sich die dänische Minderheit über die Unterfinanzierung einiger ihrer Projekte, vgl. *Boehm*, AWR-Bulletin 1994, S. 34, 41; *Königlich Dänisches Ministerium des Äußeren*, 40 Jahre Zusammenarbeit im Grenzland, S. 25.

121 *Siegert*, Minderheitenschutz in der Bundesrepublik Deutschland, S. 74; *Blumenwitz*, Minderheiten- und Volksgruppenrecht – Aktuelle Entwicklungen, S. 109; *Runge*, in: *Hansen/Johannsen/Runge/Steensen*, Minderheiten im deutsch-dänischen Grenzbereich, S. 73, 154 f.

122 *Kühl*, The Schleswig Experience, S. 33 ff.; *Ipsen*, in: *Heintze*, Selbstbestimmungsrecht der Völker – Herausforderung der Staatenwelt, S. 327, 339.

123 Zur Volksgruppe der Friesen in Deutschland vgl. allgemein: *Steensen*, in: *Hansen/Johannsen/Runge/Steensen*, Minderheiten im deutsch-dänischen Grenzbereich, S. 159 ff.; *Siegert*, Minderheitenschutz in der Bundesrepublik Deutschland, S. 75 ff.; *Blumenwitz*, Minderheiten- und Volksgruppenrecht – Aktuelle Entwicklungen, S. 109 f.; *Präsident des Schleswig-Holsteinischen Landtages* (Hrsg.), Minderheitenbericht 1996-2000 der Landesregierung Schleswig-Holstein, S. 50 ff.; *Präsidentin des Schleswig-Holsteinischen Landtages* (Hrsg.), Minderheitenbericht 1992-1996 der Landesregierung Schleswig-Holstein, S. 45 ff.; *Präsidentin des Schleswig-Holsteinischen*

die Westfriesen, lebt in den Niederlanden in der Provinz Friesland (in Deutschland als Westfriesland bezeichnet) mit dem Zentrum Leeuwarden. Dort ist Friesisch, das von ca. 400.000 Westfriesen auch heute noch gesprochen wird, als zweite Reichssprache gleichberechtigt. Darüber hinaus wird der Existenz der Minderheit durch Sonderregelungen im Schul- und Verwaltungsrecht Rechnung getragen.[124] In Deutschland leben die Friesen hauptsächlich in den Bundesländern Niedersachsen und Schleswig-Holstein. In Niedersachsen leben ca. 100.000 Ostfriesen, deren Hauptsiedlungsgebiet zwischen der Ems und dem Jadebusen um die Zentren Aurich und Leer gelegen ist.[125] Dieser Gruppe ist jedoch das bedeutendste identitätsstiftende Merkmal, die Beherrschung der ostfriesischen Sprache, abhanden gekommen. Die ostfriesische Sprache hat in Niedersachsen nur noch im Saterland, einer kleinen ostfriesischen Enklave im Landkreis Cloppenburg zwischen Oldenburg und Leer, überlebt. In den Dörfern Ramsloh, Strücklingen und Scharrel sowie in angrenzenden Bauernschaften wird Ostfriesisch oder Saterfriesisch noch von ca. 2.000 Personen aktiv gesprochen.[126] Das Siedlungsgebiet der Nordfriesen liegt im Bundesland Schleswig-Holstein im Kreis Nordfriesland. Das Siedlungszentrum befindet sich im Gebiet um Niebüll auf dem Festland sowie auf den Inseln Amrum, Föhr, Sylt und Helgoland. Von den 50.000 Personen, die sich als Nordfriesen bezeichnen, beherrschen noch ca. 10.000 die friesische Sprache und etwa doppelt so viele Personen haben eine passive Sprachkenntnis.[127]

Die friesische Landnahme erfolgte in zwei Wellen im 7. und 8. bzw. im 10. und 11. Jahrhundert. In der friesischen Geschichte gab es zwei Ansätze einer Nationalbewegung, und zwar in den Jahren 1848 und 1919/20. Diesen fehlte jedoch jedesmal der notwendige Rückhalt in der Bevölkerung. Spätere politische Bestrebungen richteten sich im allgemeinen auf die Erreichung und Sicherung von Rechten zum Schutze der ethnischen Identität der Volksgruppe im Rahmen des bestehenden Staatsverbandes, selten auf kulturelle Autonomie und niemals auf die Errichtung eines eigenen Staates.[128] In der Folge des Deutsch-Dänischen

---

Landtages (Hrsg.), Bericht zur Arbeit der Minderheiten und der friesischen Volksgruppe für die 12. Legislaturperiode (1988-1992), S. 59 ff.; *Holander*, Europa Ethnica 1994, S. 16 ff.; *Steensen*, pogrom 179, Okt./Nov. 1994, S. 13 ff.; *Steensen*, in: *Christian-Albrechts-Universität zu Kiel/Schleswig-Holsteinischer Landtag*, Aspekte der Minderheiten- und Volksgruppenpolitik, S. 75 ff.

[124] *Holander*, Europa Ethnica 1994, S. 16; *Tholund*, in: *Gemeinsame Verfassungskommission*, Stenographischer Bericht der 9. Öffentlichen Anhörung, Rechte ethnischer Minderheiten, S. 8.

[125] *Hahn*, in: *Frowein/Hofmann/Oeter*, Das Minderheitenrecht europäischer Staaten, Teil 1, S. 62, 65; *Tholund*, in: *Gemeinsame Verfassungskommission*, Stenographischer Bericht der 9. Öffentlichen Anhörung, Rechte ethnischer Minderheiten, S. 36.

[126] *Fort*, pogrom 179, Okt./Nov. 1994, S. 17.

[127] *Tholund*, in: *Gemeinsame Verfassungskommission*, Stenographischer Bericht der 9. Öffentlichen Anhörung, Rechte ethnischer Minderheiten, S. 8; *Präsidentin des Schleswig-Holsteinischen Landtages* (Hrsg.), Minderheitenbericht 1992-1996 der Landesregierung Schleswig-Holstein, S. 45.

[128] *Steensen*, in: *Hansen/Johannsen/Runge/Steensen*, Minderheiten im deutsch-dänischen Grenzbereich, S. 159, 160; *Holander*, Europa Ethnica 1994, 16, 17.

Krieges von 1863/64 kam Nordfriesland unter deutsche Hoheit. Seit 1867 gehört es der preußischen Provinz an und seit 1946 dem Bundesland Schleswig-Holstein.[129]

Das wichtigste Identitätsmerkmal der Friesen ist ihre eigene Sprache,[130] die zum anglo-friesischen Zweig der westgermanischen Sprachen gehört und daher in erster Linie dem Englischen verwandt ist. Im öffentlichen Leben Deutschlands hat die friesische Sprache allerdings nie eine Rolle gespielt. Zu keinem Zeitpunkt hatte Friesisch den Status einer Amts-, Gerichts- oder Kirchensprache in Deutschland erreichen können. In einigen Gemeinden können immerhin Trauungen auf Friesisch durchgeführt werden, Gemeinderatssitzungen auf Friesisch abgehalten werden und Straßen friesische Namen tragen.[131] Genau genommen gibt es keine einheitliche friesische Sprache. Das Friesische ist vielmehr eine Sprachgruppe, deren Glieder sich zum Teil erheblich voneinander unterscheiden. Das Westfriesische ist eine voll ausgeprägte Kultursprache. Das Ostfriesische ist mit Ausnahme der oben erwähnten kleine Sprachenklave im Saterland nahezu ausgestorben. Das Nordfriesische ist schließlich eine Gruppe von lokalen Dialekten ohne verbindende Hochsprache.[132] Es zerfällt im wesentlichen in zwei Dialektgruppen: das Inselnordfriesisch mit drei Hauptdialekten und das Festlandsnordfriesisch mit sechs Hauptdialekten. Die Heterogenität der friesischen Sprachgruppen ist so gravierend, daß sich beispielsweise ein Westfriese und ein Nordfriese nicht auf *Friesisch* verständigen können und Sprecher der verschiedenen Nordfriesischsprachgruppen untereinander Verständigungsschwierigkeiten haben.[133] Der große kulturelle Reichtum der sprachlichen Vielfalt ist daher prägendes Charakteristikum der Region. Im Norden des Kreises Nordfriesland existieren beispielsweise auf engstem Raum fünf autochthone Sprachen nebeneinander: Neben den Hochsprachen Hochdeutsch und Hochdänisch werden die Volkssprachen Niederdeutsch (Plattdeutsch) und Süderjütisch (Plattdänisch oder Sønderjysk) und eben Friesisch gesprochen. Alle in Deutschland ansässigen Friesen beherrschen die hochdeutsche Sprache, die meisten außerdem noch Niederdeutsch und viele schließlich auch noch Dänisch.[134] Die natürliche Mehrsprachigkeit erleichtert den Friesen den Zugang zu Fremdsprachen, insbesondere zur Weltsprache Englisch, das dem Friesischen verwandter ist als Hochdeutsch, und anderen nordischen Sprachen. Daher wird der Trend zur Einsprachigkeit, der erst in den letzten Jahrzehnten zu

---

[129] Geschichtliche Details finden sich bei *Steensen*, in: *Hansen/Johannsen/Runge/Steensen*, Minderheiten im deutsch-dänischen Grenzbereich, S. 159 ff.

[130] *Schümer*, FAZ vom 20. Februar 1999.

[131] *Steensen*, in: *Hansen/Johannsen/Runge/Steensen*, Minderheiten im deutsch-dänischen Grenzbereich, S. 159, 178.

[132] *Holander*, Europa Ethnica 1994, S. 16.

[133] *Martinen*, in: *Holander/Steensen* (Hrsg.), Friesen und Sorben, S. 38; *Steensen*, in: *Hansen/Johannsen/Runge/Steensen*, Minderheiten im deutsch-dänischen Grenzbereich, S. 159, 167 ff.; *Steensen*, in: *Christian-Albrechts-Universität zu Kiel/Schleswig-Holsteinischer Landtag*, Aspekte der Minderheiten- und Volksgruppenpolitik, S. 75, 79 f.

[134] *Steensen*, in: *Hansen/Johannsen/Runge/Steensen*, Minderheiten im deutsch-dänischen Grenzbereich, S. 159, 167 ff.

beobachten war, von vielen bedauert. Die Gründe für diesen Trend sind vielschichtig: Friesisch hatte eine Zeitlang gegenüber dem Hochdeutschen den Nimbus einer minderwertigen *Kleine-Leute-Sprache*, weshalb viele Eltern auch fürchteten, daß der Gebrauch der friesischen Sprache das schulische und berufliche Fortkommen ihrer Kinder behindern könnte. Ein weiterer Grund ist das Abwandern junger Friesen aus den strukturschwachen angestammten Siedlungsgebieten aus ökonomischen Gründen. Diese Personen scheiden damit sowohl als Adressaten als auch als Träger friesischer Sprache und Kultur aus.[135] Aus all diesen Gründen wird der Fortbestand der friesischen Sprache, zumindest in seiner immer noch vorhandenen Vielfalt, als existentiell bedroht angesehen.[136] Vor diesem Hintergrund erklärt sich auch die Hoffnung, welche die friesische Volksgruppe in die Tatsache setzt, daß ihre Sprache, genauer gesagt das Nord- und das Saterfriesisch, als Minderheitensprache unter Teil III der am 1. Januar 1999 für die Bundesrepublik Deutschland in Kraft getretenen Europäischen Charta der Regional- und Minderheitensprachen[137] geschützt wird.[138]

Die rechtliche und politische Absicherung der Minderheitenrechte der Friesen verbesserte sich erst in den letzten Jahren. Zwar war die friesische Bevölkerung in der Kieler Erklärung von 1949[139] erwähnt; ein Äquivalent zur Bonn-Kopenhagener Erklärung,[140] die in gewisser Weise die Kieler Erklärung ablöste, gab es allerdings nicht. Erst mit der Verabschiedung des neuen Art. 5 der Verfassung des Landes Schleswig-Holstein im Jahre 1990 wurde der verfassungsrechtliche Status der friesischen Volksgruppe auf ein neues Fundament gestellt.[141] Wie in bezug auf die dänische Minderheit, so wird der Schleswig-Holsteinische Landtag auch über die Aktivitäten, Probleme und generelle Lage der friesischen Volksgruppe periodisch von der Landesregierung unterrichtet.[142] Für die politische Arbeit der friesischen Volksgruppe

---

[135] *Steensen*, in: *Hansen/Johannsen/Runge/Steensen*, Minderheiten im deutsch-dänischen Grenzbereich, S. 159, 179 ff.; *Steensen*, in: *Christian-Albrechts-Universität zu Kiel/Schleswig-Holsteinischer Landtag*, Aspekte der Minderheiten- und Volksgruppenpolitik, S. 75, 81.

[136] *Steensen*, pogrom 179, Okt./Nov. 1994, S. 13, 14; *Steensen*, in: *Christian-Albrechts-Universität zu Kiel/Schleswig-Holsteinischer Landtag*, Aspekte der Minderheiten- und Volksgruppenpolitik, S. 75, 82.

[137] BGBl. 1998 II S. 1314 ff. Vgl. hierzu vor allem die Ausführungen in Kapitel 3.

[138] *Fischer/Schulz*, Vom Kanon der Kulturen, S. 84 ff.

[139] Erklärung des schleswig-holsteinischen Ministerpräsidenten, abgedruckt in: GVBl. Schleswig-Holstein 1949, S. 183.

[140] Erklärung der Bundesregierung, abgedruckt in: BT.-Drucks. 2/145.

[141] Vgl. hierzu insbesondere die Ausführungen in Kapitel 6.

[142] Am 4. Juni 1987 debattierte der Landtag erstmalig einen Bericht der Landesregierung zur Situation der friesischen Volksgruppe im Land. Die weiteren Berichte erscheinen einmal pro Legislaturperiode: vgl. *Präsidentin des Schleswig-Holsteinischen Landtages* (Hrsg.), Bericht zur Arbeit der Minderheiten und der friesischen Volksgruppe für die 12. Legislaturperiode (1988-1992); *Präsidentin des Schleswig-Holsteinischen Landtages* (Hrsg.), Minderheitenbericht 1992-1996 der Landesregierung Schleswig-Holstein; *Präsident des Schleswig-Holsteinischen Landtages* (Hrsg.), Minderheitenbericht 1996-2000 der Landesregierung Schleswig-Holstein. Der nächste Minderheitenbericht wird im Jahr 2004 erscheinen.

wurde am 7. September 1988 das *Gremium für Fragen der friesischen Bevölkerungsgruppe im Lande Schleswig-Holstein* beim Schleswig-Holsteinischen Landtag eingerichtet. Dieses Gremium setzt sich zusammen aus dem Landtagspräsidenten, je einem Vertreter der Landtagsfraktionen, den Bundestagsabgeordneten Nordfrieslands, dem Grenzland- und Minderheitenbeauftragten des Ministerpräsidenten, einem Vertreter des Kultusministeriums und vier Delegierten der Nordfriesen. Das Gremium tagt mindestens zweimal jährlich und befaßt sich mit allen Fragen, die die friesische Bevölkerungsgruppe im Lande betreffen, mit dem Ziel, die friesische Sprache, Bildung und Kultur zu fördern.[143] Auf diese Weise hat die friesische Volksgruppe die Möglichkeit, Wünsche und Forderungen unmittelbar an die politisch Verantwortlichen heranzutragen.[144] Der Grenzlandbeauftragte beobachtet auch die Entwicklung der friesischen Volksgruppe im kulturellen, sozialen und wirtschaftlichen Bereich als weiteres Verbindungsglied zwischen der Volksgruppe und den staatlichen Institutionen.[145] Nachdem im Oktober 1991 in Sachsen eine *Stiftung für das sorbische Volk* gegründet worden war, erarbeiteten die friesischen Vereine und Organisationen ein *Memorandum zur Errichtung einer Stiftung für das friesische Volk*[146] und übergaben es der Bundesregierung und dem schleswig-holsteinischen Ministerpräsidenten. In diese Stiftung sollten nach der Vorstellung der Initiatoren Bundes- und Landesmittel einfließen, mit denen die friesische Sprache und Tradition als ein einzigartiges Kulturgut in der Bundesrepublik gewahrt und für die Zukunft gesichert werden sollte. Der Stiftungszweck bestünde u.a. in der Förderung von Einrichtungen der Kultur und Heimatpflege, der Mitwirkung bei Vorhaben der Dokumentation, der Durchführung von Projekten, die der Völkerverständigung und der Zusammenarbeit mit anderen Volksgruppen und nationalen Minderheiten in Europa dienen, der Bewahrung der friesischen Identität in der Öffentlichkeit und der friesischen Sprache und Kultur, der Wissenschafts- und Bildungseinrichtungen, die diesen Zielen dienen.[147] Trotz intensiver Verhandlungen der friesischen Vertreter mit der Bundes- und Landesregierung konnte die Stiftung bislang noch nicht gegründet werden. Grund dafür ist, daß noch kein

---

[143] *Steensen*, in: *Hansen/Johannsen/Runge/Steensen*, Minderheiten im deutsch-dänischen Grenzbereich, S. 159, 177.

[144] *Präsidentin des Schleswig-Holsteinischen Landtages* (Hrsg.), Minderheitenbericht 1992-1996 der Landesregierung Schleswig-Holstein, S. 46.

[145] *Präsidentin des Schleswig-Holsteinischen Landtages* (Hrsg.), Bericht zur Arbeit der Minderheiten und der friesischen Volksgruppe für die 12. Legislaturperiode (1988-1992), S. 41; *Fischer/Schulz*, Vom Kanon der Kulturen, S. 72 ff.

[146] Memorandum tut inruchten foon en stifting for dåt frasch fòljk – Memorandum zur Errichtung einer Stiftung für das friesische Volk, Bräist/Bredstedt, Februar 1992. Der Text des Memorandums ist ebenfalls abgedruckt in: Europa Ethnica 1992, S. 98 ff.

[147] *Präsidentin des Schleswig-Holsteinischen Landtages* (Hrsg.), Minderheitenbericht 1992-1996 der Landesregierung Schleswig-Holstein, S. 48 f.

Konsens bezüglich der Finanzierung der angestrebten Stiftung erreicht werden konnte.[148] Das letzte Wort ist in dieser Angelegenheit aber wohl noch nicht gesprochen.[149]

Enttäuschend für die immerhin über 100.000 im Bundesland Niedersachsen lebenden Ostfriesen ist, daß das Land ihnen keinen gesonderten verfassungsrechtlichen Status verleiht und damit Schutz oder Förderung ihrer Kultur in Niedersachsen auch verfassungsmäßig nicht abgesichert ist. Trotz durchaus vorhandener Initiativen[150] hat sich an dieser Situation auch nach der niedersächsischen Landesverfassungsreform[151] von 1993 nichts geändert.[152] Gerade auch vor dem Hintergrund der akuten Bedrohung des Saterfriesischen ist dies sehr bedauerlich.

Um den Erhalt der friesischen Kultur und Sprache bemühen sich auch viele Vereine und Institutionen. Der mit ca. 4.700 Mitgliedern größte Heimatverein in Nordfriesland ist der Nordfriesische Verein e.V.[153] Zweck des Vereins ist die Erhaltung der Sprache, Kultur und Landschaft Nordfrieslands.[154] Seit 1923 gibt es zudem die Foriining for nationale Friiske (Vereinigung nationaler Friesen) mit ca. 680 Mitgliedern. Sie sieht den Schwerpunkt ihrer Arbeit in der Förderung und Pflege der friesischen Sprache sowie eines friesischen Volksbewußtseins. Der Verein koordiniert seine Aktivitäten oft mit Organisationen der dänischen Minderheit und läßt sich auch politisch vom Südschleswigschen Wählerverband (SSW) vertreten.[155] Zwischen diesen beiden Organisationen schwelte über Jahre ein Streit hinsichtlich des Status, den die Friesen in Deutschland für sich beanspruchen sollten. Der Nordfriesische Verein nahm eine regionale friesische Position ein, dem die Auffassung zugrunde lag, daß es sich bei den Friesen ursprünglich zwar um ein eigenes Volk handelte, mittlerweile die Bindung an Deutschland aber so intensiv geworden ist, daß man sich nicht als *nationale Minderheit*, sondern als *Volksgruppe* innerhalb des deutschen Volkes sah. Die Foriining for nationale Friiske nahm hierzu eine *nationalfriesische* Gegenposition ein. Sie

---

[148] *Präsidentin des Schleswig-Holsteinischen Landtages* (Hrsg.), Minderheitenbericht 1992-1996 der Landesregierung Schleswig-Holstein, S. 49.

[149] *Fischer/Schulz*, Vom Kanon der Kulturen, S. 24.

[150] Vgl. etwa den gemeinsamen Verfassungsentwurf von SPD und GRÜNEN, LT.-Drucks. (Niedersachsen) 12/3008 und LT.-Drucks. (Niedersachsen) 12/3160.

[151] Vgl. die neue Niedersächsische Verfassung vom 1. September 1993, NdsGVBl. 1993, 107 ff.

[152] Auch hier sei auf die Ausführungen in Kapitel 6 verwiesen.

[153] Gegründet wurde dieser Verein bereits 1902 als Nordfriesischer Verein für Heimatkunde und Heimatliebe.

[154] *Steensen*, in: *Hansen/Johannsen/Runge/Steensen*, Minderheiten im deutsch-dänischen Grenzbereich, S. 159, 185 f.

[155] *Präsidentin des Schleswig-Holsteinischen Landtages* (Hrsg.), Minderheitenbericht 1992-1996 der Landesregierung Schleswig-Holstein, S. 46 f.; *Steensen*, in: *Hansen/Johannsen/Runge/Steensen*, Minderheiten im deutsch-dänischen Grenzbereich, S. 159, 186.

betrachtete die Friesen als eigenes Volk, als eigene Nation und strebte die Aufwertung des Status der friesischen Sprache und weitergehende Autonomierechte innerhalb des deutschen Staatsverbandes an.[156] Im Interesse der Förderung gemeinsamer Ziele gelang es den beiden Organisationen jedoch, diesen Grundsatzstreit einstweilen zurückzustellen und sich auf eine gemeinsame Position zu verständigen. Im Außenverhältnis möchten die Friesen als *Volksgruppe* bezeichnet werden.[157] Diese Bezeichnung findet sich nun auch in der reformierten schleswig-holsteinischen Landesverfassung[158] und in den Minderheitenberichten der Landesregierung[159] wieder. Der ca. 800 Mitglieder zählende Verein Nordfriesisches Institut wurde 1948/49 gegründet, um friesische Arbeit auf der Grundlage wissenschaftlicher Objektivität zu leisten. Der Verein unterhält eine Fachbibliothek und ein Archiv und bietet eine Reihe von Veranstaltungen an. Der Verein Nordfriesisches Institut ist der Träger des 1964/65 gegründeten Nordfriesischen Instituts (Nordfriisk Instituut) in Bredstedt. Das Nordfriisk Instituut ist die zentrale wissenschaftliche Einrichtung in Nordfriesland für die Pflege, Förderung und Erforschung der friesischen Sprache, Geschichte und Kultur. Das Institut, das sich als Brücke zwischen Theorie und Praxis und zwischen Wissenschaft und Laienforschung versteht, ist vor allem auf den Gebieten Sprache, Geschichte und Landeskunde Nordfrieslands publizistisch tätig.[160] Neben diesen Hauptorganisationen gibt es selbstverständlich noch eine Vielzahl von örtlichen und kleineren Vereinen, die sich der Pflege und Erhaltung der friesischen Kultur widmen. Die Dachorganisation der West-, Ost- und Nordfriesen ist schließlich der Friesenrat, der sich aus jeweils neun Personen aus den drei Frieslanden zusammensetzt. Ziel des Friesenrates ist, eine interfriesische Kooperation der verschiedenen Organisationen zur Förderung gemeinsamer Interessen zu unterstützen. Neben der Veranstaltung von Kongressen und Begegnungen wirken Vertreter des Friesenrates auf europäischer Ebene im *Europäischen Büro für Sprachminderheiten*[161] mit. Darüber hinaus sind die friesischen Gruppen auch in der *Föderalistischen Union Europäischer Volksgruppen (FUEV)* vertreten.[162]

---

[156] *Siegert*, Minderheitenschutz in der Bundesrepublik Deutschland, S. 76; *Steensen*, in: *Hansen/Johannsen/Runge/Steensen*, Minderheiten im deutsch-dänischen Grenzbereich, S. 159, 174 f.

[157] Vgl. die vom brandenburgischen Justizministerium 1992 diesbezüglich durchgeführte Umfrage: GVK Arbeitsunterlage Nr. 77 (Positionspapier des brandenburgischen Justizministeriums), S. 6 und Anlage 2, Seite 3.

[158] Art. 5 Abs. 2 Satz 1 der Verfassung des Landes Schleswig-Holstein, GVBl. 1990, S. 391 ff.

[159] *Präsidentin des Schleswig-Holsteinischen Landtages* (Hrsg.), Minderheitenbericht 1992-1996 der Landesregierung Schleswig-Holstein, S. 45 ff.; *Präsidentin des Schleswig-Holsteinischen Landtages* (Hrsg.), Bericht zur Arbeit der Minderheiten und der friesischen Volksgruppe für die 12. Legislaturperiode (1988-1992), S. 59 ff.

[160] *Präsidentin des Schleswig-Holsteinischen Landtages* (Hrsg.), Minderheitenbericht 1992-1996 der Landesregierung Schleswig-Holstein, S. 46 f.; *Steensen*, in: *Hansen/Johannsen/Runge/Steensen*, Minderheiten im deutsch-dänischen Grenzbereich, S. 159, 188 f.

[161] European Bureau for Lesser Used Languages (EBLUL). Sitz dieser Organisation ist Dublin, Irland; vgl. *Fischer/Schulz*, Vom Kanon der Kulturen, S. 28 f.

[162] *Präsidentin des Schleswig-Holsteinischen Landtages* (Hrsg.), Minderheitenbericht 1992-1996 der Landesregierung Schleswig-Holstein, S. 46.

Im Schul- und Bildungswesen hat die friesische Sprache keine derart starke Stellung wie das Dänische.[163] Beispielsweise gibt es keine friesischen Schulen, in denen das Friesische Unterrichtssprache wäre.[164] Das mag aber auch an der oben geschilderten Heterogenität der friesischen Sprache liegen. Dennoch wird aber an nahezu allen öffentlichen Schulen im nordfriesischen Sprachgebiet sowie an einzelnen Schulen der dänischen Minderheit Friesischunterricht angeboten.[165] Auch in den Kindergärten versucht man neuerdings wieder, den Kindern die friesische Sprache näherzubringen.[166] Darüber hinaus existiert seit 1950 an der Christian-Albrechts-Universität zu Kiel die Nordfriesische Wörterbuchstelle, welche die einzige universitäre Einrichtung zur wissenschaftlichen Erforschung des Friesischen in der Bundesrepublik Deutschland ist. Zusätzlich zu dieser Einrichtung wurde im Jahre 1978 eine Professur für Friesische Philologie an der Universität Kiel eingerichtet.[167] Diese akademischen Stellen kooperieren auf regelmäßiger Basis mit den friesischen akademischen Einrichtungen in den Niederlanden. Seit 1988 werden Lehrkräfte der friesischen Sprache an der Bildungswissenschaftlichen Hochschule Flensburg ausgebildet. Diese Hochschule kümmert sich auch um die Erarbeitung und Verbesserung von didaktischen Konzepten für Friesisch als Unterrichtsfach.[168]

Die Medienpräsenz des Friesischen ist nach wie vor unzureichend und spärlich. Nur vereinzelt erscheinen in Lokal- oder Regionalzeitungen Beiträge in friesischer Sprache. Periodika, die vollständig in friesischer Sprache erscheinen, sind auflagenschwach und wenig verbreitet. Auch im Rundfunk ist Friesisch so gut wie nicht vertreten. Der Norddeutsche Rundfunk sendet wöchentlich lediglich wenige Minuten auf friesisch. Im Fernsehen ist das Friesische überhaupt nicht, nicht einmal auf lokaler Ebene, präsent.[169]

Wenn sich auch der Schutz und die Rechte der friesischen Volksgruppe in den letzten Jahren *epochal*[170] verbessert haben mögen, so sehen die Friesen dennoch ihre Kultur und

---

[163] *Präsident des Schleswig-Holsteinischen Landtages* (Hrsg.), Minderheitenbericht 1996-2000 der Landesregierung Schleswig-Holstein, S. 52.

[164] *Martinen*, in: *Holander/Steensen* (Hrsg.), Friesen und Sorben, S. 38 ff.; *Steensen*, in: *Hansen/Johannsen/Runge/Steensen*, Minderheiten im deutsch-dänischen Grenzbereich, S. 159, 178 f.

[165] *Hahn*, in: *Frowein/Hofmann/Oeter*, Das Minderheitenrecht europäischer Staaten, Teil 1, S. 62, 92.

[166] *Steensen*, in: *Hansen/Johannsen/Runge/Steensen*, Minderheiten im deutsch-dänischen Grenzbereich, S. 159, 181.

[167] Die derzeit mit dem niederländischen Friesen *Jarich Hoekstra* wiederbesetzt ist, vgl. *Schümer*, FAZ vom 20. Februar 1999.

[168] *Präsidentin des Schleswig-Holsteinischen Landtages* (Hrsg.), Minderheitenbericht 1992-1996 der Landesregierung Schleswig-Holstein, S. 47 f.

[169] *Riecken*, in: *Holander/Steensen* (Hrsg.), Friesen und Sorben, S. 42 ff.

[170] So *Steensen*, in: *Christian-Albrechts-Universität zu Kiel/Schleswig-Holsteinischer Landtag*, Aspekte der Minderheiten- und Volksgruppenpolitik, S. 75, 88.

insbesondere ihre Sprache als existentiell gefährdet an.[171] Die Gründe hierfür sind vielschichtig und die Forderungen zahlreich.[172] Zunächst führt die moderne Mobilität dazu, daß viele junge Friesen die angestammten Siedlungsgebiete aus ökonomischen Gründen verlassen und dadurch in den allermeisten Fällen als Mittler friesischer Kultur und Sprache verlorengehen. Aufgrund seines geringen Industrialisierungsgrades und seiner landschaftlichen Reize ist in Friesland der Tourismus ein wichtiger Wirtschaftsfaktor. Dies zieht an der Stelle der abwandernden Friesen Menschen in diese Region, die nicht zum Erhalt der friesischen Kultur beitragen können oder wollen.[173] Ein weiterer Grund für die Sorge der Friesen um den Erhalt ihres kulturellen Erbes ist oftmals beklagte Unterfinanzierung von friesischen Projekten. Insbesondere wird hier das mangelnde Engagement der Bundesregierung bei Projekten wie der Gründung der Stiftung für das friesische Volk kritisiert.[174] Diesbezüglich fühlen sich die Friesen im Vergleich mit den Sorben als ungleich behandelt.[175] Mit einer gewissen Resignation begegnen die Friesen der Gleichgültigkeit, die sie dem Land Niedersachsen vorwerfen. In Niedersachsen existiert für die Ostfriesen kein Minderheitenschutz, geschweige denn, daß man ihnen einen verfassungsrechtlichen Sonderstatus zugestanden hätte.

c) Die Sorben

Durch die Wiedervereinigung gelangte mit dem kleinen slawischen Volk der Sorben[176] eine weitere autochthone Minderheit unter die Rechtsordnung der Bundesrepublik. Der Begriff *Sorben* leitet sich vom sorbischen Stammwort *Serbja* ab.[177] Die Etymologie dieses Wortes ist jedoch unklar.[178] Vor 1933 war die deutsche Bezeichnung *Wenden* für diese Volksgruppe

---

[171] *Tholund*, in: *Gemeinsame Verfassungskommission*, Stenographischer Bericht der 9. Öffentlichen Anhörung, Rechte ethnischer Minderheiten, S. 8; *Siegert*, Minderheitenschutz in der Bundesrepublik Deutschland, S. 77.

[172] Vgl. etwa *Fischer/Schulz*, Vom Kanon der Kulturen, S. 99 ff.

[173] *Steensen*, in: *Hansen/Johannsen/Runge/Steensen*, Minderheiten im deutsch-dänischen Grenzbereich, S. 159, 164.

[174] *Holander*, Europa Ethnica 1994, S. 16, 17 ff.

[175] *Boehm*, AWR-Bulletin 1994, S. 34, 43.

[176] Vgl. hierzu allgemein: *Sächsische Staatsregierung*, Bericht zur Lage des sorbischen Volkes 1997; *Marti*, Europa Ethnica 1992, S. 13 ff.; *Elle*, in: *Schmalz-Jacobsen/Hansen* (Hrsg.), Ethnische Minderheiten in der Bundesrepublik Deutschland, S. 454 ff.; *Oschlies*, Die Sorben – Slawisches Volk im Osten Deutschlands, S. 4 ff.; *Elle*, in: Domowina Information 1996, S. 12 ff. ; *Zietsch*, in: Domowina Information 1996, S. 27 ff.; *Gemkow/Heinz/Neumann*, in: *Heinz/Neumann*, Ethnische Minderheiten in Westeuropa, S. 103 ff.

[177] Die sorbische Eigenbezeichnung der Sorben ist folglich *serbi* (als Substantiv) bzw. *serbski* (als Adjektiv). *Elle*, in: *Schmalz-Jacobsen/Hansen* (Hrsg.), Ethnische Minderheiten in der Bundesrepublik Deutschland, S. 454; *Gemkow/Heinz/Neumann*, in: *Heinz/Neumann*, Ethnische Minderheiten in Westeuropa, S. 103, 104.

[178] *Gemkow/Heinz/Neumann*, in: *Heinz/Neumann*, Ethnische Minderheiten in Westeuropa, S. 103, 104.

allgemein gebräuchlich.[179] *Theodor Fontane* verwendet den Begriff als Bezeichnung für das Volk der Wenden, das sich aus den Hauptstämmen, den Obotriten, den Liutizen und den Sorben zusammensetzt.[180] Seit 1945 setzte sich, insbesondere bei den Oberlausitzern, die Bezeichnung *Sorben* durch. In der Niederlausitz bezeichnen sich die Sorben in ihrer niedersorbischen Sprache *Serbja* und in deutscher Sprache überwiegend als *Wenden*.[181] Im heutigen deutschsprachigen Schrifttum dominiert der Begriff *Sorben* eindeutig. Das heutige Siedlungsgebiet der Sorben ist zweigeteilt und liegt auf dem Territorium der Bundesländer Sachsen und Brandenburg. Die sorbische Oberlausitz im Freistaat Sachsen umfaßt die Landkreise Bautzen und Kamenz sowie die kreisfreie Stadt Hoyerswerda und erstreckt sich im Osten bis Weißwasser.[182] Die brandenburgische Niederlausitz erstreckt sich um ihr Zentrum, die kreisfreie Stadt Cottbus, über die Landkreise Spree-Neiße, Dahme-Spreewald und Oberspreewald-Lausitz.[183] Aufgrund des freien und nicht registrierbaren Bekenntnisses zum sorbsichen Volk ist die exakte Bestimmung des Siedlungsgebietes im genauen Detail allerdings sehr schwierig.[184] Wie die Friesen, so haben auch die Sorben keinen außerhalb der Grenzen Deutschlands liegenden Heimatstaat, der sie materiell, aber auch sprachlich, kulturell und identitätsstiftend unterstützen könnte. Auch bei den Sorben stellt die eigene Sprache das wichtigste Identitätsmerkmal dar. Die zahlenmäßige Stärke der sorbischen Volksgruppe bewegt sich im Bereich um ca. 70.000 Menschen.[185]

Die Besiedlung der Gebiete zwischen Elbe und Oder durch slawische Stämme erfolgte im Zuge der großen Völkerwanderung ab 500 n.Chr.[186] Seit etwa der Zeit Karls des Großen befinden sich die Sorben, die sich zwischen Elbe und Saale angesiedelt hatten, im deutschen

---

[179] Vgl. etwa: § 2 des Sächsichen Übergangsgesetzes für das Volksschulwesen vom 22. Juli 1919, GVBl. (Sachsen) 1919, S. 171.

[180] *Fontane*, Wanderungen durch die Mark Brandenburg, Dritter Teil: Havelland, Erstes Kapitel: Die Wenden in der Mark. An Rande nur sei angemerkt, daß *Fontanes* ab 1862 erschienene Reisefeuilletons an vielen Stellen die Geschichte und die Eigenarten der Sorben und ihres Siedlungsgebietes sogar für den wissenschaftlich interessierten Leser der heutigen Zeit immer noch sehr ansprechend darbieten.

[181] Demzufolge finden sich in brandenburgischen Gesetzestexten auch noch beide Bezeichnungen. Vgl. etwa: Art. 25 der Verfassung des Landes Brandenburg, GVBl. (Brandenburg) 1992 I, S. 298 ff.

[182] Vgl. die Bestimmung des Siedlungsgebietes in § 3 des Sächsischen Sorbengesetzes, GVBl. (Sachsen) 1999, S. 161 ff.

[183] Vgl. die Bestimmung des Siedlungsgebietes in § 3 des brandenburgischen Sorben(Wenden)-Gesetzes, GVBl. (Brandenburg) 1994 I, S. 294 ff.

[184] *Sächsische Staatsregierung*, Bericht zur Lage des sorbischen Volkes 1997, S. 21 f.

[185] Dies ist auch die geschätzte Anzahl der Personen, die auch die sorbische Sprache beherrschen. Vgl. etwa: *Siegert*, Minderheitenschutz in der Bundesrepublik Deutschland, S. 77; *Sächsische Staatsregierung*, Bericht zur Lage des sorbischen Volkes 1997, S. 3; *Marti*, Europa Ethnica 1992, S. 13, 22; *Elle*, in: *Schmalz-Jacobsen/Hansen* (Hrsg.), Ethnische Minderheiten in der Bundesrepublik Deutschland, S. 454, 463.

[186] Zur Geschichte der Sorben bis zur Mitte des 19. Jahrhunderts vgl. statt aller: *Fontane*, Wanderungen durch die Mark Brandenburg, Dritter Teil: Havelland, Erstes Kapitel: Die Wenden in der Mark.

Herrschaftsverband. Zu dieser Zeit begann auch ihre Christianisierung.[187] Auch wenn es in der moderneren Geschichte der Existenz der Sorben unter deutscher Herrschaft nicht an Germanisierungsversuchen von seiten der Mehrheit fehlte, so hat es zu keiner Zeit einen wirklichen und nachdrücklichen nationalen sorbischen Widerstand gegen den Verbleib in einem deutschen Staatswesen gegeben.[188] Die Sorben versuchten stets, ihre Anliegen im Rahmen bestehender politischer Ordnungen durchzusetzen, und Nationalbewegungen kanalisierten sich immer in kulturelle Strömungen.[189] Bis etwa 1815 ist eine einheitliche Linie in der Politik zur Gestaltung des Verhältnisses zur sorbischen Volksgruppe nicht erkennbar. Allgemein vorherrschend war eine gewisse Pragmatik. Die sorbische Sprache und Kultur wurden zwar nicht gefördert; wo erforderlich, waren sie aber auch zugelassen und wurden nicht behindert, was im Ergebnis positiv erscheint.[190] Von 1815 an führte die Entwicklung zum deutschen Nationalstaat einerseits und wirtschaftlichen Zentralisierungstendenzen andererseits zu einem zunehmenden, teils sich ergebenden, teils aber auch beabsichtigten Assimilierungsdruck auf die Sorben. Dies führte einerseits zu einer weitgehenden Zurückdrängung der sorbischen Sprache im wichtigen Bereich der Schule, andererseits entstand dadurch aber auch ein sorbisches Nationalbewußtsein, welches sich in der Herausbildung sorbischer Institutionen niederschlug. 1847 wurde beispielsweise mit der Macica Serbska eine Gesellschaft für Wissenschaft und Volksbildung gegründet und 1912/13 wurde mit der Gründung der Domowina eine Dachorganisation sorbischer Vereine als Vertreterin gesamtsorbischer Interessen geschaffen.[191] Diese Epoche findet ihren tragischen Abschluß mit der Unterbindung aller sorbischen Aktivitäten, der Auflösung der sorbischen Presse und dem Verbot der Domowina 1937.[192] Am Ende des Zweiten Weltkrieges erfolgte bei den Sorben eine Rückbesinnung auf ihre slawischen Wurzeln, und es wurden Stimmen laut, die eine größtmögliche Distanzierung von Deutschland forderten. Hierfür gab es zwei Möglichkeiten, den Anschluß der Lausitz an ein slawisches Nachbarland oder eine sorbische Staatsgründung. Artikuliert wurden diese Forderungen von einem 1945 in Prag gegründeten Nationalausschuß, der zusammen mit der wiedergegründeten Domowina einen sorbischen Nationalrat bildete.[193] Von Erfolg gekrönt waren die Bemühungen des Nationalrats allerdings nicht. Prag wollte bei einem Anschluß der Lausitz an die Tschechoslowakei die sorbischen Autonomieforderungen nicht akzeptieren. Die polnische Führung schreckte vor einem Infragestellen der territorialen Nachkriegsordnung so kurz nach ihrer Einführung zurück, und die Forderung, einen eigenen Staat gründen zu dürfen, wurde von der sowjetischen

---

[187] *Elle*, in: *Schmalz-Jacobsen/Hansen* (Hrsg.), Ethnische Minderheiten in der Bundesrepublik Deutschland, S. 454 f.

[188] Mit vielleicht einer Ausnahme zur Zeit gegen Ende des Zweiten Weltkriegs; dazu aber sogleich.

[189] *Marti*, Europa Ethnica 1992, S. 13, 16.

[190] *Marti*, Europa Ethnica 1992, S. 13, 16 f.

[191] *Elle*, in: *Schmalz-Jacobsen/Hansen* (Hrsg.), Ethnische Minderheiten in der Bundesrepublik Deutschland, S. 454, 455 ff. *Marti*, Europa Ethnica 1992, S. 13, 17 ff.

[192] *Elle*, in: *Schmalz-Jacobsen/Hansen* (Hrsg.), Ethnische Minderheiten in der Bundesrepublik Deutschland, S. 454, 458 f. *Marti*, Europa Ethnica 1992, S. 13, 18.

[193] *Gemkow/Heinz/Neumann*, in: *Heinz/Neumann*, Ethnische Minderheiten in Westeuropa, S. 103, 114 f.

Administration im besetzten Deutschland abschlägig beschieden. 1947 löste sich der erfolglose Nationalrat auf, und die Lausitz wurde in die entstehende DDR eingegliedert.[194] Die Phase der Sorben unter dem DDR-Regime wird teils zu kritisch,[195] teils aber auch geschönt[196] dargestellt. Richtig ist wohl, daß die sorbische Sprache und Kultur in der DDR durchaus im Rahmen der zur Verfügung stehenden Mittel großzügig gefördert wurden. Dies geschah allerdings um den Preis der ideologischen Gleichschaltung der sorbischen Führungsorgane, insbesondere der Domowina.[197] *Marti*[198] kommt zu dem Ergebnis, daß das Ergebnis der Nationalitätenpolitik der DDR in quantitativer Hinsicht negativ war, da es nicht gelang, das Zurückweichen von Sprache, Sprachgebiet und Volksgruppe gegenüber dem Deutschen aufzuhalten. Grund hierfür war vor allem die Unzulänglichkeit der Förderung angesichts des Ausmaßes der wirtschaftlichen und demographischen Veränderungen des Siedlungsgebietes. Als zentrale, aber in keiner Weise einzige Veränderung war und ist hier natürlich der Braunkohletagebau von entscheidender Bedeutung.[199] Qualitativ hingegen war die Bilanz positiver, da die sorbische Sprache insbesondere schulisch verankert und die Stellung der Sorben rechtlich abgesichert war. Resümierend muß jedoch festgehalten werden, daß die qualitativen Verbesserungen den quantitativen Rückgang der sorbischen Kultur nicht wettmachen können.[200] Nach der politischen Wende 1989/90 wurde die Wahrung der Rechte der Sorben als Auftrag an die gesetzgebenden Körperschaften des wiedervereinigten Deutschlands im Einigungsvertrag festgeschrieben.[201] Zu dieser Zeit erfolgte darüber hinaus von Grund auf eine Reformierung der Domowina und insbesondere die personelle Erneuerung und Neuorganisation der Verwaltung.[202]

---

[194] *Gemkow/Heinz/Neumann*, in: *Heinz/Neumann*, Ethnische Minderheiten in Westeuropa, S. 103, 115. Detaillierte Ausführungen zu diesem Abschnitt der sorbischen Geschichte finden sich bei *Oschlies*, Die Sorben – Slawisches Volk im Osten Deutschlands, S. 31 ff.

[195] Vgl. hier insbesondere *Oschlies*, Die Sorben – Slawisches Volk im Osten Deutschlands, S. 49 ff.

[196] Dies gilt natürlich nahezu für alle DDR-Autoren, die ihre Werke noch unter dem SED-Regime publizierten: *Nowusch*, Die Gleichberechtigung der Bürger sorbischer Nationalität in der DDR – verwirklichtes Menschenrecht, S. 13 ff.; *Cyz*, Die DDR und die Sorben, S. 11 ff. Aber auch nach der Wende wurde von einigen Autoren die Situation der Sorben in der DDR doch sehr verklärt gesehen. Vgl. hier etwa *Kasper*, in: *Holander/Steensen* (Hrsg.), Friesen und Sorben, S. 12, 17 ff.

[197] *Blumenwitz*, Minderheiten- und Volksgruppenrecht – Aktuelle Entwicklungen, S. 111 f.

[198] *Marti*, Europa Ethnica 1992, S. 13, 20 f.

[199] Vgl. hierzu die Ausführungen in Kapitel 6.

[200] Zur rechtlichen Stellung der Sorben in der DDR siehe auch die Ausführungen unten in Kapitel 2. Punkt VI.

[201] Ziffer 14 des Protokolls zum Einigungsvertrag (BGBl. 1990 II S. 889 ff.) und Anlage I zum Einigungsvertrag A. Abschnitt III.r). Vgl. hierzu die Ausführungen in Kapitel 5.

[202] *Sächsische Staatsregierung*, Bericht zur Lage des sorbischen Volkes 1997, S. 24.

In der gegenwärtigen Verfassungsrealität der Bundesrepublik Deutschland ist die rechtliche Position der Sorben umfangreich abgesichert.[203] Nach Abschluß der Verfassungsgebung in den neuen Bundesländern haben die Länder, innerhalb deren Hoheitsgebiet das angestammte Siedlungsgebiet der Sorben liegt, minderheitenschützende Artikel in ihre Landesverfassungen aufgenommen. Das Land Brandenburg regelt den verfassungsmäßigen Schutz der Sorben in Art. 25 der Landesverfassung,[204] und der Freistaat Sachsen widmet Art. 5 und Art. 6 der Landesverfassung[205] dem Minderheitenschutz. Diese Verfassungsnormen sind bereits sehr umfangreich durch rangniedrigeres Recht ausgestaltet worden,[206] und die Landesregierungen sind auch weiterhin bemüht, den Minderheitenschutz in ihren respektiven Ländern zu verbessern. Dem Beispiel Schleswig-Holsteins folgend hat mittlerweile auch der Sächsische Landtag die Staatsregierung beauftragt, periodisch einen Bericht zur Lage des sorbischen Volkes vorzulegen.[207] Die wichtigste staatliche Institution zur Umsetzung des verfassungsrechtlich garantierten Minderheitenschutzes für die Sorben ist die *Stiftung für das sorbische Volk*, die am 19. Oktober 1991 als eine vom Bund und den Ländern Brandenburg und Sachsen gemeinsam getragene, nicht rechtsfähige Stiftung des Freistaates Sachsen errichtet wurde.[208] Diese Stiftung dient als Instrument, um Fördermittel des Bundes und dieser beiden Länder für Belange und unter wesentlicher Mitwirkung von Vertretern des sorbischen Volkes zu vergeben. Der Stiftungszweck wird insbesondere verwirklicht durch die Förderung von Kultur- und Bildungseinrichtungen der Sorben, die Förderung sorbischer Publikationen, die Förderung der Bewahrung und Fortentwicklung der sorbischen Sprache, die Förderung der Bewahrung der sorbischen Identität, die Förderung der Zusammenarbeit der Sorben mit anderen nationalen oder internationalen Minderheiten und der Mitwirkung bei der Gestaltung staatlicher und anderer Programme, die sorbische Belange berühren.[209] Hauptorgane der Stiftung sind ein Stiftungsrat und ein Parlamentarischer Beirat.[210] Es ist geplant, die Stiftung als rechtsfähige Stiftung neu zu konstitutionieren.[211] Zur Wahrung der Rechte der Sorben

---

[203] Eine detaillierte Analyse folgt in Kapitel 6.

[204] Verfassung des Landes Brandenburg, GVBl. (Brandenburg) 1992, S. 298 ff.

[205] Verfassung des Freistaates Sachsen, Sächsisches GVBl. 1992, S. 243 ff.

[206] Vgl. etwa nur den umfangreichen Dokumentenanhang der Dissertation von *Pastor*, Die rechtliche Stellung der Sorben in Deutschland, S. 223 ff.

[207] Am 22. Mai 1996 hat der Landtag die Staatsregierung beauftragt, beginnend mit dem Jahr 1997 alle drei Jahre einen Bericht zur Lage des sorbischen Volkes vorzulegen; vgl. LT.-Drucks. (Sachsen) 2/3320 i.V.m. LT.-Drucks. (Sachsen) 2/2725.

[208] *Sächsische Staatsregierung*, Bericht zur Lage des sorbischen Volkes 1997, S. 49 ff.; *Ermisch*, pogrom 179, Okt./Nov. 1994, S. 25; *Meskank*, DA 1992, S. 109 f.

[209] Vgl. hierzu die Gemeinsame Erklärung des Ministerpräsidenten des Freistaates Sachsen, des Ministerpräsidenten des Landes Brandenburg und des Bundesministers des Inneren vom 19. Oktober 1991 und den Erlaß des Ministerpräsidenten des Freistaates Sachsen über die Errichtung einer Stifung für das sorbische Volk. Die Texte finden sich in der Sonderbroschüre *Stiftung für das sorbische Volk* der Sächsischen Staatskanzlei. Der Erlaß ist ebenfalls abgedruckt in DA 1992, S. 110 ff. oder bei *Pastor*, Die rechtliche Stellung der Sorben in Deutschland, S. 304 ff. Mittlerweile wurden von den Stiftungsgremien Fördergrundsätze erarbeitet.

[210] *Sächsische Staatsregierung*, Bericht zur Lage des sorbischen Volkes 1997, S. 50 f.

arbeiten das Land Brandenburg und der Freistaat Sachsen auf vielen Ebenen und auf vielfache Weise zusammen.[212]

In kultureller Hinsicht ist das wichtigste identitätsstiftende Merkmal die sorbische Sprache.[213] Sorbisch gehört wie das Polnische, das Tschechische, das Slowakische und das Kaschubische zu den westslawischen Sprachen. Trotz seiner geringen Ausdehnung ist das sorbische Sprachgebiet aufgrund historischer, religiöser oder administrativer Gegebenheiten stark gegliedert.[214] Heute zerfällt die sorbische Schrift- und Hochsprache in zwei Hauptgruppen: das in den nördlichen Gebieten der Niederlausitz um das Zentrum Cottbus gesprochene Niedersorbisch und das in den südlichen Gebieten der Oberlausitz um das Zentrum Bautzen gesprochene Obersorbisch. Daneben existieren zahlreiche Übergangsdialekte und Mundarten. Wie bereits erwähnt, beherrschen noch etwa 70.000 Menschen die sorbische Sprache. Der aktive Gebrauch der sorbischen Sprache beschränkt sich allerdings weitestgehend auf das Familien- und das Vereinsleben. Man geht von einer nahezu durchgehenden Zweisprachigkeit der sorbischen Bevölkerung aus.[215] Sobald jemand hinzutritt, der des Sorbischen nicht mächtig ist, schwenken Sorben sofort ins Deutsche über. Dies geschieht meist aus Höflichkeit, gelegentlich sprechen Sorben unter sich in der Öffentlichkeit aber auch deutsch, um nicht für Osteuropäer gehalten zu werden.[216] Dies alles zusammen mit den schon angesprochenen wirtschaftlichen und demographischen Veränderungen in ihrem Siedlungsgebiet führt zu einer akuten Bedrohung des Fortbestandes der sorbischen Sprache.

Die zentrale Funktion in bezug auf den Fortbestand der sorbischen Sprache kommt dem Bereich Bildung und Wissenschaft zu.[217] Bildung beginnt in der Familie mit der Erziehung der Kinder. Hier wird nämlich entschieden, ob das Kind die sorbische Sprache lernt und sich später der sorbischen Kultur verbunden fühlt. Durch die Einrichtung von sorbischen und zweisprachigen Kindertagesstätten unterstützen sowohl der Freistaat Sachsen als auch das Land Brandenburg die Entscheidung der Eltern, ihrem Kind die sorbische Sprache und Kultur zu vermitteln.[218] Auch im schulischen Bereich existieren sächsische und brandenburgische

---

[211] *Sächsische Staatsregierung*, Bericht zur Lage des sorbischen Volkes 1997, S. 70.

[212] *Sächsische Staatsregierung*, Bericht zur Lage des sorbischen Volkes 1997, S. 67 ff.

[213] *von Matt*, NZZ (Internationale Ausgabe) vom 17. Januar 2000; *Pergande*, FAZ vom 10. August 2000.

[214] *Marti*, Europa Ethnica 1992, S. 13, 14 f.

[215] *Elle*, in: *Schmalz-Jacobsen/Hansen* (Hrsg.), Ethnische Minderheiten in der Bundesrepublik Deutschland, S. 454, 462 f.

[216] *Oschlies*, Die Sorben – Slawisches Volk im Osten Deutschlands, S. 5 ff.

[217] Vgl. hierzu allgemein: *Wowcer-Schäfer*, in: *Holander/Steensen* (Hrsg.), Friesen und Sorben, S. 31 ff.; *Pergande*, FAZ vom 10. August 2000.

[218] Die sächsischen und brandenburgischen Gesetze über Kindertageseinrichtungen sind dargestellt bei *Pastor*, Die rechtliche Stellung der Sorben in Deutschland, S. 141 f.

Fördergesetze. In beiden Ländern wird Sorbisch entweder als Unterrichtssprache oder als Fremdsprache angeboten. Das sächsische Schulrecht sichert allen Schülern grundsätzlich das Recht auf sorbischen Sprachunterricht an Schulen des deutsch-sorbischen Gebietes sowie auf Fachunterricht in sorbischer Sprache an den sorbischen Schulen zu. Insgesamt gibt es derzeit 57 Schulen aller Stufen und schwerpunktmäßiger Ausrichtung in Sachsen, an denen Sorbisch oder auf Sorbisch unterrichtet wird.[219] Im Land Brandenburg[220] ist die Situation ähnlich.[221] Anders als die dänische Minderheit in Schleswig-Holstein, die auf ein Privatschulsystem verwiesen wird, haben Eltern in Sachsen und Brandenburg die landesverfassungsrechtlich[222] abgesicherte Möglichkeit, ihre Kinder an öffentliche Schulen zu schicken.[223] Sonderregeln für die sorbische Bevölkerung existieren darüber hinaus auch in den Bereichen Hochschulbildung, Wissenschaft und Forschung. Mit der Sorbischen Fachschule für Sozialpädagogik in Bautzen besteht eine berufsbildende Einrichtung mit spezieller sorbischer Ausrichtung, die ihre Absolventen für Berufe im sozialen Bereich ausbildet.[224] Am Institut für Sorabistik der Universität Leipzig kann die nieder- und obersorbische Sprache und Literatur, aber auch Geschichte und Kultur in einem Magister- oder einem Lehramtsstudiengang studiert werden. Dieses Institut führt auch die Ausbildung der Lehrer für das Fach Sorbisch durch.[225] 1992 wurde das Sorbische Institut e.V. mit Sitz in Bautzen und einer Arbeitsstelle in Cottbus vom Freistaat Sachsen und dem Land Brandenburg als außeruniversitäre Forschungseinrichtung gegründet. Satzungsmäßige Aufgabe dieses Instituts ist die Erforschung und Pflege der sorbischen Sprache, Geschichte und Kultur, sowie die Sammlung und Archivierung hierfür erforderlicher Materialien. Dem Sorbischen Institut angeschlossen sind die Sorbische Zentralbibliothek und das Sorbische Zentralarchiv.[226] Schließlich existiert mit der 1847 gegründeten Macica Serbska eine sorbische Gesellschaft für Wissenschaft und Volksbildung als Bindeglied zwischen sorbischer Bevölkerung und Wissenschaft.[227] Ihre 120 Mitglieder leisten erfolgreiche wissenschaftliche und populärwissenschaftliche Arbeit in Bereichen wie Sprache, Literatur, Kunst, Geschichte, Volkskunde usw. Als Trägerin der

---

[219] *Sächsische Staatsregierung*, Bericht zur Lage des sorbischen Volkes 1997, S. 30 f.

[220] Vgl. etwa § 10 des brandenburgischen Sorben(Wenden)-Gesetzes, GVBl. (Brandenburg) 1994 I, S. 294 ff. und die diesbezüglichen Ausführungen von *Pastor*, Die rechtliche Stellung der Sorben in Deutschland, S. 139 ff.

[221] Detaillierte Ausführungen zur rechtlichen Ausgestaltung der sächsischen und brandenburgischen Verfassungsaufträge im Landesschulrecht finden sich in Kapitel 6.

[222] Vgl. Art. 6 Abs. 1 Satz 2 der Verfassung des Freistaates Sachsen (Sächsisches GVBl. 1992, S. 243 ff.); Art. Art. 25 Abs. 3 der Verfassung des Landes Brandenburg (GVBl. (Brandenburg) 1992 I, S. 298 ff.).

[223] *Pastor*, Die rechtliche Stellung der Sorben in Deutschland, S. 142.

[224] *Sächsische Staatsregierung*, Bericht zur Lage des sorbischen Volkes 1997, S. 37.

[225] *Wowcer-Schäfer*, in: *Holander/Steensen* (Hrsg.), Friesen und Sorben, S. 31, 36; *Sächsische Staatsregierung*, Bericht zur Lage des sorbischen Volkes 1997, S. 36 ff.

[226] *Sächsische Staatsregierung*, Bericht zur Lage des sorbischen Volkes 1997, S. 38 ff.

[227] *Elle*, in: *Schmalz-Jacobsen/Hansen* (Hrsg.), Ethnische Minderheiten in der Bundesrepublik Deutschland, S. 454, 456 f.

Ober- und Niedersorbischen Sprachkommission ist die Macica Serbska auch für die Normierung der sorbischen Sprache verantwortlich.[228]

Weiterhin unterscheiden sich die Sorben kulturell durch ihr Brauchtum und ihre Trachten von der Mehrheitsbevölkerung. Beides ist sehr stark im religiösen Leben verankert. Sichtbar wird die Zugehörigkeit zur sorbischen Volksgruppe etwa anläßlich kirchlich gebundener Bräuche, insbesondere Prozessionen, zur Fasten-, Oster- und Erntezeit.[229] Die Förderung des sorbischen Brauchtums führt natürlich einerseits zu dessen Bewahrung, andererseits ist eine gewisse Folklorisierung, die den Sorben sehr unangenehm ist, nicht von der Hand zu weisen. Auf die verschiedenen sorbischen Kultureinrichtungen, wie beispielsweise das Sorbische Nationalensemble, das Deutsch-Sorbische Volkstheater oder das Sorbische Museum in Bautzen sowie das Wendische Museum in Cottbus, sei nur hingewiesen.[230]

Kirche und Religion spielten stets eine wichtige Rolle im sorbischen Leben. Historisch ist dies im wesentlichen dadurch bedingt, daß den Sorben Religion in ihrer Sprache vermittelt wurde.[231] Die Kirche hat darüber hinaus wesentlich dazu beigetragen, daß die sorbische Sprache die Zeit ihres Verbots im Nationalsozialismus überlebte. Die brandenburgischen Niederlausitzer sind überwiegend evangelisch, die sächsischen Oberlausitzer sind etwa zur Hälfte evangelisch und zur Hälfte katholisch. Die evangelischen Sorben sind im Sorbischen Evangelischen Verein e.V. organisiert, der unter anderem den sorbischen evangelischen Kirchentag veranstaltet.[232] Für die reformierten Sorben hat die Kirche jedoch in jüngster Zeit im Rahmen der allgemeinen Säkularisierungstendenzen, die durch staatliche Maßnahmen, wie beispielsweise die atheistische Schulbildung unter dem DDR-Regime, noch verstärkt wurden, ihre wichtige Stellung als Mittlerin sorbischer Kultur zu einem großen Teil verloren. So gibt es beispielsweise keinen sorbischen Pfarrer in der sächsischen evangelischen Oberlausitz mehr und Gottesdienste finden nur sporadisch in sorbischer Sprache statt.[233] Völlig anders ist die Lage der katholischen Obersorben, die ziemlich kompakt in einem Gebiet zwischen den Städten Bautzen, Kamenz und Hoyerswerda siedeln, in welchem sie die Mehrheit bilden. In diesen Gebieten ist die Kirche bemüht, das katholisch geprägte Kulturgut, insbesondere natürlich die sorbische Sprache und das sorbische religiöse Brauchtum, zu bewahren und zu

---

[228] *Sächsische Staatsregierung*, Bericht zur Lage des sorbischen Volkes 1997, S. 41.

[229] Am Rande seien als Beispiele angeführt das Schönbartlaufen, das Osterreiten, das Hahnrupfen oder die Vogelhochzeit; vgl. *Marti*, Europa Ethnica 1992, S. 13, 15; *Siegert*, Minderheitenschutz in der Bundesrepublik Deutschland, S. 78.

[230] Details finden sich in *Sächsische Staatsregierung*, Bericht zur Lage des sorbischen Volkes 1997, S. 52 ff. oder in der Sonderbroschüre *Stiftung für das sorbische Volk* der Sächsischen Staatskanzlei, S. 22 ff. Vgl. auch *Pergande*, FAZ vom 10. August 2000.

[231] *Marti*, Europa Ethnica 1992, S. 13, 15.

[232] *Sächsische Staatsregierung*, Bericht zur Lage des sorbischen Volkes 1997, S. 44 f.

[233] *Sächsische Staatsregierung*, Bericht zur Lage des sorbischen Volkes 1997, S. 44; *Marti*, Europa Ethnica 1992, S. 13, 15.

fördern. Beispielsweise finden in neun katholischen Gemeinden jeden Sonntag 34 Gottesdienste in sorbischer Sprache statt, die im Durchschnitt von 7.600 Personen besucht werden. Hier haben die Sorben ihre nationale Identität durch ihren Glauben bewahrt. Der Cyrill-Methodius-Verein e.V. als Vereinigung sorbischer Katholiken unterstüzt das katholische pastorale und kulturelle Leben der Sorben in vielfacher Hinsicht.[234]

Eine wichtige Rolle in den Bemühungen um die Pflege und den Erhalt der sorbischen Sprache und Kultur spielen die Medien.[235] Das Rückgrat der sorbischen Medienlandschaft bilden die Printmedien.[236] Mit einer Auflage von ca. 1500 bis 2000 Exemplaren nimmt die obersorbische Tageszeitung Serbske Nowiny (Sorbische Neuigkeiten, bis 1990 Nowa Doba/Neue Epoche) eine besonders wichtige Stellung ein. In niedersorbischer Sprache erscheint die Wochenzeitung Nowy Casnik (Neue Zeitung) mit einer Auflage von ca. 1000 Exemplaren. Neben den Zeitungen erscheinen zudem Periodika verschiedener thematischer Ausrichtungen auf Sorbisch. Erwähnenswert sind hier etwa die obersorbische Wochenzeitschrift der katholischen Sorben Katolski Posol (Katholischer Bote), die evangelische Monatszeitschrift Pomhaj Boh (Gott hilf), die Monatszeitschrift für sorbische Kultur, Sprache, Literatur und Kunst Rozhlad (Umschau) und die monatliche Kinderzeitschrift Plomjo/Plomje (Flamme).[237] Auch in den Rundfunkmedien ist die sorbische Sprache vertreten. Der Mitteldeutsche Rundfunk (MDR) sendet täglich mehrere Stunden in Obersorbisch aus dem Studio Bautzen und der Ostdeutsche Rundfunk Brandenburg (ORB) sendet täglich eine Stunde ein Hörfunkprogramm in Niedersorbisch aus dem Studio Cottbus. Daneben strahlen MDR und ORB mehrmals monatlich Fernsehsendungen in sorbischer Sprache aus.[238] Schließlich werden auch in den neuen Medien, wie beispielsweise dem Internet Informationen über sorbische Sprache und Kultur verbreitet.[239]

Die Wahrnehmung politischer Interessen der Sorben erfolgt bislang ohne eine sorbische Partei. Weder auf Landesebene noch darüber hinaus gibt es eine sorbische Partei oder Wählervereinigung.[240] Unabhängig davon errangen Angehörige der sorbischen Volksgruppe mit anderem Mandat Sitze in den Landesparlamenten, im Bundestag und im Europäischen Parlament.[241] Dort sind sie aber nicht als Mitglieder sorbischer Volkszugehörigkeit besonders

---

[234] *Sächsische Staatsregierung*, Bericht zur Lage des sorbischen Volkes 1997, S. 45.

[235] *Völkel*, in: *Holander/Steensen* (Hrsg.), Friesen und Sorben, S. 50 ff.; *Sächsische Staatsregierung*, Bericht zur Lage des sorbischen Volkes 1997, S. 46 ff.; *Elle*, in: *Schmalz-Jacobsen/Hansen* (Hrsg.), Ethnische Minderheiten in der Bundesrepublik Deutschland, S. 454, 466 f.

[236] *von Matt*, NZZ (Internationale Ausgabe) vom 17. Januar 2000.

[237] *Sächsische Staatsregierung*, Bericht zur Lage des sorbischen Volkes 1997, S. 46 ff.

[238] *Völkel*, in: *Holander/Steensen* (Hrsg.), Friesen und Sorben, S. 50, 52.

[239] Vgl. etwa die homepage der DOMOWINA Cottbus unter www.tu-cottbus.de/~muellerb/ger/sorbhome.htm.

[240] *Sächsische Staatsregierung*, Bericht zur Lage des sorbischen Volkes 1997, S. 23

[241] *Tillich*, MdEP, in: Domowina Information 1996, S. 33 ff.

ausgewiesen. Auf kommunaler Ebene hingegen gelang es sorbischen Wählervereinigungen, Sitze zu erringen und Kandidaten in Kreis-, Stadt- und Gemeindeparlamente zu entsenden.[242] Eine aktive politische Mitwirkungsmöglichkeit auf Landesebene besteht für die Sorben durch die beim Sächsischen Landtag und beim Brandenburger Landtag eingerichteten Räte für sorbische Angelegenheiten.[243] Die wichtigste Institution für die Vertretung sorbischer Interessen ist jedoch nach wie vor die Domowina – Bund Lausitzer Sorben e.V.[244] Die Domowina wurde 1912 als Dachverband sorbischer Vereine gegründet, und sie nimmt diese Funktion in der Form eines eingetragenen Vereins auch heute noch wahr. Nach der politischen Wende konstituierte sich die Domowina neu, und es erfolgte insbesondere eine personelle Erneuerung.[245] Im Zuge der Reformierung der Domowina stellte sich die Frage, ob man die Institution nicht besser als politische Partei gründen sollte, da man ja politisch aktiv sein wollte. Für die kulturelle und soziale Tätigkeit erschien es dann aber doch günstiger, die Domowina als eingetragenen Verein zu konstituieren, um für die Umsetzung von Projekten die bessere Förderfähigkeit dieser Rechtsform nutzen zu können.[246] Die Domowina hat heute ca. 6.000 Mitglieder. Satzungsmäßiges Ziel der Domowina ist es, die Interessen des gesamten sorbischen Volkes in der Öffentlichkeit zu vertreten. Dieser Anspruch wird weitgehend anerkannt, insbesondere auch von den Sorben selbst. Die Domowina ist die einzige sorbische Vereinigung, die als Interessenvertreterin, Sprecherin oder Repräsentantin des gesamten sorbischen Volkes auftritt.[247]

Zusammenfassend läßt sich in dieser ersten Bestandsaufnahme der Lage der Sorben in Deutschland feststellen, daß der Gesetzgeber sowohl im Freistaat Sachsen als auch im Land Brandenburg umfangreich hinsichtlich der Absicherung der rechtlichen Stellung dieser Volksgruppe tätig geworden ist. In beiden Ländern wurden Rechtspositionen der Sorben verfassungsrechtlich verankert und teilweise sehr detailliert einfachgesetzlich ausgestaltet.[248] Diese Bemühungen werden nahezu einhellig positiv bewertet.[249] Dennoch wird ebenso

---

[242] *Zietsch*, in: Domowina Information 1996, S. 27 ff.

[243] § 6 des Sächsischen Sorbengesetzes, GVBl. (Sachsen) 1999, S. 161 ff.; § 5 des brandenburgischen Sorben(Wenden)-Gesetzes, GVBl. (Brandenburg) 1994 I, S. 294 ff.

[244] *Zietsch*, in: Domowina Information 1996, S. 27 ff.; *Sächsische Staatsregierung*, Bericht zur Lage des sorbischen Volkes 1997, S. 24 f.

[245] *Sächsische Staatsregierung*, Bericht zur Lage des sorbischen Volkes 1997, S. 24 f.

[246] *Zietsch*, in: Domowina Information 1996, S. 27, 28.

[247] *Sächsische Staatsregierung*, Bericht zur Lage des sorbischen Volkes 1997, S. 24.

[248] Eine umfassende Analyse des verfassungsrechtlichen Schutzes der Sorben folgt in Kapitel 6.

[249] *Thiele*, in: *Heintze*, Selbstbestimmungsrecht der Völker – Herausforderung der Staatenwelt, S. 342, 377 f.; *Siegert*, Minderheitenschutz in der Bundesrepublik Deutschland, S. 79; *Blumenwitz*, Minderheiten- und Volksgruppenrecht – Aktuelle Entwicklungen, S. 112 f.; *Sächsische Staatsregierung*, Bericht zur Lage des sorbischen Volkes 1997, S. 70 ff.

einhellig auf die akute Bedrohung der sorbischen Sprache und Kultur hingewiesen.[250] Die Gründe hierfür sind vielschichtig, liegen aber in ihrer Grundstruktur eigentlich auf der Hand. Es ist auf der einen Seite die vielfache innere Spaltung der Sorben, der den Erhalt ihrer Besonderheiten erschwert.[251] Als Paradebeispiel wäre hier zunächst die sprachliche Spaltung zu nennen. Nach dem Selbstverständnis der meisten Sprachbenutzer sind das Obersorbische und das Niedersorbische zwei völlig unabhängige Sprachen, und eine Verständigung von Ober- und Niedersorben erfolgt meist über das Deutsche. Außerdem sind die Sorben konfessionell gespalten, was durchaus wesentlich ist, da - wie erwähnt - die Religion eine wichtige Rolle für den Erhalt des Brauchtums und der Sprache spielte und spielt. Schließlich sind die Sorben durch die Schrumpfung des Sprachgebiets aufgrund der wirtschaftlichen und demographischen Entwicklung in ihrem Siedlungsgebiet auch räumlich getrennt. Mittlerweile existieren drei sorbische Sprachinseln ohne viele Berührungspunkte nebeneinander. Diese innere Spaltung der Volksgruppe wird schließlich durch die administrative Trennung des sorbischen Siedlungsgebietes auf zwei Bundesländer noch verstärkt. Neben dieser internen Problematik existiert auf der anderen Seite auch ein externer Hauptgrund für die akute Bedrohung der sorbischen Sprache und Kultur. Es sind dies die negativen Folgen äußerer Veränderungen für die Volksgruppe. Die wirtschaftliche Situation in der Lausitz bedingt die Abwanderung vieler junger sorbischer Sprach- und Kulturträger.[252] Auf die verheerenden Wirkungen des Braunkohletagebaus in Brandenburg wurde ebenfalls schon hingewiesen. Die allgemeine äußere wirtschaftliche und soziale Entwicklung in der Lausitz begünstigt daher allgemein Assimilierungstendenzen und erschwert die Bemühungen um die Erhaltung der sorbischen Kultur.

Es versteht sich von selbst, daß für den Erhalt der sorbischen Sprache, Kultur und Besonderheit letztlich niemand außer den Sorben selbst sorgen können wird.[253] Ob allerdings der geschaffene verfassungsrechtliche und einfachgesetzliche Rahmen ausreicht und internationalen Verpflichtungen dergestalt entspricht, daß dies den Sorben auch praktisch möglich sein wird, wird im folgenden noch zu klären sein.

---

[250] *Marti*, Europa Ethnica 1992, S. 13, 21 ff.; *Elle*, in: *Schmalz-Jacobsen/Hansen* (Hrsg.), Ethnische Minderheiten in der Bundesrepublik Deutschland, S. 454, 467; *Oschlies*, Die Sorben – Slawisches Volk im Osten Deutschlands, S. 76 ff.; *Gemkow/Heinz/Neumann*, in: *Heinz/Neumann*, Ethnische Minderheiten in Westeuropa, S. 103, 118.

[251] Vgl. hierzu insbesondere *Marti*, Europa Ethnica 1992, S. 13, 21 ff.

[252] *Sächsische Staatsregierung*, Bericht zur Lage des sorbischen Volkes 1997, S. 63.

[253] *Sächsische Staatsregierung*, Bericht zur Lage des sorbischen Volkes 1997, S. 73.

2. Minderheitengruppen mit ungeschriebenem verfassungsrechtlichen Status

Die folgenden Bevölkerungsgruppen haben in Deutschland (noch) keinen geschriebenen verfassungsrechtlichen Status. Da ihnen aber in vielfacher Hinsicht ähnliche Rechte zugestanden werden, wie den oben vorgestellten *klassischen* deutschen Minderheitengruppen und über diese Situation auch ein stillschweigender Konsens zu existieren scheint, kann mit Bezug auf diese Bevölkerungsteile von Minderheitengruppen mit ungeschriebenem verfassungsrechtlichen Status oder von *de facto* anerkannten Minderheiten gesprochen werden. Im einzelnen scheint diese Bezeichnung auf die deutschen Sinti und Roma, die deutschen Staatsbürger jüdischen Glaubens, die Deutschen polnischer Herkunft und auf Gruppen von Deutschen mit Herkunft aus sonstigen osteuropäischen und ex-sowjetischen Staaten, die durch die ab 1990 geschlossenen Nachbarschaftsverträge geschützt sind, zuzutreffen.

a) Die Volksgruppe der Sinti und Roma

Nach Angaben des Zentralrates der Deutschen Sinti und Roma gehören in der Bundesrepublik Deutschland etwa 70.000 Personen dieser Volksgruppe[254] an. Sinti- und Romagruppen leben bereits seit Jahrhunderten im deutschen Sprachraum und wurden von der Mehrheitsbevölkerung meist als *Zigeuner* oder *Landfahrer* bezeichnet. Diese Bezeichnungen werden jedoch von den Mitgliedern der Volksgruppe als diskriminierend empfunden und daher abgelehnt.[255] Eine allgemein akzeptierte Sammelbezeichnung für die unterschiedlichen Gruppen, die dieser Minderheit verwandt sind, existiert nicht. Der international gebräuchliche Oberbegriff, der benutzt wird, um die Gesamtheit der verschiedenen *Zigeunergruppen*[256] weltweit zu beschreiben und der auch von den Volksgruppenmitgliedern selbst gebraucht wird, ist - sozusagen *pars pro toto* - *Roma*, was in der Sprache der Gruppe, dem Romanes, soviel wie *Mensch* oder *Mann* bedeutet.[257] Auch der Begriff *Sinti* ist eine von den Gruppenmitgliedern gebrauchte Selbstbezeichnung. Während die deutschen Sinti bereits seit dem 15. Jahrhundert in Mitteleuropa leben, wanderten die deutschen Roma erst vor ca. 80 bis

---

[254] Zum Themenkomplex Sinti und Roma vgl. grundsätzlich: *Marten-Gotthold*, Der Schutz der Sinti und Roma in der Bundesrepublik Deutschland als ethnische Minderheit gemäß Art. 3 Abs. 3 GG, S. 19 ff.; *Jansen*, Sinti und Roma und die deutsche Staatsangehörigkeit, S. 1 ff.; *Rose*, Bürgerrechte für Sinti und Roma, S. 9 ff.; *Jansen*, in: *Packer/Myntti*, The protection of ethnic and linguistic minorities in Europe, S. 167 ff.

[255] *Rose*, Bürgerrechte für Sinti und Roma, S. 9.

[256] Die Differenziertheit der einzelnen Gruppen weltweit ist unübersichtlich. Ein grober Überblick findet sich bei *Marten-Gotthold*, Der Schutz der Sinti und Roma in der Bundesrepublik Deutschland als ethnische Minderheit gemäß Art. 3 Abs. 3 GG, S. 19. Oftmals findet sich eine Dreiteilung in die Gruppen der Sinti, der Roma und der Calé. Letztere Gruppe siedelt jedoch nicht auf dem Gebiet der Bundesrepublik und bleibt daher auch außerhalb der hier unternommenen Betrachtungen.

[257] *Jansen*, Sinti und Roma und die deutsche Staatsangehörigkeit, S. 1; *Marten-Gotthold*, Der Schutz der Sinti und Roma in der Bundesrepublik Deutschland als ethnische Minderheit gemäß Art. 3 Abs. 3 GG, S. 19.

150 Jahren in die Gebiete, in denen sie heute ansässig sind.[258] $^{2}/_{3}$ der in der Bundesrepublik Deutschland lebenden Mitglieder der Volksgruppe bezeichnen sich als Sinti, die anderen $^{1}/_{3}$ bezeichnen sich als Roma.[259] Sinti und Roma unterscheiden sich von der deutschen Mehrheitsbevölkerung durch eine eigene kulturelle Identität, insbesondere durch eine eigene Sprache, und besondere soziale Traditionen. Hinsichtlich des Sprachgebrauchs und der Traditionen gibt es zwischen den deutschen Sinti und Roma Unterschiede, die aber nur geringfügig sind.[260] Die in Deutschland lebenden Sinti und Roma besitzen nahezu ausnahmslos die deutschen Staatsangehörigkeit.[261] Die nach eigenem Bekunden größten Probleme, denen sich die deutschen Sinti und Roma ausgesetzt sehen, sind die vielerorts und in verschiedenen Bereichen existierenden Diskriminierungen gegen ihre Volksgruppe und das ihnen von der Mehrheitsbevölkerung entgegengebrachte Unverständnis betreffend ihre kulturellen Eigenheiten, das sich vielfach in einer amorphen Abneigung umsetzt.[262] Diskriminiert sehen sich die Sinti und Roma heute noch insbesondere von den Verwaltungsbehörden,[263] der Polizei[264] und der Presse.[265] Als Paradebeispiel für die Ignoranz der Mehrheitsbevölkerung wird oft das genauso verbreitete wie unzutreffende Vorurteil angeführt, die meisten Sinti und Roma seien immer noch Nomaden ohne festen Wohnsitz.[266]

Aufgrund von Sprachvergleichen gilt mittlerweile als erwiesen, daß die Sinti und Roma ursprünglich aus dem nordwestlichen Indien stammen.[267] Anfang des 15. Jahrhunderts wurden

---

[258] *Marten-Gotthold*, Der Schutz der Sinti und Roma in der Bundesrepublik Deutschland als ethnische Minderheit gemäß Art. 3 Abs. 3 GG, S. 20.

[259] *Rose*, Bürgerrechte für Sinti und Roma, S. 11.

[260] *Romani Rose*, der Vorsitzende des Zentralrates der Deutschen Sinti und Roma, vergleicht diese Unterschiede mit den Unterschieden, die zwischen Bayern und Preußen existieren: *Rose*, in: *Gemeinsame Verfassungskommission*, Stenographischer Bericht der 9. Öffentlichen Anhörung, Rechte ethnischer Minderheiten, S. 7.

[261] *Marten-Gotthold*, Der Schutz der Sinti und Roma in der Bundesrepublik Deutschland als ethnische Minderheit gemäß Art. 3 Abs. 3 GG, S. 20.

[262] *Rao-Casimir*, in: *Schmalz-Jacobsen/Hansen* (Hrsg.), Ethnische Minderheiten in der Bundesrepublik Deutschland, S. 442, 453; *Rose*, Bürgerrechte für Sinti und Roma, S. 79 ff.; *Jonuz/Holl*, in: *Schmalz-Jacobsen/Hansen* (Hrsg.), Ethnische Minderheiten in der Bundesrepublik Deutschland, S. 420, 426.

[263] *Rose*, Bürgerrechte für Sinti und Roma, S. 79 ff.

[264] *Marten-Gotthold*, Der Schutz der Sinti und Roma in der Bundesrepublik Deutschland als ethnische Minderheit gemäß Art. 3 Abs. 3 GG, S. 62 ff.

[265] *Simon*, Gutachten, erstellt im Auftrag des Zentralrats Deutscher Sinti und Roma, S. 23; Erster Bericht der Bundesrepublik Deutschland gemäß Artikel 25 Absatz 1 des Rahmenübereinkommens des Europarates zum Schutz nationaler Minderheiten, S. 21 ff.

[266] *Rose*, in: *Gemeinsame Verfassungskommission*, Stenographischer Bericht der 9. Öffentlichen Anhörung, Rechte ethnischer Minderheiten, S. 7.

[267] *Heinz/Koch/Leppers*, in: *Heinz/Neumann*, Ethnische Minderheiten in Westeuropa, S. 177, 178.

sie zum ersten Mal in Deutschland urkundlich erwähnt.[268] Sintigruppen sind also seit 600 Jahren auch in Deutschland heimisch, worauf sie immer wieder verweisen.[269] Aufgrund ihrer Lebensweise und ihres häufigen Wohnortwechsels begegnete man ihnen einerseits mit Neugier und Interesse, andererseits jedoch auch mit Mißtrauen und Abneigung. Jedenfalls waren ihnen in der relativ geschlossenen ständischen Gesellschaft des 15. und 16. Jahrhunderts die Handelsgilden und die Zünfte nicht zugänglich. Ihren Lebensunterhalt konnten die Sinti daher nur mit Tätigkeiten bestreiten, die als *unehrenhaft* galten, wie Pferdehandel, Musizieren, Wahrsagen und Schaustellerei jeglicher Art.[270] Vor dem Hintergrund ihrer Eigenartigkeit und der schwierigen politischen, wirtschaftlichen und sozialen Verhältnisse der damaligen Zeit erklärt es sich auch, daß gegen Ende der 15. Jahrhunderts die Geschichte der obrigkeitlichen Diskriminierung gegen Sinti, ihrer häufigen Verfolgung und Vertreibung begann.[271] Mit dem Aufkommen humanistischen Gedankenguts ebbte die Verfolgung der Sinti und Roma ab, und gegen Anfang des 19. Jahrhunderts wurden die bisherigen *Zigeunergesetze* immer weniger angewandt.[272] Mit der zunehmenden Industrialisierung Europas wurden langsam die wirtschaftlichen Nischen der Sinti und Roma, die sich immer noch als herumreisende Handwerker und Dienstleistende verdingen mußten, immer enger. Viele von ihnen verarmten und waren gezwungen, in Ghettosiedlungen zu ziehen, wo sie in sozialer Isolation und in wirtschaftlicher Bedürftigkeit lebten.[273] In dieser Lage waren soziale und gesellschaftliche Spannungen in den Innen- und Außenbeziehungen der Sinti und Roma nicht außergewöhnlich. In der Zeit zwischen 1933 und 1945 erfolgte dann unter dem nationalsozialistischen Regime zunächst eine systematische Erfassung der *Zigeuner* und menschenverachtende *rassenhygienische* Forschungen. Der nationalsozialistische Rassenwahn gipfelte schließlich in der massenhaften und systematischen Vernichtung von Sinti und Roma in ganz Europa.[274] Die Zahl der zwischen 1933 und 1945 umgekommenen Sinti und Roma wird auf 500.000 geschätzt.[275] Die für die Sinti- und Romakultur immens wichtigen Familien- und Sippenverbände waren bis zum Beginn des Zweiten Weltkriegs noch relativ intakt. Der Horror der Vernichtung beschädigte aber die Sozialstruktur der Sinti und Roma in gewaltigem Ausmaße und brachte diese Volksgruppe an den Rand der völligen

---

[268] *Jansen*, Sinti und Roma und die deutsche Staatsangehörigkeit, S. 5.

[269] Vgl. pogrom 179, Okt./Nov. 1994, S. 26 ff.; *Rose*, in: *Gemeinsame Verfassungskommission*, Stenographischer Bericht der 9. Öffentlichen Anhörung, Rechte ethnischer Minderheiten, S. 7.

[270] *Rao-Casimir*, in: *Schmalz-Jacobsen/Hansen* (Hrsg.), Ethnische Minderheiten in der Bundesrepublik Deutschland, S. 442, 446.

[271] Details vgl. bei *Marten-Gotthold*, Der Schutz der Sinti und Roma in der Bundesrepublik Deutschland als ethnische Minderheit gemäß Art. 3 Abs. 3 GG, S. 22 ff.

[272] *Jansen*, Sinti und Roma und die deutsche Staatsangehörigkeit, S. 14.

[273] *Rao-Casimir*, in: *Schmalz-Jacobsen/Hansen* (Hrsg.), Ethnische Minderheiten in der Bundesrepublik Deutschland, S. 442, 447.

[274] *Jansen*, Sinti und Roma und die deutsche Staatsangehörigkeit, S. 14; *Marten-Gotthold*, Der Schutz der Sinti und Roma in der Bundesrepublik Deutschland als ethnische Minderheit gemäß Art. 3 Abs. 3 GG, S. 27 ff.

[275] Vgl. pogrom 179, Okt./Nov. 1994, S. 26 ff.; *Präsidentin des Schleswig-Holsteinischen Landtages* (Hrsg.), Minderheitenbericht 1992-1996 der Landesregierung Schleswig-Holstein, S. 49.

Ausrottung.[276] Dies führte zu Verelendungsstrukturen, die der Volksgruppe einen Neubeginn nach Kriegsende noch schwieriger machte als der übrigen Bevölkerung. Die Aussöhnungs- und Wiedergutmachungspolitik nach 1945 ließ die Opfergruppe der Sinti und Roma weitgehend unberücksichtigt.[277] Erst nachdem es die Sinti und Roma schafften, ihre Interessen durch Organisationen wie den Zentralverband der Deutschen Sinti und Roma hörbarer zu artikulieren, setzte Anfang der 80er Jahre ein Umdenken bei deutschen staatlichen Stellen ein. Bis zum März 1982 dauerte es, bis durch Bundeskanzler *Schmidt* und Oppositionsführer *Kohl* die Verfolgung und Vernichtung der Sinti und Roma während der nationalsozialistischen Diktatur als Völkermord anerkannt wurde[278] und der Weg für eine Wiedergutmachung eröffnet wurde.[279] Verlauf und Umfang der Wiedergutmachung wird von den Sinti und Roma, die immer wieder auf eine Ungleichbehandlung gegenüber den jüdischen Opfern des Holocaust verweisen,[280] als unbefriedigend und im Ergebnis unzureichend kritisiert.[281]

Dieser geschichtliche Hintergrund ist ohne die Kenntnis der kulturellen Besonderheiten der Sinti und Roma jedoch nicht vollständig zu verstehen. Wie bei vielen anderen Minderheiten ist auch bei den Sinti und Roma das bezeichnendste kulturelle Merkmal ihre eigene Sprache, das Romanes. Die Sprache, die in grundlegenden Formen auch heute noch von allen über die ganze Welt zersplittert lebenden Romagruppen gesprochen wird, ist indischen Ursprungs und mit dem altindischen, heute nicht mehr gesprochenen Sanskrit nahe verwandt. Das Romanes hat eine eigene Grammatik und gilt als die älteste indoeuropäische Sprache und ist wesentlich älter als neuindische Sprachen. In bestimmten traditionellen Wortfeldern, in denen sich der alte indisch geprägte Wortschatz erhalten konnte, können sich die Roma weltweit noch relativ gut verständigen. In moderneren Wortfeldern ist jedoch eine starke Auseinanderentwicklung der Sprache festzustellen, die eine Verständigung ohne den Umweg über eine weitere Sprache beschwerlich bis unmöglich macht.[282] Verständigungsprobleme treten sogar bei den deutschen

---

[276] *Rao-Casimir*, in: *Schmalz-Jacobsen/Hansen* (Hrsg.), Ethnische Minderheiten in der Bundesrepublik Deutschland, S. 442, 447 f.

[277] *Marten-Gotthold*, Der Schutz der Sinti und Roma in der Bundesrepublik Deutschland als ethnische Minderheit gemäß Art. 3 Abs. 3 GG, S. 64 ff.

[278] BT.-Drucks. 9/2360 vom 21. Dezember 1982, Antwort der Bundesregierung auf die große Anfrage zur Lage und Forderungen der Sinti und Roma und verwandter Gruppen.

[279] *Heinz/Koch/Leppers*, in: *Heinz/Neumann*, Ethnische Minderheiten in Westeuropa, S. 177, 181.

[280] Diese Probleme führen immer wieder auch zu Spannungen zwischen der jüdischen Minderheit und den deutschen Sinti und Roma, die bereits soweit eskalierten, daß der Vorsitzende des Zentralrats Deutscher Sinti und Roma, *Romani Rose*, den früheren Vorsitzenden des Zentralrats der Juden in Deutschland, *Ignatz Bubis*, der Apartheid bezichtigte; vgl. *Schuller*, FAZ vom 20. Mai 1994.

[281] *Marten-Gotthold*, Der Schutz der Sinti und Roma in der Bundesrepublik Deutschland als ethnische Minderheit gemäß Art. 3 Abs. 3 GG, S. 75 ff. Mittlerweile fordern auch die Sinti und Roma die Errichtung eines Mahnmals an exponierter Stelle in Berlin, das an das ihnen während der Zeit des Nationalsozialismus Widerfahrene erinnern soll. Vgl. FAZ vom 29. Juli 2000.

[282] *Jonuz/Holl*, in: *Schmalz-Jacobsen/Hansen* (Hrsg.), Ethnische Minderheiten in der Bundesrepublik Deutschland, S. 420, 430.

Sinti, deren Romanes viele deutsche Lehnwörter enthält, und den deutschen Roma, deren walachisches Romanes einen starken rumänischen Einschlag aufweist, auf.[283] Infolge verschiedener Spracheinflüsse weist das Romanes eine Fülle von Dialekten auf, deren genaue Anzahl bislang nicht erforscht ist. Romanes ist keine Schriftsprache und Versuche, eine geschriebene Hochsprache zu ermitteln oder festzulegen, scheitern in aller Regel an der Lebendigkeit und Flexibilität der Sprache, obgleich erste dahingehende wissenschaftliche Bemühungen zu existieren scheinen.[284] Romanes wird in der Familie gelernt und nimmt im Innenverhältnis der Sinti und Roma untereinander eine entscheidende identitätsstiftende Rolle ein. Die jeweilige offizielle Landessprache, die von den Sinti und Roma in der Regel ebenfalls beherrscht wird, wird nur im Außenverhältnis benutzt.[285]

Ein weiteres wichtiges Fundament der kulturellen Identität der Sinti und Roma ist die Bedeutung der Familie. Sie stellt den Lebensmittelpunkt dar und ist Hort von Werten, Sitten und Gebräuchen. Darüber hinaus übernimmt die Familie die Funktion der Schule in allen Belangen ein. Der Familie gegenüber nimmt die Schule als Einrichtung des Aufenthaltsstaates eine traditionell untergeordnete Rolle ein. In der Familie werden die Sitten der Sinti und Roma vermittelt. Hierzu gehören beispielsweise bestimmte Kleidungsvorschriften, spezifische Meidungs- und Hygienevorschriften, sowie ein tradiertes Tabusystem.[286] Auf der nächsthöheren Ebene bilden die Generationen und verschiedene Familien die Solidargemeinschaft der Großfamilie. Die Großfamilie zeichnet sich durch wechselseitige Schutz- und Fürsorgepflichten und die Einhaltung der Sitten aus. Eine Sonderrolle innerhalb der Großfamilie kommt Kindern und Alten zu, und zwar in folgender Hinsicht: vollwertiges Familienmitglied wird man erst, wenn man Kinder hat. Die Alten fungieren als geachtete und verehrte moralische Autoritäten. Die nächsthöhere Einheit bildet der *Clan* oder die *Sippe*, die 80 bis 800 Personen umfassen kann und innerhalb welcher man sich ebenfalls durch wechselseitige Schutz- und Fürsorgepflichten verbunden ist.[287] Angehörige der verschiedenen Sinti- und Romagruppen sind endogam, heiraten also vorrangig innerhalb der Sippe.[288] Die Sippe hat in aller Regel eine interne Gerichtsbarkeit, die *Kris*, die Streitigkeiten innerhalb der

---

[283] *Rao-Casimir*, in: *Schmalz-Jacobsen/Hansen* (Hrsg.), Ethnische Minderheiten in der Bundesrepublik Deutschland, S. 442 f.

[284] *Rao-Casimir*, in: *Schmalz-Jacobsen/Hansen* (Hrsg.), Ethnische Minderheiten in der Bundesrepublik Deutschland, S. 442, 443.

[285] *Marten-Gotthold*, Der Schutz der Sinti und Roma in der Bundesrepublik Deutschland als ethnische Minderheit gemäß Art. 3 Abs. 3 GG, S. 35 f.

[286] *Marten-Gotthold*, Der Schutz der Sinti und Roma in der Bundesrepublik Deutschland als ethnische Minderheit gemäß Art. 3 Abs. 3 GG, S. 39 ff.

[287] *Marten-Gotthold*, Der Schutz der Sinti und Roma in der Bundesrepublik Deutschland als ethnische Minderheit gemäß Art. 3 Abs. 3 GG, S. 43.

[288] *Rao-Casimir*, in: *Schmalz-Jacobsen/Hansen* (Hrsg.), Ethnische Minderheiten in der Bundesrepublik Deutschland, S. 442, 451.

Sippe oder zwischen verschiedenen Sippen schlichtet.[289] Die zwischen diesen Solidargemeinschaften auf verschiedenen Ebenen existierenden emotionalen Bindungen werden anläßlich von Ereignissen im Leben des Familienverbandes, wie Geburt, Taufe, Hochzeit, Beerdigung und anderen Anlässen gepflegt und erneuert.[290] Die Reisetätigkeit von ansonsten seßhaften Sinti und Roma wird insbesondere durch die Wichtigkeit der Teilnahme an solchen Festen innerhalb der Sippe veranlaßt. Die größte Gemeinschaftsebene der verschiedenen Sinti- und Romagruppen ist der Stamm, beispielsweise die deutschen Sinti. Insgesamt ist anzumerken, daß die Solidargemeinschaften auf verschiedenen Ebenen nicht statisch festgelegt sind, sondern sich durch eine situationsbedingte Flexibilität auszeichnen.[291]

Wie bereits erwähnt, ist die Nicht-Seßhaftigkeit der Sinti und Roma ein ebenso altes, wie unzutreffendes Vorurteil. Sozialwissenschaftliche Studien stellten eine Seßhaftigkeit von 90% der deutschen Sinti und Roma fest.[292] Typischerweise verlassen Sinti und Roma ihren Wohnsitz, den sie in aller Regel nicht häufiger als die Mehrheitsbevölkerung verlegen, jedoch oftmals, um Reisen zu unternehmen. Reisen werden, wie dargelegt, unternommen, um die emotionalen Bindungen innerhalb der Solidargemeinschaft, in der sie sich befinden, zu festigen. Andererseits werden Reisen unternommen, da viele Sinti und Roma aus traditionellen Gründen ihre Berufe häufig im Reisegewerbe ausüben.[293] Im Zusammenhang sei darauf hingewiesen, daß sich Sinti und Roma häufig über Diskriminierungen von Privatpersonen aber auch von Behörden bei der Benutzung von Campingplätzen beschweren. Probleme dieser Art werden unter dem Gesichtspunkt des Diskriminierungsverbotes an anderer Stelle noch zu untersuchen sein.[294]

Bezüglich der Wohnsituation unterscheiden sich die Sinti und Roma nicht von der Mehrheitsbevölkerung. Die jeweilige Wohnsituation korreliert mit der wirtschaftlichen Stellung des einzelnen. Sinti und Roma wohnen nicht besser oder schlechter als Mitglieder der Mehrheitsbevölkerung in vergleichbarer sozialer Lage. Gelegentlich wird aufgrund der kulturellen Besonderheiten der Sinti und Roma die Bereitstellung besonderer

---

[289] *Jonuz/Holl*, in: *Schmalz-Jacobsen/Hansen* (Hrsg.), Ethnische Minderheiten in der Bundesrepublik Deutschland, S. 420, 429.

[290] *Jonuz/Holl*, in: *Schmalz-Jacobsen/Hansen* (Hrsg.), Ethnische Minderheiten in der Bundesrepublik Deutschland, S. 420, 428.

[291] *Marten-Gotthold*, Der Schutz der Sinti und Roma in der Bundesrepublik Deutschland als ethnische Minderheit gemäß Art. 3 Abs. 3 GG, S. 44.

[292] Die wichtigsten dieser Studien sind zitiert bei: *Marten-Gotthold*, Der Schutz der Sinti und Roma in der Bundesrepublik Deutschland als ethnische Minderheit gemäß Art. 3 Abs. 3 GG, S. 56.

[293] *Marten-Gotthold*, Der Schutz der Sinti und Roma in der Bundesrepublik Deutschland als ethnische Minderheit gemäß Art. 3 Abs. 3 GG, S. 57.

[294] Kapitel 4.

Wohnverhältnisse gefordert.[295] Solange hier jedoch keine konkrete Förderpflicht gesetzlich festgelegt ist, wird man hier nicht umhinkönnen, auf die soziale Lage und nicht auf die ethnische Zugehörigkeit abzustellen.

Die wirtschaftliche Situation der Sinti und Roma stellt sich ebenfalls sehr unterschiedlich dar. *Marten-Gotthold* verweist auf die Ergebnisse sozialwissenschaftlicher Untersuchungen, nach denen jedoch das Durchschnittseinkommen einer Sinti- und Romafamilie deutlich unter dem einer Familie der übrigen Bevölkerung liegt.[296] Das mag in den meisten Fällen an der unzureichenden Ausbildung für das heutige Wirtschaftsleben liegen. Zunächst ist der Alphabetisierungsgrad der Sinti und Roma deutlich unter dem der übrigen Bevölkerung der Bundesrepublik. Aufgrund der Tatsache, daß Sinti und Roma oft keine Schulabschlüsse haben und in den seltensten Fällen eine abgeschlossene Berufsausbildung, sind sie auch von Arbeitslosigkeit überdurchschnittlich betroffen.[297] Traditionell waren viele Sinti und Roma als selbständige Händler tätig, die oft reisend mit Autos, Teppichen, Schrott, Schmuck, Antiquitäten usw. handelten. Darüber hinaus waren sie in anderen Nischen, wie beispielsweise dem Schaustellergewerbe, tätig. Die wirtschaftliche Entwicklung schloß, bzw. engte jedoch viele dieser Nischen ein, was zu einer Verarmung und Verelendung der Betroffenen führte. Verschärft wird diese Misere durch die Tatsache, daß bestimmte Arbeiten von Sinti und Roma aufgrund bestimmter Gebote oder Tabus nicht ausgeübt werden dürfen.[298]

Der Teufelskreis von schlechter Ausbildung und folgender Arbeitslosigkeit beginnt bereits mit der unzureichenden schulischen Bildung der Sinti- und Romakinder. Wie für alle Kinder besteht selbstverständlich auch für Sinti- und Romakinder die allgemeine Schulpflicht. Dieser können sie jedoch aufgrund der häufigen Reisen mit ihren Eltern nur unzureichend und an ständig wechselnden Orten nachkommen. Zusätzliche Probleme ergeben sich aufgrund von Sprachschwierigkeiten und der unterschiedlichen Wertvorstellungen der Sinti- und Romakindern gegenüber den Kindern der Mehrheitsbevölkerung. An Verbesserungsvorschlägen, insbesondere von sozialwissenschaftlicher Seite, fehlt es in

---

[295] Vgl. hierzu: *Marten-Gotthold*, Der Schutz der Sinti und Roma in der Bundesrepublik Deutschland als ethnische Minderheit gemäß Art. 3 Abs. 3 GG, S. 50 ff.

[296] *Marten-Gotthold*, Der Schutz der Sinti und Roma in der Bundesrepublik Deutschland als ethnische Minderheit gemäß Art. 3 Abs. 3 GG, S. 36 ff.

[297] *Jansen*, in: *Packer/Myntti*, The protection of ethnic and linguistic minorities in Europe, S. 167, 175 ff.

[298] *Marten-Gotthold*, Der Schutz der Sinti und Roma in der Bundesrepublik Deutschland als ethnische Minderheit gemäß Art. 3 Abs. 3 GG, S. 37 f.

diesem Bereich nicht.[299] Die staatlichen Stellen stehen diesen Problemen bislang jedoch mit einer gewissen Ratlosigkeit gegenüber.[300]

Hinsichtlich der Religionszugehörigkeit weisen die deutschen Sinti und Roma keine Besonderheiten gegenüber der Mehrheitsbevölkerung auf. 95% der deutschen Sinti und Roma sind katholisch und 5% protestantisch.[301]

Ein weiterer Bereich, in dem sich die Sinti und Roma diskriminiert und unverstanden fühlen, ist der Bereich der Medien.[302] Einerseits werfen die Sinti und Roma den Medien vor, alte und unzutreffende Vorurteile in Berichterstattungen ständig zu wiederholen. Ob dies aufgrund ungenügender Recherchearbeit oder aus Abneigung gegen die Volksgruppe geschieht, sei dabei unerheblich, da der Effekt derselbe sei. Jedenfalls würden dadurch die Bemühungen der Sinti und Roma um eine zutreffende Selbstdarstellung zur Verbesserung des Verhältnisses zur Mehrheitsbevölkerung nachhaltig unterminiert.[303] Andererseits beklagen sich die Sinti und Roma immer wieder über die gängige Praxis der Medien, bei Berichten im Zusammenhang mit Vorwürfen wegen Kriminalität oder anderem Fehlverhalten einzelner ohne sachliche Notwendigkeit auf die ethnische Zugehörigkeit der Beschuldigten zur Gruppe der Sinti und Roma hinzuweisen.[304] Zur Abhilfe fordert der Zentralrat Deutscher Sinti und Roma die Aufnahme eines Diskriminierungsverbotes in die Landesmediengesetze. Dies sei insbesondere deshalb erforderlich, da die Selbstkontrolle der Medien nicht in einem ausreichenden Umfang funktionieren würde. Die Bestimmungen des Deutschen Presserates zur Verhinderung von Diskriminierungen seien unzureichend und die Spruchpraxis des Beschwerdeausschusses des Presserates bezüglich seiner Aufgabe der Selbstkontrolle

---

[299] Vgl. *Marten-Gotthold*, Der Schutz der Sinti und Roma in der Bundesrepublik Deutschland als ethnische Minderheit gemäß Art. 3 Abs. 3 GG, S. 47 ff.

[300] Aus dem letzten schleswig-holsteinischen Minderheitenbericht geht hervor, daß man über die Phase eines *Erfahrungsaustausches* noch nicht recht hinausgekommen ist. Vgl. *Präsidentin des Schleswig-Holsteinischen Landtages* (Hrsg.), Minderheitenbericht 1992-1996 der Landesregierung Schleswig-Holstein, S. 52.

[301] *Jonuz/Holl*, in: *Schmalz-Jacobsen/Hansen* (Hrsg.), Ethnische Minderheiten in der Bundesrepublik Deutschland, S. 420, 431; vgl. auch: pogrom 179, Okt./Nov. 1994, S. 26.

[302] *Jonuz/Holl*, in: *Schmalz-Jacobsen/Hansen* (Hrsg.), Ethnische Minderheiten in der Bundesrepublik Deutschland, S. 420, 430 f.; *Präsidentin des Schleswig-Holsteinischen Landtages* (Hrsg.), Minderheitenbericht 1992-1996 der Landesregierung Schleswig-Holstein, S. 52 f.; Erster Bericht der Bundesrepublik Deutschland gemäß Artikel 25 Absatz 1 des Rahmenübereinkommens des Europarates zum Schutz nationaler Minderheiten, S. 21 ff.

[303] Vgl. pogrom 179, Okt./Nov. 1994, S. 26, 27; *Rose*, in: *Gemeinsame Verfassungskommission*, Stenographischer Bericht der 9. Öffentlichen Anhörung, Rechte ethnischer Minderheiten, S. 7; *Präsidentin des Schleswig-Holsteinischen Landtages* (Hrsg.), Minderheitenbericht 1992-1996 der Landesregierung Schleswig-Holstein, S. 53.

[304] *Simon*, Gutachten, erstellt im Auftrag des Zentralrats Deutscher Sinti und Roma, S. 16.

funktionslos.[305] Zu diesem Ergebnis kommt auch ein im Auftrag des Zentralrates Deutscher Sinti und Roma erstelltes Gutachten des ehemaligen Bundesverfassungsrichters *Helmut Simon*.[306] In ihrem letzten Minderheitenbericht hat sich auch die Landesregierung von Schleswig-Holstein dieser Meinung angeschlossen.[307]

Eine Parallelproblematik hierzu existiert im Verhältnis der Sinti und Roma zur Polizei. Auch hier beklagt sich die Volksgruppe über die ständige Diskriminierung, ausgelöst durch eine seitens der Polizei angeblich vorhandene *Haltung des prinzipiellen Verdachts* gegenüber den Sinti und Roma.[308]

In den vergangenen 20 Jahren ist es den Sinti und Roma gelungen, ihre Interessen durch die Schaffung verbesserter institutioneller Selbstorganisation zu bündeln. Durch die Errichtung organisatorischer Strukturen sollen einerseits die Interessen der Sinti und Roma nachdrücklicher vertreten werden und andererseits das Ziel einer besseren Selbstdarstellung in der Öffentlichkeit und gegenüber der Mehrheitsbevölkerung erreicht werden. Seit Mitte 1979 ist der *Verband Deutscher Sinti* als Vertreter der Interessen dieser Volksgruppe bundesweit immer bekannter geworden. Durch die Zusammenarbeit mit anderen Organisationen, die sich um die Wahrung der Rechte schwächerer Personengruppen und Minderheiten bemühen, konnte der *Verband Deutscher Sinti* wichtige Kontakte zu Politikern, zu Parteien, zu Kirchen und zu verschiedenen anderen Organisationen knüpfen.[309] Um 1980 hatte sich der *Verband Deutscher Sinti* bundesweit etabliert und unterstützte die Gründung von regionalen Sinti- und Romavereinen und Landesverbänden. Im Februar 1982 schlossen sich viele dieser Vereine zum *Zentralrat Deutscher Sinti und Roma* zusammen, der seitdem bundesweit für die Interessen der Sinti und Roma eintritt und mittlerweile auch als legitimer Vertreter der Volksgruppe der Sinti und Roma akzeptiert ist.[310] Die Bundesregierung unterstützt aktiv den Prozeß des Abbaus von Vorurteilen unter anderem durch die Förderung der Selbstorganisation, Selbsthilfe und Selbstdarstellung der Sinti und Roma im Wege der Finanzierung der Geschäftsstelle und der sozialen Beratungsstelle des *Zentralrates Deutscher*

---

[305] *Präsidentin des Schleswig-Holsteinischen Landtages* (Hrsg.), Minderheitenbericht 1992-1996 der Landesregierung Schleswig-Holstein, S. 53.

[306] *Simon*, Gutachten, erstellt im Auftrag des Zentralrats Deutscher Sinti und Roma, S. 23 f.

[307] *Präsidentin des Schleswig-Holsteinischen Landtages* (Hrsg.), Minderheitenbericht 1992-1996 der Landesregierung Schleswig-Holstein, S. 52 f.

[308] Vgl. hier die grundlegende Studie von *Feuerhelm*, Polizei und Zigeuner, S. 301. Vgl. auch *Simon*, Gutachten, erstellt im Auftrag des Zentralrats Deutscher Sinti und Roma, S. 22; *Marten-Gotthold*, Der Schutz der Sinti und Roma in der Bundesrepublik Deutschland als ethnische Minderheit gemäß Art. 3 Abs. 3 GG, S. 62 ff.

[309] Vgl. pogrom 179, Okt./Nov. 1994, S. 26, 27 f.

[310] Vgl. pogrom 179, Okt./Nov. 1994, S. 26, 28; *Rao-Casimir*, in: *Schmalz-Jacobsen/Hansen* (Hrsg.), Ethnische Minderheiten in der Bundesrepublik Deutschland, S. 442, 452 f.

Sinti und Roma aus Bundesmitteln.[311] Vorsitzender des *Zentralrats Deutscher Sinti und Roma* ist *Romani Rose*, der 1981 auch zum Vize-Präsidenten des Roma-Weltkongresses gewählt wurde. Auf internationaler Ebene ist die *Romani-Union* seit 1979 als Weltorganisation der Sinti und Roma mit beratendem Status bei den Vereinten Nationen vertreten.[312] Im Sommer 1997 gründeten der Schriftsteller *Günter Grass* und seine Frau eine *Stiftung zugunsten des Romavolkes*. Zweck der Stiftung ist es, Toleranz und Akzeptanz in der Mehrheitsbevölkerung für die Sinti und Roma zu fördern und über ihre kulturelle und soziale Lage in Vergangenheit und Gegenwart aufzuklären. Die Stiftung wird insbesondere journalistische, wissenschaftliche, sozialpolitische und künstlerische Arbeiten auszeichnen, deren Anlaß und Thema die Sinti und Roma sind.[313] Diese Stiftung hat jedoch nicht einmal annähernd die Dimension der *Stiftung für das sorbische Volk*, und es ist bislang unklar, ob sich die Bundes- oder eine Landesregierung an ihrer Finanzierung beteiligen wird.

Die Rechtsstellung der Sinti und Roma wird in der Bundesrepublik Deutschland durch die allgemeinen Gesetze bestimmt. Weder das Grundgesetz noch eine Landesverfassung räumt ihnen eine verfassungsrechtliche Sonderposition ein. Wie bereits erwähnt, besitzen nahezu alle hier lebenden Sinti und Roma die deutsche Staatsangehörigkeit.[314] Für die Sinti und Roma, die nicht Deutsche im Sinne des Grundgesetzes sind gelten die allgemeinen ausländerrechtlichen Bestimmungen. Die Bundesregierung räumt im Hinblick auf die Vorwürfe der Diskriminierung der Sinti und Roma ein, daß nicht ausgeschlossen sei, *„daß allgemein geltende Gesetze und sonstige Vorschriften bei ihrer Anwendung im Einzelfall nachteilige Auswirkungen auf Sinti und Roma mit traditioneller Lebensweise haben.“*[315] Diesbezüglich ist die Bundesregierung aber der Überzeugung, daß dieses Problem an Schärfe verlieren wird, wenn die Gesetze und Vorschriften im Einzelfall in Kenntnis der Traditionen der Sinti und Roma angewandt werden und die Integration der Sinti und Roma in das Sozial- und Bildungssystem der Bundesrepublik weitere Fortschritte macht unter Respektierung ihrer kulturellen und sozialen Besonderheiten.[316] In verschiedenen Antworten auf parlamentarische Anfragen[317] und auch im Bereich des Völkerrechts[318] betont die Bundesregierung immer

---

[311] BT.-Drucks. 10/3292 vom 3. Mai 1985, Antwort der Bundesregierung auf die große Anfrage zur Lage und Forderungen der Sinti und Roma und verwandter Gruppen, S. 8.

[312] *Rose*, Bürgerrechte für Sinti und Roma, S. 10.

[313] *Verband Deutscher Sinti und Roma e.V., Landesverband Schleswig-Holstein*, Jahresberichte 1997 und 1998, S. 13 f.

[314] *Marten-Gotthold*, Der Schutz der Sinti und Roma in der Bundesrepublik Deutschland als ethnische Minderheit gemäß Art. 3 Abs. 3 GG, S. 20.

[315] BT.-Drucks. 10/3292 vom 3. Mai 1985, Antwort der Bundesregierung auf die große Anfrage zur Lage und Forderungen der Sinti und Roma und verwandter Gruppen, S. 11.

[316] BT.-Drucks. 10/3292 vom 3. Mai 1985, Antwort der Bundesregierung auf die große Anfrage zur Lage und Forderungen der Sinti und Roma und verwandter Gruppen, S. 11.

[317] Vgl. BT.-Drucks. 10/3292 vom 3. Mai 1985, Antwort der Bundesregierung auf die große Anfrage zur Lage und Forderungen der Sinti und Roma und verwandter Gruppen, S. 15 und BT.-Drucks. 12/394 vom 19. April

wieder, daß die Gruppen der Sinti und Roma in der Bundesrepublik nicht den Status einer Minderheit besitzen. Als Erklärung für diese Haltung wird angegeben, daß die Regelung des Status von Sinti und Roma Gegenstand von Überlegungen in internationalen Gremien ist und daher keine Veranlassung bestehe, diesen Überlegungen mit einer innerstaatlichen Regelung vorzugreifen.[319] Zudem wird vermutet, daß seitens der Bundesregierung Ängste existieren, daß man durch die Anerkennung der Sinti und Roma als ethnische Minderheit in Deutschland ungewollt einen Anreiz für die Zuwanderung weiterer Sinti- und Romagruppen, beispielsweise aus dem osteuropäischen Raum, schafft.[320] Außerdem wollte man wohl auch mit der Anerkennung der Sinti und Roma als Minderheit keinen Präzedenzfall schaffen, unter Berufung auf welchen dann andere zugewanderte ethnische Gruppen einen besonderen Minderheitenstatus fordern könnten.[321] Dennoch fördert die Bundesregierung die Sinti und Roma auf vielfache Weise wie eine Minderheit und gesteht ihnen damit zumindest implizit doch einen gewissen Sonderstatus zu.[322] In der Diskussion um die Einführung eines Minderheitenartikels in das Grundgesetz[323] wurde 1994 diese Problematik erneut erörtert, es wurden die gleichen Argumente ausgetauscht, ohne daß man jedoch in der Sache vorankam. Die (damaligen) Oppositionsfraktionen und -gruppen SPD, BÜNDNIS 90/GRÜNE, PDS zusammen mit der F.D.P. und die *klassischen* deutschen Minderheiten sprachen sich für die Anerkennung der Sinti und Roma als offizielle deutsche Minderheit aus. Die CDU/CSU lehnte dies unter Angabe der aufgeführten Bedenken ab.[324] Ein identisches Schicksal ereilte einen Antrag auf explizite Aufnahme der Sinti und Roma in den Kreis der geschützten Minderheiten in der schleswig-holsteinischen Landesverfassung. Im Februar 1998 wurde der Antrag auf Verfassungsänderung abgelehnt.[325] Im Vorgriff auf noch folgende Ausführungen

---

1991, Antwort der Bundesregierung auf die kleine Anfrage zu Bleiberechtsregelungen für heimatlose Roma-Flüchtlinge in der Bundesrepublik Deutschland, S. 3.

[318] *Jansen* weist hier auf eine Erklärung der Bundesrepublik vom 16. April 1992 gegenüber dem Menschenrechtsausschuß der Vereinten Nationen hin: *Jansen*, Sinti und Roma und die deutsche Staatsangehörigkeit, S. 20. Anläßlich der Unterzeichnung des Rahmenabkommens des Europarats zum Schutz nationaler Minderheiten am 11. Mai 1995 erklärte die Bundesrepublik jedoch, daß die deutschen Sinti und Roma als Minderheit anzusehen wären: vgl. *Klebes*, EuGRZ 1995, S. 262, 263, Fn. 12 a.E.

[319] BT.-Drucks. 10/3292 vom 3. Mai 1985, Antwort der Bundesregierung auf die große Anfrage zur Lage und Forderungen der Sinti und Roma und verwandter Gruppen, S. 15 und BT.-Drucks. 12/394 vom 19. April 1991, Antwort der Bundesregierung auf die kleine Anfrage zu Bleiberechtsregelungen für heimatlose Roma-Flüchtlinge in der Bundesrepublik Deutschland, S. 3.

[320] *Jansen*, Sinti und Roma und die deutsche Staatsangehörigkeit, S. 22; *Boehm*, AWR-Bulletin 1994, S. 38.

[321] *Jansen*, in: *Packer/Myntti*, The protection of ethnic and linguistic minorities in Europe, S. 167, 202

[322] BT.-Drucks. 10/3292 vom 3. Mai 1985, Antwort der Bundesregierung auf die große Anfrage zur Lage und Forderungen der Sinti und Roma und verwandter Gruppen, S. 8.

[323] Vgl. hierzu die detaillierten Ausführungen in Kapitel 5.

[324] Vgl. BT.-Drucks. 12/8165 (Beschlußempfehlung und Bericht des Rechtsausschusses), S. 66 f.; *Stock*, FAZ vom 18. April 1994, S. 4. Vgl. hierzu auch die Ausführungen in Kapitel 5. Punkt. II. 4. c).

[325] Vgl. *Verband Deutscher Sinti und Roma e.V.*, *Landesverband Schleswig-Holstein*, Jahresberichte 1997 und 1998, S. 11 f.

soll an dieser Stelle schon die These formuliert werden, daß es sich bei den Sinti und Roma um eine deutsche Minderheit im Rechtssinne handelt, deren Status nur nicht verfassungsrechtlich niedergelegt ist. Wenn den Bedenken, die der ablehnenden Haltung der konservativen politischen Kräfte zugrunde liegen, angemessen Rechnung getragen würde, herrschte breiter Konsens über die Zuerkennung eines Minderheitenstatus für die deutschen Sinti und Roma. Bestätig wird diese Einschätzung auch durch die Tatsache, daß die Bundesrepublik Deutschland die Sinti und Roma den Minderheiten hinzurechnet, denen Schutz unter dem Rahmenübereinkommen zum Schutz nationaler Minderheiten des Europarates gewährt wird.[326] Durch die aktive Förderung und weitestgehende Gleichbehandlung mit den anderen deutschen Minderheiten kann man die Sinti und Roma als *de facto* anerkannte Minderheit in Deutschland sehen.[327] Eine verfassungsrechtliche Verankerung ihres Minderheitenstatus *de jure* würde die Sinti und Roma aber sicher in ihren Bemühungen unterstützen, über sie existierende Vorurteile abzubauen und ihrer Diskriminierung entgegenzuwirken.[328]

b) Die jüdische Minderheit

„Ich habe und kenne kein anderes Blut als deutsches, keinen anderen Stamm, kein anderes Volk (...) Vertreibt man mich von meinem deutschen Boden, so bleibe ich deutsch, und es ändert sich nichts“[329] schreibt im Jahre 1918 *Walther Rathenau*, der später als Reichsaußenminister am 22. Juni 1922 von Angehörigen einer nationalistischen und antisemitischen Vereinigung ermordet wird, und beschreibt damit das Selbstverständnis der Deutschen jüdischen Glaubens[330] bis zum Holocaust sehr treffend. Bis zur Zäsur durch den systematisch an ihnen verübten Völkermord unter der Herrschaft der Nationalsozialisten war die Identität als Deutscher jüdischen Glaubens eine Selbstverständlichkeit.[331] Es ist ebenso

---

[326] Vgl. Erster Bericht der Bundesrepublik Deutschland gemäß Artikel 25 Absatz 1 des Rahmenübereinkommens des Europarates zum Schutz nationaler Minderheiten. Bonn 1999.

[327] Ähnlich auch *Siegert*, die zudem noch auf die Tatsache hinweist, daß ein Vertreter der Sinti und Roma zur öffentlichen Anhörung der Gemeinsamen Verfassungskommission zum Thema *„Rechte ethnischer Minderheiten“* eingeladen wurde. Vgl. *Siegert*, Minderheitenschutz in der Bundesrepublik Deutschland, S. 81.

[328] In der Diskussion um die Schaffung eines neuen Denkmals in Berlin für die jüdischen Opfer der nationalsozialistischen Diktatur fühlen sich die Sinti und Roma einmal mehr ungleich behandelt und meldeten ihrerseits ebenfalls Anspruch auf ein Mahnmal für die Mitglieder ihrer Volksgruppe an, die dem Holocaust zum Opfer fielen. Vgl. etwa: FAZ vom 4. März 1995; FAZ vom 24. Juli 1999; FAZ vom 31. Juli 1999. Vgl. zum Verhältnis der Juden in Deutschland zu den deutschen Sinti und Roma auch *Schuller*, FAZ vom 20. Mai 1994.

[329] Zitat nach *Schuster*, FAZ vom 16. April 1997.

[330] Zum Themenkomplex Juden in Deutschland vgl. grundsätzlich: *Kugelmann*, in: *Schmalz-Jacobsen/Hansen* (Hrsg.), Ethnische Minderheiten in der Bundesrepublik Deutschland, S. 256 ff.; *Lichtenstein*, in: *Gessenharter/Fröchling*, Minderheiten – Störpotential oder Chance für eine friedliche Gesellschaft ?, S. 151 ff.; *Bubis*, Juden in Deutschland, S. 69 ff.

[331] So auch *Blumenthal*, FAZ vom 25. September 1999 (Berliner Seiten).

selbstverständlich, daß die Überlebenden des Holocaust und ihre Nachkommen in Deutschland eine Sonderrolle einnehmen und auch potentiell Begünstigte eines verfassungsrechtlichen Minderheitenschutzes sein müssen.[332]

Quellen bekunden, daß die Juden, die im Gefolge der römischen Legionen meist als Kaufleute kamen, bereits seit dem 2. Jahrhundert nach Christi auf deutschem Boden heimisch sind. Diskriminierung und Verfolgung dieser Volksgruppe sind seit der Zeit der Kreuzzüge im 11. bzw. 13. und 14. Jahrhundert dokumentiert.[333] Die Blütezeit jüdischen Lebens in Deutschland begann nach der Emanzipation der Juden Mitte des 19. Jahrhunderts.[334] Mit der Reichsgründung von 1871 erfolgte die bürgerliche Gleichstellung der Juden, und die Zugangsbestimmungen zu fast allen Berufen und Erwerbsmöglichkeiten wurden gelockert. Obgleich die Juden im Deutschen Reich in nahezu allen Schichten und Berufen vertreten und gesellschaftlich integriert waren, mußten sie sich dennoch ständig gegen den diffusen Vorwurf der Illoyalität verteidigen. Nachdem über 100.000 Juden für Deutschland in den Ersten Weltkrieg gezogen waren, erreichten sie ihre völlige rechtliche Gleichstellung unter dem Regime der Weimarer Verfassung. Die jüdischen Gemeinden erhielten Körperschaftsstatus und Steuerhoheit. Zahlreiche jüdische Institutionen sozialer, pädagogischer oder politischer Ausrichtung wurden gegründet.[335] Der Antisemitismus jedoch, der sich vom Mittelalter bis ins ausgehende 18. Jahrhundert religiöser und kirchlicher Argumente bediente, verblaßte nicht etwa, sondern veränderte sich im Verlauf des 19. Jahrhunderts zu einem antijüdischen Ressentiment, das zunehmend mit pseudo-naturwissenschaftlichen Begründungen in Erscheinung trat.[336] Nach der Machtübernahme der Nationalsozialisten wurde dieses Ressentiment aufgegriffen und die Maschinerie der Diktatur initiierte einen Prozeß der Entrechtung und Verfolgung der jüdischen Bevölkerung Deutschlands und Europas, der in der Ermordung von über 5 Millionen Juden gipfelte. Von den über 500.000 Juden, die im Juli 1933 noch in Deutschland lebten, waren 1945 noch lediglich 25.000 übrig, und die Infrastruktur jüdischen Lebens in Deutschland war völlig zerstört.[337] Seit dem Holocaust wird das deutsch-jüdische Verhältnis maßgeblich von diesem furchtbaren Ereignis bestimmt.[338] Verständlicherweise wollte kaum ein deutscher Jude nach

---

[332] Vgl. zur schwierigen Identitätsfindung von Deutsch-Juden der heutigen Zeit im Schatten der Spannungen zwischen Religion und Nationalstaat: *Diner*, FAZ vom 3. November 1999.

[333] *Kugelmann*, in: *Schmalz-Jacobsen/Hansen* (Hrsg.), Ethnische Minderheiten in der Bundesrepublik Deutschland, S. 256, 259; *Blumenthal*, FAZ vom 25. September 1999 (Berliner Seiten).

[334] *Stopp*, Die Behandlung ethnischer Minderheiten als Gleichheitsproblem, S. 107 ff.

[335] Zum Ganzen: *Volkov*, Jüdisches Leben und Antisemitismus im 19. und 20. Jahrhundert, S. 111 ff.

[336] *Kugelmann*, in: *Schmalz-Jacobsen/Hansen* (Hrsg.), Ethnische Minderheiten in der Bundesrepublik Deutschland, S. 256, 260.

[337] *Kugelmann*, in: *Schmalz-Jacobsen/Hansen* (Hrsg.), Ethnische Minderheiten in der Bundesrepublik Deutschland, S. 256, 261.

[338] Dies ist eine Tatsache, die in neuester Zeit gerade auch von Juden beklagt wird. Vgl. etwa *Goldmann*, FAZ vom 14. September 1999.

Kriegsende in Europa, geschweige denn Deutschland bleiben. Die Auswanderungsquoten in Länder wie die USA, Kanada, Australien oder das britische Mandatsgebiet Palästina waren jedoch knapp bemessen, so daß einige Juden doch in Deutschland, oftmals in *displaced persons* (DP)-Flüchtlingslagern, verblieben. Obwohl internationale jüdische Organisationen dies heftigst kritisierten, blieben auch nach der Gründung der Bundesrepublik Deutschland, der Deutschen Demokratischen Republik und des Staates Israel ca. 20.000 Juden in Deutschland und formten erneut jüdische Gemeinden.[339] Die Aufarbeitung dieses Abschnitts der deutschen Geschichte und der Prozeß der Versöhnung und Wiedergutmachung setzten in den 50er Jahren ein, als die bundesdeutsche Politik mit Vertretern der jüdischen Gemeinden in Deutschland und israelischen Diplomaten Wiedergutmachungsgesetze, wie das Bundesentschädigungsgesetz, oder Wirtschaftshilfe für den Staat Israel verhandelten.

Wenn im voranstehenden geschichtlichen Abriß von den Juden in Deutschland oder den Deutschen jüdischen Glaubens die Rede war, so deutete dies bereits eine gewisse Unsicherheit hinsichtlich der Definition einer jüdischen Minderheit in Deutschland an.[340] Zunächst scheinen sich die Juden in Deutschland im wesentlichen über ihren Glauben zu definieren, sich also als religiöse Minderheit zu verstehen.[341] Dem steht jedoch entgegen, daß die jüdischen Institutionen in Deutschland, wie etwa die Gemeinden und der Zentralrat,[342] keine religiösen Institutionen sind, sondern sich allgemein der Pflege des jüdischen Kultus verschrieben haben.[343] Überdies folgt auch die jüdische Bevölkerung in Deutschland dem Trend vieler westlicher Gesellschaften und zeigt starke Säkularisierungstendenzen. Ca. 70 % der in Deutschland und in der übrigen Diaspora lebenden Juden, ist nicht mehr religiös.[344] Die Einordung als nationale Minderheit, welche die Juden in Deutschland entscheidend über ihren Bezug und ihre Affinität zum Staate Israel definieren würde, erweist sich ebenfalls als nicht exakt passend. Es ist zwar zutreffend, daß sich die Juden während ihrer mehrere tausend Jahre alten Geschichte stets als ein Volk begriffen, dies wurde jedoch nicht vollständig auf den Staat Israel nach seiner Gründung im Jahr 1948 projiziert oder fokussiert. Viele Juden sind darüber hinaus auch der Amtssprache des Staates Israel, dem Hebräisch, nicht mächtig. Obwohl sicher kein Jude dem Staat Israel mit einem Gefühl der Gleichgültigkeit gegenübersteht, ist der Staat Israel für die meisten im Ausland lebenden Juden nicht mehr als

---

[339] *Kugelmann*, in: *Schmalz-Jacobsen/Hansen* (Hrsg.), Ethnische Minderheiten in der Bundesrepublik Deutschland, S. 256, 261 ff.

[340] Die Definition einer *jüdischen Minderheit in Deutschland* wird ebenfalls problematisiert bei: *Lisken/Seibert*, EuGRZ 1979, S. 66, 67; *Murswiek*, in: *Blumenwitz/Murswiek*, Aktuelle rechtliche und praktische Fragen des Volksgruppen- und Minderheitenschutzrechts, S. 39, 42, Fn. 16; *Siegert*, Minderheitenschutz in der Bundesrepublik Deutschland, S. 82 f.

[341] So im Ergebnis: *Siegert*, Minderheitenschutz in der Bundesrepublik Deutschland, S. 83.

[342] Eine Darstellung der Institutionen folgt sogleich.

[343] *Bubis*, Juden in Deutschland, S. 73.

[344] *Wolffsohn*, FAZ Magazin 37/96 vom 13. September 1996, S. 66.

eine Art Versicherung, stets einen Zufluchtsort zu haben.[345] Aus ebendiesen Erwägungen ist es daher auch völlig verfehlt, in Deutschland lebende Juden für Vorgänge in Israel oder die Außenpolitik des Staates Israel quasi als konstituierenden Bestandteil dieses Staates verantwortlich zu machen.[346] Nahezu alle in Deutschland lebenden Juden haben die deutsche Staatsangehörigkeit und eben gerade nicht die Staatsangehörigkeit des Staates Israel, weder neben der deutschen, noch ausschließlich.[347] Das schließt natürlich auf der anderen Seite nicht aus, daß sich manche Juden in Deutschland aus der erwähnten besonderen Verbundenheit mit dem Schicksal des Staates Israel dennoch als inoffizielle Botschafter dieses Staates fühlen.[348] Nach alledem erscheint es am zutreffendsten, die Juden in Deutschland als ethnische Minderheit zu sehen, da sie eine gemeinsame Geschichte und Herkunft haben, gemeinsame Sitten und Traditionen pflegen und ein Zusammengehörigkeitsgefühl besitzen, das sich aus einer gemeinsamen Kultur ableitet, für die der jüdische Glaube lediglich eine Teilkomponente ist.[349] Diese Definition sagt allerdings noch nichts über die Kriterien der Zugehörigkeit zur jüdischen Minderheit aus. Anders als bei anderen Minderheiten gilt für die Zugehörigkeit zur jüdischen Minderheit mitnichten das Bekennerprinzip.[350] Die Zugehörigkeit zum Judentum, deren Bestimmung einige Schwierigkeiten bereitet, bestimmt sich grundsätzlich nach der *Halacha*, dem jüdischen Religionsgesetz. Danach ist Jude, wer das Kind einer jüdischen Mutter ist. Dies ist Voraussetzung, um Mitglied in einer jüdischen Gemeinde in Deutschland werden zu können. Diese Mitgliedschaft kann als voluntatives Element des Individuums im Hinblick auf sein Minderheitenzugehörigkeitsselbstverständnis gewertet werden. Eine Konversion zum Judentum ist nach den Regeln der *Halacha* zwar möglich, bezieht sich jedoch mehr auf das religiöse Bekenntnis als auf den Eintritt in das *jüdische Volk*, in das man im Grunde nur hineingeboren werden kann.[351] Nach diesem Verständnis leben gegenwärtig ca. 40.000 Angehörige der jüdischen Minderheit in der Bundesrepublik Deutschland.[352] Die

---

[345] *Wolffsohn*, FAZ Magazin 37/96 vom 13. September 1996, S. 66, 67; *Lichtenstein*, in: *Gessenharter/Fröchling*, Minderheiten – Störpotential oder Chance für eine friedliche Gesellschaft ?, S. 151, 155.

[346] Dieses so hartnäckige wie falsche Klischee wird hart kritisiert von: *Bubis*, Juden in Deutschland, S. 70; *Lichtenstein*, in: *Gessenharter/Fröchling*, Minderheiten – Störpotential oder Chance für eine friedliche Gesellschaft ?, S. 151, 155 f.

[347] *Kugelmann*, in: *Schmalz-Jacobsen/Hansen* (Hrsg.), Ethnische Minderheiten in der Bundesrepublik Deutschland, S. 256; *Bubis*, Juden in Deutschland, S. 70.

[348] *Lichtenstein*, in: *Gessenharter/Fröchling*, Minderheiten – Störpotential oder Chance für eine friedliche Gesellschaft ?, S. 151, 155 f.

[349] So im Ergebnis auch *Murswiek*, in: *Blumenwitz/Murswiek*, Aktuelle rechtliche und praktische Fragen des Volksgruppen- und Minderheitenschutzrechts, S. 39, 42, Fn. 16; *Kugelmann*, in: *Schmalz-Jacobsen/Hansen* (Hrsg.), Ethnische Minderheiten in der Bundesrepublik Deutschland, S. 256, 257; so wohl auch *Bubis*, Juden in Deutschland, S. 73 f.

[350] So ganz deutlich *Bubis*, Juden in Deutschland, S. 72.

[351] *Kugelmann*, in: *Schmalz-Jacobsen/Hansen* (Hrsg.), Ethnische Minderheiten in der Bundesrepublik Deutschland, S. 256, 257 f.; *Bubis*, Juden in Deutschland, S. 72 f.

[352] Diese Zahl nennen *Kugelmann*, in: *Schmalz-Jacobsen/Hansen* (Hrsg.), Ethnische Minderheiten in der Bundesrepublik Deutschland, S. 256, 258; *Lichtenstein*, in: *Gessenharter/Fröchling*, Minderheiten –

Tendenz dieser Zahl dürfte aufgrund einer verstärkten Zuwanderung von Juden aus Osteuropa steigend sein.[353]

Das institutionelle Rückgrat jüdischen Lebens in der Bundesrepublik Deutschland sind die jüdischen Gemeinden. Hiervon existieren gegenwärtig 78, die in sieben Landesverbänden und sechs Stadtgemeinden organisiert sind. Die größten jüdischen Gemeinden bildeten sich in München, Frankfurt am Main und Berlin.[354] Der *Zentralrat der Juden in Deutschland*, der 1950 in Hamburg gegründet wurde und mittlerweile seinen Sitz in Berlin hat, bildet den Dachverband, in dem diese Gemeinden organisiert sind. Der Vorsitzende des Zentralrats der Juden in Deutschland[355] ist quasi *ex officio* als hohe moralische Instanz im öffentlichen Leben der Bundesrepublik Deutschland anerkannt. Der Zentralrat versteht sich als politische Repräsentanz der jüdischen Gemeinschaft und hat diverse Kompetenzen. So betreibt er die zentrale Wohlfahrtsstelle und steuert überregional die soziale Betreuung von jüdischen Jugendlichen und Senioren. Bundesweit unterhält die Organisation fünf Zentren für junge und alte Menschen und gibt ferner die *Allgemeine Jüdische Wochenzeitung* heraus, die vierzehntäglich in einer Auflage von 10.000 Exemplaren erscheint.[356] Daneben erscheint seit 1999 in Berlin vierteljährlich ein *Europäisch-jüdisches Magazin*, das *Golem* heißt.[357] Die organisatorischen Strukturen jüdischen Lebens in Deutschland, wie sie zu Beginn der Weimarer Republik existierten, konnten bis zum heutigen Tage nicht rekonstruiert werden. Das religiöse, kulturelle und intellektuelle Erbe des deutschen Judentums ist auf unabsehbare Zeit, wenn nicht sogar unwiderruflich, verschwunden.[358] Wissenschaftliche Einrichtungen und Archive befinden sich meist im Ausland, und die wenigen verbliebenen sind unbedeutend.[359] Im sozialen Bereich unterhält zwar jede größere Gemeinde ein jüdisches

---

Störpotential oder Chance für eine friedliche Gesellschaft ?, S. 151. Die Zahl von 27.500 Personen, die *Messtorff* und *Siegert* angeben, dürfte überholt sein: *Siegert*, Minderheitenschutz in der Bundesrepublik Deutschland, S. 82; *Messtorff*, Die Rechtsstellung der ethnischen Minderheiten in der Bundesrepubik Deutschland, S. 14.

[353] *Seligmann*, DER SPIEGEL 15/97 vom 7. April 1997, S. 57, 58. *Seligmann* schätzt die Zahl der aktuell in Deutschland lebenden Juden auf 60.000. *Blumenthal* nennt die Zahl 70.000, vgl. *Blumenthal*, FAZ vom 25. September 1999 (Berliner Seiten). Vgl. auch *Goldmann*, FAZ vom 14. September 1999.

[354] *Kugelmann*, in: *Schmalz-Jacobsen/Hansen* (Hrsg.), Ethnische Minderheiten in der Bundesrepublik Deutschland, S. 256, 259.

[355] Bis zu seinem Tode am 13. August 1999 war dies der Frankfurter Immobilienkaufmann *Ignatz Bubis*, vgl. zu Person und Wirken *Ignatz Bubis* etwa den Tagesspiegel vom 15. August 1999. Seit dem 9. Januar 2000 ist der Düsseldorfer Unternehmer *Paul Spiegel* Vorsitzender des Zentralrats der Juden in Deutschland, vgl. FAZ vom 10. Januar 2000.

[356] Tagesspiegel vom 15. August 1999.

[357] *Kaube*, FAZ vom 14. Dezember 1999 (Berliner Seiten).

[358] So *Kugelmann*, in: *Schmalz-Jacobsen/Hansen* (Hrsg.), Ethnische Minderheiten in der Bundesrepublik Deutschland, S. 256, 266. Eine ebenfalls sehr düstere Prognose erstellt der Historiker *Wasserstein* in seinem neusten Werk „*Europa ohne Juden*" für die Zukunft jüdischen Lebens in Europa; vgl. auch *Mannheimer*, FAZ vom 2. November 1999.

Altersheim. jüdische Kindergärten und Grundschulen, an denen die hebräische Sprache und jüdische Geschichte und Religion vermittelt wird, gibt es allerdings nur vereinzelt in Großstädten. In Berlin wird die Gründung des ersten jüdischen Gymnasiums der Nachkriegszeit angestrebt. Jüdischer Religionsunterricht wird ansonsten von den jüdischen Gemeinden außerhalb staatlicher schulischer Strukturen angeboten.[360]

Die jüdische Minderheit hat in der Bundesrepublik Deutschland weder auf Bundes- noch auf Länderebene einen geschriebenen verfassungsmäßigen Minderheitenstatus. Dennoch wird sie von der Bundesregierung in vielfacher Weise gefördert, insbesondere im kulturellen Bereich.[361] Die größten finanziellen Mittel flossen und fließen der jüdischen Minderheit im Rahmen der Wiedergutmachung nationalsozialistischen Unrechts zu.[362] Erste Wiedergutmachungsgesetze wurden ab Ende 1947 in den verschiedenen Besatzungszonen erlassen und regelten die Rückerstattung von Vermögen, das im Zuge der *Arisierung* der Wirtschaft enteignet worden war.[363] Bis Mitte der 50er Jahre konnte diese erste Entschädigungswelle durchgeführt werden. Restansprüche in dieser Hinsicht wurden vom Bundesrückerstattungsgesetz geregelt.[364] Entschädigungsansprüche für erlittene immaterielle Schäden wurden zunächst auf Landesebene geregelt.[365] Als nächsten Schritt schloß man völkerrechtliche Wiedergutmachungsabkommen mit dem Staat Israel, mit anderen Staaten und mit der Claims Conference, um die finanzielle Wiedergutmachung zu regeln.[366] Ab 1953 wurde dann mit verschiedenen Bundesgesetzen[367] ein bundeseinheitliches

---

359 Die meisten wissenschaftlichen Einrichtungen in Deutschland befassen sich mehr mit der Lehrerausbildung (Hochschule für jüdische Studien in Heidelberg) und der Sprachforschung (die Lehrstühle für Jiddistik an den Universitäten zu Trier und zu Düsseldorf) und weniger mit der Erforschung jüdischer Kultur, vgl. FAZ vom 28. Januar 1999 und *Ebbinghaus*, FAZ vom 27. Oktober 1999.

360 *Kugelmann*, in: *Schmalz-Jacobsen/Hansen* (Hrsg.), Ethnische Minderheiten in der Bundesrepublik Deutschland, S. 256, 267.

361 *Messtorff*, Die Rechtsstellung der ethnischen Minderheiten in der Bundesrepubik Deutschland, S. 14.

362 Zur Wiedergutmachung vgl. insbesondere die Ausführungen bei *Marten-Gotthold*, Der Schutz der Sinti und Roma in der Bundesrepublik Deutschland als ethnische Minderheit gemäß Art. 3 Abs. 3 GG, S. 64 ff.

363 Für Details vgl. die Anhörung vor dem Deutschen Bundestag: BT.-Drucks. 10/6287 vom 31. Oktober 1986, S. 23.

364 Bundesrückerstattungsgesetz (BRüG) vom 19. Juli 1957 (BGBl. 1957 I S. 734) i.d.F. vom 3. September 1969 (BGBl. 1969 I S. 1561).

365 *Marten-Gotthold*, Der Schutz der Sinti und Roma in der Bundesrepublik Deutschland als ethnische Minderheit gemäß Art. 3 Abs. 3 GG, S. 66 f.

366 BT.-Drucks. 10/6287 vom 31. Oktober 1986, S. 50.

367 Vgl. im einzelnen die Bestimmungen der folgenden Gesetze: Bundesergänzungsgesetz zur Entschädigung für Opfer der nationalsozialistischen Verfolgung (BEG) vom 18. September 1953 (BGBl. 1953 I S. 1387); als Neufassung des Bundesergänzungsgesetzes trat an seine Stelle das Bundesgesetz zur Entschädigung für Opfer der nationalsozialistischen Verfolgung - Bundesentschädigungsgesetz (BEG) vom 29. Juni 1956 (BGBl. 1956 I S. 559); Allgemeines Kriegsfolgengesetz vom 5. November 1957 (BGBl. 1957 I 1747); bis heute gilt das Zweite

Entschädigungsregelwerk geschaffen.[368] Zur Wiedergutmachung werden somit bis zum Jahr 2000 rund 90 Milliarden DM aufgebracht worden sein.[369] Eine weitere Sonderstellung genießen Mitglieder der jüdischen Minderheit im wehrfähigen Alter. Sie werden grundsätzlich nicht zum Grundwehrdienst eingezogen, dürfen aber in der Bundeswehr dienen, wenn sie dies möchten.[370]

Schwierig zu bewerten ist das Selbstverständnis der Juden in Deutschland bezüglich ihres Minderheitenstatus.[371] Es scheint auch innerhalb der jüdischen Gemeinden und des Zentralrates der Juden in Deutschland kein Konsens zu herrschen, ob man nun einen verfassungsrechtlichen oder wie auch immer ausgestalteten Minderheitenstatus anstreben soll oder nicht.[372] Der Zentralrat äußert sich weder in der einen noch in der anderen Richtung. Auf eine Umfrage des Brandenburgischen Justizministeriums zur Klärung der Frage des Selbstverständnis potentieller deutscher Minderheiten, erklärte sich der Zentralrat jedenfalls nicht.[373] Auch in den Beratungen der Gemeinsamen Verfassungskommission (GVK) herrschte Unklarheit über das Selbstverständnis der Juden in Deutschland als Minderheit.[374] Das Fernbleiben eines Vertreters der jüdischen Bevölkerungsgruppe von der Öffentlichen Anhörung der Gemeinsamen Verfassungskommission zu den Rechten ethnischer Minderheiten zeigt schließlich zumindest eine Unsicherheit, sich in der einen oder anderen Richtung festlegen zu wollen, wenn nicht sogar ein Desinteresse an der Zuerkennung eines verfassungsrechtlichen Minderheitenstatus. Es mag natürlich auch sein, daß die Förderung der jüdischen Bevölkerung in einer Art und Weise verläuft, daß man seitens der Betroffenen keine Verbesserungsmöglichkeit durch die Zuerkennung eines Minderheitenstatus sieht. Oder die Juden in Deutschland befürchten durch ein Selbstverständnis als Minderheit ihre Ausgrenzung oder Stigmatisierung zu focieren. Jedenfalls gilt es zu beachten, daß man eine Bevölkerungsgruppe nicht gegen ihren Willen zu einer Minderheit macht. Wie später noch

---

Gesetz zur Änderung des Bundesentschädigungsgesetzes (BEG-Schlußgesetz) vom 14. September 1965 (BGBl. 1965 I S. 1315); im weiteren Verlauf der Wiedergutmachungsgeschichte wurden schließlich noch diverse Härtefonds eingerichtet.

[368] Zu diesem Komplex vgl. insbesondere: *Marten-Gotthold*, Der Schutz der Sinti und Roma in der Bundesrepublik Deutschland als ethnische Minderheit gemäß Art. 3 Abs. 3 GG, S. 67 ff.

[369] *Lisken/Seibert*, EuGRZ 1979, S. 66, 67.

[370] *Gessenharter/Fröchling*, Minderheiten – Störpotential oder Chance für eine friedliche Gesellschaft ?, S. 151, 158 f.

[371] Vgl. zum Selbstverständnis und zur Identitätsfindung von Deutsch-Juden der heutigen Zeit: *Diner*, FAZ vom 3. November 1999.

[372] So versteht auch *Siegert* einen an sie gerichteten Auskunftsbrief von *Michael Fürst*, Mitglied des Zentralrates der Juden in Deutschland, vgl. *Siegert*, Minderheitenschutz in der Bundesrepublik Deutschland, S. 83, Fn. 92.

[373] GVK, Arbeitsunterlage Nr. 77 (Positionspapier des brandenburgischen Justizministeriums), S. 5 f. und Anlage 2.

[374] Vgl. das Statement der Abgeordneten *Rahardt-Vahldieck, in: Gemeinsame Verfassungskommission*, Stenographischer Bericht der 9. Öffentlichen Anhörung, Rechte ethnischer Minderheiten, S. 13.

erläutert werden wird, herrscht sowohl auf internationaler, als auch auf nationaler Ebene insofern Konsens in bezug auf die Definition des Terminus Minderheit, als daß man das Vorhandensein einer subjektiven Komponente fordert. Eine Minderheit muß ein inneres Zusammengehörigkeitsgefühl besitzen, um Minderheitenstatus zu erlangen. Klar ist ebenfalls, daß seitens der Politik ein großer Konsens dahingehend besteht, der jüdischen Bevölkerungsgruppe in Deutschland einen verfassungsrechtlich abgesicherten Minderheitenstatus zuzugestehen, wenn ein dahingehendes Selbstverständnis der Juden in Deutschland geäußert werden sollte.[375]

Zusammenfassend läßt sich festhalten, daß die jüdische Bevölkerung ebenfalls eine *de facto* anerkannte Minderheit in Deutschland bildet. Die Juden in Deutschland zeichnen sich durch besondere ethnische Merkmale aus und werden von staatlicher Seite durch finanzielle Förderung und andere Privilegien mit einer Sonderrolle bedacht. Die Annahme dieser Sonderrolle durch die Juden in Deutschland manifestiert sich ebenfalls implizit.[376] Der Minderheitenstatus der jüdischen Bevölkerung in Deutschland scheint nur aus dem Grunde noch nicht verfassungsrechtlich verankert zu sein, daß ein dahingehendes Selbstverständnis der anerkannten Vertreter der jüdischen Bevölkerung noch nicht explizit geäußert wurde.

c) Die polnische Minderheit

Eine weitere Bevölkerungsgruppe, die sich hinsichtlich ihres Minderheitenstatus in einer verfassungsrechtlichen Grauzone befindet, sind die Polen in Deutschland.[377] Durch ein

---

[375] *Verfassungskommission des Bundesrates*, BR.-Drucks. 360/92, Rn. 130; GVK, Arbeitsunterlage Nr. 77 (Positionspapier des brandenburgischen Justizministeriums), S. 5; *Murswiek*, in: *Blumenwitz/Murswiek*, Aktuelle rechtliche und praktische Fragen des Volksgruppen- und Minderheitenschutzrechts, S. 39, 42, Fn. 16; *Siegert*, Minderheitenschutz in der Bundesrepublik Deutschland, S. 83.

[376] So nimmt der Zentralrat der Juden in Deutschland die Funktion einer minderheitenschützenden moralischen Instanz wahr, die von Vertretern des öffentlichen Lebens in Deutschland auch als solche akzeptiert wird. Beispielsweise nahm der verstorbene Vorsitzende des Zentralrates *Ignatz Bubis* an der Pressekonferenz zur Vorstellung des Gutachtens zur Rechtsstellung der deutschen Sinti und Roma von Bundesverfassungsrichter a.D. *Simon* teil. Das Selbstverständnis des Zentralrates als moralische Instanz zum Schutze der Juden in Deutschland als einer Sondergruppe der Bevölkerung wurde ganz deutlich bei der Kritik von *Ignatz Bubis* an *Martin Walser* aufgrund dessen Rede anläßlich der Verleihung des Friedenspreises des Deutschen Buchhandels und der sich anschließenden Diskussion, vgl. etwa *Reich-Ranicki*, FAZ vom 2. Dezember 1998; *Scheffer*, FAZ vom 12. Dezember 1998; FAZ vom 14. Dezember 1998.

[377] Hierzu allgemein: *Kleßmann*, in: *Bade*, Deutsche im Ausland – Fremde in Deutschland, S. 303 ff.; *Stefanski*, in: *Schmalz-Jacobsen/Hansen* (Hrsg.), Ethnische Minderheiten in der Bundesrepublik Deutschland, S. 385 ff.; *Brümmer*, in: *Blumenwitz/Murswiek*, Aktuelle rechtliche und praktische Fragen des Volksgruppen- und Minderheitenschutzrechts, S. 75 ff.; *Siegert*, Minderheitenschutz in der Bundesrepublik Deutschland, S. 83 ff.; *Blumenwitz*, Minderheiten- und Volksgruppenrecht – Aktuelle Entwicklungen, S. 113 f.; *Messtorff*, Die Rechtsstellung der ethnischen Minderheiten in der Bundesrepubik Deutschland, S. 14.

striktes Beharren der polnischen Delegation auf weitestgehende Reziprozität[378] bei der Verhandlung des am 17. Juni 1991 abgeschlossenen Vertrages zwischen der Bundesrepublik Deutschland und der Republik Polen über gute Nachbarschaft und freundschaftliche Zusammenarbeit[379] verbesserte sich die Rechtsstellung der polnischstämmigen Bevölkerung in der Bundesrepublik Deutschland beträchtlich. Dennoch bleiben die Polen in Deutschland eine relativ amorphe Masse, die aufgrund ihrer Heterogenität und ihrer Zersplitterung und nicht zuletzt auch aufgrund ihrer guten Integration in die deutsche Mehrheitsbevölkerung in der bundesdeutschen Öffentlichkeit fast nicht als *polnische Minderheit* in Erscheinung tritt. Die Heterogenität der polnischen Volksgruppe ist bedingt durch die drei unterschiedlich motivierten und voneinander völlig unabhängigen Einwanderungswellen, durch welche die Angehörigen dieser Volksgruppe nach Deutschland kamen. Der amorphe Charakter der Volksgruppe wird einerseits dadurch deutlich, daß sich bislang noch keine Organisation etablieren konnte, die für sich in Anspruch hätte nehmen können, Interessenvertreterin aller oder zumindest der meisten Polen in Deutschland zu sein. Andererseits zeigt sich die Uneinheitlichkeit der Volksgruppe in den beträchtlich schwankenden Angaben über ihre zahlenmäßige Stärke. Die Angaben schwanken zwischen 75.000 bis 200.000,[380] über 350.000,[381] bis 1 bis 1,5 Millionen, eine Zahl, die der damalige polnische Botschafter *Byrt* Ende 1996 nannte.[382]

Ein beträchtlicher Teil der Geschichte der deutsch-polnischen Beziehungen ist geprägt von der Existenz polnischer Gebiete und Bevölkerungsgruppen polnischer Herkunft unter deutscher Herrschaft. Aufgrund der drei Teilungen Polens im 18. Jahrhundert und der Ergebnisse des Wiener Kongresses von 1814/15 lebten zu Beginn des 19. Jahrhunderts ca. 1,5 Millionen Menschen polnischer Herkunft in Preußen, im Jahr der Reichsgründung von 1871 war diese Zahl auf 2,5 Millionen gestiegen und bis zum Beginn des Ersten Weltkrieges war die Zahl auf 4 Millionen angewachsen.[383] War das Entstehen von polnischen Minderheiten in Deutschland häufig das Ergebnis von Gebietsveränderungen, so begann um die Zeit der Reichsgründung von 1871 eine echte Emigration von Polen ins Deutsche Reich. Und während bislang die überwältigende Mehrheit der polnischen Minderheit in den Ostprovinzen Preußens siedelte, begann ab 1871 die Bildung einer polnischen Minderheit in den deutschen Industrie- und Wirtschaftszentren Berlin, Hamburg und vor allem im Ruhrgebiet um das *polnische* Zentrum Bottrop.[384] Die Gruppe, welche die erste polnische Einwanderungswelle nach

---

[378] *Brümmer*, in: *Blumenwitz/Murswiek*, Aktuelle rechtliche und praktische Fragen des Volksgruppen- und Minderheitenschutzrechts, S. 75, 77.

[379] BGBl. 1991 II S. 1314 ff.

[380] *Messtorff*, Die Rechtsstellung der ethnischen Minderheiten in der Bundesrepubik Deutschland, S. 14; *Siegert*, Minderheitenschutz in der Bundesrepublik Deutschland, S. 83.

[381] Europa Ethnica, 1984, S. 100 f.

[382] Vgl. FAZ vom 12. Dezember 1996.

[383] *Stefanski*, in: *Schmalz-Jacobsen/Hansen* (Hrsg.), Ethnische Minderheiten in der Bundesrepublik Deutschland, S. 385, 386.

[384] *Kleßmann*, in: *Bade*, Deutsche im Ausland – Fremde in Deutschland, S. 303.

Deutschland stellte, wurde später als *Ruhrpolen* bezeichnet.[385] Bis in die heutige Zeit finden sich in Telefonbüchern von Ruhrgebietsstädten viele Namen, deren polnischer Ursprung unverkennbar ist. Die Mannschaftsaufstellungen von Ruhrpottfußballclubs lesen sich teilweise heute noch von den Namen her wie die Aufstellung einer polnischen Nationalmannschaft.[386] Die Masseneinwanderung polnischer Arbeitskräfte in den Westen des Deutschen Reiches setzte nach dem Deutsch-Französischen Krieg von 1870/71 verstärkt ein. Gezielte Anwerbungen durch Zechenagenten lockten zunächst Bergarbeiter aus Schlesien in das Ruhrgebiet, später aber auch Angehörige der landlosen und verarmten Bevölkerung aller preußischen Ostprovinzen, sowie Polens und Masurens. Die polnischen Einwanderer waren überwiegend ungelernte Arbeiter, sehr selten Vertreter des Mittelstandes oder der Oberschicht. Nahezu ausnahmslos handelte es sich bei den Zuwanderern jedoch um preußische Staatsbürger. Trotz aller Schikanen und Diskriminierungen, denen die Ruhrpolen ausgesetzt waren, verfügten sie daher über eine relativ starke Rechtsposition.[387] Zum einen konnte man sie nicht einfach ausweisen, zum anderen genossen sie die Vereinigungsfreiheit und kommunizierten über eine eigene Presseinfrastruktur.[388] Obgleich die politischen Bemühungen der polnischen Organisationen gegen die Germanisierungsbestrebungen Mehrheitsadministration und für das Ziel der Wiederherstellung eines eigenen polnischen Staates vergleichsweise erfolglos waren, wurden die polnischen Bevölkerungsteile von der preußischen Obrigkeit aufmerksam beobachtet und waren oft mit dem Vorwurf konfrontiert, *Reichsfeinde* im eigenen Staat zu sein.[389] Die deutsche Germanisierungs- und Diskriminierungspolitik gegenüber den Polen hatte jedoch anstelle des gewünschten Integrationserfolgs einen geradezu gegenteiligen Effekt. Im gleichen Maße, in dem polnischsprachige Gottesdienste und der Gebrauch der polnischen Sprache in der Öffentlichkeit und insbesondere in der Schule verboten wurde, stieg die Solidarität und der Zusammenhalt innerhalb der exilpolnischen Bevölkerung. Die Polen entwickelten ein vorher nur in Ansätzen vorhandenes Nationalbewußtsein, isolierten sich in zunehmendem Maße von der deutschen Mehrheitsbevölkerung, was bei dieser wiederum den Abbau von Vorurteilen behinderte. Diese ethnische Abkapselung führte zur Gründung von eigenen polnischen Vereinen bzw. Organisationen für nahezu alle sozialen Bereiche.[390] Neben den ethnischen Polen reichsdeutscher Staatsangehörigkeit zogen auch viele Polen, die nicht die reichsdeutsche Staatsangehörigkeit besaßen, auf der Suche nach Arbeit, meist als Saisonarbeiter, ins Reich. Diese Gruppe hatte jedoch einen sehr schwachen Rechtsstatus und war der behördlichen und privaten Diskriminierung nahezu schutzlos ausgesetzt. Die

[385] *Siegert*, Minderheitenschutz in der Bundesrepublik Deutschland, S. 83; *Blumenwitz*, Minderheiten- und Volksgruppenrecht - Aktuelle Entwicklungen, S. 113.

[386] Man denke hier etwa an *Schalke 04*, das in seinen besseren Zeiten mit Spielern wie *Ernst Kuzorra*, *Fritz Szepan* oder *Ötte Tibulski* Triumphe feierte. Vgl. *Kirchner*, FAZ vom 19. November 1996.

[387] *Siegert*, Minderheitenschutz in der Bundesrepublik Deutschland, S. 84.

[388] *Kleßmann*, in: *Bade*, Deutsche im Ausland – Fremde in Deutschland, S. 303, 305.

[389] *Schäffer*, FAZ vom 1. Oktober 1996; *Stefanski*, in: *Schmalz-Jacobsen/Hansen* (Hrsg.), Ethnische Minderheiten in der Bundesrepublik Deutschland, S. 385, 389; *Kleßmann*, in: *Bade*, Deutsche im Ausland – Fremde in Deutschland, S. 303, 305 f.

[390] *Kleßmann*, in: *Bade*, Deutsche im Ausland – Fremde in Deutschland, S. 303, 307 f.

ausländischen Polen waren stark von ihrem jeweiligen Arbeitgeber abhängig und konnten ohne weiteres ausgewiesen werden, was mit den meisten von ihnen in der Zwischenkriegszeit auch geschah.[391] Nach dem Ersten Weltkrieg stand die polnische Gemeinschaft in Deutschland vor einer Zerreißprobe. Mit der Wiederherstellung eines polnischen Staates und mit der durch den Vertrag von Versailles vorgesehenen Option, zwischen der deutschen und der polnischen Staatsangehörigkeit zu wählen, standen die Angehörigen dieser ersten Einwanderergeneration vor der Entscheidung zwischen ökonomischen und sozialen Interessen einerseits und polnisch-nationaler Loyalität andererseits. Man vermutet, daß in der Zwischenkriegszeit etwa ein Drittel der polnischen Bevölkerung nach Polen zurückwanderte, ein Drittel sich Arbeit in den nordfranzösischen Kohlerevieren suchte und ein Drittel sich für den Verbleib in Deutschland entschied.[392] Die Polen, die in Deutschland blieben, integrierten sich gut und assimilierten sich dabei sehr stark. Im nationalsozialistischen Deutschland wurden zur Deckung des Arbeitskräftebedarfs zunächst auch Polen wieder angeworben. Nach Ausbruch des Zweiten Weltkrieges schließlich kamen polnische Kriegsgefangene und Zivilpersonen überwiegend als Zwangsarbeiter nach Deutschland.[393] Nach Ende des Zweiten Weltkrieges befand sich neben den Nachkommen der polnischen Arbeitsemigranten der ersten Einwanderungswelle, die nahezu ausnahmslos die deutsche Staatsangehörigkeit besaßen, eine weitere Gruppe von Menschen polnischer Herkunft in Deutschland, die mit dieser ersten Gruppe wenig gemeinsam hatte. Diese zweite Gruppe der Polen in Deutschland, die zur Gruppe der *displaced persons (DPs)* gerechnet wird, waren Kriegsgefangene, deportierte Zwangsarbeiter und KZ-Häftlinge, nahezu alle mit ausländischer Staatsangehörigkeit.[394] Nach den Vorstellungen der alliierten Besatzungskräfte in Deutschland sollten die displaced persons möglichst rasch wieder in ihre Herkunfts- bzw. Heimatstaaten repatriiert werden. Nicht alle displaced persons wollten aber in ihre in der Zwischenzeit in den kommunistischen Machtbereich gefallenen Heimatländer zurück und nicht alle, die aus Deutschland nach Übersee oder in andere westeuropäische Länder auswandern wollten, konnten oder durften dies. Viele displaced persons polnischer Herkunft blieben daher nach dem Krieg in Westdeutschland und bildeten so die zweite Kategorie der polnischen Einwanderer nach Deutschland. Allein in der sowjetischen Besatzungszone wurde die vollständige Repatriierung der Polen nach dem Zweiten Weltkrieg durchgesetzt.[395] Die dritte Welle polnischer Einwanderung nach Deutschland begann mit der Lockerung der restriktiven Reisemöglichkeiten zwischen der Volksrepublik Polen und der Bundesrepublik Deutschland Mitte der 60er Jahre. Ab dieser Zeit und verstärkt nach der Aufhebung der Visumspflicht und des Zwangsumtausches in den 80er Jahren kamen viele Polen entweder als Spätaussiedler

---

[391] *Stefanski*, in: *Schmalz-Jacobsen/Hansen* (Hrsg.), Ethnische Minderheiten in der Bundesrepublik Deutschland, S. 385, 389 f.

[392] *Schäffer*, FAZ vom 1. Oktober 1996; *Kleßmann*, in: *Bade*, Deutsche im Ausland – Fremde in Deutschland, S. 303, 308 f.

[393] *Stefanski*, in: *Schmalz-Jacobsen/Hansen* (Hrsg.), Ethnische Minderheiten in der Bundesrepublik Deutschland, S. 385, 391 f.

[394] *Blumenwitz*, Minderheiten- und Volksgruppenrecht – Aktuelle Entwicklungen, S. 114.

[395] *Stefanski*, in: *Schmalz-Jacobsen/Hansen* (Hrsg.), Ethnische Minderheiten in der Bundesrepublik Deutschland, S. 385, 392 ff.

oder als politische Flüchtlinge[396] nach Deutschland.[397] Den Angehörigen der drei polnischen Einwanderungswellen gelang es in der Folgezeit nicht, ein vertieftes Zusammengehörigkeitsgefühl und Gruppenbewußtsein zu entwickeln. Dies ist wohl letztendlich der Hauptgrund für die bereits erwähnte Heterogenität der polnischen Bevölkerung in Deutschland und für ihre weitgehende assimilatorische Auflösung in der Mehrheitsbevölkerung.

Die Entwicklung der polnischen Organisationen in Deutschland ist ebenfalls von den verschiedenen Einwanderungswellen geprägt. Die im Ruhrgebiet lebende polnische Bevölkerung der ersten Einwanderungswelle schloß sich relativ schnell zusammen. Bereits 1875 wurde in Dortmund der erste polnische Verein *Jednosc* (Einigkeit) gegründet. Die bereits erwähnte Diskriminierung der Reichsdeutschen polnischer Herkunft im neugegründeten Deutschen Reich führte zur Bildung vieler weiterer polnischer Organisationen sozialer oder politischer Ausrichtung, die entstanden, da sich die Polen von den deutschen Organisationen nicht angemessen vertreten fühlten. Eine wichtige Organisation in dieser Hinsicht war die 1902 gegründete eigene Gewerkschaft, die *Zjednoczenie Zawodowe Polskie* (Polnische Berufvereinigung, ZZP).[398] Seit Beginn des 20. Jahrhunderts strebten polnische Organisationen auch die politische Partizipation auf kommunaler Ebene an. Die Reaktion des deutschen Staates auf diese Bewegung war eine verschärfte Überwachung der polnischen Organisationen. Nahezu alle polnischen Vereine wurden zu politischen Vereinen erklärt, um sie einer schärferen polizeilichen Kontrolle unterwerfen zu können. In der Zwischenkriegszeit verloren die polnischen politischen Organisationen aufgrund von Auswanderung einerseits und Integration andererseits an Bedeutung. Während die polnischen Organisationen vor dem Ersten Weltkrieg die Funktion hatten, ihren Mitgliedern Orientierung und psychischen Halt in der Fremde zu geben, verlagerten die Organisationen der Zwischenkriegszeit ihre Aktivitäten mehr auf den kulturellen Bereich und bemühten sich als echte Minderheitenorganisationen vor allem um die Förderung von polnischer Sprache und Traditionen. 1922 wurde in Berlin der *Zwiazek Polakow w Niemczech* (Bund der Polen in Deutschland, ZPwN) als Vertretung der Interessen aller Polen in Deutschland gegründet. Als parteipolitsch neutrale Organisation hatte der ZPwN den Zweck, Minderheitenrechte für die Polen in Deutschland zu sichern und durchzusetzen und den Zusammenhalt der polnischen Minderheit durch kulturelle, politische und wirtschaftliche Aktivitäten zu stärken.[399] Nach Ausbruch des Zweiten Weltkrieges wurden alle polnischen Organisationen in Deutschland verboten und aufgelöst, konnten sich aber nach Kriegsende wieder reorganisieren. Allerdings verloren die polnischen Organisationen, teils wegen interner Querelen, teils aber sicher auch wegen der Heterogenität der Polen in Deutschland, ihre integrative Kraft. Mitte der 50er Jahre

---

[396] Unter den politischen Flüchtlingen, die gegen Ende der 80er Jahre nach Deutschland kamen, waren viele Anhänger des gegen den polnischen Kommunismus aufbegehrenden Gewerkschaftsbundes *Solidarnosc*.

[397] *Blumenwitz*, Minderheiten- und Volksgruppenrecht – Aktuelle Entwicklungen, S. 114.

[398] *Stefanski*, in: *Schmalz-Jacobsen/Hansen* (Hrsg.), Ethnische Minderheiten in der Bundesrepublik Deutschland, S. 385, 388 f.; *Kleßmann*, in: *Bade*, Deutsche im Ausland – Fremde in Deutschland, S. 303, 306 ff.

[399] *Stefanski*, in: *Schmalz-Jacobsen/Hansen* (Hrsg.), Ethnische Minderheiten in der Bundesrepublik Deutschland, S. 385, 388 ff.

führte eine Diskussion um die parteipolitische Neutralität des ZPwN, der sich nach Kriegsende insbesondere für die Entschädigung der polnischen Opfer des nationalsozialistischen Regimes einsetzte, zu seiner Spaltung. Seitdem fehlt den Polen in der Bundesrepublik Deutschland ein zentrales und allgemein anerkanntes Interessenvertretungsorgan. 1952 wurde mit dem *Zgoda* (Eintracht) zwar eine politische Organisation der Polen in Deutschland gegründet, die es aber ebenfalls nicht schaffte, Vertreterin aller Polen zu werden. Hauptgrund hierfür mag gewesen sein, daß *Zgoda* aufgrund von Zuwendungen aus der Volksrepublik Polen nie den Verdacht völlig entkräften konnte, eine von Warschau gesteuerte kommunistische Organisation zu sein. Vor den Hintergrund der Situation der polnischen Organisationen in Deutschland blieben die meisten Polen in Deutschland lieber unorganisiert, und die Pflege der Sprache, der Kultur und des Brauchtums wurde Privatsache. Die Verbesserung der Beziehungen zwischen der Bundesrepublik Deutschland und der Volksrepublik Polen, die erleichterte Reisebedingungen mit sich brachte, ließ die polnischen Organisationen in Deutschland noch überflüssiger erscheinen.[400] Auch die nach dem Fall des *Eisernen Vorhangs* entstandenen Organisationen zur deutsch-polnischen Begegnung, wie etwa die Deutsch-Polnische Gesellschaft oder die *Gemeinschaft zur Förderung von Studienaufenthalten polnischer Studierender in Deutschland (GFPS)* und ihre polnische Schwesterorganisation GFPS-Polska, kämpfen gegen ein latentes Desinteresse ihrer potentiellen Zielgruppen an.[401] Die verschiedenen polnischen Organisationen geben eine Vielzahl von Publikationen heraus, von denen aber keine überregionale Bedeutung besitzt.[402]

Die Angehörigen der polnischen Bevölkerung in Deutschland bekennen sich nahezu ausnahmslos zur römisch-katholischen Konfession. Nachdem nach dem Zweiten Weltkrieg die Bitte der Polen nach Gottesdiensten und allgemeiner Seelsorge in polnischer Sprache von den deutschen Bischöfen zurückgewiesen wurde, finden in den Ballungszentren der polnischen Bevölkerung in Deutschland, insbesondere nach der Ankunft der dritten Einwanderungswelle in den 80er Jahren, heute regelmäßig Gottesdienste auf Polnisch statt.[403]

Die Geschichte des polnischen Sprachunterrichts war genauso wechselhaft wie die gesamte Geschichte der deutsch-polnischen Beziehungen. Nach der Reichsgründung von 1871 wurde das Polnische in den preußischen Ostprovinzen nach und nach verdrängt, im Westen war polnischer Sprachunterricht ohnehin nicht gestattet. Dies änderte sich unter dem Minderheitenschutzregime der Weimarer Reichsverfassung. Polnisch war als Unterrichtssprache in Deutschland wieder zugelassen, und die polnische Minderheit hatte die Möglichkeit, polnische Schulen zu unterhalten. Nach der Zeit des Nationalsozialimus erwies

---

[400] *Stefanski*, in: *Schmalz-Jacobsen/Hansen* (Hrsg.), Ethnische Minderheiten in der Bundesrepublik Deutschland, S. 385, 393 f.

[401] Vgl. *Wirsing*, FAZ vom 13. Januar 1997; *Gnauck*, FAZ vom 19. Dezember 1995.

[402] Vgl. die Übersicht bei *Stefanski*, in: *Schmalz-Jacobsen/Hansen* (Hrsg.), Ethnische Minderheiten in der Bundesrepublik Deutschland, S. 385, 400 f.

[403] *Stefanski*, in: *Schmalz-Jacobsen/Hansen* (Hrsg.), Ethnische Minderheiten in der Bundesrepublik Deutschland, S. 385, 397 f.

es sich für die polnischen Vereine als schwierig, Polnisch wieder als Unterrichtssprache oder zumindest als Fremdsprache zu etablieren. Der Sprachunterricht erfolgte in den Anfangsjahren der Bundesrepublik Deutschland auf der Basis staatlich wenig geförderten Privatunterrichts. Durch den Abschluß des Vertrages zwischen der Bundesrepublik Deutschland und der Republik Polen über gute Nachbarschaft und freundschaftliche Zusammenarbeit[404] am 17. Juni 1991, verbesserte sich diese Situation. Art. 21 Abs. 2 dieses Vertrages garantiert ein Recht auf Unterricht der Muttersprache oder in der Muttersprache in öffentlichen Bildungseinrichtungen. Seit einem Beschluß der Kultusministerkonferenz aus dem Jahr 1992 wird polnischer Sprachunterricht wieder gefördert, beispielsweise durch die Überlassung von Schulräumen an polnische Sprachvereine oder ähnliches.[405]

Die polnische Bevölkerungsgruppe in der Bundesrepublik Deutschland ist offiziell nicht als Minderheit anerkannt. Konsequenterweise spricht daher der Vertrag zwischen der Bundesrepublik Deutschland und der Republik Polen über gute Nachbarschaft und freundschaftliche Zusammenarbeit[406] auch nicht von einer *polnischen Minderheit* in Deutschland, sondern lediglich von *„Personen deutscher Staatsangehörigkeit in der Bundesrepublik Deutschland, die polnischer Abstammung sind oder die sich zur polnischen Sprache, Kultur oder Tradition bekennen"*.[407] Die besondere Rechtsposition der polnischstämmigen Bevölkerung Deutschlands leitet sich ebenfalls in entscheidendem Maße aus den Bestimmungen dieses Vertrages her.[408] Allgemein wird in Art. 20 Abs. 1 des Vertrages formuliert, daß die Begünstigtengruppe das Recht hat, einzeln oder in Gemeinschaft mit anderen Mitgliedern ihrer Gruppe ihre ethnische, kulturelle, sprachliche und religiöse Identität frei zum Ausdruck zu bringen, zu bewahren und weiterzuentwickeln; frei von jeglichen Versuchen, gegen ihren Willen assimiliert zu werden. In Art. 20 Abs. 2 des Vertrages verpflichten sich die Vertragsparteien unter Verweis auf verschiedene völkerrechtliche Minderheitenschutzdokumente, *„die Rechte und Verpflichtungen des internationalen Standards für Minderheiten"* zu verwirklichen.[409] Art. 20 Abs. 3 des Vertrages zählt schließlich noch enumerativ, aber nicht abschließend die wichtigsten Rechte konkret auf: so hat die polnischstämmige Bevölkerung in Deutschland etwa das Recht auf Gebrauch der Muttersprache in der Öffentlichkeit, das Recht zur Gründung eigener Bildungs-, Kultur- und Religionseinrichtungen wie auch das Recht, hierfür um öffentliche Unterstützung

[404] BGBl. 1991 II S. 1314 ff.

[405] *Stefanski*, in: *Schmalz-Jacobsen/Hansen* (Hrsg.), Ethnische Minderheiten in der Bundesrepublik Deutschland, S. 385, 398 f.

[406] BGBl. 1991 II S. 1314 ff.

[407] Art. 20 Abs. 1 des Vertrages zwischen der Bundesrepublik Deutschland und der Republik Polen über gute Nachbarschaft und freundschaftliche Zusammenarbeit.

[408] Vgl. hierzu insbesondere *Brümmer*, in: *Blumenwitz/Murswiek*, Aktuelle rechtliche und praktische Fragen des Volksgruppen- und Minderheitenschutzrechts, S. 75 ff.; *Blumenwitz*, in: *Blumenwitz/Murswiek*, Aktuelle rechtliche und praktische Fragen des Volksgruppen- und Minderheitenschutzrechts, S. 63 ff.

[409] Vgl. hierzu die Ausführungen in Kapitel 3 und die Kritik bei *Blumenwitz*, in: *Blumenwitz/Murswiek*, Aktuelle rechtliche und praktische Fragen des Volksgruppen- und Minderheitenschutzrechts, S. 63, 65 ff.

nachzusuchen, das Recht, Kontakte über Grenzen hinweg mit Bürgern anderer Staaten herzustellen und zu pflegen, das Recht, Vor- und Familiennamen in der Form der Muttersprache zu führen, oder das Recht, Organisationen oder Vereinigungen in ihrem Lande zu unterhalten und in internationalen nichtstaatlichen Organisationen mitzuarbeiten. Die meisten Polen in Deutschland, insbesondere die der ersten und zweiten Einwanderungswelle, haben die deutsche Staatsangehörigkeit. Daher geht die Bundesrepublik Deutschland auch gemäß ihrer grundsätzlichen Haltung diese Frage betreffend[410] davon aus, daß generell nur Personen deutscher Staatsangehörigkeit in den Genuß der dargestellten Rechte kommen. Da jedoch viele Polen der dritten Einwanderungswelle die deutsche Staatsangehörigkeit nicht besitzen, hat die Bundesrepublik Deutschland, dies sei nochmals betont, in Durchbrechung ihrer grundsätzlichen Haltung, in einem Briefwechsel[411] im Zusammenhang mit dem Vertrag zwischen der Bundesrepublik Deutschland und der Republik Polen über gute Nachbarschaft und freundschaftliche Zusammenarbeit erklärt, daß sie die Rechte aus diesem Vertrag auch den polnischstämmigen Personen in der Bundesrepublik Deutschland zugestehen wolle, die die deutsche Staatsangehörigkeit nicht besitzen.[412] Darüber hinaus ist zu erwarten, daß sich die Rechtsstellung der polnischstämmigen Bevölkerungsgruppe in der Bundesrepublik Deutschland durch die anstehende Vollmitgliedschaft der Republik Polen in der Europäischen Union weiter verbessern wird.

Insgesamt bleibt festzuhalten, daß auch die polnischstämmige Bevölkerung Deutschlands *de facto* eine Minderheit bildet. Die polnische Minderheit in Deutschland ist zwar nicht offiziell als eine solche anerkannt, genießt aber rechtliche Sonderposition durch die ihr im Vertrag zwischen der Bundesrepublik Deutschland und der Republik Polen über gute Nachbarschaft und freundschaftliche Zusammenarbeit zuerkannten Rechte. Wenn die Polen in Deutschland somit auch über keinen geschriebenen verfassungsrechtlichen Minderheitenstatus verfügen, so ist doch die Tendenz seitens der Bundesrepublik Deutschland zu erkennen, sie als Minderheit mit ihren spezifischen Kultur grundsätzlich schützen zu wollen. Die Probleme, eine polnische Minderheit in Deutschland explizit als solche verfassungsrechtlich anzuerkennen, liegen in der erwähnten großen Heterogenität der Gruppe, die auf die verschiedenen Einwanderungswellen zurückzuführen ist und in der, an sich zu begrüßenden, sehr guten Integration der polnischstämmigen Bevölkerung in die deutsche Mehrheitsbevölkerung. Die Heterogenität und die gute Integration lassen Zweifel am subjektiven Selbstverständnis der Polen in Deutschland als Minderheit aufkommen.[413] Diese Zweifel werden noch verstärkt durch die Tatsache, daß sich bislang keine polnische Organisation etablieren konnte, die für sich in Anspruch hätte nehmen können, anerkannte Vertreterin aller Polen in Deutschland zu

---

[410] Vgl. Kapitel 3.

[411] Abgedruckt in Sartorius II, Internationale Verträge – Europarecht, Nr. 682.

[412] Vgl. *Brümmer*, in: *Blumenwitz/Murswiek*, Aktuelle rechtliche und praktische Fragen des Volksgruppen- und Minderheitenschutzrechts, S. 75, 76.

[413] So *Murswiek*, in: *Blumenwitz/Murswiek*, Aktuelle rechtliche und praktische Fragen des Volksgruppen- und Minderheitenschutzrechts, S. 39, 41, Fn. 16; *Siegert*, Minderheitenschutz in der Bundesrepublik Deutschland, S. 83, 84 f.; *Blumenwitz*, Minderheiten- und Volksgruppenrecht – Aktuelle Entwicklungen, S. 113, 114.

sein.[414] Sollte sich allerdings in Zukunft ein Minderheitenselbstverständnis der Polen in Deutschland stärker manifestieren, so dürfte es wohl keine großen Probleme geben, einen verfassungsrechtlichen Minderheitenstatus einer polnischen Minderheit in Deutschland festzuschreiben und offiziell anzuerkennen.[415]

d) Weitere Bevölkerungsteile osteuropäischer oder ex-sowjetischer Herkunft

Nach der historischen Umbruchsituation am Ende des *Kalten Krieges* schloß die Bundesrepublik Deutschland in der ersten Hälfte der 90er Jahre nicht nur mit Polen, sondern auch mit weiteren osteuropäischen Staaten und mit der Sowjetunion völkerrechtliche Freundschafts- oder Nachbarschaftsverträge. In Wahrnehmung ihrer Verantwortung gegenüber den deutschen Minderheiten in diesen Staaten bestand die Bundesrepublik Deutschland auf die Einführung von Minderheitenschutzklauseln in diese Verträge. Hinsichtlich des Minderheitenschutzes bestanden neben Polen auch die Sowjetunion und die Tschechische und Slowakische Föderative Republik auf einer reziproken Gewährung von Minderheitenrechten. Ungarn und Rumänien verzichteten auf Reziprozität bezüglich des Minderheitenschutzes, da es zwar Bevölkerungsgruppen ungarischer[416] und rumänischer[417] Herkunft in der Bundesrepublik Deutschland gibt, diese sich aber weder als Minderheitengruppe sehen, noch um die Anerkennung als Minderheit oder einen besonderen Rechtsstatus kämpfen.

Am 9. November 1990 wurde der Vertrag zwischen der Bundesrepublik Deutschland und der Union der Sozialistischen Sowjetrepubliken über gute Nachbarschaft, Partnerschaft und Zusammenarbeit[418] geschlossen. In Art. 15 dieses Vertrages wird *„aus der Union der Sozialistischen Sowjetrepubliken stammenden und ständig in der Bundesrepublik Deutschland wohnenden Bürgern“* das Recht gegeben, *„ihre nationale, sprachliche und kulturelle Identität zu entfalten“*, wenn sie den Willen haben, ihre Sprache, Kultur oder Tradition zu bewahren.

Am 27. Februar 1992 wurde der Vertrag zwischen der Bundesrepublik Deutschland und der Tschechischen und Slowakischen Föderativen Republik über gute Nachbarschaft und

---

[414] *Hahn*, in: *Frowein/Hofmann/Oeter*, Das Minderheitenrecht europäischer Staaten, Teil 1, S. 62, 63 f., Fn. 7.

[415] So auch *Franke/Hofmann*, EuGRZ 1992, S. 401, 402.

[416] *Martini*, in: *Schmalz-Jacobsen/Hansen* (Hrsg.), Ethnische Minderheiten in der Bundesrepublik Deutschland, S. 528 ff.

[417] *Martini*, in: *Schmalz-Jacobsen/Hansen* (Hrsg.), Ethnische Minderheiten in der Bundesrepublik Deutschland, S. 434 ff.

[418] BGBl. 1991 II S. 799 ff.

freundschaftliche Zusammenarbeit[419] unterzeichnet.[420] Nach Art. 21 Abs. 1 dieses Vertrages haben Personen tschechischer oder slowakischer Abstammung in der Bundesrepublik das Recht, einzeln oder in Gemeinschaft mit anderen Mitgliedern ihrer Gruppe ihre ethnische, kulturelle, sprachliche und religiöse Identität zu pflegen und frei zu entfalten.

Wie eingangs erwähnt, finden sich in dem am 21. April 1992 zwischen der Bundesrepublik Deutschland und Rumänien geschlossenen Vertrag über freundschaftliche Zusammenarbeit und Partnerschaft in Europa[421] und in dem am 6. Februar 1992 zwischen der Bundesrepublik Deutschland und der Republik Ungarn geschlossenen Vertrag über freundschaftliche Zusammenarbeit und Partnerschaft in Europa[422] keine Bestimmungen, die Ungarn oder Rumänen in der Bundesrepublik Deutschland minderheitenrechtlich schützen würde.[423]

Tatsache ist, daß es in der Bundesrepublik Deutschland keine nennenswerten Bevölkerungsgruppen ehemals sowjetischer, tschechischer oder slowakischer Herkunft[424] gibt, die nun nicht in die Gruppe der deutschstämmigen Spätaussiedler fallen würden.[425] Da es der Bundesrepublik Deutschland aber wesentlich um den Schutz der deutschen Minderheiten in den osteuropäischen und ehemals sowjetischen Staaten ging, war sie bereit, falls die Verhandlungspartner Minderheitenrechte nur auf reziproker Basis gewährleisten wollten, dies zu akzeptieren. Die Republik Ungarn und Rumänien waren realistischer und insistierten nicht auf Rechte für ohnehin nicht existierende ungarische und rumänische Minderheiten in Deutschland.

---

[419] BGBl. 1992 II S. 462 ff.

[420] Die Tschechische und Slowakische Republik haben gemäß einer Bekanntmachung vom 24. März 1993, BGBl. 1993 II, S. 762, erklärt, daß sie diesen Vertrag auch nach ihrer Dismembration weiterhin anwenden wollen. Vgl. auch *Brümmer*, in: *Blumenwitz/Murswiek*, Aktuelle rechtliche und praktische Fragen des Volksgruppen- und Minderheitenschutzrechts, S. 75.

[421] BGBl. 1993 II S. 1774 ff.

[422] BGBl. 1992 II S. 475 ff.

[423] Die Schutznormen zugunsten der deutschen Minderheit finden sich in Art. 19 des Vertrages zwischen der Bundesrepublik Deutschland und der Republik Ungarn über freundschaftliche Zusammenarbeit und Partnerschaft in Europa und in Art. 15 bis 17 desVertrages zwischen der Bundesrepublik Deutschland und Rumänien über freundschaftliche Zusammenarbeit und Partnerschaft in Europa.

[424] Vgl. zur tschechischen und slowakischen Bevölkerungsgruppe in Deutschland etwa: *Vodicka*, in: *Schmalz-Jacobsen/Hansen* (Hrsg.), Ethnische Minderheiten in der Bundesrepublik Deutschland, S. 501, 508 ff. Auch wenn *Vodicka* eine Zahl von 170.000 Personen tschechischer und slowakischer Herkunft nennt, die gegenwärtig in Deutschland leben, so muß er doch zugeben, daß dieser *Minderheit* das Minderheitenselbstverständnis und das Zusammengehörigkeitsgefühl nahezu völlig fehlt. Die nach Deutschland emigrierten Tschechen und Slowaken verfügen nicht über eine Organisationsstruktur und sind in aller Regel ab der zweiten Generation so vollständig integriert, daß ihre Herkunft für sie selbst und ihre Umwelt nahezu völlig irrelevant ist.

[425] *Brümmer*, in: *Blumenwitz/Murswiek*, Aktuelle rechtliche und praktische Fragen des Volksgruppen- und Minderheitenschutzrechts, S. 75, 77.

Realistischerweise kann man daher nicht von der Bildung einer ex-sowjetischen, einer tschechischen oder einer slowakischen Minderheit in der Bundesrepublik Deutschland ausgehen. Davon geht wohl auch die Bundesrepublik Deutschland nicht aus. Hierfür fehlt es diesen Gruppen an einer grundsätzlichen Homogenität und insbesondere an einem subjektiven Zusammengehörigkeitsgefühl. Durch die zitierten Bestimmungen in den genannten Verträgen hat die Bundesrepublik Deutschland diesen Gruppen aber dennoch einen rechtlichen Sonderstatus und in gewisser Weise auch *de facto* einen Minderheitenstatus eingeräumt.[426]

3. Bevölkerungsgruppen ohne verfassungsrechtlichen Minderheitenstatus

Schließlich leben in der Bundesrepublik Deutschland Bevölkerungsgruppen, die sich zwar durch spezifische Merkmale von der Mehrheitsbevölkerung unterscheiden, aber über keinen verfassungsrechtlichen Minderheitenstatus verfügen. Die Bevölkerungsgruppen, die unter diesen Punkt gefaßt werden sollen, zeichnen sich in aller Regel durch eine besondere Schutzbedürftigkeit aus, über welche seitens offizieller Stellen und auch gesamtgesellschaftlich überwiegend Konsens besteht. Oftmals werden diese Gruppen untechnisch als *Minderheit* bezeichnet.[427] Gelegentlich werden sie aber auch in der Absicht als Minderheit bezeichnet, für sie den verfassungsmäßigen Rechtsstatus einer anerkannten Minderheit einzufordern. Die Frage, die bei der Betrachtung der nachfolgend vorzustellenden Gruppen im Hintergrund steht, ist, ob das Schutzkonzept, das für die *klassischen* Minderheiten entwickelt wurde, auch auf diese Gruppen angewendet werden kann oder sollte.[428]

Im Schwerpunkt geht es hier um die im neueren Schrifttum häufig als *neue Minderheiten* bezeichneten Bevölkerungsgruppen. Unter diesen Begriff werden allgemein Immigrantengruppen gefaßt. Ein Teil der Literatur versteht darunter eingebürgerte Einwanderer nach Deutschland,[429] ein anderer Teil versteht darunter auf Dauer in Deutschland lebende Ausländer,[430] gleich welcher Staatsangehörigkeit und gleich, aus welchen Gründen sie hier hergekommen sind. Weiterhin soll an dieser Stelle kurz auf Flüchtlinge, Vertriebene und Aussiedler eingegangen werden. Schließlich werden auch *potentielle Minderheiten*, die

---

[426] Auch diesbezüglich sei auf die Ausführungen in Kapitel 3 verwiesen.

[427] Dies geschieht häufig in der sozialwissenschaftlichen Literatur. Vgl. etwa: *Bukow*, Feindbild: Minderheit, S. 134 ff.

[428] *Oeter*, in: *Matscher* (Hrsg.), Wiener Internationale Begegnung zu aktuellen Fragen nationaler Minderheiten, S. 229, 245 ff.

[429] *Murswiek*, in: *Blumenwitz/Murswiek*, Aktuelle rechtliche und praktische Fragen des Volksgruppen- und Minderheitenschutzrechts, S. 39, 47 ff.

[430] *Siegert*, Minderheitenschutz in der Bundesrepublik Deutschland, S. 85 f.; *Brusis/Janning*, Internationale Politik, Heft 9/1999, S. 1 ff.

teilweise bereits einen verfassungsrechtlichen Sonderstatus innehaben, wie beispielsweise Behinderte, angesprochen.

a) Eingebürgerte ausländische Immigranten als *neue Minderheiten*, dargestellt am Beispiel der türkischstämmigen Bevölkerung in Deutschland

Im neueren völkerrechtlichen Schrifttum hat sich mittlerweile[431] eine Meinung etabliert, die den Minderheitenschutz auf zugewanderte ethnischen Gruppen ausdehnen will.[432] Die Einwanderergruppen werden als *neue Minderheiten* bezeichnet, was konsequenterweise die Ausdehnung des tradiertern Minderheitenbegriffs auf Immigrantengruppen implizieren muß. Im Vorgriff auf eine Problematik, die im folgenden noch detailliert zu betrachten sein wird,[433] sei an dieser Stelle bereits auf die Uneinigkeit hingewiesen, die in Wissenschaft und Praxis sowohl des völker- als auch des innerstaatlichen deutschen Rechts hinsichtlich der Minderheitendefinition besteht. Der bislang ergebnislose Streit, wie denn nun der Begriff der *Minderheit* zu definieren sei, ist nahezu so alt, wie das Minderheitenrecht selbst. Im Kontext der *neuen Minderheiten* sind insbesondere zwei Definitionsmerkmale des Minderheitenbegriffs berührt; einerseits das Deputat, daß in den Genuß des innerstaatlichen Minderheitenschutzes lediglich sogenannte autochthone Minderheiten kommen sollen, also solche Minderheiten, die alteingesessen sind und dies möglichst als geschlossene Gruppe in einem angestammten Siedlungsgebiet. Andererseits geht die wohl immer noch herrschende Meinung[434] davon aus, daß Personen, die in den Genuß des innerstaatlichen Minderheitenschutzes kommen wollen, die Staatsangehörigkeit ihres Aufenthaltsstaates besitzen müssen. Die rechtlichen Argumente für und wider die Erstreckung des Minderheitenschutzes auf die *neuen Minderheiten* sollen später analysiert werden.[435] Die Gründe, die Anlaß zum Überdenken der tradierten Meinung geben könnten, seien jedoch

---

[431] Angestoßen wurde diese Entwicklung wohl von einem Aufsatz von *Professor Tomuschat* aus dem Jahr 1983: *Tomuschat*, in: FS für *Mosler*, S. 949 ff.

[432] Diese Meinung wird u.a. vertreten von: *Wolfrum*, in: *Brölmann/Lefeber/Zieck* (Hrsg.), Peoples and minorities in international law, 1993, S. 153 ff.; *Nowak*, CCRP-Kommentar, Art. 27, Rn 16; *Niewerth*, Der kollektive und der positive Schutz von Minderheiten und ihre Durchsetzung im Völkerrecht, S. 44 ff.; *Scherer-Leydecker*, Minderheiten und sonstige ethnische Gruppen, S. 270 ff.; *Brusis/Janning*, Internationale Politik, Heft 9/1999, S. 1 ff. Für den Bereich des deutschen Rechts vgl. *Schulze-Fielitz*, in: *Fleiner-Gerster*, Die multikulturelle und multi-ethnische Gesellschaft, S. 133 ff.

[433] Vgl. Kapitel 3.

[434] *Blumenwitz*, Minderheiten- und Volksgruppenrecht – Aktuelle Entwicklungen, S. 27; *Hofmann*, ZaöRV, 1992, S. 1, 7; *Murswiek*, in: *Blumenwitz/Murswiek*, Aktuelle rechtliche und praktische Fragen des Volksgruppen- und Minderheitenschutzrechts, S. 39, 47 ff.; *Modeen*, The International Protection of National Minorities in Europe, S. 108; *Sohn*, in: *Henkin*, The International Bill of Rights - The Covenant on Civil and Political Rights, S. 271, 279; *Pircher*, Der vertragliche Schutz ethnischer, sprachlicher und religiöser Minderheiten im Völkerrecht, S. 25.

[435] Nämlich in Kapitel 5.

benannt: Globalisierung und moderne Migrationsbewegungen. Globalisierung ist für viele Bereiche des Rechts ein Schlagwort geworden, mit dem die Notwendigkeit fundamentaler Veränderungen hergebrachter Grundsätze in vielen Feldern begründet wird. Viel selbstverständlicher als noch vor 50 Jahren überschreiten Menschen heute Grenzen und leben oder arbeiten in Staaten, deren Staatsangehörigkeit sie nicht besitzen, manchmal nur für kurze Zeit, manchmal für ihr ganzes Leben. Die moderne Wirtschaftswelt erfordert in vielen Bereichen eine internationale Mobilität der Wirtschaftsteilnehmer. Durch die Einführung einer Unionsbürgerschaft[436] hat man in der Europäischen Union sogar sozusagen eine neue Art der Staatsangehörigkeit kreiert.[437] Alles das führt dazu, daß sich der Bedeutungsgehalt der Staatsangehörigkeit verändert.[438] Das soll nun keinesfalls heißen, daß der Trend der Zeit zu einer Bedeutungslosigkeit der Staatsangehörigkeit führte. Es soll lediglich heißen, daß eine Schwerpunktverlagerung hinsichtlich der Wertigkeit der verschiedenen Facetten des Rechtskomplexes Staatsangehörigkeit stattfindet. Ein modernes Minderheitenrecht sollte diese Schwerpunktverlagerung nicht außer acht lassen. Weiterhin stellen die Migrationsbewegungen an der Schwelle des 21. Jahrhunderts das Völkerrecht und die nationalen Rechtssysteme vor völlig neue Herausforderungen.[439] Auch der Realität der globalen Migrationsbewegungen kann ein modernes Minderheitenrecht nicht mit Ignoranz begegnen.

Am Beispiel der zahlenmäßig stärksten fremdethnischen Gruppe in Deutschland, der türkischen Bevölkerung,[440] soll nun die Dimension des Problemfeldes der *neuen Minderheiten* plastisch dargestellt werden.[441] Durch eine tiefgreifende Änderung des

---

[436] Art. 17 bis 22 des Vertrages zur Gründung der Europäischen Gemeinschaft (EGV) mit den Änderungen und in der Numerierung des „*Vertrages von Amsterdam*".

[437] Vgl. hierzu insbesondere *Zimmermann*, EuR 1995, S. 54 ff.

[438] Vgl. hierzu allgemein den Vortrag von *Prof. Linda Bosniak* im Rahmen des Berlin Meetings des German Marshall Fund Project on Dual Nationality vom 13. und 14. Juli 2000. Der Vortrag lag dem Verfasser in Form eines vorläufigen Entwurfes vor. Es ist geplant, die Ergebnisse dieser Konferenz im Laufe des Jahres 2001 unter der Herausgeberschaft der Professoren *Kay Hailbronner* und *David Martin* in Buchform zu publizieren.

[439] Vgl. hierzu insbesondere: *Niessen*, in: *Eide/Krause/Rosas*, Economic, Cultural and Social Rights, S. 323; *Wolfrum*, GYIL 1995, S. 191 ff., *ders.*, in: *Brölmann/Lefeber/Zieck* (Hrsg.), Peoples and minorities in international law, 1993, S. 153 ff.; *Sieveking*, RuP 1992, S. 135 ff.; *Alexy*, in: *Barwig/Brinkmann/Huber/Lörcher/Schumacher*, FS für *Franz* und *Müller*, S. 181 ff.

[440] Vgl. hierzu allgemein: *Sen*, Türkische Migranten in Deutschland, epd-Dokumentation Nr. 23/97 vom 26. Mai 1997; *ders.*, Das Parlament vom 20. August 1999, S. 7; *ders.*, Türkei, 4. Aufl., S. 153 ff.; *Sen/Goldberg*, Türken in Deutschland; *Özcan*, in: *Schmalz-Jacobsen/Hansen* (Hrsg.), Ethnische Minderheiten in der Bundesrepublik Deutschland, S. 511 ff.

[441] Um dies nochmals klarzustellen: Die sogenannten *neuen Minderheiten* sind in der Bundesrepublik Deutschland nicht als Minderheiten anerkannt. Vgl. hierzu insbesondere das Statement von *Haberland*, Mitglied der deutschen Delegation, vor dem Menschenrechtsausschuß der Vereinten Nationen: „*(...) Other minority groups (...) did not enjoy such status, although they were entitled to all the rights guaranteed to recognized national minorities. Nor was such status granted to the 2 million-strong Turkish community in Germany.*"; vgl. das Summary record of the 1551st meeting of the United Nations Human Rights Committee, UN Doc. CCPR/C/SR.1551 vom 1. Februar 1997, Ziffer 15 f.

Staatsangehörigkeitsrechts[442] im Jahre 1999[443] ist zu erwarten, daß gerade auch diese Immigrantengruppe von der Möglichkeit der vereinfachten Erlangung (auch) der deutschen Staatsangehörigkeit Gebrauch machen wird. Damit entstünde eine zahlenmäßig beachtliche und gut organisierte Bevölkerungsgruppe deutscher Staatsangehörigkeit, die sich in ethnischer Hinsicht von der deutschen Mehrheitsbevölkerung unterschiede.[444]

Die Entwicklung der türkischen Arbeitsmigration nach Deutschland läßt sich in drei Phasen unterteilen: die angeworbene Immigration zur Beseitigung des Arbeitskräftemangels im *Wirtschaftswunder*-Deutschland, die Phase der Familienzusammenführung nach dem Anwerbestopp und die Phase der permanenten Niederlassung.[445]

Erste Wanderbewegungen türkischer Arbeitnehmer nach Deutschland begannen Anfang der 60er Jahre, als der stetig wachsende Arbeitskräftebedarf der expandierenden deutschen Wirtschaft nicht mehr mit den innerstaatlich zur Verfügung stehenden Personalressourcen gedeckt werden konnte. Arbeitslosigkeit, Unterbeschäftigung und eine unbefriedigende Wirtschaftslage schufen in der Türkei ein Klima, das es der deutschen Industrie und Wirtschaft erleichterte, türkische Arbeitskräfte nach Deutschland abzuwerben.[446] Sowohl die türkische als auch die deutsche Regierung beobachtete diese Entwicklung mit Wohlwollen, und man beschloß, die Entwicklung auch von politischer Seite zu unterstützen. Am 31. Oktober 1961 wurde das *„Abkommen zur Anwerbung türkischer Arbeitskräfte für den deutschen Arbeitsmarkt“*[447] zwischen der Türkei und der Bundesrepublik unterzeichnet. Die Türken, die zu Beginn der 60er Jahre kamen, beabsichtigten in aller Regel, in drei bis fünf Jahren soviel Geld wie möglich anzusparen, um dann in die Türkei zurückzukehren und die Ersparnisse zum Erwerb von Haus- und Grundeigentum, von Ackerland und landwirtschaftlichem Gerät oder zur Gründung kleiner selbständiger Unternehmen, insbesondere Handwerksbetriebe oder Einzelhandelsunternehmen, zu verwenden. Im wesentlichen sind es zwei Faktoren, welche die Unrealisierbarkeit dieser Pläne bedingten und

---

[442] Hierzu etwa: *Renner*, NJ 1999, S. 230 ff.

[443] Die Reform des Staatsangehörigkeitsrechts ist am 1. Januar 2000 in Kraft getreten. Zur Entstehungsgeschichte vgl. das stenografische Protokoll und die Ausschußdrucksache 14/14 über die 12. Sitzung des Innenausschusses vom 13. April 1999 (Sachverständigenanhörung); vgl. auch Aufbruch und Erneuerung – Deutschlands Weg ins 21. Jahrhundert, Koalitionsvereinbarung zwischen der Sozialdemokratischen Partei Deutschlands und BÜNDNIS 90/GRÜNE, Bonn, 20. Oktober 1998, S. 36 f.

[444] Das Essener Zentrum für Türkeistudien hat kürzlich ermittelt, daß 76% der Türken in Deutschland die deutsche Staatsangehörigkeit annehmen würden, wenn sie die türkische behalten dürften. Vgl. FAZ vom 25. September 1999.

[445] Einteilung nach *Özcan*, in: *Schmalz-Jacobsen/Hansen* (Hrsg.), Ethnische Minderheiten in der Bundesrepublik Deutschland, S. 511, 512.

[446] *Sen*, Türkei, 4. Aufl., S. 153 ff.

[447] *Sen*, Türkei, 4. Aufl., S. 153. Vgl. hierzu auch *Özdemir*, Currywurst und Döner – Integration in Deutschland, S. 24 ff.

die in den allermeisten Fällen das Vorhaben einer kurzfristigen Erwerbsmigration zu einem längerfristigen Aufenthalt werden ließen. Einerseits erfüllten sich die Hoffnungen auf die Verbesserung der sozioökonomischen Situation in der Türkei nicht, andererseits zeigte sich, daß ein drei- bis fünfjähriges Zeitfenster nicht ausreichend war, um das für die Umsetzung der Pläne in der Heimat benötigte Kapital anzusparen.[448] Am Ende der Phase der angeworbenen Immigration im Jahr 1973 betrug die Anzahl der türkischen Wohnbevölkerung in der Bundesrepublik Deutschland knapp unter eine Million.[449]

Unter dem Eindruck der Ölkrisenrezession beschloß die Bundesregierung im Jahr 1973 einen Anwerbestopp für ausländische Arbeitnehmer aus Nicht-EG-Staaten. Dieses Datum markiert den Beginn der zweiten Phase der türkischen Zuwanderung nach Deutschland, die Phase der Familienzusammenführung. Bereits nach der ersten harten Nachkriegsrezession in Deutschland in den Jahren 1966/67 erkannten viele türkische Arbeitsimmigranten, daß sie ihr ursprüngliches Ziel einer kurzfristigen Kapitalansammlungsmigration nicht erreichen konnten. Einige kehrten daraufhin wieder in die Türkei zurück. Viele richteten sich daraufhin aber auf einen längeren Aufenthalt in Deutschland ein und holten konsequenterweise ihre Familien zu sich nach Deutschland. Im Grunde trat also genau das Gegenteil von dem ein, was die Bundesregierung mit dem Anwerbestopp erreichen wollte. Anstelle einer Stabilisierung der Zahl der türkischen Wohnbevölkerung in Deutschland stiegen die Zahlen bis Anfang der 80er Jahre weiter an. Als zusätzlicher ökonomisch negativer Effekt des Familiennachzugs sank die Erwerbstätigenquote der türkischen Wohnbevölkerung. Während 1967 noch ca. 80% der türkischen Wohnbevölkerung in Deutschland erwerbstätig waren, sank diese Quote auf 40% im Jahr 1980.[450] Die Anzahl der Türken in Deutschland stieg bis zum Jahr 1980 auf knapp unter 1,5 Millionen.[451] Erst eine restriktivere Ausländerpolitik der Bundesregierung konnte den Zuwachs dieser Zahl bis Ende der 80er Jahre stabilisieren. Um den Zuzug der Türken nach Deutschland zu drosseln und die Rückkehrbereitschaft von in Deutschland lebenden Türken zu fördern, ergriff die Bundesregierung eine Reihe von Maßnahmen. Beispielsweise wurden Anfang der 80er Jahre ein Visumszwang für türkische Staatsangehörige eingeführt und das Einreisehöchstalter für türkische Kinder herabgesetzt. Die Rückkehrbereitschaft versuchte die Bundesregierung mit Gesetzen zu fördern, welche die sofortige Auszahlung von Rentenversicherungsbeiträgen und die Auszahlung einer einmaligen Rückkehrprämie an Rückkehrwillige vorsahen.[452] Die Erfolge dieser Maßnahmen waren allenfalls mäßig und bewirkten, wie gesagt, lediglich eine Stabilisierung der Anzahl der türkischen Wohnbevölkerung in Deutschland gegen Ende der 80er Jahre.

---

[448] *Sen*, Türkische Migranten in Deutschland, epd-Dokumentation Nr. 23/97 vom 26. Mai 1997, S. 1 f.

[449] Datenquelle: Statistisches Bundesamt, Stand: 31. Dezember 1994.

[450] *Özcan*, in: *Schmalz-Jacobsen/Hansen* (Hrsg.), Ethnische Minderheiten in der Bundesrepublik Deutschland, S. 511, 513 ff.

[451] Datenquelle: Statistisches Bundesamt, Stand: 31. Dezember 1994.

[452] *Sen*, Türkische Migranten in Deutschland, epd-Dokumentation Nr. 23/97 vom 26. Mai 1997, S. 3 ff.

Spätestens seit dieser Zeit begann für die Türken in Deutschland die dritte Phase der Immigration, die Phase der permanenten Niederlassung. Die Unumkehrbarkeit des Migrationsprozesses scheint sich bereits von der zweiten Phase der Zuwanderung an immer stärker verfestigt zu haben. Als Indikatoren der Bleibeabsicht der türkischen Wohnbevölkerung in Deutschland zeigten sich bereits zu dieser Zeit die Tendenz zur Aufnahme von selbständiger Erwerbstätigkeit,[453] der Abschluß von Bauspar- und Lebensversicherungen, das Bestreben, die Wohnsituation zu verbessern und insbesondere auch der Erwerb von Wohnungseigentum und schließlich die Erhöhung der Konsumquote und der Rückgang der Sparquote.[454] Insgesamt hat die türkische Immigration nach Deutschland die Volkswirtschaften beider Staaten nachhaltig beeinflußt. Zu Beginn der Immigration reduzierte die Abwanderung von Arbeitskräften nach Deutschland die unter anderem durch ein starkes Bevölkerungswachstum verursachte Arbeitslosigkeit in der Türkei. Zudem gewannen die Überweisungen der Auslandstürken in die alte Heimat eine wachsende Bedeutung beim Ausgleich des Außenhandelsdefizits der Türkei. So erreichten die Überweisungen in den Jahren 1973/74 fast die Höhe des türkischen Exporthandels.[455] Andererseits verließen im Rahmen der Abwanderung auch zahlreiche Facharbeiter die Türkei, deren Qualifikationen in Deutschland wesentlich höher vergütet wurden als in der Türkei. Diese Lücken konnten in der Türkei nicht so einfach geschlossen werden, was die Modernisierungsentwicklung der türkischen Volkswirtschaft hemmte. Die Tätigkeit im Ausland führte darüber hinaus zu einer Entfremdung der Türken, insbesondere derjenigen der zweiten Generation, von ihrem Herkunftsstaat.[456] Auf der Gegenseite bekam die Wirtschaft der Bundesrepublik Deutschland zu Beginn der 60er Jahre, was sie dringend benötigte: billige Arbeitskräfte. Ferner profitierten die deutschen Rentenkassen von den Beiträgen der türkischen Arbeitnehmer, die anfangs, wie erwähnt, mit einer Quote von 80% erwerbstätig waren. In den späteren Phasen der türkischen Immigration belebte der verstärkte Konsum und der Unternehmergeist der türkischen Wohnbevölkerung die deutsche Volkswirtschaft. Allerdings wurde in diesen späteren Phasen der Immigration die deutsche Volkswirtschaft durch die rapide sinkende Erwerbstätigkeitsquote der insbesondere durch die Familienzusammenführung angewachsenen Zahl der Türken in Deutschland und die korrelierende überdurchschnittliche Arbeitslosenquote in dieser Bevölkerungsgruppe belastet. Zudem entstanden durch den angewachsenen Zuzug der Familienmitglieder vor allem in deutschen Großstädten türkische Ghettos mit den typischen sozialen Spannungen. Schließlich wurden durch die hohe Zahl zugezogener türkischer Kinder zusätzliche Aufwendungen im Kindergarten- und Schulwesen erforderlich.[457] Von den 3,3 Millionen Menschen türkischer Herkunft, die in der gesamten Europäischen Union heute leben, befinden sich 2,1 Millionen in

---

[453] Nach einer Studie neueren Datums arbeiteten 1999 51.000 Türken als Selbständige in Deutschland, vor allem in den Branchen Touristik, Großhandel, Transport, Textil- und Einzelhandel. Vgl. FAZ vom 25. September 1999.

[454] *Sen*, Türkei, 4. Aufl., S. 161 ff.; *Özcan*, in: *Schmalz-Jacobsen/Hansen* (Hrsg.), Ethnische Minderheiten in der Bundesrepublik Deutschland, S. 511, 514 f.

[455] *Sen*, Türkische Migranten in Deutschland, epd-Dokumentation Nr. 23/97 vom 26. Mai 1997, S. 2.

[456] *Sen*, Türkei, 4. Aufl., S. 155 ff.

[457] *Sen*, Türkische Migranten in Deutschland, epd-Dokumentation Nr. 23/97 vom 26. Mai 1997, S. 5; *ders.*, Türkei, 4. Aufl., S. 155 ff.

der Bundesrepublik Deutschland. Damit bilden die Türken sowohl in der EU als auch in Deutschland die zahlenmäßig stärkste Bevölkerungsgruppe mit Herkunft aus einem Nicht-EU-Drittstaat. Auch wenn man die EU-Ausländer berücksichtigt, ist die türkischstämmige Wohnbevölkerung die größte fremde ethnische Gruppe in Deutschland. Von den 2,1 Millionen Türken besitzen knapp 10%, also etwa 220.000 Personen, (auch) die deutsche Staatsangehörigkeit. Prognosen gehen davon aus, daß bedingt durch das reformierte deutsche Staatsangehörigkeitsrecht diese Quote innerhalb eines Zeitraumes von 10 Jahren auf 50% ansteigen wird, daß also bis 2010 über 1 Million Türken die deutsche Staatsangehörigkeit angenommen haben werden.[458]

Sowohl die soziale Situation als auch die Integration in die deutsche Mehrheitsbevölkerung hat sich innerhalb einer Generation türkischer Immigration nach Deutschland sehr verändert, und die zweite und dritte Generation der Türken in Deutschland sieht sich mit fundamental anderen Problemen konfrontiert als die erste. Die erste Generation der Arbeitsmigranten lebte anfangs zumeist in von den beschäftigenden Unternehmen bereitgestellten Unterkünften. Diese waren wenig komfortabel, aber preiswert und paßten somit in den Plan der Migranten, im Rahmen eines relativ kurzen Aufenthalts möglichst viel Kapital anzusparen. Als sich im Laufe der Zeit die Tendenz verfestigte, längerfristig oder für immer in Deutschland zu bleiben, ging die Sparquote zurück, die Konsumneigung stieg und auch für Wohnraum wurde mehr ausgegeben, oder es wurde Wohnungseigentum erworben. Somit unterscheidet sich die Wohnsituation der zweiten und dritten Generation der türkischen Immigranten wenig von der der deutschen Mehrheitsbevölkerung, aber deutlich von der der ersten Einwanderergeneration.[459]

Auch im Bereich Schule und Beruf hat sich die Situation grundlegend gewandelt. Entsprechend den Bedingungen der ursprünglichen Anwerbung waren die Türken zunächst als an- oder ungelernte Arbeiter in den industriellen Ballungszentren und Großstädten Deutschlands tätig und rangierten allgemein in den unteren Segmenten der Lohnskala. Die Wirtschaftszweige, in denen sie tätig waren, erforderten überwiegend körperliche Leistung in Bereichen wie der Eisen- und Stahlerzeugung, dem Bergbau, dem Baugewerbe oder der Gastronomie. Die strukturellen Veränderungen in diesen Bereichen seit den 60er Jahren, die sich meist in einem gesamtwirtschaftlichen Bedeutungsrückgang dieser Industrien in Verbindung mit einem drastischem Stellenabbau äußerten, hatten im wesentlichen zwei Effekte auf die türkischen Arbeitskräfte in diesen Branchen. Einerseits bedeutete es für viele Türken, insbesondere der ersten Generation, ein Abrutschen in die Arbeitslosigkeit. Andererseits führte die Entwicklung insbesondere für die Angehörigen der zweiten

---

[458] *Sen*, Das Parlament vom 20. August 1999, S. 7. Eine Studie neueren Datums des Essener Zentrums für Türkeistudien geht davon aus, daß die Einbürgerungsquote gerade um den Jahrtausendwechsel sprunghaft steigen wird, so daß es bereits im Jahr 2002 700.000 türkischstämmige deutsche Staatsangehörige geben wird. Vgl. FAZ vom 25. September 1999. Zu ähnlichen Ergebnissen kommt eine Studie der vom baden-württembergischen Ministerpräsidenten *Teufel* eingesetzten *„Zukunftskommission Gesellschaft 2000“*, vgl. *Behr*, FAZ vom 7. Dezember 1999; *ders.*, FAZ vom 29. Dezember 1999.

[459] *Özcan*, in: *Schmalz-Jacobsen/Hansen* (Hrsg.), Ethnische Minderheiten in der Bundesrepublik Deutschland, S. 511, 520; *Sen*, Türkische Migranten in Deutschland, epd-Dokumentation Nr. 23/97 vom 26. Mai 1997, S. 11.

Generation dazu, daß man sich Arbeit in anderen Wirtschaftssektoren, beispielsweise dem Dienstleistungsbereich, suchte oder sich selbständig machte.[460] Im schulischen Bereich und im Bereich der Berufsausbildung und -fortbildung stellt sich die Situation der türkischen Bevölkerung in Deutschland differenziert dar. *Özcan* unterteilt hier drei Gruppen:[461] Türkische Kinder, die entweder im Säuglingsalter nach Deutschland gekommen sind oder hier geboren wurden und aufgewachsen sind, vorschulische Einrichtungen besucht haben und über ausreichende deutsche Sprachkenntnisse verfügten, um dem gemeinsamen Unterricht mit deutschen Kindern zu folgen, haben in aller Regel keine schulischen Probleme. Türkische Kinder, die zwar in Deutschland geboren wurden oder in frühester Jugend kamen, die aber zum Zeitpunkt der Einschulung keine ausreichenden Deutschkenntnisse erworben haben, bleiben oftmals im unteren Leistungsspektrum haften, was sich nicht selten auch in der Berufsausbildung fortsetzt. Bei dieser Gruppe ist aufgrund der fehlenden Schulung sowohl der deutschen als auch der türkischen Sprache häufig eine mangelnde Beherrschung beider Sprachen zu beklagen. Die dritte Gruppe umfaßt Kinder, die im Alter von etwa sieben Jahren oder älter erstmals nach Deutschland kamen und in aller Regel über keine Deutschkenntnisse verfügten. Diese Kinder haben meist starke Bindungen an die Lebensweise und an Verwandte in der Türkei, woraus sich nicht selten Probleme mit ihren Eltern ergeben, mit denen sie seit frühester Kindheit nicht zusammengelebt haben. Dieser Gruppe fällt es regelmäßig am schwersten, sich an die deutsche Lebensweise und die deutschen Schulverhältnisse zu gewöhnen. Bei allen Gruppen kommt in aller Regel noch erschwerend hinzu, daß die Eltern oftmals unzureichende Informationen über das deutsche Schulwesen oder allgemein Unsicherheiten im Umgang mit deutschen Behörden haben. Wie bereits angedeutet, setzten sich die schulischen Schwierigkeiten bei bestimmten Gruppen türkischer Kinder und Jugendlicher dann nicht selten in der Berufsausbildung oder beim Wechsel in das Berufsleben fort. Dabei muß nicht besonders begründet werden, daß Jugendliche ohne Schulabschluß oder ohne Berufsausbildung auf dem deutschen Arbeitsmarkt erheblichen Schwierigkeiten entgegensehen.[462] Es soll an dieser Stelle jedoch auch nicht unerwähnt bleiben, daß sich hinsichtlich der geschilderten Probleme ein Trend zum Positiven abzeichnet, der mit der zunehmenden Integration der türkischen Wohnbevölkerung in die deutsche Mehrheitsbevölkerung korreliert.[463]

Die Integration der türkischen Wohnbevölkerung in Deutschland ist auf verschiedenen Feldern unterschiedlich weit fortgeschritten. Mit *Sen* soll hier zwischen sozialer, beruflicher, wirtschaftlicher und politischer Integration unterschieden werden.[464] Während die erste

[460] *Özcan*, in: *Schmalz-Jacobsen/Hansen* (Hrsg.), Ethnische Minderheiten in der Bundesrepublik Deutschland, S. 511, 515 f.; *Sen*, Türkische Migranten in Deutschland, epd-Dokumentation Nr. 23/97 vom 26. Mai 1997, S. 11 f.

[461] *Özcan*, in: *Schmalz-Jacobsen/Hansen* (Hrsg.), Ethnische Minderheiten in der Bundesrepublik Deutschland, S. 511, 521 f.

[462] *Sen*, Türkische Migranten in Deutschland, epd-Dokumentation Nr. 23/97 vom 26. Mai 1997, S. 16 ff.

[463] *Özcan*, in: *Schmalz-Jacobsen/Hansen* (Hrsg.), Ethnische Minderheiten in der Bundesrepublik Deutschland, S. 511, 520.

[464] *Sen*, Türkei, 4. Aufl., S. 162 ff.; *ders.*, Türkische Migranten in Deutschland, epd-Dokumentation Nr. 23/97 vom 26. Mai 1997, S. 19 ff.

türkische Immigrantengeneration Anfang der 60er Jahre vor dem Hintergrund einer geplanten baldigen Rückkehr in die Heimat nur sehr geringe soziale Integrationsversuche in die deutsche Mehrheitsbevölkerung unternahm, schreitet die soziale Integration, insbesondere der Angehörigen der zweiten und dritten Generation, voran. Grundvoraussetzung eines sozialen Integrationswillens ist die Entscheidung, langfristig oder permanent in Deutschland zu bleiben. Der Bleibewille ist heute bei der türkischen Wohnbevölkerung sehr hoch. Hauptindikatoren hierfür waren insbesondere das Nachholen der Familie nach Deutschland und die Erhöhung der Konsumquote zu Lasten der Sparquote. Diese Entwicklung wird zusätzlich von der Tatsache reflektiert, daß viele Unternehmen in Deutschland ihre Marketingstrategien auch auf die besondere Situation der türkischen Wohnbevölkerung ausrichten, um diese anzusprechen. Diese Marketingstrategien beinhalten mittlerweile bereits das Schalten von Anzeigen in türkischer Sprache.[465] Als Hindernisse für eine noch bessere soziale Integration beklagt die türkische Bevölkerung insbesondere die rechtliche Unsicherheit im Hinblick auf den Aufenthaltsstatus vieler Türken in Deutschland, die Diskriminierung in vielen gesellschaftlichen Bereichen und die nach der Wiedervereinigung angestiegene Fremdenfeindlichkeit in Deutschland.[466] Der wesentliche Schlüssel zur beruflichen Integration ist teilweise ein besseres Kennenlernen und Akzeptieren der hiesigen Lebensverhältnisse und vor allem anderen eine sichere Beherrschung der deutschen Sprache.[467] Unbefriedigend ist, daß die Arbeitslosenquote der türkischen Bevölkerung in Deutschland konstant doppelt so hoch wie die der Mehrheitsbevölkerung ist.[468] Wie bereits oben geschildert, schreitet die wirtschaftliche Integration der türkischen Bevölkerung hingegen gut voran. Indikator hierfür ist allgemein eine steigende Reinvestition des hier erwirtschafteten Kapitals zu Lasten von Transferzahlungen in die Türkei. Überdies haben die Türken, gerade aufgrund ihrer besonderen Identität, in bestimmten Bereichen einen Wettbewerbsvorteil gegenüber Angehörigen der Mehrheitsbevölkerung. Dies trifft insbesondere auf selbständige Unternehmer zu, die in bestimmten Nischen oder im internationalen Handelsgeschäft mit der Türkei tätig sind. Gegenwärtig arbeiten etwa 51.000 Türken als Selbständige in Deutschland, insbesondere in den Branchen Touristik, Großhandel, Transport, Textil-und Einzelhandel.[469] Große Probleme gibt es noch im Bereich der politischen Integration der türkischen Bevölkerung in Deutschland.[470] Dieser Bereich ist sehr

---

[465] *Struppe*, SPIEGEL 49/99 vom 6. Dezember 1999, S. 152 ff.

[466] *Sen*, Türkische Migranten in Deutschland, epd-Dokumentation Nr. 23/97 vom 26. Mai 1997, S. 20 f.

[467] So ganz deutlich: *Özcan*, in: *Schmalz-Jacobsen/Hansen* (Hrsg.), Ethnische Minderheiten in der Bundesrepublik Deutschland, S. 511, 522 f. Auch Bundesinnenminister *Otto Schily* betont in geeigneten Foren immer wieder, daß am Erwerb der deutschen Sprache kein Weg vorbei führe. Vgl. etwa die Berichte über eine Konferenz der *Türkischen Gesellschaft in Deutschland*, FAZ vom 25. Januar 2000 (Berliner Seiten); Hürriyet vom 23. Januar 2000.

[468] FAZ vom 10. Dezember 1996 (Ergebnis einer gemeinsamen Studie des Sozialwissenschaftlichen Instituts für Gegenwartsfragen - Sigma und des Forschungsinstituts der Friedrich-Ebert-Stiftung); *Sen*, Türkei, 4. Aufl., S. 165.

[469] Nach einer Studie des Essener Institutes für Türkeistudien, vgl. FAZ vom 25. September 1999.

[470] Vgl. hierzu: *Sen/Goldberg*, Türken in Deutschland, S. 127 ff.; *Sen*, Türkei, 4. Aufl., S. 166 ff.; *ders.*, Türkische Migranten in Deutschland, epd-Dokumentation Nr. 23/97 vom 26. Mai 1997, S. 21 f.

vielschichtig und muß daher auch sehr differenziert analysiert werden. Seitens der türkischen Bevölkerung wird insbesondere den konservativen Parteien in Deutschland immer wieder vorgeworfen, daß sie sich gegen eine intensivere politische Beteiligung der Türken in Deutschland sperren. Heftigst kritisiert wurde auch das Urteil des Bundesverfassungsgerichts, welches das in einigen Bundesländern eingeführte kommunale Wahlrecht für Ausländer für verfassungswidrig erklärte.[471] All diese Diskussionen lassen sich im wesentlichen auf die Frage der Staatsangehörigkeit der Türken in Deutschland reduzieren. Auf die Problematik der Hinnahme der Entstehung von Mehrfachstaatsangehörigkeit wird an anderer Stelle noch einzugehen sein.[472] An dieser Stelle sei jedoch klargestellt, daß die Tatsache, daß 90% der in Deutschland lebenden Türken nicht die deutsche Staatsangehörigkeit besitzen, nicht den konservativen Parteien angelastet werden kann, die einer generellen Zulassung von mehrfacher Staatsangehörigkeit ablehnend gegenüberstehen. Zunächst gibt es viele türkische Staatsangehörige in Deutschland, die sich gegen eine Einbürgerung entscheiden, obgleich sie die Voraussetzungen erfüllen würden.[473] Das Klagen über die schwächere Rechtsposition eines Fremden im Vergleich zu einem Staatsbürger greift dann ins Leere. Bis 1995 lag der Grund für den Widerwillen, die türkische Staatsangehörigkeit für den Erwerb der deutschen aufzugeben, meistens im türkischen Recht. Einerseits entließ die Türkei ihre in Deutschland lebenden Staatsbürger nicht ohne weiteres aus den türkischen Staatsbürgerpflichten[474] und andererseits waren durch den Verlust der türkischen Staatsbürgerschaft auch Rechtspositionen in der Türkei gefährdet.[475] Im Frühjahr 1995 beschloß das türkische Parlament ein Gesetz,[476] nach dem ehemalige Staatsangehörige im Hinblick auf diese Rechtspositionen wie türkische Staatsbürger behandelt werden.[477] Statt des türkischen Passes bekommen ausgebürgerte

---

[471] BVerfGE 83, 37.

[472] Kapitel 5.

[473] Wie bereits erwähnt, besitzen gegenwärtig lediglich 10% der türkischen Wohnbevölkerung in Deutschland die deutsche Staatsangehörigkeit. Vgl. *Sen*, Das Parlament vom 20. August 1999, S. 7.

[474] Beispielsweise wurde generell kein türkischer Mann vor Ableistung des Wehrdienstes aus der Staatsangehörigkeit entlassen. Das hatte seinen Grund weniger in Wehrgerechtigkeitserwägungen. Die meisten Türken in Deutschland wählen die Option, eine einmonatige Grundausbildung zu absolvieren und sich durch Zahlung einer nicht unerheblichen Summe aus dem Wehrdienst *freizukaufen*, was für die Türkei zu einer nicht unerheblichen Devisenquelle wurde.

[475] Durch den Verlust der Staatsbürgerschaft werden in der Türkei bestimmte Erb- und Eigentumsrechtspositionen gefährdet. So ist es Ausländern in der Türkei grundsätzlich verwehrt, Grundeigentum in der Nähe von Militäranlagen zu erwerben. Vgl. auch: *Sen*, Türkei, 4. Aufl., S. 168 f.

[476] Türkisches Staatsangehörigkeitsgesetz Nr. 403 vom 11. Februar 1964 (RG Nr. 11638 vom 22. Februar 1964) in der Fassung der Änderung durch Gesetz Nr. 4112 vom 7. Juni 1995 (RG Nr. 22311 vom 12. Juni 1995).

[477] *Sen*, Türkei, 4. Aufl., S. 169. Vgl. in der Folge auch die im Rahmen eines Staatsbesuches in der Bundesrepublik Deutschland gemachte Zusage des damaligen türkischen Ministerpräsidenten *Mesut Yilmaz*, die türkischen Rechtspositionen für im Ausland lebende Türken weiterhin verbessern zu wollen. Vgl. FAZ vom 20. Mai 1995. Vgl. zu diesem Gesetz allgemein die Vorträge von *Prof. Aybay* und von *Dr. Rumpf* im Rahmen des Berlin Meetings des German Marshall Fund Project on Dual Nationality vom 13. und 14. Juli 2000. Die Vorträge lagen dem Verfasser in Form von Redemanuskripten vor. Es ist geplant, die Ergebnisse dieser Konferenz im Laufe des Jahres 2001 unter der Herausgeberschaft der Professoren *Kay Hailbronner* und *David Martin* in Buchform zu publizieren.

Türken, welche die Staatsangehörigkeit eines europäischen Landes erworben haben, eine Art Paßersatz, die sogenannte *rosa Karte*.[478] Viele türkische Behörden, insbesondere in ländlichen Regionen, zeigen Unsicherheiten im Umgang mit diesem neuen Dokument und hegen gelegentlich auch Ressentiments gegen deren Inhaber.[479] Dies führt dazu, daß viele Auslandstürken sich gegen den Erwerb einer fremden und für das Behalten der türkischen Staatsangehörigkeit entscheiden.[480] Das geringe Vertrauen in die neuen türkischen Gesetze in diesem Bereich wird auch reflektiert durch die geringe Steigerung der Anzahl der Einbürgerungen nach Erlaß des neuen Regelungswerkes. Es bleibt festzuhalten, daß die Kritik der Türken in Deutschland an der schwächeren Rechtsposition, die sie als Fremde haben, nicht immer stichhaltig sein kann, da es teilweise am türkischen Staat und teilweise an den Betroffenen selbst liegt, daß von bestehenden Einbürgerungsmöglichkeiten kein Gebrauch gemacht wird. Man wird sehen müssen, inwieweit das reformierte Staatsangehörigkeitsrecht, das zum 1. Januar 2000 in Kraft trat und das eine erleichterte Einbürgerung insbesondere der Türken der zweiten Generation auch unter Hinnahme des Entstehens von Mehrstaatigkeit vorsieht, hier eine Verbesserung der Integration der Türken in Deutschland erreichen kann.[481]
Ein weiterer Faktor, der hinsichtlich aller Belange integrationshemmend wirkt, ist die Findung einer eigenen Identität, die insbesondere den Angehörigen der zweiten Generation von Türken in Deutschland Probleme bereitet.[482] Das Spannungsfeld zwischen der Kultur der Bundesrepublik Deutschland und der Kultur, die ihnen im Elternhaus vermittelt wird, bringt Türken der zweiten Generation in Deutschland oftmals in die Konfliktsituation, sich einerseits

---

[478] Die Änderung des türkischen Staatsangehörigkeitsrechts mit der das System der *rosa Karte* eingeführt wurde, findet sich in Art. 29 des Staatsangehörigkeitsgesetzes. Diese Norm hat folgenden Wortlaut: „*Personen, die aufgrund dieses Gesetzes die türkische Staatsangehörigkeit verlieren, werden vom Zeitpunkt des Verlustes an wie Ausländer behandelt. Die Personen jedoch, die von Geburt türkische Staatsangehörige waren und mit Zustimmung des Minsterrats aus der Staatsangehörigkeit ausgeschieden sind und die Staatsangehörigkeit eines ausländischen Staates angenommen haben sowie deren gesetzliche Erben genießen vorbehaltlich der Bestimmungen über die nationale Sicherheit und die öffentliche Ordnung weiterhin wie die türkischen Staatsangehörigen diejenigen Rechte, die mit Aufenthalt, Reise, Arbeit und Erwerb von beweglichen und unbeweglichen Gütern zusammenhängen. Die Vorschriften der Art. 33 und 35 sind vorbehalten.*"

Nach seinem Erfinder, Professor Dr. *Rona Aybay* von der Istanbul Bilgi Üniversitesi, wird diese Norm als *lex Aybay* bezeichnet. Vgl. zu diesem Gesetz allgemein die Vorträge von *Prof. Aybay* und von *Dr. Rumpf* im Rahmen des Berlin Meetings des German Marshall Fund Project on Dual Nationality vom 13. und 14. Juli 2000. Die Vorträge lagen dem Verfasser in Form von Redemanuskripten vor. Es ist geplant, die Ergebnisse dieser Konferenz im Laufe des Jahres 2001 unter der Herausgeberschaft der Professoren *Kay Hailbronner* und *David Martin* in Buchform zu publizieren.

[479] Vgl. Hürriyet vom 22. September 1999; Hürriyet vom 23. September 1999.

[480] Aus diesem Grunde wird die Verwaltungspraxis in bezug auf die *rosa Karte* derzeit überprüft, gerade auch vor dem Hintergrund, daß dieses Verfahren im Kontext des türkischen Staatsrechts aus Diskriminierungsgesichtspunkten offenbar auf wackeligen Beinen steht. Vgl. die Stellungnahme des zuständigen Staatsministers *Sükrü Sinan Gürel* in Hürriyet vom 22. September 1999. Vgl. hierzu auch den Vortrag von *Prof. Aybay* im Rahmen des Berlin Meetings des German Marshall Fund Project on Dual Nationality vom 14. Juli 2000.

[481] Zum Zeitpunkt des Entstehens dieser Arbeit wurden gerade die verwaltungsrechtlichen Ausführungsvorschriften zum neuen Staatsangehörigkeitsrecht vom Bund und den Ländern erarbeitet, vgl. FAZ vom 24. September 1999.

[482] Vgl. zu den Besonderheiten deutsch-türkischer Identität im sprachwissenschaftlichen Bereich und im Bereich der Jugendkultur: *Keim/Androutsopoulos*, FAZ vom 26. Januar 2000.

nicht als Deutsche zu fühlen und auf der anderen Seite auch von den Türken in der Heimat nicht mehr als Türken akzeptiert zu werden.[483]

Die türkische Bevölkerung in der Bundesrepublik Deutschland ist sowohl in religiöser[484] als auch in politischer[485] Hinsicht relativ gut organisiert. Einleitend sei hierzu angemerkt, daß nicht wenige türkische Organisationen in der Bundesrepublik extreme Positionen vertreten, die in der Türkei nicht toleriert werden und auch teilweise verboten sind.[486]

Nach dem Vorbild der jüdischen Gemeinden in Deutschland bildeten sich in der Bundesrepublik Deutschland auch zahlreiche Moscheegemeinden, deren Anzahl heute auf ca. 1.200 geschätzt wird. 1982 wurde mit Unterstützung der Türkei die Türkisch-Islamische Union der Anstalt für Religion e.V. (*Diyanet Isleri Türk Islam Birligi - DITIB*) als Dachverband islamischer Glaubensgemeinschaften gegründet. Die religiöse Haltung der Union entspricht weitgehend derjenigen der offiziellen türkischen Staatspolitik, also einer laizistischen Grundhaltung von Staat und Islam. Die DITIB arbeitet eng mit dem staatlichen Präsidium für religiöse Angelegenheiten in der Türkei zusammen und bietet sämtliche Facetten islamischer Seelsorge, inklusive Koran- und Religionsunterricht an. Daneben existieren in der Bundesrepublik Deutschland einige radikal-islamische Organisationen mit teilweise beträchtlichen Mitgliederzahlen. Die größte dieser Organisationen ist die der in der Türkei mittlerweise verbotenen Wohlfahrtspartei (*Refah Partisi - RP*) von *Necmettin Erbakan*[487] nahestehende Vereinigung der Neuen Weltsicht in Europa e.V. (*Avrupa Milli Görüs Teskilatlari - AMGT*).[488] Eine noch radikalere Abspaltung der AMGT ist die lange Zeit von *Cemalettin Kaplan* (dem *Khomeini von Köln*) geführte Föderation der Islamischen Gemeinden und Gemeinschaften (*Islam Cemaatleri ve Cemiyetleri Birligi - ICCB*). Darüber hinaus haben sich in Deutschland einige religiöse Orden mit Sektencharakter gebildet, die in der Türkei aufgrund eines generellen Ordensverbotes verboten sind. Die größten sind der Verband der islamischen Kulturzentren e.V. (*Islam Kültür Merkezleri Birligi - VIKZ*)[489] und

---

[483] *Sen*, Türkische Migranten in Deutschland, epd-Dokumentation Nr. 23/97 vom 26. Mai 1997, S. 18 ff.; *Keim/Androutsopoulos*, FAZ vom 26. Januar 2000.

[484] Vgl. hierzu: *Sen/Goldberg*, Türken in Deutschland, S. 92 ff.; *Özcan*, in: *Schmalz-Jacobsen/Hansen* (Hrsg.), Ethnische Minderheiten in der Bundesrepublik Deutschland, S. 511, 517 ff.

[485] Vgl. hierzu: *Hoch*, ZAR 1994, 17 ff.; *Sen/Goldberg*, Türken in Deutschland, S. 105 ff.; *Özcan*, in: *Schmalz-Jacobsen/Hansen* (Hrsg.), Ethnische Minderheiten in der Bundesrepublik Deutschland, S. 511, 524 ff.; *Sen*, Türkei, 4. Aufl., S. 180 ff.

[486] Vgl. hierzu auch: BT.-Drucks. 14/3290 (Antwort der Bundesregierung auf die Kleine Anfrage der Abgeordneten *Ulla Jelpke* und der Fraktion der PDS).

[487] Nachfolgeorganisation der RP ist die von *Recai Kutan* geführte FP (Fazilet Partisi).

[488] Vgl. hierzu auch *Rößler*, FAZ vom 21. September 1996; BT.-Drucks. 14/3290 (Antwort der Bundesregierung auf die Kleine Anfrage der Abgeordneten *Ulla Jelpke* und der Fraktion der PDS).

[489] Die Anhänger dieser Organisation bezeichnen sich auch als *Süleymancis*.

die Nurculuk-Bewegung. Daneben existieren die Religionsgemeinschaften, die politsch nationalistisch-pantürkischen Ideologien anhängen, wie der Föderation der Türkisch-Demokratischen Idealistenvereine in Europa e.V. (*Avrupa Demokratik Ülkücü Türk Dernekleri Federasyonu - ADÜTDF*)[490] oder die Türkisch-Islamische Union in Europa (*Avrupa Türk Islam Birligi - ATIB*). 98% der Türken in Deutschland sind Muslime, die sich zu 85% in Sunniten und zu 15% in Aleviten aufteilen.[491] Die Aleviten sind in der Vereinigung der Aleviten-Gemeinden e.V. (*Alevi Birlikleri Federasyonu*) organisiert.

In der ersten Phase der türkischen Immigration nach Deutschland bildeten sich die Türkischen Arbeitervereine, die keine besondere politische Ausrichtung hatten. Ihr Ziel war es, den türkischen Arbeitern in einem Klima gegenseitiger Solidarität Hilfe bei der Lösung von Alltagsproblemen in der Fremde und im Umgang mit deutschen öffentlichen Stellen zu geben. Als Dachorganisation dieser Arbeitervereine existiert heute noch die Föderation der Immigrantenvereine aus der Türkei e.V. (*Göcmen Dernekleri Federasyonu - GDF*), die 1987 als Nachfolgeorganisation der FIDEF (Föderation der Arbeitervereine) gegründet wurde.[492] Erst später formten sich Organisationen mit klarer politischer Ausrichtung. Die größte Organisation der Türken in Deutschland im linken politischen Spektrum ist die Föderation sozialdemokratischer Volksvereine der Türkei in Europa e.V. (*Sosyal Demokrat Halk Dernekleri Federasyonu - HDF*). Die HDF zählt, verteilt auf ca. 36 Ortsvereine, etwa 7.000 Mitglieder und arbeitet mit der CHP (*Cumhuriyet Halk Partisi*)[493] in der Türkei zusammen. In der Bundesrepublik arbeitet die HDF insbesondere mit der SPD und der Arbeiterwohlfahrt zusammen. Im rechten politischen Spektrum ist die Freiheitliche Türkisch-Deutsche Freundschaftsgesellschaft e.V. (*Hürriyetci Türk-Alman Dostluk Cemiyeti - HÜR-TÜRK*) die größte Selbstorganisation der türkischen Wohnbevölkerung in Deutschland. Die Hür-Türk gliedert sich in 56 Ortsvereine und kooperiert in der Türkei insbesondere mit der Mutterlandspartei (*Anavatan Partisi - ANAP*) und in Deutschland mit der CDU.[494] Seit Mitte 1996 gibt es Bestrebungen, eine *Deutsch-Türkische Union (DTU)* als CDU-Unterorganisation zu gründen.[495] Der liberalen Mitte steht die im November 1993 gegründete Liberale Türkisch-

---

490 Symbol dieser Organisation ist der *Graue Wolf* (boz kurt), weswegen die Anhänger auch als die *Grauen Wölfe* bezeichnet werden.

491 *Özcan*, in: *Schmalz-Jacobsen/Hansen* (Hrsg.), Ethnische Minderheiten in der Bundesrepublik Deutschland, S. 511, 517.

492 *Özcan*, in: *Schmalz-Jacobsen/Hansen* (Hrsg.), Ethnische Minderheiten in der Bundesrepublik Deutschland, S. 511, 524 f.; *Sen*, Türkei, 4. Aufl., S. 181.

493 Die CHP ist Vorgängerin und mittlerweile wieder Nachfolgepartei der sozialdemokratischen SHP (Sosyal Demokrat Halkci Partisi). Ursprünglich wurde die CHP 1923 von *Mustafa Kemal „Atatürk"* gegründet.

494 *Sen/Goldberg*, Türken in Deutschland, S. 105 f.

495 Vgl. FAZ vom 22. März 1996. Aufgrund des Widerstandes des Bundesvorstands der CDU, der im Falle einer derartigen Sonderbehandlung der Türkischstämmigen die Ausgrenzung anderer politischer Immigrantengruppen fürchtete, wurde die DTU bislang nicht als explizite CDU-Unterorganisation aufgenommen. Derzeit existiert die DTU, die mittlerweile 138.000 Miglieder zählt, als eigenständiger Verein, der von der Berliner CDU wohlwollend unterstützt wird. Vgl. FAZ vom 22. August 1996; FAZ vom 7. August 1996; FAZ vom 28. März 1996; FAZ vom 25. März 1996.

Deutsche Vereinigung e.V. (*Liberal Türk-Alman Birligi - L.T.D.*) nahe. Grundlegende Ziele der L.T.D. ist es, liberale Ideen an die türkische oder türkischstämmige Wohnbevölkerung in Deutschland zu vermitteln, interessierten Deutschen mehr Informationen über die Türkei zu vermitteln und außenpolitisch die Integration der Türkei in die Europäische Union anzustreben.[496] Darüber hinaus sind insbesondere in den Ballungszentren in Deutschland verschiedene andere politische Organisationen der türkischen Wohnbevölkerung entstanden, die aufzuführen hier zu weit führte.[497] Als Schlußbemerkung betreffend die politische Aktivität der türkischen Wohnbevölkerung in Deutschland bleibt wiederum ein grundsätzlicher Generationsunterschied festzustellen. Während die erste Generation noch deutlich interessierter an den politischen Geschehnissen in der Türkei war, sind die zweite und dritte Generation der Türken in Deutschland viel mehr an den politischen Ereignissen in Deutschland interessiert.[498]

Der stetig steigende Bleibewille der türkischen Wohnbevölkerung in Deutschland wird auch in der sehr lebendigen türkischen Medienlandschaft in Deutschland reflektiert.[499] Türkische Zeitungen und Zeitschriften sind bereits seit geraumer Zeit ein fester Bestandteil der deutschen Presselandschaft. 87% der türkischen Wohnbevölkerung in Deutschland lesen regelmäßig türkische Zeitungen[500] und mit 51% aller Türken in Deutschland erreicht allein die Zeitung *Hürriyet* kaum weniger türkische Leser als die *Bild* Zeitung.[501] Die türkischsprachige Presse in Deutschland erfüllt eine Brückenfunktion, worin auch ihre große Beliebtheit begründet sein mag. Einerseits wird die Leserschaft über Ereignisse in der Türkei informiert, was der Aufrechterhaltung ihrer kulturellen Identität dient. Andererseits sind die meist speziell auf den deutschen Markt zugeschnittenen Blätter auch eine wichtige Informationsquelle bezüglich der Geschehnisse in der Bundesrepublik Deutschland und fungieren somit als wichtige Orientierungshilfe in der deutschen Mehrheitsbevölkerung, was der gesamtgesellschaftlichen Integration der türkischstämmigen Leserschaft förderlich ist. Auf dem deutschen Markt führend ist mit einer Auflage von 107.000 Exemplaren die Tageszeitung *Hürriyet*. Das Blatt, eine der traditionsreichsten Tageszeitungen der Türkei, erscheint bereits seit 1972 mit einer speziellen Deutschlandausgabe und ist die Zeitung mit den meisten türkischen Lesern und dem breitesten Einfluß auf türkische Migranten in der Bundesrepublik Deutschland. Politisch ist *Hürriyet* als liberal einzuordnen. Die national-konservative Tageszeitung *Türkiye* bringt es auf eine Auflage von 40.000. Wichtige Tageszeitungen sind daneben die liberale *Sabah* (Auflage: 25.000 Exemplare) und die linksliberale *Milliyet* (Auflage: 16.000 Exemplare). Relativ hohe Auflagen erreichen darüber

---

[496] *Genrich*, FAZ vom 11. April 1996; *Sen/Goldberg*, Türken in Deutschland, S. 107.

[497] Vgl. m.w.N. hierzu: *Sen/Goldberg*, Türken in Deutschland, S. 106 ff.

[498] *Sen/Goldberg*, Türken in Deutschland, S. 108.

[499] *Özcan*, in: *Schmalz-Jacobsen/Hansen* (Hrsg.), Ethnische Minderheiten in der Bundesrepublik Deutschland, S. 511, 526 ff.; *Sen/Goldberg*, Türken in Deutschland, S. 118 ff.

[500] Diese Zahl stammt aus 1994 und ist zitiert nach *Sen/Goldberg*, Türken in Deutschland, S. 118.

[501] *Jach*, FOCUS 17/97 vom 21. April 1997, S. 54, 55.

hinaus die religiös-konservative Tageszeitung *Zaman* (Auflage: 13.000 Exemplare) und die islamistische Tageszeitung *Milli Gazete* (Auflage: 12.000 Exemplare).[502] Neuerdings entstehen sogar Magazine, die insbesondere die Deutsch-Türken der zweiten und dritten Generation in ihrer besonderen deutsch-türkischen Identität ansprechen wollen.[503] Darüber hinaus erkennt mittlerweile auch die Werbeindustrie die Deutsch-Türken der zweiten und dritten Generation als besondere Zielgruppe, die mit in kultureller und sprachlicher Hinsicht speziell auf sie zugeschnittenen Kampagnen angesprochen werden soll.[504] Auch dies kann als deutliches Zeichen weiter fortschreitender Integration angesehen werden. *Hürriyet* und *Milliyet* erscheinen in Deutschland am selben Tag wie in der Türkei, die meisten anderen Presseerzeugnisse kommen in Deutschland einen Tag später als in der Türkei auf den Markt. Obgleich die meisten türkischen Zeitungen, die in Deutschland erscheinen, von in Deutschland arbeitenden Redaktionen verantwortet werden, liegt in den allermeisten Fällen das letzte Wort hinsichtlich strittiger Fragen bezüglich Inhalt und Aufmachung bei der Chefredaktion in der Türkei.[505] Daher unterscheiden sich die türkischen Blätter im Stil deutlich von deutschen Zeitungen mit gleichem Niveauanspruch. Gerade das ist der Grund, weswegen viele türkische Blätter in jüngster Zeit in die Kritik gerieten.[506] Die überzogen polemische Darstellung sensibler deutschlandpolitischer Themen durch einige türkische Zeitungen gefährdet die integrationsfördernde Kraft der türkischen Presse in Deutschland. Und die Integration der türkischen Wohnbevölkerung in Deutschland ist ein zu wichtiges Anliegen, als daß es von türkischen Medien in Deutschland gefährdet werden sollte.

Das türkischsprachige Fernsehen hat unter der türkischen Wohnbevölkerung in Deutschland in den letzten Jahren erheblich an Gewicht gewonnen. Seit Mitte der 60er Jahre produzieren die öffentlich-rechtlichen Fernsehanstalten in Deutschland Sendungen in türkischer Sprache speziell für die türkische Wohnbevölkerung in Deutschland.[507] Während sich diese Sendungen in ihrer Anfangszeit noch großer Beliebtheit erfreuten, sinkt ihre Bedeutung im Zeitalter des Kabel- und Satellitenfernsehens in die Bedeutungslosigkeit.[508] Mittlerweile

---

[502] Auflagenangaben nach *Jach*, FOCUS 17/97 vom 21. April 1997, S. 54.

[503] Unter dem Namen *ETAP* erscheint seit November 1999 ein monatlich erscheinendes Lifestyle-Magazin, das sich in deutscher Sprache mit einer Startauflage von immerhin 23.000 Exemplaren an junge Deutsch-Türken richtet. Der Verlag beziffert die Zielgruppe auf ca. 2,35 Millionen Personen. Vgl. FAZ vom 25. September 1999; *Allmaier*, FAZ vom 3. November 1999 (Berliner Seiten). In geringeren Auflagen erscheinen bereits seit einiger Zeit die Magazine *Hayat* in Hamburg und *Türkis* in Essen mit dem Ziel, Deutsch-Türken in deutscher Sprache zu erreichen. Allgemein zum Boom der deutsch-türkischen Medienbranche: *Ruzas/Schneider*, FOCUS 43/99 vom 25. Oktober 1999.

[504] *Güngör*, FAZ vom 24. Mai 2000; *Ruzas/Schneider*, FOCUS 43/99 vom 25. Oktober 1999.

[505] Vgl. zur Entwicklung der türkischen Zeitungen in Deutschland: *Lerch*, FAZ vom 21. Januar 2000.

[506] Vgl. *Rößler*, FAZ vom 10. März 1997; *Jach*, FOCUS 17/97 vom 21. April 1997, S. 54 f.

[507] *Özcan*, in: *Schmalz-Jacobsen/Hansen* (Hrsg.), Ethnische Minderheiten in der Bundesrepublik Deutschland, S. 511, 526 f.

[508] *Rößler*, FAZ vom 10. März 1997.

werden bundesweit acht türkische Sender ausgestrahlt. Ausschließlich über Satellit können *interSTAR*, *Show-TV*, *ATV*, *Kanal 6*, *HBB*, *Kanal D* und *TGRT* empfangen werden. Zusätzlich wird bundesweit *TRT-International*, das Auslandsfernsehen der öffentlich-rechtlichen *Türkischen Radio und TV Cooperation*, ins Kabelnetz eingespeist. Daneben gibt es auf regionaler Ebene, vor allem in Berlin, noch einige kleinere Lokalsender. Der bekannteste türkische Lokalsender in Berlin ist der Privatsender *TD1*, der das umfassendste Programm mit Nachrichten- und Livesendungen anbietet.[509] Während die über Satellit aus der Türkei übertragenen Programme keinerlei spezifische Deutschlandausrichtung verfolgen und daher mehr der Bewahrung des kulturellen Kontaktes zur alten Heimat gewährleisten, sind die Sendungen von *TRT-Int.* und insbesondere der von Deutschland aus produzierenden Lokalsender wie *TD1* durchaus auf den deutschen Markt zugeschnitten und erfüllen damit auch eine wichtige integrative Funktion. Darüber hinaus gibt es natürlich viele Rundfunksender, die in Deutschland in türkischer Sprache senden.[510] Die positiven Wirkungen und die Bedeutung der türkischsprachigen Medien in Deutschland wird auch von der höchstrichterlichen Rechtsprechung anerkannt.[511]

Die mit großem Abstand wichtigste wissenschaftliche Einrichtung zur Erforschung des Verhältnisses der türkischen Wohnbevölkerung zur Mehrheitsbevölkerung in Deutschland ist das *Zentrum für Türkeistudien* in Essen.[512] Das Institut wurde 1985 in Bonn gegründet, zog 1991 nach Essen um und steht seitdem im Rang eines *Institutes an der Universität GH Essen*. Getragen und finanziert wird das *Zentrum für Türkeistudien* vom Bund, vom Land Nordrhein-Westfalen, von der Stadt Essen, vom Stifterverband für die Deutsche Wissenschaft und von der Freudenbergstiftung. Sein Jahresetat lag 1998 bei knapp vier Millionen Mark. Das Themenspektrum der Arbeit des Instituts, das Büros in Brüssel und Bonn unterhält, reicht vom Arbeitsmarkt über Migrationstendenzen und Medienverhalten bis zur Wahrnehmung von Fremdenfeindlichkeit. Darüber hinaus entsteht gegenwärtig eine Langzeitstudie, die sich mit der unternehmerischen Selbständigkeit der Türken in Deutschland befaßt, die als wichtiger Indikator für den Integrationsfortschritt angesehen wird. Weitere Forschungsschwerpunkte sind die außenwirtschaftlichen und politischen Beziehungen der Türkei zu ihren Nachbarstaaten und den Ländern der EU. Etwa 60% der Aufträge kommen von deutschen Behörden, 25% von internationalen Organisationen und 10% aus der Türkei.[513]

---

[509] *Sen/Goldberg*, Türken in Deutschland, S. 123 ff.

[510] In Berlin bietet beispielsweise der Sender *metropol FM* (Antenne: 94,8; Kabel: 92,90) ein Vollprogramm in türkischer Sprache an.

[511] Das wichtigste Urteil in diesem Bereich ist wohl das des Bundesverfassungsgerichts vom 16. März 1994, in welchem der Anspruch eines türkischen Mieters auf Anbringung einer Parabolantenne zum Empfang türkischer Programme festgestellt wird. Vgl. BVerfGE 90, 27 ff. Vgl. hierzu auch unten Kapitel 4. Punkt V. 1.

[512] Vgl. hierzu: FAZ vom 11. Februar 1999; *Jach*, FOCUS 17/97 vom 21. April 1997, S. 54, 58.

[513] FAZ vom 11. Februar 1999.

Abschließend und der Vollständigkeit halber soll noch ein kursorischer Blick auf die aktuelle rechtliche Stellung der Türken in Deutschland geworfen werden. An dieser Stelle sollen nur die Personen betrachtet werden, welche die deutsche Staatsangehörigkeit (noch) nicht erworben haben. Rechtsprobleme, die eingebürgerte Türkischstämmige wie Ausländer betreffen, werden an anderer Stelle diskutiert.[514] Seitens der türkischen Bevölkerung wird oftmals ihr unsicherer Rechtsstatus hinsichtlich des Aufenthalts und des Verbleibs in der Bundesrepublik Deutschland beklagt.[515] Wie bereits angemerkt, ist dies zum Teil selbstverschuldet. Türken, die trotz bestehender Möglichkeit die deutsche Staatsangehörigkeit nicht annehmen, zeigen, daß ihnen andere Positionen, seien diese rechtlicher Natur oder nicht, wichtiger sind als die Rechtspositionen, die ihnen die deutsche Staatsangehörigkeit vermitteln würde. Damit begeben sie sich der moralischen Berechtigung, über den minder sicheren Aufenthaltsstatus eines Ausländers im Vergleich zu einem Staatsangehörigen zu lamentieren. Während also die Rechtssicherheit im Hinblick auf einen gesicherten Aufenthalt für die erste türkische Einwanderergeneration in der Tat noch sehr gering war, da man von einem nur vorübergehenden Aufenthalt dieser Arbeitsmigranten ausging, kann das heute nicht mehr behauptet werden. Das heute gültige Aufenthaltsrecht für Ausländer stammt in seinen wesentlichen Zügen aus dem Jahr 1991 und unterscheidet vier Formen der Aufenthaltsgenehmigung.[516] Grundsätzlich bedürfen Türken, die nach Deutschland einreisen wollen, um Eltern oder Familienangehörige zu besuchen oder bei diesen zu bleiben, eine Aufenthaltsgenehmigung, die in aller Regel vor der Einreise in der Form eines Visums einzuholen ist.[517] In Deutschland geborenen türkischen Staatsangehörigen ist die für den Aufenthalt erforderliche Aufenthaltsgenehmigung von Amts wegen zu erteilen, wenn die Mutter eine Aufenthaltserlaubnis oder eine Aufenthaltsberechtigung besitzt.[518] Sonderregeln gelten für den Familiennachzug.[519] Die Erteilung einer unbefristeten Aufenthaltserlaubnis bedeutet für Ausländer eine wesentliche Absicherung ihres Aufenthaltes in der Bundesrepublik Deutschland, da ihnen hierdurch ein beständiges, auch bei Wegfall der Erteilungsvoraussetzungen grundsätzlich nicht mehr entziehbares Aufenthaltrecht erwächst.[520] Erforderlich ist hierfür in aller Regel ein achtjähriger ununterbrochener Besitz einer (befristeten) Aufenthaltserlaubnis, ausreichende Kenntnisse der deutschen Sprache in Wort und Schrift und eine eigene wirtschaftliche Existenz, es sei denn, der Antragsteller befindet sich noch in der Ausbildung. Der sicherste Aufenthaltsstatus für Ausländer in der Bundesrepublik Deutschland ist die Erteilung einer Aufenthaltsberechtigung, deren

---

[514] Vgl. hierzu Kapitel 4.

[515] *Özcan*, in: *Schmalz-Jacobsen/Hansen* (Hrsg.), Ethnische Minderheiten in der Bundesrepublik Deutschland, S. 511, 519.

[516] Vgl. hierzu allgemein: *Igstadt*, ZAR 1998, 99 ff.; *Alexy*, in: *Barwig/Brinkmann/Huber/Lörcher/Schumacher*, FS für *Franz* und *Müller*, S. 181 ff.; *Sen*, Türkische Migranten in Deutschland, epd-Dokumentation Nr. 23/97 vom 26. Mai 1997, S. 22 ff.

[517] Vgl. § 3 Abs. 1 Satz 1 und Abs. 3 Satz 1 AuslG i.V.m. § 2 DVAuslG.

[518] § 21 Abs. 1 Satz 1 AuslG.

[519] Details vgl. bei *Igstadt*, ZAR 1998, S. 99, 102.

[520] Vgl. § 12 Abs. 2 Satz 2 AuslG. Erteilungsvoraussetzungen vgl. § 24 ff. AuslG.

Voraussetzungen in § 27 AuslG geregelt sind.[521] Liegen die Voraussetzungen der Erteilung einer Aufenthaltserlaubnis nicht vor, so kann eine Aufenthaltsbefugnis erteilt werden. Dies trifft insbesondere auf Personen zu, die sich aus humanitären Gründen in Deutschland aufhalten, etwa Flüchtlinge oder Asylbewerber. Schließlich kennt das deutsche Ausländerrecht noch die Aufenthaltsbewilligung, die vor allem auf ausländische Studenten zugeschnitten ist und auf zwei Jahre befristet ist, wobei eine zweijährige Verlängerungsmöglichkeit besteht.[522]

Über die Regelungen des deutschen Ausländerrechts hinaus profitieren die Türken in Deutschland von den Rechten, welche die Assoziierung der Türkei mit der EG für sie vorsieht. Man muß ehrlicherweise jedoch hinzufügen, daß diese Rechte für den einzelnen nicht besonders umfangreich sind. Das Assoziierungsabkommen der EG mit der Türkei[523] stammt aus dem Jahr 1963 und hat sein eigentliches Ziel, nämlich den Weg zu einer Vollmitgliedschaft der Türkei in der EG, bislang nicht erreichen können. Bei der Assoziierung der Türkei mit der EG handelt es sich um eine Assoziierung gemäß Art. 310 EGV.[524] Durch die Assoziierung entstehen besondere und privilegierte Beziehungen mit einem Drittstaat, der zumindest teilweise, nämlich im Rahmen des Regelungsgegenstandes des Assoziierungsabkommens, am Gemeinschaftssystem teilnimmt.[525] Nachdem ein rascher Beitritt der Türkei sich nicht ergab, wurden 1970 die Bestimmungen des Assoziierungsabkommens durch ein Zusatzprotokoll[526] konkretisiert und von einer Vorbereitungs- in eine Übergangsphase der Entwicklung der Assoziierung bis zur Vollmitgliedschaft übergeleitet. Zur Durchführung der Bestimmungen des Assoziierungsabkommens und des Zusatzprotokolls wurde ein Assoziierungsrat gegründet, der durch Beschlüsse die Bestimmungen der genannten Dokumente weiter konkretisieren kann.[527] Nach der Rechtsprechung des Europäischen Gerichtshofes sind die Bestimmungen des Assoziierungsabkommens und des Zusatzprotokolls nicht unmittelbar anwendbares Gemeinschaftsrecht,[528] die Assoziierungsratsbeschlüsse können aber durchaus unmittelbare Wirkung entfalten.[529] Was für die Türken in Deutschland hinsichtlich der Assoziierung der Türkei an die EG im wesentlichen interessant sein dürfte, sind die Regelungen, die in bezug

---

[521] Details vgl. bei *Igstadt*, ZAR 1998, S. 99, 102 ff.

[522] *Sen*, Türkische Migranten in Deutschland, epd-Dokumentation Nr. 23/97 vom 26. Mai 1997, S. 23.

[523] Abkommen vom 12. September 1963 (BGBl. 1964 II S. 510 ff. oder ABl. EG 217/64, S. 3687 ff.).

[524] Vgl. zum Problemkomplex allgemein: *Rumpf*, RIW 1993, S. 214 ff.; *ders.*, RIW 1997, S. 46 ff.; *Zuleeg*, NJW 1987, S. 2193 ff.

[525] So der EuGH, Rs. 12/86, *Demirel gegen Stadt Schwäbisch Gmünd*, Slg. 1987, 3719 ff.

[526] Zusatzprotokoll vom 23. November 1970, ABl. EG 1972 L 293, S. 3 ff.

[527] Einzelheiten vgl. *Rumpf*, RIW 1993, S. 214, 217.

[528] So entschieden in: EuGH, Rs. 12/86, *Demirel gegen Stadt Schwäbisch Gmünd*, Slg. 1987, S. 3719 ff.

[529] So entschieden in: EuGH, Rs. C-192/89, *Sevince gegen Staatssecretaris van Justicie*, Slg. 1990, I-3461 ff.

auf die Freizügigkeit getroffen wurden. Die Arbeitnehmerfreizügigkeit, geregelt in den Artikeln 39 ff. EGV, stellt im Grunde eine Variante des Diskriminierungsverbotes dar, welche zusätzlich das Recht umfaßt, sich um eine Arbeitsstelle zu bewerben, zur Arbeitsaufnahme einzureisen, sich für die Dauer des Arbeitsverhältnisses im Ausland aufzuhalten und zur Arbeitssuche einzureisen und sich zu diesem Zweck aufzuhalten. Die Bestimmungen des EGV zur Arbeitnehmerfreizügigkeit sind durch Sekundärrecht und die Rechtsprechung des EuGH weiter ausgestaltet worden.[530] Ähnliche Regelungen existieren für die Niederlassungsfreiheit.[531] Die Bestimmungen hinsichtlich der Assoziierungfreizügigkeit der Türken in oder nach Europa sind sowohl im Assoziierungabkommen[532] als auch im Zusatzprotokoll[533] relativ vage gehalten. Im Ergebnis haben türkische Staatsangehörige, die bereits in den Mitgliedstaaten eine Arbeit gefunden haben, praktisch die gleichen Rechte, wie Staatsangehörige der Mitgliedstaaten.[534] Für immigrationswillige Türken, die sich noch in der Türkei befinden, stellt sich die Situation wesentlich anders dar. Obgleich das Assoziationsvertragswerk die Herstellung der Arbeitnehmerfreizügigkeit zwischen der EG und der Türkei bis zum Schlüsseldatum des 1. Dezember 1986 vorsah,[535] entschied der EuGH in der Rechtssache *Demirel*,[536] daß sich aufgrund der mangelnden Bestimmtheit und der grundsätzlichen Bedingtheit des Assoziationsvertragswerkes der einzelne immigrationswillige türkische Staatsbürger nicht darauf berufen kann.[537] Die Arbeitnehmerfreizügigkeit wurde auch in der Folgezeit von den Assoziationspartnern nicht hergestellt, so daß die Assoziierung von Türken, die von der Türkei nach Europa zum Zwecke der Arbeitsaufnahme emigrieren wollen, nicht hilft.[538] Es ist wohl zu erwarten, daß sich an dieser grundsätzlichen Situation nichts ändern wird, solange die EU sich nicht entschließen kann, der Türkei eine echte

---

[530] Für die Zwecke dieser Arbeit ist die Schilderung von Details in dieser Hinsicht irrelevant.

[531] Art. 52 ff. EGV. In aller Regel werden jedoch die Bestimmungen der Arbeitnehmerfreizügigkeit für die immigrierten oder immigrationswilligen Türken nach Deutschland wichtiger sein, weswegen auf eine Darstellung der Niederlassungsfreiheit im Assoziierungsverhältnis verzichtet werden soll.

[532] Art. 12 des Assoziierungsabkommens lautet: *„Die Vertragsparteien vereinbaren, sich von den Artikeln 48, 49 und 50 des Vertrags zur Gründung der Gemeinschaft leiten zu lassen, um untereinander die Freizügigkeit der Arbeitnehmer schrittweise herzustellen.“* (ABl. EG 217/64, S. 3687 ff.)

[533] Art. 36 des Zusatzprotokolls lautet: *„Die Freizügigkeit der Arbeitnehmer zwischen den Mitgliedstaaten der Gemeinschaft und der Türkei wird nach den Grundsätzen des Art. 12 des Assoziierungsabkommens zwischen dem Ende des zwölften und dem Ende des zweiundzwanzigsten Jahres nach dem Inkrafttreten des genannten Abkommens schrittweise hergestellt. Der Assoziationsrat wird die notwendigen Bestimmungen zu diesem Zweck treffen.“* (ABl. EG 1972 L 293, S. 3 ff.)

[534] Zu Einzelheiten vgl. Art. 37 Zusatzprotokoll und insbesondere die Assoziationsratsbeschlüsse 2/76 und 1/80; vgl. für eine ausführliche Erläuterung *Rumpf*, RIW 1993, S. 214, 217 ff.

[535] Vgl. insbesondere Art. 36 des Zusatzprotokolls, ABl. EG 1972 L 293, S. 3 ff.

[536] EuGH, Rs. 12/86, *Demirel gegen Stadt Schwäbisch Gmünd*, Slg. 1987, S. 3719 ff.

[537] Vgl. zu dieser Entscheidung etwa: *Zuleeg*, NJW 1987, 2193, 2195 f.; *Rumpf*, RIW 1993, S. 214, 220.

[538] Statt der Herstellung der Arbeitnehmerfreizügigkeit verwirklichte man im Verhältnis der EU zur Türkei eine Zollunion. Vgl. *Rumpf*, RIW 1997, S. 46 ff.

Vollmitgliedschaftsperspektive anzubieten.[539] Allerdings tendiert der EuGH grundsätzlich dazu, die Rechte bereits in der EU befindlicher türkischer Staatsangehöriger zu stärken, was hinsichtlich des Assoziationsverhältnisses EU-Türkei auch folgerichtig ist.[540]

Bei der Betrachtung der sozialen und rechtlichen Situation der türkischen Wohnbevölkerung in Deutschland fallen insgesamt die Parallelen zu den Polen in Deutschland auf. Auch die Polen wurden angeworben, viele von ihnen wurden über die Jahre in Deutschland heimisch und integrierten sich. Bei den Türken wie bei den Polen läßt sich eine große Heterogenität der verschiedenen Immigrantengenerationen feststellen, was es schwierig macht, ein einheitliches Schutzkonzept für die verschiedenen Gruppen zu entwickeln. Die Heterogenität wird bei den Polen durch die verschiedenen Einwanderungswellen verstärkt, bei den Türken wird diese Heterogenität durch die diffizile ethnische Untergliederung der Einwanderergruppen verstärkt. Nach offiziellen Angaben gibt es in der Türkei über 25 verschiedene ethnische und religiöse Gruppen.[541] Der deutschen Mehrheitsbevölkerung fiel diese Heterogenität der *Türken* schätzungsweise erst auf, als die Auseinandersetzungen zwischen Türken und Kurden auf deutschem Boden an Intensität zunahmen und zunehmend ins Interesse von Medien und Politik rückte.[542] Auffällig ist, daß die Türken der ersten Generation in Deutschland sich in einer völlig anderen Situation befanden und befinden als die Türken der zweiten und dritten Generation. Dies führt auch dazu, daß sich, wie bei den Polen, auch bei den Türken in Deutschland kein spürbares subjektives Minderheitenbewußtsein herausgebildet hat.[543]

---

[539] Ende 2000 sieht es nicht danach aus, daß eine Vollmitgliedschaft der Türkei in der EU kurz- oder mittelfristig realisierbar sein würde. Begründet wird dies seitens der EU meist mit politischen, wirtschaftlichen und kulturellen Gründen, bei denen immer wieder die unbefriedigende Menschenrechtssituation in der Türkei besonders betont wird. Vgl. zuletzt den Beschluß des Europäischen Parlaments vom 6. Oktober 1999, der zwar die Wichtigkeit der Anbindung der Türkei an die EU aus Gründen des Friedens und der Sicherheit in Europa betont, aber durch die grundsätzlich ablehnenden Haltung der Europäischen Volkspartei (EVP) hinsichtlich einer türkischen Vollmitgliedschaft wohl keine dahingehenden Perspektiven aufzeigen kann. Vgl. FAZ vom 7. Oktober 1999. Vgl. aber auch die Forderung des Präsidenten der Europäischen Kommission *Romano Prodi*, daß der Türkei im Zuge der Osterweiterung endlich auch der Status und die Perspektive eines Beitrittskandidaten eingeräumt werden müsse. Der SPIEGEL Nr. 40/99 vom 4. Oktober 1999, S. 202, 203 (Interview mit Kommissionspräsident *Prodi*). Auf dem Gipfel des Europäischen Rates am 10./11. Dezember 1999 in Helsinki wurde der Türkei daraufhin der Status eines Beitrittskandidaten eingeräumt. Vgl. hierzu: *Bacia*, FAZ vom 9. Dezember 1999; *Polenz*, FAZ vom 9. Dezember 1999; *Glos*, FAZ vom 10. Dezember 1999; *Bacia*, FAZ vom 13. Dezember 1999; *Wessels*, FAZ vom 14. Dezember 1999 und die Regierungserklärung von Bundeskanzler *Schröder* zum Europäischen Rat von Helsinki, 77. Sitzung des 14. Deutschen Bundestages am 3. Dezember 1999, Plen.-Prot. 14/77.

[540] So hat der EuGH in einem Urteil vom 23. Januar 1997 beispielsweise unter Verweis auf den Assoziationsratsbeschluß 1/80 entschieden, daß türkische Arbeitnehmer, die mindestens vier Jahre in Deutschland beschäftigt sind, das Recht auf unbeschränkten Zugang zum deutschen Arbeitsmarkt haben. Vgl. Rs. C-171/95, noch nicht in der amtlichen Sammlung. Vgl. auch FAZ vom 24. Januar 1997.

[541] *Özcan*, in: *Schmalz-Jacobsen/Hansen* (Hrsg.), Ethnische Minderheiten in der Bundesrepublik Deutschland, S. 511, 518. Vgl. auch *Behr*, FAZ vom 7. Dezember 1999; *Lerch*, FAZ vom 11. Dezember 1999.

[542] Vgl. hierzu etwa: *Partsch*, in: FS für *Geck*, S. 581, 588 ff.; *Sen/Goldberg*, Türken in Deutschland, S. 109 ff.

[543] So ganz deutlich: *Sen*, Das Parlament vom 20. August 1999, S. 7: *„Je mehr Türken sich hier akzeptiert fühlen, desto größer wird ihre Identifizierung mit ihrem neuen Staat werden. Die früheren türkischen Arbeitskräfte*

Zusammenfassend läßt sich feststellen, daß sich die *klassischen Minderheiten* in Deutschland im Vergleich mit den Türken in Deutschland, seien sie nun bereits eingebürgert oder nicht, in einer fundamental verschiedenen Situation befinden.[544] Man kann sogar noch einen Schritt weitergehen und sagen, daß sich die Immigranten der ersten Generation und die Angehörigen der Folgegenerationen in fundamental verschiedenen sozialen und Interessensituationen befinden. Während bei den *klassischen* und offiziell anerkannten Minderheiten die Erhaltung der besonderen kulturellen Identität im Vordergrund der Schutzbemühungen stehen muß, sollte bei den Immigrantengruppen die gesamtgesellschaftliche Integration absolute Priorität haben. Die *klassischen Minderheiten* sind gesellschaftlich gut integriert. Ihr Problem ist der Assimilationssog, der von der Mehrheitsbevölkerung ausgeht und der permanent den Verlust der besonderen kulturellen Identität der Minderheit bedrohlich erscheinen läßt. Die Immigrantengruppen kämpfen in erster Linie gegen Diskriminierungen, denen sie teilweise ausgesetzt sind, und um ihre Eingliederung in die Arbeits- und Sozialwelt des Gastlandes. Für sie hat das Erlernen bzw. die Perfektionierung ihrer deutschen Sprachkenntnisse und das Erlernen der sozialen und gesellschaftlichen Wirkungszusammenhänge der Mehrheitsbevölkerung zentrale Bedeutung.[545] Es ist also bereits an dieser Stelle auffällig, daß ein für Minderheiten im klassischen Sinne entwickeltes Schutzkonzept auf *neue Minderheiten* nicht so recht paßt. Dies ändert in keiner Weise etwas an der Schutzbedürftigkeit der *neuen Minderheiten*, die ja im übrigen auch allgemein gesamtgesellschaftlich nicht ernsthaft in Frage gestellt wird. Es liegt lediglich die Vermutung nahe, daß mit einer simplen Ausdehnung des hergebrachten Minderheitenschutzes und des bisherigen Minderheitenbegriffes auf die *neuen Minderheiten* kein einziges Problem gelöst ist, eher im Gegenteil. Der Schutz der *klassischen* und *neuen* Minderheiten scheint daher eine differenzierte Betrachtungsweise mit differenzierten Schutzkonzepten zu erfordern.

b) Fremde als *neue Minderheiten*

Das in bezug auf die eingebürgerten Immigranten in den vorstehenden Ausführungen erreichte Ergebnis gibt das Ergebnis hinsichtlich eines Minderheitenstatus für Ausländer, also für Fremde im Sinne des Völkerrechts,[546] quasi bereits vor. Wie sich ebenfalls aus vorstehender Betrachtung der türkischen Wohnbevölkerung in der Bundesrepublik ergab, ist es gelegentlich schwierig und manchmal auch wenig ergiebig, innerhalb einer ethnischen

---

werden sich in der Bundesrepublik Deutschland nicht zu einer Minderheit entwickeln wie die Sorben oder die dänische Minderheit."

[544] So auch *Oeter*, in: *Matscher* (Hrsg.), Wiener Internationale Begegnung zu aktuellen Fragen nationaler Minderheiten, S. 229, 245 ff. Und gerade dieser so wichtige Punkt wird von vielen Kommentatoren übersehen.

[545] Bundesinnenminister *Otto Schily* betont in geeigneten Foren immer wieder, daß am Erwerb der deutschen Sprache kein Weg vorbei führe, und daß er im Hinblick auf die Türken in Deutschland „*keine Minderheitenpolitik*" unterstützen werde. Vgl. etwa die Berichte über eine Konferenz der *Türkischen Gesellschaft in Deutschland*, FAZ vom 25. Januar 2000 (Berliner Seiten); Hürriyet vom 23. Januar 2000.

[546] Vgl. allgemein: *Ipsen*, in: *ders.*, Völkerrecht, 3. Aufl., § 46.

Gruppe nochmals hinsichtlich der Staatsangehörigkeit zu untergliedern. Bei der Darstellung der Situation der Türken in Deutschland konnte dies aus Übersichtlichkeitsgründen nicht immer stringent durchgehalten werden. Dennoch soll hier nochmals gesondert auf das Problem der Anerkennung von Gruppen von Fremden als Minderheiten eingegangen werden, weil sich gewichtige Stimmen, vor allem in der neueren Völkerrechtslehre, dafür aussprechen.

Hauptvertreter dieses sehr extensiven Minderheitenbegriffs, der auch Fremde im Sinne des Völkerrechts in das System eines innerstaatlichen Minderheitenschutzes einbeziehen will, ist der Menschenrechtsausschuß der Vereinten Nationen.[547] Das für die dogmatische Untermauerung dieser Ansicht zentrale Argument ist, daß ein Staat durch die Vorenthaltung der Staatsangehörigkeit willkürlich Minderheitenrechte verweigern könnte, zu deren Gewährung er ansonsten völkerrechtlich verpflichtet wäre, falls Ausländer nicht in den Schutzbereich des Minderheitenrechts einbezogen würden.[548] Bezogen auf die Minderheitenschutznorm des Internationalen Paktes über bürgerliche und politische Rechte von 1966[549] finden sich im völkerrechtlichen Schrifttum einige Vertreter, die der Erstreckung des Minderheitenschutzes auch auf ausländische Immigrantengruppen grundsätzlich zustimmend gegenüberstehen.[550] Keiner dieser Völkerrechtler geht jedoch so weit wie der Menschenrechtsausschuß der Vereinten Nationen, für den Minderheiten nicht nur keine Staatsangehörige sein müssen, sondern nicht einmal dauerhaft Aufenthaltsberechtigte zu sein brauchen. Nicht nur Wanderarbeitnehmer, sondern auch bloße Besuchergruppen im Land, sollen sich auf die Minderheitenrechte des Art. 27 IPBPR berufen können.[551] Auf die Gegenmeinung zu dieser Ansicht in der Völkerrechtslehre,[552] deren Hauptargument sich auf die grundsätzliche Unterscheidung, die das Völkerrechts zwischen Staatsangehörigen und Fremden vornimmt, stützt, wird später einzugehen sein.[553] Bereits an dieser Stelle sei ein

---

[547] Vgl. etwa die Stellungnahme hinsichtlich Art. 27 IPBPR, der Minderheitenklausel des IPBPR, des Menschenrechtsausschusses zum Staatenbericht Deutschlands: UN Doc. CCPR/C/79/Add. 73, S. 3, Ziff. 13: *„The Committee is of the view that article 27 applies to all persons belonging to minorities whether linguistic, religious, ethnic or otherwise including those who are not concentrated or settled in a particular area or a particular region or who are immigrants or who have been given asylum in Germany.“*

[548] Vgl. statt vieler: *Tomuschat*, in: FS für *Mosler*, S. 949, 960.

[549] Art. 27 IPBPR.

[550] *Wolfrum*, in: *Brölmann/Lefeber/Zieck* (Hrsg.), Peoples and minorities in international law, S. 153, 163 ff.; *Niewerth*, Der kollektive und der positive Schutz von Minderheiten und ihre Durchsetzung im Völkerrecht, S. 44.

[551] *„Just as they need not be nationals of citizens, they need not be permanent residents. Thus, migrant workers or even visitors in a State party constituting such minorities are entitled not to be denied the exercise of those rights.“* UN Doc. CCPR/C/21/Rev.1: General comment No. 23 (50) (art. 27) adopted by the Human Rights Committee under Art. 40, paragraph 4, of the International Covenant on Civil and Political Rights at its 1314th meeting on 6 April 1994.

[552] Hauptvertreter dieser Gegenansicht sind u.a.: *Blumenwitz*, Minderheiten- und Volksgruppenrecht – Aktuelle Entwicklungen, S. 27; *Hofmann*, ZaöRV, 1992, S. 1, 7 f.

[553] Vgl. unten Kapitel 3.

Gedanke geäußert, der in der Hauptargumentation des Menschenrechtsausschusses der Vereinten Nationen offenbar nicht bedacht oder für unwesentlich erachtet wurde, nämlich die unzulässige Verknüpfung des völkerrechtlichen Minderheitenrechts mit den völkerrechtlichen Kriterien für die Gewährung der Staatsangehörigkeit. In bezug auf die Verleihung der Staatsangehörigkeit läßt das Völkerrecht den Staaten einen sehr großen Spielraum. Zwar knüpft das Völkerrecht an den Besitz oder Nichtbesitz der Staatsangehörigkeit bestimmte Rechtsfolgen, was jedoch nichts am Grundsatz ändert, daß jeder Staat frei darüber entscheiden kann, unter welchen Voraussetzungen er wem seine Staatsangehörigkeit verleiht oder entzieht. Die Staatsangehörigkeit wird also ausschließlich durch nationales Recht und nicht durch Völkerrecht geregelt.[554] Wenn nun aber mit dem Argument einer *willkürlichen Vorenthaltung der Staatsangehörigkeit* für bestimmte Bevölkerungsgruppen innerhalb eines Staates ein erweiterter Minderheitenbegriff gerechtfertigt werden soll, so wird dadurch in unzulässiger Weise versucht, über den Hebel des völkerrechtlichen Minderheitenschutzes Kriterien für die Verleihung der Staatsangehörigkeit oder gar eine Pflicht der Staaten zur Verleihung ihrer Staatsangehörigkeit aufzustellen. Betrachtet man sich die Entwicklung des Minderheitenrechts[555] und die unterliegenden Gründe für die Gewährung eines Minderheitenschutzes für bestimmte Bevölkerungsgruppen,[556] so wird man feststellen, daß seit jeher ein grundlegender Konsens darüber bestand und auch noch fortbesteht,[557] daß lediglich solchen Bevölkerungsgruppen Minderheitenrechte zu gewähren sind, die sich in einem Staat nicht nur vorübergehend in einer Minderheitensituation befinden, sondern sich dauerhaft in einem Staat aufhalten und sich auch dauernd in einer Minderheitensituation befinden. Wenig wahrscheinlich ist es daher, daß es dem Menschenrechtsausschuß der Vereinten Nationen mit der Forderung eines Minderheitenschutzes selbst für Ausländergruppen, die sich nur kurzfristig in einem Staat aufhalten, wirklich um diese extensive Ausdehnung des Minderheitenbegriffs geht. In Wirklichkeit will man eine liberalere Zuerkennung der Staatsangehörigkeit an fremdethnische Immigrantengruppen erreichen. Hierfür jedoch den Hebel des Minderheitenbegriffs zu benutzen heißt in meinen Augen, an der Wirkung laborieren, um die Ursache zu bekämpfen. Und dies halte ich für unzulässig und kontraproduktiv.

Abgesehen davon erscheint parallel und *a maiore ad minus* der Begründung der ablehnenden Haltung der Erstreckung des Minderheitenschutzes auf eingebürgerte Immigranten[558] eine bloße Ausdehnung des Minderheitenbegriffs zur Erweiterung der Begünstigtengruppe verfehlt, um die wahren Probleme der verschiedenen Ausländergruppen in der Bundesrepublik Deutschland, mögen sie auf Dauer im Land leben oder nur vorübergehend, in den Griff zu bekommen. Nochmals sei unterstrichen, daß sich die *klassischen Minderheiten* in

---

[554] So ganz klar *Gloria*, in: *Ipsen*, Völkerrecht, 3. Aufl., § 24, Rn. 3 ff.; vgl. auch *Makarov/v. Mangoldt*, Deutsches Staatsangehörigkeitsrecht, Kommentar, Stand: Januar 1984, Einleitung I, Rn. 11.

[555] Vgl. unten Kapitel 2.

[556] Vgl. unten Kapitel 1. Punkt IV.

[557] Dies nachzuweisen werde ich in Kapitel 3 versuchen.

[558] Vgl. oben Kapitel 1. Punkt III 3. a).

Deutschland im Vergleich zu verschiedenen Ausländergruppen in Deutschland in einer grundverschiedenen Situation befinden.[559] Während bei den *klassischen Minderheiten* die Kulturerhaltung und die Assimilationsabwehr im Mittelpunkt der Schutzbemühungen stehen sollte, sind Fremde, die auf Dauer in der Bundesrepublik Deutschland leben, in erster Linie an einer gesamtgesellschaftlichen Integration und ein einem wirksamen Diskriminierungsschutz interessiert. Versuchte man nun, diesen verschiedenen Gruppen mit ihren unterschiedlichen Interessen ein einheitliches Minderheitenschutzkonzept überzustülpen, so ginge dies nur mittels eines Minderheitenrechts auf quasi *kleinstem gemeinsamen Nenner*. Ein solches Konzept käme weder den Bedürfnissen der *klassischen Minderheiten* noch denen der Ausländergruppen zurecht. Im Ergebnis wäre solch eine Lösung, die mehr Probleme schaffen als lösen würde, sogar höchst kontraproduktiv für den Minderheitenschutz und die Ausländerintegration.

Dieses Ergebnis erscheint umso zutreffender, je genauer man sich die Heterogenität der Ausländergruppen in Deutschland betrachtet. Menschen, die in der Bundesrepublik Deutschland Asyl gefunden haben, können hier auch generell zu den Ausländergruppen gezählt werden, da es insofern kein Unterschied ist unter welchem Rechtstitel sich ein Ausländer in der Bundesrepublik aufhält.[560] *Schmalz-Jacobsen/Hansen* listen in ihrem Werk *Ethnische Minderheiten in der Bundesrepublik Deutschland* über 200 in Deutschland lebenden Gruppen mit eigenen ethnischen oder religiösen Spezifika auf,[561] von deren enumerativer Auflistung hier abgesehen werden soll. Das *Berliner Institut für Vergleichende Sozialforschung* kommt in einer ähnlichen Studie auf eine etwas geringere Zahl verschiedener Gruppen.[562] Vergleicht man diese Zahl mit der der drei offiziell und der etwa fünf *de facto* anerkannten Minderheiten in Deutschland, so wird deutlich, daß ein Einheitsschutzkonzept, das den Spezifika all dieser Gruppen angemessen Rechnung tragen soll, nicht möglich sein kann. Über den Vergleich der tatsächlichen Anzahl der Personen der *klassischen Minderheiten* mit der Anzahl der Personen der Immigrantengruppen kommt *Murswiek* über eine ähnliche Darstellung zum gleichen Ergebnis.[563] Nach den in dieser Arbeit zugrunde gelegten Zahlen haben die Personen, die einer offiziell oder de facto anerkannten Minderheit angehören, eine Stärke von etwa 450.000 (etwa 0,5 % der Gesamtbevölkerung), die einer Anzahl von etwa 7,37 Millionen (etwa 9 % der Gesamtbevölkerung)[564] Fremden und

---

[559] So auch *Oeter*, in: *Matscher* (Hrsg.), Wiener Internationale Begegnung zu aktuellen Fragen nationaler Minderheiten, S. 229, 245 ff. Und gerade dieser so wichtige Punkt wird von vielen Kommentatoren übersehen.

[560] Vgl. hierzu allgemein: *Sieveking*, RuP 1992, S. 135, 138. Für Personen, die sich aus humanitären Gründen, etwa als Kriegsflüchtlinge, nur vorübergehend in der Bundesrepublik Deutschland aufhalten, gilt nunmehr die Sonderregelung des § 32a AuslG, welcher eine Aufenthaltsgenehmigung ermöglicht, falls kein Asylantrag gestellt ist. Vgl. *Bonk*, in: *Sachs*, Grundgesetz, 2. Aufl., Art. 16a, Rn. 38.

[561] *Schmalz-Jacobsen/Hansen* (Hrsg.), Ethnische Minderheiten in der Bundesrepublik Deutschland, S. 552 ff. (Anhang).

[562] Berliner Institut für Vergleichende Sozialforschung, Ethnische Minderheiten in Deutschland, Kapitel 3.

[563] *Murswiek*, in: *Blumenwitz/Murswiek*, Aktuelle rechtliche und praktische Fragen des Volksgruppen- und Minderheitenschutzrechts, S. 39, 40 ff.

eingebürgerten ethnischen Gruppen gegenüberstünde. Zusätzlich würde die Erarbeitung eines Einheitsschutzkonzeptes, das gleichzeitig die Probleme der *klassischen Minderheiten* sowie aller Immigrantengruppen lösen soll, dadurch kompliziert, daß das Europarecht eine Fülle von Sonderrechten für in Deutschland lebende Unionsbürger im Gegensatz zu Staatsangehörigen von Drittstaaten vorsieht.[565]

Resümierend läßt sich betreffend die Problematik der Erstreckung des Minderheitenschutzes auf Fremde im Sinne des Völkerrechts das Ergebnis wiederholen, das schon hinsichtlich eingebürgerter Immigrantengruppen gefunden wurde. Globalisierungstendenzen im Bereich der Wirtschaft führen einerseits dazu, daß heute weitaus mehr als früher Teile der Wohnbevölkerung nicht die Staatsangehörigkeit des Aufenthaltsstaates besitzen. Dazu kommt das Faktum der grenzüberschreitenden Migrationsbewegungen des ausgehenden 20. Jahrhunderts. Diese Phänomene kann ein modernes Minderheitenrecht nicht ignorieren. Im Gegenteil, es sollte sie als neue Gegebenheiten erkennen und versuchen, die Probleme, die sich in ihrem Gefolge ergeben, angemessen zu lösen. Die Ausweitung des Minderheitenbegriffs und die damit einhergehende Erstreckung des Minderheitenschutzes auf Fremde würde ein einheitliches Schutzkonzept für völlig heterogene Gruppen vorsehen. Dies würde weder den Bedürfnissen der *klassischen Minderheiten* noch denen der Fremden angemessen Rechnung tragen. Es wäre vielmehr zu erwarten, daß ein derartiges Einheitskonzept für die Gewährleistung angemessener Schutzstandards für die verschiedenen Gruppen kontraproduktiv wirken würde. Noch einmal sei betont, daß mit diesem Ergebnis keinesfalls die besondere Schutzbedürftigkeit von Ausländergruppen in Frage gestellt wird oder der Auftrag an Recht und Politik, diese Menschen vor Diskriminierung zu schützen und ihre gesellschaftliche Eingliederung zu erleichtern, angezweifelt wird. Die Betrachtung der gesellschaftlichen Realität in diesem Kapitel legt nur die Vermutung nahe, daß eine angemessene Lösung der sich ergebenden Probleme nicht über die einfache Ausdehnung des hergebrachten Minderheitenschutzes und des bisherigen Minderheitenbegriffes erreicht werden kann, sondern eine differenzierte Betrachtungsweise mit differenzierten Schutzkonzepten für die unterschiedlichen Gruppen erfordert.

c) Flüchtlinge, Vertriebene und Aussiedler

Das bundesdeutsche Verfassungs- und Verwaltungsrecht weist den Zuwanderergruppen der Flüchtlinge, Vertriebenen und Aussiedler deutscher Volkszugehörigkeit besonders

---

[564] FAZ vom 20. Juni 1997. Gezählt wurden nur Personen, die mindestens (auch) eine ausländische Staatsangehörigkeit hatten. Die aktuelle Zahl ist daher tendenziell noch größer. Vgl. auch Das Parlament vom 20. August 1999. Es wird erwartet, daß diese Zahl weiter steigen wird und sich der Prozentsatz der ausländischen Bevölkerung bis zum Jahr 2030 auf dann 17% nahezu verdoppeln wird. Vgl. *Schulze-Fielitz*, in: *Fleiner-Gerster*, Die multikulturelle und multi-ethnische Gesellschaft, S. 133, 139.

[565] Vgl. zu diesem Problemkreis grundlegend: *Zimmermann*, EuR 1995, S. 54 ff. Vgl. auch *Herdegen*, Europarecht, § 13.

privilegierende Rechtspositionen zu.[566] Diese Sonderregelungen beruhen auf dem Gedanken der Verantwortung und Solidarität des sich rechtlich für identisch mit dem Deutschen Reich haltenden Staates Bundesrepublik Deutschland für das Schicksal dieser Personen.[567] Ausgangspunkt dieser Vorschriften ist Art. 116 GG, der hinsichtlich des deutschen Staatsvolkes eine abweichende Regelung von der üblichen Regel, daß das Staatsvolk eines Staates die Summe der Staatsangehörigen darstellt, trifft. Nach Art. 116 GG ist „*Deutscher im Sinne des Grundgesetzes*“ nicht nur derjenige, der die deutsche Staatsangehörigkeit besitzt, sondern daneben auch, wer „*als Flüchtling oder Vertriebener deutscher Volkszugehörigkeit oder als dessen Ehegatte oder Abkömmling in dem Gebiete des Deutschen Reiches nach dem Stande vom 31. Dezember 1937 Aufnahme gefunden hat.*“ Die Erweiterung des Deutschen-Begriffes stellt die Betroffenen den Staatsangehörigen weitgehend gleich und soll ihnen einen ihre Eingliederung erleichternden Rechtsstatus verschaffen.[568]

Einfachgesetzlich wird Art. 116 GG im wesentlichen durch das Bundesvertriebenengesetz (BVFG)[569] ausgestaltet. Nach der Legaldefinition des § 1 Abs. 1 BVFG ist Vertriebener grundsätzlich, wer „*seinen Wohnsitz in den ehemals unter fremder Verwaltung stehenden deutschen Ostgebieten oder in den Gebieten außerhalb der Grenzen des Deutschen Reiches nach dem Gebietsstande vom 31. Dezember 1937 hatte und diesen im Zusammenhang mit den Ereignissen des zweiten Weltkrieges infolge Vertreibung, insbesondere durch Ausweisung oder Flucht, verloren hat.*“ Aussiedler ist nach § 1 Abs. 2 Nr. 3 BVFG „*wer als deutscher Staatsangehöriger oder deutscher Volkszugehöriger (...) nach Abschluß der allgemeinen Vertreibungsmaßnahmen vor dem 1. Juli 1990 oder danach im Wege des Aufnahmeverfahrens vor dem 1. Januar 1993 die ehemals unter fremder Verwaltung stehenden deutschen Ostgebiete Danzig, Estland, Lettland, Litauen, die ehemalige Sowjetunion, Polen, die Tschechoslowakei,*[570] *Ungarn, Rumänien, Bulgarien, Jugoslawien,*[571] *Albanien oder China verlassen hat oder verläßt (...).*“ Wer nach dem 31. Dezember 1992 die bezeichneten Gebiete verlassen hat oder verläßt, fällt nicht mehr unter die Bezeichnung *Aussiedler*, kann jedoch *Spätaussiedler* im Sinne des § 4 BVFG sein. Im Kontext von Art. 116 GG ist die Definition der deutschen Volkszugehörigkeit zentral, die 1993 mit der Schaffung der neuen Kategorie der „*Spätaussiedler*“ neu bestimmt wurde. Nach § 6 Abs. 1 BVFG (war und) ist deutscher Volkszugehöriger, „*wer sich in seiner Heimat zum deutschen Volkstum bekannt hat, sofern*

---

[566] *Sieveking*, RuP 1992, S. 135, 138 f.

[567] Zum Identitätsverständnis vgl. BVerfGE 36, 1 (16). Vgl. hierzu allgemein: *Kokott*, in: *Sachs*, Grundgesetz, 2. Aufl., Art. 116, Rn. 3 ff. (Ärgerlicherweise berücksichtigt *Kokott* in ihrer Kommentierung von 1999 die Gesetzesänderungen des BVFG aus dem Jahr 1993 nicht.); *Klein*, in: *Isensee/Kirchhof*, Handbuch des Staatsrechts der Bundesrepublik Deutschland, Bd. VIII, § 200, Rn. 3 ff.; *Götz*, in: *Starck*, Studies in German Constitutionalism, S. 71 ,77 ff.

[568] BVerwGE 8, S. 340, 342.

[569] Gesetz über die Angelegenheiten der Vertriebenen und Flüchtlinge vom 19. Mai 1953 (BGBl. 1953 I S. 202 ff.), zuletzt geändert durch Gesetz vom 2. Juni 1993 (BGBl. 1993 I S. 829 ff.).

[570] Heute Tschechien und die Slowakei.

[571] Heute Serbien und Montenegro, Kroatien, Slowenien, Bosnien-Herzegowina, Mazedonien.

dieses Bekenntnis durch bestimmte Merkmale wie Abstammung, Sprache, Erziehung, Kultur bestätigt wird." Der neue § 6 Abs. 2 BVFG stellt nunmehr auf die in Art. 4 BVFG genannten *Aussiedlungsgebiete* ab (Nr. 3) und ist eine Folge der politischen Umbrüche von 1989/90 in diesen Aussiedlungs- und Vertreibungsgebieten und des Asylkompromisses von 1992. § 6 Abs. 2 BVFG gilt für Personen, die nach dem Stichtag des 31. Dezember 1923 geboren sind. Diese Personen haben die deutsche Volkszugehörigkeit, wenn sie von einem deutschen Staatsangehörigen oder einem deutschen Volkszugehörigen abstammen (Nr. 1). Daneben sind als weitere objektive Elemente die Vermittlung bestätigender Merkmale wie Sprache, Erziehung, Kultur erforderlich (Nr. 2). Die strengere Definition des § 6 Abs. 2 BVFG wirkt sich allerdings nur auf die *Spätaussiedler* im Sinne des § 4 BVFG aus und bewirkt im Endeffekt eine Zuzugsbeschränkung dieser Personen nach Deutschland. Soweit Personen betroffen sind, die unter §§ 1-3 BVFG subsumiert werden können, also Vertriebene, Aussiedler, Heimatvertriebene oder Sowjetzonenflüchtlinge, bleibt es bei der (alten) Regel des § 6 Abs. 1 BVFG, und das alte Recht bleibt maßgeblich.[572]

Personen, die eine *deutsche Volkszugehörigkeit* nachweisen können, haben Anspruch auf Einbürgerung und das Recht zur Einreise und zum Aufenthalt in der Bundesrepublik Deutschland. Darüber hinaus haben sie unter Umständen Ansprüche auf Leistungen aus verschiedenen weiteren Gesetzen,[573] wie etwa aus dem BVFG, dem Gesetz über Hilfsmaßnahmen für Personen, die aus politschen Gründen außerhalb der Bundesrepublik Deutschland in Gewahrsam genommen werden (HHG),[574] dem Gesetz über die Entschädigung ehemaliger deutscher Kriegsgefangener (KgfEG),[575] dem Bundesversorgungsgesetz (BVG)[576] oder dem Gesetz über den Lastenausgleich (LAG).[577]

Flüchtlinge, Vertriebene und Aussiedler deutscher Volkszugehörigkeit können zwar deutsche Minderheiten im Ausland sein und genießen bei ihrer Übersiedlung oder Rückkehr in das Gebiet der Bundesrepublik Deutschland die erwähnten Rechte, einen besonderen Minderheitenstatus haben sie innerhalb der Bundesrepublik Deutschland dann aber nicht mehr. Im folgenden sollen diese Personengruppen daher auch außerhalb der Betrachtungen bleiben.

---

[572] Vgl. zum Ganzen: *Klein*, in: *Isensee/Kirchhof*, Handbuch des Staatsrechts der Bundesrepublik Deutschland, Bd. VIII, § 200, Rn. 4 ff. und 29 ff.

[573] Vgl. hierzu: *Klein*, in: *Isensee/Kirchhof*, Handbuch des Staatsrechts der Bundesrepublik Deutschland, Bd. VIII, § 200, Rn. 18.

[574] § 1 Abs. 1 HHG (BGBl. 1993 I S. 838).

[575] § 2 Abs. 2 Nr. 2 KgfEG (BGBl. 1987 I S. 506).

[576] § 1 Abs. 2 BVG (BGBl. 1982 I S. 21).

[577] § 11 LAG (BGBl. 1993 I S. 845).

d) Sonstige *potentielle* Minderheitengruppen

Außerhalb einer genaueren Betrachtung bleiben schließlich auch Bevölkerungsgruppen, denen ein Anderssein bezüglich der gesamtgesellschaftlich bestimmenden Merkmale zugesprochen wird oder die dieses für sich beanspruchen.[578] Insbesondere in der sozialwissenschaftlichen Literatur werden diese Gruppen juristisch untechnisch als Minderheiten, oder *potentielle Minderheiten* bezeichnet.

Einige dieser Gruppen haben aufgrund ihrer besonderen Schutzbedürftigkeit bereits einen verfassungsrechtlichen Sonderstatus, wie beispielsweise Behinderte in Art. 3 Abs. 2 GG.[579] Andere Gruppen, die ebenfalls in Relation zur Gesamtbevölkerung eine zahlenmäßig schwächere Position haben, kämpfen um eine faktisch rechtliche Gleichstellung,[580] wie beispielsweise Homosexuelle.[581]

Mögen diese Gruppen auch aufgrund ihrer besonderen Schutzbedürftigkeit oder aufgrund der ihnen von Teilen der Mehrheitsbevölkerung entgegengebrachten Diskriminierungen in einer den Minderheiten im klassischen juristischen Sinne vergleichbaren Situation sein, so ist die Problematik der Behinderten oder der Homosexuellen ein Problembereich eigener Art, der im Rahmen der hier unternommenen Betrachtungen ausgeblendet bleiben muß.

IV. Ziele des Minderheitenschutzes

Nach der Darstellung der Dimension des Minderheitenschutzes in der Verfassungswirklichkeit der Bundesrepublik Deutschland anhand der Vorstellung der verschiedenen Minderheitengruppen ist es vor einer Analyse der Ausgestaltung des Minderheitenschutzsystems in den folgenden Kapiteln erforderlich, die Ziele zu definieren,

---

578 Vgl. auch oben Kapitel 1. Punkt II. 2.

579 Vgl. hierzu etwa: *Herdegen*, Die Aufnahme besonderer Vorschriften zugunsten behinderter Menschen in das Grundgesetz, Gutachten; *Sachs*, RdJB 1996, S. 154 ff.; *Berlit*, RdJB 1996, S. 145 ff.; *Jürgens*, NVwZ 1995, S. 452 ff; *Höfling*, KritV 1998, S. 99 ff.

580 Die neuesten Pläne bezüglich der Neufassung und Reform der Gleichstellungsgesetzgebung für Homosexuelle ist dargestellt bei *Hefty*, FAZ vom 8. Januar 2000.

581 Vgl. zu dieser Thematik allgemein etwa: *Risse*, Der verfassungsrechtliche Schutz der Homosexualität; *Beck/Geis*, Focus 20/97 vom 12. Mai 1997; *Adam*, FAZ vom 4. November 1999; FAZ vom 29 September 1999; *Gelinsky*, FAZ vom 4. Dezember 1999 und *Schäffer*, FAZ vom 4. Dezember 1999; Kardinal *Meissner*, FAZ vom 19. Januar 2000; *Finkenzeller*, FAZ vom 10. Juli 2000; Kardinal *Meissner*, FAZ vom 16. September 2000.

die durch ein innerstaatliches Minderheitenschutzkonzept erreicht werden sollen. Dies kann an dieser Stelle lediglich theoretisch erfolgen. Zu beachten ist, daß die Beschreibung der abstrakten Ziele des Minderheitenschutzes die rechtstheoretischen Pole nicht verkennen darf, innerhalb derer der Minderheitenschutz innerstaatlich positioniert werden muß. Der Minderheitenschutz liegt im Spannungsfeld zwischen dem Selbstbestimmungsrecht der Völker und dem grundsätzlichen Herrschaftsanspuch der demokratischen Mehrheit[582] in einem Staatswesen, der sich gegenüber den Minderheiten, die als solche prinzipiell niemals die demokratische Mehrheit stellen können, in der Form einer Loyalitätsforderung ausdrücken kann. Ohne ein innerstaatliches Minderheitenschutzsystem existiert zwischen dem Selbstbestimmungsrecht und der Loyalitätsforderung ein Vakuum, was zur Dominanz eines der genannten Pole führen kann. Dies bedeutet wiederum, daß entweder die berechtigten Erwartungen der Minderheiten an den Wohnstaat von einem übertriebenen Loyalitätsdeputat erdrückt werden, oder daß die ungeschützten Minderheiten politisch oder gewaltsam ihr Selbstbestimmungsrecht verwirklichen, was im Extremfall eine Sezession aus dem Staatsverband bedeuten kann.

1. Minderheitenschutz im Spannungsfeld von Selbstbestimmungsrecht und Loyalität

Das Minderheitenrecht steht in einer komplexen Wechselwirkung[583] mit dem Selbstbestimmungsrecht der Völker.[584] Die Staatenpraxis begegnet dieser Wechselwirkung mit einem Verhalten, das fast schon als schizophren bezeichnet werden kann. Einerseits ist man, insbesondere in den westlich geprägten Demokratien, zwar davon überzeugt, daß die Gewährung von Minderheitenrechten ein Staatswesen grundsätzlich stabilisiert, indem es den Herrschaftsanspruch der demokratischen Mehrheit über im Staat lebende Minderheitengruppen legitimiert. Andererseits fürchtet man durch eine zu großzügige Gewährung von Minderheitenrechten, eine Spirale auszulösen, welche die Minderheiten über die Gewährung von Kulturautonomie und über Modelle lokaler territorialer oder personaler Selbstverwaltung zur Ausübung des Selbstbestimmungsrechts in seiner krassesten Form,

---

[582] Totalitäre Staatswesen sollen hier außerhalb der Betrachtung bleiben.

[583] Zum Verhältnis von Minderheitenrecht und Selbstbestimmungsrecht vgl. das grundlegende Werk von *Heintze*, Selbstbestimmungsrecht und Minderheitenrechte im Völkerrecht. Vgl. weiterhin: *Heintze*, in: *ders.*, Moderner Minderheitenschutz, S. 32 ff.; *Kimminich*, in: *Ermacora/Tretter/Pelzl*, Volksgruppen im Spannungsfeld von Recht und Souveränität in Mittel- und Osteuropa, S. 188 ff.; *Thornberry*, International law and the rights of minorities, S. 214 ff.; *Hailbronner*, in: *Bothe/Hailbronner/Klein/Kunig/Schröder/Graf Vitzthum*, Völkerrecht, S. 214 f.

[584] Vgl. allgemein zum Selbstbestimmungsrecht der Völker: *Thürer*, in: EPIL 8, S. 470 ff.; *ders.*, ArchVR 1984, S. 113 ff.; *Partsch*, in: *Wolfrum*, Handbuch Vereinte Nationen, S. 745 ff.; *Doehring*, in: *Simma*, Charta der Vereinten Nationen, Nach Art. 1, S. 15 ff.

nämlich der Sezession vom Staatswesen, ermutigt.[585] Um Sezessionsbestrebungen vorzubeugen, entstand die Idee, Minderheitenrechte nur unter der Voraussetzung der Loyalität der Minderheiten gegenüber ihrem Aufenthaltsstaat zu geben.[586] Das Mißbrauchspotential, das dieser Loyalitätsforderung innewohnt, ist offensichtlich.[587] Um eine stabilisierende Wirkung zu erreichen, muß daher das Minderheitenrecht im Machtvakuum zwischen Selbstbestimmungsrecht und Loyalitätsforderung ausbalanciert werden. Um diese Problematik besser verstehen zu können, ist eine etwas genauere Betrachtung der Grundlagen des Selbstbestimmungsrechts und der Loyalitätstheorie hilfreich.

Rechtshistorischer Ausgangspunkt des Selbstbestimmungsrechts der Völker in seiner modernen völkerrechtlichen Ausprägung sind wohl die amerikanische Unabhängigkeitserklärung vom 4. Juli 1776[588] einerseits und das Gedankengut der französischen Revolution von 1789[589] andererseits. In beiden Umwälzungsprozessen sollte staatliche Herrschaft neu legitimiert werden. Folgend dem Prinzip der Volkssouveränität brach sich der Gedanke die Bahn, daß jedes Volk nicht nur über seine eigene Verfassung, sondern auch über seine Zugehörigkeit zu einem Staatsverband selbst bestimmen können muß.[590] Im 19. Jahrhundert formte sich das Nationalitätsprinzip heraus, das dem Selbstbestimmungsrecht einen weiteren Aspekt gab, den der Freiheit von Fremdherrschaft.[591] Die nationale Selbstbestimmung einer Volksgruppe bedeutet allerdings oftmals die Unterdrückung einer anderen Volksgruppe, da das von *Bluntschli* entwickelte Theorem des reinen Nationalstaates, das heißt einer völligen Entsprechung von Volk und Staat, praktisch nicht zu verwirklichen war.[592] Dieser Konflikt führte dazu, daß das Selbstbestimmungsrecht einer Volksgruppe auch durch ein Minderheitenschutzkonzept für diese Gruppe in einem mehrheitlich von einer anderen Volksgruppe dominierten Staatsverband verwirklicht werden konnte. Das Minderheitenrecht stellt in dieser Konstellation eine Ausprägung des

---

585 *Klebes*, EuGRZ 1995, S. 262 ff.

586 Zum Problemkreis Loyalität vgl.: *Luchterhand*, Nationale Minderheiten und Loyalität, S. 85 ff.; *ders.*, in: *Blumenwitz/Gornig*, Der Schutz von Minderheiten- und Volksgruppenrechten durch die Europäische Union, S. 121 ff.; *ders.*, in: *Blumenwitz/Gornig*, Minderheiten- und Volksgruppenrechte in Theorie und Praxis, S. 75 ff.; *Siegert*, Minderheitenschutz in der Bundesrepublik Deutschland, S. 38.

587 *Klebes*, EuGRZ 1995, S. 262, 267.

588 So *Doehring*, in: *Simma*, Charta der Vereinten Nationen, Nach Art. 1, Rn. 7.

589 So *Grewe*, Epochen der Völkerrechtsgeschichte, S. 487 ff.; S. 493 ff.; *Heintze*, in: *Ipsen*, Völkerrecht, 4. Aufl., S. 341.

590 *Grewe*, Epochen der Völkerrechtsgeschichte, S. 493.

591 *Brems*, Die politische Integration ethnischer Minderheiten, S. 78 f.

592 *„Jede Nation ist berufen und berechtigt, einen Staat zu bilden. Wie die Menschheit in eine Anzahl von Nationen geteilt ist, so soll die Welt in ebensoviele Staaten zerlegt werden. Jede Nation ein Staat. Jeder Staat ein nationales Wesen.“*, *Bluntschli*, Allgemeine Staatslehre, 5. Aufl., S. 107; zitiert nach *Helfritz*, Allgemeines Staatsrecht, 5. Aufl., S. 96. Vgl. dazu auch *Laun*, in: *Hatschek/Strupp*, Wörterbuch des Völkerrechts und der Diplomatie, 2. Bd., S. 82 f.

Selbstbestimmungsrechts dar. Daß das Selbstbestimmungsrecht einer Volksgruppe nicht notwendig auf Sezession abzielen muß, sondern auch durch Autonomieregelungen umgesetzt werden kann, wurde später im *Åalandgutachten*[593] im Rahmen des Völkerbundes festgestellt.[594] In der Zwischenkriegszeit entwickelte sich das Selbstbestimmungsrecht der Völker insbesondere durch die Initiativen des amerikanischen Präsidenten *Woodrow Wilson* zu einem Prinzip internationaler Politik.[595] Seine Ausprägung als Völkerrechtsnorm erhielt das Selbstbestimmungsrecht der Völker nach dem Zweiten Weltkrieg. Die Charta der Vereinten Nationen vom 26. Juni 1945 erkennt die *Selbstbestimmung der Völker* in Art. 1 Ziffer 2 und in Art. 55 Abs. 1 als einen Grundsatz an. Eine weitere Ausformulierung und die Kodifizierung zu einer subjektiven Norm des Völkervertragsrechts erfuhr das Selbstbestimmungsrecht durch die beiden Menschenrechtspakte der Vereinten Nationen von 1966,[596] deren gleichlautender Art. 1 Abs. 1 folgenden Wortlaut hat:

> *„Alle Völker haben das Recht auf Selbstbestimmung. Kraft dieses Rechts entscheiden sie frei über ihren politischen Status und gestalten in Freiheit ihre wirtschaftliche, soziale und kulturelle Entwicklung.“*

Die Anwendungsarten des Selbstbestimmungsgrundsatzes wurden weiterhin in der *Friendly Relations Declaration* der Generalversammlung der Vereinten Nationen[597] vom 24. Oktober 1970 ausformuliert. Erstmalig kam in diesem Dokument die Sorge der Staaten um ihre territoriale Unversehrtheit deutlich zum Ausdruck, was sich in einer Ausübungseinschränkung des Selbstbestimmungsrechts niederschlug. Prinzip V Abs. 7 hat folgenden Wortlaut:

> *„Die vorstehenden Absätze sind nicht als Ermächtigung oder Ermunterung zu Maßnahmen aufzufassen, welche die territoriale Unversehrtheit oder die politische Einheit souveräner und unabhängiger Staaten teilweise oder vollständig auflösen oder beeinträchtigen würden, die sich in ihrem Verhalten von dem oben erwähnten Grundsatz der Gleichberechtigung und Selbstbestimmung der Völker leiten lassen und daher eine Regierung besitzen,*

---

[593] Der deutsche Text dieses von einer hochrangigen Völkerrechtlerdelegation erstellten Gutachtens samt einer fundierten Besprechung finden sich bei *Raschhofer*, Selbstbestimmungsrecht und Völkerbund, S. 21 ff.

[594] Vgl. hierzu *Brems*, Die politische Integration ethnischer Minderheiten, S. 81 ff.

[595] Vgl. unten Kapitel 2. Punkte III. 2. und V. 1.

[596] Der Internationale Pakt über bürgerliche und politische Rechte (BGBl. 1973 II S. 1534 ff.) und der Internationale Pakt über wirtschaftliche, soziale und kulturelle Rechte (BGBl. 1973 II S. 1570 ff.), beide vom 19. Dezember 1966, beide in Kraft getreten am 10. März 1976.

[597] Prinzip V der Declaration on Principles of International Law Concerning Friendly Relations among States in Accordance with the Charter of the United Nations, GA Res. Nr. 2625 (XXV). Der deutsche Text ist abgedruckt in: VN 1978, 138 ff.

welche die gesamte Bevölkerung des Gebiets ohne Unterschied der Rasse, des Glaubens oder der Hautfarbe vertritt."

Mittlerweile gehört das Selbstbestimmungsrecht zum Grundbestand des *ius cogens*[598] im Sinne von Art. 53 der Wiener Vertragsrechtskonvention.[599] Dieser gewichtige Status des Selbstbestimmungsrechts gibt auch der Beantwortung der Folgefragen, nämlich nach der Trägerschaft dieses Rechts und nach dessen konkreter Reichweite, besonderes Gewicht.[600] Aus einer Analyse der Staatenpraxis,[601] nach einer systematischen Analyse[602] und aus den *travaux préparatoires*[603] ergibt sich, daß das Selbstbestimmungrecht nicht nur den Völkern zusteht, die staatlich organisiert sind, sondern und gerade auch den Völkern, die nicht staatlich organisiert sind. Daran schließt sich die Frage an, ob das Selbstbestimmungsrecht auch Minderheitengruppen zusteht, und wenn ja, welche konkreten Möglichkeiten es verleiht. Einerseits sind Minderheiten Volksgruppen, was für eine Rechtsträgerschaft spräche, andererseits geht aus den *travaux préparatoires* zu Art. 27 IPBPR die herrschende Meinung der Staaten hervor, daß Minderheiten sich keinesfalls auf das Selbstbestimmungsrecht berufen können sollten, was damit begründet wird, daß das Selbstbestimmungsrecht nur Völkern, nicht aber Teilen von Völkern oder Volksgruppen zustehen sollte.[604] Gegen die Rechtsträgerschaft von Minderheiten spräche auch das *uti possidetis iuris* Prinzip, das eine Unantastbarkeit von Grenzen zur obersten Maxime der Friedenssicherung erhebt.[605] Hintergrund der ablehnenden Haltung der Staaten zur Gewährung des Selbstbestimmungsrechts auch für Minderheiten ist eindeutig die große Furcht vor einer Verletzung ihrer territorialen Integrität.[606] Nun ist das Sezessionsrecht lediglich eine kleine Facette des Selbstbestimmungsrechts,[607] das allgemein aufgrund seines gewaltigen friedensbedrohenden Potentials ohnehin nur unter ganz engen Voraussetzungen zugestanden wird.[608] Die Begründung der ablehnenden Ansicht zum Selbstbestimmungsrecht für

---

598 So die ganz herrschende Meinung. Vgl. statt vieler: *Heintze*, Selbstbestimmungsrecht und Minderheitenrechte im Völkerrecht, S. 21 ff.

599 Wiener Übereinkommen über das Recht der Verträge vom 23. Mai 1969 (BGBl. 1985 II S. 926 ff.).

600 Vgl. hierzu allgemein: *Brems*, Die politische Integration ethnischer Minderheiten, S. 88 ff.

601 *Heidelmeyer*, Das Selbstbestimmungsrecht der Völker, S. 254 ff.

602 *Murswiek*, Der Staat 1984, S. 523 ff.

603 *Nowak*, CCRP-Kommentar, Art. 1, Rn. 27 ff.

604 *Thornberry*, International law and the rights of minorities, S. 215 f.

605 *Blumenwitz*, Forum für Kultur und Politik, Heft 6 (Februar 1993), S. 27, 29 f.

606 Vgl. die oben zitierte Formulierung des 5. Prinzips der *Friendly Relations Declaration*.

607 Hierauf verweist insbesondere *Heintze*, Selbstbestimmungsrecht und Minderheitenrechte im Völkerrecht, S. 85.

608 *Doehring*, in: *Simma*, Charta der Vereinten Nationen, Nach Art. 1, Rn. 35 ff.

Minderheiten in seiner kategorischen Form läuft also jedenfalls dann leer, wenn eine Minderheit ihr Selbstbestimmungsrecht innerhalb existierender Grenzen ausüben will. Überdies ist eine Minderheit nicht immer lediglich *Teil* eines Volkes,[609] sondern kann gelegentlich auch ein *Volk* sein.[610] Zumindest in diesen Konstellationen kann einer Minderheit das Recht auf Selbstbestimmung nicht abgesprochen werden.[611]

An die Feststellung, daß das Selbstbestimmungsrecht also grundsätzlich auch Minderheiten zustehen muß, schließt sich die Frage nach der Ausgestaltung dieses Rechts an. Ausgehend von den oben zitierten Normen, die das Selbstbestimmungsrecht kodifizieren, unterscheidet man die Verwirklichung des Selbstbestimmungsrechts innerhalb bestehender Grenzen (inneres Selbstbestimmungsrecht) und die Verwirklichung, die auf bestehende Grenzen keine Rücksicht nimmt (äußeres Selbstbestimmungsrecht).[612] Das innere Selbstbestimmungsrecht ist der Regelfall der Verwirklichung des Selbstbestimmungsrechts der Völker für eine Minderheit innerhalb eines Staatsverbandes. Die Minderheit hat danach das Recht, von der herrschenden Mehrheit die Respektierung ihrer besonderen Eigenheiten zu fordern. Umgesetzt wird dieses Recht durch die Gewährung von Selbstverwaltungsrechten. Auf welche Bereiche sich diese Autonomierechte beziehen, kann situationsbedingt stark variieren und hängt von den Eigenheiten der Minderheit und auch von ihrer Stärke und Leistungsfähigkeit ab. Selbstverwaltungsrechte können von einer bloßen Kulturautonomie über politische Autonomie in territorialer oder personaler Ausgestaltung bis hin zu einer völligen Selbstverwaltung der Siedlungsregion der Minderheit reichen. Darüber hinaus kommen auch Teilhaberechte an der Steuerung der Geschicke des Gesamtstaates in Betracht.[613] Das äußere Selbstbestimmungsrecht, also das Recht eines Volkes, sich aus einem existierenden Staatsverband loszulösen, hatte allein im Prozeß der Dekolonialisierung eine relativ unbestrittene Existenz. Das *uti possidetis iuris* Prinzip, das den internationalen Frieden durch die Sicherung der territorialen Integrität der Staaten bewahren will, führte zu einer Staatenpraxis, die einem Sezessionsrecht, insbesondere für Minderheiten, klar negativ

---

[609] Natürlich existiert hinsichtlich dessen, was nun ein *Volk* im Sinne des Selbstbestimmungsrechts ist, auch keine Einigkeit.

[610] *Hailbronner* will eine Minderheit dann als Volk in diesem Sinne verstehen, „*wenn sie auf einem geschlossenen Territorium lebt, eine zur Staatsbildung geeignete Größe aufweist, auf diesem Territorium die ausschließliche oder doch deutliche Mehrheitsbevölkerung darstellt, und es sich um ein traditionelles Siedlungsgebiet handelt.*“ Vgl. *Hailbronner*, in: *Bothe/Hailbronner/Klein/Kunig/Schröder/Graf Vitzthum*, Völkerrecht, S. 214 f.

[611] So auch *Blumenwitz*, Forum für Kultur und Politik, Heft 6 (Februar 1993), S. 27 ff.; *Kimminich*, in: FS für *Doehring*, S. 421, 429. Kritisch, aber im Ergebnis zustimmend: *Heintze*, in: *Ipsen*, Völkerrecht, 4. Aufl., S. 357 f. und S. 361 f.

[612] *Brems*, Die politische Integration ethnischer Minderheiten, S. 93 ff.; *Hailbronner*, in: *Bothe/Hailbronner/Klein/Kunig/Schröder/Graf Vitzthum*, Völkerrecht, S. 214; *Heintze*, in: *Ipsen*, Völkerrecht, 4. Aufl., S. 363 ff.; *Niewerth*, Der kollektive und der positive Schutz von Minderheiten und ihre Durchsetzung im Völkerrecht, S. 84 ff.

[613] *Brems*, Die politische Integration ethnischer Minderheiten, S. 97 ff. Vgl. auch *Niewerth*, Der kollektive und der positive Schutz von Minderheiten und ihre Durchsetzung im Völkerrecht, S. 80 ff.

gegenübersteht. Dies kann allerdings wiederum für den Fall nicht gelten, wenn die Minderheit zugleich auch ein Volk im Sinne des Selbstbestimmungsrechts darstellt. Aber auch für alle übrigen Fälle kann ein Staat nicht einer Minderheit mit dem Hinweis, daß für sie das äußere Selbstbestimmungsrecht grundsätzlich nicht existiert, jegliche Autonomierechte verweigern. Diese Ansicht scheint auch die herrschende in bezug auf dieses Problemfeld zu sein. Nur wenn ein Staat das innere Selbstbestimmungsrecht seiner Minderheiten verwirklicht, kann er erwarten, daß die Minderheiten seine territoriale Integrität achten.[614] Dennoch muß ein Sezessionsrecht für Minderheiten in ganz enge Grenzen gefaßt werden. Ein solches Recht kann lediglich dann angenommen werden, wenn die herrschende Staatsgewalt die Minderheitenrechte in krasser, systematischer und flagranter Weise verletzt.[615]

Aus eben dieser Sorge um die territoriale Integrität des Staates zusammen mit der Einsicht, Minderheitenrechte letztlich des sozialen Friedens wegen gewähren zu müssen, entstand die Idee, die Gewährung der Minderheitenrechte mit einer Loyalitätsforderung zu verbinden.[616] Entstanden ist dieser Gedanke wohl zur Zeit des Völkerbundes vor dem Hintergrund, daß man bestrebt war, die nach Ende des Ersten Weltkrieges entstandenen neuen Staatsgebilde zu stabilisieren.[617] Vom britischen Völkerbundsvertreter *Sir Austen Chamberlain* ist das Zitat überliefert: „*Minorities owe loyal allegiance to the state of which they form a part. (...) The rights of minorities cannot be separated from its obligations.*“[618] Dennoch erfolgte zu dieser Zeit die Formulierung dieses Loyalitätsdeputats häufig in der heimlichen Hoffnung, daß sich das Problem der Minderheiten durch einen durch eben die Loyalitätsforderung ausgeübten Assimilationsdruck mit der Zeit erübrigte.[619] Die Sieger des Ersten Weltkrieges, welche die politische Landkarte in Europa neu zeichneten, gingen weiterhin davon aus, daß die Loyalität

---

[614] *Kimminich*, in: *Ermacora/Tretter/Pelzl*, Volksgruppen im Spannungsfeld von Recht und Souveränität in Mittel- und Osteuropa, S. 201 ff.; *Thiele*, in: *Heintze*, Selbstbestimmungsrecht der Völker – Herausforderung der Staatenwelt, S. 342, 345 ff.; *Oeter*, ZaöRV 1992, S. 741, 757; *Brems*, Die politische Integration ethnischer Minderheiten, S. 95 ff.

[615] *Hailbronner*, FS für *Schindler*, S. 75, 92; *von Studnitz*, in: *Blumenwitz/Gornig*, Minderheiten- und Volksgruppenrechte in Theorie und Praxis, S. 17, 27; *Doehring*, in: *Simma*, Charta der Vereinten Nationen, Nach Art. 1, Rn. 40; *Brems*, Die politische Integration ethnischer Minderheiten, S. 96.

[616] Vgl. hierzu allgemein: *Luchterhand*, Nationale Minderheiten und Loyalität, S. 85 ff.; *ders.*, in: *Blumenwitz/Gornig*, Der Schutz von Minderheiten- und Volksgruppenrechten durch die Europäische Union, S. 121 ff.; *ders.*, in: *Blumenwitz/Gornig*, Minderheiten- und Volksgruppenrechte in Theorie und Praxis, S. 75 ff.; *Siegert*, Minderheitenschutz in der Bundesrepublik Deutschland, S. 38.

[617] *Luchterhand*, in: *Blumenwitz/Gornig*, Der Schutz von Minderheiten- und Volksgruppenrechten durch die Europäische Union, S. 121, 124. Allgemein zur rechtshistorischen Entwicklung der Loyalitätsidee in bezug auf Minderheiten vgl. *Luchterhand*, Nationale Minderheiten und Loyalität, S. 25 ff.

[618] Zitiert nach *Luchterhand*, in: *Blumenwitz/Gornig*, Der Schutz von Minderheiten- und Volksgruppenrechten durch die Europäische Union, S. 121, 127.

[619] Insbesondere die Engländer und Franzosen hegten diese Hoffnung, da sie nach der Nachkriegslandkarte keine ko-nationalen Minderheiten im Ausland hatten. Kritiker dieser Position war Deutschland, insbesondere zu der Zeit, als *Gustav Stresemann* die Außenpolitik verantwortete. Vgl. *Luchterhand*, in: *Blumenwitz/Gornig*, Der Schutz von Minderheiten- und Volksgruppenrechten durch die Europäische Union, S. 121, 124.

der Minderheiten einer Gewährung von Minderheitenrechten vorausging. In der Konsequenz bedeutete dies, daß illoyale Minderheiten auch keinen Anspruch auf die Gewährung von Minderheitenrechten haben sollten.[620] Bereits aus obigen Ausführungen zum Selbstbestimmungsrecht der Völker und zu seiner Bedeutung für den Geltungsgrund für Minderheitenrechte kann gefolgert werden, daß diese Ansicht falsch sein muß. Dennoch hielt sie sich bis Anfang der 70er Jahre des 20. Jahrhunderts und fand in gewisser Weise sogar Eingang in einen frühen Entwurf der Minderheitendefinition von *Capotorti*.[621] In der Endversion von *Capotortis* Definition[622] ist Loyalität nicht mehr als Voraussetzung des Minderheitenschutzes aufgeführt. Es hatte sich die Ansicht durchgesetzt, daß sowohl die Minderheiteneigenschaft als auch die Gewährung von Minderheitenrechten unabhängig von der Loyalität der Minderheiten ist, da sie einen wesentlich anderen, tieferen Geltungsgrund haben.[623] Auch eine illoyale Minderheit ist demnach eine Minderheit. Loyalität ist kein konstitutives Element der Minderheitendefinition.[624] Dies führt zu den Deutungsmöglichkeiten für Loyalitätsklauseln in internationalen Verträgen, Verfassungen oder Minderheitengesetzen. *Luchterhand* unterscheidet hier zwei Möglichkeiten.[625] Einerseits kann die Auferlegung einer spezifischen Loyalitätspflicht lediglich eine deklaratorische Bekräftigung der allgemeinen staatsbürgerlichen Pflichten für die Minderheitenangehörigen sein. Andererseits kann die Hervorhebung einer speziellen Loyalitätspflicht aber auch die Normierung einer gesteigerten Pflichtenbindung gewissermaßen zum Ausgleich bzw. als Korrelat für die Gewährung von als Privileg zu verstehenden Minderheitenrechten bedeuten. Diese letztere Deutungsmöglichkeit geht jedoch von einem falschen Verständnis der Gewährung von Minderheitenrechten aus. Minderheitenrechte können und dürfen nicht als Privilegien aufgefasst werden, welche die Minderheitenangehörigen gegenüber der Mehrheit besser stellen. Minderheitenrechte sind Rechte, die den allgemeinen Gleichheitssatz dergestalt verwirklichen wollen, daß sie versuchen, eine faktische Gleichheit zwischen Minderheitenangehörigen und Mehrheitsangehörigen herzustellen.[626] Wie in vielen Aspekten im Zusammenhang mit dem Problemfeld Minderheiten ist diese theoretische Erkenntnis einfach und einleuchtend, die praktische Umsetzung jedoch äußerst schwierig. Es sind vor allem diese Umsetzungsschwierigkeiten, die zu Zweifeln an der grundsätzlichen hier vertretenen Ansicht hinsichtlich der Loyalitätspflicht von Minderheiten führen. Festzuhalten

---

[620] *Luchterhand*, in: *Blumenwitz/Gornig*, Der Schutz von Minderheiten- und Volksgruppenrechten durch die Europäische Union, S. 121, 127.

[621] Vgl. UN Doc. E/CN.4/Sub.2/L.564.

[622] Vgl. *Capotorti*, *„Study on the rights of persons belonging to ethnic, religious and linguistic minorities"*, UN Doc. E/CN.4/Sub.2/384 Rev. 1; die Definition findet sich in § 568 auf S. 96; deutsche Übersetzung: *Capotorti*, VN 1980, S. 113, 117 (Anm. 30).

[623] Am fundiertesten hat dies *Kimminich* nachgewiesen. Vgl. *Kimminich*, Rechtsprobleme der polyethnischen Staatsorganisation, S. 100 ff.

[624] *Kimminich*, Rechtsprobleme der polyethnischen Staatsorganisation, S. 100.

[625] Hierzu: *Luchterhand*, in: *Blumenwitz/Gornig*, Minderheiten- und Volksgruppenrechte in Theorie und Praxis, S. 75, 79 ff.

[626] *Luchterhand*, in: *Blumenwitz/Gornig*, Minderheiten- und Volksgruppenrechte in Theorie und Praxis, S. 75, 79 f.

bleibt, daß ein Loyalitätsdeputat an eine Minderheit lediglich deklaratorisch auf das selbstverständliche Bestehen der staatsbürgerlichen Pflichten auch für Minderheitenangehörige ist. Keinesfalls ist Loyalität einer Minderheit Voraussetzung für die Rechtsgewährung. Nur am Rande sei auf das selbstverständlich existierende immense Mißbrauchspotential hingewiesen, welches die Mehrheit durch auf Minderheiten bezogene Loyalitätsklauseln erhält.[627]

Insgesamt bestätigen sich also die Ausgangsprämissen. Erstens können sich auch Minderheiten auf das Selbstbestimmungsrecht der Völker berufen und zweitens ist jegliche Loyalitätsforderung an Minderheiten stets rein deklaratorischer Natur. Um eine stabilisierende Wirkung zu erreichen, muß daher das Minderheitenrecht im Machtvakuum zwischen Selbstbestimmungsrecht und Loyalitätsforderung ausbalanciert werden. Unter Einforderung der Loyalität kann die Mehrheit den Minderheiten nicht ihre Rechte vorenthalten. Andererseits kann die Mehrheit von den Minderheiten selbstverständlich, wie von allen anderen Staatsbürgern auch, die Erfüllung ihrer staatsbürgerlichen Pflichten erwarten.[628] Das Spannungsfeld Selbstbestimmungsrecht und Loyalitätspflicht sollte letztendlich nicht als Gefahr, sondern als Chance verstanden werden. Ähnlich wie Freiheitsrechte den demokratischen Staat stabilisieren, obwohl sie sich als Abwehrrechte eigentlich gegen ihn richten, stabilisiert auch ein effektiver Minderheitenschutz eher als eine mit Loyalitätsdiktaten begründete Assimilierungspolitik.[629] Einem demokratisch verfaßten Staat, der die Minderheitenrechte achtet und dadurch zeigt, daß ihm am Wohl aller Staatsangehörigen gelegen ist, wird von den Minderheiten Loyalität erwarten können. *Ipsen* bringt dieses Gegenseitigkeitsverhältnis auf den Punkt, indem er formuliert: *„Der Staat gewährt einer Minderheit Schutz, die Minderheit bringt dem Staat Loyalität entgegen.“*[630]

Positioniert in diesem Spannungsfeld verfolgt ein Minderheitenschutzsystem in aller Regel zwei Hauptziele: die Bewahrung der spezifischen Minderheitenkultur und die Erhaltung des innerstaatlichen sozialen Friedens.

---

[627] *Klebes* lehnt Loyalitätsklauseln bereits aus diesem Grunde ab. Vgl. *Klebes*, EuGRZ 1995, S. 262, 267.

[628] Dies klingt an, wenn Art. 5 Abs. 1 der Verfassung des Landes Schleswig-Holstein und Art. 37 Abs. 2 der Verfassung des Landes Sachsen-Anhalt bestimmen, daß das Bekenntnis zu einer Minderheit nicht von den allgemeinen staatsbürgerlichen Pflichten entbindet.

[629] *von Studnitz*, in: *Blumenwitz/Gornig*, Minderheiten- und Volksgruppenrechte in Theorie und Praxis, S. 17, 27; *Klein*, in: *Blumenwitz/von Mangoldt*, Neubestätigung und Weiterentwicklung von Menschenrechten und Volksgruppenrechten in Mitteleuropa, S. 51, 55.

[630] *Ipsen*, Sicherheit und Frieden 1991, S. 124.

2. Die Kulturerhaltungsfunktion als Ziel des Minderheitenschutzes

Ausgangspunkt der Definition der Ziele eines Minderheitenschutzsystems muß die Betrachtung der existentiellen Situation von Minderheiten sein.[631] Diese ist geprägt vom Zusammenleben von Mehrheit und Minderheiten in einem Staatswesen. In einem Nationalstaat schließt sich eine Bevölkerungsgruppe, die sich typischerweise durch bestimmte ethnische Merkmale von anderen Gruppen abzeichnet, zu einer politischen Einheit zusammen. In den seltensten Fällen ist dieser Nationalstaat dann ethnisch homogen, zum Staatsvolk gehören meist auch Angehörige ethnischer Minderheiten. Ist dieser Nationalstaat eine Demokratie, dann wird er politisch von einer Mehrheit beherrscht.[632] Dieser Herrschaftsanspruch der Mehrheit in einer Demokratie wird grundsätzlich damit gerechtfertigt, daß jede momentan unterlegene Gruppe eine theoretische Möglichkeit haben muß, die Mehrheit von morgen zu werden.[633] Aufgrund ihrer Andersartigkeit haben Minderheiten in aller Regel Sonderinteressen, die von denen der ethnischen Mehrheitsbevölkerung verschieden sind. Wegen ihrer permanenten zahlenmäßigen Unterlegenheit haben die Minderheiten jedoch niemals die Möglichkeit, diesen Interessen zum Durchbruch zu verhelfen, da sie keine Chance haben, jemals die demokratische Mehrheit zu werden. Da also im Verhältnis der Minderheit zur Mehrheit die Begründung der Herrschaft der Mehrheit in einer Demokratie nicht greifen kann, hat das den Nationalstaat tragende Mehrheitsvolk auch kein Recht, aufgrund seiner zahlenmäßigen Überlegenheit durch ein ständiges Herrschen über die Minderheit diese zur Assimilation zu zwingen.[634] Auch wenn die herrschende Mehrheit gegenüber den Minderheiten keine Assimilationspolitik verfolgt, so kann es doch aufgrund des ständigen Kontaktes der Minderheit mit der Mehrheitskultur in vielen Lebensbereichen zu unbeabsichtigten Diskriminierungen der Minderheitenkultur und zu einem faktischen Assimilationsdruck kommen, der die Existenz und den Fortbestand der Minderheitenkultur gefährden kann.[635] Da die Mehrheit allein aufgrund ihrer zahlenmäßigen Überlegenheit keinen Herrschaftsanspruch gegenüber der Minderheit hat, muß sie letztendlich für den Erhalt der kulturellen Identität der Minderheit Sorge tragen.[636] Anzustreben ist eine faktische Gleichstellung der Mehrheits- und der Minderheitskultur. Wo dies praktisch mit Diskriminierungsverboten nicht zu bewerkstelligen ist, müssen Maßnahmen der positiven Diskriminierung oder *affirmative action* Maßnahmen in Betracht gezogen werden. Nur bei

---

[631] *Murswiek*, in: *Blumenwitz/Murswiek*, Aktuelle rechtliche und praktische Fragen des Volksgruppen- und Minderheitenschutzrechts, S. 39, 49 ff.

[632] Totalitäre Staaten sollen im Rahmen dieser Arbeit generell außer Betracht bleiben.

[633] *Siegert*, Minderheitenschutz in der Bundesrepublik Deutschland, S. 55 f.

[634] *Murswiek*, in: *Blumenwitz/Murswiek*, Aktuelle rechtliche und praktische Fragen des Volksgruppen- und Minderheitenschutzrechts, S. 39, 49.

[635] *Siegert*, Minderheitenschutz in der Bundesrepublik Deutschland, S. 56 ff.

[636] Zu dieser Kulturerhaltungsfunktion des Minderheitenrechts vgl. etwa: *Heintze*, Selbstbestimmungsrecht und Minderheitenrechte im Völkerrecht, S. 85 f. ; *Scherer-Leydecker*, Minderheiten und sonstige ethnische Gruppen, S. 25 ff.; *Alexy*, InfAuslR 1994, S. 301; *Schönwalder*, in: *Konegen/Nitschke*, Revision des Grundgesetzes ?, S. 197, 200.

einer Verwirklichung von Minderheitenrechten kann eine Herrschaft der Mehrheit über ethnisch verschiedene Minderheitengruppen legitim sein.[637] Eine Verweigerung des Minderheitenschutzes kann die Vernichtung der kulturellen Identität der Minderheit, den sogenannten *Ethnozid* oder *kulturellen Genozid*, zur Folge haben.[638] Das erste Hauptziel eines Minderheitenschutzkonzeptes muß es daher sein, die Kultur der Minderheiten zu bewahren und zu fördern, um so den demokratischen Herrschaftsanspruch der Mehrheit zu legitimieren. Kultur ist in diesem Zusammenhang im weitesten Sinne zu verstehen und umfaßt die Sprache, die kulturellen Einrichtungen, die Traditionen, die Religion, die politische Mitbestimmung der Minderheiten und viele weitere Aspekte mehr.[639]

3. Die Friedenserhaltungsfunktion als Ziel des Minderheitenschutzes

Während die Kulturerhaltungsfunktion des Minderheitenschutzes den Minderheiten zugute kommt, ist die Friedenserhaltungsfunktion als zweites Hauptziel eines funktionierenden Systems innerstaatlichen Minderheitenschutzes eine Funktion, die der Stabilisierung des Staatswesens dient und damit eigentlich der Mehrheit zugute kommt. Beispiele aus der Staatenpraxis zeigen, daß ungelöste Nationalitätenkonflikte sich zu gefährlichen Bedrohungen für die Stabilität und den inneren Frieden in einem Staat verdichten können. Verweigerte Minderheitenrechte führen in den seltensten Fällen zu einer unproblematischen Assimilation, sondern bringen im Gegenteil die Minderheiten gegen die dann als Unterdrücker empfundene Mehrheit auf. Gerade Beispiele auch aus der jüngeren Staatenpraxis zeigen, daß sich diese Auflehnung in Gewalt, Terrorismus bis hin zu Bürgerkriegen entladen kann. Für die Mehrheit in einem Staatswesen dient das Minderheitenrecht daher in erster Linie dazu, einen friedlichen politischen Ausgleich zwischen Mehrheit und Minderheit herzustellen. Die Herstellung bzw. Bewahrung des sozialen und inneren Friedens ist somit im Interesse der Mehrheit und der Minderheit in einem Staatsverband und damit Ziel des Minderheitenschutzes.[640]

---

[637] *Murswiek*, in: *Blumenwitz/Murswiek*, Aktuelle rechtliche und praktische Fragen des Volksgruppen- und Minderheitenschutzrechts, S. 39, 50.

[638] *Veiter*, Nationalitätenkonflikt und Volksgruppenrecht im ausgehenden 20. Jahrhundert, Band I, S. 307; *Hailbronner*, FS für *Schindler*, S. 75, 86.

[639] Vgl. hierzu etwa: *Blumenwitz*, Volksgruppen und Minderheiten, S. 39; *Scherer-Leydecker*, Minderheiten und sonstige ethnische Gruppen, S. 25 ff.; *Marten-Gotthold*, Der Schutz der Sinti und Roma in der Bundesrepublik Deutschland als ethnische Minderheit gemäß Art. 3 Abs. 3 GG, S. 212 ff.; *Thiele*, in: *Heintze*, Selbstbestimmungsrecht der Völker – Herausforderung der Staatenwelt, S. 342, 346 f.

[640] Zur Friedensfunktion des Minderheitenschutzes vgl. etwa: *Brümmer*, in: *Blumenwitz/Murswiek*, Aktuelle rechtliche und praktische Fragen des Volksgruppen- und Minderheitenschutzrechts, S. 75, 85; *Stopp*, Staatswissenschaften und Staatspraxis 1994, S. 3, 8 f.; *Götz*, in: *Starck*, Studies in German Constitutionalism, S. 71, 83 ff.

Ein funktionierendes innerstaatliches Minderheitenschutzsystem muß daher insgesamt an zwei Hauptzielen orientiert sein, der Erhaltung der kulturellen Identität der Minderheiten und der Erhaltung des sozialen und inneren Friedens. Diese Ziele sind mit einer Integrationspolitik vereinbar, die eine bessere gesamtgesellschaftliche Integration der Minderheiten anstrebt, nicht jedoch mit einer Politik, welche die Spezifika der Minderheiten assimilatorisch und womöglich zwangsweise einzuebnen sucht.[641]

V. Der volkswirtschaftliche Gewinn eines Staates durch seine Minderheiten

Schließlich soll noch auf eine Tatsache eingegangen werden, die in minderheitenrechtlichen Arbeiten nicht selten zu kurz kommt. Ein Staatswesen gewinnt gesamtgesellschaftlich und volkswirtschaftlich immens durch seine Minderheiten. Es sind insbesondere zwei Aspekte, nämlich die besonderen Sprachkompetenzen von Minderheitenangehörigen und die ausgeprägten Fähigkeiten dieser Menschen, sich in fremden Kulturen zurechtzufinden, die diesen volkswirtschaftlichen Gewinn ausmachen.

In einem Zeitalter der Globalisierung der Wirtschaft und des immer engeren Zusammenrückens der europäischen Völker unter der Ägide der Europäischen Union werden Fremdsprachenkenntnisse zu einem immer wichtigeren Qualifikationskriterium der am Wirtschaftsleben teilnehmenden Menschen. Es ist offensichtlich, daß Angehörige von Minderheiten, die in aller Regel neben ihrer Muttersprache auch die Mehrheitssprache ihres Wohnstaates perfekt beherrschen, hier einen klaren Vorteil im Wirtschaftsleben haben. Durch die so qualifizierten Staatsangehörigen profitiert indirekt auch der Staat volkswirtschaftlich. Ganz evident ist dies am Beispiel der dänischen Minderheit in der Bundesrepublik Deutschland erkennbar. Im Rahmen der intensiven Wirtschaftsverflechtungen der Bundesrepublik Deutschland und des Königreichs Dänemark nicht nur im deutsch-dänischen Grenzgebiet werden selbstverständlich Personen nachgefragt, die beide Sprachen beherrschen. Die Minderheitenangehörigen auf beiden Seiten der Grenze bringen diese Qualifikation ohne weiteres mit.[642] Auch wenn Sorbisch in keinem anderen Land der Erde gesprochen wird, so gilt das Vorgesagte doch entsprechend auch für die sorbische Minderheit in Deutschland. Durch das Erlernen des Sorbischen haben die Minderheitenangehörigen einen leichteren Zugang zu anderen slawischen Sprachen. Gerade angesichts der geplanten Erweiterung der Europäischen Union nach Osten ist dies eine wichtige Qualifikation, die den Sorben den Einstieg in das Berufsleben oder ein dortiges Fortkommen wesentlich erleichtern kann.[643]

---

[641] So auch: *Siegert*, Minderheitenschutz in der Bundesrepublik Deutschland, S. 56 f.

[642] *Sigaard-Madsen*, in: *Schmalz-Jacobsen/Hansen* (Hrsg.), Ethnische Minderheiten in der Bundesrepublik Deutschland, S. 134, 147 f.

[643] Vgl. hierzu: *Wowcer-Schäfer*, in: *Holander/Steensen* (Hrsg.), Friesen und Sorben, S. 31, 35; *Sächsische Staatsregierung*, Bericht zur Lage des sorbischen Volkes 1997, S. 66;

Andererseits kann wiederum auch hier die Zweisprachigkeit von in einer bestimmten Region lebenden Menschen ein wirtschaftsfördernder Standortvorteil für diese Region sein.[644]

Ein weiterer Aspekt, warum eine Volkswirtschaft von ihren Minderheiten profitieren kann, ist die Fähigkeit dieser Personen, sich in fremden Kulturen leichter zurechtzufinden. Im modernen Wirtschaftsleben wird von Managern großer und vermehrt auch kleiner und mittlerer Unternehmen nicht nur erwartet, daß sie mobil sind, sondern auch, daß sie sich in fremde Kulturen hineinversetzen können.[645] Diese Sensibilität für fremde Kulturen ist quasi bei jedem Auslandsgeschäft erforderlich und noch mehr, falls man beispielsweise mit einem Unternehmen im Ausland fusioniert. Minderheitenangehörige wachsen sozusagen in einer Kultur innerhalb einer Kultur auf und haben daher gleichsam eine angeborene Sensibilität für andere Kulturen als ihre eigene.[646] Auch dieser Aspekt ist sowohl als gesamtgesellschaftliches und auch volkswirtschaftliches Gewinnpotential für einen Staat nicht zu unterschätzen.

In der jüngeren Literatur werden verstärkt auch Überlegungen hinsichtlich des komplexen Verhältnisses von Minderheitensprachen und -kulturen im Kontext der Volkswirtschaft eines Staates oder eines Wirtschaftsblocks angestellt, was im Rahmen dieser Arbeit allerdings nicht genauer analysiert werden kann. Durch diese Forschung, bei der zum größten Teil Grundlagenanalysen erstellt werden und damit echte Pionierarbeit geleistet wird, wird im Schwerpunkt versucht, eine verbesserte Ressourcen- und Mittelallokation hinsichtlich der Minderheiten- und der Regionalförderung zu erreichen.[647]

Schließlich üben Minderheiten immer auch eine völkerverständigende Brückenfunktion aus, die sowohl im wirtschaftlichen Kontext als auch davon losgelöst ein wichtiger profitabler Faktor für den Wohnstaat der Minderheiten darstellt.[648]

---

[644] Hierauf weist die *Sächsische Staatsregierung* besonders hin: *Sächsische Staatsregierung*, Bericht zur Lage des sorbischen Volkes 1997, S. 66.

[645] Zum Themenkomplex des sog. *intercultural* oder *crosscultural management* vgl. aus betriebs- und volkswirtschaftlichem Blickwinkel: *DuBrin*, Essentials of Management, S. 31 ff.; *Bartlett/Ghoshal*, Harvard Business Review, 1992, 124 ff.; *Barnham/Oats*, The international manager, S. 47 ff.

[646] *Sächsische Staatsregierung*, Bericht zur Lage des sorbischen Volkes 1997, S. 66; *Sigaard-Madsen*, in: *Schmalz-Jacobsen/Hansen* (Hrsg.), Ethnische Minderheiten in der Bundesrepublik Deutschland, S. 134, 148.

[647] *Grin*, Journal of Multilingual and Multicultural Development 1990, S. 153 ff.; *ders.*, in: *Dafis*, Economic Development and lesser used languages: Partnership for action, S. 24 ff.; *Pellenbarg*, in: *Dafis*, Economic Development and lesser used languages: Partnership for action, S. 1 ff.

[648] *Wowcer-Schäfer*, in: *Holander/Steensen* (Hrsg.), Friesen und Sorben, S. 31, 35.

2. Kapitel: Die Entstehung des Minderheitenschutzes in Deutschland - Ein rechtshistorischer Rückblick

Die Idee des Minderheitenschutzes ist keine Erfindung unserer Tage, sondern sie reicht sehr weit in die Staats- und Völkerrechtsgeschichte zurück. Die Geschichte des Minderheitenschutzes beginnt mit der Geschichte des Schutzes der religiösen Minderheiten.[1] Ungezählte blutige Konflikte, Aufstände oder Kriege waren, wenn nicht religiös motiviert, so doch zumindest religiös bemäntelt. Als Beispiel mögen hier die Kreuzzüge der Christen gegen die *Ungläubigen*, die islamischen Seldschuken, oder die ungefähr zeitgleich einsetzende Geschichte des Antisemitismus angeführt werden.

Die Teilung der West- und der Ostkirche, das (große) morgenländische Schisma, welche durch das Scheitern der Verhandlungen des päpstlichen Gesandten mit der byzantinischen Kirche 1054 eingeleitet wurde, mag zwar noch nicht unmittelbar zu blutigen Auseinandersetzungen geführt haben. Spätestens aber die Glaubenskriege des 16. und 17. Jahrhunderts haben die Sinnlosigkeit der Unterdrückung und die Notwendigkeit der Toleranz gegenüber religiösen Minderheiten gezeigt.

Mit der Geburt der Nationalstaaten aus dem Gedankengut der französischen Revolution setzt der Schutz der nationalen Minderheiten ein. Seinen Höhepunkt erreicht er nach dem Ersten Weltkrieg. Da jedoch das staats- und völkerrechtliche Minderheitenschutzsystem dieser Zeit den Ausbruch des Zweiten Weltkrieges in keiner Weise verhindern helfen kann, wendet man sich vom Minderheitenschutz ab. Der Minderheitenschutz erlebt seinen Tiefpunkt, als man in der Nachkriegszeit glaubt, durch das Streben nach der Etablierung individueller Menschenrechte auf den kollektiven Minderheitenschutz völlig verzichten zu können. Es setzt sich immer mehr die Einsicht durch, daß den Minderheiten allein durch die Garantie individueller Menschenrechte nicht in wünschenswerter Weise geholfen ist, was zu einer Rückbesinnung auf die Idee des kollektiven Minderheitenschutzes in unseren Tagen führt.[2]

Die Entwicklung des Minderheitenschutzes von den Anfängen bis zum Aufkommen der letztgenannten Einsicht soll im folgenden speziell für den deutschen Bereich umrissen werden.

---

[1] *Messtorff*, Die Rechtsstellung der ethnischen Minderheiten in der Bundesrepublik Deutschland, S. 15 ff.

[2] *Thornberry*, Texas International Law Journal 1980, S. 421 ff.

I. Von der Reformation zum Westfälischen Frieden

1. Der Weg zum Augsburger Religionsfrieden vom 25. November 1555

Ab der Mitte des 15. Jahrhunderts waren Forderungen nach einer umfassenden Kirchenreform, vor allem wegen ihres Finanz- und Machtgebarens, aufgekommen. Nachdem diese Reformforderungen unbeantwortet blieben, leitete *Martin Luther* 1517 durch die Veröffentlichung seiner 95 Thesen gegen den Ablaßhandel die Reformation ein. Die mit der Glaubensspaltung einhergehenden Kriege[3] der aufständischen Fürsten gegen Kaiser *Karl V.* brachten mit den in ihrer Folge abgeschlossenen Friedensabkommen die ersten Minderheitenschutzedikte bzw. -verträge der deutschen Geschichte.

Der Schutz der religiösen Minderheiten in Deutschland beginnt wohl mit dem Nürnberger Religionsfrieden vom 23. Juli 1532.[4] Dieses staatsrechtliche Instrument bezog die Protestanten in den *Gemeinen Frieden* mit ein und sah ein Ruhen der beim Reichskammergericht gegen sie schwebenden Prozesse vor. Am 2. August 1532 gab Kaiser *Karl V.* eine Erklärung über die endgültige Einstellung dieser Prozesse bekannt.[5]

Die Hauptakteure des Schmalkaldischen Krieges (1546-1547),[6] Kaiser *Karl V.* und (der mehrmals die Fronten wechselnde) *Moritz von Sachsen*, waren auch die Vertragspartner des nächsten Vertragswerkes mit Minderheitenschutzcharakter. Am 1. Juni 1552 schlossen die katholischen und die protestantischen Fürsten den von *Moritz von Sachsen* vermittelten Passauer Vorvertrag.[7] In diesem Vorvertrag vereinbarten die Fürsten einen dauerhaften Friedensstand unabhängig von der Frage, ob im Reich ein Religionsausgleich zustande kommt. Der endgültige Abschluß des Passauer Vertrages[8] erfolgte am 2. August 1552 zwischen Kaiser *Karl V.* und *Moritz von Sachsen*, der die protestantischen Fürsten vertrat. Der Vertrag befreite die durch Gefechte[9] des Schmalkaldischen Krieges in Gefangenschaft

---

3 Für den deutschen Bereich sind hier vor allem die Bauernkriege von 1524/25 und der Schmalkaldische Krieg (1546-1547) zu nennen.

4 *Kimminich* in: *Wittmann/Graf Bethlen*, Volksgruppenrecht, S. 37, 38; *Blumenwitz*, Minderheiten- und Volksgruppenrecht – Aktuelle Entwicklung, S. 35.

5 *Wintgens*, Der völkerrechtliche Schutz der nationalen, sprachlichen und religiösen Minderheiten, S. 61.

6 Benannt nach dem 1531 geschlossenen *Schmalkaldischen Bund* der protestantischen Fürsten.

7 *Wintgens*, Der völkerrechtliche Schutz der nationalen, sprachlichen und religiösen Minderheiten, S. 62.

8 *Flachbarth*, System des internationalen Minderheitenrechtes, S. 4.

9 Vor allem der Schlacht bei Mühlberg am 24. April 1547.

geratenen Protestantenfürsten, schuf einen den Kaiser mit einbeziehenden dauernden Friedensstand und gewährte Amnestie für alle, die gegen den Kaiser Krieg geführt hatten. Protestantischen Richtern wurde die Zulassung zum Reichskammergericht gewährt. Durch die Vereinbarung, die Religionsfrage in Deutschland auf einem künftigen Reichstag (und nicht einer allgemeinen Kirchenversammlung) dauerhaft zu lösen, war der Weg zu einem stabilen Religionsausgleich im Reich gebahnt.

Der Augsburger Religionsfriede vom 25. November 1555[10] bezeichnet somit auch den Abschluß der Reformation. Trotz militärischer Erfolge gelang es Kaiser *Karl V.* nicht, die Glaubenseinheit im Heiligen Reich wiederherzustellen, vielmehr wurde nun die Existenz zweier Konfessionen anerkannt. Die Anhänger des *Augsburgischen Bekenntnisses* von 1530, d.h. die Lutheraner, wurden als gleichberechtigt anerkannt, kein Reichsstand sollte den anderen seines Glaubens wegen mit Krieg überziehen dürfen.[11] Die Bekenntnisfreiheit galt allerdings lediglich für die römisch-katholische und die evangelisch-lutherische Lehre,[12] nicht aber für die Anhänger der Lehren *Zwinglis* oder *Calvins*, die sog. *Reformierten.*[13] Weiterhin ist zu beachten, daß nur die Reichsstände und die Reichsritterschaft die vereinbarte Religionsfreiheit genossen. Die Untertanen mußten ihren Glauben nach dem ihres Landesherrn richten (*ius reformandi*). Dieser Grundsatz wurde durch den Satz *„cuius regio, eius religio"*[14] ausgedrückt. Untertanen, die den Glauben ihres Landesherrn nicht annehmen wollten, blieb nur das *Recht*, nach Verkauf ihres Vermögens und der Erfüllung ihrer Frondienste auszuwandern (Option aus religiösen Gründen).[15] Für die (katholischen) Fürsten wurde die Freiheit zum anderen Glauben überzutreten, durch den sog. *geistlichen Vorbehalt* (*reservatum ecclesiaticum*)[16] erschwert: Der übertretende Bischof oder Prälat verlor durch die Konvertierung sämtliche Ämter und Lehen. Damit sollten der Besitzstand und die katholische Mehrheit im Kurfürstenkollegium gesichert werden. Stichtag dieser Besitzstandswahrung sollte der Tag des Abschlusses des Passauer Vertrages, also der 2. August 1552, sein. Allein

---

[10] Vgl. hierzu etwa: *Wintgens*, Der völkerrechtliche Schutz der nationalen, sprachlichen und religiösen Minderheiten, S. 62 ff.; *Flachbarth*, System des internationalen Minderheitenrechtes, S. 2 f.; *Mitteis/Lieberich*, Deutsche Rechtsgeschichte, 18. Aufl., S. 332 ff.; *Müller*, Schlaglichter der Deutschen Geschichte, S. 99 f.; *Müller*, Schlaglichter der Weltgeschichte, S. 230.

[11] § 15 des Reichsabschiedes.

[12] Dies wurde ausdrücklich in § 17 des Reichsabschiedes festgelegt.

[13] Den Anhängern der Lehre *Calvins* wurde erst durch das berühmte Edikt von Nantes *Heinrichs des IV.* vom 2. Mai 1598 die freie Religionsausübung gewährt. Damit wurden auch die seit 1562 in Frankreich schwelenden Glaubensunruhen, die Hugenottenkriege, beendet.

[14] *„Wessen Land dessen Religion."*

[15] § 24 des Reichsabschiedes, sog. *„ius emigrandi"*.

[16] § 18 des Reichsabschiedes.

in den freien Reichsstädten, in denen beide Religionen schon vorher friedlich koexistiert hatten, konnten beide Konfessionen nebeneinander weiterbestehen.[17]

Mag auch der Augsburger Religionsfriede, der sich immerhin für mehr als sechs Jahrzehnte bewährte, ein bemerkenswertes Ereignis auf dem Weg zur Gleichstellung religiöser Minderheiten darstellen, so dürfen doch die Hintergründe seines Entstehens nicht verkannt werden. Nicht die Einsicht in die Notwendigkeit von Toleranz gegenüber religiösen Minderheiten brachte ihn zustande, sondern das Bestreben, durch die Entschärfung eines religiös-politischen Konfliktes die Reichsverfassung zu retten und den Frieden im Reich zu erhalten.[18]

2. Der Westfälische Friede vom 24. Oktober 1648

Das nach dem Abschluß des Augsburger Religionsfriedens einsetzende Zeitalter der Gegenreformation zeigte, daß sich die Überzeugung von der Notwendigkeit und Richtigkeit religiöser Toleranz nicht durchgesetzt hatte. Die zunehmende Verhärtung der konfessionellen Fronten führte dazu, daß sich die Bekenntnisse bald in Blöcken gegenüberstanden. Die Weigerung des aufständischen protestantischen böhmischen Adels, *Ferdinand II.* als Kaiser anzuerkennen, führte 1618 zum Ausbruch des Dreißigjährigen Krieges.[19] Dieser Krieg, der als Religionskrieg des Kaisers und seiner Verbündeten gegen aufständische protestantische Fürsten im Reich begann, weitete sich in seinem Verlauf zu einem europäischen Machtkampf aus, in den vor allem auch Schweden und Frankreich eingriffen. Beendet wurde der Dreißigjährige Krieg durch den *Westfälischen Frieden*,[20] der die am 24. Oktober 1648 geschlossenen Verträge von Osnabrück[21] und Münster[22] bezeichnet. Die Religionsfragen sind in Art. V. und Art. VII des Vertrages von Osnabrück geregelt.

---

[17] § 27 des Reichsabschiedes.

[18] *Müller*, Schlaglichter der Deutschen Geschichte, S. 87; *Wintgens*, Der völkerrechtliche Schutz der nationalen, sprachlichen und religiösen Minderheiten, S. 63 f.

[19] Als Beginn des Dreißigjährigen Krieges wird allgemein das Datum des 23. Mai 1618 angeführt. An diesem Tag stürzten protestantische Demonstranten zwei kaiserliche Räte aus einem Fenster des Prager Hradschins (*Prager Fenstersturz*).

[20] Vgl. hierzu etwa: *Wintgens*, Der völkerrechtliche Schutz der nationalen, sprachlichen und religiösen Minderheiten, S. 66 ff.; *Flachbarth*, System des internationalen Minderheitenrechtes, S. 5 f.; *Mitteis/Lieberich*, Deutsche Rechtsgeschichte, 18. Aufl., S. 343 ff.; *Messtorff*, Die Rechtsstellung der ethnischen Minderheiten in der Bundesrepublik Deutschland, S. 15 f.; *Engel* in: *Weiss/Engel/D'Amato*, Menschenrechte, S. 35, 37 ff.

[21] Zwischen dem deutschen Kaiser *Ferdinand III.* und dem König von Schweden.

[22] Zwischen dem deutschen Kaiser *Ferdinand III.* und dem König von Frankreich.

Zunächst wurde der Minderheitenschutz des Vertrages von Passau und des Augsburger Religionsfriedens bestätigt.[23] Der evangelische Stand wurde dem katholischen aber nunmehr nicht nur tatsächlich, sondern auch rechtlich dadurch gleichgestellt, daß die katholische Grundlage des Reiches aufgehoben wurde. Zum Stichtag der Besitzstandswahrung der Stände in territorialer und konfessioneller Hinsicht wurde nunmehr der 1. Januar 1624 bestimmt.[24] Dem reichsunmittelbaren Adel und den freien Reichsstädten blieb das Recht, den Glauben ihrer Untertanen zu bestimmen (*ius reformandi*).[25] Eine Einschränkung gilt jedoch dahingehend, daß Untertanen das Bekenntnis, welches sie am oben genannten Stichtag hatten und praktizierten, auch weiterführen dürfen, sollte auch der Landesherr einer anderen Konfession angehören.[26] Das Optionsrecht wurde in zweifacher Hinsicht erweitert.[27] Einmal gab es nun ein Besuchsrecht für den Auswandernden, der seine Besitztümer behält und von seinen Leuten bewirtschaften läßt. Im Gegenzug erhielt der Landesherr ein Ausweisungsrecht. Durch die letztgenannten Rechte war der Grundsatz „*cuius regio eius religio*" zwar noch nicht abgeschafft, aber doch im Vergleich zu seiner Ausgestaltung im Augsburger Religionsfrieden wesentlich gelockert. Die nunmehr bestehende rechtliche Gleichstellung der beiden Bekenntnisse führte auch zu einer konfessionell gleichmäßigen Besetzung des Reichskammergerichts. Darüber hinaus konnten im Reichstag in Angelegenheiten, die den Glauben betrafen, keine Mehrheitsbeschlüsse mehr gefaßt werden, sondern man war verpflichtet,[28] insofern eine gütliche Übereinkunft der beiden Stände zu erreichen. Bereits hier zeichnete sich jedoch die Gefahr einer gegenseitigen Blockierung ab.[29] Weiterhin ist anzumerken, daß nunmehr auch die *Reformierten*, also die Anhänger der Lehren *Zwinglis* und *Calvins*, in den Minderheitenschutz des Westfälischen Friedens einbezogen waren.[30] Andere Bekenntnisse blieben aber weiterhin ausgeschlossen. Schließlich gewährleistet der Westfälische Friede die Glaubensfreiheit in bestimmten abgetretenen Gebieten.[31] Die Einhaltung der Bestimmungen wurde erstmalig durch eine gegenseitige Garantie der Signatarmächte sichergestellt.

---

[23] Art. V § 1 Vertrag von Osnabrück (*instrumentum pacis Osnabrugense*).

[24] Art. V §§ 2-9 Vertrag von Osnabrück.

[25] Art. V § 10 Vertrag von Osnabrück.

[26] Art. V § 48 Vertrag von Osnabrück.

[27] Art. V § 12 und § 36 Vertrag von Osnabrück.

[28] Art. V § 52 Vertrag von Osnabrück („*amicabilis compositio*").

[29] *Mitteis/Lieberich*, Deutsche Rechtsgeschichte, 18. Aufl., S. 344.

[30] Art. VII Vertrag von Osnabrück.

[31] Schweden verpflichtet sich beispielsweise in Art. X des Vertrages von Osnabrück, die ungestörte Religionsausübung in Pommern, auf Rügen und in der Stadt Stralsund zu gewährleisten.

Durch den Westfälischen Frieden bekommt der völkervertragliche Schutz religiöser Minderheiten eine neue Dimension. Der Grundsatz des „*cuius regio eius religio*" beginnt zu bröckeln, und die christliche Toleranz bricht sich die Bahn. Das Staatsrecht des Heiligen Römischen Reiches Deutscher Nation ist von der Gleichberechtigung des katholischen und protestantischen Glaubens geprägt. Der Minderheitenschutz in bezug auf Glaubensfragen beginnt sich international zu etablieren. Mit dem Westfälischen Frieden begann durch die Stärkung der Fürsten, welche die volle Souveränität über ihre Territorialstaaten erhalten, aber auch der Niedergang des Heiligen Römischen Reiches Deutscher Nation. Auch nach Abschluß des Westfälischen Friedens kam es jedoch immer noch vereinzelt zu religiös motivierten Vertreibungen.[32]

II. Von der französischen Revolution zum Wiener Kongreß

1. Der Minderheitenschutz in Verträgen nach dem Westfälischen Frieden

Der Westfälische Friede, mit dem die Epoche des klassischen Völkerrechts einsetzt, hatte den Weg zu religiöser Gleichberechtigung geebnet und führte in seiner Folgezeit zur vielfachen Aufnahme von Schutzbestimmungen zugunsten religiöser Minderheiten in andere Friedensverträge.[33] Als Beispiel für einen solchen Friedensvertrag mit deutscher Beteiligung sei an dieser Stelle der im Rahmen der Liquidation des Siebenjährigen Krieges (1756 - 1763)[34] zwischen Preußen und Österreich geschlossene Friede von Hubertusburg vom 15. Februar 1763 angeführt. Artikel 14 dieses Vertrages verpflichtete die Parteien zur Gewährleistung der Glaubensfreiheit.[35] Auch die Auswanderungsfreiheit, die Kimminich[36] als das Bindeglied zwischen dem Schutz religiöser und dem Schutz ethnischer Minderheiten sieht, wurde weiterentwickelt.[37] Auch in den Vertrag von Warschau vom 18. September

32 Als Beispiel sei hier die Vertreibung der Protestanten aus dem Erzstift Salzburg 1731 genannt. Vgl. dazu *Duchhardt* in: *Bade*, Deutsche im Ausland - Fremde in Deutschland, S. 278, 284 ff.

33 *Wintgens*, Der völkerrechtliche Schutz der nationalen, sprachlichen und religiösen Minderheiten, S. 71 ff.; *Flachbarth*, System des internationalen Minderheitenrechtes, S. 7.

34 Auseinandersetzung zwischen Preußen, Österreich, Frankreich, England und Rußland, vgl. *Müller*, Schlaglichter der Deutschen Geschichte, S. 120 f.

35 *Wintgens*, Der völkerrechtliche Schutz der nationalen, sprachlichen und religiösen Minderheiten, S. 73.

36 *Kimminich*, Rechtsprobleme der polyethnischen Staatsorganisation, S. 54; *ders.* in: *Brunner/Camartin/Harbich/Kimminich*, Minderheitenschutz in Europa, S. 15 f. So auch *Oxenknecht*, Der Schutz ethnischer, religiöser und sprachlicher Minderheiten in Art. 27 IPBPR, S. 17, die sich ihrerseits auf *Wintgens* beruft.

37 Art. 10 des Friedens von Hubertusburg: „*Den Bewohnern der Stadt und der Grafschaft Glatz, welche ihren Wohnsitz anderwärts verlegen wollen, steht es frei, dies innerhalb eines Zeitraumes von zwei Jahren, unbeschwert von irgendwelchen Abgaben, zu tun.*" (Hervorhebung durch den Verfasser).

1773,[38] durch den Preußen Teile Polens abgetreten bekam,[39] wurden Klauseln zum Schutz der katholischen Bevölkerung der abgetretenen Gebiete aufgenommen. Insbesondere wurde die Freiheit des Besitzes und des Eigentums gewährleistet.[40]

2. Das Gedankengut der Französischen Revolution

Durch die Französische Revolution 1789, die ihrerseits durch die amerikanische Unabhängigkeitsbewegung beeinflußt wurde, kam die Idee der Menschen- und Bürgerrechte auf.[41] Damit wurde in Europa das Zeitalter der Revolutionen eingeleitet. In der Folgezeit des Aufkommens des Nationalismus und der Nationalstaaten liegt auch die Geburtsstunde des Schutzes der ethnischen oder nationalen Minderheiten.[42] Die Französische Revolution[43] beseitigt die Ungleichheit der Stände, indem sie Gleichheit auf ihre Fahnen schreibt und diese auch in der Erklärung der Menschen- und Bürgerrechte vom 26. August 1789 durchsetzt. Der *dritte Stand* ist geeint im Kampf gegen die Privilegien von Adel und Klerus. Es sollte ein Staat entstehen, der sich aus dem Gesamtwillen seiner Bürger zusammensetzt, und diese sollten den Kollektivsouverän bilden. Staat und Nation wurden gleichgesetzt, was zwangsweise zu einer Homogenisierung der Bevölkerung führen mußte.[44] Bevölkerungsgruppen, die anderer Herkunft, Struktur oder Sprache waren als das Mehrheitsvolk, wurden durch diese Gleichheit einem Assimilationssog ausgesetzt.[45] Das Staatsrecht stand vor dem Problem, den Begriff der *Nation* erklären und abgrenzen zu

---

[38] *Flachbarth*, System des internationalen Minderheitenrechtes, S. 9.

[39] Sog. *Erste polnischen Teilung*, vgl. *Müller*, Schlaglichter der Deutschen Geschichte, S. 124 f.

[40] *Wintgens*, Der völkerrechtliche Schutz der nationalen, sprachlichen und religiösen Minderheiten, S. 73 f.

[41] *Héraud* in: *Wittmann/Graf Bethlen*, Volksgruppenrecht, S. 15, 19.

[42] Schwierigkeiten mit der Begrifflichkeit sind ein dem Minderheitenrecht seit seiner Entstehung anhaftendes Problem. Vgl. hierzu statt vieler: *Blumenwitz*, Minderheiten- und Volksgruppenrecht – Aktuelle Entwicklung, S. 26 ff.

[43] *Grewe*, Epochen der Völkerrechtsgeschichte, S. 569 f.

[44] Vgl. dazu *Veiter*, Nationalitätenkonflikt und Volksgruppenrecht im ausgehenden 20. Jahrhundert, Bd. 1, S. 12 ff.

[45] *Blumenwitz*, Minderheiten- und Volksgruppenrecht – Aktuelle Entwicklung, S. 36. Diese staatsphilosophische Grundeinstellung herrscht in Frankreich bis zum heutigen Tage vor und bereitet Frankreich große Probleme beim Beitritt zu internationalen Minderheitenschutzinstrumenten. Traurige Folge dieser Haltung ist das Verleugnen der Existenz von Minderheiten in Frankreich. Vgl. hierzu *Klebes*, EuGRZ 1995, 262; *Murswiek* in: *Blumenwitz/Murswiek*, Aktuelle rechtliche und praktische Fragen des Volksgruppen- und Minderheitenschutzrechts, S. 39, 50.

müssen.[46] Was machte eine Nation aus ? War es die Sprache, die Geschichte (*Schicksalsgemeinschaft*), die Sitten und Gebräuche, also der gemeinsame kulturelle Hintergrund (*Kulturnation*), war es etwa der Glaube oder genügte zur Bildung einer Nation die Verleihung der Staatsangehörigkeit ? Die Vorstellung, daß jede *Nation* einen eigenen Staat bilden sollte (*Nationalitätenprinzip*), war ein aus dem Gedankengut der Französischen Revolution stammendes, praktisch nicht realisierbares Ideal.[47] Die Realität, daß Gruppen verschiedener ethnischer Qualität oder *Nationalität* in einem Staat zusammenlebten, erforderte ein Nachdenken über den Schutz der sich von der Mehrheitsbevölkerung auf irgendeine Weise unterscheidenden Gruppen. Der Übergang vom religiösen zum ethnischen Minderheitenschutz hatte begonnen.[48]

3. Der Wiener Kongreß

Der schon mit der Stärkung der Landesfürsten durch den Westfälischen Frieden begonnene Niedergang des Heiligen Römischen Reiches Deutscher Nation fand im Jahre 1806 seinen Abschluß. Der Austritt der Rheinbundstaaten aus dem Reich und der Druck *Napoleons* veranlaßten *Franz II.*, im August 1806 die Kaiserwürde niederzulegen. Damit endet die Geschichte des 900jährigen Heiligen Römischen Reiches Deutscher Nation. Als Nachfolger kann insofern der auf dem Wiener Kongreß von 1815 gegründete Deutsche Bund betrachtet werden. Im folgenden sei kurz die Entwicklung des Schutzes der religiösen Minderheiten bis zu diesem Datum skizziert:[49] § 63 des Reichsdeputationshauptbeschlusses vom 25. Februar 1803 bestimmt, daß die bisherige Religionsausübung auch weiterhin unbeeinträchtigt möglich sein sollte. Die Rheinbundakte vom 12. Juli 1806 verbürgte die Gleichheit der Bekenntnisse und den von der Religion unabhängigen Genuß der bürgerlichen und politischen Rechte. Letzteres wurde auch durch Art. 16 der Deutschen Bundesakte vom 8. Juni 1815 gewährleistet.[50] Wichtiger als die Kodifizierungen auf dem Gebiet der Bekenntnisfreiheit ist der sich manifestierende Übergang vom Schutz der religiösen Minderheiten zum Schutz der

---

[46] Vgl. hierzu *Stier-Somlo*, Deutsches Reichs- und Landesstaatsrecht, S. 86 ff.; *Helfritz*, Allgemeines Staatsrecht, 5. Aufl., S. 95 ff.; *Héraud* in: *Wittmann/Graf Bethlen*, Volksgruppenrecht, S. 15, 20 ff.

[47] „*Jede Nation ist berufen und berechtigt, einen Staat zu bilden. Wie die Menschheit in eine Anzahl von Nationen geteilt ist, so soll die Welt in ebensoviele Staaten zerlegt werden. Jede Nation ein Staat. Jeder Staat ein nationales Wesen.*", *Bluntschli*, Allgemeine Staatslehre, 5. Aufl., S. 107; zitiert nach *Helfritz*, Allgemeines Staatsrecht, 5. Aufl., S. 96. Vgl. dazu auch *Laun* in: *Hatschek/Strupp*, Wörterbuch des Völkerrechts und der Diplomatie, 2. Bd., S. 82 f.

[48] Auch *Oxenknecht*, Der Schutz ethnischer, religiöser und sprachlicher Minderheiten in Art. 27 IPBPR, S. 17 ff.

[49] Nach *Wintgens*, Der völkerrechtliche Schutz der nationalen, sprachlichen und religiösen Minderheiten, S. 70, Fn. 60.

[50] Wortlaut des Art. 16: „*Die Verschiedenheit der christlichen Religionsparteien kann in den Ländern und Gebieten des Deutschen Bundes keinen Unterschied in dem Genusse der bürgerlichen und politischen Rechte begründen.*"

ethnischen bzw. nationalen Minderheiten.[51] Insofern enthält die Wiener Schlußakte vom 9. Juni 1815 die erste *echte* Minderheitenschutzbestimmung.[52] Nachdem *Napoleon* besiegt war, trafen sich die europäischen Staatsmänner und Monarchen in Wien, um die Neuordnung Europas zu regeln. Die wichtigsten Akteure des Wiener Kongresses von 1814/15 waren der österreichische Staatskanzler *Fürst Metternich*, der russische Zar *Alexander I.*, der englische Bevollmächtigte *Lord Castlereagh*, der französische Vertreter *Talleyrand* und der preußische Staatskanzler *Fürst von Hardenberg*. Es wurden verschiedene territoriale Veränderungen in Europa vereinbart. Rußland erhielt den größten Teil des Herzogtums Warschau als Königreich in Personalunion, das sog. *Kongreßpolen*. Preußen bekam unter anderem die Nordhälfte Sachsens, das schwedische Vorpommern, Danzig, Thorn und Posen zugesprochen. Polen wurde also im wesentlichen unter Rußland, Preußen und Österreich aufgeteilt. Man scheute sich nun nach der damals bereits aufkommenden Idee der Selbstbestimmung der Nationen, die Staatlichkeit Polens völlig auszulöschen.[53] Die in diesem Zusammenhang oft zitierte[54] Passage aus dem zur polnischen Frage erstellten Memorandum *Lord Castlereaghs* soll hier nicht vorenthalten werden: *„Die Erfahrung hat gelehrt, daß man nicht durch Versuche der Unterdrückung der Sitten und Gebräuche der Polen das Glück dieser Nation und den Frieden dieses bedeutenden Teiles von Europa zu sichern hoffen darf. Man hat vergebens versucht, sie durch Einrichtungen, die ihren Gewohnheiten und Ansichten fremd sind, die Existenzberechtigung als Volk, ja selbst ihre nationale Sprache vergessen zu lassen.“* So räumte man den Polen durch die Minderheitenschutzbestimmungen der Wiener Schlußakte vom 9. Juni 1815 weitestgehende Rechte in bezug auf ihre *eigennationale* Existenz ein. Allen Teilen des ehemaligen Polens wurden *nationale Vertretung und Einrichtungen*,[55] also legislative und administrative Autonomie auf nationaler Grundlage,[56] zugesichert. *Von Hardenberg* merkte hierzu an: *„Mit dieser Regelung zeigt man den Völkern, daß ihre nationale Existenz unangetastet bleiben kann, welchem politischen System das Schicksal sie auch verbunden hat...“*.[57] Die Stadt Krakau erhielt unter dem Protektorat der Großmächte den Status einer freien, unabhängigen und neutralen Stadt.[58] Darüber hinaus wurde den

---

[51] *Engel* in: *Weiss/Engel/D'Amato*, Menschenrechte, S. 35, 39.

[52] Vgl. hierzu: *Kimminich*, Rechtsprobleme der polyethnischen Staatsorganisation, S. 54 f.; *Erler* in: *Strupp/Schlochauer*, Wörterbuch des Völkerrechts, 2. Bd., S. 531; *Fouques-Duparc*, La protection des minorités de race, de langue et de religion, S. 118.

[53] *Erler*, Das Recht der nationalen Minderheiten, S. 89 ff.

[54] *Kimminich*, Rechtsprobleme der polyethnischen Staatsorganisation, S. 54 f.; *Erler*, Das Recht der nationalen Minderheiten, S. 90; *Fouques-Duparc*, La protection des minorités de race, de langue et de religion, S. 115.

[55] Art. 1 Abs. 2 Wiener Schlußakte: *„Les Polonais, sujets respectifs de la Russie, de l'Autriche et de la Prusse obtiendront une représentation et des institutions nationales, réglées d'après le monde d'existance politique, que chacun des gouvernements auxquels ils appartiennent, jugera util et convenable de leur accorder.“*; zitiert nach *Wintgens*, Der völkerrechtliche Schutz der nationalen, sprachlichen und religiösen Minderheiten, S. 88.

[56] *Flachbarth*, System des internationalen Minderheitenrechtes, S. 23.

[57] *Erler*, Das Recht der nationalen Minderheiten, S. 90.

[58] Art. 6 der Wiener Schlußakte.

Bewohnern der abgetretenen Gebiete durch Art. 20 Wiener Schlußakte[59] freie und unbeschwerte Auswanderung bei Mitnahme des beweglichen Vermögens gestattet.[60] Die Umsetzung der Minderheitenschutzbestimmungen verlief zügig: Am 27. November 1815 bereits erhielt Russisch-Polen eine Verfassung. Staatsoberhaupt dieses somit quasi *halbsouveränen* Polens war ein Vizekönig als Statthalter des Zaren. Es wurde ein Staatsrat und eine aus zwei Kammern bestehende Nationalversammlung eingesetzt. Es wurden Grundrechte und der Schutz der religiösen Minderheiten verbürgt. Polnisch war Amtssprache, und Beamte waren ausschließlich Polen.[61] Auch das preußisch-polnische Posen wurde zum *halbsouveränen* Großherzogtum erhoben. Durch ein Manifest ließ *Friedrich Wilhelm III.* verkünden, daß dieses Gebiet Preußen eingegliedert werde, ohne daß die Einwohner ihre Nationalität verleugnen müßten.[62] Durch Kabinettsorder vom 20. Juni 1816 wurde verfügt, daß Preußens Gesetze auch ins Polnische übersetzen werden. In der Folgezeit ergingen noch weitere Maßnahmen zum Schutz der polnischen Sprache.[63]

Mit den Bestimmungen der Wiener Schlußakte und deren Umsetzung ist zum ersten Mal durch ein völkerrechtliches Dokument eine nationale Minderheit geschützt worden. Bemerkenswert ist, daß bereits hier schon der sehr fortschrittliche Weg einer weitgehenden Autonomiegewährung zugunsten der Minderheit gewählt wurde. Dennoch scheiterte das Modell am Unwillen der freiheitsliebenden Polen, in einen fremdnational bestimmten Staat eingegliedert zu sein. Nach polnischen Aufständen wurde 1831 das liberale Regime beendet und die Verfassung aufgehoben.[64]

---

[59] Art. 20 Wiener Schlußakte: „*(...) et pour que la liberté individuelle des habitants, tant des provinces cédées que des autres, ne soit point gênée, il leur sera libre d'émigrer d'un territore dans l'autre, sauf l'obligationdu service militaire (...). Ils pourront également exporter leurs biens sans être sujets à aucun droit d'issue ou de détraction.*"; zitiert nach *Wintgens*, Der völkerrechtliche Schutz der nationalen, sprachlichen und religiösen Minderheiten, S. 89.

[60] *Kimminich*, Rechtsprobleme der polyethnischen Staatsorganisation, S. 55.

[61] *Erler*, Das Recht der nationalen Minderheiten, S. 91.

[62] *Stier-Somlo*, Deutsches Reichs- und Landesstaatsrecht, S. 90 f.

[63] *Flachbarth*, System des internationalen Minderheitenrechtes, S. 23 f.

[64] Eine detaillierte Darstellung findet sich bei *Erler*, Das Recht der nationalen Minderheiten, S. 91 ff.

III. Vom Wiener Kongreß zum Ersten Weltkrieg

1. Die Nationalbewegung in Deutschland nach dem Wiener Kongreß

Die Soldaten, die in den Befreiungskriegen gegen *Napoleon* gekämpft hatten, hofften, daß auf der Wiener Konferenz von den deutschen Fürsten ein geeinter deutscher Staat gebildet würde. Umso enttäuschter waren sie, als der Deutsche Bund, also eine lockere Verbindung der 35 deutschen Staaten und den vier verbliebenen freien Reichsstädten, die Nachfolge des Heiligen Römischen Reiches Deutscher Nation antrat. Die deutsche Studentenbewegung war tief geprägt von Liberalismus und Nationalismus, Idealen, die von der amerikanischen und französischen Menschenrechts- und Verfassungsbewegung ausgingen und sich rasch in ganz Europa verbreiteten. Die Restaurationspolitik der Großmächte, die mit der *Heiligen Allianz* zementiert werden sollte, schaffte zusammen mit der schleppenden - von Preußen und Österreich gänzlich verweigerten - Verfassungsgebung in den Ländern bald ein revolutionäres Klima. Die Märzrevolution von 1848 mit Aufständen vor allem in Wien und Berlin führte schließlich dazu, daß der Forderung nach einem gesamtdeutschen Parlament und einer Verfassung nachgegeben werden mußte. Am 18. Mai 1848 trat schließlich das erste gesamtdeutsche aus freien Wahlen hervorgegangene Parlament in der Frankfurter Paulskirche zusammen, und man begann mit der Erarbeitung einer Verfassung.

2. Der Minderheitenschutz in den Entwürfen der deutschen Nationalversammlung von 1848/49

Die revolutionär-nationale Stimmung hatte ganz Kontinentaleuropa erfaßt und vor allem die Nationalbewegungen der Tschechen, Italiener und Ungarn sorgten für Unruhe im Vielvölkerstaat Österreich. Hier galt es gegenzusteuern und Zeichen zu setzen. Durch ein klares Bekenntnis zum Schutz der Minderheiten durch die Gewährleistung nationaler Entfaltungsmöglichkeiten, so hoffte man, würde man den Nationalbewegungen den Elan nehmen. Vor diesem Hintergrund ist der am 27. Mai 1848 auf der 8. Sitzung der Nationalversammlung eingebrachte Entschlußantrag des Abgeordneten *Marek* aus Graz zu sehen:[65]

> *„Deutschland erklärt hiermit durch seine Vertreter feierlich,*
>
> *1. daß es zur Unterdrückung irgendeiner Nationalität nie die Hand bieten werde;*

[65] Zitiert nach *Gerber*, Minderheitenrecht im Deutschen Reich, S. 12.

2. daß allen jenen Staatsbürgern eines mit Deutschland verbundenen Staates, welche nicht zum deutschen Volksstamme gehören, alle Rechte der deutschen Staatsbürger zukommen, und daß ihnen die Aufrechterhaltung und Achtung ihrer Nationalität garantiert sei;

3. die deutsche Sprache ist zwar Staatssprache, jedoch soll in jenen Kreisen, wo der größere Teil eine andere Sprache als die deutsche spricht, diese andere Sprache sowohl in Kommunalangelegenheiten, im Unterrichtswesen als auch als Gerichtssprache eingeführt werden."

Dieser Antrag wurde in der Nationalversammlung beraten und diente als Grundlage einer am 31. Mai 1848 abgegebenen Nationalitätenschutzerklärung,[66] die unter anderem die folgende Passage enthält:[67]

„*Die verfassunggebende Deutsche Nationalversammlung erklärt feierlich: daß sie in vollem Maaße das Recht anerkenne, welches die nichtdeutschen Volksstämme auf deutschem Bundesboden haben, den Weg ihrer volkstümlichen Entwicklung ungehindert zu gehen, und in Hinsicht auf das Kirchenwesen, den Unterricht, die Literatur und die innere Verwaltung und Rechtspflege sich der Gleichberechtigung ihrer Sprache(n), so weit deren Gebiete reichen, zu erfreuen, wie es sich denn auch von selbst versteht, daß jedes der Rechte, welche die im Bau begriffene Gesamtverfassung dem deutschen Volke gewährleisten wird, ihnen gleichmäßig zusteht.*

Das fortan einige und freie Deutschland ist groß und mächtig genug, um den in seinem Schooße erwachsenen andersredenden Stämmen eifersuchtslos in vollem Maaße gewähren zu können, was Natur und Geschichte ihnen zuspricht, und niemals soll auf seinem Boden weder der Slave, noch der dänisch redende Nordschleswiger, noch der italienisch redende Bewohner Süddeutschlands, noch wer sonst, uns angehörig, in fremder Zunge spricht, zu klagen haben, daß ihm seine Stammesart verkümmert werde, oder die deutsche Bruderhand sich ihm entziehe, wo es gilt."

Mareks Antrag und die Nationalitätenschutzerklärung wiesen den Weg und bildeten die Diskussionsgrundlage für die Verfassungsnorm, die es in der Folge zu erarbeiten galt.[68] Eine

---

[66] Vgl. hierzu: *Kimminich*, Rechtsprobleme der polyethnischen Staatsorganisation, S. 54 f.; *Rabl*, Das Selbstbestimmungsrecht der Völker, S. 18; *Engel* in: *Weiss/Engel/D'Amato*, Menschenrechte, S. 35, 40; *Lemke*, Nationale Minderheiten und Volksgruppen im schleswig-holsteinischen und im übrigen deutschen Verfassungsrecht, S. 72 ff.; *Stopp*, Staatswissenschaften und Staatspraxis 1994, S. 3, 9 f.

[67] Zitiert nach: *Wigard*, Stenographischer Bericht über die Verhandlungen der deutschen constituirenden National-Versammlung zu Frankfurt a.M., Bd. 1, S. 183.

schnelle Einigung konnte in bezug auf die Rechtsgebiete, auf die der Minderheitenschutz bezogen werden sollte, gefunden werden.[69] Die zu schaffende Norm sollte die Bereiche Kirchenwesen, Schule, innere, insbesondere Kommunalverwaltung, Rechtspflege und die Veröffentlichung von Druckwerken und Rechtsnormen erfassen. Nicht ganz einig war man, wie die nationale Eigenständigkeit der verschiedenen Volksstämme gewährleistet werden sollte.[70] Hier war strittig, wie weit die Schutzbestimmung in örtlicher und sachlicher Ausdehnung reichen sollte. Die Anerkennung der Juden als Minderheit war ebenfalls umstritten, wobei sich ein grundsätzlicher Dissens über die generelle Minderheitendefinition zeigte. Sollte nur die Sprache über die Minderheitenzugehörigkeit entscheiden, oder waren auch noch andere Merkmale subjektiver oder objektiver Art zu berücksichtigen?[71] Zu keinem Zeitpunkt jedoch wurde die Schaffung einer Minderheitenschutznorm generell in Frage gestellt, was auf einen großen Konsens bezüglich der Richtigkeit und Notwendigkeit einer solchen Norm schließen läßt.[72] Man einigte sich schließlich auf folgende Fassung, die als § 188 in die Verfassung des Deutschen Reiches vom 28. März 1849, die sog. *Paulskirchenverfassung* einging:[73]

§ 188

„*Den nicht deutsch redenden Volksstämmen Deutschlands ist ihre volkstümliche Entwicklung gewährleistet, namentlich die Gleichberechtigung ihrer Sprachen, soweit deren Gebiete reichen, in dem Kirchenwesen, dem Unterrichte, der inneren Verwaltung und der Rechtspflege.*“

Die Verfassung des Deutschen Reiches vom 28. März 1849 trat bekanntlich nie in Kraft. Die Staaten, die unter ihr vereinigt werden sollten - vor allem Preußen und Österreich - hatten nach der Märzrevolution von 1848 wieder soviel Kraft und Selbstbewußtsein gewonnen, daß sie es wagten, die Nationalversammlung wieder aufzulösen. Grund dafür war, daß die provisorische Regierung der Paulskirchenversammlung zu keinem Zeitpunkt mit echter

---

68 Vgl. zu Entwicklung und Interpretation von § 188 Paulskirchenverfassung: *Lemke*, Nationale Minderheiten und Volksgruppen im schleswig-holsteinischen und im übrigen deutschen Verfassungsrecht, S. 72 ff.; *Stopp*, Die Behandlung ethnischer Minderheiten als Gleichheitsproblem, S. 28 ff.

69 *Gerber*, Minderheitenrecht im Deutschen Reich, S. 13.

70 *Gerber*, Minderheitenrecht im Deutschen Reich, S. 12 ff.

71 *Gerber*, Minderheitenrecht im Deutschen Reich, S. 13; *Stopp*, Die Behandlung ethnischer Minderheiten als Gleichheitsproblem, S. 30 f., insbesondere Fn. 98 ff.

72 *Lemke*, Nationale Minderheiten und Volksgruppen im schleswig-holsteinischen und im übrigen deutschen Verfassungsrecht, S. 77; *Kühne*, Die Reichsverfassung der Paulskirche, S. 314 f.

73 Paulskirchenverfassung vom 28. März 1849, RGBl. 1849, S. 101.

politischer und militärischer Macht ausgestattet war. Die Weigerung des preußischen Königs *Friedrich Wilhelm III.*, die Wahl zum *Kaiser der Deutschen* und damit die Krone aus der Hand der Märzrevolutionäre anzunehmen, besiegelte das Scheitern der Nationalversammlung. Da jedoch große Teile der *Paulskirchenverfassung* in die *Weimarer Verfassung* von 1919 eingingen, war die Arbeit der Verfassungsväter von 1849 nicht vergebens. Das Nichtinkrafttreten der Paulskirchenverfassung ist auch der Grund dafür, daß die Literatur zum § 188 recht dünn ist. Da die Norm aber unverkennbar Vorbild des unten zu besprechenden Art. 113 der Weimarer Verfassung war, kann hier auf eine detaillierte Interpretation verzichtet werden.[74] Festzuhalten und zu unterstreichen bleibt allerdings, daß durch die Erarbeitung des § 188 Paulskirchenverfassung der Gedanke des Schutzes nationaler Minderheiten ins verfassungsrechtspolitische Denken nachhaltig eingedrungen war. Daß eine Minderheitenschutzbestimmung Bestandteil einer Verfassung für das Deutsche Reich sein mußte, wurde spätestens ab diesem Zeitpunkt nicht mehr ernsthaft in Frage gestellt.

3. Der Minderheitenschutz in den Verfassungen der deutschen Einzelstaaten

Mit dem Ende der Verfassung von 1849 ist jedoch nicht der Minderheitenschutz dieser Zeit gescheitert. Vielmehr versuchten die deutschen Staaten als Kompensationsmaßnahme für die zu Fall gebrachte Nationalversammlung nun, die Entwicklung ihrer jeweiligen Landesverfassungen voranzutreiben. Für die Entwicklung des Minderheitenrechts sollen die Bestimmungen in Österreich und Preußen betrachtet werden.

a) Entwicklung in Österreich

Im Vielvölkerstaat Österreich war die Lage am brisantesten, da hier die Regelung des Zusammenlebens mehrerer Völkerschaften in einem Staatsverband eine Frage von existenzieller Bedeutung war.[75] Vor allem die Ungarn strebten, dem *Nationalitätenprinzip* folgend, nach Unabhängigkeit. Die Behandlung der nationalen Minderheiten und das Nationalitätenprinzip waren Gegenstand der Beratungen auf dem Reichstag von Kremsier im Jahre 1849. Sie schlugen sich nieder in § 21 des Kremsier Verfassungsentwurfes,[76] der jedoch auch zu keinem Zeitpunkt geltendes Recht wurde:

---

[74] Detaillierte Analysen von § 188 der Paulskirchenverfassung finden sich bei: *Lemke*, Nationale Minderheiten und Volksgruppen im schleswig-holsteinischen und im übrigen deutschen Verfassungsrecht, S. 72 ff.; *Kühne*, Die Reichsverfassung der Paulskirche, S. 314 ff.

[75] *v. Turegg*, Minderheitenrecht, S. 131.

[76] Vgl. dazu: *Héraud* in: *Wittmann/Graf Bethlen*, Volksgruppenrecht, S. 15, 25 f.; *Kimminich* in: *Brunner/Camartin/Harbich/Kimminich*, Minderheitenschutz in Europa, S. 17 f.

§ 21

„Alle Nationalitäten sind gleich. Jede hat das unverletzliche Recht auf Erhaltung und auf die Pflege ihres Volkscharakters und ihrer Sprache. Die Gleichheit der Sprachen an den Schulen und in der Verwaltung wird vom Staat gewährleistet.“

Diese Verfassungsnorm, welche die volle Gleichberechtigung und damit den Erhalt der Volksgruppen erreichen will, beeinflußte die Arbeit am altösterreichischen Staatsgrundgesetz vom 21. Dezember 1867 über die allgemeinen Rechte der Staatsbürger. Artikel 19 dieses Staatsgrundgesetzes lautete:[77]

Artikel 19

„Alle Volksstämme des Staates sind gleichberechtigt, und jeder Volksstamm hat ein unverletzliches Recht auf Wahrung und Pflege seiner Nationalität und Sprache. Die Gleichberechtigung aller landesüblichen Sprachen in Schule, Amt und öffentlichem Leben wird vom Staat anerkannt. In den Ländern, in welchen mehrere Volksstämme wohnen, sollen die öffentlichen Unterrichtsanstalten derart eingerichtet sein, daß ohne Anwendung eines Zwanges zur Erlernung einer zweiten Landessprache jeder dieser Volksstämme die erforderlichen Mittel zur Ausbildung in seiner Sprache erhält.“

Diese Norm entstand aufgrund der Tatsache, daß es im alten Österreich kein ethnisch einheitlich strukturiertes Staats- oder Mehrheitsvolk, sondern viele zusammenlebende Nationalitätengruppen gab.[78] Die angestrebte Gleichheit der *Volksstämme*, die man auf allen einschlägigen Gebieten zu erreichen suchte, hat als Musterbeispiel für die Ausgestaltung nationaler Autonomierechte die Diskussion um verfassungsrechtliche Minderheitennormen noch lange beeinflußt.[79] Kritisiert wurde allerdings, daß nur Grund- bzw. Programmsätze, nicht jedoch subjektive Rechte für die Volksgruppen geschaffen wurden. Kein unmittelbar anwendbares Recht, sondern nur Vorgaben für Gesetzgebung und Verwaltung allgemeiner Art, seien entstanden.[80] Obgleich die auf der Grundlage der Verfassungsnorm zu schaffenden

---

[77] Zitiert nach *v. Turegg*, Minderheitenrecht, S. 131, Fn. 5.

[78] *Kimminich*, Rechtsprobleme der polyethnischen Staatsorganisation, S. 56; *Raschhofer* in: *Wittmann/Graf Bethlen*, Volksgruppenrecht, S. 53, 60 f.

[79] *Veiter*, Nationalitätenkonflikt und Volksgruppenrecht im ausgehenden 20. Jahrhundert, Bd. 1, S. 19; *Stopp*, Die Behandlung ethnischer Minderheiten als Gleichheitsproblem, S. 29 f.

[80] *Erler*, Das Recht der nationalen Minderheiten, S. 103 ff.

Nationalitätengesetze[81] nur schleppend bis gar nicht zustande kamen, ist dennoch das ehrliche Bemühen, der polyethnischen Staatsstruktur Rechnung zu tragen, zu würdigen. Anzumerken ist, daß die Bestimmung des Art. 19 Staatsgrundgesetz nicht im ungarischen[82] *cisleithanischen,*[83] sondern nur im *transleithanischen* Teil der Doppelmonarchie galt. Art. 19 blieb bis zum Ende des Habsburgerreiches, also bis zum Ende des Ersten Weltkrieges, in Kraft.

b) Entwicklung in Preußen

Anders verlief hingegen die Entwicklung in Preußen. Die preußische Politik nach dem Wiener Kongreß 1815 in bezug auf die polnische Minderheit wurde oben bereits besprochen.[84] Wie gesagt, erfolgte nach dem Aufstand der polnischen Nationalbewegung 1830 ein Umdenken hin zu einer restriktiveren Minderheitenpolitik, was auch bei der Erarbeitung einer preußischen Verfassung nach 1848 deutlich spürbar war. Weder der Urentwurf einer preußischen Verfassung vom 15. Mai 1848 noch die Regierungsvorlage vom 20. Mai 1848 noch die *oktroyierte*[85] Verfassung vom 5. Dezember 1848 enthielt eine dem § 188 der Paulskirchenverfassung entsprechende Minderheitenschutzklausel.[86] Im Jahre 1849 wurde unter Hinweis auf ebendiesen Artikel der Paulskirchenverfassung und mit dem Argument, daß jede fremdbeherrschte Nationalität ein Recht auf Bewahrung ihrer nationalen Entwicklung haben müsse, von liberalen Kräften in Preußen die Einfügung eines Minderheitenschutzartikels in die preußische Verfassung gefordert. Die Mehrheit lehnte dies jedoch unter Verweis auf die Aufstände von 1830, 1846 und 1848 mit dem Argument ab, daß die Bewahrung der in Gefahr geratenen Staatseinheit höherwertig sei. Kritik an der weitgehenden Autonomie des Großherzogtums Posen wurde in der Bemerkung laut, daß die fremdsprachigen Volksgruppen ja schließlich auch Glieder des Gesamtstaates seien und sich als solche diesem gegenüber loyal zu verhalten hätten. Man argumentierte, daß die Autonomie

[81] Vgl. hierzu *Erler*, Das Recht der nationalen Minderheiten, S. 104 ff. mit vielen weiteren Nachweisen.

[82] Hier galt der ungarische Gesetzesartikel XLIV von 1868. Vgl. *v. Turegg*, Minderheitenrecht, S. 131 f.; *Wintgens*, Der völkerrechtliche Schutz der nationalen, sprachlichen und religiösen Minderheiten, S. 95.

[83] Trennung in die in Personalunion verbundenen Reichsteile des *Kaisers von Österreich* und *Königs von Ungarn* (k. u. k.) nach dem Grenzfluß Leitha.

[84] Vgl. oben Punkt IV. 3. a.E.

[85] *Oktroyierte* Verfassung wurde sie genannt, weil König *Friedrich Wilhelm IV.* sie Preußen quasi *von oben*, also ohne Beteiligung des Volkes, aufgesetzt hat.

[86] *Gerber*, Minderheitenrecht im Deutschen Reich, S. 15. *Lemke* weist darauf hin, daß sich in den Entwürfen noch Minderheitenschutzklauseln finden (*Lemke*, Nationale Minderheiten und Volksgruppen im schleswig-holsteinischen und im übrigen deutschen Verfassungsrecht, S. 76), was allerdings im Ergebnis nicht erheblich ist.

und Sonderrechte für fremdsprachige Volksteile nur insoweit gewährleistet werden könne, wie die Staatseinheit nicht gefährdet wird. Den Grad der Autonomie bestimmt die Minderheit durch ihr Verhalten. Die Installierung eines Minderheitenschutzes in der Verfassung sei unangemessen, da zu unflexibel. Gesetzgebung und vor allem Verwaltung könnten mit *wohlwollendem Ermessen* besser und angemessener auf die jeweilige Situation reagieren.[87] Die Entwicklung des Minderheitenrechts hatte dadurch einen Rückschlag erhalten. Das Defizit des fehlenden Minderheitenschutzartikels wurde jedoch durch die Gewährleistung anderer Verfassungsrechte aufgefangen. Als Beispiel hierfür hebt *Erler*[88] die sehr weitgehende Religions[89]- und Pressefreiheit[90] der preußischen Verfassung vom 31. Januar 1850 heraus.

4. Weitere wichtige Entwicklungen bis zum Ersten Weltkrieg

Im zwischenstaatlichen Bereich sind darüber hinaus die Bestimmungen in Friedensverträgen erwähnenswert. Durch den Deutsch-Dänischen Krieg[91] kommen die Herzogtümer Schleswig und Holstein als Kondominium unter preußisch-österreichische Verwaltung. Im Wiener Friedensvertrag vom 30. Oktober 1864 wird den Bewohnern der von Dänemark abgetretenen Gebiete ein Optionsrecht[92] unter Aufrechterhaltung des Eigentums an darin belegenem unbeweglichen Vermögen eingeräumt.[93] Im Prager Frieden vom 23. August 1866, der den *Deutschen Krieg*[94] beendet, findet sich zum ersten Mal in einem Friedensvertrag mit deutscher Beteiligung eine Norm, die ein Plebiszit einer in einem umstrittenen Gebiet lebenden Volksgruppe über die Zugehörigkeit zu einem bestimmten Staat vorsieht.[95] Artikel 5 des Prager Friedens sieht einen Volksentscheid der Nordschleswiger über eine Vereinigung

---

87 Vgl. zum Ganzen: *Gerber*, Minderheitenrecht im Deutschen Reich, S. 13 ff.

88 *Erler*, Das Recht der nationalen Minderheiten, S. 179 f.

89 Art. 12 ff. preußische Verfassung vom 31. Januar 1850.

90 Art. 27 preußische Verfassung vom 31. Januar 1850.

91 1. Februar bis 1. August 1864: Sieg einer preußisch-österreichischen Kriegskoalition über Dänemark.

92 Art. 18 und 19 des Wiener Friedensvertrages vom 30. Oktober 1864.

93 *Wintgens*, Der völkerrechtliche Schutz der nationalen, sprachlichen und religiösen Minderheiten, S. 93.

94 15. Juni bis 26. Juli 1866: Krieg zwischen Preußen und Österreich, bei dem es um die Vorherrschaft in Schleswig und Holstein und um die Führungsrolle unter den deutschen Staaten ging. Sieger bleibt Preußen.

95 *Wintgens*, Der völkerrechtliche Schutz der nationalen, sprachlichen und religiösen Minderheiten, S. 94.

mit Dänemark vor.[96] Diese Neuerung darf jedoch nicht überbewertet werden, da meist nur eine bereits vollzogene Gebietsänderung bestätigt werden konnte oder durch *Wahlkreisgeometrie* das Ergebnis manipuliert wurde.[97] Der den Deutsch-Französischen Krieg[98] beendende Frankfurter Frieden vom 10. Mai 1871,[99] der Elsaß-Lothringen zu Deutschland bringt,[100] sichert den Franzosen in den abgetretenen Gebieten die freie Option und das Eigentumsrecht an darin befindlichen Immobilien zu.[101]

Nach den deutschen Einigungskriegen und noch während des Deutsch-Französischen Krieges erfolgte am 18. Januar 1871 im Spiegelsaal des Versailler Schlosses die Gründung des Deutschen Reiches. Staatsverträge mit den Landesregierungen schufen einen Bundesstaat, *Wilhelm I.* König von Preußen wurde *Deutscher Kaiser*. Die Verfassung des Deutschen Reiches vom 16. April 1871, die *Bismarcksche Reichsverfassung*, die in wesentlichen Teilen der Verfassung des Norddeutschen Bundes vom 16. April 1867 entsprach, hatte keinen Grundrechtsteil und enthielt folglich auch keine Minderheitenschutznorm. Man war der Ansicht, daß der Grundrechtsschutz, den die unverändert in Kraft befindlichen Länderverfassungen gewährten, ausreichend sei.[102] In der Folge und bis zum Ende des Ersten Weltkrieges ergaben sich keine für die Entwicklung des Minderheitenschutzes in Deutschland bedeutsamen Veränderungen.

IV. Die Entwicklung des Minderheitenschutzes zwischen den Weltkriegen

Die internationalen Bemühungen um eine Absicherung des Minderheitenschutzes erreichten ihren Höhepunkt in der Zeit nach dem Ersten Weltkrieg. Zu keiner anderen Zeit haben sich Politik und Wissenschaft so sehr mit diesem Problem beschäftigt wie zu dieser. Nationalitätenkonflikte waren eine wichtige Ursache für den Ausbruch des Ersten

---

96 Dieses Plebiszit fand allerdings nicht statt; vielmehr wurde die Bestimmung am 11. Oktober 1878 aufgehoben. Vgl. *Wintgens*, Der völkerrechtliche Schutz der nationalen, sprachlichen und religiösen Minderheiten, S. 94.

97 *Héraud* in: *Wittmann/Graf Bethlen*, Volksgruppenrecht, S. 15, 28.

98 19. Juli 1870 bis 26. Februar 1871.

99 Art. 2 des Friedensvertrages von Frankfurt vom 10. Mai 1871.

100 Vgl. zur minderheitenschützenden Verwaltungspraxis im französischsprachigen Elsaß-Lothringen auch *Héraud* in: *Wittmann/Graf Bethlen*, Volksgruppenrecht, S. 15, 26.

101 *Wintgens*, Der völkerrechtliche Schutz der nationalen, sprachlichen und religiösen Minderheiten, S. 96.

102 *Erler*, Das Recht der nationalen Minderheiten, S. 179.

Weltkrieges,[103] und man erkannte, daß diese Probleme gelöst werden mußten, um einen dauerhaften Frieden in Europa zu erreichen.

Durch Gebietsverluste aufgrund des Friedensvertrages von Versailles hatte das Deutsche Reich einen Großteil seiner fremdsprachigen bzw. Minderheitenvolksteile verloren.[104] Oft wurde betont, daß die Entwicklung des Minderheitenschutzes in Deutschland - unbeeinflußt von den internationalen Vorgängen - aus der *„langen Geschichte des inneren deutschen Staatsrechtes“*[105] erfolgte. Mag dies im wesentlichen auch richtig sein, so kann doch die Entwicklung vor allem während und nach der Pariser Friedenskonferenz nicht ganz außer acht gelassen werden. Allein die Überlegung, daß bestimmte Rechtssätze über das Minderheitenrecht als *allgemein anerkannte Regeln des Völkerrechts* über Art. 4 der Weimarer Verfassung[106] zu bindenden Bestandteilen des Reichsrechts geworden sein könnten,[107] erfordert eine kurze Auseinandersetzung mit dem internationalen Recht dieser Zeit.

1. Die Entwicklung des internationalen Minderheitenrechts

a) Die Idee des Selbstbestimmungsrechts der Völker

Im Verlauf des Ersten Weltkrieges kam immer mehr das Schlagwort des Kampfes für das Nationalitätenprinzip und für das Selbstbestimmungsrecht der Völker auf.[108] Zunächst wurde es von der alliierten Propaganda sehr wirkungsvoll eingesetzt, um die Neutralen moralisch für sich zu gewinnen. Schließlich erklärten die meisten kriegführenden Staaten, für das Selbstbestimmungsrecht der Völker als Grundlage einer künftigen Friedensordnung zu kämpfen. Reichskanzler *von Bethmann-Hollweg* erklärte am 9. November 1916 die *„freie Entwicklung aller Nationen, der großen und der kleinen“* als Kriegsziel der Mittelmächte.[109]

---

[103] *Blumenwitz*, Minderheiten- und Volksgruppenrecht – Aktuelle Entwicklung, S. 37; *Laun* in: *Hatschek/Strupp*, Wörterbuch des Völkerrechts und der Diplomatie, 2. Bd., S. 83 ff.

[104] *Anschütz/Thoma*, Handbuch des Deutschen Staatsrechts, 1. Bd., S. 252; *Erler* in: *Strupp/Schlochauer*, Wörterbuch des Völkerrechts, 2. Bd., S. 532; *Bredt*, Der Geist der Deutschen Reichsverfassung, S. 446.

[105] *Gerber*, Minderheitenrecht im Deutschen Reich, S. 17; *Erler*, Das Recht der nationalen Minderheiten, S. 181.

[106] Verfassung des Deutschen Reiches vom 11. August 1919 (Weimarer Verfassung).

[107] *Erler*, Das Recht der nationalen Minderheiten, S. 185.

[108] Vgl. allgemein zu dieser Thematik: *Erler*, Das Recht der nationalen Minderheiten, S. 110 ff. Vgl. zum Verhältnis des Minderheitenrechts zum Selbstbestimmungsrecht der Völker auch oben Kapitel 1. Punkt IV. 1.

[109] *Wintgens*, Der völkerrechtliche Schutz der nationalen, sprachlichen und religiösen Minderheiten, S. 100.

Auch für die Engländer war die „*Schlichtung von Gebietsfragen auf der Grundlage des Selbstbestimmungsrechts*" ein Kriegsziel.[110] Nach der Februarrevolution von 1917 erklärte auch die neue russische Regierung als ihr Ziel, „*einen dauerhaften Frieden zu errichten auf der Grundlage des Rechts der Völker, über sich selbst zu bestimmen.*"[111] Der amerikanische Präsident *Woodrow Wilson* griff die Idee des Selbstbestimmungsrechts der Völker zum Schutze der *Nationalitäten* bei der Neuordnung des Nachkriegseuropas auf und wollte sie unter dem internationalen Kontrollsystem eines zu gründenden Völkerbundes verwirklichen.[112]

b) Vorarbeiten zur Pariser Friedenskonferenz

Im Hinblick auf eine Nachkriegsordnung machten sich viele Gremien Gedanken über die Verwirklichung und Ausgestaltung eines internationalen Minderheitenschutzes, der Europa nach dem Kriege befrieden könnte.[113] Neben den jeweiligen Lagern nahestehenden Gremien befaßten sich auch neutrale internationale Wissenschaftlerorganisationen mit der Erarbeitung von Denkschriften oder Entwürfen für internationale Minderheitenschutzverträge. Erwähnenswert erscheint hier der *Entwurf eines internationalen Vertrages über den Schutz nationaler Minderheiten*, der *Organisation Centrale pour une Paix durable*.[114] Dieser Entwurf enthält, aufbauend auf dem freien Bekenntnis zu einer Minderheit, ein ausgeklügeltes Volksabstimmungssystem und durchdachte Vorschläge für die Ausgestaltung von Minderheitenautonomierechten. Es wäre daher sicherlich falsch zu sagen, daß eine Lösung des Minderheitenproblems vor der Friedenskonferenz nicht wissenschaftlich bearbeitet war.[115] Beachtet allerdings wurden diese Vorarbeiten auf der Friedenskonferenz leider wenig bis gar nicht.

---

[110] Erklärung des englischen Premierministers *Lloyd George* vom 5. Januar 1918. Vgl. *Erler*, Das Recht der nationalen Minderheiten, S. 111.

[111] Manifest vom 9. April 1917. Vgl. *Kimminich* in: *Wittmann/Graf Bethlen*, Volksgruppenrecht, S. 37, 45.

[112] Reden vor dem amerikanischen Kongreß vom 8. Januar 1918 (mit der Verkündung der 14 Punkte) und vom 11. Februar 1918. Vgl. *Erler*, Das Recht der nationalen Minderheiten, S. 111 ff.

[113] *Erler*, Das Recht der nationalen Minderheiten, S. 121 ff.; *Flachbarth*, System des internationalen Minderheitenrechtes, S. 30 ff.

[114] Diesen Entwurf skizziert *Wintgens*, Der völkerrechtliche Schutz der nationalen, sprachlichen und religiösen Minderheiten, S. 108. Kommentiert wird er ausführlich von *Laun* in: *Hatschek/Strupp*, Wörterbuch des Völkerrechts und der Diplomatie, 2. Bd., S. 87 ff.

[115] Vgl. zu wissenschaftlichen Beiträgen zum Minderheitenrecht in der Zwischenkriegszeit auch *Partsch* in: FS für *Mosler*, S. 649 ff.

c) Die Pariser Friedenskonferenz von 1919/20

Das krasse Auseinanderklaffen von Anspruch und Wirklichkeit im Hinblick auf Selbstbestimmungsrecht und Minderheitenschutz wird dann auf der Pariser Friedenskonferenz[116] und bei ihren Ergebnissen sichtbar.[117] Enthielten einzelne Entwürfe der Völkerbundsatzung noch Vorschriften,[118] die alle neuen Staaten zur Beachtung des Schutzes der ethnischen und nationalen Minderheiten verpflichteten, so enthielt die endgültige Fassung keine derartige Vorschrift.[119] Auch der Friedensvertrag von Versailles enthält außer den Artikeln 86[120] und 93 keine den Minderheitenschutz betreffenden Bestimmungen. Minderheitenschutzrechtliche Bestimmungen in der Völkerbundsatzung scheiterten, weil die siegreichen Großmächte unwillig waren, sich durch derartige Bestimmungen binden zu lassen.[121] Auch die neu entstandenen Staaten und die anderen kleineren, der Siegerseite zugeschlagenen Staaten, zeigten in ihrem nationalchauvinistischen Taumel wenig Interesse, an Minderheitenschutzklauseln gebunden zu werden.[122] Der Minderheitenschutz wurde nach dem Ersten Weltkrieg durch ein System von einzelnen Verträgen[123] verwirklicht, die den betreffenden Vertragsstaaten mit sanftem Druck auferlegt werden mußten.[124]

---

[116] Beginn der Tagungen am 18. Januar 1919 in Versailles.

[117] Vgl. hierzu insbesondere den äußerst kritischen und verbitterten Kommentar von *Laun*, in: *Hatschek/Strupp*, Wörterbuch des Völkerrechts und der Diplomatie, 2. Bd., S. 93 ff.

[118] *Wintgens*, Der völkerrechtliche Schutz der nationalen, sprachlichen und religiösen Minderheiten, S. 114; *Kraus*, Das Recht der Minderheiten, S. 40 f.

[119] *Blumenwitz*, Minderheiten- und Volksgruppenrecht – Aktuelle Entwicklung, S. 37; *Kimminich*, Rechtsprobleme der polyethnischen Staatsorganisation, S. 57.

[120] Artikel 86: *„Die Tschechoslowakei ist damit einverstanden, daß die alliierten und assoziierten Hauptmächte in einem mit ihr zu schließenden Vertrage die Bestimmungen aufnehmen, die sie zum Schutze der Interessen der nationalen, sprachlichen und religiösen Minderheiten in der Tschechoslowakei für notwendig erachten, und genehmigt damit diese Bestimmungen.“* Art. 93 enthält die wörtlich gleiche Verpflichtung Polens. Vgl. *Erler*, Das Recht der nationalen Minderheiten, S. 129.

[121] *Erler*, in: *Strupp/Schlochauer*, Wörterbuch des Völkerrechts, 2. Bd., S. 532. *Héraud* meint gar, daß bei strikter Anwendung des Prinzips der Selbstbestimmung das Deutsche Reich als Sieger des Ersten Weltkrieges hervorgegangen wäre, *Héraud*, in: *Wittmann/Graf Bethlen*, Volksgruppenrecht, S. 15, 29.

[122] *Erler*, Das Recht der Nationalen Minderheiten, S. 128.

[123] Übersicht bei *Kimminich*, in: *Wittmann/Graf Bethlen*, Volksgruppenrecht, S. 37, 48. Eine detaillierte Besprechung findet sich bei *Erler*, Das Recht der nationalen Minderheiten, S. 129 ff.

[124] Vgl. hierzu die berühmte Note des französischen Präsidenten *Clémenceau* an den polnischen Delegationsleiter *Paderewski* vom 24. Juni 1919. Zitiert bei: *Kraus*, Das Recht der Minderheiten, S. 43 ff. Vgl. dazu *Erler*, Das Recht der nationalen Minderheiten, S. 130; *Wegner*, Geschichte des Völkerrechts, S. 334; *v. Turegg*, Minderheitenrecht, S. 142.

d) Die Minderheitenschutzverträge

Der Inhalt der Minderheitenschutzbestimmungen dieser Friedensverträge orientierte sich im wesentlichen an dem am 28. Juni 1919 geschlossenen Vertrag der alliierten und assoziierten Hauptmächte mit Polen.[125] Auf eine detaillierte Analyse der Bestimmungen kann hier verzichtet werden.[126] Grundzüge seien dennoch kurz dargestellt: Den Minderheitenangehörigen wird zunächst die Nichtdiskriminierung in bezug auf Leben, Freiheit, Religionsausübung und Sprachgebrauch zugesichert. Sie sollen die gleichen bürgerlichen und staatsbürgerlichen Rechte genießen. Darüber hinaus wird ihnen das Recht eingeräumt, Wohlfahrtseinrichtungen und Schulen einzurichten, in denen sie ihre Sprache gebrauchen können. Die Einhaltung der vereinbarten Garantien wird unter die internationale Kontrolle des Völkerbundes gestellt.[127]

Dennoch wurde der durch die Verträge gewährleistete Schutz im allgemeinen als unzureichend erachtet. Die Gewährung zu großer Ermessensspielräume und das Fehlen echter Autonomierechte setze die Minderheiten in den betreffenden ultranationalistisch gesinnten Staaten der Gefahr der *Entnationalisierung* aus. Überdies erwies sich das Kontrollsystem als völlig uneffektiv.[128] Erst später bekamen die Minderheiten ein eigenes Petitionsrecht, vorher konnten nur Staaten Mißstände anprangern.[129]

2. Die Haltung des Deutschen Reiches im und nach dem Ersten Weltkrieg

Ein besonderes Augenmerk soll auf die Haltung des Deutschen Reiches auf dem internationalen Parkett im und nach dem Ersten Weltkrieg gelegt werden.

---

[125] Text bei *Kraus*, Das Recht der Minderheiten, S. 50 ff.

[126] Vgl. zum Minderheitenrecht der Völkerbundzeit etwa: *Scherer-Leydecker*, Minderheiten und sonstige ethnische Gruppen, S. 33 ff.; *Weber*, in: *Mohr*, Friedenssichernde Aspekte des Minderheitenschutzes in der Ära des Völkerbundes und der Vereinten Nationen in Europa, S. 3 ff.; *Messtorff*, Die Rechtsstellung der ethnischen Minderheiten in der Bundesrepublik Deutschland, S. 17 ff.; *Bartsch*, in: *Mohr*, Friedenssichernde Aspekte des Minderheitenschutzes in der Ära des Völkerbundes und der Vereinten Nationen in Europa, S. 67 ff.

[127] *Erler*, in: *Strupp/Schlochauer*, Wörterbuch des Völkerrechts, 2. Bd., S. 532; *Blumenwitz*, Minderheiten- und Volksgruppenrecht – Aktuelle Entwicklung, S. 38 f.

[128] Besprechung und Kritik bei: *Laun*, in: *Hatschek/Strupp*, Wörterbuch des Völkerrechts und der Diplomatie, 2. Bd., S. 100 ff.

[129] *Héraud*, in: *Wittmann/Graf Bethlen*, Volksgruppenrecht, S. 15, 34.

a) Der Frieden von Brest-Litowsk vom 3. März 1918

Dem nach der Februar- und Oktoberrevolution von 1917 friedensbereiten Rußland wurde von den Mittelmächten am 3. März 1918 der harte Friedensvertrag von Brest-Litowsk abverlangt. Dieser Vertrag brachte Rußland empfindliche Gebietsverluste und hohe Reparationsverpflichtungen ein. Unter anderem wurden die Balten, Polen, Finnland und die Ukraine selbständig. Anläßlich der Friedensverhandlungen finden sich auch Erklärungen der Verhandlungspartner zur Minderheitenpolitik.[130] Die Führungsmacht der Mittelmächte, das Deutsche Reich, wußte nicht so recht, was es mit den besetzten Gebieten im Osten machen sollte.[131] *Erler*[132] will aber dennoch einen Trend der Minderheitenpolitik erkennen: die Anerkennung des Prinzips des Selbstbestimmungsrechts der Völker auf dem erkämpften Gebiet unter Wahrung der eigenen staatlichen Integrität durch Zurückweisung zwischenstaatlicher Bindungen, die unmittelbare Verpflichtungen gegen die eigenen Minderheiten mit sich bringen könnten. Konsequenterweise wird daher den neu anerkannten Staaten die Regelung des Minderheitenschutzes durch eigenes Staatsrecht selbst überlassen. Eine Verifizierung dieses Trends ist jedoch aufgrund der kurzen deutschen Vorherrschaft in diesen Gebieten nicht möglich.[133] Ein Sympathieeffekt zugunsten der Deutschen in den Gebieten ist jedoch nicht festzustellen.[134] Die spätere Verhandlungsposition bezüglich des Vertrages von Versailles sollte jedoch durch das Friedensdiktat von Brest-Litowsk erheblich verschlechtert werden.[135]

b) Das Gesetz über die Berücksichtigung von Schulbedürfnissen der Minderheiten

Aufgrund der kurzen Geltungsdauer kann auch das *„Gesetz über die Berücksichtigung von Schulbedürfnissen der Minderheiten“*[136] des Deutschen Generalgouvernements Warschau

---

[130] Erklärung der russischen Friedensdelegation unter *Joffe* vom 22. Dezember 1917 und die Anwort des Chefdelegierten der Mittelmächte *Graf Czernin* vom 25. Dezember 1917. Beide Dokumente sind abgedruckt bei: *Kraus*, Das Recht der Minderheiten, S. 31 ff.

[131] Vgl. *Mann*, Deutsche Geschichte des 19. und 20. Jahrhunderts, S. 637 ff.

[132] *Erler*, Das Recht der nationalen Minderheiten, S. 117 f.

[133] Vgl. dazu auch die Anmerkung von *Laun*, in: *Hatschek/Strupp*, Wörterbuch des Völkerrechts und der Diplomatie, 2. Bd., S. 85.

[134] *Mann*, Deutsche Geschichte des 19. und 20. Jahrhunderts, S. 638.

[135] *Hildebrand*, Das vergangene Reich, S. 368 f.

[136] Vgl. die eingehende Analyse bei: *Wintgens*, Der völkerrechtliche Schutz der nationalen, sprachlichen und religiösen Minderheiten, S. 101 ff.

vom 12. September 1917 nicht abschließend beurteilt werden. Vor allem über die Intention, die das Deutsche Reich damit verfolgte, läßt sich nur spekulieren. Objektiv begutachtet liegt jedenfalls mit diesem Gesetz ein vorbildlicher Minderheitenschutz auf diesem Gebiet vor.[137] Auf der Basis eines freien Bekenntnisses zu einer Minderheit wird das Recht öffentlicher und privater Schulen geregelt. Schulaufbau, Autonomiegewährung und vor allem die Zulassung modifizierter Lehrpläne tragen den Bedürfnissen der Minderheiten besonders Rechnung.

c) Das Verhalten im Hinblick auf die Pariser Friedenskonferenz

Nach der von *Ludendorff* am 29. September 1918 eingestandenen militärischen Niederlage und der Novemberrevolution in Deutschland vom gleichen Jahr hatte sich die Mitsprachemöglichkeit des Deutschen Reiches in bezug auf die Nachkriegsordnung minimiert. Die Alliierten konnten dem Deutschen Reich am 11. November 1918 einen Waffenstillstand zu härtesten Bedingungen auferlegen. Anders als beim Wiener Kongreß durften die besiegten Staaten nicht an der Friedenskonferenz teilnehmen. Für die Beurteilung der Entwicklung des Minderheitenrechts in Deutschland ist es dennoch interessant, die Einwirkungsversuche des Deutschen Reiches auf die Nachkriegsordnung in bezug auf die Minderheitenrechte zu betrachten. Zu beachten ist, daß nach der Abdankung Kaiser *Wilhelm II.*, der Ausrufung der Republik am 9. November 1918 und der Einführung eines parlamentarischen Systems die Führung im Reich natürlich eine andere war. Die Deutsche Friedensdelegation hat zunächst in ihren Vorschlägen für die Errichtung eines Völkerbundes[138] die Verankerung von Autonomierechten für nationale Minderheiten unter der Kontrolle einer internationalen Instanz gefordert:[139]

§ 54

„Den nationalen Minderheiten innerhalb der einzelnen Völkerbundstaaten wird ein nationales Eigenleben, insbesondere in Sprache, Schule, Kirche, Kunst, Wissenschaft und Presse verbürgt. Über die Durchführung dieses Grundsatzes entscheidet ein besonderes Abkommen, das vornehmlich bestimmt, in welcher Weise das Recht der Minderheiten vor den Organen des Völkerbundes geltend gemacht werden kann.“[140]

---

[137] *Kimminich*, in: *Wittmann/Graf Bethlen*, Volksgruppenrecht, S. 37, 45 f.

[138] Note vom 9. Mai 1919.

[139] *Laun*, in: *Hatschek/Strupp*, Wörterbuch des Völkerrechts und der Diplomatie, 2. Bd., S. 94 f.

[140] Text bei *Kraus*, Das Recht der Minderheiten, S. 41.

Die Anregung wurde im endgültigen Dokument der Völkerbundsatzung nicht berücksichtigt. Am 7. Mai 1919 erhielt die deutsche Friedensdelegation das fertiggestellte Vertragswerk von Versailles ausgehändigt. Da eine mündliche Unterredung nicht gewährt wurde, konnte sie sich zu dem Vertragswerk nur schriftlich äußern. Bezüglich des Minderheitenschutzes finden sich in der deutschen Note vom 25. Mai 1919 zu den Friedensbedingungen folgende Ausführungen:[141]

> *„Jedoch müssen deutscherseits bereits im Friedensvertrage bestimmte Zusicherungen für diejenigen deutschen Minderheiten verlangt werden, die durch Abtretung unter fremde Staatshoheit gelangen. Diesen Minderheiten ist die Pflege ihrer deutschen Art zu ermöglichen, insbesondere durch Einräumung des Rechts, deutsche Schulen und Kirchen zu unterhalten und zu besuchen sowie deutsche Zeitungen erscheinen zu lassen. Erwünscht wäre es, wenn noch weitergehend eine kulturelle Autonomie auf Grund nationaler Kataster geschaffen würde. Deutschland ist seinerseits entschlossen, fremdstämmige Minderheiten auf seinem Gebiet nach den gleichen Grundsätzen zu behandeln.“*[142]

Diese Ausführungen zeigen ein Abrücken von der anläßlich der Verhandlungen des Friedensvertrages von Brest-Litowsk in Ansätzen erkennbaren Minderheitenpolitik. Auch Österreich hat sich die genannten Prinzipien zu eigen gemacht.[143] Unter Androhung des Wiederaufnehmens der Kampfhandlungen wurde das Deutsche Reich am 16. Juni 1919 ultimativ zur Unterzeichung des harten Friedensvertrages von Versailles gezwungen. In der Note der alliierten Hauptmächte findet sich auch eine Antwort auf die Anregungen der deutschen Friedensdelegation:

> *„Die alliierten und assoziierten Mächte sind bereit, den Rechten der deutschen Minderheiten in den vom Deutschen Reich auf die von dem Vertrag neugeschaffenen Staaten übertragenen Gebieten auf dem Gebiet der Erziehung, Religion und Kultur Garantien zu gewähren. Diese Garantien werden unter den Schutz des Völkerbundes gestellt werden. Die alliierten und assoziierten Mächte nehmen Kenntnis von der Erklärung der deutschen Delegation, daß Deutschland entschlossen ist, auf seinem Gebiet die fremden Minderheiten nach den gleichen Grundsätzen zu behandeln.“*[144]

---

[141] Vgl. dazu *Flachbarth*, System des internationalen Minderheitenrechtes, S. 53 ff.; *Erler*, Das Recht der nationalen Minderheiten, S. 127 ff.

[142] Text bei *Kraus*, Das Recht der Minderheiten, S. 42.

[143] Vgl. dazu *Laun*, in: *Hatschek/Strupp*, Wörterbuch des Völkerrechts und der Diplomatie, 2. Bd., S. 94.

[144] Text bei *Kraus*, Das Recht der Minderheiten, S. 42.

Die Umsetzung dieser Erklärung erfolgte allerdings nur durch die oben erwähnten Artikel 86 und 93 des Vertrages von Versailles und die folgenden Minderheitenschutzverträge.[145] Die Minderheitenfrage in Deutschland wurde im Rahmen der Friedenskonferenz lediglich einmal, am 13. Juli 1919, diskutiert. Aufgrund der geringen Anzahl der Minderheiten im Deutschen Reich in seiner Nachkriegsgestalt erschien den Alliierten ein diesbezügliches Tätigwerden nicht angezeigt.[146] Aus eben diesem Grunde erklärt sich auch, warum die alliierten Hauptmächte das Deutsche Reich anders als die übrigen Staaten, mit denen Friedensverträge geschlossen wurden, nicht explizit auf einen Minderheitenschutz verpflichtet hat.[147] Am 28. Juni 1919 unterzeichnet die deutsche Delegation unter Protest und aufgrund des Ultimatums der Alliierten den Vertrag von Versailles.

3. Die bilateralen Verträge des Deutschen Reiches und Danzigs

Auf der internationalen Ebene soll schließlich noch kurz auf zwei Abkommen eingegangen werden, die das Deutsche Reich bzw. ehemalige Gebiete desselben betreffen.

a) Das Abkommen zwischen Polen und der freien Stadt Danzig vom 9. November 1920

Auf Veranlassung der alliierten und assoziierten Mächte kam am 9. November 1920 die Konvention zwischen Polen und der Freien Stadt Danzig zustande. Mit diesem Vertrag wurde Danzig verpflichtet, die polnische Minderheit in Gesetzgebung und Verwaltung gemäß den Grundsätzen der Nachkriegsminderheitenschutzverträge gleichzustellen. In Ergänzung mußte sich Danzig im Warschauer Abkommen vom 24. November 1921 verpflichten, die polnische Sprache hinsichtlich des Gebrauches vor ordentlichen Gerichten der deutschen gleichzustellen.[148]

---

145 *Erler*, Das Recht der nationalen Minderheiten, S. 129 ff.

146 *Flachbarth*, System des internationalen Minderheitenrechtes, S. 54.

147 *Wintgens*, Der völkerrechtliche Schutz der nationalen, sprachlichen und religiösen Minderheiten, S. 121.

148 Vgl. dazu *Westphalen Fürstenberg*, Das Problem der Grundrechte im Verfassungsleben Europas, S. 111 f.; *Erler*, Das Recht der nationalen Minderheiten, S. 165 f.

b) Das deutsch-polnische Oberschlesienabkommen vom 15. Mai 1922

Artikel 88 des Vertrages von Versailles bestimmte, daß die endgültige Grenzziehung zwischen Polen und dem Deutschen Reich im Gebiet Oberschlesiens nach dem durch Plebisziten betätigten Volkswillen erfolgen sollte. Im betreffenden Gebiet war jedoch die Rechtslage bezüglich des Minderheitenschutzes unklar, so daß es zu Spannungen zwischen den Nationalitäten kam. Dies war der Hintergrund für das am 15. Mai 1922 abgeschlossene deutsch-polnische Oberschlesienabkommen.[149] Das Vertragswerk beinhaltet die bislang eingehendste und sorgfältigste Regelung der Stellung von Minderheiten, fast 100 Artikel (Art. 64-158) sind diesem Problem gewidmet. Für die Entwicklung des Minderheitenschutzes in Deutschland ist das Abkommen insofern von Belang, als einzelne Bestimmungen des Abkommens als durch innerstaatliches Recht unveränderlich erklärt werden.[150] Zu beachten ist allerdings, daß der räumliche Geltungsbereich auf das Abstimmungsgebiet[151] begrenzt war. Der Inhalt der Minderheitenbestimmungen soll kurz skizziert werden.[152] Art. 74 bis 83 enthalten die bürgerlichen und staatsbürgerlichen Rechte und garantieren den Schutz des Lebens, der Freiheit und der Gleichberechtigung. Bemerkenswert ist die Bestimmung,[153] welche die Minderheitenzugehörigkeit allein vom subjektiven Willen des Individuums abhängig macht und ein behördliches Nachprüfen dieser Entscheidung verbietet. Diese Bestimmung war auch Gegenstand von Streitigkeiten vor dem Ständigen Internationalen Gerichtshof,[154] was hier allerdings nicht vertieft werden soll.[155] Des weiteren wird Religionsfreiheit[156] gewährleistet und das private und öffentliche Schulwesen[157] ausführlich

[149] Dazu ausführlich *Erler*, Das Recht der nationalen Minderheiten, S. 144 ff.

[150] Es sind dies die Art. 66, 67 und 68 (respektive Art. 2, 7 und 8 des polnischen Minderheitenschutzvertrages) betreffend den Schutz von Leben, Freiheit, Glauben, Gleichheit vor dem Gesetz, privatem Sprachgebrauch minderheitlichen Sozial- und Kultuseinrichtungen. Text bei: *Warderholt*, Das Minderheitenrecht in Oberschlesien, S. 19 ff.

[151] Definiert in Art. 88 Vertrag von Versailles.

[152] Ausführlich dazu *Warderholt*, Das Minderheitenrecht in Oberschlesien, 1930.

[153] Art. 74 des Oberschlesienabkommens: „*Die Zugehörigkeit zu einer völkischen, sprachlichen oder religiösen Minderheit darf von den Behörden weder nachgeprüft noch bestritten werden.*" Für das Schulwesen wird diese Norm durch Art. 131 ergänzt, der bestimmt, daß die Entscheidung bezüglich der Schulsprache eines Kindes der nicht nachprüfbaren Entscheidung der Erziehungsberechtigten obliegt. Texte und Besprechung bei: *Warderholt*, Das Minderheitenrecht in Oberschlesien, S. 27 ff. bzw. 85 ff.

[154] Entscheidung vom 26. April 1928, in: PCIJ Series A No. 15.

[155] Vgl. dazu etwa *Erler*, in: *Strupp/Schlochauer*, Wörterbuch des Völkerrechts, 2. Bd., S. 536 f. oder zusammenfassend *Siegert*, Minderheitenschutz in der Bundesrepublik Deutschland, S. 30 f.

[156] Art. 84 - 93 des Oberschlesienabkommens.

[157] Art. 97 - 103 des Oberschlesienabkommens.

geregelt. Es wird festgelegt, daß an den Schul-, Kultur-, Sozial-, und Religionseinrichtungen der Minderheiten auch ausländische Lehrer, Bedienstete und Ärzte tätig sein können und daß nicht nur öffentliche Volksschulen, sondern auch mittlere und höhere Minderheitenschulen, -klassen und -sprachkurse auf den Antrag einer gewissen Zahl von Erziehungsberechtigten auf öffentliche Kosten eingerichtet werden müssen.[158] Überdies ist die Verwaltungs- und Gerichtssprache geregelt. Die Garantie dieser Rechte sollte vom Völkerbund gewährleistet werden. Hierzu wurde ein Petitionssystem geschaffen, das jedoch als äußerst ineffektiv kritisiert wurde.[159] Trotz seiner Mängel[160] stellt das Schutzsystem des Oberschlesienabkommens den Höhepunkt zwischenstaatlicher Zusammenarbeit auf dem Gebiet des Minderheitenschutzes dar.

Bekanntlich ist das umfangreiche Minderheitenschutzsystem der Völkerbundära gescheitert.[161] Die Gründe hierfür lagen weniger in der Ausgestaltung des Minderheitenschutzes als in der Weigerung der nationalchauvinistischen Staaten, sie ernsthaft zu beachten[162] und in der vielerorts als ungerecht empfundenen Nachkriegsordnung.[163] Festzuhalten bleibt in Beantwortung des oben aufgeworfenen Gedankens von *Erler*, daß die Völkerbundära im Hinblick auf Minderheitenrechte keine Art. 4 der Weimarer Verfassung unterfallende allgemeine Regel des Völkerrechts hervorgebracht hat. Hauptsächlicher Grund

---

[158] *Erler*, in: *Strupp/Schlochauer*, Wörterbuch des Völkerrechts, 2. Bd., S. 532 f.

[159] *Oxenknecht*, Der Schutz ethnischer, religiöser und sprachlicher Minderheiten in Art. 27 IPBPR, S. 37 ff.; *Erler*, in: *Strupp/Schlochauer*, Wörterbuch des Völkerrechts, 2. Bd., S. 533; *Kimminich*, in: *Wittmann/Graf Bethlen*, Volksgruppenrecht, S. 37, 49 ff.

[160] *Erler* nennt hier unzureichende Definition des Minderheitenbegriffes, fehlende Kollektivrechte und mangelnde Kulturautonomie. *Erler*, Das Recht der nationalen Minderheiten, S. 162.

[161] Eingehender dargestellt ist das Minderheitenschutzsystem der Völkerbundära etwa bei: *Scherer-Leydecker*, Minderheiten und sonstige ethnische Gruppen, S. 33 ff.; *Weber*, in: *Mohr*, Friedenssichernde Aspekte des Minderheitenschutzes in der Ära des Völkerbundes und der Vereinten Nationen in Europa, S. 3 ff.; *Messtorff*, Die Rechtsstellung der ethnischen Minderheiten in der Bundesrepublik Deutschland, S. 17 ff.; *Bartsch*, in: *Mohr*, Friedenssichernde Aspekte des Minderheitenschutzes in der Ära des Völkerbundes und der Vereinten Nationen in Europa, S. 67 ff.

[162] *Blumenwitz*, Minderheiten- und Volksgruppenrecht – Aktuelle Entwicklung, S. 39; *Kimminich*, in: *Brunner/Camartin/Harbich/Kimminich*, Minderheitenschutz in Europa, S. 22 ff.

[163] In einem Memorandum an Präsident *Wilson* schreibt der englische Premier *Lloyd George* am 25. März 1919: „*I cannot conceive any greater cause of future wars than that the German people, who have certainly proved themselves one of the most vigorous and powerful races in the world should be surrounded by a number of small states, many of them consisting of people who have never previously set up a stable government for themselves, but each of them containing large masses of Germans clamouring for reunion with their native land.*“ Zitiert nach *Kissinger*, Diplomacy, S. 241.

dafür ist die Weigerung der siegreichen Großmächte, sich einem international kontrollierten Minderheitenschutzregime zu unterwerfen.[164]

4. Die Minderheitenschutzbestimmungen der Weimarer Verfassung

Am 9. November 1919 wurde in Berlin die Republik ausgerufen. Nach den Wahlen zur Nationalversammlung wurde von Februar bis Juli 1919 eine neue Verfassung für das Reich erarbeitet. Am 11. August 1919 schließlich trat die neue Verfassung des Deutschen Reiches, die *Weimarer Verfassung*, wie sie später genannt wurde, in Kraft.

a) Entstehung der Minderheitenschutznorm der Weimarer Verfassung

Ausgehend vom liberalen § 188 der Paulskirchenverfassung wollte die verfassungsgebende Nationalversammlung von 1919 an diese Tradition des deutschen Staatsrechts anknüpfen und eine Minderheitenschutznorm schaffen. Die preußische Regierung mahnte zwar aufgrund ihrer Erfahrung mit polnischen nationalen Erhebungen die Wichtigkeit der Einheit des Staates und die diesbezügliche Loyalität aller seiner Glieder an,[165] ein grundsätzlicher Widerstand im Hinblick auf die Schaffung einer Minderheitenschutznorm ist jedoch nicht ersichtlich, so daß davon ausgegangen werden kann, daß alle Mitglieder des Verfassungsausschusses von der Richtigkeit und Notwendigkeit einer solchen Vorschrift überzeugt waren;[166] und das trotz der Tatsache, daß das Deutsche Reich durch den Vertrag von Versailles Großteile seiner Minderheiten verlieren sollte. Auf dem Weg zur Endversion ist die Minderheitenschutznorm viermal verschieden gefaßt worden.[167] Erwähnenswert hierbei ist der Wegfall des in § 188 Paulskirchenverfassung noch in ähnlicher Form vorhandenen Zusatzes „*innerhalb der von ihnen bewohnten Landesteile*". Die Endfassung geht auf einen im Verfassungsausschuß angenommenen Entwurf des Abgeordneten *Gröber* zurück, der in seiner Begründung die Sprachenfrage für die in der Praxis relevante hielt.[168] Auf den Gebrauch der Muttersprache sei im Schulwesen, der Verwaltung und Rechtsprechung eine gewisse Rücksicht zu nehmen, was

---

[164] *Erler*, Das Recht der nationalen Minderheiten, S. 185; *Gerber*, in: *Nipperdey* (Hrsg.), Die Grundrechte und Grundpflichten der Reichsverfassung, Bd. 1, S. 272 f.

[165] Vgl. hierzu auch die theoretischen Erläuterungen zum Spannungsfeld Selbstbestimmungsrecht der Minderheiten und Loyalitätsdeputat des Staates oben Kapitel 1. Punkt IV. 1.

[166] *Gerber*, Minderheitenrecht im Deutschen Reich, S. 10.

[167] Die verschiedenen Versionen sind zitiert und besprochen bei: *Lemke*, Nationale Minderheiten und Volksgruppen im schleswig-holsteinischen und im übrigen deutschen Verfassungsrecht, S. 77 ff.

[168] *Gerber*, Minderheitenrecht im Deutschen Reich, S. 9.

durch die Norm sichergestellt werde. Dieser Auffassung trat der Abgeordnete *Cohn*[169] entgegen, der den Begriff der *Nation* ins Zentrum der Bestimmung gerückt sehen wollte. Unter Hinweis auf die außenpolitische Argumentation der deutschen Friedensdelegation[170] plädierte er dafür, die Worte *fremdsprachige Volksteile* in *nationale Minderheiten* abzuändern. Die bloße Definition des Gruppencharakters über das Merkmal der Sprache greife zu kurz. Es müsse vielmehr abstellend auf das Nationalgefühl das freie Bekenntnis zu einer Minderheit entscheidend sein. Diese Ansicht ermögliche es auch, die Juden, die deutschsprechenden Kaschuben, Masuren, Polen und Wenden und andere kleine Volksteile im Reich als Minderheit zu schützen. Die auf diese Änderung gerichteten Anträge erwiesen sich letztendlich jedoch nicht als mehrheitsfähig.[171]

Die Tatsache, daß § 21 des Vorentwurfs der deutschen Reichsverfassung vom 3. Januar 1919 bereits eine der Endversion ähnliche Fassung eines Minderheitenschutzartikels enthielt, zeigt, daß außenpolitische Einwirkungen bei der Erarbeitung einer solchen Norm keine große Rolle gespielt haben, sondern daß die Vorschrift vielmehr einer Tradition des deutschen Staatsrechts entsprungen ist.[172] Im späteren Verlauf der Diskussion ist durchaus auch das außenpolitische Moment einer innerstaatlichen Minderheitenschutznorm in die Erwägungen mit einbezogen worden.[173] So wurde die Wichtigkeit einer solchen Norm im Hinblick auf die (künftig) unter fremder Herrschaft stehenden Deutschen betont. In der Absicht, diesbezüglich mit gutem Beispiel voranzugehen, wurde tunlichst darauf verzichtet, den innerstaatlichen Minderheitenschutz auf der Basis einer Gegenseitigkeitsgewährung zu bedingen.[174] Betrachtet man die deutsche Außenpolitik dieser Tage, insbesondere die Erklärung der deutschen Friedensdelegation zu den Versailler Friedensbedingungen,[175] so ist hier durchaus Parallelität und Konsequenz zu erkennen. Die Endfassung fand sich schließlich unter Art. 113 in der Weimarer Verfassung und hatte den folgenden Wortlaut:

---

[169] *Erler*, Das Recht der nationalen Minderheiten, S. 182; *Gerber*, Minderheitenrecht im Deutschen Reich, S. 10; *Stopp*, Die Behandlung ethnischer Minderheiten als Gleichheitsproblem, S. 31 ff.

[170] Vgl. oben Punkt IV. 2. c).

[171] Vgl. auch *Lemke*, Nationale Minderheiten und Volksgruppen im schleswig-holsteinischen und im übrigen deutschen Verfassungsrecht, S. 79 ff.

[172] *Erler*, Das Recht der nationalen Minderheiten, S. 181; *Gerber*, Minderheitenrecht im Deutschen Reich, S. 17; *Anschütz/Thoma*, Handbuch des Deutschen Staatsrechts, 1. Bd., S. 253.

[173] *Stopp*, Die Behandlung ethnischer Minderheiten als Gleichheitsproblem, S. 32.

[174] *v. Freytagh-Loringhofen*, Die Weimarer Verfassung in Lehre und Wirklichkeit, S. 53 f.; *Gerber*, Minderheitenrecht im Deutschen Reich, S. 10.

[175] Vgl. oben Punkt IV. 2. c).

Artikel 113

„Die fremdsprachigen Volksteile des Reichs dürfen durch die Gesetzgebung und Verwaltung nicht in ihrer freien, volkstümlichen Entwicklung, besonders nicht im Gebrauch ihrer Muttersprache beim Unterricht, sowie in der inneren Verwaltung und der Rechtspflege beeinträchtigt werden.“

Die Ähnlichkeit dieser Endfassung mit § 188 Paulskirchenverfassung ist unverkennbar.

b) Interpretation des Art. 113 Weimarer Verfassung

Fraglich ist nun der konkrete Inhalt dieser Norm. Art. 113 befindet sich in der Verfassung im Abschnitt *Die Einzelperson* unter *Grundrechte und Grundpflichten der Deutschen*. Den Ausführungen voranzustellen ist die grundsätzliche Anmerkung, daß der Weimarer Verfassung eine Bestimmung vergleichbar Art. 1 Abs. 3 GG fehlte. Die Grundrechte der Weimarer Verfassung waren daher nicht vor den Gerichten und vor allem nicht vor der Verfassungsgerichtsbarkeit (vgl. Art. 19 Weimarer Verfassung) direkt einklagbar.[176] Es fehlte ein der heutigen Verfassungsbeschwerde vergleichbares Instrument. Viele *Grundrechte* haben dadurch den Charakter bloßer Programmsätze erhalten. Wenn die Grundrechte somit auch ziemlich *stumpf* waren, so waren doch aufgrund eines damals schon zunehmend anerkannten richterlichen Prüfungsrechtes zumindest die individuell ausgestalteten Grundrechte nicht völlig dem Gutdünken des Gesetzgebers anheimgestellt.[177] Die Interpretation der vorliegenden Norm durch die zeitgenössische Literatur ist alles andere als einheitlich.[178]

---

[176] *Jarass/Pieroth*, Grundgesetz für die Bundesrepublik Deutschland, Kommentar, Art. 1, Rn. 14.; *Pieroth/Schlink*, Grundrechte, Staatsrecht II, Rn. 1224.

[177] *Pieroth/Schlink*, Grundrechte, Staatsrecht II, Rn. 44; vgl. aber auch schon *Gerber*, in: *Nipperdey* (Hrsg.), Die Grundrechte und Grundpflichten der Reichsverfassung, Bd. 1, S. 312 f.

[178] Vgl. zur Interpretation auch die Ausführungen bei: *Lemke*, Nationale Minderheiten und Volksgruppen im schleswig-holsteinischen und im übrigen deutschen Verfassungsrecht, S. 80 ff.

aa) Grundsätzliche Bedeutung

Am weitesten divergieren die Ansichten bezüglich der grundsätzlichen Bedeutung des Art. 113 Weimarer Verfassung.
Die wohl herrschende Meinung[179] der damaligen Zeit sah in ihm einen bloßen Programmsatz, der ohne den Verfassungsauftrag ausführende einfache Gesetze praktisch bedeutungslos ist. Hauptsächlich wird dies damit begründet, daß der Artikel nicht als Individualgrundrecht ausgestaltet sei.[180] Die Verfassungsnorm will *Volksteile* begünstigen. Auf der einen Seite sei nun völlig unklar und nicht definiert, welche Gruppen unter diesen Terminus zu subsumieren sind, und auf der anderen Seite kann ein *Volksteil* - auch wenn klar wäre, wer gemeint sein soll - keine subjektiven Rechte aus dieser Norm herleiten. Subjektive Rechte können nur Individuen geltend machen. Individuen werden aber in Art. 113 nicht erwähnt. Subjektive Rechte gegen den Gesetzgeber waren zur damaligen Zeit allerdings ohnehin undenkbar. Des weiteren wird die mangelhafte Definition des Umfangs der zu gewährenden Rechte kritisiert. *Erler*[181] spricht hier von der *unleugbaren Farblosigkeit* des Begriffes der *volkstümlichen Entwicklung*. Der Minderheitenschutzartikel 113 der Weimarer Verfassung sei daher bloße Richtschnur für Gesetzgeber und Verwaltung und bis zum Ergehen konkreter Ausführungsgesetze ohne praktische Bedeutung.[182] Auch in bezug auf einfachgesetzliche Bestimmungen - betreffend beispielsweise die Gerichtssprache (§ 184 ff. GVG)[183] - bliebe ohne einfachgesetzgeberische Ausgestaltung der Verfassungsnorm die bisherige Rechtslandschaft unverändert.[184] Dieser Meinung tritt vor allem *Gerber*[185] entgegen. Ausgehend von seinem Verständnis des Art. 113 Weimarer Verfassung als Wertungs- bzw. Gerechtigkeitsgrundsatz mißt er der Norm erhebliche, vor allem auch ganz aktuell praktische Bedeutung zu. Zu praktischer Geltung gelänge Art. 113 im wesentlichen durch die Rechtsanwendung, die ja stets auch ein *rechtsschöpferisches Element* enthielte. Als Auslegungsregel müsse die Norm ständig sowohl vom Richter als auch von der Verwaltung

---

179 Vgl. etwa *Erler*, Das Recht der nationalen Minderheiten, S. 181 ff.; *Stier-Somlo*, Deutsches Reichs- und Landesstaatsrecht, S. 92 ff.; *Anschütz*, Die Verfassung des Deutschen Reichs, S. 542 f.; *Giese*, Die Verfassung des Deutschen Reiches, S. 253 ff.; *Poetzsch-Heffter*, Handkommentar der Reichsverfassung, S. 413; *Bredt*, Der Geist der Deutschen Reichsverfassung, S. 445.

180 *Anschütz*, Die Verfassung des Deutschen Reichs, S. 542.

181 *Erler*, Das Recht der nationalen Minderheiten, S. 182.

182 *Anschütz*, Die Verfassung des Deutschen Reichs, S. 542; *Erler*, Das Recht der nationalen Minderheiten, S. 184.

183 Vgl. hierzu *Gerber*, in: *Nipperdey* (Hrsg.), Die Grundrechte und Grundpflichten der Reichsverfassung, Bd. 1, S. 298 ff., insbesondere Fn. 98.

184 So *Stier-Somlo*, Deutsches Reichs- und Landesstaatsrecht, S. 93; *Poetzsch-Heffter*, Handkommentar der Reichsverfassung, S. 413; a.A. *Meißner*, Das Staatsrecht des Reichs und seiner Länder, S. 264.

185 *Gerber*, Minderheitenrecht im Deutschen Reich, S. 41 ff.; *ders.*, in: *Nipperdey* (Hrsg.), Die Grundrechte und Grundpflichten der Reichsverfassung, Bd. 1, S. 273 ff.

beachtet werden. Vor allem im Bereich des öffentlichen Rechts sei das *freie Ermessen* durch Normen, wie den Art. 113 Weimarer Verfassung, wesentlich eingeschränkt.[186] Darüber hinaus wären Rechtsakte jeglicher Art, wenn sie gegen die Wertung des Art. 113 Weimarer Verfassung verstoßen, rechtswidrig und entfalteten insofern *keine Geltungskraft*.[187] Die Absicherung des minderheitenschützenden Verfassungsrechts erfolge einerseits durch Aufsichtsbefugnisse des Reichspräsidenten[188] bzw. der Reichsregierung[189] und andererseits durch das richterliche Prüfungsrecht.[190]

bb) Persönlicher Anwendungsbereich

Relativ einig, und dies vor allem dank der Debatten in der Nationalversammlung, war man hinsichtlich des persönlichen Anwendungsbereiches des Art. 113 Weimarer Reichsverfassung. Die Rede ist von *fremdsprachigen Volksteilen des Reiches*.[191] Hier können zunächst aufgrund der eindeutigen Bedeutung des Terminus *Volk* nur deutsche Staatsangehörige gemeint sein.[192] Damit ist aber noch nicht gesagt, welche Volksteile unter die Norm fallen. Anknüpfungspunkt ist hier die Sprache und ihre Bedeutung für die Bildung einer volkstümlichen Gemeinschaft. *Gerber*[193] definiert folgendermaßen: Eine Gruppe von Staatsbürgern muß dann, darf aber auch nur dann als ein fremdsprachiger Volksteil anerkannt werden, wenn sie sich ausdrücklich durch die Haltung ihres Wertlebens zu einem Volkstume bekennt, das nicht das deutsche ist, und diese Haltung vor allem durch die Pflege einer eigenen Sprache betätigt. Entscheidend für die Zugehörigkeit des Individuums zu einer Minderheitengruppe ist das freie und behördlich nicht nachprüfbare Bekenntnis. Bei der Zugehörigkeitsdefinition über das freie Bekenntnis kann man von einer diesbezüglichen allgemeinen Meinung[194] sprechen. Diese liberale Haltung wird jedoch dadurch begrenzt, daß

---

[186] *Gerber*, in: *Nipperdey* (Hrsg.), Die Grundrechte und Grundpflichten der Reichsverfassung, Bd. 1, S. 278.

[187] *Gerber*, in: *Nipperdey* (Hrsg.), Die Grundrechte und Grundpflichten der Reichsverfassung, Bd. 1, S. 310.

[188] Gegenüber Reichsgesetzen, vgl. Art. 70 Weimarer Verfassung (Parallelproblematik des Prüfungsrechts des Bundespräsidenten im Rahmen des Art. 82 Abs. 1 GG).

[189] Gegenüber Landesgesetzen, vgl. Art. 15 Abs. 2 Weimarer Verfassung.

[190] *Gerber*, in: *Nipperdey* (Hrsg.), Die Grundrechte und Grundpflichten der Reichsverfassung, Bd. 1, S. 312.

[191] Vgl. zum Ganzen auch: *Lemke*, Nationale Minderheiten und Volksgruppen im schleswig-holsteinischen und im übrigen deutschen Verfassungsrecht, S. 79 ff.

[192] *v. Freytagh-Loringhofen*, Die Weimarer Verfassung in Lehre und Wirklichkeit, S. 52 ff.; *Gerber*, in: *Nipperdey* (Hrsg.), Die Grundrechte und Grundpflichten der Reichsverfassung, Bd. 1, S. 279.

[193] *Gerber*, in: *Nipperdey* (Hrsg.), Die Grundrechte und Grundpflichten der Reichsverfassung, Bd. 1, S. 282.

[194] *Gerber*, in: *Nipperdey* (Hrsg.), Die Grundrechte und Grundpflichten der Reichsverfassung, Bd. 1, S. 283; *Anschütz/Thoma*, Handbuch des Deutschen Staatsrechts, 1. Bd., S. 254.

man für die Anerkennung der Minderheitengruppe als solche neben der eigenen Sprache den manifestierten Willen zur Bildung einer gesonderten volkstümlichen Gruppe fordert. Unbestritten als Minderheiten anerkannt sind daher die Polen in Ostpreußen, Posen und Oberschlesien, die Dänen in Nordschleswig, die Wenden in der Lausitz und die im Regierungsbezirk Gumbinnen siedelnden Litauer.[195] Keine Minderheit sollen die vorwiegend deutsch sprechenden Polen,[196] Wenden, Masuren, Kaschuben und Friesen sein.[197] Grund dafür soll der durch die Sprachpräferenz zum Ausdruck gebrachte mangelnde Wille zur Bildung einer Minderheit sein.[198] Aus diesen Gründen sollen auch die Juden keine Minderheit im Sinne des Art. 113 Weimarer Verfassung darstellen.[199] Zur Begründung kann hier auch auf den oben erwähnten abgelehnten Antrag des Abgeordneten *Cohn* in der Nationalversammlung verwiesen werden.[200]

cc) Sachlicher Anwendungsbereich und flankierende Bestimmungen

Zusammen mit der Untersuchung des sachlichen Anwendungsbereiches sollen auch gleich andere den Minderheitenschutz flankierende Bestimmungen der Weimarer Verfassung betrachtet werden.

Auffällig ist zunächst, daß - im Gegensatz zur Formulierung des § 188 Paulskirchenverfassung - ein Beeinträchtigungsverbot das positive Gebot einer Gewährleistung der volkstümlichen Entwicklung abgelöst hat. Die Minderheiten sollen in ihrer *volkstümlichen Entwicklung* nicht beeinträchtigt werden, und hierfür sind Regelbeispiele

---

[195] *Gerber*, in: *Nipperdey* (Hrsg.), Die Grundrechte und Grundpflichten der Reichsverfassung, Bd. 1, S. 284 f.; *Anschütz/Thoma*, Handbuch des Deutschen Staatsrechts, 1. Bd., S. 254.

[196] Interessanterweise sieht *Gerber* die in Westfalen siedelnden Polen nicht als eine Minderheit im Sinne des Art. 113 an, da sie eine *„zufällige (...) aus wirtschaftlichen Sondergründen des einzelnen an diese Orte zugewanderte (...) Masse“* darstellen. Vgl. *Gerber*, in: *Nipperdey* (Hrsg.), Die Grundrechte und Grundpflichten der Reichsverfassung, Bd. 1, S. 284.

[197] *Giese*, Die Verfassung des Deutschen Reiches, S. 254; *Poetzsch-Heffter*, Handkommentar der Reichsverfassung, S. 413.

[198] *Anschütz/Thoma*, Handbuch des Deutschen Staatsrechts, 1. Bd., S. 254 f. Der mangelnde Wille zur Bildung einer Minderheit äußert sich nach *Anschütz/Thoma* auch durch die - gemessen an der totalen Anzahl der *Minderheitenangehörigen* - geringe Zahl der auf die Parteien dieser *Minderheiten* entfallenden Stimmen.

[199] *Gerber*, in: *Nipperdey* (Hrsg.), Die Grundrechte und Grundpflichten der Reichsverfassung, Bd. 1, S. 285. Eine Ausnahme will *Gerber* hier allerdings für die streng *zionistischen* Juden machen (Man würde heute wohl von *orthodoxen* Juden sprechen).

[200] Vgl. oben Punkt IV. 4. a).

genannt.[201] Auf den Punkt gebracht bedeutet dies, daß durch das Minderheitenrecht das im Staat geltende Recht der Volksart der Minderheit soweit angepaßt werden soll, daß es von ihr auch als *ihr* Recht angesehen werden kann.[202] *Anschütz/Thoma*[203] nennen dies *Schutz vor Entnationalisierung*. Mit der Formulierung *volkstümliche Entwicklung* war grundsätzlich ein uneingeschränktes Eigenleben der Minderheiten gemeint. Die Minderheiten sollten insbesondere im Gebrauch ihrer Muttersprache nicht beeinträchtigt werden. Unmittelbar und eigentlich selbstverständlich folgt daraus das Recht, die Muttersprache im privaten Bereich zu benutzen. Eine Gleichstellung der Minderheitensprachen ist jedoch auch in bestimmten Bereichen des öffentlichen Lebens, vor allem in den Bereichen Justiz und Verwaltung, erforderlich. In diesem Bereich wünscht sich sogar *Gerber* eine einfachgesetzliche Ausgestaltung des Verfassungssatzes und schlägt vor, sich dafür an den Regelungen des Oberschlesienabkommens[204] zu orientieren.[205] Geregelt werden solle der schriftliche und mündliche Umgang mit den genannten Behörden in der Minderheitensprache unter gleichzeitiger grundsätzlicher Anerkennung des Deutschen als Staatssprache. Gleichzeitig ist jedoch anzumerken, daß das damals geltende Reichsrecht keine Minderheitensprache diskriminierte, da es keine bestimmte Sprachfestlegung enthielt.[206]

In anderen Bereichen, in denen die Sprache eine Rolle spielt, wird der Minderheitenschutz des Art. 113 durch andere Verfassungsnormen flankiert. Die Benutzung einer Minderheitensprache als Ausdrucksform in Druckerzeugnissen wird von Art. 118 Weimarer Verfassung betreffend die Meinungs- bzw. Pressefreiheit mit geschützt.[207] Für die Kunst gilt zusätzlich Art. 142 Weimarer Verfassung. Art. 123 und 124 Weimarer Verfassung schützen die Bildung von Minderheitenvereinen und die Veranstaltung von Versammlungen auch in der Minderheitensprache.[208] Im Bereich des Beamtenrechts schützt die Gesinnungsfreiheit des Art. 130 Weimarer Verfassung.[209] Einschränkend bemerkt *Gerber* jedoch, daß alle Freiheiten

---

201 Vgl. zum Ganzen auch: *Lemke*, Nationale Minderheiten und Volksgruppen im schleswig-holsteinischen und im übrigen deutschen Verfassungsrecht, S. 82 ff.

202 *Gerber*, in: *Nipperdey* (Hrsg.), Die Grundrechte und Grundpflichten der Reichsverfassung, Bd. 1, S. 288.

203 *Anschütz/Thoma*, Handbuch des Deutschen Staatsrechts, 1. Bd., S. 256.

204 Art. 134 ff. des Oberschlesienabkommen. Vgl. hierzu *Warderholt*, Das Minderheitenrecht in Oberschlesien, S. 88 ff.

205 *Gerber*, in: *Nipperdey* (Hrsg.), Die Grundrechte und Grundpflichten der Reichsverfassung, Bd. 1, S. 298 ff.

206 *Gerber*, in: *Nipperdey* (Hrsg.), Die Grundrechte und Grundpflichten der Reichsverfassung, Bd. 1, S. 300.

207 *Gerber*, in: *Nipperdey* (Hrsg.), Die Grundrechte und Grundpflichten der Reichsverfassung, Bd. 1, S. 300 f.

208 *Gerber*, in: *Nipperdey* (Hrsg.), Die Grundrechte und Grundpflichten der Reichsverfassung, Bd. 1, S. 290 ff. Zur Überwachung einer in einer Minderheitensprache durchgeführten Versammlung hat sich die Polizei das notwendige Sprachverständnis selbst zu verschaffen (so auch eine Entscheidung des preußischen Oberverwaltungsgerichts).

209 *Gerber*, in: *Nipperdey* (Hrsg.), Die Grundrechte und Grundpflichten der Reichsverfassung, Bd. 1, S. 295.

dort aufhören, wo die Minderheitenrechte zu separatistischen Unternehmungen gleich welcher Form gebraucht werden.[210] Im Bereich des Schulwesens tauchen zwei Fragenkomplexe auf: die Gestaltung des Lehrplans und die Schulsprache. Hier flankieren Art. 146 ff. Weimarer Verfassung den Minderheitenschutzartikel. Zusammen mit Art. 113 verpflichten sie zur Schaffung von Minderheitenschulen, die auch Lehrkräfte aus dem Ausland beschäftigen können.[211] Beim Vergleich mit der Minderheitenschutzklausel der Paulskirchenverfassung fällt auf, daß der Bereich des *Kirchenwesens* als Regelbeispiel in der Weimarer Verfassung fehlt. Das ist als Hinweis zu verstehen, daß bezüglich der Bekenntnisfreiheit die Art. 135 ff. Weimarer Verfassung umfassend greifen sollen. Art. 113 Weimarer Verfassung soll dann nur greifen, soweit kirchliches Leben durch das Volkstum seine Prägung erhält.[212]

dd) Stellungnahme

Abschließend kann angemerkt werden, daß die praktische Wirksamkeit des Minderheitenschutzartikels der Weimarer Verfassung, soweit der (theoretische) Anwendungsbereich auch sein mag, in der Tat wohl nicht sehr erheblich gewesen sein kann. Da Art. 113 eben gerade nicht als Individualgrundrecht ausgestaltet ist, hatte er leider nur den unverbindlichen Charakter eines Programmsatzes.[213] Dazu kommt, daß einfache Gesetze, die den Programmsatz zum Leben hätten erwecken können, nur spärlich ergangen sind. Verfehlt wäre es hingegen, dem Artikel jegliche Wirkung abzusprechen, da er als Auslegungsregel eben doch gewisse Beachtung einfordert. Die von *Gerber*[214] aufgezeigten Rechtsschutzmöglichkeiten können leider nicht einmal im Ansatz die Einklagbarkeit ersetzen. Zumindest die Ausgestaltung als Individualgrundrecht für Minderheitenangehörige wäre erforderlich gewesen, um dem Minderheitenschutz im Deutschen Reich Gewicht und Ernsthaftigkeit zu verleihen.

---

210 *Gerber*, in: *Nipperdey* (Hrsg.), Die Grundrechte und Grundpflichten der Reichsverfassung, Bd. 1, S. 291, 292, 293, 295, 301 (*Gerber* benutzt den Terminus *Irredentismus*).

211 *Gerber*, in: *Nipperdey* (Hrsg.), Die Grundrechte und Grundpflichten der Reichsverfassung, Bd. 1, S. 295 ff.

212 *Gerber*, in: *Nipperdey* (Hrsg.), Die Grundrechte und Grundpflichten der Reichsverfassung, Bd. 1, S. 303 ff.

213 Dies war wohl die herrschende Meinung auch der damaligen Zeit. Zum selben Ergebnis kommt auch *Lemke*, Nationale Minderheiten und Volksgruppen im schleswig-holsteinischen und im übrigen deutschen Verfassungsrecht, S. 83 f.

214 *Gerber*, in: *Nipperdey* (Hrsg.), Die Grundrechte und Grundpflichten der Reichsverfassung, Bd. 1, S. 309 ff.: Aufsichtsrechte und richterliches Prüfungsrecht, vgl. oben Punkt IV. 4. b) aa).

5. Der Minderheitenschutz durch Landesgesetze in der Zeit der Weimarer Verfassung

Zum Abschluß der Betrachtungen der Zwischenkriegszeit soll nun noch auf die minderheitenrechtliche Weiterentwicklung im Bereich der Länder[215] eingegangen werden. Die Betrachtung der Landesgesetzgebung ist deshalb interessant, weil auch nach der Kompetenzverteilung der Weimarer Verfassung die Länder die Kulturhoheit hatten.[216]

Preußen hatte in seine Verfassung vom 30. November 1920[217] eine Bestimmung aufgenommen, die den Minderheitenschutz bezüglich der Sprachenfrage regeln sollte:

Artikel 73

„*Die Provinziallandtage können durch Provinzialgesetz neben der deutschen Sprache zulassen:*

a) eine andere Unterrichtssprache für fremdsprachige Volksteile, wobei für den Schutz deutscher Minderheiten zu sorgen ist,

b) eine andere Amtssprache in gemischtsprachigen Landesteilen."

Diese Regelung war erforderlich, da in Art. 1 Abs. 4 der preußischen Verfassung der Grundsatz der einheitlichen Staatssprache festgelegt wurde.[218] Art. 73 der preußischen Verfassung ist so klar gefaßt, daß die Norm aus sich heraus verständlich ist und daher keiner tieferen Erläuterung bedarf. In Ausführung dieses Gesetzes wurden andere Sprachen in weitem Umfang als Unterrichtssprachen zugelassen.[219] Eine andere Amtssprache wurde, mit Ausnahme der Sonderregelung in Oberschlesien,[220] nicht zugelassen.

Auf dem Gebiet des Minderheitenschulrechts erfolgte eine umfangreiche Erlaßtätigkeit durch die Länder Preußen und Sachsen. Von diesen Regelungen, die hier nicht im einzelnen

---

[215] Vgl. hierzu: *Erler*, Das Recht der nationalen Minderheiten, S. 188 ff.

[216] *Anschütz/Thoma*, Handbuch des Deutschen Staatsrechts, 1. Bd., S. 256 f.

[217] Text bei *Kraus*, Das Recht der Minderheiten, S. 269 f.

[218] „*Die Geschäfts- und Verhandlungssprache im öffentlichen Dienste ist die deutsche Sprache.*" Zitiert nach *Stier-Somlo*, Deutsches Reichs- und Landesstaatsrecht, S. 93; vgl. auch *Gerber*, in: *Nipperdey* (Hrsg.), Die Grundrechte und Grundpflichten der Reichsverfassung, Bd. 1, S. 298.

[219] *Erler*, Das Recht der nationalen Minderheiten, S. 190.

[220] Hier waren durch das Oberschlesienabkommen Polnisch und Deutsch gleichgestellt.

dargestellt werden können,[221] wurden die auf dem Gebiet dieser Staaten siedelnden Polen, Sorben (Wenden), Dänen und Litauer erfaßt. Nicht als Minderheiten galten aufgrund ihres Selbstverständnisses die Masuren und die Friesen.[222]

Ein reichseinheitliches Minderheitenrecht kam in der Weimarer Zeit nicht zustande. Dahingehende Harmonisierungsanregungen aus den Jahren 1926[223] und 1927[224] scheiterten.[225]

Das minderheitenstärkste Land Preußen schuf jedoch besonders durch die liberalen Erlasse vom 31. Dezember 1928[226] ein vorbildliches Minderheitenschulrecht für seine Polen und Dänen. Basierend auf einem freien Bekenntnis zur Minderheit[227] wurden geförderte private und auch öffentliche Minderheitenschulen jeder Stufe geschaffen. Die Lehrpläne sahen Unterricht in Minderheitensprache und -volkstum vor. Mitsprache in öffentlichen Minderheitenschulen seitens der Eltern war gewährleistet.

V. Die Entwicklung von 1933 bis 1945

Am 30. Januar 1933 ernannte Reichspräsident *von Hindenburg Adolf Hitler* zum Kanzler des Deutschen Reiches. Nachdem sich der Reichstag durch die Verabschiedung des *Gesetzes zur Behebung der Not von Volk und Reich* vom 24. März 1933[228] selbst entmachtet hatte, bestimmte bis zum Zusammenbruch des Deutschen Reiches 1945 die nationalsozialistische Ideologie und Politik die Behandlung der Minderheiten. Die nationalsozialistische

---

221 Vgl. dazu *Erler*, Das Recht der nationalen Minderheiten, S. 190 ff.

222 *Erler*, Das Recht der nationalen Minderheiten, S. 193.

223 Antrag des Abgeordneten *Erkelenz*, die Reichsregierung möge ein Rahmengesetz vorlegen, wodurch den nationalen Minderheiten innerhalb des Deutschen Reiches ein selbständiges Kulturleben gewährleistet wird.

224 Der Verband der Minderheiten in Deutschland reichte einen Entwurf zu einem Reichsgesetz über das Minderheitenschulwesen in Deutschland ein.

225 *Erler*, Das Recht der nationalen Minderheiten, S. 197 ff.

226 *Erler*, Das Recht der nationalen Minderheiten, S. 199 ff.

227 Vgl. den Wortlaut der gleich gefaßten Schulerlasse für die polnische und dänische Minderheit:
§ 1 „*Unter Minderheit im Sinne der folgenden Bestimmungen werden diejenigen Volksteile des Reiches verstanden, die sich zum polnischen/dänischen Volkstum bekennen.*"
§ 2 „*Das Bekenntnis, zur Minderheit zu gehören, darf weder nachgeprüft noch bestritten werden. (...)*".

228 RGBl. 1933, S. 141.

Minderheitenpolitik läßt zwei Hauptlinien erkennen.[229] Es wurde zum einen die Schaffung eines *einheitlichen Lebensraumes* angestrebt. Dieses Ziel versuchte man einerseits durch verstärkte Einforderung von Autonomierechten für die deutschen Volksgruppen im Ausland und andererseits mit einer Zwangsumsiedlungspolitik zu erreichen. Zum anderen schlug die nationalsozialistische Politik mit dem Völkermord an den Juden und weiterer als *minderwertig* diffamierter Volksgruppen das dunkelste Kapitel der Minderheitenmißhandlung auf.[230]

1. Autonomierechte und Zwangsumsiedlungen

Ausgehend von einer Ideologie des übersteigerten Nationalismus hatten sich die Nationalsozialisten den Schutz des deutschen Volkstums im Ausland als besonderes Ziel gesetzt.[231] War jedoch beispielsweise die Arbeit des VDA (Verbandes für das Deutschtum im Ausland) anfänglich noch auf reine Schutzarbeit beschränkt, so wurde im Laufe der Zeit immer mehr versucht, die Auslandsdeutschen für die Sache des Nationalsozialismus zu instrumentalisieren.[232] Bereits 1925 hatte *Hitler* in seinem Buch *Mein Kampf* die Gewinnung von *Lebensraum* für das deutsche Volk hervorgehoben. Nach der „Machtergreifung“ 1933 wurde dann nicht nur die Revision der Nachkriegsordung von 1919/20, also unter anderem die Rückgewinnung der durch den Versailler Vertrag verlorenen Gebiete, sondern auch die Schaffung eines geschlossenen und erheblich nach dem Osten erweiterten *großdeutschen* Reiches angestrebt. Die Verwirklichung dieser Pläne erfolgte zunächst durch die Stärkung der deutschen Volksgruppen im Ausland.[233] Zur Verwirklichung von körperschaftlichen Autonomierechten für deutsche Volksgruppen wurden völkerrechtliche Verträge mit Ungarn und Rumänien geschlossen.[234] Veranlaßt durch deutschen Druck erließen osteuropäische Staaten wie die Slowakei, Kroatien und Serbien zwischen 1939 und 1941 Gesetze zum Schutze der deutschen Minderheiten. Durch diese Vorschriften wurde die Freiheit des Bekenntnisses zum deutschen Volkstum, die Garantie eines körperschaftlich verwalteten eigenständigen Kultur- und Soziallebens und das Recht auf politische Mitsprache der

[229] *Erler*, in: *Strupp/Schlochauer*, Wörterbuch des Völkerrechts, 2. Bd., S. 533.

[230] Vgl. zum Themenkomplex auch: *Messtorff*, Die Rechtsstellung der ethnischen Minderheiten in der Bundesrepublik Deutschland, S. 21 ff.

[231] *Grewe*, Epochen der Völkerrechtsgeschichte, S. 702 f.

[232] *Veiter*, Nationalitätenkonflikt und Volksgruppenrecht im ausgehenden 20. Jahrhundert, Bd. 1, S. 48.

[233] Vgl. hierzu *Erler*, in: *Strupp/Schlochauer*, Wörterbuch des Völkerrechts, 2. Bd., S. 533 m.w.N.

[234] Deutsch-Ungarisches Protokoll und Deutsch-Rumänisches Protokoll, beide vom 30. August 1940.

Volksgruppe im staatlichen Leben durch einen *Volksgruppenführer* in der Stellung eines leitenden Staatsbeamten garantiert.[235]

Als anderes Instrument zur Errichtung bzw. Absicherung des im Entstehen begriffenen Großreiches wurde von den nationalsozialistischen Machthabern eine rücksichtslose Zwangsumsiedlungspolitik betrieben. Die Anfänge[236] einer *Lösung* von Minderheitenproblemen durch mehr oder weniger zwangsweisen Bevölkerungsaustausch[237] liegen in bulgarisch-türkisch,[238] griechisch-türkisch[239] bzw. griechisch-bulgarischen[240] Verträgen nach den Balkankriegen bzw. nach dem Ersten Weltkrieg. Zweck des Bevölkerungsaustausches ist es, den Minderheitenschutz durch die Bildung ethnisch-homogener Staaten überflüssig zu machen. Die Schaffung eines ethnisch-homogenen Staates war auch ein Anliegen des Nationalsozialismus. So begann man ab dem deutsch-italienischen *Berliner Abkommen* vom 23. Juni 1939 durch ein Reihe von völkerrechtlichenVerträgen,[241] Verwaltungsabkommen und Verwaltungs-anweisungen eine Politik der planmäßigen Zwangsumsiedlung in den deutschen und deutsch besetzten Gebieten.[242] Durch Annexions- und Umsiedlungspolitik, die von Nationalstaatsgedanken und Rassenimperialismus getragen waren, sollten möglichst viele Volksdeutsche *heim ins Reich* geholt werden. Mit der Ansiedlung Volksdeutscher aus Italien, dem Baltikum, Rußland, kroatischen Gebieten und Rumänien im Reich ging die Vertreibung von *Nichtdeutschen* aus dem Reich einher. Hauptleidtragende waren hier vor allem die Polen im *Warthegau* und im *Reichsgau Danzig-Westpreußen*.[243]

---

235 *Veiter*, Nationalitätenkonflikt und Volksgruppenrecht im ausgehenden 20. Jahrhundert, Bd. 1, S. 64 f.

236 *Wintgens* sieht Bevölkerungsaustauschstrukturen schon im Wiener Friedensvertrag vom 30. Oktober 1864 angelegt, der den Deutsch-Dänischen Krieg beendete. Vgl. *Wintgens*, Der völkerrechtliche Schutz der nationalen, sprachlichen und religiösen Minderheiten, S. 93.

237 Vgl. hierzu *v. Turegg*, Minderheitenrecht, S. 175 ff.

238 Vereinbarung vom 2./15. November 1913, zitiert nach *v. Turegg*, Minderheitenrecht, S.176.

239 Austauschvertrag vom 6. Juli 1914 (zitiert nach *v. Turegg*, Minderheitenrecht, S. 176) und der Vertrag von Lausanne vom 23. Januar 1923.

240 Umsiedlungsvertrag vom 27. November 1919.

241 Übersicht geschlossener Verträge bei *Veiter*, Nationalitätenkonflikt und Volksgruppenrecht im ausgehenden 20. Jahrhundert, Bd. 1, S. 63.

242 *Erler*, in: *Strupp/Schlochauer*, Wörterbuch des Völkerrechts, 2. Bd., S. 534.

243 *Veiter*, Nationalitätenkonflikt und Volksgruppenrecht im ausgehenden 20. Jahrhundert, Bd. 1, S. 67 ff.

2. Diskriminierung, Vertreibung und Völkermord

Der extreme auf die Schaffung eines mono-ethnischen Reiches abzielende Nationalstaatsgedanke und die Rassenideologie des Nationalsozialismus mußten zwangsweise mit der Idee des Minderheitenschutzes kollidieren.[244] Seit 1933 schürte die nationalsozialistische Propaganda Antisemitismus und Rassenhaß. Der anfänglichen Gängelung der Juden folgte die organisierte und legalisierte Verfolgung und Vertreibung. Es wurde nicht nur der Minderheitenschutz völlig abgeschafft, durch Gesetze von 1933[245] und 1935[246] wurde eine Diskriminierung bisher noch nicht gekannten Ausmaßes eingeführt. Der furchtbare Höhepunkt wurde dann mit der staatlich organisierten Vernichtung der Juden zwischen 1941 und 1944, dem Völkermord, erreicht. Die nationalsozialistische Diskriminierungspolitik beschränkte sich nicht nur auf die Juden, sondern erfaßte auch *Zigeuner* und Angehörige slawischer Völker.[247] Das Kolonialreich im Osten sollte geprägt sein von der Dominanz des *nordisch-germanischen Herrenmenschen* über den *slawischen Untermenschen.*

Die Diskriminierungs-, Vertreibungs- und schließlich Vernichtungsmaßnahmen zur Zeit der nationalsozialistischen Gewaltherrschaft zeigen die brutalste Form der Verweigerung auch nur der elementarsten Menschenrechte an Minderheitenangehörige.[248] Nach dem Zweiten Weltkrieg wandte man sich im Bereich des internationalen Rechts vom Minderheitenschutz ab. Ein Grund für diese Entwicklung war sicherlich das Versagen des Minderheitenschutzsystems des Völkerbundes. Die Etablierung und Absicherung universell geltender Menschenrechte rückte ins Zentrum der Bemühungen. Man glaubte, daß ein umfassender Schutz des Individuums spezielle Minderheitenrechte überflüssig machen könnte.[249] Die Bemühungen um den Minderheitenschutz im nunmehr geteilten Nachkriegsdeutschland gingen jedoch weiter.

---

[244] *Veiter*, Nationalitätenkonflikt und Volksgruppenrecht im ausgehenden 20. Jahrhundert, Bd. 1, S. 65 ff.

[245] „*Gesetz zur Wiederherstellung des Berufsbeamtentums*“ vom 7. April 1933: Dieses Gesetz legalisierte die Entfernung von *nichtarischen* Beamten aus dem öffentlichen Dienst.

[246] „*Reichsbürgergesetz*“ und „*Gesetz zum Schutze des deutschen Blutes und der deutschen Ehre*“, beide vom 15. September 1935: Diese Gesetze machten gewisse Rechte vom Nachweis der *arischen Abstammung* abhängig.

[247] *Veiter*, Nationalitätenkonflikt und Volksgruppenrecht im ausgehenden 20. Jahrhundert, Bd. 1, S. 67 ff.

[248] *Erler*, in: *Strupp/Schlochauer*, Wörterbuch des Völkerrechts, 2. Bd., S. 534.

[249] Dies soll jedoch an einer anderen Stelle dieser Arbeit besprochen werden. Vgl. Kapitel 3. II. 1. a).

VI. Der Schutz der Sorben in der Deutschen Demokratischen Republik

Während der nationalsozialistischen Diktatur war auch die sorbische Minderheit Repressalien ausgesetzt. Durch die Einstellung des Sorbischunterrichtes an den Schulen und das Verbot sorbischer Vereine wurde das kulturelle und politische Leben dieser Volksgruppe weitgehend paralysiert.[250] Nach dem Krieg wurden die stillgelegten Strukturen wiederbelebt. Bereits zwei Tage nach der bedingungslosen Kapitulation Deutschlands, am 10. Mai 1945, wurde die Domowina wieder gegründet.[251] Das Land Sachsen erließ noch vor der Gründung der DDR im Jahr 1948 das *Gesetz zur Wahrung der Rechte der sorbischen Bevölkerung*,[252] in dem umfassender gesetzlicher Schutz und eine staatliche Förderung der Volksgruppe festgelegt waren.[253] Im Jahr 1950 hat der Ministerrat des Landes Brandenburg eine Regierungsanodnung gleichen Inhalts erlassen.[254] Der Minderheitenschutz wurde aber auch in den Verfassungen der DDR verankert.

1. Art. 11 der Verfassung der DDR vom 7. Oktober 1949

Unmittelbar nachdem die deutsche Kapitulation das Ende des Zweiten Weltkrieges einleitete, wurden diejenigen Wortführer unter den Sorben laut, die noch unter dem Trauma der nationalsozialistischen Gewaltherrschaft stehend eine Loslösung der Lausitz von einem künftigen deutschen Staatsverband propagierten.[255] Dafür gab es zwei Möglichkeiten: die Gründung eines sorbischen souveränen Staates oder den Anschluß der Lausitz an einen der slawischen Nachbarstaaten Deutschlands, insbesondere an die Tschechoslowakei oder an Polen.[256] Der Traum von einer sorbischen Eigenstaatlichkeit wurde von der sowjetischen Militäradministration im besetzten Nachkriegsdeutschland allerdings sofort zurückgewiesen.

---

250 *Elle*, in: *Schmalz-Jacobsen/Hansen* (Hrsg.), Ethnische Minderheiten in der Bundesrepublik Deutschland, S. 454, 458 f.

251 Mit der unmittelbaren Nachkriegsgeschichte des sorbischen Volkes befaßt sich sehr detailliert *Schurmann*, Die sorbische Bewegung 1945-1948 zwischen Selbstbehauptung und Anerkennung.

252 GVOBl. Sachsen 1948, S. 191 (23. März 1948).

253 *Blumenwitz*, Minderheiten- und Volksgruppenrecht – Aktuelle Entwicklung, S. 111.

254 Erste Verordnung vom 22. September 1950 betreffend die Förderung der sorbischen Volksgruppe, GVOBl. Brandenburg 1950, S. 417.

255 Vgl. oben Kapitel 1. Punkt III. 1. c).

256 Vgl. hierzu die sehr detaillierten Ausführungen bei *Oschlies*, Die Sorben – Slawisches Volk im Osten Deutschlands, S. 31 ff. Noch detaillierter befaßt sich mit dieser Zeit *Schurmann*, Die sorbische Bewegung 1945-1948 zwischen Selbstbehauptung und Anerkennung.

Die polnische Führung war froh, deutsche Ostgebiete als *wiedergewonnenes polnisches Land* in Besitz nehmen zu können und stand einem Anschluß der Lausitz zumindest zögerlich, wenn nicht ablehnend gegenüber, da man mit der Nachkriegsordnung in territorialer Hinsicht zufrieden war und diese Ergebnisse lieber festigen, denn noch verbessern wollte.[257] Prag stand Vereinigungsbestrebungen grundsätzlich sehr positiv gegenüber, wurde aber zögerlich angesichts weitreichender Autonomieforderungen der Sorben einerseits und natürlich auch aufgrund der diesbezüglichen ablehnenden Haltung der Sowjets.[258] In der Folge verblieb die Lausitz somit in der sowjetischen Besatzungszone und wurde später in die DDR eingegliedert. Die Sorben wurden jedoch weiterhin und bis ins Jahr 1948 von der tschechoslowakischen Regierung unterstützt,[259] was die Domowina, die eng mit dem in Prag von 1945 bis 1947 existierenden sorbischen Nationalausschuß kooperierte, in eine starke Verhandlungsposition gegenüber den sich konstituierenden politischen Kräften vor und in der Gründungsphase der DDR brachte. Frühzeitig nahm die KPD und später die SED die Domowina als politischen Faktor ernst und versuchte, sie durch die Zusicherung politischer und kultureller Rechte in das System ihrer Machtausübung einzubinden.[260] Dies führte dazu, daß die Domowina auch im Prozeß der Verfassungsgebung der DDR gehört wurde. Nachdem der Verfassungsausschuß unter der Leitung von *Otto Grotewohl* dem Präsidium des *Deutschen Volksrates*[261] am 10. Oktober 1948 einen Verfassungsentwurf zugeleitet hatte, war die Schlußphase der Verfassungsgebung eröffnet. In dieser Schlußphase wurde von der Domowina am 10. Januar 1949 ein Vorschlag für eine Minderheitenschutznorm in der Verfassung unterbreitet, der folgenden Wortlaut hatte:

> *„Die nichtdeutschen Bevölkerungsgruppen der Republik genießen in bezug auf ihrer Nationalität Gleichberechtigung und staatlichen Schutz. Sie sind durch die Gesetzgebung und Verwaltung in ihrer freien volkstümlichen Entwicklung zu fördern. Insbesondere dürfen sie im Gebrauch ihrer Muttersprache beim Unterricht sowie bei der inneren Verwaltung und der Rechtspflege nicht beeinträchtigt werden. Ihre parlamentarische Vertretung ist sicherzustellen.*“[262]

---

257 *Oschlies*, Die Sorben – Slawisches Volk im Osten Deutschlands, S. 40 ff.

258 *Gemkow/Heinz/Neumann*, in: *Heinz/Neumann*, Ethnische Minderheiten in Westeuropa, 103, 115; *Veiter*, in: *Meissner*, Das Selbstbestimmungsrecht der Völker in Osteuropa und China, S. 187, 189; *Oschlies*, Die Sorben – Slawisches Volk im Osten Deutschlands, S. 35 ff.

259 Im Jahr 1948 wurde die bürgerliche Regierung der Tschechoslowakei von einer kommunistischen abgelöst, welche die Unterstützung der Sorben in Deutschland einstellte. *Schiemann*, Interview vom 7. Dezember 1999.

260 *Pastor*, Die rechtliche Stellung der Sorben in Deutschland, S. 31.

261 Der *Deutsche Volksrat* wurde als gesamtdeutsche Repräsentation vom *2. Deutschen Volkskongreß* gewählt und setzte am 19. März 1948 einen Verfassungsausschuß ein.

262 Zitiert nach *Kasper*, in: *Holander/Steensen*, Friesen und Sorben, S. 12, 18.

Diese Formulierung weist unverkennbare Parallelen zu Art. 113 der Weimarer Verfassung auf und war wohl auch durchaus von der Domowina als Element der Fortführung dieser deutschen Verfassungstradition so konzipiert. Was ebenfalls auffällt, ist die selbstbewußte Betonung der nationalen Eigenständigkeit der Sorben und der Wille zu größtmöglicher Autonomie, was insbesondere auch durch die Forderung auf politische Mitwirkung durch Sicherstellung auf eine parlamentarische Vertretung der Sorben zum Ausdruck kommt.[263] Diese selbstbewußt vorgetragenen Forderungen erklären sich aus den sorbischen Autonomiebestrebungen und Sezessionsgelüsten der unmittelbaren Nachkriegszeit, fanden aber in dieser Deutlichkeit keinen Eingang in die Verfassung der DDR. Am 30. Mai 1949 wurde die *Verfassung der Deutschen Demokratischen Republik* vom zweiten *Deutschen Volksrat* angenommen und trat am 7. Oktober 1949, dem Tag der Staatsgründung der DDR, in Kraft. Der dem Minderheitenschutz gewidmete Artikel 11 dieser Verfassung hatte folgenden Wortlaut:

Artikel 11

> „*Die fremdsprachigen Volksteile der Republik sind durch Gesetzgebung und Verwaltung in ihrer freien volkstümlichen Entwicklung zu fördern; sie dürfen insbesondere am Gebrauch ihrer Muttersprache im Unterricht, in der inneren Verwaltung und in der Rechtspflege nicht gehindert werden.*“[264]

Die Parallelen dieser Schlußformulierung zu ihren Vorläufern in der deutschen Verfassungsgeschichte blieben erhalten. Unter den Begriff der *fremdsprachigen Volksteile* konnte nur die sorbische Minderheit subsumiert werden, so daß die Rechtsträgergruppe im Gegensatz zu Weimarer Zeiten leicht zu bestimmen war. Nachdem § 188 Paulskirchenverfassung ein *Gewährleisten* und Art. 113 Weimarer Verfassung ein *Nichtbeeinträchtigen* der volkstümlichen Entwicklung der fremdsprachigen Volksteile normierten, geht Art. 11 der Verfassung der DDR deutlich darüber hinaus und kodifiziert erstmalig in der deutschen Verfassungsgeschichte ein Fördergebot zugunsten von Minderheiten. Dieser Wandel von einem *status negativus* der Weimarer Verfassung hin zu einem *status positivus* in der ersten DDR-Verfassung bedeutete, daß der Staat verpflichtet war, Maßnahmen zugunsten der volkstümlichen Entwicklung der Sorben durch Gesetzgebung und Verwaltung als Garant, und damit aktiv, zu ergreifen. Der genaue Inhalt der Formulierung der *volkstümlichen Entwicklung* blieb auch in der DDR-Verfassung kryptisch. Jedenfalls war der Staat verpflichtet, Maßnahmen im kulturellen Bereich zu treffen, um einen unerwünschten Assimilierungdruck von den Sorben abzuwenden. Darüber hinaus war ein Rechtsrahmen zu

---

263 *Lemke*, Nationale Minderheiten und Volksgruppen im schleswig-holsteinischen und im übrigen deutschen Verfassungsrecht, S. 93 f.

264 GBl. DDR 1949, S. 5.

schaffen, damit die sorbische Sprache vor Gerichten, gegenüber der Verwaltung und im schulischen Bereich verwendet werden konnte.[265]

Was die Domowina nicht durchsetzen konnte, war die Verankerung der Gleichberechtigung und des staatlichen Schutzes für ihre *Nationalität* und die Garantie ihrer parlamentarischen Vertretung. Vor dem Hintergrund der Nachkriegsautonomie- und Sezessionsbestrebungen der Sorben erschien es den DDR-Verfassungsvätern offensichtlich zu gefährlich, der sorbischen Minderheit die Chance oder auch nur eine Möglichkeit zu lassen, unter Berufung auf die nationalitätenrechtliche Konzeption *Lenins*[266] die Verwirklichung ihres Selbstbestimmungsrechts[267] zu fordern.[268] Hieraus erklärt sich auch, warum Art. 11 DDR-Verfassung von *fremdsprachigen Volksteilen* und nicht etwa von der *sorbischen nationalen Minderheit* spricht.[269] In späteren Fassungen der DDR-Verfassung wurde der Begriff der *Nationalität* dann sorgloser verwendet, da die Domowina später keine sezessionistische Kraft aufgebracht hätte, da sie vollständig in die Machtstruktur der DDR eingebunden und gut von der SED kontrolliert war.

Seit Anfang der 50er Jahre wurde eine ganze Reihe von Maßnahmen, so sie nicht bereits existierten, getroffen, um die in Art. 11 DDR-Verfassung niedergelegten Grundsätze zu verwirklichen. *Kasper*[270] verweist hier auf die Gründung von Institutionen und Einrichtungen zur Entwicklung und Verbreitung von Wissenschaft, Kultur, Kunst und Volkskunst, den Auf- und Ausbau der Einrichtungen der Volksbildung von den Kindergärten über das Schulwesen bis zum Hochschulwesen, die Einrichtung von Sprachschulen und die Erarbeitung von pädagogischem Lehrmaterial und Schulbüchern sowie Maßnahmen zur Einbeziehung von sorbischen Bürgern in die staatliche Verwaltung, Rechtsprechung und gesetzgebende Organe sowie die Bestimmungen zur Durchsetzung der zweisprachigen Beschriftungen in der Öffentlichkeit.[271]

Seit der Herausbildung der Machtstrukturen in der SBZ und später in der DDR versuchte die SED (wie vorher die KPD) die einzig bedeutsame Organisation der Sorben, die Domowina,

---

265 *Pastor*, Die rechtliche Stellung der Sorben in Deutschland, S. 32 f.; *Rodenbach*, ROW 1985, S. 271, 272 f.

266 Zu dieser Problematik vgl. die eingehenden Ausführungen bei *Brems*, Die politische Integration ethnischer Minderheiten, S. 21 ff.

267 Vgl. hierzu oben Kapitel 1. Punkt IV. 1.

268 So wohl auch *Rodenbach*, ROW 1985, S. 271, 275.

269 *Pastor*, Die rechtliche Stellung der Sorben in Deutschland, S. 32.

270 *Kasper*, in: *Holander/Steensen*, Friesen und Sorben, S. 12, 19.

271 Hierzu sogleich unter Punkt 3.

für die Sache des Sozialismus zu gewinnen, um nicht zu sagen, gleichzuschalten. Dies war spätestens im Jahre 1951 erreicht,[272] als die Domowina auf ihrem Ersten Bundeskongreß ein neues Statut beschloß. In diesem Statut erkannte die Domowina die führende Rolle der SED an, setzte ein Organisationsprinzip des demokratischen Zentralismus durch und stimmte einer Einbeziehung in die *Nationale Front* zu. Aus der Sicht der SED waren damit die Voraussetzungen für die aktive Teilnahme der Domowina am planmäßigen Aufbau der Grundlagen des Sozialismus in der DDR geschaffen. Gleichzeitig war damit auch eine vom Staat unabhängige Interessenvertretung der Sorben beseitigt und die Tätigkeit der Domowina der allgemeinen Funktion der übrigen Massenvereinigungen als Umsetzungsorgane der Parteibeschlüsse der SED erreicht.[273]

2. Art. 40 der Verfassung der DDR vom 6. April 1968 (i.d.F. vom 7. Oktober 1974)

Gegen Ende der 60er Jahre bildete sich in der Führung der SED die Meinung, daß die Verfassung von 1949 im wesentlichen erfüllt und der Ausbau des Sozialismus in der DDR soweit vorangetrieben sei,[274] so daß die Zeit reif sei für den Übergang von einer formal bürgerlich-liberalen Verfassung zu einer sozialistischen Verfassung.[275] Auf dem VII. Parteitag der SED im April 1967 wurde folglich die Erarbeitung einer neuen, sozialistischen Verfassung für die DDR beschlossen.[276] Am 6. April 1968 wurde die neue Verfassung

---

[272] *Oschlies* meint, daß bereits Mitte 1948 die Domowina fest in der Hand der SED war: *Oschlies*, Die Sorben – Slawisches Volk im Osten Deutschlands, S. 51. Auch *Schiemann* meint, daß man im Jahr 1951 von einer erfolgten Gleichschaltung der Domowina sprechen muß. War 1948 das von *Wilhelm Pieck* formulierte Angebot, daß die SED alle gesellschaftlichen Strömungen in einem positiven Sinne integrieren wolle, wohl noch aufrichtig gemeint, so wurde in der Folgezeit immer stärker das Ziel verfolgt, alle gesellschaftlichen Kräfte der Herrschaft der Partei unterzuordnen. Im Jahre 1951 war die Gleichschaltung der Domowina gelungen. *Schiemann*, Interview vom 7. Dezember 1999.

[273] *Rodenbach*, ROW 1985, S. 271, 273; vgl. zum Ganzen auch *Oschlies*, Die Sorben – Slawisches Volk im Osten Deutschlands, S. 51 ff.

[274] *Pastor*, Die rechtliche Stellung der Sorben in Deutschland, S. 33.

[275] *Lemke*, Nationale Minderheiten und Volksgruppen im schleswig-holsteinischen und im übrigen deutschen Verfassungsrecht, S. 96.

[276] Zur Entstehung vgl. *Lemke*, Nationale Minderheiten und Volksgruppen im schleswig-holsteinischen und im übrigen deutschen Verfassungsrecht, S. 96 f.

verkündet.[277] Der Minderheitenschutz der sozialistischen Verfassungen der DDR war nun speziell auf die sorbische Minderheit zugeschnitten und hatte folgenden Wortlaut:[278]

Artikel 40

„Bürger der Deutschen Demokratischen Republik sorbischer Nationalität haben das Recht zur Pflege ihrer Muttersprache und Kultur. Die Ausübung dieses Rechts wird vom Staat gefördert."

Was an dieser Formulierung zunächst auffällt ist, daß man sich nicht mehr scheute, von einer *sorbischen Nationalität* zu sprechen. Das lag, wie bereits erwähnt, daran, daß irredentistische Bestrebungen der Sorben unter Berufung auf ihr Selbstbestimmungsrecht aufgrund der schwachen und von der SED abhängigen Position der Domowina mittlerweile ausgeschlossen waren. Die Anerkennung der Sorben als eigenständige und separate Nationalität und ihre explizite Nennung in der Verfassung mag dem Selbstverständnis dieser Minderheit wohl besser entsprochen haben und auch ihr Selbstbewußtsein befördert haben; in der Praxis der Verfassungsrealität hatte diese Neuformulierung allerdings dennoch lediglich symbolischen Charakter.[279] Im Gegensatz zur Verfassung von 1949 wurde in der Verfassung von 1968 der Rechtsbestand enger formuliert. Es sollte nicht mehr die *volkstümliche Entwicklung* in all ihren Facetten, sondern nur noch die *Pflege von Muttersprache und Kultur* geschützt werden. Außerdem will *Pastor* in der Umformulierung der Passage *sind zu fördern* (1949) zu *wird gefördert* (1968) eine Schwächung der Förderpflicht erkennen.[280] In der DDR-Literatur[281] wird diese Verengung damit begründet, daß besondere Förderungsmaßnahmen, außer in den Bereichen Sprache und Kultur, nicht mehr erforderlich seien,[282] da die staatsrechtliche und faktische Gleichheit von Sorben und Deutschen vollständig verwirklicht sei.[283] Im Grunde

---

277 Verfassung der Deutschen Demokratischen Republik vom 6. April 1968, GBl. DDR 1968 I, S. 199.

278 Dieser Wortlaut blieb bis zum Ende der DDR unverändert und findet sich also auch in der Verfassung der Deutschen Demokratischen Republik vom 7. Oktober 1974 wortgleich und an gleicher Stelle wieder. Vgl. Verfassung der Deutschen Demokratischen Republik vom 7. Oktober 1974, GBl. DDR 1974 I, S. 432.

279 *Lemke*, Nationale Minderheiten und Volksgruppen im schleswig-holsteinischen und im übrigen deutschen Verfassungsrecht, S. 97.

280 *Pastor*, Die rechtliche Stellung der Sorben in Deutschland, S. 34.

281 Vgl. etwa: *Nowusch*, Die Gleichberechtigung der Bürger sorbischer Nationalität in der DDR – verwirklichtes Menschenrecht, S. 46 ff.; *Sorgenicht/Weichelt/Riemann/Semler*, Verfassung der Deutschen Demokratischen Republik, Bd. 2, S. 175 ff. und die Materialien bei *Cyz*, Die DDR und die Sorben, S. 502 ff.

282 So ausdrücklich: *Nowusch*, Die Gleichberechtigung der Bürger sorbischer Nationalität in der DDR – verwirklichtes Menschenrecht, S. 51.

283 *Sorgenicht/Weichelt/Riemann/Semler* formulieren dies folgendermaßen: *„Es galt, die durch die jahrhundertelange soziale und nationale Unterdrückung bedingte Zurückgebliebenheit zu überwinden, und den*

drückt die Neuformulierung des Minderheitenschutzartikels in der DDR-Verfassung die Verfestigung der Gleichschaltung der sorbischen Interessenvertretungen, insbesondere der Domowina, im Herrschaftssystem der SED nunmehr auch verfassungsrechtlich aus. Förderung ihrer Eigenheiten konnten die Sorben nur noch in sprachlicher und kultureller Hinsicht erwarten, keinesfalls also in politischer Hinsicht.[284] Obgleich dies bereits schon vorher so gewesen war, war die SED 1949 noch nicht mächtig genug, um den Minderheitenschutz verfassungsrechtlich auf diese Elemente zu reduzieren. Insgesamt kann wohl festgehalten werden, daß sich die Rechtslage der Sorben durch die Neuformulierung des Minderheitenschutzartikels 1968 nicht verändert oder verschlechtert hat.[285] Dafür gibt es zwei Gründe. Einerseits blieb auch nach der Verfassungsänderung von 1968 die einfachgesetzliche Rechtslage[286] im Hinblick auf den Minderheitenschutz im wesentlichen unverändert. In der Rechtspraxis der DDR kam es für den Minderheitenschutz aber gerade, um nicht zu sagen ausschließlich, auf die einfachgesetzliche Rechtslage an. Dies hängt wiederum eng mit dem zweiten Grund zusammen, der mangelnden Durchsetzbarkeit von verfassungsmäßig garantierten Grundrechten in der DDR.[287] Systematisch stand Art. 40 DDR-Verfassung in Abschnitt II, Kapitel 1 unter *Grundrechte und Grundpflichten der Bürger*, war also ein Individualgrundrecht. Als subjektives Recht im Sinne der marxistisch-leninistischen Grundrechtskonzeption unterlag dieses Recht allerdings den Beschränkungen durch die sozialistische Gesellschafts- und Staatsordnung, die allen sozialistischen Grundrechten immanent ist. Dies bedeutete, daß den Sorben die Pflege ihrer Muttersprache und Kultur nur innerhalb besagter sozialistischer Gesellschafts- und Staatsordnung zusteht, was konkret hieß, daß sich auch die sorbische Sprach- und Kulturpflege den Forderungen der Partei- und Staatsführung der DDR unterzuordnen hatte.[288] Grundrechte und Grundpflichten fungierten als *Instrument der staatlichen Führung der Gesellschaft*.[289] Darüber hinaus kannte die DDR

Sorben die gleichen Entfaltungsmöglichkeiten wie allen Bürgern der Deutschen Demokratischen Republik zu gewährleisten. Heute hat die sorbische nationale Minderheit im Ergebnis des gemeinsamen sozialistischen Aufbaus diese Zurückgebliebenheit restlos überwunden. Die Sorben nehmen in der Deutschen Demokratischen Republik auf allen Gebieten des gesellschaftlichen Lebens eine gleichberechtigte Stellung ein."; *Sorgenicht/Weichelt/Riemann/Semler*, Verfassung der Deutschen Demokratischen Republik, Bd. 2, S. 175 f.

284 Hierauf weist *Lemke* hin: *Lemke*, Nationale Minderheiten und Volksgruppen im schleswig-holsteinischen und im übrigen deutschen Verfassungsrecht, S. 97.

285 So auch: *Rodenbach*, ROW 1985, S. 271, 273 und *Lemke*, Nationale Minderheiten und Volksgruppen im schleswig-holsteinischen und im übrigen deutschen Verfassungsrecht, S. 97.

286 Hierzu sogleich unter Punkt 3.

287 Vgl. hierzu: *Mampel*, Die sozialistische Verfassung der Deutschen Demokratischen Republik, Kommentar, Art. 40, Rn. 4 ff.; *Rodenbach*, ROW 1985, S. 271, 273 ff.; *Lemke*, Nationale Minderheiten und Volksgruppen im schleswig-holsteinischen und im übrigen deutschen Verfassungsrecht, S. 95 ff.; *Pastor*, Die rechtliche Stellung der Sorben in Deutschland, S. 34.

288 *Mampel*, Die sozialistische Verfassung der Deutschen Demokratischen Republik, Kommentar, Art. 40, Rn. 6.

289 *Rodenbach*, ROW 1985, S. 271, 273 f.

keine Verfassungsgerichtsbarkeit, so daß Art. 40 DDR-Verfassung schon allein auch aus diesem Grunde schwer durchzusetzen gewesen wäre.[290]

3. Die einfachgesetzliche Ausgestaltung des Minderheitenschutzes in der DDR

Für die praktische Umsetzung des Minderheitenschutzes in der DDR war einfachgesetzliche Ausgestaltung wichtiger als die verfassungsrechtlichen Normen, die mangels Verfassungsgerichtsbarkeit ohnehin von nachrangiger Bedeutung für den tatsächlichen Rechtsbestand des einfachen Bürgers war. Aus ihrer starken Position[291] heraus versuchte die Domowina die Rechtsentwicklung im Nachkriegsdeutschland im Sinne der Sorben zu beeinflussen. Obgleich man in Verhandlungen sowohl mit dem sächsischen als auch dem brandenburgischen Landtag stand, enthielten weder die brandenburgische Landesverfassung vom 6. Februar 1947 noch die sächsische Landesverfassung vom 28. Februar 1947 spezifische Minderheitenschutzartikel.[292] In beiden Ländern wurde der Minderheitenschutz allerdings einfachgesetzlich geregelt.

Am 23. März 1948 verabschiedete der Sächsische Landtag[293] mit parteiübergreifender Mehrheit das *Gesetz zur Wahrung der Rechte der sorbischen Bevölkerung.*[294] Zu diesem

---

[290] *Pastor*, Die rechtliche Stellung der Sorben in Deutschland, S. 34.

[291] Vgl. oben Punkt 1.

[292] *Kasper*, in: *Holander/Steensen*, Friesen und Sorben, S. 12, 17.

[293] Sächsisches GVBl. 1948 S. 191.

[294] Dieses Gesetz hatte folgenden Wortlaut (zitiert nach *Veiter*, in: *Meissner*, Das Selbstbestimmungsrecht der Völker in Osteuropa und China, S. 187, 190 f.):
§ 1: Die sorbische Bevölkerung genießt in bezug auf ihre Sprache, kulturelle Betätigung und Entwicklung gesetzlichen Schutz und staatliche Förderung.
§ 2: Für sorbische Kinder sind Grund- und weiterbildende Schulen mit sorbischer Unterrichtssprache einzurichten, in denen auch deutscher Sprachunterricht zu erteilen ist.
§ 3: Bei Behörden und Verwaltungen in den sorbisch-deutschen Gebieten ist neben der deutschen Sprache auch die sorbische Sprache zuzulassen.
§ 4: In den sorbisch-deutschen Gebieten sind der zahlenmäßigen Stärke der sorbischen Bevölkerung entsprechend antifaschistisch-demokratische Sorben zur Verwaltung heranzuziehen.
§ 5: Zur Lenkung und Förderung des sorbischen Kulturlebens wird ein sorbisches Kultur- und Volksbildungsamt mit dem Sitz in Bautzen errichtet, das dem Ministerium für Volksbildung untersteht. Die personelle Besetzung erfolgt auf Vorschlag der zugelassenen antifaschistischen sorbischen Organisationen.
Für den Wiederaufbau des sorbischen Kulturlebens und seine Weiterentwicklung sind finanzielle Mittel aus allgemeinen Staatsmitteln bereitzustellen.
§ 6: Die Behörden und Verwaltungen in den gemischtsprachigen Gebieten haben die Pflicht, die sorbischen Kulturinteressen in jeder Weise zu fördern.
§ 7: Ausführungsbestimmungen erlassen das Ministerium des Inneren und das Ministerium für Volksbildung.
§ 8: (Inkrafttreten)

Gesetz erging am 11. Januar 1951 eine konkretisierende Durchführungsverordnung.[295] Dieses minderheitenschutz-rechtliche Regelungswerk ist erstaunlich fortschrittlich und ließ in seiner Ausgestaltung kaum einen Wunsch offen. Nach der Wiederholung der grundsätzlichen staatlichen Pflicht, die sorbische Bevölkerung in bezug auf ihre Sprache, kulturelle Betätigung und Entwicklung zu fördern, war zunächst der Kernbereich der sorbischen Kultur, die Sicherung der Fortexistenz der sorbischen Sprache, umfassend geregelt. Im sorbischen Siedlungsgebiet war Sorbisch als Unterrichtssprache an Schulen aller Niveaus einzurichten und Sorbisch war sowohl bei den Behörden und Verwaltungen als auch bei den Gerichten zuzulassen. Darüber hinaus sollte die Personalpolitik der öffentlichen Stellen dergestalt organisiert werden, daß Sorben in ausreichendem Maße eingestellt und somit die faktische Umsetzung der Sprachregelungen sicherstellen sollten. Schließlich sollte auch in der topographischen Gestaltung und der Ämterbeschriftung die Zweisprachigkeit in den Sorbengebieten verwirklicht werden.[296] Die geschilderten Regelungen des sächsischen *Gesetzes zur Wahrung der Rechte der sorbischen Bevölkerung* wurden vom Land Brandenburg durch den Erlaß der *Ersten Verordnung betreffend die Förderung der*

---

[295] SächsGVBl. 1951, S. 47. Die Durchführungsverordnung hatte folgenden Wortlaut (zitiert nach *Veiter*, in: *Meissner*, Das Selbstbestimmungsrecht der Völker in Osteuropa und China, S. 187, 191 f.):
Um die der sorbischen Bevölkerung garantierte staatliche Förderung in bezug auf ihre Sprache, kulturelle Betätigung und Entwicklung zu verwirklichen, wird in Durchführung der §§ 3 und 4 des Gesetzes zur Wahrung der Rechte der sorbischen Bevölkerung gemäß § 7 des Gesetzes verordnet:
§ 1: In den Kreisen Bautzen, Hoyerswerda, Kamenz, Löbau und Niesky ist die Anstellung von Referenten für die im Gesetz festgelegten Rechte der sorbischen Bevölkerung sicherzustellen.
§ 2: I. Bei den Kreisbehörden der Kreise Bautzen, Hoyerswerda, Kamenz, Löbau und Niesky und den Gemeindebehörden dieser Kreise werden Eingaben in sorbischer Sprache angenommen und erledigt. Die Gemeinde- und Kreisbehörden haben das Recht, untereinander in sorbischer Sprache zu verkehren.
II. Die amtlichen Bekanntmachungen dieser Kreis- und Gemeindebehörden erfolgen auch in sorbischer Sprache.
§ 3: Die Kreis- und Gemeindeverwaltungen der im § 1 genannten Kreise sind verpflichtet, im Rahmen der Personalpolitik fortschrittliche sorbische Kräfte heranzuziehen, die eine für ihre Tätigkeit notwendige mündliche und schriftliche Kenntnis der sorbischen Sprache aufweisen müssen.
§ 4: I. In Gemeinden mit sorbischer Bevölkerung haben die Gemeindevertreter das Recht, in Sitzungen der Gemeindevertretungen und auch der Ausschüsse sich der sorbischen Sprache zu bedienen, wobei für die Übersetzung der Reden zu sorgen ist.
II. Die Veröffentlichung von Ortssatzungen, Beschlüssen und Verfügungen der Gemeindevertretungen hat in diesen Gemeinden auch in sorbischer Sprache zu erfolgen.
§ 5: Vor den ordentlichen Gerichten der Kreise Bautzen, Hoyerswerda, Kamenz, Löbau und Niesky haben Angehörige der sorbischen Bevölkerung das Recht, die sorbische Sprache zu gebrauchen. Soweit erforderlich, haben die Gerichte einen Dolmetscher von Amts wegen hinzuzuziehen. Die angeführten fünf Gerichte können in sorbischer Sprache verhandeln.
§ 6: Die Sorben haben das Recht, ihren Vor- und Zunamen in sorbischer Schreibweise zu führen. Angehörige der sorbischen Bevölkerung können einen Antrag auf Änderung ihres deutschen in einen sorbischen Namen stellen, sofern ihr Name germanisiert worden ist. Dem Antrag ist unter Berücksichtigung der allgemeinen Bestimmungen über Namensänderungen stattzugeben.
§ 7: Amtsgebäude sowie Orts- und Wegbezeichnungen der Kreise Bautzen, Hoyerswerda, Kamenz, Löbau und Niesky sind außer in deutscher auch in sorbischer Sprache zu beschriften.

[296] Vgl. hierzu auch: *Kasper*, in: *Holander/Steensen*, Friesen und Sorben, S. 12, 17 f.; *Pastor*, Die rechtliche Stellung der Sorben in Deutschland, S. 36 ff.; *Lemke*, Nationale Minderheiten und Volksgruppen im schleswig-holsteinischen und im übrigen deutschen Verfassungsrecht, S. 96 ff.; *Mampel*, Die sozialistische Verfassung der Deutschen Demokratischen Republik, Kommentar, Art. 40, Rn. 7 ff.

sorbischen Volksgruppe[297] vom 12. September 1950 nahezu wörtlich übernommen.[298] Auch nach der Auflösung der Länder am 23. Juli 1952 und der zentralistischen Neugliederung der DDR in 14 Bezirke galten die sächsischen und brandenburgischen Minderheitengesetze weiter. In der Folgezeit wurden sie aber oftmals von *Durchführungsbestimmungen* und *Anweisungen* aus den Ministerien in Berlin überlagert.[299] Das sächsische Gesetz zur Wahrung der Rechte der sorbischen Bevölkerung vom 23. März 1948[300] galt in seinen wesentlichen Bestimmungen nach Maßgabe des Artikels 3 des Rechtsbereinigungsgesetzes des Freistaates Sachsen vom 17. April 1998[301] sogar bis zum Inkrafttreten des sächsischen Sorbengesetzes vom 31. März 1999[302] fort.[303]

So wie es der Domowina nicht gelungen war, eine verfassungsrechtliche Verankerung der politischen Repräsentation der Sorben zu erreichen, so gelang dies auch einfachgesetzlich nicht. Dennoch waren Sorben, allerdings nicht aufgrund eben dieser Tatsache, gemessen an ihrem Gesamtbevölkerungsanteil überdurchschnittlich gut in den Gemeinde-, Kreis- und Bezirksvertretungen und in der Volkskammer vertreten.[304]

Das anfangs durch die sächsischen und brandenburgischen Gesetze sehr minderheitenfreundliche Schulrecht wurde im Laufe der Jahre immer weiter eingeschränkt. Aufgrund einer Anweisung des Ministeriums für Volksbildung vom 9. April 1952[305] wurden in den Minderheitensiedlungsgebieten sorbische Schulen auf allen Niveaus eingerichtet, in denen Sorbisch auch als Unterrichtssprache verwendet wurde.[306] 10 Jahre später allerdings wurde

---

297 GVBl. Brandenburg 1950 II S. 417.

298 *Pastor* weist auf den geringeren Schutzstandard des brandenburgischen Gesetzes hinsichtlich des Minderheitenschulrechts hin. Vgl. *Pastor*, Die rechtliche Stellung der Sorben in Deutschland, S. 36 f.

299 *Pastor*, Die rechtliche Stellung der Sorben in Deutschland, S. 37.

300 Sächsisches GVBl. 1948 S. 191.

301 Sächsisches GVBl. 1998 S. 151 f.

302 Gesetz über die Rechte der Sorben im Freistaat Sachsen - Sächsisches Sorbengesetz (SächsSorbG) - vom 31. März 1999 (Sächsisches GVBl. 1999 S. 161).

303 § 17 des SächsSorbG bestimmte das Außerkrafttreten des Gesetzes zur Wahrung der Rechte der sorbischen Bevölkerung vom 23. März 1948.

304 *Nowusch*, Die Gleichberechtigung der Bürger sorbischer Nationalität in der DDR – verwirklichtes Menschenrecht, S. 103.

305 Text bei: *Veiter*, in: *Meissner*, Das Selbstbestimmungsrecht der Völker in Osteuropa und China, S. 187, 193.

306 Dabei wurde unterschieden zwischen Schulen, in denen Sorbisch Unterrichtssprache war (Typ A) und Schulen, in denen sorbischer Sprachunterricht angeboten wurde (Typ B). Vgl. *Rodenbach*, ROW 1985, S. 271,

Sorbisch als Unterrichtssprache faktisch abgeschafft durch die Anweisung zur Verbesserung des naturwissenschaftlichen und polytechnischen Unterrichts und des Sorbischunterrichts an den zehn- und zwölfklassigen polytechnischen Oberschulen und Oberschulen mit sorbischem Sprachunterricht vom 2. Oktober 1962.[307] Durch die oft zitierte 7. Durchführungsbestimmung zum Gesetz über die sozialistische Entwicklung des Schulwesens vom 30. April 1964[308] wurde Sorbisch schließlich zu einem Fach degradiert, das nur noch auf freiwilliger Basis angeboten wurde.[309] Der Schaden, der durch den gewaltigen Rückgang der Sorbisch lernenden Schüler entstand, konnte auch durch die teilweise Rücknahme besagter 7. Durchführungsverordnung durch die 4. Durchführungsbestimmung zum Gesetz über das einheitliche sozialistische Bildungssystem vom 20. Dezember 1968[310] nicht mehr ausgeglichen werden.[311] Im Ergebnis bewertet *Pastor*[312] die Schulpolitik der DDR gegenüber den Sorben als durchaus positiv und sieht die Probleme der schulischen Vermittlung der sorbischen Sprache im außerschulischen Bereich bedingt durch die Tatsache, daß die Kommunikationsfunktion der sorbischen Sprache stetig abnahm.

Regelungen hinsichtlich der Gerichtssprache[313] waren zunächst im Gesetz über die Verfassung der Gerichte der Deutschen Demokratischen Republik (Gerichtsverfassungsgesetz, GVG) vom 17. April 1963,[314] welches die ursprüngliche Fassung des GVG vom 2. Oktober 1952[315] wörtlich übernahm, festgelegt:

274; *Veiter*, in: *Meissner*, Das Selbstbestimmungsrecht der Völker in Osteuropa und China, S. 187, 193 ff.; *Thiele*, in: *Heintze*, Selbstbestimmungrecht der Völker – Herausforderung der Staatenwelt, S. 342, 352 f.

307 Details vgl. bei: *Wowcer-Schäfer*, in: *Holander/Steensen* (Hrsg.), Friesen und Sorben, S. 32; *Pastor*, Die rechtliche Stellung der Sorben in Deutschland, S. 41.

308 GBl. DDR 1964 II, S. 482. Text bei *Pastor*, Die rechtliche Stellung der Sorben in Deutschland, S. 238.

309 *Thiele*, in: *Heintze*, Selbstbestimmungrecht der Völker – Herausforderung der Staatenwelt, S. 342, 352 f.; *Pastor*, Die rechtliche Stellung der Sorben in Deutschland, S. 41 f.

310 GBl. DDR 1969 II, S. 33. Text bei *Pastor*, Die rechtliche Stellung der Sorben in Deutschland, S. 243.

311 *Wowcer-Schäfer*, in: *Holander/Steensen* (Hrsg.), Friesen und Sorben, S. 32 f.

312 *Pastor*, Die rechtliche Stellung der Sorben in Deutschland, S. 43.

313 Vgl. hierzu: *Pastor*, Die rechtliche Stellung der Sorben in Deutschland, S. 46 ff.; *Veiter*, in: *Meissner*, Das Selbstbestimmungsrecht der Völker in Osteuropa und China, S. 187, 195 f.; *Rodenbach*, ROW 1985, S. 271, 274.

314 GBl. DDR 1963 I, S. 45.

315 GBl. DDR 1952 I, S. 985. In der Fassung des GVG des Jahres 1952 trugen die einschlägigen Paragraphen die Ordnungsnummern 64 und 65.

§ 73

„(1) Die Gerichtssprache ist deutsch.

(2) Personen, die der deutschen Sprache nicht mächtig sind, können sich ihrer Muttersprache bedienen."

§ 74

„Sorben haben in den Heimatkreisen der sorbischen Bevölkerung das Recht, die sorbische Sprache zu gebrauchen, auch wenn sie der deutschen Sprache mächtig sind. In diesem Falle kann in sorbischer Sprache verhandelt werden. Das Protokoll ist in die deutsche Sprache zu übertragen."

Die ordentlichen Gerichte der DDR mußten also in den Siedlungsgebieten der Sorben die sorbische Sprache verstehen und lesen und durften in sorbischer Sprache verhandeln. Erforderlichenfalls mußte die Zuziehung von Dolmetschern oder Übersetzern für die sorbisch sprechenden Parteien kostenfrei sein.[316] Durch den Erlaß des Gerichtsverfassungsgesetzes vom 27. September 1974[317] bekam der bisherige § 74 eine neue Fassung:

§ 12

„(2) Sorben haben in den Heimatkreisen der sorbischen Bevölkerung das Recht, vor Gericht sorbisch zu sprechen."

Fraglich war in der Folge, ob mit dieser Neufassung eine Verkürzung der Rechte der sorbisch sprechenden Parteien verbunden war.[318] Das Ergebnis dieses Streites kann hier dahinstehen, da das Sorbische als Gerichtssprache schon immer und insbesondere seit Beginn der 70er Jahre in der Rechtspraxis eine geringe bis gar keine Bedeutung hatte. In aller Regel beherrschten sorbisch sprechende Parteien die deutsche Sprache so gut, daß sie die Regelung nicht benötigten. Andererseits beharrten sorbisch sprechende Parteien meist aus Furcht, dadurch etwa den Unmut des Entscheidungskörpers zu erregen, auch nicht auf ihrem Recht,

---

[316] *Pastor*, Die rechtliche Stellung der Sorben in Deutschland, S. 46 f.

[317] GBl. DDR 1974 I, S. 459.

[318] Der Streit ist dargestellt bei *Pastor*, Die rechtliche Stellung der Sorben in Deutschland, S. 47 f.

Sorbisch als Gerichtssprache zu benutzen.[319] Faktisch war also wohl die deutsche Sprache alleinige Gerichtssprache.[320]

Hinsichtlich der Amtssprache galten die Regelungen der sächsischen und brandenburgischen Gesetze weiter. Hierbei ist allerdings zu beachten, daß Verwaltungsverfahren, wie sie das bundesdeutsche Recht kennt, in der DDR nicht existierten. Die Bevölkerung konnte sich lediglich mit *Eingaben* an die Behörden wenden. Theoretisch konnte mit den Behörden also in sorbischer Sprache verkehrt werden, und es konnten auch Antworten in sorbischer Sprache erwartet werden. In der Praxis dürfte jedoch der Gebrauch der sorbischen Sprache als Amtssprache noch seltener vorgekommen sein als der Gebrauch der sorbischen Sprache als Gerichtssprache.[321]

4. Die Verfassungsrealität des Minderheitenschutzes in der DDR

Zusammenfassend läßt sich wohl festhalten, daß sich die tatsächliche rechtliche Lage der Sorben in der DDR weitgehend nach der Anwendung der einfachen Gesetze bestimmte.[322] Nicht immer deckte sich die einfachgesetzliche Rechtslage mit den verfassungsrechtlichen Vorgaben, und auch die Praxis sah oft anders aus, als es nach den Gesetzen hätte sein können.[323] Selbstverständlich wurde aber von der Führung der DDR stets die Vorbildhaftigkeit des Minderheitenschutzes in der DDR betont.[324] Die minderheitenschutzrechtlichen Verfassungsnormen in den Verfassungen der DDR hatten insgesamt wohl lediglich programmatischen Charakter. Dies ist aber nicht zu verifizieren, da mangels der Existenz einer Verfassungsgerichtsbarkeit die Überprüfung der einfachen Gesetze an den Verfassungsnormen nicht möglich war. Gegenüber der Staatsgewalt

---

319 *Pastor*, Die rechtliche Stellung der Sorben in Deutschland, S. 48 f.

320 So *Veiter*, in: *Meissner*, Das Selbstbestimmungsrecht der Völker in Osteuropa und China, S. 187, 195.

321 Zu diesem Ergebnis kommen *Pastor*, Die rechtliche Stellung der Sorben in Deutschland, S. 49; *Veiter*, in: *Meissner*, Das Selbstbestimmungsrecht der Völker in Osteuropa und China, S. 187, 197.

322 Zu diesem Ergebnis kommt auch *Lemke*, Nationale Minderheiten und Volksgruppen im schleswig-holsteinischen und im übrigen deutschen Verfassungsrecht, S. 98.

323 So auch *Oschlies*, Die Sorben – Slawisches Volk im Osten Deutschlands, S. 53; *Kasper*, in: *Holander/Steensen*, Friesen und Sorben, S. 12, 19 f.

324 *Blumenwitz*, Minderheiten- und Volksgruppenrecht – Aktuelle Entwicklung, S. 111 f.; *Elle*, in: *Schmalz-Jacobsen/Hansen* (Hrsg.), Ethnische Minderheiten in der Bundesrepublik Deutschland, S. 454, 459 f.; *Böhm*, Das Parlament vom 1. Mai 1992, S. 14.

einklagbares bzw. durchsetzbares Verfassungsrecht gab es in der DDR jedenfalls nicht.[325] Es darf aber auch nicht vergessen werden, daß der verfassungsrechtliche Minderheitenschutz in der DDR stets vor dem Hintergrund des allgemeinen Zustandes der Realisierung der Grund- und Menschenrechte in der DDR und des sozialistischen Grundrechtsverständnisses zu sehen ist.[326] Die Verwirklichung der Grund- und Menschenrechte nach westlichem Verständnis war in der DDR defizitär, da in der DDR sozialistische Grundrechte als dynamische, am jeweiligen Entwicklungsstand des Sozialismus zu messende Individualrechte, die nur in der Mitgestaltung des sozialistischen Staates zu erreichen seien, aufgefaßt wurden.[327] Mit dem Machtverlust der Domowina ging auch der Verfall der Rechte der sorbischen Bevölkerung der DDR einher. Nach der Vorstellung der SED sollte die Domowina im Interesse des sozialistischen Staatswesens auf die Sorben einwirken, nicht aber deren unabhängige Interessenvertreterin sein. Ein Eigenleben der Sorben war nicht erwünscht. Die Durchsetzung dieser Position ist der SED auch gelungen. Insgesamt sah die SED den Minderheitenschutz lediglich als ein Mittel, um eine bestimmte gesellschaftliche Gruppe in den Aufbau eines sozialistischen Staatswesens einzubinden.[328]

Dennoch sollte nicht verkannt werden, daß die DDR in ihrem Umgang mit der sorbischen Minderheit durchaus auch positive Aspekte vorweisen konnte, wie die vorstehenden Ausführungen auch zeigen sollten.[329]

Auf der anderen Seite darf bezüglich der Verfassungsrealität hier allerdings auch nicht vergessen werden, daß das DDR-Minderheitenrecht die vollständige Zerstörung von etwa 113 Dörfern und Siedlungen der Sorben im Zuge des Braunkohletagebaus nicht verhindern konnte.[330] Die Umsiedlung brachte einerseits für die Sorben neben dem Verlust der Heimat auch den Verlust der Dorfgemeinschaft mit sich, was zur Folge hatte, daß sorbische Umsiedler einem ungleich stärkeren Assimilierungsdruck ausgesetzt waren. Andererseits

---

325 *Lemke*, Nationale Minderheiten und Volksgruppen im schleswig-holsteinischen und im übrigen deutschen Verfassungsrecht, S. 95 f.

326 Darauf weist insbesondere *Rodenbach* hin: *Rodenbach*, ROW 1985, 271, S. 275 f.

327 *Lemke*, Nationale Minderheiten und Volksgruppen im schleswig-holsteinischen und im übrigen deutschen Verfassungsrecht, S. 96.

328 *Lemke*, Nationale Minderheiten und Volksgruppen im schleswig-holsteinischen und im übrigen deutschen Verfassungsrecht, S. 98 ff.

329 Dies sehen auch *Rodenbach* und *Veiter*, die die Rechtslage der Sorben in der DDR auch an der Rechtslage der Minderheiten in anderen sozialistischen Staaten messen, und *Lemke* so: *Rodenbach*, ROW 1985, S. 271, 275 f.; *Veiter*, in: *Meissner*, Das Selbstbestimmungsrecht der Völker in Osteuropa und China, S. 187, 199; *Lemke*, Nationale Minderheiten und Volksgruppen im schleswig-holsteinischen und im übrigen deutschen Verfassungsrecht, S. 99 f.

330 *Elle*, in: *Schmalz-Jacobsen/Hansen* (Hrsg.),Ethnische Minderheiten in der Bundesrepublik Deutschland, S. 454, 461; *Richter*, FAZ vom 8. März 1994.

kamen durch den Braukohletagebau auch viele auswärtige Arbeitskräfte in die Lausitz, was ebenfalls eine Zurückdrängung der sorbischen Sprache und Kultur bewirkte.[331]

331 Vgl. *Pastor*, Die rechtliche Stellung der Sorben in Deutschland, S. 52 f.; *Thiele*, in: *Heintze*, Selbstbestimmungsrecht der Völker – Herausforderung der Staatenwelt, S. 342, 354; *Richter*, FAZ vom 8. März 1994.

3. Kapitel: Die völker- und europarechtlichen Vorgaben für den innerstaatlichen Minderheitenschutz

Das Minderheitenrecht in der Bundesrepublik Deutschland kann nicht analysiert und bewertet werden, ohne die Vorgaben des Völker- und Europarechts hierfür zu kennen. Die Bundesrepublik Deutschland hat sich durch den Beitritt zu verschiedenen völkerrechtlichen Verträgen und aufgrund ihrer Mitgliedschaft in der Rechtsgemeinschaft der Europäischen Union hinsichtlich des Minderheitenschutzes in einen völker- und europarechtlichen Rahmen eingebunden, der nun im folgenden dargestellt werden soll. Ziel dieser Darstellung ist es, am Ende dieser Arbeit eine Aussage darüber treffen zu können, ob der Minderheitenschutz in der Bundesrepublik Deutschland mit internationalem Recht konfligiert bzw. ob der Schutzstandard in Deutschland hinter den internationalrechtlichen Vorgaben zurückbleibt oder nicht. Aktueller Anlaß für derartige Überlegungen ist die Kritik des Menschenrechtsausschusses der Vereinten Nationen hinsichtlich der Implementierung von Art. 27 des Internationalen Paktes über bürgerliche und politische Rechte vom 16. Dezember 1966 in Deutschland.[1] Der zentrale Punkt der unterschiedlichen Rechtsauffassung des Menschenrechtsausschusses der Vereinten Nationen und der Bundesrepublik Deutschland ist die Definition des Rechtsterminus *Minderheit*. Den unterschiedlichen Ansichten hinsichtlich der Minderheitendefinition liegen grundsätzlich divergierende Auffassungen hinsichtlich des Minderheitenschutzkonzepts zugrunde.

Im folgenden soll daher aus Übersichtsgründen zunächst der Streit um den Minderheitenbegriff dargestellt werden und danach der materielle Standard des völker- und europarechtlichen Minderheitenschutzes erarbeitet werden.

I. Der Begriff der Minderheit bzw. Volksgruppe im internationalen Recht

Auf internationaler Ebene ringt man seit Jahrzehnten und, um es vorwegzunehmen, bislang vergebens, um eine universell akzeptierte Definition dieses Begriffes der Minderheit.[2] In

---

[1] UN Doc. CCPR/C/79/Add. 73, S. 3, Ziff. 13: „*The Committee is of the view that article 27 applies to all persons belonging to minorities whether linguistic, religious, ethnic or otherwise including those who are not concentrated or settled in a particular area or a particular region or who are immigrants or who have been given asylum in Germany.*"

[2] Vgl. aus dem reichen Schrifttum etwa: *Blumenwitz*, Minderheiten- und Volksgruppenrecht – Aktuelle Entwicklung, S. 26 ff.; *Niewerth*, Der kollektive und der positive Schutz von Minderheiten und ihre Durchsetzung im Völkerrecht, S. 30 ff.; *Scherer-Leydecker*, Minderheiten und sonstige ethnische Gruppen, S. 56 ff.; *Hofmann*, Minderheitenschutz in Europa, S. 19 ff.; *Capotorti*, Study on the Rights of Persons belonging to Ethnic, Religious and Linguistic Minorities, UN Doc. E/CN.4/Sub.2/384/Rev.1; *Capotorti*, in: *Bernhardt u.a.* (Hrsg.), Encyclopedia of Public International Law, Vol. 8, S. 385 ff.; *Chandra*, Minorities in National and International Law, S. 11 ff.

Deutschland herrscht eine vergleichbare Verwirrung.[3] Im Rahmen der vereinigungsbedingten Revision des Grundgesetzes im Jahr 1994 trat der Dissens bezüglich der Bedeutung des Rechtsbegriffs *Minderheit* in den Beratungen der Verfassungskommission des Bundesrates[4] und später in den Beratungen der Gemeinsamen Verfassungskommission von Bundestag und Bundesrat (GVK)[5] deutlich zu Tage.[6] Anders als bei manchen Problemkonstellationen im internationalen Bereich, bei denen gelegentlich ein zeitweises Belassen von unklaren Verhältnissen die beste Problemlösung sein kann, ist die allgemeine Verwirrung über den Begriff der Minderheit für das deutsche Recht sehr mißlich. Vertreter unterschiedlicher Minderheitenschutzkonzepte definieren *Minderheit* unterschiedlich, um letztendlich ihre politischen Vorstellungen durchzusetzen. Zumindest im innerstaatlichen Bereich muß jedoch Klarheit über die Adressaten herrschen, wenn für bestimmte Personengruppen Regelungskonzepte entwickelt werden sollen. Ohne terminologische Klarheit kann es keine Rechtssicherheit geben. Am 1. Februar 1998 ist (auch für Deutschland) das Rahmenabkommen des Europarates zum Schutz nationaler Minderheiten in Kraft getreten.[7] Am 9. Juli 1998 hat Deutschland die Europäische Charta der Regional- oder Minderheitensprachen des Europarats vom 5. November 1992 ratifiziert.[8] Die Schaffung internationaler materieller Normen zum Schutz von Minderheiten geht also weiter, ohne daß eine Einigung auf den Inhalt eines universellen Minderheitenbegriffs in Sicht wäre. Es scheint, als hätte man sich auf internationaler Ebene mittlerweile mit der *Undefinierbarkeit* des Rechtsterminus *Minderheit* abgefunden.[9] Die konkrete Rechtsanwendung auf den Einzelfall im innerstaatlichen Bereich, die ja insbesondere auch die völker- und europarechtlichen Vorgaben berücksichtigen muß, ist allerdings mit dieser Unklarheit nicht vereinbar. Für das innerstaatliche Recht müssen Rechtsbegriffe klar definiert sein. Um den Kern der unterschiedlichen Auffassungen der Bundesregierung, einiger Landesregierungen und dem Menschenrechtsausschuß der Vereinten Nationen hinsichtlich des Minderheitenbegriffs und einer davon wesentlich abhängigen Minderheitenpolitik zu verstehen, muß also zunächst der in den internationalen Foren existierende Streit verstanden werden.

---

[3] Hierzu grundlegend: *Hahn*, in: *Frowein/Hofmann/Oeter*, Das Minderheitenrecht europäischer Staaten, Teil 1, S. 62 ff.; *Murswiek*, in: Forum für Kultur und Politik, Nr. 8, S. 18 ff. *Franke/Hofmann*, EuGRZ 1992, 401 ff.; *Messtorff*, Die Rechtsstellung der ethnischen Minderheiten in Deutschland, S. 4 ff.

[4] Bericht der Kommission Verfassungsreform des Bundesrates, Stärkung des Föderalismus in Deutschland und Europa sowie weitere Vorschläge zur Änderung des Grundgesetzes, BR.-Drucks. 360/92, Rn. 125 ff.

[5] Bericht der Gemeinsamen Verfassungskommission, BT.-Drucks. 12/6000, S. 71 ff.

[6] Dazu vgl. die Ausführungen in Kapitel 5.

[7] BGBl. 1997 II S. 1406 ff.; vgl. hierzu: *Klebes*, EuGRZ 1995, S. 262 ff.; *Weckerling*, EuGRZ 1997, S. 605 ff.

[8] BGBl. 1998 II S. 1314 ff.

[9] Bedeutende Autoren scheinen die fehlende Einigkeit im Hinblick auf die Minderheitendefinition noch nicht einmal mehr zu beklagen: vgl. *Eide*, in: *Eide/Krause/Rosas*, Economic, social and cultural rights, S. 87, 88.

1. Der Begriff der Minderheit in wichtigen Dokumenten des universellen Völkerrechts

Der deutsche Begriff der Minderheit kann eigentlich nicht im krassen Gegensatz zum völkerrechtlichen Minderheitenbegriff stehen. Daher soll die völkerrechtliche Minderheitendefinition der Ausgangspunkt für die juristische Bestimmung des deutschen Minderheitenbegriffs sein.

a) Der Minderheitenbegriff in der Entstehungsgeschichte von Art. 27 des Internationalen Paktes über bürgerliche und politische Rechte vom 16. Dezember 1966

Die Definition des völkerrechtlichen Terminus *Minderheit* ist, wie bereits erwähnt, höchst umstritten. Seit der Blütezeit des internationalen Minderheitenrechts gegen Ende des Ersten Weltkrieges versuchen sowohl Völkerrechtswissenschaftler als auch Diplomaten, sich auf eine universelle Minderheitendefinition zu verständigen.[10] Ungelöste Nationalitätenkonflikte und Minderheitenprobleme erkannte man in der Zwischenkriegszeit als eine der Ursachen des Ausbruchs des Ersten Weltkrieges. Wissenschaft und Politik mußten sich dieser Problematik stellen, um das Ziel eines dauerhaften Friedens in Europa anzusteuern.[11] Trotz großer Anstrengungen scheiterte dies im Ergebnis nahezu vollständig. Die Endversion der Völkerbundsatzung enthielt keine Minderheitenschutzbestimmung[12] und auch der Friedensvertrag von Versailles begnügte sich mit rudimentären Bestimmungen in dieser Hinsicht.[13] Der materielle Minderheitenschutz wurde statt dessen durch ein System von einzelnen Verträgen umgesetzt.[14] Eine einheitliche völkerrechtliche Definition des Begriffs der Minderheit bildete sich nicht heraus. Nach dem Ende des Zweiten Weltkrieges glaubte man, daß ein Minderheitenschutzregime überflüssig sei, wenn es gelänge, ein universelles Menschenrechtsschutzregime zu schaffen.[15] Vergleichbare Anstrengungen um die Schaffung

---

[10] Vgl. hierzu etwa: *Blumenwitz*, Minderheiten- und Volksgruppenrecht – Aktuelle Entwicklung, S. 37 ff.; *Steiner/Alston*, International Human Rights in Context, S. 86 ff.; *Hofmann*, ZaöRV 1992, S. 1, 5 ff. oder den Klassiker aus dieser Zeit: *Erler*, Das Recht der nationalen Minderheiten, S. 37.

[11] *Laun*, in: *Hatschek/Strupp*, Wörterbuch des Völkerrechts und der Diplomatie, 2. Bd., S. 83 ff.; *Erler*, Das Recht der nationalen Minderheiten, S. 121 ff.; *Flachbarth*, System des internationalen Minderheitenrechts, S. 30 ff.

[12] *Kimminich*, Rechtsprobleme der polyethnischen Staatsorganisation, S. 57. Zu den Minderheitenschutzbestimmungen der Entwürfe vgl.: *Wintgens*, Der völkerrechtliche Schutz der nationalen, sprachlichen und religiösen Minderheiten, S. 114; *Kraus*, Das Recht der Minderheiten, S. 40 f.

[13] Es sind dies die Artikel 86 und 93, welche die Tschechoslowakei und Polen zum Minderheitenschutz verpflichten. Vgl. *Erler*, Das Recht der nationalen Minderheiten, S. 129.

[14] Übersicht bei *Kimminich*, in: *Wittmann/Graf Bethlen*, Volksguppenrecht, S. 48. Eine detaillierte Analyse findet sich bei *Erler*, Das Recht der nationalen Minderheiten, S. 129 ff.

[15] *Blumenwitz*, Minderheiten- und Volksgruppenrecht – Aktuelle Entwicklung, S. 41 ff.; *Kimminich*, BayVBl. 1993, 321 ff.

eines internationalrechtlichen Minderheitenschutzregimes wurden daher nicht mehr unternommen. Mehr als 80 Jahre sind seit dem Ende des Ersten Weltkrieges vergangen, und es erscheint zweifelhaft, ob es jemals gelingen wird, eine universell akzeptierte völkerrechtliche Minderheitendefinition zu finden. Diese Misere ist der Grund, weshalb auch die materiellen Instrumente des völkerrechtlichen Minderheitenschutzes[16] keine Definition des Begriffes der Minderheit enthalten. Wann immer jedoch in verschiedenen internationalen Foren über materielle minderheitenschützende Rechtsnormen beraten wurde, wurde stets auch über den Begriff der Minderheit diskutiert.

Besonders intensiv wurde der Begriff der Minderheit im Rahmen der Ausarbeitung der Minderheitenschutzklausel des Internationalen Paktes über bürgerliche und politische Rechte vom 16. Dezember 1966 (IPBPR)[17] debattiert.[18] Die Protokolle, welche die Entstehungsgeschichte von Art. 27 IPBPR dokumentieren, reflektieren daneben die große Bandbreite der unterschiedlichen Auffassungen der Staatenvertreter hinsichtlich des zu gewährenden Schutzkonzeptes in bezug auf die Minderheiten.

Der Minderheitenschutzartikel 27 des IPBPR geht auf einem Entwurf[19] der Unterkommission zur Verhütung von Diskriminierung und zum Schutz von Minderheiten zurück. Die Menschenrechtskommission der Vereinten Nationen formulierte aus dieser Vorlage die Endversion, die vom Dritten Hauptausschuß der Generalversammlung der Vereinten Nationen angenommen und schließlich im Plenum der Generalversammlung verabschiedet wurde.

Die Menschenrechtskommission der Vereinten Nationen beriet den Entwurf der Unterkommission während ihrer neunten Tagung im Jahr 1953. Bereits zu diesem Zeitpunkt wurden in diesem Forum die Bereiche sehr kontrovers debattiert, die immer noch und gerade

---

[16] Hier sind vor allem folgende Instrumente von herausragender Wichtigkeit: Die „*Deklaration über die Rechte von Personen, die zu nationalen oder ethnischen, religiösen und sprachlichen Minderheiten gehören*" der Generalversammlung vom 18. Dezember 1992 (Declaration on the Rights of Persons Belonging to National or Ethnic, Religious and Linguistic Minorities, UN Doc. A/RES/47/135; die Übersetzung durch den Deutschen Übersetzungsdienst bei den Vereinten Nationen ist abgedruckt in: VN 1993, S. 190 ff.; vgl. hierzu etwa: *Dicke*, EA 1993, 107 ff.; *Rensmann*, AWR-Bulletin, 1992, 99 ff.; *Ermacora*, VN 1992, 149 ff.; Weitere wichtige Instrumente sind besprochen bei: *Scherer-Leydecker*, Minderheiten und sonstige ethnische Gruppen, S. 104 ff. und 172 ff.; Für den europäischen Bereich ist von entscheidender Bedeutung das schon erwähnte Rahmenübereinkommen des Europarates zum Schutz nationaler Minderheiten vom 1. Februar 1995; vgl. hierzu: *Klebes*, EuGRZ 1995, S. 262 ff.; *Weckerling*, EuGRZ 1997, S. 605 ff.

[17] BGBl. 1973 II S. 1534.

[18] Vgl. hierzu vor allem die detaillierte Darstellung bei *Scherer-Leydecker*, Minderheiten und sonstige ethnische Gruppen, S. 56 ff. Vgl. auch: *Tomuschat*, in: FS für *Mosler*, S. 949, 954 ff.; *Nowak*, CCRP-Kommentar, Art. 27, Rn. 5 ff.

[19] Dieser Entwurf hatte folgenden Wortlaut: „*Persons belonging to ethnic, religious and linguistic minorities shall not be denied the right, in community with the other members of their group, to enjoy their own culture, to profess and practice their own religion, or to use their own language.*"; vgl. UN Doc. E/CN.4/Sub.2/112, S. 1.

heute wieder Streitpunkte in der Diskussion um die Minderheitendefinition sind, nämlich insbesondere die *Alteingesessenheit* bzw. *Autochthonität* von Minderheitengruppen, die Staatsangehörigkeitsfrage und die Erstreckung des Minderheitenschutzes auf Immigrantengruppen und Ureinwohner (*indigenous peoples*).[20] Lediglich in der Frage der Staatsangehörigkeit herrschte unter den Delegationen relatives Einvernehmen, daß die Gewährung von Minderheitenrechten an das Staatsbürgertum gekoppelt sein müßte.[21] Vor allem die Vertreter der südamerikanischen Staaten wollten aus Sorge um die nationale Einheit und Sicherheit ihrer Staaten die Begünstigung der Bildung *neuer* Minderheitengruppen verhindern und versuchten daher, eine theoretische Erstreckung von Minderheitenrechten auf Immigrantengruppen auszuschließen.[22] Uruguay schlug demzufolge einen zweiten Absatz zum Unterkommissionsentwurf vor, der folgenden Wortlaut hatte:

> *„Such rights may not be interpreted as entitling any group settled in the territory of a State, particularly under the terms of its immigration laws, to form within that State separate communities which might impair its national unity or security.“*[23]

Dieser Antrag wurde abgelehnt, da die Mehrheit mit Blick auf den geringen Umfang der gewährten materiellen Minderheitenrechte die Sorge der Regierung von Uruguay nicht teilte. Chile zielte mit einem anderen Änderungsantrag auf die Forderung der Alteingesessenheit von Minderheitengruppen ab:[24]

> *„In those States in which stable and well-defined ethnic, religious or linguistic minorities have long been established ...“*[25]

Dieser Antrag fand Eingang in die Endversion, allerdings in folgender verkürzter Form:

> *„In those States in which ethnic, religious or linguistic minorities exist ...“*[26]

---

[20] *Scherer-Leydecker*, Minderheiten und sonstige ethnische Gruppen, S. 58 ff.

[21] UN Doc. E/CN.4/SR.369, S. 14. Vgl. auch *Scherer-Leydecker*, Minderheiten und sonstige ethnische Gruppen, S. 61, Fn. 153 (m.w.N.).

[22] *Nowak*, CCRP-Kommentar, Art. 27, Rn. 6.

[23] UN Doc. E/CN.4/689, S. 55, Annex III, § 18 (zitiert nach *Scherer-Leydecker*, Minderheiten und sonstige ethnische Gruppen, S. 61, Fn. 156).

[24] *Nowak*, CCRP-Kommentar, Art. 27, Rn. 6.

[25] UN Doc. E/CN.4/L.261 (zitiert nach *Scherer-Leydecker*, Minderheiten und sonstige ethnische Gruppen, S. 62, Fn. 160).

Vielfach wurde in der deutschsprachigen Literatur[27] bedauernd darauf hingewiesen, daß das Wort „*exist*" des authentischen englischen Textes in der deutschen Übersetzung[28] keine Entsprechung fand. Der so beschlossene Artikel wurde über den Wirtschafts- und Sozialausschuß der Vereinten Nationen (ECOSOC) dem Dritten Hauptausschuß der Generalversammlung der Vereinten Nationen übermittelt.

Im Dritten Hauptausschuß der Generalversammlung der Vereinten Nationen wurde die Erstreckung des Minderheitenschutzes auf Immigranten nochmals thematisiert.[29] Die brasilianische Delegation unter *Mello* betonte, daß sie aufgrund der bisherigen Entstehungsgeschichte des Minderheitenschutzartikels von der Nichteinbeziehung von Immigrantengruppen in den Schutzbereich der zu schaffenden Norm ausginge.[30] Immigranten sollten keine neuen Minderheiten bilden können. Dieser Meinung schlossen sich unter anderem Chile, Venezuela, Panama, Nicaragua, Spanien, Pakistan und Australien an. Immigrantengruppen dürften nicht zur Bildung neuer Minderheiten ermuntert werden, da sich dies potentiell destabilisierend auf den Zusammenhalt der nationalen Einheit auswirke.[31] Allein die kanadische Delegation vertrat die Ansicht, daß der Minderheitenschutz auch Immigranten zugute kommen müsse.[32] Einigkeit herrschte in den Ausschußberatungen darüber, daß die Angehörigen der zu schützenden Minderheiten Staatsangehörige des Staates sein müssen, von welchem sie Schutzgewährung erwarten.[33] Die pakistanische und die chilenische Delegation gingen unter Hinweis auf die „*Annotations on the text of the draft International Covenants on Human Rights*",[34] ein Dokument des Generalsekretariats, davon aus, daß die zu schützenden Minderheiten „*separate or distinct groups, well-defined and long-established on the territory of a State*" sein müßten,[35] um sich auf die Rechte des Art. 27 IPBPR berufen zu können. Auf diese Passage in besagtem Dokument sollte sich später die Bundesrepublik Deutschland in der Rechtfertigung ihrer Minderheitendefinition und ihres

---

[26] UN Doc. E/CN.4/SR.371, S. 3 (zitiert nach *Scherer-Leydecker*, Minderheiten und sonstige ethnische Gruppen, S. 63, Fn. 163).

[27] So etwa *Hofmann*, ZaöRV 1992, S. 1, 7.

[28] Die Passage in der amtlichen deutschen Übersetzung lautet: „*In Staaten mit ethnischen, religiösen oder sprachlichen Minderheiten* ...", BGBl. 1973 II S. 1570.

[29] UN Doc. A/C.3/16/SR.1103 und 1104.

[30] UN Doc. A/C.3/16/SR.1103, S. 213 f., §§ 9 ff. (zitiert nach *Scherer-Leydecker*, Minderheiten und sonstige ethnische Gruppen, S. 63 f., Fn. 169).

[31] UN Doc. A/C.3/16/SR.1103, S. 213 ff. und 1104, S. 220 ff. Vgl. auch *Nowak*, CCRP-Kommentar, Art. 27, Rn. 6.; *Scherer-Leydecker*, Minderheiten und sonstige ethnische Gruppen, S. 63 ff.

[32] UN Doc. A/C.3/16/SR.1104, S. 221, § 26.

[33] UN Doc. A/C.3/16/SR.1104, S. 220 f.

[34] UN Doc. A/2929, S. 63, § 184.

[35] UN Doc. A/C.3/16/SR.1104, S. 220 f., §§ 16 und 23.

Minderheitenschutzkonzeptes berufen.[36] Ohne daß der von der Menschenrechtskommission beschlossene Text nochmals verändert wurde, nahm der Dritte Hauptausschuß der Generalversammlung der Vereinten Nationen den Entwurf von Art. 27 IPBPR an. Der Internationale Pakt über bürgerliche und politische Rechte wurde schließlich am 16. Dezember 1966 vom Plenum der XXI. Generalversammlung der Vereinten Nationen in ihrer 1495. und 1496. Sitzung angenommen[37] und trat (auch für die Bundesrepublik Detuschland) am 23. März 1976 in Kraft.[38] Art. 27 IPBPR hat in seiner authentischen englischen Fassung folgenden Wortlaut:

> *„In those States in which ethnic, religious or linguistic minorities exist, persons belonging to such minorities shall not be denied the right, in community with other members of their group, to enjoy their own culture, to profess and practice their own religion, or to use their own language.“*

In der amtlichen deutschen Übersetzung lautet die Norm folgendermaßen:

> *„In Staaten mit ethnischen, religiösen oder sprachlichen Minderheiten darf Angehörigen solcher Minderheiten nicht das Recht vorenthalten werden, gemeinsam mit anderen Angehörigen ihrer Gruppe ihr eigenes kulturelles Leben zu pflegen, ihre eigene Religion zu bekennen und auszuüben oder sich ihrer eigenen Sprache zu bedienen.“*[39]

b) Der Definitionsvorschlag von Sonderberichterstatter *Francesco Capotorti*

Aufgrund der überragenden Bedeutung des Internationalen Paktes über bürgerliche und politische Rechte vom 16. Dezember 1966 und des Internationalen Paktes über wirtschaftliche, soziale und kulturelle Rechte gleichen Datums für den völkerrechtlichen Schutz der Menschenrechte steht Art. 27 IPBPR im Zentrum des materiellen Minderheitenvölkerrechts.[40] Die Einfügung einer Minderheitenschutzbestimmung in die Weltmenschenrechtspakte und die Diskussionen, die sich im Rahmen der Erarbeitung dieser Norm ergeben hatten, führten in den späten sechziger Jahren dazu, daß in verschiedenen

---

[36] Dazu sogleich.

[37] UN Doc. A/21/SR.1495, S. 8 ff. §§ 82 ff. und A/21/SR.1496, S. 1 ff., §§ 1 ff.

[38] Vgl. die Bekanntmachung vom 14. Juni 1976 (BGBl. 1976 II S. 1068).

[39] BGBl. 1973 II S. 1534.

[40] Vgl. hierzu: *Hailbronner*, in: FS für *Schindler*, 1989, S. 75, 86; *Kimminich*, BayVBl. 1993, S. 321; *Nowak*, CCPR-Kommentar, Art. 27.

Gremien der Vereinten Nationen verstärkt über Konzeption und Ausgestaltung des völkerrechtlichen Minderheitenschutzes nachgedacht wurde.[41] Wichtigstes Ergebnis dieses Prozesses ist sicherlich die *„Study on the rights of persons belonging to ethnic, religious and linguistic minorities“*,[42] die unter der Leitung von Sonderberichterstatter *Francesco Capotorti* im Zeitraum von 1967 bis 1977 für die Unterkommission zur Verhütung von Diskriminierung und zum Schutz von Minderheiten entstand. Diese Studie enthielt einen Definitionsvorschlag, der in der allgemeinen Verwirrung um die Minderheitendefinition einen gewissen Anhaltspunkt bietet, da sich viele völkerrechtliche Arbeiten bis zum heutigen Tage an dieser Definition orientieren.[43] *Capotortis* Vorschlag bezieht sich ausdrücklich auf Art. 27 des internationalen Vertrages über bürgerliche und politische Rechte vom 16. Dezember 1966. Bezogen auf diese Norm sei eine Minderheit im Sinne des Art. 27 IPBPR nach *Capotorti* zu definieren als:

> *„(...) eine der übrigen Bevölkerung eines Staates zahlenmäßig unterlegene Gruppe, die keine beherrschende Stellung einnimmt, deren Angehörige - Bürger dieses Staates - in ethnischer, religiöser oder sprachlicher Hinsicht Merkmale aufweisen, die sie von der übrigen Bevölkerung unterscheiden, und die, zumindest implizit, ein Gefühl der Solidarität bezeigen, das auf die Bewahrung der eigenen Kultur, der eigenen Traditionen, der eigenen Religion oder der eigenen Sprache gerichtet ist.“*[44]

Diese Definition[45] enthält subjektive und objektive Elemente. Vier Elemente sind relativ klar und unumstritten. Das erste Kriterium ist die numerische Inferiorität. Wie viele Individuen *in concreto* vorhanden sein müssen, bleibt unklar,[46] ist jedoch auch für die Betrachtung hier

---

[41] Vgl. hierzu *Scherer-Leydecker*, Minderheiten und sonstige ethnische Gruppen, S. 70 ff.

[42] *Capotorti*, Study on the rights of persons belonging to ethnic, religious and linguistic minorities, UN Doc. E/CN.4/Sub.2/384/Rev. 1.

[43] Vgl. jüngst die Dissertationen von *Niewerth*, Der kollektive und der positive Schutz von Minderheiten und ihre Durchsetzung im Völkerrecht, S. 30 f.; *Scherer-Leydecker*, Minderheiten und sonstige ethnische Gruppen, S. 56 ff.

[44] (A minority is a) *„group numerically inferior to the rest of the population of a State, in a nondominant position, whose members - being nationals of the State - possess ethnic, religious or linguistic characteristics differing from those of the rest of the population and show, if only implicitly, a sense of solidarity, directed towards preserving their culture, traditions, religion or language.“*; *Capotorti*, Study on the rights of persons belonging to ethnic, religious and linguistic minorities, UN Doc. E/CN.4/Sub.2/384/Rev. 1 para. 568. Die deutsche Übersetzung ist entnommen: *Capotorti*, VN 1980, S. 113, 118, Fn. 30.

[45] Eine extensive Analyse dieser Definition findet sich etwa bei: *Niewerth*, Der kollektive und der positive Schutz von Minderheiten und ihre Durchsetzung im Völkerrecht, S. 32 ff.; *Scherer-Leydecker*, Minderheiten und sonstige ethnische Gruppen, S. 242 ff.

[46] *Niewerth* schlägt vor, anhand des Einzelfalles zu entscheiden, *Niewerth*, Der kollektive und der positive Schutz von Minderheiten und ihre Durchsetzung im Völkerrecht, S. 34; *Scherer-Leydecker* will zwei Personen genügen lassen: *Scherer-Leydecker*, Minderheiten und sonstige ethnische Gruppen, S. 266.

unwesentlich. Das zweite Kriterium ist die schwächere Position der Minderheit gegenüber der Mehrheit.[47] Drittens muß die Minderheitengruppe spezifische ethnische, religiöse oder sprachliche Charakteristika aufweisen. Hier kann die Minderheit sich durch objektive (Sprache) oder subjektive (Religion) Merkmale definieren. Das vierte Kriterium ist das Vorhandensein eines gewissen Solidaritätsgefühls innerhalb der Minderheitengruppe. Dies wurde von *Capotorti* gefordert, da die Minderheitenidentität mit Sicherheit verlorengeht, wenn die Mitglieder den Willen, ihre Kultur und Tradition zu bewahren, aufgeben.[48]

Mag in bezug auf die vorgenannten Kriterien in der völkerrechtlichen Literatur weitgehend Konsens herrschen, so gibt es doch zwei Definitionsmerkmale, um die, vor allem in der neueren Lehre, Streit entbrannt ist. Dieser Streit rankt sich im wesentlichen um die Problematik, ob auch eingewanderte Gruppen oder Fremde im Sinne des Völkerrechts generell als Minderheit im Rechtssinne, insbesondere im Sinne des Art. 27 IPBPR, betrachtet werden müssen. Hier geht es einerseits um die Frage, ob eine historisch bewiesene Dauerhaftigkeit der Existenz der Minderheit, ein autochthoner Charakter der betreffenden Minderheitengruppe gefordert werden kann. Dieser Punkt wurde, wie dargelegt, bei der Erarbeitung des Wortlautes von Art. 27 IPBPR sehr kontrovers diskutiert. *Capotortis* Definition spricht in dem Zusammenhang lediglich von einem auf die Bewahrung gewisser Merkmale gerichteten Solidaritätsgefühl. Eng damit verknüpft ist die umstrittene Frage, ob die Minderheit traditionell in einem gewissen Territorium heimisch sein muß bzw. ob das in einem geschlossenen Siedlungsgebiet sein muß. Noch leidenschaftlicher wird um das Problem gestritten, ob die Angehörigen einer Minderheit die Staatsangehörigkeit des Staates besitzen müssen, in welchem sie Minderheitenstatus beanspruchen. Die Frage hier ist, ob sich der Schutzbereich des Art. 27 IPBPR auch auf Immigranten und Ausländer erstreckt. Diese Gruppen, die *Capotortis* Definition vom Schutz des Art. 27 IPBPR ausschließt, werden in der Diskussion um die Problematik häufig als *neue Minderheiten* bezeichnet.[49]

---

[47] Das klassische Beispiel einer dominanten Minderheit ist (immer noch) die weiße Bevölkerung in Südafrika; vgl. *Ramaga*, HRQ 1992, S. 104, 104.

[48] Dieses Schicksal ereilte die Polen, die nach dem Zweiten Weltkrieg in Deutschland geblieben sind. Hier fand Assimilation in einem Ausmaße statt, das zum weitestgehenden Verlust der Minderheitencharakteristika führte. Vgl. *Hahn*, in: *Frowein/Hofmann/Oeter*, Das Minderheitenrecht europäischer Staaten, Teil 1, 1993, S. 63 f., Fn. 7; *Blumenwitz*, Minderheiten- und Volksgruppenrecht – Aktuelle Entwicklung, S. 113 f.

[49] Vgl. va. *Tomuschat*, in: FS für *Mosler*, S. 949 ff; *Wolfrum*, in: *Brölmann/Lefeber/Zieck* (Hrsg.), Peoples and minorities in international law, S. 153 ff.; *Nowak*, CCRP-Kommentar, Art. 27; *Niewerth*, Der kollektive und der positive Schutz von Minderheiten und ihre Durchsetzung im Völkerrecht, S. 41 ff.; für den innerstaatlichen bundesrepublikanischen Bereich vgl. *Schulze-Fielitz*, in: *Fleiner-Gerster* (Hrsg.), Die multikulturelle und multiethnische Gesellschaft, S. 133 ff.; *Murswiek*, in: Forum für Kultur und Politik, Nr. 8, S. 18 ff.

c) *Neue Minderheiten* im Kontext von Art. 27 IPBPR

Wolfrum[50] sieht die durch Art. 27 IPBPR zu gewährleistenden Rechte als integrativen Bestandteil der persönlichen Identität an. Für ihn kodifiziert Art. 27 IPBPR daher den Mindestschutz gegen Zwangsintegration und -assimilation, weshalb er auch Einwanderergruppen in den Schutzbereich einbeziehen will. *Niewerth,*[51] der von den *travaux préparatoires* zu Art. 27 IPBPR her argumentiert, fordert, daß Einwanderer zunächst eine gewisse Dauer auf dem Staatsgebiet gelebt haben müssen, um als Minderheit anerkannt zu werden. Die Frage, wie lange dies sein müßte, qualifiziert er als rechtspolitische Überlegung. Diese Periode wird vom Menschenrechtsausschuß der Vereinten Nationen[52] nicht gefordert, der Einwanderer wie selbstverständlich in den Schutzbereich des Art. 27 IPBPR einbezieht. Auch Ausländer bezieht der Menschenrechtsausschuß in den Schutzbereich des Art. 27 IPBPR ein. *Tomuschat*[53], *Wolfrum*[54] und andere[55] folgen dieser Ansicht. Hauptargument hier ist, daß anderenfalls ein Staat durch die Vorenthaltung der Staatsangehörigkeit den Minderheitenstatus willkürlich verweigern könnte.[56] Der Menschenrechtsausschuß geht mit seinem äußerst extensiven Minderheitenbegriff über die Meinung der vorzitierten Völkerrechtswissenschaftler sogar noch einen Schritt hinaus.[57] Für den Menschenrechtsausschuß[58] brauchen Minderheiten weder Staatsangehörige noch Bürger, ja nicht einmal dauerhaft Aufenthaltsberechtigte zu sein. Nicht nur Wanderarbeitnehmer,

---

[50] *Wolfrum*, in: *Brölmann/Lefeber/Zieck* (Hrsg.), Peoples and minorities in international law, S. 153, 163 ff.

[51] *Niewerth*, Der kollektive und der positive Schutz von Minderheiten und ihre Durchsetzung im Völkerrecht, S. 44.

[52] Vgl. etwa UN Doc. CCPR/C/79/Add. 73, S. 3, Ziff. 13: „*The Committee is of the view that article 27 applies to all persons belonging to minorities whether linguistic, religious, ethnic or otherwise including those who are not concentrated or settled in a particular area or a particular region or who are immigrants or who have been given asylum in Germany.*"

[53] *Tomuschat*, in: FS für *Mosler*, S. 949, 960.

[54] *Wolfrum*, in: *Brölmann/Lefeber/Zieck* (Hrsg.), Peoples and minorities in international law, S. 153, 161.

[55] *Nowak*, CCRP-Kommentar, Art. 27, Rn. 16; *Scherer-Leydecker*, Minderheiten und sonstige ethnische Gruppen, S. 270 ff.; *Niewerth*, Der kollektive und der positive Schutz von Minderheiten und ihre Durchsetzung im Völkerrecht, S. 44 ff.

[56] So *Tomuschat*, in: FS für *Mosler*, S. 949, 961.

[57] Wobei der *general comment* zu Art. 27 IPBPR des Menschenrechtsausschusses klar Professor *Tomuschats* Handschrift trägt, der als Ausschußmitglied sozusagen dessen *geistiger Vater* war; vgl. etwa den Vorentwurf UN Doc. CCPR/C/SR.590. Vgl. auch *Scherer-Leydecker*, Minderheiten und sonstige ethnische Gruppen, S. 100 ff.

[58] UN Doc. CCPR/C/21/Rev.1: General comment No. 23 (50) (art. 27) adopted by the Human Rights Committee under Art. 40, paragraph 4, of the International Covenant on Civil and Political Rights at its 1314th meeting on 6 April 1994.

sondern auch bloße Besuchergruppen im Land sollen sich auf die Rechte des Art. 27 IPBPR berufen können.[59]

In der Völkerrechtslehre vertreten hierzu die Gegenansicht *Blumenwitz*,[60] *Hofmann*[61] und andere,[62] die mit der grundsätzlichen Unterscheidung argumentieren, die das Völkerrecht zwischen Staatsangehörigen und Fremden vornimmt. Staatsangehörige sind auf die Gewährung eines Minderheitenschutzes angewiesen, wohingegen Ausländer sich auf den fremdenrechtlichen Mindeststandard berufen können, für dessen Durchsetzung sich der Staat einsetzen wird, dessen Staatsangehörigkeit die Fremden besitzen. Fremde und Immigranten sollen daher nach dieser Ansicht keinen Minderheitenstatus haben.

Der Einfluß des völkerrechtlichen Minderheitenbegriffs nach Art. 27 IPBPR auf den innerstaatlichen Bereich kann erst verstanden werden, wenn man sich die damit zusammenhängende Hintergrundproblematik und deren Konsequenzen vor Augen führt. Logisch zwingend ist, daß der den Minderheiten gewährte Schutz bzw. die ihnen gewährten Rechte je restriktiver sind, desto weiter der vertretene Minderheitenbegriff ist. Umgekehrt ist bei einem engeren Minderheitenbegriff ein weitergehender Minderheitenschutz möglich.[63] Vertritt man innerstaatlich einen Minderheitenbegriff, der sich an die sehr weite Auffassung des Menschenrechtsausschusses anlehnt, so wird der daran anknüpfende Minderheitenschutz nicht wesentlich über ein Diskriminierungsverbot hinausreichen können. Vor diesem Hintergrund erscheint es dann auch als sehr verständlich, wenn die herrschende Meinung[64] davon ausgeht, daß die Staaten aufgrund von Art. 27 IPBPR nicht zur aktiven Förderung[65] ihrer Minderheiten verpflichtet sein können.

---

[59] *„Just as they need not be nationals of citizens, they need not be permanent residents. Thus, migrant workers or even visitors in a State party constituting such minorities are entitled not to be denied the exercise of those rights.“* UN Doc. CCPR/C/21/Rev.1: General comment No. 23 (50) (art. 27) adopted by the Human Rights Committee under Art. 40, paragraph 4, of the International Covenant on Civil and Political Rights at its 1314th meeting on 6 April 1994.

[60] *Blumenwitz*, Minderheiten- und Volksgruppenrecht – Aktuelle Entwicklung, S. 27.

[61] *Hofmann*, ZaöRV 1992, S. 1, 7 f.

[62] *Modeen*, The International Protection of National Minorities in Europe, S. 108; *Sohn*, in: *Henkin*, The International Bill of Rights - The Covenant on Civil and Political Rights, S. 271, 279; *Pircher*, Der vertragliche Schutz ethnischer, sprachlicher und religiöser Minderheiten im Völkerrecht, S. 25.

[63] *Niewerth*, Der kollektive und der positive Schutz von Minderheiten und ihre Durchsetzung im Völkerrecht, S. 48; mit dieser Argumentation lehnt beispielsweise *Murswiek* die Erstreckung des Minderheitenschutzes auf Ausländer und eingebürgerte Immigranten für den Bereich der Bundesrepublik Deutschland ab, vgl. *Murswiek*, in: Forum für Kultur und Politik, Nr. 8, S. 18 ff.

[64] Vgl. etwa *Hofmann*, ZaöRV 1992, S. 1, 9 f.; *Nowak*, CCRP-Kommentar, Art. 27, Rn. 46. A.A. hier zu einem gewissen Grad der Menschenrechtsausschuß der Vereinten Nationen im general comment zu Art. 27 IPBPR, UN Doc. CCPR/C/21/Rev.1.

[65] Oft wird nunmehr auch im Neuhochdeutschen der englische Begriff *affirmative action* verwendet.

d) Die Deklaration über die Rechte von Angehörigen nationaler oder ethnischer, religiöser und sprachlicher Minderheiten vom 18. Dezember 1992

Sonderberichterstatter *Capotorti* hatte in seiner Studie unter anderem die Ausarbeitung einer Erklärung der Generalversammlung der Vereinten Nationen zum Minderheitenschutz vorgeschlagen, in welcher die Verpflichtungen des Art. 27 IPBPR detaillierter ausgestaltet werden könnten.[66] Diesen Vorschlag griff die Menschenrechtskommission in den frühen achtziger Jahren auf. Erneut begannen kontroverse Diskussionen über den Minderheitenbegriff, und es zeigte sich, daß sich seit den Beratungen über die Minderheitenklausel im Internationalen Pakt über bürgerliche und politische Rechte keine Annäherung und keine Konsensbildung hinsichtlich dieses Streitpunktes ergeben hatten. Einigkeit herrschte lediglich insofern, als eine Kompromißfindung hinsichtlich der Minderheitendefinition die Erarbeitung einer Minderheitenerklärung erheblich erleichtern würde. Daher wurde die Unterkommission mit der Erstellung eines Papiers beauftragt, welches das Problem der Minderheitendefinition beleuchten und die Chancen für eine diesbezügliche Konsensposition ausloten sollte.[67] Die Unterkommission befaßte ihr Mitglied *Jules Deschênes* mit der Erstellung eines Vorschlags.[68] Nach *Deschênes*' *„Proposal concerning a definition of the term 'minority'*"[69] ist eine Minderheit zu definieren als eine:

> *„group of citizens of a State, constituting a numerical minority and in a non-dominant position in that State, endowed with ethnic, religious of linguistic characteristics which differ from those of the majority of the population, having a sense of solidarity with one another, motivated, if only implicitly, by a collective will to survive and whose aim is to achieve equality with the majority in fact and in law.*"[70]

Nachdem *Deschênes* seinen Vorschlag dem Plenum der Unterkommission unterbreitet hatte, konnte nicht einmal in diesem Gremium ein Konsens in bezug auf die Definition gefunden werden.[71] Zusammen mit der Feststellung, daß innerhalb der Unterkommission ein Kompromiß hinsichtlich der Minderheitendefinition nicht gefunden werden konnte, wurde der *Deschênes*-Vorschlag und die abweichenden Meinungen der Unterkommission an die Menschenrechtskommission weitergegeben. Auch hier gelang es nicht, eine

---

[66] *Capotorti*, Study on the rights of persons belonging to ethnic, religious and linguistic minorities, UN Doc. E/CN.4/Sub.2/384/Rev. 1, § 617.

[67] *Scherer-Leydecker*, Minderheiten und sonstige ethnische Gruppen, S. 80 ff.

[68] *Gilbert*, NYIL 1992, S. 67, 71 f.

[69] *Deschênes*, UN Doc. E/CN.4/Sub.2/1985/31.

[70] *Deschênes*, UN Doc. E/CN.4/Sub.2/1985/31, § 181.

[71] Vgl. UN Doc. E/CN.4/Sub.2/1985/SR.13 – SR.16.

Kompromißformel zu finden. Dies war völkerrechtshistorisch wohl auch der Punkt, an dem die Ansicht sich zu etablieren begann, daß die Einigung auf eine Minderheitendefinition keine notwendige Voraussetzung für die Schaffung materiellen Minderheitenrechts sei.[72] Die Menschenrechtskommission entschied sich schlußendlich dafür, Diskussionen über die Definition des Terminus *Minderheit* hintanzustellen.[73] Da der Vorschlag von *Deschênes* weder in der Unterkommission noch in der Menschenrechtskommission als potentielle Kompromißformel angesehen wurde, war er faktisch als völkerrechtliche Minderheitendefinition unbrauchbar und soll daher hier auch nicht *en detail* analysiert werden. Die Minderheitenerklärung der Generalversammlung der Vereinten Nationen, die *Declaration on the Rights of Persons Belonging to National or Ethnic, Religious and Linguistic Minorities*, wurde schließlich als Resolution 47/135[74] am 18. Dezember 1992 angenommen,[75] ohne daß sie eine Definition des Terminus *Minderheit* enthielt.

e) Der Definitionsvorschlag von Sonderberichterstatter *Asbjørn Eide*

Nachdem der Vorschlag von *Deschênes* zur Sackgasse geworden war, begann die Unterkommission nach anderen Wegen zu suchen, um Bewegung in die festgefahrene Definitionsdiskussion zu bringen. Ausgangspunkt hierfür war ein Arbeitspapier von Unterkommissionsmitglied *Palley*,[76] welches nationale Erfahrungen im Bereich des Minderheitenschutzes zusammenstellte.[77] Angesichts der im *Palley*-Papier aufgelisteten minderheitenrechtlichen Probleme, beispielsweise hinsichtlich solcher Fragen wie Assimilation, Integration und Autonomiebestrebungen von Minderheiten, beschloß die Unterkommission, nochmals einen Sonderberichterstatter mit der Erstellung einer Studie zu beauftragen, welche die im *Palley*-Papier genannten Problembereiche genauer untersuchen sollte. Das norwegische Unterkommissionsmitglied *Asbjørn Eide* wurde in der Folge zum Sonderberichterstatter ernannt und damit befaßt, eine Studie über „*possible ways and means of facilitating the peaceful and constructive solution of problems involving minorities*" zu erstellen.[78]

---

[72] Nachweise vgl. UN Doc. E/CN.4/1986/43, § 10.

[73] UN Doc. E/CN.4/1986/43, § 12.

[74] UN Doc. A/Res/47/135, S. 210 ff.; deutsche Übersetzung in: VN 1993, S. 190 f.

[75] Zum Inhalt vgl. unten Punkt II. 2. a).

[76] UN Doc. E/CN.4/Sub.2/1989/43.

[77] *Scherer-Leydecker*, Minderheiten und sonstige ethnische Gruppen, S. 85 ff.

[78] UN Doc. E/CN.4/Sub.2/1991/43.

Eide hatte bei der Erstellung seiner Studie[79] das oben dargestellte Dilemma im Streit um die sog. *neuen Minderheiten* im Kopf, und es war ihm klar, daß er nicht einfach eine weitere Minderheitendefinition vorlegen konnte. *Eide* erkannte weiterhin, daß der Streit um die Minderheitendefinition nicht befriedigend gelöst werden konnte, ohne auf das diesem Streit zugrundeliegende Problem der unterschiedlichen Vorstellungen hinsichtlich der Minderheitenschutzkonzepte zu behandeln. Eingangs seiner Studie wirft *Eide* daher angesichts der Tatsache, daß der Streit um eine völkerrechtliche Minderheitendefinition bereits so lange schwelt, die Frage auf, ob es überhaupt möglich ist, eine abstrakte Minderheitendefinition zu formulieren.[80] Andererseits konnte *Eide* auch keine Studie abliefern, in welcher nicht wenigstens eine Arbeitsdefinition des Rechtsterminus *Minderheit* enthalten ist.[81] Aus diesem Grunde formulierte *Asbjørn Eide* die folgende *Arbeitsdefinition* für den Begriff der Minderheit und betonte, daß er diese nicht als Rechtsdefinition[82] verstanden wissen wollte:[83]

> "*a minority is any group of persons resident within a sovereign State which constitutes less than half the population of the national society and whose members share common characteristics of an ethnic religious or linguistic nature that distinguish them from the rest of the population.*"

Diese Arbeitsdefinition ist sehr offen und allgemein gehalten. Sie umfaßt sowohl alteingesessene Minderheitengruppen als auch gerade zugewanderte Immigranten.[84] Darüber hinaus sind auch Ausländer, also Nicht-Staatsangehörige, eingeschlossen.[85] Das interessante an *Eides* Ansatz ist jedoch nicht, wie er den Begriff der Minderheit definiert, sondern sein Vorschlag, wie das dem Streit um die Minderheitendefinition zugrundeliegende Dilemma gelöst werden könnte. Während der bisherige Hemmschuh für die Weiterentwicklung des völkerrechtlichen Minderheitenschutzes das scheinbar unlösbare Problem war, ein einziges Schutzkonzept mit einheitlichem Rechtsbestand für eine undifferenzierte, universell einheitlich definierte Personengruppe *Minderheit* zu finden, schlägt *Eide* nunmehr vor, verschiedene Schutzkonzepte und verschiedene Rechte auf unterschiedliche Minderheitengruppen anzuwenden. Anders ausgedrückt möchte sich *Eide* von der Vorstellung einer einheitlich definierbaren Minderheit verabschieden und sieht die Lösung des

---

[79] *Eides* Abschlußbericht trägt den Titel: Protection of Minorities – Possible ways and means of facilitating the peaceful and constructive solution of problems involving minorities, UN Doc. E/CN.4/Sub.2/1993/34.

[80] *Eide*, UN Doc. E/CN.4/Sub.2/1993/34, § 22, S. 6.

[81] *Eide*, UN Doc. E/CN.4/Sub.2/1993/34, § 27, S. 7.

[82] „*legal definition*".

[83] *Eide*, UN Doc. E/CN.4/Sub.2/1993/34, § 29, S. 7.

[84] *Eide*, UN Doc. E/CN.4/Sub.2/1993/34, § 41, S. 9.

[85] *Eide*, UN Doc. E/CN.4/Sub.2/1993/34, § 42, S. 9.

Definitionsdilemmas in einer Diversifikation. *Eides* Arbeitsdefinition ist sehr weit gefaßt, da „*(i)t is based on the conviction that not all minorities – or their members – have the same rights; some have only minimum rights, while others have or should be granted more substantive rights.*“[86] Während Einzelpersonen auf der Grundlage der Gleichheit behandelt werden müssen, gilt dasselbe nicht notwendigerweise auch für Gruppen. Die Lage, der Ursprung und die Probleme bestimmter Minderheitengruppen unterscheiden sich immens, und daher erscheint es logisch, daß die Lösungen dieser Probleme nicht einheitlich sein können.[87] Wenn *Eide* auch Immigranten unter seine Minderheitendefinition faßt und ihnen Minderheitenrechte zukommen lassen will, so betont er doch gleichzeitig, daß es nicht klug ist, diesen Gruppen dieselben Rechte zu gewähren, die für alteingesessene Minderheitengruppen geeignet erscheinen.[88] Dasselbe gilt für Nicht-Staatsangehörige: Sie sollten grundsätzlich als Zielgruppe für den Minderheitenschutz in Frage kommen, sollten aber nicht den gleichen Rechtsbestand bekommen wie Minderheitengruppen, welche die Staatsangehörigkeit ihres Sitzstaates haben.[89] Die Unterkommission befaßte sich während ihrer 45. Tagung mit *Eides* Abschlußbericht und machte sich seine Vorschläge zu eigen.[90] Auch die Menschenrechtskommission, an die der Bericht weiterübermittelt wurde, übernahm einige von *Eides* Empfehlungen.[91]

f) Die Position des Menschenrechtsausschusses der Vereinten Nationen

Wie bereits erwähnt, haben der Menschenrechtsausschuß der Vereinten Nationen (Human Rights Committee) und die Bundesrepublik Deutschland sowohl hinsichtlich der Minderheitendefinition als auch hinsichtlich eines innerstaatlich zu gewährenden Minderheitenschutzkonzeptes unterschiedliche Ansichten. Aufgrund der exponierten Stellung des Menschenrechtsausschusses im Menschenrechtssystem der Vereinten Nationen und der daraus resultierenden Gewichtigkeit seiner Rechtsansichten sei die Position des Menschenrechtsausschusses in bezug auf den Minderheitenbegriff hier nochmals kurz dargestellt.[92]

---

[86] *Eide*, UN Doc. E/CN.4/Sub.2/1993/34, § 27, S. 7.

[87] *Eide*, UN Doc. E/CN.4/Sub.2/1993/34, § 28, S. 7.

[88] *Eide*, UN Doc. E/CN.4/Sub.2/1993/34, § 41, S. 9.

[89] *Eide*, UN Doc. E/CN.4/Sub.2/1993/34, § 42, S. 9.

[90] UN Doc. E/CN.4/Sub.2/1993/45, S. 89 ff.

[91] Vgl. *Scherer-Leydecker*, Minderheiten und sonstige ethnische Gruppen, S. 88.

[92] Vgl. hierzu insbesondere die detaillierten Ausführungen bei *Scherer-Leydecker*, Minderheiten und sonstige ethnische Gruppen, S. 90 ff.

Der Menschenrechtsausschuß wurde gemäß Art. 28 IPBPR eingerichtet und ist daher kein Organ der Vereinten Nationen. Der Generalsekretär der Vereinten Nationen hat dem Ausschuß allerdings gemäß Art. 36 IPBPR Personal und Material zur Verfügung zu stellen, was, zusammen mit der engen Kooperation mit anderen Organen und Einrichtungen der Vereinten Nationen, zu einer engen Anbindung des Menschenrechtsausschusses an das System und die offiziellen Organe der Vereinten Nationen führte.[93] Die wichtigsten Aufgaben des Menschenrechtsausschusses sind die Auswertung der von den Vertragsstaaten gemäß Art. 40 IPBPR regelmäßig einzureichenden Berichte betreffend die Umsetzung ihrer Verpflichtungen aus den Weltmenschenrechtspakten,[94] die Bearbeitung von Individual- und Staatenbeschwerden[95] und schließlich die Erstellung sog. *general comments* zu den Normen der Menschenrechtspakte. In Jahr 1985 wurde ein erster Versuch unternommen, einen *general comment* zu Art. 27 IPBPR zu formulieren.[96] Diesem Entwurf sind auch Ausführungen zu einer Minderheitendefinition und der diesbezüglichen Ansicht des Menschenrechtsausschusses zu entnehmen:

> „*Not every group which is numerically inferior to the remainder of the population of a given country qualifies as a minority in the sense contemplated by article 27. The article refers specially and exclusively to ethnic, religious and linguistic minorities, and the use of the word 'exist' in the opening phrase of the text implicitly indicates that the provision is intended to apply to stable communities with an element of continuity. The quality of a community as a minority under article 27 does not necessarily depend on a formal bond of citizenship of its members with the host State. The text employs the word 'person' and does not speak of 'citizens' as it does, for instance, in article 25.*“[97]

Dieser unter der Federführung von Ausschußmitglied *Tomuschat* entstandene Entwurf wurde mehrfach beraten, es konnte jedoch in der Sache innerhalb des Menschenrechtsausschusses kein Einvernehmen erzielt werden, was eine intensive Analyse dieses Textes entbehrlich erscheinen läßt.[98] Klar erkennbar ist aber bereits, daß es im Menschenrechtsausschuß Kräfte gab, die entgegen dem Willen der Mehrheit der an der Entstehung von Art. 27 IPBPR

---

[93] *Nowak*, CCPR-Kommentar, Art. 28, Rn. 1 ff.

[94] Vgl. hierzu *Blumenwitz*, Internationale Schutzmechanismen zur Durchsetzung von Minderheiten- und Volksgruppenrechten, S. 87 ff.; *Boerefijn*, HRQ 1995, S. 766 ff.

[95] Das *case law* des Menschenrechtsausschusses hinsichtlich Art. 27 IPBPR ist dargestellt bei *Scherer-Leydecker*, Minderheiten und sonstige ethnische Gruppen, S. 91 ff.

[96] UN Doc. CCPR/C/SR.590, S. 2 ff.

[97] UN Doc. CCPR/C/SR.590, S. 2, zitiert nach *Scherer-Leydecker*, Minderheiten und sonstige ethnische Gruppen, S. 101.

[98] Der Entwurf ist inhaltlich besprochen bei *Scherer-Leydecker*, Minderheiten und sonstige ethnische Gruppen, S. 101 ff.

beteiligten Staatenvertreter und entgegen der an der Erstellung der *Capotorti*-Studie beteiligten Wissenschaftler und Diplomaten den Schutz der Minderheitennorm des Internationalen Paktes über bürgerliche und politische Rechte auf Immigranten und Nicht-Staatsangehörige ausdehnen wollten. Im Jahre 1985 war diese Position im Menschenrechtsausschuß allerdings noch nicht mehrheitsfähig, und somit wurde einvernehmlich beschlossen, die Arbeiten an einem *general comment* zu Art. 27 IPBPR zu suspendieren.[99]

Nachdem im Oktober 1993 die Beratungen wieder aufgenommen worden waren, gelang es während der 50. Sitzung des Menschenrechtsausschusses am 6. April 1994, sich auf den Wortlaut eines *general comment* zu Art. 27 IPBPR zu einigen.[100] Wenngleich der Menschenrechtsausschuß davon absah, eine Minderheitendefinition aufzunehmen, so finden sich in dem Text doch durchaus konkrete Ausführungen dazu, wie der Menschenrechtsausschuß zu diesem Punkt steht. So heißt es im *general comment* zu Art. 27 IPBPR etwa:

> *„(...) 5.1. The terms used in article 27 indicate that the persons designed to be protected are those who belong to a group and who share in common a culture, a religion and / or a language. Those terms also indicate that the individuals designed to be protected need not be citizens of the State party. In this regard, the obligations deriving from article 2(1) are also relevant, since a State party is required under that article to ensure that the rights protected under the Covenant are available to all individuals within its territory and subject to its jurisdiction, except rights which are expressly made to apply to citizens, for example, political rights under article 25. A State party may not, therefore, restrict the rights under article 27 to its citizens alone.*
>
> *5.2. Article 27 confers rights on persons belonging to minorities which 'exist' in a State party. Given the nature and scope of the rights envisaged under that article, it is not relevant to determine the degree of permanence that the term 'exist' connotes. Those rights simply are that individuals belonging to those minorities should not be denied the right, in community with members of their group, to enjoy their own culture, practice their religion and speak their language. Just as they need not be nationals or citizens, they need not be permanent residents. Thus, migrant workers or even visitors in a State party constituting such minorities are entitled not to be denied the exercise of those rights. As any other individual in the territory of the State party, they would, also for this purpose, have the general rights, for example, to freedom of*

[99] UN Doc. CCPR/C/SR.633, S. 7, § 35.

[100] General comment adopted by the Human Rights Committee under article 40, paragraph 4 of the International Covenant on Civil and Political Rights, General comment no. 23 (50) (art. 27) adopted by the Committee at its 1314th meeting (fiftieth session) on 6 April 1994; UN Doc. CCPR/C/21/Rev.1/Add.5.

association, of assembly and of expression. The existence of an ethnic, religious or linguistic minority in a given State party does not depend upon a decision by that State party but requires to be established by objective criteria. (...)“[101]

Wie bereits erwähnt,[102] vertritt der Menschenrechtsausschuß der Vereinten Nationen den weitesten Minderheitenbegriff. Wie ersichtlich, brauchen Minderheitenangehörige weder Staatsbürger ihres Wohnstaates zu sein noch müssen sie in diesem Staat dauerhaft aufenthaltsberechtigt sein. Die Dauerhaftigkeit, Autochthonität und Stabilität einer Minderheitengruppe, die ursprünglich durch das Wort „*exist*“ im authentischen englischen Originaltext des Art. 27 IPBPR zum Ausdruck gebracht und verlangt werden sollte, ist damit offenbar faktisch nicht mehr gefordert.[103] Expressis verbis werden Wanderarbeitnehmer und damit Immigranten in den Schutzbereich des Art. 27 IPBPR einbezogen, und der Anwendungsbereich wird sogar auf bloße Besucher im Land erstreckt.

Es ist daher nur konsequent, wenn der Menschenrechtsausschuß in seiner letzten Stellungnahme zu den Staatenberichten hinsichtlich der Umsetzung der Verpflichtungen des Internationalen Paktes über bürgerliche und politische Rechte die Bundesrepublik Deutschland wegen ihres engeren Minderheitenbegriffs kritisiert. In seiner Stellungnahme vom 8. November 1996 zum Staatenbericht Deutschlands führt der Menschenrechtsausschuß an entscheidender Stelle aus:

„*The Committee is concerned that the definition of minorities as 'ethnic or linguistic group who have a traditional area of settlement in particular regions', as stated in paragraph 244 of the report, is much too restrictive in terms of article 27 of the Covenant. The Committee is of the view that article 27 applies to all persons belonging to minorities whether linguistic, religious, ethnic or otherwise including those who are not concentrated or settled in a particular area or a particular region or who are immigrants or who have been given asylum in Germany.*“[104]

Der Menschenrechtsausschuß fordert die Bundesrepublik Deutschland auf, die Minderheitendefinition und damit implizit auch die Minderheitenschutzkonzeption des Ausschusses zu übernehmen. Explizit wird Deutschland ermahnt, Immigranten und auch

---

[101] UN Doc. CCPR/C/21/Rev.1/Add.5.

[102] Vgl. oben Punkt I. 1. c).

[103] Auch wenn in Punkt 5.2. der „*degree of permanence that the term 'exists' connotes*“ nicht bestimmt werden soll, ist dies faktisch geschehen und zwar dergestalt, daß diese Dauerhaftigkeit auf ein Mindestmaß reduziert wurde durch die Einbeziehung von Besuchern im Vertragsstaat.

[104] UN Doc. CCPR/C/79/Add. 73, S. 3, § 13.

Asylbewerber in den Minderheitenschutz einzubeziehen. Diesem Dissens liegt eine fundamental unterschiedliche Rechtsauffassung des Menschenrechtsausschusses und der Bundesrepublik Deutschland hinsichtlich der innerstaatlichen Umsetzung und Ausgestaltung eines völkerrechtlich vorgeschriebenen Minderheitenschutzes zugrunde.[105]

2. Der Begriff der Minderheit in wichtigen Dokumenten des regionalen Völkerrechts

Minderheitenschützende Vorschriften finden sich auch in Dokumenten des regionalen Völkerrechts. Die diesbezüglichen Betrachtungen des regionalen Völkerrechts werden sich im Rahmen dieser Arbeit auf den europäischen Bereich beschränken. In Europa wurde minderheitenschützendes Völkerrecht insbesondere in zwei Foren geschaffen, im Rahmen der Konferenz für Sicherheit und Zusammenarbeit in Europa (KSZE), die in Dezember 1994 in Organisation für Sicherheit und Zusammenarbeit in Europa (OSZE) umbenannt wurde,[106] und durch Initiativen des Europarates. Auch in diesen Foren wurde intensiv über die Definition des Begriffs der Minderheit diskutiert und auch hier gelang es nicht, eine Definition zu kodifizieren. Dennoch seien die diesbezüglichen Bemühungen kurz dargestellt.

a) Der Minderheitenbegriff in KSZE/OSZE - Dokumenten

Bislang gelang es weder der Konferenz für Sicherheit und Zusammenarbeit in Europa (KSZE) noch ihrer Nachfolgerin, der Organisation für Sicherheit und Zusammenarbeit in Europa (OSZE), eine Definition des Begriffs der Minderheit in einem ihrer Dokumente festzuschreiben oder auch nur anzudeuten, welche Auffassung sie zu dieser Problematik vertritt. Allein aus Erklärungen des von der KSZE eingesetzten Hohen Kommissars für nationale Minderheiten lassen sich einige Anhaltspunkte diesbezüglich ableiten.

Max van der Stoel, der das Amt des Hohen Kommissars für nationale Minderheiten seit 1993 innehat,[107] stand am Anfang seiner Arbeit vor dem Problem, daß er auf der einen Seite ohne eine Vorstellung, was unter einer Minderheit zu verstehen war, sein Mandat nicht wahrnehmen konnte, andererseits aber auch nicht befugt war, selbst eine Definition zu schaffen. Er löste dieses Dilemma ähnlich pragmatisch wie *Asbjørn Eide* und formulierte für

---

[105] Dieser Dissens soll später, nach der Darstellung der Rechtsansicht der Bundesrepublik Deutschland zum Begriff der Minderheit, genauer analysiert werden.

[106] Vgl. das *Budapester Dokument* des Gipfeltreffens vom Dezember 1994, Bulletin des Presse- und Informationsamtes der Bundesregierung 1994, S. 1079 ff.

[107] *Charlemagne*, in: The ECONOMIST vom 11. September 1999; *van der Stoel*, EA 1994, S. 629 ff.

seinen Bereich einen Arbeitsbegriff des Terminus *Minderheit* unter ausdrücklicher Betonung, daß dieser Arbeitsbegriff nicht als Minderheitendefinition zu verstehen sei.[108] In diesem Arbeitsbegriff sind die Eckwerte der Auffassung des Hohen Kommissars hinsichtlich einer Minderheitendefinition enthalten. Zu verschiedenen Anlässen hat *van der Stoel* diesen Arbeitsbegriff[109] in Erklärungen dergestalt geäußert:

> *„I won't offer you (a definition) of my own. I would note, however, that the existence of a minority is a question of fact and not of definition. In this connection, I would like to quote the Copenhagen Document of 1990 which (...) states that 'to belong to a national minority is a matter of a person's individual choice'. Even though I may not have a definition of what constitutes a minority, I would dare to say that I know a minority when I see one. First of all, a minority is a group with linguistic, ethnic or cultural characteristics which distinguish it from the majority. Secondly, a minority is a group which usually not only seeks to maintain its identity but also tries to give stronger expression to that identity."*[110]

Dieser Arbeitsbegriff ist vor dem Hintergrund der Praxis der Tätigkeit des Hohen Kommissars für nationale Minderheiten zu sehen.[111] Hier ging es bislang nahezu ausschließlich um Konfliktprävention in Gebieten, in denen die betreffenden Gruppen bereits seit Generationen siedelten. Die Problematik der *neuen Minderheiten*, respektive von Immigranten als Minderheiten, stellte sich daher in der Praxis des Hohen Kommissars bislang noch nicht, weshalb *van der Stoels* Arbeitsbegriff auch keine Aussage zu dieser Diskussion zu entnehmen ist. Der Einsatz *van der Stoels* im Baltikum zugunsten der dortigen russischen Minderheit zeigt, daß der Hohe Kommissar offenbar für den Minderheitenschutz nicht das Erfordernis der Staatsangehörigkeit des Aufenthaltsstaates verlangt.[112] Wichtig ist dem Hohen Kommissar hingegen offensichtlich die subjektive Komponente des Zusammen-gehörigkeitsgefühls der Minderheit, die sich im Wunsch der Bewahrung und Festigung der eigenen Identität manifestiert. Viel mehr ist allerdings diesem Arbeitsbegriff in der Tat nicht zu entnehmen.

---

[108] *Sengöz*, Regelungen zu den Rechten ethnischer, religiöser und sprachlicher Minderheiten, in: Wissenschaftliche Dienste des Deutschen Bundestages, WF II 51/98 vom 7. Mai 1998, S. 4.

[109] *Sengöz* zitiert *van der Stoels* Arbeitsbegriff folgendermaßen: „*Eine nationale Minderheit ist eine Gruppe mit eigener Identität, die sich deutlich von der Mehrheit der Bevölkerung unterscheidet. Darüber hinaus hat diese Gruppe den dringenden Wunsch, diese Identität zu behalten oder sogar zu festigen.* ", vgl.: *Sengöz*, Regelungen zu den Rechten ethnischer, religiöser und sprachlicher Minderheiten, in: Wissenschaftliche Dienste des Deutschen Bundestages, WF II 51/98 vom 7. Mai 1998, S. 4.

[110] Aus der Eröffnungsrede *van der Stoels* vor der Konferenz der menschlichen Dimension der KSZE, zitiert nach *Zaagman*, in: *Bloed*, The challenges of change, S. 113, 134.

[111] Die Praxis der Arbeit des Hohen Kommissars für nationale Minderheiten ist in groben Zügen dargestellt bei *Scherer-Leydecker*, Minderheiten und sonstige ethnische Gruppen, S. 190 ff.

[112] So jedenfalls *Scherer-Leydecker*, Minderheiten und sonstige ethnische Gruppen, S. 191.

b) Der Minderheitenbegriff in Dokumenten des Europarates

Neben dem KSZE/OSZE-System war im europäischen Bereich insbesondere der Europarat hinsichtlich der Kodifizierung von minderheitenschützendem regionalen Völkerrecht sehr aktiv. Diesbezügliche Bemühungen reichen bis in die Anfangsphase der Arbeit des Europarates zurück. In der letzten Dekade des 20. Jahrhunderts gelang mit der Verabschiedung der Europäischen Charta der Regional- und Minderheitensprachen von 1992 und des Rahmenübereinkommens zum Schutz nationaler Minderheiten von 1995 ein großer Schritt hin zur Kodifizierung eines gesamteuropäischen Minderheitenschutzrechts.[113] Auch im Europarat gelang es den Staatenvertretern jedoch nicht, sich auf eine Minderheitendefinition zu einigen, die in die Instrumente aufgenommen hätte werden können. Die *travaux préparatoires* der genannten Verträge lassen allerdings auch hier die vorherrschende Meinung der beteiligten Parteien erkennen und seien daher kurz dargestellt.

aa) Die Europäische Charta der Regional- und Minderheitensprachen von 1992

Ziel der Charta sind der Schutz und die Förderung von Regional- und Minderheitensprachen in Schulen, in der Verwaltung, vor Gerichten und in den Medien, nicht aber der Schutz und die Förderung von bestimmten Minderheiten als solche. Auf diese Weise hoffte man, denjenigen Staaten, welche die Existenz von Minderheiten auf ihrem Staatsgebiet leugnen, durch das Ausblenden von langwierigen Debatten über den Minderheitenbegriff die Annahme der Charta zu erleichtern.[114] Allerdings werden durch die Definition des Schutzobjekts, der Regional- oder Minderheitensprachen, in Art. 1 lit. a) der Charta implizit auch die zu schützenden Minderheitengruppen definiert. Art. 1 lit. a) der Charta hat folgenden Wortlaut:

> *„Im Sinne dieser Charta*
>
> *a) bezeichnet der Ausdruck „Regional- oder Minderheitensprachen" Sprachen,*
>
> > *i) die herkömmlicherweise in einem bestimmten Gebiet eines Staates von Angehörigen dieses Staates gebraucht werden, die eine Gruppe bilden, deren Zahl kleiner ist als die der übrigen Bevölkerung des Staates, und*
> >
> > *ii) die sich von der (den) Amtssprache(n) dieses Staates unterscheiden;*

[113] Eine Analyse des materiellen Gehaltes dieser Instrumente soll im zweiten Teil dieses Kapitels vorgenommen werden.

[114] *Konstantinov*, in: *Heintze*, Selbstbestimmungsrecht der Völker – Herausforderung der Staatenwelt, S. 188.

er umfaßt weder Dialekte der Amtssprache(n) des Staates noch die Sprachen von Zuwanderern;"

Ganz deutlich werden durch diese Definition des Schutzobjekts Immigrantengruppen, die sog. *neuen Minderheiten*, doppelt ausgeschlossen, einerseits, da nur solche Sprachen geschützt werden, die von Staatsangehörigen des jeweiligen Mitgliedstaates gesprochen werden, und andererseits, daß Sprachen von Einwanderern, auch wenn diese inzwischen in großem Umfang die Staatsangehörigkeit ihrer Wohnstaaten aufgrund des dortigen Staatsangehörigkeitsrechts erworben haben,[115] explizit vom Schutz ausgenommen werden.

bb) Das Rahmenübereinkommen zum Schutz nationaler Minderheiten von 1995

Auch das Rahmenübereinkommen zum Schutz nationaler Minderheiten von 1995[116] enthält in seiner Endversion keine Definition des Terminus *Minderheit*, obgleich im Zuge seiner Ausarbeitung intensiv über eine Minderheitendefinition diskutiert wurde und auch einige Vorentwürfe Minderheitendefinitionen enthielten. Da die Charta ursprünglich als Zusatzprotokoll zur Europäischen Menschenrechtskonvention konzipiert war, war der wichtigste Vorläufer der von der Parlamentarischen Versammlung des Europarates am 1. Februar 1993 vorgelegte Entwurf betreffend ein solches Zusatzprotokoll über Rechte der nationalen Minderheiten zur Europäischen Menschenrechtskonvention.[117] Das Zusatzprotokoll definiert in seinem Artikel 1 den Terminus *nationale Minderheit* wie folgt:

„Artikel 1

Zum Zwecke dieser Konvention bezeichnet der Ausdruck „nationale Minderheit" eine Gruppe von Personen in einem Staat, die

a. im Hoheitsgebiet dieses Staates ansässig sind und dessen Staatsbürger sind,

b. langjährige, feste und dauerhafte Verbindungen zu diesem Staat aufrechterhalten,

---

115 Dies trifft insbesondere auf Frankreich und Großbritannien zu. Ab dem Inkrafttreten des neuen deutschen Staatsangehörigkeitsrechts am 1. Januar 2000 ist dies auch für Deutschland zu erwarten. Vgl. hierzu: Europäisches Parlament, Generaldirektion Wissenschaft, Doc. Nr. IV/WIP/98/10/022, Staatsangehörigkeit in den Mitgliedstaaten der EG, Stand: 30. Oktober 1998.

116 BGBl. 1997 II S. 1406 ff.; vgl. hierzu: *Klebes*, EuGRZ 1995, S. 262 ff.; *Weckerling*, EuGRZ 1997, S. 605 ff.

117 Empfehlung 1201 (1993) betr. ein Zusatzprotokoll zur EMRK über Minderheitenrechte, voller Wortlaut abgedruckt in: EuGRZ 1993, S. 151 ff. oder BT.-Drucks. 12/4572.

c. *besondere ethnische, kulturelle, religiöse oder sprachliche Merkmale aufweisen,*

d. *ausreichend repräsentativ sind, obwohl ihre Zahl geringer ist als die der übrigen Bevölkerung dieses Staates oder einer Region dieses Staates,*

e. *vom Wunsch beseelt sind, die für ihre Identität charakteristischen Merkmale, insbesondere ihre Kultur, ihre Traditionen, ihre Religion oder Sprache, gemeinsam zu erhalten.*"

Diese Definition baut auf die Definition von *Capotorti* auf und löst die Streitfragen, die sich um *Capotortis* Definition ranken, zugunsten eines restriktiven Minderheitenverständnisses auf. Gerade angekommene Einwanderer werden vom Schutz ausgenommen, behalten jedoch die Chance, sich zu einer Minderheit im Sinne der Definition zu entwickeln. Dies können sie erreichen, wenn sie eine gewisse Zeit im Staat gelebt haben, feste Bindungen zu diesem entwickelt haben und gleichzeitig noch vom *Wunsch beseelt* sind, ihre kultur- und identitätsstiftenden Merkmale bewahren zu wollen. Der Minderheitenschutz wird also auf autochthone Minderheiten beschränkt, die im übrigen die Staatsangehörigkeit ihres Wohnstaates besitzen müssen.

Letztendlich konnte allerdings über eine Definition des Terminus *Minderheit* keine Einigung erzielt werden, weswegen das Rahmenübereinkommen in seiner Endversion auch keine Definition enthält. Hierzu heißt es im Erläuternden Bericht:[118]

„*Es bleibt weiterhin festzustellen, daß das Rahmenübereinkommen keine Definition des Begriffs nationaler Minderheiten enthält. Damit wurde eine pragmatische Sicht gewählt, die auf der Erkenntnis beruht, daß es gegenwärtig unmöglich ist, zu einer Definition zu gelangen, die die voll umfängliche Unterstützung aller Mitgliedstaaten des Europarats genießt.*"

Mit anderen Worten war es den Protagonisten des Minderheitenschutzes wichtiger, einen Text ohne Definition zu verabschieden als das gesamte Übereinkommen mangels diesbezüglicher Übereinstimmung scheitern zu lassen.

---

[118] Abgedruckt in: EuGRZ 1995, S. 271 ff.

3. Der von der Bundesrepublik Deutschland außenpolitisch vertretene Minderheitenbegriff

Die Uneinigkeit über die Definition des völkerrechtlichen Minderheitenbegriffs führte dazu, daß die Staaten dazu übergingen, diesen Begriff selbst, für sich und nach außen, zu definieren. Vor diesem Hintergrund soll nun der Minderheitenbegriff betrachtet werden, den die Bundesrepublik außenpolitisch vertritt.

a) Erklärung anläßlich der Annahme der Minderheitenschutzdeklaration der Vereinten Nationen

Die Minderheitenschutzdeklaration der Generalversammlung der Vereinten Nationen vom 18. Dezember 1992[119] enthält keine Definition des Begriffes *Minderheit*. Daher erklärte[120] die deutsche Delegation anläßlich der Annahme der Deklaration, daß die Bundesrepublik nur in besonderer Weise abgrenzbare spezifische Gruppen, die zudem lange auf dem Territorium des Staates gelebt haben, als Minderheiten anerkennt.[121] Nach Ansicht der deutschen Delegation sollen die Minderheitenschutzbestimmungen nicht in einer Art und Weise angewandt werden, welche die Bildung neuer Minderheiten begünstigt oder den Assimilationsprozeß der Immigranten behindert. Die Bestimmungen dürften nicht dazu führen, daß auf dem Territorium eines Staates lebende ausländische Staatsangehörige Parallelgesellschaften bilden. Minderheitenrechte könnten demzufolge nur Gruppen von Staatsangehörigen ausüben, die zudem schon immer auf diesem Gebiet gelebt hätten. Durch diese Rechtsauffassung waren Ausländer und Immigranten, eingebürgert oder nicht, vom Minderheitenschutz ausgeschlossen.

b) Der den Berichten nach Art. 40 IPBPR zugrundeliegende Minderheitenbegriff

Einen ähnlich restriktiven Minderheitenbegriff vertritt die Bundesregierung in ihrem letzten Bericht[122] nach Art. 40 IPBPR an den Menschenrechtsausschuß der Vereinten Nationen.

---

[119] *„Deklaration über die Rechte von Personen, die zu nationalen oder ethnischen, religiösen und sprachlichen Minderheiten gehören"* der Generalversammlung vom 18. Dezember 1992, UN Doc. A/RES/47/135, die deutsche Übersetzung ist abgedruckt in: VN 1993, S. 190 ff.

[120] UN Doc. E/CN.4/1992/SR.38, Ziffer 30.

[121] *„well-defined separate and distinct groups which had been long established in the territory of a State"*, UN Doc. E/CN.4/1992/SR.38, Ziffer 30.

[122] Fourth periodic reports of States parties due in 1993, Addendum, Germany; UN Doc. CCPR/C/84/Add.5 vom 22. Februar 1996.

Explizit als *deutsche Minderheiten* werden in Ziffer 236 des Berichtes nur noch die dänische Minderheit in Schleswig-Holstein und die Sorben in der Lausitz in Sachsen und Brandenburg erwähnt. Zu beachten ist die Nichtanführung der Friesen, über deren Minderheiteneigenschaft beispielsweise in der Gemeinsamen Verfassungskommission breiter Konsens herrschte.[123] Zur Begründung dieses restriktiven Minderheitenbegriffes verweist die Bundesregierung auf die *travaux préparatoires* zum IPBPR,[124] insbesondere auf einen Bericht vom 1. Juli 1955, in dem es heißt:

> „*The provisions concerning the right of minorities, it was understood, should not be applied in such a manner as to encourage the creation of new minorities or to obstruct the process of assimilation. It was felt that such tendencies could be dangerous for the unity of the State. In view of clarification given on those points, it was thought unnecessary to specify in the article that 'such rights may not be interpreted as entitling any groups settled in the territory of a state, particularly under terms of immigration law, to form within that State separate communities which might impair its national unity or security*'"[125]

Weiterhin verweist die Bundesregierung auf eine Stelle in besagtem Bericht, an der es heißt:[126]

> „*It was agreed that the article should cover only separate or distinct groups, well-defined and long established on the territory of a State.*"[127]

Die Beschränkung des Minderheitenbegriffs auf ethnische oder sprachliche Bevölkerungsgruppen in traditionell geschlossenen Siedlungsgebieten[128] versucht die Bundesregierung schließlich noch mit dem meines Erachtens wenig überzeugenden Argument zu begründen, daß bestimmte Minderheitenrechte, wie minderheitensprachliche topographische Bezeichnungen, besondere Minderheitenschulen oder Kultureinrichtungen und die Zulassung der Minderheitensprache als Amtssprache, ja *de facto* nur in geschlossenen Siedlungsgebieten gewährleistet werden könnten.[129] Darüber hinaus verweist die

---

[123] Hierzu sogleich.

[124] Vgl. oben Punkt I. 1. a).

[125] UN Doc. A/2929, S. 181, Ziffer 186.

[126] UN Doc. CCPR/C/84/Add.5, Ziffer 243

[127] UN Doc. A/2929, S. 181, Ziffer 184.

[128] „*ethnic or linguistic groups who have a traditional area of settlement in particular regions*"

[129] UN Doc. CCPR/C/84/Add.5, Ziffer 244. Vgl. hierzu auch das Summary record of the 1552nd meeting of the United Nations Human Rights Committee, UN Doc. CCPR/C/SR.1552 vom 7. November 1996, Ziffer 40: „*The*

Bundesregierung in Ziffer 245 ihres Berichts darauf, daß Gruppen, die nicht eine Minderheit in diesem Sinne darstellen - explizit werden die Sinti und Roma genannt -, sehr wohl die nach Art. 27 IPBPR zu gewährleistenden Rechte genießen könnten und z.T. großzügig finanziell unterstützt würden.[130] Dieser sehr restriktive Minderheitenbegriff wurde dann auch, wie dargestellt, in der Stellungnahme des Menschenrechtsausschusses zum deutschen Bericht als zu eng kritisiert.[131]

c) Erklärung in bezug auf das Rahmenübereinkommen des Europarates

Am 1. Februar 1998 ist auch für Deutschland[132] das Rahmenübereinkommen des Europarates zum Schutz nationaler Minderheiten vom 1. Februar 1995[133] in Kraft getreten, das ebenfalls keine Definition des Begriffs *Minderheit* enthält. Wiederum bot sich für die Bundesregierung die Möglichkeit, ihre Auffassung zum Begriff der Minderheit zu erklären:[134]

> *„Das Rahmenabkommen enthält keine Definition des Begriffs der nationalen Minderheiten. Es ist deshalb Sache der einzelnen Vertragsstaaten zu bestimmen, auf welche Gruppen es nach der Ratifizierung Anwendung findet. Nationale Minderheiten in der Bundesrepublik Deutschland sind die Dänen deutscher Staatsangehörigkeit und die Angehörigen des sorbischen Volkes mit deutscher Staatsangehörigkeit. Das Rahmenabkommen wird auch auf die Angehörigen der traditionell in Deutschland heimischen Volksgruppen der Friesen deutscher Staatsangehörigkeit und der Sinti und Roma deutscher Staatsangehörigkeit angewendet.*"

---

question had been asked whether a member of the Danish minority in the north who moved to a different part of the country lost the special protection accorded to that minority. That was so, in practice, because such protective measures were linked to the presence of a large Danish community in that geographical area." (Aussage von Herrn *Haberland* von der deutschen Delegation).

130 Vgl. zum umfangreichen Förderungskonzept für Sinti und Roma in Deutschland etwa den Bericht Deutschlands an das UN *Committee on the Elimination of Racial Discrimination* vom 12. März 1993, UN Doc. CERD/C/226/Add.7, Ziffer 55 ff.

131 UN Doc. CCPR/C/79/Add. 73, S. 3, Ziff. 13: *„The Committee is of the view that article 27 applies to all persons belonging to minorities whether linguistic, religious, ethnic or otherwise including those who are not concentrated or settled in a particular area or a particular region or who are immigrants or who have been given asylum in Germany.*"

132 BGBl. 1998 II S. 57.

133 BGBl. 1997 II S. 1406 ff.; vgl. hierzu: *Klebes*, EuGRZ 1995, S. 262 ff.; *Weckerling*, EuGRZ 1997, S. 605 ff.

134 Vgl. BT.-Drucks. 13/6912, S. 18.

Dieser Erklärung liegt dieselbe Auffassung betreffend den Minderheitenbegriff zugrunde wie dem Bericht an den Menschenrechtsausschuß nach Art. 40 IPBPR. Die einzigen anerkannten Minderheitengruppen in der Bundesrepublik sind die Dänen und *das sorbische Volk*. Die Friesen und Sinti und Roma sind zwar keine *nationalen Minderheiten* in diesem Sinne, werden aber quasi als solche behandelt. In der „*Denkschrift zum Rahmenübereinkommen des Europarats zum Schutz nationaler Minderheiten*“[135] setzt sich die Bundesregierung noch einmal etwas eingehender mit dem Begriff der Minderheit auseinander. Die Bundesregierung differenziert zwischen Minderheiten (nur Dänen und Sorben) und Volksgruppen (Friesen und Sinti und Roma), behandelt diese jedoch im wesentlichen gleich. Dieser wenig schlüssig begründete Kompromiß ermöglicht es der Bundesregierung, an der alten Minderheitendefinition festzuhalten, deren Tatbestandsmerkmale in der Denkschrift[136] nochmals angeführt werden:

> „*Die Bundesregierung sieht als nationale Minderheiten Gruppen der Bevölkerung an, die folgenden fünf Kriterien entsprechen:*
>
> - *ihre Angehörigen sind deutsche Staatsangehörige,*
> - *sie unterscheiden sich vom Mehrheitsvolk durch eigene Sprache, Kultur und Geschichte, also eigene Identität,*
> - *sie wollen diese Identität bewahren,*
> - *sie sind traditionell in Deutschland heimisch,*
> - *sie leben hier in angestammten Siedlungsgebieten.*“

Der Grund weshalb die Friesen nicht als Minderheit firmieren (‚obgleich sie *qua definitione* eine solche wären), ist offenbar allein ihr Wunsch, als *Volksgruppe* bezeichnet zu werden.[137] An dieser Minderheitendefinition hält auch die seit 1998 amtierende Bundesregierung aus einer Koalition von SPD und BÜNDNIS 90/GRÜNE fest.[138] Erwähnenswert ist schließlich, daß die in der Denkschrift formulierte Auslegungserklärung gemäß der *Lindauer Absprache*

---

[135] Denkschrift zum Rahmenabkommen des Europarats zum Schutz nationaler Minderheiten, BT.-Drucks. 13/6912, S. 19 ff.

[136] BT.-Drucks. 13/6912, S. 21.

[137] Artikuliert etwa in der 9. Öffentlichen Anhörung am 6. Mai 1993 im Rahmen der GVK; vgl. Sten.-Ber. 9. Öffentliche Anhörung, S. 4 ff.

[138] BT.-Drucks. 14/4045 (Antwort der Bundesregierung auf die Kleine Anfrage der Abgeordneten *Ulla Jelpke* und der Fraktion der PDS - Drucksache 14/4006 -) vom 6. September 2000.

mit den Ländern abgestimmt ist.[139] Einige Länder dürften sich damit in den Widerspruch mit dem Minderheitenbegriff ihrer Landesverfassungen begeben.[140]

d) Der Briefwechsel anläßlich des Abschlusses des deutsch-polnischen Nachbarschaftsvertrages vom 17. Juni 1991

Die Position der Bundesregierung hinsichtlich der Minderheitendefinition ist meines Erachtens in der *„Denkschrift zum Rahmenübereinkommen des Europarats zum Schutz nationaler Minderheiten“*[141] pointiert und aktuell zusammengefaßt und wurde bislang auf internationaler Ebene, wie dargestellt, auch konsequent durchgehalten. Dennoch mußte die Bundesregierung im Rahmen der Verhandlungen um den Abschluß des deutsch-polnischen Nachbarschaftsvertrages in geringer, aber doch entscheidender Weise von ihrer bislang konsequent vertretenen Linie abrücken.

Wie bereits erwähnt,[142] ist die polnische Bevölkerungsgruppe in der Bundesrepublik Deutschland nicht offiziell als Minderheit anerkannt. Der am 17. Juni 1991 abgeschlossene Nachbarschaftsvertrag mit der Republik Polen[143] spricht in seinem Art. 20 Abs. 1 daher nicht von einer *polnischen Minderheit* in Deutschland, sondern von *„Personen deutscher Staatsangehörigkeit in der Bundesrepublik Deutschland, die polnischer Abstammung sind oder die sich zur polnischen Sprache, Kultur oder Tradition bekennen.“* Dies geschieht insofern noch in Anwendung der von der Bundesregierung vertretenen Minderheitendefinition. Nur deutsche Staatsangehörige sollen Minderheitenschutz genießen. Faktum ist jedoch, daß viele Polnischstämmige der dritten Einwanderungswelle[144] die deutsche Staatsangehörigkeit nicht besitzen. Dies war der polnischen Verhandlungsdelegation bewußt, und in Umsetzung ihrer auf strikte Reziprozität der Vertragsbestimmungen bedachten Verhandlungshaltung schaffte sie es, der deutschen Seite einen Kompromiß abzuverhandeln, der zur Durchbrechung der bisherigen deutschen Position auf dem internationalen Parkett führte. In einem Briefwechsel[145] in Zusammenhang mit dem Vertrag zwischen der

---

[139] Vgl. BT.-Drucks. 13/6912, S. 21.

[140] Vgl. hierzu die Ausführungen in Kapitel 6.

[141] Denkschrift zum Rahmenabkommen des Europarats zum Schutz nationaler Minderheiten, BT.-Drucks. 13/6912, S. 19 ff.

[142] Oben Kapitel 1. Punkt III. 2. c).

[143] BGBl. 1991 II S. 1314 ff.

[144] Vgl. oben Kapitel 1. Punkt III. 2. c).

[145] Verkündet mit dem Vertrag in BGBl. 1991 II S. 1326 f. Der Briefwechsel ist auch abgedruckt in Sartorius II, Internationale Verträge – Europarecht, Nr. 682.

Bundesrepublik Deutschland und der Republik Polen über gute Nachbarschaft und freundschaftliche Zusammenarbeit findet sich folgende Passage:

> „*Die Regierung der Bundesrepublik Deutschland erklärt, daß sie sich bemüht, die Möglichkeiten zu schaffen, damit auch die in der Bundesrepublik Deutschland lebenden Personen, die polnischer Abstammung sind oder die sich zur polnischen Sprache, Kultur oder Tradition bekennen und die durch die Bestimmung des Artikels 20 Absatz 1 nicht erfaßt werden, weitgehend in den Genuß der in Artikel 20 genannten Rechte und der in Artikel 21 genannten Möglichkeiten kommen können.*“

Das bedeutet, daß sich die Bundesrepublik bereit erklärt, auch den polnischstämmigen Personen, die nicht die deutsche Staatsangehörigkeit besitzen, Minderheitenrechte aus einem völkerrechtlichen Vertrag zukommen zu lassen.[146] Im Rahmen dieses Vertrages hat die Bundesregierung erstmalig auf internationaler Ebene in einem interpretativen Briefwechsel im Zusammenhang mit einem völkerrechtlichen Vertrag auf das Erfordernis der Staatsangehörigkeit für die Gewährung des Minderheitenschutzes verzichtet. Dies geschah zwar sicherlich, um für die deutsche Minderheit in Polen einen besseren materiellen Schutz herausholen zu können, ändert aber dennoch nichts am Präzendenzcharakter der deutschen Erklärung. In diesem Zusammenhang sei auch auf die Änderung des deutschen Staatsangehörigkeitsrechts zum 1. Januar 2000 hingewiesen, welche durch eine Lockerung der diesbezüglichen Anforderungen eine merkliche Steigerung der Einbürgerungen von in der Bundesrepublik Deutschland lebenden Ausländern erwarten läßt. Vieles deutet also auch vor diesem Hintergrund darauf hin, daß das Kriterium der Staatsangehörigkeit im Hinblick auf die Definition des Minderheitenbegriffs in Zukunft wohl an Bedeutung verlieren wird.[147] Zur Klarstellung sei aber auch angemerkt, daß damit über die Frage eines Minderheitenschutzes für Immigranten noch nichts ausgesagt ist.

---

[146] Vgl. auch *Brümmer*, in: *Blumenwitz/Murswiek*, Aktuelle rechtliche und praktische Fragen des Volksgruppen- und Minderheitenschutzrechts, S. 75, 76 und 84 f.

[147] Vgl. hierzu allgemein den Vortrag von *Prof.Linda Bosniak* im Rahmen des Berlin Meetings des German Marshall Fund Project on Dual Nationality vom 13. und 14. Juli 2000. Der Vortrag lag dem Verfasser in Form eines vorläufigen Entwurfes vor. Es ist geplant, die Ergebnisse dieser Konferenz im Laufe des Jahres 2001 unter der Herausgeberschaft der Professoren *Kay Hailbronner* und *David Martin* in Buchform zu publizieren.

4. Der von der neuen Bundesregierung innenpolitisch benutzte Minderheitenbegriff

Der Vollständigkeit halber soll an diese Stelle auch noch die (innen)politische Absichtserklärung in bezug auf die *Minderheitenrechte* zitiert werden, welche die neue Bundesregierung in den Koalitionsvertrag aufgenommen hat. Dort heißt es:[148]

> „*10. Minderheitenrechte*
>
> *Die neue Bundesregierung will Minderheiten schützen und ihre Gleichberechtigung und gesellschaftliche Teilhabe erreichen. Niemand darf wegen seiner Behinderung, Herkunft, Hautfarbe, ethnischer Zugehörigkeit oder sexueller Orientierung als Schwuler oder Lesbe diskriminiert werden. Dazu werden wir ein Gesetz gegen Diskriminierung und zur Förderung der Gleichbehandlung (u.a. mit der Einführung des Rechtsinstituts der eingetragenen Lebenspartnerschaft mit Rechten und Pflichten) auf den Weg bringen. Die Empfehlungen des Europäischen Parlaments zur Gleichberechtigung von Lesben und Schwulen werden berücksichtigt.*“

Der Minderheitenbegriff, der diesem politischen Statement zugrunde liegt, ist eher sozialwissenschaftlich als rechtswissenschaftlich orientiert.[149] Im gleichen Satz werden Aspekte aus dem klassischen rechtlichen Spektrum (*ethnische Zugehörigkeit*) und Aspekte aus dem Spektrum sozialer Gruppen (*Lesben und Schwule oder Behinderte*) angesprochen. Substantiell soll gegen die Diskriminierung dieser Gruppen angegangen werden und eine *Förderung der Gleichberechtigung* angestrebt werden. Wenngleich der Passus mit *Minderheitenrechte* überschrieben ist, so ist es der neuen Regierungskoalition doch hier offensichtlich nicht darum gegangen, rechtspolitisch in die Diskussion um die juristische Bestimmung des Begriffs der *Minderheit* und seine Bedeutung im verfassungs- bzw. bundesrechtlichen Bereich einzugreifen. Daher soll diese Passage des Koalitionsvertrages auch für die hier versuchte juristische Analyse des Begriffs der Minderheit unberücksichtigt bleiben.[150]

---

[148] Aufbruch und Erneuerung - Deutschlands Weg ins 21. Jahrhundert, Koalitionsvereinbarung zwischen der Sozialdemokratischen Partei Deutschlands und BÜNDNIS 90/GRÜNE, Bonn, 20. Oktober 1998, S. 38.

[149] Vgl. die Ausführungen zum sozialwissenschaftlichen Minderheitenbegriff, vgl. oben Kapitel 1. Punkt II. 2.

[150] Offensichtlich fällt es auch der neuen Bundesregierung schwer, diese politische Vereinbarung auch nur in irgendeiner Weise rechtlich umzusetzen. Im aktuellen Bericht der Beauftragten der Bundesregierung für Ausländerfragen findet sich zu dieser Passage im Koalitionsvertrag die lakonische Anmerkung: „*Bis Redaktionsschluß dieses Berichtes konnten noch keine konkreten Vorschläge zur Umsetzung dieser Ziele vorgelegt werden.*“ Vgl. den aktuellen Bericht der Beauftragten der Bundesregierung für Ausländerfragen und über die Lage der Ausländer in der Bundesrepublik Deutschland. BT.-Drucks. 14/2674 vom 9. Februar 2000, S. 40.

II. Der materielle völker- und europarechtliche Rahmen für einen innerstaatlich gebotenen Minderheitenschutz

Nach der Darstellung des Standes der Diskussion um die völkerrechtliche Definition des Begriffs der Minderheit soll nunmehr das materielle minderheitenschützende Völker- und Europarecht analysiert werden.

1. Der universelle Standard das materiellen Minderheitenrechts

a) Art. 27 des Internationalen Paktes über bürgerliche und politische Rechte vom 16. Dezember 1966

Wie einleitend dargelegt, glaubten die Staatslenker am Ende des Zweiten Weltkrieges, daß die Erschaffung eines wirksamen Schutzes von Menschenrechten, ausgestaltet in individualrechtlichen Konzepten, kollektivrechtliche Minderheitenschutzsysteme überflüssig machen könnte.[151] Konsequenterweise enthalten die ersten Menschenrechtsinstrumente nach 1945 auch keine Minderheitenschutzbestimmungen.

Ein vorsichtiger Wandel in der Haltung zum Schutz von Minderheiten durch völkerrechtliche Verträge auf universeller Ebene setzte in den sechziger Jahren ein und führte zur Aufnahme des Art. 27 in den Internationalen Pakt über bürgerliche und politische Rechte vom 16. Dezember 1966 (IPBPR)[152]. Diese Bestimmung lautet:

> *„In Staaten mit ethnischen, religiösen oder sprachlichen Minderheiten darf Angehörigen solcher Minderheiten nicht das Recht vorenthalten werden, gemeinsam mit anderen Angehörigen ihrer Gruppe ihr eigenes kulturelles Leben zu pflegen, ihre eigene Religion zu bekennen und auszuüben oder sich ihrer eigenen Sprache zu bedienen.“* [153]

Der IPBPR ist am 23. März 1973 in Kraft getreten. Art. 27 IPBPR ist zwar in erster Linie ein Individualgrundrecht, enthält aber durch die Formulierung *gemeinsam mit anderen* auch ein

[151] Vgl. statt vieler: *Thornberry*, International law and the rights of minorities, S. 46 ff.

[152] BGBl. 1973 II S. 1534 ff.

[153] *„In those States, in which ethnic, religious or linguistic minorities exist, persons belonging to such minorities shall not be denied the right, in community with other members of their group, to enjoy their own culture, to profess and practice their own religion, or to use their own language.“*

kollektivrechtliches Element.[154] Hinsichtlich des Inhalts[155] der Norm ist unzweifelhaft, daß Angehörigen von Minderheiten ein sie gegenüber der Mehrheit der Bevölkerung privilegierendes Recht auf gemeinsame Pflege ihrer Kultur, Sprache oder Religion garantiert ist. Als in erster Linie negatorisches Recht verpflichtet die Vorschrift die Vertragsstaaten zu einem Unterlassen jeglicher Maßnahmen, von denen ein Assimilationsdruck ausgehen könnte. Der Umfang der innerstaatlich zu gewährenden Rechte geht allerdings nur geringfügig über die Verpflichtung der Diskriminierungsschutznorm des Art. 26 IPBPR hinaus. Es ist den Staaten nicht verboten, durch positive Maßnahmen auf eine faktische Gleichstellung der Minderheiten hinzuwirken.[156] Die Staaten werden aber nach herrschender Ansicht[157] nicht zur aktiven Förderung der Minderheiten verpflichtet; sie werden nicht zur sog. *positiven Diskriminierung* bzw. zu stützenden Maßnahmen (*affirmative action*) angehalten. Insbesondere gebietet Art. 27 IPBPR nicht die Anerkennung von Minderheitensprachen als offizielle Amts- oder Gerichtssprache vor staatlichen Behörden.[158] Aufgrund des universellen Geltungsanspruchs ist Art. 27 IPBPR ansonsten sehr allgemein gehalten.[159] Der Pakt stellt zusammen mit einem Fakultativprotokoll[160] ein Instrumentarium zur Durchsetzung der garantierten Rechte zur Verfügung. Die Vertragsstaaten sind verpflichtet, über Maßnahmen, die sie zur Verwirklichung der garantierten Rechte ergriffen haben, einem durch den Vertrag errichteten Menschenrechtsausschuß (Art. 28 ff. IPBPR) Bericht zu erstatten (Art. 40 IPBPR).[161] Nach dem Fakultativprotokoll können Angehörige von Minderheiten die Verletzung ihrer Rechte mit einer Individualbeschwerde vor dem Menschenrechtsausschuß rügen. Dadurch bildete sich schrittweise ein *case law*[162] zu Art. 27 IPBPR heraus, das zur Klärung strittiger Auslegungsfragen beiträgt.[163]

---

[154] Vgl. hierzu etwa: *Riedel*, in: *Kälin/Riedel/Karl/Bryde/von Bar/Geimer*, Aktuelle Probleme des Menschenrechtsschutzes, S. 49 ff.; *Hofmann*, GYIL 1997, S. 356 ff.; *Ramaga*, HRQ 1993, S. 575 ff.; *Kimminich*, BayVBl. 1993, S. 321, 323; *Hofmann*, ZaöRV 1992, S. 1, 9.

[155] *Nowak*, CCRP-Kommentar, Art. 27, Rn. 38 ff.; *Hofmann*, ZaöRV 1992, S. 1, 9 f.; *Pejic*, HRQ 1997, S. 666 ff.; *Rodley*, HRQ 1995, S. 48 ff.; *Ramaga*, HRQ 1992, S. 409 ff.

[156] *Lemke*, Nationale Minderheiten und Volksgruppen im schleswig-holsteinischen und im übrigen deutschen Verfassungsrecht, S. 49 f.; *Nowak*, CCRP-Kommentar, Art. 27, Rn. 38 ff.

[157] *Tomuschat*, in: FS für *Mosler*, S. 949, 969 ff.; *Franke/Hofmann*, EuGRZ 1992, S. 401, 403; *Hailbronner*, in: FS für Schindler, S. 75, 83; *Nowak*, CCRP-Kommentar, Art. 27, Rn. 46.

[158] *Tomuschat*, in: FS für *Mosler*, S. 949, 973; *Nowak*, CCRP-Kommentar, Art. 27, Rn. 41.

[159] *Blumenwitz*, Minderheiten- und Volksgruppenrecht - Aktuelle Entwicklung, S. 49.

[160] BGBl. 1992 II S. 1247 ff.

[161] *Boerefijn*, HRQ 1995, S. 766 ff.

[162] *Riedel*, in: *Kälin/Riedel/Karl/Bryde/von Bar/Geimer*, Aktuelle Probleme des Menschenrechtsschutzes, S. 49, 66 ff.; *Scherer-Leydecker*, Minderheiten und sonstige ethnische Gruppen, S. 91 ff.

[163] *Rensmann*, AWR-Bulletin 1992, S. 99, 101 ff. (mit kurzer Darstellung der wichtigsten Fälle).

b) Die Deklaration über die Rechte von Angehörigen nationaler oder ethnischer, religiöser und sprachlicher Minderheiten von 1992

Im Jahre 1971 hatte die Unterkommission zur Verhütung von Diskriminierung und zum Schutz von Minderheiten ihr Mitglied *Francesco Capotorti* damit beauftragt, eine umfassende Studie über die Rechte von Minderheitsangehörigen zu erstellen. Die 1977 vorgelegte Studie[164] kam zu dem Schluß, die Generalversammlung solle eine Grundsatzerklärung verabschieden, welche die Verwirklichung der in Art. 27 IPBPR genannten Ziele erleichtert. Dem liegt eine dynamische, sozialstaatliche Interpretation des Art. 27 IPBPR zugrunde, der die Vorschrift aufgrund der Unbestimmtheit ihrer operativen Ziele als durch staatliche Maßnahmen ausfüllungsbedürftige Rahmennorm ansieht.[165]

Nachdem sich die Unterkommission die Ziele der Studie zu eigen gemacht hatte, legte Jugoslawien 1978 einen Deklarationsentwurf[166] vor, der zusammen mit der *Capotorti*-Studie die Grundlage für die folgenden Debatten war. Der jugoslawische Entwurf enthält im einzelnen das Recht auf Existenz der Minderheit, das Recht auf Achtung und Förderung der spezifischen Eigenschaften sowie das Recht auf volle Gleichheit im Verhältnis zur Mehrheitsbevölkerung. Darüber hinaus wird auch der Grundsatz der Nichtdiskriminierung und die Notwendigkeit von Maßnahmen, welche die Minderheiten in die Lage versetzen, ihre Charakteristika frei zum Ausdruck zu bringen und zu entwickeln, aufgenommen. Die Grundrechte sind jeweils als Gruppenrechte ausformuliert.[167] Bis 1991 zogen sich die Beratungen in einer eigens eingesetzten *offenen Arbeitsgruppe* (*open ended working group*)[168] ohne greifbares Ergebnis hin. Erst unter dem Eindruck wiedererwachender Nationalitätenkonflikte in Ost- und Südosteuropa und auf ausdrückliche Aufforderung der Generalversammlung legte die Arbeitsgruppe im Dezember 1991 einen abschließenden Entwurf[169] vor. Die 48. Tagung der Menschenrechtskommission hat diesen Entwurf im Februar 1992 abschließend beraten und angenommen und über den Wirtschafts- und Sozialrat

---

[164] *Capotorti*, Study on the rights of persons belonging to ethnic, religious and linguistic minorities, UN Doc. E/CN.4/Sub.2/384/Rev. 1.; vgl. auch: *ders.*, VN 1980, S. 113 ff.

[165] *Dicke*, EA 1993, S. 107, 109.

[166] UN Doc. E/CN.4/L.1367/Rev.1.

[167] *Blumenwitz*, Minderheiten- und Volksgruppenrecht - Aktuelle Entwicklung, S. 50.

[168] Jeder Mitgliedstaat, aber auch jede Nichtregierungsorganisation (Non-Governmental-Organisation, NGO) kann in einem derartigen Gremium mitarbeiten und Vorschläge einbringen. Das Ergebnis von Beratungen solcher Gruppen ist keine Abstimmung, sondern ein Konsens. Es wird also solange verhandelt, bis kein Teilnehmer dem Text mehr ein Votum entgegenhält. Vgl. *Ermacora*, VN 1992, S. 149, 150.

[169] *„Draft Declaration on the rights of persons belonging to national or ethnic, religious and linguistic minorities"*, UN Doc. E/CN.4/1992/48.

(ECOSOC) an die 48. Generalversammlung zur Annahme weitergeleitet, welche die Deklaration[170] am 18. Dezember 1992 im Konsens annahm.

Die Deklaration besteht aus einer Präambel und neun Artikeln.[171] In der Präambel legt die Generalversammlung ihre Motive dar. Sie erachtet den Minderheitenschutz als integrativen Bestandteil des Menschenrechtsschutzes, bekräftigt damit seinen Individualrechtscharakter und verwirft somit die jugoslawische Gruppenrechtskonzeption.[172] Art. 1 der Deklaration legt fest, daß Staaten durch Gesetzgebung und andere Maßnahmen die Existenz und Identität von Minderheiten sichern und günstige Entwicklungsbedingungen schaffen sollen. Art. 2 und 3 legen Rechte von Personen fest, die Minderheiten angehören. Diese haben das Recht, ihre eigene Kultur, Religion und Sprache auszuüben, und zwar allein oder in Gemeinschaft. Sie haben weiterhin in den Schranken nationaler Gesetze das Recht, an gesamtstaatlichen und gegebenenfalls regionalen politischen Entscheidungen teilzunehmen, soweit diese ihre Minderheit betreffen. Sie dürfen eigene Organisationen gründen sowie Beziehungen zu ihrer Gruppe innerhalb und außerhalb der Landesgrenzen und zu anderen Minderheiten unterhalten. Art. 3 enthält ein spezielles Diskriminierungsverbot: Minderheitenangehörige dürfen ihre Rechte individuell oder in Gemeinschaft mit anderen ohne Diskriminierung ausüben. Art. 4 enthält vier gestufte Staatenverpflichtungen. Staaten sind verpflichtet, Maßnahmen zu ergreifen, damit Angehörige von Minderheiten ihre Menschenrechte diskriminierungsfrei ausüben können. Sie müssen günstige Bedingungen schaffen, damit Minderheiten ihre Eigenarten in Kultur, Sprache, Religion und Tradition entfalten können, es sei denn, bestimmte Aktivitäten verletzen nationales Recht und internationale Standards. Die drei übrigen Staatenverpflichtungen sind schwächer. Staaten sollen weitestmöglich sicherstellen, daß Angehörige von Minderheiten Gelegenheit haben, ihre Muttersprache zu erlernen bzw. darin unterrichtet werden. Sie sollen ferner Unterricht über Geschichte, Tradition, Sprache und Kultur der Minderheiten ermöglichen. Minderheitenangehörige sollen Gelegenheit haben, Kenntnisse über die Gesellschaft zu erwerben, in der sie leben. Damit soll eine Ghettoisierung vermieden und die Integration ermöglicht werden. Minderheitenangehörige sollen an der ökonomischen Entwicklung ihres Landes partizipieren und - so will es Art. 5 - sowohl bei der nationalen Politikplanung als auch bei internationaler Kooperation gebührend beachtet werden. Die Art. 6 und 7 enthalten Aufforderungen zur Kooperation, zum Informations- und Erfahrungsaustausch in Minderheitenfragen, wodurch der konfliktpräventive Charakter des Minderheitenschutzes hervorgehoben wird. Art. 8 sieht rechtswahrende Klauseln vor: Staatliche Maßnahmen auf der Grundlage der Deklaration sollen nicht als Verstoß gegen den Gleichheitssatz[173] verstanden, wodurch Maßnahmen von *affirmative action* als

---

[170] Generalversammlung, Res. 47/137 vom 18. Dezember 1992; deutsche Übersetzung in: VN 1993, S. 190 f.

[171] *„Deklaration über die Rechte von Personen, die zu nationalen oder ethnischen, religiösen und sprachlichen Minderheiten gehören"* der Generalversammlung vom 18. Dezember 1992 (Declaration on the Rights of Persons Belonging to National or Ethnic, Religious and Linguistic Minorities, UN Doc. A/RES/47/135; die Übersetzung durch den Deutschen Übersetzungsdienst bei den Vereinten Nationen ist abgedruckt in: VN 1993, S. 190 ff.); vgl. hierzu allgemein etwa: *Dicke*, EA 1993, S. 107 ff.; *Rensmann*, AWR-Bulletin, 1992, S. 99 ff.; *Ermacora*, VN 1992, S. 149 ff.

[172] Präambel, 4. Spiegelstrich.

[173] Im Sinne der Allgemeinen Erklärung der Menschenrechte von 1948.

menschenrechtskonform angesehen werden. Die vorliegende Deklaration rechtfertige jedoch keinerlei Verstoß gegen die Ziele der Grundsätze der Charta der Vereinten Nationen, insbesondere die souveräne Gleichheit, territoriale Integrität und politische Unabhängigkeit der Staaten. Art. 9 schließlich fordert die Organe und Sonderorganisationen des Systems der Vereinten Nationen auf, in ihrem Kompetenzbereich zur vollen Realisierung der Ziele der in der Deklaration enthaltenen Rechte beizutragen.

Kritisiert wurde an der Deklaration, daß die Gewährleistung der Rechte zu sehr dem Gutdünken der Staaten überlassen wurde, da einerseits übervorsichtig und ungenau formuliert wurde[174] („*sollen*", „*weitestmöglich*"), andererseits Bestimmungen zur Sicherung und Durchführung der Deklaration fehlen.[175] Eine Definition des Begriffs *Minderheit* wurde ebenfalls nicht aufgenommen,[176] worauf die deutsche Delegation eine Erklärung[177] des Inhalts abgab, daß die Bundesrepublik nur Staatsangehörige, die zudem lange auf dem Territorium des Staates gelebt haben, als Minderheiten anerkenne und damit Ausländer und Gastarbeiter vom Minderheitenschutz ausschließe. Abschließend und würdigend kann gesagt werden, daß der Deklaration ein modernes, zukunftsweisendes Bild der Staatlichkeit und Souveränität zugrunde liegt. Der demokratische Rechtsstaat ist Voraussetzung eines wirksamen Minderheitenschutzes. Das im internationalen Recht verankerte Diskriminierungsverbot wird konsequent durch ein staatliches Förderungsgebot ergänzt, um Existenz und Identität von Minderheiten zu bewahren und Assimilationsdruck zu vermeiden.[178] Der Erfolg der Deklaration hängt jedoch letztlich von der Bereitschaft der Staaten ab, die ihr zugrundeliegende Einsicht, daß der Schutz ethnischer, religiöser und sprachlicher Minderheiten auch besonderer staatlicher Förderung bedarf, in innerstaatliche Politik umzusetzen. Dem juristischen Charakter nach ist die Deklaration kein verbindlicher völkerrechtlicher Akt, sondern eine politische Orientierungsrichtlinie, gehört also dem völkerrechtlichen *soft law*[179] an. Es besteht allerdings die Möglichkeit, daß die Deklaration bei gehöriger universeller Beachtung ihrer Zielsetzungen zu einer allgemein anerkannten Regel des Völkerrechts, also zu Völkergewohnheitsrecht wird.[180] Mit Sicherheit wird das Thema Minderheitenschutz die verschiedenen Gremien der Vereinten Nationen auch weiterhin beschäftigen.[181]

---

[174] *Blumenwitz*, Minderheiten- und Volksgruppenrecht - Aktuelle Entwicklung, S. 51.

[175] *Ermacora*, VN 1992, S. 149, 151.

[176] Vgl. oben Punkt I. 1. d).

[177] UN Doc. E/CN.4/1992/SR.38, Ziff. 30.

[178] *Dicke*, EA 1993, S. 107, 115.

[179] *Heintschel von Heinegg*, in: *Ipsen*, Völkerrecht, 3. Aufl., § 19 Rn. 13 ff.

[180] *Ermacora*, VN 1992, S. 149, 151.

[181] Vgl. den aktuellen Stand: Effective promotion of the Declaration on the Rights of Persons Belonging to National or Ethnic, Religious and Linguistic Minorities, Report of the Secretary General, 2. September 1999, UN Doc. A/54/303, Ziffer 5 ff.

c) Weitere flankierende Bestimmungen

Auf universeller Ebene werden die erläuterten Minderheitenschutzvorschriften von verschiedenen weiteren internationalen Bestimmungen flankiert.[182] Für die Gewinnung eines sozusagen völkerrechtlichen *Mindeststandards* an materiellem Minderheitenrecht erscheinen diese flankierenden Schutzbestimmungen jedoch weniger wichtig, weshalb sie hier lediglich kurz und der Vollständigkeit halber gestreift werden sollen.

aa) Bemühungen der ILO um den Schutz der sogenannten *indigenous peoples*

Die Internationale Arbeitsorganisation (International Labour Organisation - ILO), die bereits im Jahr 1919 zusammen mit dem Völkerbund gegründet wurde, wird 1946 die erste Sonderorganisation der Vereinten Nationen und verfolgt durch die Errichtung und Förderung sozialer Gerechtigkeit in der Welt das Ziel, einen allgemeinen und dauerhaften Frieden zu sichern.[183] Die ILO befaßte sich seit Beginn ihres Bestehens mit dem Los der *indigenous workers* und brachte mehrere völkerrechtliche Instrumente zu deren Schutz auf den Weg.[184] Mit der Verabschiedung der ILO-Konvention Nr. 107[185] vom 26. Juni 1957 über den „*Schutz und die Eingliederung von eingeborenen Völkern und anderen Stammes- oder stammesähnlichen Völkern in unabhängigen Staaten*"[186] dehnte die ILO ihren Schutzanspruch auf Ureinwohner oder *indigenous peoples* in ihrer Gesamtheit aus. Ziel dieser Konvention ist die Förderung der Chancengleichheit der Angehörigen von *indigenous peoples* in sozialer und wirtschaftlicher Hinsicht. Die Staaten werden verpflichtet, Maßnahmen zum Schutz und zu fortschreitender Integration der Ureinwohner in das allgemeine soziale und wirtschaftliche Leben des Landes zu ergreifen. Hierbei sollen die kulturellen Besonderheiten und religiösen Werte der *indigenous peoples* sowie ihr bestehendes Sozialgefüge berücksichtigt werden.[187] Im Jahre 1989 wurde ILO-Konvention Nr. 107 durch ILO-Konvention Nr. 169[188] einer

---

[182] Vgl. hierzu insbesondere: *Hailbronner*, in: FS für *Schindler*, S. 75, 85 ff.; *Pircher*, Der vertragliche Schutz ethnischer, sprachlicher und religiöser Minderheiten im Völkerrecht, S. 259 ff.; *Pastor*, Die rechtliche Stellung der Sorben in Deutschland, S. 196 ff.; Vgl. hierzu auch: Effective promotion of the Declaration on the Rights of Persons Belonging to National or Ethnic, Religious and Linguistic Minorities, Report of the Secretary General, 2. September 1999, UN Doc. A/54/303, Ziffer 5 ff.

[183] Vgl. hierzu die detaillierten Ausführungen bei *Pircher*, Der vertragliche Schutz ethnischer, sprachlicher und religiöser Minderheiten im Völkerrecht, S. 259 ff.

[184] *Scherer-Leydecker*, Minderheiten und sonstige ethnische Gruppen, S. 124.

[185] UNTS 328 (1959), S. 248 ff.

[186] Im englischen Original: "*concerning the protection and integration of indigenous and other tribal or semi-tribal populations in independent countries*"; UNTS 328 (1959), S. 248 ff.

[187] *Hailbronner*, in: FS für *Schindler*, S. 75, 85 f.

[188] ILO-Konvention Nr. 169 vom 27. Juni 1989, Text: 28 I.L.M. 1989, S. 1382 ff.

partiellen Revision unterzogen und aktualisiert.[189] Darüber hinaus hat eine seit 1982 existierende *working group on indigenous populations* der Unterkommission zur Verhütung von Diskriminierung und zum Schutz von Minderheiten eine „*Draft Declaration on the Rights of Indigenous Peoples*"[190] ausgearbeitet, die 1992 der Menschenrechtskommission vorgelegt wurde.[191] Auch in Zukunft ist zu erwarten, daß der Schutz von *indigenous peoples* eine der großen Herausforderungen für die Menschenrechtsaktivitäten der Vereinten Nationen und ihrer Sonderorganisationen bleiben wird. Der Schutz von *indigenous peoples* und der Minderheitenschutz sind in vielfacher Weise verschränkt. Oftmals stehen diese beiden Disziplinen vor ähnlichen Problemsituationen, auf die sie ähnliche Lösungskonzepte anwenden. Vielfach wird der Schutz der *indigenous peoples* auch als Teilbereich des Minderheitenschutzes gesehen. Im Bereich der Bemühungen um den Schutz der *indigenous peoples* ist im Detail vieles umstritten.[192] Dies gilt auch für die Definition oder Korrektheit des Begriffes *indigenous peoples*. Jedenfalls leben in der Bundesrepublik Deutschland keine Personengruppen, die als *indigenous peoples* bezeichnet werden könnten, weshalb dieser Bereich auch nicht weiter vertieft werden soll.

bb) Die Konvention über die Verhütung und Bestrafung des Völkermordes vom 9. Dezember 1948

Nach einer Initiative der Generalversammlung der Vereinten Nationen, die am 11. Dezember 1946 in einer Resolution[193] den Völkermord verurteilte, wurde am 9. Dezember 1948 die Konvention über die Verhütung und Bestrafung des Völkermordes verabschiedet.[194] Der Begriff der Völkermordes ist in Art. II der Konvention folgendermaßen definiert:

> „*In dieser Konvention bedeutet Völkermord eine der folgenden Handlungen, die in der Absicht begangen wird, eine nationale, ethnische, rassische oder religiöse Gruppe als solche ganz oder teilweise zu zerstören:*
>
> *a) Tötung von Mitgliedern der Gruppe;*

---

[189] Vgl. hierzu: *Heintze*, in: *Bothe/Kurzidem/Schmidt*, Amazonia and Siberia, S. 310, 318 ff.

[190] UN Doc. E/CN.4/Sub.2/1992/28.

[191] *Heintze*, in: *Ipsen*, Völkerrecht, 4. Aufl., § 28, Rn. 14.

[192] Zum Schutz von *indigenous peoples* vgl. etwa: *Heintze*, ZaöRV 1990, S. 39 ff.; *ders.*, in: *Bothe/Kurzidem/Schmidt*, Amazonia and Siberia, S. 310 ff.; *Stuyt*, NILR 1993, S. 449 ff.; *Stamatopoulou*, HRQ 1994, S. 58 ff.

[193] UN GA Res. 96 (I).

[194] BGBl. 1954 II S. 730 ff.; für die Bundesrepublik Deutschland in Kraft getreten am 22. Februar 1955.

b) Verursachung von schwerem körperlichen oder seelischem Schaden an Mitgliedern der Gruppe;

c) vorsätzliche Auferlegung von Lebensbedingungen für die Gruppe, die geeignet sind, ihre körperliche Zerstörung ganz oder teilweise herbeizuführen;

d) Verhängung von Maßnahmen, die auf die Geburtenverhinderung innerhalb der Gruppe gerichtet sind;

e) *gewaltsame Überführung von Kindern der Gruppe in eine andere Gruppe.*"

Die Konvention basiert auf dem Gedanken, daß kulturelle, ethnische oder rassische Gruppen gegen Maßnahmen, welche den Fortbestand der Gruppe als solcher bedrohen, geschützt werden müssen und kann daher ebenfalls als ein völkerrechtliche Instrument des Minderheitenschutzes angesehen werden. Ein Verbot des *kulturellen Völkermordes* (*cultural genocide*),[195] der als die Zerstörung der wesentlichen kulturellen Grundlagen einer ethnischen Gruppe durch die Auflösung ihrer politischen und sozialen Einrichtungen, ihrer Sprache, Kultur, Religion und ihrer wirtschaftlichen Fundamente definiert wurde, wurde allerdings nicht in die Konvention aufgenommen.[196] Aus der Konvention ergibt sich für Minderheitengruppen daher nicht wesentlich mehr als das elementare Recht auf Schutz vor physischer Vernichtung. Ein weitergehender Schutz im Sinne einer Bestandsgarantie oder ähnlichem kann der Konvention hingegen nicht entnommen werden.[197]

cc) Die Internationale Konvention über die Beseitigung jeder Form der Rassendiskriminierung vom 7. März 1966

Auch die Internationale Konvention über die Beseitigung jeder Form der Rassendiskriminierung vom 7. März 1966[198] zielt, ohne eine direkte Minderheitenschutzbestimmung zu enthalten, auf die Herstellung der Gleichbehandlung aller rassischen und ethnischen Gruppen ab. Um dies zu erreichen, verbietet die Konvention jegliche *Rassendiskriminierung*, was in Art. 1 Abs. 1 wie folgt definiert ist:

---

[195] *Wentzel*, Schutz und Unterstützung ethnischer Minderheiten, S. 24 f.

[196] *Hailbronner*, in: FS für *Schindler*, S. 75, 86; *Wentzel*, Schutz und Unterstützung ethnischer Minderheiten, S. 24 f.

[197] *Pastor*, Die rechtliche Stellung der Sorben in Deutschland, S. 198.

[198] BGBl. 1969 II S. 962 ff.; für die Bundesrepublik Deutschland in Kraft getreten am 15. Juni 1969.

„In diesem Übereinkommen bezeichnet der Ausdruck 'Rassendiskriminierung' jede auf der Rasse, der Hautfarbe, der Abstammung, dem nationalen Ursprung oder dem Volkstum beruhenden Unterscheidung, Ausschließung, Beschränkung oder Bevorzugung, die zum Ziel oder zur Folge hat, daß dadurch ein gleichberechtigtes Anerkennen, Genießen oder Ausüben der Menschenrechte und Grundfreiheiten im politischen, wirtschaftlichen, sozialen, kulturellen oder jedem sonstigen Bereich des öffentlichen Lebens vereitelt oder beeinträchtigt wird."

Unterscheidende Maßnahmen sind erlaubt, wenn sie dem alleinigen Zweck dienen, einen angemessenen Fortschritt gewisser rassischer oder ethnischer Gruppen oder Personen zu sichern, und wenn sie notwendig sind, um die vorgenannten Gruppen überhaupt in den Genuß der Menschenrechte und Grundfreiheiten kommen zu lassen. Positiv diskriminierende Maßnahmen sind also erlaubt, aber nicht verpflichtend gefordert. Diese Maßnahmen müssen allerdings eingestellt werden, sobald sie ihren Zweck erreicht haben und dürfen nicht zur Rechtfertigung von getrennten Rechten für verschiedene Gruppen mißbraucht werden.[199] Übergeordnetes Ziel der Konvention ist die tatsächliche Gleichstellung aller Gruppen, nicht lediglich die rechtliche. Hierfür richtet sie sich an die Staaten, die allerdings durch ihr behördliches System eine Horizontalwirkung der Konvention herzustellen haben, d.h. die Verpflichtungen der Konvention auch auf Private zu erstrecken. Maßnahmen nach der Konvention sollen mit dem Ziel der Rassenintegration unter Ermutigung der Abschaffung aller rassentrennenden Faktoren ergriffen werden.[200] Insgesamt sind gleiche Bedingungen für alle Teile der Bevölkerung unter Überwindung jeglicher Apartheid herzustellen.[201] Im Ergebnis schützt die Internationale Konvention über die Beseitigung jeder Form der Rassendiskriminierung somit oder gerade auch Minderheitengruppen, geht in ihrer Rechtsgewährung allerdings nicht über ein Diskriminierungsverbot hinaus und bietet den Minderheiten daher ebenfalls keine Erweiterung ihres Rechtsbestandes.

dd) Die UNESCO-Konvention gegen Diskriminierung im Unterrichtswesen vom 15. Dezember 1960

Die Konvention gegen Diskriminierung im Unterrichtswesen[202] wurde am 14. Dezember 1960 von der Generalkonferenz der Organisation der Vereinten Nationen für Erziehung, Wissenschaft und Kultur (United Nations Educational, Scientific, and Cultural Organisation -

---

[199] Vgl. Art. 1 Abs. 4 der Konvention.

[200] Vgl. Art. 2 Abs. 1 der Konvention.

[201] Vgl. zum Ganzen: *Wollenschläger*, AWR-Bulletin Nr. 1-2/94, S. 8; *Partsch*, in: FS für *Geck*, S. 581, 582 f.; *Hailbronner*, in: FS für *Schindler*, S. 75, 87 f.; *Pastor*, Die rechtliche Stellung der Sorben in Deutschland, S. 198 ff.

[202] BGBl. 1968 II S. 386 ff.; für die Bundesrepublik Deutschland in Kraft getreten am 17. Oktober 1968.

UNESCO) angenommen. Ausgehend vom Grundsatz der Nichtdiskriminierung verpflichtet die Konvention die Vertragsstaaten zu einer Reihe von legislativen und administrativen Maßnahmen, um Diskriminierungen im Unterrichtswesen zu verhindern und die Voraussetzungen für Chancengleichheit und Gleichbehandlung im Rahmen des Unterrichts zu schaffen.[203] Dabei ist die Erziehung auf die volle Entfaltung der menschlichen Persönlichkeit auszurichten, damit zwischen allen Völkern und rassischen oder religiösen Gruppen wechselseitig Verständnis, Toleranz und Freundschaft gefördert wird. Gleichzeitig gewährt die Konvention den Eltern die Freiheit, für ihre Kinder andere als die behördlich unterhaltenen Unterrichtsanstalten wählen zu können und die religiöse und sittliche Erziehung der Kinder nach ihrer eigenen Überzeugung sicherzustellen. Eine eigene Bestimmung ist dem Recht von Minderheitenangehörigen gewidmet, in welcher die Vertragsstaaten übereinkommen,

> *„daß es wesentlich ist, den Angehörigen nationaler Minderheiten das Recht zuzuerkennen, ihre eigene Erziehungsarbeit zu leisten, hierbei Schulen zu unterhalten und im Einklang mit der innerstaatlichen Politik in Erziehungsfragen ihre eigene Sprache zu gebrauchen und zu lehren, jedoch mit der Maßgabe,*
>
> *i) daß dieses Recht nicht in einer Weise ausgeübt werden darf, welche die Angehörigen der Minderheiten daran hindert, die Kultur und Sprache der Gesamtgemeinschaft zu verstehen und an ihren Tätigkeiten teilzunehmen, oder in einer Weise, die der staatlichen Souveränität Abbruch tut;*
>
> *ii) daß das Niveau des Unterrichts an diesen Schulen nicht niedriger sein darf als das allgemeine Niveau, das die zuständigen Behörden festgelegt oder genehmigt haben; und*
>
> *iii) daß kein Zwang zum Besuch dieser Schulen ausgeübt werden darf.“*

Die Existenz solcher Unterrichtssysteme bzw. -anstalten gilt ebensowenig als Diskriminierung wie die Errichtung und der Betrieb privater Unterrichtsanstalten, die zusätzliche Bildungsmöglichkeiten schaffen. Wenn somit auch den Angehörigen nationaler Minderheiten das Recht zuerkannt wird, im Rahmen der vorgenannten Kriterien eigene Unterrichtssysteme zu schaffen und dies, ohne daß damit eine Diskriminierung verbunden wäre, auch vom Staat übernommen werden kann, so ist der Konvention doch ein Anrecht der Minderheiten auf

---

[203] Vgl. zum Ganzen: *Tretter*, Internationales und europäisches Volksgruppenrecht, S. 12; *Pircher*, Der vertragliche Schutz ethnischer, sprachlicher und religiöser Minderheiten im Völkerrecht, S. 273 ff.

staatliche Minderheitenschulen nicht zu entnehmen.[204] Darüber hinaus unterliegen die Rechte dieser Konvention vielfachen Beschränkungen.[205]

ee) Die ILO-Konvention Nr. 111 über die Diskriminierung in Arbeit und Beruf vom 25. Juni 1958

Auch die ILO-Konvention Nr. 111 über die Diskriminierung in Arbeit und Beruf vom 25. Juni 1958[206] kodifiziert flankierendes minderheitenschützendes Völkerrecht. Zunächst definiert sie Diskriminierung als jegliche Unterscheidung, Ausschließung oder Bevorzugung, die aufgrund der Rasse, der Hautfarbe, des Geschlechts, der Religion, der politischen Überzeugung, der nationalen Abstammung (*national extraction*) oder der sozialen Herkunft getroffen wird, und die bewirkt, daß die Chancengleichheit oder die Behandlung bei der Arbeit oder im Beruf zunichte gemacht oder beeinträchtigt wird. Dieser Grundregel folgen einige einschränkende Modifizierungen.[207] Dadurch werden auch Angehörige ethnischer und religiöser Minderheiten, nicht jedoch Angehörige sprachlicher Minderheiten, gegen Diskriminierung im Bereich der Chancengleichheit und der Behandlungsgleichheit in Arbeit und Beruf geschützt. Gemäß Art. 2 der Konvention wird jeder Vertragsstaat verpflichtet, eine gesamtstaatliche Politik zu verfolgen, die unter Berücksichtigung der gegebenen Verhältnisse und Gewohnheiten durch geeignete Maßnahmen Chancengleichheit und Gleichheit der Behandlung in Arbeit und Beruf fördert, um so jede Diskriminierung in dieser Hinsicht auszuschließen. Diese Erlaubnis der Berücksichtigung der gegebenen Verhältnisse ist eine empfindliche Einschränkung der Wirksamkeit der Verpflichtungen, die im einzelnen insbesondere in Art. 3 der Konvention niedergelegt sind. Eine diesbezügliche Grenze ist nämlich erst dann erreicht, wenn die Verwirklichung des Zweckes der Konvention, die Chancen- und Behandlungsgleichheit in Arbeit und Beruf, bedroht würde.[208] Auch die ILO-Konvention Nr. 111 über die Diskriminierung in Arbeit und Beruf geht daher hinsichtlich der Minderheiten über einen bloßen Diskriminierungsschutz nicht hinaus.

---

[204] Hierauf weist *Pastor* hin: *Pastor*, Die rechtliche Stellung der Sorben in Deutschland, S. 202.

[205] Auf die *Hailbronner* hinweist: *Hailbronner*, in: FS für *Schindler*, S. 75, 86.

[206] BGBl. 1961 II S. 98 ff.; für die Bundesrepublik Deutschland in Kraft getreten am 15. Juni 1962.

[207] Vgl. hierzu *Pircher*, Der vertragliche Schutz ethnischer, sprachlicher und religiöser Minderheiten im Völkerrecht, S. 270 f.

[208] Vgl. hierzu auch: *Pastor*, Die rechtliche Stellung der Sorben in Deutschland, S. 200; *Pircher*, Der vertragliche Schutz ethnischer, sprachlicher und religiöser Minderheiten im Völkerrecht, S. 270 ff. jeweils m.w.N.

ff) Die Internationale Konvention über die Rechte des Kindes vom 20. November 1989

Schließlich enthält auch die Internationale Konvention über die Rechte des Kindes vom 20. November 1989[209] flankierendes minderheitenschützendes Völkerrecht. Diesem Übereinkommen gingen 1924 eine Deklaration des Völkerbundes[210] und 1959 eine Deklaration der Generalversammlung der Vereinten Nationen[211] voraus. Die Konvention kam auf eine polnische Initiative während des internationalen Jahres des Kindes 1978 nach elfjährigen Vorarbeiten zustande und gewährleistet eine Fülle von spezifischen Rechten und allgemeinen Menschenrechten, die auf die Sondersituation von Kindern zugeschnitten sind.[212] In Art. 2 der Konvention verpflichten sich die Staaten sicherzustellen, daß das Kind vor allen Formen der Diskriminierung oder Bestrafung aus Gründen, die aus dem Bereich der Eltern, des Vormundes oder der Familienangehörigen herrühren können, geschützt wird. Für den Fall, daß ein Kind aus seiner familiären Umgebung herausgelöst wird oder sein Verbleib in der Familie nicht in seinem Interesse liegt, bestimmt Art. 20 die Aufnahme des Kindes in eine Pflegefamilie, die Adoption oder die Unterbringung in einer geeigneten Kinderbetreuungseinrichtung, wobei bei der Wahl zwischen diesen Möglichkeiten die erwünschte Kontinuität in der Erziehung des Kindes sowie seine ethnische, religiöse, kulturelle und sprachliche Herkunft gebührend zu berücksichtigen sind. Art. 29 legt fest, daß die Bildung des Kindes unter anderem darauf ausgerichtet sein muß, dem Kind Achtung vor seiner kulturellen Identität, seiner Sprache, seinen kulturellen Werten, den nationalen Werten des Landes, in dem es lebt oder aus dem es stammt, sowie vor anderen Kulturen zu vermitteln. Das Kind ist auf ein verantwortungsbewußtes Leben in einer freien Gesellschaft im Geiste der Verständigung, des Friedens, der Toleranz, der Gleichberechtigung der Geschlechter und der Freundschaft zwischen allen Völkern und ethnischen, nationalen und religiösen Gruppen sowie zu Ureinwohnern vorzubereiten. Eine spezielle Bestimmung, die auf Kinder von Minderheitenangehörigen zugeschnitten ist, enthält Art. 30 der Konvention:

> *„In Staaten, in denen es ethnische, religiöse oder sprachliche Minderheiten oder Ureinwohner gibt, darf einem Kind, das einer solchen Minderheit angehört oder Ureinwohner ist, nicht das Recht vorenthalten werden, in Gemeinschaft mit anderen Angehörigen seiner Gruppe seine eigene Kultur zu*

---

[209] UN GA Res. 44/25; deutsch Übersetzung in: VN 1990, S. 112 ff.; für die Bundesrepublik Deutschland in Kraft getreten am 5. April 1992.

[210] Die sog. Genfer Erklärung über Rechte der Kinder; VN 1990, S. 101 ff.

[211] *„Declaration of the Rights of the Child"*, UN GA Res. 1386 (XIV); deutsche Übersetzung in: VN 1979, S. 79 f.

[212] Für eine kurze Inhaltsanalyse vgl. etwa: *Hailbronner*, in: *Bothe/Hailbronner/Klein/Kunig/Schröder/Graf Vitzthum*, Völkerrecht, 1. Aufl., S. 245; *Tretter*, Internationales und europäisches Volksgruppenrecht, S. 19 f.

pflegen, sich zu seiner eigenen Religion zu bekennen und sie auszuüben oder seine eigene Sprache zu verwenden.“[213]

Es ist unverkennbar, daß diese Formulierung Art. 27 IPBPR nachempfunden ist. Abgesehen davon, daß dem Zweck des Übereinkommens gemäß Kinder die Berechtigten sind, sind über den Wortlaut des Art. 27 IPBPR auch Kinder von *indigenous peoples* geschützt.[214] Ansonsten gewährt Art. 30 der Internationalen Konvention über die Rechte des Kindes den Kindern von Minderheitenangehörigen denselben Rechtsschutz, den Art. 27 IPBPR den Minderheitenangehörigen selbst gewährt.[215] Eine Definition des Begriffs „*Kind, das einer solchen Minderheit angehört oder Ureinwohner ist*“ fehlt.

Insgesamt bleibt mit Blick auf die flankierenden völkerrechtlichen Minderheitenschutzvorschriften festzuhalten, daß sie allesamt keine über die Schutzbereiche des Art. 27 IPBPR und die Deklaration über die Rechte von Angehörigen nationaler oder ethnischer, religiöser und sprachlicher Minderheiten hinausgehenden Rechte gewähren. Das dargestellte flankierende minderheitenschützende Völkerrecht enthält entweder bloße Diskriminierungsverbote für bestimmte Bereiche (beispielsweise den Bereich von Arbeit und Beruf) oder für bestimmte Personen (beispielsweise Kinder).

2. Völkerrechtliche Instrumente zum Schutz der Wanderarbeitnehmer

Wie bereits an anderer Stelle angeklungen ist, soll im Rahmen dieser Arbeit unter anderem auch die These verifiziert (oder falsifiziert) werden, daß Immigranten oder Wanderarbeitnehmer nicht unter die Definition des Begriffs Minderheit subsumiert werden können, und daß auf diese Bevölkerungsgruppen nicht dieselben Schutzkonzepte angewandt werden sollten, die für den Schutz von Minderheitengruppen erdacht wurden. Wenn daher nun der völkerrechtliche Schutz der Wanderarbeitnehmer im Kapitel über die völker- und europarechtlichen Vorgaben für den innerstaatlichen Minderheitenschutz besprochen wird, so geschieht dies aus dem Grund, daß an dieser Stelle der völkerrechtliche Schutz der Minderheiten dem völkerrechtlichen Schutz der Wanderarbeitnehmer am besten kontrastierend gegenübergestellt werden kann.

---

[213] UN GA Res. 1386 (XIV); deutsche Übersetzung in: VN 1979, S. 79 f.

[214] Wobei offen bleibt, ob es sich hierbei im Vergleich zu den Berechtigten unter Art. 27 IPBPR um eine Erweiterung oder um eine Klarstellung handelt. Vgl. *Scherer-Leydecker*, Minderheiten und sonstige ethnische Gruppen, S. 139.

[215] *Tretter*, Internationales und europäisches Volksgruppenrecht, S. 19 f.; *Scherer-Leydecker*, Minderheiten und sonstige ethnische Gruppen, S. 137 ff.

Anders als im Zeitalter der klassischen Nationalstaaten verlieren Staatsgrenzen in unserem Zeitalter, das gelegentlich als Zeitalter der Globalisierung bezeichnet wird, mehr und mehr ihrer Bedeutung. Wie eingangs festgestellt, kann ein modernes Minderheitenrecht diese Entwicklungen nicht ignorieren. Sehr fraglich erscheint allerdings, ob es das Minderheitenrecht sein kann, das die Probleme auffangen sollte, die sich im Zuge globaler Migrationsbewegungen ergeben. Noch zweifelhafter erscheint dies vor dem Hintergrund, daß man sich in der Praxis der zwischenstaatlichen Beziehungen und im völkerrechtlichen Schrifttum seit neuester Zeit verstärkt Gedanken um die Schöpfung von rechtlichen Regeln macht, die diese Migrationsströme in angemessene rechtliche Bahnen leiten und die Situation von Immigranten verbessern soll. Wäre das Minderheitenrecht ein gangbarer Weg, die mit der globalen Migration verbundenen Probleme zu lösen, so bräuchte man keine völkerrechtlichen Regeln zum Schutze der Immigranten. Dennoch entstehen im modernen Völkerrecht langsam aber doch merklich spezielle Schutzinstrumente zugunsten von Immigranten, wenn auch der Schutzstandard für diese Gruppen (noch) sehr gering sein mag.[216] Sieht man einmal von den politisch motivierten Flüchtlingen ab, die in der Fremde um Asylgewährung bitten, so handelt es sich bei der überragenden Mehrzahl von Immigranten um Menschen, die in ein anderes Land kommen, um dort ihr wirtschaftliches Fortkommen zu verbessern. Die Wanderarbeitnehmer bilden folglich die größte Gruppe unter den Immigranten. Zum Schutze der Wanderarbeitnehmer gibt es sowohl im universellen Völkerrecht als auch im regional europäischen Völkerrecht Bestimmungen, die im folgenden dargestellt werden sollen.

a) Universelles Völkerrecht

Selbstverständlich können sich die Immigranten zunächst auf die vielen völkerrechtlichen Instrumente zum Schutze der Menschenrechte, insbesondere die beiden Weltmenschenrechtspakte von 1966 und verschiedene Sonderkonventionen, die teilweise oben besprochen wurden, berufen. Dies soll hier nicht nochmals *en détail* dargelegt werden. Der besonderen Situation, in der sich Wanderarbeitnehmer befinden, werden diese allgemeinen Bestimmungen jedoch aus den folgenden vier von *Niessen*[217] formulierten Gründen nicht gerecht. Erstens wächst die Zahl der Wanderarbeitnehmer, deren rechtliche und soziale Position sehr schwach ist, stetig an. Gegenwärtig wird die Zahl der Wanderarbeitnehmer und ihrer Familienmitglieder auf 60 bis 80 Millionen Personen geschätzt. Zweitens verhindert das allgemeine Völkerrecht zum Schutz der Menschenrechte nicht immer, daß innerstaatliche Bestimmungen oder Gegebenheiten dauerhaft aufenthaltsberechtigte Ausländer oder Nicht-Staatsangehörige, wie eben beispielsweise Wanderarbeitnehmer, rechtlich schlechter stellen. Im Gegenteil ist dies oftmals sogar ausdrücklich erlaubt. Drittens wäre bereits viel erreicht, wenn es gelänge, die allgemeinen

---

[216] Eine Schöpfung von internationalen Regeln für das Faktum der globalen Migrantenströme wird verstärkt auch von prominenten Völkerrechtslehrern gefordert. So etwa von *Wolfrum*, GYIL 1995, S. 191, 194: *„The majority of people migrating thus find little or no protection under international law, and thus it is questionable whether international law is still adequate to meet present challenges."*

[217] *Niessen*, in: *Eide/Krause/Rosas*, Economic, Cultural and Social Rights, S. 323, 324.

Normen zum Schutz der Menschenrechte auf die Sondersituation der Wanderarbeitnehmer zuzuschneiden. Und viertens erscheint es darüber hinaus als wichtig, Sonderprobleme anzusprechen, denen Wanderarbeitnehmer ausgesetzt sind und die in den allgemeinen Menschenrechtsinstrumenten nicht ausreichend geregelt sind, wie beispielsweise Einstellungs- und Bewerbungsverfahren, Familienzusammenführung, Geldüberweisungen ins Ausland oder Aufenthalts- bzw. Staatsangehörigkeitsangelegenheiten.

In Anbetracht dieser Probleme verabschiedete die Generalversammlung der Vereinten Nationen am 18. Dezember 1990 die Internationale Konvention zum Schutz der Rechte aller Wanderarbeitnehmer und ihrer Familienangehörigen.[218] Diese Konvention ist das bislang umfangreichste Regelwerk zum Schutz der bürgerlichen und politischen sowie der wirtschaftlichen, sozialen und kulturellen Rechte von Wanderarbeitnehmern und ihren Familien. Schutzobjekte sind alle Wanderarbeitnehmer, unabhängig von ihrer Staatsangehörigkeit oder davon, ob der Staat, aus dem sie kommen, die Konvention ratifiziert hat.[219] Teil III der Konvention kodifiziert ein Gleichbehandlungsgebot in bezug auf die Staatsangehörigen des Aufenthaltsstaates. Unabhängig von der Tatsache, ob sie sich legal oder illegal im Land befinden, sind Wanderarbeitnehmer und ihre Familienangehörigen hinsichtlich der Entlohnung, der Arbeitsbedingungen wie Arbeitszeit, Überstunden oder Erholungsurlaub, der Arbeitsplatzsicherheits- standards, des Gesundheitsschutzes, der Minderjährigenschutzbestimmungen und des Kündigungsrechts gleich zu behandeln.[220] Darüber hinaus müssen Wanderarbeitnehmer unter den gleichen Bedingungen wie Staatsangehörige in das Sozialversicherungssystem des Aufenthaltsstaates aufgenommen werden,[221] und ihnen darf nicht das Recht vorenthalten werden, Gewerkschaften beizutreten.[222] Teil IV der Konvention gewährt den Wanderarbeitnehmern, die sich legal im Aufenthaltsstaat befinden, zusätzliche Rechte. Aufenthaltsberechtigte Wanderarbeitnehmer müssen hinsichtlich des Kündigungsschutzes, der Arbeitslosenunterstützung und des Zugangs zu Arbeitsvermittlungssystemen gleichgestellt werden.[223] Weiterhin muß legalen Wanderarbeitnehmern der Zugang zu allgemein- und berufsbildenden Einrichtungen gewährt werden, und sie müssen gleichen Zugang zum staatlichen Wohlfahrtssystem und zum staatlichen Gesundheitswesen haben.[224] Außerdem sind in der Konvention die Entgeltfortzahlung im Krankheitsfall oder ähnliche Situationen[225] und Aspekte des

---

[218] International Convention on the Protection of all Migrant Workers and Members of their Families, Anlage zu UN GA Res. 45/158; deutsche Übersetzung in: VN 1991, S. 176 ff.; noch nicht in Kraft getreten.

[219] Vgl. hierzu: *Ipsen*, in: *ders.*, Völkerrecht, 4. Aufl., § 48, Rn. 25; *Niessen*, in: *Eide/Krause/Rosas*, Economic, Cultural and Social Rights, S. 323, 324 ff..

[220] Art. 25 der Konvention.

[221] Art. 26 der Konvention.

[222] Art. 27 der Konvention.

[223] Art. 54 der Konvention.

[224] Art. 45 der Konvention.

[225] Art. 49, 51 und 52 der Konvention.

kollektiven Arbeitsrechts[226] geregelt. Schließlich werden die Staaten dazu verpflichtet, Maßnahmen zu ergreifen, die eine Familienzusammenführung erleichtern.[227] Die Internationale Konvention zum Schutz der Rechte aller Wanderarbeitnehmer und ihrer Familienangehörigen ist bislang noch nicht in Kraft getreten. Zum 31. Dezember 1998 hatte sie 11 Vertragsparteien.[228]

Auch die Internationale Arbeitsorganisation (International Labour Organisation - ILO) hat in ihrem Aufgabenbereich einige Konventionen zum Schutz der Rechte der Arbeitnehmer auch in einem internationalen Kontext verabschiedet. Im einzelnen befassen sich ILO-Konvention Nr. 97[229] und ILO-Konvention Nr. 143[230] mit den Rechten der Wanderarbeitnehmer.[231] Diese Konventionen kodifizieren ähnliche allerdings nicht so weitgehende Rechte wie die Internationale Konvention zum Schutz der Rechte aller Wanderarbeitnehmer und ihrer Familienangehörigen.

b) Regionales Völkerrecht und Europarecht

Etwas besser ausgeprägt ist der Schutz der Wanderarbeitnehmer im regionalen europäischen Völkerrecht und im Europarecht im engeren Sinne. Unter der Ägide des Europarates entstanden zum Schutz der Arbeitnehmer insbesondere die Europäische Sozialcharta vom 18. Oktober 1961[232] und die Europäische Konvention über den rechtlichen Status der Wanderarbeitnehmer vom 24. September 1977.[233] Staatsangehörige von Mitgliedstaaten der Europäischen Union und Staatsangehörige von mit der EU in arbeitsrechtlicher Hinsicht verbundenen Drittstaaten haben noch weitergehende Rechte.

Die sozialen Rechte der Europäischen Sozialcharta haben überwiegend einen kollektiv wirkenden Schutzbereich. Dies bedeutet, daß die Sozialcharta keine individuellen Rechtsgewährungen vorsieht, sondern die Vertragsstaaten lediglich zur entsprechenden

226 Art. 40 der Konvention.

227 Art. 44 der Konvention.

228 *Ipsen*, in: *ders.*, Völkerrecht, 4. Aufl., § 48, Rn. 25.

229 Convention No. 97 concerning Migration for Employment.

230 Convention No. 143 concerning Migrations in Abusive Conditions and the Promotion of Equality of Opportunity and Treatment of Migrant Workers.

231 Details vgl. bei *Niessen*, in: *Eide/Krause/Rosas*, Economic, Cultural and Social Rights, S. 323, 326 f.

232 BGBl. 1964 II S. 1261.

233 European Convention on the legal status of migrant workers; ETS Nr. 93.

Anpassung ihrer Sozialordnungen anhält. Das in Art. 1 der Charta niedergelegte Recht auf Arbeit gibt daher nicht jeder natürlichen Person einen subjektiv öffentlichen Anspruch auf Arbeit, sondern verpflichtet die Vertragsparteien zu rechtspolitischen Zielsetzungen und Rechtssetzungen innerhalb ihrer Rechtsordnungen, um die wirksame Ausübung des Rechts auf Arbeit zu gewährleisten. Ähnlich sind weitere Rechte ausgestaltet, wie etwa gleiche Arbeitsbedingungen, sichere und gesunde Arbeitsbedingungen, gleiches Arbeitsentgelt, Koalitionsfreiheit, Recht auf Kollektivverhandlungen, besonderer Schutz der Kinder, Jugendlichen und Arbeitnehmerinnen, Berufsberatung, berufliche Ausbildung, Schutz der Gesundheit, Recht auf soziale Sicherheit und Fürsorge. 1988 wurde die Europäische Sozialcharta durch ein Zusatzprotokoll ergänzt.[234]

Weitergehende Rechte finden sich in der Europäischen Konvention über den rechtlichen Status der Wanderarbeitnehmer.[235] Allgemein regelt diese Konvention Rechte der Einstellungs- bzw. Bewerbungsverfahren, Arbeits- und Aufenhaltserlaubnisrechte, Arbeitsbedingungen, Familienzusammenführung und die Rückwanderung in das Herkunftsland des Wanderarbeitnehmers. Als Wanderarbeitnehmer im Sinne der Konvention gilt jede Person, welche die Staatsangehörigkeit eines Vertragsstaates der Konvention hat und eine Aufenthalts- und Arbeitserlaubnis in einem Vertragsstaat hat. Da nur Europaratsmitgliedstaaten der Konvention beitreten können, können Arbeitnehmer aus Staaten, die dem Europarat nicht angehören, niemals in den Genuß der Rechte kommen.[236] Eine erstmalig ausgestellte Arbeitserlaubnis darf den Wanderarbeitnehmer nicht länger als ein Jahr an einen Ort oder einen Arbeitgeber binden.[237] Der Wanderarbeitnehmer ist hinsichtlich der Arbeitsbedingungen mit einem Arbeitnehmer, der die Staatsangehörigkeit des Aufenthaltsstaates besitzt, gleichzustellen.[238] Auch hinsichtlich des Kündigungsrechts und der Entlassung dürfen Wanderarbeitnehmer nicht schlechter gestellt werden, wobei in gewissem Umfang auch Entgeltfortzahlung, Kündigungsschutzrechte, Zugang zu Arbeitsvermittlungssystemen und Ausweisungsschutz bei kurzfristiger Arbeitslosigkeit vorgesehen sind.[239] Wanderarbeitnehmer sind weiterhin hinsichtlich der Steuer- und Abgabenbelastung nicht schlechter zu stellen als Staatsangehörige des Aufenthaltsstaates.[240] Wanderarbeitnehmer haben unter den gleichen Bedingungen Zugang zu Schul-, Bildungs- und Fortbildungs-

---

[234] Vgl. allgemein zur Europäischen Sozialcharta: *Ipsen*, in: *ders.*, Völkerrecht, 4. Aufl., § 49, Rn. 13 f.; *Hailbronner*, in: *Bothe/Hailbronner/Klein/Kunig/Schröder/Graf Vitzthum*, Völkerrecht, 1. Aufl., S. 249; *Niessen*, in: *Eide/Krause/Rosas*, Economic, Cultural and Social Rights, S. 323, 328 f.

[235] Vgl. hierzu: *Niessen*, in: *Eide/Krause/Rosas*, Economic, Cultural and Social Rights, S. 323, 329 ff.; *Scherer-Leydecker*, Minderheiten und sonstige ethnische Gruppen, S. 171 ff.

[236] Hierauf weist *Scherer-Leydecker* hin: *Scherer-Leydecker*, Minderheiten und sonstige ethnische Gruppen, S. 172.

[237] Art. 8 der Konvention.

[238] Art. 16 der Konvention. Von dieser Bestimmung sind keine Ausnahmen möglich.

[239] Art. 24, 25 und 27 der Konvention.

[240] Art. 23 der Konvention.

einrichtungen wie Inländer.[241] Weiterhin ist Wanderarbeitnehmern und ihren Familien gleicher Zugang zu den Sozialversicherungssystemen zu gewähren, wobei hier allerdings Einschränkungen aufgrund nationaler Gegebenheiten oder aufgrund existierender Abkommen zwischen einzelnen Europaratsmitgliedern zulässig sind.[242] Darüber hinaus soll gleicher Zugang auch zu den Unfall- und Krankenversicherungssystemen gewährt werden.[243] Schließlich sind in der Konvention die Details der Familienzusammenführung niedergelegt.[244]

Den weitestgehenden Schutz der Rechte der Wanderarbeitnehmer gewährt das Europarecht im engeren Sinne für Staatsangehörige der Mitgliedstaaten der Europäischen Union bzw. für Staatsangehörige von Drittstaaten, die in dieser Hinsicht der EU vertraglich verbunden sind. Ausgehend von der Arbeitnehmerfreizügigkeit[245] über die Gewährleistung der sozialen Sicherheit der Wanderarbeitnehmer[246] und das Diskriminierungsverbot[247] haben die Rechtsetzungsorgane der Europäischen Gemeinschaften eine Reihe von Instrumenten zur Stärkung der Rechte und Verbesserung der Situation der Wanderarbeitnehmer geschaffen.[248] Diesbezügliche Details müssen hier allerdings ausgeblendet bleiben.[249]

Betrachtet man die Rechte, die durch die verschiedenen kurz dargestellten völkerrechtlichen Instrumente zum Schutz der Wanderarbeitnehmer gewährt werden oder etabliert werden sollen, so wird eines ganz deutlich. Diese Rechte dienen nahezu ausschließlich der Integration und der Gleichstellung der Wanderarbeitnehmer, die als Immigranten in ein fremdes Land kommen. Im Gegensatz dazu hat das Minderheitenrecht eine fundamental andere Stoßrichtung. Angehörige von Minderheiten, wenn man den Begriff der Minderheit im klassischen Sinne der autochthonen Minderheiten versteht, sind in aller Regel gesamtgesellschaftlich gut integriert, sie beherrschen die Sprache der Mehrheitsbevölkerung fast ausnahmslos perfekt, und sie sind in aller Regel auch zumindest rechtlich mit der Mehrheitsbevölkerung gleichgestellt. Daher ist Minderheitengruppen mit Diskriminierungsverboten auch nicht ausreichend geholfen. Minderheitengruppen müssen in eine Lage versetzt

---

[241] Art. 14 der Konvention.

[242] Art. 18 der Konvention.

[243] Art. 19 und 20 der Konvention.

[244] Art. 12 der Konvention.

[245] Art. 39 ff. EGV (in der Numerierung der Änderungen durch den Vertrag von Amsterdam).

[246] Art. 42 EGV (in der Numerierung der Änderungen durch den Vertrag von Amsterdam).

[247] Art. 141 EGV (in der Numerierung der Änderungen durch den Vertrag von Amsterdam).

[248] Hier sei insbesondere auf die Gemeinschaftscharta der sozialen Grundrechte der Arbeitnehmer vom 9. Dezember 1989 (KOM (89) 248 endg.) und die zugehörigen Ergänzungsprotokolle verwiesen.

[249] Vgl. hierzu etwa: *Streinz*, Europarecht, 3. Aufl., S. 296 ff.; *Nicolaysen*, Europarecht II, S. 462 ff.; *Niessen*, in: *Eide/Krause/Rosas*, Economic, Cultural and Social Rights, S. 323, 332 ff.

werden, die es ihnen ermöglicht, ihre Besonderheiten kultureller oder sonstiger Art gegen den starken Assimilationssog der Mehrheitskultur zu bewahren, wofür in aller Regel positive Fördermaßnahmen erforderlich sind. Immigranten hingegen brauchen Hilfe, um sich in ihrer neuen Umgebung zurechtzufinden. Sie müssen gesamtgesellschaftlich integriert und gleichberechtigt werden. Und das ist es auch, woran sie interessiert sind. Einem Wanderarbeitnehmer ist mit einem kostenlosen Sprachkurs zum Erlernen der Landessprache oder mit staatlichen Unterweisungen, beispielsweise im Sozialversicherungs- oder Arbeitsrecht, wesentlich mehr geholfen als mit der Errichtung eines Kulturzentrums, das sich um die Pflege seiner Heimatkultur kümmern soll.[250] Aus eben diesen Gründen sind Modelle, die auf Minderheiten und Immigranten die gleichen Schutzkonzepte anwenden wollen, vor vornherein zum Scheitern verurteilt. Für den Schutz der Immigranten liegt der Schwerpunkt falsch, und für die Minderheiten reicht der Schutz nicht aus.[251]

3. Minderheitenschutz im KSZE/OSZE-Prozeß

Weiterer Gegenstand der Betrachtung soll die Entwicklung des Minderheitenschutzes im Rahmen der Konferenz für Sicherheit und Zusammenarbeit in Europa (KSZE) sein.

a) Die Entwicklung des materiellen Minderheitenschutzes

Erstmalig wurde der Minderheitenschutz in der Schlußakte von Helsinki[252] vom 1. August 1975 ausdrücklich erwähnt. Im Prinzip VII, dem sog. Menschenrechtsprinzip, erklären die KSZE-Teilnehmerstaaten, das Recht von Minderheitenangehörigen auf Gleichheit vor dem Gesetz zu achten und sie voll in den Genuß der Menschenrechte und Grundfreiheiten kommen zu lassen. Einschränkend wird jedoch angemerkt, daß dies lediglich dort gelten kann, wo Minderheiten existieren. Das allerdings eröffnet dem Staat die Möglichkeit, den Minderheitenschutz dadurch zu unterlaufen, daß er die Existenz einer Minderheit leugnet.

---

[250] Nach einer Umfrage, welche die Berliner Ausländerbeauftragte *Barbara John* am 13. Januar 2000 zur Befindlichkeit der Berliner Türken vorstellte, sprachen sich 87% der Befragten dafür aus, daß für neue Zuwanderer und nachziehende Familienangehörige Integrations- und Sprachkurse zur Pflicht werden sollten. Vgl. FAZ vom 14. Januar 2000.

[251] Vor diesem Hintergrund verwundert es, daß einer der wichtigsten Vertreter der Meinung, die Immigranten in den Minderheitenschutz miteinbeziehen wollen, Professor *Wolfrum*, in seinen Schriften zwar eine scharfe Trennung der Schutzkonzepte für Flüchtlinge und Immigranten, die als Wanderarbeitnehmer ins Land kommen, fordert; vgl. etwa *Wolfrum*, GYIL 1995, S. 191, 206: „*States should draw a proper distinction between immigrants and refugees taking into account the aspirations and interests of these two groups*"; jedoch nicht einsehen will, daß sich die Situation von Minderheiten und Immigranten mindestens ebenso stark unterscheidet wie die Situationen, in denen sich Flüchtlinge und Immigranten befinden. Vgl. *Wolfrum*, in: *Brölmann/Lefeber/Zieck*, Peoples and minorities in international law, S. 153 ff.

[252] Abgedruckt in: EA 1975, D 437 ff.

Nichtsdestotrotz war mit der Anerkennung spezifisch berechtigter Interessen der Minderheitenangehörigen der Grundstein zu einer Entwicklung gelegt, die später als *KSZE-Prozeß* bezeichnet wurde.[253] Die Folgetreffen von Belgrad (1977/78) und Madrid (1980-83) brachten bezüglich der Minderheitenschutzentwicklung keine Fortschritte. Erst beim Hauptfolgetreffen in Wien, das am 4. November 1986 begann und mit der Verabschiedung des Abschluß-Dokuments[254] am 15. Januar 1989 endete, wurde der Minderheitenschutz weiterentwickelt. Neben der Wiederholung und Bekräftigung der Erklärungen von Helsinki (Grundrechtsschutz und Diskriminierungsverbot) trat ein neuer wesentlicher Aspekt hinzu: der Zusage, die ethnische, kulturelle, sprachliche und religiöse Identität nationaler Minderheiten zu schützen, folgt die Erklärung, Bedingungen für die Förderung dieser Identität zu schaffen, womit sich die Teilnehmerstaaten ausdrücklich zu einem aktiven Tätigwerden im Bereich des Minderheitenschutzes verpflichten (Prinzipienrandziffern 18 und 19). Minderheitenangehörige dürfen über Grenzen hinweg Kontakte zu Personen pflegen, mit denen sie gemeinsame nationale Herkunft oder ein gemeinsames kulturelles Erbe verbindet (Ziffer 31). Überdies wird der Unterricht über ihre eigene Kultur und die Vermittlung von eigener Sprache, Religion und kultureller Identität durch die Eltern an ihre Kinder gewährt (Ziffer 68).[255] Der Durchbruch im Minderheitenschutz wurde im Dokument des Kopenhagener Treffens der Konferenz über die Menschliche Dimension der KSZE vom 29. Juni 1990[256] erzielt. Die Überwindung des Ost-West-Konfliktes bedingte ein politisch sehr günstiges Umfeld. Die Minderheitenrechte, denen im Kopenhagener Schlußdokument ein ganzer Abschnitt (Abschnitt IV, Ziff. 30 - 40) gewidmet ist, stellen bis heute die Grundlage des Minderheitenschutzes der KSZE dar. Die Teilnehmerstaaten gestehen Angehörigen von nationalen Minderheiten das Recht zu, ihre Menschenrechte und Grundfreiheiten ohne Diskriminierung und in voller Gleichheit vor dem Gesetz auszuüben und erforderlichenfalls diesbezüglich Förderungsmaßnahmen zu ergreifen (Ziff. 31). Zudem einigte man sich, daß jede Person über ihre Zugehörigkeit zu einer Minderheit selbst entscheiden kann, ohne daß hieraus irgendwelche Nachteile entstehen dürfen (Ziff. 32). Die Ziffern 32 Abs. 1 bis 6 enthalten dann näher spezifizierte individuelle Minderheitenrechte, im einzelnen hinsichtlich des privaten wie öffentlichen Gebrauches der Minderheitensprache, der Religionsausübung, der Garantie grenzüberschreitender Kontakte, der Vereinigungsfreiheit und kultureller Aktivitäten. Ziffer 34 enthält eine Zusage, sich um die Gewährleistung von Unterricht der Muttersprache oder in der Muttersprache und deren Gebrauch vor Behörden zu bemühen. Ziffer 33 und 35 gebieten schließlich Schutz und Förderung der Identität nationaler Minderheiten.[257] Mit den Kopenhagener Erfolgen war der Normsetzungsprozeß im Bereich des Minderheitenschutzes jedoch zu einem vorläufigen Abschluß gekommen. In der „*Charta*

---

[253] *Widmer*, EA 1993, S. 265, 267; *Kimminich*, BayVBl. 1993, S. 321, 325.

[254] Abgedruckt in: EuGRZ, 1989, S. 85 ff.

[255] *von Studnitz*, in: *Blumenwitz/von Mangoldt*, Neubestätigung und Weiterentwicklung von Menschenrechten und Volksgruppenrechten in Mitteleuropa, S. 31, 35.

[256] Abgedruckt in: EuGRZ, 1990, S. 239 ff.

[257] *Hofmann*, ZaöRV 1992, S. 1, 14 f.

von Paris für ein neues Europa" vom 21. November 1990[258] bekräftigten die Teilnehmerstaaten, daß die ethnische, kulturelle, sprachliche und religiöse Identität nationaler Minderheiten Schutz genießen muß und daß Angehörige nationaler Minderheiten das Recht haben, diese Identität ohne jegliche Diskriminierung und in voller Gleichheit vor dem Gesetz frei zum Ausdruck zu bringen, zu wahren und weiterzuentwickeln. Um die Zusammenarbeit bezüglich nationaler Minderheiten und den Minderheitenschutz zu verbessern, wurde beschlossen, vom 1. bis 19. Juli 1991 in Genf ein Expertentreffen über nationale Minderheiten abzuhalten. Dort wurden jedoch aufgrund der zurückhaltenden und kontraproduktiven Einstellung von Staaten wie Bulgarien, Rumänien, Frankreich, Griechenland und der Türkei keine Fortschritte erzielt. Das Abschlußdokument[259] trägt folglich auch klar den Charakter einer Kompromißformel. Einige Minderheitenrechte wurden kollektivrechtlich ausgestaltet, und man vereinbarte, daß die Unterstützung von Minderheitenrechten künftig keine Einmischung in die inneren Angelegenheiten eines Teilnehmerstaates darstellt. Dennoch werden diese *Fortschritte* durch die Feststellung, daß nicht alle ethnischen, kulturellen, sprachlichen oder religiösen Unterschiede notwendigerweise zur Bildung einer nationalen Minderheit führen, stark relativiert, da eine solche Formulierung es den Staaten ermöglicht, die Existenz von Minderheiten zu leugnen.[260]

b) Die Entwicklung der institutionellen Absicherung

Auch das dritte Treffen der Konferenz über die Menschliche Dimension, das vom 10. September bis 4. Oktober 1991 in Moskau[261] stattfand, konnte keine neuen Normen zum Minderheitenschutz verabschieden. Die Teilnehmerstaaten einigten sich jedoch auf ein Verfahren zur Überprüfung, ob die Menschenrechte und der Minderheitenschutz verpflichtungsgemäß eingehalten werden. Dieses Verfahren wird *Mechanismus der Menschlichen Dimension* genannt. Tritt ein Menschenrechts- oder Minderheitenproblem auf, kann danach entweder der Sitzstaat selbst oder eine Gruppe sonst interessierter Staaten - notfalls sogar gegen den Willen des Sitzstaates - eine KSZE-Expertenkommission einladen. Deren Aufgabe ist es, Tatsachen festzustellen, darüber zu berichten und gegebenenfalls Empfehlungen abzugeben. Empfehlungen der Experten werden vom Ausschuß Hoher Beamten der KSZE behandelt, der über weitere Maßnahmen beschließen kann. Ein derartiger Beschluß, für den früher ein Konsens notwendig war, kann seit dem zweiten Treffen des Rates der Außenminister der KSZE-Teilnehmerstaaten vom 30./31. Januar 1992 in Prag[262] in

---

[258] Abgedruckt in: EuGRZ, 1990, S. 517 ff,; vgl. hierzu: *Schöndube*, Das Parlament vom 1. Mai 1992, S. 2; *Rudolf*, in: *Lecheler/Isensee*, FS für *Leisner*, S. 185, 189.

[259] Abgedruckt in: EuGRZ, 1991, S. 492 ff. (*Bericht des KSZE-Expertentreffens über nationale Minderheiten*).

[260] *Blumenwitz*, Minderheiten- und Volksgruppenrecht - Aktuelle Entwicklung, S. 54; *Hofmann*, ZaöRV 1992, S. 1, 16 f.

[261] Abschlußdokument abgedruckt in: EuGRZ 1991, S. 495 ff.

[262] Abschlußdokument abgedruckt in: EuGRZ 1992, S. 124 ff.

Fällen von eindeutigen, groben und nicht behobenen Verletzungen von KSZE-Verpflichtungen in der *Menschlichen Dimension* erforderlichenfalls auch ohne Zustimmung des betroffenen Staates gefaßt werden. Diese Vereinbarung wird als *„Konsens-minus-eins-Regel"* bezeichnet.[263] Bemerkenswert ist, daß der *„Mechanismus der Menschlichen Dimension"* neuartige Eingriffe in das bisher von zahlreichen Staaten fast kultmäßig hochgehaltene Prinzip der Nichteinmischung in die inneren Angelegenheiten darstellt.[264] Auch auf dem vierten Folgetreffen der KSZE vom 24. März bis 8. Juli 1992 in Helsinki[265] wurden keine neuen Minderheitenrechte verankert. Auf Empfehlung des Folgetreffens beschlossen die Staats- und Regierungschefs auf ihrem Gipfeltreffen am 9./10. Juli 1992 in Helsinki, einen *„Hochkommissar für nationale Minderheiten"* einzusetzen.[266] Das Mandat des Hochkommissars ist allerdings sehr eingeschränkt. Er befaßt sich unter der Schirmherrschaft des Ausschusses der Hohen Beamten mit solchen Konflikten, die sich noch in einem Frühstadium befinden, die aber drohen, sich zu zwischenstaatlichen Konflikten auszuweiten. Der Hochkommissar, der die zuständigen KSZE-Organe auf gefährliche Entwicklungen aufmerksam zu machen hat, kann unter Umständen auch erste Maßnahmen zur Konfliktverhütung einleiten. Er wird sich hingegen nicht mit Beschwerden befassen, die nur einzelne Angehörige von Minderheiten betreffen. Auch ist es ihm ausdrücklich verwehrt, sich mit solchen Minderheitenkonflikten zu beschäftigen, in welchen terroristische Gewalttaten vorkommen.[267] Schließlich wurde vereinbart, regelmäßig sog. Implementierungstreffen durchzuführen. Ziel dieser Treffen ist ein ausführlicher Meinungsaustausch - unter aktiver Teilnahme von Nichtregierungsorganisationen (NGOs) - über den bisher erreichten Stand bei der Umsetzung aller Verpflichtungen aus der *Menschlichen Dimension*, darunter auch der Minderheitenschutzbestimmungen.[268] Das erste Implementierungstreffen zur *Menschlichen Dimension* fand vom 27. September bis 15. Oktober 1993 in Warschau statt.[269]

c) Die aktuellen Entwicklungen

Ihren vorläufigen Abschluß fand die Entwicklung auf dem Gipfeltreffen im Dezember 1994 in Budapest, bei dem die KSZE in *Organisation für Sicherheit und Zusammenarbeit in Europa*

---

263 *von Studnitz*, in: *Blumenwitz/Gornig*, Minderheiten- und Volksgruppenrechte in Theorie und Praxis, S. 17, 21 f.; *Hausmann*, Das Parlament vom 1. Mai 1992, S. 5.

264 *Widmer*, EA 1993, S. 265, 270.

265 Abschlußdokument abgedruckt in: Bulletin des Presse- und Informationsamtes der Bundesregierung 1992, S. 773 ff.

266 Vgl. hierzu auch: The Economist, September 11, 1999, S. 39; *Rüb*, FAZ vom 19. November 1999.

267 *Widmer*, EA 1993, S. 265, 271; *Hofmann*, AWR-Bulletin, Nr. 1-2/94, S. 19.

268 *von Studnitz*, in: *Blumenwitz/Gornig*, Minderheiten- und Volksgruppenrechte in Theorie und Praxis, S. 17, 21 f.

269 Vgl. EA, 1993, Z 246 f.

(OSZE) umbenannt wurde.[270] Dies hatte jedoch keinen Einfluß auf den institutionellen Status der bisherigen Strukturen. Ein Teil der bestehenden Institutionen erhielt neue Bezeichnungen.[271] Der materielle Standard des Minderheitenschutzes wurde in Budapest und auch später nicht mehr erweitert oder fortgeschrieben.[272]

d) Der Rechtscharakter der KSZE/OSZE-Dokumente

Abschließend soll kurz der Rechtscharakter der KSZE/OSZE-Dokumente betrachtet werden. Auf den Folge- und Expertentreffen der KSZE/OSZE gelang eine überaus erfolgreiche Entfaltung von Minderheitenrechten. Dies läßt sich wohl durch die Tatsache erklären, daß es sich bei den Schlußdokumenten um völkerrechtspolitische Abreden handelt, die rechtlich unverbindlich sind, solange sie noch nicht zu Völkergewohnheitsrecht geworden sind.[273] Die im Konsensverfahren angenommenen Bestimmungen sind jedoch politisch durchaus verbindlich, was dazu führte, daß die Teilnehmerstaaten im allgemeinen ihre Verpflichtungen relativ gut erfüllten. Die jüngst erreichten Konsensregeln der KSZE/OSZE weisen einen immer stärkeren Bindungsgrad auf. Vor allem durch die Überprüfungsmechanismen wird es den Mitgliedsstaaten schwer gemacht, eingegangene Verpflichtungen nicht zu achten.[274]

4. Minderheitenschutz durch die Arbeiten des Europarates

Als nächstes soll die Arbeit des Europarates auf dem Gebiet des Minderheitenschutzes analysiert werden.[275] Der Europarat hat als regionale europäische internationale Organisation eine umfassende Kompetenz für den Bereich der Menschenrechte. Die Bemühungen des Europarats hinsichtlich des Minderheitenschutzes beruhen zum Großteil auf Initiativen der

---

270 Vgl. das Budapester Dokument, abgedruckt in: Bulletin des Presse- und Informationsamtes der Bundesregierung 1994, S. 1079 ff.; vgl. auch *Tretter*, EuGRZ 1995, S. 296 ff.

271 Details vgl. bei: *Scherer-Leydecker*, Minderheiten und sonstige ethnische Gruppen, S. 184 ff.

272 Vgl. zu aktuellen Entwicklungen in diesem Bereich auch *Sengöz*, Regelungen zu den Rechten ethnischer, religiöser und sprachlicher Minderheiten, in: Wissenschaftliche Dienste des Deutschen Bundestages, WF II 51/98 vom 7. Mai 1998, S. 7 ff.

273 *Blumenwitz*, Minderheiten- und Volksgruppenrecht - Aktuelle Entwicklung, S. 52; *Hofmann*, ZaöRV 1992, S. 1, 14.

274 *Widmer*, EA 1993, S. 265, 267; *von Studnitz*, in: *Blumenwitz/von Mangoldt*, Neubestätigung und Weiterentwicklung von Menschenrechten und Volksgruppenrechten in Mitteleuropa, S. 31, 34.

275 Vgl. allgemein: *Konstantinov*, in: *Heintze*, Selbstbestimmungsrecht der Völker – Herausforderung der Staatenwelt, S. 177 ff.

Parlamentarischen Versammlung[276] des Europarates. Nachdem anfängliche Bemühungen um den Schutz von Minderheiten nicht von Erfolg gekrönt waren, gelang es in den 90er Jahren, sowohl eine Charta zum Schutz der Regional- und Minderheitensprachen als auch eine Rahmenkonvention zum Schutz nationaler Minderheiten zu verabschieden.[277]

a) Die anfänglichen Bemühungen

Auf Initiative des dänischen Abgeordneten *Hermod Lannung* wurde bereits in der konsultativen Versammlung des Europarats zur Beratung der EMRK die Kodifizierung einer Minderheitenschutzbestimmung diskutiert,[278] die in der Folge aber dennoch keinen Eingang in das Schlußdokument fand.[279] Im Jahre 1956 kam das Thema Minderheitenschutz wieder auf die Agenda der Beratenden Versammlung des Europarats. Zur Analyse der Problematik setzte die Versammlung einen Unterausschuß des Rechtsausschusses ein. Die Arbeit des Minderheitenunterausschusses zog sich einige Jahre hin bis von einer Gruppe von Abgeordneten der Vorschlag und Auftrag kam, ein Minderheitenschutzinstrument als Zusatzprotokoll zur EMRK auszuarbeiten. Der Minderheitenunterausschuß befaßte sich zunächst mit der Bestimmung des Minderheitenbegriffs und erzielte dahingehend Konsens, daß der Begriff der nationalen Minderheit lediglich *„separate or distinct groups, well-defined and long established on the territory of a state"* umfassen sollte.[280] Im Jahre 1961 schließlich einigte man sich im Rechtsausschuß endlich auf den folgenden Minderheitenschutzpassus, der als eigene Konvention oder als EMRK-Zusatzprotokoll umgesetzt werden sollte:[281]

> *„Persons belonging to a national minority shall not be denied the right, in community with other members of their group, and as far as compatible with public order, to enjoy their own culture, to use their own language, to establish their own schools and receive teaching in the language of their choice or to profess and practice their own religion."*

---

[276] Früher: Beratende Versammlung.

[277] Vgl. zum Ganzen: *Scherer-Leydecker*, Minderheiten und sonstige ethnische Gruppen, S. 141 ff.; *Hofmann*, Minderheitenschutz in Europa, S. 33 ff.; *Niewerth*, Der kollektive und der positive Schutz von Minderheiten und ihre Durchsetzung im Völkerrecht, S. 203 ff.

[278] Vgl. *Lannung*, in: FS für *Modinos*, S. 181 ff.; *Modeen*, National Minorities in Europe (Abo 1969), S. 127.

[279] Vgl. sogleich unten.

[280] *Lannung*, The rights of minorities, in: FS für *Modinos*, S. 181 ff.

[281] Zitiert nach *Scherer-Leydecker*, Minderheiten und sonstige ethnische Gruppen, S. 145; vgl. auch *Lannung*, The rights of minorities, in: FS für *Modinos*, S. 181 ff.

Die Kodifizierung einer Minderheitendefinition war nicht mehr vorgesehen. Obwohl die Versammlung die Bestimmung als Empfehlung Nr. 285 (1961) beschloß und dem Ministerkomitee ihre Annahme empfahl, wurde die Norm aufgrund des Widerstands der Mehrheit der Mitgliedsstaaten des Europarats niemals geltendes Recht.[282] Begründet wurde dies hauptsächlich damit, daß der Minderheitenschutz bereits in anderen völkerrechtlichen Dokumenten ausreichend gewährleistet sei und auch die Praxis der Staaten des Europarates keinen dringenden Handlungsbedarf *in puncto* Minderheitenschutz angezeigt erscheinen ließe.[283]

b) Die Europäische Menschenrechtskonvention von 1950

Die Minderheitenschutzbemühungen des Europarates reichen, wie gesagt, bis in seine Gründungsphase 1949 zurück. Dennoch enthielt die Europäische Menschenrechtskonvention (EMRK) vom 4. November 1950,[284] entsprechend der zum Zeitpunkt ihrer Entstehung vorherrschenden Auffassung vom Vorzug individualrechtlichen Menschenrechtsschutzes, keine ausdrückliche Minderheitenschutzbestimmung. Mittelbar werden Minderheiten durch das allgemeine Diskriminierungsverbot in Art. 14 EMRK geschützt.[285] Diese Norm enthält die Verpflichtung der Mitgliedstaaten, den Genuß der garantierten Rechte und Freiheiten ohne jede Benachteiligung, die insbesondere im Geschlecht, in der Rasse, Hautfarbe, Sprache, in der nationalen oder sozialen Herkunft, in der Zugehörigkeit zu einer nationalen Minderheit, im Vermögen, in der Geburt oder auch in einem sonstigen Status begründet wäre, zu gewährleisten. Überdies kann die traditionelle Lebensweise einer Minderheit in den Schutzbereich von Art. 8 EMRK (Gebot der Achtung der privaten Sphäre) fallen.[286] Art. 6 Abs. 3 lit. e) EMRK ist zu entnehmen, daß jeder Angeklagte ein Recht hat, die unentgeltliche Hinzuziehung eines Dolmetschers zu verlangen, wenn er die Verhandlungssprache des Gerichts nicht versteht oder sich darin nicht verständigen kann. Diese Vorschrift kommt Minderheitenangehörigen wie Ausländern zugute. Darüber hinaus hat der Europäische Gerichtshof für Menschenrechte (EuGMR) durch seine Rechtsprechung einige Normen der EMRK auch hinsichtlich des Minderheitenschutzes konkretisiert. Im als solchen bekannt gewordenen „***belgischen Sprachenfall***“ entschied der EuGMR, daß aus Art. 2 des Ersten Zusatzprotokolls i.V.m. Art. 14 EMRK nicht das Recht abgeleitet werden kann, daß der Staat

---

[282] *Lannung*, in: FS für *Modinos*, S. 181 ff.; *Modeen*, National Minorities in Europe, S. 128.

[283] Details vgl. bei *Scherer-Leydecker*, Minderheiten und sonstige ethnische Gruppen, S. 145 f.

[284] „*Konvention zum Schutze der Menschenrechte und Grundfreiheiten*“ vom 4. November 1950 (BGBl. 1952 II S. 685, 953); zuletzt geändert mit Wirkung zum 1. November 1994 (BGBl. 1994 II S. 3624 ff.).

[285] *Sengöz*, Regelungen zu den Rechten ethnischer, religiöser und sprachlicher Minderheiten, in: Wissenschaftliche Dienste des Deutschen Bundestages, WF II 51/98 vom 7. Mai 1998, S. 9; *Siegert*, Minderheitenschutz in der Bundesrepublik Deutschland, S. 91 f.

[286] Details hierzu bei: *Hofmann*, Minderheitenschutz in Europa, S. 33 f.; *ders.*, ZaöRV 1992, S. 1, 12 f.; *Klebes*, Das Parlament vom 20. August 1999, S. 2.

einen bestimmten Schultyp einrichtet oder finanziert.[287] Insbesondere ergibt sich daraus auch kein Recht der Eltern auf Erteilung des Unterrichts in einer anderen Sprache als der des betreffenden Landes.[288] Die tatsächliche Bedeutung der EMRK für die Belange eines effektiven Schutzes nationaler Minderheiten in ihren Mitgliedstaaten ist jedoch insgesamt als sehr gering einzuschätzen.[289]

c) Die Europäische Charta der Regional- oder Minderheitensprachen von 1992

Zu Beginn der 80er Jahre beschäftigte sich die Parlamentarische Versammlung des Europarats erneut mit dem Thema Minderheitenschutz. Diesmal griff man sich den Teilaspekt des Schutzes der regionalen und Minderheitensprachen heraus. Mit Empfehlung Nr. 928 (1981) empfahl die Parlamentarische Versammlung dem Ministerkomitee die Prüfung von Maßnahmen in diesem Bereich.[290] Elf Jahre später verabschiedete das Ministerkomitee dann schließlich am 25. Juni 1992 die Europäische Charta der Regional- oder Minderheitensprachen in ihrer endgültigen Form als Konvention, die am 5. November 1992 zur Zeichnung aufgelegt wurde.[291]

Inhaltlich ist die Charta in fünf Teile gegliedert: Allgemeine Bestimmungen, Ziele und Grundsätze, Maßnahmen zur Förderung der Benutzung von Regional- oder Minderheitensprachen im öffentlichen Leben, Anwendung der Charta und Schlußbestimmungen.[292]

Art. 2 und 3 der Charta, welche die zentralen Normen innerhalb der allgemeinen Bestimmungen darstellen, legen die komplizierte Grundstruktur der Charta fest, welche den Mitgliedstaaten einen weiten Ermessensspielraum bezüglich der Schutzintensität einräumt. Art. 2 Abs. 1 verpflichtet die Mitgliedstaaten grundsätzlich, die Ziele und Grundsätze (d.h. Art. 7) der Charta auf alle Regional- oder Minderheitensprachen anzuwenden, welche die Definitionskriterien des Art. 1 erfüllen. Daneben müssen die Mitgliedstaaten gemäß Art. 3

---

[287] EuGMRE 2, S. 1 ff. = EuGRZ 1975, S. 298 ff.

[288] *Blumenwitz*, Volksgruppen und Minderheiten. Politische Vertretung und Kulturautonomie, S. 157.

[289] So das Fazit von *Hofmann*, Minderheitenschutz in Europa, S. 33. Vgl. auch *Klebes*, Das Parlament vom 20. August 1999, S. 2.

[290] *Scherer-Leydecker*, Minderheiten und sonstige ethnische Gruppen, S. 146 ff.

[291] HRLJ 1993, S. 148 ff.; BGBl. 1998 II S. 1314 ff.

[292] Vgl. für eine detaillierte Inhaltsanalyse insbesondere: *Hofmann*, Minderheitenschutz in Europa, S. 55 ff.; *Sengöz*, Regelungen zu den Rechten ethnischer, religiöser und sprachlicher Minderheiten, in: Wissenschaftliche Dienste des Deutschen Bundestages, WF II 51/98 vom 7. Mai 1998, S. 11 ff.

Abs. 1 der Charta bei der Hinterlegung der Ratifikationsurkunde verbindlich mitteilen, welche der in ihrem Staatsgebiet gesprochenen Regional- oder Minderheitensprachen sie im Sinne des Kataloges des III. Teils der Charta (Art. 8 bis 14) besonders fördern wollen. Sinn dieser komplexen Regelung ist es, den Mitgliedstaaten ein sehr weites Ermessen einzuräumen, um eine möglichst breite Annahme der Charta unter den Europaratsmitgliedern zu erreichen. In der Konsequenz unterliegen die Unterzeichnerstaaten keiner Rechtspflicht, alle auf ihrem Staatsgebiet gesprochenen Regional- oder Minderheitensprachen nach Teil III besonders zu fördern. Im Extremfall könnten sie auch gar keine Regional- oder Minderheitensprache ihres Territoriums für den besonderen Schutz gemäß Teil III notifizieren. Zum anderen haben die Mitgliedstaaten auch hinsichtlich derjenigen Regional- oder Minderheitensprachen, zu deren besonderer Förderung sie sich verpflichtet haben, ein erhebliches Ermessen, welche konkreten Fördermaßnahmen sie ergreifen wollen. Dieses Ermessen ist lediglich durch Art. 2 Abs. 2 der Charta dahingehend eingeschränkt, daß eine bestimmte Mindestanzahl der kodifizierten Schutzmaßnahmen aus den verschiedenen Kategorien ergriffen werden muß.[293]

Der II. Teil der Charta, der in Art. 7 kodifiziert ist, legt die Ziele und Grundsätze fest, welche die Mitgliedstaaten der Charta zur Grundlage ihrer Politik, Gesetzgebung und Praxis gegenüber allen auf ihrem Staatsgebiet gesprochenen Regional- oder Minderheitensprachen machen müssen. Die Formulierung von Art. 7 läßt kaum eine konkrete rechtliche Verpflichtung der Mitgliedstaaten erkennen und überträgt auf die Sprecher von Regional- oder Minderheitensprachen keinerlei subjektive Rechte. Art. 7 der Charta regt die Mitgliedstaaten im wesentlichen lediglich an, die Verbreitung und das Erlernen von Regional- oder Minderheitensprachen zu fördern, ihren Gebrauch im öffentlichen Leben zu erleichtern und bestimmt, daß die Förderung von Regional- oder Minderheitensprachen keine Diskriminierung der Mehrheitssprache darstellt.[294]

Der III. Teil der Charta enthält in den umfangreichen Art. 8 bis 14 die Kataloge der materiellen Einzelmaßnahmen zur Förderung der gemäß Art. 2 Abs. 2 ausdrücklich notifizierten Regional- oder Minderheitensprachen. Wie bereits dargelegt, können die Signatarstaaten hier bestimmte Fördermaßnahmen auswählen, wobei sie zu einer Mindestauswahl in den verschiedenen Katalogen verpflichtet sind. Art. 8 bietet bestimmte Fördermaßnahmen für das Erlernen von Regional- oder Minderheitensprachen im Bildungsbereich an. Art. 9 legt die Schutzmaßnahmen fest, die den verstärkten Gebrauch von Regional- oder Minderheitensprachen vor Justizbehörden ermöglichen sollen. Art. 10 bietet Fördermaßnahmen von Regional- oder Minderheitensprachen hinsichtlich ihres Gebrauchs im Verkehr mit staatlichen und kommunalen Verwaltungsbehörden an. Art. 11 will mit seinem Fördermaßnahmenangebot die Präsenz von Regional- oder Minderheitensprachen im

---

[293] Es muß wenigstens der Inhalt von 35 Absätzen, respektive Litera der materiellen Bestimmungen der Art. 8 bis 14 innerstaatlich beachtet werden, wobei wenigstens drei Bestimmungen aus dem Katalog der in den Art. 8 (Bildung) und 12 (kulturelle Tätigkeit und Einrichtungen) und jeweils eine aus dem Katalog der in den Art. 9 (Justizbehörden), 10 (Verwaltungsbehörden und öffentliche Versorgungsleistungen), 11 (Medien) und 13 (wirtschaftliches und soziales Leben) enthaltenen Maßnahmen als künftig innerstaatlich umzusetzend zu bezeichnen sind.

[294] *Hofmann*, Minderheitenschutz in Europa, S. 57.

Medienbereich stärken. Art. 12 zielt auf die Beachtung von Regional- oder Minderheitensprachen im kulturellen Bereich ab. Die Förderung von Regional- oder Minderheitensprachen im wirtschaftlichen und sozialen Leben hat Art. 13 zum Inhalt. Art. 14 schließlich bezeichnet die Fördermaßnahmen hinsichtlich der grenzüberschreitenden Kontakte von Sprechern derselben Regional- oder Minderheitensprache. Die Art. 15 bis 17 regeln die Kontrolle der Umsetzung und Durchsetzung der Charta und sehen zu diesem Zweck ein Berichtssystem[295] vor.

Die Bundesrepublik Deutschland hat am 23. und 26. Januar 1998 die Erklärungen gemäß Art. 3 Abs. 1 der Charta abgegeben und darin ausgeführt:[296]

> *„Minderheitensprachen im Sinne der Europäischen Charta der Regional- und Minderheitensprachen sind in der Bundesrepublik Deutschland das Dänische, das Obersorbische, das Niedersorbische, das Nordfriesische, das Saterfriesische und das Romanes der deutschen Sinti und Roma; Regionalsprache im Sinne der Charta ist in der Bundesrepublik Deutschland das Niederdeutsche. (...)"*

Des weiteren wurde, wie in der Charta vorgesehen, detailliert dargelegt, welche der einzelnen Bestimmungen auf welche Sprache in welcher Region der Bundesrepublik Deutschland angewendet wird.[297] Das Dänische, das Obersorbische, das Niedersorbische, das Nordfriesische und das Saterfriesische wird in der Bundesrepublik Deutschland umfassend gemäß Teil III der Charta gefördert. Das Niederdeutsche wird als Regionalsprache in manchen Regionen gemäß Teil III der Charta gefördert und im restlichen Deutschland lediglich gemäß Teil II der Charta geschützt. Die Sprache Romanes der deutschen Sinti und Roma wird im gesamten Bundesgebiet lediglich nach Teil II der Charta geschützt.[298]

Da die Charta erst am 1. März 1998 in Kraft getreten ist,[299] ist es schwierig, sie umfassend zu würdigen.[300] Dennoch können einige Punkte zusammenfassend angemerkt werden. Der größte

---

[295] Der erste Bericht der Bundesregierung betreffend die Einhaltung der Bestimmungen der Sprachencharta wird nach Auskunft von Oberregierungsrat *Dobyck* vom Bundesinnenministerium (Referat SH 2/7) im Oktober 2000 im Bundeskabinett behandelt werden.

[296] BGBl. 1998 II S. 1334 ff.

[297] Details sind aufgelistet in: BGBl. 1998 II S. 1334 ff.

[298] Vgl. hierzu auch: *Sengöz*, Regelungen zu den Rechten ethnischer, religiöser und sprachlicher Minderheiten, in: Wissenschaftliche Dienste des Deutschen Bundestages, WF II 51/98 vom 7. Mai 1998, S. 11 ff.; *Fischer/Schulz*, Vom Kanon der Kulturen, S. 84 ff.; *Präsidentin des Schleswig-Holsteinischen Landtages* (Hrsg.), Minderheitenbericht 1992-1996 der Landesregierung Schleswig-Holstein, S. 33 ff.; *Lemke*, Nationale Minderheiten und Volksgruppen im schleswig-holsteinischen und im übrigen deutschen Verfassungsrecht, S. 52 ff.

[299] Vgl. BT.-Drucks. 14/1130, S. 5 (Bericht der Bundesregierung über die Tätigkeit des Europarats)..

positive Aspekt der Charta liegt wahrscheinlich in ihrer bloßen Existenz. Daß es nach unzähligen gescheiterten Versuchen, Rechte nationaler Minderheiten auf völkerrechtlicher Ebene zu verankern, gelungen ist, den unterschriftsreifen Text eines völkerrechtlichen Minderheitenschutzvertrages zu formulieren, stellt für sich genommen schon einen Erfolg dar.[301] Allerdings dürfen andererseits die gravierenden Unzulänglichkeiten der Charta nicht übersehen werden. Erstens überträgt die Charta den betroffenen Sprechern von Regional- oder Minderheitensprachen keinerlei subjektive Rechtspositionen. Die Struktur der Charta, daß die verschiedenen Mitgliedstaaten unterschiedliche Fördermaßnahmen auswählen können, führt einerseits dazu, daß kein Mindeststandard erkennbar ist und andererseits dazu, daß minderheitenfeindliche Staaten die geringstmöglichen Verpflichtungen aussuchen können, ohne daß ihnen eine Nichtmitgliedschaft in der Charta vorgehalten werden könnte. Erschwerend kommt hier noch hinzu, daß viele der Fördermaßnahmen derart vage formuliert sind, daß eine völkerrechtliche Verpflichtung nahezu als nichtexistent erscheint. Schließlich wurde mit dem Berichtssystem die *weichste* Form einer Durchsetzungs- und Umsetzungskontrolle eines völkerrechtlichen Vertrages gewählt.[302]

d) (Erfolglose) Initiativen auf dem Weg zum Rahmenübereinkommen von 1995

Auf dem Weg bis zur Auflegung des Rahmenabkommens zum Schutz nationaler Minderheiten gab es viele Bemühungen des Europarates und seiner Gremien um eine umfassendere Kodifizierung des Minderheitenschutzes. Da mit dem Rahmenabkommen dieser Kodifizierungsprozeß zu einem vorläufigen Abschluß gekommen zu sein scheint, sollen diese Initiativen hier nur kursorisch gestreift werden, denn das einzig geltende Völkerrecht, das aus ihnen hervorgegangen ist, ist eben das Rahmenübereinkommen, welches im Anschluß besprochen werden soll.[303]

In Anbetracht der sich nach dem Zusammenbruch des Ostblocks zuspitzenden Minderheitenprobleme setzte der Europarat am 8. Mai 1990 die *Europäische Kommission für Demokratie durch Recht*, kurz *Venedig-Kommission* (*European Commission for Democracy through Law - Venice Commission*), als beratendes Organ ein. Dieses aus unabhängigen Staats- und Völkerrechtlern bestehende Gremium legte dem Ministerkomitee des Europarates

---

[300] *Hausmann*, Das Parlament vom 20. August 1999, S. 3.

[301] So auch: *Hausmann*, Das Parlament vom 20. August 1999, S. 3; *Hofmann*, Minderheitenschutz in Europa, S. 62.

[302] Vgl. auch die Würdigungen von *Hausmann*, Das Parlament vom 20. August 1999, S. 3; *Sengöz*, Regelungen zu den Rechten ethnischer, religiöser und sprachlicher Minderheiten, in: Wissenschaftliche Dienste des Deutschen Bundestages, WF II 51/98 vom 7. Mai 1998, S. 14 f.; *Hofmann*, Minderheitenschutz in Europa, S. 62 f.; *Scherer-Leydecker*, Minderheiten und sonstige ethnische Gruppen, S. 148 f.

[303] Detailliertere Darstellungen der Initiativen finden sich bei *Hofmann*, Minderheitenschutz in Europa, S. 38 ff.,; *Scherer-Leydecker*, Minderheiten und sonstige ethnische Gruppen, S. 149 ff.

am 8. Februar 1991 einen umfangreichen Konventionsentwurf[304] zum Schutz von Minderheiten vor. Der Entwurf[305] enthält eine die Ausländer nicht miteinbeziehende Minderheitendefinition, zahlreiche Individualrechte und ansatzweise Gruppenrechte. Stark ausgebaut ist der Schutzmechanismus, der ein periodisches Berichterstattungssystem und die Möglichkeit von Staaten- und Individualbeschwerdeverfahren vorsieht. Am 26. November 1991 unterbreitete die österreichische Regierung dem Ministerkomitee den Entwurf eines Minderheitenschutzzusatzprotokolls zur Europäischen Menschenrechts-konvention. Dieser Vorschlag weist den eleganten Vorteil auf, daß die Kontrolle bereits bestehender, bewährter Organe der EMRK (Menschenrechtskommission und Europäischer Gerichtshof für Menschenrechte) auch auf Minderheitenrechte ausgedehnt werden könnte.[306] Überdies existierte noch der Entwurf für eine „*Konvention über die Grundrechte der Europäischen Volksgruppen*" (sogenanter „*Bozener Entwurf*"), der von der Föderalistischen Union Europäischer Volksgruppen (FUEV), einer Nichtregierungsorganisation, ausgearbeitet wurde.[307] Vom 23. bis 27. November 1992 tagte im Europarat zum ersten Mal das Expertenkomitee zum Schutz nationaler Minderheiten, dessen Aufgabe es war, unter Zugrundelegung der existierenden Entwürfe[308] die „*Möglichkeit zur Schaffung rechtsverbindlicher Standards zum Schutze nationaler Minderheiten im Geiste der Europäischen Menschenrechtskonvention*" zu prüfen. Die Ergebnisse der Arbeit des Expertenkomitees gaben entscheidende Impulse für die Diskussion und den Beschluß der Parlamentarischen Versammlung des Europarates vom 1. Februar 1993 betreffend ein Zusatzprotokoll über Rechte der nationalen Minderheiten zur Europäischen Menschenrechtskonvention.[309]

Die Zugehörigkeit zu einer nationalen Minderheit ist Angelegenheit der persönlichen Entscheidung des Menschen, die keinen Nachteil mit sich bringen darf. Angehörige nationaler Minderheiten haben das Recht, ihre religiöse, ethnische, sprachliche und/oder kulturelle Identität frei zum Ausdruck zu bringen, zu bewahren und weiterzuentwickeln, frei von jeglichen Versuchen, gegen ihren Willen assimiliert zu werden. Sie können ihre Rechte einzeln oder gemeinsam ausüben und genießen. Angehörige nationaler Minderheiten haben das Recht auf Gleichheit vor dem Gesetz; jede Diskriminierung aufgrund der Zugehörigkeit zu einer nationalen Minderheit ist verboten. Sie haben das Recht, ihre eigenen

---

[304] Abgedruckt in: Human Rights Law Journal 1991, S. 296 ff.

[305] Genaue Inhaltsanalyse mit Würdigung bei: *Hofmann*, ZaöRV 1992, S. 1, 18 ff.; *ders.*, Minderheitenschutz in Europa, S. 40 ff.; *Scherer-Leydecker*, Minderheiten und sonstige ethnische Gruppen, S. 151 f.

[306] Genaue Inhaltsanalyse mit Würdigung bei: *Hofmann*, ZaöRV 1992, S. 1, 21 ff.; *ders.*, Minderheitenschutz in Europa, S. 43 ff.; *Scherer-Leydecker*, Minderheiten und sonstige ethnische Gruppen, S. 153 f.

[307] *Hillgruber*, in: *Blumenwitz/Gornig*, Minderheiten- und Volksgruppenrechte in Theorie und Praxis, S. 39, 43; *Ludwig*, FAZ vom 18. Mai 1994, S. 8; *Scherer-Leydecker*, Minderheiten und sonstige ethnische Gruppen, S. 159 f.

[308] *Klebes*, Das Parlament vom 1. Mai 1992, S. 4.

[309] Empfehlung 1201 (1993) betreffend ein Zusatzprotokoll zur EMRK über Minderheitenrechte, voller Wortlaut abgedruckt in: EuGRZ 1993, S. 151 ff. oder BT.-Drucks. 12/4572.

Organisationen, einschließlich politische Parteien zu gründen. Weiter haben Angehörige nationaler Minderheiten das Recht, sich ihrer Muttersprache frei zu bedienen. Sie dürfen ihren Namen in ihrer Muttersprache benutzen. In Regionen, in denen sich ein wesentlicher Teil einer nationalen Minderheit niedergelassen hat, haben Angehörige dieser Minderheit das Recht, im Umgang mit den Verwaltungsbehörden sowie in Verfahren vor Gericht ihre Muttersprache zu benutzen. Angehörige nationaler Minderheiten haben Anspruch darauf, ihre Muttersprache in der Schule zu erlernen sowie auf Unterricht in der Muttersprache in einer angemessenen Anzahl von Schulen. Sie haben weiter das Recht, grenzüberschreitende Kontakte zu Menschen mit den gleichen Minderheitseigenschaften zu pflegen. In Regionen, in denen die Angehörigen der nationalen Minderheit in der Mehrzahl sind, sollen sie das Recht haben, über entsprechende kommunale oder autonome Verwaltungseinrichtungen oder einen besonderen Status zu verfügen. Schutz- und Förderungsmaßnahmen für Angehörige nationaler Minderheiten gelten nicht als Diskriminierung der anderen Bevölkerung.[310] Die Parlamentarische Versammlung empfahl dem Ministerkomitee, ein Zusatzprotokoll über Rechte der nationalen Minderheiten zur Europäischen Menschenrechtskonvention zu verabschieden und dabei ihren Entwurf als Vorlage zu benutzen. Das Ministerkomitee solle ermöglichen, daß die Staats- und Regierungschefs des Europarates auf ihrer Konferenz am 8./9. Oktober 1993 in Wien ein Protokoll über die Minderheitenrechte verabschieden und zur Unterzeichnung auflegen können.[311] Das Gipfeltreffen der Staats- und Regierungschefs in Wien[312] verabschiedete jedoch kein Zusatzprotokoll, sondern beauftragte das Ministerkomitee mit der Vorbereitung eines Rahmenübereinkommens, in welchem sich die Mitgliedstaaten zum Schutz von nationalen Minderheiten verpflichten. Außerdem soll ein Zusatzprotokoll ausgearbeitet werden, das die Europäische Menschenrechtskonvention *„im kulturellen Bereich mit Bestimmungen ergänzt, die individuelle Rechte, besonders für Angehörige nationaler Minderheiten, gewährleisten*".[313]

e) Das Rahmenübereinkommen des Europarats zum Schutz nationaler Minderheiten von 1995

Im Februar 1994 nahm der vom Ministerkomitee eingesetzte *ad-hoc*-Ausschuß zur Erarbeitung des Rahmenübereinkommens seine Arbeit auf. Im Oktober 1994 wurden sensible Fragen auf Ministerebene geklärt und in der darauffolgenden Sitzung des *ad-hoc*-Ausschusses der Endentwurf des Rahmenübereinkommens erstellt. Das Ministerkomitee nahm den

---

[310] BT.-Drucks. 12/4572; BT.-Drucks. 12/5227; *Steiner*, in: *Blumenwitz/Gornig*, Minderheiten- und Volksgruppenrechte in Theorie und Praxis, S. 29, 36 f.; *Wollenschläger*, AWR-Bulletin, Nr. 1-2/94, S. 9.

[311] Empfehlung 1201 (1993) betreffend ein Zusatzprotokoll zur EMRK über Minderheitenrechte, voller Wortlaut abgedruckt in: EuGRZ 1993, S. 151 ff., oder BT.-Drucks. 12/4572.

[312] Abschlußdokument *Wiener Erklärung*, abgedruckt in: EA 1993, D 478 ff.

[313] EA 1993, Z 246; *Laux*, EA 1993, D 478; *Ludwig*, FAZ vom 18. Mai 1994, S. 8.

Entwurf am 10. November 1994 an, und am 1. Februar 1995 wurde das Rahmenübereinkommen zur Unterzeichnung aufgelegt.[314]

Vor einer Inhaltsanalyse sei vorausgeschickt, daß viele Mitgliedstaaten des Europarats sich immer noch vor einer destabilisierenden Spirale fürchten, die mit dem Zugeständnis kultureller Autonomie an die Minderheiten beginnt, sich über die lokale Selbstverwaltung fortsetzt und schließlich in eine Sezession mündet, und daher eine grundsätzlich minderheitenfeindliche Position bei den Verhandlungen einnahmen. Andere Staaten vertreten eine konzeptuelle, staatsphilosophische Auffassung, nach welcher die Gewährleistung von Sonderrechten für einzelne Gruppen innerhalb eines Staatsvolkes nicht mit dem Prinzip der Universalität der Menschenrechte vereinbar ist,[315] was natürlich eine Konsensfindung ebenfalls erschwerte.

Gegenstand des Rahmenübereinkommens sind die nationalen Minderheiten, respektive die diesen Minderheiten zugehörigen Personen. Der Zweck ist der Schutz der Minderheiten durch die Achtung der Rechte ihrer Mitglieder.[316] Über eine Definition des Terminus *Minderheit* konnte keine Einigung erzielt werden, weswegen das Rahmenübereinkommen auch keine diesbezügliche Definition enthält.[317]

Das Rahmenübereinkommen ist ein völkerrechtlicher Vertrag, der Grundsätze rechtsverbindlich festlegt und den Vertragsparteien die Wahl der Mittel zur Umsetzung dieser Rechte in die Praxis überläßt. Die Präambel des Rahmenübereinkommens trägt der Sorge vieler Mitgliedstaaten des Europarats, die an der Erarbeitung dieses Vertrages mitgewirkt haben, Rechnung, indem sie in ihrem letzten Absatz formuliert, das Rahmenübereinkommen bezwecke *„den wirksamen Schutz nationaler Minderheiten unter Achtung der Rechtsstaatlichkeit, der territorialen Unversehrtheit und der nationalen Souveränität der Staaten (...)“* Hier werden eindeutig die Außengrenzen festgelegt, innerhalb derer die Mitgliedstaaten bereit sind, Minderheitenschutz zu gewährleisten.[318] Artikel 1 nennt als Zweck des Rahmenübereinkommens *„den Schutz nationaler Minderheiten und der Rechte*

---

[314] Der Text des Rahmenübereinkommens des Europarats zum Schutz nationaler Minderheiten findet sich in: BGBl. 1997 II S. 1408 ff.

[315] Dies trifft insbesondere auf Frankreich zu.

[316] Eine fundierte Inhaltsanalyse des Rahmenübereinkommens findet sich bei *Klebes*, EuGRZ 1995, S. 262 ff. Vgl. auch *Scherer-Leydecker*, Minderheiten und sonstige ethnische Gruppen, S. 164 ff.; *Hausmann*, Das Parlament vom 20. August 1999, S. 2.

[317] Hierzu heißt es im Erläuternden Bericht: *„Es bleibt weiterhin festzustellen, daß das Rahmenübereinkommen keine Definition des Begriffs nationaler Minderheiten enthält. Damit wurde eine pragmatische Sicht gewählt, die auf der Erkenntnis beruht, daß es gegenwärtig unmöglich ist, zu einer Definition zu gelangen, die die voll umfängliche Unterstützung aller Mitgliedstaaten des Europarats genießt.*“; abgedruckt in: EuGRZ 1995, S. 271 ff.

[318] Zu Inhalt des Rahmenübereinkommens vgl. statt vieler: *Klebes*, EuGRZ 1995, S. 262, 265 ff.

und Freiheiten von Angehörigen dieser Minderheiten.“[319] Klarstellend wird diesbezüglich in Absatz 13 des Erläuternden Berichtes[320] unterstrichen, daß das Übereinkommen keine Kollektivrechte begründet. Ebenso klar ist, daß das Übereinkommen den Angehörigen von Minderheiten keine subjektiven Rechtspositionen einräumt. Weiterhin betont Art. 1 die Bedeutung des Minderheitenschutzes als Bestandteil des internationalen Schutzes der Menschenrechte im Bereich der internationalen Zusammenarbeit, was eigentlich eine Selbstverständlichkeit sein sollte. Art. 2 des Rahmenübereinkommens wiederholt eine weitere Selbstverständlichkeit, nämlich daß das Abkommen nach Treu und Glauben, im Geist der Verständigung und Toleranz und in Übereinstimmung mit den Grundsätzen guter Nachbarschaft, freundschaftlicher Beziehungen und der Zusammenarbeit zwischen den Staaten anzuwenden sein soll. Art. 3 kodifiziert das sog. *Bekenntnisprinzip* und verbindet es mit der herrschenden Meinung[321] bezüglich der Minderheitendefinition, daß die Minderheiteneigenschaft durch subjektive und objektive Kriterien vermittelt wird. Art. 3 Abs. 1 formuliert demzufolge: „*Jeder Angehörige einer Minderheit hat das Recht, frei zu entscheiden, ob er als solcher behandelt werden möchte oder nicht (...)*“ Absatz 35 des Erläuternden Berichtes stellt wiederum klar, daß Art. 3 nicht das Recht irgendeiner Person begründet, willkürlich die Zugehörigkeit zu irgendeiner nationalen Minderheit zu beschließen, sondern daß die subjektive Wahl der Person unauflöslich an für ihre Identität wesentliche, objektive Kriterien gebunden ist. Art. 4 kodifiziert das Gebot der Gleichheit von Minderheiten vor dem Gesetz und ein grundsätzliches Diskriminierungsverbot. Art. 4 Abs. 2 erlaubt *affirmative action*-Maßnahmen, und Abs. 3 bestimmt, daß derartige Maßnahmen keine Diskriminierung der Mehrheitsbevölkerung darstellen. Art. 5 schreibt ein Zwangsassimilationsverbot fest, welches die Staaten aber lediglich „*unbeschadet der Maßnahmen, die im Rahmen ihrer allgemeinen Integrationspolitik getroffen werden*“, zu beachten haben. Art. 6 gebietet ebenso pathetisch wie nichtssagend, den „*Geist der Toleranz und des interkulturellen Dialogs*“ zu fördern und „*Maßnahmen zur Förderung der gegenseitigen Achtung und des gegenseitigen Verständnisses*“ zu treffen. Art. 7 gewährt die auch von Art. 11 EMRK geschützte Versammlungs- und Vereinigungsfreiheit. Im Gegensatz zum Entwurf eines Zusatzprotokolls zur EMRK betreffend den Minderheitenschutz[322] wird im Rahmenübereinkommen den Minderheiten nicht explizit das Recht gewährt, eigene Organisationen einschließlich politischer Parteien zu gründen. Art. 8 schützt die Freiheit der Religion und der Weltanschauung.[323] Art. 9 des Rahmenübereinkommens regelt die Meinungs- und Pressefreiheit hinsichtlich der Minderheitensprachen. Art. 10 des Rahmenübereinkommens betrifft den Gebrauch von Minderheitensprachen. Der Sprachgebrauch im privaten und öffentlichen Leben ist frei und ungehindert zu gewährleisten.

---

[319] Dies wird hinsichtlich der Europäischen Charta der Regional- und Minderheitensprachen ausdrücklich anders gesehen. Vgl. oben Punkt II. 4. c).

[320] Abgedruckt in: EuGRZ 1995, S. 271 ff.

[321] Vgl. statt vieler: *Niewerth*, Der kollektive und der positive Schutz von Minderheiten und ihre Durchsetzung im Völkerrecht, S. 39 f.

[322] Empfehlung 1201 (1993) betreffend ein Zusatzprotokoll zur EMRK über Minderheitenrechte, voller Wortlaut abgedruckt in: EuGRZ 1993, S. 151 ff., oder BT.-Drucks. 12/4572.

[323] Die Komplementärnorm in der EMRK ist Art. 9.

Weicher ist die Verpflichtung hinsichtlich des Gebrauchs der Minderheitensprache vor Verwaltungsbehörden. Durch die wenig konkrete Formulierung[324] ist es hier nahezu völlig dem Belieben des Staates überlassen, inwieweit er dieses Recht gewährleisten möchte. Im Falle einer Festnahme soll schließlich gemäß Art. 10 Abs. 3 ein Minderheitenangehöriger das Recht haben, über die Umstände in seiner Sprache informiert zu werden, erforderlichenfalls unter unentgeltlicher Hinzuziehung eines Dolmetschers. Art. 11 Abs. 1 gesteht den Minderheitenangehörigen das Recht zu, ihre Namen in ihrer Minderheitensprache zu führen. Art. 11 Abs. 2 und 3 regeln, wieder durch eine äußerst vage Formulierung verwässert, die Verwendung topographischer Bezeichnungen in der Minderheitensprache. Art. 12 erlaubt Fördermaßnahmen, damit sich die Minderheitenangehörigen über ihre eigene Kultur, Geschichte, Sprache und Religion informieren und weiterbilden können. Außerdem soll die Chancengleichheit beim Zugang zu allen Bildungsstufen für alle Minderheitenangehörigen gefördert werden. Art. 13 billigt den Angehörigen der Minderheiten das Recht auf Gründung und Unterhaltung von eigenen Bildungs- und Ausbildungseinrichtungen zu. Dieses Recht wird stark relativiert durch den Zusatz, daß den Mitgliedstaaten dadurch keine finanziellen Verpflichtungen entstehen sollen. Art. 14 gibt Art. 13 wieder etwas von seiner Sinnhaftigkeit zurück, indem er bestimmt, daß Minderheitenangehörigen die Möglichkeit eingeräumt werden solle, ihre Minderheitensprache zu erlernen oder sogar in ihr unterrichtet zu werden. Wieder ist die Verpflichtung wenig konkret formuliert. Art. 15 kodifiziert eigentlich kein Recht für die Minderheit, sondern besagt, daß den Angehörigen von Minderheiten eine wirksame Teilnahme am kulturellen, sozialen und wirtschaftlichen Leben und an öffentlichen Angelegenheiten, insbesondere solchen, die sie betreffen, ermöglicht werden soll. Hier klingt leicht der Gedanke von Mitbestimmung und stark der Gedanke von Integration an. Art. 16 will die Minderheiten in ihren angestammten Siedlungsgebieten vor willkürlichen demographischen Maßnahmen schützen, die den minderheitlichen Zusammenhalt gefährden könnten. Die Art. 17 und 18 zielen schließlich noch auf die Verbesserung der grenzüberschreitenden Kontakte von Minderheitengruppen und die internationale Zusammenarbeit von Staaten zur Erzielung von Fortschritten auf diesem Gebiet ab. Zur Überwachung der Umsetzung der Rechte des Rahmenübereinkommens sehen die Art. 24 bis 26 ein Berichtssystem vor, die schwächste Form einer Durchführungskontrolle.[325]

Im Vergleich zu den Bestimmungen, die sich im Entwurf eines Zusatzprotokolls zur EMRK betreffend den Minderheitenschutz[326] finden, soll an dieser Stelle auch auf zwei

---

[324] Vgl. den Wortlaut des Art. 10 Abs. 2 des Rahmenübereinkommens, der als typisches Beispiel für die oftmals viel zu weiche Formulierung der Verpflichtungen stehen kann: *„In Gebieten, die von Angehörigen nationaler Minderheiten traditionell oder in beträchtlicher Zahl bewohnt werden, bemühen sich die Vertragsparteien, sofern die Angehörigen dieser Minderheiten dies wünschen und dieser Wunsch einem tatsächlichen Bedarf entspricht, soweit wie möglich die Voraussetzungen dafür sicherzustellen, daß im Verkehr zwischen den Angehörigen dieser Minderheiten und den Verwaltungsbehörden die Minderheitensprache gebraucht werden kann.“*

[325] *Niewerth*, Der kollektive und der positive Schutz von Minderheiten und ihre Durchsetzung im Völkerrecht, S. 205 f.; *Weckerling*, EuGRZ 1997, S. 605 ff.

[326] Empfehlung 1201 (1993) betreffend ein Zusatzprotokoll zur EMRK über Minderheitenrechte, voller Wortlaut abgedruckt in: EuGRZ 1993, S. 151 ff., oder BT.-Drucks. 12/4572.

Bestimmungen hingewiesen werden, die keinen Eingang in das Rahmenübereinkommen gefunden haben. Dies ist wichtig, um den konsensfähigen Standard des europäischen materiellen Minderheitenrechts besser ausloten zu können. Im Gegensatz zu Art. 11 des Entwurfs eines Zusatzprotokolls zur EMRK sieht das Rahmenübereinkommen kein Recht für die Angehörigen von Minderheiten vor, in Regionen, in denen sie in der Mehrzahl sind, über eigene kommunale oder autonome Verwaltungseinrichtungen oder über einen besonderen Status zu verfügen. Im Hintergrund der Nicht-Aufnahme dieser Norm ins Rahmenübereinkommen steht natürlich die eingangs erwähnte Furcht mancher Europaratsmitglieder vor der vermeintlichen Spirale Kulturautonomie - Selbstverwaltung - Sezession. Ebenfalls nicht aufgenommen wurde eine Art. 9 des Entwurfs eines Zusatzprotokolls zur EMRK entsprechende Bestimmung über das Recht auf eine wirksame Beschwerdemöglichkeit für Minderheitenangehörige bei behaupteter Verletzung der durch das Rahmenübereinkommen zu gewährenden Rechte.[327]

Das Rahmenübereinkommen des Europarats zum Schutz nationaler Minderheiten trat am 1. Februar 1998 in Kraft. Auch hier erweist sich aufgrund der noch geringen praktischen Erfahrung mit diesem Instrument eine umfassende Würdigung als schwierig. Die inhaltliche Kritik brachte wohl am besten der Berichterstatter der Parlamentarischen Versammlung des Europarates auf den Punkt, als er im Rahmen der feierlichen Auflegung des Übereinkommens sagte:[328]

> *„Der Wortlaut der Konvention ist leider vage formuliert. Sie legt eine Reihe von nicht präzise definierten Zielen und Grundsätzen fest, zu deren Einhaltung sich die Vertragsstaaten zwar verpflichten, die jedoch kein für den einzelnen einklagbares Recht darstellen. Ihr Umsetzungsmechanismus ist ineffektiv, und es besteht in der Tat die Gefahr, daß die Überprüfungsverfahren völlig den Regierungen überlassen werden.“*

Ein großer politischer Erfolg ist, daß bereits 26 der 41 Mitglieder des Europarats das Rahmenabkommen ratifiziert haben, darunter auch einige *große*, d.h. politisch mächtige Mitglieder.[329] Leider ist es bislang nicht gelungen, Staaten wie die Türkei, Belgien oder Griechenland einzubinden. Frankreich prüft gegenwärtig einen Beitritt zum

[327] Art. 9 des Entwurfs eines Zusatzprotokolls zur EMRK formulierte: *„Im Falle einer Verletzung der durch dieses Protokoll geschützten Rechte haben Angehörige nationaler Minderheiten oder Organisationen, die nationale Minderheiten vertreten, das Recht, vor einer staatlichen Instanz ein wirksames Rechtsmittel einzulegen.“*

[328] Zitiert nach *Klebes*, EuGRZ 1995, S. 262, 267.

[329] Ratifiziert wurde das Rahmenabkommen bislang von Armenien, Österreich, Zypern, der Tschechischen Republik, Dänemark, Estland, Finnland, Deutschland, Ungarn, Italien, Liechtenstein, Malta, Moldawien, Norwegen, Rumänien, Rußland, San Marino, der Slowakei, Slowenien, Spanien, der Schweiz, Mazedonien, der Ukraine, Großbritannien, Bulgarien und Irland. Vgl. *Hausmann*, Das Parlament vom 20. August 1999, S. 2.

Rahmenübereinkommen.[330] Trotz seiner Schwächen, wie zum Teil recht dehnbarer oder restriktiver Formulierungen der zu gewährleistenden Rechte und dem Fehlen eines echten Kontrollmechanismus zur Überwachung seiner Durchführung, könnte das Rahmenübereinkommen wegen des Beitritts vieler und darunter einiger sehr wichtiger Staaten eine Chance haben, zu einer moralischen Autorität hinsichtlich des Minderheitenschutzes zu werden.[331] Zusammen mit der Europäischen Charta der Regional- und Minderheitensprachen legt das Rahmenübereinkommen das Fundament für die Schaffung eines europäischen Minderheitenrechts.[332] Die im Rahmenübereinkommen festgelegten Rechte können in gewisser Weise wohl auch als Grundbestand des europäischen materiellen Minderheitenrechts gesehen werden.

Im Rahmen des Ratifikationsprozesses hat die Bundesrepublik Deutschland, wie bereits dargelegt,[333] am 10. September 1997 erklärt, welche Gruppen sie als Minderheiten anerkennt und auf welche Gruppen sie das Rahmenübereinkommen anwenden wird.[334]

> „*(...) Nationale Minderheiten in der Bundesrepublik Deutschland sind die Dänen deutscher Staatsangehörigkeit und die Angehörigen des sorbischen Volkes mit deutscher Staatsangehörigkeit. Das Rahmenabkommen wird auch auf die Angehörigen der traditionell in Deutschland heimischen Volksgruppen der Friesen deutscher Staatsangehörigkeit und der Sinti und Roma deutscher Staatsangehörigkeit angewendet.*"

Ende 1999 legte die Bundesrepublik Deutschland den ersten Bericht gemäß Art. 25 Abs. 1 des Rahmenübereinkommens vor.[335] Der sehr umfangreiche Bericht benennt die Rechtsgrundlagen, mit denen das Rahmenübereinkommen in der Bundesrepublik Deutschland umgesetzt wird und beschreibt insbesondere sehr detailliert die hiesige Praxis des Minderheitenschutzes. Federführend zuständig für die Sicherstellung der Implementierung

---

[330] Der Conseil d'etat ist gegenwärtig mit der Erstellung eines Gutachtens befaßt, ob die Verfassung der Fünften Republik einen Beitritt zuläßt. Vgl. Le Monde vom 23. Februar 1995.

[331] Vgl. auch die Würdigung des Übereinkommens von *Sengöz*, Regelungen zu den Rechten ethnischer, religiöser und sprachlicher Minderheiten, in: Wissenschaftliche Dienste des Deutschen Bundestages, WF II 51/98 vom 7. Mai 1998, S. 22 ff.

[332] Vgl. das Fazit von *Klebes*, EuGRZ 1995, S. 262, 268. Vgl. auch: *Hausmann*, Das Parlament vom 20. August 1999, S. 2; *Scherer-Leydecker*, Minderheiten und sonstige ethnische Gruppen, S. 167.

[333] Vgl. oben Punkt I. 3. c).

[334] Vgl. BT.-Drucks. 13/6912, S. 18.

[335] Erster Bericht der Bundesrepublik Deutschland gemäß Artikel 25 Absatz 1 des Rahmenübereinkommens des Europarates zum Schutz nationaler Minderheiten. Bonn 1999.

des Rahmenübereinkommens in der Bundesregierung ist das Bundesministerium des Inneren.[336]

5. Minderheitenschutz durch die Europäische Union

Der Minderheitenschutz ist im Kernbestand des materiellen europäischen Gemeinschaftsrechts, so wie es in den Verträgen niedergelegt ist, immer noch nicht vorhanden.[337] Auf die wenigen Bestimmungen und die Rechtsprechung des EuGH, die insbesondere auch Angehörigen von Minderheiten zugute kommen können, soll im Rahmen der Darstellung der Überlegungen zur Einführung einer Minderheitenschutzbestimmung in eine Charta der Grundrechte der Europäischen Union eingeganden werden.[338] Neben einigen (erfolglosen) Initiativen des Europäischen Parlaments, den Schutz von Minderheiten im Gemeinschaftsrecht zu verstärken, soll an dieser Stelle die *Außenpolitik* der Europäischen Union zum Schutze von Minderheiten kurz betrachtet werden. *Außenpolitik* steht hierbei in Anführungszeichen, da es eine echte, genuine europäische Außenpolitik bislang nicht gibt. Statt dessen handelt die Union in gewisser Weise außenpolitisch mit Maßnahmen der intergouvernementalen Zusammenarbeit unter der zweiten Säule der Union, der Gemeinsamen Außen- und Sicherheitspolitik.[339] Interessant sind in diesem Zusammenhang die Vorbedingungen, die in bezug auf den Minderheitenschutz an die mittel- und osteuropäischen Beitrittskandidaten gestellt wurden und die Haltung in minderheitenrechtlicher Hinsicht, welche die Union im Rahmen des Jugoslawienkriegs vertrat.

a) Die (erfolglosen) Initiativen des Europäischen Parlaments

Verschiedene Initiativen wurden im Europäischen Parlament lanciert, um den Minderheiten innerhalb der Gemeinschaft einen umfassenden Schutz zu gewähren. Bis dato jedoch kam keine über das Entwurfstadium hinaus. Bereits am 31. Juli 1984 brachten 42 Abgeordnete

---

336 Im BMI ist zuständig die Abteilung SH, Referat II 7. Vgl. Erster Bericht der Bundesrepublik Deutschland gemäß Artikel 25 Absatz 1 des Rahmenübereinkommens des Europarates zum Schutz nationaler Minderheiten, S. 11 f.

337 *Brems*, Die politische Integration ethnischer Minderheiten, S. 62.

338 Vgl. hierzu auch *Blumenwitz*, in: *Blumenwitz/Gornig/Murswiek*, Fortschritte im Beitrittsprozeß der Staaten Mitteleuropas zur EU, S. 25, 34; *Europäische Akademie Bozen*, Paket für Europa, Arbeitsheft der Akademie Nr. 10.

339 *Streinz*, in: *Blumenwitz/Gornig*, Der Schutz von Minderheiten- und Volksgruppenrechten durch die Europäische Union, S. 11, 13.

einen Entschließungsantrag ein, der auf einem Berichtsentwurf[340] des bayerischen Abgeordneten *Alfons Goppel* zu den Rechten der Volksgruppen und Minderheiten beruhte und der den Grundstein der weiteren Entwicklung im EP darstellte. Im Februar 1992 stellte der Abgeordnete *Franz Ludwig Graf Stauffenberg* der Öffentlichkeit einen Entschließungsentwurf[341] der EVP-Fraktion im EP vor, in welchem die Regierungen der Mitgliedstaaten aufgefordert werden, in einer gemeinsamen Charta vertraglich die Rechte der Volksgruppen und ihrer Angehörigen festzustellen, verbindlich zu sichern und dauerhaft zu schützen.[342] Die Charta definiert *Volksgruppe* als Gesamtheit all jener Staatsbürger eines Mitgliedstaates der Europäischen Gemeinschaft, die im Staatsgebiet traditionell in der Folge vieler Generationen ansässig sind, gemeinsame ethnische, religiöse und/oder sprachliche Merkmale aufweisen, die sie von anderen Bevölkerungsteilen unterscheiden, gemeinsam über eine eigene kulturelle Identität verfügen, und sich innerhalb der Gesamtbevölkerung des Staates in der Minderheit befinden. Die Angehörigen der einzelnen Volksgruppen haben das Recht auf Anerkennung ihrer Existenz und Eigenart. Zwangsumsiedlungen und Vertreibung werden im Rahmen des Rechts auf die Heimat verboten. Die Volksgruppenangehörigen haben das Recht auf Bildung eigener politischer Parteien und auf Verwaltungsautonomie auf kommunaler bzw. regionaler Ebene innerhalb der allgemeinen staatlichen Ordnung. Sie haben das Recht auf Schutz und Förderung des kulturellen Lebens der Volksgruppe und auf Erhaltung ihrer Kulturgüter. Die Staaten werden verpflichtet, Herstellung und Verbreitung schriftlicher, audieller und visueller Publikationen der Volksgruppen und die Verwendung zweisprachiger topographischer Bezeichnungen zu fördern. Überdies haben die Staaten die Pflicht, Möglichkeiten zur klageweisen Durchsetzung dieser Rechte zu schaffen. Zu beachten ist, daß den Rechtsetzungsorganen der Europäischen Gemeinschaften keine Kompetenz zur Regelung von Minderheitenfragen gegeben ist, da hierfür wohl auch die Generalermächtigung des Art. 308 EGV nicht ausreicht. Eine Volksgruppencharta müßte daher als zusätzlicher Vertrag, Vertragsanhang oder -zusatz zum Primärrecht der Europäischen Gemeinschaften konzipiert werden.[343] Nach dem Ausscheiden des Abgeordneten *Graf Stauffenberg* aus dem Ausschuß für Recht und Bürgerrechte wurde der Entwurf einer Charta der Volksgruppenrechte vom Abgeordneten (und jetzigen Generalanwalt am EuGH) *Alber* betreut. *Alber* legte am 14. Mai 1993 nochmals einen neuen Entwurf vor, dem jedoch leider auch kein Erfolg beschieden war.[344]

---

340 Abgedruckt in: Europa Ethnica 1984, S. 233 f.

341 Zum Inhalt vgl. *Kimminich*, BayVBl. 1993, S. 321, 324 f.; *Goppel*, Das Parlament vom 1. Mai 1992, S. 16.

342 Ausführlich mit den Bemühungen der MdEPs *Graf Stauffenberg* und *Alber* befaßt sich *Klein*, in: FS für *Bernhardt*, S. 1211, 1212 ff.

343 *Blumenwitz*, Minderheiten- und Volksgruppenrecht - Aktuelle Entwicklung, S. 60.

344 *Klein*, in: FS für *Bernhardt*, S. 1211, 1212 ff.; *Scherer-Leydecker*, Minderheiten und sonstige ethnische Gruppen, S. 170 f.; *Streinz*, in: *Blumenwitz/Gornig*, Der Schutz von Minderheiten- und Volksgruppenrechten durch die Europäische Union, S. 11, 14.

b) Die *Kopenhagener Kriterien* für die Beitrittskandidaten von 1993

Seit der Öffnung der mittel- und osteuropäischen Staaten hat die Europäische Union diese Staaten zur Verwirklichung von Menschen- und Minderheitenrechten angehalten. Der Wunsch und das Bestreben dieser Staaten, der EU als Vollmitglieder beizutreten, wurde hierbei von Anfang an als stärkstes Druckmittel der Union erkannt. Auf dem Gipfeltreffen von Kopenhagen im Juni 1993 beschlossen die Staats- und Regierungschefs, daß die Union einem Beitritt der mittel- und osteuropäischen Kandidaten[345] positiv gegenübersteht. Gleichzeitig wurden auch Kriterien für den Beitritt festgelegt, die als die *Kopenhagener Kriterien* Eingang in den Sprachgebrauch der EU gefunden haben.[346] In den Schlußfolgerungen des Ratsgipfels von Kopenhagen heißt es in der entscheidenden Passage:[347]

> „*membership requires that the candidate country:*
>
> - *has achieved stability of institutions guaranteeing democracy, the rule of law, human rights, and respect for and protection of minorities,*
> - *the existence of a functioning market economy as well as the capacity to cope with competitive pressure and market forces within the Union, and*
> - *(has) the ability to take on the obligations of membership, including adherence to the aims of political, economic and monetary union.*"

Wenngleich große Zweifel daran bestanden, daß die Union es mit ihren politischen Forderungen an die Beitrittskandidaten wirklich ernst meinen würde, wurden diese Zweifel doch von der Kommission in ihrer *Agenda 2000*, die im Juli 1997 vorgelegt wurde, ausgeräumt. Natürlich wurden bei der Bewertung der Fortschritte der Beitrittskandidaten im Hinblick auf eine EU-Vollmitgliedschaft vor allem wirtschaftliche Daten analysiert. Dennoch nehmen auch die politischen Kriterien breiten Raum ein und die völlig unzureichende Situation in der Slowakei im Hinblick auf den Schutz der Minderheitenrechte führte sogar dazu, daß dieser Staat seine Position unter der Gruppe 1 der Beitrittskandidaten verlor.[348] Die

---

[345] Staaten der Kandidatengruppe 1 sind: Polen, die Tschechische Republik, Ungarn, Slowenien, Estland und Zypern. Weitere Kandidaten sind: Lettland, Bulgarien, Litauen, Rumänien, die Slowakische Republik und Malta. Seit 1962 ist die Türkei assoziiert.

[346] Vgl. hierzu: *Blumenwitz*, in: *Blumenwitz/Gornig/Murswiek*, Fortschritte im Beitrittsprozeß der Staaten Mitteleuropas zur EU, S. 25, 28 f.; *Freudenberg*, Das Parlament vom 20. August 1999, S. 5.

[347] Zitiert nach: *European Commission*, COM(97) 2000 Vol. 1, Agenda 2000, 1. For a stronger and wider Union, S. 41. Eine deutsche Übersetzung findet sich teilweise bei: *Freudenberg*, Das Parlament vom 20. August 1999, S. 5.

[348] *Freudenberg*, Das Parlament vom 20. August 1999, S. 5.

Kommission machte in Interpretation der *Kopenhagener Kriterien* klar, daß nicht lediglich die Verfassungs- und Gesetzestexte sondern auch die tägliche politische Praxis in eine Bewertung einbezogen wird und mithin westeuropäischen Standards entsprechen muß.[349] In bezug auf den Schutz von Minderheitenrechten heißt es in der Agenda 2000:[350]

„Respect for minorities

Many of the applicant countries have minority populations, whose satisfactory integration into society is a condition for democratic stability. Minorities account for 44% of the population in Latvia (where 34% are Russian), 38% in Estonia (30% Russian), 20% in Lithuania (9% Russian, 7% Polish), 18% in Slovakia (11% Hungarian, 5% Roma), 14% in Bulgaria (9% Turks, 5% Roma) and 13% in Romania (8% Hungarian, 4% Roma).

A number of texts governing the protection of national minorities have been adopted by the Council of Europe, in paticular the Framework Convention for the Protection of National Minorities and recommendation 1201 adopted by the Parliamentary Assembly of the Council of Europe in 1993. The latter, though not binding, recommends that collective rights be recognised, while the Framework Convention safeguards the individual rights of persons belonging to minority groups. (...)

Except for the situation of the Roma minority in a number of applicants, which gives cause for concern, the integration of minorities in their societies is, in general, satisfactory.

Minority problems, if unresolved, could affect democratic stability or lead to disputes with neighbouring countries. It is therefore in the interest of the Union and of the applicant countries that satisfactory progress in integrating minority populations be achieved before the accession process is completed, using all opportunities offered in this context.

Conclusion

Even though progress has still to be made in a number of applicant countries as regards actually practising democracy and protecting minorities, only one applicant State - Slovakia - does not satisfy the political conditions laid down by the European Council in Copenhagen.“

---

[349] *Freudenberg*, Das Parlament vom 20. August 1999, S. 5.

[350] *European Commission*, COM(97) 2000 Vol. 1, Agenda 2000, 1. For a stronger and wider Union, S. 44 f.

Im Endeffekt legt also im Verhältnis gegenüber den mittel- und osteuropäischen Staaten die Kommission das relativ kryptische Kopenhagener Kriterium „*institutionelle Stabilität als Garantie (...) für die Achtung und den Schutz von Minderheiten*" aus. Bemerkenswert ist hierbei, daß die Kommission zwei Dokumente als Meßlatte für den zu gewährleistenden Minderheitenschutz der Beitrittskandidaten heranzieht, das Rahmenübereinkommen des Europarats zum Schutz nationaler Minderheiten[351] und Empfehlung 1201 der Parlamentarischen Versammlung des Europarates vom 1. Februar 1993 betreffend ein Zusatzprotokoll über Rechte der nationalen Minderheiten zur Europäischen Menschenrechtskonvention.[352] Ersteres Dokument ist zwar in Kraft, wurde aber von Staaten wie Belgien, Frankreich und Griechenland noch nicht unterzeichnet, letzteres Dokument befindet sich noch im Stadium der Beratung.[353] Es ist dennoch zu begrüßen, daß die Kommission im Hinblick auf die Minderheitenschutzforderungen an die Beitrittskandidaten nicht von einem *kleinsten gemeinsamen Nenner* ausgeht, sondern sich offensichtlich von der Rechtsprechung des EuGH inspirieren ließ, die sich bei der Gewinnung von Gemeinschaftsgrundrechten aus den Verfassungsüberlieferungen der Mitgliedstaaten ebenfalls nicht auf die Erkennung eines *kleinsten gemeinsamen Nenners* reduzieren läßt.[354] Auch im Hinblick auf die *Kopenhagener Kriterien* in der Interpretation durch die Kommission scheinen die im Rahmenübereinkommen festgelegten Rechte, die sich über weite Strecken mit den Rechten des Entwurfs eines Zusatzprotokoll betreffend die Rechte nationaler Minderheiten zur EMRK decken,[355] als konsensfähiger Grundbestand des europäischen materiellen Minderheitenrechts zu gelten.

c) Die Position der Europäischen Union im Jugoslawienkonflikt

Vor der Formulierung der *Kopenhagener Kriterien* hatte die Europäische Union bereits *außenpolitisch* auf die Einhaltung von Minderheitenrechten bestanden, und zwar im Zusammenhang mit der Formulierung der Kriterien für eine völkerrechtliche Anerkennung der nach dem Zerfall des ehemaligen Jugoslawiens neu entstandenen Staaten.[356] Als sich die

---

[351] Der Text des Rahmenübereinkommens des Europarats zum Schutz nationaler Minderheiten findet sich in: BGBl. 1997 II S. 1408 ff.

[352] Empfehlung 1201 (1993) betreffend ein Zusatzprotokoll zur EMRK über Minderheitenrechte, voller Wortlaut abgedruckt in: EuGRZ 1993, S. 151 ff., oder BT.-Drucks. 12/4572.

[353] Vgl. *Klebes*, EuGRZ 1995, S. 262, 268; *Scherer-Leydecker*, Minderheiten und sonstige ethnische Gruppen, S. 158.

[354] Vgl. *Streinz*, Europarecht, 3. Aufl., S. 109 ff.

[355] Vgl. die Inhaltssynopse dieser beiden Instrumente in: EuGRZ 1995, S. 279 ff.

[356] Vgl. hierzu: *Blumenwitz*, in: *Blumenwitz/Gornig/Murswiek*, Fortschritte im Beitrittsprozeß der Staaten Mitteleuropas zur EU, S. 25 ff. ; *Bothe/Hailbronner/Klein/Kunig/Schröder/Graf Vitzthum*, Völkerrecht, S. 228 f.; *Streinz*, in: *Blumenwitz/Gornig*, Der Schutz von Minderheiten- und Volksgruppenrechten durch die Europäische Union, S. 11, 12.

einzelnen Staaten nach und nach für unabhängig erklärten,[357] legte der Rat am 16. Dezember 1991[358] diejenigen Bedingungen fest, welche die neu entstandenen Staaten erfüllen mußten, um von den Mitgliedstaaten der EG völkerrechtlich anerkannt zu werden. Auf der Basis eines gemeinsamen Standpunktes[359] forderte die EG zur Anerkennung der neuen Staaten, die *„Achtung der Bestimmungen der UN-Charta und der Verpflichtungen der Schlußakte von Helsinki und der Charta von Paris, insbesondere im Hinblick auf Rechtsstaatlichkeit, Demokratie und Menschenrechte"*, *„Garantien für die Rechte ethnischer und nationaler Gruppen und Minderheiten im Einklang der im Rahmen der KSZE eingegangenen Verpflichtungen"* und die *„Achtung der Unverletzlichkeit aller Grenzen, die nur auf friedlichem Weg einvernehmlich geändert werden dürfen."*[360] Daraufhin erfolgte die Anerkennung Sloweniens ohne weitere Bedingungen, für die Anerkennung Kroatiens wurden allerdings zusätzliche Zusagen zur Gewährleistung des Schutzes der serbischen Minderheit in der Krajina verlangt.[361]

Von den Anerkennungskandidaten wurde also die Einhaltung des materiellen Minderheitenschutzes von Anbeginn der KSZE 1975 in Helsinki bis zur Verabschiedung der *„Charta von Paris für ein neues Europa"* verlangt.[362] Wie oben festgestellt, ist dies im wesentlichen der gesamte materielle Minderheitenschutz, der im Rahmen der KSZE erreicht werden konnte. Die Verpflichtungen, die bis zur Verabschiedung der Charta von Paris im Rahmen der KSZE erreicht wurden, gehen im wesentlichen nicht über die Rechte hinaus, die im Rahmenübereinkommen und im Entwurf eines Zusatzprotokolls zur EMRK festgelegt wurden. Hätte die EG 1991 bereits auf die minderheitenschützenden Dokumente des Europarats zurückgreifen können, so hätte sie dies sicher getan. Im Ergebnis bleibt daher festzuhalten, daß die Forderungen an die neuen Beitrittskandidaten eher die Auffassung des geltenden Standards des europäischen Minderheitenrechts reflektieren als diejenigen Forderungen, welche die EG 1991 für die Anerkennung der im Rahmen des Jugoslawienkonflikts neu entstandenen Staaten gestellt hat. Am bisherigen Ergebnis, daß die im Rahmenübereinkommen festgelegten Rechte, die sich über weite Strecken mit den Rechten des Entwurfs eines Zusatzprotokoll betreffend die Rechte nationaler Minderheiten zur EMRK decken, als konsensfähiger Grundbestand des europäischen materiellen Minderheitenrechts angesehen werden können, ändert sich auch durch die europäische Staatenpraxis im Jugoslawienkonflikt daher nichts.

---

[357] Slowenien und Kroatien erklärten am 25. Juni 1991 den Austritt aus der SFRJ und am 10. Oktober 1991 ihre Unabhängigkeit. Vgl. EA 1991, D 528 ff.

[358] EA 1992, D 120 ff.

[359] Mittlerweile ist diese Form des gemeinsamen Vorgehens in Art. 12 EUV im Rahmen der Gemeinsamen Außen- und Sicherheitpolitik kodifiziert.

[360] Zitiert nach EA 1992, D 120 ff.

[361] *Bothe/Hailbronner/Klein/Kunig/Schröder/Graf Vitzthum*, Völkerrecht, S. 228 f.

[362] *Blumenwitz*, in: *Blumenwitz/Gornig/Murswiek*, Fortschritte im Beitrittsprozeß der Staaten Mitteleuropas zur EU, S. 25 ff.

d) Überlegungen zur Einführung einer Minderheitenschutzbestimmung in eine Charta der Grundrechte der Europäischen Union

Die Idee, eine Charta der Grundrechte der Europäischen Union zu erarbeiten, entstand aus der Überlegung heraus, daß trotz der Existenz der Europäischen Menschenrechtskonvention (EMRK) und der Rechtsprechung des Gerichtshofs der Europäischen Gemeinschaften (EuGH) hinsichtlich der europäischen Grundrechte ein Bedürfnis bestand, einheitliche und vor allem kodifizierte Grundrechte für die Unionsbürger in das materielle Gemeinschaftsrecht einzufügen. In der ersten Jahreshälfte 1999 hatte die Bundesrepublik Deutschland, der die Schaffung einer Grundrechtscharta ein großes Anliegen war und ist,[363] den Ratsvorsitz inne und setzte dieses Thema auf seine Präsidentschaftsagenda. Hinsichtlich der Schwerpunkte deutscher EU-Politik erklärte Außenminister *Joschka Fischer* am 12. Januar 1999 vor dem Europäischen Parlament in Straßburg:[364]

> „*Um die Rechte der Bürger zu stärken, schlägt Deutschland die langfristige Ausarbeitung einer europäischen Grundrechtscharta vor. Hierzu wollen wir während unserer Präsidentschaft eine Initiative ergreifen. Es geht uns darum, die Legitimität und die Identität der EU zu festigen. An der Erarbeitung einer Grundrechtscharta soll das Europäische Parlament, das mit seinem Verfassungsentwurf von 1994 wichtige Vorarbeit geleistet hat, aber auch die nationalen Parlamente und möglichst viele gesellschaftliche Gruppen beteiligt werden.*“

Diese Initiative wurde von deutschen Europapolitikern parteiübergreifend mit viel Wohlwollen aufgenommen und - mit geringfügig unterschiedlichen Vorstellungen hinsichtlich der Ausgestaltung und Umsetzung dieses Projekts - mit großem Nachdruck unterstützt. Ende April 1999 belebten die (damals) 47 Europa-Abgeordneten der CDU/CSU die Diskussion um eine europäische Verfassung erneut mit einem Vorschlag, der auch auf die Schaffung einer Grundrechtscharta einging.[365] Für die Parlamentarier sagte *Georg Jarzembowski*, MdEP (CDU), daß es für die EU-Bürger wichtig sei, zu wissen, welche Rechte sie in einem zunehmend bundesstaatlich geprägten Europa hätten. Sie müßten die Möglichkeit zu Beschwerden oder Klagen beim EuGH erhalten, wenn sie ihre Grundrechte verletzt sähen. Hierfür sei die Festschreibung eines europäischen Grundrechtskatalogs ein entscheidendes Element. Für die Bundesregierung bekräftigte Bundesjustizministerin *Herta Däubler-Gmelin*, daß die Erarbeitung einer Grundrechtscharta zwar ein schwieriges, aber äußerst lohnenswertes Unternehmen sei.[366] Auch Parteivorsitzender *Wolfgang Schäuble* (CDU) und der

---

[363] Vgl. etwa Bundesjustizministerin *Däubler-Gmelin*, FAZ vom 10. Januar 2000; *dies.*, EuZW 2000, S. 1.

[364] Zitiert nach FAZ vom 13. Dezember 1999.

[365] FAZ vom 24. April 1999.

[366] FAZ vom 28. April 1999.

außenpolitische Sprecher der CDU/CSU-Bundestagsfraktion *Karl Lamers* meldeten sich zu diesem Thema zu Wort und regten die Schaffung eines *europäischen Verfassungsvertrages* an, der unter anderem die Frage zu beantworten hätte, welche grundlegenden Werte, Überzeugungen und Interessen die Europäer verbänden.[367] In Deutschland herrschte also Konsens, daß das Profil der EU als *Wertegemeinschaft* geschärft werden müsse, ohne einen *Superstaat Europa* zu schaffen, und daß die Erarbeitung einer europäischen Grundrechtscharta hierfür ein geeignetes Instrument sei. Im Rahmen der Gipfelkonferenz des Europäischen Rates in Köln am 3. und 4. Juni 1999 konnte die deutsche Präsidentschaft ihre europäischen Partner von der Wichtigkeit der Ausarbeitung einer Charta der Grundrechte der Europäischen Union überzeugen, und es wurde ein dahingehender Beschluß mit folgendem Wortlaut gefaßt:

> *„Die Wahrung der Grundrechte ist ein Gründungsprinzip der Europäischen Union und unerläßliche Voraussetzung für ihre Legitimität. Die Verpflichtung der Union zur Achtung der Grundrechte hat der Europäische Gerichtshof in seiner Rechtsprechung bestätigt und ausgeformt. Im gegenwärtigen Entwicklungsstand der Union ist es erforderlich, eine Charta dieser Rechte zu erstellen, um die überragende Bedeutung der Grundrechte und ihre Tragweite für die Unionsbürger sichtbar zu verankern.*
>
> *Nach Auffassung des Europäischen Rates soll diese Charta die Freiheits- und Gleichheitsrechte sowie die Verfahrensgrundrechte umfassen, wie sie in der Europäischen Konvention zum Schutz der Menschenrechte und Grundfreiheiten gewährleistet sind und wie sie sich aus den gemeinsamen Verfassungsüberlieferungen der Mitgliedstaaten als allgemeine Grundsätze des Gemeinschaftsrechts ergeben. Die Charta soll weiterhin Grundrechte enthalten, die nur den Unionsbürgern zustehen. Bei der Ausarbeitung der Charta sind ferner wirtschaftliche und soziale Rechte zu berücksichtigen, wie sie in der europäischen Sozialcharta und in der Gemeinschaftscharta der sozialen Grundrechte der Arbeitnehmer enthalten sind (Artikel 136 EGV), soweit sie nicht nur Ziele für das Handeln der Union begründen. (...)*“[368]

Die deutsche Präsidentschaft bat in dem Beschluß den künftigen finnischen Vorsitz, bis zur Sondertagung des Europäischen Rates in Tampere am 15. und 16. Oktober 1999 die Voraussetzungen für die Umsetzung dieses Beschlusses zu schaffen.[369] Weiterhin wurde in Köln verabredet, die Gemeinschaftsverträge in der Fassung des Vertrages von Amsterdam im Rahmen einer Regierungskonferenz im Laufe des Jahres 2000 zu überarbeiten. Geplant ist,

---

[367] *Schäuble/Lamers*, FAZ vom 4. Mai 1999.

[368] Beschluß des Europäischen Rates vom 4. Juni 1999 zur Erarbeitung einer Charta der Grundrechte der Europäischen Union, Anhang IV. Text abgedruckt in: EuGRZ 1999, S. 364 f.

[369] ER Köln, Schlußfolgerungen des Vorsitzes.

diese Regierungskonferenz in der ersten Hälfte des Jahres 2000 unter portugiesischer Präsidentschaft zu eröffnen und bis Ende 2000, dann unter französischem Vorsitz, abzuschließen.[370]

Die Notwendigkeit, in eine solche Charta der Grundrechte der Europäischen Union eine Minderheitenschutzklausel aufzunehmen, ergibt sich aus vielerlei rechtspolitischen Gründen. Ein Hauptgrund ist sicherlich, daß insbesondere der Konflikt im ehemaligen Jugoslawien gezeigt hat, wie drastisch sich ethnische Spannungen entladen können, wenn es an einem funktionierenden Minderheitenrecht fehlt. Dieser Konflikt war nur die medienwirksam dargestellte Spitze europäischer Minderheitenprobleme. Viele ungelöste Krisenherde schwelen auch in den Mitgliedstaaten der EU oder des Europarates. Ein weiterer wichtiger Grund für die Aufnahme einer Minderheitenschutzbestimmung in eine künftige Charta der Grundrechte der Europäischen Union ist, daß die juristische Literatur nahezu einhellig den Bestand an minderheitenschützendem Europarecht als ineffektiv oder unzureichend kritisiert.[371]

aa) Das europarechtliche Umfeld und die Bedeutung des Beschlusses des ER Köln

Ausgangspunkt und Hintergrund der Überlegungen zur Schaffung einer Charta der Grundrechte der Europäischen Union ist die - seit geraumer Zeit in Wissenschaft und Praxis im Gange befindliche - Diskussion über die Existenz oder das Entstehen eines europäischen Verfassungsrechts und um die Kodifizierung europäischer Grundrechte.[372] Auch wenn eine Festschreibung europäischer Grundrechte bislang im materiellen Gemeinschaftsrecht noch nicht erfolgte, stehen die Unionsbürger in dieser Hinsicht nicht schutzlos da.[373] Seit dem Urteil in der Rechtssache *Stauder*[374] aus dem Jahr 1969 schützt der EuGH die Grundrechte,

---

[370] FAZ vom 5. Juni 1999; *Gelinsky*, FAZ vom 28. September 1999.

[371] Vgl. hier etwa: *Hofmann*, Minderheitenschutz in Europa, S. 63 ff.; *Streinz*, in: *Blumenwitz/Gornig*, Der Schutz von Minderheiten- und Volksgruppenrechten durch die Europäische Union, S. 11, 29; *Siegert*, Minderheitenschutz in der Bundesrepublik Deutschland, S. 93; *Niewerth*, Der kollektive und der positive Schutz von Minderheiten und ihre Durchsetzung im Völkerrecht, S. 215 f.; *Scherer-Leydecker*, Minderheiten und sonstige ethnische Gruppen, S. 167.

[372] Vgl. hierzu den Aufsatz des Direktors des Walter-Hallstein-Institutes für Europäisches Verfassungsrecht an der Humboldt-Universität zu Berlin Professor Dr. *Ingolf Pernice*, FAZ vom 7. Juli 1999. Vgl. generell zu dieser Problematik: *v. Bogdandy*, in: *v. Danwitz*, Auf dem Weg zu einer Europäischen Staatlichkeit, S. 9 ff.; *Häberle*, in: *Weber/Rath-Kathrein*, Neue Wege zur Allgemeinen Staatslehre, S. 29 ff.; *Grimm*, JZ 1995, S. 581 ff.; *Rodriguez-Jglesias*, EuGRZ 1996, S. 125 ff.; *Schilling*, in: StW&StPr 1996, S. 387 ff.; *Zuleeg*, BB 1994, S. 581 ff.; *Schuppert*, StW&StPr 1994, S. 35 ff.; *v. Bogdandy/Nettesheim*, EuR 1995, S. 3162 ff.; *Schröder*, in: FS *Heymanns* Verlag, S. 349 ff.

[373] Vgl. zum Folgenden allgemein: *Streinz*, in: *Blumenwitz/Gornig*, Der Schutz von Minderheiten- und Volksgruppenrechten durch die Europäische Union, S. 11 ff.; *Rengeling*, FAZ vom 21. Juli 1999; *Gelinsky*, FAZ vom 18. April 1999; *dies.*, FAZ vom 26. April 1999.

[374] EuGH Rs. 29/69, *Erich Stauder gegen Stadt Ulm*, Slg. 1969, S. 419 ff.

die er aus einer Synopse der gemeinsamen Verfassungsüberlieferungen der Mitgliedstaaten und einem Seitenblick in die EMRK gewinnt, als allgemeine Rechtsgrundsätze des Gemeinschaftsrechts.[375] Im einzelnen hat der EuGH folgende Gemeinschaftsgrundrechte festgestellt und in konkreten Fällen durchgesetzt: die Menschenwürde, die Achtung der Privatsphäre, der Wohnung und des Briefverkehrs, den Gleichheitssatz als Grundsatz der Chancengleichheit, die Religionsfreiheit, die Vereinigungsfreiheit, die Handelsfreiheit, die Berufsfreiheit, das Eigentumsgrundrecht, das Verbot von Diskriminierungen aufgrund des Geschlechts, den allgemeinen Gleichheitssatz, die Meinungs- und Veröffentlichungsfreiheit, das Rückwirkungsverbot von Strafgesetzen und die Verfahrensgrundrechte.[376] Ein Grundrecht, sei es individual- oder kollektivrechtlich ausgestaltet, das auf den Schutz von Minderheiten abzielen würde, existiert dagegen im Gemeinschaftsrecht weder explizit noch wurde es durch die Rechtsprechung des EuGH festgestellt.[377] Hinsichtlich der Gemeinschaftsgrundrechte ergibt sich für den Unionsbürger allerdings die Schwierigkeit mangelnder Transparenz, da, wie erwähnt, eine Auflistung der einzelnen Rechte in den Verträgen nur in rudimentären Ansätzen existiert. Neben den Grundfreiheiten finden sich im EGV lediglich der Grundsatz des gleichen Entgelts für Männer und Frauen (Art. 141 EGV), das allgemeine Diskriminierungsverbot (Art. 12 EGV) und ein durch den Vertrag von Amsterdam eingefügtes besonderes Diskriminierungsverbot (Art. 13 EGV),[378] welches Vorkehrungen ermöglicht, um unter anderem eine Diskriminierung aus Gründen der Rasse, der ethnischen Herkunft und der Religion zu bekämpfen. Daneben besagt Art. 6 EUV, daß die Union auf den Grundsätzen der Freiheit, der Demokratie, der Achtung der Menschenrechte und Grundfreiheiten sowie der Rechtsstaatlichkeit beruht und die Union die Grundrechte achtet, wie sie in der Europäischen Konvention zum Schutz der Menschenrechte und Grundfreiheiten vom 4. November 1950 gewährleistet sind und wie sie sich aus den gemeinsamen Verfassungsüberlieferungen der Mitgliedstaaten als allgemeine Grundsätze des Gemeinschaftsrechts ergeben. Hinsichtlich der Notwendigkeit der Ausformulierung europäischer Grundlagen formulierte das Auswärtige Amt am 16. August 1999 in seinem

---

[375] *Streinz*, Europarecht, 3. Aufl., S. 108 ff.

[376] *Streinz*, Europarecht, 3. Aufl., S. 115 ff.; *Hummer/Simma/Vedder*, Europarecht in Fällen, 3. Aufl., S. 415 ff.

[377] In diesem Zusammenhang ist auf eine neue Initiative der *Europäischen Akademie Bozen* hinzuweisen: Im Dezember 1998 legte die Akademie dem Präsidenten der Europäischen Kommission ein Maßnahmenpaket zur Entwicklung der Menschenrechte, des Minderheitenschutzes, der kulturellen Vielfalt und des wirtschaftlichen sowie sozialen Zusammenhalts vor. Die an der Erstellung dieser Studie beteiligten Wissenschaftler bemühten sich, teilweise durch extensive Interpretationen, den Minderheitenschutzstandard des geltenden Gemeinschaftsrechts neu zu beleuchten. Diese Interpretationen stellen jedoch in keiner Weise die Forderung nach einer Verankerung des Minderheitenschutzes in der Charta der Grundrechte der EU in Frage. Vgl. *Europäische Akademie Bozen*, Paket für Europa, Arbeitsheft der Akademie Nr. 10. Vgl. hierzu auch: *Blumenwitz*, in: *Blumenwitz/Gornig/Murswiek*, Fortschritte im Beitrittsprozeß der Staaten Mitteleuropas zur EU, S. 25, 34.

[378] *Sengöz*, Regelungen zu den Rechten ethnischer, religiöser und sprachlicher Minderheiten, in: Wissenschaftliche Dienste des Deutschen Bundestages, WF II 51/98 vom 7. Mai 1998, S. 22.

Bericht über den Stand der Umsetzung des Beschlusses des ER Köln und in Vorbereitung des Gipfels von Tampere:[379]

> *„Die Verträge verweisen hinsichtlich der von der Union zu achtenden Grundrechte nur in einer Generalklausel auf die Europäische Menschenrechtskonvention und die nationalen Verfassungstraditionen (Art. 6 Abs. 2 EUV). Ferner wird auf die Europäische Sozialcharta und die Charta der sozialen Grundrechte der Arbeitnehmer Bezug genommen (Art. 136 EGV). Eine Kodifizierung der Gemeinschaftsgrundrechte würde die Grundrechte für die Unionsbürger in ihrer Tragweite und Bedeutung sichtbarer machen und dadurch Identität und Legitimität der Union stärken. Auch Transparenz und Rechtssicherheit in bezug auf den Umfang des Grundrechtsschutzes würden auf diese Weise verbessert.“*

Mehr Transparenz und Klarheit für den Unionsbürger hinsichtlich des Bestandes seiner Grundrechte sind daher also wichtige Gründe für die Erarbeitung der Charta der Grundrechte der Europäischen Union. Weiterhin erscheint es auch für die europäische Menschenrechtsaußenpolitik im Rahmen der Gemeinsamen Außen- und Sicherheitspolitik (GASP) sinnvoll, auf einen ausformulierten Katalog eigener Grundrechte verweisen zu können. Schließlich gäbe man den Beitrittskandidaten der Staaten Mittel- und Osteuropas eine Leitlinie an die Hand, an der sie ihre Grundrechtsinnenpolitik ausrichten könnten.[380] Die Kodifizierung der Grundrechte auf Initiative des Europäischen Rates erscheint auch als der geeignete Weg zum richtigen Zeitpunkt angesichts des Scheiterns ähnlicher Initiativen in früherer Zeit durch andere Organe. So hat das Europäische Parlament im Jahr 1989 eine Erklärung über Grundrechte und Grundfreiheiten und im Jahr 1994 eine Entschließung zur Verfassung der Europäischen Union gefaßt.[381] Anzumerken ist hier wiederum, daß diese Entwürfe keine Bestimmungen hinsichtlich eines europäischen Minderheitenschutzes enthielten. Diese Initiativen wurden allerdings damals von den zur Umsetzung dieser Vorhaben kompetenten Organen auch nicht aufgegriffen. Die letzte Initiative, europäische Grundrechte im Gemeinschaftsrecht verbindlich zu verankern, stammt aus dem Jahr 1996, als ein Beitritt der Europäischen Gemeinschaft zur Europäischen Konvention zum Schutz der Menschenrechte und Grundfreiheiten erwogen wurde. Nach Ansicht des EuGH kann ein Beitritt der Europäischen Gemeinschaft zur EMRK wegen der massiven Auswirkungen auf das Rechtsschutzsystem der Gemeinschaft nur im Rahmen einer Änderung der Verträge erfolgen.[382] In einer entscheidenden Passage des EuGH-Gutachtens heißt es:[383]

---

[379] Unterrichtung des EU-Ausschusses des Deutschen Bundestages nach § 3 EuZBBG und § 3 EuZBLG durch das AA vom 12. August 1999.

[380] *Rengeling*, FAZ vom 21. Juli 1999.

[381] Zweiter Bericht des Institutionellen Ausschusses über die Verfassung der Europäischen Union vom 9. Februar 1994 (*Herman-Bericht*); vgl. hierzu: *Hilf*, Integration 1994/2, S. 68 ff.; *Rengeling*, FAZ vom 21. Juli 1999.

[382] EuGH, Gutachten 2/94, *Beitritt der Gemeinschaft zur Europäischen Konvention zum Schutz der Menschenrechte und Grundfreiheiten*, Slg. 1994 I-1763 ff.

„Zwar ist die Wahrung der Menschenrechte eine Voraussetzung für die Rechtmäßigkeit der Handlungen der Gemeinschaft, doch hätte der Beitritt zur Konvention eine wesentliche Änderung des gegenwärtigen Gemeinschaftssystems des Schutzes der Menschenrechte zur Folge, da er die Einbindung der Gemeinschaft in ein völkerrechtliches, andersartiges institutionelles System und die Übernahme sämtlicher Bestimmungen der Konvention in die Gemeinschaftsrechtsordnung mit sich brächte."

Der EuGH kam zu dem Ergebnis, daß der Gemeinschaft beim gegenwärtigen Stand des Gemeinschaftsrechts die Kompetenz fehlt, der EMRK beizutreten.[384] Was inhaltlich in die zu erarbeitende Charta der Grundrechte der Europäischen Union aufgenommen werden soll, hat der Europäische Rat in seinem Kölner Beschluß vom 4. Juni 1999 bereits in groben Zügen umrissen. Neben Freiheits- und Gleichheitsrechten sowie Verfahrensgrundrechten, wie sie der EMRK und den Verfassungsüberlieferungen der Mitgliedstaaten zu entnehmen sind, sollen auch wirtschaftliche und soziale Rechte nach Art der europäischen Sozialcharta vom 18. Oktober 1961 und der Gemeinschaftscharta der sozialen Grundrechte der Arbeitnehmer vom 9. Dezember 1989 berücksichtigt werden. Der Zusatz, daß wirtschaftliche und soziale Grundrechte nur aufgenommen werden sollen, *„soweit sie nicht nur Ziele für das Handeln der Union begründen*", signalisiert, daß die Schaffung durchsetzbarer, möglicherweise sogar für den einzelnen einklagbarer Rechte geschaffen werden soll und nicht lediglich Handlungsaufträge oder Programmsätze.[385] Überdies ist eine Unterteilung in Menschen- und Unionsbürgerrechte geplant.

bb) Die Grundentscheidung zwischen gemeinschaftsrechtlich verbindlichem und politischem Dokument

Eine sehr wichtige Grundentscheidung hinsichtlich der Verbindlichkeit einer Charta der Grundrechte der Europäischen Union ist bezüglich der Frage zu treffen, ob man ein völker- bzw. gemeinschaftsrechtlich verbindliches Instrument schaffen möchte oder lediglich ein politisch verbindliches Dokument. Beide Optionen haben ihren eigenen Reiz. Letztendlich sollte aber eine klare Entscheidung zugunsten eines rechtlich verbindlichen Instruments getroffen werden.

---

[383] EuGH, Gutachten 2/94, *Beitritt der Gemeinschaft zur Europäischen Konvention zum Schutz der Menschenrechte und Grundfreiheiten*, Slg. 1994 I-1763 ff., Tz. 34.

[384] EuGH, Gutachten 2/94, *Beitritt der Gemeinschaft zur Europäischen Konvention zum Schutz der Menschenrechte und Grundfreiheiten*, Slg. 1994 I-1763 ff., Tz. 36.

[385] So auch *Rengeling*, FAZ vom 21. Juli 1999.

Das Paradebeispiel für ein lediglich politisch verbindliches Instrument sind die Dokumente der Konferenz für Sicherheit und Zusammenarbeit in Europa (KSZE). Eindeutiger Vorteil dieser Art, diplomatische Abreden zu treffen, ist die Neigung der Verhandlungspartner, in den Verpflichtungen weiter zu gehen und in den Formulierungen klarer zu werden als bei rechtlich verbindlichen Instrumenten, die von anderen Staaten oder womöglich sogar von Bürgern vor Gerichten eingefordert werden können. Und auch wenn keine konkrete rechtliche Verpflichtung besteht kann eine politische Verpflichtung auf dem internationalen Parkett ebenfalls von großem Gewicht sein. Der 1975 in Helsinki begonnene KSZE-Prozeß war für die Ost-West-Entspannung und schließlich auch für das Ende des *Kalten Krieges* von entscheidender Bedeutung. Ehrlicherweise muß man sich jedoch eingestehen, daß er für die Menschen in den Staaten, die am KSZE-Prozeß beteiligt waren, nur begrenzte Verbesserungen ihrer subjektiven Rechtspositionen brachte. Man könnte nun auf den Gedanken kommen, die Charta der Grundrechte der Europäischen Union als lediglich politisch verbindliches Dokument in der Hoffnung abzuschließen, der EuGH möge durch seine Rechtsprechung die Charta in den Bereich des unmittelbar anwendbaren Gemeinschaftsrechts inkorporieren. Der Vorteil, weitergehende Rechte in klaren Formulierungen zu erreichen, läge ja auf der Hand. Dennoch ist dies meines Erachtens ein sehr riskantes Unterfangen. Auch wenn der EuGH in den frühen Jahren seiner Tätigkeit dazu neigte, Verpflichtungen für unmittelbar anwendbar zu erklären, ohne daß dies von den Mitgliedstaaten, welche die Verträge geschlossen hatten, zwingend so beabsichtigt war,[386] so ist es doch unwahrscheinlich, daß er dies auch an der Schwelle zum 21. Jahrhundert noch tun würde. Um eine unmittelbare Anwendbarkeit überhaupt in Erwägung zu ziehen, fordert der EuGH grundsätzlich, daß die betreffende Bestimmung eine *„unbedingte und hinreichend genau bestimmte“* Regelung trifft.[387] Bei internationalen Abkommen, mögen diese auch den Charakter völkerrechtlicher Verträge haben, ist der EuGH jedoch mit der Zulassung einer unmittelbaren Wirkung sehr restriktiv. Als Beispiel ließe sich hier die Rechtsprechung zum GATT/WTO-Recht[388] oder zu den Assoziierungsabkommen der EU mit Drittstaaten[389] anführen. Außerdem läßt der EuGH in seinem EMRK-Gutachten[390] keinen Zweifel daran, daß er nicht gewillt ist, die politische Verantwortung für die Einführung eines Grundrechtskataloges zu übernehmen, ohne daß sich die Mitgliedstaaten zu einer expliziten Vertragsänderung entschließen könnten.

---

[386] Vgl. hier nur die Entscheidung des EuGH zur unmittelbaren Anwendbarkeit von Primärrecht, begonnen in der Rs. 26/62, *van Gend & Loos*, Slg. 1963, S. 1 ff., oder die Rechsprechung zur unmittelbaren Anwendbarkeit nicht rechtzeitig oder vollständig umgesetzter Richtlinien: vgl. hierzu die Grundsatzentscheidungen EuGH Rs. 148/78, *Ratti*, Slg. 1979, S. 1629 ff.; EuGH Rs. 41/74, *van Duyn*, Slg. 1974, S. 1337 ff.

[387] Vgl. etwa die Formulierung in der Rs. 190/87, *Moormann*, Slg. 1988, S. 4689 ff.

[388] Vgl. hier die Entscheidungen des EuGH in den verbundenen Rs. 21-24/72, *International Fruit Company*, Slg. 1972, S. 1219 ff., oder in der Rs. C-280/93, *Deutschland gegen Rat (Bananenmarktverordnung)*, Slg. 1994, I-4973 ff.

[389] Vgl. hier nur die Rs. 12/86, *Demirel*, Slg. 1987, S. 3719 ff.

[390] EuGH, Gutachten 2/94, *Beitritt der Gemeinschaft zur Europäischen Konvention zum Schutz der Menschenrechte und Grundfreiheiten*, Slg. 1994 I-1763 ff.

Die Kodifizierung der Charta der Grundrechte der Europäischen Union als verbindliches Gemeinschaftsrecht und möglichst als integraler Bestandteil des Primärrechts durch seine Verankerung in den Verträgen stellt sich daher als die eindeutig zu favorisierende Option dar. Der Europäische Rat in Köln scheint ebenfalls zu dieser Option zu tendieren, ist aber wohl noch unentschlossen.[391] Im Beschluß vom 4. Juni 1999 heißt es:[392]

> *„Der Europäische Rat wird dem Europäischen Parlament und der Kommission vorschlagen, gemeinsam mit dem Rat eine Charta der Grundrechte der Europäischen Union auf der Grundlage des Entwurfs feierlich zu proklamieren. Danach wird zu prüfen sein, ob und gegebenenfalls auf welche Weise die Charta in die Verträge aufgenommen werden sollte. Der Europäische Rat beauftragt den Allgemeinen Rat, bis zum Europäischen Rat in Tampere die erforderlichen Schritte einzuleiten.“*

Die Bundesregierung strebt im Ergebnis die Aufnahme der Charta in die Verträge an.[393] Darüber hinaus sollte jedenfalls die Rechtsprechungskompetenz des Europäischen Gerichtshofes hinsichtlich der in der Charta verbürgten Rechte herbeigeführt werden. In diesem Sinne argumentierten auch viele Interessenverbände und Experten bei einer Öffentlichen Anhörung der EU-Ausschüsse des Deutschen Bundestages und des Bundesrates am 5. April 2000 in Berlin.[394] Daß eine Justiziabilität von europäischem Primärrecht nicht selbstverständlich ist, wird an der eingeschränkten Kompetenz des EuGH hinsichtlich der zweiten und dritten Säule der Europäischen Union, der Gemeinsamen Außen- und Sicherheitspolitik (GASP) und der Zusammenarbeit in den Bereichen Justiz und Inneres (ZBJI), deutlich.[395] Ob man sich dann weiterhin zur Zulassung einer Art *europäischer Verfassungsbeschwerde* zum EuGH entschließt, ist ein Detailproblem, mit dem man sich

---

[391] Vgl. zum letzten Stand der Beratungen: *Gelinsky*, FAZ vom 28. September 1999.

[392] Beschluß des Europäischen Rates vom 4. Juni 1999 zur Erarbeitung einer Charta der Grundrechte der Europäischen Union, Anhang IV (Text abgedruckt in: EuGRZ 1999, S. 364 f.).

[393] Unterrichtung des EU-Ausschusses des Deutschen Bundestages nach § 3 EuZBBG und § 3 EuZBLG durch das AA vom 12. August 1999. Vgl. auch die eindeutige Aussage von Bundesjustizministerin *Däubler-Gmelin* auf dem Richtertag 1999 in Karlsruhe, dokumentiert in: FAZ vom 5. Oktober 1999.

[394] Vgl. statt vieler: *Pernice*, Europäische Grundrechte-Charta, Antworten auf einen Fragenkatalog für die Gemeinsame Anhörung der Europaausschüsse des Bundestages und Bundesrates, S. 12 ff.; *Klein*, Schriftliche Bemerkungen zur Anhörung zum Thema *„Europäische Grundrechte-Charta“*; beide Stellungnahmen befinden sich in: Materialsammlung der Öffentlichen Anhörung der EU-Ausschüsse des Deutschen Bundestages und des Bundesrates am 5. April 2000 im Abgeordnetenhaus Berlin zur Charta der Grundrechte der Europäischen Union; *Pernice*, Internationale Politik, Heft 8/2000, S. 11 ff.

[395] Vgl. Art. 46 EUV.

beschäftigen sollte, wenn man sich auf den Kernbestand der in der Charta festzuschreibenden Grundrechte verständigt hat.[396]

cc) Politische Probleme bei der Einführung einer Minderheitenschutzbestimmung in eine Charta der Grundrechte der Europäischen Union

Ohne den Anspruch, eine europapolitische Analyse der Chancen und Probleme für die Einführung einer Minderheitenschutzbestimmung in eine Charta der Grundrechte der Europäischen Union abliefern zu wollen, seien an dieser Stelle einige Schwierigkeiten angesprochen, die sich im Gremium im Rahmen der Erarbeitung einer Minderheitenschutzbestimmung für die Charta ergeben könnten. Im wesentlichen ist grundsätzlicher Widerstand gegen die Einführung einer Minderheitenschutzklausel in die Charta von drei Staaten zu erwarten: Belgien, Griechenland und Frankreich. Alle drei Staaten haben bisher weder die Europäische Charta der Regional- und Minderheitensprachen noch das Rahmenübereinkommen des Europarats zum Schutz nationaler Minderheiten ratifiziert.

Kaum ein Staat ist so kompliziert strukturiert wie Belgien.[397] Drei Regionen: die flämische, die wallonische und die Region Brüssel sowie drei Gemeinschaften: die flämische (59% der Bevölkerung), die wallonische (40% der Bevölkerung) und die deutsche (1% der Bevölkerung) bilden die Struktur des föderalen Staates Belgien. Sie alle haben ihre eigenen Parlamente, Regierungen und Kompetenzen. Bei derart komplexen Strukturen liegt es auf der Hand, daß sich Belgien schwer tun dürfte, Minderheitenrechte umzusetzen, die mit Blick auf Staaten mit einfacheren Minderheitenstrukturen erdacht wurden.

Griechenland[398] erkennt auf seinem Staatsgebiet lediglich eine Minderheit an, die *muslimische* (d.h. türkische) Minderheit in West-Thrazien; und dies wohl auch nur aus dem Grund, weil der Vertrag von Lausanne vom 24. Juli 1923 Griechenland dazu verpflichtet. Auf griechischem Staatsgebiet leben viele sprachliche und religiöse Minderheiten, deren Zahlen nicht feststehen, weil Griechenland keine diesbezüglichen Daten erhebt. Außer der genannten *muslimischen* leugnet Griechenland seine Minderheiten und nimmt in Verhandlungen um völkerrechtliche Dokumente, die Minderheitenrechte kodifizieren sollen, stets eine fundamentale Ablehnungshaltung ein.

---

[396] Vgl. zur Problematik einer europäischen Verfassungsbeschwerde zum EuGH: *Gelinsky*, FAZ vom 18. April 1999; *dies.*, FAZ vom 26. April 1999.

[397] Vgl. *Hofmann*, Minderheitenschutz in Europa, S. 68 ff.; *Mathiak*, in: *Frowein/Hofmann/Oeter*, Das Minderheitenrecht europäischer Staaten, Teil 1, S. 1 ff.; *Newson*, Das Parlament vom 20. August 1999, S. 8.

[398] Vgl. *Hofmann*, Minderheitenschutz in Europa, S. 95 ff.; *Filos*, in: *Frowein/Hofmann/Oeter*, Das Minderheitenrecht europäischer Staaten, Teil 2, S. 61 ff.

Auch Frankreich[399] leugnet die Existenz von Minderheiten auf seinem Staatsgebiet, und zwar von allen. In Frankreich geschieht dies allerdings aus staatsphilosophischen Gründen. Die offizielle Position ist, daß es in Frankreich keine ethnischen und sprachlichen Minderheiten gibt, sondern lediglich französische Staatsbürger mit sprachlichen Besonderheiten. Überdies ist es mit der französischen Auffassung von der Universalität der Menschenrechte unvereinbar, einzelnen Gruppen innerhalb eines Staatsvolkes Sonderrechte zu gewähren. Begründet wird dies meist mit Art. 1 und Art. 2 Absatz 1 der Verfassung der Fünften Republik:

„Artikel 1

Frankreich ist eine unteilbare, laizistische, demokratische und soziale Republik. Es gewährleistet die Gleichheit aller Bürger vor dem Gesetz ohne Unterschied der Herkunft, Rasse oder Religion. Es achtet jeden Glauben.

Artikel 2

Die Sprache der Republik ist Französisch. (...)“

Diese Meinung hat Frankreich auch auf internationaler Ebene stets mit Nachdruck vertreten. Unter Hinweis auf die zitierte Verfassungsnorm hat Frankreich auch in einen Vorbehalt zu Art. 27 IPBPR erklärt, daß Art. 27 nicht auf Frankreich angewendet werden könne, da es dort keine ethnischen oder sprachlichen Minderheiten gäbe.[400] Wie ernsthaft diese Überzeugung auch in den höchsten Staatsorganen vorherrscht, läßt sich an einigen Entscheidungen des Verfassungsrates (conseil constitutionnel) erkennen. Dieser erklärte das Korsikastatut aufgrund der Verwendung des Begriffs „*peuple corse*“ für verfassungswidrig.[401] Auch die Ratifizierung der Europäischen Charta der Regional- und Minderheitensprachen durch Frankreich wurde vom Verfassungsrat für mit der Verfassung unvereinbar erklärt.[402] Vor

[399] Vgl. *Hofmann*, Minderheitenschutz in Europa, S. 91 ff.; *Polakiewicz*, in: *Frowein/Hofmann/Oeter*, Das Minderheitenrecht europäischer Staaten, Teil 1, S. 126 ff.; *Wiegel*, Das Parlament vom 20. August 1999, S. 8; *Hausmann*, Das Parlament vom 20. August 1999, S. 2; *Rudolf*, in: *Lecheler/Isensee*, FS für *Leisner*, S. 185, 192 f.

[400] *Streinz*, in: *Blumenwitz/Gornig*, Der Schutz von Minderheiten- und Volksgruppenrechten durch die Europäische Union, S. 11, 26.

[401] *Hofmann*, Minderheitenschutz in Europa, S. 92 ff.; *Streinz*, in: *Blumenwitz/Gornig*, Der Schutz von Minderheiten- und Volksgruppenrechten durch die Europäische Union, S. 11, 26.

[402] Vgl. *Wiegel*, FAZ vom 29. Juni 1999; Le Monde vom 25. Juni 1999; FAZ vom 19. Juni 1999.

diesem Hintergrund ist es verständlich, daß auch Frankreich eine grundsätzlich kritische Haltung gegenüber der Kodifizierung von Minderheitenrechten einnimmt.[403]

Die übrigen Mitgliedstaaten der Europäischen Union scheinen keine spezifischen Neigungen zu haben, sich der Schaffung einer Minderheitenschutzklausel in der Charta der Grundrechte der Europäischen Union zu widersetzen.

In Tampere beschloß der Europäische Rat am 15. und 16. Oktober 1999 schließlich, mit der Ausarbeitung einer Charta der Grundrechte der Europäischen Union zu beginnen und legte die organisatorischen Rahmenbedingungen fest. In den Schlußfolgerungen des Vorsitzes heißt es dazu:[404]

> *„Der Europäische Rat ist am 15. und 16. Oktober 1999 in Tampere zu einer Sondertagung über die Schaffung eines Raums der Freiheit, der Sicherheit und des Rechts in der Europäischen Union zusammengetreten. (...) In engem Zusammenhang mit dem Raum der Freiheit, der Sicherheit und des Rechts hat der Europäische Rat Einvernehmen über die Zusammensetzung, die Arbeitsverfahren und die praktischen Vorkehrungen (...) für das Gremium erzielt, das mit der Ausarbeitung eines Entwurfs einer EU-Charta der Grundrechte beauftragt ist. Der Europäische Rat ersucht alle Beteiligten, dafür Sorge zu tragen, daß mit der Ausarbeitung der Charta sehr bald begonnen werden kann.“*

In einem Entschließungsantrag zeigte sich daraufhin auch das Europäische Parlament erfreut.[405] Als Bundeskanzler *Schröder* zu den Ergebnissen der finnischen Ratspräsidentschaft am 3. Dezember 1999 eine Regierungserklärung[406] abgab, wurde dieses Vorhaben auch im Deutschen Bundestag parteiübergreifend begrüßt.

---

[403] *Rudolf*, in: *Lecheler/Isensee*, FS für *Leisner*, S. 185, 192 f.

[404] ER Tampere, Schlußfolgerungen des Vorsitzes, dokumentiert in der Anlage VII der Innenausschußdrucksache Nr. 91 der 14. Wahlperiode.

[405] EP Doc. B5-0191/1999, Entschließung vom 21. Oktober 1999 zu den Ergebnissen des Europäischen Gipfels von Tampere, Punkt 20.

[406] BT Plenarprotokoll 14/77 der 77. Sitzung des Deutschen Bundestages vom 3. Dezember 1999. Vgl. auch BT Plenarprotokoll 14/79 der 79. Sitzung des Deutschen Bundestages vom 16. Dezember 1999 mit den Ergebnissen des Gipfels des Europäischen Rates am 10./11. Dezember in Helsinki.

dd) Der Entwurf einer Charta der Grundrechte der Europäischen Union vom 28. Juli 2000 und die feierliche Verkündung am 7. Dezember 2000

Unter diesen Ausgangsbedingungen nahm das in den Beschlüssen des Europäischen Rates von Tampere bezeichnete Gremium seine Arbeit auf. Zum Vorsitzenden des sich als *Konvent* bezeichnenden Gremiums wurde Bundespräsident a.D. *Roman Herzog* gewählt. Von Anfang an wurde die Arbeit des *Konvents* von Wissenschaft und Politik in ganz Europa mit großem Interesse verfolgt und mit Anregungen und Vorschlägen begleitet. Unter anderem wurde von einigen auch die Aufnahme einer Minderheitenschutzbestimmung in die Charta der Grundrechte der Europäischen Union gefordert. Die Kodifizierung des Minderheitenschutzes in der Grundrechtscharta wurde beispielsweise vom Sachverständigen Professor Dr. *Pernice* vom Walter-Hallstein-Institut für Europäisches Verfassungsrecht an der Humboldt-Universität zu Berlin bei der Öffentlichen Anhörung der EU-Ausschüsse des Deutschen Bundestages und des Bundesrates am 5. April 2000 in Berlin gefordert.[407] Das umfangreichste und überzeugendste wissenschaftliche Gutachten, das für eine Verankerung des Minderheitenschutzes in der Charta der Grundrechte der Europäischen Union plädierte, wurde vom *Internationalen Institut für Nationalitätenrecht und Regionalismus (INTEREG)* vorgelegt.[408]
Seitens der Politik wurde die Einfügung einer Minderheitenklausel in die Charta der Grundrechte der Europäischen Gemeinschaft von der Fraktion BÜNDNIS 90/GRÜNE und der CDU/CSU-Fraktion im Deutschen Bundestag gefordert.[409] Im Antrag der Fraktion BÜNDNIS 90/GRÜNE betreffend die Charta der Grundrechte der Europäischen Union heißt es:[410]

> *„Auch gilt es, einen umfassenden Minderheitenschutz und Schutz vor Diskriminierungen, insbesondere aufgrund der Hautfarbe, der ethnischen Herkunft, der Religion oder Weltanschauung, einer Behinderung, des Alters oder der sexuellen Ausrichtung zu garantieren. Auch für Angehörige von Drittstaaten muss ein Mindeststandard an Grundrechten gesichert werden.“*

---

[407] *Pernice*, Europäische Grundrechte-Charta, Antworten auf einen Fragenkatalog für die Gemeinsame Anhörung der Europaausschüsse des Bundestages und Bundesrates, S. 6, in: Materialsammlung der Öffentlichen Anhörung der EU-Ausschüsse des Deutschen Bundestages und des Bundesrates am 5. April 2000 im Abgeordnetenhaus Berlin zur Charta der Grundrechte der Europäischen Union.

[408] *Blumenwitz/Pallek*, Vorschlag einer Minderheitenschutzbestimmung in der Charta der Grundrechte der Europäischen Union, Gutachten erstellt in Auftrag des Internationalen Instituts für Nationalitätenrecht und Regionalismus (INTEREG), München 2000.

[409] BT-Drucks. 14/3800 vom 5. Juli 2000 (Beschlußempfehlung und Bericht des Ausschusses für die Angelegenheiten der Europäischen Union).

[410] BT-Drucks. 14/3387 vom 17. Mai 2000, S. 2.

In diesem Antrag kommt das gleiche Verständnis des Begriffes der *Minderheit* zum Ausdruck, das bereits der Formulierung der Passage zu den *Minderheitenrechten* im Koalitionsvertrag[411] vom 20. Oktober 1998 zugrunde lag.[412] Im Antrag der Fraktion der CDU/CSU im Deutschen Bundestag *„Für eine bürgernahe Charta der Grundrechte der Europäischen Union"* findet sich folgende Passage:[413]

> *„Angesichts der schrecklichen Erfahrungen mit ethnischen Säuberungen und Vertreibungen im 20. Jahrhundert und insbesondere in jüngster Zeit auf dem Balkan sollte in die Charta ein Grundrecht auf Heimat und Schutz vor Vertreibung sowie eine Schutzbestimmung für ethnische, nationale und sprachliche Minderheiten aufgenommen werden."*

Dieser Antrag wies vom Ansatz her in die richtige Richtung. Neben einer Minderheitenschutzbestimmung wurden als weitere flankierenden Bestimmungen die Kodifizierung eines Rechts auf die Heimat und eines Rechtes auf Vertreibungsschutz gefordert.

Dem *Konvent* gelang es in kürzester Zeit einen Entwurf für eine Charta der Grundrechte der Europäischen Union[414] zu erarbeiten, der am 28. Juli 2000 der Öffentlichkeit vorgestellt wurde.[415] In diesem Entwurf findet sich keine Bestimmung, die ausschließlich dem Minderheitenschutz gewidmet ist.[416] Dennoch blieben die Anliegen der Minderheiten in Europa nicht völlig unbeachtet. Die Merkmale der *ethnischen Herkunft* und der *Zugehörigkeit*

---

411 Aufbruch und Erneuerung - Deutschlands Weg ins 21. Jahrhundert, Koalitionsvereinbarung zwischen der Sozialdemokratischen Partei Deutschlands und BÜNDNIS 90/GRÜNE, Bonn, 20. Oktober 1998, S. 38.

412 Vgl. oben Punkt I. 4.

413 BT-Drucks. 14/3368 vom 16. Mai 2000, S. 2.

414 Entwurf der Charta der Grundrechte der Europäischen Union vom 5. Mai 2000. In dieser Version war das Diskriminierungsverbot noch in Art. 22 Abs. 1 des Entwurfes enthalten. Das Originaldokument wurde in französischer Sprache erstellt (Doc. CHARTE 4284/00). Der Text des Entwurfes der Charta in seiner aktuellen Version ist auch von der homepage des Konvents unter http://consilium.eu.int abrufbar. Der Text des Entwurfes der Charta ist weiterhin abgedruckt in: FAZ vom 7. August 2000 und in Le Monde vom 17. Oktober 2000.

415 Vgl. hierzu *Tomuschat*, FAZ vom 7. August 2000; *Tettinger*, FAZ vom 26. August 2000; *Weber*, FAZ vom 26. August 2000; *Meyer*, FAZ vom 25. September 2000; *Schwimmer*, FAZ vom 25. September 2000; *Tillich*, FAZ vom 25. September 2000; *Cohen-Tanugi*, Le Monde vom 8./9. Oktober 2000; *Hirsch*, FAZ vom 12. Oktober 2000.

416 Dies wird in einem Entschließungsantrag der Fraktion der CDU/CSU im Deutschen Bundestag bedauert. Vgl. BT-Drucks. 14/4246 vom 10. Oktober 2000, S. 2. Dort heißt es: *„Der Deutsche Bundestag (...) bedauert, dass trotz der schrecklichen Erfahrungen mit ethnischen Säuberungen und Vertreibungen im 20. Jahrhundert kein Grundrecht auf Heimat in die Charta aufgenommen wurde. Insbesondere im Hinblick auf die Ereignisse der allerjüngsten Zeit auf dem Balkan und die ungeklärte Situation der Minderheiten in mehrereren europäischen Ländern hätte von einer solchen Bestimmung ein wichtiges politisches Signal ausgehen können."*

zu einer nationalen Minderheit wurden in das Diskriminierungsverbot des Art. 21 Abs. 1 des Entwurfes aufgenommen:

Art. 21 Abs. 1

„(1) Diskriminierungen wegen des Geschlechts, der Rasse, der Hautfarbe oder der ethnischen oder sozialen Herkunft, der genetischen Merkmale, der Sprache, der Religion oder der Weltanschauung, der politischen oder sonstigen Anschauung, der Zugehörigkeit zu einer nationalen Minderheit, des Vermögens, der Geburt, einer Behinderung, des Alters oder der sexuellen Ausrichtung sind verboten."[417]

Natürlich ist eine ausdrückliche Erwähnung von Minderheiten im Entwurf der Charta der Grundrechte der Europäsichen Union begrüßenswert. Daß die *Zugehörigkeit zu einer nationalen Minderheit* als verbotenes Diskriminierungskriterium in das Diskriminierungsverbot des Entwurfes der Charta aufgenommen wurde, macht die Bemühungen um die Aufnahme einer Minderheitenschutzbestimmung in die Charta nicht zu einem völligen Mißerfolg. Dennoch kann hier auch nicht von einem Erfolg gesprochen werden. Selbstverständlich müssen die Minderheiten in erster Linie vor Diskriminierungen geschützt werden. Sie brauchen aber wesentlich mehr als ein bloßes Diskriminierungsverbot. Abgesehen davon sollte man in Europa, einem Kontinent mit jahrhundertealter Grundrechtstradition und Grundrechtskultur imstande sein, seinen Minderheiten mehr zuzugestehen als bloßen Diskriminierungsschutz. Gegen die Aufnahme einer weitergehenden Bestimmung zum Schutz von Minderheiten wendeten sich, man möchte hinzufügen wie immer, gerade die Mitgliedsstaaten, die auf ihrem Gebiet die gewaltsamsten Minderheitenkonflikte haben, nämlich Frankreich und Spanien. Von ihrer Entwurfskonzeption her verpflichtet die Charta gemäß ihrem Art. 49 Abs. 1 Satz 1,[418] die Organe und Einrichtungen der Union unter Einhaltung des Subsidiaritätsprinzips und die Mitgliedstaaten ausschließlich bei der Durchführung des Rechts der Union.[419]

---

[417] In der französischen Originalversion lautet diese Bestimmung:
„Est interdite toute discrimination fondée notamment sur le sexe, la race, la couleur, les orignes ethniques ou sociales, les charactéristiques génétiques, la langue, la religion ou les convictions, les opinions politiques ou toute autre opinion, l'appartenanca à une minorité nationale, la fortune, la naissance, un handicap, l'âge ou l'orientation sexuelle.", deutsche Version zitiert nach: FAZ vom 7. August 2000. Französische Version zitiert nach: Le Monde vom 17. Oktober 2000.

[418] Art. 49 Abs. 1 Satz 1 des Entwurfes der Charta der Grundrechte der Europäischen Union hat folgenden Wortlaut:
(1) Diese Charta gilt für die Organe und Einrichtungen der Union unter Einhaltung des Subsidiaritätsprinzips und für die Mitgliedstaaten ausschließlichbei der Durschführung des Rechts der Union.

[419] Vgl. *Tomuschat*, FAZ vom 7. August 2000; *Tettinger*, FAZ vom 26. August 2000.

In der Folgezeit wurde der Entwurf der Charta der Grundrechte der Europäischen Union weiter fortentwickelt.[420] Am 11. Oktober 2000 nahm das Bundeskabinett den Entwurf der Charta zustimmend zur Kenntnis und ließ verlauten, daß sich die Bundesregierung für die feierliche Annahme der Charta auf dem Gipfeltreffen Anfang Dezember 2000 in Nizza einsetzen wolle.[421] Auf dem Sondergipfel am 13./14. Oktober 2000 in Biarritz wurde der Entwurf der Charta der Grundrechte der Europäischen Union von den dort versammelten Staats- und Regierungschefs der Mitgliedstaaten der Europäischen Union bereits inoffiziell angenommen.[422]

Am 7. Dezember 2000 verkündeten die Staats- und Regierungschefs der 15 EU-Mitgliedstaaten, der Präsident der Europäischen Kommission sowie die Präsidentin des Europäischen Parlaments, die sich zum Ende der französischen Ratspräsidentschaft in der Mittelmeerstadt Nizza zusammengefunden hatten, feierlich die Charta der Grundrechte der Europäischen Union und nahmen sie damit offiziell an.[423] Der minderheitenrechtliche Inhalt der Endversion der Charta entsprach dem des Entwurfes vom 28. Juli 2000. Durch die feierliche Verkündung wurde noch keine Rechtsverbindlichkeit der Charta begründet. Unklar ist demnach weiterhin, in welcher Form die Charta dem *aquis communautaire* des Bestandes des europäischen Rechts eingeordnet wird und welchen Rechtscharakter sie haben wird.[424] Hier bleibt zu hoffen, daß die Endversion der Charta irgendwann bindendes und insbesondere justiziables Europarecht werden wird. Ein solches Ergebnis wird auch von den Bundestagsfraktionen der SPD, von BÜNDNIS 90/GRÜNE,[425] der CDU/CSU[426] und der F.D.P.[427] angestrebt. Bundeskanzler *Schröder* forderte, die Charta in die Gemeinschaftsvertäge aufzunehmen. Eine Entscheidung hierüber wird aber erst im Rahmen einer Regierungskonferenz im Jahr 2004 erwartet.[428]

---

[420] FAZ vom 25. September 2000.

[421] FAZ vom 12. Oktober 2000.

[422] *de Bresson*, Le Monde vom 15./16. Oktober 2000; *Stabenow*, FAZ vom 16. Oktober 2000.

[423] Vgl. hierzu etwa: *Pernice*, DVBl. 2000, S. 847 ff.; *Grabenwarter*, DVBl. 2001, S. 1 ff.; *von Danwitz*, Internationale Politik, 2/2001, S. 37 ff. jeweils mit vielen weiteren Nachweisen.

[424] FAZ vom 16. Oktober 2000.

[425] Vgl. den gemeinsamen Entschließungsantrag der Fraktionen der SPD und von BÜNDNIS 90/GRÜNE: BT-Drucks. 14/4269 vom 11. Oktober 2000.

[426] Vgl. den Entschließungsantrag der Fraktion der CDU/CSU: BT-Drucks. 14/4246 vom 10. Oktober 2000.

[427] Vgl. den Entschließungsantrag der Fraktion der F.D.P.: BT-Drucks. 14/4253 vom 11. Oktober 2000.

[428] *Stabenow*, FAZ vom 16. Oktober 2000.

6. Bilaterale Verträge der Bundesrepublik Deutschland

Schließlich bestimmen auch die von der Bundesrepublik Deutschland geschlossenen bilateralen Verträge den völkerrechtlichen Rahmen, in welchem das innerstaatliche deutsche Minderheitenrecht positioniert werden muß. Diesen Verträgen kommt, insbesondere aufgrund der Tatsache, daß das minderheitenschützende Völker- und Europarecht in materieller Hinsicht nicht allzuviel hergibt, eine nicht unwesentliche Bedeutung zu. Minderheitenschutzklauseln finden sich insbesondere in völkerrechtlichen Freundschafts- und Nachbarschaftsverträgen, die nach dem Ende des Kalten Krieges vor allem mit osteuropäischen Staaten abgeschlossen wurden. Die Minderheitenschutzbestimmungen wurden überwiegend auf deutsche Initiative hin eingefügt, da die Bundesrepublik Deutschland sich dem Schutz der deutschen Minderheiten im Ausland, insbesondere natürlich in Osteuropa in den ehemaligen ostdeutschen Gebieten, verpflichtet sah. Daß sich minderheitenrechtliche Konsequenzen aus diesen Verträgen auch für die Minderheiten innerhalb der Bundesrepublik Deutschland ergeben, liegt daran, daß die Vertragspartner mehr oder minder nachdrücklich auf Reziprozität bestanden, auch wenn teilweise nur eine sehr geringe Anzahl von Personen mit Wurzeln in den jeweiligen osteuropäischen Vertragspartnerstaaten in der Bundesrepublik Deutschland lebt.[429] Das Vertragsgeflecht, das die Bundesrepublik Deutschland mit ihren osteuropäischen Nachbarn in minderheitenrechtlicher Hinsicht aushandelte, diente später als Vorbild für Verträge, welche die osteuropäischen Staaten untereinander aushandelten, und erfuhr aus diesem Grunde eine nochmalige Aufwertung.[430] Die zeitliche Abfolge der Verträge spiegelt keine Fortentwicklung des jeweils erreichten Minderheitenstandards wider, sondern ergab sich mehr oder minder aufgrund von organisatorischen Gegebenheiten, wie beispielsweise der Terminkalender der beteiligten Minister.[431]

a) Der deutsch-polnische Nachbarschaftsvertrag vom 17. Juni 1991

Der Vertrag zwischen der Bundesrepublik Deutschland und der Republik Polen über gute Nachbarschaft und freundschaftliche Zusammenarbeit[432] wurde am 17. Juni 1991 unterzeichnet, am 17.[433] bzw. am 18.[434] Oktober 1991 ratifiziert und trat am 16. Januar 1992

[429] Vgl. hierzu auch oben Kapitel 1. Punkt III. 2. c) und d).

[430] *Strauß*, in: *Blumenwitz/Gornig/Murswiek*, Rechtsanspruch und Rechtswirklichkeit des europäischen Minderheitenschutzes, S. 39, 40.

[431] *Brümmer*, in: *Blumenwitz/Murswiek*, Aktuelle rechtliche und praktische Fragen des Volksgruppen- und Minderheitenschutzrechts, S. 75.

[432] BGBl. 1991 II S. 1314 ff.

[433] Vom Deutschen Bundestag.

[434] Vom polnischen Sejm.

in Kraft.[435] Die Minderheitenschutzbestimmungen dieses Vertrages sind in seinen Art. 20 bis 22 enthalten und werden durch einen Briefwechsel[436] der Außenminister *Genscher* und *Skubiszewski* im Zusammenhang mit der Unterzeichnung des Vertrages ergänzt, der zur Auslegung der Bestimmungen des Vertrages herangezogen werden kann.[437]

In Ermangelung einer international anerkannten Vorgabe definiert der Vertrag in Art. 20 Abs. 1 zunächst die zu schützenden Personengruppen. Während von einer *deutschen Minderheit* in Polen gesprochen wird, vermeidet der Vertrag diesen Terminus in bezug auf die in der Bundesrepublik Deutschland lebenden Personen, die in den Genuß der Rechte des Vertrags kommen sollen. In bezug auf diese Gruppe spricht der Vertrag von *„Personen deutscher Staatsangehörigkeit in der Bundesrepublik Deutschland, die polnischer Abstammung sind oder die sich zur polnischen Sprache, Kultur oder Tradition bekennen"*. Dies geschieht in Anwendung des von der Bundesrepublik Deutschland vertretenen engen Minderheitenbegriffs, der eine polnische Minderheit in Deutschland offiziell nicht anerkennt. Allerdings wird diese Haltung nicht konsequent durchgehalten, da die Bundesrepublik, wie bereits dargestellt,[438] im Briefwechsel zusichert, in bezug auf die polnischstämmige Bevölkerung in Deutschland nicht kategorisch auf das Kriterium der deutschen Staatsangehörigkeit zu bestehen. Legt man die Definition streng grammatikalisch aus, so reichte ein subjektives Bekenntnis zu polnischen Traditionen aus, um in den Schutz der Rechte des Vertrages zu kommen.[439] Dennoch wird man wohl davon ausgehen müssen, daß die Bundesrepublik Deutschland ihrer generellen Rechtsauffassung in diesem Bereich folgend, zumindest objektive Ansätze für die Gruppenzugehörigkeit fordern wird.[440]

Die Polnischstämmigen haben grundsätzlich das Recht *„einzeln oder in Gemeinschaft mit anderen Mitgliedern ihrer Gruppe ihre ethnische, kulturelle, sprachliche und religiöse Identität frei zum Ausdruck zu bringen, zu bewahren und weiterzuentwicklen; frei von jeglichen Versuchen, gegen ihren Willen assimiliert zu werden."* In dieser Formulierung ist eine gewisse Referenz zu Art. 27 IPBPR zu erkennen. Deutlich wird dies dadurch, daß der Vertrag seine minderheitenschützenden Bestimmungen grundsätzlich als Individualgrundrechte gewährt und ein kollektiver Charakter der Minderheitenrechte nicht vorgesehen ist. Durch die Formulierung verschließt der Vertrag aber Entwicklung hin zu

---

[435] Vgl. die Bekanntmachung vom 24. Januar 1992 (BGBl. 1992 II S. 118).

[436] Verkündet mit dem Vertrag in: BGBl. 1991 II S. 1326 f. Der Briefwechsel ist auch abgedruckt in Sartorius II, Internationale Verträge – Europarecht, Nr. 682.

[437] *Strauß*, in: *Blumenwitz/Gornig/Murswiek*, Rechtsanspruch und Rechtswirklichkeit des europäischen Minderheitenschutzes, S. 39, 40 f.

[438] Vgl. oben Punkt I. 3. d).

[439] *Blumenwitz*, Minderheiten- und Volksgruppenrecht - Aktuelle Entwicklung, S. 82.

[440] A.A. *Siegert*, Minderheitenschutz in der Bundesrepublik Deutschland, S. 96.

verstärkterem kollektiven Minderheitenschutz auch nicht.[441] Art. 20 Abs. 1 Satz 2 des Vertrages kodifiziert ein generelles Diskriminierungsverbot hinsichtlich der Ausübung der Menschenrechte und Grundfreiheiten, indem er für die Polen in Deutschland[442] das Recht statuiert, *„ihre Menschenrechte und Grundfreiheiten ohne jegliche Diskriminierung und in voller Gleichheit vor dem Gesetz voll und wirksam auszuüben.“* Dieses Diskriminierungsverbot und Gleichstellungsgebot wird durch Art. 20 Abs. 4 des Vertrages um die Nuance verstärkt, daß die Vertragsparteien bekräftigen, *„daß die Zugehörigkeit zu den in Absatz 1 genannten Gruppen Angelegenheit des persönlichen Entscheidung eines Menschen ist, die für ihn keinen Nachteil bringen darf.“*

Art. 20 Abs. 2 des Vertrages verweist auf einen internationalen Standard für Minderheiten, deren Rechte und Verpflichtungen die Vertragsparteien verwirklichen wollen. Im einzelnen wird nicht abschließend auf folgende völker- und europarechtliche Instrumente verwiesen: die allgemeine Erklärung der Menschenrechte der Vereinten Nationen vom 10. Dezember 1948, die Europäische Konvention vom 4. November 1950 zum Schutz der Menschenrechte und Grundfreiheiten, das Internationale Übereinkommen vom 7. März 1966 zur Beseitigung jeder Form von Rassendiskriminierung, den Internationalen Pakt vom 16. Dezember 1966 über bürgerliche und politische Rechte, die Schlußakte von Helsinki vom 1. August 1975, das Dokument des Kopenhagener Treffens über die menschliche Dimension der KSZE vom 29. Juni 1990 sowie die Charta von Paris für ein neues Europa vom 21. November 1990. Alle diese Instrumente sind bereits besprochen.[443] Ein generelles Problem bei der Bewertung dieser Bestimmung ist die Frage, welche Rechtswirkungen der Verweis auf andere völker- und europarechtliche Instrumente in einem bilateralen Vertrag hat.[444] Beispielsweise könnte man auf den Gedanken kommen, die Parteien wollten die politischen Verpflichtungen aus den KSZE-Dokumenten in ihrem bilateralen Verhältnis völkerrechtlich verbindlich erklären. Aus der Formulierung des Art. 20 Abs. 2 ist jedoch ersichtlich, daß dies so nicht beabsichtigt gewesen sein kann.[445] Vielmehr wollten die Parteien wohl lediglich deklaratorisch auf bestehende Verpflichtungen aus internationalen Instrumenten zum Minderheitenschutz, denen sie beigetreten sind, verweisen. Aus diesem Grund braucht auch die schwierige, und im Grunde nicht mögliche Bestimmung, welche konkreten Rechte denn nun in einem internationalen Standard für Minderheiten enthalten sind, nicht beantwortet zu werden. Diese

---

441 *Strauß*, in: *Blumenwitz/Gornig/Murswiek*, Rechtsanspruch und Rechtswirklichkeit des europäischen Minderheitenschutzes, S. 39, 43.

442 Aufgrund eines generellen Reziprozitätsprinzips des Vertrages gilt dieses natürlich stets auch für die deutsche Minderheit in Polen. Da letztere jedoch nicht Untersuchungsobjekt dieser Arbeit ist, sollen lediglich die Rechte für Minderheiten oder minderheitenähnliche Personengruppen in der Bundesrepublik Deutschland dargestellt und erörtert werden.

443 Vgl. die entsprechenden Punkte oben.

444 Vgl. hierzu *Blumenwitz*, Minderheiten- und Volksgruppenrecht - Aktuelle Entwicklung, S. 84 ff.; *ders.*, in: *Blumenwitz/Murswiek*, Aktuelle rechtliche und praktische Fragen des Volksgruppen- und Minderheitenschutzrechts, S. 65 ff.

445 So auch *Blumenwitz*, in: *Blumenwitz/Murswiek*, Aktuelle rechtliche und praktische Fragen des Volksgruppen- und Minderheitenschutzrechts, S. 70.

Definierung erscheint umso mehr unmöglich als die Aufzählung der völker- und europarechtlichen Instrumente durch das Wort *insbesondere* einen nicht abschließenden Charakter erhält. Art. 20 Abs. 2 des Vertrages ist nach alledem von geringem rechtlichen Gehalt[446] und rechtfertigt seine Existenz durch die Symbolik, die er durch den Verweis auf wichtige internationale Menschen- und Minderheitenschutzinstrumente erzeugt.

Die konkreten subjektiven Rechte, die den Polnischstämmigen zu gewähren sind, sind in Art. 20 Abs. 3 des Vertrages enumerativ aufgelistet:

> *„(3) Die Vertragsparteien erklären, daß die in Absatz 1 genannten Personen insbesondere das Recht haben, einzeln oder in Gemeinschaft mit anderen Mitgliedern ihrer Gruppe*
>
> - *sich privat und in der Öffentlichkeit ihrer Muttersprache frei zu bedienen, in ihr Informationen zu verbreiten und auszutauschen und dazu Zugang zu haben,*
> - *ihre eigenen Bildungs-, Kultur- und Religionseinrichtungen, -organisationen oder –vereinigungen zu gründen und zu unterhalten, die um freiwillige Beiträge finanzieller oder anderer Art sowie öffentliche Unterstützung im Einklang mit den nationalen Rechtsvorschriften ersuchen können und gleichberechtigten Zugang zu den Medien ihrer Region zu haben,*
> - *sich zu ihrer Religion zu bekennen und diese auszuüben, einschließlich des Erwerbs und Besitzes sowie der Verwendung religiösen Materials, und den Religionsunterricht in ihrer Muttersprache abzuhalten,*
> - *untereinander ungehinderte Kontakte innerhalb des Landes sowie Kontakte über Grenzen hinweg mit Bürgern anderer Staaten herzustellen und zu pflegen, mit denen sie eine gemeinsame ethnische oder nationale Herkunft, ein gemeinsames kulturelles Erbe oder religiöses Bekenntnis teilen,*
> - *ihre Vor- und Nachnamen in der Form der Muttersprache zu führen,*
> - *Organisationen oder Vereinigungen in ihrem Land einzurichten und zu unterhalten und in internationalen nichtstaatlichen Organisationen mitzuarbeiten,*
> - *sich wie jedermann wirksamer Rechtsmittel zur Verwirklichung ihrer Rechte im Einklang mit den nationalen Rechtsvorschriften zu bedienen.*"

---

[446] So auch *Siegert*, Minderheitenschutz in der Bundesrepublik Deutschland, S. 97.

Diese Rechte erklären sich im Grunde aus sich selbst heraus. Zusammen mit dem oben besprochenen Diskriminierungsverbot des Art. 20 Abs. 1 Satz 2 entsprechen sie dem Katalog der Rechte des Dokuments des Kopenhagener Treffens über die menschliche Dimension der KSZE vom 29. Juni 1990.[447] Grundsätzlich bedürfen Rechte, die in völkerrechtlichen Verträgen verankert sind, der Umsetzung in nationales Recht. Eine Ausnahme hiervon besteht, wenn die Rechte *self-executing* sind, also inhaltlich hinreichend konkret gefaßt sind, damit die innerstaatliche Verwaltung und Justiz sie unmittelbar anwenden kann und eine derartige unmittelbare Anwendbarkeit von den vertragschließenden Völkerrechtssubjekten auch gewollt ist.[448] Gemäß diesen Regeln kann davon ausgegangen werden, daß der Katalog der Rechte des Art. 20 Abs. 3 des Vertrages *self-executing*-Charakter hat und damit unmittelbar anwendbares Recht schafft, auf das sich die Berechtigten des Vertrages direkt berufen können.[449]

In Art. 21 des Vertrages werden zurückhaltend formulierte und überwiegend als *soft-law* ausgestaltete Schutz- und Förderungspflichten für die unter dem Vertrag Berechtigten niedergelegt. Insbesondere haben die Vertragsparteien in Art. 21 Abs. 2 folgendes vereinbart:

> „*(2) Die Vertragsparteien werden insbesondere*
>
> - *im Rahmen der geltenden Gesetze einander Förderungsmaßnahmen zugunsten der Angehörigen der in Artikel 20 Absatz 1 genannten Gruppen oder ihrer Organisationen ermöglichen und erleichtern,*
>
> - *sich bemühen, den Angehörigen der in Artikel 20 Absatz 1 genannten Gruppen, ungeachtet der Notwendigkeit, die offizielle Sprache des betreffenden Staates zu erlernen, in Einklang mit den anwendbaren nationalen Rechtsvorschriften entsprechende Möglichkeiten für den Unterricht ihrer Muttersprache oder in ihrer Muttersprache in öffentlichen Bildungseinrichtungen sowie, wo immer dies möglich und notwendig ist, für deren Gebrauch bei Behörden zu gewährleisten,*
>
> - *im Zusammenhang mit dem Unterricht von Geschichte und Kultur in Bildungseinrichtungen die Geschichte und Kultur der in Artikel 20 Absatz 1 genannten Gruppen berücksichtigen,*

---

[447] *Strauß*, in: *Blumenwitz/Gornig/Murswiek*, Rechtsanspruch und Rechtswirklichkeit des europäischen Minderheitenschutzes, S. 39, 44.

[448] Vgl. hierzu etwa: *Gloria*, in: *Ipsen*, Völkerrecht, 3. Aufl., § 74, Rn. 21; *Berber*, Lehrbuch des Völkerrechts, 2. Aufl., Bd. 1, S. 98 ff.

[449] So auch *Strauß*, in: *Blumenwitz/Gornig/Murswiek*, Rechtsanspruch und Rechtswirklichkeit des europäischen Minderheitenschutzes, S. 39, 44; *Blumenwitz*, Internationale Schutzmechanismen zur Durchsetzung von Minderheiten- und Volksgruppenrechten, S. 163 f. A.A. *Siegert*, Minderheitenschutz in der Bundesrepublik Deutschland, S. 97.

- *das Recht der Angehörigen der in Artikel 20 Absatz 1 genannten Gruppen achten, wirksam an öffentlichen Angelegenheiten teilzunehmen, einschließlich der Mitwirkung in Angelegenheiten betreffend den Schutz und die Förderung ihrer Identität,*

- *diesbezüglich die notwendigen Maßnahmen ergreifen, und zwar nach entsprechenden Konsultationen im Einklang mit den Entscheidungsverfahren des jeweiligen Staates, wobei diese Konsultationen Kontakte mit Organisationen oder Vereinigungen der in Artikel 20 Absatz 1 genannten Gruppen einschließen.*"

Eindeutig handelt es sich beim Katalog des Art. 21 Abs. 2 des Vertrages nicht um Normen mit *self-executing*-Charakter.[450] Dieser Katalog richtet sich an die Vertragsparteien und legt ihnen bestimmte Pflichten auf, die aber teilweise durch sehr weiche Formulierungen[451] in ihrer Bestimmtheit verwässert werden.[452] Die Bestimmung in Art. 21 Abs. 2 1. Spiegelstrich wurde auf deutsche Initiative eingefügt, um es der Bundesregierung zu ermöglichen, die deutsche Minderheit in Polen zu fördern. Eine ähnliche Förderung wurde den Polnischstämmigen in der Bundesrepublik Deutschland seitens der polnischen Regierung nicht zuteil.[453] Konkrete Maßnahmen zur Umsetzung der weiteren Bestimmungen im Hinblick auf die Polen in Deutschland seitens der Bundesregierung ist nicht ersichtlich und wird von der Bundesregierung offenbar auch nicht für notwendig erachtet, da eine polnische Minderheit sich in der Bundesrepublik Deutschland bislang nicht in ausreichender Weise organisieren konnte und die Bundesrepublik aus diesem Grunde somit auch keine polnische Minderheit in Deutschland anerkennt.[454] Auch wenn die Bundesregierung noch keine konkreten Maßnahmen getroffen hat, so kann man nicht von einer Nichterfüllung bestimmter Vorschriften des Vertrages sprechen. Dies wird auch von polnischer Seite nicht behauptet. Die Bundesregierung sieht jedenfalls keine diesbezüglichen Defizite.[455]

Art. 22 Abs. 1 des Vertrags ordnet an, daß keine der aus den Minderheitenschutzbestimmungen resultierenden Verpflichtungen so ausgelegt werden darf, „*daß sie das Recht begründet, eine Tätigkeit auszuüben oder eine Handlung zu begehen, die*

[450] *Blumenwitz*, Internationale Schutzmechanismen zur Durchsetzung von Minderheiten- und Volksgruppenrechten, S. 163 f.

[451] Vgl. etwa die Formulierung im 2. Spiegelstrich „*sich bemühen (...) wo immer dies möglich und notwendig ist*".

[452] *Blumenwitz*, Minderheiten- und Volksgruppenrecht - Aktuelle Entwicklung, S. 87.

[453] *Brümmer*, in: *Blumenwitz/Murswiek*, Aktuelle rechtliche und praktische Fragen des Volksgruppen- und Minderheitenschutzrechts, S. 75, 77.

[454] Vgl. oben Kapitel 1. Punkt III. 2. c).

[455] *Brümmer*, in: *Blumenwitz/Murswiek*, Aktuelle rechtliche und praktische Fragen des Volksgruppen- und Minderheitenschutzrechts, S. 75, 78.

in Widerspruch zu den Zielen und Prinzipien der Charta der Vereinten Nationen, anderen völkerrechtlichen Verpflichtungen oder den Bestimmungen der Schlußakte von Helsinki einschließlich des Prinzips der territorialen Integrität der Staaten steht." Art. 22 Abs. 2 des Vertrages sieht schließlich noch eine konkrete Loyalitätspflicht für die Berechtigten unter dem Vertrag vor.[456] Auch zur grundsätzlichen Bedeutung von Loyalitätsklauseln wurde oben bereits Stellung genommen.[457] Art. 22 ist wohl auf polnische Initiative angesichts der starken deutschen Minderheit in Polen in den Vertrag gekommen und ist wohl, bezogen auf die polnischstämmigen Personen in der Bundesrepublik Deutschland, von untergeordneter Bedeutung.

Blumenwitz[458] weist in seiner Analyse des Minderheitenrechtes des deutsch-polnischen Nachbarschaftsvertrages auf Bestimmungen hin, die in diesem Vertragswerk keine Aufnahme fanden. So wurden etwa Fragen der Territorial- oder Personalautonomie der Minderheiten bzw. Fragen der politischen Repräsentation durch Wahlrechtsmodifikationen nicht geregelt. Keine Aussagen enthält der Vertrag auch bezüglich eines Rechts auf die Heimat und hinsichtlich der Anbringung zweisprachiger topographischer Bezeichnungen. Diese Fragen betreffen meines Erachtens ausschließlich die deutsche Minderheit in Polen. Ohne eine bessere Selbstorganisation können die Polnischstämmigen in der Bundesrepublik Deutschland wohl derartige Rechte nicht erwarten. Ausdrücklich offengelassen wurden Fragen, hinsichtlich derer zwischen den Vertragsparteien offenkundig Dissens fortbesteht, wie etwa Fragen der Staatsangehörigkeit und Vermögensfragen.[459]

b) Der Nachbarschaftsvertrag mit der Tschechischen Republik und der Slowakei vom 27. Februar 1992

Der Vertrag zwischen der Bundesrepublik Deutschland und der Tschechischen und Slowakischen Föderativen Republik über gute Nachbarschaft und freundschaftliche Zusammenarbeit[460] wurde am 27. Februar 1992 unterzeichnet. Beide Nachfolgestaaten der früheren CSFR sind in vollem Umfang in die Rechte und Pflichten dieses Vertrages eingetreten, der damit in vollem Umfang für die Tschechische und die Slowakische Republik

---

[456] *Blumenwitz*, Minderheiten- und Volksgruppenrecht - Aktuelle Entwicklung, S. 87.

[457] Kapitel 1. Punkt IV. 1.

[458] *Blumenwitz*, Minderheiten- und Volksgruppenrecht - Aktuelle Entwicklung, S. 87 ff.

[459] Vgl. Punkt 5 des Briefwechsels der Außenminister, BGBl. 1991 II S. 1326 f. Der Briefwechsel ist auch abgedruckt in Sartorius II, Internationale Verträge – Europarecht, Nr. 682. Vgl. hierzu auch *Blumenwitz*, Minderheiten- und Volksgruppenrecht - Aktuelle Entwicklung, S. 94 ff.

[460] BGBl. 1992 II S. 462 ff. In Kraft getreten am 14. September 1992, vgl. Bekanntmachung vom 30. September 1992 (BGBl. 1992 II S. 1099).

gleichermaßen gültig ist.[461] Dieser Vertrag ist nach dem Vorbild des deutsch-polnischen Nachbarschaftsvertrages ausgearbeitet worden und weist folglich mit diesem deutliche Parallelen in bezug auf Inhalt und Aufbau auf.

Die Minderheitenrechte sind in den Art. 20 und 21 des Vertrages niedergelegt.[462] Art. 20 Abs. 2 bis 5 regelt die Rechte der deutschen Minderheiten in der Tschechischen und der Slowakischen Republik und bleibt daher ausgeblendet. Wie im deutsch-polnischen Nachbarschaftsvertrag vermeidet auch der tschechisch- und slowakisch-deutsche Nachbarschaftsvertrag es, von einer tschechischen oder slowakischen Minderheit in der Bundesrepublik Deutschland zu sprechen und definiert die Berechtigten in der Bundesrepublik in seinem Art. 21 Abs. 1 als *„Personen tschechischer oder slowakischer Abstammung in der Bundesrepublik Deutschland."* Diese Personen *„haben das Recht, einzeln oder in Gemeinschaft mit anderen Mitgliedern ihrer Gruppe ihre ethnische, kulturelle, sprachliche und religiöse Identität zu pflegen und frei zu entfalten."* Diese Formulierung ist geringfügig anders als die entsprechende Passage im deutsch-polnischen Nachbarschaftsvertrag. So fehlt beispielsweise der Zusatz, daß die Personen nicht gegen ihren Willen assimiliert werden dürfen. Im Ergebnis wird diese Passage rechtsinhaltlich im Effekt die gleichen Wirkungen entfalten wie die Entsprechung im deutsch-polnischen Nachbarschaftsvertrag. Identisch zum deutsch-polnischen Nachbarschaftsvertrag ist das Diskriminierungsverbot und Gleichstellungsgebot in Art. 21 Abs. 1 Satz 2. Die Personen *„haben das Recht, ihre Menschenrechte und Grundfreiheiten ohne jegliche Diskriminierung und in voller Gleichheit vor dem Gesetz voll und wirksam auszuüben."* Diese Passage wird, ähnlich wie im deutsch-polnischen Nachbarschaftsvertrag, durch Art. 21 Abs. 2 des Vertrages um die Nuance verstärkt, daß die Vertragsparteien bekräftigen, daß die Zugehörigkeit zur geschützten Gruppe und die Inanspruchnahme der Rechte persönliche Entscheidung eines jeden einzelnen ist, die für ihn keinen Nachteil bringen darf. Art. 21 Abs. 3 des Vertrages ermöglicht es der Tschechischen Republik und der Slowaksichen Republik, ihre jeweiligen Gruppen in der Bundesrepublik zu fördern.

Der materielle Kern des Minderheitenschutzes des tschechisch- und slowakisch-deutschen Nachbarschaftsvertrages ist in Art. 20 Abs. 1 enthalten, der folgenden Wortlaut hat:

> *„(1) Die Vertragsparteien erfüllen mindestens die in den KSZE-Dokumenten, insbesondere dem Dokument des Kopenhagener Treffens über die menschliche Dimension der KSZE vom 29. Juni 1990, verankerten politischen Verpflichtungen als rechtlich verbindliche Verpflichtungen."*

---

[461] Vgl. die Erklärungen der Tschechischen und Slowakischen Republik, die veröffentlicht sind in der Bekanntmachung vom 24. März 1993 (BGBl. 1993 II S. 762). Hierzu auch *Brümmer*, in: *Blumenwitz/Murswiek*, Aktuelle rechtliche und praktische Fragen des Volksgruppen- und Minderheitenschutzrechts, S. 75.

[462] Vgl. hierzu auch *Blumenwitz*, Minderheiten- und Volksgruppenrecht - Aktuelle Entwicklung, S. 100 ff.; *Brümmer*, in: *Blumenwitz/Murswiek*, Aktuelle rechtliche und praktische Fragen des Volksgruppen- und Minderheitenschutzrechts, S. 75, 77.

Hier wird also nicht wie im deutsch-polnischen Nachbarschaftsvertrag ein Weg der enumerativen Aufzählungen gewählt, sondern es werden interessanterweise die politischen Verpflichtungen des KSZE-Minderheitenrechts im Verhältnis der Vertragsparteien zueinander für völkerrechtlich verbindlich erklärt. Dies und auch die Verwendung der Worte *mindestens* oder *insbesondere* gehen leider zu Lasten der Rechtsklarheit. Das entsprechende materielle KSZE-Minderheitenrecht wurde bereits oben[463] besprochen, weshalb auf diese Stelle verwiesen sei.

Im Gegensatz zum deutsch-polnischen Nachbarschaftsvertrag ist der tschechisch- und slowakisch-deutsche Nachbarschaftsvertrag nicht auf dem Prinzip einer strengen Reziprozität aufgebaut.[464] Der Grund hierfür ist die Einsicht der tschechoslowakischen Delegation im Rahmen der Vertragsverhandlungen, daß es eine nennenswerte Gruppe von Personen in der Bundesrepublik Deutschland, die sich auf die Rechte des tschechisch und slowakisch-deutschen Nachbarschaftsvertrages berufen könnte und wollte, nicht existiert.[465] Es kann auch davon ausgegangen werden, daß sich eine tschechische oder slowakische Minderheit auch in Zukunft in der Bundesrepublik Deutschland nicht bilden wird, weswegen die Bundesrepublik keine Probleme mit der Erfüllung der Verpflichtungen aus dem tschechisch- und slowakisch-deutschen Nachbarschaftsvertrag haben wird.[466]

c) Sonstige bilaterale Verträge mit osteuropäischen Staaten

Am 6. Februar 1992 wurde der Vertrag zwischen der Bundesrepublik Deutschland und der Republik Ungarn über freundschaftliche Zusammenarbeit und Partnerschaft in Europa[467] und am 21. April 1992 wurde der Vertrag zwischen der Bundesrepublik Deutschland und Rumänien über freundschaftliche Zusammenarbeit und Partnerschaft in Europa[468]

---

[463] Vgl. oben Punkt II. 3. a).

[464] *Brümmer*, in: *Blumenwitz/Murswiek*, Aktuelle rechtliche und praktische Fragen des Volksgruppen- und Minderheitenschutzrechts, S. 75, 77.

[465] Vgl. zur tschechischen und slowakischen Bevölkerungsgruppe in Deutschland etwa: *Vodicka*, in: *Schmalz-Jacobsen/Hansen* (Hrsg.),Ethnische Minderheiten in der Bundesrepublik Deutschland, S. 501, 508 ff. Auch wenn *Vodicka* eine Zahl von 170.000 Personen tschechischer und slowakischer Herkunft nennt, die gegenwärtig in Deutschland lebt, so muß er doch zugeben, daß dieser *Minderheit* das Minderheitenselbstverständnis und das Zusammengehörigkeitsgefühl nahezu völlig fehlt. Die nach Deutschland emigrierten Tschechen und Slowaken verfügen nicht über eine Organisationsstruktur und sind in aller Regel ab der zweiten Generation so vollständig integriert, daß ihre Herkunft für sie selbst und ihre Umwelt nahezu völlig irrelevant ist.

[466] Vgl. hierzu auch die Ausführungen in Kapitel 1. Punkt III. 2. d).

[467] BGBl. 1992 II S. 475 ff.

[468] BGBl. 1993 II S. 1774 ff.

unterzeichnet.[469] Auch diese Verträge enthalten Minderheitenschutzbestimmungen,[470] sind aber im Gegensatz zu den vorbesprochenen Verträgen nicht auf einem Prinzip der Reziprozität aufgebaut, was bedeutet, daß eventuelle Minderheitengruppen in der Bundesrepublik Deutschland aus diesen Verträgen nicht berechtigt werden.

d) Der deutsch-sowjetische Freundschaftsvertrag vom 9. November 1990

Am 9. November 1990 wurde der Vertrag zwischen der Bundesrepublik Deutschland und der Union der Sozialistischen Sowjetrepubliken über gute Nachbarschaft, Partnerschaft und Zusammenarbeit[471] geschlossen. Die meisten Nachfolgestaaten der Sowjetunion haben Erklärungen hinsichtlich der Fortgeltung dieses Vertrages abgegeben.[472] Ausführungen zum Minderheitenschutz finden sich in Art. 15 dieses Vertrages:

> *„(...) Sowjetischen Bürgern deutscher Nationalität sowie aus der Union der Sozialistischen Sowjetrepubliken stammenden und ständig in der Bundesrepublik Deutschland wohnenden Bürgern, die ihre Sprache, Kultur oder Tradition bewahren wollen, wird es ermöglicht, ihre nationale, sprachliche und kulturelle Identität zu entfalten. Dementsprechend ermöglichen und erleichtern sie im Rahmen der geltenden Gesetze der anderen Seite Förderungsmaßnahmen zugunsten dieser Personen oder ihrer Organisationen.“*

Der Umfang der durch diese Norm gewährten Rechte, der sich auch in gewisser Weise an Art. 27 IPBPR orientiert, ist im einzelnen unklar. Anzumerken bleibt, daß es in der Bundesrepublik Deutschland keine nennenswerten Bevölkerungsgruppen ehemals

---

[469] Vgl. hierzu etwa *Blumenwitz*, Minderheiten- und Volksgruppenrecht - Aktuelle Entwicklung, S. 102 ff.; *Brümmer*, in: *Blumenwitz/Murswiek*, Aktuelle rechtliche und praktische Fragen des Volksgruppen- und Minderheitenschutzrechts, S. 75, 76 f.

[470] Die Schutznormen zugunsten der deutschen Minderheit finden sich in Art. 19 des Vertrages zwischen der Bundesrepublik Deutschland und der Republik Ungarn über freundschaftliche Zusammenarbeit und Partnerschaft in Europa und in Art. 15 bis 17 des Vertrages zwischen der Bundesrepublik Deutschland und Rumänien über freundschaftliche Zusammenarbeit und Partnerschaft in Europa.

[471] BGBl. 1991 II S. 702 ff. In Kraft getreten am 5. Juli 1991, vgl. Bekanntmachung vom 31. Juli 1991 (BGBl. 1991 II S. 921).

[472] Erklärungen über die Fortgeltung der völkerrechtlichen Verträge im Verhältnis zur Bundesrepublik Deutschland haben abgegeben: die Republik Kirgistan (BGBl. 1992 II S. 1015), die Russische Föderation (BGBl. 1992 II S. 1016), die Republik Kasachstan (BGBl. 1992 II S. 1120), die Republik Georgien (BGBl. 1992 II S. 1128), die Republik Armenien (BGBl. 1993 II S. 169), die Ukraine (BGBl. 1993 II S. 1189), die Republik Usbekistan (BGBl. 1993 II S. 2038), Belarus (BGBl. 1994 II S. 2533) und die Republik Tadschikistan (BGBl. 1995 II S. 255).

sowjetischer Herkunft gibt, die nicht in die Gruppe der deutschstämmigen Spätaussiedler fallen.[473] Da es der Bundesrepublik Deutschland aber wesentlich um den Schutz der deutschen Minderheiten in den ehemals sowjetischen Staaten ging, war sie bereit, eine Festschreibung von Minderheitenrechten auf reziproker Basis zu akzeptieren. Eine besondere Anwendung dieser Bestimmung auf Gruppen in der Bundesrepublik Deutschland ist jedenfalls nicht ersichtlich.

III. Folgerungen

Zum Abschluß diese Kapitels soll nun aus Übersichtsgründen der Gehalt des minderheitenschützenden Völker- und Europarechts kurz zusammengefaßt werden. Es soll nochmals pointiert das Dilemma der Uneinigkeit hinsichtlich eines universell akzeptierten völkerrechtlichen Minderheitenbegriffs und seine Konsequenzen für das materielle Minderheitenrecht dargestellt werden. Und vor der Betrachtung der innerstaatlichen Bestimmungen zum Schutze der Minderheiten sollen schließlich die Folgen dieses Zustands auf das Minderheitenrecht in Deutschland auf den Punkt gebracht werden.

1. Zusammenfassung des minderheitenschützenden Völker- und Europarechts

Eingangs dieses Kapitels wurde gesagt, daß das Minderheitenrecht in der Bundesrepublik Deutschland nicht analysiert und bewertet werden kann, ohne die Vorgaben des Völker- und Europarechts hierfür zu kennen. Die Bundesrepublik Deutschland hat sich in minderheitenrechtlicher Hinsicht durch verschiedene multilaterale Instrumente und ihrer Mitgliedschaft in der Europäischen Union in einen völker- und europarechtlichen Rahmen eingebunden. Die wichtigsten dieser multilateralen Instrumente sind Art. 27 des Internationalen Paktes über bürgerliche und politische Rechte, die Deklaration der Generalversammlung der Vereinten Nationen über die Rechte von Angehörigen nationaler, ethnischer, religiöser oder sprachlicher Minderheiten von 1992, die Europäische Charta der Regional- oder Minderheitensprachen von 1992 und das Rahmenübereinkommen des Europarats zum Schutz nationaler Minderheiten von 1995. Darüber hinaus existieren viele den Minderheitenschutz flankierende Bestimmungen, zu deren Einhaltung sich die Bundesrepublik verpflichtet hat, die aber im einzelnen an der besonderen Problemsituation autochthoner Minderheiten vorbeigehen, da sie entweder eine andere Hauptstoßrichtung haben oder da sie lediglich Diskriminierungsverbote aufstellen.

---

[473] *Brümmer*, in: *Blumenwitz/Murswiek*, Aktuelle rechtliche und praktische Fragen des Volksgruppen- und Minderheitenschutzrechts, S. 75, 77.

Aufgrund seines universellen Charakters läßt sich aus Art. 27 IPBPR nicht viel materieller Inhalt gewinnen. Angehörigen von Minderheiten soll im wesentlichen ein gegenüber der Mehrheit der Bevölkerung privilegierendes Recht auf gemeinsame Pflege ihrer besonderen Kultur, Sprache oder Religion garantiert werden. Damit hat diese Norm in erster Linie den Charakter eines Diskriminierungsverbotes, das Assimilationsdruck von den Minderheitengruppen abwenden will.

Die Minderheitenschutzdeklaration der Generalversammlung der Vereinten Nationen von 1992 geht in der Gewährung ihres Rechtsstandards mehr ins Detail und in die Breite. Art. 2 und 3 formulieren den von Art. 27 IPBPR gewährten Schutzstandard detaillierter aus und gewähren zusätzlich das Recht für Angehörige von Minderheiten, eigene Organisationen zu gründen. Art. 4 enthält darüber hinaus gestufte Staatenverpflichtungen. Einerseits wird den Staaten erlaubt, *affirmative action*-Maßnahmen zur Verwirklichung der in Art. 2 und 3 niedergelegten Ziele zu ergreifen. Weiterhin soll den Angehörigen von Minderheiten Gelegenheit gegeben werden, ihre Muttersprache zu erlernen bzw. darin unterrichtet zu werden. Ferner soll eine gegenseitige Annäherung von Mehrheits- und Minderheitsbevölkerung über das Kennenlernen der Sprache und Kultur der anderen die gesamtgesellschaftliche Integration von Minderheitengruppen erleichtern. Dieses Ziel verfolgt auch Art. 5. Art. 6 und 7 unterstreichen schließlich den konfliktpräventiven Charakter des Minderheitenschutzes, indem sie zu grenzüberschreitender Kooperation auffordern. Alle diese Rechte sind in vage Formulierungen gekleidet, stehen zum Teil unter ausdrücklichen *ordre-public*-Vorbehalten und dürfen keinesfalls zu Verstößen gegen die souveräne Gleichheit, die territoriale Integrität und die politische Integrität von Staaten instrumentalisiert werden.

Dem Minderheitenkonzept durch den KSZE/OSZE-Prozeß, der materiell mit der Charta von Paris im Jahre 1991 zum Stillstand kam, sind gegenüber den folgenden Dokumenten keine neuen oder weitergehenden Schutzbestimmungen zu entnehmen. Überdies verringert der lediglich politische Charakter der Verpflichtungen die konkrete rechtliche Geeignetheit der KSZE-Dokumente für den Minderheitenschutz.

Die Heranziehung der Europäischen Charta der Regional- und Minderheitensprachen von 1992 ist ebenfalls mit gewissen Schwierigkeiten verbunden. Die Struktur der Charta, die den Mitgliedstaaten große Auswahlmöglichkeiten hinsichtlich der konkret zu gewährenden Rechte einräumt, macht es kompliziert, einen allgemeinen Schutzstandard herauszufiltern, der einen regional europäischen Minderheitenschutzstandard in sprachenrechtlicher Hinsicht darstellen würde. Art. 7, der den Kernbestand des Schutzes beschreibt, der jeder Regional- oder Minderheitensprache zuteil werden muß, fordert die Staaten lediglich unverbindlich zur allgemeinen Förderung des Gebrauchs von Regional- oder Minderheitensprachen auf und stellt klar, daß *affirmative action*-Maßnahmen nicht gegen den allgemeinen Gleichheitssatz verstoßen. Eine gewisse Schwerpunktsetzung ist lediglich darin zu erkennen, daß Art. 2 Abs. 2 die Mitgliedstaaten verpflichtet, mindestens drei Absätze, respektive Litera der Art. 8 (Bildung) und 12 (kulturelle Tätigkeiten und Einrichtungen) auszuwählen. Das Erlernen und die Pflege der Regional- oder Minderheitensprachen zu ihrem Erhalt wird von der Charta besonders betont.

Das zentrale Dokument, das für die Bewertung des deutschen Minderheitenschutzrechts herangezogen werden sollte, ist eindeutig das Rahmenübereinkommen des Europarats zum Schutz nationaler Minderheiten von 1995. Das Rahmenübereinkommen weist starke Parallelen zum Entwurf eines Zusatzprotokolls zur EMRK betreffend den Minderheitenschutz von 1993 auf, sollte in der Beachtung letzterem jedoch vorgezogen werden, da es im Vergleich zu letzterem (bereits) geltendes Völkerrecht darstellt. Das Rahmenübereinkommen geht in seinem materiellen Bestand vom *Bekenntnisprinzip* aus, dem es gewisse objektive Kriterien als Korrektiv gegenüberstellt. Die Art. 4 und 5 kodifizieren die Gleichheit der Angehörigen von Minderheiten vor dem Gesetz, ein Diskriminierungsverbot und ein Zwangsassimilierungsverbot. *Affirmative action*-Maßnahmen werden als mit dem allgemeinen Gleichheitssatz vereinbar festgelegt. Die Art. 7 und 8 gewähren die Versammlungs-, Vereinigungs- und Religionsfreiheit. Art. 9 regelt den Gebrauch der Minderheitensprache hinsichtlich der Meinungs- und Pressefreiheit. Art. 10 kodifiziert die gestufte Zulassung des Gebrauchs der Minderheitensprache: Im privaten sowie im öffentlichen Bereich ist der Gebrauch der Minderheitensprache natürlich frei, eingeschränkter ist die Zulassung des Gebrauchs vor Verwaltungs- und Justizbehörden. Art. 11 regelt den Gebrauch der Minderheitensprache im Namensrecht und hinsichtlich topographischer Bezeichnungen. Die Art. 12 bis 14 gewähren Rechte im Bildungssektor: Angehörige von Minderheiten sollen sich in bezug auf ihre eigene Kultur und Tradition informieren und weiterbilden können, sie sollen Bildungseinrichtungen unterhalten dürfen, und ihnen soll die Möglichkeit gegeben werden, ihre Muttersprache zu erlernen bzw. in ihr unterrichtet zu werden. Art. 16 will schließlich den Zusammenhalt der Minderheit in angestammten Siedlungsgebieten erhalten, und die Art. 17 und 18 regen eine grenzüberschreitende Kooperation in Sachen Minderheitenschutz an.

Die *Kopenhagener Kriterien*, deren Einhaltung den mittel- und osteuropäischen Beitrittskandidaten als Rechtsstandard hinsichtlich des Minderheitenschutzes von der EU nahegelegt wird, rekurrieren ebenfalls auf den Rechtsbestand des Rahmenübereinkommens.

Des weiteren hat die Bundesrepublik Deutschland bilaterale Verträge abgeschlossen, welche minderheitenschützende Wirkung innerhalb Deutschlands entfalten. Diese Verträge hat die Bundesrepublik Deutschland allerdings mit dem Ziel abgeschlossen, die Lage der deutschen Minderheiten im Ausland zu verbessern. In den Fällen, in denen die auswärtigen Vertragspartner auf einer reziproken Wirkung der Minderheitenklauseln bestanden, fehlt es an Berechtigten in Deutschland, die als solche erkennbar wären. Einzig die polnischstämmigen Personen in Deutschland besitzen eine relative Chance, sich auf diese Rechte berufen zu können, wenn sie ihrer große interne Heterogenität überwinden und sich insgesamt besser organisieren könnten. Zum gegenwärtigen Zeitpunkt scheinen die Verpflichtungen, welche die Bundesrepublik Deutschland aus diesen Verträgen gegenüber Personen innerhalb Deutschlands hat, gut erfüllt.

Insgesamt sollten daher für die Bewertung, ob der Minderheitenschutz in der Bundesrepublik Deutschland mit internationalem Recht konfligiert bzw. ob der Schutzstandard in Deutschland hinter den internationalrechtlichen Vorgaben zurückbleibt oder nicht, die materiellen

Vorschriften des Rahmenübereinkommens des Europarats zum Schutz nationaler Minderheiten von 1995 als Prüfstein herangezogen werden.

2. Das Dilemma des völkerrechtlichen Minderheitenschutzes

Die größte Schwierigkeit, die aus dem internationalen Bereich in das innerstaatliche Minderheitenrecht ausstrahlt, scheint die Unfähigkeit zu sein, sich auf einen universell akzeptierten völkerrechtlichen Minderheitenbegriff zu einigen. Die Definition des Begriffs *Minderheit* bedingt jedoch das materielle Minderheitenrecht und die Konzeption des innerstaatlichen Minderheitenrechts. Dadurch entsteht ein Dilemma. Das Unvermögen hinsichtlich einer Minderheitendefinition paralysiert eine dringend gebotene Weiterentwicklung des materiellen Minderheitenrechts auf internationaler Ebene und führt zu Streitigkeiten um die innerstaatliche Konzeption des Minderheitenschutzes. Paradebeispiel hierfür ist der dargestellte Dissens zwischen dem Menschenrechtsausschuß der Vereinten Nationen und der Bundesrepublik Deutschland. Im Zentrum dieses Dissens steht, wie ausgeführt, die Frage, ob der Minderheitenschutz auch auf Immigranten ausgedehnt werden sollte.

a) Die Hintergrundproblematik

Die Bedeutung des völkerrechtlichen Minderheitenbegriffs kann erst verstanden werden, wenn man sich die damit zusammenhängende Hintergrundproblematik und deren Konsequenzen vor Augen führt. Logisch zwingend ist, daß der den Minderheiten gewährte Schutz bzw. die ihnen gewährten Rechte je restriktiver sind, desto weiter der vertretene Minderheitenbegriff ist. Umgekehrt ist bei einem engeren Minderheitenbegriff ein weitergehender Minderheitenschutz möglich.[474] Vertritt man einen Minderheitenbegriff, der sich an die sehr weite Auffassung des Menschenrechtsausschusses anlehnt, so wird der daran anknüpfende Minderheitenschutz nicht wesentlich über ein Diskriminierungsverbot hinausreichen können. Vor diesem Hintergrund erscheint es dann auch als sehr verständlich,

---

[474] *Niewerth*, Der kollektive und der positive Schutz von Minderheiten und ihre Durchsetzung im Völkerrecht, S. 48; mit dieser Argumentation lehnt beispielsweise *Murswiek* die Erstreckung des Minderheitenschutzes auf Ausländer und eingebürgerte Immigranten für den Bereich der Bundesrepublik Deutschland ab, vgl. *Murswiek*, in: *Blumenwitz/Murswiek*, Aktuelle rechtliche und praktische Fragen des Volksgruppen- und Minderheitenschutzrechts, S. 39, 52 ff.

wenn die herrschende Meinung[475] davon ausgeht, daß die Staaten aufgrund von Art. 27 IPBPR nicht zur aktiven Förderung[476] ihrer Minderheiten verpflichtet sein können.

Wie bereits in Kapitel 1 ausgeführt,[477] besteht aufgrund des Phänomens der Globalisierung und angesichts spürbarer Migrationsbewegungen Anlaß, die hergebrachten mehrheitlich konsensfähigen Kernbereiche der Minderheitendefinition zu überdenken. Migration findet nicht nur aus armen Ländern in reichere Länder statt, auch in der modernen Wirtschaftswelt läßt sich eine besondere Art der Arbeitsmigration feststellen. Das heutige Wirtschaftsleben fordert von seinen Teilnehmern oftmals eine hohe Mobilität. Anders als noch im Zeitalter der klassischen Nationalstaaten stehen Arbeitnehmern und Unternehmern Grenzen offen. Für viele Berufstätige ist es keine Besonderheit, lange Zeit, in manchen Fällen sogar für die gesamte Lebensarbeitszeit, in Ländern tätig zu sein, deren Staatsangehörigkeit sie nicht besitzen. Seit Einführung einer Unionsbürgerschaft[478] gibt es in der Europäischen Union, wenn man so will, sogar eine neue Art der Staatsangehörigkeit.[479] Alles das führt dazu, daß sich der Bedeutungsgehalt der Staatsangehörigkeit verändert. Anders als zur Zeit der klassischen Nationalstaaten spielt angesichts von Globalisierung und Migration die Staatsangehörigkeit eine Rolle, die nicht mehr so bedeutungsvoll ist.[480] Ein modernes Minderheitenrecht sollte dies nicht außer acht lassen. Ebenfalls kann ein modernes Minderheitenrecht auch die Realität der globalen Migrationsbewegungen, die das Völkerrecht und die nationalen Rechtssysteme insgesamt vor völlig neue Herausforderungen stellt[481], nicht mit Ignoranz begegnen.

Ob diese neuen Herausforderungen allerdings durch eine bloße Ausdehnung des Minderheitenbegriffs auf Zuwanderergruppen in den Griff zu bekommen sind, erscheint doch mehr als fraglich.

---

475 Vgl. etwa *Hofmann*, ZaöRV 1992, S. 1, 9 f.; *Nowak*, CCRP-Kommentar, Art. 27, Rn. 46. A.A. hier zu einem gewissen Grad der Menschenrechtsausschuß der Vereinten Nationen im general comment zu Art. 27 IPBPR, UN Doc. CCPR/C/21/Rev.1.

476 Oft wird nunmehr auch im Neuhochdeutschen der englische Begriff *affirmative action* verwendet.

477 Vgl. oben Kapitel 1. Punkt III. 3. a).

478 Art. 17 bis 22 des Vertrages zur Gründung der Europäischen Gemeinschaft (EGV) mit den Änderungen und in der Numerierung des *Vertrages von Amsterdam*.

479 Vgl. hierzu insbesondere *Zimmermann*, EuR 1995, S. 54 ff.

480 So auch *Prof.Linda Bosniak* in ihrem Vortrag im Rahmen des Berlin Meetings des German Marshall Fund Project on Dual Nationality vom 13. und 14. Juli 2000. Der Vortrag lag dem Verfasser in Form eines vorläufigen Entwurfes vor. Es ist geplant, die Ergebnisse dieser Konferenz im Laufe des Jahres 2001 unter der Herausgeberschaft der Professoren *Kay Hailbronner* und *David Martin* in Buchform zu publizieren.

481 Vgl. hierzu insbesondere: *Niessen*, Migrant workers, in: *Eide/Krause/Rosas*, Economic, Cultural and Social Rights, S. 323; *Wolfrum*, GYIL 1995, S. 191 ff., *ders.*, in: *Brölmann/Lefeber/Zieck* (Hrsg.), Peoples and minorities in international law, S. 153 ff.; *Sieveking*, RuP 1992, S. 135 ff.; *Alexy*, in: *Barwig/Brinkmann/Huber/ Lörcher/Schumacher*, Vom Ausländer zum Bürger - FS für *Franz* und *Müller*, S. 181 ff.

Es läßt sich nämlich insgesamt nicht leugnen, daß sich die alteingesessenen autochthonen, also die *klassischen Minderheiten* im Vergleich mit den Zuwanderern, seien sie nun bereits eingebürgert oder nicht, in einer fundamental verschiedenen Situation befinden.[482] Während bei den *klassischen Minderheiten* die Erhaltung der besonderen kulturellen Identität im Vordergrund der Schutzbemühungen stehen muß, sollte bei den Immigrantengruppen die gesamtgesellschaftliche Integration absolute Priorität haben. Die *klassischen Minderheiten* sind in aller Regel gesellschaftlich gut integriert. Ihr Problem ist der Assimilationssog, der von der Mehrheitsbevölkerung ausgeht und der permanent die besondere kulturelle Identität der Minderheit bedroht erscheinen läßt. Die Immigrantengruppen kämpfen in erster Linie gegen Diskriminierungen, denen sie teilweise ausgesetzt sind, und um ihre Eingliederung in die Arbeits- und Sozialwelt des Gastlandes. Für sie hat das Erlernen bzw. die Perfektionierung der Sprache ihres Gastlandes und das Verstehen der sozialen und gesellschaftlichen Wirkungszusammenhänge der Mehrheitsbevölkerung zentrale Bedeutung. Es ist also völlig klar, daß ein für Minderheiten im klassischen Sinne entwickeltes Schutzkonzept auf *neue Minderheiten* nicht paßt. Dies ändert in keiner Weise etwas an der Schutzbedürftigkeit der *neuen Minderheiten*, die ja im übrigen auch allgemein nicht ernsthaft in Frage gestellt wird. Es legt lediglich die Vermutung nahe, daß mit einer simplen Ausdehnung des hergebrachten Minderheitenschutzes und des bisherigen Minderheitenbegriffes auf die *neuen Minderheiten* kein einziges Problem gelöst ist, eher im Gegenteil. Der Schutz der *klassischen* und *neuen* Minderheiten scheint daher eine differenzierte Betrachtungsweise mit differenzierten Schutzkonzepten zu erfordern.

b) Der Lösungsansatz von Sonderberichterstatter *Asbjørn Eide*

Einen möglichen Ausweg aus diesem Dilemma weist der Vorschlag von Sonderberichterstatter *Asbjørn Eide*.[483] Im Gegensatz zum Menschenrechtsausschuß der Vereinten Nationen sieht *Eide* das aufgezeigte Dilemma und erkennt die Hintergrundproblematik. Er sieht den Ausweg in einem auf die spezifischen Bedürfnisse der verschiedenen Minderheitengruppen zugeschnittenen Schutzstandard. Im Ergebnis entstünden also unterschiedliche Schutzstandards für die verschiedenen Minderheitengruppen.[484] Ausgehend von einer sehr weiten Minderheitendefinition,[485] die er mit der Garantie eines

---

[482] So auch *Oeter*, in: *Matscher* (Hrsg.), Wiener Internationale Begegnung zu aktuellen Fragen nationaler Minderheiten, S. 229, 245 ff. Und gerade dieser so wichtige Punkt wird von vielen Kommentatoren übersehen.

[483] *Eide*, Protection of Minorities – Possible ways and means of facilitating the peaceful and constructive solution of problems involving minorities, UN Doc. E/CN.4/Sub.2/1993/34.

[484] *Eide*, Protection of Minorities – Possible ways and means of facilitating the peaceful and constructive solution of problems involving minorities, UN Doc. E/CN.4/Sub.2/1993/34, Ziffer 27 f.

[485] *Eide*, Protection of Minorities – Possible ways and means of facilitating the peaceful and constructive solution of problems involving minorities, UN Doc. E/CN.4/Sub.2/1993/34, Ziffer 29: „*a minority is any group of persons resident within a sovereign State which constitutes less than half the population of the national society and whose members share common characteristics of an ethnic, religious or linguistic nature that distinguish them from the rest of the population.*“

Mindestschutzstandards verbinden möchte, will *Eide* es den Staaten zugestehen, verschiedenen Minderheitengruppen unterschiedliche Rechte zu gewährleisten.[486]

Der Nachteil von *Eides* Vorschlag ist aber offensichtlich, daß man zwar eine *Dachdefinition* für den Terminus *Minderheit* gefunden hätte, gleichzeitig aber das Problem auf die nächstniedrigere Stufe, die verschiedenen Minderheitenuntergruppen, verlagert und damit den Streit wahrscheinlich noch potenzieren dürfte. Anstelle einer Diskussion über einen Schutzstandard und eine Minderheitendefinition entstünde eine Diskussion um verschiedene Schutzstandards für verschiedene Minderheitenabstufungen. Man muß sehr optimistisch sein, wenn man sich bei letzterer Diskussion bessere Ergebnisse verspricht, als bei der ersten.

3. Folgerungen für das Minderheitenrecht in der Bundesrepublik Deutschland

Dennoch scheint mir *Asbjørn Eides* Gedanke vom Ansatz her richtig zu sein.[487] Der Schlüssel zur Lösung des aufgezeigten Dilemmas wird wohl in der richtigen Differenzierung der verschiedenen Minderheitenkategorien liegen.

Zwei Beobachtungen seien von der Analyse des materiellen Standards des minderheitenschützenden Völker- und Europarechts nochmals hervorgehoben: die Forderung, den bislang erreichten Minderheitenschutzstandard einfach *per definitionem* auf Immigrantengruppen auszudehnen, scheint in keiner Weise konsensfähig zu sein. Dies zu fordern erscheint als sinn- und aussichtslos. Es sei hier nur der explizite Ausschluß der Sprachen von Zuwanderern vom Schutz der Europäischen Charta der Regional- und Minderheitensprachen nochmals ins Gedächtnis gerufen.[488] Zweitens scheint die Minderheitendefinition von *Capotorti*, betrachtet man die verschiedenen Entwürfe in den verschiedenen mit der Problematik befaßten Gremien, immer noch als Leitlinie für die Definition von *klassischen*, also autochthonen Minderheiten konsensfähig zu sein.

Für die Bewertung des deutschen Minderheitenbegriffs und eines daraus resultierenden innerstaatlichen Minderheitenschutzkonzeptes sollten daher aus dem Dilemma im völker- und europarechtlichen Bereich zwei Folgerungen gezogen werden. Erstens sollte eine klare Unterscheidung hinsichtlich des zu gewährenden Schutzstandards zwischen *klassischen*

---

[486] Vgl. auch *Eide*, in: *Eide/Krause/Rosas*, Economic, social and cultural rights, 1995, S. 87, 97 ff.; *ders.*, in: *Alfredsson/Macalister-Smith*, The living law of nations, S. 157 ff.

[487] Vgl. auch *Eides* minderheitenrechtstheoretische Ausführungen, insbesondere *Eide*, in: *Eide/Krause/Rosas*, Economic, social and cultural rights, 1995, S. 87, 97 ff. *ders.*, in: *Phillips/Rosas*, Universal Minority Rights, S. 87 ff.; *ders.*, in: *Alfredsson/Macalister-Smith*, The living law of nations, S. 157 ff.

[488] Vgl. oben Punkt I. 2. b) aa).

Minderheiten und Zuwanderergruppen, die man im übrigen nicht einmal als *neue Minderheiten* bezeichnen sollte, deutlich markiert werden. Plakativ formuliert könnte man es so ausdrücken: Minderheitenschutz für (klassische) Minderheiten, Integrationshilfe für eingebürgerte Immigranten, Fremdenrecht für Ausländer. Zweitens sollte man für die Definition der *klassischen Minderheiten* von der Definition *Capotortis* ausgehen. Diese Definition müßte allerdings in mindestens einer Hinsicht modifiziert werden. Das Kriterium der Staatsangehörigkeit scheint, obgleich es zweifelsohne den nicht zu unterschätzenden Vorteil der Rechtsklarheit birgt, als Definitionskriterium an Bedeutung zu verlieren. Obgleich die Bundesrepublik Deutschland noch weit davon entfernt zu sein scheint, dieses Kriterium für ihre Minderheitendefinition aufzugeben, ist im Bereich des deutsch-polnischen Nachbarschaftsvertrages die diesbezüglich bislang kategorische Haltung der Bundesregierung etwas aufgeweicht worden.[489] Sollte in bestimmten Bereichen jedoch die Aufgabe des Definitionskriteriums der Staatsangehörigkeit aufgegeben werden müssen, so könnte man für diese Bereiche als Korrektiv das Merkmal der „*Alteingesessenheit in traditionellen Siedlungsgebieten*" einführen.[490] Damit würde man auch der bislang offenen Verfassungsfrage, ob der Ausschluß von eingebürgerten Immigrantengruppen vom Minderheitenschutz einer Überprüfung durch das Bundesverfassungsgericht[491] anhand des Gleichheitssatzes standhalten würde, die Richtung weisen.[492]

Völlig klar sind letztlich nur zwei Dinge. Erstens kann bei der Erstreckung des Minderheitenschutzes auf alle Immigrantengruppen materiellrechtlich nicht mehr als ein Diskriminierungsverbot erwartet werden. Das allerdings ist für autochthone Minderheiten eben zu wenig. Und zweitens hilft das fortgesetzte Unvermögen, sich auf eine völkerrechtliche Minderheitendefinition zu einigen und das Folgedilemma eigentlich nur den Staaten, die einem Minderheitenschutz feindlich gegenüberstehen und die Existenz von Minderheiten in ihrem Staatsgebiet leugen.

---

[489] Vgl. oben Punkt I. 3. d).

[490] Das Merkmal „*separate or distinct groups, well-defined and long established on the territory of a state*" erwies sich bereits früh bei den Arbeiten an einem Zusatzprotokoll zur EMRK betreffend den Minderheitenschutz konsensfähig. Vgl. oben Punkt I. 2. b). Vgl. weiterhin Art. 1 lit. a) der Europäischen Charta der Regional- und Minderheitensprachen: „*(...) herkömmlicherweise in einem bestimmten Gebiet eines Staates von Angehörigen dieses Staates gebraucht (...).*" Vgl. oben Punkt I. 2. b) aa). Vgl. weiterhin Art. 1 lit. a) des Entwurfs eines Zusatzprotokolls zur EMRK betreffend den Minderheitenschutz: „*(...) Gruppe von Personen (...) die (...) dessen Staatsbürger sind (und) langjährige, feste und dauerhafte Verbindungen zu diesem Staat aufrechterhalten (...)*". Vgl. oben Punkt I. 2. b).

[491] Die einzigen Anhaltspunkte für eine etwaige Haltung des Bundesverfassungsgerichtes zu dieser Problematik ließen sich in der sehr betagten Entscheidung zum „Südschleswigschen Wählerverband (SSW)" vom 5. April 1952 finden, BVerfGE 1, 228 ff. Dort hat das Bundesverfassungsgericht von einer „*mit dem Aufkommen von Splitterparteien verbundenen staatspolitischen Gefahr für die Demokratie*" gesprochen (vgl. aaO. S. 249 ff.).

[492] Für *Schulze-Fielitz* ist schon die Ausnahme von nicht eingebürgerten Immigranten in dieser Hinsicht problematisch; vgl. *Schulze-Fielitz*, in: *Fleiner-Gerster* (Hrsg.), Die multikulturelle und multi-ethnische Gesellschaft, S. 133, 176. Dennoch wird in diesem Aufsatz oft unnötigerweise polemisiert.

4. Kapitel: Der Minderheitenschutz des Grundgesetzes

Entgegen der deutschen Verfassungstradition[1] enthält das Grundgesetz keine unmittelbar dem Schutz von Minderheiten dienende Bestimmung. Das Grundgesetz erwähnt nicht einmal die Existenz von Minderheiten. Dies ist durch den Entstehungszeitpunkt und die grundsätzliche Konzeption des Grundgesetzes zu erklären. Unter dem unmittelbaren Eindruck der beiden Weltkriege herrschte auf internationaler Ebene in der Anfangsphase der Existenz der Vereinten Nationen bzw. zur Zeit der Verabschiedung der Allgemeinen Erklärung der Menschenrechte[2] die Ansicht vor, daß völkerrechtlich vor allen Dingen der Schutz des Individuums durch die Garantie umfassender Menschenrechte gewährleistet werden müsse. Dem Minderheitenschutz dienende Gruppenrechtskonzepte, auf die man zur Zeit des Völkerbundes viele Hoffnungen gesetzt hatte,[3] schienen versagt zu haben. Und so entsprach es dem Trend der Zeit, die Absicherung der Menschenrechte in Individualrechtsschutzkonzeptionen umzusetzen. Gelänge es nur, einen umfassenden Menschenrechtsschutz zu etablieren, dann wären auch die Minderheiten ausreichend geschützt.[4] Dieser Ansicht folgten auch die Verfasser des Grundgesetzes. Die Menschen- und Bürgerrechtsgewährleistung des Grundgesetzes fußt auf einer streng individualrechtlichen Konzeption. Menschenrechte der *dritten Generation* oder besser der *dritten Dimension*,[5] also Rechte, die gestützt auf den Grundgedanken der Brüderlichkeit Solidaritätsrechte kollektiver Art begründen, kennt das Grundgesetz nicht.[6] Folglich fehlen im Grundgesetz minderheitenschützende Gruppenrechtskonzeptionen. Die umfassende Kodifizierung von individuellen Menschen- und Bürgerrechten ließ eine besondere Erwähnung der Minderheiten überhaupt als überflüssig erscheinen.[7]

Dennoch wäre es unrichtig zu sagen, das Grundgesetz gewähre Angehörigen von Minderheiten keinerlei Schutz. Der Minderheitenschutz des Grundgesetzes ergibt sich aus der Auslegung und Anwendung der Grundrechte. Fundament des Minderheitenschutzes ist hierbei der absolute Schutz der Menschenwürde in Art. 1 GG. Darüber hinaus wirken natürlich auch andere Grundrechte, insbesondere die in Art. 2 Abs. 1 GG niedergelegte allgemeine

---

[1] Vgl. oben Kapitel 2. Punkte III. und IV.

[2] Allgemeine Erklärung der Menschenrechte in der von der Generalversammlung der Vereinten Nationen als Resolution 217 (III) am 10. Dezember 1948 beschlossenen Fassung. Vgl. UN Doc. A/810, S. 71 ff.

[3] Kapitel 2. Punkt IV. 1. d).

[4] Vgl. hierzu etwa *Blumenwitz*, Minderheiten- und Volksgruppenrecht – Aktuelle Entwicklung, S. 41.

[5] Menschenrechte der *ersten Dimension* wären nach dieser Terminologie die klassischen Abwehrrechte, Menschenrechte der *zweiten Dimension* wären Leistungsrechte. Vgl. hierzu *Riedel*, EuGRZ 1989, S. 9 ff.

[6] *Kirchhof*, EuGRZ 1994, S. 16, 21 ff.

[7] *Hahn*, in: *Frowein/Hofmann/Oeter*, Das Minderheitenrecht europäischer Staaten, Bd. 1, S. 62, 68.

Handlungsfreiheit,[8] minderheitenschützend. Im folgenden sollen daher der allgemeine Gleichheitssatz und das Diskriminierungsverbot des Art. 3 GG, die Religionsfreiheit des Art. 4 GG, die Meinungs-, Presse- und Rundfunkfreiheit des Art. 5 GG, die Privatschulfreiheit des Art. 7 Abs. 4 GG, die Versammlungs- und Vereinigungsfreiheit der Art. 8 und 9 GG und das spezielle Gleichheitsrecht des Art. 33 GG in ihren speziellen Anwendungsbereichen auf ihr minderheitenschützendes Potential hin untersucht werden.[9] Dies wird die Beantwortung der Frage ermöglichen, ob der Schutz des Grundgesetzes für die in Deutschland lebenden Minderheiten, auch und gerade vor dem Hintergrund der dargestellten völker- und europarechtlichen Bestimmungen, ausreichend ist oder ob er als defizitär bezeichnet werden muß.

I. Die Menschenwürde in Art. 1 GG

Ausgangspunkt und Fundament des Minderheitenschutzes des Grundgesetzes ist der Schutz der Menschenwürde in Art. 1 GG. Art. 1 Abs. 1 und 2 GG:

> *„(1) Die Würde des Menschen ist unantastbar. Sie zu achten und zu schützen ist Verpflichtung aller staatlichen Gewalt.*
>
> *(2) Das deutsche Volk bekennt sich darum zu unverletzlichen und unveräußerlichen Menschenrechten als Grundlage jeder menschlichen Gemeinschaft, des Friedens und der Gerechtigkeit in der Welt.“*

1. Inhalt und Bedeutung der Menschenwürde

Durch die verfassungsrechtliche Verankerung bestimmter Menschenrechte als *Grundrechte* erkannten die Verfasser des Grundgesetzes an, daß der Mensch zur Verwirklichung seiner Identität eines Kanons an unverletzlichen und unveräußerlichen Mindest- oder Minimalrechten bedarf, die dem Schutz und der Entfaltung seiner Eigentlichkeit zu dienen bestimmt sind. Sie sind Ausprägung der menschlichen Würde, zu deren Schutz sich das Grundgesetz in seiner Eingangsbestimmung verpflichtet hat.[10] Dieses Gebot kann jedoch

---

[8] Auf eine eingehende Analyse von Art. 2 Abs. 1 GG wurde aufgrund seiner Allgemeinheit verzichtet. Auf die Selbstverständlichkeit der Funktion von Art. 2 Abs. 1 GG als Vehikel zur Verwirklichung von Bürgerrechten für Ausländer in Deutschland sei an dieser Stelle hingewiesen.

[9] Vgl. hierzu allgemein: *Messtorff*, Die Rechtsstellung der ethnischen Minderheiten in der Bundesrepublik Deutschland, S. 27 ff.; *Lemke*, Nationale Minderheiten und Volksgruppen im schleswig-holsteinischen und übrigen deutschen Verfassungsrecht, S. 7 ff.; *Siegert*, Minderheitenschutz in der Bundesrepublik Deutschland, S. 100 ff.; *Alexy*, InfAuslR 1994, S. 301, 302 ff.

[10] *Stern*, Der Staat des Grundgesetzes, S. 219.

nicht dazu führen, das Individuum Mensch als autark anzusehen. Die Verwirklichung des menschlichen Wertes, der Persönlichkeit des Individuums ist nur innerhalb eines sozialen Kontexts möglich. Der Mensch ist ein auf Zusammenleben und Zusammenwirken mit anderen angelegtes Wesen, das seine eigene Wesenserfüllung erst in diesem Zusammenleben und Zusammenwirken finden kann. Die Persönlichkeitsbildung und -entwicklung kann erst in der Gemeinschaft erfolgen. In ihr wird das Individuum zur Persönlichkeit.[11]

Die durch die Persönlichkeit charakterisierte geistig-sittliche Selbstbestimmungs- und Entscheidungsfähigkeit verleiht dem Menschen eine Eigenwertigkeit, die nach dem Vorbild des *Thomas von Aquin* auch im weltlichen Bereich seit dem italienischen humanistischen Philosophen des 15. Jahrhunderts *Giovanni Pico della Mirandolina* als Menschenwürde bezeichnet wird. Sie ist durch keine menschliche Instanz verliehen, sondern kommt dem Individuum kraft seines Menschseins zu. Die Menschenwürde ist mit der Persönlichkeit unmittelbar und untrennbar verbunden und kann aus diesen Gründen auch nicht entzogen oder verwirkt werden. Als ontologisches Axiom wird diese besondere Stellung seit dem 16. Jahrhundert vom Recht dadurch respektiert, daß der Mensch in der Rechtsordnung allein Rechtssubjekt, d.h. Träger von Rechten und Pflichten ist, während andere Lebewesen und Sachen nur Rechtsobjekte sein können.[12]

Es ist nicht exakt feststellbar, inwieweit die beiden Weltkriege die exponierte Stellung der Menschenwürde im Grundgesetz bedingt haben. Mit einem Blick auf die Präambel und Art. 100 der Verfassung des Freistaates Bayern vom 2. Dezember 1946[13] kann jedoch von einem sehr engen Zusammenhang ausgegangen werden.[14] Dort heißt es:

„*Präambel*

Angesichts des Trümmerfeldes, zu dem eine Staats- und Gesellschaftsordnung ohne Gott, ohne Gewissen und ohne Achtung vor der Würde des Menschen die Überlebenden des zweiten Weltkrieges geführt hat, (...)

Art. 100

Die Würde der menschlichen Persönlichkeit ist in Gesetzgebung, Verwaltung und Rechtspflege zu achten.“

---

[11] *Lemke*, Nationale Minderheiten und Volksgruppen im schleswig-holsteinischen und übrigen deutschen Verfassungsrecht, S. 8 f.; *Stern*, Der Staat des Grundgesetzes, S. 228.

[12] *Stern*, Der Staat des Grundgesetzes, S. 220.

[13] Verfassung des Freistaates Bayern vom 2. Dezember 1946. BayRS 100-1-S.

[14] Vgl. auch *Stern*, Der Staat des Grundgesetzes, S. 222 m.w.N.

Aufgrund dieser geschichtlichen Ereignisse und angesichts des profunden philosophischen Hintergrundes hat sich der Parlamentarische Rat entschlossen, die Menschenwürde mit der Unveränderlichkeitsgarantie des Art. 79 Abs. 3 GG abzusichern. Die überragende Bedeutung der Menschenwürde wird auch vom Bundesverfassungsgericht grundsätzlich unterstrichen, wenn es beispielsweise in einer frühen Entscheidung ausführt: *„In der freiheitlichen Demokratie ist die Würde des Menschen der oberste Wert.“*[15] Die Rechtsfolge der Gewährleistung der Menschenwürde ist in Art. 1 Abs. 1 Satz 2 GG ausformuliert und verpflichtet alle staatliche Gewalt dazu, die Würde des Menschen zu achten und zu schützen. Das Achtensgebot stellt ein Eingriffsverbot in die Menschenwürde auf, und das Schützensgebot legt der Staatsgewalt eine positive Verpflichtung auf, diesem Recht zum Durchbruch zu verhelfen.[16] Durch die Unantastbarkeitsformel entzieht das Grundgesetz die Menschenwürdegarantie einem grundrechtlichen Abwägungsprozeß, was das Bundesverfassungsgericht so ausdrückt:

> *„Soweit das allgemeine Persönlichkeitsrecht allerdings unmittelbar Ausdruck der Menschenwürde ist, wirken die Schranken absolut ohne die Möglichkeit eines Güterausgleichs.“*[17]

Die Bestimmung des Schutzbereiches der Menschenwürde erweist sich vor dem Hintergrund der geistesgeschichtlichen Prägung des Begriffes einerseits und andererseits aufgrund der Veränderlichkeit des zivilisatorischen und kulturellen Gesamtzustands einer Gesellschaft als sehr schwierig. In der Diskussion um eine positive Bestimmung des Schutzbereiches der Menschenwürde konkurrieren im wesentlichen zwei Theorien. Nach einer von *Nipperdey* begründeten Ansicht läßt sich die Menschenwürde als dem Menschen von Gott oder der Natur mitgegebener Wert fassen. Für die andere Ansicht ist das Entscheidende der Menschenwürde die Leistung der Identitätsbildung, was bedeutet, daß der Mensch seine Würde aufgrund seines eigenen selbstbestimmten Verhaltens hat.[18] Beiden Theorien ist der hohe Grad ihrer Abstraktion und ihre geringe praktische Handhabbarkeit gemein. Die Rechtsprechung stellt daher im Einzelfall weniger auf eine positive Definition der Menschenwürde, sondern auf eine negative Bestimmung ab und fragt folglich, welche Akte der Staatsgewalt die Menschenwürde verletzen.[19]

---

[15] BVerfGE 5, 85 (204).

[16] *Pieroth/Schlink*, Grundrechte, Staatsrecht II, 15. Aufl., Rn. 349 ff.

[17] BVerfGE 75, 369 (380).

[18] Vgl. die Darstellung der Theorien bei *Pieroth/Schlink*, Grundrechte, Staatsrecht II, 15. Aufl., Rn. 353 ff. m.w.N.

[19] In BVerfGE 30, 1 (25) führt das Bundesverfassungsgericht aus, unter welchen Umständen die Menschenwürde verletzt ist, lasse sich *„nicht generell sagen, sondern immer nur in Ansehung des konkreten Falles.“*

Nach der frühen Rechtsprechung des Bundesverfassungsgerichtes liegt demzufolge eine Verletzung der Menschenwürde im Falle der „*Erniedrigung, Brandmarkung, Verfolgung und Ächtung*" vor.[20] In späteren Entscheidungen wurde ein Eingriff in die Menschenwürde anhand einer sog. *Objektsformel* bestimmt. Danach liegt ein Eingriff in die Würde des Menschen dann vor, wenn er zum

> „*bloßen Objekt des Staates*" degradiert wird.[21] Das bedeutet konkret, daß der Mensch „*einer Behandlung ausgesetzt wird, die seine Subjektsqualität prinzipiell in Frage stellt oder daß in der Behandlung im konkreten Fall eine willkürliche Mißachtung der Würde des Menschen liegt. Die Behandlung des Menschen durch die öffentliche Hand, die das Gesetz vollzieht, muß also, wenn sie die Menschenwürde berühren soll, Ausdruck der Verachtung des Wertes, der dem Menschen kraft seines Personseins zukommt, also in diesem Sinne eine „verächtliche Behandlung", sein.*"[22]

Allerdings erscheint auch diese Formel noch zu unbestimmt, weswegen man sich der Bestimmung der Verletzung der Menschenwürde am sichersten durch einen Vergleich mit typischen Eingriffen aus einem geschichtlich-systematischen Kontext nähert.[23] Eingriffe in die Menschenwürde liegen beispielsweise vor bei Sklaverei, Leibeigenschaft, Diskriminierungen, die dem Diskriminierten das Menschsein und Lebensrecht absprechen, Frauen- und Kinderhandel, also massiven Verletzungen der Gleichheit des Menschen. Weiterhin bei Folter, körperlichen Eingriffen und medizinischen Manipulationen zu Züchtungszwecken, Gehirnwäsche, Brechung des Willens durch Wahrheitsdrogen oder Hypnose, systematischen Demütigungen oder Erniedrigungen, also massiven Verletzungen der körperlichen und seelischen Identität und Integrität; und schließlich bei Entzug des Existenzminimums, Verkommenlassen in hilfloser Lage, Vorenthaltung jeder Möglichkeit, die eigenen Bedürfnisse und Anliegen gegenüber dem Staat zur Geltung zu bringen, also bei massiven Vernachlässigungen der sozial- und rechtsstaatlichen Verantwortung gegenüber dem einzelnen.[24]

Da Art. 1 Abs. 1 GG nicht unter einem Gesetzesvorbehalt steht und außerdem von der Ewigkeitsgarantie des Art. 79 Abs. 3 GG umfaßt wird, sind Eingriffsrechtfertigungen

---

[20] BVerfGE 1, 97 (104).

[21] Vgl. etwa BVerfGE 9, 167 (171); BVerfGE 87, 209 (228).

[22] So formulierte das Bundesverfassungsgericht im sog. *Abhörurteil* BVerfGE 30, 1 (26).

[23] So der Vorschlag von *Pieroth/Schlink*, Grundrechte, Staatsrecht II, 15. Aufl., Rn. 361.

[24] Zusammenstellung nach *Pieroth/Schlink*, Grundrechte, Staatsrecht II, 15. Aufl., Rn. 361 ff. m.w.N. Vgl. auch *Benda*, in: *Benda/Maihofer/Vogel*, Handbuch des Verfassungsrechts, 2. Aufl., Band 2, S. 168, Rn. 15 ff.

ausgeschlossen.[25] Somit stellt jeder Eingriff in die Würde des Menschen zugleich einen Verstoß gegen sie dar.[26]

2. Die Lehre von der Drittwirkung der Grundrechte und die Drittwirkung der Menschenwürde

Offensichtlich will Art. 1 Abs. 1 GG aber nicht allein die staatlichen Eingriffe abwehren, sondern auch die Privatsphäre erfassen.[27] Das wirft die grundsätzliche Problematik einer *Drittwirkung der Grundrechte*[28] auf.[29] Hintergrund dieser Lehre ist vor allem, aber nicht nur, das Phänomen zunehmender wirtschaftlicher oder politischer Macht von privaten Gruppen, Verbänden, Großunternehmen usw., denen der einzelne im modernen Wirtschaftsleben beim Abschluß privatrechtlicher Verträge schon lange nicht mehr auf gleicher Ebene gegenübersteht und deren Macht, wie die Macht des Staates, die Freiheit des Individuums einzuschränken droht. Dies wirft die Frage auf, ob die Grundrechte nicht nur im klassischen Verhältnis des Bürgers zum Staat, sondern auch im horizontalen Verhältnis der Bürger untereinander Geltung beanspruchen können oder können müßten.

Der Gedanke einer unmittelbaren Drittwirkung der Grundrechte, die auf der Annahme einer *absoluten* Wirkung der Grundrechte beruhte[30] und geraume Zeit vom Bundesarbeitsgericht vertreten wurde,[31] konnte sich nicht durchsetzen und wurde schließlich aufgegeben.

Die überwiegende Auffassung in Staatsrechtslehre[32] und Rechtsprechung[33] geht mit einer von *Dürig*[34] theoretisch begründeten Lehre von einer mittelbaren Grundrechtswirkung im

---

[25] BVerfGE 93, 266 (293).

[26] *Pieroth/Schlink*, Grundrechte, Staatsrecht II, 15. Aufl., Rn. 365.

[27] *Stern*, Der Staat des Grundgesetzes, S. 227.

[28] Das Stichwort der *Drittwirkung der Grundrechte* wurde von *Hans Peter Ipsen* geprägt, vgl. *Ipsen*, in: *Neumann/Nipperdey/Scheuner*, Grundgesetz, 1954, S. 143.

[29] Hierzu etwa *Classen*, AöR 1997, S. 65 ff.; *Erichsen*, Jura 1996, S. 527 ff.; *Eschenbach/Niebaum*, NVwZ 1994, S. 1079 ff.

[30] Begründet wurde diese Lehre von *Nipperdey*, vgl. *Nipperdey*, DVBl. 1958, S. 445, 447.

[31] Vgl. etwa die Grundsatzentscheidung BAGE 1, S. 185, 193 f. sowie BAGE 13, S. 168, 174 ff.; BAGE 24, S. 438, 441.

[32] *Jarass*, in: *Jarass/Pieroth*, Grundgesetz-Kommentar, 2. Aufl., Art. 1, Rn. 25; *Sachs*, in: *Sachs*, Grundgesetz-Kommentar, 2. Aufl., vor Art. 1, Rn. 32; *Pieroth/Schlink*, Grundrechte, Staatsrecht II, 15. Aufl., Rn. 181 ff.

Verhältnis von Privaten aus. *Dürig* lehnte eine unmittelbare Drittwirkung von Grundrechten mit dem Argument ab, daß auch unter der Geltung des Grundgesetzes an der prinzipiellen Eigenständigkeit der Privatrechtsordnung gegenüber dem verfassungsrechtlichen Grundrechtssystem festgehalten werden müsse. Charakterisierend für den Privatrechtsverkehr sei es, daß der einzelne über individuelle Rechtsverhältnisse zu anderen Privaten autonom disponieren kann. Allerdings erkennt auch *Dürig* an, daß das Grundrechtssystem eine Wertrangordnung aufstellt und verkörpert. Daher müssen die Privatrechtsautonomie und das grundgesetzliche Wertesystem in Einklang gebracht werden. Um einerseits den disponiblen und individualistischen Charakter der Privatrechtsordnung zu erhalten, andererseits aber auch die Signifikanz der Grundrechte im Bereich des Zivilrechts zur Geltung kommen zu lassen, müsse bei Fehlen spezieller Schutznormen des Privatrechts das Einfließen des wertsetzenden Grundrechtsgehalts in das Zivilrecht über wertausfüllungsfähige und wertausfüllungsbedürftige Rechtsbegriffe und Generalklauseln des Privatrechts ermöglicht werden. Solche Rechtsbegriffe und Generalklauseln sind insbesondere *Sittenwidrigkeit*, *Treu und Glauben*, *Billigkeit* und *sonstiges Recht* der §§ 138, 242, 315, 823 Abs. 1 und 826 BGB.[35] Diese Theorie hat das Bundesverfassungsgericht erstmalig in der *Lüth*-Entscheidung[36] vom 15. Januar 1958 aufgegriffen, indem es an entscheidender Stelle ausführt:

> *„Ohne Zweifel sind die Grundrechte in erster Linie dazu bestimmt, die Freiheitssphäre des einzelnen vor Eingriffen der öffentlichen Gewalt zu sichern (...) Ebenso richtig ist aber, daß das Grundgesetz, das keine wertneutrale Ordnung sein will, in seinem Grundrechtsabschnitt auch eine objektive Wertordnung aufgerichtet hat und daß gerade hierin eine prinzipielle Verstärkung der Geltungskraft der Grundrechte zum Ausdruck kommt. Dieses Wertsystem, das seinen Mittelpunkt in der innerhalb der sozialen Gemeinschaft sich frei entfaltenden menschlichen Persönlichkeit und ihrer Würde findet, muß als verfassungsrechtliche Grundentscheidung für alle Bereiche des Rechts gelten (...) So beeinflußt es selbstverständlich auch das bürgerliche Recht (...). Deshalb sind mit Recht die Generalklauseln als die „Einbruchstellen“ der Grundrechte in das bürgerliche Recht bezeichnet worden.“*

Die Drittwirkung der Würde des Menschen steht damit ebenfalls fest, was bedeutet, daß die Unberührtheit der Privatrechtsordnung mittels der Kodifizierung der Unantastbarkeit der Menschenwürde gemäß Art. 1 Abs. 1 Satz 1 GG durch die Grundrechte durchbrochen ist. Schwierig ist allerdings die genaue Bestimmung der Einwirkung des Art. 1 Abs. 1 GG auf die

---

[33] BVerfGE 7, 198 (204 ff.) - *Lüth* - ; BVerfGE 25, 256 (263) - *Blinkfüer* - ; BVerfGE 30, 173 (188) - *Mephisto* -; BVerfGE 35, 202 (219) - *Lebach* -.

[34] *Dürig*, in: *Maunz/Dürig/Herzog/Scholz*, Grundgesetz, Kommentar, Art. 1 Abs. 3, Rn. 127 ff. und Art. 3 Abs. 1, Rn. 505 ff.

[35] Vgl. zum Ganzen auch: *Erichsen*, Jura 1996, S. 527, 528 f. und die Rechtsprechungsübersicht bei *Classen*, AöR 1997, S. 65, 71 ff., jeweils mit vielen weiteren Nachweisen.

[36] BVerfGE 7, 198 (204 ff.).

Beziehungen der Privatrechtssubjekte untereinander. Die Menschenwürde ist jedenfalls ein wesentlicher Orientierungsmaßstab für die Ausgestaltung und Anwendung der Privatrechtsnormen, da sie aufgrund ihres Charakters als Wertentscheidung generell die gesamte Rechtsordnung und daher auch die Privatrechtsordnung durchdringt. Adressaten der Verpflichtung des Art. 1 Abs. 1 Satz 2 GG können aber lediglich staatliche Organe und nicht auch Privatpersonen sein. Letztere sind weder zur Achtung noch zum Schutz der Menschenwürde verpflichtet. Dennoch hat der Menschenwürdegehalt Auswirkungen auf das Privatrecht. Da die Unantastbarkeit der Würde des Menschen absolut ist, verstößt auch ein Eingriffs in sie seitens Privater unmittelbar gegen Art. 1 Abs. 1 Satz 1 GG. Dieser Verstoß kann allerdings nur durch eine Einschaltung staatlicher Organe, vorzugsweise Gerichte, geahndet werden. Dadurch kann sich das staatliche Schutzgebot des Satzes 2 entfalten. Natürlich muß hierbei wiederum die Privatrechtsautonomie gewahrt bleiben, was bedeutet, daß jedes Individuum durch eingegangene privatrechtliche Relationen grundsätzlich autonom darüber entscheiden darf, was seiner Menschenwürde entspricht. Nur in extremen Fällen sollen staatliche Interventionen diese autonomen Entscheidungen korrigieren.[37]

3. Die Bedeutung der Menschenwürde für den Minderheitenschutz

Zu klären bleibt die Bedeutung des Gebotes der Achtung und des Schutzes der Menschenwürde für den Minderheitenschutz. Aus dem Vorgesagten ergibt sich für den Untersuchungsbereich dieser Arbeit, daß jedes staatliche Organ selbstverständlich zur Achtung und zum Schutz der Menschenwürde eines jeden Angehörigen einer Minderheit sowie eines jeden Immigranten verpflichtet ist. Darüber hinaus strahlt der Schutz der Menschenwürde als grundgesetzliche Wertentscheidung über die Generalklauseln auch in das Privatrecht in seinem horizontalen Anwendungsbereich aus. Allein damit ist noch nicht viel gewonnen.

Schulze-Fielitz konstruiert darüber hinaus aus der Zusammenschau von Art. 1 Abs. 1 und Art. 3 Abs. 3 GG eine Verpflichtung aller Staatsgewalt zur Respektierung der *spezifischen kulturellen Eigenarten* und der Anerkennung des *gruppenspezifischen Anders-Seins* von Ausländern.[38] Die Berufung auf die Menschenwürde eines jeden einzelnen Angehörigen einer ethnischen Minderheit, so führt *Schulze-Fielitz* aus, scheint aus Art. 3 Abs. 3 GG zu einem Anspruch auf strikte Gleichbehandlung mit jedem Staatsangehörigen zu verpflichten. Allerdings impliziere der Respekt vor der Würde eines jeden einzelnen zugleich den Respekt vor seiner individuellen Besonderheit als spezifischer Ausdrucksform seiner Menschenwürde. Daraus folgert *Schulze-Fielitz*, daß eine Politik bzw. eine rechtliche Argumentation, welche die gleichberechtigte Würde von Ausländern anerkennen will, deshalb auch die Differenzen und spezifischen kulturellen Eigenarten dieser Ausländer als Angehörige einer kulturellen Minderheitengruppe in ihrer Besonderheit positiv respektieren und insoweit auch

[37] *Stern*, Der Staat des Grundgesetzes, S. 227 f.

[38] *Schulze-Fielitz*, in: *Fleiner-Gerster*, Die multikulturelle und multi-ethnische Gesellschaft, S. 131, 142 ff.

gegebenenfalls gegenüber Deutschen als Gruppe ungleich behandeln muß, wenn und soweit die Anerkennung dieses gruppenspezifischen Anders-Seins Bedingung für die Wahrnehmung der Menschenwürde des einzelnen Ausländers ist.[39] Dieser Aussage kann man in ihrer Allgemeinheit sicher nicht widersprechen. Innerhalb der Werteordnung des Grundgesetzes müssen staatliche Organe natürlich die kulturellen Besonderheiten von Ausländern akzeptieren. Ob man dafür die Menschenwürde bemühen muß, mag dahinstehen. Konkrete Rechte für Immigranten, die *Schulze-Fielitz* als neue Minderheiten anerkennen möchte, um sie den autochthonen Minderheiten gleichzustellen und sie gleichbehandeln, ergeben sich aus dieser Aussage allerdings nicht.[40]

Einen weiteren Interpretationsansatz zur besonderen Bedeutung der Menschenwürde für den Minderheitenschutz liefert *Lemke*.[41] Er setzt sich näher mit der Frage auseinander, welche Gruppenbeziehungen Minderheiten und Volksgruppen aufweisen und ob aufgrund dessen im Hinblick auf die Menschenwürde die Verankerung eines unmittelbaren Gruppenschutzes geboten erscheint.[42] Ausgangspunkt dieser Überlegungen ist die soziale bzw. gruppenbezogene Komponente der Menschenwürde, die oben bereits grundsätzlich dargelegt wurde. Nach *Lemke* kann daraus nun aber nicht geschlossen werden, daß eine Gruppe als Gemeinschaft unmittelbar an der Menschenwürde teilhabe.[43] Der absolute Wert der Menschenwürde verkörpere sich immer nur im einzelnen. Dennoch haben die Grundrechte im allgemeinen und die Menschenwürde im besonderen die Aufgabe, das soziale Verfaßtsein des Menschen zu schützen und ihm die Möglichkeit zu geben, sich in Gemeinschaft mit anderen zu verwirklichen. Daraus folge, daß zur Verwirklichung der Menschenwürde eine Gruppe notwendig sein kann, was das Grundgesetz in einem anderen Kontext, nämlich dem des Art. 6 GG, der mittels einer Institutsgarantie Ehe und Familie als soziale Gruppe schützt, explizit anerkenne. Aus diesen Feststellungen ergäben sich Parallelen zur Situation von Minderheiten und Volksgruppen. Anders als juristische Personen des Privatrechts seien Minderheiten keine Zweckgemeinschaften, sondern Abstammungsgemeinschaften. Damit seien sie nicht auf bestimmte Sachbereiche ausgerichtet, sondern umfaßten alle Aspekte menschlichen Zusammenlebens und stellten somit einen Sonderfall dar. Die Minderheit oder Volksgruppe könne für den einzelnen ebenso unersetzlich sein wie die Familie, und dies habe um so höhere Bedeutung, je mehr sich diese Minderheiten- oder Volksgruppe in ihren Erscheinungsformen, ihrer Kultur, ihrer Sprache oder ähnlichem von der Mehrheitsbevölkerung unterscheide.

---

[39] *Schulze-Fielitz*, in: *Fleiner-Gerster*, Die multikulturelle und multi-ethnische Gesellschaft, S. 131, 142.

[40] Zu weiteren Positionen, die *Schulze-Fielitz* in seinem sehr fundierten und aktuellen Aufsatz in: *Fleiner-Gerster*, Die multikulturelle und multi-ethnische Gesellschaft, S. 131 ff., bezieht, wird noch an anderer Stelle einzugehen sein.

[41] *Lemke*, Nationale Minderheiten und Volksgruppen im schleswig-holsteinischen und übrigen deutschen Verfassungsrecht, S. 7 ff.

[42] *Lemke*, Nationale Minderheiten und Volksgruppen im schleswig-holsteinischen und übrigen deutschen Verfassungsrecht, S. 11.

[43] *Lemke*, Nationale Minderheiten und Volksgruppen im schleswig-holsteinischen und übrigen deutschen Verfassungsrecht, S. 11 mit Verweis auf *Messtorff*, Die Rechtsstellung der ethnischen Minderheiten in der Bundesrepublik Deutschland, S. 31 ff.

Dieses Ergebnis wird dann in Relation zur Situation der Mehrheitsbevölkerung gesetzt.[44] Für die Angehörigen der Mehrheit spiele das soziale Umfeld der Gruppe grundsätzlich die gleichen Rolle wie für Angehörige von Minderheiten. Auch die Angehörigen der Mehrheit bedürften zur Entwicklung und Erhaltung ihrer Menschenwürde der Gemeinschaft. Der entscheidende Punkt sei nun aber, daß diesem Bedürfnis in bezug auf die Mehrheit bereits dadurch Rechnung getragen werde, daß die Gemeinschaft der nationalen Mehrheit regelmäßig dem Staat, und damit dessen verfassungsmäßiger Ordnung, ihr nationales Gepräge gäben. Die Verwirklichung der sozialen Komponente der Menschenwürde ergebe sich im demokratischen Nationalstaat für die nationale Mehrheit von selbst. Für Angehörige von Minderheiten sei dies fundamental anders, da sie als permanente Minderheit nicht die Gelegenheit haben, die verfassungsmäßige Ordnung durch ihre Eigenschaften zu prägen. Dementsprechend, so schlußfolgert *Lemke*, könne es sinnvoll sein, sie als Gruppen innerhalb der verfassungsmäßigen Ordnung besonders zu schützen, um diesen Nachteil rechtlich auszugleichen. Ob allerdings darüber über hinaus eine Gleichstellung von Minderheiten und Volksgruppen auch tatsächlich durch die Menschenwürde geboten sei, könne nur bei genauerer Betrachtung einzelner solcher Gruppen festgestellt werden.[45] Hier sieht *Lemke* eine Einschätzungsprärogative des Bundes- oder Landesgesetzgebers. Ein Regelungsdefizit auf Bundesebene oder gar auf grundgesetzlicher Ebene konstatiert er nicht. Jedenfalls sieht auch *Lemke* im Schutz der Menschenwürde der Angehörigen von Minderheiten und Volksgruppen die Wurzel des Minderheitenschutzes überhaupt. Aus diesem Resümee benennt er schließlich zwei konkrete Umstände, die seiner Meinung nach gegen die Menschenwürde von Minderheitenangehörigen verstoßen. Einerseits sei dies, den Geltungsgrund für einen innerstaatlichen Minderheitenschutz darin zu sehen, ausländische Staaten in einer Art Gegenseitigkeitserwartung auch zum Schutz ihrer (deutschen) Minderheiten anzuhalten. Eine derartige Instrumentalisierung der Minderheiten degradiert ihre Angehörigen zu bloßen Objekten im Arsenal der Außenpolitik und verstoße mithin gegen ihre Menschenwürde. Andererseits wendet er sich gegen eine Erhaltung der Minderheitenkultur um ihrer selbst willen, da dies in die Richtung einer Traditionalisierung von Minderheitenangehörigen ginge und sie daher wieder zu Objekten mache. Die Minderheitenkultur sei nur dann erhaltenswert, wenn dies der Menschenwürde der Minderheitenangehörigen zugute komme.[46]

Es ist *Lemke* zuzustimmen, wenn er die besondere Bedeutung der Gruppe für den Minderheitenangehörigen herausarbeitet und betont. Verfehlt wäre es aber wohl, aus der gruppenbezogenen Komponente der Menschenwürde eine Verpflichtung des Staates auf Einführung von kollektivrechtlichen Minderheitenschutzkonzepten konstruieren zu wollen.[47] Das einzige, was sich daraus ergeben kann, ist die Feststellung, daß kollektive

---

[44] *Lemke*, Nationale Minderheiten und Volksgruppen im schleswig-holsteinischen und übrigen deutschen Verfassungsrecht, S. 13.

[45] *Lemke*, Nationale Minderheiten und Volksgruppen im schleswig-holsteinischen und übrigen deutschen Verfassungsrecht, S. 14 f.

[46] *Lemke*, Nationale Minderheiten und Volksgruppen im schleswig-holsteinischen und übrigen deutschen Verfassungsrecht, S. 16 ff.

[47] So auch *Messtorff*, Die Rechtsstellung der ethnischen Minderheiten in der Bundesrepublik Deutschland, S. 33.

Schutzkonzepte zugunsten von Minderheiten zulässig wären und dem Grundgesetz in seiner grundsätzlichen Individualrechtsschutzkonzeption nicht zuwiderliefen. Auch ist in diesem Zusammenhang vor einer Überinterpretation des Schutzgebotes der Menschenwürde zu warnen. Die Grenze der Verletzung der Menschenwürde von Minderheitenangehörigen ist wohl erst dann überschritten, wenn extreme Angriffe auf die Minderheitengruppe erfolgen, wie beispielsweise das Verbot der Minderheitensprache in allen Bereichen oder eine Verfolgung der Minderheitengruppe aus ethnischen Motiven.

4. Die einfachgesetzliche Bewehrung der Menschenwürde

Der Schutz der Menschenwürde ist durch einige Normen des einfachen Bundesrechts bewehrt. Diese einfachgesetzliche Bewehrung der Menschenwürde kommt potentiell auch Angehörigen von Minderheiten oder Immigranten zugute. Im einzelnen ist die Menschenwürde insbesondere durch die §§ 130, 185 und 220a StGB (Volksverhetzung, Beleidigung und Völkermord) und § 118 OWiG (Belästigung der Allgemeinheit) geschützt.[48]

Direkte Erwähnung hat die Menschenwürde im Straftatbestand des § 130 StGB gefunden, der folgenden Wortlaut hat:

> *„(1) Wer in einer Weise, die geeignet ist, den öffentlichen Frieden zu stören*
>
> *1. zum Haß gegen Teile der Bevölkerung aufstachelt oder zu Gewalt- oder Willkürmaßnahmen gegen sie auffordert oder*
>
> *2. die Menschenwürde anderer dadurch angreift, daß er Teile der Bevölkerung beschimpft, böswillig verächtlich macht oder verleumdet, wird mit Freiheitsstrafe von drei Monaten bis zu fünf Jahren bestraft.*
>
> *(2) Mit Freiheitsstrafe bis zu drei Jahren oder mit Geldstrafe wird bestraft, wer*
>
> *1. Schriften (§ 11 Abs. 3), die zum Haß gegen eine nationale, rassische, religiöse oder durch ihr Volkstum bestimmte Gruppe aufstacheln, zu Gewalt- oder Willkürmaßnahmen gegen sie auffordern, oder die Menschenwürde anderer dadurch angreifen, daß Teile der Bevölkerung oder eine vorbezeichnete Gruppe beschimpft, böswillig verächtlich gemacht oder verleumdet werden,*

---

[48] Hierzu ausführlich: *Stock*, ZAR 1999, S. 118 ff.; *Messtorff*, Die Rechtsstellung der ethnischen Minderheiten in der Bundesrepublik Deutschland, S. 31 ff. Vgl. auch Erster Bericht der Bundesrepublik Deutschland gemäß Artikel 25 Absatz 1 des Rahmenübereinkommens des Europarates zum Schutz nationaler Minderheiten, S. 50 ff.

a) verbreitet,

b) öffentlich ausstellt, anschlägt, vorführt oder sonst zugänglich macht,

c) einer Person unter achtzehn Jahren anbietet, überläßt oder zugänglich macht oder

d) herstellt, bezieht, liefert, vorrätig hält, anbietet, ankündigt, anpreist, einzuführen oder auszuführen unternimmt, oder sie oder aus ihnen gewonnene Stücke im Sinne der Buchstaben a bis c zu verwenden oder einem anderen eine solche Verwendung zu ermöglichen, oder

2. eine Darbietung des in Nummer 1 bezeichneten Inhalts durch Rundfunk verbreitet.

(...)"

Die Vorschrift schützt sowohl den öffentlichen Frieden als auch die Würde des Einzelmenschen.[49] Angriffsgegenstand sind Teile der Bevölkerung, also Personenmehrheiten nicht ganz geringfügiger Größe und Bedeutung, die von der Gesamtheit der Bevölkerung aufgrund äußerer oder innerer Merkmale als unterscheidbare Teile abgegrenzt werden können, also beispielsweise Minderheiten-, Immigranten- oder Ausländergruppen jeglicher Art. Rechtsprechung hinsichtlich der Verwirklichung dieses Straftatbestandes liegt gegenüber Juden, Zigeunern, Schwarzen und ausländischen Gastarbeitern, insbesondere Türken vor.[50] Die Tathandlungen müssen eine doppelte Angriffsrichtung haben. Sie müssen einerseits einen Angriff auf die Menschenwürde anderer enthalten. Das setzt voraus, daß diese im Kern ihrer Persönlichkeit getroffen, d.h. daß ihnen das Lebensrecht in der Gemeinschaft bestritten oder sie als unterwertig behandelt werden sollen. Andererseits müssen die Tathandlungen unmittelbar gegen Teile der Bevölkerung gerichtet sein. Darüber hinaus müssen die Tathandlungen geeignet sein, den öffentlichen Frieden zu stören, was bedeutet, daß sie die Besorgnis rechtfertigen, der Angriff werde den Friedenszustand oder das Vertrauen in seine Fortdauer erschüttern, und sei es auch nur in den Teilen der Bevölkerung, die durch den Angriff bedroht erscheinen. Seit der Neubekanntmachung des Strafgesetzbuches am 13. November 1998[51] kann der Straftatbestand des § 130 StGB auch durch die angeführten Formen des Umgangs mit Schriften, welche die geschützten Rechtsgüter dieser Norm bedrohen, verwirklicht werden.[52] Hervorhebenswert erscheint hier die explizite Nennung von

[49] Zur Interpretation dieser Norm vgl. etwa *Lackner*, Strafgesetzbuch mit Erläuterungen, 19. Aufl., § 130, Rn. 1 ff.

[50] Nachweise vgl. bei *Lackner*, Strafgesetzbuch mit Erläuterungen, 19. Aufl., § 130, Rn. 2. Diese Kommentierung bezieht sich noch auf die alte Fassung des § 130 StGB. Vgl. auch *Tröndle/Fischer-Fischer*, StGB, 49. Aufl., § 130, Rn. 3 ff.

[51] Die Neufassung des StGB gilt seit dem 1. Januar 1999 (BGBl. I 1998 S. 3322).

[52] *Tröndle/Fischer-Fischer*, StGB, 49. Aufl., § 130, Rn. 9 ff.

nationalen, rassischen, religiösen oder durch ihr Volkstum bestimmten Gruppen als geschützte Personen. Dies ist vom Diskriminierungsverbot des Art. 3 Abs. 3 Satz 1 GG inspiriert und bringt zudem noch die Neuerung, daß mit der Aufnahme der „*durch ihr Volkstum bestimmten Gruppen*", ein klarer und direkter Bezug zu den in der Bundesrepublik Deutschland lebenden Minderheitengruppen hergestellt wird.[53]

Darüber hinaus ist die Menschenwürde mittelbar auch durch die Strafnorm des § 185 StGB geschützt, der besagt:

> „*Die Beleidigung wird mit Freiheitsstrafe bis zu einem Jahr oder mit Geldstrafe und, wenn die Beleidigung mittels einer Tätlichkeit begangen wird, mit Freiheitsstrafe bis zu zwei Jahren oder mit Geldstrafe bestraft.*"

Rechtsgut des § 185 StGB ist die Ehre.[54] Beleidigungsfähig ist jeder lebende Mensch, da ihm mindestens aufgrund seines allgemeinen Menschenwerts Ehre zukommt. Die Beleidigung kann sich unter einer Kollektivbezeichnung auch gegen jeden einzelnen Angehörigen einer Personengruppe richten, wenn diese so aus der Allgemeinheit hervortritt, daß der Kreis der betroffenen Personen klar umgrenzt und die Zuordnung des einzelnen zweifelsfrei ist. Dies kann bei Minderheitengruppen der Fall sein. Beleidigung ist ein Angriff auf die Ehre durch Kundgabe eigener Mißachtung oder Nichtachtung. Eine Äußerung bringt Mißachtung oder Nichtachtung zum Ausdruck, wenn sie dem Betroffenen den elementaren Menschenwert oder seinen ethnischen oder sozialen Wert ganz oder teilweise abspricht und dadurch seinen grundsätzlich uneingeschränkten Achtungsanspruch verletzt.[55]

Der Straftatbestand des Völkermordes § 220a StGB wurde in der Folge des Beitritts der Bundesrepublik Deutschland zur Konvention über die Verhütung und Bestrafung des Völkermordes vom 9. Dezember 1948[56] eingeführt und ist aus sich selbst heraus verständlich. Die Bestimmung lautet:

---

[53] *Tröndle/Fischer-Fischer*, StGB, 49. Aufl., § 130, Rn. 3 und 10: *Fischer* versteht in seiner Erstkommentierung des neu gefaßten § 130 StGB unter „*nationalen, rassischen, religiösen oder durch ihr Volkstum bestimmten Gruppen*" alle zahlenmäßig nicht unerheblichen und nicht unbedeutenden Personenmehrheiten, so sie aufgrund gemeinsamer äußerer und innerer Merkmale als unterscheidbarer Teil von der Gesamtheit der Bevölkerung abgrenzbar ist.

[54] Zur Interpretation dieser Norm vgl. etwa *Lackner*, Strafgesetzbuch mit Erläuterungen, 19. Aufl., vor § 185, Rn. 1 ff. und § 185, Rn. 1 ff.

[55] Details vgl. bei *Lackner*, Strafgesetzbuch mit Erläuterungen, 19. Aufl., § 185, Rn. 4 ff.

[56] Vgl. hierzu auch oben Kapitel 3. Punkt II. 1. c) bb).

„(1) Wer in der Absicht, eine nationale, rassische, religiöse oder durch ihr Volkstum bestimmte Gruppe als solche ganz oder teilweise zu zerstören,

1. Mitglieder der Gruppe tötet,

2. Mitgliedern der Gruppe schwere körperliche oder seelische Schäden, insbesondere der in § 224 bezeichneten Art, zufügt,

3. die Gruppe unter Lebensbedingungen stellt, die geeignet sind, deren körperliche Zerstörung ganz oder teilweise herbeizuführen,

4. Maßregeln verhängt, die Geburten innerhalb der Gruppe verhindern sollen,

5. Kinder der Gruppe in eine andere Gruppe gewaltsam überführt, wird mit lebenslanger Freiheitsstrafe bestraft. (...)"

Schließlich dient dem Schutz der Menschenwürde von Angehörigen von Minderheiten auch noch die Norm des § 118 OWiG über Belästigung der Allgemeinheit:

„(1) Ordnungswidrig handelt, wer eine grob ungehörige Handlung vornimmt, die geeignet ist, die Allgemeinheit zu belästigen oder zu gefährden und die öffentliche Ordnung zu beeinträchtigen. (...)"

Eine grob ungehörige Handlung nimmt der Täter vor, wenn sein Verhalten in einem deutlichen Widerspruch zur Gemeinschaftsordnung steht, was bei Handlungen, die als Mißachtung der durch die Gemeinschaftsordnung geschützten Interessen erscheinen, zu bejahen ist.[57] Angriffe auf die Menschenwürde von Minderheitenangehörigen oder Immigranten unterfallen dieser Definition problemlos.[58] Die Tathandlung muß des weiteren zur Belästigung der Allgemeinheit geeignet sein, was bei einer öffentlich in Erscheinung tretenden Mißachtung von Grundwerten durch einen Angriff auf die Menschenwürde von Minderheitenangehörigen gegeben sein dürfte.

Im Bereich des zivilrechtlichen Verkehrs mit Angehörigen von Minderheiten oder mit Immigranten bestehen darüber hinaus noch gewerberechtliche Sanktionsmöglichkeiten, die bei Angriffen auf die Menschenwürde durch Gewerbetreibende zur Geltung kommen

---

[57] BGHSt 13, S. 244.

[58] So auch *Stock*, ZAR 1999, S. 118, 122.

können.[59] Schließlich wurde bereits oben[60] auf die Bedeutung der Generalklauseln des Privatrechts als *Einbruchstellen* für die Grundrechte hingewiesen.

Weitere Ausführungen zur einfachgesetzlichen Umsetzung des Schutzes der Menschenwürde folgen noch in den Erläuterungen zur Diskussion um die Einführung einer Anti-Diskriminierungsgesetzgebung.

5. Ergebnis

Zusammenfassend läßt sich daher festhalten, daß das Gebot der Menschenwürde aus Art. 1 Abs. 1 GG auch als Fundament des Minderheitenschutzes des Grundgesetzes angesehen werden kann. Wenn auch im einzelnen wenig detaillierte Rechte aus dieser Norm direkt hergeleitet werden können, so ist ein Minderheitenschutz doch ohne die Achtung und den Schutz der Würde der Minderheitenangehörigen nicht denkbar. Direkt aus der Menschenwürde kann Schutz vor massiven Verletzungen der Gleichheit des Menschen, massiven Verletzungen der körperlichen und seelischen Identität und Integrität und massiven Vernachlässigungen der sozial- und rechtsstaatlichen Verantwortung gegenüber dem einzelnen abgeleitet werden. Aus der gruppenbezogenen Dimension der Menschenwürde kann gefolgert werden, daß es dem Bundes- oder Landesgesetzgeber freisteht, Minderheiten mit kollektivrechtlichen Konzepten zu schützen. Aus einer mittelbaren Drittwirkung der Grundrechte allgemein und der Menschenwürde im besonderen ergibt sich eine Ausstrahlung der Grundrechte in den Bereich des Privatrechts. Schließlich ist die Menschenwürde durch verschiedene Normen des Straf-, des Ordnungswidrigkeitsrechts und anderer Rechtsgebiete einfachgesetzlich bewehrt. Dennoch muß vor einer Überinterpretation der Menschenwürde im Bereich des Minderheitenrechts gewarnt werden. Obgleich das Schutz- und Achtensgebot des Art. 1 Abs. 1 GG das Fundament des grundgesetzlichen Minderheitenschutzes darstellt, so können hieraus allein nicht alle Rechte abgeleitet werden, die für einen effektiven Minderheitenschutz notwendig sind.

II. Der allgemeine Gleichheitssatz des Art. 3 Abs. 1 GG und das Diskriminierungsverbot des Art. 3 Abs. 3 Satz 1 GG

Eine weitere Fundamentalnorm des grundgesetzlichen Minderheitenschutzes ist das Gleichheitsgebot des Art. 3 GG. Nach einer kurzen Darstellung des allgemeinen Inhaltes des allgemeinen Gleichheitssatzes und des Diskriminierungsverbotes soll versucht werden, die

---

[59] *Stock* verweist in diesem Zusammenhang auf die Möglichkeit des Entzuges der Gaststättengenehmigung nach §§ 15 Abs. 2 und 4 Abs. 1 Nr. 1 GastG, *Stock*, ZAR 1999, S. 118, 124.

[60] Vgl. oben Punkt I. 1. b).

besondere Bedeutung dieser Bestimmung für den Minderheitenschutz herauszuarbeiten. Hierbei soll die Frage erörtert werden, ob das Grundgesetz eine Gleichbehandlung von sog. *neuen Minderheiten*, also Immigrantengruppen, und autochthonen Minderheiten gebietet. Es soll die Problematik der Zulässigkeit, respektive der Gebotenheit von Maßnahmen der *positiven Diskriminierung* zugunsten von Minderheiten diskutiert werden, und schließlich soll in diesem Zusammenhang auch die politische Forderung des einfachgesetzlichen Ausbaus der Anti-Diskriminierungsgesetzgebung bewertet werden. Gerade für den Bereich des Minderheitenschutzes ist im Anwendungsbereich des Gleichheitsgebotes oft auch der vorstehend analysierte Schutz der Menschenwürde synoptisch im Auge zu behalten.

1. Inhalt und Bedeutung des allgemeinen Gleichheitssatzes und des Diskriminierungsverbotes

Art. 3 GG hat folgenden Wortlaut:

> *(1) Alle Menschen sind vor dem Gesetz gleich.*
>
> *(2) Männer und Frauen sind gleichberechtigt. Der Staat fördert die tatsächliche Durchsetzung der Gleichberechtigung von Frauen und Männern und wirkt auf die Beseitigung bestehender Nachteile hin.*
>
> *(3) Niemand darf wegen seines Geschlechtes, seiner Abstammung, seiner Rasse, seiner Sprache, seiner Heimat und Herkunft, seines Glaubens, seiner religiösen oder politischen Anschauungen benachteiligt oder bevorzugt werden. Niemand darf wegen seiner Behinderung benachteiligt werden.*

Der allgemeine Gleichheitssatz ist in Art. 3 Abs. 1 GG niedergelegt und gebietet allgemein die Rechtsanwendungsgleichheit, die Gleichheit vor dem Gesetz, und die Rechtsetzungsgleichheit, die Gleichheit des Gesetzes.[61] Ersteres folgt aus Art. 3 Abs. 1 i.V.m. Art. 1 Abs. 3 GG, letzteres direkt aus Art. 3 Abs. 1 GG. Art. 3 Abs. 2 Satz 1 und Abs. 3 Satz 1 GG verbietet, bestimmte Gegebenheiten zum Grund für Bevorzugungen oder Benachteiligungen zu nehmen und läßt damit erkennen, daß das Grundgesetz nicht kategorisch jegliche Gleichbehandlung verlangt bzw. jede Bevorzugung oder Benachteiligung verbietet. Lediglich grundlose Ungleichbehandlungen werden verboten, wobei Art. 3 Abs. 2 Satz 1 und Abs. 3 Satz 1 GG diejenigen rechtfertigenden Gründe aufzählt, die für eine Ungleichbehandlung schlechthin ausfallen.[62] Während die politische Forderung nach

---

[61] Die Literatur zu Art. 3 GG ist nahezu endlos. Als grundlegend kann jedoch die Kommentierung von *Dürig*, in: *Maunz/Dürig/Herzog/Scholz*, Grundgesetz-Kommentar, bezeichnet werden. Vgl. aber auch *Sachs*, in: *Isensee/Kirchhof*, Handbuch des Staatsrechts, Bd. V, § 126; *Sachs*, Grenzen des Diskriminierungsverbots.

[62] Eine übersichtliche Darstellung der Systematik und Dogmatik von Art. 3 GG findet sich etwa bei *Pieroth/Schlink*, Grundrechte, Staatsrecht II, 15. Aufl., Rn. 428 ff.

möglichst viel gesellschaftlicher Freiheit, die auch die Ellenbogenfreiheit des einzelnen einschließt, mit der politischen Forderung nach einem Maximum an gesellschaftlicher Gleichheit, die gerade auch die Chancengleichheit des Schwächeren sicherstellen möchte, in einem Spannungsverhältnis stehen, koexistieren die grundrechtlichen Verbürgungen von Freiheit und Gleichheit konfliktfrei. Sie überlassen den Ausgleich der politischen Forderungen in großem Maße dem Gesetzgeber und geben lediglich einen groben Rahmen vor.[63]

Einer verfassungsrechtlichen Rechtfertigung bedarf die Ungleichbehandlung von *wesentlich Gleichem*.[64] Dies setzt zunächst voraus, daß Personen, Personengruppen oder Situationen vergleichbar sein müssen, daß also ein gemeinsamer Bezugspunkt, ein *tertium comparationis* gefunden werden muß. Dieser Bezugspunkt ist der gemeinsame Oberbegriff (*genus proximum*), unter den die rechtlich verschieden behandelten Personen, Personengruppen oder Situationen gebracht werden können. Zusammengefaßt liegt nach *Pieroth/Schlink*[65] also dann eine Ungleichbehandlung vor, die verfassungsrechtlicher Rechtfertigung bedarf, wenn eine Person, Personengruppe oder Situation in einer bestimmten Weise, durch Eingriff oder Leistung, in Teilhabe oder Verfahren, rechtlich behandelt wird, eine andere Person, Personengruppe oder Situation in einer bestimmten anderen Weise rechtlich behandelt wird und beide Personen, Personengruppen oder Situationen unter einen gemeinsamen weitere Personen, Personengruppen oder Situation ausschließenden Oberbegriff gefaßt werden können. Darüber hinaus verbietet der Gleichheitssatz nicht nur, *wesentlich Gleiches willkürlich ungleich*, sondern auch *wesentlich Ungleiches willkürlich gleich* zu behandeln.[66] Neben der Ungleichbehandlung, die verfassungsrechtlicher Rechtfertigung bedarf, gibt es also auch eine Gleichbehandlung, die verfassungsrechtlicher Rechtfertigung bedarf.

Bei den Anforderungen an die verfassungsrechtliche Rechtfertigung differenziert das Bundesverfassungsgericht nach der Intensität, mit der eine Ungleichbehandlung die Betroffenen beeinträchtigt.[67] Die Intensität wächst, je mehr das Kriterium der Ungleichbehandlung einem der nach Art. 3 Abs. 3 GG verbotenen Kriterium ähnelt, je weniger der Betroffene das Kriterium der Ungleichbehandlung beeinflussen kann und je mehr die Ungleichbehandlung den Gebrauch grundrechtlich geschützter Freiheiten erschwert.[68] Mit steigender Intensität wachsen die Anforderungen an die verfassungsrechtliche Rechtfertigung.

---

[63] *Pieroth/Schlink*, Grundrechte, Staatsrecht II, 15. Aufl., Rn. 430.

[64] So das Bundesverfassungsgericht in ständiger Rechtsprechung, vgl. etwa BVerfGE 49, 148 (165).

[65] *Pieroth/Schlink*, Grundrechte, Staatsrecht II, 15. Aufl., Rn. 435.

[66] So das Bundesverfassungsgericht in ständiger Rechtsprechung, vgl. etwa BVerfGE 49, 148 (165); BVerfGE 98, 365 (385).

[67] So das Bundesverfassungsgericht in ständiger Rechtsprechung, vgl. etwa BVerfGE 88, 87 (96); BVerfGE 91, 389 (401); BVerfGE 95, 267 (316 f.).

[68] Nach *Pieroth/Schlink*, Grundrechte, Staatsrecht II, 15. Aufl., Rn. 438 ff.

Bei Ungleichbehandlungen geringer Intensität versteht das Bundesverfassungsgericht das Gleichbehandlungsgebot als Willkürverbot und beschränkt die Rechtfertigungsprüfung auf eine bloße Evidenzkontrolle. Bei Ungleichbehandlungen größerer Intensität versteht das Bundesverfassungsgericht das Gleichheitsgebot als Verbot der Ungleichbehandlung ohne gewichtigen sachlichen Grund, verlangt eine Verhältnismäßigkeitsprüfung und akzeptiert eine Ungleichbehandlung erst dann als durch einen gewichtigen sachlichen Grund gerechtfertigt, wenn sie einen legitimen Zweck verfolgt, zur Erreichung dieses Zwecks geeignet und notwendig ist und auch sonst in angemessenem Verhältnis zum Wert des Zwecks steht. Nach der sog. *neuen Formel*[69] ist eine Ungleichbehandlung im Hinblick auf ihren legitimen Zweck gerechtfertigt, wenn zwischen zwei Gruppen „*Unterschiede von solcher Art und solchem Gewicht bestehen, daß sie die ungleiche Behandlung rechtfertigen.*“[70] Beim Erfordernis der Notwendigkeit ist zu beachten, daß dieses im Kontext des Gleichheitsgebotes dann eine schwächere Rolle als bei den Freiheitsrechten spielt, wenn der Staat in Verfolgung von Förderungszwecken ungleich behandelt. Dies hat seinen Grund darin, daß es für die Förderung einer bestimmten Personengruppe regelmäßig eine Fülle von Möglichkeiten gibt und entsprechend zu den Förderungsmöglichkeiten, die der Staat wählt, eine Vielzahl von Alternativen, daß der Nachweis des Fehlens milderer, schonenderer Alternativen selten gelingt.[71] Insgesamt bleibt festzuhalten, daß dem regelnden und gestaltenden Staat hinsichtlich des Gleichheitsgebotes ein weiter Ermessensspielraum zustehen muß, da ansonsten gesetzgeberische Tätigkeit schlechthin unmöglich wird.[72] Dies reflektiert die Rechtsprechung des Bundesverfassungsgerichts, wenn es das Gleichheitsgebot im Rahmen von Ungleichbehandlungen geringer Intensität durch ein Willkürverbot umsetzt und im Rahmen von Ungleichbehandlungen größerer Intensität, die bei fördernder Gesetzgebung auftreten, die Anforderungen an die Notwendigkeit reduziert.[73]

Art. 3 Abs. 2 Satz 1 und Abs. 3 Satz 1 GG normiert die Einzelmerkmale, aufgrund derer eine Ungleichbehandlung oder Diskriminierung ausscheidet.[74] Der Unterschied von Mann und Frau in Art. 3 Abs. 2 GG ist inhaltsgleich mit dem Merkmal „*Geschlecht*“ in Art. 3 Abs. 3 Satz 1 GG. Der Begriff „*Abstammung*“ bezeichnet die natürlichen biologischen Beziehungen eines Menschen zu seinen Vorfahren. Die „*Rasse*“ hat mit der Abstammung gemein, daß sie auf eine biologische Verbindung abstellt, aber nicht auf eine individuelle biologische Verbindung zu bestimmten Vorfahren, sondern auf bestimmte Gruppenmerkmale und

---

69 Vgl.hierzu *Sachs*, JuS 1997, S. 124 ff.

70 BVerfGE 55, 72 (88); BVerfGE 98, 1 (12).

71 *Pieroth/Schlink*, Grundrechte, Staatsrecht II, 15. Aufl., Rn. 442.

72 *Pieroth/Schlink*, Grundrechte, Staatsrecht II, 15. Aufl., Rn. 444.

73 Vgl. etwa BVerfGE 64, 158 (168 f.); BVerfGE 66, 84 (95).

74 Vgl. hierzu etwa *Gubelt*, in: *von Münch/Kunig*, Grundgesetz-Kommentar, Art. 3, Rn. 95 ff.; *Rüfner*, in: *Dolzer*, Bonner Kommentar zum Grundgesetz, Art. 3, Rn. 827 ff.; *Starck*, in: *ders.*, Das Bonner Grundgesetz, Art. 3, Rn. 358 ff.; *Heun*, in: *Dreier*, Grundgesetz-Kommentar, Art. 3, Rn. 111 ff.; *Dürig*, in: *Maunz/Dürig/Herzog/Scholz*, Grundgesetz-Kommentar, Art. 3 Abs. 3, Rn. 36 ff.

vererbbare Eigenschaften. Dieses Diskriminierungsverbot ist vor allem eine Reaktion auf die nationalsozialistische Rassenideologie und richtet sich gegen eine derartige Rassenpolitik. Mit der Aufnahme des Merkmals der „*Sprache*" sollen Gruppen vor Diskriminierung aufgrund ihrer Sprache geschützt werden, insbesondere soll der Gebrauch ihrer Muttersprache und ihrer kulturellen Einrichtungen gewährleistet sein. Bei der Festlegung des Deutschen als Amts- oder Gerichtssprache[75] wird die Sprache nicht als Anknüpfungspunkt für rechtliche Nachteile verwendet,[76] da Art. 3 Abs. 3 GG den Staat nicht zum Ausgleich sprachbedingter Erschwernisse für Ausländer, die im Tatsächlichen auftreten, verpflichtet.[77] Der Begriff der „*Heimat*" bezieht sich auf den örtlichen Bereich, in dem man geboren oder ansässig ist. Er ist in erster Linie auf Flüchtlinge oder Vertriebene anwendbar, wobei er aktuelle Bedeutung für die große Zahl der Über- und Umsiedler gewinnt. Mit „*Herkunft*" ist die von den Vorfahren hergeleitete sozialstandesmäßige Verwurzelung gemeint, nicht die in den eigenen Lebensumständen begründete Zugehörigkeit zu einer bestimmten sozialen Schicht. In diesem Kontext gilt es zu beachten, daß das Merkmal der Staatsangehörigkeit, welches in Art. 3 Abs. 3 GG nicht genannt ist, weder unter das Merkmal der „*Heimat*" noch unter das der „*Herkunft*" fällt.[78] Selbstverständlich gilt aber auch für Ausländer der allgemeine Gleichheitssatz des Art. 3 Abs. 1 GG. Durch die Erwähnung des Wortes „*Glauben*" werden auch areligiöse und antireligiöse Anschauungen geschützt und nicht nur das Religionsbekenntnis, das speziell nochmals vom Schutzbereich der „*religiösen Anschauungen*" erfaßt wird. Ebenso wie die vorbesprochenen inneren Merkmale dürfen auch Äußerungen der „*politischen Anschauungen*" von der öffentlichen Gewalt nicht zum Anknüpfungspunkt von Benachteiligungen oder Bevorzugungen gemacht werden. Zu beachten sind jedoch die Grenzen, welche das Prinzip der wertbestimmten und wehrhaften Demokratie zieht.[79] Überdies ist dieses Diskriminierungsverbot im Kontext weiterer Verfassungsnormen zu sehen, in denen die Gewährleistung politischer Freiheit zum Ausdruck kommt.[80] Unter einer „*Behinderung*" ist schließlich eine nicht nur vorübergehende Beeinträchtigung der körperlichen oder seelischen Funktionen zu verstehen, aufgrund derer ebenfalls nicht diskriminiert werden darf.[81] Art. 3 Abs. 2 und 3 GG setzt der Ermessens- oder Gestaltungsfreiheit feste Grenzen, die jedoch gelegentlich von der Rechtsprechung sehr weit gezogen werden.[82] Darüber hinaus sind von diesen durch Art. 3 Abs. 2 und 3 GG verwehrten Zwecksetzungen die Situationen zu unterscheiden, in welchen der Gesetzgeber kulturelles, religiöses oder politisches Leben,

---

[75] Details hierzu folgen sogleich.

[76] So *Gubelt*, in: *von Münch/Kunig*, Grundgesetz-Kommentar, Art. 3, Rn. 98.

[77] BVerfGE 64, 135 (156 f.).

[78] So ausdrücklich das Bundesverwaltungsgericht etwa in BVerwGE 22, 66 (70); BVerwGE 51, 1 (30). Vgl. auch *Dürig*, in: *Maunz/Dürig/Herzog/Scholz*, Grundgesetz-Kommentar, Art. 3 Abs. 3, Rn. 80 ff.; kritisch hierzu *Gubelt*, in: *von Münch/Kunig*, Grundgesetz-Kommentar, Art. 3, Rn. 99.

[79] Vgl. hierzu etwa BVerfGE 39, 344 (368 f.).

[80] Details hierzu bei *Rüfner*, in: *Dolzer*, Bonner Kommentar zum Grundgesetz, Art. 3, Rn. 862 ff.

[81] Vgl. hierzu etwa BVerfGE 96, 288 (301).

[82] Kritisch insofern *Pieroth/Schlink*, Grundrechte, Staatsrecht II, 15. Aufl., Rn. 447.

sprachliche oder regionale Vielfalt insgesamt fördert.[83] Mittlerweile ist dies durch die Regelung des Art. 3 Abs. 2 Satz 2 GG für den Bereich der Herstellung und Durchsetzung der Gleichberechtigung von Frauen und Männern ausdrücklich anerkannt,[84] muß aber sinngemäß und in gewissem Rahmen auch für den Bereich der anderen Merkmale gelten. Eine neuere Meinung in der Literatur möchte Art. 3 Abs. 3 Satz 1 GG als allgemeinen Staatsauftrag zur Herstellung und Durchsetzung der Gleichberechtigung von Menschen hinsichtlich auch der übrigen Diskriminierungsverbote verstanden sehen.[85]

Hinsichtlich der Folgenbeseitigung ist im Rahmen des Gleichheitsgebotes, anders als bei den Freiheitsrechten, zu differenzieren. Während ein verfassungswidriger Freiheitseingriff schlicht abgestellt werden muß, gibt es bei einer verfassungswidrigen Ungleichbehandlung mehrere Möglichkeiten: Die eine Gruppe kann ebenso wie die andere, die andere kann so wie die erste oder beide können auf eine neue dritte Weise behandelt werden.[86] Zusammenfassend gilt hier folgendes: Von einer Belastung, die den Bürger unter Verstoß gegen das Gleichheitsgebot trifft, wird er frei. An einer Begünstigung, die dem Bürger unter Verstoß gegen das Gleichheitsgebot vorenthalten wird, wird er dann beteiligt, wenn ein entsprechendes Verfassungsgebot oder die Systematik der Regelungsmaterie und des Regelungswillens dies verlangen. An einer Begünstigung, die dem Bürger zwar ebenfalls unter Verstoß gegen das Gleichheitsgebot vorenthalten wird, deren Ausdehnung aber weder ein Verfassungsgebot noch die Systematik von Regelungsmaterie und -willen verlangt, wird er nicht beteiligt. Er kann lediglich die Feststellung der Verfassungswidrigkeit, die Aufhebung abschlägiger Entscheidungen und die Aussetzung laufender Verfahren erreichen.[87] Analog gilt dies für Gleichheitsverstöße durch Verwaltung und Rechtsprechung, wobei hier zusätzlich zu beachten ist, daß niemand Gleichheit im Unrecht verlangen kann und keinerlei Ansprüche auf Fehlerwiederholung bestehen.[88]

2. Bedeutung des Gleichheitsgebotes für den Minderheitenschutz

Nach dieser allgemeinen Analyse des Inhalts des Gleichheitsgebotes und Diskriminierungsverbotes des Art. 3 GG soll nun der Blick auf die besondere Bedeutung dieser Norm in bezug auf den Minderheitenschutz gerichtet werden. Viele Kommentatoren des Art. 3 GG weisen in ihren Abhandlungen zwar auf die Problematik des

---

[83] *Pieroth/Schlink*, Grundrechte, Staatsrecht II, 15. Aufl., Rn. 450.

[84] So schon BVerfGE 85, 191 (207). Vgl. auch BVerfGE 89, 276 (285).

[85] *Frowein*, in: FS für *Zacher*, S. 157, 159.

[86] *Pieroth/Schlink*, Grundrechte, Staatsrecht II, 15. Aufl., Rn. 479 ff.

[87] Zusammenfassung nach *Pieroth/Schlink*, Grundrechte, Staatsrecht II, 15. Aufl., Rn. 492.

[88] *Pieroth/Schlink*, Grundrechte, Staatsrecht II, 15. Aufl., Rn. 493 ff.

Minderheitenschutzes hin und betonen in diesem Zusammenhang die Bedeutung von Art. 3 GG, wenige werden jedoch bei der Darstellung dieser Probleme sehr konkret. Daher ist zunächst zu klären, inwiefern aus der Norm des Art. 3 GG ein Diskriminierungsschutz für Minderheiten abgeleitet werden kann, obwohl der Begriff der Minderheit in Art. 3 GG nicht explizit genannt ist. Gerade vor dem Hintergrund der Diskussion um die rechtliche Behandlung der sog. *neuen* Minderheiten, also der Immigranten, taucht weiterhin die Frage auf, ob Art. 3 GG eine Gleichbehandlung der Immigranten und der autochthonen, also der *klassischen* Minderheiten gebietet. Die Beantwortung dieser Frage ist besonders heikel, wenn man die rechtlichen Konsequenzen im Hinblick auf verschiedene einfachgesetzliche Privilegierungen betrachtet, die an den Begriff der *nationalen Minderheit* anknüpfen.[89] Wenn man die besondere Situation betrachtet, in der sich Minderheiten innerhalb eines Staatsverbandes befinden, stellt sich weiterhin die Frage, ob Art. 3 GG die Herstellung einer *faktischen* Gleichheit von Mehrheit und Minderheiten im Staatsverband, die mittels der Förderung der Minderheiten erreicht werden könnte, erlaubt oder verbietet. Dies betrifft gleichzeitig die Problematik, ob eine Förderung von Minderheiten eine Diskriminierung der Mehrheit, also eine verfassungswidrige Bevorzugung darstellt. Hieraus ergibt sich schließlich die Frage, ob aus Art. 3 GG ein Förderanspruch der Minderheitengruppe oder des einzelnen Minderheitenangehörigen hergeleitet werden kann.

a) Der Diskriminierungsschutz des Art. 3 Abs. 3 Satz 1 GG

Aus Art. 3 Abs. 3 Satz 1 GG ergibt sich relativ unproblematisch ein Diskriminierungsverbot zugunsten von Minderheiten, obwohl diese nicht explizit in dieser Bestimmung genannt sind. Unter Hinweis auf Minderheitenschutznormen in der deutschen Verfassungsgeschichte,[90] bei denen der Schutz der nicht deutsch sprechenden Staatsbürger im Vordergrund gestanden habe, stellen viele Kommentatoren von Art. 3 hierbei auf das Merkmal der „*Sprache*" ab.[91] Obgleich die Väter des Grundgesetzes bei der Aufnahme dieses Merkmals wohl in erster Linie an den Schutz der in Deutschland lebenden klassischen nationalen Minderheiten gedacht haben, so sind über das Merkmal der „*Sprache*" selbstverständlich auch alle anderen anders als deutschsprachigen Menschen in der Bundesrepublik Deutschland geschützt, gleich, ob sie die deutsche Staatsangehörigkeit besitzen oder nicht. Neben den Dänen, Friesen und Sorben sind somit auch alle Immigrantengruppen von diesem Schutz erfaßt. *Dürig* kritisiert die Übergewichtung des Merkmals der „*Sprache*" für die Gewährleistung des Diskriminierungsschutzes des Art. 3 Abs. 3 GG für Minderheiten und unterstreicht daneben

---

[89] Auf Bundesebene wäre dies beispielsweise § 6 Abs. 6 Satz 2 des Bundeswahlgesetzes (BWG) oder § 18 Abs. 4 des Parteiengesetzes (PartG). Dazu später.

[90] Vgl. hierzu eingehend oben: Kapitel 2. Punkt III. 2. und IV. 4.

[91] *Gubelt*, in: *von Münch/Kunig*, Grundgesetz-Kommentar, Art. 3, Rn. 98; *Rüfner*, in: *Dolzer*, Bonner Kommentar zum Grundgesetz, Art. 3, Rn. 834 ff.; *Sachs*, in: *Isensee/Kirchhof*, Handbuch des Staatsrechts, Bd. V, § 126, Rn. 45; *Heun*, in: *Dreier*, Grundgesetz-Kommentar, Art. 3, Rn. 115; *Starck*, in: *ders.*, Das Bonner Grundgesetz, Art. 3, Rn. 360 ff.

die Bedeutung des Merkmals der „*Abstammung*".[92] Art. 3 Abs. 3 GG wolle nicht nur vor nationalem Chauvinismus der Sprache schützen, sondern wehre Benachteiligungen wegen *fremdvölkischer* Abstammung schlechthin ab. Daneben spielen aber sicherlich auch noch die Merkmale „*Glaube*", „*religiöse Anschauung*", „*Rasse*", „*Heimat*" und „*Herkunft*" eine Rolle für den Minderheitenschutz.[93] Wie immer man den Begriff der Minderheit verstehen mag, Art. 3 Abs. 3 GG bietet für alle Gruppen, die als Minderheit in Frage kommen, einen umfassenden Diskriminierungsschutz hinsichtlich der Merkmale, welche diese besondere Minderheitenidentität ausmachen. Aus diesem Grunde hätte auch eine Ergänzung der Merkmale des Art. 3 Abs. 3 GG um „*Volkszugehörigkeit*", wie es das sorbische Volk in einem Memorandum vom 2. August 1990 zur Wiedervereinigung Deutschlands[94] gefordert hatte, den Diskriminierungsschutz für die klassischen Minderheiten in der Bundesrepublik Deutschland nicht verbessert.[95]

b) Kein Gebot zur Gleichbehandlung von Immigranten und autochthonen Minderheiten

Das aktuellste Problem des grundgesetzlichen Minderheitenschutzes ist die Frage, ob Art. 3 GG eine Gleichbehandlung von eingewanderten Personengruppen und alteingesessenen Minderheiten in der Bundesrepublik Deutschland gebietet. Eine besondere Dringlichkeit erlangt diese Frage vor dem Hintergrund der durch die Anfang 2000 in Kraft getretene Reform des bundesdeutschen Staatsangehörigkeitsrechts, durch die verstärkte Einbürgerungen von in Deutschland lebenden Ausländern zu erwarten ist.[96] Konkret stellt sich hier die Frage, ob sich eingebürgerte Immigrantengruppen auf die durch den Status einer „*Partei nationaler Minderheiten*" vermittelten Privilegien berufen können. Dieser Rechtsterminus findet sich beispielsweise in § 6 Abs. 6 Satz 2 des Bundeswahlgesetzes (BWG) und in § 18 Abs. 4 des Parteiengesetzes (PartG). Unabhängig davon fragt sich, ob auch Immigrantengruppen, die andere als die deutsche Staatsangehörigkeit besitzen, unter Berufung auf Art. 3 GG für sich die gleichen Rechte und die gleiche Förderung beanspruchen können, wie sie den anerkannten *klassischen* deutschen Minderheiten zukommt. Das Bundesverfassungsgericht hat sich zu dieser Frage bislang noch nicht geäußert.

---

92 *Dürig*, in: *Maunz/Dürig/Herzog/Scholz*, Grundgesetz-Kommentar, Art. 3 Abs. 3, Rn. 54.

93 *Osterloh*, in: *Sachs*, Grundgesetz-Kommentar, 2. Aufl., Art. 3, Rn. 244.

94 Das Memerandum ist abgedruckt bei *Pastor*, Die rechtliche Stellung der Sorben in Deutschland, S. 350 ff.

95 *Gubelt*, in: *von Münch/Kunig*, Grundgesetz-Kommentar, Art. 3, Rn. 98; ihm folgend *Pastor*, Die rechtliche Stellung der Sorben in Deutschland, S. 55, der jedoch eine Aufnahme des Merkmals der „*Volkszugehörigkeit*" aufgrund seiner appellativen Wirkung begrüßt hätte.

96 Vgl. hierzu die Ausführungen in Kapitel 1. Insbesondere unter Punkt 3.

Erster Anknüpfungspunkt zur Beantwortung dieser Frage sollte der Begriff der Minderheit sein, so wie ihn die Bundesregierung definiert und so wie sie ihn auch nach außen und in internationalen Foren artikuliert. Nach der von der Bundesrepublik Deutschland außenpolitisch und völkerrechtlich vertretenen Minderheitendefinition haben Immigrantengruppen, mögen sie nun die deutsche Staatsangehörigkeit besitzen oder nicht, keinen Minderheitenstatus und können daher auch innerstaatlich keine Minderheitenrechte, wie sie den autochthonen deutschen Minderheiten gewährt werden, einfordern.[97] Zur Verteidigung dieser Ansicht kann zunächst gesagt werden, daß auch und gerade im Hinblick auf Art. 3 GG der regelnde und gestaltende Staat nicht lediglich dort ungleich behandeln kann, wo er rechtfertigende Unterschiede bereits vorfindet, sondern daß er frei ist, diese Unterschiede allererst zu schaffen.[98] Dies gilt insbesondere dort, wo der Staat Förderzwecke verfolgt.[99] Dennoch erscheint mit diesem Argument eine Ungleichbehandlung von Immigranten und autochthonen Minderheiten noch nicht völlig eindeutig mit Art. 3 GG in Einklang gebracht zu sein. Eine vertiefte Prüfung erscheint hier auch deshalb notwendig, da Autoren, die eine Gleichbehandlung von Immigranten und Minderheiten im innerstaatlich deutschen Bereich fordern, zur Begründung dieser Forderung offenbar auf Art. 3 Abs. 3 GG rekurrieren.[100]

Zu prüfen bleibt also, ob die Bundesrepublik Deutschland und respektive auch diejenigen Bundesländer, die verschiedene rechtliche Regelungsrahmen für Immigranten und klassische Minderheiten geschaffen haben, dadurch in verfassungsrechtlich relevanter Weise ungleich behandeln. Fraglich ist also, ob der Bundes- oder Landesgesetzgeber dadurch wesentlich Gleiches ungleich behandelt. Diese Frage zerfällt in die Unterfragen, ob Immigrantengruppen und Minderheitengruppen vergleichbar sind und ob sie durch dieselbe Rechtsetzungsgewalt ungleich behandelt werden. Letztere Frage ist problemlos zu bejahen. Nicht eingebürgerte Immigranten, die in der Bundesrepublik Deutschland leben oder aber sich dort lediglich aufhalten, unterfallen dem Ausländerrecht, wohingegen die offiziell anerkannten deutschen Minderheitengruppen Minderheitenstatus mit den damit verbundenen Rechten[101] besitzen. Zu klären bleibt, ob Immigranten und in der Bundesrepublik Deutschland anerkannte Minderheiten vergleichbar im Sinne des Art. 3 GG sind. Vergleichbarkeit bedarf eines Bezugspunktes, eines *tertium comparationis*. Dieser Bezugspunkt ist der gemeinsame Oberbegriff, das *genus proximum*, unter den die verschieden behandelten Gruppen fallen und unter dem sie gemäß einem Unterscheidungsmerkmal vollständig und abschließend sichtbar werden. Es ist hier sehr schwierig, einen solchen gemeinsamen Oberbegriff zu finden, der einen Bezugspunkt für Immigranten einerseits und autochthone Minderheiten andererseits darstellen könnte. Man könnte zunächst an einen Oberbegriff denken, der sich in Richtung *„gesamtgesellschaftlich schwächere und daher schützens- und förderungswürdige*

---

[97] Vgl. oben Kapitel 3. Punkte 3 und 4.

[98] *Pieroth/Schlink*, Grundrechte, Staatsrecht II, 15. Aufl., Rn. 441.

[99] *Pieroth/Schlink*, Grundrechte, Staatsrecht II, 15. Aufl., Rn. 442.

[100] *Schulze-Fielitz*, in: *Fleiner-Gerster*, Die multikulturelle und multi-ethnische Gesellschaft, S. 133, 142 f.

[101] Diese Rechte werden in materieller Hinsicht im folgenden noch detaillierter darzustellen sein.

Personengruppe" bewegt. Dieser Oberbegriff wäre aber viel zu unscharf, als daß er ein brauchbares Unterscheidungskriterium zur Abgrenzung gegenüber anderen Personengruppen bieten könnte. Unter dem vorgenannten Oberbegriff könnte man beispielsweise auch die Gruppe der Sozialhilfeempfänger oder der Arbeitslosen bringen. Wenn man einen engeren, trennschärferen Oberbegriff sucht, kommt man unweigerlich wieder in den höchst umstrittenen Bereich der Minderheitendefinition, der bereits an anderer Stelle dargestellt wurde.[102] Wählt man eine der *engeren* Minderheitendefinitionen, beispielsweise diejenige von *Capotorti*,[103] dann ist es nicht möglich, Immigranten und autochthone Minderheiten unter einen Oberbegriff zu bringen. Für die Prüfung der verfassungsrechtlichen Vergleichbarkeit von Immigranten und Minderheiten unter Art. 3 GG kommt man wohl dem richtigen Ergebnis am nächsten, wenn man sich bei der Suche nach einem gemeinsamen Oberbegriff an der Minderheitendefinition orientiert, welche die Bundesrepublik Deutschland im außenpolitischen und völkerrechtlichen Bereich vertritt.[104] Mit dieser Definition als Oberbegriff kommt man zum gleichen Ergebnis, wie wenn man *Capotortis* Definition verwendet. Dieses Ergebnis ist, daß es nicht möglich ist, einen gemeinsamen Oberbegriff zu finden, unter welchen Immigranten und Minderheiten gebracht werden können, so daß sie gemäß eines Unterscheidungsmerkmals vollständig und abschließend sichtbar werden. Mangels verfassungsrechtlich relevanter Vergleichbarkeit scheidet somit ein Verstoß gegen Art. 3 GG durch eine Ungleichbehandlung von Immigranten und Minderheiten aus, da die beiden Gruppen nicht *wesentlich gleich* im Sinne der vorzitierten Norm sind.

Zum gleichen Ergebnis käme man auf einem etwas anderen Wege, wenn man zur Bestimmung eines gemeinsamen Oberbegriffes eine der *weiten* Minderheitendefinitionen heranzieht, wie etwa die von Sonderberichterstatter *Asbjørn Eide*.[105] Dann wäre es möglich, Immigranten und Minderheiten unter einen gemeinsamen Oberbegriff zu fassen, nämlich den der zahlenmäßig weniger als die Hälfte der Wohnbevölkerung eines Staates darstellenden

---

[102] Vgl. oben Kapitel 1. Punkte II. und III. und Kapitel 3. Punkt I.

[103] Vgl. oben Kapitel 3. Punkt I. 1. b): (A minority is a) „*group numerically inferior to the rest of the population of a State, in a nondominant position, whose members - being nationals of the State - possess ethnic, religious or linguistic characteristics differing from those of the rest of the population and show, if only implicitly, a sense of solidarity, directed towards preserving their culture, traditions, religion or language.*"; *Capotorti*, Study on the rights of persons belonging to ethnic, religious and linguistic minorities, UN Doc. E/CN.4/Sub.2/384/Rev. 1 para. 568.

[104] Vgl. oben Kapitel 3. Punkt I. 3. c): „*Die Bundesregierung sieht als nationale Minderheiten Gruppen der Bevölkerung an, die folgenden fünf Kriterien entsprechen:*
- ihre Angehörigen sind deutsche Staatsangehörige,
- sie unterscheiden sich vom Mehrheitsvolk durch eigene Sprache, Kultur und Geschichte, also eigene Identität,
- sie wollen diese Identität bewahren,
- sie sind traditionell in Deutschland heimisch,
- sie leben hier in angestammten Siedlungsgebieten.", vgl. BT.-Drucks. 13/6912, S. 18.

[105] Vgl. oben Kapitel 3. Punkt I. 1. e): "*a minority is any group of persons resident within a sovereign State which constitutes less than half the population of the national society and whose members share common characteristics of an ethnic, religious or linguistic nature that distinguish them from the rest of the population.*", vgl. *Eide*, UN Doc. E/CN.4/Sub.2/1993/34, § 29, S. 7.

Personengruppe, die sich durch ethnische, religiöse oder sprachliche Charakteristika auszeichnet, die sie vom Rest der Bevölkerung unterscheiden. Somit käme man zu einer verfassungsrechtlich relevanten Vergleichbarkeit von Immigranten und Minderheiten und müßte in der Prüfung des Art. 3 GG fortfahren. Fraglich wäre dann, ob die vorliegende Ungleichbehandlung der wesentlich gleichen Gruppen der Immigranten und Minderheiten verfassungsrechtlich zu rechtfertigen wäre, also ob sich hierfür ein gewichtiger sachlicher Grund finden ließe. Dieser sachliche Grund könnte die Ungleichbehandlung dann rechtfertigen, wenn sie einen legitimen Zweck verfolgt, zur Erreichung dieses Zwecks geeignet und notwendig ist und auch sonst verhältnismäßig ist. Der sachliche Grund, der eine Ungleichbehandlung von Immigranten und Minderheiten jedenfalls rechtfertigen würde, liegt wiederum in der grundverschiedenen Situation, in der sich die beiden Personengruppen befinden. Auch hierzu wurde sowohl hinsichtlich der nationalen als auch der internationalen Rechtslage bereits oben Stellung bezogen.[106] Zusammenfassend soll jedoch auch an dieser Stelle nochmals kurz die grundverschiedene Interessensituation betont werden, in der sich Immigranten einerseits und Minderheiten andererseits befinden. Bei den *klassischen autochthonen* und staatlicherseits anerkannten Minderheiten in der Bundesrepublik Deutschland steht die Kulturerhaltungsfunktion des Minderheitenschutzes im Zentrum der Bemühungen. Bei den sog. *neuen Minderheiten*, also bei eingebürgerten oder ausländischen und dauerhaft hier wohnhaften Immigrantengruppen geht es schwerpunktmäßig um eine nachhaltige Integration in die Gesamtbevölkerung und nachfolgend um die Absicherung dieser Integration durch einen effektiven Diskriminierungsschutz. Von *autochthonen Minderheiten*, die in aller Regel gesellschaftlich gut integriert sind und die Mehrheitssprache beherrschen, ist der von der Mehrheitsbevölkerung ausgehende kulturelle Assimilationssog abzuwenden. Immigranten sind in erster Linie am Erlernen der Mehrheits- bzw. Landessprache interessiert. Ausreichende Sprachkenntnisse des Wohnstaates sind Grundvoraussetzung für eine Eingliederung in die Arbeits- und Sozialwelt. Diese ist ein weiteres fundamentales Interesse von Immigranten. Schutzkonzepte, die für *klassische Minderheiten* entwickelt wurden, passen demzufolge nicht auf Immigrantengruppen und umgekehrt. Daher ist die rechtliche Ungleichbehandlung dieser beiden Gruppen auch verfassungsrechtlich gerechtfertigt, wenn man überhaupt von einer verfassungsrechtlichen Vergleichbarkeit dieser Gruppen ausgehen kann. Dies gilt auch dann, wenn man beispielsweise Angehörige von Immigrantengruppen betrachtet, die der zweiten oder dritten Generation angehören, in Deutschland aufgewachsen und ausgebildet worden sind, demzufolge die deutsche Sprache perfekt beherrschen, gesellschaftlich gut integriert und möglicherweise auch eingebürgert oder Mehrfachstaatsangehörige sind. Wenn diese Personen eine Solidarität mit der Immigrantengruppe entwickeln, der sie entstammen, so wäre diese Solidarität in erster Linie darauf gerichtet, andere Angehörige ihrer Gruppe in ihren Sprachkenntnis-, Bildungs- und gesellschaftlichen Integrationsstand zu versetzen. Sie wären nicht daran interessiert, daß die Kultur der Immigrantengruppe in der Diaspora gefördert würde unter völligem Verzicht auf eine Hilfestellung hinsichtlich der Förderung der Integration anderer, schwächerer Angehöriger ihrer Immigrantengruppe. Letzteres wäre aber exakt das Szenario, das Befürworter der völligen Gleichstellung von Immigranten und Minderheiten in schlußendlicher Konsequenz fordern oder erreichen würden. Unvermeidliche Folge einer derartigen Gleichstellung von Immigranten und Minderheiten wäre die

[106] Vgl. oben Kapitel 1. Punkt III. 3. und Kapitel 3. Punkt III. 2. und 3.

Begünstigung des Entstehens einer sozialen Kluft zwischen gut integrierten Angehörigen von Immigrantengruppen, die zudem noch gefördert würden, einerseits und andererseits schlecht integrierten Angehörigen derselben Immigrantengruppe, denen keinerlei Hilfestellung, beispielsweise beim Erlernen der Landessprache oder im Umgang mit Behörden, gewährt würde. Letzteres Szenario kann von niemand gewollt sein.

Zusammenfassend kann nach alledem festgehalten werden, daß Art. 3 GG keine Gleichbehandlung von *neuen*, d.h. *eingewanderten Minderheiten* und *klassischen autochthonen Minderheiten* gebietet und daß jede Argumentation oder Initiative, die dies erreichen möchte, Risiken birgt und zu unerwünschten Ergebnissen führen könnte. Dieses Ergebnis wird noch zusätzlich durch zwei Zusatzargumente gestützt, die an dieser Stelle kurz erwähnt seien. Im Bereich des Minderheitenschutzes verfolgt der Staat in aller Regel Förderungszwecke und dabei ist er im Hinblick auf Art. 3 GG freier als in anderen Bereichen, womit ein Verstoß gegen diese Norm aufgrund einer Ungleichbehandlung von Immigranten und Minderheiten noch sicherer ausscheidet als dies nach vorstehender Analyse bereits der Fall war. Darüber hinaus hat das System der Vereinten Nationen, wenn auch aus einigen UN-Gremien gewichtige Stimmen vernehmbar sind, die eine Gleichbehandlung von Immigranten und Minderheiten fordern,[107] durch verschiedentliche Aktivitäten im Bereich der Kodifizierung von Völkerrecht klar erkennen lassen, daß für Minderheiten einerseits und Immigranten andererseits verschiedene rechtliche Schutzsysteme zu schaffen sind und daß diese beiden grundverschiedenen Gruppen um ihrer selbst willen nicht gleich behandelt werden können.[108] Vor diesem Hintergrund soll allerdings ebenfalls noch einmal unterstrichen werden, daß das gefundene Ergebnis keinerlei Aussagen hinsichtlich einer Schutzwürdigkeit und Schutzbedürftigkeit von Immigrantengruppen beinhaltet oder impliziert. Das politische Ziel, Immigrantengruppen gesamtgesellschaftlich zu integrieren und sie vor Diskriminierungen jeglicher Art zu schützen, wird von allen Parteien im demokratischen Spektrum der Bundesrepublik Deutschland verfolgt und steht hier auch nicht zur Diskussion. Allein der Weg, den Immigrantengruppen durch das unreflektierte Überstülpen eines Schutzkonzeptes, das nicht auf sie paßt, weil es auf Minderheitengruppen zugeschnitten wurde, helfen zu wollen, soll hier nachdrücklich angezweifelt werden.

c) Berechtigung zur Förderung von Minderheiten

An die Feststellung, daß Art. 3 GG nicht die Gleichbehandlung von Minderheiten und Immigranten gebietet, schließt sich die Frage an, ob diese Norm andererseits nicht einer Förderung von Minderheiten entgegensteht. Mit Blick auf den Gleichheitssatz wird von vielen Autoren betont, daß dieser in bezug auf Minderheiten nicht lediglich eine rechtlich gleiche Behandlung sicherzustellen hat, was ohnehin selbstverständlich ist, sondern daß er darüber

---

[107] Vgl. hierzu die Ansicht des Menschenrechtsausschusses der Vereinten Nationen zum Begriff der Minderheit: vgl. oben Kapitel 3. Punkt I. 1. f).

[108] Vgl. oben Kapitel 3. Punkt II. 2.

hinaus auch auf die Herstellung einer faktischen Gleichheit von Mehrheits- und Minderheitsbevölkerung hinwirken müsse.[109] Am Rande sei angemerkt, daß in diesem Zusammenhang oft auf ein klassisches Gutachten des Ständigen Internationalen Gerichtshofes zum Fall der *Minderheitenschulen in Albanien* hingewiesen wird, welches bereits am 6. April 1935 mit Blick auf die Minderheitenverträge der Zwischenkriegszeit ausführte:

> „*The idea underlying the treaties for the protection of minorities is to secure for certain elements incorporated in a State, the population of which differs from them in race, language or religion, the possibility of living peaceably alongside that population and co-operating amicably with it, while at the same time preserving the characteristics which distinguish them from the majority, and satisfying the ensuing special needs. In order to attain this object, two things were regarded as particularly necessary, and have formed the subject of provisions in these treaties. The first is to ensure that nationals belonging to racial, religious or linguistic minorities shall be placed in every respect on a footing of perfect equality with the other nationals of the State. The second is to ensure for the minority elements suitable means for the preservation of their racial peculiarities, their traditions and their national characteristics*“[110]

Diese Passage bringt eigentlich das auf den Punkt, was ein Gleichheitssatz innerstaatlich hinsichtlich des Minderheitenschutzes gewährleisten muß. Einerseits ist dies eine rein rechtliche Gleichbehandlung, also ein Diskriminierungsschutz[111] und andererseits eine faktische Gleichstellung der Minderheiten, also eine positive Diskriminierung, mit anderen Worten eine Förderung.[112] Zu klären bleibt also, was Art. 3 GG in dieser Hinsicht zu gewährleisten imstande ist.[113] Dogmatisch hat diese Frage unlängst *Lemke* aufbereitet.[114] Er geht davon aus, daß eine Förderung von Minderheiten eigentlich an Art. 3 Abs. 3 GG scheitern müßte, da sich Minderheiten gerade über ein oder mehrere Merkmale des Art. 3 Abs. 3 Satz 1 GG definieren.[115] Da eine Bevorzugung aufgrund dieser Merkmale ausscheidet,

---

[109] *Nowak*, CCRP-Kommentar, Art. 27, Rn. 39; *Tomuschat*, in: FS für *Mosler*, S. 949, 966 ff.

[110] PCIJ Ser. A/B, No. 64, S. 17 (1935), zitiert nach *Tomuschat*, in: FS für *Mosler*, S. 949, 967.

[111] "*Equality in law*"

[112] "*Equality in fact*"

[113] Vgl. hierzu auch *Stopp*, Die Behandlung ethnischer Minderheiten als Gleichheitsproblem, S. 121 ff. Bei einer auszugsweisen Lektüre von *Stopps* Werk ist jedoch zu beachten, daß er Art. 3 GG im Koordinatensystem vieler eigener und eigenwilliger Voraussetzungen betrachtet.

[114] *Lemke*, Nationale Minderheiten und Volksgruppen im schleswig-holsteinischen und übrigen deutschen Verfassungsrecht, S. 18 ff.

[115] Viele Kommentatoren des Art. 3 GG binden die Minderheiteneigenschaft insbesondere an das Merkmal der Sprache an: vgl. *Gubelt*, in: *von Münch/Kunig*, Grundgesetz-Kommentar, Art. 3, Rn. 98; *Rüfner*, in: *Dolzer*, Bonner Kommentar zum Grundgesetz, Art. 3, Rn. 834 ff.; *Dürig*, in: *Maunz/Dürig/Herzog/Scholz*, Grundgesetz-Kommentar, Art. 3 Abs. 3, Rn. 54.

erscheint eine aktive Förderung von Minderheiten auf den ersten Blick problematisch. Einen Ausweg sieht *Lemke* in der Zusammenschau von Art. 3 Abs. 3 Satz 1 GG mit der Menschenwürde des Art. 1 Abs. 1 GG.[116] Diese Normen gebieten bei rechtlichen Bewertungen seitens staatlicher Gewalt die Ausblendung solcher Merkmale, welche die Identität und Persönlichkeit eines Individuums ausmachen. Das Diskriminierungsverbot diene letztlich der Erhaltung der Menschenwürde, indem es einen Anspruch auf Gleichbehandlung trotz des Unterschieds in den individuellen oder persönlichen Merkmalen des Art. 3 Abs. 3 Satz 1 GG schafft. Eine unterschiedliche Behandlung von Gruppen aufgrund dieser Merkmale ist daher ebenfalls unzulässig, wenn dadurch die Würde der einzelnen Gruppenangehörigen verletzt würde.[117] Der entscheidende Unterschied liege aber nun in der besonderen Wesensart von Minderheiten und Volksgruppen. Diese seien in einem von der Mehrheitsbevölkerung geprägten Nationalstaat in vielen Bereichen faktisch schlechter gestellt. Durch die Tatsache, daß Minderheiten hinsichtlich ihrer konstituierenden Spezifika stets der schwächere Teil des Ganzen seien, bestünde auch die Gefahr, daß sie an den Rand des Gemeinwesens gedrängt würden, wodurch auch die Verwirklichung ihrer Menschenwürde in Frage gestellt werde. Wenn auch die Minderheitengruppe ihrem Bevölkerungsanteil gemäß im Staat repräsentiert sein mag, so könne dies doch die ungleiche Berücksichtigung der Menschenwürde einzelner bedeuten. Dies wolle aber Art. 3 Abs. 3 GG gerade verhindern. Aufgrund der Verpflichtung zur Menschenwürde ginge die Gleichbehandlung einzelner Menschen der Gleichbehandlung von Gruppen vor, was oft mit dem Begriff der *materiellen Gleichheit* umschrieben werde, die an die Stelle der vom reinen Proporz bestimmten *formellen Gleichheit* trete. Im Ergebnis dürften daher Gruppen ungleich behandelt werden, soweit dies zur Gleichbehandlung des einzelnen erforderlich sei. Faktisch benachteiligte Gruppen dürften in *„Anerkennung der anderen tatsächlichen Voraussetzungen“* auch gefördert werden.[118] Schutz und Förderung müßten allerdings auf die Beseitigung faktischer Nachteile, die materielle Gleichheit abzielen.[119] Dieses Ergebnis müsse schließlich noch am Integrationsprinzip der Verfassung überprüft werden.[120] Das Integrationsprinzip ergebe sich aus der Tatsache, daß das Grundgesetz keine wertneutrale Ordnung sein will, sondern daß die von ihm angestrebten Werte Ziel aller am staatlichen Gemeinwesen Beteiligten sein sollen. Entstehen und Bestehen des Staates beruhten auf dem Erfolg des Prozesses staatlicher Integration, bei dem das Grundgesetz die Aufgabe habe, das Zusammenwirken aller politischen Kräfte zur Verwirklichung der Wertgrundlagen der Rechts- und Verfassungskultur zu erreichen.[121] Vor

---

[116] *Lemke*, Nationale Minderheiten und Volksgruppen im schleswig-holsteinischen und übrigen deutschen Verfassungsrecht, S. 19.

[117] *Lemke*, Nationale Minderheiten und Volksgruppen im schleswig-holsteinischen und übrigen deutschen Verfassungsrecht, S. 19.

[118] So OVG Lüneburg, OVGE 2, 157, 173.

[119] *Lemke*, Nationale Minderheiten und Volksgruppen im schleswig-holsteinischen und übrigen deutschen Verfassungsrecht, S. 21.

[120] *Lemke*, Nationale Minderheiten und Volksgruppen im schleswig-holsteinischen und übrigen deutschen Verfassungsrecht, S. 25 ff.

[121] *Lemke*, Nationale Minderheiten und Volksgruppen im schleswig-holsteinischen und übrigen deutschen Verfassungsrecht, S. 25.

diesem Hintergrund stelle sich die Frage, ob eine Sonderbehandlung von Minderheiten mit diesem Integrationsprinzip vereinbar sei. Doch auch hier gelte es wieder, die besondere Situation von Minderheiten zu berücksichtigen. Die Mehrheit integriere sich durch das demokratische Prinzip selbst, was der Minderheit so nicht möglich sei. Daher erfordere die gesamtgesellschaftliche Integration auch den Schutz von Minderheiten, da auch diese die Möglichkeit haben müßten, an den Werten der Verfassung teilzuhaben. Insgesamt habe dies zur Folge, daß Schutz und Förderung von nationalen Minderheiten und Volksgruppen so lange nicht als nachteilig für die gesamtgesellschaftlich gebotene Integration angesehen werden könne, wie dadurch nicht deren Einbeziehung in das staatliche Gemeinwesen so vernachlässigt wird, daß sie an der politischen Willensbildung des Staates nicht mehr teilnehmen und sich nicht mehr innerhalb der staatlichen Wertegemeinschaft bewegen.[122] Mit anderen Worten soll die Minderheitenförderung solange zulässig sein, solange die Minderheiten noch in den grundgesetzlichen Integrationsprozeß eingebunden bleiben und nicht über den Werten der Verfassung stehen.

Andere Autoren[123] kommen zum gleichen Ergebnis der Vereinbarkeit von Art. 3 Abs. 3 GG mit Förderungsmaßnahmen zugunsten von Minderheiten, ohne einen ähnlichen Begründungs- oder Rechtfertigungsaufwand für erforderlich zu halten. *Dürig* merkt in seiner Kommentierung zu Art. 3 GG zu diesem Problem schlicht an, daß Sonderregeln für ethnische Minderheiten, abstrakt gesprochen, dann keine von Art. 3 Abs. 3 GG verbotenen Bevorzugungen seien, wenn sie allein zum Ziel hätten, bestehende Diskriminierungen auszugleichen, und wenn sie nicht fortgeführt würden, sofern das Ziel der Gleichstellung mit der allgemeinen Volkszugehörigkeit erreicht sei.[124] Diese Ansicht belegt er mit Beispielen aus der Rechtsprechung des OVG Lüneburg in den Bereichen des schleswig-holsteinischen Wahlrechts und des Versorgungsrechts.[125] In einer frühen Entscheidung erklärte das Bundesverfassungsgericht § 6 Abs. 6 Satz 2 BWahlG, der bestimmt, daß die 5%-Hürde auf Parteien nationaler Minderheiten keine Anwendung findet, mit Art. 3 Abs. 3 GG für vereinbar. Begründet wurde dies mit dem Hinweis, daß hierin keine Bevorzugung wegen Abstammung, Sprache oder Heimat liege, da nicht eine bestimmte, sondern jede nationale Minderheit privilegiert werde, auch wenn die Norm nur auf die Dänen in Schleswig-Holstein Anwendung fände.[126]

---

[122] *Lemke*, Nationale Minderheiten und Volksgruppen im schleswig-holsteinischen und übrigen deutschen Verfassungsrecht, S. 26.

[123] *Frowein*, in: FS für *Zacher*, S. 157, 160 ff.; *Pastor*, Die rechtliche Stellung der Sorben in Deutschland, S. 56; *Siegert*, Minderheitenschutz in der Bundesrepublik Deutschland, S. 102; *Pieroth/Schlink*, Grundrechte, Staatsrecht II, 15. Aufl., Rn. 450.

[124] *Dürig*, in: *Maunz/Dürig/Herzog/Scholz*, Grundgesetz-Kommentar, Art. 3 Abs. 3, Rn. 57.

[125] *Dürig*, in: *Maunz/Dürig/Herzog/Scholz*, Grundgesetz-Kommentar, Art. 3 Abs. 3, Rn. 55 f.

[126] BVerfGE 5, 77 (83).

Meines Erachtens wirkt *Lemkes* vorstehend referierte dogmatische Herleitung der Zulässigkeit von Fördermaßnahmen zugunsten von Minderheiten zu konstruiert, wenn ich sie auch ansonsten für gut vertretbar halte. Die Rechtfertigungskonstruktion aus der Entscheidung des Bundesverfassungs-gerichts zu § 6 Abs. 6 Satz 2 BWahlG, die darauf abstellt, daß das Verbot von Art. 3 Abs. 3 GG nicht greifen solle, wenn eine bestimmte Gruppe *insgesamt* gefördert werden soll, halte ich für einerseits nicht ausreichend und andererseits wenig überzeugend.[127] Einerseits sind Einzelfallgesetze ohnehin gemäß Art. 19 Abs. 1 Satz 1 GG verfassungswidrig[128] und andererseits birgt das Ausblenden der Diskriminierungsverbote des Art. 3 Abs. 3 GG allein mit dem Argument, daß eine insgesamt fördernde Regelung angestrebt werde, ein hohes Rechtsunsicherheits- und Mißbrauchspotential. Der richtige Ansatz in diesem Bereich liegt nach meinem Dafürhalten im Abstellen auf tatsächlich existierende faktische Unterschiede. Insofern halte ich den Ansatz von *Dürig* für den insgesamt überzeugendsten.[129] Wenn man in bezug auf die Förderung der Minderheiten eine Parallele zur Förderung der Gleichstellung der Frauen zu ziehen bereit ist, dann ließe sich diese Ansicht auch mit der Rechtsprechung des Bundesverfassungsgerichts zu Art. 3 Abs. 3 GG gut in Einklang bringen. Durch die Einfügung von Art. 3 Abs. 2 Satz 2 GG ist die Förderung der tatsächlichen Gleichstellung von Frauen und Männern mittlerweile durch den Gesetzgeber ausdrücklich für zulässig erklärt worden. Doch bereits vor dieser Grundgesetzergänzung führte das Bundesverfassungsgericht in der Entscheidung zum *Nachtarbeitsverbot* aus:[130]

> „*Faktische Nachteile, die typischerweise Frauen treffen, dürfen wegen des Gleichberechtigungsgebots des Art. 3 Abs. 2 GG durch begünstigende Regelungen ausgeglichen werden. Im vorliegenden Fall geht es nicht um eine Angleichung der Verhältnisse, sondern um die Beseitigung bestehender rechtlicher Ungleichbehandlung.(...) Allerdings verstößt nicht jede Ungleichbehandlung, die an das Geschlecht anknüpft, gegen Art. 3 Abs. 3 GG. Differenzierende Regelungen können vielmehr zulässig sein, soweit sie zur Lösung von Problemen, die ihrer Natur nach nur entweder bei Männern oder bei Frauen auftreten können, zwingend erforderlich sind.*“

Ebenso wie Frauen im Vergleich zu Männern sind Minderheiten im Vergleich zur Mehrheit in einem Staatswesen in einer faktisch anderen Situation, auf die sie keinen Einfluß haben. Für Minderheiten ist es unmöglich, jemals die demokratische Mehrheit darzustellen. Bei der Interpretation des Art. 3 Abs. 3 GG kann dies nicht unberücksichtigt bleiben. Daher verstößt eine Förderung von Minderheiten, die das Ziel verfolgt, bestehende faktische Unterschiede auszugleichen, nicht gegen das Bevorzugungsverbot. Die Grenze der Förderung liegt dort, wo

---

[127] Auch *Pieroth/Schlink* folgen dieser Ansicht: *Pieroth/Schlink*, Grundrechte, Staatsrecht II, 15. Aufl., Rn. 450.

[128] *Pieroth/Schlink*, Grundrechte, Staatsrecht II, 15. Aufl., Rn. 307 ff.

[129] *Dürig*, in: *Maunz/Dürig/Herzog/Scholz*, Grundgesetz-Kommentar, Art. 3 Abs. 3, Rn. 57.

[130] BVerfGE 85, 191 (207).

eine Minderheit über eine Gleichstellung mit der Mehrheit hinaus bevorzugt würde. Dies wäre mit Art. 3 Abs. 3 GG nicht mehr vereinbar. Dieses Ergebnis wird zudem durch die oben gewonnene Erkenntnis hinsichtlich des Spannungsfeldes von Herrschaftsanspruch der demokratischen Mehrheit in einem Staat und dem Selbstbestimmungsrecht der Minderheiten in diesem Staat gestützt.[131] Ein Staat kann von seinen Minderheiten nur dann Loyalität und Anerkennung des Herrschaftsanspruches der demokratischen Mehrheit erwarten, wenn er im Gegenzug bereit ist, den Minderheiten Schutz zu gewährleisten und sie am Gemeinwesen gleichberechtigt teilhaben zu lassen. Effektiver Minderheitenschutz ist nur über den Ausgleich der tatsächlichen Benachteiligungen von Minderheiten zu erreichen, was ohne Förderung nicht möglich ist. Daher kann das Bevorzugungsverbot des Art. 3 Abs. 3 GG einer solchen Förderung von Minderheiten, die im Grunde somit die Herrschaft der demokratischen Mehrheit auch seitens der Minderheiten legitimiert, nicht entgegenstehen. Daß eine Förderung von Minderheiten mit Art. 3 Abs. 3 GG vereinbar ist, kann mittlerweile wohl als allgemeine Meinung bezeichnet werden.[132]

d) Kein Anspruch von Minderheitengruppen oder -angehörigen auf Förderung

Damit ist aber noch nicht gesagt, daß Minderheitengruppen oder einzelne Minderheitenangehörige dem Staat gegenüber einen Anspruch auf Förderung geltend machen können. Dies gilt es, im folgenden noch zu klären. Zur Lösung dieser Problematik bietet sich wieder ein Vergleich mit den staatlichen Bemühungen zur tatsächlichen Durchsetzung der Gleichberechtigung von Frauen und Männern an. In diesem Bereich erfolgte durch die Einfügung des Art. 3 Abs. 2 Satz 2 GG eine Klarstellung dahingehend, daß neben dem Diskriminierungsverbot des Art. 3 Abs. 2 Satz 1 GG nunmehr eine Verpflichtung des Staates existiert, die tatsächliche Durchsetzung der Gleichberechtigung von Frauen und Männern zu fördern und auf die Beseitigung bestehender Nachteile hinzuwirken. Dadurch wurde eine Staatsaufgabe geschaffen, aus der zumindest ein objektiv-rechtlicher Förderungsanspruch für Frauen abgeleitet werden kann.[133] Dies soll zwar auch schon nach der alten Fassung des Art. 3 Abs. 2 GG so gewesen sein, war aber umstritten.[134] In bezug auf eine Minderheitenförderung fehlt ein solcher Staatsauftrag in Art. 3 GG. Eine Minderheitenschutzklausel, die ähnlich wie Art. 3 Abs. 2 Satz 2 GG hinsichtlich der Frauen eine Förderpflicht des Staates zugunsten von Minderheiten kodifiziert hätte, war im Rahmen der vereinigungsbedingten Grundgesetzrevision mit Art. 20 b GG n.F. zwar vorgesehen, wurde aber letztendlich nicht in

---

[131] Vgl. oben Kapitel 1. Punkt IV. 1.

[132] *Dürig*, in: *Maunz/Dürig/Herzog/Scholz*, Grundgesetz-Kommentar, Art. 3 Abs. 3, Rn. 54 ff.; *Frowein*, in: FS für *Zacher*, S. 157, 160 ff.; *Pastor*, Die rechtliche Stellung der Sorben in Deutschland, S. 54 ff.; *Siegert*, Minderheitenschutz in der Bundesrepublik Deutschland, S. 102; *Pieroth/Schlink*, Grundrechte, Staatsrecht II, 15. Aufl., Rn. 450 f.; *Osterloh*, in: *Sachs*, Grundgesetz-Kommentar, 2. Aufl., Art. 3, Rn. 239 ff.; *Stopp*, Die Behandlung ethnischer Minderheiten als Gleichheitsproblem, S. 127 ff.

[133] *Osterloh*, in: *Sachs*, Grundgesetz-Kommentar, 2. Aufl., Art. 3, Rn. 261 f.

[134] Vgl. hierzu *Sacksofsky*, Das Grundrecht auf Gleichberechtigung, S. 372.

das Grundgesetz aufgenommen.[135] Daher liegt es nahe, daß dem Grundgesetz ein Förderanspruch zugunsten von Minderheiten nicht entnommen werden kann, da keine dahingehende Staatsaufgabe existiert. Dennoch will *Frowein* in einem neueren Aufsatz Art. 3 Abs. 3 Satz 1 i.V.m. Art. 1 GG in Zusammenschau mit dem Sozialstaatsprinzip des Art. 20 Abs. 1 GG als Staatsauftrag zur Überwindung der die Menschenwürde treffenden Diskriminierung wegen der Rasse oder der Herkunft verstanden sehen.[136] Dies kann aber meines Erachtens nicht bedeuten, daß diesen Normen auch ein objektiv-rechtlicher Förderungsanspruch für Minderheiten zu entnehmen ist. *Frowein* spricht dies in seinem Aufsatz auch nicht aus, sollte er es aber implizieren, so könnte dem nicht gefolgt werden. Aus der in Art. 3 Abs. 3 GG enthaltenen objektiv-rechtlichen Wertentscheidung des Grundgesetzes kann vielmehr kein objektiv-rechtlicher Förderungsanspruch im Sinne eines Verfassungs- oder Gesetzgebungsauftrags, zumindest nicht zugunsten von Minderheiten, abgeleitet werden. Erst recht kann daraus kein Teilhaberecht im Sinne eines subjektiv-rechtlichen Anspruchs auf Förderung gewonnen werden.[137] Die Begründung hierfür bringt *Pastor* auf den Punkt, wenn er zunächst betont, daß ein solcher Anspruch, der sich aus einem Staatsauftrag ergeben müßte, dem Text des Grundgesetzes weder ausdrücklich noch konkludent entnommen werden könne.[138] Zum anderen gäbe es auch in der gesellschaftlichen Wirklichkeit zu viele faktische Ungleichheiten als daß diese alle vom Staat mit Förderungsmaßnahmen ausgeglichen werden könnten. Im Ergebnis müsse dem Gesetzgeber angesichts knapper finanzieller und personeller Ressourcen auch die Befugnis bleiben, selbst über Förderungsschwerpunkte zu entscheiden.[139] Dieser überzeugenden Argumentation ist kaum etwas hinzuzufügen. Die Ansicht, daß Minderheitengruppen oder –angehörige aus Art. 3 GG weder objektiv-rechtliche Förderungsansprüche und erst recht keine subjektiv-rechtlichen Ansprüche ableiten können, stellt daher auch aus gutem Grund die absolut herrschende Meinung dar.[140] Schließlich vertritt auch das Bundesverfassungsgericht die Ansicht, daß Art. 3 Abs. 3 GG nicht die Förderung der geschützten Personengruppen bzw. eine Aufhebung der tatsächlichen Unterschiede gebietet.[141]

---

[135] Vgl. hierzu die detaillierten Ausführungen unten in Kapitel 5.

[136] *Frowein*, in: FS für *Zacher*, S. 157, 168.

[137] So auch *Pastor*, Die rechtliche Stellung der Sorben in Deutschland, S. 56.

[138] *Pastor*, Die rechtliche Stellung der Sorben in Deutschland, S. 56.

[139] *Pastor*, Die rechtliche Stellung der Sorben in Deutschland, S. 56.

[140] Vgl. etwa: *Starck*, in: *ders.*, Das Bonner Grundgesetz, Art. 3, Rn. 362; *Blumenwitz*, Minderheiten- und Volksgruppenrecht – Aktuelle Entwicklung, S. 115; *Lemke*, Nationale Minderheiten und Volksgruppen im schleswig-holsteinischen und übrigen deutschen Verfassungsrecht, S. 21; *Jarass*, in: *Jarass/Pieroth*, Grundgesetz-Kommentar, 2. Aufl., Art. 3, Rn. 55; *Hofmann*, ZaöRV 1992, S. 1, 32.

[141] BVerfGE 64, 135 (156).

3. Die Sprachenfrage

Ein Sonderproblem, dem im Rahmen der Überlegungen zum Gleichheitssatz besondere Aufmerksamkeit geschenkt werden soll, ist die Frage der Behandlung bzw. Gleichstellung der Minderheitensprachen in der Verfassungsrealität der Bundesrepublik Deutschland.[142] Eine Übersicht über diese Problematik zu bekommen, ist nicht leicht, da sich die einschlägigen Rechtsgrundlagen an entlegenen Stellen und auf allen erdenklichen Ebenen finden. Neben der Verfassungsnorm des Art. 3 Abs. 3 Satz 1 GG, der die *„Sprache"* in den Kanon der verfassungsrechtlich verbotenen Diskriminierungsmerkmale aufnimmt, finden sich Aussagen zur Sprachenfrage in einer Protokollnotiz und einer Anlage zum Einigungsvertrag,[143] im Verfahrensrecht des Bundes,[144] im Landesverfassungsrecht, im einfachen Landesrecht[145] und neuerdings auch in den von der Bundesrepublik Deutschland ausgewählten[146] Regelungen der Europäischen Charta der Regional- oder Minderheitensprachen von 1992.[147]

Die Bedeutung der Sprache für das Recht ist offenbar.[148] Am treffendsten ist diese Signifikanz wohl von dem ehemaligen Verfassungsrichter *Paul Kirchhof* beschrieben worden, der formulierte: *„Recht ist ein Vorgang des Sprechens und des Hörens, des Anordnens und Gehorchens, des Anbietens und Annehmens. Die gemeinsame Sprache ist Funktionsbedingung für das Recht und wesentliche Grundlage für die Rechtsgemeinschaft. Die Muttersprache verbindet eine Kulturgemeinschaft, erleichtert die Rechtsgemeinschaft, stützt die staatliche Einheit.*"[149] Vor dieser Erkenntnis verwundert es, wenn das Grundgesetz, anders als Verfassungen anderer Staaten,[150] die deutsche Sprache nicht ausdrücklich als Staatssprache

---

[142] Erster Bericht der Bundesrepublik Deutschland gemäß Artikel 25 Absatz 1 des Rahmenübereinkommens des Europarates zum Schutz nationaler Minderheiten, S. 72 ff.

[143] Vertrag über die Herstellung der Einheit Deutschlands (Einigungsvertrag) vom 31. August 1990 (BGBl. 1990 II S. 889 ff.).

[144] Die wichtigsten Normen sind hier wohl § 184 GVG und § 23 VwVfG.

[145] Eine eingehende Analyse des Landesverfassungsrechts und des einfachen minderheitenschützenden Landesrechts folgt in Kapitel 6 unten.

[146] Die Europäische Charta der Regional- oder Minderheitensprachen verkörpert eine neue Art völkerrechtlicher Verträge. Staaten müssen diesem Vertrag nicht gänzlich beitreten oder nicht beitreten, sondern können sich Bestimmungen aussuchen und sich verpflichten, diese dann einzuhalten. Um dem Vertrag beizutreten, ist eine Verpflichtung auf eine Mindestanzahl von Bestimmungen vorgeschrieben.

[147] Vgl. hierzu allgemein die Ausführungen oben in Kapitel 3. Punkt II. 4. c).

[148] *Mäder*, ZAR 1997, S. 29, 30 ff.

[149] *Kirchhof*, Stetige Verfassung und politische Erneuerung, S. 14.

[150] Vgl. beispielsweise Art. 2 der Verfassung der französischen Republik, Art. 8 Bundesverfassungs-Gesetz der Republik Österreich, der auch auf Minderheitensprachen eingeht, Art. 8 der Verfassung der Republik Irland, § 14 der Finnischen Regierungsform, Art. 68 der Verfassung der Russischen Föderation.

festlegt. Offenbar hielt der Parlamentarische Rat die deutsche Sprache so selbstverständlich für die Staatssprache, daß er bei der Ausarbeitung des Grundgesetzes keinen diesbezüglichen ausdrücklichen Regelungsbedarf sah.[151] Das Grundgesetz ist in deutscher Sprache abgefaßt, die Gesetzes der Bundesrepublik Deutschland werden auf Deutsch verkündet, die obersten Staatsorgane verhandeln in deutscher Sprache, und bei der Beratung fremdsprachiger völkerrechtlicher Verträge wird im Bundestag auf der Grundlage einer deutschen Übersetzung beraten. Im Ergebnis sei daher nach *Kirchhof*[152] die deutsche Sprache faktisch die alleinige Staatssprache der Bundesrepublik Deutschland.[153] Begründet wird dies mit der sprachlichen Homogenität der Bundesrepublik Deutschland, die als Staat auf eine vorgefundene, natürliche, deutschsprachige Gemeinsamkeit der in seinem Gebiet lebenden Menschen baue und ein auf Einsprachigkeit beruhender Nationalstaat sei, nicht eine vom Willen verschiedensprachiger Völkerschaften getragene politische Willensnation.[154] Nach *Kirchhof* regelt das Grundgesetz die Deutschsprachigkeit inzident, indem es sich durch das „*Deutsche Volk*" legitimiert, eine Bundesrepublik Deutschland statuiert, die deutsche Staatsangehörigkeit sichert, besondere Deutschen-Grundrechte vorsieht, alle Regelungen in deutscher Sprache trifft, den Staat und seine Institutionen deutsch definiert, sich an Deutschsprachige wendet und deutschsprachige Rechtsetzungen und Rechtsanwendungen veranlaßt.[155] Diese Ansicht geht richtigerweise davon aus, daß die überragende Mehrheit der in der Bundesrepublik Deutschland lebenden Angehörigen von Minderheiten die deutsche Sprache beherrscht, unterschlägt aber dennoch die identitäts- und charakterstiftende Bedeutung, welche die Minderheitensprachen für die Minderheitenangehörigen haben. Dieser Bedeutung trägt das einfache Recht Rechnung. Somit zeigt sich, daß der inzidente Verfassungsgrundsatz, daß Staatssprache das Deutsche ist, nicht kategorisch gelten kann, sondern insbesondere zugunsten der Minderheiten an einigen Stellen durchbrochen ist.

Im folgenden soll daher die Stellung der Minderheitensprachen in verschiedenen Bereichen des privaten und des öffentlichen Lebens in der Verfassungsrealität der Bundesrepublik Deutschland untersucht werden.

a) Die Sprache im Privatbereich

Im privaten Bereich, der in diesem Sinne auch den Bereich des privaten Sprechens in der Öffentlichkeit umschließt, unterliegt die Sprache in der Bundesrepublik Deutschland

---

[151] So vermuten *Messtorff*, Die Rechtsstellung der ethnischen Minderheiten in der Bundesrepublik Deutschland, S. 76; *Pastor*, Die rechtliche Stellung der Sorben in Deutschland, S. 159.

[152] *Kirchhof*, in: *Isensee/Kirchhof*, Handbuch des Staatsrechts, Bd. I, § 18, Rn. 45 ff.

[153] So auch *Pastor*, Die rechtliche Stellung der Sorben in Deutschland, S. 159.

[154] *Kirchhof*, in: *Isensee/Kirchhof*, Handbuch des Staatsrechts, Bd. I, § 18, Rn. 30 ff.

[155] *Kirchhof*, in: *Isensee/Kirchhof*, Handbuch des Staatsrechts, Bd. I, § 18, Rn. 46.

grundsätzlich keinerlei Reglementierung, weder im positiven noch im negativen Sinne.[156] In diesem Bereich darf sich jedermann einer beliebigen Sprache bedienen. Dieser Freiheit setzt die staatliche Gesetzgebung nur in der Öffentlichkeit grobe Grenzen, die dem Schutz des Sprachbetroffenen dienen.[157] Diese Sprechfreiheit hat ihren Geltungsgrund im allgemeinen Persönlichkeitsrecht, für das Grundgesetz im Recht auf freie Entfaltung der Persönlichkeit des Art. 2 Abs. 1 GG als Grundtatbestand sowie für Wortschöpfung, Sprachprägung und Sprachverfremdung in der Meinungsäußerungsfreiheit des Art. 5 Abs. 1 GG und der Freiheit von Kunst und Wissenschaft des Art. 5 Abs. 3 GG, für die Weitergabe der Sprache auch im Eltern- oder Erziehungsrecht, für die funktionale Sprechweise in anderen Freiheitsrechten, insbesondere der Art. 8, 9, 12, 14 und 17 GG.[158]

Im privaten Bereich und im Bereich des privaten Sprechens in der Öffentlichkeit sind somit auch die Minderheitensprachen der in der Bundesrepublik lebenden Minderheiten und die Sprachen der verschiedenen Immigrantengruppen umfassend geschützt.

b) Die Gerichtssprache

Die Sprache ist für einen Staat wesentliches Handlungsinstrument. Deswegen muß ein Rechtsstaat, der wie die Bundesrepublik Deutschland durch ein sprachlich weitestgehend homogenes Staatsvolk geprägt ist, ein Interesse daran haben, seine einheitsbildende und einheitswahrende Sprache zur pflegen und zu bewahren.[159] Dieses Ziel kann er insbesondere durch die Festlegung einer offiziellen Sprache tun, die im Umgang mit der Justiz und der Verwaltung zu gebrauchen ist.[160] Der deutschen Gerichtsbarkeit und der deutschen Verwaltungshoheit können allerdings auch Personen unterworfen sein, die der deutschen Sprache nicht oder nicht in ausreichendem Maße mächtig sind oder die den Gebrauch ihrer Minderheitensprache bevorzugen. Diese Interessen müssen in verfassungsrechtlich zulässiger

---

[156] Daß dies nicht selbstverständlich ist, beweist ein Blick auf bis vor kurzem noch in Kraft befindliche Gesetze in Bulgarien, Rumänien oder der Türkei. In Bulgarien war es bis vor kurzem verboten, in der Öffentlichkeit Türkisch zu sprechen, in Rumänien durfte nur in rumänischer Sprache telefoniert werden, und in der Türkei war bis zum Jahr 1991 schlechthin jede Meinungsäußerung verboten, soweit sie in einer Sprache erfolgte, die nicht erste Amtssprache eines von der Türkei völkerrechtlich anerkannten Staates war. Nachweise bei *Engel*, in: *Weiss/Engel/D'Amato*, Menschenrechte, S. 89, 102 ff.

[157] Kirchhof verweist hier auf die Strafandrohung gegen die Beleidigung und Verleumdung, das Wettbewerbsrecht mit dem Schutz bestimmter Waren- und Markenzeichen, das Verbot unlauteren Werbens, das Urheberrecht und das Namensrecht. *Kirchhof*, in: *Isensee/Kirchhof*, Handbuch des Staatsrechts, Bd. I, § 18, Rn. 13. Vgl. auch *Thieme*, in: FS für *Hugelmann*, S. 631, 659 ff.

[158] *Kirchhof*, in: *Isensee/Kirchhof*, Handbuch des Staatsrechts, Bd. I, § 18, Rn. 13 ff., *ders.*, Stetige Verfassung und politische Erneuerung, S. 16; Mäder, ZAR 1997, S. 29, 30.

[159] *Kirchhof*, in: *Isensee/Kirchhof*, Handbuch des Staatsrechts, Bd. I, § 18, Rn. 50.

[160] *Kirchhof*, in: *Isensee/Kirchhof*, Handbuch des Staatsrechts, Bd. I, § 18, Rn. 47 ff.

Weise ausbalanciert werden. Vom Grundsatz, daß gegenüber der deutschen Justiz und Verwaltung die deutsche Sprache zu verwenden ist, muß es daher Ausnahmen geben, die den Erfordernissen des Minderheitenschutzes Rechnung tragen. Die Verfassungsnormen, welche zur Lösung dieses Spannungsverhältnisses beachtet werden müssen, sind die Rechtsanwendungsgleichheit des Art. 3 Abs. 1 GG, das Diskriminierungsverbot aufgrund der Sprache des Art. 3 Abs. 3 Satz 1 GG, die Rechtsweggarantie des Art. 19 Abs. 4 GG und Art. 103 Abs. 1 GG, der rechtliches Gehör und ein faires Verfahren garantiert.

Die Gerichtssprache der deutschen ordentlichen Gerichtsbarkeit ist in den §§ 184 ff. Gerichtsverfassungsgesetz (GVG) geregelt. Die Grundsatznorm des § 184 GVG besagt:

„*Die Gerichtssprache ist deutsch.*“

Auf diese Norm wird auch in den Verfahrensordnungen für Verfahren vor den Verwaltungsgerichten (§ 55 VwGO), den Sozialgerichten (§ 61 Abs. 1 SGG), den Finanzgerichten (§ 52 Abs. 1 FGO), den Arbeitsgerichten (§ 9 Abs. 2 ArbGG), dem Bundesverfassungsgericht (§ 17 BVerfGG), sowie den Verfahren der freiwilligen Gerichtsbarkeit (§ 8 FGG) verwiesen.[161]

Im Rahmen des Einigungsvertrages[162] wurden zwei die sorbische Minderheit begünstigende Regelungen auf Bundesebene getroffen. Mit Ausnahme der Bestimmungen, die das Grundgesetz ändern,[163] haben die Bestimmungen des Einigungsvertrages den Rang von einfachem Bundesrecht.[164] Anders als bei sonstigen völkerrechtlichen Verträgen, die Landeskompetenzen berühren, mußten die Bestimmungen des Einigungsvertrages nicht gesondert in nationales Recht umgesetzt werden, sondern galten gemäß Art. 45 Abs. 2 des Einigungsvertrages als Bundesrecht weiter.[165] Protokoll und Anlagen zum Einigungsvertrag, in denen sich die Sonderbestimmungen zugunsten der Sorben finden, besitzen gemäß Art. 1 Einigungsvertragsgesetz[166] die gleiche rechtliche Qualität wie der Text des Einigungsvertrages selbst. In Ziffer 14 des Protokolls zum Einigungsvertrag, das der

---

[161] *Pastor*, Die rechtliche Stellung der Sorben in Deutschland, S. 160.

[162] Vertrag über die Herstellung der Einheit Deutschlands (Einigungsvertrag) vom 31. August 1990 (BGBl. 1990 II S. 889 ff.).

[163] Vgl. Art. 3 ff. Einigungsvertrag.

[164] Art. 45 Abs. 2 Einigungsvertrag. Vgl. hierzu auch: *Wagner*, Der Einigungsvertrag nach dem Beitritt, S. 30 ff. und S. 168.

[165] *Siegert*, Minderheitenschutz in der Bundesrepublik Deutschland, S. 105; *Pastor*, Die rechtliche Stellung der Sorben in Deutschland, S. 82.

[166] BGBl. 1990 II S. 885.

Klarstellung einiger im Vertrag niedergelegter Punkte dienen sollte, heißt es zu Art. 35 Einigungsvertrag (Kultur) in bezug auf die sorbische Sprache:

> *„Die Bundesrepublik Deutschland und die Deutsche Demokratische Republik erklären im Zusammenhang mit Artikel 35 des Vertrags:*
>
> *1. Das Bekenntnis zum sorbischen Volkstum und zur sorbischen Kultur ist frei.*
>
> *2. Die Bewahrung und Fortentwicklung der sorbischen Kultur und der sorbischen Traditionen werden gewährleistet.*
>
> *3. Angehörige des sorbischen Volkes und ihre Organisationen haben die Freiheit zur Pflege und zur Bewahrung der sorbischen Sprache im öffentlichen Leben.*
>
> *4. Die grundgesetzliche Zuständigkeitsverteilung zwischen Bund und Ländern bleibt unberührt.“*

In der Denkschrift zum Einigungsvertrag[167] heißt es in bezug auf diese Protokollnotiz:

> *„Mit dieser Protokollnotiz werden die Rechte der Sorben im vereinten Deutschland unter Wahrung der Kompetenzen von Bund und Ländern gesichert. Dabei besteht auch Einigkeit darüber, daß Ziffer 3 der Protokollnotiz unter analoger Beachtung der Prinzipien der Zweisprachigkeit in der „Vierten Durchführungsbestimmung zum Gesetz über das einheitliche sozialistische Bildungssystem - Bildung und Erziehung im zweisprachigen Gebiet der Bezirke Cottbus und Dresden -“ vom 20. Dezember 1968 (GBl. II 1969 Nr. 3 S. 3) Anwendung findet.“*

Die zweite Bestimmung zugunsten der Sprache der sorbischen Minderheit findet sich in Anlage I Kapitel III Sachgebiet A Abschnitt III Nr. 1 lit. r des Einigungsvertrages. Diese Regelung enthält eine direkt auf § 184 GVG bezogene Ausnahme zugunsten der sorbischen Sprache:

> *„Das Recht der Sorben, in den Heimatkreisen der sorbischen Bevölkerung vor Gericht sorbisch zu sprechen, wird durch § 184 nicht berührt.“*

---

[167] BT.-Drucks. 11/7760, S. 378.

Ziffer 1 der oben zitierten Protokollnotiz enthält eine Schutzbestimmung für das Bekenntnis zum sorbischen Volkstum und zur sorbischen Kultur und bedeutet daher für das Individuum die Freiheit, hinsichtlich seiner sozialen und personalen Identität ein entsprechendes Bewußtsein zu bilden, zu haben, zu äußern und zu leben. Darüber hinaus enthält diese Bekenntnisfreiheit eine kollektive Komponente, da nicht lediglich die Angehörigen der sorbischen Minderheit, sondern auch die Organisationen genannt werden. *Pastor* kommt hier allerdings zutreffend zu dem Ergebnis, daß dies keinen Zuwachs von Rechten bedeutet, die über die von den Grundrechten des Grundgesetzes ohnehin bereits gewährten Rechtspositionen hinausgingen.[168] Auch die Sprachfreiheit ist im Merkmal der in Ziffer 1 genannten Kultur bereits eingeschlossen. Die Ziffern 2 und 3 in der Auslegung der Denkschrift gehen allerdings hinsichtlich der sorbischen Sprache über die diesbezüglichen Gewährleistungen des Grundgesetzes hinaus. Ziffer 2 ist zunächst zu entnehmen, daß sorbische Kultur und Traditionen nicht lediglich bewahrt, sondern darüber hinaus fortentwickelt werden sollen. Der Staat ist demnach nicht nur zu einem negativen Unterlassen, sondern zu einer aktiven Förderung verpflichtet. Ziffer 3 schreibt den durch die zitierte Vierte Durchführungsbestimmung in der DDR erreichten Standard[169] der Zweisprachigkeit in den genannten Gebieten als Mindeststandard fest und verpflichtet den Staat auf eine darüber hinausgehende Förderung desselben. Ziffer 3 legt somit eine Besitzstandswahrung mit Förderpflicht hinsichtlich der sorbischen Sprache fest.[170] Die zitierte Bestimmung der Anl. I Kap. III Sachg. A Abschn. III Nr. 1 lit. r des Einigungsvertrages konkretisiert diese Besitzstandswahrung hinsichtlich der Gerichtssprache.[171] Der Wortlaut dieser Bestimmung scheint lediglich mündliche Äußerungen in sorbischer Sprache zu umfassen. Mit der wohl herrschenden Meinung[172] ist jedoch davon auszugehen, daß die Sorben auch das Recht haben sollen, sich im schriftlichen Verkehr mit den Gerichten der sorbischen Sprache zu bedienen. Dies dürfte einerseits aus dem Mündlichkeitsgrundsatz des Verfahrensrechts[173] und andererseits aus der Praxis der Gerichte in der DDR, die auch schriftliche Eingaben in sorbischer Sprache angenommen haben, folgen.[174] Allerdings haben die Sorben wohl kein Recht darauf, daß Eingaben in sorbischer Sprache auch in dieser Sprache beantwortet werden.[175] Mangels bekannter bundesdeutscher Erfahrungen muß zur Begründung dieser Ansicht ebenfalls wieder auf die Praxis der DDR-Gerichte zurückgegriffen werden.[176] Die Benutzung der sorbischen Sprache im mündlichen Verfahren ist ausdrücklich erlaubt, was

---

[168] *Pastor*, Die rechtliche Stellung der Sorben in Deutschland, S. 83 f.

[169] Vgl. zu diesem Standard oben Kapitel 2. Punkt IV. 3.

[170] *Pastor*, Die rechtliche Stellung der Sorben in Deutschland, S. 84 ff.

[171] *Siegert*, Minderheitenschutz in der Bundesrepublik Deutschland, S. 106 f.

[172] *Rieß/Hilger*, Das Rechtspflegerecht des Einigungsvertrages, Teil B, Rn. 173; *Pastor*, Die rechtliche Stellung der Sorben in Deutschland, S. 161; *Kissel*, GVG-Kommentar, 2. Aufl., § 184, Rn. 19.

[173] Vgl. etwa § 128 Abs. 1 ZPO oder § 101 Abs. 1 VwGO.

[174] Vgl. oben Kapitel 2. Punkt IV. 3.

[175] So auch *Pastor*, Die rechtliche Stellung der Sorben in Deutschland, S. 161.

[176] Vgl. oben Kapitel 2. Punkt IV. 3.

vom Grundsatz her ermöglichen würde, die gesamte Verhandlung in sorbischer Sprache durchzuführen. Dies war vom Grundsatz her auch in der DDR möglich, scheiterte jedoch faktisch in aller Regel einerseits daran, daß nicht alle Verfahrensbeteiligten oder aber das Gericht der sorbischen Sprache mächtig waren oder andererseits daran, daß sorbische Verfahrensbeteiligte, die sich regelmäßig gut oder zumindest ausreichend auf Deutsch verständlich machen konnten, auf ihr diesbezügliches Recht verzichteten.[177] Davon abgesehen sieht § 185 Abs. 2 GVG ohnehin die Möglichkeit vor, in einer anderen Sprache als der deutschen zur verhandeln. Sollte ein sorbischer Verfahrensbeteiligter nicht über ausreichende Deutschkenntnisse verfügen, um dem Gang der Verhandlung zu folgen, dann gebietet das Gerichtsverfassungsgesetz in § 185 Abs. 1 Satz 1 die Hinzuziehung eines Dolmetschers. Insofern wären die Sorben allen Personen ohne ausreichende Deutschkenntnisse lediglich gleichgestellt. Die zusätzliche Rechtsposition, die den Sorben durch die zitierte Bestimmung in der Anlage zum Einigungsvertrag eingeräumt wird, ist, daß sie sich vor Gerichten der sorbischen Sprache auch dann bedienen dürfen, wenn sie der deutschen Sprache ausreichend mächtig sind.[178]

Diese Ausnahmeregelung soll jedoch lediglich *„in den Heimatkreisen der sorbischen Bevölkerung"* gelten. Hierunter sind wohl die Gerichtsbezirke des sorbischen Siedlungsgebietes, also die Landgerichtsbezirke Bautzen, Cottbus und Görlitz zu verstehen.[179]

Obgleich sich auch hinsichtlich des Gebrauchs der dänischen Sprache vor deutschen Gerichten eine offizielle Aussage der Bundesrepublik Deutschland findet, so ändert diese Aussage, um es vorwegzunehmen, nichts am Status des Dänischen vor der deutschen Gerichtsbarkeit. In der Erklärung der Regierung der Bundesrepublik Deutschland über die Rechte der dänischen Minderheit vom 29. März 1955 (im Rahmen der als *Bonn-Kopenhagener Erklärungen* bekannt gewordenen Dokumente) findet sich folgende Passage:[180]

> *„(...) In Ausführung dieser Rechtsgrundsätze wird hiermit festgestellt: (...)*

---

[177] Vgl. oben Kapitel 2. Punkt IV. 3.

[178] *Siegert*, Minderheitenschutz in der Bundesrepublik Deutschland, S. 107; *Pastor*, Die rechtliche Stellung der Sorben in Deutschland, S. 162, der hier zusätzlich noch auf § 65 Satz 1 des Gerichtsverfassungsgesetzes der DDR von 1952 verweist, der den Sorben die Möglichkeit einer Verhandlung in sorbischer Sprache ausdrücklich auch für den Fall zusicherte, daß sie die deutsche Sprache beherrschten.

[179] Diese sachnahe Auslegung schlägt Pastor vor, da er die Wahl des Wortes *„Heimatkreis"* eher auf ein unreflektiertes Abschreiben des Wortlauts von § 12 Abs. 2 GVG der DDR von 1974 zurückführt als auf die Absicht, die *„Heimatkreise"* nach den Landkreisen nach der Kreisreform in Brandenburg und Sachsen festzulegen. Vgl. *Pastor*, Die rechtliche Stellung der Sorben in Deutschland, S. 162 f.

[180] Die Erklärung ist veröffentlich im Bundesanzeiger 1955 Nr. 63 vom 31. März 1955.

2. Angehörige der dänischen Minderheit und ihre Organisationen dürfen am Gebrauch der gewünschten Sprache in Wort und Schrift nicht behindert werden. Der Gebrauch der dänischen Sprache vor den Gerichten und Verwaltungsbehörden bestimmt sich nach den diesbezüglichen gesetzlichen Vorschriften. (...)"

Die Bundesrepublik Deutschland erklärt an dieser Stelle mit rein deklaratorischem Charakter die Selbstverständlichkeit, daß der Schutz der Bestimmungen des Grundgesetzes im Hinblick auf fremde, also nicht-deutsche Sprachen auch auf das Dänische anwendbar ist. Für den Gebrauch des Dänischen vor Gerichten gelten darüber hinaus keine Sonderregeln. Das Dänische wird vielmehr genauso von den oben besprochenen allgemeinen Gesetzen, wie beispielsweise dem Gerichtsverfassungsgesetz, behandelt wie jede andere Fremdsprache auch. Abgesehen davon kann weder ein Angehöriger der dänischen Minderheit noch eine dänische Minderheitengruppe oder -organisation aus den Bonn-Kopenhagener Erklärungen von 1955 irgendwelche direkten Rechte herleiten. Die Erklärungen werden weder als völkerrechtlicher Vertrag, geschweige denn als solcher mit *self-executing*-Wirkung gesehen, sondern vielmehr als bloße politische Absichtserklärung.[181]

Erweiterte Rechte für die Benutzung von Minderheitensprachen vor deutschen Gerichten könnten sich weiterhin aus Bestimmungen der am 1. März 1998 in Kraft getretenen[182] Europäischen Charta der Regional- oder Minderheitensprachen von 1992[183] ergeben. Durch den Beitritt zu diesem völkerrechtlichen Vertrag hat sich die Bundesrepublik Deutschland als Vertragspartei im einzelnen zu folgenden Gewährleistungen verpflichtet:[184] in bezug auf Dänisch im dänischen Sprachgebiet im Land Schleswig-Holstein, in bezug auf Obersorbisch im obersorbischen Sprachgebiet im Freistaat Sachsen, in bezug auf Niedersorbisch im niedersorbischen Sprachgebiet im Land Brandenburg, in bezug auf Nordfriesisch im nordfriesischen Sprachgebiet im Land Schleswig-Holstein, in bezug auf Saterfriesisch im saterfriesischen Sprachgebiet im Land Niedersachsen und in bezug auf Romanes im gesamten Bundesgebiet hat sich die Bundesrepublik Deutschland auf die Einhaltung folgender Normen der Europäischen Charta der Regional- oder Minderheitensprachen verpflichtet:

---

[181] *Lemke*, Nationale Minderheiten und Volksgruppen im schleswig-holsteinischen und übrigen deutschen Verfassungsrecht, S. 77 ff. Vgl. zur Bonn-Kopenhagener Erklärung auch unten Kapitel 6. Punkt III. 1.

[182] Vgl. BT.-Drucks. 14/1130, S. 5 (Bericht der Bundesregierung über die Tätigkeit des Europarats).

[183] Vgl. hierzu allgemein oben Kapitel 2. Punkt IV. 3.

[184] Die genauen Einzelheiten der Verpflichtung der Bundesrepublik Deutschland können anhand der Erklärungen der Bundesrepublik Deutschland vom 23. und 26. Januar 1998 zur Vorbereitung der Ratifizierung der Europäischen Charta der Regional- oder Minderheitensprachen entnommen werden (BGBl. 1998 II S. 1334 ff.).

„Artikel 9
Justizbehörden

(1) Die Vertragsparteien verpflichten sich, in bezug auf diejenigen Gerichtsbezirke, in denen die Zahl der Einwohner, welche die Regional- oder Minderheitensprache gebrauchen, die nachstehenden Maßnahmen rechtfertigt, unter Berücksichtigung der Situation jeder dieser Sprachen und unter der Bedingung, daß die Inanspruchnahme der durch diesen Absatz gebotenen Möglichkeiten nach Auffassung des Richters eine ordentliche Rechtspflege nicht behindert, (...)

b) in zivilrechtlichen Verfahren (...)

iii) zuzulassen, daß Urkunden und Beweismittel in den Regional- oder Minderheitensprachen vorgelegt werden,

wenn nötig durch Inanspruchnahme von Dolmetschern und Übersetzungen;

c) in Verfahren vor Gerichten für Verwaltungssachen (...)

iii) zuzulassen, daß Urkunden und Beweismittel in den Regional- oder Minderheitensprachen vorgelegt werden,

wenn nötig durch Inanspruchnahme von Dolmetschern und Übersetzungen; (...)

(2) Die Vertragsparteien verpflichten sich,

a) die Rechtsgültigkeit von im Inland abgefaßten Rechtsurkunden nicht allein aus dem Grund zu verneinen, weil sie in einer Regional- oder Minderheitensprache abgefaßt sind, (...)“

In bezug auf Obersorbisch im obersorbischen Sprachgebiet im Freistaat Sachsen und in bezug auf Niedersorbisch im niedersorbischen Sprachgebiet im Land Brandenburg hat sich die Bundesrepublik Deutschland weiterhin zur Einhaltung des Folgenden verpflichtet:

„Artikel 9
Justizbehörden

(1) Die Vertragsparteien verpflichten sich, in bezug auf diejenigen Gerichtsbezirke, in denen die Zahl der Einwohner, welche die Regional- oder Minderheitensprache gebrauchen, die nachstehenden Maßnahmen rechtfertigt, unter Berücksichtigung der Situation jeder dieser Sprachen und unter der Bedingung, daß die Inanspruchnahme der durch diesen Absatz gebotenen Möglichkeiten nach Auffassung des Richters eine ordentliche Rechtspflege nicht behindert,

a) in Strafverfahren (...)

ii) sicherzustellen, daß der Angeklagte das Recht hat, seine Regional- oder Minderheitensprache zu gebrauchen, und/oder

iii) dafür zu sorgen, daß Anträge und Beweismittel, gleichviel ob schriftlich oder mündlich, nicht allein aus dem Grund als unzulässig angesehen werden, weil sie in einer Regional- oder Minderheitensprache abgefaßt sind, (...)"

In bezug auf Obersorbisch im obersorbischen Sprachgebiet im Freistaat Sachsen hat sich die Bundesrepublik Deutschland weiterhin zur Einhaltung des Folgenden verpflichtet:

„*Artikel 9*
Justizbehörden

(1) Die Vertragsparteien verpflichten sich, in bezug auf diejenigen Gerichtsbezirke, in denen die Zahl der Einwohner, welche die Regional- oder Minderheitensprache gebrauchen, die nachstehenden Maßnahmen rechtfertigt, unter Berücksichtigung der Situation jeder dieser Sprachen und unter der Bedingung, daß die Inanspruchnahme der durch diesen Absatz gebotenen Möglichkeiten nach Auffassung des Richters eine ordentliche Rechtspflege nicht behindert, (...)

b) in zivilrechtlichen Verfahren (...)

ii) zuzulassen, daß eine Prozeßpartei, wenn sie persönlich vor Gericht erscheinen muß, ihre Regional- oder Minderheitensprache gebrauchen kann, ohne daß ihr dadurch zusätzliche Kosten entstehen, (...)

d) dafür zu sorgen, daß den Betroffenen durch die Anwendung des Buchstabens b Ziffern i und iii und des Buchstabens c Ziffern i und iii sowie durch eine notwendige Inanspruchnahme von Dolmetschern und Übersetzungen keine zusätzlichen Kosten entstehen. (...)"

Die Interpretation dieser Bestimmungen erweist sich nun nicht allein aufgrund ihrer Komplexität als schwierig. Sicher ist jedenfalls, daß die Normen keinen *self-executing*-Charakter besitzen, daß sich Angehörige von Minderheiten oder Minderheitengruppen also nicht direkt auf sie berufen können.[185] Weiterhin hat die Bundesrepublik Deutschland hinsichtlich der Implementierung der Bestimmungen der Charta, zu deren Einhaltung sie sich verpflichtet hat, einen sehr weiten Spielraum. Zunächst muß die „*Zahl der Einwohner, welche*

[185] Zum Problemkomplex einer *self-executing*-Wirkung von Bestimmungen völkerrechtlicher Verträge vgl. allgemein: *Berber*, Lehrbuch des Völkerrechts, Bd. 1, 2. Aufl., S. 98 f.

die Regional- oder Minderheitensprache gebrauchen, die (...) Maßnahmen (...) unter Berücksichtigung der Situation jeder dieser Sprachen" rechtfertigen. Und schließlich steht die Gewährleistung der vorgesehenen Rechte „*unter der Bedingung, daß die Inanspruchnahme der durch diesen Absatz gebotenen Möglichkeiten nach Auffassung des Richters eine ordentliche Rechtspflege nicht behindert.*" Dies führt dazu, daß eine konkrete Umsetzungskontrolle der Verpflichtungen der Charta in das deutsche Recht nahezu unmöglich wird. Insbesondere die Tatsache, daß die Anwendung der Rechte der Charta auf die Sprecher von Minderheitensprachen letztendlich in jedem Einzelfall in die Hände des fallentscheidenden Richters gelegt wird, der dies anhand eines derart unbestimmten Kriteriums, wie der Behinderung der ordentlichen Rechtspflege entscheiden soll, macht eine abstrakte Analyse der Bedeutung der zitierten Bestimmungen hinfällig. Soweit ersichtlich, wurden bislang noch keine Änderungen des Bundesrechts im Hinblick auf die Umsetzung der Bestimmungen der Charta vorgenommen. Insgesamt bleibt daher festzuhalten, daß sich durch den Beitritt der Bundesrepublik Deutschland zur Europäischen Charta der Regional- oder Minderheitensprachen mangels konkreter Umsetzungsmaßnahmen noch keine verbesserte Rechtsposition für Sprecher von Regional- oder Minderheitensprachen hinsichtlich des Gebrauchs ihrer respektiven Regional- oder Minderheitensprache vor der deutschen Gerichtsbarkeit ergeben hat, die über die vorstehend dargestellte, bislang bestehende Rechtslage hinausreichen würde.

Die bestehende Rechtslage hinsichtlich des Gebrauchs von Minderheitensprachen vor der deutschen Gerichtsbarkeit ist schließlich noch auf ihre Vereinbarkeit mit den Bestimmungen des Grundgesetzes allgemein zu überprüfen.[186] Der Grundsatz, daß nach § 184 GVG das Deutsche Gerichtssprache zu sein hat, erschwert für Personen ohne ausreichende Sprachkenntnisse die Wahrnehmung der Rechtsweggarantie des Art. 19 Abs. 4 GG. Nach der Rechtsprechung des Bundesverfassungsgerichts ist eine solche Erschwerung dann zulässig, wenn sie sachlich gerechtfertigt ist und der Zugang zu den Gerichten dem Betroffenen nicht schlechthin unmöglich gemacht wird.[187] Als sachliche Gründe kommen hier das öffentliche Interesse an einer funktionsfähigen Gerichtsbarkeit und einer zweckmäßigen Gestaltung des Gerichtsverfahrens in Betracht, denen eine einheitliche Gerichtssprache dienlich erscheint.[188] Ein der deutschen Sprache Unkundiger kann auf die Hilfe von Übersetzern und Dolmetschern zurückgreifen, was ihm im Ergebnis den Zugang zur deutschen Gerichtsbarkeit nicht schlechthin unmöglich macht. Daher ist die Grundregel des § 184 GVG mit der Rechtsweggarantie des Art. 19 Abs. 4 GG vereinbar. Auftretende Härten werden durch die §§ 185 ff. GVG aufgefangen.

---

[186] Vgl. hierfür auch: *Gubelt*, in: *von Münch/Kunig*, Grundgesetz-Kommentar, Art. 3, Rn. 98; *Rüfner*, in: *Dolzer*, Bonner Kommentar zum Grundgesetz, Art. 3, Rn. 834 ff.; *Starck*, in: *ders.*, Das Bonner Grundgesetz, Art. 3, Rn. 363; *Kirchhof*, in: *Isensee/Kirchhof*, Handbuch des Staatsrechts, Bd. I, § 18, Rn. 47 ff.; *Pastor*, Die rechtliche Stellung der Sorben in Deutschland, S. 163 ff.

[187] Vgl. etwa: BVerfGE 10, 264 (268); BVerfGE 44, 302 (305); BVerfGE 54, 94 (97).

[188] So *Pastor*, Die rechtliche Stellung der Sorben in Deutschland, S. 164.

§ 184 GVG muß weiterhin auch mit dem Verfahrensgrundrecht des Art. 103 Abs. 1 GG, der rechtliches Gehör und ein faires Verfahren garantiert,[189] vereinbar sein. Hinsichtlich der prozessualen Grundrechte betont das Bundesverfassungsgericht, daß jeder Ausländer den gleichen Anspruch auf ein rechtsstaatliches Verfahren und auf umfassenden und effektiven Rechtsschutz wie jeder Deutsche hat.[190] Für Minderheiten muß dies ebenfalls gelten. Daraus kann abgeleitet werden, daß die etwaige Unkenntnis der deutschen Sprache ein Kriterium ist, welches im Rahmen des Art. 103 Abs. 1 GG Beachtung finden muß. Dies kann insbesondere dann zum Tragen kommen, wenn eine Präklusionswirkung eintritt, da aufgrund mangelnder deutscher Sprachkenntnisse eine Frist versäumt wurde.[191] Die herrschende Meinung differenziert hier mittlerweile zwischen einer Unbeachtlichkeit und einer Rechtserheblichkeit eines in einer ausländischen Sprache eingehenden Schriftsatzes.[192] Die frühere Rechtsprechung sah fremdsprachige Schriftsätze generell als völlig unbeachtlich an.[193] Richtigerweise ist jedoch zwischen der Frage einer unmittelbaren Wirkung eines fremdsprachigen Schriftsatzes und der Frage, ob das Gericht auf ein solches Schriftstück zu reagieren hat, zu unterscheiden. Auf der Grundlage des § 184 GVG ist im Interesse des geordneten Ablaufs des gerichtlichen Verfahrens grundsätzlich daran festzuhalten, daß fremdsprachige Schriftsätze keine unmittelbare rechtserhebliche Wirkung haben.[194] Demzufolge kann ein fremdsprachiger Schriftsatz, dem keine Übersetzung beigefügt ist, grundsätzlich auch keine Frist wahren.[195] Das Bundesverfassungsgericht schränkt diese Wirkung jedoch in Anbetracht von Art. 103 Abs. 1 GG ein. Wenn Sprachschwierigkeiten zur Versäumung einer Frist geführt haben, so ist Wiedereinsetzung in den vorigen Stand zu gewähren.[196] In Ergänzung dieser Entscheidung stellte das Bundesverfassungsgericht wenig später fest, daß dies allerdings nur insoweit gelten kann, als das Verschulden des der deutschen Sprache Unkundigen nicht auf vermeidbarer Gleichgültigkeit beruht.[197] Nach alledem kann somit das Gericht - außer im Fall vorsätzlichen Mißbrauchs - fremdsprachige Schriftsätze nicht unbeachtet lassen, sondern ist verpflichtet, dem Einreicher die Vorlage einer

---

[189] Vgl. allgemein: *Degenhart*, in: *Sachs*, Grundgesetz-Kommentar, 2. Aufl., Art. 103, Rn. 2 ff.

[190] BVerfGE 40, 95 (98); BVerfGE 42, 120 (123).

[191] Vgl. zu diesem Problem auch: *Messtorff*, Die Rechtsstellung der ethnischen Minderheiten in der Bundesrepublik Deutschland, S. 78 ff.; *Pastor*, Die rechtliche Stellung der Sorben in Deutschland, S. 165 ff.

[192] *Gummer*, in: *Zöller*, Zivilprozeßordnung, 20. Aufl., § 184 GVG, Rn. 2 ff.

[193] *Gummer*, in: *Zöller*, Zivilprozeßordnung, 20. Aufl., § 184 GVG, Rn. 2 mit Hinweis auf RG 31, 429.

[194] So die herrschende Meinung: vgl. *Gummer*, in: *Zöller*, Zivilprozeßordnung, 20. Aufl., § 184 GVG, Rn. 3; *Albers*, in: *Baumbach/Lauterbach/Albers/Hartmann*, Zivilprozeßordnung, 58. Aufl., § 184 GVG, Rn. 3; *Kissel*, GVG-Kommentar, 2. Aufl., § 184, Rn. 5. So auch der BGH, in: NJW 1982, S. 532. A.A. allein *Messtorff*, Die Rechtsstellung der ethnischen Minderheiten in der Bundesrepublik Deutschland, S. 80.

[195] So die herrschende Meinung: vgl. *Gummer*, in: *Zöller*, Zivilprozeßordnung, 20. Aufl., § 184 GVG, Rn. 3; *Albers*, in: *Baumbach/Lauterbach/Albers/Hartmann*, Zivilprozeßordnung, 58. Aufl., § 184 GVG, Rn. 3. A.A. allein *Messtorff*, Die Rechtsstellung der ethnischen Minderheiten in der Bundesrepublik Deutschland, S. 80.

[196] So BVerfGE 40, 95 (98 f.).

[197] So BVerfGE 42, 120 (127).

Übersetzung aufzugeben. Kommt er dem nicht nach, so hat das Schriftstück unbeachtet zu bleiben. Diesbezüglich kommt das Bundesverfassungsgericht einem der deutschen Sprache nicht Mächtigen sogar noch einen Schritt entgegen. Sofern dargetan wird, daß aufgrund einer finanziellen Notlage eine Übersetzung nicht beigebracht werden konnte und die eingereichten fremdsprachigen Schriftstücke für das Verfahren bedeutsam sind, hat das Gericht gemäß § 144 Abs. 1 ZPO oder § 96 Abs. 1 VwGO eine Übersetzung von Amts wegen einzuholen.[198] Insgesamt müssen also die Verfahrensvorschriften, insbesondere die einschlägigen Vorschriften über eine Wiedereinsetzung in den vorigen Stand[199], im Lichte des Art. 103 Abs. 1 GG ausgelegt werden, was dazu führen kann, daß das Tatbestandsmerkmal *„ohne ihr Verschulden"* bei einer Partei, die der deutschen Sprache nicht mächtig ist, einen anderen Inhalt haben kann, als bei einer Partei, die Deutsch beherrscht. In solchen Fällen ist dann anhand des konkreten Einzelfalles zu entscheiden, da selbstverständlich auch für denjenigen, welcher der deutschen Sprache nicht mächtig ist, eine Sorgfaltspflicht des Inhalts besteht, daß er sich Kenntnis vom Inhalt eines ihm zugegangenen amtlichen Schreibens in angemessener Zeit zu verschaffen hat.[200] Diese Problemkonstellationen werden jedoch für Angehörige der in der Bundesrepublik Deutschland siedelnden autochthonen Minderheiten aufgrund ihrer generell guten Deutschkenntnisse selten auftreten. Vom Grundsatz her ist somit § 184 GVG mit Art. 103 Abs. 1 GG vereinbar. Die oben zitierte Norm der Anlage I Kapitel III Sachgebiet A Abschnitt III Nr. 1 lit. r des Einigungsvertrages stellt nun eine echte Ausnahmeregelung von § 184 GVG in seiner soeben dargestellten Auslegung dar. Schriftsätze, die in sorbischer Sprache an Gerichte in den Heimatgerichtskreisen der sorbischen Bevölkerung gestellt werden, entfalten demnach unmittelbare rechtserhebliche Wirkung und sind selbstverständlich auch fristwahrend.[201] Streit besteht allerdings hinsichtlich der räumlichen Begrenzung dieses Rechts der Sorben auf ihre Heimatgerichtsbezirke. *Pastor* vertritt hier die Ansicht, daß sich die Sorben an jedes Gericht im gesamten Bundesgebiet rechtserheblich und fristwahrend in sorbischer Sprache wenden dürfen, da anderenfalls ein Verstoß gegen Art. 3 Abs. 3 Satz 1 GG aufgrund einer Diskriminierung wegen der Sprache vorläge.[202] *Pastor* verweist zur Begründung seiner Ansicht auf die Rechtsprechung des Bundesverfassungsgerichts, das die Ansicht vertritt, daß *„faktische Verschiedenheiten keine rechtlichen Wirkungen haben dürfen"*[203], es aber keineswegs erforderlich sei, einen *„Ausgleich sprachlicher Erschwernisse, die im Tatsächlichen auftreten,"*[204] zu schaffen. Da Anlage I Kapitel III Sachgebiet A Abschnitt III Nr. 1 lit. r des Einigungsvertrages nun aber eine rechtliche Wertung beinhalte, ist es mit Art. 3 Abs. 3 Satz 1 GG nicht vereinbar, das Eingabe- und Sprechrecht vor

---

[198] Vgl. BVerfG, NVwZ 1987, S. 785.

[199] Für den Zivilprozeß sind dies etwa die §§ 233 ff. ZPO.

[200] *Pastor*, Die rechtliche Stellung der Sorben in Deutschland, S. 166.

[201] So die allgemeine Meinung: *Albers*, in: *Baumbach/Lauterbach/Albers/Hartmann*, Zivilprozeßordnung, 58. Aufl., § 184 GVG, Rn. 1; *Kissel*, GVG-Kommentar, 2. Aufl., § 184, Rn. 19; *Pastor*, Die rechtliche Stellung der Sorben in Deutschland, S. 165.

[202] *Pastor*, Die rechtliche Stellung der Sorben in Deutschland, S. 165.

[203] BVerfGE 75, 40 (70).

[204] BVerfGE 64, 135 (156).

Gerichten in sorbischer Sprache auf die Heimatgerichtsbezirke zu beschränken.[205] Dem kann nicht gefolgt werden. *Pastor* dürfte in diesem Zusammenhang die falschen Relationen setzen. Die zitierte Bestimmung der Anlage des Einigungsvertrages ist nicht in erster Linie daran zu messen, ob sie die Sorben außerhalb ihrer Heimatbezirke wegen der Sprache diskriminiert, sondern ob sie sie innerhalb ihrer Heimatkreise nicht in verfassungswidriger Weise bevorzugt. Eine Diskriminierung der Sorben außerhalb ihrer Heimatbezirke erscheint mir nicht gegeben, da das deutsche Minderheitenrecht eine klare Tendenz aufweist, besondere Minderheitenrechte begrenzt auf die Siedlungsgebiete der Minderheiten zu gewährleisten.[206] Andere Lösungen sind faktisch schwer umzusetzen. Auch der von der Bundesrepublik Deutschland vertretene Minderheitenbegriff weist aus dem gleichen Grund eine auf ein bestimmtes Siedlungsgebiet bezogene Komponente auf.[207] Daher kann schon aufgrund dieser Erwägungen keine Diskriminierung der Sorben aufgrund der räumlichen Beschränkung des Rechts, Sorbisch als Gerichtssprache zu verwenden, vorliegen. Könnten die Sorben vor allen Gerichten in der gesamten Bundesrepublik Deutschland Sorbisch sprechen, so läge meines Erachtens aber eine mit Art. 3 Abs. 3 Satz 1 GG nicht zu vereinbarende Bevorzugung der sorbischen Sprache in bezug auf andere Minderheitensprachen, wie beispielsweise das Dänische, vor. Die Angehörigen der dänischen Minderheit dürfen nicht einmal in ihren Heimatgerichtsbezirken vor Gericht Dänisch außerhalb der Regelungen der §§ 184 ff. GVG sprechen. Die einzige Fallkonstellation, in der den Sorben die Benutzung ihrer Muttersprache außerhalb ihrer Heimatgerichtsbezirke als Gerichtssprache gestattet sein muß, ist meines Erachtens folgende: Wenn ein Verfahren in einem Heimatgerichtsbezirk mit Sorbisch als Gerichtssprache begonnen wurde, muß es den sorbischen Verfahrensbeteiligten auch im Instanzenzug möglich sein, vor Gericht Sorbisch zu sprechen, auch wenn das Instanzgericht außerhalb der Heimatgerichtsbezirke der sorbischen Bevölkerung gelegen ist. Insgesamt wäre daher vorzuschlagen, die Bestimmung der Anlage I Kapitel III Sachgebiet A Abschnitt III Nr. 1 lit. r des Einigungsvertrages als das zu sehen, was sie ist und als was sie geplant war: eine Norm, welche verhindern will, daß die sorbische Bevölkerung in sprachenrechtlicher Hinsicht im vereinigten Deutschland schlechter steht, als sie in der DDR stand.[208] Mit der herrschenden Meinung ist daher von einer - mit Ausnahme des Instanzenzuges - auf die Heimatgerichtsbezirke der sorbischen Bevölkerung begrenzten Wirkung von Anlage I Kapitel III Sachgebiet A Abschnitt III Nr. 1 lit. r des Einigungsvertrages auszugehen.[209] In dieser Auslegung verstößt die Norm in keiner Richtung gegen Art. 3 Abs. 3 Satz 1 GG.

---

[205] *Pastor*, Die rechtliche Stellung der Sorben in Deutschland, S. 165. Mit anderer Begründung so auch *Messtorff*, Die Rechtsstellung der ethnischen Minderheiten in der Bundesrepublik Deutschland, S. 80.

[206] Die ist ein Vorgriff auf die Erkenntnisse, die vor allem in Kapitel 6 gewonnen werden.

[207] Vgl. oben Kapitel 3. Punkt I. 3.

[208] Vgl. hierzu die auch hier sinngemäß zutreffende Aussage in der Denkschrift zum Einigungsvertrag zur Protokollnotiz 14 zu Art. 35 des Einigungsvertrages, BT.-Drucks. 11/7760 oder BR.-Drucks. 600/90, S. 378.

[209] *Albers*, in: *Baumbach/Lauterbach/Albers/Hartmann*, Zivilprozeßordnung, 58. Aufl., § 184 GVG, Rn. 1; *Kissel*, GVG-Kommentar, 2. Aufl., § 184, Rn. 19.

c) Die Amtssprache

Die bundesrechtlichen Vorschriften bezüglich der Amtssprache sind den dargestellten Bestimmungen über die Gerichtssprache prinzipiell ähnlich, da sich insofern auch die Problemkonstellationen ähneln. Anders als die bundesrechtlichen Bestimmungen über die Gerichtssprache sehen die Regelungen der Amtssprache allerdings keine Privilegierung von Minderheitensprachen vor, sondern stellen die Minderheitensprachen sonstigen Fremdsprachen gleich.
Die Basisnorm des Bundesverwaltungsverfahrensrechts in sprachenrechtlicher Hinsicht, § 23 VwVfG, geht ebenso wie § 184 GVG von dem Grundsatz aus, daß das Deutsche die Verfahrenssprache ist.[210] Die Norm hat folgenden Wortlaut:

„§ 23 VwVfG

(1) Die Amtssprache ist deutsch.

(2) Werden bei einer Behörde in einer fremden Sprache Anträge gestellt oder Eingaben, Belege, Urkunden oder sonstige Schriftstücke vorgelegt, soll die Behörde unverzüglich die Vorlage einer Übersetzung verlangen. In begründeten Fällen kann die Vorlage einer beglaubigten oder von einem öffentlich bestellten oder beeidigten Dolmetscher oder Übersetzer angefertigten Übersetzung verlangt werden. Wird die verlangte Übersetzung nicht unverzüglich vorgelegt, so kann die Behörde auf Kosten des Beteiligten selbst eine Übersetzung beschaffen. Hat die Behörde Dolmetscher oder Übersetzer herangezogen, werden diese in entsprechender Anwendung des Gesetzes über die Entschädigung von Zeugen und Sachverständigen entschädigt.

(3) Soll durch eine Anzeige, einen Antrag oder die Abgabe einer Willenserklärung eine Frist in Lauf gesetzt werden, innerhalb derer die Behörde in einer bestimmten Weise tätig werden muß, und gehen diese in einer fremden Sprache ein, so beginnt der Lauf der Frist erst mit dem Zeitpunkt, in dem der Behörde eine Übersetzung vorliegt.

(4) Soll durch eine Anzeige, einen Antrag oder die Abgabe einer Willenserklärung, die in fremder Sprache eingeht, zugunsten eines Beteiligten eine Frist gegenüber der Behörde gewahrt, ein öffentlich-rechtlicher Anspruch geltend gemacht oder eine Leistung begehrt werden, so gelten die Anzeige, der Antrag oder die Willenserklärung als zum Zeitpunkt des Eingangs bei der Behörde abgegeben, wenn auf Verlangen der Behörde innerhalb einer von

---

[210] Vgl. allgemein: *Kopp*, Verwaltungsverfahrensgesetz, 5. Aufl., § 23, Rn. 1 ff; *Stelkens/Bonk/Sachs-Stelkens*, Verwaltungsverfahrensgesetz, Kommentar, 5. Aufl., § 23, Rn. 6 ff.; *Knack-Clausen*, Verwaltungsverfahrensgesetz, Kommentar, 6. Aufl., § 23, Rn. 1 ff.; *Obermayer-Engelhardt*, Kommentar zum Verwaltungsverfahrensgesetz, 3. Aufl., § 23, Rn. 1 ff.

dieser zu setzenden angemessenen Frist eine Übersetzung vorgelegt wird. Andernfalls ist der Zeitpunkt des Eingangs der Übersetzung maßgebend, soweit sich nicht aus zwischenstaatlichen Vereinbarungen etwas anderes ergibt. Auf diese Rechtsfolge ist bei der Fristsetzung hinzuweisen."

Die Bestimmungen der §§ 19 des 10. Sozialgesetzbuches (SGB X) und 87 der Abgabenordnung (AO) enthalten für das Sozialverfahrens- und das Steuerverfahrensrecht gleiche Bestimmungen.

§ 23 Abs. 1 VwVfG bestimmt in Anlehnung an § 184 GVG den Grundsatz, wonach das Deutsche Amtssprache zu sein hat, womit allerdings noch nichts darüber ausgesagt ist, welche Auswirkungen ein Nichtbeherrschen der deutschen Sprache mit sich bringt. Abs. 2 gibt der Behörde die Möglichkeit, auf fremdsprachige Anträge zu reagieren, indem sie Übersetzungen oder die Hinzuziehung von Dolmetschern verlangen kann. Abs. 3 bestimmt, was die Behörde hinsichtlich fremdsprachiger Anträge zu unternehmen hat, wenn die Behörde zur Wahrung einer Frist verpflichtet ist. Abs. 4 regelt den umgekehrten Fall der Auswirkungen fremdsprachlicher Erklärungen auf Fristen des Beteiligten. Die Beteiligung eines Dolmetschers im mündlichen Umgang mit der Behörde ist, außer im Asylverfahrensrecht mit dem § 17 AsylVfG, nicht vorgesehen. Im Verwaltungsverfahren fehlt also eine dem § 185 GVG vergleichbare Norm.[211] Die Bundesbehörden haben also grundsätzlich in amtlichen Mitteilungen, Entscheidungen, Bescheiden usw. ausschließlich die deutsche Sprache zu verwenden, grundsätzlich können alle Verfahrenshandlungen gegenüber der Behörde nur in deutsch wirksam vorgenommen werden, und nur in deutscher Sprache abgefaßte Erklärungen können grundsätzlich Fristen wahren oder in Gang setzen.[212] Dieser Grundsatz berührt nicht das Recht bzw. die Möglichkeit der Behörde, in der täglichen Verwaltungspraxis mit Personen, die der deutschen Sprache nicht mächtig sind, sich einer fremden Sprache zu bedienen, wenn Bedienstete der Behörde diese beherrschen. Für mündliche Besprechungen gilt dies nur, wenn alle Beteiligten die fremde Sprache beherrschen und sich damit einverstanden erklären, daß die Besprechung in ihr geführt wird.[213] Dem Grundsatz des § 23 Abs. 1 VwVfG gemäß bestimmt dessen Abs. 2, daß es grundsätzlich Sache der Beteiligten ist, für eine deutsche Übersetzung in fremder Sprache abgefaßter Anträge, Eingaben, Belege, Urkunden usw. zu sorgen. Die Behörde hat allerdings die Möglichkeit, insbesondere wenn dies der Vereinfachung des Verfahrens dient oder aus anderen Gründen zweckmäßig erscheint, auch selbst Übersetzer zuzuziehen. Ob die Behörde von dieser Befugnis, selbst eine Übersetzung zu beschaffen, Gebrauch macht, liegt in ihrem Ermessen. Jedenfalls ist sie dazu, auch bei drohender Fristversäumung, nicht verpflichtet.[214] Zur Milderung von

---

[211] *Stelkens/Bonk/Sachs-Stelkens*, Verwaltungsverfahrensgesetz, Kommentar, 5. Aufl., § 23, Rn. 4; *Kopp*, Verwaltungsverfahrensgesetz, 5. Aufl., § 23, Rn. 2.

[212] *Kopp*, Verwaltungsverfahrensgesetz, 5. Aufl., § 23, Rn. 3. Details: *Stelkens/Bonk/Sachs-Stelkens*, Verwaltungsverfahrensgesetz, Kommentar, 5. Aufl., § 23, Rn. 11 ff.

[213] *Kopp*, Verwaltungsverfahrensgesetz, 5. Aufl., § 23, Rn. 4.

[214] *Kopp*, Verwaltungsverfahrensgesetz, 5. Aufl., § 23, Rn. 5 f. Details: *Stelkens/Bonk/Sachs-Stelkens*, Verwaltungsverfahrensgesetz, Kommentar, 5. Aufl., § 23, Rn. 32 ff.

Schwierigkeiten und Härten, die sich aus dem Umstand, daß das Deutsche alleinige Amtssprache ist, für die Beteiligten oder auch für die Behörde ergeben können, sind in § 23 Abs. 3 und 4 VwVfG gewisse Erleichterungen vorgesehen. Gemäß Abs. 3 beginnen Fristen für behördliche Handlungen erst zu laufen, wenn eine Übersetzung vorliegt.[215] Die Bestimmung dient allerdings lediglich der Klarstellung, da nicht übersetzte fremdsprachliche Anträge vom Grundsatz her ohnehin keine Rechtswirkung haben und daher keine Fristen in Gang setzen können.[216] Nach Abs. 4 schließlich wahren in fremder Sprache abgegebene Anzeigen, Anträge usw. Fristen und Rechte, auch wenn eine Übersetzung erst später vorgelegt wird.[217] Bis zur Einreichung der Übersetzung ist der entsprechende Antrag jedoch unzulässig, was er dann bleibt, wenn der Betroffene keine Übersetzung nachreicht. Auf diese Folge muß die Behörde hinweisen.[218]

Die Bestimmungen hinsichtlich der Amtssprache sind insbesondere in bezug auf Personen, die der deutschen Sprache nicht oder nicht ausreichend mächtig sind, im Lichte des Grundgesetzes auszulegen. An dieser Stelle kann auf die diesbezüglichen Ausführungen zur Gerichtssprache verwiesen werden, da sich insofern keine Besonderheiten ergeben.[219] Wird aufgrund sprachlicher Schwierigkeiten eine Frist versäumt, so kommt auch im Verwaltungsverfahrensrecht gemäß der Vorschriften des § 32 VwVfG eine Wiedereinsetzung in den vorigen Stand in Betracht.[220]

Die Möglichkeit der Wiedereinsetzung in den vorigen Stand und die umfangreichen Möglichkeiten, sich Übersetzungen und Dolmetscher zu bedienen, führen dazu, daß auch gegen die Grundsatzregel des § 23 Abs. 1 VwVfG, daß das Deutsche Amtssprache ist, mit den oben im Rahmen der Ausführungen zur Gerichtssprache erwähnten Argumenten[221] keine verfassungsrechtlichen Bedenken bestehen.[222]

---

[215] *Stelkens/Bonk/Sachs-Stelkens*, Verwaltungsverfahrensgesetz, Kommentar, 5. Aufl., § 23, Rn. 43.

[216] *Knack-Clausen*, Verwaltungsverfahrensgesetz, Kommentar, 6. Aufl., § 23, Rn. 4.1; *Kopp*, Verwaltungsverfahrensgesetz, 5. Aufl., § 23, Rn. 9.

[217] *Kopp*, Verwaltungsverfahrensgesetz, 5. Aufl., § 23, Rn. 10.

[218] *Knack-Clausen*, Verwaltungsverfahrensgesetz, Kommentar, 6. Aufl., § 23, Rn. 4.4; *Kopp*, Verwaltungsverfahrensgesetz, 5. Aufl., § 23, Rn. 11.

[219] Vgl. oben Punkt I. 2. c) bb).

[220] *Knack-Clausen*, Verwaltungsverfahrensgesetz, Kommentar, 6. Aufl., § 23, Rn. 3.4; *Kopp*, Verwaltungsverfahrensgesetz, 5. Aufl., § 23, Rn. 2 und 8 und § 32, Rn. 16 ff.

[221] Vgl. oben Punkt I. 2. c) bb).

[222] So auch die herrschende Meinung: vgl. *Kopp*, Verwaltungsverfahrensgesetz, 5. Aufl., § 23, Rn. 2; *Stelkens/Bonk/Sachs-Stelkens*, Verwaltungsverfahrensgesetz, Kommentar, 5. Aufl., § 23, Rn. 4; *Knack-Clausen*, Verwaltungsverfahrensgesetz, Kommentar, 6. Aufl., § 23, Rn. 5.

Besondere Bestimmungen hinsichtlich des Verhältnisses von Regional- oder Minderheitensprachen zu den Vorschriften über die Amtssprache enthalten ferner die Bestimmungen in der Europäischen Charta der Regional- oder Minderheitensprachen von 1992, zu deren Einhaltung sich die Bundesrepublik verpflichtet hat. Die sind im einzelnen:[223] In bezug auf Dänisch im dänischen Sprachgebiet im Land Schleswig-Holstein, in bezug auf Obersorbisch im obersorbischen Sprachgebiet im Freistaat Sachsen, in bezug auf Niedersorbisch im niedersorbischen Sprachgebiet im Land Brandenburg, in bezug auf Nordfriesisch im nordfriesischen Sprachgebiet im Land Schleswig-Holstein, in bezug auf Saterfriesisch im saterfriesischen Sprachgebiet im Land Niedersachsen und in bezug auf Romanes im gesamten Bundesgebiet hat sich die Bundesrepublik Deutschland auf die Einhaltung folgender Normen der Europäischen Charta der Regional- oder Minderheitensprachen verpflichtet:

„Artikel 10

Verwaltungsbehörden und öffentliche Dienstleistungsbetriebe

(5) Die Vertragsparteien verpflichten sich, den Gebrauch oder die Annahme von Familiennamen in den Regional- oder Minderheitensprachen auf Antrag der Betroffenen zuzulassen.“

In bezug auf Dänisch im dänischen Sprachgebiet im Land Schleswig-Holstein, in bezug auf Obersorbisch im obersorbischen Sprachgebiet im Freistaat Sachsen, in bezug auf Niedersorbisch im niedersorbischen Sprachgebiet im Land Brandenburg, in bezug auf Nordfriesisch im nordfriesischen Sprachgebiet im Land Schleswig-Holstein und in bezug auf Saterfriesisch im saterfriesischen Sprachgebiet im Land Niedersachsen hat sich die Bundesrepublik Deutschland weiterhin zur Einhaltung des Folgenden verpflichtet:

„Artikel 10

Verwaltungsbehörden und öffentliche Dienstleistungsbetriebe

(1) Innerhalb der Verwaltungsbezirke des Staates, in denen die Zahl der Einwohner die Regional- oder Minderheitensprachen gebrauchen, die nachstehenden Maßnahmen rechtfertigt, und unter Berücksichtigung der Situation jeder Sprache verpflichten sich die Vertragsparteien im Rahmen des Zumutbaren (...)

---

[223] Die genauen Einzelheiten der Verpflichtung der Bundesrepublik Deutschland können anhand der Erklärungen der Bundesrepublik Deutschland vom 23. und 26. Januar 1998 zur Vorbereitung der Ratifizierung der Europäischen Charta der Regional- oder Minderheitensprachen entnommen werden (BGBl. 1998 II S. 1334 ff.).

v) sicherzustellen, daß Personen, die Regional- oder Minderheitensprachen gebrauchen, in diesen Sprachen abgefaßte Urkunden rechtsgültig vorlegen können; (...)

(4) Die Vertragsparteien verpflichten sich, eine oder mehrere der folgenden Maßnahmen zu treffen, um die von ihnen angenommenen Bestimmungen der Absätze 1, 2 und 3 in Kraft zu setzen: (...)

c) nach Möglichkeit Erfüllung der Wünsche von Angehörigen des öffentlichen Dienstes, die über Kenntnisse in einer Regional- oder Minderheitensprache verfügen, in dem Gebiet eingesetzt zu werden, in dem diese Sprache gebraucht wird."

In bezug auf Obersorbisch im obersorbischen Sprachgebiet im Freistaat Sachsen, in bezug auf Niedersorbisch im niedersorbischen Sprachgebiet im Land Brandenburg und in bezug auf Saterfriesisch im saterfriesischen Sprachgebiet im Land Niedersachsen hat sich die Bundesrepublik Deutschland weiterhin zur Einhaltung des Folgenden verpflichtet:

„*Artikel 10*

Verwaltungsbehörden und öffentliche Dienstleistungsbetriebe (...)

(2) In bezug auf die örtlichen und regionalen Behörden, in deren örtlichen Zuständigkeitsbereich die Zahl der Einwohner, welche die Regional- oder Minderheitensprachen gebrauchen, die nachstehenden Maßnahmen rechtfertigt, verpflichten sich die Vertragsparteien, folgendes zuzulassen und/oder dazu zu ermutigen (...)

b) die Möglichkeit, daß Personen, die Regional- oder Minderheitensprachen gebrauchen, mündliche oder schriftliche Anträge in diesen Sprachen stellen; (...)"

In bezug auf Obersorbisch im obersorbischen Sprachgebiet im Freistaat Sachsen, in bezug auf Niedersorbisch im niedersorbischen Sprachgebiet im Land Brandenburg und in bezug auf Nordfriesisch im nordfriesischen Sprachgebiet im Land Schleswig-Holstein hat sich die Bundesrepublik Deutschland weiterhin zur Einhaltung des Folgenden verpflichtet:

„*Artikel 10*

Verwaltungsbehörden und öffentliche Dienstleistungsbetriebe (...)

(3) In bezug auf die öffentlichen Dienstleistungen, die von den Verwaltungsbehörden selbst oder in deren Auftrag erbracht werden, verpflichten sich die Vertragsparteien, in dem Gebiet, in dem Regional- oder Minderheitensprachen gebraucht werden, unter Berücksichtigung der Situation jeder Sprache und im Rahmen des Zumutbaren (...)

c) zuzulassen, daß Personen, die Regional- oder Minderheitensprachen gebrauchen, in diesen Sprachen einen Antrag stellen. (...)"

In bezug auf Obersorbisch im obersorbischen Sprachgebiet im Freistaat Sachsen und in bezug auf Niedersorbisch im niedersorbischen Sprachgebiet im Land Brandenburg hat sich die Bundesrepublik Deutschland weiterhin zur Einhaltung des Folgenden verpflichtet:

„*Artikel 10*

Verwaltungsbehörden und öffentliche Dienstleistungsbetriebe

(1) Innerhalb der Verwaltungsbezirke des Staates, in denen die Zahl der Einwohner die Regional- oder Minderheitensprachen gebrauchen, die nachstehenden Maßnahmen rechtfertigt, und unter Berücksichtigung der Situation jeder Sprache verpflichten sich die Vertragsparteien im Rahmen des Zumutbaren (...)

iv) sicherzustellen, daß Personen, die Regional- oder Minderheitensprachen gebrauchen, in diesen Sprachen mündliche oder schriftliche Anträge stellen können, (...)

(2) In bezug auf die örtlichen und regionalen Behörden, in deren örtlichen Zuständigkeitsbereich die Zahl der Einwohner, welche die Regional- oder Minderheitensprachen gebrauchen, die nachstehenden Maßnahmen rechtfertigt, verpflichten sich die Vertragsparteien, folgendes zuzulassen und/oder dazu zu ermutigen (...)

g) den Gebrauch oder die Annahme der herkömmlichen und korrekten Formen von Ortsnamen in Regional- oder Minderheitensprachen, wenn nötig in Verbindung mit dem Namen in der (den) Amtssprache(n).

(3) In bezug auf die öffentlichen Dienstleistungen, die von den Verwaltungsbehörden selbst oder in deren Auftrag erbracht werden, verpflichten sich die Vertragsparteien, in dem Gebiet, in dem Regional- oder Minderheitensprachen gebraucht werden, unter Berücksichtigung der Situation jeder Sprache und im Rahmen des Zumutbaren (...)

c) zuzulassen, daß Personen, die Regional- oder Minderheitensprachen gebrauchen, in diesen Sprachen einen Antrag stellen und eine Antwort erhalten, (...)"

In bezug auf Obersorbisch im obersorbischen Sprachgebiet im Freistaat Sachsen und in bezug auf Saterfriesisch im saterfriesischen Sprachgebiet im Land Niedersachsen hat sich die Bundesrepublik Deutschland weiterhin zur Einhaltung des Folgenden verpflichtet:

„*Artikel 10*

Verwaltungsbehörden und öffentliche Dienstleistungsbetriebe (...)

(2) In bezug auf die örtlichen und regionalen Behörden, in deren örtlichen Zuständigkeitsbereich die Zahl der Einwohner, welche die Regional- oder Minderheitensprachen gebrauchen, die nachstehenden Maßnahmen rechtfertigt, verpflichten sich die Vertragsparteien, folgendes zuzulassen und/oder dazu zu ermutigen

a) den Gebrauch von Regional- oder Minderheitensprachen innerhalb der regionalen oder örtlichen Behörde;

(4) Die Vertragsparteien verpflichten sich, eine oder mehrere der folgenden Maßnahmen zu treffen, um die von ihnen angenommenen Bestimmungen der Absätze 1, 2 und 3 in Kraft zu setzen:

a) Übersetzen oder Dolmetschen je nach Bedarf; (...)"

In bezug auf Saterfriesisch im saterfriesischen Sprachgebiet im Land Niedersachsen hat sich die Bundesrepublik Deutschland weiterhin zur Einhaltung des Folgenden verpflichtet:

„*Artikel 10*

Verwaltungsbehörden und öffentliche Dienstleistungsbetriebe (...)

(2) In bezug auf die örtlichen und regionalen Behörden, in deren örtlichen Zuständigkeitsbereich die Zahl der Einwohner, welche die Regional- oder Minderheitensprachen gebrauchen, die nachstehenden Maßnahmen rechtfertigt, verpflichten sich die Vertragsparteien, folgendes zuzulassen und/oder dazu zu ermutigen:

c) die Veröffentlichung der amtlichen Schriftstücke der regionalen Behörden durch diese auch in den betreffenden Regional- oder Minderheitensprachen;

d) die Veröffentlichung der amtlichen Schriftstücke der örtlichen Behörden durch diese auch in den betreffenden Regional- oder Minderheitensprachen;

e) den Gebrauch von Regional- oder Minderheitensprachen durch die regionalen Behörden in deren Ratsversammlungen, ohne jedoch den Gebrauch der Amtssprache(n) des Staates auszuschließen;

e) den Gebrauch von Regional- oder Minderheitensprachen durch die örtlichen Behörden in deren Ratsversammlungen, ohne jedoch den Gebrauch der Amtssprache(n) des Staates auszuschließen; (...)"

Zur Bewertung der Vorschriften der Europäischen Charta der Regional- oder Minderheitensprachen hinsichtlich der Amtssprache,[224] zu deren Einhaltung sich die Bundesrepublik Deutschland verpflichtet hat, kann ebenfalls auf die generellen Ausführungen zur Gerichtssprache verwiesen werden.[225] Die Analyse wird auch hier durch eine wenig konkrete Formulierung der Rechte, die grundsätzlich durch ein immenses Ermessen der Vertragsstaaten geprägt ist, erschwert. Im übrigen gehen die vorgesehenen Rechte nicht wesentlich über den Standard hinaus, den § 23 VwVfG für die Verwendung von Fremdsprachen im Verwaltungsverfahren ohnehin vorsieht. Sind die Rechte im Einzelfall doch einmal weitergehend, so beispielsweise die Vorschrift, daß in Sachsen und Brandenburg Anträge, die in Ober-, respektive Niedersorbisch gestellt werden, auch in diese Sprache beschieden werden können, so ist eine Implementierungskontrolle durch eine ungenaue Formulierung der konkreten Verpflichtung verwässert („*im Rahmen des Zumutbaren*").[226]

Wie bereits eingangs erwähnt, bestehen im Rahmen der Regelung der Amtssprache im Verwaltungsverfahrensrecht des Bundes keine Sonderregeln in bezug auf Minderheiten. Insbesondere sieht in diesem Bereich auch der Einigungsvertrag keine Sonderregeln für die sorbische Bevölkerung vor.[227] Teilweise wird von der Literatur hier ein Versehen vermutet und eine entsprechende Ergänzung des § 23 VwVfG vorgeschlagen.[228] Auswirkungen könnte eine derartige Ergänzung jedoch lediglich auf die Kostentragungslast haben, da § 23 VwVfG in seiner *de-lege-lata*-Fassung eine Benutzung der sorbischen Sprache vor den Verwaltungsbehörden ermöglicht.[229] Im Ergebnis wird auf Bundesebene das Sorbische, wie

[224] Vgl. hierzu auch *Stelkens/Bonk/Sachs-Stelkens*, Verwaltungsverfahrensgesetz, Kommentar, 5. Aufl., § 23, Rn. 57.

[225] Vgl. oben Punkt I. 2. c) bb).

[226] Zur Analyse besonderer Bestimmungen der Verwaltungsverfahrensgesetze auf Länderebene vgl. die Ausführungen in Kapitel 6. unten.

[227] *Pastor*, Die rechtliche Stellung der Sorben in Deutschland, S. 171.

[228] *Stelkens/Bonk/Sachs-Stelkens*, Verwaltungsverfahrensgesetz, Kommentar, 5. Aufl., § 23, Rn. 60.

[229] Hierauf weist richtigerweise *Pastor* hin: *Pastor*, Die rechtliche Stellung der Sorben in Deutschland, S. 171.

auch die anderen Sprachen autochthoner deutscher Minderheiten, vom Verwaltungsverfahrensrecht wie jede andere Fremdsprache behandelt.[230] Dies ist teilweise auf Landesebene anders.[231]

d) Die Kostentragungslast

Die letzte in diesem Zusammenhang noch zu klärende Frage ist die Frage der Kostenfolge. *Messtorff* vertritt hier die Ansicht,[232] daß aus dem Sozialstaatsprinzip des Art. 20 Abs. 1 GG die grundsätzliche Verpflichtung des Staates zur Übernahme der Dolmetscher- und Übersetzungskosten, die dem deutschunkundigen Minderheitenangehörigen im Umgang mit den Gerichten oder Behörden entstehen, abzuleiten sei. Dieser Ansicht kann meines Erachtens nicht gefolgt werden. Gerade wenn aus dem Sozialstaatsprinzip finanzielle Belastungen für den Staat konstruiert werden sollen, so halte ich dies für sehr problematisch, insbesondere wenn sich im Grundgesetz oder dessen einfachgesetzlicher Umsetzung im Rahmen des Verfahrensrechts diesbezüglich keinerlei weitere Anhaltspunkte finden lassen. Richtigerweise ist daher vom umgekehrten Grundsatz auszugehen. Für das Verwaltungsverfahren gilt daher, daß wegen des Grundsatzes der deutschen Amtssprache Dolmetscher- und Übersetzungskosten in aller Regel vom kostenverursachenden Verfahrensbeteiligten zu tragen sein werden.[233] Eine Ausnahme hiervon kommt allenfalls bei einer finanziellen Notlage des deutschunkundigen Verfahrensbeteiligten in Betracht.[234] Etwas anderes gilt im Strafverfahren. Hier trägt die Staatskasse aufgrund des Art. 6 Abs. 3 lit. e der Europäischen Menschenrechtskonvention von 1950 die Dolmetscherkosten, wenn der Angeklagte die Verhandlungssprache des Gerichts nicht versteht oder sich darin nicht ausdrücken kann.[235] Im Zivilverfahren sind Kosten für die Zuziehung eines Dolmetschers zur mündlichen Verhandlung sowie für Übersetzungen notwendige Kosten,[236] die als Verfahrenskosten nach § 91 Abs. 1 Satz 1 ZPO von der unterlegenen Partei getragen werden müssen. Gleiches gilt für Verfahren vor den Verwaltungsgerichten nach § 154 Abs. 1 VwGO und für Verfahren vor den Finanzgerichten nach § 135 Abs. 1 FGO.[237]

---

[230] So auch *Messtorff*, Die Rechtsstellung der ethnischen Minderheiten in der Bundesrepublik Deutschland, S. 82 ff.; *Pastor*, Die rechtliche Stellung der Sorben in Deutschland, S. 171.

[231] Vgl. hierzu die Ausführungen unten in Kapitel 6.

[232] *Messtorff*, Die Rechtsstellung der ethnischen Minderheiten in der Bundesrepublik Deutschland, S. 80 ff.

[233] So auch *Stelkens/Bonk/Sachs-Stelkens*, Verwaltungsverfahrensgesetz, Kommentar, 5. Aufl., § 23, Rn. 26 ff.; *Pastor*, Die rechtliche Stellung der Sorben in Deutschland, S. 171.

[234] *Stelkens/Bonk/Sachs-Stelkens*, Verwaltungsverfahrensgesetz, Kommentar, 5. Aufl., § 23, Rn. 3 und 28.

[235] Details vgl. bei *Roxin*, Strafverfahrensrecht, 22. Aufl., S. 138.

[236] *Thomas/Putzo-Putzo*, ZPO, 22. Aufl., § 91, Rn. 57.

[237] So auch *Pastor*, Die rechtliche Stellung der Sorben in Deutschland, S. 163.

e) Das Minderheiten-Namensänderungsgesetz vom 22. Juli 1997

Durch den Beitritt zum Rahmenübereinkommen des Europarates vom 1. Februar 1995 zum Schutz nationaler Minderheiten[238] verpflichtete sich die Bundesrepublik Deutschland anzuerkennen, daß jede Person, die einer nationalen Minderheit angehört, das Recht hat, ihren Familiennamen (Vaternamen) und ihre Vornamen in der Minderheitensprache zu führen. Außerdem sollte ein Recht auf amtliche Anerkennung dieser Namen gewährleistet werden.[239] Zur Verwirklichung dieser Verpflichtung ist durch Bestimmung im Vertragsgesetz zum Rahmenübereinkommen das Minderheiten-Namensänderungsgesetz (MindNamÄndG)[240] vom 22. Juli 1997 beschlossen worden.[241] Damit ist jedem Angehörigen einer Minderheit das Recht eingeräumt worden, ihren bisherigen, von der nationalen Rechtsordnung zugewiesenen Namen den Besonderheiten seiner Minderheitensprache anzupassen. Eine solche Anpassung kann durch Übersetzung des Namens in die Minderheitensprache erfolgen, wenn der Name auch eine begriffliche Bedeutung hat und damit einer Übersetzung von der einen in die andere Sprache zugänglich ist. Ist der Name unübersetzbar, kommt eine Anpassung des bisherigen Namens an die phonetischen Besonderheiten der Minderheitensprache in Betracht. Für die Anpassung des Namens an die Besonderheiten der Minderheitensprache ist eine entsprechende Erklärung gegenüber dem Standesbeamten ausreichend. Aufgrund des gegebenen Ermessensspielraums für die Umsetzung des Rahmenübereinkommens war es dem Gesetzgeber dabei allerdings unbenommen, sicherzustellen, daß auch der geänderte Name der dem deutschen Personenstandswesen vertrauten lateinischen Schreibweise folgt. Die in Namen oder sonstigen Wörtern enthaltenen diakritischen Zeichen[242] sind jedoch unverändert wiederzugeben. Für die Entgegennahme der Erklärungen und ihre Beglaubigung dürfen gemäß § 3 des MindNamÄndG keine Gebühren erhoben werden.

f) Ergebnis

Insgesamt bleibt nach alledem festzuhalten, daß das Grundgesetz eindeutig von dem Prinzip ausgeht, daß die deutsche Sprache alleinige Staatssprache der Bundesrepublik Deutschland ist, auch wenn dieser Verfassungsgrundsatz nicht explizit in der Verfassungsurkunde niedergelegt ist. Dieser Grundsatz wird auch in der einfachgesetzlichen Ausgestaltung der

---

[238] BGBl. 1997 II S. 1406 ff.. Vgl. hierzu oben Kapitel 3. Punkt I 2. b) bb) und Punkt II. 4. e).

[239] Vgl. Art. 11 Abs. 1 des Rahmenübereinkommens.

[240] Gesetz zur Ausführung des Artikels 11 Abs. 1 des Rahmenübereinkommens des Europarats vom 1. Februar 1995 zum Schutz nationaler Minderheiten (Minderheiten-Namensänderungsgesetz - MindNamÄndG) vom 22. Juli 1997 (BGBl. 1997 II S. 1406).

[241] Erster Bericht der Bundesrepublik Deutschland gemäß Artikel 25 Absatz 1 des Rahmenübereinkommens des Europarates zum Schutz nationaler Minderheiten, S. 81.

[242] Wie beispielsweise Akzente oder Häkchen usw.

Verfassung deutlich, wenn Deutsch sowohl zur grundsätzlich alleinigen Gerichts- als auch zur grundsätzlich alleinigen Verwaltungssprache bestimmt wird. Die dargestellten Lockerungen dieses Prinzips zugunsten der Menschen, die in der Verfassungsrealität der Bundesrepublik Deutschland leben oder sich darin aufhalten, ohne der deutschen Sprache ausreichend mächtig zu sein, sichern lediglich behelfsmäßig ab, daß diese Menschen ihre Grundrechte auch ohne deutsche Sprachkenntnisse wahrnehmen und genießen können. Im Rahmen der Wiedervereinigung wurde zugunsten der sorbischen Sprache eine Besitzstandswahrung vereinbart. In sprachenrechtlicher Hinsicht sollten die Sorben im wiedervereinigten Deutschland nicht schlechter stehen als in der DDR. Diese Durchbrechung des Grundsatzes der alleinigen Staatssprache Deutsch zusammen mit den einfachgesetzlich normierten Erleichterungen gewährleisten einerseits einen angemessenen Schutz der Minderheitensprachen, und andererseits fügen sie den Grundsatz in verfassungsrechtlich zulässiger Weise stimmig in das Gesamtkonzept des Grundgesetzes ein. Der Grundsatz, daß das Deutsche Gerichts-, Amt-, Schul- und Staatssprache ist, ist daher verfassungsrechtlich unbedenklich.[243]

Im übrigen hat ein sprachlich relativ homogener Staat wie die Bundesrepublik Deutschland ein legitimes Interesse an der Erhaltung der einheitsbildenden und einheitswahrenden Kraft seiner Staatssprache.[244] Mit diesem legitimen Interesse muß das ebenfalls legitime Anliegen der Minderheiten, die kultur- und identitätsstiftende Wirkung ihrer Sprachen zu erhalten, in Einklang gebracht werden. Diese Balance ist gegenwärtig nur in bedingt befriedigender Weise hergestellt. Dies liegt daran, daß Immigranten- und Minderheitensprachen im wesentlichen in sprachenrechtlicher Hinsicht gleich behandelt werden. Damit ist jedoch weder den Immigranten noch den Minderheiten geholfen. Unbestrittenermaßen ist die deutsche Sprache innerhalb der Bundesrepublik Deutschland eines der wichtigsten Integrationsmittel. Die deutsche Sprache muß den einzelnen in die Kultur- und Rechtsgemeinschaft der Bundesrepublik Deutschland einbinden. Immigranten, die in die Bundesrepublik Deutschland kommen, haben daher die Pflicht, die deutsche Sprache als Teil des von ihnen gewählten Wohnsitzes oder Berufsortes anzuerkennen und sich ihr zu unterstellen. Selbstverständlich ist die Bundesrepublik Deutschland im Gegenzug gehalten, den Immigranten für die Erlernung der Sprache gewisse Anpassungshilfen zu gewährleisten.[245] Die in der Bundesrepublik Deutschland beheimateten autochthonen Minderheiten sind, da sie in aller Regel die deutsche Sprache beherrschen, in einer anderen Situation und Schutzbedürftigkeit. Obgleich sie Deutsch beherrschen, haben sie ein legitimes Interesse an der Förderung ihrer

[243] So auch die ganz h.M., vgl. etwa *Gubelt*, in: *von Münch/Kunig*, Grundgesetz-Kommentar, Art. 3, Rn. 98; *Rüfner*, in: *Dolzer*, Bonner Kommentar zum Grundgesetz, Art. 3, Rn. 834; *Starck*, in: *ders.*, Das Bonner Grundgesetz, Art. 3, Rn. 363; *Heun*, in: *Dreier*, Grundgesetz-Kommentar, Art. 3, Rn. 115; *Dürig*, in: *Maunz/Dürig/Herzog/Scholz*, Grundgesetz-Kommentar, Art. 3 Abs. 3, Rn. 57, 69 ff.

[244] *Kirchhof*, in: *Isensee/Kirchhof*, Handbuch des Staatsrechts, Bd. I, § 18, Rn. 50.

[245] Vgl. hierzu detailliert *Kirchhof*, in: *Isensee/Kirchhof*, Handbuch des Staatsrechts, Bd. I, § 18, Rn. 64 ff.; *Mäder*, ZAR 1997, S. 29, 31 f.

Minderheitensprache.[246] Gegenwärtig wird lediglich das Sorbische in sprachenrechtlicher Hinsicht gefördert.

Einen positiven Ansatz läßt allerdings das deutsche Verhalten in bezug auf die Europäische Charta der Regional- oder Minderheitensprachen erkennen. Hier sind die Minderheitensprachen explizit genannt und die Immigrantensprachen ausgeschlossen. Es muß allerdings leider auch festgestellt werden, daß die Rechte, zu deren Gewährleistung sich die Bundesrepublik Deutschland im Rahmen der Ratifizierung der Sprachencharta verpflichtet hat, nicht wesentlich über das hinausreichen, was ohnehin bereits gewährleistet war, und zwar für Minderheiten- wie für Immigrantensprachen.

4. Die Drittwirkung vor dem Hintergrund der Überlegungen zur Einführung einer einfachgesetzlichen Antidiskriminierungsgesetzgebung

Vor dem Hintergrund des Art. 3 GG wird seit geraumer Zeit die Einführung eines besonderen Anti-Diskriminierungsgesetzes diskutiert. Ziel ist es, die Wertentscheidungen des Gleichheitssatzes und der in ihm enthaltenen Diskriminierungsverbote besser umzusetzen und zur Geltung zu bringen. In diesem Zusammenhang ist auch wieder die Problematik einer sog. *Drittwirkung* der Grundrechte angeschnitten.[247] Wie oben bereits, ausgeführt geht es hierbei um eine bessere Abstimmung der Privatrechtsautonomie mit dem grundgesetzlichen Wertesystem. Eine Anti-Diskriminierungsgesetzgebung wird zwar meist zum Schutz von in der Bundesrepublik Deutschland lebenden Ausländern gefordert,[248] allerdings könnten davon potentiell auch die deutschen Minderheiten profitieren.

Die Befürworter einer einfachgesetzlichen Anti-Diskriminierungsgesetzgebung[249] weisen darauf hin, daß das Grundgesetz zwar einen umfassenden Schutz gegen Diskriminierungen von staatlicher Seite bietet, der einzelne aber relativ schutzlos ist, wenn die Diskriminierungen von privater Seite ausgehen. Hierfür werden oft Beispiele aus der gesellschaftlichen Realität der Bundesrepublik Deutschland genannt. Diskriminierungen kommen danach nicht nur beim Zugang zu Gast- oder Vergnügungsstätten,[250] sondern auch beim Abschluß von Miet- oder Arbeitsverträgen, beim Abschluß von Versicherungsverträgen oder ganz einfach bei ausländerfeindlich motivierten Beleidigungen im täglichen Leben vor.[251] Meist, so wird

---

[246] *Mäder*, ZAR 1997, S. 29, 32 ff.

[247] Vgl. hierzu auch oben Punkt I. 1. b).

[248] *Dürig*, in: *Maunz/Dürig/Herzog/Scholz*, Grundgesetz-Kommentar, Art. 3 Abs. 3, Rn. 172.

[249] *Zieger*, Berliner Anwaltsblatt 1994, S. 447 ff.; *Mager*, ZAR 1992, 170 ff.

[250] Vgl. hierzu insbesondere *Stock*, ZAR 1999, S. 118 ff.; *Frowein*, in: FS für *Zacher*, S. 157, 162 ff.

[251] *Zieger*, Berliner Anwaltsblatt 1994, S. 447 f.; *Mager*, ZAR 1992, 170, 171 ff.

resümierend betont, stelle das einfache Recht die Betroffenen schutzlos. Als Lösung wird eine bessere einfachgesetzliche Konkretisierung des Art. 3 GG in verschiedenen Rechtsbereichen des privaten und öffentlichen Rechts gefordert. Konkret wird für den Bereich des Strafrechts gefordert, Straftatbestände zu schaffen, die *schlichte* Diskriminierungen erfassen sollen. Im Bereich des Zivilrechts solle das Diskriminierungsverbot alle Privatpersonen binden, insbesondere in den existentiellen Bereichen Wohnen, Arbeit und Versicherung und in allen Bereichen öffentlich angebotener Dienstleistungen, also in Hotels, Gaststätten und Diskotheken. Hier soll das Diskriminierungsverbot durch neue Schadenersatz- und Schmerzensgeldansprüche oder durch Kontrahierungszwänge durchgesetzt werden, die von Beweiserleichterungen zugunsten von Geschädigten und der Möglichkeit von Verbandsklagen flankiert werden sollen. Im Bereich des öffentlichen Rechts sollen schließlich zusätzliche Mittel für Maßnahmen zur effektiven Bekämpfung von Vorurteilen geschaffen werden.[252]

Eine konsequente Umsetzung würde sich folglich zwischen zwei Polen bewegen. Eine konsequente Umsetzung der erwähnten Maßnahmen würde auf der einen Seite massiv in die Privatautonomie eingreifen und andererseits mit anderen Grundrechten, wie beispielsweise der allgemeinen Handlungsfreiheit oder der Meinungsäußerungsfreiheit, kollidieren.[253] Die Alternative hierzu wäre ein reines Symbolgesetz, welches dann seinen Sinn verfehlen dürfte.[254] Besonnene Stimmen geben darüber hinaus zu bedenken, daß Art. 3 Abs. 3 GG in Verbindung mit dem Sozialstaatsprinzip den Schutz sozial Schwacher gebietet, keinesfalls aber eine Legitimation oder gar einen Auftrag zum Abbau tatsächlicher Ungleichheiten zwischen verschiedenen Personengruppen enthält.[255] Jedenfalls würde eine Anti-Diskriminierungsgesetzgebung eine Vielzahl verfassungsrechtlicher, rechtssystematischer und rechtspolitischer Fragen aufwerfen, die ohne einen fortgeschrittenen Gesetzentwurf rein theoretisch und rein rechtlich schwer zu erörtern sind.[256] In der 13. Legislaturperiode sind zwar sowohl von der Fraktion BÜNDNIS 90/GRÜNE[257] wie von der Fraktion der SPD[258] Entwürfe zur Schaffung eines Antidiskriminierungsgesetzes in den Deutschen Bundestag

---

[252] So *Zieger*, Berliner Anwaltsblatt 1994, S. 447, 453 f. Vgl. auch FAZ vom 30. Mai 1996.

[253] Dies wird auch von Befürwortern einer Anti-Diskriminierungsgesetzgebung gesehen und zugegeben: *Mager*, ZAR 1992, 170, 172.

[254] Diese Befürchtung äußert *v. Münch*, NJW 1999, S. 260, 261 f.

[255] *Wollenschläger*, ZAR 1994, S. 10, 12.

[256] Vgl. hierzu: *Rädler*, ZRP 1997, S. 5, 7 ff.; *ders.*, Verfahrensmodelle zum Schutz vor Rassendiskriminierung, S. 283 ff.

[257] BT.-Drucks. 13/9706 vom 20. Januar 1998.

[258] BT.-Drucks. 13/10081 vom 9. März 1998.

eingebracht worden;[259] diese Entwürfe wurden aber nach dem Regierungswechsel in der 14. Legislaturperiode nicht wieder aufgegriffen.[260]

Für die in der Bundesrepublik Deutschland heimischen autochthonen Minderheiten ist die Bedeutung eines Antidiskriminierungsgesetzes allerdings als sehr gering einzuschätzen. Diskriminierungen in der gesellschaftlichen Realität der Bundesrepublik Deutschland knüpfen meist an ein *fremdländisches* Aussehen oder eine unsichere Beherrschung der deutschen Sprache an. Mit teilweiser Ausnahme der Sinti und Roma liegen beide Kriterien bei den deutschen autochthonen Minderheiten nicht oder selten vor. Eine Verbesserung ihrer Lage ist daher von einem Antidiskriminierungsgesetz nicht zu erwarten.

5. Die speziellen Gleichheitsrechte der Art. 33 und 38 GG

Im Kontext des Art. 3 GG bleiben schließlich noch die speziellen Gleichheitsrechte der Art. 33 und Art. 38 GG und ihre einfachgesetzliche Ausgestaltung auf ihren minderheitenschützenden Gehalt hin zu untersuchen. Art. 33 GG enthält besondere Bestimmungen hinsichtlich der staatsbürgerlichen Rechte und ergänzt damit Art. 3 Abs. 2 und 3 GG in dieser Hinsicht. Vor dem Hintergrund des Art. 33 GG kann eine kurze Überlegung hinsichtlich eines bevorzugten Zugangs für Minderheitenangehörige zum öffentlichen Dienst angestellt werden. Art. 38 GG enthält die Wahlrechtsgrundsätze. Vor dem Hintergrund dieser Norm ist die Wahlrechtsprivilegierung von Minderheitenparteien als Sonderproblem zu betrachten.

a) Inhalt und Bedeutung von Art. 33 Abs. 1 bis 3 GG

Die für die Betrachtungen hier relevanten Absätze 1 bis 3 des Art. 33 GG haben den folgenden Wortlaut:

---

259 Zum Inhalt dieser Entwürfe vgl. den aktuellen Bericht der Beauftragten der Bundesregierung für Ausländerfragen und über die Lage der Ausländer in der Bundesrepublik Deutschland. BT.-Drucks. 14/2674 vom 9. Februar 2000, S. 40.

260 Zum aktuellen Stand der Gesetzgebung und der Diskussion in dieser Hinsicht vgl. den aktuellen Bericht der Beauftragten der Bundesregierung für Ausländerfragen und über die Lage der Ausländer in der Bundesrepublik Deutschland. BT.-Drucks. 14/2674 vom 9. Februar 2000, S. 40 ff.

„Artikel 33

(1) Jeder Deutsche hat in jedem Lande die gleichen staatsbürgerlichen Rechte und Pflichten.

(2) Jeder Deutsche hat nach seiner Eignung, Befähigung und fachlichen Leistung gleichen Zugang zu jedem öffentlichen Amte.

(3) Der Genuß bürgerlicher und staatsbürgerlicher Rechte, die Zulassung zu öffentlichen Ämtern sowie die im öffentlichen Dienste erworbenen Rechte sind unabhängig von dem religiösen Bekenntnis. Niemandem darf aus seiner Zugehörigkeit oder Nichtzugehörigkeit zu einem Bekenntnisse oder einer Weltanschauung ein Nachteil erwachsen.

(4) (...)"

Art. 33 Abs. 1 GG ist im Vergleich mit Art. 3 GG in zweifacher Weise speziell: Er verbürgt die Gleichheit nicht im allgemeinen, sondern verbürgt für alle Deutschen die gleichen staatsbürgerlichen Rechte und Pflichten.[261] Der Begriff der staatsbürgerlichen Rechte umfaßt dabei das gesamte Rechtsverhältnis des Staatsbürgers zum Staat und erstreckt sich vom Wahlrecht bis zur Steuer- und Dienstleistungspflicht.[262] Art. 33 Abs. 1 GG ergänzt Art. 3 Abs. 2 und 3 GG dadurch, daß er weitere Begründungs- und Rechtfertigungsverbote statuiert. Ein Landeskinderbonus wird damit ausgeschlossen, nicht aber, daß eine Regelung die verschiedenen Deutschen in unterschiedlicher Weise trifft. Darüber hinaus enthält Art. 33 Abs. 2 GG noch weitere Begründungs- und Rechtfertigungsverbote. Bei der Übertragung eines öffentlichen Amtes darf nicht nur weder auf die Gegebenheiten von Art. 3 Abs. 2 und 3 GG noch darauf abgestellt werden, ob der Bewerber Landeskind ist oder aus der Bundesrepublik Deutschland stammt. Bei der Übertragung darf nichts anderes als die Eignung, Befähigung und fachliche Leistung des Bewerbers zählen. Der Begriff der fachlichen Leistung bezieht sich dabei auf das Fachwissen, das Fachkönnen und die fachliche Bewährung, der Begriff der Eignung und Befähigung auf die Begabung, das Allgemeinwissen und die Lebenserfahrung.[263] Neben Art. 3 Abs. 3 Satz 1, Art. 4 und 140 GG ist der Art. 33 Abs. 3 GG eigentlich überflüssig, er betont aber im systematischen Zusammenhang der staatsbürgerlichen Rechte- und Pflichtenstellung nochmals die Irrelevanz der historisch besonders konfliktträchtigen Religions- und Konfessionsunterschiede. Das Verbot

[261] *Pieroth/Schlink*, Grundrechte, Staatsrecht II, 15. Aufl., Rn. 470 ff.

[262] *Battis*, in: *Sachs*, Grundgesetz-Kommentar, 2. Aufl., Art. 33, Rn. 15.

[263] *Pieroth/Schlink*, Grundrechte, Staatsrecht II, 15. Aufl., Rn. 471 ff.

konfessioneller Patronage und konfessionellen Proporzes sollte nochmals besonders herausgestellt werden.[264]

b) Förderungsanspruch von Minderheitenangehörigen beim Zugang zu öffentlichen Ämtern

Vor diesem Hintergrund stellt sich nun die Frage, ob eine Förderung von Angehörigen der in der Bundesrepublik Deutschland beheimateten Minderheiten im öffentlichen Dienst in Betracht kommen kann. Hier könnte eine Parallele zur Frauenförderung[265] oder zur Behindertenförderung[266] im öffentlichen Dienst gezogen werden. Wie bereits oben festgestellt wurde,[267] verbietet Art. 3 Abs. 3 Satz 1 GG grundsätzlich eine Benachteiligung sowie eine Bevorzugung aufgrund der Zugehörigkeit zu einer Minderheit. Allerdings verstößt eine Förderung von Minderheiten, die das Ziel verfolgt, bestehende faktische Unterschiede auszugleichen, nicht gegen das Bevorzugungsverbot. Die Grenze der Förderung liegt dort, wo eine Minderheit über eine Gleichstellung mit der Mehrheit hinaus bevorzugt würde. Dies wäre mit Art. 3 Abs. 3 GG nicht mehr vereinbar. Überdies haben Minderheitenangehörige keinen subjektiv öffentlich-rechtlichen Anspruch auf eine Förderung beim Zugang zu öffentlichen Ämtern. All dies kann aus den oben allgemein zu Art. 3 Abs. 3 Satz 1 GG gewonnenen Erkenntnissen gefolgert werden,[268] da sich insofern für den Bereich des Art. 33 Abs. 2 GG keine Besonderheiten ergeben.

Als Ergebnis kann somit auch für den Bereich des Art. 33 Abs. 2 GG festgehalten werden, daß eine Förderung von Minderheitenangehörigen beim Zugang zu öffentlichen Ämtern möglich ist, hierauf aber kein Anspruch besteht.[269] Eine Förderung von Minderheitenangehörigen bietet sich daher insbesondere dort an, wo das Vorliegen von besonderen Qualifikationen, die regelmäßig bei Minderheitenangehörigen vorhanden sind, für die Behörde nützlich sein kann. Solche besonderen Qualifikationen sind etwa die Kenntnis einer Minderheitensprache oder eine besondere Kompetenz hinsichtlich der Minderheitenkultur. Diese Fähigkeiten und Eignungen sind in aller Regel vor allem in den

[264] *Pieroth/Schlink*, Grundrechte, Staatsrecht II, 15. Aufl., Rn. 477 f.

[265] Dies tut etwa *Pastor*, Die rechtliche Stellung der Sorben in Deutschland, S. 61 ff.

[266] Diese folgt aus der Zusammenschau der Gleichheitsrechte und dem Sozialstaatsprinzip. Vgl. *Pieroth/Schlink*, Grundrechte, Staatsrecht II, 15. Aufl., Rn. 476.

[267] Punkt I. 2. b).

[268] Vgl. oben Punkt I. 2. b).

[269] So mit etwas anderer Begründung auch *Pastor*, Die rechtliche Stellung der Sorben in Deutschland, S. 61 ff. *Messtorff* sieht im Bereich des Art. 33 Abs. 2 GG ein Regelungsdefizit hinsichtlich eines verbesserten Zugangs von Minderheitenangehörigen zum öffentlichen Dienst, vgl. *Messtorff*, Die Rechtsstellung der ethnischen Minderheiten in der Bundesrepublik Deutschland, S. 84.

jeweiligen Siedlungsgebieten der respektiven Minderheiten für eine Behörde besonders nützlich. Daher kommt insbesondere in den Minderheitensiedlungsgebieten eine Förderung von Minderheitenangehörigen beim Zugang zum öffentlichen Dienst in Betracht.

c) Inhalt und Bedeutung von Art. 38 GG

Art. 38 GG hat den folgenden Wortlaut:

> *„Artikel 38*
>
> *(1) Die Abgeordneten des Deutschen Bundestages werden in allgemeiner, unmittelbarer, freier, gleicher und geheimer Wahl gewählt. Sie sind Vertreter des ganzen Volkes, an Aufträge und Weisungen nicht gebunden und nur ihrem Gewissen unterworfen.*
>
> *(2) Wahlberechtigt ist, wer das achtzehnte Lebensjahr vollendet hat; wählbar ist, wer das Alter erreicht hat, mit dem die Volljährigkeit eintritt.*
>
> *(3) Das Nähere bestimmt ein Bundesgesetz.*“

Art. 38 Abs. 1 Satz 1 GG schreibt für die Wahl der Abgeordneten zum Deutschen Bundestag unter anderem die Allgemeinheit und die Gleichheit der Wahl vor. Allgemeinheit bedeutet die gleiche Fähigkeit aller Deutschen zu wählen und gewählt zu werden. Die Allgemeinheit der Wahl ist also ein Sonderfall der Gleichheit der Wahl. Diese bedeutet darüber hinaus für das aktive Wahlrecht gleichen Zählwert und gleichen Erfolgswert der Stimmen und für das passive Wahlrecht die Chancengleichheit aller Wahlbewerber. Das Bundesverfassungsgericht hat den wahlrechtlichen Gleichheitssatz des Art. 38 Abs. 1 Satz 1 GG lange als Anwendungsfall des allgemeinen Gleichheitssatzes verstanden. Inzwischen sieht es in ihm eine spezialgesetzlich normierte Ausprägung der vom Grundgesetz in Art. 3 Abs. 1 GG allgemein gewährleisteten Gleichheit der Bürger, angesichts derer ein Rückgriff auf Art. 3 Abs. 1 GG weder notwendig noch möglich ist.[270] Der wahlrechtliche Gleichheitssatz verlangt eine rechnerisch formale Gleichbehandlung und läßt dem Gesetzgeber nur einen eng bemessenen Spielraum für Differenzierungen. Diese bedürfen zu ihrer Rechtfertigung stets

---

[270] BVerfG, NJW 1999, S. 43, 44.

eines zwingenden Grundes.[271] Der eng bemessene Spielraum bedeutet wiederum eine Verschärfung der Rechtfertigungs- bzw. Begründungslast.[272]

d) Bevorzugung von Minderheitenparteien im Wahlrecht

Die Allgemeinheit und die Gleichheit der Wahl ist an einigen Stellen durchbrochen. Einige dieser Durchbrechungen sind im Bundeswahlgesetz (BWahlG) niedergelegt. Für den Bereich des Minderheitenrechts ist das in § 6 Abs. 6 des Bundeswahlgesetzes BWahlG normierte Privileg der Ausnahme von der 5%-Hürde von besonderer Relevanz. Die Norm hat den folgenden Wortlaut:

> *„(6) Bei Verteilung der Sitze auf die Landeslisten werden nur Parteien berücksichtigt, die mindestens 5 vom Hundert der im Wahlgebiet abgegebenen gültigen Zweitstimmen erhalten oder in mindestens drei Wahlkreisen einen Sitz errungen haben. Satz 1 findet auf die von Parteien nationaler Minderheiten eingereichten Listen keine Anwendung.“*

Diese Bestimmung durchbricht die Gleichheit der Wahl, da die Stimmen, die für die danach nicht berücksichtigten Parteien abgegeben wurden, nicht den gleichen Erfolgswert wie die übrigen Stimmen haben. Gegen diese Normierung einer 5%-Sperrklausel werden in der Literatur verfassungsrechtliche Bedenken wegen eines möglichen Verstoßes gegen Art. 38 Abs. 1 GG und auch Art. 3 Abs. 3 Satz 1 GG erhoben.[273] Der Grundsatz der Wahlrechtsgleichheit verbindet den Gleichheitssatz und das Demokratieprinzip unabhängig davon, ob er nun einen Sonderfall des allgemeinen Gleichheitssatzes[274] darstellt oder nur seine Anwendung im Wahlrecht.[275] Letztlich soll er dafür Sorge tragen, daß das Parlament möglichst weitgehend die Bevölkerung repräsentiert.[276] Das Bundesverfassungsgericht läßt in ständiger Rechtsprechung die Einschränkung der Wahlrechtsgleichheit durch die 5%-

[271] BVerfGE 82, 322 (338).

[272] Vgl. zum Ganzen *Pieroth/Schlink*, Grundrechte, Staatsrecht II, 15. Aufl., Rn. 460 ff.

[273] Vgl. hierzu insbesondere *Becht*, Die 5%-Klausel im Wahlrecht, S. 166 ff.; *Kühn*, Privilegierung nationaler Minderheiten im Wahlrecht der Bundesrepublik Deutschland und Schleswig-Holsteins, S. 310 ff.

[274] So *Becht*, Die 5%-Klausel im Wahlrecht, S. 166.

[275] So die h.M.: vgl. *Kühn*, Privilegierung nationaler Minderheiten im Wahlrecht der Bundesrepublik Deutschland und Schleswig-Holsteins, S. 302 f. m.w.N.; BVerfGE 1, 208 (242); BVerfGE 1, 383 (391); BVerfGE 4, 31 (39); BVerfGE 6, 84 (91).

[276] *Lemke*, Nationale Minderheiten und Volksgruppen im schleswig-holsteinischen und übrigen deutschen Verfassungsrecht, S. 32 ff.

Sperrklausel des BWahlG zugunsten der Funktionsfähigkeit des parlamentarischen Systems zu.[277] Zweck der Parlamentswahl sei es, in erster Linie ein funktionsfähiges Staatsorgan zu schaffen. Das Verhältniswahlrecht begünstige nun aber das Aufkommen von kleinen Parteien. Da viele kleine Parteien jedoch die Bildung von stabilen parlamentarischen Mehrheiten erschweren oder gar verhindern, sei die Sperrklausel zur Verhinderung von Vielparteienkoalitionen, die aus Splitterparteien bestünden, gerechtfertigt.[278] In der Literatur werden gegen diese herrschende Meinung im wesentlichen zwei Argumente vorgetragen. Einerseits wird bestritten, daß kleine Parteien, die ohne die Sperrklausel in das Parlament einziehen würden, die Funktionsfähigkeit des Parlaments tatsächlich übermäßig behindern würden. Für diese Einschätzung des Bundesverfassungsgerichts lägen keine empirischen Nachweise vor. Jedenfalls sei die Sperrklausel mit 5% zu hoch angesetzt und bewirke so weniger den Schutz des Parlaments als vielmehr einen Schutz der etablierten Parteien.[279] Andererseits wird die Verfassungswidrigkeit des § 6 Abs. 6 BWahlG damit begründet, daß eine verfassungsrechtliche Ermächtigungsgrundlage für eine solche Bestimmung nicht vorhanden sei.[280] Zur Begründung dieses Arguments wird auf die Entstehungsgeschichte des Grundgesetzes verwiesen. Der Parlamentarische Rat strich die 5%-Sperrklausel, die in Art. 47 Abs. 5 des Herrenchiemsee-Entwurfes noch enthalten war, wobei Einigkeit darüber bestand, daß für die Einführung einer Sperrklausel eine solche Ermächtigungsgrundlage notwendig gewesen wäre.[281]

§ 6 Abs. 6 Satz 2 BWahlG nimmt nun die Parteien nationaler Minderheiten von der 5%-Sperrklausel aus. Das bedeutet, daß Parteien nationaler Minderheiten für den Einzug in den Deutschen Bundestag lediglich so viele Stimmen erhalten müssen, wie nach dem jeweiligen Auszählungsverfahren[282] rechnerisch für den letzten im Parlament zu vergebenden Sitz erforderlich sind. Konkret bedeutet dies, daß für die Erringung eines der 656 zu vergebenden Bundestagsmandate (§ 1 Abs. 1 Satz 1 BWahlG) bei einer geschätzten Zahl von ungefähr 60 Millionen Wahlberechtigten rechnerisch etwa 0,15% der Stimmen, also ca. 90.000 Stimmen, erforderlich wären. Im Kontext des § 6 Abs. 6 BWahlG stellen sich somit zwei Fragen. Einerseits ist fraglich, welche Parteien *Parteien nationaler Minderheiten* sind und

---

[277] BVerfGE 1, 208 (242); BVerfGE 1, 383 (391); BVerfGE 4, 31 (39); BVerfGE 6, 84 (91).

[278] Vgl. auch *Pastor*, Die rechtliche Stellung der Sorben in Deutschland, S. 120 ff.

[279] Nachweise bei *Pastor*, Die rechtliche Stellung der Sorben in Deutschland, S. 121. Als Beispiel wird hier die Bundestagswahl vom 2.12.1990 angeführt, bei der die GRÜNEN mit 4,9% der gültigen Zweitstimmen, was in etwa 1,8 Millionen Stimmen entsprach, am Einzug in den Bundestag scheiterten.

[280] *Becht*, Die 5%-Klausel im Wahlrecht, S. 88 ff.

[281] Nachweise bei *Pastor*, Die rechtliche Stellung der Sorben in Deutschland, S. 121 f.

[282] Bei der Berechnung der Listenplätze wurde bis zum Jahr 1982 das Verfahren nach *d'Hondt* zugrunde gelegt. Seit dem Jahre 1985 gilt für die Berechnung das Verfahren *Hare/Niemeyer*. Einzelheiten vgl. bei *Hesselberger*, Das Grundgesetz, Kommentar, 9. Aufl., Art. 38, Rn. 7 ff.

andererseits, wie sich das Minderheitenprivileg in den verfassungsrechtlich umstrittenen Gesamtzusammenhang der 5%-Sperrklausel einfügt.[283]

Für die Definition des Begriffs der *Partei einer nationalen Minderheit* muß wieder das schwierige Feld der Minderheitendefinition betreten werden. Hinsichtlich grundsätzlicher Erwägungen kann daher an dieser Stelle auf die Ausführungen im vorangegangenen Kapitel verwiesen werden.[284] Was eine Minderheit im bundesdeutschen Recht ist, ergibt sich daher aus einer Synopse der diesbezüglichen Aussagen der Bundesrepublik Deutschland. Betrachtet man die in den Berichten[285] nach Art. 40 IPBPR zum Ausdruck gebrachte Auffassung der Bundesrepublik und die Erklärung der Bundesrepublik[286] in bezug auf das Rahmenübereinkommen des Europarates zum Schutz nationaler Minderheiten von 1995 zusammen mit der auf dieses Abkommen bezogenen Denkschrift,[287] dann ergibt sich für folgende derzeit gültige Definition des Begriffs der *nationalen Minderheit*:

> *„Nationale Minderheiten in der Bundesrepublik Deutschland sind die Dänen deutscher Staatsangehörigkeit und die Angehörigen des sorbischen Volkes mit deutscher Staatsangehörigkeit.“*[288]

Da die Bundesrepublik Deutschland bereit ist, das Rahmenübereinkommen auch auf die *„Angehörigen der traditionell in Deutschland heimischen Volksgruppen der Friesen deutscher Staatsangehörigkeit und der Sinti und Roma deutscher Staatsangehörigkeit“* anzuwenden, können diese Gruppen wohl ebenfalls unter den Begriff der *nationalen Minderheit* im Sinne des Bundeswahlgesetzes subsumiert werden. Abstrakt formuliert sieht die Bundesregierung die Definition des Begriffs der *nationalen Minderheit* so, wie dies in der

---

283 Vgl. hierzu allgemein: *Seifert*, Bundeswahlrecht, 3. Aufl., BWG § 6, Rn. 28; *Schreiber*, Kommentar zum Bundeswahlgesetz, 6. Aufl., § 6, Rn. 22 ff.; *Boettcher/Högner*, Handkommentar Bundeswahlgesetz Bundeswahlordnung, 13. Aufl., BWG § 6, Rn. 23; *Thieme*, in: FS für *Hugelmann*, S. 631, 665 ff.; *Hösch*, ThürVBl. 1996, S. 265, 269; *Becht*, Die 5%-Klausel im Wahlrecht, S. 166 ff.; *Kühn*, Privilegierung nationaler Minderheiten im Wahlrecht der Bundesrepublik Deutschland und Schleswig-Holsteins, S. 3 ff.; *Pastor*, Die rechtliche Stellung der Sorben in Deutschland, S. 117 ff.; *Lemke*, Nationale Minderheiten und Volksgruppen im schleswig-holsteinischen und übrigen deutschen Verfassungsrecht, S. 32 ff.; *Siegert*, Minderheitenschutz in der Bundesrepublik Deutschland, S. 107 f.

284 Kapitel 3. Punkt I. 3. und 4.

285 Vgl. insofern den letzten Bericht: Fourth periodic reports of States parties due in 1993, Addendum, Germany; UN Doc. CCPR/C/84/Add.5 vom 22. Februar 1996.

286 Vgl. BT.-Drucks. 13/6912, S. 18.

287 Vgl. BT.-Drucks. 13/6912, S. 21.

288 Aus der Erklärung der Bundesrepublik Deutschland zum Rahmenübereinkommen des Europarats zum Schutz nationaler Minderheiten, vgl. BT.-Drucks. 13/6912, S. 18.

„Denkschrift zum Rahmenübereinkommen des Europarats zum Schutz nationaler Minderheiten“[289] formuliert wurde:

> *„Die Bundesregierung sieht als nationale Minderheiten Gruppen der Bevölkerung an, die folgenden fünf Kriterien entsprechen:*
>
> - *ihre Angehörigen sind deutsche Staatsangehörige,*
> - *sie unterscheiden sich vom Mehrheitsvolk durch eigene Sprache, Kultur und Geschichte, also eigene Identität,*
> - *sie wollen diese Identität bewahren,*
> - *sie sind traditionell in Deutschland heimisch,*
> - *sie leben hier in angestammten Siedlungsgebieten.“*[290]

Nationale Minderheiten, die sich auf den Ausnahmetatbestand des § 6 Abs. 6 Satz 2 BWahlG berufen können, sind daher gegenwärtig lediglich die Dänen, die Sorben, die Friesen und die Sinti und Roma. Von der Definition nicht erfaßt sind Immigrantengruppen, selbst wenn sie die deutsche Staatsangehörigkeit besitzen. Die Reform des deutschen Staatsangehörigkeitsrechts Anfang des Jahres 2000 läßt Masseneinbürgerungen von Immigrantengruppen in der Bundesrepublik Deutschland als möglich erscheinen. Durch die Einbürgerung würden diese Gruppen aber nicht automatisch den Status einer Minderheit erwerben, da sie einerseits nicht explizit in den Erklärungen der Bundesrepublik Deutschland erwähnt sind und da sie andererseits zumindest mangels eines angestammten Siedlungsgebietes auch nicht unter die abstrakte Minderheitendefinition der Denkschrift zum Rahmenübereinkommen subsumiert werden können.[291] Konkret bedeutet dies, daß also eine Partei Türkischstämmiger sich nicht auf den Ausnahmetatbestand des § 6 Abs. 6 Satz 2 BWahlG berufen könnte. *Siegert* gibt zu bedenken, daß der § 6 Abs. 6 Satz 2 BWahlG für zukünftig entstehende Minderheiten offen sein sollte.[292] Dies ist so richtig wie nichtssagend. Ohne eine Änderung der in diesen konkreten Aussagen manifestierten Auffassung der Bundesrepublik Deutschland oder der einschlägigen Gesetze wird es jedoch bei der hier dargestellten *de-lege-lata*-Rechtslage bleiben. Diese Rechtslage verstößt, wie oben dargelegt,[293] auch nicht gegen das Grundgesetz, insbesondere nicht gegen den Gleichheitssatz.

---

[289] Denkschrift zum Rahmenübereinkommen des Europarats zum Schutz nationaler Minderheiten, BT.-Drucks. 13/6912, S. 19 ff.

[290] BT.-Drucks. 13/6912, S. 21.

[291] So auch *Schreiber*, Kommentar zum Bundeswahlgesetz, 6. Aufl., § 6, Rn. 23.

[292] *Siegert*, Minderheitenschutz in der Bundesrepublik Deutschland, S. 107.

[293] Punkt I. 2. b) bb).

Ergänzend muß hier schließlich noch angemerkt werden, daß als Parteien nationaler Minderheiten solche Parteien im Sinne des Parteiengesetzes angesehen werden, die aus einer nationalen Minderheit hervorgegangen sind und zumindest auch deren besondere Anliegen vertreten.[294] Da die Sorben, die Friesen und die Sinti und Roma keine eigenen Parteien haben, ist § 6 Abs. 6 Satz 2 BWahlG gegenwärtig nur auf die Partei der dänischen Minderheit, die aber auch die Interessen der friesischen Volksgruppe vertreten will, den Südschleswigschen Wählerverband (SSW) in Schleswig-Holstein, anwendbar.[295]

Es bleibt die Frage zu klären, ob die in § 6 Abs. 6 Satz 2 BWahlG enthaltene Privilegierung mit Art. 38 Abs. 1 GG zu vereinbaren ist, ob sich also der Unterschied zwischen den Parteien nationaler Minderheiten und anderen kleinen Parteien als ein die Ungleichbehandlung rechtfertigender zwingender Grund darstellt.[296] In seinem ersten Urteil zum schleswig-holsteinischen Wahlrecht konnte das Bundesverfassungsgericht keinen zwingenden Grund für eine derartige Unterscheidung finden.[297] Mit der Begründung, daß bei nationalen Minderheiten das Völkerrecht und unter Umständen auch die Interessen eines fremden Staates zu beachten seien und es weiterhin gelte, auf die Behandlung von deutschen Minderheiten in fremden Staaten Rücksicht zu nehmen, hielt aber das Bundesverfassungsgericht nur wenige Zeit später die Privilegierung der Parteien nationaler Minderheiten für verfassungsmäßig.[298] Bei dieser Ansicht ist das Bundesverfassungsgericht seither in ständiger Rechtsprechung geblieben.[299] Dieser Ansicht ist auch zu folgen.[300] Ergänzend zur Begründung, die das Bundesverfassungsgericht anführt, kann noch auf den Sinn der 5%-Sperrklausel verwiesen werden. Durch die Regelung des § 6 Abs. 6 Satz 1 BWahlG sollen Funktionsstörungen des demokratischen Systems durch das Aufkommen von Splitterparteien vermieden werden. Sinn dieser Vorschrift kann es aber nicht sein, bestimmte gesellschaftliche Gruppen auf Dauer von einer parlamentarischen Mitwirkung auszuschließen. Dies wäre aber das effektive Ergebnis, wenn die 5%-Sperrklausel auch auf die Parteien nationaler Minderheiten angewendet würde. Aufgrund ihrer besonderen Situation haben Parteien nationaler Minderheiten in der Realität

---

[294] *Kühn*, Privilegierung nationaler Minderheiten im Wahlrecht der Bundesrepublik Deutschland und Schleswig-Holsteins, S. 4; *Lemke*, Nationale Minderheiten und Volksgruppen im schleswig-holsteinischen und übrigen deutschen Verfassungsrecht, S. 33.

[295] *Boettcher/Högner*, Handkommentar Bundeswahlgesetz Bundeswahlordnung, 13. Aufl., BWG § 6, Rn. 23; *Becht*, Die 5%-Klausel im Wahlrecht, S. 167.

[296] *Becht*, Die 5%-Klausel im Wahlrecht, S. 166 ff.; *Pastor*, Die rechtliche Stellung der Sorben in Deutschland, S. 119 f.; *Lemke*, Nationale Minderheiten und Volksgruppen im schleswig-holsteinischen und übrigen deutschen Verfassungsrecht, S. 33 ff.

[297] BVerfGE 1, 208 ff.

[298] BVerfGE 5, 77 (83); BVerfGE 6, 84 (98).

[299] Details der Rechtsprechung des Bundesverfassungsgerichts in diesem Bereich finden sich bei *Thieme*, in: FS für *Hugelmann*, S. 631, 667 ff.

[300] So auch *Lemke*, Nationale Minderheiten und Volksgruppen im schleswig-holsteinischen und übrigen deutschen Verfassungsrecht, S. 33 ff. A.A.: *Becht*, Die 5%-Klausel im Wahlrecht, S. 166 ff.

nur eine geringe Anhängerschaft, auch wenn die theoretische Möglichkeit besteht, daß diese Parteien auch Angehörige der Mehrheit für ihre Sache gewinnen können. Faktisch haben die Parteien nationaler Minderheiten nie die Chance, die demokratische Mehrheit zu stellen. Wenn auf sie nun auch noch die 5%-Sperrklausel angewendet wird, so ist ausgeschlossen, daß diese Parteien jemals an der parlamentarischen Arbeit mitwirken können oder daß sie jemals die Anliegen ihrer Wählerschaft im Parlament einbringen können. Gerade diese Situation ist bei den kleinen Parteien der Mehrheitsbevölkerung anders. Die grundsätzlichen Interessen der Mehrheitsbevölkerung werden durch die anderen Parteien zumindest auch mitberücksichtigt. An diesem fundamentalen Unterschied ist auch der Grundsatz der Wahlrechtsgleichheit zu messen. Somit greift die Begründung der Sperrklausel im Falle von Parteien nationaler Minderheiten nicht.[301] Diese Argumentation hat auch jenseits der Frage nach einer generellen Verfassungsmäßigkeit der 5%-Sperrklausel Bestand. Die Frage, ob die 5%-Sperrklausel verfassungswidrig ist oder nicht, braucht daher hier auch nicht abschließend geklärt zu werden. Als Ergebnis kann jedenfalls festgehalten werden, daß das Minderheitenprivileg des § 6 Abs. 6 Satz 1 BWahlG jedenfalls verfassungsmäßig ist.

Entsprechende Privilegien für Parteien nationaler Minderheiten enthalten die §§ 20 Abs. 2 Satz 3 und 27 Abs. 1 Satz 2 BWahlG für das Erfordernis von mindestens 200 bzw. 2000 Unterschriften zur Unterstützung von Kreiswahlvorschlägen bzw. Landeslisten. Auch in diesem Zusammenhang ist die Bevorzugung der Parteien nationaler Minderheiten verfassungsrechtlich nicht zu beanstanden.

e) Bevorzugung von Minderheitenparteien im Rahmen der Parteienfinanzierung

Auch im Rahmen der Bestimmungen zur Parteienfinanzierung im Parteiengesetz (PartG) finden sich Privilegierungen zugunsten von Parteien nationaler Minderheiten.[302] Gemäß § 18 Abs. 4 Satz 3 PartG darf die Erstattung von Wahlkampfkosten von Parteien nationaler Minderheiten nicht von der Erreichung eines Mindeststimmenanteils abhängig gemacht werden. Für Parteispenden enthält schließlich § 25 Abs. 1 Satz 2 Nr. 3 lit. b PartG noch die folgende Bestimmung:

> *„Parteien sind berechtigt, Spenden anzunehmen. Ausgenommen hiervon sind (...) Spenden von außerhalb des Geltungsbereiches dieses Gesetzes, es sei denn, daß (...) es sich um Spenden an Parteien nationaler Minderheiten in ihrer angestammten Heimat handelt, die diesen aus Staaten zugewendet werden, die*

[301] Vgl. auch *Lemke*, Nationale Minderheiten und Volksgruppen im schleswig-holsteinischen und übrigen deutschen Verfassungsrecht, S. 33 ff.

[302] *Lemke*, Nationale Minderheiten und Volksgruppen im schleswig-holsteinischen und übrigen deutschen Verfassungsrecht, S. 32.

an die Bundesrepublik Deutschland angrenzen und in denen Angehörige ihrer Volkszugehörigkeit leben"

Diese Norm ermöglicht es dem Königreich Dänemark, die dänische Minderheit in der Bundesrepublik Deutschland auch finanziell zu unterstützen. Vor dem Hintergrund, daß die Bundesrepublik Deutschland ebenfalls ein Interesse daran hat, deutsche Minderheiten im Ausland zu unterstützen, ist diese letztere Regelung nur konsequent.

Im übrigen sind auch die Privilegien, welche die Parteien nationaler Minderheiten auch durch die zitierten Bestimmungen im Rahmen der Parteienfinanzierung genießen, verfassungsrechtlich unbedenklich.

III. Die Religionsfreiheit Art. 4 Abs. 1 und 2 GG

Ausgangspunkt der historischen Entwicklung des Minderheitenschutzes war, wie an anderer Stelle ausführlich dargestellt,[303] der Schutz der religiösen Minderheiten. In neueren wissenschaftlichen Abhandlungen zum Minderheitenrecht nehmen jedoch Ausführungen zu religiösen Minderheiten immer weniger Platz ein oder fehlen gänzlich.[304] Hauptgrund hierfür ist wohl, daß sich die Religionsfreiheit relativ einfach von sonstigen Komponenten eines umfassenden Minderheitenschutzkonzeptes separieren läßt. Auch ohne umfassenden Minderheitenschutz zu gewährleisten, ist es möglich, in befriedigender Weise Religionsfreiheit zu geben. Oftmals wird daher die Thematik Religionsfreiheit als vom Minderheitenschutz unterschiedliche Spezialdisziplin gesehen und behandelt.[305] Besonders deutlich wurde dies bei der Diskussion um eine Minderheitenschutzbestimmung im Rahmen der wiedervereinigungsbedingten Grundgesetzrevision 1994, als die religiösen Minderheiten aus einem Entwurf einer Schutzbestimmung ausgenommen wurden, da man sie als durch die grundgesetzliche Religionsfreiheit schon ausreichend geschützt erachtete.[306] Dennoch stellt der Schutz der religiösen Minderheiten einen integrativen Bestandteil eines umfassenden

---

[303] Vgl. oben Kapitel 2. Punkt I.

[304] Vgl. etwa die jüngst erschienenen Dissertationen von *Siegert*, Minderheitenschutz in der Bundesrepublik Deutschland und *Niewerth*, Der kollektive und der positive Schutz von Minderheiten und ihre Durchsetzung im Völkerrecht.

[305] Vgl. etwa die Dissertation von *Bayer*, Das Grundrecht der Religions- und Gewissensfreiheit.

[306] Bei der Schlußabstimmung im Plenum der Kommission Verfassungsreform des Bundesrates wurden die religiösen Minderheiten aus der Abstimmungsvorlage gestrichen. Vgl. BR.-Drucks. 360/92, Rn. 125. Vgl. auch die ausführliche Darstellung in Kapitel 5.

Minderheitenschutzkonzeptes dar. Daher soll auch an dieser Stelle die besondere Bedeutung der Religionsfreiheit des Grundgesetzes für den Minderheitenschutz dargestellt werden.[307]

Nach einer kurzen Darstellung des Inhalts und der Bedeutung der grundgesetzlichen Religionsfreiheit soll deren besondere Signifikanz für den Schutz der religiösen Minderheiten skizziert werden. Gerade im Schnittbereich des Schulrechts und der Religionsfreiheit wurden und werden in jüngster Zeit teilweise sehr emotional geführte Diskussionen um die Stellung der Minderheitenreligionen im Unterricht geführt. Darüber hinaus sollen verschiedene Sonderprobleme betrachtet werden, die dort entstehen, wo sich Religionsfreiheit und der Minderheitenschutz überkreuzen. Einerseits geht es in diesem Bereich um die Frage des Ausdrucks einer religiösen Überzeugung im besonderen Gewaltenverhältnis. Dies war Gegenstand des vieldiskutierten „*Kruzifix-Beschlusses*" des Bundesverfassungsgerichts,[308] und dies ist auch zentraler Punkt im baden-württembergischen „*Kopftuch-Streit*". Andererseits soll die Zulässigkeit von rituellen Handlungen von Minderheitenangehörigen, wie dem Gebetsruf des Muezzin oder der Schlachttechnik des Schächtens, beleuchtet werden. Schließlich sollen auch Probleme im Zusammenhang mit religiösen Sekten, wie beispielsweise der „*Scientology*"-Sekte, angesprochen werden.

1. Inhalt und Bedeutung der Religionsfreiheit

Die Religionsfreiheit[309] ist im Grundgesetz im wesentlichen in den Art. 4 und 140, der die Art. 136, 137, 138, 139 und 141 der Weimarer Reichsverfassung (WRV) inkorporiert, niedergelegt. Die zentralen Art. 4 Abs. 1 und 2 GG haben den folgenden Wortlaut:

„Art. 4

(1) Die Freiheit des Glaubens, des Gewissens und die Freiheit des religiösen und weltanschaulichen Bekenntnisses sind unverletzlich.

(2) Die ungestörte Religionsausübung wird gewährleistet.

(3) (...)"

---

[307] Vgl. hierzu auch: Erster Bericht der Bundesrepublik Deutschland gemäß Artikel 25 Absatz 1 des Rahmenübereinkommens des Europarates zum Schutz nationaler Minderheiten, S. 57 ff.

[308] BVerfGE 93, 1 ff.

[309] Im Rahmen der nachfolgenden Betrachtungen soll der Begriff *Religionsfreiheit* als Oberbegriff der verschiedenen Rechte im Bereich Religion, Glaube, Bekenntnis und Weltanschauung verwendet werden.

Der Begriff der Religionsfreiheit umfaßt die in Art. 4 Abs. 1 und 2 GG genannten Gewährleistungen mit Ausnahme der Gewissensfreiheit, die wegen der Nichtbeschränkbarkeit auf religiöse Motivationen gesondert zu betrachten ist.[310] Mit der Freiheit des Glaubens und des Gewissens ist in erster Linie die Freiheit des Denkens, das sog. *forum internum* der religiösen (Glauben) und moralischen (Gewissen) Überzeugungen, und mit der Freiheit des religiösen und weltanschaulichen Bekenntnisses das Äußern religiöser und atheistischer Sinngebungen und -deutungen geschützt.[311] Dies umfaßt auch glaubens- und gewissensgeleitetes Handeln, also das sog. *forum externum*.[312] Die Religionsausübungfreiheit des Art. 4 Abs. 2 GG bedeutet vor allem Kultusfreiheit. Da sie sicherstellt, daß sämtliche Formen der Religionsausübung, insbesondere auch institutionalisierte und kollektive, geschützt werden, kommt ihr eigenständige Bedeutung gegenüber den vorgenannten Gewährleistungen zu. Art. 4 Abs. 1 und 2 GG werden als einheitlicher Bereich gefaßt und schützen die Freiheit, Glauben und Gewissen, Religion und Weltanschauung zu bilden, zu haben, zu äußern und demgemäß zu handeln.[313]

Die durch Art. 140 GG inkorporierten Artikel der WRV sind „*vollgültiges Verfassungsrecht der Bundesrepublik Deutschland geworden und stehen gegenüber den anderen Artikeln des Grundgesetzes nicht etwa auf einer Stufe minderen Ranges.*“[314] Die Bestimmungen des Art. 136 WRV sind als Bestandteil der Religionsfreiheit zu sehen und damit Art. 4 GG, insbesondere in einer Konkretisierungsfunktion, zuzuordnen. Allerdings kommt Art. 136 Abs. 3 WRV keine allgemeine Schrankenfunktion in bezug auf die Religionsfreiheit zu, wenn auch Art. 136 Abs. 3 Satz 1 WRV als Schranke der negativen Religionsfreiheit anzusehen ist. Art. 137 WRV konstituiert die in ihm enthaltenen Regelungen[315] und ergänzt insofern Art. 4 GG. Art. 138 Abs. 2 WRV betreffend den Eigentumsschutz hat Grundrechtscharakter, und Art. 139 WRV enthält eine institutionelle Garantie hinsichtlich des gesetzlichen Schutzes der Sonn- und Feiertagsarbeitsruhe. Auch der Regelung der Anstaltsseelsorge des Art. 141 WRV kommt Grundrechtscharakter zu.[316]

---

[310] *Bayer*, Das Grundrecht der Religions- und Gewissensfreiheit, S. 23 ff. Eine umfassende Analyse der neueren Rechtsprechung des Bundesverfassungsgerichts zur Religionsfreiheit findet sich bei *Kästner*, AöR 1998, S. 408 ff.

[311] *Pieroth/Schlink*, Grundrechte, Staatsrecht II, 15. Aufl., Rn. 503.

[312] BVerfGE 48, 127 (163). Vgl. auch *Kokott*, in: *Sachs*, Grundgesetz-Kommentar, 2. Aufl., Art. 4, Rn. 75.

[313] *Pieroth/Schlink*, Grundrechte, Staatsrecht II, 15. Aufl., Rn. 506; *Kokott*, in: *Sachs*, Grundgesetz-Kommentar, 2. Aufl., Art. 4, Rn. 10 ff.

[314] So BVerfGE 19, 206 (219).

[315] Im einzelnen sind insbesondere wichtig das Verbot der Staatskirche, die religiöse Vereinigungsfreiheit, das Selbstverwaltungsrecht und die Möglichkeit des Erwerbs der Rechtsfähigkeit.

[316] Details hierzu vgl. bei *Bayer*, Das Grundrecht der Religions- und Gewissensfreiheit, S. 65 ff.

Der Schutzbereich[317] der Religions- und Weltanschauungsfreiheit umfaßt die Freiheit, einen Glauben oder eine Weltanschauung, also eine religiöse oder areligiöse Sinndeutung von Welt und Mensch zu bilden, zu haben, zu äußern und entsprechend zu handeln. Ein Konfliktpotential liegt insbesondere beim Handeln nahe, weswegen für diese Komponente der Schutzbereich näher zu bestimmen ist. Aus dem Wortlaut der Art. 4 Abs. 2 GG und aus der historischen Entwicklung der Glaubensfreiheit ergibt sich auf den ersten Blick scheinbar eine Beschränkung auf die traditionelle private oder öffentliche Manifestation der Glaubensinhalte durch Symbole, Riten, Gebete, Gottesdienste, Sakramente, Prozessionen, liturgisches Geläute, den Ruf des Muezzins usw. Das Bundesverfassungsgericht[318] ist jedoch in seiner Rechtsprechung über diesen Bereich hinausgegangen und ist insofern dem Selbstverständnis der Kirchen bzw. der Religions- und Weltanschauungsgemeinschaften gefolgt. Es sind also nicht nur die kultischen Handlungen und religiösen Gebräuche geschützt, sondern auch diakonische und karitative Handlungen, religiöse Erziehung, freireligiöse und atheistische Feiern sowie andere Äußerungen des religiösen und weltanschaulichen Lebens,[319] einschließlich des Rechts des einzelnen, sein gesamtes Verhalten an den Lehren seines Glaubens auszurichten und seiner inneren Glaubensüberzeugung gemäß zu handeln.[320] Seine ursprüngliche Ansicht, das Grundgesetz schütze diejenige Betätigung des Glaubens, „*die sich bei den heutigen Kulturvölkern auf dem Boden gewisser übereinstimmender sittlicher Grundanschauungen im Laufe der geschichtlichen Entwicklung herausgebildet hat*",[321] hat das Bundesverfassungsgericht mittlerweile aufgegeben.[322] Da es auf eine gewisse Stärke oder soziale Relevanz folglich nicht ankommt, können sich sowohl Mitglieder der Großkirchen als auch Angehörige kleiner religiöser Gemeinschaften in gleicher Weise auf die Glaubensfreiheit berufen. Dies gilt insbesondere auch für Angehörige von Minderheitenreligionen oder Sekten jeglicher Art.[323] Probleme, die sich aus dem Aufkommen von unserem Kulturkreis fremden oder gar feindlichen Religionen oder Vereinigungen ergeben, können daher nicht durch eine Verengung des Schutzbereiches der Glaubensfreiheit gelöst werden. Diese extensive Interpretation versucht das Bundesverfassungsgericht mit der Forderung zu begrenzen, es müsse sich „*auch tatsächlich, nach dem geistigen Gehalt und äußeren Erscheinungsbild, um eine Religion und Religionsgemeinschaft handeln.*"[324] Außerdem müsse die Behauptung, ein Handeln sei glaubensgeleitet und -verpflichtet, plausibel erscheinen. Darüber hinaus legt das Bundesverwaltungsgericht strengere Maßstäbe an, wenn ein religiöses Handeln sich objektiv betrachtet als ausschließlich wirtschaftliche Betätigung darstellt.[325] Neben diesen positiven

---

[317] Vgl. zum Ganzen etwa *Pieroth/Schlink*, Grundrechte, Staatsrecht II, 15. Aufl., Rn. 508 ff.; *Kokott*, in: *Sachs*, Grundgesetz-Kommentar, 2. Aufl., Art. 4, Rn. 14 ff.

[318] Vgl. hierzu etwa die Entscheidung BVerfGE 24, 236 (247 f.).

[319] BVerfGE 24, 236 (246).

[320] BVerfGE 32, 98 (106); BVerfGE 93, 1 (15).

[321] BVerfGE 12, 1 (4).

[322] BVerfGE 41, 29 (50).

[323] So explizit VGH Mannheim, NVwZ 1989, S. 279.

[324] BVerfGE 83, 341 (353).

Merkmalen umfaßt die Religions- und Weltanschauungsfreiheit weiterhin die Negationen des entsprechenden Denkens, Redens und Handelns. Zum Schutzbereich gehört daher auch die negative Freiheit, nicht zu glauben, einen Glauben oder eine Weltanschauung nicht zu bekennen sowie glaubensgeleitete Handlungen zu unterlassen[326] und sich dem Einfluß eines bestimmten Glaubens zu entziehen.[327] Von der individuellen Freiheit, sich zu religiösen und weltanschaulichen Vereinigungen zusammenzuschließen, ist die kollektive Religions- und Weltanschauungsfreiheit zu unterscheiden. In ihrer kollektiven Ausgestaltung kommt diese Freiheit den religiösen und weltanschaulichen Vereinigungen als solchen zu, die als juristische Personen des öffentlichen Rechts insofern grundrechtsberechtigt sind.[328] Neben diese kollektive Komponente tritt das Selbstbestimmungsrecht der Religionsgesellschaften gemäß Art. 137 Abs. 3 WRV i.V.m. Art. 140 GG, welches vom Bundesverfassungsgericht wieder extensiv als *„rechtlich selbständige Gewährleistung, die der Freiheit des religiösen Lebens und Wirkens der Kirchen und Religionsgemeinschaften die zur Wahrnehmung dieser Aufgaben unerläßliche Freiheit der Bestimmung über Organisation, Normsetzung und Verwaltung hinzufügt*“, interpretiert wird.[329] Religionsgesellschaften sind wegen Art. 137 Abs. 5 WRV i.V.m. Art. 140 GG zwar Körperschaften des öffentlichen Rechts, sie sind aber keine Organe der öffentlichen Gewalt, gehören nicht zur mittelbaren Staatsverwaltung und stehen unbeschadet ihrer besonderen Qualität *„wie jedermann dem Staat gegenüber*“.[330] Dies gilt nur dann nicht, wenn sie in bestimmten Teilbereichen, besonders bei der Erhebung von Kirchensteuer,[331] selbst öffentliche Gewalt ausüben.[332] Dann unterliegen auch sie der Bindung an die Grundrechte.[333]

Schließlich umfaßt Art. 4 GG noch die Gewissensfreiheit, die nicht auf Religion, sondern auf Moral aufbaut.[334] Das Gewissen ist also eine moralische Haltung, welche die personale Identität eines Menschen mit konstituiert und ihm subjektiv bindend vorschreibt, in einer konkreten Situation bestimmte Handlungen als *gut* oder *gerecht* zu tun oder als *böse* oder *ungerecht* zu unterlassen. Demgemäß definiert das Bundesverfassungsgericht eine

---

325 BVerwGE 90, 112 (118).

326 Vgl. in diesem Kontext etwa: BVerfGE 52, 223 (238); BVerfGE 65, 1 (39).

327 BVerfGE 93, 1 (16).

328 *Kokott*, in: *Sachs*, Grundgesetz-Kommentar, 2. Aufl., Art. 4, Rn. 8 f.

329 BVerfGE 52, 366 (401). Hierunter fallen etwa eine den staatlichen Rechtsschutz verdrängende kirchliche Gerichtsbarkeit oder die Einrichtung eines theologischen Studienganges.

330 BVerfGE 42, 312 (322).

331 Gemäß Art. 137 Abs. 6 i.V.m. Art. 140 GG.

332 BVerfGE 73, 388 (399 f.).

333 Vgl. zum Ganzen etwa *Pieroth/Schlink*, Grundrechte, Staatsrecht II, 15. Aufl., Rn. 508 ff.

334 *Pieroth/Schlink*, Grundrechte, Staatsrecht II, 15. Aufl., Rn. 522 ff.

Gewissensentscheidung als *„jede ernste sittliche, d.h. an den Kategorien von ‚Gut' und ‚Böse' orientierte Entscheidung (...), die der einzelne in einer bestimmten Lage als für sich bindend und unbedingt verpflichtend innerlich erfährt, so daß er gegen sie nicht ohne ernste Gewissensnot handeln könnte.*"[335] Hinsichtlich der verbürgten Schutzintensität macht das Bundesverfassungsgericht keinen Unterschied zwischen der Religions- und Weltanschauungsfreiheit einerseits und der Gewissensfreiheit andererseits. Auch hier reicht der Schutzbereich vom Denken über das Äußern bis zum Handeln.[336]

Die Religionsfreiheit der Art. 4 und 140 GG wird von einigen anderen Normen des Grundgesetzes flankiert und mit geregelt.[337] Art. 3 Abs. 3 GG, das Benachteiligungsverbot hat, in bezug auf die Religionsfreiheit ebenso wie Art. 33 Abs. 3 GG eine Ausgleichsfunktion bei deren positiver und negativer Ausübung. Das Bestimmungsrecht der Erziehungsberechtigten des Art. 7 Abs. 2 GG ist *lex specialis* gegenüber Art. 4 GG. Der in Art. 7 Abs. 3 GG festgeschriebene Religionsunterricht als ordentliches Lehrfach vermittelt auch einen subjektiven Anspruch auf dessen Einrichtung. Über den grundsätzlichen Inhalt des Religionsunterrichtes und dessen Vermittlung bestimmen die Religionsgesellschaften autonom. Das in Art. 7 Abs. 5 GG gewährleistete Recht, private Volksschulen zu errichten, vermittelt bei Vorliegen der entsprechenden Voraussetzungen einen subjektiven Anspruch der Erziehungsberechtigten.

Eingriffe in das Grundrecht sind hinsichtlich aller drei Bereiche, also dem Denken, dem Äußern und natürlich insbesondere dem Handeln, möglich.[338] In das Denken wird bereits dann eingegriffen, wenn der Staat die Bildung und den Bestand religiöser, weltanschaulicher oder moralischer Überzeugungen indoktrinierend beeinflußt. Eingriffe in das Äußern können in einer Verpflichtung zum Schweigen die positive und zum Bekunden die negative Seite der Freiheit betreffen. Eingriffe in das Handeln liegen bereits dann vor, wenn der Staat sich in irgendeiner Weise zu einer Religions- oder Weltanschauungsgemeinschaft wertend erklärt, wenn also beispielsweise bei staatlichen oder staatlich geförderten Warnungen vor einer Religions- oder Weltanschauungsgemeinschaft, deren für gefährlich gehaltener Tätigkeit entgegengewirkt werden soll.[339] Der klassische Eingriff in ein Handeln besteht in einer Verpflichtung zu einem Handeln oder Unterlassen, das gegen eine Glaubens-, Weltanschauungs- oder Gewissensposition des einzelnen oder gegebenenfalls einer

---

[335] BVerfGE 12, 45 (55).

[336] *Pieroth/Schlink*, Grundrechte, Staatsrecht II, 15. Aufl., Rn. 524.

[337] Details hierzu vgl. bei *Bayer*, Das Grundrecht der Religions- und Gewissensfreiheit, S. 112 ff.

[338] *Pieroth/Schlink*, Grundrechte, Staatsrecht II, 15. Aufl., Rn. 528 ff. Vgl. auch *Kästner*, AöR 1998, S. 408, 428 ff.

[339] Vgl. hierzu die Entscheidungen des Bundesverwaltungsgerichts: BVerwGE 82, 76; BVerwGE 90, 112.

Gemeinschaft verstößt. Die Rechtsordnung kann Eingriffe dadurch vermeiden, daß sie bei Geboten und Verboten Alternativen eröffnet.[340]

2. Die Grenzen der Religionsfreiheit

Art. 4 GG ist ein vorbehaltloses Grundrecht.[341] Die inkorporierten Artikel der Weimarer Reichsverfassung enthalten zwar Schrankenregelungen, doch werden diese nur teilweise angewandt, da die Religionsfreiheit als Grundrecht mit einheitlichem Schutzbereich angesehen wird. In manchen Fällen wird daher auch bei diesen Normen der WRV auf kollidierendes Verfassungsrecht zurückgegriffen. Im Ergebnis hat von den Schrankenbestimmungen der WRV lediglich Art. 136 Abs. 3 Satz 2 WRV, durch welchen Eingriffe in die negative Religions- und Weltanschauungsfreiheit gerechtfertigt werden, Bedeutung in der Rechtsprechung des Bundesverfassungsgerichts erlangt. Dagegen hält es den einfachen Gesetzesvorbehalt des Art. 136 Abs. 1 WRV mit der Vorbehaltlosigkeit des Art. 4 GG für unvereinbar und daher für insofern *überlagert*.[342] Die Schranke des Art. 137 Abs. 3 Satz 1 WRV betreffend den Schutzbereich der Selbstverwaltung ist vom Bundesverfassungsgericht auf ein Gebot der Güterabwägung mit möglichster Schonung des Selbstverständnisses der religiösen oder weltanschaulichen Gemeinschaft zurückgenommen worden.[343]

Obwohl Art. 4 GG also ein vorbehaltloses Grundrecht ist und die Schranken der WRV-Artikel nicht übertragen werden, so kann er doch nicht völlig unbegrenzt sein.[344] Daher hat das Bundesverfassungsgericht festgestellt, daß Eingriffe in vorbehaltlose Grundrechte allein durch kollidierende Grundrechte und andere Verfassungsgüter verfassungsrechtlich gerechtfertigt werden können.[345] Es bestehen also auch für das Grundrecht aus Art. 4 GG Grenzen, die allerdings nur von der Verfassung selbst bestimmt werden. Da die Glaubensfreiheit keinen Vorbehalt durch den einfachen Gesetzgeber enthält, *„darf sie weder durch die allgemeine Rechtsordnung noch durch eine unbestimmte Klausel relativiert werden, welche ohne verfassungsrechtlichen Ansatzpunkt und ohne ausreichende rechtsstaatliche Sicherung eine Gefährdung der für den Bestand der staatlichen Gemeinschaft notwendigen Güter genügen*

---

[340] Klassisches Beispiel ist hier die Ableistung eines Amtseides alternativ mit oder ohne religiöser Beteuerung.

[341] *Kokott*, in: *Sachs*, Grundgesetz-Kommentar, 2. Aufl., Art. 4, Rn. 110 ff.; *Pieroth/Schlink*, Grundrechte, Staatsrecht II, 15. Aufl., Rn. 535 ff.; *Kästner*, AöR 1998, S. 408, 434 ff.

[342] BVerfGE 33, 23 (31).

[343] BVerfGE 53, 366 (399 ff.); BVerfGE 72, 278 (289).

[344] *Kokott*, in: *Sachs*, Grundgesetz-Kommentar, 2. Aufl., Art. 4, Rn. 117 ff.; *Pieroth/Schlink*, Grundrechte, Staatsrecht II, 15. Aufl., Rn. 544 f.

[345] Erstmals ausgesprochen in BVerfGE 24, 243 (261).

läßt. Vielmehr ist ein im Rahmen der Garantie der Glaubensfreiheit zu berücksichtigender Konflikt nach Maßgabe der grundgesetzlichen Wertordnung und unter Berücksichtigung der Einheit dieses grundgesetzlichen Wertsystems zu lösen. Als Teil des grundgesetzlichen Wertsystems ist die Glaubensfreiheit dem Gebot der Toleranz zugeordnet, insbesondere auf die in Art. 1 Abs. 1 GG garantierte Würde des Menschen bezogen, die als oberster Wert das ganze grundgesetzliche Wertsystem beherrscht."[346] Kommt es also zu Konflikten zwischen der Religionsfreiheit und anderen Verfassungsgütern, ist eine Abwägung vorzunehmen.[347]

3. Die weltanschaulich-religiöse Neutralität des Staates

Eine effektive Garantie der Glaubens-, Gewissens- und Bekenntnisfreiheit hängt eng mit der Frage nach dem Verhältnis zwischen Staat und Kirche bzw. Religionsgemeinschaften zusammen. Während beispielsweise in der Verfassung der Vereinigten Staaten von Amerika[348] oder der Verfassung der Fünften Französischen Republik[349] eine strikte Trennung von Staat und Kirche vorgesehen ist, entscheidet sich das Grundgesetz im Interesse der positiven Religionsfreiheit gegen einen derartigen Laizismus und für eine *gemäßigte Trennung*.[350]

Das Grundgesetz legt dem Staat eine weltanschaulich-religiöse Neutralität auf.[351] Es verwehrt die Einführung staatskirchlicher Rechtsformen und untersagt auch die Privilegierung bestimmter Bekenntnisse.[352] In einer neueren Entscheidung führt das Bundesverfassungsgericht hierzu aus:

> *„Aus der Glaubensfreiheit des Art. 4 Abs. 1 GG folgt (...) der Grundsatz staatlicher Neutralität gegenüber den unterschiedlichen Religionen und Bekenntnissen. Der Staat, in dem Anhänger unterschiedlicher oder gar*

346 So das Bundesverfassungsgericht in BVerfGE 32, 98 (108).

347 *Kokott*, in: *Sachs*, Grundgesetz-Kommentar, 2. Aufl., Art. 4, Rn. 120.

348 Vgl. hierzu *Currie*, Die Verfassung der Vereinigten Staaten von Amerika, S. 69 ff.

349 Vgl. Art. 1 Satz 1 der Verfassung der Fünften Republik: *„Frankreich ist eine unteilbare, laizistische, demokratische und soziale Republik.“*

350 Zum Verhältnis von Staat und Religionsgemeinschaften vgl. *v. Campenhausen*, ZevKR 1992, S. 405, 413 ff.; *ders.*, BayVBl. 1999, S. 65, 67 ff. Kritisch hierzu *Renck*, BayVBl. 1999, S. 70 ff.

351 Vgl. hierzu allgemein auch: *Badura*, Der Schutz von Religion und Weltanschauung durch das Grundgesetz: Verfassungsfragen zur Existenz und Tätigkeit der neuen *„Jugendreligionen“*, S. 80 ff.

352 So das Bundesverfassungsgericht in BVerfGE 19, 206 (216). Vgl. auch *Kokott*, in: *Sachs*, Grundgesetz-Kommentar, 2. Aufl., Art. 4, Rn. 5.

gegensätzlicher religiöser und weltanschaulicher Überzeugung zusammenleben, kann die friedliche Koexistenz nur gewährleisten, wenn er selber in Glaubensfragen Neutralität bewahrt. Er darf daher den religiösen Frieden in einer Gesellschaft nicht von sich aus gefährden. Dieses Gebot findet seine Grundlage nicht nur in Art. 4 Abs. 1 GG, sondern auch in Art. 3 Abs. 3, Art. 33 Abs. 3 sowie Art. 140 GG i.V.m. Art. 136 Abs. 1 und 4 und Art. 137 Abs. 1 WRV. Sie verwehren die Einführung staatskirchlicher Rechtsformen und untersagen die Privilegierung bestimmter Bekenntnisse ebenso wie die Ausgrenzung Andersgläubiger. Auf die zahlenmäßige Stärke oder die soziale Relevanz kommt es dabei nicht an. Der Staat hat vielmehr auf eine am Gleichheitssatz orientierte Behandlung der verschiedenen Religions- und Weltanschauungsgemeinschaften zu achten. Auch dort, wo er mit ihnen zusammenarbeitet oder sie fördert, darf dies nicht zu einer Identifikation mit bestimmten Religionsgemeinschaften führen."[353]

Es bleiben daher in Deutschland Kooperationsformen zwischen dem Staat und den großen Religionsgemeinschaften möglich, die in anderen Staaten, die dem Prinzip einer strengen Trennung von Staat und Kirche folgen, verfassungswidrig wären. Das Verhältnis von Staat und Kirche muß deshalb bei der Auslegung und Anwendung des Art. 4 GG mit bedacht werden.[354]

4. Die Bedeutung der Religionsfreiheit für den Minderheitenschutz

Im Bereich der Religionsausübung einschließlich des Rechts des einzelnen, sein gesamtes Verhalten an seinem Glauben, seiner Weltanschauung oder seinem Gewissen auszurichten, sind Konflikte etwa mit der Menschenwürde, dem Tierschutz, der Lehrfreiheit, zwischen der negativen und positiven Religionsfreiheit, dem staatlichen Erziehungsauftrag und im Extremfall sogar mit dem Recht auf Leben anderer vorstellbar.[355] In vielen dieser Bereiche ist eine direkte Relevanz hinsichtlich des Schutzes von Minderheiten gegeben. Daher soll im folgenden die besondere Bedeutung der Religionsfreiheit für den Minderheitenschutz herausgearbeitet werden und an den wichtigsten strittigen Beispielen anschaulich dargestellt werden.[356]

---

353 BVerfGE 93, 1 (16 f.).

354 *Kokott*, in: *Sachs*, Grundgesetz-Kommentar, 2. Aufl., Art. 4, Rn. 5.

355 *Kokott*, in: *Sachs*, Grundgesetz-Kommentar, 2. Aufl., Art. 4, Rn. 118.

356 Vgl. hierzu allgemein *Pirson*, in: *Neumann/Fischer*, Toleranz und Repression, S. 99 ff.

a) Die Minderheitenreligionen

Aufgrund der negativen Bekenntnisfreiheit existieren in der Bundesrepublik Deutschland keine offiziellen Statistiken hinsichtlich des religiösen Bekenntnisses der Bevölkerung. Es kann aber wohl davon ausgegangen werden, daß der christliche Glaube das Bekenntnis der Mehrheit der Bevölkerung der Bundesrepublik Deutschland ist. Nach einer Studie im Auftrag der Vereinten Nationen[357] wurde Ende 1997 ermittelt, daß sich in Deutschland ca. 27,5 Millionen (entspricht in etwa 35% der Gesamtbevölkerung) Menschen zum katholischen Glauben und in etwa die gleiche Anzahl von Menschen zum protestantisch-christlichen Glauben bekennen.[358]

aa) Die Moslems

Die größte religiöse Minderheit in der Bundesrepublik Deutschland sind mit einer zahlenmäßigen Stärke von etwa 2,5 bis 3 Millionen (entspricht in etwa 2,2% der Gesamtbevölkerung) Menschen die Moslems. Der Islam ist wie das Christentum und das Judentum eine monotheistische Weltreligion und entstand Anfang des siebten christlichen Jahrhunderts in Arabien.[359] *Muhammad*, ein Kaufmann aus Mekka (570-632), betrachtete sich jedoch nicht als Stifter einer neuen Religion, sondern als Gesandter desselben Gottes, der sich in der *Thora* und im Evangelium auch *Abraham*, *Moses*, *Jesus* und anderen Propheten offenbart habe. *Muhammad* ist Überbringer des letzten von Gottes Büchern, des *Koran*,[360] als Zeichen von Gottes Barmherzigkeit an die Menschen. Der Text des Koran ist im Original in arabischer Sprache und unterteilt sich in 114 Kapitel (Suren), von denen die eröffnende erste für Muslime von besonderer Wichtigkeit ist, da sie nach ihrem Glauben die Essenz des Koran enthält.[361] Neben dem Koran sind die *Sunna*, d.h. das vorbildliche Verhalten, sowie

---

[357] UN Doc. E/CN.4/1998/6/Add.2 vom 22. Dezember 1997. Implementation of the Declaration on the Elimination of all Forms of Intolerance and of Discrimination based on Religion or Belief. Report submitted by Mr. *Abdelfattah Amor*, Special Rapporteur, in accordance with Commission on Human Rights resolution 1996/23 Addendum on a visit to Germany during September 17 to 27, 1997.

[358] UN Doc. E/CN.4/1998/6/Add.2, Ziffer 25.

[359] Vgl. zum Themenkreis Islam und muslimische Minderheit in der Bundesrepublik Deutschland allgemein: *Schleßmann/Akashe-Böhme*, in: *Schmalz-Jacobsen/Hansen* (Hrsg.),Ethnische Minderheiten in der Bundesrepublik Deutschland, S. 217 ff.; *Tibi*, Im Schatten Allahs, S. 60 ff.

[360] *Koran* bedeutet übersetzt soviel wie *Lesung*.

[361] Die erste Sure des Koran hat übersetzt folgenden Wortlaut:
„Im Namen Allahs, des Erbarmers, des Barmherzigen!
Lob sei Allah, dem Weltenherrn,
Dem Erbarmer, dem Barmherzigen,
Dem König am Tag des Gerichts!
Dir dienen wir und zu Dir rufen um Hilfe wir;
Leite uns den rechten Pfad,

Aussprüche des Propheten für die Lebensführung des Muslims grundlegend. Aus Koran, Sunna und dem Konsensus der islamischen Rechtsgelehrten läßt sich eine detaillierte und verbindliche Pflichtenlehre ableiten, die sich in der sog. *Scharia*[362] verdichtet hat. Die Scharia soll die Einheit von Glauben und Handeln als umfassende Lebensordnung verwirklichen, wozu auch Komponenten von Zivil-, Straf-, Familien-, Erb- und Handelsrecht gehören. Die Scharia ist allerdings nicht als kodifizierter Gesetzestext zu sehen, sondern bezieht sich auch auf das religiös-rituelle Leben. Spirituell fußt die Scharia auf *Fünf Säulen*,[363] die als innere Einstellung einerseits die Bindung an die Glaubensgemeinschaft und andererseits die Hingabe zu Gott festigen sollen. Für den islamischen Glauben ist es wichtig, daß er nach Möglichkeit in der Gemeinschaft gepflegt wird. Wenigstens einmal in der Woche, meistens zum (mittäglichen) Freitagsgebet, soll eine Moschee aufgesucht werden. Der Islam kennt keine Geistlichkeit, da es zwischen Gott und den Menschen keine Vermittlungsinstanz geben soll.[364] Der Vorbeter (Imam) ist lediglich für den ordnungsgemäßen Ablauf des Pflichtgebets zuständig, und auch der Prediger, der den Koran zum Freitagsgebet auslegt, ist kein Kleriker, der mit einem christlichen Priester vergleichbar wäre.[365]

Trotz der stattlichen Anzahl von Menschen muslimischen Glaubens in der Bundesrepublik Deutschland konnte sich eine einheitliche Interessenvertretung dieser Menschen bislang nicht bilden. Anders als die beiden großen christlichen Kirchen ist der Islam in Deutschland auch nicht als Körperschaft des öffentlichen Rechts organisiert. Grund hierfür ist einerseits sicherlich die Tatsache, daß dem Islam ein Klerus fremd ist. Ein andererseits mindestens ebenso erheblicher Grund hierfür dürfte allerdings die große Heterogenität der muslimischen Bekenntnisse sein.[366] Die in Deutschland lebenden Muslime zerfallen in viele Untergruppierungen, von denen die wichtigsten Strömungen die *Sunniten*, die *Schiiten* und die *Aleviten* sind. Die Heterogenität der islamischen Glaubensgemeinschaften in Deutschland erklärt sich daraus, daß die Moslems in Deutschland in ihrer überwältigenden Mehrheit Immigranten oder Immigrantenkinder sind. So versteht es sich ohne große Erklärungen, daß

Den Pfad derer, denen Du gnädig bist,
Nicht derer, denen Du zürnst, und nicht der Irrenden."

362 Vgl. hierzu auch *Tibi*, Im Schatten Allahs, S. 184 ff.

363 Im einzelnen sind die Fünf Säulen des islamischen Glaubens:
1. Das islamische Glaubensbekenntnis („*Ich bezeuge, daß es keinen Gott gibt außer Allah, und ich bezeuge, daß Muhammad der Prophet Allahs ist.*").
2. Das rituelle Pflichtgebet, fünfmal täglich im Zustand ritueller Reinheit und unter Einhaltung der Gebetsrichtung nach Mekka.
3. Die Pflichtabgabe, wonach mindestens einmal im Jahr ein Geldbetrag an Bedürftige entrichtet werden muß.
4. Das Fasten während der Tageshelle im Monat Ramadan.
5. Die Wallfahrt nach Mekka, mindestens einmal im Leben.

364 *Heine*, in: Tagesspiegel vom 5. März 2000; *Schuller*, FAZ vom 11. April 2000.

365 *Schleßmann/Akashe-Böhme*, in: *Schmalz-Jacobsen/Hansen* (Hrsg.),Ethnische Minderheiten in der Bundesrepublik Deutschland, S. 217, 218 ff.

366 Vgl. auch FAZ vom 28. Juni 1996.

beispielsweise eine aus dem westlich orientierten Teil der laizistischen Türkei stammende Familie in Glaubensdingen nicht viel mit einer aus der Islamischen Republik Iran eingewanderten Familie[367] gemein hat. Das erklärt auch das uneinheitliche Erscheinungsbild der in Deutschland lebenden Moslems in der Öffentlichkeit. So heterogen wie die einzelnen Glaubensgemeinschaften, so heterogen sind auch die religiösen Gruppierungen. Die größten islamischen organisierten Gruppen in der Bundesrepublik Deutschland sind der *Verband der Islamischen Kulturzentren* (*Islam Kültür Merkezleri Birligi/VIZK*) und der *Islamrat für die Bundesrepublik Deutschland*, der seine zahlenmäßige Stärke durch die *Vereinigung der neuen Weltsicht in Europa* (*Avrupa Milli Görüs Teskilatlari/AMGT*) herleitet. Daneben gibt es die von der Türkei kontrollierte *Türkisch-Islamische Union der Anstalt für Religion* (*Diyanet Isleri Türk-Islam Birligi/DITIP*).[368] Abgesehen von der Tatsache, daß lediglich 10-15% der in Deutschland lebenden Muslime überhaupt organisiert sind, sind alle diese Organisationen weit davon entfernt, sich zu Repräsentativorganen der Moslems in Deutschland zu entwickeln.[369] Allein die Tatsache, daß sich die genannten und andere Organisationen auch politisch betätigen und nicht selten extremistische Positionen vertreten,[370] disqualifiziert sie auch dauerhaft von derartigen Ambitionen.

Trotz dieser komplexen Ausgangssituation kam UN Special Rapporteur *Abdelfattah Amor* bei seinem Besuch Ende 1997 zu dem Ergebnis, daß für die in Deutschland lebenden Moslems Religionsfreiheit offenkundig verwirklicht sei.[371] Insgesamt würden sie bei der Religionsausübung durch deutsche staatliche Stellen nicht beeinträchtigt. Auf besondere Problemkreise wird im folgenden noch detaillierter einzugehen sein. Zwei Punkte wurden kritisiert, auf welche allerdings deutsche Behörden nur bedingten Einfluß haben, die jedoch an dieser Stelle nicht unerwähnt bleiben sollen. Beklagt wurde die mangelnde Organisation der Moslems in Deutschland, die einer Konstituierung als Körperschaft des öffentlichen Rechts entgegenstehe. Einerseits entgingen der muslimischen Minderheit dadurch finanzielle Zuwendungen und mit dem Status verknüpfte Rechte und Vergünstigungen. Andererseits schickten sich dadurch aber auch extremistische Splittergruppierungen an, bestimmte politische Forderungen als Forderungen der *Moslems in Deutschland* ohne jegliche Legitimierung hierzu zu propagieren.[372] Hierzu ist zu sagen, daß diese Probleme, die sich aus den oben angeführten Gründen ergeben, von deutscher Seite her nicht gelöst werden können, sondern selbstverschuldet sind.[373] Ein weiteres Problem war das negative Bild der

[367] Welche nicht unbedingt aus Glaubensgründen ausgewandert ist.

[368] Vgl. hierzu auch oben Kapitel 1. Punkt III. 3. a).

[369] *Schleßmann/Akashe-Böhme*, in: *Schmalz-Jacobsen/Hansen* (Hrsg.),Ethnische Minderheiten in der Bundesrepublik Deutschland, S. 217, 220 ff.

[370] Vgl. auch *Rößler*, FAZ vom 21. September 1996.

[371] UN Doc. E/CN.4/1998/6/Add.2, Ziffer 38 ff.

[372] UN Doc. E/CN.4/1998/6/Add.2, Ziffer 39 und 45.

[373] So im Ergebnis auch *Lerch*, FAZ vom 11. Dezember 1999.

muslimischen Bevölkerung in Deutschland, das teilweise durch eine zu reißerische Darstellung durch die Regenbogenpresse bedingt sei, welche die Moslems in Deutschland in die Nähe von extremistischen islamistischen Fundamentalisten rücke.[374] Auch dieses Problem könnte an besten dadurch gelöst werden, wenn sich die überragende Mehrheit gemäßigter und friedfertiger Moslems in Deutschland besser organisieren würde, um sich durch Imagekampagnen dann von der kleinen Minderheit extremistischer und gewaltbereiter Moslems in Deutschland abzugrenzen. Von seiten des deutschen Staates bestehen auch hinsichtlich dieses Problems nur wenig Möglichkeiten einzuschreiten.

bb) Die jüdische Minderheit

Die jüdische Minderheit in Deutschland genießt hinsichtlich der Glaubensfreiheit eine besonders privilegierte Stellung.[375] Sie hat den Status einer Körperschaft des öffentlichen Rechts und genießt die damit verbundenen Rechte und Vergünstigungen. Die Vermittlung der jüdischen Glaubenslehre ist gewährleistet, und auch jüdisch orientierte Privatschulen und Synagogen existieren in ausreichender Anzahl. Vertreter jüdischen Glaubens sind in den öffentlichen Rundfunkkontrollgremien beteiligt, und jüdische Gemeinden werden auch finanziell unterstützt.[376] Damit ist die Religionsfreiheit für die jüdische Minderheit in der Bundesrepublik Deutschland sehr zufriedenstellend gewährleistet und wird von staatlicher Seite entsprechend gefördert.[377] Damit wird Deutschland seiner historisch bedingten besonderen Verantwortung Menschen jüdischen Glaubens gegenüber angemessen gerecht.

cc) Sonstige religiöse Gruppierungen

Neben den genannten Gruppierungen leben in Deutschland etwa 1 Million Menschen, die orthodoxen Glaubens sind.[378] Die ethnische Vielfalt dieser Menschen ist noch heterogener als die der verschiedenen muslimischen Glaubensrichtungen. Die orientalischen Kirchen,[379] die

---

[374] UN Doc. E/CN.4/1998/6/Add.2, Ziffer 44. Dies kritisierte auch Professor *Steinbach* in seiner Rede „*Europas multireligiöse Zukunft – Überlegungen zum Zusammenleben von Christen und Muslimen*" am 23. Februar 2000 in der Bayerischen Landesvertretung in Berlin.

[375] Vgl.auch oben Kapitel 1. Punkt III. 2. b).

[376] UN Doc. E/CN.4/1998/6/Add.2, Ziffer 34 ff.

[377] So das Fazit von UN Special Rapporteur *Abdelfattah Amor*: UN Doc. E/CN.4/1998/6/Add.2, Ziffer 39.

[378] UN Doc. E/CN.4/1998/6/Add.2, Ziffer 31.

[379] Details vgl. bei *Rothe*, in: *Schmalz-Jacobsen/Hansen* (Hrsg.),Ethnische Minderheiten in der Bundesrepublik Deutschland, S. 316 ff.

sich selbst als *orthodox*[380] bezeichnen, sind in den Ländern des Mittleren Ostens, aber auch in Indien und Äthiopien beheimatet.[381] Eine Beeinträchtigung der Religionsfreiheit dieser Menschen ist nicht ersichtlich.

Darüber hinaus leben in Deutschland geschätzte[382] 180.000 Zeugen Jehowas,[383] 39.000 Mormonen, 6.000 Baha'is,[384] 5.000 Hare Krischnas, 850 Anhänger der Vereinigungskirche[385] und (nach eigenen Angaben) 30.000 Scientologen. Von den genannten Glaubensgemeinschaften besitzen alleine die Mormonen den Status einer Körperschaft des öffentlichen Rechts.[386] Mit Ausnahme der Scientologen, auf die weiter unten noch gesondert einzugehen sein wird, beklagt sich keine der genannten Glaubensgemeinschaften, daß die Religionsfreiheit für sie in Deutschland nicht in ausreichendem Maße gewährleistet wäre. Allenfalls wird gelegentlich eine mangelnde gesellschaftliche Akzeptanz bemängelt.[387]

b) Die Bedeutung der Religion im Wirtschaftsleben

Die Religion ist nicht lediglich Privatangelegenheit, sondern kann sich auch auf alle Bereiche des öffentlichen Lebens und auf das Wirtschaftsleben auswirken. Im größtenteils durch die christliche Religion geprägten Deutschland ruht die Arbeit am Sonntag, was sich direkt aus Art. 140 GG i.V.m. Art. 139 WRV ergibt. Für andere Religionsgemeinschaften können andere Wochentage mit bestimmten religiösen Pflichten verbunden sein. So soll der gläubige Moslem nach Möglichkeit das Freitagsgebet in einer Moschee verrichten,[388] und für einen praktizierenden Juden ist für den Sabbat, der von Freitagabend bis Samstagabend dauert,

---

380 Nach dem Wortsinn bedeutet *orthodox* soviel wie „*Gott auf die rechte Weise preisend*".

381 Der Bericht von UN Special Rapporteur *Abdelfattah Amor* nennt hier etwa Armenier, Bulgaren, Kopten, Griechen, Rumänen oder Serbo-Kroaten. Vgl. UN Doc. E/CN.4/1998/6/Add.2, Ziffer 31.

382 UN Doc. E/CN.4/1998/6/Add.2, Ziffer 32.

383 Zur Frage der Verleihung des Körperschaftsstatus an die Religionsgemeinschaft der Zeugen Jehovas und das diesbezügliche ablehnende Urteil des Bundesverwaltungsgerichts vgl. *Müller-Volbehr*, NJW 1997, S. 3358 ff.; *Abel*, NJW 1997, S. 2370 ff.; *Thüsing*, DÖV 1998, S. 25 ff. Mittlerweile ist in dieser Sache ein Verfahren vor dem Bundesverfassungsgericht im Gange, vgl. *Gelinsky*, FAZ vom 21. September 2000.

384 Details hierzu vgl. bei *Schleßmann, in: Schmalz-Jacobsen/Hansen* (Hrsg.),Ethnische Minderheiten in der Bundesrepublik Deutschland, S. 89 ff.

385 Auch unter der Bezeichnung „*Moon-Sekte*" bekannt.

386 UN Doc. E/CN.4/1998/6/Add.2, Ziffer 63.

387 Vgl. im einzelnen UN Doc. E/CN.4/1998/6/Add.2, Ziffer 48 ff.

388 Vgl. *Ekin/Singler*, FAZ vom 15. Februar 1997.

Arbeitsruhe vorgeschrieben.[389] Dazu kommen religiöse Feste und Feiertage, die je nach Religion differieren.[390] Dem Wirtschaftsleben ist es nicht möglich, alle Fest- und Feiertage aller Religionsgemeinschaften zu berücksichtigen, womit das Problem auftaucht, ob Angehörige religiöser Minderheiten aus Art. 4 GG einen Anspruch auf Arbeitsbefreiung an religiösen Ruhe- oder Festtagen herleiten können. *Messtorff* will ein solches Recht aus Art. 4 Abs. 2 GG für Angehörige religiöser Minderheiten herleiten.[391] Ein derartiges Recht, sollte es noch dazu in einer kategorischen Form gegeben sein, hätte allerdings nicht unerhebliche Folgen auf das Wirtschaftsleben in Deutschland und würde im übrigen die Einstellungschancen von Angehörigen religiöser Minderheiten schmälern. Bundesverfassungsgericht und Bundesverwaltungsgericht tendieren daher zu einer pragmatischeren Sicht der Dinge und lösen auftretende Konflikte salomonisch. An religiös begründete Arbeitsverweigerung an bestimmten Tagen oder in bestimmten Bereichen der Wirtschaft dürfen grundsätzlich keine Nachteile geknüpft werden. Verlieren solche Personen ihre Arbeit, darf ihnen nicht unter Hinweis auf ihre religiös begründete Arbeitsverweigerung die Arbeitslosenhilfe gestrichen werden.[392] Im Konfliktfall folgt aber dennoch aus Art. 4 Abs. 1 oder 2 GG kein Anspruch des einzelnen gegen den Staat, bestimmte kirchliche Feiertage ganztägig als Tage der Arbeitsruhe auszuweisen und Arbeitnehmer von einer in einem Arbeitsvertrag eingegangenen Arbeitsverpflichtung freizustellen.[393] Die salomonische Komponente kommt dadurch zum Ausdruck, daß Angehörige religiöser Minderheiten an speziellen Feiertagen aus dem Grundrecht der Religionsfreiheit durchaus eine gewisse Rücksichtnahme fordern können.[394] Schon im Sinne eines angenehmen Betriebsklimas wird ein öffentlicher oder privater Arbeitgeber vernünftigerweise Urlaubsanträge von Angehörigen religiöser Minderheiten für deren religiöse Feiertage nicht ablehnen, was der Problematik in der Praxis etwas von ihrer Schärfe nimmt.

c) Konflikte zwischen Religionsfreiheit und Schulpflicht

Besondere grundrechtliche Spannungslagen können sich in besonderen Gewaltverhältnissen ergeben, wenn also die Religionsfreiheit mit besonderen im jeweiligen Gewaltverhältnis

---

[389] *Messtorff*, Die Rechtsstellung der ethnischen Minderheiten in der Bundesrepublik Deutschland, S. 69.

[390] So ist es Moslems während des Fastenmonats Ramadan verboten, bei Tageslicht etwas zu essen oder zu trinken, was selbstverständlich auf die Leistungsfähigkeit während dieser Zeit Einfluß hat. Vgl. *Ekin/Singler*, FAZ vom 8. Februar 1997.

[391] *Messtorff*, Die Rechtsstellung der ethnischen Minderheiten in der Bundesrepublik Deutschland, S. 70 f.

[392] *Kokott*, in: *Sachs*, Grundgesetz-Kommentar, 2. Aufl., Art. 4, Rn. 60.

[393] So ganz eindeutig das Bundesverfassungsgericht, in: BVerfG, NJW 1995, S. 3378. Vgl. zu dieser Problematik auch *Ehlers*, in: *Sachs*, Grundgesetz-Kommentar, 2. Aufl., Art. 140/139 WRV, Rn. 4, der insofern zum gleichen Ergebnis kommt. A.A. *Messtorff*, Die Rechtsstellung der ethnischen Minderheiten in der Bundesrepublik Deutschland, S. 70 f.

[394] Vgl. etwa die Entscheidungen: BVerwGE 42, 128 ff.; BSGE 51, 70 ff.

bestehenden Pflichten kollidiert. In vielen dieser Bereiche ist eine klare Lösung nicht möglich, und es besteht mithin die Notwendigkeit, kollidierende Verfassungsgüter in einen möglichst schonenden Ausgleich zu bringen. Besonders konfliktträchtig sind in diesem Zusammenhang Situationen, in denen die Religionsfreiheit mit Komponenten der Schulpflicht kollidiert. Das Spannungsverhältnis soll im folgenden an typischen Problemfällen dargestellt werden, um zu ermitteln, ob auch hier dem Schutz religiöser Minderheiten in ausreichendem Maße Rechnung getragen werden kann.

aa) Konflikte im Rahmen des allgemeinen Schulunterrichts

Religiöse Vorschriften können es dem Gläubigen gebieten, sich in einer bestimmten Weise zu kleiden oder in einer bestimmten Weise nicht zu kleiden. Zu Problemen führte dies, als muslimische Schülerinnen vortrugen, ihre Glaubensregeln verböten es ihnen, sich Mitschülern in Sport-[395] oder Schwimmkleidung[396] zu zeigen.

Zunächst ist festzuhalten, daß hinsichtlich des jeweiligen religiösen Gebotes lediglich überprüft werden kann, ob es von der betreffenden Person als für sie verbindlich und verpflichtend erachtet wird, und nicht etwa, ob eine religiöse Regel dieses Inhalts tatsächlich besteht. Die Interpretation der Glaubensregeln bleibt nämlich insofern dem Gläubigen überlassen und das Neutralitätsgebot enthält ein Interpretations- bzw. Bewertungsverbot für den Staat.[397] Das Tragen oder Nichttragen bestimmter Kleidung fällt also in den Schutzbereich von Art. 4 Abs. 1 und 2 GG. Gleichzeitig ist die Religionsfreiheit der Eltern aus Art. 4 Abs. 1 und 2 GG betroffen, da auch das Recht, Kinder unter Einschluß bestimmter religiöser Aspekte zu erziehen, umfaßt ist. Das Elternrecht wird darüber hinaus auch von Art. 6 Abs. 2 Satz 1 GG garantiert. Wie oben dargestellt, kann die Religionsfreiheit nur durch kollidierendes Verfassungsrecht begrenzt werden. Als kollidierende Norm kommt hier Art. 7 Abs. 1 GG in Betracht, der besagt, daß das gesamte Schulwesen unter der Aufsicht des Staates steht. Die Aufsicht über das Schulwesen ist nach ganz herrschender Ansicht nicht eine rein formelle oder organisationsrechtliche Aufgabenzuweisung, sondern ermächtigt und verpflichtet den Staat, das Schulwesen insgesamt zu organisieren und aufrechtzuerhalten.[398] Die Schule hat eine umfassende Befugnis, Erziehungs- und Unterrichtsziele inhaltlich zu bestimmen und festzulegen und damit nach dem Willen des Grundgesetzes nicht nur die Aufgabe, Wissen zu vermitteln und das Kind kognitiv zu bilden, sondern die Schule hat

---

[395] Dies war Gegenstand eines Verfahrens, welches letztinstanzlich vom Bundesverwaltungsgericht entschieden wurde in BVerwGE 94, 82. Vgl. hierzu: *Kokott*, in: *Sachs*, Grundgesetz-Kommentar, 2. Aufl., Art. 4, Rn. 58; *Kästner*, AöR 1998, S. 408, 439; *Füssel*, RdJB 1994, S. 292 ff.; *Mahrenholz*, RdJB 1998, S. 287 ff.

[396] Diese Konstellation lag einem Rechtsstreit zugrunde, der letztinstanzlich vom Schweizerischen Bundesgericht Lausanne entschieden wurde, vgl. RdJB 1994, S. 289 ff. Die Problematik ist insofern jedoch identisch.

[397] Vgl. die Ausführungen oben Punkt I. 3. c); BVerfGE 32, 98 (106).

[398] Vgl. etwas BVerfGE 34, 165 (182).

darüber hinaus die Aufgabe, die Erziehung des Kindes zu einer eigenständigen Persönlichkeit innerhalb der Gemeinschaft zu unterstützen und zu fördern.[399] Im Ergebnis kann daher der Staat auch unabhängig von den Eltern eigene Erziehungsziele verfolgen, die dem Menschenbild des Grundgesetzes entsprechen.[400] Diese Befugnis der Schule, eigene Erziehungsziele zu verfolgen, muß mit dem Grundrecht auf Religionsfreiheit der Schüler und der Eltern und dem Erziehungsrecht der Eltern in Einklang gebracht werden.

Vor diesem grundrechtsdogmatischen Hintergrund sind nun die sich ergebenden Einzelfälle zu lösen. Generelle Aussagen darüber, ob die zu findende Lösung im Einzelfall stärker von dem einem oder von dem anderen Prinzip bestimmt werden darf, wenn sie konfligieren, sind schwer möglich.[401]

Im Kontext des koedukativen Sport- oder Schwimmunterrichts ist ein Ausgleich zwischen den beschriebenen Verfassungsgütern entweder dergestalt denkbar, daß ein nach Geschlechtern getrennter Sportunterricht angeboten wird, oder, falls dies nicht möglich ist, dergestalt, daß der staatliche Erziehungsanspruch gegenüber der Religionsfreiheit ganz zurücktritt und ausnahmsweise eine Befreiung vom Sportunterricht zu gewähren ist.[402]

In einem anderen Fall ging es darum, daß ein aus Pakistan stammendes muslimisches Mädchen in der Schule aus religiösen Gründen einen Schleier tragen wollte, der außer den Augen alle Kopfpartien vollständig bedeckte.[403] Die Fakten in diesem Fall lagen dergestalt, daß die Schülerin durch das Tragen des Schleiers sich weitestgehend die Möglichkeit verschlossen hatte und auch verschließen wollte, den Integrationsprozeß des Schullebens und -unterrichts als für sich selbst verbindlich und persönlichkeitsbildend zu erleben. Die pädagogische Interaktion war darüber hinaus nur mit erheblichen Einschränkungen, wenn überhaupt möglich, weil die Schülerin einerseits die Ansprache durch männliche Lehrer generell ablehnte und weil auch den übrigen Lehrkräften eine *Erfolgskontrolle* ihres Unterrichts anhand der Offenheit des Gesichts ihrer Schüler bei der betreffenden Schülerin nicht möglich war. Schließlich unterhielt die Schülerin bedingt durch ihre durch den Schleier manifestierte Ablehnungshaltung keinerlei zwischenmenschliche Kontakte zu Mitschülern. Insgesamt brachte die Schülerin durch ihren Habitus eine religiös motivierte Gesinnung zum Ausdruck, die vom Boden überlieferter Werte und Normen des Islam aus eine Integration in

---

[399] BVerfGE 52, 223 (236); BVerfGE 34, 165 (182).

[400] BVerfGE 34, 165 (182); BVerfGE 52, 223 (236); BVerfGE 47, 46 (71 f.).

[401] So auch *Mahrenholz*, RdJB 1998, S. 287, 296.

[402] So entschied das Bundesverwaltungsgericht den Fall in: BVerwGE 94, 82. Vgl. hierzu auch die Kommentare von *Kästner*, AöR 1998, S. 408, 439; *Füssel*, RdJB 1994, S. 292 ff.

[403] Dieser Fall wurde nicht gerichtlich entschieden, aber im Auftrag des niedersächsischen Kultusministeriums von Bundesverfassungsrichter a.D. *Mahrenholz* gutachtlich gewürdigt. Vgl. *Mahrenholz*, RdJB 1998, S. 287 ff.

den pluralistischen Staat und die pluralistische Gesellschaft ablehnte.[404] In diesem, zugegebenermaßen extremen Fall will *Mahrenholz* dem staatlichen Erziehungsauftrag den Vorrang einräumen.[405] Er versäumt bei der Begründung seiner Auffassung jedoch nicht, darauf hinzuweisen, daß die Schule bei der Durchsetzung ihrer Erziehungsziele nur mit einem Minimum an Zwangselementen vorgehen dürfe. Das Gebot der weltanschaulichen Neutralität des Staates und das Gebot der Toleranz erfordern, daß die Schule nicht missionieren oder indoktrinieren darf, also keine bestimmten Glaubens- oder Weltanschauungsinhalte vertreten darf. Entscheidet der Staat in einem Einzelfall aufgrund der tatsächlichen Lage das Tragen des Schleiers in der Schule zu untersagen, so hat er behutsam vorzugehen. Die betroffenen Schülerinnen müssen deutlich spüren, daß sie in ihrem religiösen Anderssein ernstgenommen werden. Dazu gehört, daß der Schülerin vermittelt wird, daß das Verbot des Schleiers nicht einer Geringschätzung ihrer Religion entspricht, auch nicht der Sitte des Schleiertragens, sondern daß die Gesellschaft von der Schulerziehung erwartet, daß die grundlegenden deutschen Verfassungsnormen Orientierungspunkte der Schulerziehung sind.[406] Es sei an dieser Stelle nochmals klar betont, daß die vorstehende Argumentation in keiner Weise geeignet wäre, ein generelles Verbot des Tragens von Kopftüchern seitens muslimischer Schülerinnen zu tragen.

Insgesamt bleibt festzuhalten, daß ein möglicher Konflikt der Religionsfreiheit mit Schulpflichten anhand eines schonenden Ausgleichs der erwähnten kollidierenden Verfassungsgüter herbeizuführen ist. Dabei kommt es entscheidend auf die Umstände des Einzelfalles an. Generelle Gültigkeit hat lediglich der dargestellte grundrechtsdogmatische Ansatz.

bb) Islamischer Religionsunterricht in Deutschland

Ein weiteres Problem im Spannungsfeld von Schulrecht und Religionsfreiheit ist die in jüngster Zeit viel diskutierte Frage der Einführung eines islamischen Religionsunterrichts in Deutschland.[407] Neben der Religionsfreiheit ist hier die verfassungsrechtliche Regelung des Religionsunterrichts in Art. 7 Abs. 3 GG betroffen.

---

[404] *Mahrenholz*, RdJB 1998, S. 287, 297 f.

[405] *Mahrenholz*, RdJB 1998, S. 287, 296 ff.

[406] *Mahrenholz*, RdJB 1998, S. 287, 296.

[407] Vgl. einleitend etwa: *Hennecke*, Jahrbuch zur Staats- und Verwaltungswissenschaft 1995, S. 83 f.; *Scheilke*, RdJB 1996, 340 ff.

„Art. 7 Abs. 3 GG

Der Religionsunterricht ist in den öffentlichen Schulen mit Ausnahme der bekenntnisfreien Schulen ordentliches Lehrfach. Unbeschadet des staatlichen Aufsichtsrechtes wird der Religionsunterricht in Übereinstimmung mit den Grundsätzen der Religionsgemeinschaften erteilt. Kein Lehrer darf gegen seinen Willen verpflichtet werden, Religionsunterricht zu erteilen.“

Mittlerweile scheinen Politiker aller Couleur sich darüber einig zu sein, daß für die nicht geringe Anzahl von muslimisch-gläubigen Kindern in der Bundesrepublik Deutschland die Möglichkeit eines islamischen Religionsunterrichts eingeräumt werden muß.[408] Mag die diesbezügliche Motivation von Partei zu Partei verschieden sein, so wird das generelle rechtspolitische Ziel der Einführung eines islamischen Religionsunterrichts an deutschen Schulen allgemein unterstützt.
Dennoch bestehen hierfür einige nicht unerhebliche Probleme, die im folgenden kurz dargestellt werden sollen.

Zunächst ist unstreitig, daß der durch Art. 7 Abs. 3 GG garantierte Religionsunterricht nicht nur auf die christlichen Religionen bezogen ist, sondern daß er sich auch auf andere Religionen beziehen kann.[409] Problematisch und im einzelnen heftig umstritten sind allerdings die Voraussetzungen, die zur Einrichtung eines islamischen Religionsunterrichts an deutschen Schulen erforderlich sind und deren Vorliegen. In der Literatur wird teilweise bereits die Existenz von islamischen Religionsgemeinschaften in der Bundesrepublik Deutschland bestritten.[410] Eine Religionsgemeinschaft sei ein Zusammenschluß von Personen, die aufgrund der Tatsache fehlen würde, da dem Islam eine Organisationsstruktur, wie sie beispielsweise die katholische Kirche aufweisen würde, fehlte. Darüber hinaus fehlte es aufgrund der vielen verschiedenen in Deutschland vorkommenden Richtungen und Strömungen des Islam an einem für das Vorhandensein einer Religionsgemeinschaft notwendigen religiösen Konsens.[411] 1977 hatte das Verwaltungsgericht Berlin einer islamischen Vereinigung die Zuerkennung des Status einer ordnungsgemäßen Glaubensgemeinschaft verweigert, da sie „*keine hinreichend klare Organisationsstruktur*“ aufgewiesen habe.[412] Diese Argumente sind nicht ganz von der Hand zu weisen, und sie

---

[408] Vgl. etwa: *Plewnia*, FOCUS 47/98 vom 16. November 1998; *Schuller*, FAZ vom 3. Dezember 1998; *Schmoll*, FAZ vom 12. Januar 1999; *Lerch*, FAZ vom 14. Januar 1999; *Polenz*, FAZ vom 12. Mai 1999.

[409] Vgl. zur Problematik allgemein: *Langenfeld*, AöR 1998, S. 375 ff.; *Bayer*, Das Grundrecht der Religions- und Gewissensfreiheit, S. 180 ff.; *Muckel*, DÖV 1995, S. 311 ff.; *Füssel/Nagel*, EuGRZ 1985, S. 497 ff.; *Korioth*, NVwZ 1997, S. 1041 ff.; *Albers*, DVBl. 1994, S. 984 ff.; *Scheilke*, RdJB 1996, S. 340 ff.; *Hennecke*, Jahrbuch zur Staats- und Verwaltungswissenschaft 1995, S. 83 ff.

[410] *Muckel*, DÖV 1995, S. 311, 312; *Füssel/Nagel*, EuGRZ 1985, S. 497, 498.

[411] *Muckel*, DÖV 1995, S. 311, 312 ff.

[412] Nachweise bei *Schuller*, FAZ vom 11. April 2000.

geben im wesentlichen das Koordinatensystem vor, innerhalb dessen sich die Problematik der Gewährung eines islamischen Religionsunterrichts in der Bundesrepublik Deutschland bewegt.[413] Wie bereits erwähnt, wird die wenig ausgeprägten Organisationsstrukturen des Islam in dieser Religion selbst angelegt. Zwischen Allah und den Menschen soll es keine (menschliche) Vermittlungsinstanz geben.[414] Daher sind dem Islam auch Organisationsstrukturen, wie sie beispielsweise die großen christlichen Kirchen in Deutschland aufweisen, fremd. Erschwerend kommt für den Islam in der deutschen Diaspora noch seine große Heterogenität hinzu. Moslems aus vielen Ländern, die jeweils verschiedene Strömungen desselben Glaubens vertreten, treffen in Deutschland zusammen. Eine gemeinsame Religion, die dann auch noch in administrativer Hinsicht gut organisiert wäre, kann sich daher natürlich nur schwer entwickeln. Dennoch sind auch die Anforderungen, die das Grundgesetz an eine Religionsgemeinschaft stellt, nicht unberechtigt.[415] Grundvoraussetzung für eine Glaubens- oder Religionsgemeinschaft ist zunächst ein Zusammenschluß von natürlichen Personen, die ein Konsens im Hinblick auf ein bestimmtes religiöses Bekenntnis eint.[416] Die Einführung von islamischem Religionsunterricht als ordentliches Lehrfach im Sinne des Art. 7 Abs. 3 GG erfordert ein Zusammenwirken von Staat und Religionsgemeinschaften. Dies wiederum erfordert, daß der Staat einen einheitlichen und verläßlichen Ansprechpartner in den Religionsgemeinschaften finden kann. Anknüpfend an der grundgesetzlichen Ausgestaltung des Religionsunterrichts als gemeinsame Angelegenheit von Staat und Religionsgemeinschaft muß daher darüber hinaus gefordert werden, daß eine Religionsgemeinschaft über ein Mindestmaß an klarer und fester Organisationsstruktur sowie eine mindestens gemeindlichen Gliederung und Vertretung verfügen muß. Auch müssen die Kriterien des Art. 137 Abs. 5 Satz 2 WRV, also die Gewähr der Dauer, vorliegen. Dies ist damit begründet, daß die Religionsgemeinschaften ja die inhaltliche Ausgestaltung des Religionsunterrichts bestimmen. Die Erfüllung dieser Aufgabe aber erfordert, daß die Religionsgemeinschaften gegenüber dem Staat Aussagen von materieller Verbindlichkeit in dieser Hinsicht treffen können. Im Ergebnis müssen daher die islamischen Religionsgemeinschaften wohl nicht als Körperschaften des öffentlichen Rechts organisiert sein. Möglicherweise müssen sie noch nicht einmal in irgendeiner Rechtsform organisiert sein.[417] Sie müssen aber sehr wohl ein auf Dauer angelegter, berechenbarer und verläßlicher Partner mit der Fähigkeit zu verbindlicher und hinreichend legitimierter Artikulation von Grundsätzen für den Religionsunterricht gegenüber dem Staat und zur Wahrnehmung der Aufgaben aus Art. 7 Abs. 3 GG sein.[418]

---

[413] Vgl. im Zusammenhang auch *Schuller*, FAZ vom 3. Dezember 1998; FAZ vom 23. Februar 2000 (Berliner Seiten).

[414] *Heine*, in: Tagesspiegel vom 5. März 2000; *Schuller*, FAZ vom 11. April 2000.

[415] Vgl. hierzu *Korioth*, NVwZ 1997, S. 1041, 1046 ff.; *Bayer*, Das Grundrecht der Religions- und Gewissensfreiheit, S. 182 ff.

[416] Vgl. hierzu *Bayer*, Das Grundrecht der Religions- und Gewissensfreiheit, S. 73 ff.

[417] So wohl die herrschende Meinung; vgl. bei *Langenfeld*, AöR 1998, S. 375, 401.

[418] *Schmitt-Kammler*, in: *Sachs*, Grundgesetz-Kommentar, 2. Aufl., Art. 7, Rn. 42; *Langenfeld*, AöR 1998, S. 375, 401 ff.; *Schmoll*, FAZ vom 27. Mai 1999.

Vor diesem dogmatischen Hintergrund lag es nach der herrschenden Meinung nun jedoch so, daß man es islamischem Religionsgemeinschaften zwar grundsätzlich nicht verwehren könne, sich an öffentlichen Schulen um die Erteilung von islamischen Religionsunterricht zu bemühen, es aber davon abgesehen wohl noch immer an der organisatorischen Mindeststruktur fehle.[419] In einer vielbeachteten Entscheidung erkannte das Bundesverwaltungsgericht am 23. Februar 2000 die *Islamische Föderation Berlin* (*IFB*) als islamische Religionsgemeinschaft an und erlaubte ihr, an Berliner öffentlichen Schulen nunmehr islamischen Religionsunterricht zu erteilen.[420] Besondere Brisanz erhält diese Entscheidung, da in Berlin Art. 7 Abs. 3 Satz 1 GG durch die Sonderregel des Art. 141 GG, die sog. „*Bremer Klausel*",[421] modifiziert ist. Das bedeutet, daß der Religionsunterricht in Berlin nur im äußeren Rahmen der Schule, aber inhaltlich in der alleinigen Verantwortung der Religionsgemeinschaften erteilt wird. Im Ergebnis bedeutet dies, daß die Inhalte des Religionsunterrichts in Berlin noch weitergehend als in anderen Bundesländern einer Kontrolle durch die staatliche Schulaufsicht entzogen sind. Die Islamische Föderation Berlin repräsentiert kaum ein Prozent der Berliner Muslime. Sie ist politisch von der *Vereinigung der neuen Weltsicht in Europa* (*Avrupa Milli Görüs Teskilatlari/AMGT*) beeinflußt und wird vom Bundes- und Landesverfassungsschutz beobachtet.[422] Geistiger Führer der IFB ist Imam *Nail Dural*, ein ehemaliger Politiker der in der Türkei mittlerweile verbotenen *Wohlfahrtspartei* (*Refah Partisi - RP*) von *Necmettin Erbakan*[423]. In Kenntnis all dieser Umstände und trotz eindeutiger dahingehender Hinweise durch das Gericht in der mündlichen Verhandlung hat es der Berliner Senat als Gegner der IFB im Verfahren vor dem Bundesverwaltungsgericht versäumt, das Argument einer möglicherweise mangelnden Verfassungstreue der IFB zu bemühen. Aufgrund der Inkompetenz oder Ignoranz des Berliner Senats und seiner Prozeßvertreter bleibt somit die Frage nach der Verfassungstreue von Religionsgemeinschaften, die an öffentlichen Schulen Religionsunterricht erteilen wollen, wohl einstweilen höchstrichterlich ungeklärt.[424] Dennoch zeigt der Rechtsstreit in deutlicher Weise ein typisches strukturelles Problem der Einführung islamischen Religionsunterrichts an

---

[419] Vgl. statt vieler die typischen Kommentare von *Schmitt-Kammler*, in: *Sachs*, Grundgesetz-Kommentar, 2. Aufl., Art. 7, Rn. 41 ff.; *Bayer*, Das Grundrecht der Religions- und Gewissensfreiheit, S. 180 ff.

[420] Die Entscheidung ist bislang noch nicht in der amtlichen Sammlung der Entscheidungen des Bundesverwaltungsgerichts veröffentlicht. Vgl. hierzu aber den Bericht in der FAZ vom 24. Februar 2000 und den Kommentar von *Schuller* in den Berliner Seiten vom gleichen Tag. Vgl. weiterhin: FAZ vom 5. November 1998 (Urteil der Vorinstanz des Berliner Oberverwaltungsgerichts); *Heine*, in: Tagesspiegel vom 5. März 2000; *Schuller*, FAZ vom 11. April 2000.

[421] Vgl. hierzu *Schmitt-Kammler*, in: *Sachs*, Grundgesetz-Kommentar, 2. Aufl., Art. 141, Rn. 1 ff., insbesondere 8.

[422] *Schuller*, FAZ vom 11. April 2000; *ders.*, FAZ vom 24. Februar 2000 (Berliner Seiten). Auf die tendenzielle Verfassungsfeindlichkeit des IFB weisen auch türkische Organisationen in der Bundesrepublik Deutschland, wie der Türkische Bund Berlin-Brandenburg, hin. Vgl. FAZ vom 5. August 2000 (Berliner Seiten).

[423] Nachfolgeorganisation der RP ist die von *Recai Kutan* geführte FP (Fazilet Partisi).

[424] In aus vielen anderen Bereichen der Berliner Politik hinlänglich bekanntem post-katastrophalen Aktionismus will Schulsenator *Böger* (SPD) nunmehr den Einfluß der Landesverwaltung auf den Inhalt des Religionsunterrichts durch eine Änderung des Berliner Schulrechts erreichen. Vgl. FAZ vom 25. Februar 2000, vom 16. Februar 2000 und vom 5. August 2000. Vgl. auch den Kommentar von *Schmoll* zum aktuellen Stand der Diskussion um den Religionsunterricht in Berlin: *Schmoll*, FAZ vom 4. August 2000.

deutschen Schulen, das eigentlich nur rechtspolitisch gelöst werden kann. Die Mehrzahl der gläubigen Moslems sind aus den genannten religiös bedingten Gründen unorganisiert. Aus gut verständlichen Gründen sind diese Menschen daran interessiert, daß ihre Kinder auch religiös erzogen werden, um die Grundlagen ihres Glaubens und seine Inhalte besser verstehen zu können. Der deutsche Staat ist bislang nicht in der Lage, ihnen dieses Anliegen durch seine öffentlichen Schulen in befriedigender Weise zu erfüllen. Daher schicken viele muslimische Eltern ihre Kinder außerhalb des regulären Unterrichts in private Koranschulen. Diese Koranschulen sind nicht selten von wenig seriösen Vereinen organisiert, die in erster Linie politisch engagiert sind, oder sie sind von ausländischen Staaten, insbesondere der Türkei, gesteuert.[425] Diese Vereine vertreten häufig extremistische Positionen und sind in ihren Heimatländern in aller Regel verboten.[426] Dies bedeutet, daß der deutsche Staat in diesem Bereich keinerlei Kontrolle, weder auf Form noch auf den Inhalt dieses Unterrichts, einmal abgesehen von den uneleganten Möglichkeiten im Rahmen des Verfassungsschutzes, hat. Aus minderheitenschutzrechtlichen, aber auch aus politischen Gründen hat die Bundesrepublik Deutschland daher ein vitales Interesse an der Einführung eines islamischen Religionsunterrichts unter deutscher Schulaufsicht an deutschen Schulen. Dieser Religionsunterricht hat selbstverständlich in deutscher Sprache zu erfolgen.[427] Im Hinblick darauf sind von deutscher staatlicher Seite folgende Schritte mit der erforderlichen Behutsamkeit aber auch mit der gebotenen Entschiedenheit, zu verfolgen.[428] Es muß darauf hingewirkt werden, daß sich innerhalb der muslimischen Bevölkerung in Deutschland organisatorische Strukturen bilden, auf die der deutsche Staat als Partner zur Veranstaltung eines islamischen Religionsunterrichts zurückgreifen kann und die weder in religiöser noch in politischer Hinsicht extremistische Ziele verfolgen. Des weiteren sind die Voraussetzungen zu schaffen, daß ein Lehrkörper ausgebildet ist, der in der Lage ist, islamischen Religionsunterricht in deutscher Sprache an öffentlichen Schulen zu vermitteln. Das beinhaltet auch Überlegungen, wie an deutschen Universitäten Studiengänge in islamischer Theologie beheimatet werden können.[429] Unzweifelhaft bestehen hierbei noch große praktische Probleme, die jedoch nicht unüberwindbar sein dürften.[430] Erste Ansätze zeigen darüber hinaus, daß einerseits die Einsicht in diese Notwendigkeiten besteht und auch der politische Wille, sie anzupacken, sich langsam bildet.[431]

---

[425] Vgl. etwa SPIEGEL 43/98 vom 19. Oktober 1998, S. 86 f.; FAZ vom 5. Februar 1999.

[426] Vgl. auch die Ausführungen oben in Kapitel 1. Punkt III. 3. a).

[427] So auch *Lerch*, FAZ vom 13. September 1999; *Rößler*, FAZ vom 2. März 1999; *Schuller*, FAZ vom 9. November 1998.

[428] Professor *Steinbach* in seiner Rede *„Europas multireligiöse Zukunft – Überlegungen zum Zusammenleben von Christen und Muslimen“* am 23. Februar 2000 in der Bayerischen Landesvertretung in Berlin.

[429] *Schmoll*, FAZ vom 27. Mai 1999; *dies.*, FAZ vom 12. Januar 1999; *Lerch*, FAZ vom 14. Januar 1999.

[430] So auch *Bayer*, Das Grundrecht der Religions- und Gewissensfreiheit, S. 183 ff.

[431] *Schavan*, Vortag vor der Katholischen Akademie Berlin vom 28. Februar 2000. Vgl. auch FAZ vom 28. Februar 2000 und vom 1. März 2000.

cc) Der „*Kopftuch-Streit*“ in Baden-Württemberg

Wie bereits oben festgestellt wurde, dürfen sich muslimische Schülerinnen, von den geschilderten Extremfällen einmal abgesehen, in der Schule grundsätzlich entsprechend ihrer persönlichen Glaubensauffassung kleiden. Ihr diesbezügliches Recht ist von der Religionsfreiheit des Art. 4 GG abgedeckt. Eine völlig andere Situation liegt vor, wenn eine Lehrerin religiöse Symbole in der Schule benutzen möchte. Diese Konstellation ergab sich in einem konkreten Fall, der sich jüngst im Bundesland Baden-Württemberg ereignete und mittlerweile administrativ entschieden wurde, aber noch nicht abschließend gerichtlich geklärt ist.[432] Eine Grundschullehrerin muslimischen Glaubens weigerte sich, während des Unterrichts ein Kopftuch, welches sie aus religiösen Motiven trug, abzunehmen. Daraufhin versagte ihr das baden-württembergische Kultusministerium, welches mit der Schulaufsicht betraut ist, vertreten durch das Oberschulamt Stuttgart, die Einstellung bzw. Übernahme in den Schuldienst des Landes Baden-Württemberg. Die Klage der Muslimin gegen die ablehnende Entscheidung des Oberschulamts wies das Verwaltungsgericht Stuttgart im März 2000 ab. Gegen dieses Urteil hat der Verwaltungsgerichtshof Mannheim Anfang Juli 2000 die Berufung zugelassen.[433] Wie die vorstehend besprochenen Probleme, so spielt sich auch dieser Konflikt im Spannungsverhältnis von Religionsfreiheit und Schulrecht ab. Der entscheidende Unterschied ist hier jedoch, daß in dieser Konstellation zusätzlich noch eine beamtenrechtliche Komponente hinzutritt, da eine Lehrerin als Beamtin und Amtswalterin den Staat selbst repräsentiert.[434]

Zunächst ist nochmals zu wiederholen, daß es für die rechtliche Bewertung des Falles keine Rolle spielt, ob der Koran wirklich dahingehend auszulegen ist, daß muslimische Frauen in der Öffentlichkeit ein Kopftuch zu tragen haben oder nicht. Hält die Gläubige dies für sich verbindlich, so hat der Staat keinerlei Befugnis, die religiöse Erforderlichkeit eines solchen Verhaltens zu überprüfen oder in Frage zu stellen.[435] Das Tragen eines Kopftuches aus religiösen Motiven unterfällt außerdem unproblematisch dem Schutzbereich des Religionsfreiheit. Allerdings kann die Lehrerin im dienstlichen Bereich nicht in gleichem Umfang von ihrer Religionsfreiheit Gebrauch machen wie im Privatbereich. Aufgrund der besonderen Situation in der Schule ist die Beamtin zur Zurückhaltung und Neutralität verpflichtet, da sie als Beamtin nicht nur Bürgerin, sondern auch Teil des Staates ist.[436]

---

[432] Vgl. FAZ vom 19. Februar 1997; FAZ vom 6. Februar 1999; *Nüsse*, Tagesspiegel vom 13. November 1999. Vgl. auch die ähnliche Problemkonstellation eines nunmehr in Niedersachsen aufgetretenen Konfliktes: FAZ vom 11. September 1999 und FAZ vom 18. Oktober 2000.

[433] Vgl. FAZ vom 7. Juli 2000.

[434] Vgl. zu dieser Problemkonstellation die zustimmenden Besprechungen von *Bader*, VBlBW 1998, S. 361 ff.; *Battis*, ZTR 1998, S. 529 ff. und die ablehnenden Besprechungen von *Alan/Steuten*, ZRP 1999, S. 209 ff.; *Häußler*, ZAR 1999, S. 32 ff.

[435] Insofern scheint die Begründung der Entscheidung verfehlt, die referiert wird von *Battis*, ZTR 1998, S. 529, 530.

[436] BVerfGE 39, 334 (366 f.).

Hierbei muß nun differenziert werden. Keinerlei Beschränkungen unterliegt die Lehrerin im Hinblick auf ihre Religionszugehörigkeit, was sich aus Art. 3 Abs. 3 Satz 1 und Art. 33 Abs. 3 GG ergibt.[437] Bei der Gestaltung des Unterrichts ist eine Lehrerin allerdings sehr wohl in ihrer Religionsausübung beschränkt. Als Beamtin ist sie hier an die weltanschaulich-religiöse Neutralitätspflicht des Staates gebunden. Daher ist die Frage zu klären, ob die Lehrerin diese Neutralitätsverpflichtung durch ihr äußeres Erscheinungsbild im Unterricht verletzen kann.[438] Es kann wohl schwerlich bestritten werden, daß das äußere Erscheinungsbild einer Lehrerin einen Bezug zum ausgeübten Amt aufweist. Lehrer haben eine Vorbildfunktion und üben einen prägenden Einfluß auf die Schüler aus, was auch erwünscht und erforderlich ist. Das Tragen eines Kopftuches im Unterricht berührt daher den Dienstbereich, auch wenn die Lehrerin ansonsten jede zusätzliche Werbung für ihren Glauben unterläßt.[439] Die Frage, die sich daran anschließt, ist, ob das Kopftuch als religiöses Symbol den Dienstpflichten derart widerspricht, daß eine entsprechende Beschränkung der Religionsfreiheit der Lehrerin geboten erscheint. Die Beantwortung dieser Frage hat nun wieder anhand einer Abwägung des Verhältnisses der Religionsfreiheit in diesem konkreten Fall mit kollidierenden Grundrechten anderer zu erfolgen. Ziel ist es, einen möglichst schonenden Ausgleich der kollidierenden Grundrechte zu erreichen. Im Rahmen dieser Abwägung ist zunächst die bereits ausführlich erläuterte weltanschaulich-religiöse Neutralitätspflicht des Staates zu beachten. Ein kollidierendes Grundrecht ist das Erziehungsrecht der Eltern aus Art. 6 Abs. 2 Satz 1 GG. Das Elternrecht umfaßt auch das aus Art. 4 Abs. 1 und 2 GG folgende Recht, den Kindern die für richtig gehaltene religiöse oder weltanschauliche Erziehung zu vermitteln. Dieses Recht kann durch die Verpflichtung, die Kinder einem dieser Überzeugung widersprechenden weltanschaulich-religiösen Einfluß aussetzen zu müssen, verletzt werden.[440] Darüber hinaus können sich auch die Schüler ihrerseits auf das Grundrecht der Religionsfreiheit berufen, wenn sie religionsmündig sind. Daher können auch die Schüler selbst verlangen, keinen ihrer Überzeugung widersprechenden weltanschaulich-religiösen Einflüssen ausgesetzt zu werden. Im Ergebnis muß man daher im vorliegenden Fall nach Durchführung der Abwägung der kollidierenden Verfassungsgüter folgern, daß eine Lehrerin im Schulbereich nicht aus religiösen Gründen ein Kopftuch tragen darf. Dies widerspricht der grundsätzlichen Neutralitätspflicht des Staates und der negativen Religionsfreiheit der Eltern und der Schüler.[441] Dem Staat ist es verwehrt, in der Schule spezifische islamische Elemente zu verwenden, was im vorliegenden Fall eben gerade für die Amtsinhaberin, die Lehrerin, gelten muß. Trägt eine Lehrerin im Unterricht ein Kopftuch, so werden die Schüler diesem Symbol ohne Ausweichmöglichkeit ausgesetzt und dadurch in ihrer negativen Religionsfreiheit verletzt. Nach der Rechtsprechung des Bundes-verwaltungsgerichts steht es darüber hinaus einem Lehrer nicht frei, während des Schuldienstes regelmäßig Kleidung zu

---

[437] Vgl. hierzu etwa: BVerfGE 79, 69 (75); BVerwGE 81, 22 (24 ff.).

[438] Vgl. hierzu *Bader*, VBlBW 1998, S. 361, 362 f.

[439] *Bader* merkt hier an, daß es allerdings der allgemeinen Lebenserfahrung entspräche, daß derjenige, der als Eiferer daherkommt, in der Regel auch einer ist. *Bader*, VBlBW 1998, S. 361, 362.

[440] Vgl. etwa BVerfGE 41, 29 (47 f.).

[441] So auch *Bader*, VBlBW 1998, S. 361, 364; *Battis*, ZTR 1998, S. 529, 530 f. A.A. *Alan/Steuten*, ZRP 1999, S. 209 ff.; *Häußler*, ZAR 1999, S. 32 ff.

tragen, die als eindeutiges Bekenntnis zu einer bestimmten Religion oder weltanschaulichen Auffassung aufgefaßt werden muß.[442] Ist eine bestimmte Kleidung Ausdruck eines Glaubens, so stellt das regelmäßige Tragen einer solchen Kleidung zugleich eine Werbung für diesen Glauben dar. Diese Demonstration religiöser Überzeugung wirkt auf die Schüler ein, insbesondere wenn sie oder ihre Eltern abweichende Glaubensvorstellungen haben. Insoweit kann sich der Lehrer nicht auf seine eigene Religionsfreiheit berufen, weil diese nicht schrankenlos gewährt ist, sondern durch die kollidierenden Rechte der Schüler und Eltern begrenzt wird.[443] Nichts anderes kann gelten, wenn eine Lehrerin muslimischen Glaubens die Bekleidungsvorschriften des Koran für sich als derart verbindlich erachtet, daß sie während des Unterrichts ein Kopftuch tragen will. Diese Form der Kleidung stellt ein Werben für eine bestimmte Religion dar und ist deshalb mit dem Neutralitäts- und Toleranzgebot in der Schule unvereinbar.[444] An diesem Ergebnis ändert das Argument mancher Befürworter des Kopftuches in der Schule nichts, die geltend machen, daß eine multikulturelle Gesellschaft besondere Toleranz erfordere und das Kopftuch daher zugelassen werden sollte. In der Tat kommt zwar dem Toleranzprinzip in der Schule eine besondere Bedeutung zu, da insbesondere das Schulwesen seiner integrativen Aufgabe gerecht werden muß. Zur integrativen Aufgabe der Erziehung gehört auch, daß die Auseinandersetzung mit Andersdenkenden und Toleranz gegenüber anderen vermittelt werden. Hierbei bildet die Verfassung aber stets die verbindliche Grundlage für alle. Toleranz kann daher immer nur auf dieser Grundlage und niemals im Widerspruch zum Grundgesetz verlangt werden. Verletzt das Tragen des Kopftuches aber die Religionsfreiheit der Eltern und Schüler, so wird es nicht deshalb zulässig, weil nunmehr eine Vielzahl religiöser Gruppierungen in unserem Kulturkreis beheimatet ist. Überdies sollte die Rolle des Lehrers stets die des ausgleichenden Mittlers und nicht die des religiösen Eiferers sein. Er braucht dabei nicht meinungs- und bekenntnisloses Neutrum zu sein, sollte aber auch keine bestimmte religiöse oder weltanschauliche Position ostentativ vertreten. Letzteres führt nicht zu mehr Toleranz, sondern bedingt im Gegenteil mehr Intoleranz.[445]

---

[442] Dies entschieden das OVG Hamburg und der BayVGH zu Bhagwan-typischer Kleidung, vgl. NVwZ 1986, S. 408 bzw. NVwZ 1986, S. 405. Die Beschwerde gegen die Nichtzulassung der Revision wurde vom Bundesverwaltungsgericht zurückgewiesen, vgl. NVwZ 1988, S. 937.

[443] BVerwG, NVwZ 1988, S. 937, 938.

[444] *Bader*, VBlBW 1998, S. 361, 364.

[445] So *Bader*, VBlBW 1998, S. 361, 364 f.

dd) Der „*Kruzifix-Beschluß*“ des Bundesverfassungsgerichts

Ebenfalls im Kontext des Spannungsverhältnisses von Minderheitenschutz, Schulrecht und Religionsfreiheit steht schließlich der viel und teilweise sehr emotional diskutierte „*Kruzifix-Beschluß*“[446] des Bundesverfassungsgerichts vom 16. Mai 1995.[447]

Die Schulordnung für die Volksschulen in Bayern (Volksschulordnung - VSO)[448] enthält eine Vorschrift „*Religiöse Erziehung - Religionsunterricht*“ (§ 13 VSO). Die Schule unterstützt die Erziehungsberechtigten bei der religiösen Erziehung der Kinder (§ 13 Abs. 1 Satz 1 VSO). In der Vorschrift fand sich der Satz: „*In jedem Klassenzimmer ist ein Kreuz anzubringen.*“ (§ 13 Abs. 1 Satz 3 VSO). So wurde verfahren.[449] Daraufhin hat ein Elternpaar in Bayern für seine die Volksschule in Bayern besuchenden Kinder Verwaltungsklage mit dem Ziel erhoben, daß aus sämtlichen von ihren Kindern im Rahmen ihres Schulbesuches aufgesuchten und noch aufzusuchenden Räumen in öffentlichen Schulen die Kreuze entfernt würden. Nach erfolgloser Erschöpfung des Rechtsweges erhoben die Eltern Verfassungsbeschwerde zum Bundesverfassungsgericht. Mit Beschluß vom 16. Mai 1995 stellte das Bundesverfassungsgericht fest, daß § 13 Abs. 1 Satz 3 VSO mit Art. 4 Abs. 1 GG unvereinbar und nichtig sei und verwies die Sache an den Bayerischen Verwaltungsgerichtshof zurück.

Hauptpunkt der Verfassungsbeschwerde war also das Anbringen von Kreuzen oder Kruzifixen in Schulräumen aufgrund staatlicher Anordnung. Im Beschluß brachte das Bundesverfassungsgericht seine Auffassung zum Ausdruck, daß jegliches Anbringen von Kreuzen oder Kruzifixen in den Unterrichtsräumen einer staatlichen Pflichtschule aufgrund einer staatlichen Anordnung gegen Art. 4 Abs. 1 GG verstoßen kann. Diese neue Entscheidung des Bundesverfassungsgerichts ist nur schwer mit seiner früheren Rechtsprechung in diesem Bereich zu vereinbaren. So hatte das Bundesverfassungsgericht entschieden,[450] daß die bayerische Gemeinschaftsschule, in der gemäß Art. 135 Satz 2 der Bayerischen Verfassung die Schüler nach den Grundzügen der christlichen Bekenntnisse unterrichtet und erzogen werden, religiöse Bezüge aufweisen darf. Im Einklang mit dieser Rechtsprechung setzt es allerdings voraus, daß die Bejahung des Christentums in den Fächern außerhalb des Religionsunterrichts sich in erster Linie auf die Anerkennung eines prägenden Kultur- und Bildungsfaktors bezieht, wie er sich in der abendländischen Geschichte

---

[446] Mittlerweile hat sich die Bezeichnung „*Kruzifix-Beschluß*“ eingebürgert. Dies ist aber insofern ungenau, als daß der Beschluß auch Kreuze mit umfaßt.

[447] BVerfGE 91, 1 ff.

[448] Volksschulordnung vom 21. Juni 1983, BayGVBl. 1983, S. 597.

[449] Vgl. zur Prozeßgeschichte des Verfahrens insbesondere *Badura*, BayVBl. 1996, S. 33 ff.; *ders.*, BayVBl. 1996, 71 ff.

[450] BVerfGE 41, 65 ff.

herausgebildet hat, jedoch nicht auf verbindliche Glaubenswahrheiten.[451] Anders als in früheren Entscheidungen wertet der *„Kruzifix-Beschluß“* das Anbringen von Kreuzen oder Kruzifixen in den Schulräumen wegen der besonderen Bedeutung und Wirkung des christlichen Kreuzsymbols als eine staatliche Handlung, die außerhalb des Spielraums des *zulässigen Umfangs* liege, eine Gemeinschaftsschule mit religiösen Elementen zu versehen. Anders als im Fall des freiwilligen Schulgebets, welches das Bundesverfassungsgericht unter bestimmten Einschränkungen für verfassungsrechtlich zulässig erklärt hatte,[452] bewertet der Beschluß das Anbringen von Kreuzen oder Kruzifixen in Schulräumen als eine den andersgläubigen Schüler und seine Eltern unausweichlich mit der Identifikation des Staates mit dem Christentum konfrontierende Zwangssituation. Der Beschluß sieht darin einen gravierenderen Eingriff als den Zwang, entgegen der eigenen weltanschaulichen oder religiösen Überzeugung in einem mit einem Kreuz ausgestatteten Gerichtssaal verhandeln zu müssen.[453] In letzterem Zusammenhang hatte das Bundesverfassungsgericht noch ausgeführt, daß *„das bloße Vorhandensein eines Kreuzes“* (...) *„weder eine eigene Identifizierung mit den darin symbolhaft verkörperten Ideen oder Institutionen noch ein irgendwie geartetes aktives Verhalten“* verlangt.[454]

Interessant ist der *„Kruzifix-Beschluß“* insbesondere aufgrund der Ansicht des Bundesverfassungsgerichts zum Eingriffscharakter des Kreuzes im Klassenzimmer, aufgrund der Auslegung der negativen Bekenntnisfreiheit und der Neutralitätsverpflichtung des Staates in religiös-weltanschaulichen Dingen. An diesen Punkten knüpft auch die Kritik der Literatur an diesem Beschluß an. Die Erwägungen, auf die das Bundesverfassungsgericht seinen Beschluß gründet, sind im wesentlichen die folgenden:[455] Art. 4 Abs. 1 GG schütze die Glaubensfreiheit. Die Entscheidung für oder gegen einen Glauben sei eine Sache des einzelnen, in die sich der Staat nicht einmischen dürfe. Der Staat dürfe dem einzelnen einen Glauben weder vorschreiben noch verbieten. Die Glaubensfreiheit umfasse das Haben einer bestimmten Glaubensüberzeugung sowie danach zu leben und zu handeln. Dies schließe die Teilnahme an kultischen Handlungen ein. Dem entspräche umgekehrt die Freiheit, kultischen Handlungen eines nicht geteilten Glaubens fernzubleiben. Davon seien auch Symbole umfaßt, in denen sich ein Glaube oder eine Religion darstellt. Art. 4 Abs. 1 GG überlasse es dem einzelnen zu entscheiden, welche religiösen Gebote er anerkenne und verehre und welche er ablehne. In einer Gesellschaft, die unterschiedlichen Glaubensüberzeugungen Raum gibt, habe der einzelne zwar keinen Anspruch darauf, von fremden Glaubensbekundungen verschont zu bleiben. Davon zu unterscheiden sei aber eine vom Staat geschaffene Lage, in welcher der einzelne dem Einfluß eines bestimmten Glaubens, den Handlungen, in welchen dieser sich manifestiere, und den Symbolen, in denen er sich darstelle, ohne Ausweichmöglichkeit ausgesetzt sei. Dem trage Art. 140 GG i.V.m. Art. 136 Abs. 4 WRV

---

[451] BVerfGE 41, 65 (78 ff.). Vgl auch *Badura*, BayVBl. 1996, S. 33, 34.

[452] Vgl. BVerfGE 52, 223 ff.

[453] BVerfGE 35, 366 ff.

[454] BVerfGE 35, 366 (375). Vgl. hierzu auch *Merten*, in: Festschrift für Stern, S. 987, 1001.

[455] Vgl. auch *Badura*, BayVBl. 1996, S. 33, 35; *Kästner*, AöR 1998, S. 408, 421 ff.

dadurch Rechnung, daß er einen Zwang zur Teilnahme an religiösen Übungen ausdrücklich verbiete. Was ein Kreuz oder ein Kruzifix an einer Wand eines Klassenzimmers anbelangt, so sei für den einzelnen Schüler keine Ausweichmöglichkeit gegeben. Er könne sich dem Anblick dieses zentralen christlichen Symbols, das er als Belastung empfindet, nicht entziehen. Zur Frage des Grundrechtseingriffs, die unmittelbar auf die Konturen des Schutzbereichs der Religionsfreiheit Bezug nehme, führt das Bundesverfassungsgericht aus, daß Kreuze in Klassenzimmern in Verbindung mit der allgemeinen Schulpflicht dazu führen, daß die Schüler während des Unterrichts von Staats wegen und ohne Ausweichmöglichkeit mit diesem Symbol konfrontiert seien und gezwungen würden, *„unter dem Kreuz"* zu lernen. Dadurch unterscheide sich das Anbringen von Kreuzen in Klassenzimmern von der im Alltag häufig auftretenden Konfrontation mit religiösen Symbolen der verschiedenen Glaubensrichtungen. Nach Dauer und Intensität sei die Wirkung von Kreuzen in Unterrichtsräumen größer als diejenige von Kreuzen in Gerichtssälen. Das Kreuz sei Symbol einer bestimmten religiösen Überzeugung und nicht etwa lediglich der Ausdruck der von Christentum mitgeprägten abendländischen Kultur. Eine Einwirkung auf die Schüler könne ihm nicht abgesprochen werden. Es habe *„appellativen Charakter"* und weise die von ihm symbolisierten Glaubensinhalte als vorbildhaft und befolgungswürdig aus. Dies geschehe gegenüber Personen, die aufgrund ihrer Jugend in ihren Anschauungen noch nicht gefestigt und daher einer mentalen Beeinflussung besonders leicht zugänglich seien. Daher sei in der staatlich angeordneten Anbringung eines Kreuzes in jedem Klassenzimmer ein Eingriff in das Grundrecht auf Religionsfreiheit in seiner negativen Dimension zu sehen. Der Staat, im vorliegenden Falle der Landesgesetzgeber, dürfe im Schulwesen die Erziehungsziele festlegen und müsse bei dem gebotenen Ausgleich mit der Religionsfreiheit der Schüler auf religiös-weltanschauliche Bezüge nicht völlig verzichten. Der Landesgesetzgeber habe im öffentlichen Willensbildungsprozeß einen für alle zumutbaren Kompromiß zu suchen und dabei das unvermeidliche Spannungsverhältnis zwischen negativer und positiver Religionsfreiheit zu lösen. Damit dürfe nur das *„unerläßliche Minimum an Zwangselementen"* verbunden sein. Das bedeute insbesondere, daß die Schule ihre Aufgabe im weltanschaulich-religiösen Bereich nicht missionarisch auffassen und keine Verbindlichkeit für christliche Glaubensinhalte beanspruchen dürfe. Das Anbringen des Kreuzes könne verfassungsrechtlich nicht durch die an sich zulässige religiös-weltanschauliche Ausrichtung der Schule und auch nicht aus der positiven Glaubensfreiheit der Eltern und Schüler christlichen Glaubens gerechtfertigt werden. Die positive Glaubensfreiheit komme allen Eltern und Schülern gleichermaßen zu, nicht nur den christlichen. Der daraus entstehende Konflikt lasse sich nicht nach dem Mehrheitsprinzip lösen. Denn gerade das Grundrecht der Glaubensfreiheit bezwecke in besonderem Maße den Schutz von Minderheiten. Die Empfindungen Andersdenkender völlig zurückzudrängen wäre mit dem Gebot praktischer Konkordanz nicht vereinbar.

Der Beschluß wurde von der Literatur mit teilweise sehr scharfer Kritik aufgenommen.[456] Diejenigen, die den Beschluß im Ergebnis für falsch hielten, zweifelten insbesondere den

[456] Vgl. aus dem reichen Schrifttum zu diesem Beschluß etwa: *Merten*, in: Festschrift für Stern, S. 987 ff.; *Badura*, BayVBl. 1996, S. 33 ff.; *ders.*, BayVBl. 1996, S. 71 ff.; *Kästner*, ZevKR 1996, 241 ff.; *Campenhausen*, AöR 1996, S. 448 ff.; *Schmitt-Kammler*, in: Festschrift für Friauf, S. 343 ff.; *Bayer*, Das Grundrecht der Religions- und Gewissensfreiheit, S. 206 ff.; *Goerlich*, NVwZ 1995, S. 1184 ff.; *Czermak*, NJW 1995, S. 3348 ff.; *ders.*, DÖV 1997, S. 107 ff.; *ders.*, ThürVBl. 1996, S. 241 ff.; *ders.*, ZRP 1996, S. 201 ff.; *Flume*, NJW 1995,

Eingriffscharakter der angegriffenen Bestimmung der Bayerischen VSO an. Einerseits wird hierzu argumentiert, daß die bloße Wahrnehmung von Religiosität keinen Eingriff[457] in die Religionsfreiheit darstellen kann, da dem Wahrnehmenden keinerlei Bejahung des Symbols abverlangt werde.[458] Andererseits wurde von der Bayerischen Staatsregierung vorgetragen, daß das Kreuz nur Ausdruck der vom Christentum mitgeprägten abendländischen Kultur sei und daher kein Eingriff vorliegen könne.[459] Letzteres Argument hat das Bundesverfassungsgericht allerdings ausdrücklich zurückgewiesen.[460] Auch wenn es damit in gewisser Weise von der weiter oben dargestellten früheren Rechtsprechung abweicht, sieht das Bundesverfassungsgericht in dem staatlich angeordneten Kreuz im Klassenzimmer einen Eingriff in die negative Bekenntnisfreiheit. Das Kreuz sei eben das Symbol des Christentums schlechthin und habe überdies appellativen Charakter, wenn es verpflichtendermaßen in Klassenzimmern zur Schau gestellt werde. Die Ansicht des Bundesverfassungsgerichts wird weiterhin auch noch aus dem Grunde kritisiert, daß es dem Gericht gar nicht zugestanden hätte, den religiösen Inhalt des Kreuzes juristisch zu bewerten.[461] Obgleich ich auch die Gegenmeinung, daß in dem Kreuz kein Eingriff zu sehen sei, für gut vertretbar halte, so kommt man doch an der klaren Entscheidung des Bundesverfassungsgerichts, für die ja ebenfalls gute Gründe sprechen nicht vorbei. Es ist folglich auch nur konsequent, daß, wenn man einen Eingriff in die negative Religionsfreiheit der nicht-christlichen Schüler bejaht, man auch einen Verstoß gegen die weltanschaulich-religiöse Neutralitätsverpflichtung des Staates feststellen muß. Der Eingriffscharakter des Kreuzes im Klassenzimmer bedingt dann logisch zwingend auch die Neutralitätsverletzung. Damit wäre die Entscheidung des Bundesverfassungsgerichts eigentlich bereits ausreichend begründet gewesen. Dennoch führt das Gericht danach aber auch noch einen Ausgleich zwischen der negativen Religionsfreiheit der nicht-christlichen Schüler mit der positiven Religionsfreiheit der christlichen Schüler und Eltern durch. Dabei kommt es zu dem Ergebnis, daß im vorliegenden Fall die negative Religionsfreiheit den Vorrang gegenüber der positiven Religionsfreiheit genießt. Die Kritik merkt an dieser Stelle an, daß das Bundesverfassungsgericht damit die negative Religionsfreiheit im Rahmen des Art. 4 GG zu einer Art *Obergrundrecht* erhebt.[462] In diesem Zusammenhang ist jedoch die Ansicht *Schmitt-Kammlers* vorzuziehen, der darauf hinweist, daß eine Abwägung kollidierender Rechte an dieser Stelle gar nicht vorgenommen werden

---

S. 2904 f.; *Link*, NJW 1995, S. 3353 ff.; *Renck*, NJW 1999, S. 994 ff.; *ders.*, ZRP 1996, S. 16 ff.; *Detterbeck*, NJW 1996, S. 426 ff.; *Biletzki*, NJW 1996, S. 2633 ff.; *Müller-Volbehr*, JZ 1995, S. 996 ff.; *Isensee*, ZRP 1996, S. 10 ff.; *Benda*, ZRP 1995, S. 427 ff.; *Reis*, ZRP 1996, S. 56 ff.; *Neumann*, ZRP 1995, S. 381 ff.; *Brenner*, ThürVBl. 1996, S. 145 ff.

[457] *Kästner*, AöR 1998, S. 408, 428 ff.

[458] So etwa *v. Campenhausen*, AöR 1996, S. 448, 450.

[459] *Kokott*, in: *Sachs*, Grundgesetz-Kommentar, 2. Aufl., Art. 4, Rn. 39.

[460] BVerfGE 93, 1 (19).

[461] *v. Campenhausen*, AöR 1996, S. 448, 460 ff.

[462] Vgl. hierzu etwa *Kästner*, AöR 1998, S. 408, 423; *ders.*, ZevKR 1996, S. 241, 260 ff.; *v. Campenhausen*, AöR 1996, S. 448, 450 ff.

kann.[463] Eine etwaiger Ausgleich zwischen der negativen Religionsfreiheit eines Teils und der positiven Religionsfreiheit eines anderen Teils der Schüler könnte sich lediglich auf die Religionsfreiheit von Privatpersonen beziehen. Im Fall geht es allerdings um staatliches Handeln. Bei staatlich verordnetem Anbringen von Kreuzen in Klassenzimmern liegt kein Problem der positiven oder negativen Religionsfreiheit vor, sondern eine Neutralitätsproblematik. Es bleibt hier kein Raum für eine Abwägung zwischen Grundrechtspositionen. Man hat es nicht zu tun mit dem Verhältnis von Grundrechtsträgern zueinander. In Streit steht nicht ein religiös motivierter Vorgang, der in einem privaten Verhalten von Mitschülern bestünde, sondern um eine staatliche Verordnung. Es ist nichts als eine Begriffsverwirrung, wenn man eine staatlich verordnete Kreuzanbringung zu einem Vorgang der positiven Ausübung von Grundrechten durch Privatpersonen verbiegt. Die *Kreuzgegner* greifen nicht in die Grundrechtssphäre der *Kreuzbefürworter* ein, sie verlangen lediglich, der Staat möge nicht durch einen Verstoß gegen das Neutralitätsgebot in rechtswidriger Weise ihre Grundrechtssphäre beeinträchtigen. Die Grundrechtssphäre der *Kreuzbefürworter* wird durch die Nichtanbringung eines Kreuzes nicht berührt, da Art. 4 Abs. 1 GG keinen Anspruch gegen den Staat auf *Leistung* im Sinne der religiösen Überzeugungen des Grundrechtsträgers gibt.[464]

Nach alledem ist dem Beschluß im Ergebnis zuzustimmen. Durch eine Aufwertung der negativen Religionsfreiheit in gewisser Abweichung von seiner früheren Rechtsprechung stärkt das Bundesverfassungsgericht durch den *„Kruzifix-Beschluß"* die Rechte von religiösen Minderheiten. Allerdings hat das Bundesverfassungsgericht die große Sensibilität der beurteilten Materie nicht ausreichend beachtet und an einigen Stellen des Beschlusses nicht entsprechend sorgfältig und überzeugend begründet.

ee) Lebenserziehung-Ethik-Religion („*LER*") in Brandenburg

Ein weiteres im Bereich von Schulrecht und Religionsfreiheit heftig umstrittenes Problem ist die Einführung des Unterrichtsfaches *„Lebenserziehung-Ethik-Religion (LER)"* im Bundesland Brandenburg.[465] Die Problematik betrifft im wesentlichen das Spannungsfeld

[463] *Schmitt-Kammler*, in: Festschrift für *Friauf*, S. 343, 353 ff.

[464] *Schmitt-Kammler*, in: Festschrift für *Friauf*, S. 343, 355.

[465] Vgl. aus dem reichen Schrifttum etwa: *Werner*, Verfassungssrechtliche Fragen des Ersatzunterrichts zum Religionsunterricht, 1998; *dies.*, NVwZ 1998, S. 816 ff.; *Heckel*, ZevKR 1999, S. 147 ff.; *Bader*, NVwZ 1998, S. 256 ff.; *Muckel/Tillmanns*, RdJB 1996, S. 360 ff.; *Carmesin*, RdJB 1996, S. 351 ff.; *Renck*, LKV 1997, S. 81 ff.; *ders.*, BayVBl. 1992, S. 519; *de Wall*, NVwZ 1997, S. 465 ff.; *Schockenhoff*, BayVBl. 1993, S. 737 ff.; *Lörler*, ZRP 1996, S. 121 ff.

zwischen Art. 141 und Art. 7 Abs. 3 Satz 1 GG.[466] Die Bestimmungen haben folgenden Wortlaut:

„Art. 7 Abs. 3 Satz 1 GG

Der Religionsunterricht ist in den öffentlichen Schulen mit Ausnahme der bekenntnisfreien Schulen ordentliches Lehrfach.

Art. 141 GG

Artikel 7 Abs. 3 Satz 1 findet keine Anwendung in einem Land, in dem am 1. Januar 1949 eine andere landesrechtliche Regelung bestand."

Nach Art. 7 Abs. 3 Satz 1 GG ist bekenntnisgebundener Religionsunterricht an (nicht bekenntnisfreien) öffentlichen Schulen demnach ordentliches Lehrfach. Art. 141 GG schränkt den örtlichen Geltungsbereich des Art. 7 Abs. 3 Satz 1 GG ein. Hat am 1. Januar 1949 in einem Land eine Regelung bestanden, daß etwa christliche Lehrinhalte bekenntnisübergreifend zu vermitteln oder daß Glaubensaussagen weltanschaulich gänzlich neutral darzubieten gewesen sind oder daß das Religionsfach einfach kein ordentliches Lehrfach war, so liegt es im Ermessen des Landes, an diesem Rechtszustand festzuhalten oder Religionsunterricht im Sinne des Art. 7 Abs. 3 Satz 1 GG einzuführen.[467] Umstritten ist dies für die neuen Bundesländer, für die der Einigungsvertrag insofern keine Sonderregelung enthält und deren Verfassungen aus der Zeit von 1949 Religionsunterricht zwar zuließen, aber nicht als ordentliches Lehrfach vorsahen.[468] Brandenburg hat in den §§ 9, 11 und 141 des Brandenburgischen Schulgesetzes vom 12. April 1996 anstelle des Religionsunterrichts das Fach *„Lebenserziehung-Ethik-Religion (LER)*" als ordentliches Lehrfach eingeführt. Bis zum Ende des Schuljahres 1999/2000 nahmen in Brandenburg insgesamt 54.767 Schüler der Jahrgangsstufen sieben bis zehn an 341 Schulen am LER-Unterricht teil.[469] Alle Schüler haben danach an LER teilzunehmen, wobei der Besuch eines Religionsunterrichts allenfalls zusätzlich im Rahmen eines Wahlfachunterrichts möglich ist. Mit diesem Schritt trägt das Bundesland Brandenburg dem Faktum Rechnung, daß innerhalb seines Territoriums bekenntnislose Schüler derart zahlreich vorhanden sind, daß nach der Ansicht der

---

[466] Vgl. hierzu etwa: *Wrege*, LKV 1996, S. 191 ff.; *Renck*, ThürVBl. 1993, S. 102 ff.; *Kremser*, JZ 1995, S. 928 ff.; *Uhle*, DÖV 1997, S. 409 ff.; *Frisch*, DtZ 1992, S. 144 ff.

[467] Vgl. hierzu allgemein: *Schmitt-Kammler*, in: *Sachs*, Grundgesetz-Kommentar, 2. Aufl., Art. 141, Rn. 2 ff.

[468] Mit Ausnahme der Thüringischen Verfassung vom 20. Dezember 1946, die hierzu schweigt.

[469] Nach Angabe des brandenburgischen Bildungsministers *Reiche*. Vgl. FAZ vom 26. Juli 2000.

Landesregierung die Einführung oder Beibehaltung bekenntnisgebundenen Religionsunterrichts nicht mehr gerechtfertigt erscheint.[470]

Da jedoch einerseits bekenntnislose Menschen nicht als religiöse Minderheit bezeichnet werden können und da andererseits die christlichen Kirchen, die in Brandenburg für die Einführung des (christlichen) Religionsunterrichts als ordentliches Lehrfach kämpfen, die Vertreter der Mehrheitsreligion sind, liegt hier keine minderheitenrechtlich relevante Problemkonstellation vor. Daher soll die Problematik der Einführung von LER in Brandenburg hier auch nicht weiter vertieft werden. Im übrigen ist die Sache seit geraumer Zeit beim Bundesverfassungsgericht anhängig, das noch keine diesbezügliche Entscheidung getroffen hat.[471] Das Bundesland Brandenburg beabsichtigt jedenfalls, das Unterrichtsfach LER[472] weiter auszubauen.[473]

5. Sonderprobleme

Darüber hinaus gibt es im Bereich der Religionsfreiheit noch einige weitere Probleme mit minderheitenschutzrechtlicher Relevanz, die im folgenden kurz dargestellt werden sollen.

a) Der Ruf des Muezzin

Seitdem in mehreren deutschen Städten Muslime mehrmals am Tag von einem Muezzin zum Gebet gerufen werden,[474] ist über die gesellschaftspolitische Bedeutung und die rechtliche

---

[470] Genaue Zahlen fehlten aus den bekannten Gründen wieder. Special Rapporteur *Abdelfattah Amor* schätzt die Zahl der in Deutschland lebenden bekenntnislosen Menschen auf 16 Millionen. Die meisten dieser Menschen dürften in den neuen Bundesländern wohnen oder von dort stammen. Vgl. UN Doc. E/CN.4/1998/6/Add.2, Ziffern 14 und 33. Nach einer Schätzung der Landesregierung von Brandenburg aus dem Jahr 2000 sind von den 2,6 Millionen Einwohnern Brandenburgs etwa 1,9 Millionen konfessionslos; nach einem dpa-Bericht, in: FAZ vom 2. Oktober 2000.

[471] Im Juli 1996 reichten die Bistümer Berlin, Görlitz und Magdeburg Verfassungsbeschwerde ein. Vgl. FAZ vom 4. Juli 1996. Die Bistümer werden von den Professoren *Badura* (München) und *Starck* (Göttingen) vertreten. Kurz danach reichte auch die evangelische Kirche in Berlin-Brandenburg Verfassungsbeschwerde ein. Vgl. FAZ vom 6. Juli 1996. Zuständig für die Entscheidung ist der Erste Senat des Bundesverfassungsgerichts. Vgl. FAZ vom 15. August 1996.

[472] Zu den Lehrinhalten dieses Faches vgl. *Kuss*, FAZ vom 21. September 2000.

[473] Darauf hat der brandenburgische Bildungsminister *Reiche* hingewiesen. Vgl. FAZ vom 26. Juli 2000.

[474] Der Inhalt des Gebetsrufes, der zum Freitagsgebet und den fünf rituellen täglichen Gebeten aufruft, lautet wie folgt:

Zulässigkeit dieses Gebetsrufes eine lebhafte Debatte entbrannt.[475] Auch diese Problematik kann mit den vorstehend ausführlich dargelegten Grundsätzen der grundrechtlichen Religionsfreiheit gelöst werden.

Der Ruf des Muezzin hat bekenntnishaften Charakter und ist daher vom Schutzbereich der Religionsfreiheit des Art. 4 Abs. 1 GG umfaßt.[476] Daß die Bundesrepublik Deutschland kulturell stark vom christlichen Glauben geprägt ist und daß für viele Menschen der Gebetsruf fremdartig anmuten mag, ändert daran selbstverständlich nichts. Wenn der Gebetsruf staatlich reglementiert wird, liegt darin ein Eingriff in die Religionsfreiheit. Begrenzt werden kann das Grundrecht der Religionsfreiheit lediglich durch kollidierendes Verfassungsrecht, mit dem es in einen möglichst schonenden Ausgleich gebracht werden muß. Als kollidierendes Verfassungsrecht kommt in diesem Bereich das Immissionsschutzrecht des Bundes und der Länder, das Straßenverkehrsrecht und das Baurecht,[477] welches über die Bestimmung des Art. 2 Abs. 2 Satz 1 GG in bestimmtem Umfang Verfassungsrang genießt, in Frage.[478] Der Ruf des Muezzin ist damit im Ergebnis ähnlich zu bewerten wie das liturgische Glockenläuten der christlichen Kirchen.[479] Die Reglementierung des Gebetsrufes des Muezzin ist im jeweiligen Einzelfall anhand der aufgezeigten verfassungsrechtlichen Erwägungen auszugestalten.

b) Das rituelle Schächten

In einem ähnlichen verfassungsrechtlichen Rahmen bewegt sich die Bewertung des rituellen Schächtens.[480] Bei der Problematik des Schächtens geht es um die Frage, ob und inwieweit

---

„Allahu akbar (Allah ist groß)
aschhadu an la ilaha illa 'llah (Ich bezeuge, daß es keinen Gott außer Allah gibt)
aschhadu an Muhammadan rasul 'llah (Ich bezeuge, daß Muhammad Allahs Prophet ist)
haiya 'ala'l-salat (Auf zum Gebet)
haiya 'ala'l-falah (Auf zum Heil)
Allahu akbar (Allah ist groß)
la ilaha illa 'llah (Es gibt keinen Gott außer Allah)" (zitiert nach *Guntau*, ZevKR 1998, S. 369, 374)

475 Vgl. etwa: *Borttscheller*, FAZ vom 19. März 1997; *Hummel*, FAZ vom 26. März 1997.

476 Zur rechtlichen Bewertung des Gebetsrufes des Muezzin vgl. etwa: *Kokott*, in: *Sachs*, Grundgesetz-Kommentar, 2. Aufl., Art. 4, Rn. 55; *Muckel*, NWVBl. 1998, S. 1 ff.; *Guntau*, ZevKR 1998, S. 369 ff.

477 Einzelheiten hierzu vgl. bei *Muckel*, NWVBl. 1998, S. 1, 4 f.; *Guntau*, ZevKR 1998, S. 369, 382 f.

478 *Muckel*, NWVBl. 1998, S. 1, 5.

479 *Kokott*, in: *Sachs*, Grundgesetz-Kommentar, 2. Aufl., Art. 4, Rn. 55; *Kästner*, AöR 1998, S. 408, 439. Vgl. hierzu auch die einschlägigen Entscheidungen des Bundesverwaltungsgerichts: BVerwGE 68, 62 ff.

480 Als Schächten wird das Töten von Wirbeltieren durch Ausblutenlassen ohne vorherige Betäubung nach religiösen Vorschriften bezeichnet. Diese Schlachttechnik ist in jüdischen und muslimischen Religionen bekannt. Vgl. *Bayer*, Das Grundrecht der Religions- und Gewissensfreiheit, S. 194.

das Schächten dem Grundrecht der Religionsfreiheit unterfällt und falls ja, ob einem anderen Rechtsgut, hier dem Tierschutz, eine Schrankenfunktion bei der Religionsausübung zukommen kann.[481] Dabei stellt sich das Problem, ob dem Tierschutz Verfassungsrang zukommt und ob insofern eine Kollisionssituation vorliegt.

Eine einfachgesetzliche Regelung des Schächtens ist im Tierschutzgesetz vorgesehen. Nach § 4 a Abs. 1 TierSchG ist das Schächten grundsätzlich verboten. § 4 a Abs. 2 TierSchG sieht allerdings einen Ausnahmetatbestand vor, der die Erteilung einer behördlichen Genehmigung zum Schächten vorsieht, wenn das Erfordernis besteht, den Bedürfnissen von Angehörigen bestimmter Religionsgemeinschaften zu entsprechen, denen zwingende Vorschriften ihrer Religionsgemeinschaft das Schächten vorschreiben (1. Alt.) oder den Genuß von Fleisch nicht geschächteter Tiere untersagen (2. Alt).[482] Diese Vorschrift war der zentrale Gegenstand einer Entscheidung des Bundesverwaltungsgerichts, bei der es im wesentlichen um den Eingriffscharakter in das Grundrecht der Religionsfreiheit ging.[483] Die Betreiberin einer Kantine einer Moschee hatte auf Erteilung einer Genehmigung zum Schächten geklagt. Das Gericht stellte fest, was wohl auch unbestritten war, daß bestimmte islamische religiöse Gebote zwar nicht das Schächten als solches gebieten, aber doch den Gläubigen den Genuß von Fleisch nicht-geschächteter Tiere untersagten. Mit der Argumentation, daß der Genuß von Fleisch geschächteter Tiere keinen Akt religiöser Betätigung darstelle, so daß der Verzicht auf diesen Genuß keine Verletzung religiös bedingter Pflichten darstelle, lehnte das Bundesverwaltungsgericht einen Eingriff in das Grundrecht auf Religionsfreiheit ab.[484] Der Schutzbereich des Art. 4 GG werde nicht berührt, da niemand gezwungen werde, entgegen seiner religiösen Überzeugung Fleisch nicht geschächteter Tiere zu verzehren. Der Verzicht auf das Nahrungsmittel Fleisch stelle keine unzumutbare Beschränkung der persönlichen Entfaltungsmöglichkeit dar. Diese sehr enge Auffassung des Eingriffes im Kontext des Art. 4 GG, welche das Bundesverwaltungsgericht hier vertritt, ist in der Literatur zu Recht auf Kritik gestoßen.[485] Die Religionsfreiheit eröffnet den Gläubigen nicht nur den engen Bereich

[481] Vgl. zur Problematik: *Bayer*, Das Grundrecht der Religions- und Gewissensfreiheit, S. 194 ff.; *Kokott*, in: *Sachs*, Grundgesetz-Kommentar, 2. Aufl., Art. 4, Rn. 55.

[482] § 4a TierSchG hat folgenden Wortlaut:
„(1) Ein warmblütiges Tier darf nur geschlachtet werden, wenn es vor Beginn des Blutentzugs betäubt worden ist.
(2) Abweichend von Absatz 1 bedarf es keiner Betäubung, wenn
1. sie bei Notschlachtungen nach den gegebenen Umständen nicht möglich ist.
2. die zuständige Behörde eine Ausnahmegenehmigung für ein Schlachten ohne Betäuben (Schächten) erteilt hat; sie darf die Ausnahmegenehmigung nur insoweit erteilen, als es erforderlich ist, den Bedürfnissen von Angehörigen bestimmter Religionsgemeinschaften im Geltungsbereich dieses Gesetzes zu entsprechen, deren zwingende Vorschriften ihrer Religionsgemeinschaft das Schächten vorschreiben oder den Genuß von Fleisch nicht geschächteter Tiere untersagen oder
3. dies als Ausnahme durch Rechtsverordnung nach § 4b Nr. 3 bestimmt ist.“

[483] BVerwGE 99, 1.

[484] BVerwGE 99, 1 (7 f.).

[485] Vgl. etwa die ablehnende Besprechung von *Mayer*, NVwZ 1997, S. 561 ff.; *Kokott*, in: *Sachs*, Grundgesetz-Kommentar, 2. Aufl., Art. 4, Rn. 55.

kultischer Handlungen, sondern ermöglicht ein möglichst umfassendes Spektrum religiös motivierten Verhaltens. Hierzu gehört nach der Rechtsprechung des Bundesverfassungsgerichts das Recht des einzelnen, sein gesamtes Verhalten an den Lehren seines Glaubens auszurichten.[486] Die Entscheidung des Bundesverwaltungsgerichts, die im Ergebnis auf ein Fleischverbot für gläubige Moslems hinausläuft, wird daher der Bedeutung des Art. 4 GG nicht ausreichend gerecht. Auch, wenn das betäubungslose Schlachten nicht unmittelbar dem Bereich der kultischen Handlungen zuzurechnen ist, sondern lediglich der Beschaffung von nach religiösen Vorschriften einwandfreiem Fleisch dient, ist der Schutzbereich des Art. 4 GG berührt, so daß ein Verbot des Schächtens einen Eingriff in denselben darstellt.[487]

Nunmehr ist also fraglich, ob Erwägungen des Tierschutzes das rituelle Schächten, das über Art. 4 GG geschützt ist, einschränken können. Dafür müßte der Tierschutz Verfassungsrang genießen. Explizit ist der Tierschutz im Grundgesetz nicht erwähnt. Dennoch wird versucht, dem Tierschutz über verschiedene dogmatische Konstruktionen einen Verfassungsrang zuzusprechen.[488] Der Verfassungsrang des Tierschutzes wird beispielsweise aus dem „*Menschenbild des Grundgesetzes*" abgeleitet, das auch eine Verantwortung des Menschen für die Schöpfung, also auch für Tiere, beinhalte. Hiergegen wird eingewandt, daß der Begriff zu vage sei und überdies dadurch die Verfassung für politische und ideologische Wertungen geöffnet werde. Eine andere Meinung will den Tierschutz aus der Menschenwürde herleiten. Die Verantwortung und Fürsorge für das Tier sei eine der Menschenwürde zugrunde liegender Wert, so daß bei Verletzung dieses Wertes, beispielsweise durch Tierquälerei, die Menschenwürde selbst berührt sei, woraus eine Verpflichtung des Staates resultiere, diesen Wert etwa durch Tierschutzgesetzgebung zu erhalten.[489] Auch wenn im einzelnen die verfassungsdogmatische Konstruktion windig sein mag, so ist doch im Ergebnis zumindest von einem ungeschriebenen Verfassungsprinzip des Tierschutzes auszugehen, der am besten mit dem „*Menschenbild des Grundgesetzes*" begründet werden kann.[490] Damit kann der Tierschutz auch eine verfassungsimmanente Schranke für das durch Art. 4 GG geschützte rituelle Schächten sein. Im Rahmen eines schonenden Ausgleiches kann allerdings das rituelle Schächten nicht völlig zurücktreten. Die Regelung des § 4a TierSchG, die für das Schächten ein Verbot mit Erlaubnisvorbehalt versieht, kann wohl aber nicht kritisiert werden, da es im Rahmen dieser Regelung darum geht, Schächten von unkundiger oder ungeübter Hand zu verhindern. Damit ist das rituelle Schächten, so es von kundiger Hand ausgeführt wird, von Art. 4 GG geschützt und zulässig.[491]

---

486 BVerfGE 33, 23 (28).

487 So *Mayer*, NVwZ 1997, S. 561, 562. Vgl. auch *Kästner*, AöR 1998, S. 408, 413 ff.

488 Vgl. hierzu im einzelnen: *Bayer*, Das Grundrecht der Religions- und Gewissensfreiheit, S. 199 ff.

489 Details vgl. bei *Bayer*, Das Grundrecht der Religions- und Gewissensfreiheit, S. 200 ff.

490 So im Ergebnis auch *Kokott*, in: *Sachs*, Grundgesetz-Kommentar, 2. Aufl., Art. 4, Rn. 55 und 120 ff. sowie *Bayer*, Das Grundrecht der Religions- und Gewissensfreiheit, S. 204.

491 *Bayer*, Das Grundrecht der Religions- und Gewissensfreiheit, S. 204 f.

c) Der Umgang mit der „*Scientology*“-Sekte und anderen „*Jugendreligionen*“

Der letzte Bereich, bei dem im Rahmen der Religionsfreiheit minderheitenschutzrechtliche Probleme auftreten können, ist der staatliche Umgang mit *Jugendreligionen* oder *neuen Religionen*. In diesem Bereich geht es im wesentlichen um zwei Fragen. Erstens ist problematisch, unter welchen Voraussetzungen eine Vereinigung als Religions- oder Weltanschauungsgemeinschaft angesehen werden kann. Und zweitens trat das Problem der Zulässigkeit von staatlichen oder staatlich geförderten Warnungen vor den Gefahren bestimmter Jugendreligionen auf. Besonders problematisch ist in diesem Kontext die Einordnung der „*Scientology*“-Sekte aufgrund ihrer regen wirtschaftlichen Tätigkeit.

Mit dem Begriff der Jugendreligionen oder neuen Religionen werden Gruppierungen bezeichnet, die seit Mitte des 20. Jahrhunderts entstanden sind und sich ihrem Selbstverständnis nach für Religions- oder Weltanschauungsgemeinschaften halten.[492] Ob diese Gruppierungen sich tatsächlich auch auf den Schutz der Bestimmungen der grundgesetzlichen Religionsfreiheit berufen können, ist anhand des allgemeinen Begriffs der Religions- oder Weltanschauungsgesellschaft zu klären. Eine Religionsgesellschaft ist der Zusammenschluß von Angehörigen eines oder mehrerer Glaubensbekenntnisse, die einen Mindestkonsens im Hinblick auf den religiösen Bekenntnisinhalt und seine Bezeugung nach außen aufweisen in einem Gebiet zur allseitigen Erfüllung der durch das gemeinsame Bekenntnis gestellten Aufgaben.[493] Eine Weltanschauungsgemeinschaft ist dadurch gekennzeichnet, daß sie durch ihre Lehren eine wertende Stellungnahme zum Ganzen der Welt bietet und damit eine Antwort auf Fragen nach Ursprung, Sinn und Ziel der Welt und des Lebens der Menschen geben will.[494] Auch für eine Weltanschauungsgemeinschaft ist der Konsens und das Bekenntnis wichtig. Auch wenn im Rahmen der Beurteilung einer Gruppierung ihr Selbstverständnis zu beachten ist,[495] so muß nach der Rechtsprechung das religiöse Bekenntnis objektiv gegeben sein.[496] Dabei geht es nicht darum, daß ein abstraktes Bekenntnis im Sinne einer theoretischen Grundlage vorliegen muß, entscheidend ist vielmehr das konkrete Wirken einer religiösen Gemeinschaft bzw. das diesbezügliche tatsächliche Auftreten seiner Mitglieder.[497] Nach diesen Definitionen sind die neuen Religionen

---

[492] Im einzelnen sind die wichtigsten die Bhagwan-Shree-Rajneesh-(Osho-)Bewegung, die Hare-Krisna-Bewegung, die Scientology Kirche Deutschland, die Transzendentale Meditation, die Vereinigungskirche (Mun-Sekte), die Kinder Gottes des David "Mo" Berg und die Divine Light Mission. Vgl. zu den Lehren der einzelnen Bewegungen: *Badura*, Der Schutz von Religion und Weltanschauung durch das Grundgesetz: Verfassungsfragen zur Existenz und Tätigkeit der neuen „*Jugendreligionen*", S. 54 ff.; *Bayer*, Das Grundrecht der Religions- und Gewissensfreiheit, S. 134 ff.

[493] *Bayer*, Das Grundrecht der Religions- und Gewissensfreiheit, S. 74.

[494] *Bayer*, Das Grundrecht der Religions- und Gewissensfreiheit, S. 75.

[495] So das Bundesverfassungsgericht, in: BVerfGE 83, 341 (353).

[496] BVerwGE NJW 1981, S. 1460, 1461; BVerwGE 42, 128 (132).

[497] BVerfGE 83, 341 (354); BVerwG, NJW 1981, S. 1460, 1461.

problemlos als Religions- oder Weltanschauungsgemeinschaften einzuordnen. Den Gruppierungen liegen entweder gemeinsame transzendentale Vorstellungen zugrunde oder sie bieten, wie die Osho-Bewegung, ihren Mitgliedern eine umfassende Weltsicht an.[498] Eine Ausnahme hiervon stellt die „*Scientology*"-Sekte dar, die zwar durchaus transzendentale Bezüge aufweist, daneben aber auch viele Überzeugungen und Zielvorstellungen ohne religiösen Bezug vertritt.[499] Aus diesem Grunde steht das Bundesverwaltungsgericht in seiner früheren Rechtsprechung auf dem Standpunkt, daß die „*Scientology*"-Sekte die Merkmale einer Religionsgemeinschaft nicht erfülle.[500] Diese Ansicht wird gestützt, wenn man das wirtschaftliche Gebaren dieser Gruppierung betrachtet. Bei genauer Betrachtung des für die Beurteilung so wichtigen Auftretens nach außen steht bei der „*Scientology*"-Sekte die wirtschaftliche Betätigung ganz eindeutig im Vordergrund. Natürlich ist bei der wirtschaftlichen Betätigung einer Religions- oder Weltanschauungsgemeinschaft auch diese wirtschaftliche Betätigung vom Grundrecht des Art. 4 GG umfaßt, falls die Betätigung grundsätzlich der Finanzierung der religiösen Aktivitäten dient.[501] Von einem Mißbrauch des Rechts zur gemeinschaftlichen Pflege von Religion und Weltanschauung und damit einem Verlust des Schutzes von Art. 4 GG könne dann ausgegangen werden, wenn in Wahrheit ausschließlich wirtschaftliche Ziele verfolgt würden, die lediglich mit ideellen Zielen verbrämt seien.[502] Ganz klar Stellung bezieht in dieser Hinsicht das Bundesarbeitsgericht, welches davon ausgeht, daß die „*Scientology*"-Sekte sich nicht auf den Schutzbereich des Art. 4 GG berufen könne, weil aufgrund der Gesamterscheinung dieser Gruppierung klar würde, daß die religiösen oder weltanschaulichen Lehren nur als Vorwand für die Verfolgung wirtschaftlicher Ziele dienten.[503] Dementsprechend haben schon früher Finanzgerichte die Gemeinnützigkeit von *Scientology*-Untergliederungen abgelehnt und ihre Umsatzsteuerpflicht bejaht.[504] Insgesamt geht es der „*Scientology*"-Sekte nicht primär darum, sich als Religionsgemeinschaft zu finanzieren, sondern um Macht und Einflußnahme in allen Bereichen der Gesellschaft mit dem Ziel, die Gesellschaft nach den *Scientology*-Prinzipien immer mehr umzugestalten. Im Gegensatz zu den übrigen Gruppierungen erfüllt die

---

498 Vgl. *Bayer*, Das Grundrecht der Religions- und Gewissensfreiheit, S. 139 f.

499 Vgl. *Abel*, FAZ vom 11. März 1997.

500 BVerwG, NJW 1981, S. 1460, 1462; BVerwG, NJW 1985, S. 393 ff. Diese Meinung wird allerdings von einigen Instanzgerichten nicht geteilt: Nachweise bei *Bayer*, Das Grundrecht der Religions- und Gewissensfreiheit, S. 140.

501 Das hat das Bundesverwaltungsgericht auch in einer neueren Entscheidung nochmals klar hervorgehoben: BVerwG, DVBl. 1995, S. 804 ff.

502 BVerwG, NJW 1992, S. 2469 ff. Vgl. hierzu auch *Badura*, Der Schutz von Religion und Weltanschauung durch das Grundgesetz: Verfassungsfragen zur Existenz und Tätigkeit der neuen „*Jugendreligionen*", S. 74.

503 BAG NJW 1996, S. 143, 146 f. Vgl. hierzu auch *Kokott*, in: *Sachs*, Grundgesetz-Kommentar, 2. Aufl., Art. 4, Rn. 19.

504 Vgl. *Abel*, NJW 1996, S. 91, 95.

„Scientology"-Sekte somit weder den Tatbestand einer Religions- noch den einer Weltanschauungsgemeinschaft.[505]

Religionsgemeinschaften unterliegen in ihrem Wirken und Handeln nach außen im Rahmen des Art. 140 GG i.V.m. Art. 137 Abs. 3 WRV einem allgemeinen Gesetzesvorbehalt. Bei der Regelung von Konflikten mit anderen Rechtsgütern hat der Gesetzgeber allerdings den hohen verfassungsrechtlichen Stellenwert der Religionsfreiheit zu beachten. Soweit die Religionsfreiheit durch einzelne oder Gruppen in Anspruch genommen wird, die nicht den Status einer Religionsgemeinschaft haben, gilt diese Schranke nicht, und es kommt Art. 4 Abs. 1 und 2 GG zum Zuge. Dieser ist, wie bereits dargestellt, durch Schranken aus dem übrigen Verfassungskontext begrenzt.[506]

In jüngerer Zeit ergab sich immer mehr die Notwendigkeit seitens der Politik, über verschiedene Gruppierungen, die sich zum Großteil auch als Religions- oder Weltanschauungsgemeinschaften verstehen, aufzuklären. In diesem Kontext stellte sich die Frage, ob diese Aufklärung einen Eingriff in das Grundrecht einer Religionsgemeinschaft darstellt und wenn ja, wie dies zu rechtfertigen sei.[507] Die Warnung der Bundesregierung vor einer gewissen Jungreligion oder Religionsgemeinschaft kann ein mittelbarer Eingriff in das Grundrecht dieser Gruppierung sein, wenn die Warnung eine gewisse Intensität hat.[508] Kein Eingriff liegt vor, wenn der Staat im Rahmen der Öffentlichkeitsarbeit das eigenverantwortliche Individuum lediglich auf möglicherweise drohende Gefahren aufmerksam machen will. Entscheidend ist die Finalität und Schwere des Grundrechtseingriffs. Ein Grundrechtseingriff kann sogar in der staatlichen Finanzierung von Vereinen, die vor Religionen oder Weltanschauungen warnen, vorliegen.[509] Hierfür ist also grundsätzlich eine Rechtsgrundlage erforderlich. Die Anforderungen an die gesetzliche Grundlage sind jedoch bei diesen *informalen* Grundrechtseingriffen geringer als bei sonstigen Eingriffen. Nach der Rechtsprechung stellen die Schutzpflichten des Staates aus Art. 2 Abs. 2 Satz 1 und 6 Abs. 1 GG, das Leben und die körperliche Unversehrtheit seiner Bürger zu schützen, i.V.m. der verfassungmäßigen Befugnis der Bundesregierung zur Öffentlichkeitsarbeit eine hinreichende Rechtsgrundlage für die staatlichen Warnungen dar. Im Rahmen ihrer vom Grundgesetz vorausgesetzten Aufgabenstellung ist die Bundesregierung zur Beobachtung, Vorsorge und Lenkung in besonderen gesellschaftlichen Teilbereichen verpflichtet, was die Befugnis umfasse, ohne besondere gesetzliche Grundlage

---

[505] So auch *Abel*, FAZ vom 11. März 1997; *Bayer*, Das Grundrecht der Religions- und Gewissensfreiheit, S. 145 ff.

[506] *Bayer*, Das Grundrecht der Religions- und Gewissensfreiheit, S. 166.

[507] Vgl. hierzu allgemein: *Bayer*, Das Grundrecht der Religions- und Gewissensfreiheit, S. 170 ff.

[508] Vgl. hierzu die Entscheidungen: BVerwGE 82, 76 ff.; BVerwG, NJW 1991, S. 1770; BVerwG, NJW 1992, S. 2496; BVerfG, NVwZ 1989, S. 3269.

[509] BVerwGE 90, 112 ff. Vgl. hierzu *Kästner*, AöR 1998, S. 408, 416 ff.

gegenüber der Öffentlichkeit Stellung zu beziehen sowie Empfehlungen oder Warnungen auszusprechen.[510]

Um sich einen Überblick über die gegenwärtig existierenden verschiedenen Gruppierungen, die sich zum Großteil auch als Religions- oder Weltanschauungsgemeinschaften verstehen, zu verschaffen und auch um etwaige von diesen Gruppierungen ausgehende Gefahren erkennen zu können, hat der Deutsche Bundestag mit Beschluß vom 9. Mai 1996 die Enquete-Kommission *„Sogenannte Sekten und Psychogruppen"* eingesetzt.[511] Diese Kommission hat mittlerweile einen Schlußbericht[512] vorgelegt, im welchem die Mehrheit zu dem Ergebnis kommt, daß kein Bedarf bestehe, Art. 4 GG zu ändern oder zu ergänzen.[513] Die Kommission ist demnach der offensichtlichen Ansicht, daß die dargestellten Mittel einerseits zur Kontrolle der Religions- und Weltanschauungsgemeinschaften ausreichen und daß andererseits auch dem Minderheitenschutz durch die vorhandene Dogmatik und Rechtsprechung angemessen Rechnung getragen werden kann. Somit wird die dargestellte verfassungsrechtliche Lage im Hinblick auf die Jugend- oder neuen Religionen noch auf absehbare Zeit Bestand haben.

IV. Grundgesetzliche Minderheitenrechte im Schul-, Wissenschafts- und Kulturbereich

Wie bereits an verschiedenen Stellen dieser Arbeit betont wurde, ist die Erhaltung bzw. Förderung der kulturellen Spezifika von Minderheiten von entscheidender Bedeutung für den Minderheitenschutz. Drei Bereiche sind für die Pflege der kulturellen Besonderheiten von Minderheiten daher von exponierter Wichtigkeit: das Schulwesen, der Wissenschaftssektor und der Bereich der allgemeinen Förderung der Minderheitenkultur. Angehörige von Minderheiten haben nur dann eine Chance, ihren Kindern die besondere Minderheitenidentität zu vermitteln, wenn sie bei der diesbezüglichen privaten Erziehung von schulischer Seite her unterstützt werden. Daher ist die Ausgestaltung des Schulwesens in bezug auf seinen Zuschnitt auf die besonderen Bedürfnisse von Minderheiten in diesem Bereich von zentraler Bedeutung. Eine unterstützende Bedeutung kommt daneben dem Wissenschaftssektor zu. Schließlich soll die Frage geklärt werden, ob es nach dem grundgesetzlichen Kompetenzgefüge dem Bund möglich ist, allgemeine Minderheitenprojekte im kulturellen Bereich (finanziell) zu fördern.

---

[510] BVerwGE 82, 76 (81); BVerfG, NVwZ 1989, 3269, 3270. Vgl. hierzu auch: *Kokott*, in: *Sachs*, Grundgesetz-Kommentar, 2. Aufl., Art. 4, Rn. 105 ff.

[511] BT-Drucks. 13/4477.

[512] Endbericht der Enquete-Kommission *„Sogenannte Sekten und Psychogruppen"*. BT-Drucks. 13/10950 vom 9. Juni 1998. Vgl. hierzu auch *Kriele*, ZPR 1998, S. 349 ff.; *Abel*, NJW 1999, 331 ff.

[513] BT-Drucks. 13/10950 vom 9. Juni 1998, S. 131.

1. Die Privatschulfreiheit

Für den Bereich des Schulwesens sieht das Grundgesetz gemäß Art. 70 Abs. 1 GG eine überwiegende[514] Gesetzgebungskompetenz der Länder vor.[515] Der Bund hat in diesem Bereich nach Art. 30 und 83 GG auch keine Verwaltungshoheit. Dementsprechend enthält das Grundgesetz in Art. 7 GG für das Schulwesen auch nur wenig Vorschriften. Art. 7 Abs. 1 bis 3 GG wurden bereits im vorangehenden Abschnitt auf ihre minderheitenschutzrechtliche Bedeutung untersucht. Zu analysieren bleiben Art. 7 Abs. 4 und 5 GG, welche eine Einrichtungsgarantie für Privatschulen und zugleich Grundrechte enthalten.[516] Die Bestimmung hat folgenden Wortlaut:

„Art. 7 GG

(...)

(4) Das Recht zur Errichtung privater Schulen wird gewährleistet. Private Schulen als Ersatz für öffentliche Schulen bedürfen der Genehmigung des Staates und unterstehen den Landesgesetzen. Die Genehmigung ist zu erteilen, wenn die privaten Schulen in ihren Lehrzielen und Einrichtungen sowie der wissenschaftlichen Ausbildung ihrer Lehrkräfte nicht hinter den öffentlichen Schulen zurückstehen und eine Sonderung der Schüler nach den Besitzverhältnissen der Eltern nicht gefördert wird. Die Genehmigung ist zu versagen, wenn die wirtschaftliche und rechtliche Stellung der Lehrkräfte nicht genügend gesichert ist.

(5) Eine private Volksschule ist nur zuzulassen, wenn die Unterrichtsverwaltung ein besonderes pädagogisches Interesse anerkennt oder, auf Antrag von Erziehungsberechtigten, wenn sie als Gemeinschaftsschule, Bekenntnis- oder Weltanschauungsschule errichtet werden soll und eine öffentliche Volksschule dieser Art in der Gemeinde nicht besteht.

(...)“

---

[514] Allein Art. 91b GG sieht in diesem Bereich eine Mitwirkung des Bundes vor, nämlich bei der Bildungsplanung.

[515] Die teilweise ausführlichen landesverfassungsrechtlichen Regelungen in diesem Bereich sollen unten in Kapitel 6. dargestellt werden.

[516] Vgl. hierzu auch: Erster Bericht der Bundesrepublik Deutschland gemäß Artikel 25 Absatz 1 des Rahmenübereinkommens des Europarates zum Schutz nationaler Minderheiten, S. 100 ff.

a) Inhalt und Bedeutung

Art. 7 Abs. 4 Satz 1 GG verbürgt Einzelpersonen und Personenmehrheiten das Grundrecht, Privatschulen zu errichten.[517] Damit ist auch das Recht gewährleistet, Privatschulen zu betreiben, da anderenfalls das Grundrecht leerliefe. Darüber hinaus enthält Art. 7 Abs. 4 Satz 1 GG eine Einrichtungsgarantie. Die Privatschule hat das Recht zur Gestaltung des äußeren[518] und inneren Schulbetriebs[519] sowie der freien Schüler- und Lehrerwahl.[520] Art. 7 Abs. 4 und 5 GG unterscheiden Ersatzschulen von Ergänzungsschulen. Ersatzschulen sind Privatschulen, die *„als Ersatz für eine in dem Land vorhandene oder grundsätzlich vorgesehene öffentliche Schule dienen soll.“*[521] Privatschulen, denen diese Eigenschaft fehlt, bezeichnet man als Ergänzungsschulen. Art. 7 Abs. 4 Satz 1 GG gilt für Ersatz- und Ergänzungsschulen, während Art. 7 Abs. 4 Sätze 2 bis 4 und Abs. 5 GG nur für Ersatzschulen gilt. Der Unterschied äußert sich darin, daß Ersatzschulen ein Mindestmaß an Verträglichkeit mit vorhandenen, landesrechtlich geregelten Schulstrukturen aufweisen müssen, da sie öffentliche Schulen komplett ersetzen.[522] Aus diesem Grunde steht das Recht auf Errichtung einer Privatschule unter einem Genehmigungsvorbehalt. Die Voraussetzungen zur Erteilung der Genehmigung sind Art. 7 Abs. 4 Sätzen 3 und 4 GG direkt zu entnehmen. Hinsichtlich einer privaten Volks- oder Grundschule sind diese Voraussetzungen durch Art. 7 Abs. 5 GG nochmals verschärft, da das Grundgesetz von einem grundsätzlichen Vorrang der staatlichen Grund- oder Volksschule ausgeht. Eine Genehmigung kommt hier nur bei Vorliegen eines *„besonderen pädagogischen Interesses“* in Betracht.[523] Art. 7 Abs. 4 GG enthält keinen Gesetzesvorbehalt. Für den Landesgesetzgeber sieht Art. 7 GG lediglich Ausgestaltungsbefugnisse vor. Dem Staat, nach dem grundgesetzlichen Kompetenzgefüge sind dies hier die Länder, obliegt allerdings gemäß Art. 7 Abs. 1 GG die Schulaufsicht, welche die Gesamtheit der staatlichen Befugnisse zur Ordnung, Planung, Leitung und Beaufsichtigung einschließlich der Festlegung der Ausbildungsgänge und Unterrichtsziele sowie die Auswahl der Schulbücher umfaßt.[524] Die Schulaufsicht besteht grundsätzlich hinsichtlich der staatlichen und der privaten Schulen.

---

[517] Vgl. hierzu allgemein: *Pieroth/Schlink*, Grundrechte, Staatsrecht II, 15. Aufl., Rn. 677 ff.; *Pastor*, Die rechtliche Stellung der Sorben in Deutschland, S. 129 ff.; *Messtorff*, Die Rechtsstellung der ethnischen Minderheiten in der Bundesrepublik Deutschland, S. 40 ff.

[518] Der äußere Schulbetrieb bedeutet die generelle Organisation von Schule und Unterricht.

[519] Der innere Schulbetrieb bedeutet die Aufstellung von Lehrplänen, die Festlegung von Lernzielen, Lernstoffen und Arbeitsmethoden sowie die Auswahl der Lehr- und Lernmittel.

[520] BVerfGE 27, 195 (200 f.).

[521] BVerfGE 72, 195 (201 f.); BVerwGE 105, 20 (24).

[522] BVerwGE 104, 1 (7).

[523] BVerfGE 88, 40 (47 ff.).

[524] Vgl. BVerfGE 26, 228 (238); BVerfGE 59, 360 (377) sowie BVerwGE 47, 210 (204); BVerwGE 64, 308 (313).

Bei letzteren beschränkt sie sich allerdings auf eine Überwachung der Voraussetzungen der Art. 7 Abs. 4 Sätze 2 bis 4 und Abs. 5 GG.[525]

b) Förderungspflicht für private Minderheitenschulen

Im Rahmen der vorgenannten Voraussetzungen haben daher Angehörige von Minderheiten in der Bundesrepublik Deutschland grundsätzlich das Recht, Privatschulen für ihre Kinder zu errichten und zu betreiben.[526] Da man aufgrund der besonderen Situation von Minderheiten grundsätzlich ein „*besonderes pädagogisches Interesse*" bejahen wird, ist auch die Errichtung und das Betreiben von privaten Grund- und Volksschulen umfaßt.[527] In diesen Schulen ist es dann einfacher möglich, die besondere Minderheitenkultur einschließlich der Minderheitensprachen zu vermitteln und damit zu erhalten.[528]

Die Errichtung und das Betreiben von Privatschulen erfordert nun allerdings erhebliche finanzielle Mittel, womit sich die Frage stellt, inwieweit der Staat respektive also die Länder zu einer finanziellen Förderung von privaten Minderheitenschulen verpflichtet sind. Das Bundesverwaltungsgericht hat zunächst einen Anspruch auf Subventionierung von Privatschulen durch den Staat aus Art. 7 Abs. 4 GG mit der Begründung abgeleitet, daß private Ersatzschulen das öffentliche Schulwesen entlasten und damit auch zu Einsparungen für den Staat führen.[529] Das Bundesverfassungsgericht[530] und der Bayerische Verfassungsgerichtshof[531] haben sich dieser Auffassung jedoch nicht angeschlossen. Der verfassungsrechtlichen Einrichtungsgarantie für Privatschulen könne vielmehr lediglich eine objektiv-rechtliche Verpflichtung des Staates zu deren Schutz und Förderung entnommen werden, nicht jedoch ein subjektiv-rechtlicher Anspruch der Grundrechtsberechtigten. Damit bleibe dem Gesetzgeber ein Gestaltungsspielraum, wie er dieser Verpflichtung nachkommen wolle. Dennoch sei grundsätzlich eine Unterstützung von privaten Ersatzschulen geboten, da deren Hilfsbedürftigkeit empirisch erwiesen sei und das private Schulwesen ohne staatliche Zuschüsse nicht existieren könne. Der Staat sei verpflichtet, die privaten Schulen als Alternative zu den staatlichen Schulen zu erhalten, da anderenfalls das Grundrecht und die

---

[525] Vgl. zum Ganzen: *Pieroth/Schlink*, Grundrechte, Staatsrecht II, 15. Aufl., Rn. 677 ff.

[526] *Pastor*, Die rechtliche Stellung der Sorben in Deutschland, S. 130 f.; *Messtorff*, Die Rechtsstellung der ethnischen Minderheiten in der Bundesrepublik Deutschland, S. 52 ff.

[527] *Thieme*, in: FS für *Hugelmann*, S. 631, 648 ff.

[528] Auf die Ausgestaltung dieses Rechts auf Länderebene wird in Kapitel 6 noch genauer einzugehen sein.

[529] So BVerwGE 23, 347 ff.; BVerwGE 27, 360 ff. und zuletzt BVerwGE 70, 290 (293 ff.).

[530] BVerfGE 75, 40 (62 ff.); BVerfGE 90, 107 (114).

[531] BayVerfGH, NVwZ 1985, S. 481, 482 f.

Einrichtungsgarantie der Privatschulfreiheit leerliefen.[532] Dieser Rechtsprechung des Bundesverfassungsgerichts hat sich das Bundesverwaltungsgericht mittlerweile angeschlossen.[533] Die generelle Schutzpflicht des Staates kann also dann eine Handlungspflicht auslösen, wenn anderenfalls die Existenz des Privatschulwesens evident gefährdet wäre.[534] Im Ergebnis bedeutet dies, daß der Staat verpflichtet ist, die privaten Minderheitenschulen finanziell zu unterstützen, um ihre Existenz neben dem öffentlichen Schulwesen zu garantieren, daß allerdings auch von den Privatschulträgern eine wirtschaftliche Eigenleistung erwartet wird.[535] Nur wenn die wirtschaftliche Kraft der Schulträger derart gering ist, daß die Existenz des Minderheitenschulwesens an sich bedroht erscheint, kann wohl vertreten werden, daß die objektiv-rechtliche Schutzverpflichtung sich in einen subjektiv-rechtlichen Subventionierungsanspruch umwandelt.[536]

c) Kein Recht auf Einrichtung öffentlicher Minderheitenschulen

Vor dem Hintergrund der grundsätzlichen Verpflichtung des Staates zum Schutz und zur Förderung der privaten Minderheitenschulen fragt sich, ob nicht die Minderheiten eine anderen Weg wählen könnten und vom Staat die Einrichtung öffentlicher Minderheitenschulen verlangen könnten. Für einen derartiges Recht kommen mehrere verfassungsrechtliche Anknüpfungspunkte in Betracht.[537]

In der Bundesrepublik Deutschland gibt es Minderheitenschulen nur in der Form privater Ersatzschulen, nicht aber auch als öffentliche Schulen. Wenn Kinder von Minderheiten öffentliche Schulen besuchen wollen, dann müssen sie Schulen besuchen, die von der Mehrheitskultur geprägt sind und bei denen die Curricula ihrer besonderen Minderheitenidentität kaum Rechnung tragen.[538] Es stellt sich mithin also wieder die Frage, ob dies mit dem Gleichheitssatz vereinbar ist bzw. ob aus Art. 3 Abs. 3 GG ein Anspruch der Minderheiten folgt, vom Staat die Einrichtung öffentlicher Minderheitenschulen verlangen zu können. Dem Grundsatz auf formale Gleichheit der Bürger ist damit entsprochen, daß der

---

[532] BVerfGE 75, 40 (65 ff.).

[533] So erstmals in der Entscheidung BVerwGE 79, 154 (156 f.).

[534] So *Pieroth/Schlink*, Grundrechte, Staatsrecht II, 15. Aufl., Rn. 683.

[535] So grundsätzlich auch *Pieroth/Schlink*, Grundrechte, Staatsrecht II, 15. Aufl., Rn. 683; *Pastor*, Die rechtliche Stellung der Sorben in Deutschland, S. 131; *Messtorff*, Die Rechtsstellung der ethnischen Minderheiten in der Bundesrepublik Deutschland, S. 54 ff.

[536] So *Messtorff*, Die Rechtsstellung der ethnischen Minderheiten in der Bundesrepublik Deutschland, S. 57.

[537] Vgl. zu dieser Problematik: *Pastor*, Die rechtliche Stellung der Sorben in Deutschland, S. 131 ff.; *Messtorff*, Die Rechtsstellung der ethnischen Minderheiten in der Bundesrepublik Deutschland, S. 40 ff.

[538] *Messtorff*, Die Rechtsstellung der ethnischen Minderheiten in der Bundesrepublik Deutschland, S. 40 f.

Staat öffentliche Schulen einrichtet, zu denen Schüler Zugang haben, ohne daß nach den in Art. 3 Abs. 3 Satz 1 GG aufgeführten Kriterien diskriminiert werden darf. Damit ist den Minderheiten allerdings nicht viel geholfen, da die Mehrheitskultur die öffentlichen Schulen prägt, auch wenn Minderheiten uneingeschränkten Zugang zu ihnen haben. Dies führt wieder zu der Frage, die bereits oben in den Ausführungen zur Bedeutung des Gleichheitssatzes für den Minderheitenschutz gestellt wurde, nämlich ob die Minderheiten aus Art. 3 Abs. 3 GG einen Anspruch auf Herstellung einer faktischen Gleichheit herleiten können.[539] Auch hier muß es beim bereits oben Gesagten bleiben. Aus der in Art. 3 Abs. 3 GG enthaltenen objektiv-rechtlichen Wertentscheidung des Grundgesetzes kann weder ein objektiv-rechtlicher Förderungsanspruch noch ein Teilhaberecht im Sinne eines subjektiv-rechtlichen Anspruchs auf Förderung gewonnen werden, da es in der gesellschaftlichen Wirklichkeit zu viele faktische Ungleichheiten gibt, als daß diese alle vom Staat mit Förderungsmaßnahmen ausgeglichen werden könnten.[540] Der Staat wäre also im Ergebnis nicht daran gehindert,[541] Minderheitenschulen in der Form von öffentlichen Schulen einzurichten, er ist dazu aber auch nicht verpflichtet.[542]

Ein Anspruch auf Errichtung von öffentlichen Minderheitenschulen könnte schließlich noch aus dem Elternrecht des Art. 6 Abs. 2 Satz 1 GG folgen.[543] Die Erziehung der Kinder ist nach der Rechtsprechung des Bundesverfassungsgerichts in einem Zusammenwirken von Eltern, die sich auf das Erziehungsrecht des Art. 6 Abs. 2 Satz 1 GG berufen können, und Staat, dem gemäß Art. 7 Abs. 1 GG die Schulaufsicht obliegt, durchzuführen. Das elterliche Erziehungsrecht und der staatliche Erziehungsauftrag sind insofern gleichrangig.[544] In der Praxis ist diese Kooperation dergestalt verwirklicht, daß der Staat verschiedene Schulmodelle anbietet und die Eltern eine ihren Vorstellungen entsprechende Schule für ihr Kind auswählen. Falls die Eltern aber mit keiner der angebotenen Schulen zufrieden sind, da sie beispielsweise ihr Kind auf eine öffentliche Minderheitenschule schicken möchten, die es aber nicht gibt, stellt sich die Frage, welches Recht Vorrang genießt. Konkret fragt sich, ob die Eltern in dieser Situation aus ihrem Erziehungsrecht die Errichtung einer öffentlichen Minderheitenschule fordern können. Dies muß im Grunde aus denselben Erwägungen abgelehnt werden wie im Kontext des Art. 3 Abs. 3 GG. Der Staat darf in diesem Bereich

---

[539] Vgl. oben Punkt I. 2. b) dd).

[540] So die absolut herrschende Meinung. Vgl. etwa: *Starck*, in: *ders.*, Das Bonner Grundgesetz, Art. 3, Rn. 362; *Blumenwitz*, Minderheiten- und Volksgruppenrecht – Aktuelle Entwicklung, S. 115; *Lemke*, Nationale Minderheiten und Volksgruppen im schleswig-holsteinischen und übrigen deutschen Verfassungsrecht, S. 21; *Jarass*, in: *Jarass/Pieroth*, Grundgesetz-Kommentar, 2. Aufl., Art. 3, Rn. 55; *Hofmann*, ZaöRV 1992, S. 1, 32. Diese Meinung vertritt auch das Bundesverfassungsgericht. Vgl. etwa: BVerfGE 64, 135 (156).

[541] Vgl. oben Punkt I. 2. b) cc).

[542] So im Ergebnis auch *Pastor*, Die rechtliche Stellung der Sorben in Deutschland, S. 132; *Messtorff*, Die Rechtsstellung der ethnischen Minderheiten in der Bundesrepublik Deutschland, S. 48.

[543] Vgl. hierzu auch: *Pastor*, Die rechtliche Stellung der Sorben in Deutschland, S. 132 f.; *Messtorff*, Die Rechtsstellung der ethnischen Minderheiten in der Bundesrepublik Deutschland, S. 48 ff.

[544] Vgl. BVerfGE 34, 165 (182 f.).

nicht direkt aus der Verfassung zu irgendwelchen konkreten Leistungen verpflichtet werden. Vielmehr muß ihm bei dem aus Art. 7 Abs. 1 GG fließenden Schulorganisationsrecht ein gewisser Spielraum bleiben, Schulmodelle anzubieten, die seinen inhaltlichen Vorstellungen und seiner finanziellen Leistungsfähigkeit entsprechen.[545] Dabei tritt das elterliche Erziehungsrecht nicht völlig zurück, da es ja im außerschulischen Bereich nahezu uneingeschränkt zur Geltung kommt. Damit kann sich im Ergebnis auch aus dem Elternrecht des Art. 6 Abs. 2 Satz 1 GG kein Anspruch an den Staat auf Errichtung von öffentlichen Minderheitenschulen ergeben.[546]

Insgesamt können Angehörige von Minderheiten daher aus keiner verfassungsrechtlichen Bestimmung einen Anspruch auf die Errichtung von öffentlichen Minderheitenschulen ableiten. Dem Staat bleibt zwar unbenommen, öffentliche Minderheitenschulen einzurichten, eine dahingehende Verpflichtung besteht allerdings nicht.

d) Regelung der Schulpflicht

Anfang 1998 wurde eine umfangreiche Studie der Universität der Bundeswehr in Hamburg fertiggestellt, welche die Ausgestaltung der schulrechtlichen Bestimmungen für Migrantenkinder und Kinder autochthoner Minderheiten in der Bundesrepublik Deutschland untersuchte.[547] Diese Studie kommt zu dem Ergebnis, daß hinsichtlich der Schulpflicht für Kinder autochthoner Minderheiten keine Sonderregelungen bestehen. Die Kinder von Sorben, Dänen, Friesen und Sinti und Roma unterliegen in der Bundesrepublik Deutschland nach den Schulgesetzen aller Länder der Schulpflicht.[548] Die Studie geht davon aus, daß Minderheiten und sonstige Bevölkerungsgruppen mit besonderen Eigenschaften nicht identischen Regeln unterworfen werden sollten, wovon auch die Schulgesetze ausgehen. Dementsprechend erfolgt die Betrachtung der Schulpflicht der Kinder anderer besonderer Bevölkerungsgruppen auch separat. Im Ergebnis unterliegen auch die Kinder von Aussiedlern, Arbeitsmigranten, Staatenlosen und anerkannten Asylbewerbern sowie von Kontingent- und Konventionsflüchtlingen der Schulpflicht. In sieben Bundesländern werden Kinder von

[545] So argumentiert im Ergebnis auch das Bundesverfassungsgericht. Vgl. etwa: BVerfGE 53, 185 (196); BVerfGE 59, 360 (377).

[546] So im Ergebnis auch *Pastor*, Die rechtliche Stellung der Sorben in Deutschland, S. 133; *Messtorff*, Die Rechtsstellung der ethnischen Minderheiten in der Bundesrepublik Deutschland, S. 50.

[547] *Palt/Reuter/Witte*, Schulbildung für Migrantenkinder und Kinder autochthoner Minderheiten in der Bundesrepublik Deutschland, Beiträge aus dem Fachbereich Pädagogik der Universität der Bundeswehr Hamburg, Heft 2/1998; *Reuter/Zhang*, Zur Schulpflicht von Minderheiten- und Zuwandererkindern im deutschen Schulsystem, Beiträge aus dem Fachbereich Pädagogik der Universität der Bundeswehr Hamburg, Heft 4/1997; *Gogolin/Neumann/Reuter*, Schulbildung für Minderheiten, Z.f.Päd. 1998, S. 663 ff.

[548] *Reuter/Zhang*, Zur Schulpflicht von Minderheiten- und Zuwandererkindern im deutschen Schulsystem, Beiträge aus dem Fachbereich Pädagogik der Universität der Bundeswehr Hamburg, Heft 4/1997, S. 6 ff.; *Gogolin/Neumann/Reuter*, Schulbildung für Minderheiten, Z.f.Päd. 1998, S. 663, 668 ff.

Asylbewerbern und Kriegsflüchtlingen von der Schulpflicht ausgenommen. Diese Kinder haben allerdings dann ein Schulbesuchsrecht.[549] An den öffentlichen Schulen existieren keine besonderen Beschulungsmodelle für Kinder von in der Bundesrepublik Deutschland lebenden autochthonen Minderheiten. Hinsichtlich der Beschulung legt die Kultusministerkonferenz besonderes Augenmerk auf die Integration von Kindern, die Bevölkerungsgruppen mit besonderen Eigenschaften entstammen. Differenzierungskriterium ist hier allerdings hauptsächlich die Beherrschung der deutschen Sprache.[550] Zur Förderung der Integration von Kindern mit schwächeren Deutschkenntnissen existieren im Schulrecht der Länder im wesentlichen zwei unterschiedliche Beschulungsmodelle: Nach dem *Berliner Modell* der Vollintegration. Danach werden Kinder mit geringen oder keinen Deutschkenntnissen ausschließlich in deutscher Sprache unterrichtet. Dem steht ein bayerisches Modell mit einem pluralistischen Konzept der schulischen Integration gegenüber, das zweisprachig ausgerichtet ist, in den unteren Klassen mehr muttersprachlich und in den oberen überwiegend deutsch.[551]

2. Möglichkeiten des Bundes zur Minderheitenförderung im Wissenschaftsbereich

An dieser Stelle sei im Zusammenhang auf die grundgesetzlichen Rechtsgrundlagen hingewiesen, die es dem Bund ermöglichen, eine Förderung von Minderheiten im Wissenschaftsbereich zu verfolgen. Im Rahmen der konkurrierenden Gesetzgebung weist Art. 74 Abs. 1 Nr. 13 GG dem Bund einen Titel zur Förderung der wissenschaftlichen Forschung zu. Der Bund hat gemäß Art. 75 Abs. 1 Nr. 1a GG die Rahmengesetzgebungskompetenz für die allgemeinen Grundsätze des Hochschulwesens. Nach Art. 91a Abs. 1 Nr. 1 GG schließlich kann der Bund beim Aus- und Neubau von Hochschulen mitwirken.

3. Möglichkeiten des Bundes zur Minderheitenförderung im Kulturbereich

Wichtiger allerdings als die Minderheitenförderung im Wissenschaftsbereich ist eine Förderung der Minderheiten im Bereich der Kultur. Effektiver Minderheitenschutz erfordert gerade eine Förderung der kulturellen Besonderheiten gegen den Assimilierungsdruck der dominanten Mehrheitskultur. Nach der grundgesetzlichen Kompetenzverteilung liegt die

---

[549] *Gogolin/Neumann/Reuter*, Schulbildung für Minderheiten, Z.f.Päd. 1998, S. 663, 669 ff.

[550] Vgl. etwa den Beschluß der KMK vom 3. Dezember 1971 in der Fassung vom 15. April 1994. Abgedruckt bei *Palt/Reuter/Witte*, Schulbildung für Migrantenkinder und Kinder autochthoner Minderheiten in der Bundesrepublik Deutschland, Beiträge aus dem Fachbereich Pädagogik der Universität der Bundeswehr Hamburg, Heft 2/1998, S. 13. Vgl. auch *Langenfeld*, AöR 1998, S. 375, 384 ff.

[551] Vgl. hierzu: *Albers*, DVBl. 1994, S. 984, 990; *ders.*,, in: *Barwig/Brinkmann/Huber/Lörcher/Schumacher*, Vom Ausländer zum Bürger, FS für *Franz* und *Müller*, S. 195, 207. Vgl. außerdem: *Langenfeld*, AöR 1998, S. 375, 396 ff.; *Jungblut/Köller*, RdJB 1995, S. 254 ff.

Kulturhoheit allerdings gemäß Art. 30, 70 und 83 GG bei den Ländern. Maßnahmen im kulturellen Bereich kann der Bund daher nur wahrnehmen, soweit ihn das Grundgesetz hierzu ausdrücklich ermächtigt. Insbesondere für Projekte wie die *„Stiftung für das sorbische Volk“*, die am 19. Oktober 1991 als eine vom Bund und den Ländern Brandenburg und Sachsen gemeinsam getragene nicht rechtsfähige Stiftung des Freistaates Sachsen errichtet wurde,[552] oder eine geplante *„Stiftung für das friesische Volk“*,[553] sind ohne eine massive finanzielle Beteiligung des Bundes gerade für die finanzschwächeren ostdeutschen Bundesländer nahezu undurchführbar.[554] Da der Finanzverfassung im Bundesstaat eine wichtige ordnungspolitische Funktion zukommt,[555] kann nun eine Kompetenz zur Mitwirkung des Bundes bei der kulturellen Minderheitenförderung nicht einfach aufgrund der fehlenden Mittel auf Länderseite begründet sein. Es fragt sich also, welche grundgesetzlichen Bestimmungen es dem Bund ermöglichen, sich an der Minderheitenförderung im Kulturbereich zu beteiligen.[556] Art. 104a Abs. 4 GG sieht eine Möglichkeit für den Bund vor, Wirtschaftsprojekte in den Ländern aufgrund eines gesamtstaatlichen Interesses an diesen Projekten finanziell zu fördern. Da es bei der Förderung der Minderheitenkultur nicht schwerpunktmäßig um Wirtschaftsinteressen geht, scheidet diese Rechtsgrundlage aus. Eine Finanzierungsbefugnis müßte sich also auf eine Verwaltungsbefugnis stützen können, da keine weiteren direkten Finanzierungskompetenzgrundlagen ersichtlich sind. Da auch keine geschriebene Verwaltungskompetenz des Bundes ersichtlich ist, kommt nur eine *ungeschriebene* Verwaltungskompetenz als Finanzierungskompetenzgrundlage in Betracht. Da die Kulturhoheit bei den Ländern liegt, scheidet eine *Kompetenz kraft Sachzusammenhangs* aus. Eine Bundeskompetenz *kraft Sachzusammenhangs* kann allerdings nur unter den engen Voraussetzungen bejaht werden, daß die Regelung durch den Bund unter Ausschluß anderer sachgerechter Lösungen zwingend erforderlich sei.[557] Somit könnte man allenfalls unter dem Gesichtspunkt der *nationalen Repräsentation* für gewisse Projekte zur Förderung der Minderheitenkulturen eine Verwaltungskompetenz des Bundes und damit auch eine Finanzierungsbefugnis herleiten.[558] Darüber hinaus will *Pastor* unter großen argumentativen Anstrengungen noch eine Finanzierungspflicht des Bundes für ein *Existenzminimum* an

---

[552] *Sächsische Staatsregierung*, Bericht zur Lage des sorbischen Volkes 1997, S. 49 ff.; *Ermisch*, pogrom 179, Okt./Nov. 1994, S. 25; *Meskank*, DA 1992, S. 109 f.

[553] Memorandum tut inruchten foon en stifting for dåt frasch följk – Memorandum zur Errichtung einer Stiftung für das friesische Volk, Bräist/Bredstedt, Februar 1992. Der Text des Memorandums ist abgedruckt in: Europa Ethnica 1992, S. 98 ff.

[554] Aus diesem Grunde und vor diesem Hintergrund hat auch der brandenburgische Ministerpräsident *Stolpe* erklärt, daß er sich auch weiterhin persönlich beim Kulturbeauftragten der Bundesregierung *Naumann* für die Fortsetzung und die Erhöhung der finanziellen Unterstützung der sorbischen Minderheit einsetzen wolle. Vgl. FAZ vom 25. Juli 2000.

[555] So das Bundesverfassungsgericht, in: BVerfGE 72, 330 (388).

[556] Vgl. hierzu die ausführliche Darstellung bei *Pastor*, Die rechtliche Stellung der Sorben in Deutschland, S. 143 ff.

[557] BVerfGE 11, 89 (99).

[558] Vgl. *Pastor*, Die rechtliche Stellung der Sorben in Deutschland, S. 151.

Minderheitenkultur aus Art. 106 Abs. 8 GG herleiten, wenn die Länder zur Gewährleistung dieses Minimums nicht in der Lage sein sollten.[559] Im Ergebnis kann daher festgehalten werden, daß eine finanzielle Mitwirkung des Bundes an Förderungsmaßnahmen zugunsten der Minderheitenkulturen verfassungsrechtlich gesehen auf wackeligen Beinen steht. Im Interesse eines ernsthaften Minderheitenschutzes wäre es wünschenswert, eine auch finanzielle Mitverantwortung des Bundes bei der Förderung der Minderheitenkultur direkt aus der Verfassung ersehen zu können. Angesichts des im nächsten Kapitel zu analysierenden Scheiterns der Einfügung einer Minderheitenschutzklausel in das Grundgesetz scheint allerdings der Wille hierzu auf Bundesebene unklar zu sein.

V. Weiteres minderheitenschützendes Verfassungsrecht

Im folgenden soll nun noch kursorisch auf weitere verfassungsrechtliche Bestimmungen eingegangen werden, die ebenfalls für den Minderheitenschutz von großer Bedeutung sind.

1. Die Meinungs-, Informations-, Presse-, Rundfunk- und Filmfreiheit des Art. 5 Abs. 1 und 2 GG

In Art. 5 Abs. 1 und 2 GG heißt es:

„*Art. 5*

(1) Jeder hat das Recht, seine Meinung in Wort, Schrift und Bild frei zu äußern und zu verbreiten und sich aus allgemein zugänglichen Quellen ungehindert zu unterrichten. Die Pressefreiheit und die Freiheit der Berichterstattung durch Rundfunk und Film werden gewährleistet. Eine Zensur findet nicht statt.

(2) Diese Rechte finden ihre Schranken in den Vorschriften der allgemeinen Gesetze, den gesetzlichen Bestimmungen zum Schutze der Jugend und in dem Recht der persönlichen Ehre.

(...)“

Art. 5 Abs. 1 GG, der oft pauschal als Grundrecht der Meinungsfreiheit bezeichnet wird, enthält insgesamt fünf Grundrechte, die auch für die in der Bundesrepublik Deutschland lebenden Minderheiten wichtig sind. Von dieser Norm sind die Meinungsfreiheit als Recht,

---

559 *Pastor*, Die rechtliche Stellung der Sorben in Deutschland, S. 152 ff.

seine Meinung in Wort, Schrift und Bild frei zu äußern und zu verbreiten, die Informationsfreiheit als Recht, sich aus allgemein zugänglichen Quellen ungehindert zu unterrichten, die Pressefreiheit, die Freiheit der Rundfunkberichterstattung und die Freiheit der Rundfunkberichterstattung und die Freiheit der Filmberichterstattung umfaßt. Ihre Zusammenfassung zu einer einheitlichen Kommunikationsfreiheit kann allerdings keine über die normativen Wirkungen der einzelnen Grundrechte hinausgehende Wirkung entfalten.[560] Die Grundrechte aus Art. 5 GG sind weder auf deutsche Staatsangehörige noch auf Inhalte nur in deutscher Sprache beschränkt. Daher können Minderheiten von diesen Grundrechten aus profitieren, wenn Inhalte in einer Minderheitensprache abgefaßt sind.[561]

Vor diesem Hintergrund ist eine jüngere Entscheidung des Bundesverfassungsgerichts[562] erwähnenswert, welche die besondere Bedeutung der Informationsfreiheit für Bevölkerungsgruppen, deren Muttersprache nicht die deutsche Sprache ist, unterstreicht. In dieser Entscheidung hatte das Bundesverfassungsgericht einen Vermieter zur Beachtung der sich aus Art. 5 Abs. 1 Satz 1 GG ergebenden Informationsfreiheit bei der Entscheidung, ob er einem Mieter die Anbringung einer Satellitenempfangsanlage genehmigt, verpflichtet.[563] Obwohl der Beschwerdeführer in diesem Fall ein türkischer Staatsbürger war, hat die Entscheidung allgemeine Bedeutung für Angehörige von Minderheiten, die über Satellit Programme aus anderen Staaten in ihrer Muttersprache empfangen möchten.[564]

Eine Minderheit, die sich durch die Medien und in den Medien immer wieder diskriminiert sieht, sind die deutschen Sinti und Roma.[565] Dieser Minderheit geht es also im Rahmen des Art. 5 GG mehr um die Reglementierung der Freiheit der Medien als um eine eigene Nutzung dieser Freiheiten. Auf entsprechende Anschuldigungen der deutschen Sinti und Roma hat der

---

[560] Zur allgemeinen Dogmatik von Art. 5 GG vgl. etwa *Pieroth/Schlink*, Grundrechte, Staatsrecht II, 15. Aufl., Rn. 547 ff.

[561] Vgl. hierzu allgemein *Messtorff*, Die Rechtsstellung der ethnischen Minderheiten in der Bundesrepublik Deutschland, S. 88 ff.

[562] BVerfGE 90, 27 ff.

[563] An entscheidender Stelle hatte das Bundesverfassungsgericht ausgeführt: „*Soweit der Empfang von technischen Anlagen abhängt, die eine an die Allgemeinheit gerichtete Information erst individuell erschließen, erstreckt sich der Grundrechtsschutz auch auf die Beschaffung und Nutzung solcher Anlagen. Andernfalls wäre das Grundrecht in Bereichen, in denen der Informationszugang technische Hilfsmittel voraussetzt, praktisch wertlos. Die Einrichtung einer Parabolantenne, die den Empfang von Rundfunkprogrammen ermöglicht, welche über Satellit ausgestrahlt werden, ist daher ebenfalls von dem Grundrecht bestimmt.*“ Vgl. BVerfGE 90, 27 (32).

[564] Vgl. hierzu auch: Stopp, Jahrbuch zur Staats- und Verwaltungswissenschaft, S. 11, 52 ff.; *Bethge*, in: *Sachs*, Grundgesetz-Kommentar, 2. Aufl., Art. 5, Rn. 54 ff.

[565] Vgl. hierzu: *Simon*, Gutachten, erstellt im Auftrag des Zentralrats Deutscher Sinti und Roma, S. 16 ff. und *Präsidentin des Schleswig-Holsteinischen Landtages* (Hrsg.), Minderheitenbericht 1992-1996 der Landesregierung Schleswig-Holstein, S. 52 f.

Deutsche Presserat reagiert und versucht nun, auf dieses Problem durch entsprechende Änderungen des Pressekodex aufmerksam zu machen.[566]

Eine Verfassungsbeschwerde, mit der die deutschen Sinti und Roma einen angeblichen Anspruch auf Vertretung in den gesellschaftlichen Aufsichtsgremien der öffentlich-rechtlichen Rundfunkanstalten und Landesmedienanstalten vor dem Bundesverfassungsgericht durchsetzen wollten, wurde jedoch mangels Aussicht auf Erfolg nicht zur Entscheidung angenommen.[567]

2. Die Versammlungs- und Vereinigungsfreiheit der Art. 8 und 9 GG

Von besonderer Bedeutung für die in der Bundesrepublik Deutschland lebenden Minderheiten sind schließlich noch die Versammlungsfreiheit des Art. 8 GG und die Vereinigungsfreiheit des Art. 9 GG. Minderheiten können sich danach zu Vereinigungen oder politischen Parteien zusammenschließen[568] und als solche auch gefördert werden, was auf Landesebene geschieht. Darüber hinaus können sie sich auch zur Erörterung oder zur Demonstration spezieller minderheitlicher Anliegen versammeln. Gerade diese für die Demokratie so wichtigen Grundrechte haben auch für Minderheiten eine spezielle Bedeutung.[569]

---

[566] Ziffer 12 des Pressekodex lautet nunmehr: „*Niemand darf wegen seines Geschlechts, seiner Zugehörigkeit zu einer rassischen, ethnischen, religiösen, sozialen oder nationalen Gruppe diskriminiert werden.*" Richtlinie 12.1 für die publizistische Arbeit lautet „*In der Berichterstattung über Straftaten wird die Zugehörigkeit der Verdächtigten oder Täter zu religiösen, ethnischen oder anderen Minderheiten nur dann erwähnt, wenn für das Verständnis des berichteten Vorgangs ein begründbarer Sachbezug besteht. Besonders ist zu beachten, daß die Erwähnung Vorurteile gegenüber schutzbedürftigen Gruppen schüren könnte.*" Vgl. *Präsidentin des Schleswig-Holsteinischen Landtages* (Hrsg.), Minderheitenbericht 1992-1996 der Landesregierung Schleswig-Holstein, S. 53.

[567] Vgl. Pressemitteilung Nr. 101/98 der Pressestelle des Bundesverfassungsgerichts vom 16. September 1998. Vgl. hierzu auch FAZ vom 17. September 1998; EuGRZ 1998, S. 540 f.

[568] Vgl. hierzu auch die Ausführungen in Kapitel 1.

[569] Vgl. auch *Hahn*, in: *Frowein/Hofmann/Oeter*, Das Minderheitenrecht europäischer Staaten, Teil 1, S. 62, 95 ff.; *Kutscha*, JuS 1998, S. 673 ff.; Erster Bericht der Bundesrepublik Deutschland gemäß Artikel 25 Absatz 1 des Rahmenübereinkommens des Europarates zum Schutz nationaler Minderheiten, S. 54 ff.

5.Kapitel: Die Diskussion um die Einfügung eines Minderheitenschutzartikels in das Grundgesetz im Rahmen der Verfassungsrevision von 1994

Ausgangspunkt der letzten großen Revision des Grundgesetzes, die im Jahr 1994 abgeschlossen wurde, war die deutsche Wiedervereinigung.[1] Anders als bei vorangegangenen Verfassungsrevisionen[2] war diesmal ein konkretes historisches Ereignis der Anlaß. Im Rahmen der Beratungen in den verschiedenen Gremien stand öfter auch die Kodifizierung des Minderheitenschutzes in einer gesamtdeutschen Verfassung zur Diskussion. Die Aufnahme einer Minderheitenschutzklausel in das dem wiedervereinigten Deutschland angepaßte Grundgesetz scheiterte zwar letzten Endes, den rechtspolitischen Diskussionen, die von der Rechtswissenschaft mit großem Interesse verfolgt und kommentiert wurden,[3] ist jedoch inhaltlich vieles zu entnehmen, was auf politischer Ebene in Sachen Minderheitenschutz in der Bundesrepublik Deutschland machbar und potentiell konsensfähig ist und was nicht.

Ausgehend von den Überlegungen, die in den Wendejahren 1989/90 in der DDR noch zum Schutz von Minderheiten auf Verfassungsebene angestellt wurden, soll im folgenden die Entwicklungsgeschichte eines Minderheitenschutzartikels nachvollzogen werden. Die Interpretation der vorgeschlagenen, aber abgelehnten Norm und eine Analyse der Argumente pro und contra der vorgeschlagenen Bestimmung erlauben weitergehende Schlüsse hinsichtlich der Haltung der Bundespolitik zum Minderheitenschutz im Verfassungsrecht der Bundesrepublik Deutschland.

I. Wiedervereinigung und Verfassungsreform

Als die Führung der DDR am 7. Oktober 1989 den vierzigsten Jahrestag der Gründung der Deutschen Demokratischen Republik feierte, standen das Ende dieses Systems und in der Folge die friedliche Überwindung der Teilung Deutschlands bereits unmittelbar bevor.[4] Seit

---

[1] Aus historischer Sicht: *Zelikow/Rice*, Germany unified and Europe transformed, S. 102 ff.; *Kohl*, Ich wollte Deutschlands Einheit, S. 363 ff.; *Genscher*, Erinnerungen, S. 650 ff.; *Baker*, The Politics of Diplomacy, S. 244 ff.

[2] In den siebziger Jahren erarbeitete eine Enquête-Kommission Verfassungsreform Vorschläge zur Anpassung des Grundgesetzes an *„gegenwärtige und voraussehbare zukünftige Ereignisse"*. Vgl. *Ossenbühl*, DVBl. 1992, S. 468.

[3] Vgl. hierzu die Zusammenstellung der Literatur bei *Kloepfer*, Verfassungsänderung statt Verfassungsreform, S. 13, Fn. 4.

[4] Zur gesamtdeutschen Verfassungsbewegung vor dem Hintergrund dieser historischen Ereignisse vgl. *Hesse*, JöR n.F., Bd. 44 (1996), S. 1 ff.

Juni 1989 hatte eine massenhafte Fluchtwelle aus der DDR über westdeutsche Vertretungen in osteuropäischen Staaten eingesetzt,[5] die innerhalb der DDR in kürzester Zeit ein revolutionäres Klima erzeugte. Nach andauernden Massendemonstrationen wurde *Erich Honecker* am 18. Oktober als Generalsekretär der SED und am 24. Oktober 1989 auch als Staatsratsvorsitzender von *Egon Krenz* abgelöst. Der rapide Machtverfall der SED war weder dadurch noch durch den Rücktritt des gesamten Zentralkomitees am 8. November 1989 aufzuhalten. Am 9. November 1989 fiel die Berliner Mauer, als die DDR-Führung die Grenzen zur Bundesrepublik Deutschland und nach West-Berlin öffnete. Damit war unwiderruflich die Wende in der DDR eingeleitet, und immer stärker drängten die Oppositionsgruppen in der DDR an die Macht.[6]

1. Die friedliche Revolution in der DDR als Ausgangsereignis

Am 7. Dezember 1989 setzten sich erstmalig Vertreter der damaligen Regierung unter Ministerpräsident *Modrow* und der oppositionellen Gruppierungen am sog. *„Runden Tisch"* zusammen und verabredeten als erste Maßnahmen die Ausarbeitung einer neuen Verfassung und freie Neuwahlen zur Volkskammer.[7] Die Wahlen zur Volkskammer, die zunächst für den 6. Mai 1990 vorgesehen waren, fanden jedoch dann bereits am 18. März 1990 statt. Die wiedererstarkte Domowina[8] setzte sich für einen verbesserten Minderheitenschutz in der zu erarbeitenden neuen Verfassung ein. Nach einem außerordentlichen Kongreß im März 1990 übermittelte sie eine Resolution an den Ministerrat und die Volkskammer der DDR,[9] in der ein erweiterter Minderheitenschutz für die neue Verfassung gefordert wurde.[10] Weiterhin strebten die Sorben eine administrative Zusammenfassung des sorbischen Siedlungsgebietes, entweder in einem eigenen Land Lausitz oder in der Zuschlagung der gesamten Lausitz zu Sachsen, an.[11] Bereits im November 1989 wurde eine *„Sorbische Volksversammlung"* gegründet, welche die Aufnahme politischer Mitspracherechte und kultureller Autonomiegarantien in eine neue DDR-Verfassung anstrebte. Ab der 4. Sitzung des *„Runden Tisches"* am 3. Januar 1990 war mit *Jan Malink* ein Vertreter der Domowina an den

---

[5] *Genscher*, Erinnerungen, S. 637 ff.

[6] Vgl. zum Ganzen: *Müller*, Schlaglichter der deutschen Geschichte, S. 439 ff.

[7] Hierzu ausführlich: *Kammradt*, Die Verfassungsdiskussion: Motive, Ziele, Perspektiven, S. 14 ff. Vgl. auch *Inescu*, KJ 1993, S. 475, 476 f.

[8] Vgl. auch oben Kapitel 1. Punkt III. 1. c) und Kapitel 2. Punkt VI.

[9] Abgedruckt in: Nowa Doba vom 14. November 1989.

[10] *Lemke*, Nationale Minderheiten und Volksgruppen im schleswig-holsteinischen und übrigen deutschen Verfassungsrecht, S. 101.

[11] *Marti*, Europa Ethnica 1992, S. 13, 21.

Beratungen beteiligt.[12] In seiner letzten Sitzung am 12. März 1990 sprach sich der „*Runde Tisch*" gegen eine Übernahme des Grundgesetzes aus und legte einen eigenen Entwurf für eine Verfassung der DDR vor.[13] Bereits nach Öffnung der Grenzen hatte die Bürgerinitiative *Neues Forum* vor einem Ausverkauf der DDR gewarnt und sich gegen eine Wiedervereinigung ausgesprochen. Der Lauf der Geschichte in die entgegengesetzte Richtung war jedoch nicht mehr aufzuhalten. Der Wahlkampf zur Volkskammerwahl am 18. März 1990 wurde bereits von Aktivitäten der westdeutschen Parteien und Politiker bestimmt. Aus dieser Wahl ging die CDU als stärkste Partei hervor, woraus ein überwiegender Wille der DDR-Bevölkerung zu einer raschen Vereinigung mit der Bundesrepublik Deutschland gefolgert wurde. Im April 1990 begannen die Verhandlungen der Regierung *de Maizière* mit der Bundesregierung über eine Währungs-, Wirtschafts- und Sozialunion. Dieser Vertrag[14] trat am 1. Juli 1990 in Kraft, woraufhin in der DDR die D-Mark als die neue Währung eingeführt wurde. Dies führte zu einer weiteren Beschleunigung des Vereinigungsprozesses. Die Verhandlungen über einen zweiten Staatsvertrag, der die Bedingungen eines Beitritts der DDR zur Bundesrepublik Deutschland über den alten Art. 23 GG regeln sollte, wurden noch im Juli 1990 aufgenommen und am 31. August 1990 mit der Unterzeichnung des Einigungsvertrages[15] abgeschlossen.[16] Über den Weg des alten Art. 23 GG war die staatliche Einheit Deutschlands schneller zu erreichen als über die Erarbeitung einer neuen gesamtdeutschen Verfassung und deren Verabschiedung durch eine Volksabstimmung, den Weg, den Art. 146 a.F. GG vorsah.[17] Am 23. August 1990 beschloß die DDR-Volkskammer den Beitritt zur Bundesrepublik Deutschland für den 3. Oktober 1990. Außenpolitisch wurde die rasche Wiedervereinigung durch die geschickte deutsche Diplomatie unter Bundeskanzler *Kohl* und seinem Bundesaußenminister *Genscher* möglich, dem es in kürzester Zeit gelang, den Hauptsiegermächten des Zweiten Weltkrieges die Zustimmung zur deutschen Einheit abzuverhandeln.[18] Der Abschluß der *Zwei-plus-Vier-Gespräche* am 12. September 1990 mit

---

[12] *Lemke*, Nationale Minderheiten und Volksgruppen im schleswig-holsteinischen und übrigen deutschen Verfassungsrecht, S. 101.

[13] *Hesse*, JöR n.F., Bd. 44 (1996), S. 1, 5. Vgl. auch: *Müller*, Schlaglichter der deutschen Geschichte, S. 449.

[14] Vertrag über die Schaffung einer Währungs-, Wirtschafts- und Sozialunion zwischen der Bundesrepublik Deutschland und der Deutschen Demokratischen Republik vom 18. Mai 1990 (BGBl. 1990 II S. 537 ff.).

[15] Vertrag zwischen der Bundesrepublik Deutschland und der Deutschen Demokratischen Republik über die Herstellung der Einheit Deutschlands – Einigungsvertrag – vom 31. August 1990 (BGBl. 1990 II S. 889 ff.).

[16] Vgl. hierzu: *Klein*, DÖV 1991, S. 569 ff.; *Stern*, DtZ 1990, S. 289 ff. Zu den historischen und politischen Hintergründen vgl. statt vieler: *Schäuble*, Der Vertrag.

[17] *Kohl*, Ich wollte Deutschlands Einheit, S. 290 ff.

[18] *Genscher*, Erinnerungen, S. 709 ff.

der Unterzeichnung des Souveränitätsvertrages[19] in Moskau machte den Weg zur deutschen Einheit endgültig frei.[20]

2. Der Minderheitenschutzartikel des Verfassungsentwurfes des *„Runden Tisches"*

Zu dem Zeitpunkt, als der *„Zentrale Runde Tisch"* mit der Erarbeitung einer neuen Verfassung für die DDR begann, existierte noch die Vorstellung, die Herstellung gleichberechtigter Beziehungen im Rahmen einer Konföderation beider deutscher Staaten erreichen zu können.[21] Je mehr sich die Lösung einer schnellen Wiedervereinigung über Art. 23 GG a.F. abzeichnete, desto mehr begann das Interesse an einer neuen Verfassung für die DDR abzunehmen. Ende März/Anfang April 1990, als sich der *„Zentrale Runde Tisch"* auflöste, wurde der Entwurf einer neuen Verfassung für die DDR vorgestellt.[22] Dem Vertreter der Domowina am *„Zentralen Runden Tisch"*, *Jan Malink*, war es zwar nicht gelungen, die Erhaltung der Lausitz als administrative Einheit durchzusetzen, doch enthielt der Entwurf in seinem Art. 34 eine wesentlich erweiterte Bestimmung zum Schutz der Sorben:[23]

„Artikel 34

(1) Der Staat achtet und fördert die Interessen der Sorben. Er gewährleistet und schützt ihr Recht auf den Gebrauch und die Pflege ihrer Sprache, Kultur und Traditionen. Er unterhält oder unterstützt die dazu erforderlichen Einrichtungen, insbesondere im Sozial- und Bildungswesen. Die Sorben haben das Recht, ihre Muttersprache vor den Verwaltungsbehörden und den Gerichten zu gebrauchen. In der Landes- und Regionalplanung sind die Lebensbedürfnisse der Sorben besonders zu berücksichtigen.

(2) *Durch Gesetz können Autonomierechte eingeräumt werden."*

---

[19] Vertrag über die abschließende Regelung in bezug auf Deutschland vom 12. September 1990 (BGBl. 1990 II S. 1318 ff.).

[20] *Genscher*, Erinnerungen, S. 854 ff.; *Zelikow/Rice*, Germany unified and Europe transformed, S. 149 ff.; *Baker*, The Politics of Diplomacy, S. 294; *Mitterrand*, De l'Allemagne et de la France, S. 147 ff.

[21] *Inescu*, KJ 1993, S. 475, 476.

[22] Entwurf des Zentralen Runden Tisches vom 4. April 1990. Abgedruckt in: Neues Deutschland vom 18. April 1990. Vgl. hierzu ausführlich: *Häberle*, JöR n.F., Bd. 39 (1990), S. 319 ff.

[23] Abgedruckt bei: *Kasper*, in: Letopis Sonderheft 1995, Minderheiten – Rechte und Realitäten, S. 41, 44 (Fn. 18).

Der Verfassungsentwurf des *„Zentralen Runden Tisches“*, der von einer Fortexistenz der DDR ausging, erweiterte den Schutz der Sorben über das in den Bestimmungen in den DDR-Verfassungen Enthaltene hinaus. Vorgesehen waren nunmehr die Respektierung und Förderung der nationalen Interessen des sorbischen Volkes durch den Staat, der Schutz des Rechtes auf die Pflege der sorbischen Sprache, Kultur und nationalen Traditionen. Der Staat sollte weiterhin verpflichtet sein, die hierfür benötigten Sozial- und Bildungseinrichtungen zur Verfügung zu stellen. Darüber hinaus sollten die Rechte hinsichtlich des Gebrauches der sorbischen Sprache vor Behörden und Gerichten erweitert werden. Völlig neu war die geplante Festschreibung der Berücksichtigung der national-kulturellen Interessen der Sorben bei der Landes- und Regionalplanung. Dies wäre insbesondere hinsichtlich des Braunkohletagebaus in der Lausitz von entscheidender Bedeutung gewesen. Abs. 2 des vorgeschlagenen Art. 34 enthielt schließlich die Möglichkeit zur Einführung von Autonomierechten. Gerade dies wäre eine weit über den bisherigen Standard an Minderheitenrechten hinausgehende Option gewesen, bei der aber durchaus bezweifelt werden kann, ob sie jemals hätte in die Praxis umgesetzt werden können.[24]

Der Verfassungsentwurf des *„Runden Tisches“* wurde allerdings nicht mehr in der Volkskammer debattiert, da er vom historischen Verlauf der deutschen Einheit überholt wurde.[25] Zu dem Zeitpunkt, als der Entwurf vorgestellt wurde und den parlamentarischen Gremien hätte zugeleitet werden können, war bereits hinreichend erkennbar, daß es nicht mehr um eine grundsätzlich erneuerte Deutsche Demokratische Republik ging, sondern um eine Vollfusion der beiden deutschen Staaten.[26] Ebenfalls absehbar war zu diesem Zeitpunkt, daß der Entwurf nicht einmal mehr als *travail préparatoire* für eine gesamtdeutsche Verfassungsneuschöpfung herangezogen werden würde, da sich die Option des Art. 23 GG a.F. gegenüber dem Weg über Art. 146 GG a.F. durchzusetzen begann.[27] Das einzige, was die Bürgerbewegung und die Opposition in der DDR erreichen konnten, war die Empfehlung des Art. 5 Einigungsvertrag. Danach sollten sich die gesetzgebenden Körperschaften des vereinigten Deutschlands mit den im Zusammenhang mit der deutschen Einigung aufgeworfenen Fragen zur Änderung oder Ergänzung des Grundgesetzes zu befassen.[28] Dies geschah dann im Rahmen der Gemeinsamen Verfassungskommission und wurde im Jahr 1994 abgeschlossen.

---

[24] Zum Minderheitenschutzartikel im Verfassungsentwurf des *„Runden Tisches“* vgl. auch: *Kasper*, in: Letopis, Sonderheft 1995, Minderheiten – Rechte und Realitäten, S. 41, 44; *ders.*, in: *Holander/Steensen* (Hrsg.), Friesen und Sorben, S. 12, 22; *Lemke*, Nationale Minderheiten und Volksgruppen im schleswig-holsteinischen und übrigen deutschen Verfassungsrecht, S. 102; *Pastor*, Die rechtliche Stellung der Sorben in Deutschland, S. 34 ff.

[25] *Kasper*, in: Letopis, Sonderheft 1995, Minderheiten – Rechte und Realitäten, S. 41, 44; *Lemke*, Nationale Minderheiten und Volksgruppen im schleswig-holsteinischen und übrigen deutschen Verfassungsrecht, S. 102.

[26] *Hesse*, JöR n.F., Bd. 44 (1996), S. 1, 5.

[27] *Kammradt*, Die Verfassungsdiskussion: Motive, Ziele, Perspektiven, S. 33 ff.

[28] *Inescu*, KJ 1993, S. 475, 476; *Hesse*, JöR n.F., Bd. 44 (1996), S. 1, 10 f.

3. Sonstige Bemühungen um den Minderheitenschutz in der DDR bis zur Wiedervereinigung

Das einzige Gesetz mit Bezug zum Minderheitenschutz, das in der Zeit zwischen der demokratischen Wende und der Wiedervereinigung in der Volkskammer der DDR beraten wurde, war das Gesetz zum Schutz und zur Förderung des sorbischen Volkes (Nationalitätengesetz).[29] Inhaltlich konkretisierte dieser Entwurf zu einem Nationalitätengesetz die Bestimmung des Art. 34 des Verfassungsentwurfes des *„Zentralen Runden Tisches"*. Die Schutz-, Förder- und Gewährleistungsklauseln des Verfassungstextes wurden näher ausgestaltet. In zwei Punkten ging das Nationalitätengesetz sogar über die Bestimmung des Art. 34 hinaus: Im Abschnitt über die politische Mitbestimmung der Sorben war eine herausragende Stellung der Domowina als Alleinvertreterin der sorbischen Interessen vorgesehen. Sie sollte ein Gesetzesinitiativrecht in den Parlamenten von *„Staat und Ländern"* (§ 8) und ein Vorschlagsrecht bei der Besetzung von öffentlichen Ämtern mit Bezug zu sorbischen Angelegenheiten (§§ 10 und 11) haben. Zum zweiten war in dem Entwurf des Nationalitätengesetzes eine Bestimmung über eine Quote sorbischer Abgeordneter in den Vertretungskörperschaften des deutsch-sorbischen Gebietes sowie von Abgeordneten für die Volkskammer (§ 9) enthalten.[30]

Der Entwurf des Nationalitätengesetzes stieß bei der ersten Lesung in der Volkskammer zwar auf breite Zustimmung. Dennoch wurde das Gesetz bei seiner zweiten Lesung am 30. August 1990 im Hinblick auf die bevorstehende Wiedervereinigung abgelehnt, da es keine praktische Bedeutung mehr hätte erlangen können, sondern allenfalls appellativen Charakter gehabt hätte.[31] Der Ausschuß für Verfassung und Verwaltungsreform der Volkskammer empfahl statt dessen, die Interessen des sorbischen Volkes durch die Aufnahme einer Protokollnotiz zum Einigungsvertrag zu wahren und erteilte dem Verhandlungsleiter der Delegation der DDR einen entsprechenden Auftrag.[32] Dieser Auftrag wurde in Protokollnotiz Nr. 14 zu Art. 35 Einigungsvertrag dann auch umgesetzt.[33]

Im Hinblick auf die bevorstehende Wiedervereinigung verabschiedete die Domowina am 2. August 1990 ein *„Memorandum des sorbischen Volkes zu den Volksgruppenrechten in einem*

---

[29] DDR-Volkskammer, Drucks. 10/131 vom 7. Juni 1990. Der Entwurf ist auch abgedruckt bei: *Pastor*, Die rechtliche Stellung der Sorben in Deutschland, S. 232 ff.

[30] Vgl. zum Nationalitätengesetz: *Pastor*, Die rechtliche Stellung der Sorben in Deutschland, S. 38 f.; *Kasper*, in: *Holander/Steensen* (Hrsg.), Friesen und Sorben, S. 12, 22 f.; *Lemke*, Nationale Minderheiten und Volksgruppen im schleswig-holsteinischen und übrigen deutschen Verfassungsrecht, S. 102.

[31] *Kasper*, in: *Holander/Steensen* (Hrsg.), Friesen und Sorben, S. 12, 23; *Lemke*, Nationale Minderheiten und Volksgruppen im schleswig-holsteinischen und übrigen deutschen Verfassungsrecht, S. 102.

[32] *Pastor*, Die rechtliche Stellung der Sorben in Deutschland, S. 38.

[33] Hierzu sogleich.

erneuerten deutschen Grundgesetz".[34] In diesem Dokument wurde folgender Minderheitenschutzartikel zur Ergänzung des Grundgesetzes vorgeschlagen:[35]

> *„Der Schutz und die Förderung der in Deutschland ansässigen Volksgruppen werden garantiert. Bei der Ausarbeitung von Bundes- und Landesgesetzen, die in besonderer Weise die Interessen der Volksgruppen berühren, steht ihnen ein Mitwirkungsrecht zu, welches durch Gesetz zu regeln ist.*"

In der Folge der Beratungen der Kommission Verfassungsreform des Bundesrates und der Gemeinsamen Verfassungskommission spielte allerdings dieser Vorschlag ebenso wenig eine Rolle wie Art. 34 des Verfassungsentwurfes des „*Zentralen Runden Tisches*" oder der Entwurf eines Nationalitätengesetzes.

II. Die Entstehung der Abstimmungsvorlage zum Minderheiten-schutzartikel des Grundgesetzes

Wenn es auch der Bürgerrechts- und der Oppositionsbewegung in der DDR nicht gelungen war, den Prozeß einer gesamtdeutschen Verfassungsgebung zu initiieren, so war doch die Wiedervereinigung der Ausgangspunkt für eine Revision des Grundgesetzes in großem Rahmen. Im Zuge der Wiedervereinigung gelang es jedoch den insoweit konservativ eingestellten Richtungen innerhalb der westdeutschen Politik, die Hürden für eine radikalere Reform des Grundgesetzes so hoch zu setzen, daß es bei einer Fortgeltung des Grundgesetzes in seinen wesentlichen Strukturen auch für das wiedervereinigte Deutschland blieb.[36] Folge dieser Grundtendenz war allerdings, daß eine *en détail* ausgearbeitete und durchdebattierte Minderheitenschutzbestimmung für das Grundgesetz quasi in letzter Minute scheiterte und das Grundgesetz somit weiterhin auf eine derartige Bestimmung verzichtet.

---

[34] Vgl. *Kasper*, in: Letopis Sonderheft 1995, Minderheiten – Rechte und Realitäten, S. 41, 44.

[35] Zitiert nach *Kasper*, in: Letopis Sonderheft 1995, Minderheiten – Rechte und Realitäten, S. 41, 44 (Fn. 20).

[36] Vgl. hierzu etwa: *Jahn*, DVBl. 1994, S. 177 ff.; *Isensee*, NJW 1993, S. 2583 ff.; *Scholz*, ZG 1994, S. 1 ff.

1. Die Arbeit der Kommission Verfassungsreform des Bundesrates

Im Prozeß der wiedervereinigungsbedingten Grundgesetzrevision ergriff zunächst der Bundesrat nach Vorerörterungen in der Ministerpräsidentenkonferenz der Bundesländer die Initiative.[37]

a) Die Vorgaben des Einigungsvertrages

Wie bereits erwähnt, empfahl der Ausschuß für Verfassung und Verwaltungsreform der Volkskammer anstelle der Verabschiedung des Nationalitätengesetzes, die Interessen des sorbischen Volkes durch die Aufnahme einer entsprechenden Protokollnotiz zum Einigungsvertrag zu wahren und erteilte dem Verhandlungsleiter der Delegation der DDR einen entsprechenden Auftrag. Dementsprechend fand sich schließlich in Ziffer 14 der Protokollnotiz zu Art. 35[38] des Einigungsvertrages[39] folgende Passage:[40]

> *„Die Bundesrepublik Deutschland und die Deutsche Demokratische Republik erklären im Zusammenhang mit Artikel 35 des Vertrags:*
>
> *1. Das Bekenntnis zum sorbischen Volkstum und zur sorbischen Kultur ist frei.*
>
> *2. Die Bewahrung und Fortentwicklung der sorbischen Kultur und der sorbischen Traditionen werden gewährleistet.*
>
> *3. Angehörige des sorbischen Volkes und ihre Organisationen haben die Freiheit zur Pflege und zur Bewahrung der sorbischen Sprache im öffentlichen Leben.*
>
> *4. Die grundgesetzliche Zuständigkeitsverteilung zwischen Bund und Ländern bleibt unberührt.“*

---

[37] *Kloepfer*, Verfassungsänderung statt Verfassungsreform, S. 19.

[38] Art. 35 Einigungsvertrag betrifft Maßnahmen im Bereich der Kulturförderung.

[39] Vertrag zwischen der Bundesrepublik Deutschland und der Deutschen Demokratischen Republik über die Herstellung der Einheit Deutschlands – Einigungsvertrag – vom 31. August 1990 (BGBl. 1990 II S. 889 ff.).

[40] Vgl. zum Ganzen: *Pastor*, Die rechtliche Stellung der Sorben in Deutschland, S. 82 ff.

In der Denkschrift zum Einigungsvertrag[41] heißt es in bezug auf diese Protokollnotiz:

> *„Mit dieser Protokollnotiz werden die Rechte der Sorben im vereinten Deutschland unter Wahrung der Kompetenzen von Bund und Ländern gesichert. (...)"*

Die Bestimmungen des Einigungsvertrages haben, mit Ausnahme der in Art. 4 Einigungsvertrag vorgenommenen Grundgesetzänderungen, nach Art. 45 Abs. 2 Einigungsvertrag den Rang von einfachem Bundesrecht. Das Protokoll zum Einigungsvertrag dient der Klarstellung einiger im Vertrag geregelter Punkte. Ziffer 1 von Protokollnotiz 14 normiert hinsichtlich der Hinwendung zum sorbischen Volkstum und zur sorbischen Kultur das Prinzip des freien Bekenntnisses. Für das Individuum bedeutet dies im positiven Sinne das Recht, ein entsprechendes Bewußtsein zu bilden, zu haben, zu äußern und zu leben oder, im negativen Sinne, dies nicht zu tun.[42] Obgleich diese Bekenntnisfreiheit zum Sorbentum lediglich im Rang einfachen Bundesrechts steht, so ist dieses Bekenntnis doch umfassend durch die Grundrechte des Grundgesetzes, wie etwa Art. 1 Abs. 1, Art. 2 Abs. 1, Art. 5 Abs. 1 oder Art. 9 Abs. 1 GG, abgesichert. Durch Ziffer 2 der Protokollnotiz 14 zu Art. 35 Einigungsvertrag übernimmt der *Staat* nicht lediglich eine Schutzpflicht für die sorbische Kultur und die sorbischen Traditionen, sondern verpflichtet sich darüber hinaus zu deren aktiver Förderung. Aus Ziffer 4 der Protokollnotiz 14 und der Erläuterung in der Denkschrift zum Einigungsvertrag ergibt sich, daß diese Förderverpflichtung in erster Linie die Bundesländer Brandenburg und Sachsen trifft, in deren Kompetenzbereich staatliche Maßnahmen zur Bewahrung und Fortentwicklung der sorbischen Kultur fallen.[43] Ziffer 3 der Protokollnotiz 14 dient schließlich der Sicherung des in der DDR erreichten Standards der Zweisprachigkeit des sorbischen Siedlungsgebietes.[44]

Neben diesen Bestimmungen zur Wahrung und Sicherung des Rechtsstatus der Sorben im wiedervereinigten Deutschland sprach Art. 5 Einigungsvertrag eine Empfehlung hinsichtlich künftiger Verfassungsänderungen im Hinblick auf die Wiedervereinigung aus:[45]

---

[41] BT.-Drucks. 11/7760, S. 378.

[42] *Pastor* will hier eine Analogie zur Bekenntnisfreiheit des Art. 4 Abs. 1 GG bilden. Vgl. *Pastor*, Die rechtliche Stellung der Sorben in Deutschland, S. 83.

[43] *Blumenwitz*, Minderheiten- und Volksgruppenrecht – Aktuelle Entwicklungen, S. 112 f.; *Pastor*, Die rechtliche Stellung der Sorben in Deutschland, S. 84 f.

[44] Vgl. hierzu oben Kapitel 4. Punkt II. 3. und *Hofmann*, ZaöRV, 1992, S. 1, 32.

[45] *Klein*, DÖV 1991, S. 569, 575 f.; *Stern*, DtZ 1990, S. 289 ff.

„Artikel 5 Künftige Verfassungsänderungen

Die Regierungen der beiden Vertragsparteien empfehlen den gesetzgebenden Körperschaften des vereinten Deutschlands, sich innerhalb von zwei Jahren mit den im Zusammenhang mit der deutschen Einigung aufgeworfenen Fragen zur Änderung oder Ergänzung des Grundgesetzes zu befassen, insbesondere (...)

- *mit den Überlegungen zur Aufnahme von Staatszielbestimmungen in das Grundgesetz (...)"*

Danach wurde also gegenüber Bundestag und Bundesrat die Empfehlung ausgesprochen, innerhalb von zwei Jahren die vereinigungsbedingten Anpassungen des Grundgesetzes auf den Weg zu bringen. Insbesondere sollte unter anderem die Aufnahme von Staatszielbestimmungen überlegt werden.

b) Die Einsetzung der Kommission und die Beratungen

Gemäß dieser Vorgabe setzte der Bundesrat mit Beschluß vom 1. März 1991[46] die Kommission Verfassungsreform des Bundesrates ein mit dem Auftrag, sich mit den Empfehlungen des Art. 5 Einigungsvertrag zu befassen und dem Bundesrat darüber einen Bericht zu erstatten.[47] Die Kommission bestand aus 32 Mitgliedern, die sich aus den Ministerpräsidenten und jeweils einem zusätzlichen Regierungsmitglied der Bundesländer zusammensetzte. Die Kommission berief zwei Arbeitsausschüsse. Innerhalb dieser Ausschüsse wurden die verschiedenen Themenbereiche jeweils von berichterstattenden Ländern aufbereitet. Für Beschlüsse, die in den Bericht an den Bundesrat als Empfehlungen für Grundgesetzänderungen bzw. -ergänzungen eingehen sollten, wurde das Erfordernis einer $^2/_3$-Mehrheit vereinbart.[48] Erste Formulierungsvorschläge für einen Minderheitenschutzartikel wurden dem zuständigen Arbeitsausschuß 2 von den Ländern Niedersachsen und Schleswig-Holstein unterbreitet:[49]

---

[46] BR.-Drucks. 103/91.

[47] *Kloepfer*, Verfassungsänderung statt Verfassungsreform, S. 19.

[48] BR.-Drucks. 360/92, Ziffer 1 f.

[49] Zitiert nach *Franke/Hofmann*, EuGRZ 1992, 401, 407 f. (Fn. 63).

Der Vorschlag von Schleswig-Holstein:

„Der Staat achtet und fördert die Rechte nationaler und kultureller Minderheiten."

Der Vorschlag Niedersachsens:

„(1) Der Staat schützt und fördert die Identität nationaler und kultureller Minderheiten.

(2) Durch Bundesgesetz mit Zustimmung des Bundesrates sind die Voraussetzungen zu bestimmen, unter denen Gruppen als kulturelle Minderheiten anzusehen sind."

Beiden Vorschlägen war gemeinsam, daß sie mit der Verwendung des Begriffes der *kulturellen Minderheit* das Differenzierungsmerkmal der Staatsangehörigkeit zugunsten der Zugehörigkeit zu einer kulturellen Gruppe zu überwinden suchten und damit das Ziel verfolgten, auch Ausländer in die minderheitenrechtlichen Schutz- und Förderpflichten einzubeziehen. Im Verlauf der Beratungen stellte sich jedoch alsbald heraus, daß eine Gleichstellung ausländischer Minderheitengruppen mit solchen deutscher Staatsangehörigkeit nicht mehrheitsfähig sein würde, worauf man die Vorschläge fallenließ.[50] Gegenüber dieser *multikulturellen* Zielsetzung sahen die Vorschläge des - gemeinsam mit Sachsen - berichterstattenden Landes Brandenburg[51] eine zwischen Ausländern einerseits und autochthonen Minderheiten, welche regelmäßig auch die deutsche Staatsangehörigkeit besitzen andererseits, differenzierende Lösung vor. In seiner mit den Ländern Niedersachsen und Schleswig-Holstein erarbeiteten Zweitfassung enthielt der Vorschlag Brandenburgs folgende Formulierung:[52]

„(1) Der Staat achtet die Rechte der ethnischen, kulturellen, religiösen oder sprachlichen Minderheiten auf Wahrung und Entwicklung ihrer Identität.

(2) Die in der Bundesrepublik bestehenden nationalen Minderheiten und Volksgruppen, deren Angehörige die deutsche Staatsangehörigkeit besitzen, haben Anspruch auf Schutz und Förderung."

---

[50] Vgl. bei *Franke/Hofmann*, EuGRZ 1992, 401, 407 f. Vgl. auch die an mehreren Stellen dieser Arbeit geäußerte Kritik an der Zusammenfassung von autochthonen Minderheiten und Immigrantengruppen: etwa Kapitel 1. Punkt III. 3.; Kapitel 3. Punkt I. 3. und 4. und II. 2. und Kapitel 4. Punkt II. 2. b).

[51] GVK, Arbeitsunterlage Nr. 77 (Positionspapier des Justizministeriums von Brandenburg), S. 1 ff.

[52] GVK, Arbeitsunterlage Nr. 77 (Positionspapier des Justizministeriums von Brandenburg), S. 3.

Mit der Achtensklausel des Abs. 1 des Vorschlags von Brandenburg sollte in Anknüpfung an Art. 27 IPBPR[53] ein negatorisches Recht auf Erhaltung und Pflege der Identität der dort genannten Minderheiten normiert und somit Assimilationsdruck abgewendet werden. Der subjektiv-rechtlich formulierte Abs. 2 des Vorschlags beschränkte die Schutz- und Förderungspflichten auf die Angehörigen der *klassischen*, also der autochthonen Minderheiten und Volksgruppen deutscher Staatsangehörigkeit, ohne gleichzeitig im Hinblick auf zukünftige Entwicklungen unflexibel zu sein. Dem Vorschlag Brandenburgs wurde ein Vorschlag des mitberichterstattenden Landes Sachsen gegenübergestellt:[54]

> *„Die Bundesrepublik Deutschland schützt und fördert nationale und ethnische Minderheiten deutscher Staatsangehörigkeit.“*

Nach den Beratungen im Arbeitsausschuß einigte man sich auf folgende Beschlußvorlage, die eine abgeschwächte Fassung des brandenburgischen Abs. 1 mit der Staatszielbestimmung des sächsischen Vorschlages kombinierte:[55]

> *„Der Staat achtet die Identität der ethnischen, kulturellen, religiösen und sprachlichen Minderheiten. Er schützt und fördert nationale und ethnische Minderheiten deutscher Staatsangehörigkeit.“*

Bei der Schlußabstimmung hierüber im Plenum der Kommission Verfassungsreform des Bundesrates wurde zunächst im Hinblick auf den ausreichenden Schutz der Religionsfreiheit durch Art. 4 und 140 GG der Einbezug der *religiösen Minderheiten* gestrichen.[56] Aufgrund des wechselnden Stimmverhaltens des Bundeslandes Sachsen wurde dann nur der erste Satz mit der erwähnten Modifizierung mit $^2/_3$-Mehrheit angenommen.

c) Der Vorschlag der Kommission Verfassungsreform des Bunderates

Der Vorschlag der Kommission Verfassungsreform des Bundesrates zur Ergänzung des Grundgesetzes hatte demzufolge nachstehenden Wortlaut:[57]

---

[53] Vgl. hierzu die detaillierten Ausführungen oben in Kapitel 3. Punkt II. 1. a).

[54] GVK, Arbeitsunterlage Nr. 77 (Positionspapier des Justizministeriums von Brandenburg), S. 3.

[55] GVK, Arbeitsunterlage Nr. 77 (Positionspapier des Justizministeriums von Brandenburg), S. 4.

[56] Vgl. zur minderheitenschützenden Wirkung der Religions- und Bekenntnisfreiheit des Grundgesetzes oben Kapitel 4. Punkt III.

[57] BR.-Drucks. 360/92, Ziffer 125.

„Der Staat achtet die Identität der ethnischen, kulturellen und sprachlichen Minderheiten."

Mit diesem Ergebnis einer Achtensklausel, die sowohl Minderheiten deutscher Staatsangehörigkeit als auch ausländischen Minderheiten Identitätsschutz gewährt, war niemand so richtig zufrieden. Die Befürworter beklagten, daß sich durch den Wegfall der Schutz- und Förderklausel, die als objektiv-rechtliche Staatszielbestimmung vor allem den Dänen, Friesen, Sorben und Sinti und Roma deutscher Staatsangehörigkeit zugute kommen sollte, logische Unstimmigkeiten ergäben und der Minderheitenschutz somit seines Kernstücks beraubt werde. Durch die Streichung falle der Vorschlag inhaltlich hinter den auf europäischer Ebene bereits erreichten Standard der Rechtsentwicklung zurück.[58] Die Bundesrepublik Deutschland würde sich um die Möglichkeit bringen, bei ihren Bemühungen um die Verbesserung der Lage der deutschen Minderheiten in Osteuropa auf ihre eigene Verfassung hinzuweisen. Außerdem dürfte den betroffenen Minderheiten, namentlich den Dänen, Friesen, Sorben und Sinti und Roma, der Verzicht auf eine Schutz- und Förderpflicht nur schwer zu vermitteln sein.[59]

Dagegen argumentierten fünf Bundesländer,[60] die den Vorschlag ganz zu Fall bringen wollten, daß der Staat bereits ausreichend für die Minderheiten sorgen würde. Die Bundesrepublik Deutschland hielte völkerrechtliche Verpflichtungen ein. Davon abgesehen müßten sich ohnehin vorrangig die Länder um den Minderheitenschutz kümmern, da diesbezüglich vor allem der Kulturbereich betroffen wäre. Abgesehen davon sei der Minderheitenbegriff nicht hinreichend klar bestimmt, was sich tendenziell nachteilig auf die gesamtgesellschaftliche Integration auswirken könne.[61] Am 14. Mai 1992 beendete die Verfassungskommission des Bundesrates ihre Tätigkeit mit der Vorlage eines Abschlußberichtes.[62]

2. Die Arbeit der Gemeinsamen Verfassungskommission (GVK)

Die von der Kommission Verfassungsreform des Bundesrates geleisteten Vorarbeiten flossen in der Folge in die Arbeit der Gemeinsamen Verfassungskommission von Bundestag und Bundesrat (GVK) ein.

---

[58] Zum *„europäischen Standard"* des Minderheitenschutzes vgl. oben Kapitel 3. Punkt II. 3., 4. und 5.

[59] GVK, Arbeitsunterlage Nr. 77 (Positionspapier des Justizministeriums von Brandenburg), S. 4 f.

[60] Nämlich Baden-Württemberg, Bayern, Mecklenburg-Vorpommern, Sachsen-Anhalt und Thüringen.

[61] BR.-Drucks. 360/92, Ziffer 125.

[62] BR.-Drucks. 360/92.

a) Die Gemeinsame Verfassungskommission (GVK)

In seiner Regierungserklärung vom 30. Januar 1991 sprach der damalige Bundeskanzler *Helmut Kohl* den Wunsch der Bundesregierung aus, Bundestag und Bundesrat mögen aus ihrer Mitte ein paritätisch zusammengesetztes Gremium berufen, das über Vorschläge zur Verfassungsänderung im Hinblick auf das Gebot des Art. 5 Einigungsvertrag beraten solle. Die Ergebnisse dieser Beratungen möge das Gremium dann an die gesetzgebenden Körperschaften richten. Daraufhin beschloß der Deutsche Bundestag am 28. November 1991 die Einsetzung einer Gemeinsamen Verfassungskommission aus Mitgliedern des Bundestages und des Bundesrates (GVK).[63] Diesem Beschluß stimmte der Bundesrat am 29. November 1991 zu.[64] Die GVK setzte sich aus 64 Mitgliedern und 64 Stellvertretern zusammen, die je zur Hälfte von Bundestag und Bundesrat entsandt wurden.[65] Nach den Einsetzungsbeschlüssen war für die Entscheidungen der GVK das Quorum einer $^2/_3$-Mehrheit erforderlich, was die Chancen der Umsetzung der Empfehlungen der GVK in einem späteren Verfassungsänderungsverfahren steigern sollte.[66] Um es noch einmal deutlich zu sagen: Die GVK konnte den gesetzgebenden Körperschaften lediglich Vorschläge für eine Verfassungsänderung unterbreiten, die letztlich in einem normalen verfassungsgesetzgeberischen Änderungsverfahren eingebracht und verabschiedet werden mußten. Die politische Zuordnung der Kommissionsmitglieder ergab, daß keine der beiden großen Parteien mit ihren Stimmen in beiden Bänken weder allein noch mit den kleineren Parteien die $^2/_3$-Mehrheit erzielen konnte, sondern nur mit den Mitgliedern der anderen großen Partei zusammen.[67]

b) Der Verlauf der Beratungen

Das Problem eines Staatsziels Minderheitenschutz wurde zum ersten Mal in der 12. Sitzung der GVK am 12. November 1992 diskutiert. Obgleich Brandenburgs Justizminister *Bräutigam* (SPD) engagiert für die Aufnahme eines Minderheitenschutzartikels plädierte,[68] änderte sich nichts an der Skepsis der Kommissionsmitglieder aus den Unionsreihen, und die Fronten, die

---

[63] BT.-Drucks. 12/1670.

[64] BR.-Drucks. 741/91

[65] Vgl. allgemein zur Einsetzung und zur Arbeitsweise der GVK: *Kloepfer*, Verfassungsänderung statt Verfassungsreform, S. 19 ff.; *Giesen*, Die Vorbereitung der Grundgesetzänderungen nach der deutschen Wiedervereinigung, S. 111 ff.; *Schmidt*, in: *Konegen/Nitschke*, Revision des Grundgesetzes ?, S. 9, 17 ff.; *Scholz*, ZG 1994, S. 1 ff.; *Berlit*, JöR n.F., Bd. 44 (1996), S. 17, 26 ff.; *ders.*, RuP 1994, S. 194, 195 f.

[66] BT.-Drucks. 12/6000, S. 5 ff. Vgl. auch *Rohn/Sannwald*, ZRP 1994, S. 65, 66.

[67] BT.-Drucks. 12/6000, S. 5 ff. Vgl. auch *Scholz*, ZG 1994, S. 1 ff.

[68] GVK, Sten.-Ber., 12. Sitzung, S. 20 ff.

sich bereits in den Beratungen der Kommission Verfassungsreform des Bundesrates gebildet hatten, blieben verhärtet. Am 6. Mai 1993 erfolgte eine öffentliche Anhörung zu dem Thema, zu der als Sachverständige Vertreter der Friesen, Dänen, Sorben und Sinti und Roma eingeladen und gehört wurden. Die Vertreter der *klassischen* autochthonen Minderheiten deutscher Staatsangehörigkeit wünschten sich einhellig eine verfassungsrechtliche Absicherung ihrer Rechte im Grundgesetz, zumindest durch eine Staatszielbestimmung.[69] In der 24. Sitzung am 17. Juni 1993 stellte die SPD den Antrag[70], folgenden Artikel, der dem alten Vorschlag Brandenburgs aus der Kommission Verfassungsreform des Bundesrates sehr ähnlich war, als Empfehlung zur Verfassungsänderung zu beschließen:

„*Der Staat achtet die Identität der ethnischen, kulturellen und sprachlichen Minderheiten. Er schützt und fördert Volksgruppen und nationale Minderheiten deutscher Staatsangehörigkeit.*"

Der Abgeordnete *Dr. Hirsch* stellte mit Billigung der F.D.P.-Fraktion den mit Satz 1 des SPD-Vorschlages identischen Antrag.[71] Dieser Antrag bekam in der 25. Sitzung am 1. Juli 1993 die erforderliche ²/₃-Mehrheit, wohingegen Satz 2 des SPD-Antrages abgelehnt wurde.[72] Der Vorschlag der GVK zur Änderung des Grundgesetzes in bezug auf den Schutz der Minderheiten lautete demnach wie folgt:[73]

Art. 20 b GG (n.F.)

„*Der Staat achtet die Identität der ethnischen, kulturellen und sprachlichen Minderheiten.*"

c) Die Leitlinien der Argumentation der Befürworter

Die Befürworter einer Minderheitenschutzklausel[74] betonten mit Verweis auf die Paulskirchenverfassung[75] und die Weimarer Reichsverfassung,[76] daß eine solche

---

[69] GVK, Sten.-Ber., 9. Öffentliche Anhörung, S. 4 ff.

[70] GVK, Kommissions-Drucks. Nr. 27.

[71] GVK, Kommissions-Drucks. Nr. 85.

[72] *Bannas*, FAZ vom 3. Juli 1993; *Fastenrath*, FAZ vom 17. Februar 1994.

[73] BT.-Drucks. 12/6000, S. 71.

[74] Zur Argumentationslinie vgl. BT.-Drucks. 12/6000, S. 72 ff. Vgl. auch *Kloepfer*, Verfassungsänderung statt Verfassungsreform, S. 50 ff.; *Melder*, Das Parlament vom 14. Januar 1994, S. 11.

Grundgesetzergänzung der deutschen Verfassungstradition entspräche. Überdies werde mit Blick auf Art. 27 IPBPR,[77] den KSZE-Prozeß[78] und die europäischen Minderheitenschutzentwicklungen[79] festgestellt, daß sich eine Minderheitenschutzklausel gut in die europäische und internationale Rechtsentwicklung einpasse und dazu einen Beitrag leiste. Die Bundesrepublik Deutschland habe in internationalen Foren dem Minderheitenschutz immer besondere Aufmerksamkeit beigemessen, wie beispielsweise aus dem deutsch-polnischen Nachbarschaftsvertrag[80] ersichtlich sei. Mit einer Minderheitenschutzklausel im Grundgesetz fördere die Bundesrepublik Deutschland somit das deutsche Ansehen in Europa und unterstütze die deutschsprachigen Minderheiten in den Staaten Osteuropas, deren Förderung sich die Bundesrepublik Deutschland zu einem wesentlichen außenpolitischen Anliegen gemacht habe. Gerade gegenüber den Staaten, in denen deutsche Minderheiten leben, sei eine Norm in der eigenen Verfassung ein deutliches Zeichen für die Glaubwürdigkeit deutscher Minderheitenpolitik. Schließlich machten die bestehenden Normen in den deutschen Landesverfassungen eine bundesstaatliche Regelung nicht überflüssig. Entsprechende Regelungen in den Landesverfassungen sollten durch einen Passus in der Bundesverfassung „*gesamtstaatlich überwölbt*" werden, damit ein gemeinsamer Standard auch in den Bundesländern gewährleistet sei, in denen keine besonderen Regelungen in der Landesverfassung enthalten sind. Überdies solle ein Minderheitenschutzartikel im Grundgesetz auch solchen Minderheiten zugute kommen, die nicht in geschlossenen Siedlungsgebieten leben. Das bundesstaatliche Kompetenzgefüge werde durch eine Minderheitenschutz-Staatszielbestimmung nicht verändert, da die Länder weiterhin für detaillierte Regelungen in Anwendung und Durchsetzung einer solchen Bestimmung im Rahmen ihrer Kulturhoheit zuständig blieben. Auf die jetzt vorgeschlagene Achtensklausel, die sich an Art. 27 IPBPR orientiere, könnten sich auch Ausländergruppen berufen. Im Grundgesetz solle angesichts von über 5 Millionen auf Dauer bei uns lebenden und zur kulturellen Vielfalt beitragenden Ausländern ein Zeichen kultureller Toleranz gesetzt werden. Die Achtensklausel sei im Grunde nichts anderes als eine besondere Ausprägung des Gebotes der Achtung der Menschenwürde[81] mit Bezug auf die Minderheiten. Die individualrechtliche Unverletzlichkeit der Identität eines Minderheitenangehörigen werde durch Menschen- und Grundrechte geschützt; die Achtensklausel solle Gruppenschutz gewährleisten und die ethnische und kulturelle Identität von Minderheiten als Gruppe kollektivrechtlich achten. Das habe zur Folge, daß dem Mehrheitsvolk Versuche untersagt würden, etwa die Sprache oder andere kulturelle Besonderheiten der betreffenden Gruppe von Staats wegen zu beeinflussen oder gar zu verdrängen. Die Achtensklausel wolle jeglichen Assimilationsdruck auf

---

[75] Vgl. hierzu oben Kapitel 2. Punkt III. 2.

[76] Vgl. hierzu oben Kapitel 2. Punkt IV. 4.

[77] Vgl. hierzu oben Kapitel 3. Punkt II. 1. a).

[78] Vgl. hierzu oben Kapitel 3. Punkt II. 3.

[79] Vgl. hierzu oben Kapitel 3. Punkt II. 3., 4. und 5.

[80] Vgl. hierzu oben Kapitel 3. Punkt II. 6. a).

[81] Vgl. hierzu oben Kapitel 4. Punkt I.

Minderheiten deutscher Staatsangehörigkeit und ausländische Minderheiten ausschließen. Dieser Assimilationsdruck gehe normalerweise von der Kraft eines sich nach wie vor national verstehenden Staates und seiner alle Lebensbereiche durchdringenden Kultur, der Kultur des Mehrheitsvolkes, aus, die langfristig strukturell überlegen sei. Allerdings sei die Achtensklausel eine schwächere Form staatlicher Zuwendung, insbesondere Förderungsansprüche seien damit nicht ausgedrückt. Da Satz 2 der Abstimmungsvorlage nicht die erforderliche ²/₃-Mehrheit erreicht habe, falle bedauerlicherweise die Schutz- und Förderungspflicht für Minderheiten deutscher Staatsangehörigkeit weg, was allerdings das Verständnis des beschlossenen Satzes 1 nicht verändere.[82]

d) Die Leitlinien der Argumentation der Gegner

Die Gegner eines - oder besser gesagt dieses - Minderheitenschutzartikels in der GVK waren der Auffassung,[83] daß eine diesbezügliche Ergänzung der Bundesverfassung sachlich nicht erforderlich sei, da aufgrund der Festschreibung des Minderheitenschutzes in den dafür relevanten Länderverfassungen[84] in der Bundesrepublik Deutschland kein Regelungsdefizit bestehe. Wenn Mängel im Minderheitenschutz beklagt würden, dann handle es sich regelmäßig um bloße Vollzugsdefizite, die auf einfachgesetzlicher bzw. administrativer Ebene behoben werden müßten. Die Gegner des Minderheitenschutzartikels definierten *„nationale Minderheit“* als Gruppe von Personen, welche die Staatsangehörigkeit des Aufenthaltsstaates besäßen, seit jeher in einem abgrenzbaren Teil des Staatsgebietes (sog. *„geschlossenes Siedlungsgebiet“*) ansässig seien und sich von der überwiegenden Mehrheit des Staatsvolkes deutlich in volkstumsmäßiger oder nationaler Hinsicht unterschieden. Dieser Definition entsprächen in Deutschland nur die Friesen, die Dänen und die Sorben, deren Schutz in den einschlägigen Landesverfassungen jedoch bereits kodifiziert sei. Die Bundesrepublik Deutschland schütze ihre nationalen Minderheiten sowohl individuell als auch als Gruppe. Der Individualrechtsschutz sei durch die allgemeinen Freiheitsrechte des Grundgesetzes gewährleistet, kollektivrechtlich schützten die Landesverfassungen. Überdies sei der Minderheitenschutz ein Aspekt der Kulturhoheit und falle somit ohnehin in den ausschließlichen Zuständigkeitsbereich der Länder.[85] Aus diesem Grund sei daher ein zusätzlicher Minderheitenschutzartikel in der Bundesverfassung nicht erforderlich. Hinter dem von der SPD vorgelegten Minderheitenschutzartikel[86] verberge sich eine neue gesellschaftspolitische Konzeption, nämlich die einer multikulturellen Gesellschaft. Der in

---

[82] Argumentationslinie vgl. BT.-Drucks. 12/6000, S. 72 ff. Vgl. auch *Kloepfer*, Verfassungsänderung statt Verfassungsreform, S. 50 ff.; *Melder*, Das Parlament vom 14. Januar 1994, S. 11.

[83] Argumentationslinie vgl. BT.-Drucks. 12/6000, S. 74 f. Vgl. auch *Kloepfer*, Verfassungsänderung statt Verfassungsreform, S. 52 f.; *Melder*, Das Parlament vom 14. Januar 1994, S. 11.

[84] Vgl. hierzu unten Kapitel 6.

[85] Gemäß Art. 30 GG.

[86] GVK, Kommissions-Drucks. Nr. 27.

dem SPD-Antrag enthaltene Begriff der nationalen Minderheit solle bewußt offengehalten werden, um jeder zuwandernden oder sich neu formierenden Minderheitengruppe Anerkennung sowie Schutz und Förderung als nationale Minderheit zu eröffnen. Statt eines Modells der Integration von Zuwanderern in Staat und Gesellschaft unseres Landes werde damit das Modell eines Nebeneinanders weitestgehend eigenständiger Kulturen gefördert. Es könne jedoch nicht angestrebt werden, auf dem Staatsgebiet der Bundesrepublik Deutschland verfassungsrechtlich das Nebeneinander möglichst vieler eigenständiger Kulturen zu organisieren, sondern es müsse erwartet werden, daß Zuwanderer sich in Staat und Gesellschaft integrieren. Aus dem gleichen Grunde könnte auch die beschlossene Achtensklausel[87] nicht befürwortet werden. Wenn der Staat die ethnischen, kulturellen und sprachlichen Minderheiten als Gruppe achte, erkläre er damit, daß er sie als eigenständige Kultur im Aufenthaltsland anerkenne und darauf verzichte, ihre Integrationsbereitschaft zu fordern, weil dies die Identität der Minderheiten in Frage stellen könnte. Die außenpolitische Relevanz des Themas Minderheitenschutz sei unbestritten, und die Bundesrepublik Deutschland fühle sich zu Recht zur Fürsorge für die deutschen Minderheiten in den Staaten Ost- und Südosteuropas verpflichtet. Daher strebe die Bundesrepublik Deutschland auf internationaler Ebene die Verwirklichung eines effektiven Minderheitenschutzsystems an und habe mit den ost- und südosteuropäischen Staaten, in denen deutsche Minderheiten leben, bilaterale Verträge,[88] in die Minderheitenschutzklauseln aufgenommen wurden, geschlossen. Die Bundesrepublik Deutschland erfülle die eingegangenen vertraglichen Verpflichtungen gut, und es sei nicht zu erwarten, daß darüber hinaus eine „*Vorbildfunktion*" durch die Verankerung eines Minderheitenschutzartikels in der Bundesverfassung zu konkreten Vorteilen für die deutschen Minderheiten in Osteuropa führen werde.[89]

3. Die Reaktionen auf den Vorschlag der GVK

Die Arbeit der Gemeinsamen Verfassungskommission im allgemeinen und die Diskussion um die Aufnahme des Minderheitenschutzes in das Grundgesetz im besonderen fanden ein breites Echo in der Öffentlichkeit, den Medien[90] und der Wissenschaft.[91] Die GVK schlug als

---

[87] GVK, Kommissions-Drucks. Nr. 85.

[88] Vgl. hierzu oben Kapitel 3. Punkt II. 6.

[89] Argumentationslinie vgl. BT.-Drucks. 12/6000, S. 74 f. Vgl. auch *Kloepfer*, Verfassungsänderung statt Verfassungsreform, S. 52 f.; *Melder*, Das Parlament vom 14. Januar 1994, S. 11.

[90] Vgl. etwa: *Fastenrath*, FAZ vom 17. Februar 1994; *Kloepfer*, FAZ vom 1. Februar 1994; *Tibi*, FAZ vom 11. Januar 1994; *Kriele*, FAZ vom 21. Dezember 1993; *Bannas*, FAZ vom 5. Juli 1994; *ders.*, FAZ vom 3. Juli 1993; *Stock*, FAZ vom 18. April 1994; *Wassermann*, Die Welt vom 15. Januar 1994; *Jach*, FOCUS 14/94 vom 2. April 1994, S. 18 ff.

[91] Vgl. etwa: *Kloepfer*, Verfassungsänderung statt Verfassungsreform, S. 49 ff.; *Berlit*, JöR n.F., Bd. 44 (1996), S. 17, 69 ff.; *ders.*, RuP 1994, S. 194, 203 f.; *Scholz*, ZG 1994, S. 1, 24 ff.; *Rohn/Sannwald*, ZRP 1994, S. 65, 72; *Isensee*, NJW 1993, S. 2583, 2585; *Rubel*, Stud.jur 2/1994, S. 12, 15; *Schöneburg*, KJ 1992, S. 384 ff.; *Schneider*, 1994, S. 558, 559 f.; *Lieberam/Heuer*, DuR 1993, S. 118 ff.; *Schönwalder*, in: *Konegen/Nitschke*, Revision des Grundgesetzes ?, S. 197 ff.; *Stopp*, Jahrbuch zur Staats- und Verwaltungswissenschaft 1995, S. 9,

Minderheitenschutzartikel also eine Achtensklausel vor, die sowohl Minderheiten deutscher Staatsangehörigkeit als auch ausländischen Minderheitengruppen Identitätsschutz gewähren und Assimilationsdruck ausschließen sollte.[92] Diese Lösung hatte auch schon die Kommission Verfassungsreform des Bundesrates erreicht.[93] Und wieder waren weder die Befürworter noch die Gegner mit dem gefundenen Kompromiß zufrieden. Besonders hart ging die Literatur mit dem Vorschlag der GVK ins Gericht.[94] Zentraler Punkt der Kritik war, daß der Minderheitenschutzartikel auch ausländische Immigranten mit in den Schutzbereich nimmt. Damit werde auf die Ausländerintegration verzichtet und aus der kulturell und politisch geprägten deutschen Nation eine multikulturelle Gesellschaft geschaffen.[95]

Wenn man die Kritik verstehen will, muß man sich zunächst die staats- und völkerrechtlichen Ziele des Minderheitenschutzes vergegenwärtigen.[96] Der völkerrechtliche Minderheitenschutz hat diejenigen Minderheitengruppen im Blick, welche die Staatsangehörigkeit des Aufenthaltsstaates besitzen, die sog. autochthonen Minderheiten. Das den Nationalstaat tragende Mehrheitsvolk hat kein Recht, lediglich aufgrund seiner zahlenmäßigen Überlegenheit die Assimilation der Minderheit, die damit ihre Identität aufgeben würde, zu verlangen. Die nationalstaatliche Mehrheitsherrschaft läßt sich nur dann rechtfertigen, wenn der Nationalstaat die Bewahrung der Identität der Minderheit durch Schutz- und Fördermaßnahmen sicherstellt.[97] Bei Immigranten ist die Situation jedoch entscheidend anders, da der Staat, in welchem sie Aufenthalt begehren, nicht ihr Heimatstaat ist. Wer seine Heimat - freiwillig oder gezwungenermaßen - verläßt, hat keinen naturgegebenen Anspruch darauf, daß der Staat, der ihn aufnimmt, seine besondere Gruppenidentität pflegt. Der Immigrant hat Anspruch darauf, seine Menschenrechte diskriminierungsfrei zu genießen, er kann jedoch nicht verlangen, daß das Gastland ihm das ethnisch-kulturelle Umfeld seiner Heimat schafft.[98] Für eingebürgerte Immigranten muß grundsätzlich dasselbe gelten, es sei denn, sie zeigen über eine lange Zeit den Willen, eine Volksgruppe zu bilden und im Wohnstaat verwurzelt zu bleiben.[99] Zu Recht beschränkt das Völkerrecht daher den

---

39 ff.; *ders.*, StW&StP 1994, S. 3 ff.; *Inescu*, RuP 1995, S. 199 ff.; *Röper*, DA 1995, S. 625 ff.; *Holtschneider*, in: *Barwig* ua., FS für *Franz* und *Müller*, S. 108 ff.

[92] BT.-Drucks. 12/6000, S. 74.

[93] BR.-Drucks. 360/92.

[94] Und dies galt sowohl für potentielle Befürworter als auch für potentielle Gegner der vorgeschlagenen Minderheitenschutzklausel. Vgl. etwa: *Isensee*, NJW 1993, S. 2583, 2585; *Schneider*, 1994, S. 558, 559 f.

[95] So etwa: *Jahn*, DVBl. 1994, S. 177, 185; *Murswiek*, in: *Blumenwitz/Murswiek*, Aktuelle rechtliche und praktische Fragen des Volksgruppen- und Minderheitenschutzrechts, S. 39, 58 ff.

[96] Vgl. hierzu oben Kapitel 1. Punkt IV.

[97] *Murswiek*, in: *Blumenwitz/Murswiek*, Aktuelle rechtliche und praktische Fragen des Volksgruppen- und Minderheitenschutzrechts, S. 39, 49 ff.

[98] *Murswiek*, in: *Blumenwitz/Murswiek*, Aktuelle rechtliche und praktische Fragen des Volksgruppen- und Minderheitenschutzrechts, S. 39, 52 f.

[99] *Blumenwitz*, Minderheiten- und Volksgruppenrecht – Aktuelle Entwicklungen, S. 118.

Minderheitenschutz auf die autochthonen Minderheiten.[100] Es gehört zur Souveränität eines Staates und zum Selbstbestimmungsrecht des Staatsvolkes, über die Gestaltung der eigenen politischen und kulturellen Verhältnisse zu entscheiden. Wie oben ausgeführt wurde,[101] muß diese Souveränität in bezug auf die autochthonen Minderheiten beschränkt werden. Würde das Völkerrecht den Staaten die Pflicht auferlegen, allen Immigranten den Status einer ethnischen Minderheit zuzuerkennen und ihre Identität als Gruppe zu achten oder gar zu fördern, dann wäre damit in letzter Konsequenz die Pflicht verbunden, den Verlust der eigenen kulturellen Identität hinzunehmen.[102]

Eine weitere Meinung[103] kritisiert die Erstreckung des Minderheitenschutzes auf Ausländer mit einem methodisch anderen Ansatz. Argumentiert wird hier mit der grundsätzlichen Unterscheidung, die das Völkerrecht zwischen Staatsangehörigen und Fremden vornimmt. Das für Ausländer geltende Fremdenrecht[104] räumt ihnen einen besonderen Schutzstatus mit der Möglichkeit der Schutzgewährung durch den Staat ein, dessen Staatsangehörigkeit sie besitzen. Im Gegensatz zu den Minderheitenangehörigen, welche die Staatsangehörigkeit des Aufenthaltsstaates besitzen, ist ein besonderer Minderheitenschutz für ausländische Minderheitengruppen daher gar nicht nötig.[105] Überdies würde die Verwischung bzw. Aufhebung der Abgrenzung zwischen Staatsvolk und Fremden, die Begriffselemente der Staatlichkeit darstellen, die Preisgabe der Staatlichkeit als solcher bedeuten.[106]

4. Das Gesetzgebungsverfahren im Bundestag

Nachdem die GVK ihren Auftrag erfüllt und ihre Arbeit abgeschlossen hatte, sollten die Vorschläge in einem verfassungsgesetzgeberischen Änderungsverfahren umgesetzt werden.

---

[100] *Hofmann*, ZaöRV 1992, S. 1, 65.

[101] Oben Kapitel 1. Punkt IV. 1.

[102] *Murswiek*, in: *Blumenwitz/Murswiek*, Aktuelle rechtliche und praktische Fragen des Volksgruppen- und Minderheitenschutzrechts, S. 39, 53.

[103] *Blumenwitz*, Minderheiten- und Volksgruppenrecht – Aktuelle Entwicklungen, S. 27 und S. 118.

[104] Vgl. hierzu etwa: *Gloria*, in: *Ipsen*, Völkerrecht, 3. Aufl., § 46, Rn. 6 ff.

[105] *Murswiek*, in: *Blumenwitz/Murswiek*, Aktuelle rechtliche und praktische Fragen des Volksgruppen- und Minderheitenschutzrechts, S. 39, 49.

[106] *Blumenwitz*, Minderheiten- und Volksgruppenrecht – Aktuelle Entwicklungen, S. 118.

a) Die Initiativen

Das Gesetzgebungsverfahren zur Änderung des Grundgesetzes wurde zunächst von der Fraktion der SPD in Gang gesetzt. Die Fraktion der SPD war enttäuscht, daß viele ihrer Vorschläge zur Revision des Grundgesetzes in den Beratungen der GVK keine $^{2}/_{3}$-Mehrheit erlangten und brachte daher am 1. Dezember 1993 einen Gesetzentwurf zur Änderung des Grundgesetzes ein,[107] der viele der von der GVK abgelehnten Staatszielbestimmungen enthielt. Unter anderem setzte sie auch erneut den Minderheitenschutzartikel auf die Tagesordnung, der dem Antrag der SPD in der GVK[108] entsprach und die differenzierende Lösung, Achtung auch für ausländische Minderheitengruppen, Schutz und Förderung nur für Minderheitenangehörige deutscher Staatsangehörigkeit, vorsah. Bemerkenswert ist, daß die Fraktion der SPD in der Begründung ihres Gesetzesantrages ausdrücklich betont, daß ihr gerade nicht an der Etablierung einer multikulturellen Gesellschaft in der Bundesrepublik Deutschland gelegen sei, sondern daß sie einen an die Entwicklungen auf internationaler und europäischer Ebene angepaßten Minderheitenschutz beabsichtigt.[109] Die Beschlüsse der GVK, unter denen sich auch die geplante Minderheitenschutzbestimmung Artikel 20 b GG (n.F.) befand, wurden als gemeinsamer interfraktioneller Gesetzesantrag zur Änderung des Grundgesetzes von den Fraktionen der CDU/CSU, SPD und F.D.P. eingebracht.[110]

b) Die erste Lesung im Deutschen Bundestag

Die erste Lesung, in der auch der gesonderte Antrag der SPD-Fraktion debattiert wurde, fand am 4. Februar 1994 in Bonn statt. Die SPD plädierte dafür, den von ihr vorgeschlagenen differenzierenden Artikel anzunehmen.[111] Die Redner der CDU/CSU-Fraktion bekräftigten ihre grundsätzliche Ansicht, daß einerseits kein verfassungsrechtlicher Handlungsbedarf bestehe,[112] andererseits der zur Debatte stehende Art. 20 b GG n.F. in der Tat lediglich auf die Etablierung einer multikulturellen Gesellschaft abzielen würde. Die verfassungsmäßige Einführung der multikulturellen Gesellschaft würde jedoch die Ausländerintegration behindern und damit auf Dauer den inneren Frieden bedrohen.[113] Auf beiden Seiten bestand

---

[107] BT.-Drucks. 12/6323.

[108] GVK, Kommissions-Drucks. Nr. 27.

[109] Vgl. BT.-Drucks. 12/6323, S. 17.

[110] BT.-Drucks. 13/6633.

[111] *Vogel* (SPD), Plen.-Prot. 209. Sitzung am 4. Februar 1994, S. 18096.

[112] *Jahn* (CDU/CSU), Plen.-Prot. 209. Sitzung am 4. Februar 1994, S. 18105 f.

[113] *Steinbach-Hermann* (CDU/CSU), Plen.-Prot. 209. Sitzung am 4. Februar 1994, S. 18143 f.

jedoch Bereitschaft, das Problem im Rechtsausschuß nochmals zu beraten und sich um eine Lösung zu bemühen.[114]

c) Die Beratungen im Rechtsausschuß des Deutschen Bundestages

Der Rechtsausschuß des Deutschen Bundestages hat die eingebrachten Gesetzesvorlagen zur Änderung des Grundgesetzes in seiner 116., 124., 131., 134. und 136. Sitzung am 3. März 1994, 21. April 1994, 25. Mai 1994, 15. und 23. Juni 1994 beraten.[115] In den Ausschußsitzungen zeigte sich sehr rasch, daß mit der CDU/CSU-Fraktion ein Minderheitenschutzartikel nur durchsetzbar war, wenn der Minderheitenschutz nicht auf Ausländer und seit kurzem eingebürgerte Immigranten erstreckt würde. Die Unionsvertreter machten deutlich, daß sie eine gesellschaftspolitische Konzeption fürchteten, die jeder zuwandernden oder sich neu formierenden Minderheitengruppe Anerkennung bzw. sogar Schutz oder Förderung verspreche.[116] Die Unionsunterhändler forderten daher, daß dem Begriff der *Minderheit* im Grundgesetz die Definition zugrunde gelegt wird, welche die Bundesregierung auf internationaler Ebene vertritt[117] Danach seien Minderheitenangehörige Personen, welche die Staatsangehörigkeit des Aufenthaltsstaates besitzen, bereits lange und dauernd in einem abgrenzbaren Teil des Staatsgebietes (geschlossenes Siedlungsgebiet) ansässig seien und sich in volkstumsmäßiger bzw. herkunftsmäßiger Hinsicht von der überwiegenden Mehrheit des Staatsvolkes unterschieden.[118] Der Formulierungsvorschlag der Vertreter der CDU/CSU im Rechtsausschuß sah demnach folgendermaßen aus:[119]

> *„Der Staat schützt und fördert die in angestammten Siedlungsgebieten der Bundesrepublik Deutschland ansässigen nationalen Minderheiten deutscher Staatsangehörigkeit.“*

---

[114] *Jahn*, DVBl. 1994, S. 177, 185.

[115] BT.-Drucks. 12/8165 (Beschlußempfehlung und Bericht des Rechtsausschusses), S. 31.

[116] BT.-Drucks. 12/8165 (Beschlußempfehlung und Bericht des Rechtsausschusses), S. 62.

[117] BT.-Drucks. 12/585, Antwort Nr. 1. Vgl. hierzu oben Kapitel 3. Punkt I. 3. und allgemein *von Studnitz*, in: *Blumenwitz/Gornig*, Minderheiten- und Volksgruppenrechte in Theorie und Praxis, S. 17, 18.

[118] BT.-Drucks. 12/8165 (Beschlußempfehlung und Bericht des Rechtsausschusses), S. 62.

[119] *Stock*, FAZ vom 18. April 1994, S. 4; *Jach*, FOCUS 14/94 vom 2. April 1994, S. 18 ff.

Die CDU/CSU-Fraktion hätte es vorgezogen, wenn die für den Minderheitenschutz in Frage kommenden Minderheiten gleich namentlich und abschließend aufgezählt würden, was in einer Formulierung dann so aussehen würde:[120]

> *„Der Staat schützt und fördert Volksgruppen und Minderheiten der Dänen, Friesen und Sorben deutscher Staatsangehörigkeit.“*

Die Vertreter der Fraktion der SPD beteuerten, wieviel ihnen aus den bekannten Gründen an der Einführung des Minderheitenschutzes in das Grundgesetz gelegen sei und wie sehr sie an der Findung eines Kompromisses interessiert seien. Sie erklärten sich bereit, einer Beschränkung des Minderheitenschutzes auf Minderheiten deutscher Staatsangehörigkeit zuzustimmen. Der *de-facto*-Ausschluß der Sinti und Roma durch die Forderung eines geschlossenen Siedlungsgebietes der Minderheiten sei jedoch für die Sozialdemokraten nicht akzeptabel.[121] Auch die von der Bundesregierung anerkannten Minderheiten der Dänen, Friesen und Sorben hätten sich gegen eine Ausgrenzung der deutschen Sinti und Roma ausgesprochen. Der Kompromißvorschlag der SPD-Fraktion sah demnach folgendermaßen aus:[122]

> *„Der Staat achtet die Identität der ethnischen, kulturellen und sprachlichen Minderheiten. Er schützt und fördert die alteingesessenen Volksgruppen und Minderheiten deutscher Staatsangehörigkeit.“*

Dieser Vorschlag und der alte, in Bundestagsdrucksache 12/6323 eingebrachte SPD-Vorschlag wurden schließlich, da man sich auf keine andere Kompromißformel einigen konnte, von den Koalitionsfraktionen gegen die Stimmen der SPD-Fraktion bei Stimmenthaltung der Gruppen BÜNDNIS 90/GRÜNE und PDS/Linke Liste abgelehnt.[123] Die Gründe der CDU/CSU-Fraktion, den Minderheitenschutz nicht auf die Sinti und Roma zu erstrecken, liegen wohl einerseits darin, daß man am von der Bundesregierung auf internationalem Parkett vertretenen Minderheitenbegriff, der eben ein *„geschlossenes Siedlungsgebiet“* erfordert, festhalten wollte.[124] Andererseits verweigerte man den Sinti und Roma die Anerkennung als Minderheit, da sie über viele Staaten verteilt leben und man mit einer nationalen Regelung nicht einer internationalen Lösung des Problems des Status der

---

[120] Zitiert nach FAZ vom 30. April 1994, S. 2.

[121] *Stock*, FAZ vom 18. April 1994, S. 4.

[122] BT.-Drucks. 12/8165 (Beschlußempfehlung und Bericht des Rechtsausschusses), S. 66.

[123] BT.-Drucks. 12/8165 (Beschlußempfehlung und Bericht des Rechtsausschusses), S. 66.

[124] BT.-Drucks. 12/585, Antwort Nr. 1. Vgl. hierzu oben Kapitel 3. Punkt I. 3. und allgemein *von Studnitz*, in: *Blumenwitz/Gornig*, Minderheiten- und Volksgruppenrechte in Theorie und Praxis, S. 17, 18.

Sinti und Roma vorgreifen wollte.[125] Eine andere Meinung vermutet jedoch, daß man den Sinti und Roma die Anerkennung als Minderheit verweigere, weil man eine verstärkte Zuwanderung von Sinti und Roma aus dem Ausland befürchte,[126] oder weil man dann auch andere zugewanderte Gruppen als Minderheit anerkennen müßte.[127] Als Beschlußempfehlung[128] für die zweite und dritte Lesung im Bundestag beschloß der Rechtsausschuß schließlich mit den Stimmen der Fraktionen der SPD und F.D.P. und den Stimmen der Gruppen BÜNDNIS 90/GRÜNE und PDS/Linke Liste gegen die Stimmen der Fraktion der CDU/CSU die Formulierung eines interfraktionellen Gesetzesantrages:[129]

Art. 20 b GG (n.F.)

„Der Staat achtet die Identität der ethnischen, kulturellen und sprachlichen Minderheiten.“

Dies war möglich, da für die Beschlußempfehlungen des Rechtsausschusses eine einfache Mehrheit ausreicht.[130]

d) Die zweite und dritte Lesung im Deutschen Bundestag

Die zweite und dritte Lesung fand dann schließlich am 30. Juni 1994 im Berliner Reichstag statt. Die Redner der Fraktion der CDU/CSU, *Jahn*, *Waigel* und *Kanther* bekräftigten mit bekannten Argumenten ihre ablehnende Haltung gegenüber dem zur Debatte stehenden Art. 20 b GG (n.F.).[131] Redner der übrigen Parteien, vor allem *Hans-Jochen Vogel* (SPD),[132]

---

[125] Vgl. BT.-Drucks. 10/3292 (Antwort der Bundesregierung auf eine Große Anfrage der Fraktion DIE GRÜNEN), S. 15; BT.-Drucks. 12/394 (Antwort der Bundesregierung auf eine kleine Anfrage der Gruppe PDS/Linke Liste), S. 3.

[126] *Jansen*, in: *Packer/Myntti*, The Protection of ethnic and linguistic Minorities in Europe, S. 202; *Boehm*, AWR-Bulletin, Nr. 1-2/94, S. 38.

[127] *Jansen*, in: *Packer/Myntti*, The Protection of ethnic and linguistic Minorities in Europe, S. 202.

[128] BT.-Drucks. 12/8165 (Beschlußempfehlung und Bericht des Rechtsausschusses), S. 67.

[129] BT.-Drucks. 12/6633, S. 2.

[130] *Bannas*, FAZ vom 24. Juni 1994, S. 5.

[131] *Bannas*, FAZ vom 1. Juli 1994, S. 1 f.

[132] *Vogel*, Die Verfassung darf den geistigen, sozialen und politischen Entwicklungsstand nicht ignorieren. Pressemitteilung Nr. 1503 vom 30. Juni 1994 der SPD-Bundestagsfraktion, S. 4.

Kleinert (F.D.P.), *Ullmann* (BÜNDNIS 90/GRÜNE) und *Heuer* (PDS) bedauerten das absehbare Scheitern des Minderheitenschutzartikels. Die SPD-Fraktion versuchte, mit einem Änderungsantrag[133] nochmals ihre Kompromißformel aus dem Rechtsausschuß anzubringen. Schließlich aber verfehlte der Minderheitenschutzartikel 20 b GG (n.F.), wie es sich schon im Rechtsausschuß abgezeichnet hatte, die erforderliche ²/₃-Mehrheit und wurde, obwohl SPD, F.D.P., BÜNDNIS 90/GRÜNE und PDS dafür stimmten, aufgrund der Gegenstimmen der CDU/CSU abgelehnt.[134]

III. Interpretation des vorgeschlagenen Minderheitenschutzartikels

Obgleich dies selbstverständlich lediglich eine hypothetische Übung sein kann, soll nachfolgend eine Interpretation des von der GVK vorgeschlagenen Minderheitenschutzartikels versucht werden.[135] Dies ermöglicht einerseits eine Stellungnahme zu den teils äußerst kritischen Stimmen in Politik und Literatur, die sich auf den Vorschlag der GVK hin zu Wort gemeldet haben.[136] Andererseits können so die Defizite des vorgeschlagenen Artikels identifiziert und die Argumente der Befürworter und Gegner des Vorschlages analysiert werden.

1. Interpretation

Dem von der GVK vorgeschlagenen Minderheitenschutzartikel ist deutlich anzusehen, daß er ein Kompromißprodukt ist, welches die Synthese von weit auseinanderliegenden Grundansichten ist.

Unklar ist zunächst der Minderheitenbegriff, der dieser Bestimmung zugrunde liegt.[137] Es soll um *„ethnische, kulturelle und sprachliche Minderheiten“* gehen. Auf die generelle Unklarheit des Rechtsterminus der Minderheit wurde bereits an anderer Stelle ausführlich

[133] BT.-Drucks. 12/8173.

[134] *Bannas*, FAZ vom 1. Juli 1994, S. 1 f.

[135] Vgl. hierzu *Blumenwitz*, Minderheiten- und Volksgruppenrecht – Aktuelle Entwicklungen, S. 114 ff.; *Pastor*, Die rechtliche Stellung der Sorben in Deutschland, S. 66 ff.; *Siegert*, Minderheitenschutz in der Bundesrepublik Deutschland, S. 139 ff.; *Schönwalder*, in: *Konegen/Nitschke*, Revision des Grundgesetzes ?, S. 197 ff.; *Stopp*, Jahrbuch zur Staats- und Verwaltungswissenschaft 1995, S. 9, 39 ff.; *ders.*, StW&StP 1994, S. 3 ff.; *Inescu*, RuP 1995, S. 199 ff..

[136] Vgl. oben Punkt II. 3.

[137] Vgl. hierzu: *Siegert*, Minderheitenschutz in der Bundesrepublik Deutschland, S. 139 ff.

hingewiesen.[138] Der Minderheitenbegriff ist nicht auf die klassischen autochthonen Minderheiten in der Bundesrepublik Deutschland beschränkt. Immigranten- und Ausländergruppen könnten sich auf die Norm ebenso berufen, wie soziale Randgruppen, die sich möglicherweise als *„kulturelle Minderheit"* sehen.[139] Die Problematik, ob Minderheiten alteingesessen sein müssen und ob sie die deutsche Staatsangehörigkeit haben müssen, wird durch die Norm nicht geklärt. Man wird daher davon ausgehen müssen, daß die Norm so verstanden worden wäre, als wäre dies nicht der Fall. Auch die Problematik, ob die sog. neuen Minderheiten im Schutzbereich der Norm gewesen wären, hätte wohl positiv beantwortet werden müssen.[140] Die Unfähigkeit, sich innerhalb der GVK auf eine Minderheitendefinition zu verständigen, führte also dazu, daß man, an den Wortlaut anknüpfend, von einem sehr weiten Schutzbereich hätte ausgehen müssen.[141] Der Vorschlag der GVK umfasse daher klassische Minderheiten ebenso wie Immigranten und Ausländer.[142]

Auch der substantielle Umfang der Gewährleistungen des vorgeschlagenen Art. 20 b GG (n.F.) ist unklar.[143] Durch den Wegfall von Satz 2 war von der ursprünglichen Fassung lediglich eine Bestimmung übriggeblieben, die gebot, daß der Staat die Identität der genannten Minderheiten achten müßte. Eindeutig war somit lediglich, daß weder Angehörige von Minderheiten noch Minderheitengruppen subjektive, einklagbare Rechte aus dieser Norm herleiten können sollten. Der Vorschlag lautete so auf eine Verfassungsnorm mit objektiv-rechtlicher Wirkung, die als Staatszielbestimmung ausgestaltet war.[144]

Eine 1981 vom Bundesminister des Inneren eingesetzte Sachverständigen-kommission definierte und erklärte den Begriff der Staatszielbestimmung folgendermaßen:[145]

---

[138] Vgl. oben Kapitel 1. Punkte II. und III. und Kapitel 3. Punkt I. 3. und 4.

[139] Vgl. oben Kapitel 1. Punkte II. und III.

[140] So auch *Siegert*, Minderheitenschutz in der Bundesrepublik Deutschland, S. 140 ff.

[141] *Siegert* stellt noch Überlegungen in genetischer, historischer und systematisch-teleologischer Hinsicht an. Vgl. *Siegert*, Minderheitenschutz in der Bundesrepublik Deutschland, S. 142 ff. Wie *Siegert* jedoch selbst auf S. 144 einräumen muß, führt die Ausschöpfung des Auslegungskanons hier zu keinem einheitlichen Ergebnis, so daß ich mir an dieser Stelle weitere Ausführungen ersparen möchte.

[142] So sieht dies wohl auch *Pastor*, Die rechtliche Stellung der Sorben in Deutschland, S. 70 ff.

[143] Vgl. hierzu *Pastor*, Die rechtliche Stellung der Sorben in Deutschland, S. 72 ff.; *Siegert*, Minderheitenschutz in der Bundesrepublik Deutschland, S. 146 ff.

[144] *Pastor*, Die rechtliche Stellung der Sorben in Deutschland, S. 73; *Siegert*, Minderheitenschutz in der Bundesrepublik Deutschland, S. 147.

[145] Zitiert nach *Graf Vitzthum*, Gedächtnisschrift für *Grabitz*, S. 819, 821 f.

„Staatszielbestimmungen sind Verfassungsnormen mit rechtlich bindender Wirkung, die der Staatstätigkeit die fortdauernde Beachtung oder Erfüllung bestimmter Aufgaben - sachlich umschriebener Ziele - vorschreiben. In der parlamentarischen Demokratie ist es zunächst Sache der gesetzgebenden Volksvertretung, die politischen Zielsetzungen aufzugreifen, zu erwägen und durch Gesetz zu regeln. Die Verfassung und das Verfassungsrecht können der Politik Verfahrensweisen vorschreiben und Grenzen setzen, wie etwa durch das Sozialstaatsprinzip (Art. 20 GG). Sie sollten jedoch im einzelnen politische Entscheidungen nicht vorwegnehmen. Der demokratische Grundsatz der Gestaltungsfreiheit des Gesetzgebers ist ein maßgebliches Kriterium der Verfassungspolitik.“

Staatsziele sind demnach Vorgaben, durch die sich der Staat für sein Handeln selbst gebunden hat.[146] Von den Staatszielen zu unterscheiden sind die Verfassungsgrundsätze (oder -prinzipien), die subjektiven, einklagbaren Grundrechte, die Institutsgarantien, die Gesetzgebungsaufträge und die bloßen Programmsätze.[147] Im allgemeinen wird die verfassungsrechtliche Normierung von Staatszielen in der Staatsrechtslehre eher verhalten beurteilt. Es wird vor einer Selbstfesselung der Politik gewarnt und darauf hingewiesen, daß es den gesetzgebenden Körperschaften ohnehin unbenommen bleibe, auch Ziele zu verwirklichen, die nicht als Staatsziele in die Verfassung aufgenommen wurden. Überdies entwerte ein Zuviel an speziellen Staatszielen alle übrigen.[148] Das Grundgesetz ist jedenfalls sehr zurückhaltend, was die Aufnahme von Staatszielbestimmungen anbelangt.

Innerhalb dieses Rahmens muß nun die vorgeschlagene Staatszielbestimmung interpretiert werden. Zur Achtung der Minderheitenidentität verpflichtet ist zunächst einmal lediglich der Staat.[149] Das bedeutet, daß eine unmittelbare Bindung von Privaten ausscheidet. Es bleibt dem Staat jedoch unbenommen, die Achtung der Identität von Minderheiten einfachgesetzlich auszugestalten. Der Staat ist zur Achtung verpflichtet. Im Gegensatz zum fallengelassenen Satz 2 im Entwurf, der eine Schutz- und Förderklausel für Minderheiten deutscher Staatsangehörigkeit normieren wollte, hätte die vorgeschlagene Klausel den Staat somit nicht zum Ergreifen von positiven Maßnahmen zugunsten von Minderheiten verpflichtet. Aufgrund

---

[146] Vgl. hierzu allgemein etwa: *Rechenberg*, Wissenschaftliche Dienste des Deutschen Bundestages, Reg.Nr. 61/94; *Mertens*, in: *Klein*, Verfassungsentwicklung in Deutschland nach der Wiedervereinigung, S. 65 ff.; *ders.*, DÖV 1993, S. 368 ff.; *Scheuner*, in: Festschrift für *Forsthoff*, S. 325 ff.; *Maunz*, BayVBl. 1989, S. 545 ff.; *Simon*, in: Festschrift für *Mahrenholz*, S. 443 ff.; *Wahl*, AöR 1987, S. 26 ff.; *Badura*, ThürVBl. 1992, S. 73 ff.; *Brohm*, JZ 1994, S. 213 ff.

[147] Vgl. hierzu: *Fischer*, Staatszielbestimmungen in den Verfassungen und Verfassungsentwürfen der neuen Bundesländer, S. 20 ff.; *Rincke*, Staatszielbestimmungen der Verfassung des Freistaates Sachsen, S. 7 ff.; *Lücke*, AöR 1982, S. 15 ff.; *Neumann/Tillmanns*, Verfassungsrechtliche Probleme bei der Konstituierung der neuen Bundesländer, S. 82 ff.; *Michel*, Staatszwecke, Staatsziele und Grundrechtsinterpretation, S. 108 ff.

[148] *Rechenberg*, Wissenschaftliche Dienste des Deutschen Bundestages, Reg.Nr. 61/94 m.w.N.

[149] *Siegert*, Minderheitenschutz in der Bundesrepublik Deutschland, S. 149.

von Art. 20 b GG (n.F.) hätten weder Maßnahmen des positiv schützenden Eingreifens zugunsten von Minderheiten, geschweige denn Maßnahmen zur aktiven Förderung der Minderheitenkultur ergriffen werden müssen. Der Begründung der Norm im Abschlußbericht der GVK kann entnommen werden, was die Bestimmung im Falle ihrer Verabschiedung hätte bewirken sollen.[150] Durch die Achtensklausel sollte *„jeglicher Assimilationsdruck"* auf die Minderheiten ausgeschlossen werden. Verboten wären damit jedenfalls alle Zwangsassimilationsmaßnahmen gewesen. Der Staat hätte aber wohl auch jede Maßnahme unterlassen müssen, die auf die ethnische, kulturelle oder sprachliche Identität der Minderheiten hätte einwirken können. *Siegert* weist an dieser Stelle darauf hin, daß dies wohl auch die staatliche Verpflichtung zur Verhinderung jeglichen faktischen Assimilationsdruckes bedeutet hätte.[151] Abgesehen davon, daß die Norm hierfür kein Instrumentarium zur Verfügung stellt, wäre dies praktisch nur äußerst mühsam durchführbar gewesen. Man kann sogar noch einen Schritt weiter gehen. Von einem kategorischen Assimilationsverbot ist es nicht mehr weit zu einem Integrationsverbot. Der Unterschied zwischen Assimilation und Integration ist lediglich graduell. Wäre es den deutschen Behörden aber beispielsweise verboten, auf eine Integration von Immigranten hinzuwirken, dann drohte letztlich eine Entwicklung hin zu einer Gesellschaft von weitestgehend selbständig nebeneinander existierenden Kulturen.[152] Von einem gesellschaftlichen Miteinander ginge man zu einem Nebeneinander über. Ein Staatsziel, das als Verbot der Durchführung einer Integrationspolitik verstanden werden kann, birgt letztlich eine nicht unerhebliche Gefahr für den sozialen Frieden. Trotz der an einer solchen Interpretation insbesondere aus dem linken politischen Spektrum geübten Kritik[153] kann die vorgeschlagene Minderheitenklausel durchaus auch als Schritt hin zur verfassungsrechtlichen Festschreibung einer *„multikulturellen Gesellschaft"* verstanden werden.[154]

Die Befürworter der Minderheitenschutzklausel in der GVK bieten als weitere Begründung an, daß man angesichts von über 5 Millionen Ausländern im Lande ein *„Zeichen kultureller Toleranz"* habe setzen wollen.[155] Es fragt sich jedoch, ob es hierfür nicht andere, wirksamere Mittel gibt, als eine unklar formulierte Staatszielbestimmung im Grundgesetz. Ohne hier Zweifel am guten Willen und den besten Absichten der Mitglieder der GVK anklingen lassen zu wollen, erscheint eine vage formulierte Bestimmung, die den Staat zu keiner einzigen konkreten Maßnahme verpflichtet, als höchst ungeeignet, *„kulturelle Intoleranz"* zu

---

[150] BT.-Drucks. 12/6000, S. 74.

[151] *Siegert*, Minderheitenschutz in der Bundesrepublik Deutschland, S. 151.

[152] Diese Befürchtung äußert *Murswiek*, in: *Blumenwitz/Murswiek*, Aktuelle rechtliche und praktische Fragen des Volksgruppen- und Minderheitenschutzrechts, S. 39, 55 f. Vgl. auch BT.-Drucks. 12/8165 (Beschlußempfehlung und Bericht des Rechtsausschusses), S. 62 f.

[153] Vgl. *Inescu*, RuP 1995, S. 199, 203 f.; *Schönwalder*, in: *Konegen/Nitschke*, Revision des Grundgesetzes ?, S. 197, 208 f.; *Siegert*, Minderheitenschutz in der Bundesrepublik Deutschland, S. 152.

[154] *Scholz*, ZG 1994, S. 1, 25; *Murswiek*, in: *Blumenwitz/Murswiek*, Aktuelle rechtliche und praktische Fragen des Volksgruppen- und Minderheitenschutzrechts, S. 39, 58 ff.

[155] BT.-Drucks. 12/6000, S. 74.

bekämpfen.[156] Auch bei größter interpretatorischer Anstrengung kann dem vorgeschlagenen Art. 20 b GG (n.F.) nicht recht viel mehr als eine edukative und appellative Wirkung[157] hinsichtlich einer kulturellen Toleranz entnommen werden.

Schließlich wäre die von der GVK vorgeschlagene Minderheitenklausel auch hinsichtlich ihrer Justiziabilität für die betroffenen Minderheiten höchst unbefriedigend gewesen.[158] Als Staatszielbestimmung wäre Art. 20 b GG (n.F.) von Betroffenen der begünstigten Personengruppe nicht mittels einer Verfassungsbeschwerde[159] durchsetzbar gewesen. Dies ist bei vorliegender Problemkonstellation um so mißlicher, da eine Verfassungsbeschwerde auch gegen verfassungswidriges Unterlassen des Gesetzgebers erhoben werden kann.[160] Zwar sind Staatszielbestimmungen als bindendes Recht[161] voll justiziabel,[162] aufgrund des weiten Ermessensspielraumes des Gesetzgebers bei der Umsetzung von Staatszielen ist dies für die Betroffenen in der Praxis jedoch nahezu wertlos.[163] Dieser grundsätzlich weite Ermessensspielraum des Gesetzgebers hinsichtlich der Umsetzung von Staatszielbestimmungen resultiert aus der Tatsache, daß der Vorbehalt des Gesetzes die wesentlichen Entscheidungen dem demokratisch legitimierten Gesetzgeber überträgt. Dieser kann, anders als im Kontext von echten Grundrechten, entscheiden, wie und in welchem Maße er Staatszielbestimmungen bei der Gesetzgebung berücksichtigt.[164] Das Bundesverfassungsgericht hat sich vor diesem Hintergrund stets darauf beschränkt, Verstöße gegen Staatsziele auf besonders schwerwiegende und evidente Mißachtungen derselben zu beschränken.[165] Damit also ein Verstoß gegen Art. 20 b GG (n.F.) feststellbar gewesen wäre, hätte der Gesetzgeber willkürlich und manifest[166] gegen das Gebot, die Minderheitenidentität

---

[156] Ähnlich auch *Siegert*, Minderheitenschutz in der Bundesrepublik Deutschland, S. 152.

[157] So *Siegert*, Minderheitenschutz in der Bundesrepublik Deutschland, S. 152 f.; *Fischer*, Staatszielbestimmungen in den Verfassungen und Verfassungsentwürfen der neuen Bundesländer, S. 11.

[158] Vgl. *Pastor*, Die rechtliche Stellung der Sorben in Deutschland, S. 73 f.; *Siegert*, Minderheitenschutz in der Bundesrepublik Deutschland, S. 153 ff.

[159] Art. 93 Abs. 1 Nr. 4a GG i.V.m. § 13 Nr. 8a BVerfGG.

[160] Vgl. den Wortlaut der §§ 92 und 95 Abs. 1 Satz 1 BVerfGG: „*Handlung oder Unterlassung*". Vgl. auch BVerfGE 77, 170 (215) sowie *Pieroth/Schlink*, Grundrechte, Staatsrecht II, 15. Aufl., Rn. 1126.

[161] Vgl. etwa: BVerfGE 36, 1 (17).

[162] *Fischer*, Staatszielbestimmungen in den Verfassungen und Verfassungsentwürfen der neuen Bundesländer, S. 16 ff.

[163] So auch *Pastor*, Die rechtliche Stellung der Sorben in Deutschland, S. 73 f. *Siegert* weist auf die Möglichkeit hin, eine Verfassungsbeschwerde auf Art. 2 Abs. 1 i.V.m. Art. 20 b GG (n.F.) zu stützen. Vgl. *Siegert*, Minderheitenschutz in der Bundesrepublik Deutschland, S. 155.

[164] Vgl. hierzu etwa BVerfGE 59, 231 (263).

[165] Vgl. etwa BVerfGE 36, 1 (17); BVerfGE 56, 54 (81).

[166] So formuliert es *Graf Vitzthum*, Gedächtnisschrift für *Grabitz*, S. 819, 832.

zu achten, verstoßen müssen.[167] Allein bei einer gerichtlichen Überprüfung von Verwaltungsentscheidungen hätte Art. 20 b GG (n.F.) eine Chance gehabt, auf Initiative der Betroffenen zur Geltung gebracht zu werden, da die Verwaltung Staatszielbestimmungen als Ermessens- und Auslegungskriterien zu beachten hat.

2. Konsequenzen für die Verfassungswirklichkeit

Fraglich ist nun, welche Auswirkungen Art. 20 b GG (n.F.) auf die Verfassungswirklichkeit in der Bundesrepublik Deutschland gehabt hätte. In der Hitze der Diskussion kurz nach der Veröffentlichung der Vorschläge der GVK haben sich einige Kommentatoren zu teils sehr übertriebenen Interpretationen der vorgeschlagenen Minderheitenklausel hinreißen lassen. So wurde im Lichte des Art. 20 b GG (n. F.) beispielsweise die Zulässigkeit der Polygamie in Deutschland nicht mehr ausgeschlossen oder es wurde bezweifelt, ob die Vollstreckung des Todesurteils gegen den britischen Schriftsteller *Salman Rushdie* auf deutschem Boden strafrechtlich geahndet werden könnte.[168] Derartigen Überinterpretationen der vorgeschlagenen Norm würden wohl die Grundsätze des kollidierenden Verfassungsrechts entgegenstehen.

Wenn man, wie *Pastor*,[169] dem vorgeschlagenen Minderheitenartikel etwas Positives abgewinnen will, dann kann man darauf verweisen, daß die Bundesrepublik Deutschland durch diese Norm wohl verpflichtet worden wäre, sich beim Abschluß von völkerrechtlichen Verträgen minderheitenfreundlich zu verhalten. Angesichts der zahlreichen deutschen Minderheiten in anderen Staaten kann jedoch eine generell minderheitenfreundliche Grundhaltung als Eckpfeiler deutscher Außenpolitik ohnehin angenommen werden. Dafür bedarf es keiner Staatszielbestimmung im Grundgesetz. Richtigerweise weist *Pastor* jedoch darauf hin, daß der vorgeschlagene Art. 20 b GG (n.F.) eine Klarstellung und Bestandssicherung hinsichtlich bislang strittiger verfassungsrechtlicher Situationen zugunsten von Minderheiten hätte herbeiführen können.[170] Dies gilt insbesondere hinsichtlich der nicht unumstrittenen Zulässigkeit des Minderheitenprivilegs im Bundeswahlrecht[171] und im

---

[167] So auch *Pastor*, Die rechtliche Stellung der Sorben in Deutschland, S. 74; *Siegert*, Minderheitenschutz in der Bundesrepublik Deutschland, S. 154.

[168] Vgl. *Kriele*, FAZ vom 21. Dezember 1993; *Wassermann*, Die Welt vom 15. Januar 1994.

[169] *Pastor*, Die rechtliche Stellung der Sorben in Deutschland, S. 74.

[170] *Pastor*, Die rechtliche Stellung der Sorben in Deutschland, S. 74.

[171] Die Problematik des § 6 Abs. 6 Satz 2 BWahlG wurde an anderer Stelle bereits ausführlich analysiert: vgl. oben Kapitel 4. Punkt II. 5. d).

Parteiengesetz[172] und auch hinsichtlich der Vereinbarkeit von besonderen Maßnahmen zur Förderung von Minderheiten vor dem Hintergrund des Gleichheitssatzes.[173]

Dennoch hätte der vorgeschlagene Art. 20 b GG (n.F.) mehr negative als positive Folgen für die autochthonen Minderheiten in der Bundesrepublik Deutschland gehabt. Im Ergebnis ist daher die Ablehnung dieser Norm bei der Schlußabstimmung am 30. Juni 1994 im Berliner Reichstag[174] zu begrüßen.[175] Für die autochthonen Minderheiten in der Bundesrepublik Deutschland ist es sicher besser, keinen Minderheitenschutzartikel im Grundgesetz zu haben, als den vorgeschlagenen Art. 20 b GG (n.F.). Hauptgrund hierfür ist die minderheitenpolitisch völlig verfehlte Gleichstellung von klassischen autochthonen Minderheiten und den Immigranten - den sog. *neuen Minderheiten* -[176] die in der vorgeschlagenen Minderheitenklausel ihren Ausdruck und eine Grundlage findet. Im Rahmen der Ausführungen zur minderheitenschützenden Wirkung des Gleichheitssatzes des Grundgesetzes wurde festgestellt, daß eine Gleichbehandlung von klassischen Minderheiten und Immigranten nicht geboten ist.[177] Wäre Art. 20 b GG (n.F.) geltendes Verfassungsrecht geworden, hätte sich diese Ansicht nur schwerlich oder überhaupt nicht mehr vertreten lassen, da Art. 20 b GG (n.F.) nicht zwischen autochthonen Minderheiten und Immigranten differenziert. Wie wir im folgenden Kapitel noch sehen werden, sind die klassischen Minderheiten deutscher Staatsangehörigkeit in den Länderverfassungen bereits besser geschützt, als dies Art. 20 b GG (n.F.) hätte gewährleisten können. Die vorgeschlagene Minderheitenklausel hätte daher *de facto* lediglich eine Verbesserung der Rechtsstellung der Immigranten und Fremden in der Bundesrepublik Deutschland bewirkt. Jeglicher Assimilationsdruck auf sie wäre nach dem Vorschlag verboten gewesen. Der vorgeschlagene Artikel weicht in seiner Stoßrichtung fundamental vom bisherigen Verständnis vom Minderheitenschutz ab. In der Tat drohte durch eine mögliche Aufnahme von Art. 20 b GG (n.F.) in das Grundgesetz die verfassungsrechtliche Festschreibung einer multikulturellen Gesellschaft.[178] Dies hätte negative Folgen auf die Gesamtbevölkerung gehabt. Durch den vorgeschlagenen Artikel wäre nicht nur jeglicher Assimilationsdruck verboten, sondern auch Integrationsanreize wären unzulässig geworden. Den Staatsorganen der Bundesrepublik Deutschland wäre es verboten worden, auf die Integration von Immigranten hinzuwirken. Damit hätte sich die Bundesrepublik Deutschland wohl auch um die immigrationspolitische

[172] § 18 Abs. 4 Satz 3 PartG. Vgl. oben Kapitel 4. Punkt II. 5. e).

[173] Vgl. hierzu oben Kapitel 4. Punkt II. 2. c).

[174] *Bannas*, FAZ vom 1. Juli 1994.

[175] Im Ergebnis bei aller Kritik wohl a.A.: *Pastor*, Die rechtliche Stellung der Sorben in Deutschland, S. 77; *Siegert*, Minderheitenschutz in der Bundesrepublik Deutschland, S. 158 ff.

[176] Vgl. hierzu die Ausführungen an anderen Stellen dieser Arbeit, etwa in Kapitel 1. Punkt III. 3. und Kapitel 3. Punkt III.

[177] Vgl. oben Kapitel 4. Punkt II. 2. b).

[178] So *Scholz*, ZG 1994, S. 1, 25; *Murswiek*, in: *Blumenwitz/Murswiek*, Aktuelle rechtliche und praktische Fragen des Volksgruppen- und Minderheitenschutzrechts, S. 39, 58 ff.; *Kriele*, FAZ vom 21. Dezember 1993.

Option gebracht, Einwanderung in gewissem Maße zuzulassen, von den Einwanderern aber ein gewisses Maß an Integrationsbereitschaft hinsichtlich der Mehrheitskultur und hinsichtlich des sozialen und wirtschaftlichen Gesamtgefüges der Bundesrepublik Deutschland zu verlangen. Art. 20 b GG (n.F.) hätte hingegen ein Nebeneinander weitestgehend eigenständiger Kulturen unterstützt. Dieses Nebeneinander hätte in der Folge leicht in ein Gegeneinander umschlagen können, was zu einem Klima der Intoleranz, zu einem Kampf der Kulturen und letztlich wohl auch zu einer Bedrohung des sozialen Friedens in der Bundesrepublik Deutschland geführt hätte.

Es muß an dieser Stelle gar nicht *en détail* geklärt werden, ob - wie manche Kritiker[179] befürchteten - nach einer Einführung von Art. 20 b GG (n.F.) ein generelles Ausländerwahlrecht geboten gewesen wäre, ob bestimmte Immigrantensprachen als Amtssprachen anzuerkennen gewesen wären oder ob sich ein verfassungsrechtlicher Anspruch auf eine generelle Anerkennung einer Mehrfachstaatsangehörigkeit hätte konstruieren lassen. Möglich wären solche Auslegungen allemal. Es soll hier jedoch der Hinweis auf das aufgezeigte Gefahrenpotential für den Schutz der autochthonen Minderheiten einerseits und für den sozialen Frieden andererseits genügen. Abschließend sei noch darauf hingewiesen, daß die Kritiker des Art. 20 b GG (n.F.) den betreffenden politischen Kräften[180] nicht das Recht absprechen wollen, nach ihrer Überzeugung für die Etablierung einer multikulturellen Gesellschaft in der Bundesrepublik Deutschland einzutreten. Als inakzeptabel wird lediglich der Versuch erachtet, unter dem Deckmantel des Minderheitenschutzes eine Verfassungsentscheidung für eine multikulturelle Gesellschaft quasi „*durch die Hintertür*" ins Grundgesetz zu befördern.[181]

3. Gesamtbewertung der von der GVK vorgeschlagenen Minderheitenklausel

Eine Gesamtbewertung des von der GVK vorgeschlagenen Minderheitenartikels muß daher negativ ausfallen. Die rechtliche Stellung der autochthonen Minderheiten in der Bundesrepublik Deutschland ist ohne einen Minderheitenartikel im Grundgesetz besser, als wenn Art. 20 b GG (n.F.) in das Grundgesetz eingefügt worden wäre. Der vorgeschlagenen Norm war nicht zu entnehmen, auf welche Minderheiten sie sich bezogen hätte. Im Zweifel wären damit Immigranten und Ausländer, möglicherweise sogar gesellschaftliche Randgruppen,[182] in den Schutzbereich der Norm einzubeziehen gewesen. Eine Gleichbehandlung mit diesen Gruppen hätte den autochthonen Minderheiten in der

---

[179] *Kriele*, FAZ vom 21. Dezember 1993; *Wassermann*, Die Welt vom 15. Januar 1994.

[180] Vgl. etwa: BÜNDNIS 90/GRÜNE, Programm zur Bundestagswahl 1994, S. 34 ff.; SPD, Grundsatzprogramm, S. 31 f.

[181] *Murswiek*, in: *Blumenwitz/Murswiek*, Aktuelle rechtliche und praktische Fragen des Volksgruppen- und Minderheitenschutzrechts, S. 39, 58 ff.

[182] Vgl. hierzu auch oben Kapitel 1. Punkt II. 2.

Bundesrepublik Deutschland jedoch lediglich die aufgezeigten Nachteile gebracht. Auch hinsichtlich seines materiellen Gehaltes wäre Art. 20 b GG (n.F.) aufgrund seiner unklaren Formulierung dürftig gewesen. Die als Staatszielbestimmung ausgestaltete Achtensklausel sieht nicht ein einziges konkretes Recht für die Minderheiten vor. Mit Sicherheit wäre der Norm lediglich ein Zwangsassimilationsverbot in bezug auf die Minderheiten zu entnehmen gewesen. Hierfür hätte es jedoch keiner grundgesetzlichen Minderheitennorm bedurft. Gleiches gilt für die von einigen Schöpfern der vorgeschlagenen Norm beabsichtigte „*Signalwirkung*" hin zu mehr kultureller Toleranz. Die Norm hätte diesbezüglich wohl mehr Schaden als Gutes angerichtet, da sie statt kultureller Toleranz wohl eher einen Kampf der Kulturen heraufbeschworen hätte. Insgesamt hätte die Norm mehr Verwirrung und Schaden als Nutzen gestiftet. Ihre Ablehnung bei der Schlußabstimmung im Deutschen Bundestag am 30. Juni 1994 ist daher im Ergebnis zu begrüßen.

IV. Analyse und Bewertung der Argumente

Nachfolgend sollen nun die im Rahmen der Auseinandersetzung um die Einführung eines Minderheitenartikels in das Grundgesetz bemühten Argumente einzeln analysiert und bewertet werden. Ziel dieser Analyse soll es sein, argumentative Defizite oder Fehler, die im Rahmen der dargestellten Diskussion gemacht wurden, zu identifizieren, damit sie bei einem möglichen erneuten Anlauf zur Kodifizierung des Minderheitenschutzes im Grundgesetz vermieden werden können.

1. Die Verfassungstradition als Argument

Die Befürworter des vorgeschlagenen Art. 20 b GG (n.F.) führen als erstes Argument für die Einführung einer Minderheitennorm in das Grundgesetz die Tradition des Minderheitenschutzes in den deutschen Verfassungen an.[183] Es trifft zu, wie an anderer Stelle ausführlich dargestellt,[184] daß ein Minderheitenartikel selbstverständlicher Bestandteil vieler früherer deutscher Verfassungen war. In diesem Kontext wird insbesondere oftmals auf § 188 der Verfassung des Deutschen Reiches vom 28. März 1849, der sog. Paulskirchenverfassung,[185] und auf Art 113 der Verfassung des Deutschen Reiches vom 11. August 1919, der sog. Weimarer Verfassung,[186] verwiesen. Man könnte weiterhin auf verschiedene Bestimmungen in den Verfassungen der DDR verweisen. Allein die Existenz

[183] Argumentationslinie vgl. BT.-Drucks. 12/6000, S. 72 f.

[184] Vgl. oben Kapitel 2. Punkt III. 2., IV. 4. und VI.

[185] RGBl. 1849, S. 101 ff.

[186] RGBl. 1919, S. 1383 ff.

von Minderheitenbestimmungen in deutschen Verfassungen als Argument für die Einfügung einer solchen Norm in das Grundgesetz heranzuziehen, greift jedoch aus zwei Gründen zu kurz. Einerseits sollte, wenn man das Argument der Verfassungstradition anführt, auch die Effektivität des Minderheitenschutzes in den jeweiligen Verfassungen untersucht werden. Das Argument, daß das Grundgesetz einer Minderheitennorm bedarf, weil auch frühere deutsche Verfassungen eine solche Bestimmung zum Inhalt hatten, ist zu formalistisch und inhaltslos. Das Argument, daß das Grundgesetz eine effektive und moderne Schutzbestimmung zugunsten von Minderheiten enthalten sollte, weil deutsche Verfassungen sich auch in der Vergangenheit durch effektive und zeitgemäße Minderheitenbestimmungen ausgezeichnet hätten, ließe sich allerdings hören. Indes kann das Argument der Verfassungstradition in dieser letzteren Formulierung nicht verwendet werden, weil die Tatsachen anders liegen. Die Minderheitennorm der Paulskirchenverfassung kann nicht auf ihre Effektivität hin überprüft werden, da diese Verfassung nie in Kraft trat.[187] Die Minderheitenbestimmung der Weimarer Verfassung war zwar 14 Jahre in Kraft,[188] dennoch war ihre praktische Wirksamkeit aus verschiedenen Gründen sehr gering.[189] Und auch die Effektivität der Minderheitenschutzbestimmungen in den Verfassungen der DDR war sehr gering.[190] Es kann daher im Ergebnis nicht von einer Tradition eines effektiven Minderheitenschutzes im deutschen Verfassungsrecht gesprochen werden. Daher sollte die deutsche Verfassungstradition nicht als Argument für die Einführung einer Minderheitenschutzbestimmung in das Grundgesetz herangezogen werden. Der zweite Einwand gegen die Verwendung des Arguments der Verfassungstradition ist von genereller Art. Jede Verfassung versucht, auf die zeitgemäße gesellschaftliche und soziale Situation angemessen zu reagieren. Die Inhalte einer Verfassung müssen daher grundsätzlich flexibel und wandlungsfähig sein. Die Übernahme von Bestimmungen aus Verfassungen aus Zeiten mit völlig unterschiedlichen gesellschaftlichen und sozialen Rahmenbedingungen, allein motiviert durch die Bestrebung, eine bestimmte Verfassungstradition aufrechtzuerhalten, ist demnach aus diesem Blickwinkel zumindest bedenklich. Das Argument der Einfügung einer Minderheitennorm in das Grundgesetz aufgrund der deutschen Verfassungstradition kann daher insgesamt nicht überzeugen.

2. Das außenpolitische Argument

Die Befürworter der Einfügung des vorgeschlagenen Art. 20 b GG (n.F.) in das Grundgesetz führen des weiteren ein außenpolitisches Argument an, indem sie auf die internationalen und europäischen Entwicklungen im Bereich des Minderheitenschutzes hinweisen. Eine

[187] Vgl. ausführlich oben Kapitel 2. Punkt III. 2.

[188] Obgleich die Weimarer Verfassung nicht formell außer Kraft gesetzt wurde, ist davon auszugehen, daß sie faktisch durch das „*Ermächtigungsgesetz*" vom 24. März 1933 aufgehoben wurde. Vgl. auch oben Kapitel 2. Punkt V.

[189] Vgl. hierzu die detaillierten Ausführungen oben Kapitel 2. Punkt IV. 4.

[190] Vgl. hierzu die detaillierten Ausführungen oben Kapitel 2. Punkt VI.

Minderheitenklausel im Grundgesetz würde das Ansehen der Bundesrepublik Deutschland im Ausland stärken und damit die Bemühungen um den Schutz der zahlreichen deutschen Minderheiten im Ausland unterstützen. Einer Minderheitennorm im Grundgesetz käme somit eine Art Vorbildfunktion zu.[191] Diese Vorbildfunktion wird von den Gegnern des vorgeschlagenen Art. 20 b GG (n.F.) zwar angezweifelt, im übrigen bleibt die außenpolitische Relevanz des Themas Minderheitenschutz jedoch unbestritten.[192]

a) Die Vorbildfunktion

Es ist selbstverständlich, daß der Minderheitenschutz eine wichtige außenpolitische Dimension hat. Angesichts der zahlreichen deutschen Minderheiten im Ausland[193] ist es daher nur folgerichtig, wenn der Einsatz für den Minderheitenschutz ein wichtiges Element der Außenpolitik der Bundesrepublik Deutschland ist. Daß dies *de facto* der Fall ist, wurde bereits festgestellt.[194] Dies beantwortet jedoch nicht die Frage, ob die Einfügung einer Minderheitennorm in das Grundgesetz eine außenpolitische Dimension dergestalt hätte, daß von einer solchen Bestimmung eine Vorbildfunktion ausginge. Dies kann so sein.[195] Zwingend ist es jedoch keineswegs, da eine Verfassung keine höhere Akzeptanz gewinnt, wenn sie jede vermeintliche außenpolitische Erwartung anderer Staaten aufnimmt.[196] Die überzeugendste Argumentation, warum bei der Überlegung, ob der Minderheitenschutz im Grundgesetz kodifiziert werden sollte oder nicht, das außenpolitische Argument keine Rolle spielen sollte, findet sich bei *Lemke*.[197] Er stellt hier richtigerweise auf den Zweck des Schutzes von Minderheiten ab. Und dieser kann keinesfalls der sein, eine außenpolitische Erwartung zu erfüllen oder eine außenpolitische Forderungshaltung aufzubauen. Wer inländischen Minderheiten nur deswegen Schutz gewährt, um dann außenpolitisch auf den

---

[191] Argumentationslinie vgl. BT.-Drucks. 12/6000, S. 73.

[192] Argumentationslinie vgl. BT.-Drucks. 12/6000, S. 75.

[193] Vgl. hierzu etwa die extensive Bestandsaufnahme, die 1992 im Rahmen einer öffentlichen Anhörung des Auswärtigen und des Innenausschusses des Deutschen Bundestages zum Thema „*Lage der deutschen Minderheiten und Pflege des deutschen kulturellen Erbes im östlichen Europa einschließlich der Nachfolgestaaten der früheren Sowjetunion*" erstellt wurde. Stenographisches Protokoll über die 46. Sitzung des Innenausschusses und die 51. Sitzung des Auswärtigen Ausschusses am 1. Dezember 1992.

[194] Vgl. zu den Verträgen, welche die Bundesrepublik Deutschland mit ihren östlichen Nachbarn in minderheitenschutzrechtlicher Hinsicht geschlossen hat: oben Kapitel 3. Punkt II. 6. Vgl. zur außenpolitischen Praxis der Bundesrepublik Deutschland allgemein: *von Jagow*, in: *Heintze*, Moderner Minderheitenschutz, S. 68 ff.

[195] Diese Meinung wird ohne stichhaltige Argumentation vertreten von *Schönwalder*, in: *Konegen/Nitschke*, Revision des Grundgesetzes ?, S. 197, 198.

[196] So *Mäder*, ZAR 1997, S. 29, 30.

[197] *Lemke*, Nationale Minderheiten und Volksgruppen im schleswig-holsteinischen und übrigen deutschen Verfassungsrecht, S. 16 f.

Schutz der im Ausland befindlichen eigenen, also der ko-nationalen Minderheiten dringen zu können, der degradiert die Minderheiten zu einem bloßen Instrument der Außenpolitik, zu einem „*Mittel zum Zweck*", wie es *Lemke*[198] nennt. Eine solche Politik behandelt die Minderheiten als Objekte und gerät aus diesem Grunde mit der Menschenwürdegarantie des Art. 1 Abs. 1 GG in Konflikt.[199] Es mag wahr sein, daß man außenpolitisch glaubhafter für den Minderheitenschutz auftreten kann, wenn man auf eine Minderheitenschutzbestimmung in seiner eigenen Verfassung verweisen kann. Die Begründung einer innerstaatlichen verfassungsrechtlichen Minderheitenbestimmung mit einer außenpolitischen Zielsetzung ist allerdings unzulässig. Die Gewährleistung des innerstaatlichen deutschen Minderheitenschutzes kann nicht davon abhängig gemacht werden, wie gut oder schlecht deutsche Minderheiten im Ausland behandelt werden. Für die Formulierung einer Außenpolitik ist die Frage, wie deutsche Minderheiten im Ausland behandelt werden, von großer Bedeutung. Für die Diskussion um die Einfügung einer Minderheitenbestimmung in das Grundgesetz ist sie völlig irrelevant.[200]

b) Der internationalrechtliche Minderheitenstandard

Als weitere Komponente des außenpolitischen Arguments wird von den Befürwortern der vorgeschlagenen Minderheitenbestimmung die Weiterentwicklung des Minderheitenschutzes auf europäischer und internationaler Ebene angeführt. Eine Minderheitennorm im Grundgesetz würde sich in diese Entwicklung gut einpassen und einen Beitrag dazu leisten.[201] Diese Argumentation greift ins Leere. Den Grund dafür deutet die ablehnende Meinung zwar an, nennt ihn aber nicht explizit, wenn sie darauf hinweist, daß die Bundesrepublik Deutschland ihre Verpflichtungen aus den minderheitenschützenden völkerrechtlichen Verträgen gut erfülle.[202] Die einzige Frage, die sich rechtlich in bezug auf die Entwicklungen im europäischen und internationalen Recht des Minderheitenschutzes[203] stellt, sei die, ob die Bundesrepublik Deutschland die Verpflichtungen aus den von ihr abgeschlossenen völkerrechtlichen Verträgen in dieser Hinsicht einhält. Nur durch die Erfüllung ihrer Verpflichtungen aus diesen Verträgen könne die Bundesrepublik Deutschland einen

---

[198] *Lemke*, Nationale Minderheiten und Volksgruppen im schleswig-holsteinischen und übrigen deutschen Verfassungsrecht, S. 16.

[199] *Lemke*, Nationale Minderheiten und Volksgruppen im schleswig-holsteinischen und übrigen deutschen Verfassungsrecht, S. 16 f.

[200] So auch *Lemke*, Nationale Minderheiten und Volksgruppen im schleswig-holsteinischen und übrigen deutschen Verfassungsrecht, S. 16 f. A.A. *Siegert*, Minderheitenschutz in der Bundesrepublik Deutschland, S. 131 ff., die jedoch diese Problematik offenbar verkennt.

[201] Argumentationslinie vgl. BT.-Drucks. 12/6000, S. 73.

[202] Argumentationslinie vgl. BT.-Drucks. 12/6000, S. 75.

[203] Vgl. hierzu oben Kapitel 3. Punkt II. oder die Zusammenfassung in Punkt III. 1.

sinnvollen „*Beitrag leisten*" zum internationalen Minderheitenrecht.[204] Ob die Bundesrepublik Deutschland ihre Verpflichtungen aus den europäischen und internationalen völkerrechtlichen Verträgen zum Minderheitenschutz umfassend erfüllt, kann an dieser Stelle noch nicht abschließend gesagt werden, da die verfassungsrechtlichen Minderheitenschutzbestimmungen auf Länderebene erst noch analysiert werden müssen.[205] Bereits an dieser Stelle ist allerdings zu vermerken, daß das außenpolitische Argument in dieser Ausgestaltung nicht zur Begründung der Einfügung einer Minderheitenbestimmung in das Grundgesetz geeignet ist.

c) Ergebnis

Im Ergebnis bleibt festzuhalten, daß das außenpolitische Argument für die Begründung der Einfügung einer Minderheitenbestimmung in das Grundgesetz untauglich, wenn nicht schädlich ist. Zwar mag eine Minderheitenklausel in der eigenen Verfassung außenpolitisch bei der Forderung nach Rechten für die deutschen Minderheiten im Ausland nützlich sein. Innenpolitisch ist dies jedoch völlig irrelevant, da der Minderheitenschutz nicht von Reaktionen ausländischer Staaten abhängen kann. Hinsichtlich der Weiterentwicklung des europäischen und internationalen Minderheitenrechts kann die Bundesrepublik Deutschland nur durch die Einhaltung ihrer völkerrechtlichen Verpflichtungen „*einen Beitrag leisten*". Mit der innenpolitischen Begründung einer verfassungsrechtlichen Minderheitennorm hat diese Frage allerdings nur dann etwas zu tun, wenn die Bundesrepublik Deutschland ihre internationalrechtlichen Verpflichtungen nur durch die Aufnahme einer Minderheitenklausel in das Grundgesetz erfüllen könnte, was aber selbst von den Befürwortern von Art. 20 b GG (n.F.) nicht vorgetragen wird. Insgesamt greift für die Begründung der Einfügung einer Minderheitenklausel in das Grundgesetz das außenpolitische Argument nicht durch.

3. Die Kompetenz des Bundesverfassungsgebers und die Kulturhoheit der Länder

Die Gegner des Art. 20 b GG (n.F.) vertreten die Ansicht, daß aufgrund der Festschreibung des Minderheitenschutzes in verschiedenen Landesverfassungen eine Ergänzung des Grundgesetzes insoweit sachlich nicht erforderlich sei. Weiterhin versucht die ablehnende Seite, diese Ansicht mit dem Argument zu untermauern, daß der Minderheitenschutz ausschließlich aus Angelegenheiten bestünde, die dem Bereich der Kultur zuzuordnen seien und daher in die Zuständigkeit der Länder fiele. Mangels diesbezüglicher Kompetenz solle daher der Minderheitenschutz nicht im Grundgesetz geregelt werden.[206] Dies wird von den

[204] A.A. wiederum *Siegert*, Minderheitenschutz in der Bundesrepublik Deutschland, S. 131 ff., die die Problematik auch hier nicht erfaßt und auf S. 133 unnötigerweise auch noch in politische Polemik abdriftet.

[205] Vgl. hierzu unten Kapitel 6.

[206] Argumentationslinie vgl. BT.-Drucks. 12/6000, S. 74 f.

Befürwortern des vorgeschlagenen Art. 20 b GG (n.F.) bestritten. Das bundesstaatliche Kompetenzgefüge werde durch ein Minderheitenschutz-staatsziel nicht geändert, da die Länder weiterhin für detaillierte Regelungen des Minderheitenrechts im Rahmen ihrer Kulturhoheit zuständig blieben. Außerdem sei eine bundesstaatliche Regelung aufgrund der Bestimmungen in den Verfassungen der Länder keinesfalls sachlich überflüssig. Durch einen entsprechenden Passus im Grundgesetz würden diese Bestimmungen *„gesamtstaatlich überwölbt“*, womit ein gemeinsamer Standard insbesondere auch im Hinblick auf die Länder geschaffen würde, in deren Verfassungen sich keine Regeln in bezug auf den Minderheitenschutz finden.[207]

Die Frage, ob eine Bestimmung hinsichtlich des Minderheitenschutzes im Grundgesetz tatsächlich entbehrlich ist, kann erst nach der noch folgenden Analyse der Minderheitennormen in den Landesverfassungen beantwortet und soll daher einstweilen zurückgestellt werden.[208] Was allerdings an dieser Stelle beantwortet werden kann, sind die Fragen, ob sich durch die Einfügung einer Minderheitenbestimmung in das Grundgesetz kompetenzrechtliche Probleme mit der Kulturhoheit der Länder ergäben und die Schaffung eines bundeseinheitlichen Minderheitenschutzstandards ein durchgreifendes Argument sein kann.[209]

a) Die Kulturhoheit der Länder als Hindernis

Um die Frage beantworten zu können, ob die sog. Kulturhoheit der Länder ein Hindernis für die Kodifizierung des Minderheitenschutzes im Grundgesetz darstellt, muß zunächst der Inhalt dieser Kulturhoheit der Länder geklärt sein. Die Kompetenzverteilung zwischen Bund und Ländern hinsichtlich der Gesetzgebung ist in den Art. 70 ff. GG geregelt. Ausgehend von der Grundsatznorm des Art. 70 GG haben danach die Länder die Zuständigkeit zur Gesetzgebung, soweit das Grundgesetz dem Bund nicht die Gesetzgebungszuständigkeit in bezug auf eine bestimmte Materie ausdrücklich zuweist.[210] Die Kulturhoheit der Länder ist demnach keine positive Kompetenzzuweisung zugunsten der Länder, sondern bezeichnet die bei ihnen verbliebenen Restzuständigkeiten im kulturellen Bereich nach Abzug aller vorrangigen Bundeskompetenzen.[211] Es gibt also keine zwingende rechtliche Zuordnung der

---

[207] Argumentationslinie vgl. BT.-Drucks. 12/6000, S. 73.

[208] Vgl. hierzu unten Kapitel 6.

[209] Vgl. hierzu allgemein: *Rechenberg*, Wissenschaftliche Dienste des Deutschen Bundestages, Reg.-Nr.: WF III-103/93 vom 28. Juli 1993; *Lemke*, Nationale Minderheiten und Volksgruppen im schleswig-holsteinischen und übrigen deutschen Verfassungsrecht, S. 404 ff.; *Siegert*, Minderheitenschutz in der Bundesrepublik Deutschland, S. 128 ff.

[210] *Degenhart*, Staatsrecht I, 7. Aufl., Rn. 97 ff.

[211] *Lemke*, Nationale Minderheiten und Volksgruppen im schleswig-holsteinischen und übrigen deutschen Verfassungsrecht, S. 405 f.

Regelung aller kulturellen Materien an die Länder. Und selbst wenn man den Kulturbereich als Domäne der Länder, der mit dem Schlagwort der Kulturhoheit der Länder umschrieben wird, erhalten möchte, so kann dies der Einfügung einer Minderheitenklausel in das Grundgesetz doch nicht entgegenstehen, denn entgegen der Ansicht der Gegner von Art. 20 b GG (n.F.) in der GVK beinhaltet der Minderheitenschutz nicht lediglich kulturelle Themen.[212] Als Beispiel ließe sich hier die Regelung der politischen Mitwirkung von Minderheiten anführen.[213] Die minderheitenprivilegierenden Bestimmungen im Bundeswahlrecht und im Parteienfinanzierungsrecht[214] fallen unter die Bundeskompetenz und regeln Fragen des Minderheitenrechts, obgleich sie keine kulturellen Angelegenheiten betreffen. Doch auch solche Fragen des Minderheitenrechts, die unter den wenig griffigen Bereich der Kultur[215] subsumiert werden könnten, können durchaus auch auf Bundesebene geregelt sein.[216] Hier ließe sich als Beispiel das Sprachenrecht vor Gerichten und Behörden anführen.[217]

Abgesehen von diesen Überlegungen kann die Kulturhoheit der Länder einer Regelung der Rechte von Minderheiten im Grundgesetz niemals im Wege stehen. Bei der Kodifizierung des Minderheitenschutzes im Grundgesetz geht es nämlich nicht um einfache Gesetzgebung, sondern um Verfassungsgebung, respektive Verfassungsänderung.[218] Und für eine Verfassungsänderung ist die Aufteilung der Gesetzgebungszuständigkeit zwischen dem Bund und den Ländern irrelevant. Eine Verfassungsänderung ist lediglich an die Vorgaben des Art. 79 GG gebunden.[219] Die Zulässigkeit einer Verfassungsänderung bemißt sich daher nach den Grenzen des Art. 79 Abs. 3 GG, die jedoch durch die Einführung einer Minderheitenbestimmung in das Grundgesetz nicht berührt würden.

---

[212] So auch *Steensen*, pogrom 179, Okt./Nov. 1994, S. 13, 16; *Lemke*, Nationale Minderheiten und Volksgruppen im schleswig-holsteinischen und übrigen deutschen Verfassungsrecht, S. 404 ff.; *Pastor*, Die rechtliche Stellung der Sorben in Deutschland, S. 68; *Siegert*, Minderheitenschutz in der Bundesrepublik Deutschland, S. 128 f.

[213] *Siegert*, Minderheitenschutz in der Bundesrepublik Deutschland, S. 128.

[214] Vgl. hierzu die ausführliche Darstellung oben Kapitel 4. Punkt II. 5. d) und e).

[215] Vgl. zur schwierigen Problematik des Verhältnisses von Kultur und Verfassung etwa: *Geis*, ZG 1992, S. 38 ff.; *Häberle*, JöR n.F. Bd. 32, S. 9 ff. (1983).

[216] *Lemke*, Nationale Minderheiten und Volksgruppen im schleswig-holsteinischen und übrigen deutschen Verfassungsrecht, S. 406, Fn. 72.

[217] Vgl. hierzu die ausführliche Darstellung oben Kapitel 4. Punkt II. 3.

[218] Dies wird sonderbarerweise weder im Abschlußbericht der GVK noch von den Kommentatoren gesehen oder herausgestellt.

[219] Vgl. hierzu etwa: *Lücke*, in: *Sachs*, Grundgesetz-Kommentar, 2. Aufl., Art. 79, Rn. 3 ff.

Insgesamt ist somit festzuhalten, daß die Kulturhoheit der Länder der Einfügung einer Minderheitenklausel in das Grundgesetz nicht entgegenstehen kann.[220]

b) Die Schaffung eines bundeseinheitlichen Standards als Argument

Auch das Argument der Notwendigkeit der Schaffung eines bundeseinheitlichen Standards für die Einführung einer Minderheitenklausel in das Grundgesetz vermag nicht zwingend zu überzeugen.[221] In diesem Zusammenhang verweist *Lemke* zunächst richtigerweise darauf, daß grundsätzlich jede Zentralisierung die detaillierte Wahrnehmung erschwert und generalisierende Regelungen bedingt, welche die Verschiedenartigkeit der Lage der einzelnen Gruppen außer acht lassen.[222] Die Einführung einer Regelung im Grundgesetz aus Gründen der Schaffung eines bundeseinheitlichen Standards bedarf daher grundsätzlich einer besonders sorgfältigen Begründung, die hier nicht leicht zu finden sein dürfte. Richtig ist, daß die Minderheitenrechte der Sinti und Roma bislang weder auf Bundes- noch auf Landesebene verfassungsrechtlich abgesichert sind und daß in manchen Ländern, wie beispielsweise in Niedersachsen, klassische Minderheiten beheimatet sind, ohne daß sich in der Landesverfassung eine Minderheitenschutzklausel fände.[223] Andererseits bringt die „*gesamtstaatliche Überwölbung*" einer Materie im Grundgesetz, die, wie der Minderheitenschutz, bereits in verschiedenen Landesverfassungen ausführlich geregelt ist, auch Gefahren mit sich. *Lemke* spricht hier unter Verweis auf Art. 31 GG treffend von einer „*Zweischneidigkeit*".[224] Die Einführung des vorgeschlagenen Art. 20 b GG (n.F.) in das Grundgesetz hätte gravierende und ungewollte Auswirkungen auf einige minderheitenschutzrechtliche Normen in den Landesverfassungen gehabt. Die schwache Achtensvorschrift des Art. 20 b GG (n.F.), die allerdings Immigranten und Ausländer in ihren Schutzbereich mit einbezieht, hätte wegen Art. 31 GG Bestimmungen in Landesverfassungen, welche den Schutz und die Förderung der klassischen deutschen Minderheiten der Friesen, Dänen und Sorben kodifizieren, aufgrund der in ihnen angelegten Unterscheidung zwischen klassischen Minderheiten einerseits und Immigranten und Ausländern andererseits nichtig

---

[220] So auch *Rechenberg*, Wissenschaftliche Dienste des Deutschen Bundestages, Reg.-Nr.: WF III-103/93 vom 28. Juli 1993, S. 5.

[221] A.A. hier wohl *Siegert*, Minderheitenschutz in der Bundesrepublik Deutschland, S. 131.

[222] *Lemke*, Nationale Minderheiten und Volksgruppen im schleswig-holsteinischen und übrigen deutschen Verfassungsrecht, S. 404 f. mit Verweis auf *Messtorff*, Die Rechtsstellung der ethnischen Minderheiten in der Bundesrepubik Deutschland, S. 151.

[223] Dies sei an dieser Stelle im Vorgriff auf die noch folgenden detaillierten Ausführungen hierzu in Kapitel 6. bereits angemerkt.

[224] *Lemke*, Nationale Minderheiten und Volksgruppen im schleswig-holsteinischen und übrigen deutschen Verfassungsrecht, S. 407.

werden lassen.[225] Daher kann das Argument der Notwendigkeit der Schaffung eines bundeseinheitlichen Standards für die Einführung einer Minderheitenklausel in das Grundgesetz hier nicht überzeugen und ist im Ergebnis abzulehnen.[226]

c) Ergebnis

Im Ergebnis können aus den vorgenannten Gründen die beiden im Kontext der Problematik des Föderalismus von der GVK vorgetragenen Argumente nicht überzeugen. Weder steht die Kulturhoheit der Länder der Einführung einer Minderheitenklausel in das Grundgesetz entgegen, noch ist eine *„gesamtstaatliche Überwölbung"* des bundesdeutschen Minderheitenrechts ein überzeugendes Argument für die Einführung einer Minderheitenklausel in das Grundgesetz.

4. Minderheitenschutz für Ausländer und Immigranten

Ein großer Streitpunkt im Rahmen der Diskussionen in der Verfassungskommission des Bundesrates wie in der GVK war die Frage, ob sich der Schutzbereich der zu schaffenden Minderheitennorm für das Grundgesetz auf andere Personengruppen als auf die klassischen autochthonen Minderheiten erstrecken sollte. Die Interpretation des vorgeschlagenen Art. 20 b GG (n.F.) hatte ergeben, daß Immigranten und Ausländer, möglicherweise sogar gesellschaftliche Randgruppen in den Schutzbereich der Norm einzubeziehen gewesen wären.[227] Die Einbeziehung von Ausländern in den Schutzbereich der Norm war das erklärte Ziel der Befürworter des Art. 20 b GG (n.F.). Sie trugen vor, daß durch die Erstreckung des Minderheitenschutzes auf Ausländergruppen angesichts von über 5 Millionen auf Dauer bei uns lebender und zur kulturellen Vielfalt beitragender Ausländer ein Zeichen kultureller Toleranz gesetzt werden solle.[228] Die ablehnende Position vertrat dagegen eine völlig andere Definition des Begriffes der Minderheit. Für sie gehörte zur Minderheitendefinition jedenfalls das Kriterium der Staatsangehörigkeit des Aufenthaltsstaates. *De facto* gäbe es in Deutschland lediglich drei Minderheiten, nämlich die Dänen, die Friesen und die Sorben. Nach einer Vergegenwärtigung der Dimension des Problemfeldes soll im folgenden die Bedeutung der

[225] *Lemke* bringt an dieser Stelle das Beispiel des Art. 5 Abs. 2 der Verfassung des Landes Schleswig-Holstein. Vgl. *Lemke*, Nationale Minderheiten und Volksgruppen im schleswig-holsteinischen und übrigen deutschen Verfassungsrecht, S. 407.

[226] So auch *Lemke*, Nationale Minderheiten und Volksgruppen im schleswig-holsteinischen und übrigen deutschen Verfassungsrecht, S. 405 ff. A.A. *Siegert*, Minderheitenschutz in der Bundesrepublik Deutschland, S. 131.

[227] Vgl. oben Punkt III. 3.

[228] Argumentationslinie vgl. BT.-Drucks. 12/6000, S. 74.

Staatsangehörigkeit insbesondere vor dem Hintergrund der Reform des bundesdeutschen Staatsangehörigkeitsrechts zum 1. Januar 2000 dargestellt werden. Ziel soll es sein, die Bedeutung des Kriteriums der Staatsangehörigkeit für die Minderheitendefinition zu klären. Dafür kann teilweise auf Ergebnisse vorstehender Kapitel zurückgegriffen werden.

a) Die Dimension des Problemfeldes

Der erste, der die gesamte Bandbreite der Dimension des Problemfeldes der Erstreckung der Minderheitenschutzes auf Immigranten und Ausländer vor dem Hintergrund des von der GVK vorgeschlagenen Art. 20 b GG (n.F.) erkannte und analysierte, war *Murswiek*.[229] Er nannte den Minderheitenschutz in Deutschland die Pflege einer „*Idylle*" angesichts der Zahl der Angehörigen der in der Bundesrepublik Deutschland offiziell anerkannten Minderheiten.[230] Der idyllische Charakter des Minderheitenschutzes in Deutschland wurde sehr deutlich anhand seines Vergleiches der Zahl der klassischen Minderheiten mit der Zahl der in der Bundesrepublik Deutschland lebenden Ausländer und Immigranten. In der Bundesrepublik Deutschland sind, wie an einer anderen Stelle bereits ausgeführt ist,[231] die Minderheit der Dänen und Sorben und die friesische Volksgruppe offiziell anerkannt. Diesen Gruppen kann man die Minderheiten mit ungeschriebenem verfassungsrechtlichem Status, also die Sinti und Roma, die Juden, die Polen und weitere Bevölkerungsteile osteuropäischer oder ex-sowjetischer Herkunft, hinzurechnen,[232] ohne daß sich der Gesamteindruck veränderte. Die Angehörigen dieser Gruppen umfassen zusammen zahlenmäßig etwa 730.000 Personen.[233] Alle in der Bundesrepublik Deutschland lebenden Ausländer und Immigranten machen zahlenmäßig etwa 7,37 Millionen Personen[234] aus, also mehr als das Zehnfache. Diesen

[229] *Murswiek*, Forum für Kultur und Politik, Heft 8, März 1994, S. 3 ff.; *ders.*, in: *Blumenwitz/Murswiek*, Aktuelle rechtliche und praktische Fragen des Volksgruppen- und Minderheitenschutzrechts, S. 39 ff.; *ders.*, in: *Isensee/Kirchhof*, Handbuch des Staatsrechts der Bundesrepublik Deutschland, Bd. VIII, § 201, Rn. 43 ff.

[230] *Murswiek*, Forum für Kultur und Politik, Heft 8, März 1994, S. 3, 5 ff.; *ders.*, in: *Blumenwitz/Murswiek*, Aktuelle rechtliche und praktische Fragen des Volksgruppen- und Minderheitenschutzrechts, S. 39, 40 ff.

[231] Vgl. oben Kapitel 1. Punkt III. 1.

[232] Vgl. oben Kapitel 1. Punkt III. 2.

[233] Diese Angabe beruht auf ungenauen Schätzungen, da keine genauen Angaben möglich sind aufgrund der Tatsache, daß solcherlei Daten aus minderheitenrechtlichen Gründen nicht offiziell erhoben werden dürfen. *Murswiek* kommt in seinen Aufsätzen auf andere Zahlen, die aber für die hier nachzuweisenden juristischen Folgerungen als sinngemäß gleich erachtet werden können. Vgl. *Murswiek*, Forum für Kultur und Politik, Heft 8, März 1994, S. 3, 5 ff.; *ders.*, in: *Blumenwitz/Murswiek*, Aktuelle rechtliche und praktische Fragen des Volksgruppen- und Minderheitenschutzrechts, S. 39, 40 ff.

[234] FAZ vom 20. Juni 1997, gezählt waren nur Personen, die mindestens (auch) eine ausländische Staatsangehörigkeit hatten. Die aktuelle Zahl ist daher tendenziell eher noch größer. Vgl. auch Das Parlament vom 20. August 1999. Es wird erwartet, daß diese Zahl weiter steigen wird und sich der Prozentsatz der ausländischen Bevölkerung bis zum Jahr 2030 auf dann 17% nahezu verdoppeln wird. Vgl. *Schulze-Fielitz*, in: *Fleiner-Gerster*, Die multikulturelle und multi-ethnische Gesellschaft, S. 133, 139.

Zahlen sei der Hinweis angefügt, daß die Anzahl der Minderheitenangehörigen großzügig und die Zahl der Ausländer und Immigranten vorsichtig geschätzt ist. Die bloße Gegenüberstellung dieser Zahlen macht sehr deutlich, welch fundamentaler Unterschied es ist, Ausländer und Immigranten in den Schutzbereich eines Minderheitenartikels im Grundgesetz einzubeziehen. Wertungsneutral sei an diese Zahlen nochmals[235] kommentierend angefügt, daß es logisch zwingend erscheint, daß ein Staatswesen einer Gruppe von 700.000 Personen materiellrechtlich einen höheren Schutzstandard zu gewähren imstande ist als einer Gruppe von nahezu 8 Millionen Menschen. Es sei an dieser Stelle klargestellt, daß hier keinesfalls der Versuch unternommen werden soll, ein Argument dergestalt zu konstruieren, daß die Bundesrepublik Deutschland sich anschicken sollte, sich ihrer Verpflichtung, ihren Minderheiten Schutz zu gewähren, dadurch zu entziehen versuchen sollte, daß sie die Zahl der Schutzberechtigten quasi *„kleindefiniert"*. Dieses Argument wird auch von *Murswiek* nicht konstruiert.[236] Ziel des Zahlenvergleiches an dieser Stelle ist es einzig, den gewaltigen Unterschied aufzuzeigen, der sich ergäbe, wenn Ausländer- und Immigrantengruppen in den Schutzbereich einer Minderheitenbestimmung im Grundgesetz aufgenommen würden. Die Problematik der Staatsangehörigkeit hat im Rahmen der Definition des Rechtsterminus *Minderheit* für das deutsche Recht folglich eine immense Dimension. Allein diese Tatsache soll an dieser Stelle festgehalten werden.

b) Die Bedeutung der Staatsangehörigkeit und die Staatsangehörigkeitsrechtsreform 2000

Es kann nicht Ziel dieser Arbeit sein, die verschiedenen Probleme, die im Bereich der Staatsangehörigkeit angesiedelt sind und die letztendlich auch zur Reform des Staatsangehörigkeitsrechts in der Bundesrepublik Deutschland zum 1. Januar 2000 geführt haben, umfassend darzustellen.[237] Dennoch stehen einzelne Teilprobleme an der Schnittstelle

---

[235] Vgl. etwa oben Kapitel 3. Punkt III. 3.

[236] Dieses und auch andere Dinge werden ihm jedoch, meist aufgrund einer anderen politischen Anschauung anderer Autoren und nicht selten in politisch-polemischer Weise, unterstellt. Vgl. hierzu etwa: *Siegert*, Minderheitenschutz in der Bundesrepublik Deutschland, S. 159 f.; *Schulze-Fielitz*, in: *Fleiner-Gerster*, Die multikulturelle und multi-ethnische Gesellschaft, S. 133, 149. Der Verfasser versucht in dieser Arbeit nicht politsch, sondern rechtlich Stellung zu beziehen.

[237] Vgl. aus dem immensen Schrifttum hierzu etwa: *Hailbronner*, Einbürgerung von Wanderarbeitnehmern und doppelte Staatsangehörigkeit, S. 109 ff.; *ders.*, ZAR 1999, S. 51 ff.; *Blumenwitz*, ZAR 1993, S. 151 ff.; *Renner*, ZAR 1999, S. 154 ff.; *ders.*, NJ 1999, S. 230 ff.; *v. Mangoldt*, ZAR 1999, S. 243 ff.; *Rittstieg*, NJW 1991, 1383 ff.; *Alexy*, InfAuslR 1994, S. 301 ff.; *Rilinger*, ZRP 1995, S. 372 ff.; *Rittstieg/Rowe*, Einwanderung als gesellschaftliche Herausforderung, S. 44 ff.; *Quaritsch*, in: FS für *Doehring*, S. 725 ff.; *Gerhardt*, ZAR 1997, S. 107 ff.; *Özdemir*, ZAR 1997, S. 156 ff.; *Geil*, ZRP 1995, S. 369 ff.; *Wollenschläger/Schraml*, ZRP 1994, S. 225 ff.; *dies.*, ZRP 1994, S. 486 ff.; *Ziemske*, ZRP 1994, S. 229 ff.; *Göbel-Zimmermann/Masuch*, ZRP 1998, S. 435 ff.; *Witte*, ZG 1999, S. 68 ff.; *Wiessner*, Funktionen der Staatsangehörigkeit, S. 147 ff.; *Schrötter/Möhlig*, ZRP 1995, S. 375 ff.; *Bleckmann*, NJW 1990, S. 1397 ff.; *Rittstieg*, NJW 1990, S. 1401 ff.; *Predeick*, DVBl. 1991, S. 623 ff.; *Quaritsch*, DÖV 1983, S. 1 ff.; *Hobe*, JZ 1994, S. 191 ff.; *Scholz/Uhle*, NJW 1999, S. 1510 ff.; *Zuleeg*, in: *Barwig*, Aufenthalt-Niederlassung-Einbürgerung, S. 255 ff.; *Spranger*, ZAR 1999, S. 71 ff.; *v. Mangoldt*, JZ 1993, S. 965 ff.; *Renner*, ZAR 1993, S. 18 ff.; *Matiny*, JZ 1993, S. 1145 ff.; *Nomer*, JZ 1993, S. 1142 ff.; *Müller*, FAZ vom 25. Juli 2000; *Dethloff*, JZ 1995, S. 64 ff.

zum Minderheitenrecht.[238] Gerade die Diskussion um die sog. *neuen Minderheiten* vermengt geradezu absichtlich Probleme des Ausländerrechts mit Problemen des Minderheitenrechts.[239] Vor diesem Hintergrund ist die Debatte um das Staatsangehörigkeitserfordernis im Rahmen der GVK-Beratungen zu einer Minderheitenklausel im Grundgesetz zu sehen. Wenn auch das neue bundesdeutsche Staatsangehörigkeitsrecht erst zum 1. Januar 2000 in Kraft getreten ist, so ist eine Diskussion um diese Thematik doch schon seit geraumer Zeit im Gange.[240] Den Mitgliedern der GVK war also die Problematik sehr wohl bekannt, als sie Art. 20 b GG (n.F.) berieten.

Bereits 1988 hatte die damalige Bundesregierung festgestellt, daß es nicht wünschenswert sei, daß ein zahlenmäßig bedeutender Teil der Bevölkerung von der staatlichen Gemeinschaft und den Rechten und Pflichten eines Bürgers gegenüber dem Staat ausgeschlossen bleibt.[241] Bei allen im Bundestag vertretenen Parteien war daher in den vorangegangenen Legislaturperioden die Überzeugung gewachsen, daß eine Reform des Staatsangehörigkeitsrechts dahingehend notwendig sei, den dauerhaft hier lebenden Ausländern einen erleichterten Erwerb der deutschen Staatsangehörigkeit zu ermöglichen.[242] Nach dem Wahlsieg im Jahr 1998 nahm die neue Regierungskoalition aus SPD und BÜNDNIS 90/GRÜNE einige Punkte zur Änderung des Staatsangehörigkeits-rechts in den Koalitionsvertrag auf.[243] In Deutschland geborene Kinder ausländischer Eltern sollten automatisch die deutsche Staatsangehörigkeit bekommen, es sollte also eine bislang dem deutschen Recht fremde *ius-soli*-Komponente eingeführt werden. Weiterhin sollten die Einbürgerungsansprüche erweitert werden. Wenn auch durch diese Änderungen die vielfache Entstehung von Mehrstaatigkeit zwar nicht erwünscht war, so wurde sie doch sehenden Auges

---

[238] Vgl. hierzu insbesondere: *Hailbronner*, ZAR 1999, S. 51, 56; *ders.*, FAZ vom 20. Januar 1999.

[239] Vgl. hierzu oben Kapitel 1. Punkt III. 3. und die in diesem Kapitel noch unter Punkt. IV. 5. folgenden Ausführungen.

[240] Vgl. hierzu etwa: *Blumenwitz*, ZAR 1993, S. 151 ff.; *Renner*, ZAR 1999, S. 154 ff.; *ders.*, NJ 1999, S. 230 ff.; *v. Mangoldt*, ZAR 1999, S. 243 ff.; *Rittstieg*, NJW 1991, 1383 ff.; *Alexy*, InfAuslR 1994, S. 301 ff.; *Gerhardt*, ZAR 1997, S. 107 ff.; *Özdemir*, ZAR 1997, S. 156 ff.; *Geil*, ZRP 1995, S. 369 ff.; *Wollenschläger/Schraml*, ZRP 1994, S. 225 ff.; *dies.*, ZRP 1994, S. 486 ff.; *Ziemske*, ZRP 1994, S. 229 ff.; *Göbel-Zimmermann/Masuch*, ZRP 1998, S. 435 ff.; *Witte*, ZG 1999, S. 68 ff.; *Schrötter/Möhlig*, ZRP 1995, S. 375 ff.; *Predeick*, DVBl. 1991, S. 623 ff.; *Quaritsch*, DÖV 1983, S. 1 ff.; *Scholz/Uhle*, NJW 1999, S. 1510 ff.; *Spranger*, ZAR 1999, S. 71 ff.; *v. Mangoldt*, JZ 1993, S. 965 ff.; *Renner*, ZAR 1993, S. 18 ff.

[241] Bericht der Beauftragten der Bundesregierung für Ausländerfragen und über die Lage der Ausländer in der Bundesrepublik Deutschland. BT.-Drucks. 14/2674 vom 9. Februar 2000, S. 14.

[242] Zur Entwicklung der Debatte um die Reform des bundesdeutschen Staatsangehörigkeitsrechts vergleiche die rechtshistorische Darstellung von *Renner*, NJ 1999, S. 230 ff. Vgl. zur Rechtslage vor der Reform das grundlegende Werk von *Hailbronner*, Einbürgerung von Wanderarbeitnehmern und doppelte Staatsangehörigkeit, S. 21 ff. und Generaldirektion Wissenschaft des Europäischen Parlamentes, Studie zum Staatsangehörigkeitsrecht in den Mitgliedstaaten der EG vom 5. November 1998 (Doc. IV/WIP/98/10/022), S. 9 ff.

[243] Aufbruch und Erneuerung – Deutschlands Weg ins 21. Jahrhundert, Koalitionsvereinbarung zwischen der Sozialdemokratischen Partei Deutschlands und BÜNDNIS 90/GRÜNE, Bonn, 20. Oktober 1998, S. 36 f.

hingenommen. Dies heizte eine bis dato bereits in regem Gange befindliche Diskussion um die Reform des bundesdeutschen Staatsangehörigkeitsrechts erst richtig an.[244] Im Rahmen dieser Debatte fielen oft die Schlagworte von der *„doppelten Staatsangehörigkeit"*[245] und vom *„ius sanguinis contra ius soli*-Recht".[246] Bereits am 13. Januar 1999 legte das Bundesministerium des Inneren einen ersten umfassenden Entwurf des neuen Staatsangehörigkeitsrechts vor.[247] Mittlerweile hatte die Diskussion die juristische Fachwelt verlassen und wurde politisch von den neuen Oppositionsparteien aufgegriffen.[248] Kritisiert wurde insbesondere die allzu leichtfertige Hinnahme der Entstehung von Mehrstaatigkeit.[249] Unter dem Eindruck der Niederlage der Landtagswahl in Hessen im Februar 1999 erkannte die neue Bundesregierung die Notwendigkeit, den Entwurf zu modifizieren, um ihn letztendlich auf eine politisch breitere Basis stellen zu können.[250] Im neuen und letztlich beschlossenen Entwurf[251] wurde der Sorge um eine vermehrte Entstehung von Mehrstaatigkeit besser Rechnung getragen.[252] Für den Erwerb der Staatsangehörigkeit durch

---

[244] Vgl. *Gerhardt*, ZAR 1997, S. 107 ff.; *Özdemir*, ZAR 1997, S. 156 ff.; *Geil*, ZRP 1995, S. 369 ff. Vgl. auch: FOCUS 1/99 vom 4. Januar 1999, S. 22 ff. (Interview mit *Edmund Stoiber*, CSU); *Schäffer*, FAZ vom 8. Januar 1999; *Bäumlisberger/Krumrey/Jach/Roth/Stock/Zorn*, FOCUS 2/99 vom 11. Januar 1999, S. 20 ff.; *Darnstädt/Emke/Mascolo*, Spiegel 2/99 vom 11. Januar 1999, S. 22 ff.; *Roellecke*, FAZ vom 10. Februar 1999; *Kanther*, FAZ vom 11. Februar 1999; *Gelinsky*, FAZ vom 19. Februar 1999; *v. Münch*, FAZ vom 8. März 1999.

[245] Vgl. hierzu insbesondere: *Hailbronner*, ZAR 1999, S. 51 ff.; *v. Mangoldt*, JZ 1993, S. 965 ff.; *Rittstieg*, NJW 1990, S. 1401 ff.; *Schrötter/Möhlig*, ZRP 1995, S. 375 ff.; *Zuleeg*, in: *Barwig*, Aufenthalt-Niederlassung-Einbürgerung, S. 255 ff.; *Matiny*, JZ 1993, S. 1145 ff.; *Nomer*, JZ 1993, S. 1142 ff.; *Dethloff*, JZ 1995, S. 64 ff.

[246] Vgl. hierzu insbesondere: *v. Mangoldt*, ZAR 1999, S. 243 ff.; *Blumenwitz*, ZAR 1993, S. 151 ff.; *Wollenschläger/Schraml*, ZRP 1994, S. 225 ff.; *dies.*, ZRP 1994, S. 486 ff.; *Ziemske*, ZRP 1994, S. 229 ff.;

[247] Vgl. Berichte, in: ZAR 1999, S. 50 und 90; Details dieses Entwurfes vgl. bei: *v. Mangoldt*, ZAR 1999, S. 243, 248 f.; *Renner*, ZAR 1999, S. 154, 155 f.

[248] Vgl. *Gerhardt*, ZAR 1997, S. 107 ff.; *Geil*, ZRP 1995, S. 369 ff. Vgl. auch: FOCUS 1/99 vom 4. Januar 1999, S. 22 ff. (Interview mit *Edmund Stoiber*, CSU); *Schäffer*, FAZ vom 8. Januar 1999; *Bäumlisberger/ Krumrey/Jach/Roth/Stock/Zorn*, FOCUS 2/99 vom 11. Januar 1999, S. 20 ff.; *Darnstädt/Emke/Mascolo*, Spiegel 2/99 vom 11. Januar 1999, S. 22 ff.; *Roellecke*, FAZ vom 10. Februar 1999; *Kanther*, FAZ vom 11. Februar 1999; *v. Münch*, FAZ vom 8. März 1999 und insbesondere die Debatte über die Gesetzentwürfe zur Reform des Staatsangehörigkeitsrechts in der 28. Sitzung des Deutschen Bundstages vom 19. März 1999, vgl. Das Parlament vom 26. März 1999, S. 11 ff.

[249] Vgl. statt vieler: FOCUS 1/99 vom 4. Januar 1999, S. 22 ff. (Interview mit *Edmund Stoiber*, CSU); *Kanther*, FAZ vom 11. Februar 1999; *Gelinsky*, FAZ vom 19. Februar 1999.

[250] FAZ vom 16. März 1999; *Hefty*, FAZ vom 17. März 1999. Vgl. auch die Stellungnahmen der Sachverständigen zur öffentlichen Anhörung des Innenausschusses des Deutschen Bundestages vom 14. April 1999, Ausschußdrucksache 14/14 und die 12. Sitzung des Innenausschusses vom 13. April 1999, Protokoll 14/12.

[251] BT.-Drucks. 14/535. Das neue Staatsangehörigkeitsrecht wurde am 7. Mai 1999 im Plenum des Deutschen Bundestages (Plen.-Prot. 14/40, S. 3415 ff.) und am 21. Mai 1999 im Bundesrat (BR.-Drucks. 296/99) verabschiedet.

[252] Vgl. zu dieser Problematik insbesondere: *v. Mangoldt*, ZAR 1999, S. 243, 248; *Spranger*, ZAR 1999, S. 71 ff.; *v. Mangoldt*, JZ 1993, S. 965 ff.;

Geburt sieht das neue Gesetz nunmehr ein sog. *Optionsmodell* vor.[253] Kinder, die ab dem 1. Januar 2000 in Deutschland geboren werden, erwerben, wenn ihre Eltern Ausländer sind, die deutsche Staatsangehörigkeit automatisch, wenn a) ein Elternteil zum Zeitpunkt der Geburt seit mindestens acht Jahren regelmäßig seinen gewöhnlichen Aufenthalt in Deutschland hat, und b) der Elternteil eine Aufenthaltsberechtigung oder seit mindestens drei Jahren eine unbefristete Aufenthaltserlaubnis besitzt. Kinder, welche die deutsche Staatsangehörigkeit auf diese Weise erworben haben, müssen ab ihrer Volljährigkeit und bis zur Vollendung ihres 23. Lebensjahres eine Erklärung abgeben, ob sie die deutsche oder die ausländische Staatsangehörigkeit behalten wollen. Geben sie keine Erklärung ab oder weisen sie den Verlust der ausländischen Staatsangehörigkeit nicht nach, so verlieren sie die deutsche Staatsangehörigkeit. Nur wenn die Aufgabe der anderen Staatsangehörigkeit nicht möglich oder nicht zumutbar ist, bleibt es bei der Mehrstaatigkeit. Auch beim Erwerb der Staatsangehörigkeit durch Einbürgerung auf Antrag nach dem Ausländergesetz bringt das neue Gesetz Änderungen.[254] Ausländer, die nicht in der Bundesrepublik Deutschland geboren sind, haben nunmehr einen Anspruch auf Einbürgerung, wenn folgende Kriterien erfüllt sind: a) acht Jahre rechtmäßiger gewöhnlicher Aufenthalt in Deutschland; b) Bekenntnis zur freiheitlich demokratischen Grundordnung des Grundgesetzes und insbesondere keine verfassungsfeindlichen Betätigungen; c) Besitz einer Aufenthaltserlaubnis oder Aufenthaltsberechtigung; d) Sicherung des Lebensunterhaltes ohne Inanspruchnahme von Sozial- oder Arbeitslosenhilfe, wobei der Bezug dieser Leistungen unschädlich ist, wenn er vom Betroffenen nicht zu vertreten ist; e) Aufgabe oder Verlust der bisherigen Staatsangehörigkeit, es sei denn, daß die Aufgabe der anderen Staatsangehörigkeit nicht möglich oder zumutbar ist; f) keine Verurteilungen wegen Straftaten, wobei es hier eine Ausnahme für Bagatelldelikte gibt, und g) ausreichende Kenntnisse der deutschen Sprache. Der modifizierte Entwurf des neuen Staatsangehörigkeitsrechts nimmt die Entstehung von Mehrstaatigkeit zwar nicht so sorglos hin wie der ursprüngliche Entwurf. Im Ergebnis bleibt daher der bisherige Grundsatz, daß bei der Einbürgerung die Entstehung von Mehrstaatigkeit vermieden werden soll, bestehen.[255] Dennoch werden durch das neue Recht Ausnahmeregelungen für besondere Härtefälle konkretisiert und punktuell erweitert. Demnach wird die Entstehung von Mehrstaatigkeit hingenommen a) für ältere Personen, wenn die Entlassung aus der ausländischen Staatsangehörigkeit auf unverhältnismäßige Schwierigkeiten stößt; b) für politisch Verfolgte und anerkannte Flüchtlinge, bei denen die Unzumutbarkeit von Entlassungsbemühungen nicht mehr im Einzelfall nachgewiesen werden muß; c) bei unzumutbaren Bedingungen für die Entlassung aus der ausländischen Staatsangehörigkeit[256] und d) bei erheblichen Nachteilen insbesondere wirtschaftlicher oder

---

[253] Vgl. Bericht der Beauftragten der Bundesregierung für Ausländerfragen und über die Lage der Ausländer in der Bundesrepublik Deutschland. BT.-Drucks. 14/2674 vom 9. Februar 2000, S. 16; *Renner*, ZAR 1999, S. 154, 157; *v. Mangoldt*, ZAR 1999, S. 243, 250 f.

[254] Vgl. Bericht der Beauftragten der Bundesregierung für Ausländerfragen und über die Lage der Ausländer in der Bundesrepublik Deutschland. BT.-Drucks. 14/2674 vom 9. Februar 2000, S. 16 f.; *Renner*, ZAR 1999, S. 154, 158 f.; *v. Mangoldt*, ZAR 1999, S. 243, 249 ff.

[255] *Renner*, ZAR 1999, S. 154, 159 ff.; *v. Mangoldt*, ZAR 1999, S. 243, 248.

[256] Beispielsweise bei unzumutbar hohen Entlassungsgebühren oder in Fällen, in denen der ausländische Staat entwürdigende Entlassungsmodalitäten praktiziert.

vermögensrechtlicher Art, die mit einer Entlassung aus der ausländischen Staatsangehörigkeit verbunden wären.[257]

Ohne nunmehr eine umfassende Würdigung des neuen Staatsangehörigkeitsrechts vornehmen zu wollen, läßt sich doch eine Tatsache mit ausreichender Sicherheit festhalten. Künftig wird es in der Bundesrepublik Deutschland aufgrund der erleichterten Einbürgerungsvorschriften mehr Staatsbürger geben, die einen von der Mehrheit der Bevölkerung unterschiedlichen ethnischen und kulturellen Hintergrund haben. Genaue Zahlen können zu diesem Zeitpunkt natürlich nur geschätzt werden, aber die Bundesregierung hat bereits verlauten lassen, daß zum Stichtag des Inkrafttretens des neuen Gesetzes, dem 1. Januar 2000, knapp 4 Millionen Menschen die Voraussetzungen einer Anspruchseinbürgerung erfüllen würden.[258] Es muß wohl davon ausgegangen werden, daß einige dieser eingebürgerten Immigranten für ihre jeweilige Gruppe den Status einer Minderheit anstreben werden.[259]

Auf die Reform des Staatsangehörigkeitsrechts der Bundesrepublik Deutschland setzte auch die ebenfalls bereits seit langer Zeit schwelende Debatte[260] über eine Neuregelung der Einwanderung nach Deutschland ein.[261]

Die durchgeführte Reform des deutschen Staatsangehörigkeitsrechts und die wohl in nicht allzu ferner Zukunft zu erwartende gesetzliche Regelung der Zuwanderung nach Deutschland zeigen, daß die politischen Kräfte gerade vor dem Hintergrund internationaler Entwicklungen

[257] Vgl. Bericht der Beauftragten der Bundesregierung für Ausländerfragen und über die Lage der Ausländer in der Bundesrepublik Deutschland. BT.-Drucks. 14/2674 vom 9. Februar 2000, S. 17.

[258] BT.-Drucks. 14/2331, S. 7 (Antwort vom 9. Dezember 1999 der Parlamentarischen Staatssekretärin *Sonntag-Wolgast* auf eine schriftliche Anfrage des Abgeordneten *Singhammer*).

[259] Vgl. *Rechenberg*, Zur Frage der Auswirkungen von Masseneinbürgerungen auf das Wahlrecht durch die Entstehung von Minderheiten, Ausarbeitung der Wissenschaftlichen Dienste des Deutschen Bundestages vom 8. März 1999; *Hailbronner*, ZAR 1999, S. 51, 56; *ders.*, FAZ vom 20. Januar 1999; *Gelinsky*, FAZ vom 19. Februar 1999; *Wolfrum*, Leserbrief in der FAZ vom 6. März 1999.

[260] Vgl. hierzu etwa: *Rittstieg/Rowe*, Einwanderung als gesellschaftliche Herausforderung, S. 44 ff.; *Hailbronner*, FAZ vom 26. April 1996; *Weber*, FAZ vom 26. August 1996; *Kanther*, FAZ vom 13. November 1996; FOCUS 13/97 vom 24. März 1997, S. 82 ff. (Interview mit *Cornelia Schmalz-Jacobsen*); *Schäffer*, FAZ vom 17. April 1997; *Gelinsky*, FAZ vom 6. Juni 2000.

[261] Im Grundsatz sind sich alle im Deutschen Bundestag vertretenen Parteien einig, daß eine gesetzliche Regelung der Einwanderung angestrebt werden muß. Zur Erarbeitung von Vorschlägen wird gegenwärtig eine sog. Einwanderungs- oder Zuwanderungskommission konstituiert, vgl. FAZ vom 27. Juni 2000. Designierte Vorsitzende dieser Zuwanderungskommission ist *Rita Süssmuth* (CDU), vgl. auch *Süssmuth*, Tagesspiegel vom 22. Juli 2000 (Interview). Als Wissenschaftler sollen der Kommission der Konstanzer Völkerrechtler *Hailbronner* und der Berliner Bevölkerungswissenschaftler *Münz* angehören. Vgl. FAZ vom 13. Juli 2000. Vgl. zu diesem Thema weiterhin: *Gelinsky*, FAZ vom 6. Juli 2000; *Schönbohm*, FAZ vom 7. Juli 2000.

und der europäischen Einigung[262] gewillt sind, sich auf gesellschaftliche und soziale Veränderungen einzustellen, anstatt an alten Dogmen und Doktrinen festzuhalten. Dies ist grundsätzlich zu begrüßen.

c) Die Konsequenzen für das Minderheitenrecht

Es stellt sich nunmehr die Frage, welche Konsequenzen sich aus dieser neuen Situation für das Minderheitenrecht der Bundesrepublik Deutschland ergeben. Hypothetisch wird hier nun einerseits zu untersuchen sein, welche Rechtslage sich unter einem beschlossenen Art. 20 b GG (n.F.) im Zusammenspiel mit dem neuen Staatsangehörigkeitsrecht ergeben hätte. Andererseits wird aber weiterhin zu beleuchten sein, welche konkreten Auswirkungen das neue Staatsangehörigkeitsrecht auf das geltende Recht auf Bundesebene hat. Drittens wird schließlich auch noch die rechtspolitische Frage zu erörtern sein, ob die Bundesrepublik Deutschland in Anbetracht des neuen Staatsangehörigkeitsrechts an den Kriterien der von ihr vertretenen Minderheitendefinition festhalten kann bzw. sollte oder ob hier ein Umdenken erforderlich scheint.

Fakten, wie die spürbare Globalisierung und moderne, oftmals wirtschaftlich bedingte Migrationsbewegungen, erfordern es, die hergebrachte Bedeutung der Staatsangehörigkeit neu zu bewerten.[263] Dies gilt gerade vor dem Hintergrund der europäischen Einigung. Im Rahmen des Europarechts entstand durch die Unionsbürgerschaft[264] eine neue Art der Staatsangehörigkeit. Auch die Tatsache, daß das moderne Wirtschaftsleben seinen Teilnehmern ein besonderes Maß an Mobilität abverlangt, was gelegentlich dazu führt, daß viele Menschen nicht die Staatsangehörigkeit des Landes besitzen, in dem sie leben und arbeiten, erfordern eine Neubewertung der Bedeutung der Staatsangehörigkeit. Diese Erwägungen sollen nun nicht zu dem Schluß führen, daß die Staatsangehörigkeit ihre Bedeutung verloren hätte oder verlieren sollte. Ohne Staatsangehörigkeit sind auch keine Staaten denkbar,[265] und eine völlige Entwertung der Staatsangehörigkeit und damit eine

---

[262] Vgl. hierzu: *Zuleeg*, NJW 1987, S. 2193 ff.; *Bleckmann*, JZ 1997, S. 265 ff.; *Bauer/Kahl*, JZ 1995, S. 1077 ff.; *Zimmermann*, EuR 1995, S. 54 ff.; *Rilinger*, ZRP 1995, S. 372 ff. und die Dokumentationen zum Staatsangehörigkeitsrecht in den Mitgliedstaaten der Europäischen Union, in: ZAR 1993, S. 49 ff. und der Generaldirektion Wissenschaft des Europäischen Parlamentes vom 5. November 1998 (Doc. IV/WIP/98/10/022).

[263] Vgl. hierzu allgemein den Vortrag von *Prof.Linda Bosniak* im Rahmen des Berlin Meetings des German Marshall Fund Project on Dual Nationality vom 13. und 14. Juli 2000. Der Vortrag lag dem Verfasser in Form eines vorläufigen Entwurfes vor. Es ist geplant, die Ergebnisse dieser Konferenz im Laufe des Jahres 2001 unter der Herausgeberschaft der Professoren *Kay Hailbronner* und *David Martin* in Buchform zu publizieren. Vgl. hierzu auch *Müller*, FAZ vom 25. Juli 2000.

[264] Art. 17 bis 22 des Vertrages zur Gründung der Europäischen Gemeinschaft (EGV) mit den Änderungen und in der Numerierung des *Vertrages von Amsterdam*. Vgl. hierzu auch *Zimmermann*, EuR 1995, S. 54 ff.

[265] Dies gibt zutreffenderweise *v. Mangoldt* in einer aktuellen Stellungnahme zur Problematik der Staatsangehörigkeit zu bedenken. Vgl. *v. Mangoldt*, ZAR 1999, S. 243.

Auflösung der Staaten kann ernsthaft niemand wollen. Was jedoch gefordert werden muß, ist, daß ein modernes Minderheitenrecht den Einfluß der modernen gesellschaftlichen und sozialen Gegebenheiten auf die Staatsangehörigkeit nicht ignoriert. Wie jedoch das Minderheitenrecht an diese modernen Gegebenheiten angepaßt werden sollte, diesbezüglich gehen die Meinungen auseinander. Eine neue Strömung in der juristischen Literatur, auf die bereits an einigen Stellen dieser Arbeit[266] eingegangen wurde, möchte den Minderheitenschutz generell auf Immigrantengruppen erstrecken.[267] In den Genuß innerstaatlichen Minderheitenschutzes sollen insbesondere eingebürgerte Ausländer, aber auch Menschen mit ausländischer Staatsangehörigkeit, die dauerhaft in der Bundesrepublik Deutschland leben, kommen. Für eingebürgerte Immigranten wird diese Meinung mit Argumenten der Menschenwürde gemäß Art. 1 Abs. 1 GG und des Gleichheitssatzes bzw. des Diskriminierungsverbotes des Art. 3 GG zu begründen versucht.[268] Hauptargument für die Erstreckung des Minderheitenschutzes auf Ausländer ist, daß anderenfalls ein Staat durch die Vorenthaltung der Staatsangehörigkeit den Minderheitenstatus willkürlich verweigern könnte.[269] Beide Argumentationsansätze vermögen jedoch im Ergebnis nicht zu überzeugen. Im vorangegangenen Kapitel wurde nachzuweisen versucht, daß gegenwärtig dem bundesdeutschen Verfassungsrecht nicht entnommen werden kann, daß die Erstreckung des Minderheitenschutzes auf Immigranten, seien diese nun eingebürgert oder nicht, geboten ist. Insbesondere Art. 3 GG fordert die Gleichstellung bzw. Gleichbehandlung von autochthonen Minderheiten und Immigrantengruppen nicht.[270] Das Argument, daß der Staat bestimmten auf seinem Territorium lebenden Personengruppen den Minderheitenschutz dadurch verweigern kann, daß er ihnen quasi willkürlich[271] die Verleihung der Staatsangehörigkeit verweigert, scheint zwar auf den ersten Blick stichhaltig zu sein. Übersehen wird hierbei jedoch, daß die Verleihung oder Vorenthaltung des Staatsangehörigkeitsrechtes nicht ein Problem des Minderheitenrechtes ist und auch mit diesem nicht verknüpft werden sollte. Wenn ein Staat versucht, sich seiner völkerrechtlichen Verpflichtung zur Gewährung von Minderheitenrechten durch die Verweigerung der Verleihung der Staatsangehörigkeit zu entziehen, so ist dies selbstverständlich zu kritisieren. Gefordert werden sollte aber dann, daß

---

[266] Vgl. insbesondere oben Kapitel 1. Punkt III. 3. b) und Kapitel 3. Punkt I. 1. c).

[267] Vgl. etwa: *Tomuschat*, in: FS für *Mosler*, S. 949 ff; *Wolfrum*, in: *Brölmann/Lefeber/Zieck* (Hrsg.), Peoples and minorities in international law, S. 153 ff.; *Nowak*, CCRP-Kommentar, Art. 27; *Scherer-Leydecker*, Minderheiten und sonstige ethnische Gruppen, S. 270 ff.; *Niewerth*, Der kollektive und der positive Schutz von Minderheiten und ihre Durchsetzung im Völkerrecht, S. 41 ff. Für den innerstaatlichen bundesrepublikanischen Bereich vgl. *Schulze-Fielitz*, in: *Fleiner-Gerster* (Hrsg.), Die multikulturelle und multi-ethnische Gesellschaft, S. 133 ff.

[268] Vgl. *Schulze-Fielitz*, in: *Fleiner-Gerster* (Hrsg.), Die multikulturelle und multi-ethnische Gesellschaft, S. 133, 153 ff.; *Gelinsky*, FAZ vom 19. Februar 1999.

[269] So *Tomuschat*, in: FS für *Mosler*, S. 949, 961.

[270] Vgl. oben Kapitel 4. Punkt II. 2. b).

[271] In diesem Zusammenhang kann genaugenommen eigentlich nicht von *willkürlich* gesprochen werden, da nach dem Völkerrecht die Staaten hinsichtlich der Verleihung ihrer Staatsangehörigkeit sehr frei sind. Vgl. etwa *Gloria*, in: *Ipsen*, Völkerrecht, 3. Aufl., § 24, Rn. 3 ff.; vgl. auch *Makarov/v. Mangoldt*, Deutsches Staatsangehörigkeitsrecht, Kommentar, Stand: Januar 1984, Einleitung I, Rn. 11.

der betreffende Staat diesen Gruppen eben die Staatsangehörigkeit verleiht. Wer in einer solchen Situation die Erstreckung des Minderheitenrechts auch auf Ausländer fordert, setzt daher meines Erachtens an der falschen Stelle an. Qua Völkerrecht sind die Staaten hinsichtlich der Definition der Kriterien, unter welchen sie ihre Staatsangehörigkeit verleihen, sehr frei.[272] Aus diesem Grunde ist es sehr schwierig, einem Staat mit völkerrechtlichen Argumenten eine bestimmte Praxis hinsichtlich der Verleihung seiner Staatsangehörigkeit vorzuschreiben. Dies wird hier keinesfalls verkannt. Es ändert aber nichts daran, daß das Problem der willkürlichen Vorenthaltung der Staatsangehörigkeit nicht mit dem Hebel über das Minderheitenrecht gelöst werden sollte. Gegen eine Erstreckung des Minderheitenschutzes auf Ausländer trägt die wohl herrschende Meinung aber noch andere Argumente vor.[273] Argumentiert wird schwerpunktmäßig mit der grundsätzlichen Unterscheidung, die das Völkerrecht zwischen Staatsangehörigen und Fremden vornimmt. Staatsangehörige sind auf die Gewährung eines Minderheitenschutzes angewiesen, wohingegen Ausländer sich auf den fremdenrechtlichen Mindeststandard berufen können, für dessen Durchsetzung sich der Staat einsetzen wird, dessen Staatsangehörigkeit die Fremden besitzen. Fremde und Immigranten sollen daher keinen Minderheitenschutz genießen. Diese Ansicht vertritt auch die Bundesrepublik Deutschland auf internationaler Ebene.[274] Wann immer sich außenpolitisch die Gelegenheit erbot, erklärte die Bundesrepublik Deutschland völkerrechtlich, daß die Definition des Rechtsterminus *Minderheit* das Kriterium der Staatsangehörigkeit des Wohnstaates erfordere.[275] Diese Ansicht wird von der Bundesrepublik Deutschland seit Jahrzehnten vertreten, und auch nach dem letzten Regierungswechsel im Jahre 1998 ist eine Änderung dieser außenpolitischen Konstante nicht ersichtlich.[276] Von dieser bislang kategorisch durchgehaltenen Linie ist die Bundesrepublik Deutschland lediglich einmal abgewichen. Aufgrund des Insistierens der polnischen Delegation auf strenge Reziprozität der zu gewährenden Rechte bei der Verhandlung des deutsch-polnischen Nachbarschaftsvertrages von 1991[277] erklärte sich die Bundesrepublik Deutschland in einem

---

[272] Vgl. *Gloria*, in: *Ipsen*, Völkerrecht, 3. Aufl., § 24, Rn. 3 ff.; vgl. auch *Makarov/v. Mangoldt*, Deutsches Staatsangehörigkeitsrecht, Kommentar, Stand: Januar 1984, Einleitung I, Rn. 11.

[273] Vgl. etwa: *Blumenwitz*, Minderheiten- und Volksgruppenrecht – Aktuelle Entwicklung, S. 27; *Hofmann*, ZaöRV 1992, S. 1, 7 f.; *Modeen*, The International Protection of National Minorities in Europe, S. 108; *Sohn*, in: *Henkin*, The International Bill of Rights - The Covenant on Civil and Political Rights, S. 271, 279; *Pircher*, Der vertragliche Schutz ethnischer, sprachlicher und religiöser Minderheiten im Völkerrecht, S. 25.

[274] Vgl. hierzu die detaillierten Ausführungen oben in Kapitel 3. Punkt I. 3.

[275] Vgl. etwa die Berichte der Bundesrepublik Deutschland an den Menschenrechtsausschuß der Vereinten Nationen zu Art. 27 IPBPR, zuletzt: UN Doc. CCPR/C/84/Add.5 oder die Erklärung der Bundesrepublik Deutschland zum Rahmenübereinkommen des Europarates zum Schutz nationaler Minderheiten vom 1. Februar 1995: BT.-Drucks. 13/6912, S. 18.

[276] Vgl. etwa den lapidaren Kommentar im letzten Bericht der Beauftragten der Bundesregierung für Ausländerfragen und über die Lage der Ausländer in der Bundesrepublik Deutschland. BT.-Drucks. 14/2674 vom 9. Februar 2000, S. 40, zur Umsetzung des Punktes „*Minderheitenrechte*" im Koalitionsvertrag: Aufbruch und Erneuerung – Deutschlands Weg ins 21. Jahrhundert, Koalitionsvereinbarung zwischen der Sozialdemokratischen Partei Deutschlands und BÜNDNIS 90/GRÜNE, Bonn, 20. Oktober 1998, S. 38.

[277] BGBl. 1991 II S. 1314 ff.

Briefwechsel[278] bereit, auch den polnischstämmigen Personen, die nicht die deutsche Staatsangehörigkeit besitzen, Minderheitenrechte zuzuerkennen.[279] Dieser Vorgang hat jedoch eindeutig Ausnahmecharakter, da es der deutschen Delegation ersichtlich um die Verbesserung der Rechte der deutschen Minderheit in Polen ging. Ein Abrücken von der erwähnten, bislang auf internationaler Ebene vertretenen Ansicht kann darin meines Erachtens nicht gesehen werden. Die innenpolitische Situation kann nicht im krassen Gegensatz zu Positionen stehen, die außenpolitisch mit einem nicht unerheblichen Nachdruck vertreten werden. Daher kann an dieser Stelle als Zwischenergebnis festgehalten werden, daß die von der Bundesrepublik Deutschland völkerrechtlich vertretene Minderheitendefinition auch innerstaatlich geltendes Recht ist. Eine Definition des Terminus *Minderheit* für den Geltungsbereich des Grundgesetzes enthält daher das Kriterium der Erfordernis der deutschen Staatsangehörigkeit.[280]

Da die Einbürgerung von Ausländern nach dem neuen Staatsangehörigkeitsrecht erleichtert wurde, erscheint die Forderung, den Minderheitenschutz auf Ausländer zu erstrecken, auch rechtspolitisch nicht mehr durchsetzbar oder erstrebenswert.

Die interessanteste und brisanteste Frage in diesem Kontext ist damit allerdings noch nicht beantwortet. Ist Gruppen von eingebürgerten Immigranten ein Minderheitenstatus zu gewähren? Wäre der vorgeschlagene Art. 20 b GG (n.F.) geltendes Recht geworden, so wäre die Beantwortung dieser Frage relativ eindeutig. Art. 20 b GG (n.F.) lag nach der Intention seiner Schöpfer eine sehr weite Definition des Terminus *Minderheit* zugrunde.[281] Die Interpretation des vorgeschlagenen Art. 20 b GG (n.F.) hatte ergeben, daß Immigranten und Ausländer jedenfalls in den Schutzbereich der Norm einzubeziehen gewesen wären.[282] Dies hätte weitreichende Konsequenzen gehabt. Beispielsweise hätten eingebürgerten Immigrantengruppen jedenfalls die wahlrechtlichen Privilegien[283] des § 6 Abs. 6 Satz 2 BWahlG und die parteienrechtlichen Privilegien[284] des § 18 Abs. 4 Satz 3 PartG gewährt werden müssen. In Anbetracht der knapp 4 Millionen Menschen, welche am Stichtag des 1. Januar 2000 die Einbürgerungsvoraussetzungen nach dem neuen Staatsangehörigkeitsrecht der Bundesrepublik Deutschland erfüllt haben, ist das Potential, die realen Machtverhältnisse zu beeinflussen, welches durch die Verabschiedung eines Art. 20 b GG (n.F.) freigesetzt

278 Verkündet mit dem Vertrag (BGBl. 1991 II S. 1326 f.). Der Briefwechsel ist auch abgedruckt in Sartorius II, Internationale Verträge – Europarecht, Nr. 682.

279 Vgl. hierzu die detaillierten Ausführungen oben in Kapitel 3. Punkt I. 3. d).

280 So ganz klar: Denkschrift zum Rahmenabkommen des Europarats zum Schutz nationaler Minderheiten, BT.-Drucks. 13/6912, S. 21.

281 Argumentationslinie vgl. BT.-Drucks. 12/6000, S. 74.

282 Vgl. oben Punkt III. 3.

283 Vgl. hierzu die detaillierten Ausführungen oben in Kapitel 4. Punkt II. 5. d).

284 Vgl. hierzu die detaillierten Ausführungen oben in Kapitel 4. Punkt II. 5. e).

worden wäre, deutlich erkennbar. Unter einem geltenden Art. 20 b GG (n.F.) wäre mit sehr großer Wahrscheinlichkeit auch der bisherige den deutschen autochthonen Minderheiten gewährte Schutzstandard nicht aufrechtzuerhalten gewesen. Aus Gleichheitsgründen müßten die *neuen Minderheiten* genauso wie die klassischen Minderheiten behandelt werden. Es bedarf keiner umfänglichen Begründung, daß es Auswirkungen auf den Umfang der gewährten Rechte einer geförderten Gruppe haben muß, wenn sich der Kreis der Begünstigten quasi von einem Tag auf den anderen verfünf-[285] bis verzehnfacht.[286] Eine Reduktion des Minderheitenschutzes auf ein bloßes Diskriminierungsverbot wäre unter diesen Umständen eine realistische und nicht notwendigerweise eine pessimistische Prognose.

Die entscheidende Frage angesichts möglicher Masseneinbürgerungen unter dem neuen Staatsangehörigkeitsrecht ist, ob den eingebürgerten Immigrantengruppen ein Minderheitenstatus gewährt werden muß, ohne daß Art. 20 b GG (n.F.) geltendes Recht wurde. Fraglich ist folglich, ob das geltende Recht die Erstreckung des Minderheitenschutzes auf eingebürgerte Immigranten vorsieht.[287] Einheitliche Argumentationslinien haben sich hinsichtlich dieses Problems, soweit ersichtlich, noch nicht herausgebildet. Die Befürworter einer Ausdehnung des Minderheitenschutzes zumindest auf eingebürgerte Immigrantengruppen bemühen völkerrechtliche und grundrechtliche Argumente. *Wolfrum* argumentiert von Art. 27 IPBPR her, dem keine Begrenzung des Minderheitenschutzes auf Staatsangehörige zu entnehmen sei.[288] Hierzu ist zu sagen, daß die herrschende völkerrechtliche Definition des Terminus *Minderheit* das Kriterium der Staatsangehörigkeit durchaus verlangt.[289] Jedenfalls gilt, nach dem vorstehend Gesagten, die Erforderlichkeit der Staatsangehörigkeit jedenfalls für den Geltungsbereich des Grundgesetzes. Darüber hinaus lehnt die Bundesrepublik Deutschland außenpolitisch[290] die Erstreckung des

---

[285] Die Zahl der Minderheitenangehörigen hätte sich ungefähr verfünffacht, wenn man den Minderheitenschutz auf die Personen ausgedehnt hätte, die am Stichtag des 1. Januar 2000 die Einbürgerungsvoraussetzungen erfüllt hätten.

[286] Falls der Minderheitenschutz auf die in der Bundesrepublik Deutschland lebenden Ausländer erstreckt würde, so würde sich die Zahl der Berechtigten mehr als verzehnfachen.

[287] Vgl. hierzu: *Rechenberg*, Zur Frage der Auswirkungen von Masseneinbürgerungen auf das Wahlrecht durch die Entstehung von Minderheiten, Ausarbeitung der Wissenschaftlichen Dienste des Deutschen Bundestages vom 8. März 1999; *ders.*, Minority status and dual citizenship, Vortrag im Rahmen des Berlin Meetings des German Marshall Fund Project on Dual Nationality vom 13. Juli 2000. Der Vortrag lag dem Verfasser in Form des Redemanuskripts vor; *Hailbronner*, ZAR 1999, S. 51, 56; *ders.*, FAZ vom 20. Januar 1999; *Gelinsky*, FAZ vom 19. Februar 1999; *Wolfrum*, Leserbrief in der FAZ vom 6. März 1999; *Murswiek*, in: *Blumenwitz/Murswiek*, Aktuelle rechtliche und praktische Fragen des Volksgruppen- und Minderheitenschutzrechts, S. 39, 52 ff.; *Siegert*, Minderheitenschutz in der Bundesrepublik Deutschland, S. 162 f.; *Schulze-Fielitz*, in: *Fleiner-Gerster*, Die multikulturelle und multi-ethnische Gesellschaft, S. 133, 153 ff.

[288] *Wolfrum*, Leserbrief in der FAZ vom 6. März 1999.

[289] Vgl. hierzu die detaillierten Ausführungen oben in Kapitel 3. Punkt I. 1.

[290] Vgl. etwa die Berichte der Bundesrepublik Deutschland an den Menschenrechtsausschuß der Vereinten Nationen zu Art. 27 IPBPR, zuletzt: UN Doc. CCPR/C/84/Add.5 oder die Erklärung der Bundesrepublik Deutschland zum Rahmenübereinkommen des Europarates zum Schutz nationaler Minderheiten vom 1. Februar

Minderheitenschutzes auch auf eingebürgerte Immigrantengruppen bislang ab.[291] Gleiches muß daher auch für den innerstaatlichen Bereich gelten. *Schulze-Fielitz* fordert die Erstreckung des Minderheitenschutzes auf Immigranten aus gleichheitsgrundrechtlichen Erwägungen.[292] Eine ausführliche Widerlegung dieser Argumentation habe ich bereits an anderer Stelle unternommen.[293] *Siegert* fordert die Erstreckung des Minderheitenschutzes auf Immigranten ohne handfeste Argumente, da ihr dies offenbar wünschenswert erscheint.[294] Die Gegenmeinung, welche die Erstreckung von Minderheitenrechten auf Immigranten, mögen diese auch eingebürgert sein, ablehnt, erscheint insgesamt eindeutig überzeugender. *Hailbronner* argumentiert mit der insofern eindeutig ablehnenden Haltung der Bundesregierung, die sich in den bereits mehrfach erwähnten völkerrechtlichen Erklärungen der Bundesrepublik Deutschland[295] manifestiert hat.[296] Darüber hinaus stellt er, insofern ebenfalls der Bundesregierung folgend, für die Gewährung des Minderheitenschutzes auf die Alteingesessenheit ab.[297] *Murswieks* Einwände gegen die Erstreckung des Minderheitenschutzes auf Immigranten sind genereller Natur.[298] Sein Ausgangspunkt ist die existentielle Situation von Einwanderern. Diese verließen ihre Heimat, um in einem anderen Staat einen neuen Aufenthalt zu finden. Wer freiwillig seine Heimat verließe, um in der Fremde ein günstigeres Los zu suchen, könne nicht damit rechnen, daß er seine kollektive Identität dorthin mitnehmen könne. Er könne vielmehr gar nichts anderes erwarten, als sich in seiner neuen Heimat an die dortigen Gepflogenheiten und kulturellen Bedingungen anzupassen. Wer in einem fremden Land Gast sei, könne sich dort nicht einrichten, als sei es sein eigenes. Er könne also nicht erwarten, daß ihm dort das Recht eingeräumt wird, das ethnisch-kulturelle Umfeld zu schaffen, das dem seiner Heimat entspricht, und sein Gastland in diesem Sinne umzugestalten. Dies müsse konsequenterweise auch für Immigranten gelten, welche die Staatsbürgerschaft ihres neuen Wohnstaates annähmen. Wäre ein Staat verpflichtet, allen Immigranten den Status einer Minderheit zuzuerkennen und ihre Identität

---

1995: BT.-Drucks. 13/6912, S. 18. Die Bundesregierung pflegt in ihren völkerrechtlichen Erklärungen die in der Bundesrepublik Deutschland offiziell anerkannten Minderheiten stets enumerativ aufzuzählen.

[291] Vgl. hierzu die detaillierten Ausführungen oben in Kapitel 3. Punkt I. 3.

[292] *Schulze-Fielitz*, in: *Fleiner-Gerster*, Die multikulturelle und multi-ethnische Gesellschaft, S. 133, 153 ff. Dieser Meinung ist wohl auch *Rechenberg*, Zur Frage der Auswirkungen von Masseneinbürgerungen auf das Wahlrecht durch die Entstehung von Minderheiten, Ausarbeitung der Wissenschaftlichen Dienste des Deutschen Bundestages vom 8. März 1999, S. 3.

[293] Vgl. oben Kapitel 4. Punkt II. 2.

[294] *Siegert*, Minderheitenschutz in der Bundesrepublik Deutschland, S. 162.

[295] Vgl. die detaillierten Ausführungen oben in Kapitel 3. Punkt I. 3.

[296] *Hailbronner*, ZAR 1999, S. 51, 56; *ders.*, FAZ vom 20. Januar 1999. So wohl auch *Gelinsky*, FAZ vom 19. Februar 1999

[297] Vgl. hierzu die sogleich folgenden Ausführungen unter Punkt 5.

[298] *Murswiek*, in: *Blumenwitz/Murswiek*, Aktuelle rechtliche und praktische Fragen des Volksgruppen- und Minderheitenschutzrechts, S. 39, 52 ff.; *ders.*, in: *Isensee/Kirchhof*, Handbuch des Staatsrechts der Bundesrepublik Deutschland, Bd. VIII, § 201, Rn. 43 ff.

als Gruppe zu achten oder gar zu fördern, dann wäre damit in letzter Konsequenz die Pflicht verbunden, den Verlust der eigenen kulturellen Identität hinzunehmen.[299] Diese Argumente überzeugen. Zwingend ist schließlich das Argument, es sei an dieser Stelle nochmals wiederholt,[300] das auf den fundamentalen Unterschied hinsichtlich der Schutzbedürfnisse von Minderheiten und Immigranten abstellt. Bei den *klassischen autochthonen* und staatlicherseits anerkannten Minderheiten in der Bundesrepublik Deutschland steht die Kulturerhaltungsfunktion des Minderheitenschutzes im Zentrum der Bemühungen. In bezug auf eingebürgerte Immigrantengruppen geht es schwerpunktmäßig um eine nachhaltige Integration in die Gesamtbevölkerung und nachfolgend um die Absicherung dieser Integration durch einen effektiven Diskriminierungsschutz. Von *autochthonen Minderheiten*, die in aller Regel gesellschaftlich gut integriert sind und die Mehrheitssprache beherrschen, ist der von der Mehrheitsbevölkerung ausgehende kulturelle Assimilationssog abzuwenden. Immigranten sind in erster Linie am Erlernen der Mehrheits- bzw. Landessprache interessiert. Ausreichende Sprachkenntnisse des Wohnstaates sind Grundvoraussetzung für eine Eingliederung in dessen Arbeits- und Sozialwelt. Diese ist ein weiteres fundamentales Interesse von Immigranten. Schutzkonzepte, die für *klassische Minderheiten* entwickelt wurden, passen demzufolge nicht auf Immigrantengruppen und umgekehrt. Die Nichterstreckung von Minderheitenrechten auf Immigranten beinhaltet keinerlei Aussage über die Schutzbedürftigkeit dieser Gruppe. Darüber, daß Immigranten in der Bundesrepublik Deutschland aufgrund verschiedener Aspekte gegenüber der Mehrheitsbevölkerung benachteiligt sind und daher auch besonders geschützt werden müssen, bestehen in der Bundesrepublik Deutschland auch keine ernsthaften Zweifel. Der Ansatz, diesen Schutz allerdings mit Mitteln des Minderheitenrechts oder der simplen Gleichstellung mit den autochthonen Minderheiten herstellen oder erreichen zu wollen, ist jedoch in höchstem Maße kontraproduktiv.[301] Durch ein solches Konzept würden sowohl die Minderheiten als auch die Immigranten im Ergebnis schlechter gestellt. Für beide Gruppen wäre nichts erreicht. Ohne Zweifel sind die Befürworter der Erstreckung des Minderheitenschutzes auf Immigranten Menschen guten Willens. Dies ändert allerdings nichts an ihrem unausgereiften und wenig durchdachten Lösungskonzept. Um es nochmals plakativ oder gar platt auf den Punkt zu bringen, sei erlaubt, ein kurzes Gleichnis aus der Welt der Medizin anzuführen. Wer psychische Probleme hat, ist genauso krank wie jemand, der sich das Bein bricht. Mit einem Beinbruch zum Psychologen zu gehen bringt allerdings medizinisch genauso viel, wie juristisch einem Immigranten ein auf autochthone Minderheiten zugeschnittenes Schutzkonzept überzustülpen. Aus all diesen Gründen bleibt es nach dem geltenden Recht der Bundesrepublik Deutschland dabei und hat auch rechtspolitisch so zu bleiben: Die Ersteckung des Minderheitenschutzes auf Immigranten, eingebürgert oder nicht, bleibt kontraproduktiv, war seit jeher falsch und ist daher abzulehnen.

---

[299] *Murswiek*, in: *Blumenwitz/Murswiek*, Aktuelle rechtliche und praktische Fragen des Volksgruppen- und Minderheitenschutzrechts, S. 39, 53.

[300] Vgl. schon oben Kapitel 1. Punkt III. 3. b); Kapitel 3. Punkt III. 3. und Kapitel 4. Punkt II. 2. b).

[301] So im Ergebnis wohl auch *Oeter*, in: *Matscher* (Hrsg.), Wiener Internationale Begegnung zu aktuellen Fragen nationaler Minderheiten, S. 229, 245 ff..

Eines sei den Befürwortern der Ausdehnung des Minderheitenschutzes auf Immigranten abschließend konzediert. Wenn eine Gruppe eingebürgerter Immigranten mit der Zeit zu einer autochthonen Minderheit im Landes wird, so hat das Minderheitenrecht selbstverständlich auch für diese Gruppe zu gelten. *Niewerth* ist darin zuzustimmen, daß die Bewertung, wann eine Immigrantengruppe zu einer autochthonen Minderheit wird, eine rechtspolitische Frage ist.[302] Anders als *Niewerth* will ich mich hier aber nicht mit diesem lapidaren Hinweis eines Antwortvorschlags entziehen. Eine Immigrantengruppe kann meines Erachtens frühestens ab der dritten bis vierten Generation zu einer autochthonen Minderheit werden.[303] Da die Gruppe als Einheit zu betrachten ist, müssen sämtliche Merkmale verschwunden sein, die auf den klassischen Immigrantencharakter dieser Gruppe hinweisen. Die überragende Mehrheit der Angehörigen der Gruppe müssen also gesamtgesellschaftlich gut integriert sein. Nicht die Integration in die Mehrheitsgesellschaft, sondern der drohende Verlust der eigenen kulturellen Spezifika muß die Hauptsorge der Gruppe sein. Gegenwärtig ist dies in der Bundesrepublik Deutschland bei keiner Immigrantengruppe der Fall. Die Wohnbevölkerung türkischer Herkunft in der Bundesrepublik Deutschland ist durch eine große Heterogenität gekennzeichnet,[304] so daß sie noch keine autochthone Minderheit sein kann. Obgleich es viele Deutsche türkischer Herkunft der dritten oder vierten Generation gibt, ist die Gruppe insgesamt doch noch viel zu sehr von Immigrantenattributen gekennzeichnet. Daher sind die in der Bundesrepublik Deutschland lebenden Menschen türkischer Herkunft gegenwärtig und auch für die absehbare Zukunft nicht als Minderheit im Rechtssinne zu klassifizieren.

5. Der Minderheitenbegriff

Die Problematik des Minderheitenbegriffs steht in sehr engem Zusammenhang mit den Ausführungen im gerade besprochenen Abschnitt über die Frage der Rolle der Erstreckung des Minderheitenschutzes auf Ausländer und Immigranten. Wie vorstehend dargestellt, wollten die Befürworter des im Rahmen der GVK vorgeschlagenen Art. 20 b GG (n.F.) den zu schaffenden Minderheitenschutz des Grundgesetzes auch auf Ausländer und Immigranten erstrecken.[305] Die Gegner vertraten eine andere Auffassung hinsichtlich der Definition des Minderheitenbegriffs. Sie definierten den Terminus *nationale Minderheit* als Gruppe von Personen, welche zunächst die Staatsangehörigkeit des Aufenthaltsstaates besitzen müßten, seit jeher, also traditionell, in einem abgrenzbaren Teil des Staatsgebietes, also einem geschlossenen Siedlungsgebiet, ansässig sein müßten und sich schließlich von der überwiegenden Mehrheit des Staatsvolkes deutlich in volkstumsmäßiger oder nationaler Hinsicht zu unterscheiden hätten. Außerdem dürften sie in dem Aufenthaltsstaat keine

---

302 *Niewerth*, Der kollektive und der positive Schutz von Minderheiten und ihre Durchsetzung im Völkerrecht, S. 44.

303 Vgl. zu dieser Problematik auch: *Herbert*, in: *Barwig* ua., FS für *Franz* und *Müller*, S. 25 ff.

304 Vgl. hierzu die umfangreichen Ausführungen oben in Kapitel 1. Punkt III. 3. a).

305 Argumentationslinie vgl. BT.-Drucks. 12/6000, S. 74.

beherrschende Rolle spielen. Dieser Definition entsprächen *de facto* in der Bundesrepublik Deutschland lediglich drei Minderheiten, nämlich die Dänen, die Friesen und die Sorben.[306] Die Problematik der Definition des Begriffs der Minderheit wurde bereits an anderer Stelle ausführlich analysiert,[307] weswegen die Betrachtungen auf eine kurze Zusammenfassung der gewonnenen Erkenntnisse beschränkt seien.

a) Definitionsschwierigkeiten als *Wesensmerkmal* des Minderheitenrechts

An keiner Stelle im geltenden Staatsrecht der Bunderepublik Deutschland ist der Begriff der Minderheit explizit definiert. Wenn man die Situation auf völkerrechtlicher Ebene betrachtet, verwundert dies nicht, denn auch völkerrechtlich existiert keine allseits akzeptierte Definition des Minderheitenbegriffes.[308] Da das Minderheitenrecht ja alles andere als eine neue Rechtsmaterie ist, kann man in bezug auf die Schwierigkeiten mit dem Begriff der Minderheit fast schon von einem Wesensmerkmal des Minderheitenrechts sprechen.[309] Obgleich es faktisch nun so ist, daß es viele internationale Minderheitenschutzinstrumente gibt, die zwar Rechte festlegen, auf die Definition des Begriffes der Minderheit jedoch verzichten,[310] ist es doch generell sehr mißlich, wenn Rechte geschaffen werden, ohne daß die Gruppe der Rechtsträger klar erkennbar ist. Hintergrund des Verzichts auf eine Definition des Begriffs der Minderheit in manchen völkerrechtlichen Instrumenten ist, daß es den Protagonisten oftmals wichtiger erscheint, ein internationales Instrument mit gewissen Rechten überhaupt zu schaffen, als daß durch das Insistieren auf eine Konsensfindung hinsichtlich einer Definition das Scheitern des gesamten Instruments riskiert wird. Das mag man im Bereich des Völkerrechts so noch hinnehmen mögen. Für das interne Staatsrecht der Bundesrepublik Deutschland erscheint es jedoch als unakzeptabel, Rechte zu schaffen und hinsichtlich der Rechtsträger einen fundamentalen Dissens anzulegen, so wie dies bei einer Verabschiedung des Art. 20 b GG (n.F.) der Fall gewesen wäre.

---

[306] Argumentationslinie vgl. BT.-Drucks. 12/6000, S. 74.

[307] Vgl. oben Kapitel 1. Punkte II und III. und Kapitel 3. Punkt I.

[308] Vgl. oben Kapitel 3. Punkt I. 1. und 2.

[309] So *Oeter*, in: *Matscher* (Hrsg.), Wiener Internationale Begegnung zu aktuellen Fragen nationaler Minderheiten, S. 229, 230. Manche Autoren kommentieren sogar spöttisch, daß der Minderheitenschutz eine „*Rechtsnorm auf der Suche nach ihrem Gegenstand*" sei; vgl. *Gerdes*, VN 1980, S. 126 ff.

[310] So verhält es sich beispielsweise beim Rahmenübereinkommen des Europarats vom 1. Februar 1995 zum Schutz nationaler Minderheiten (BGBl. 1997 II S. 1408 ff.).

b) Uneinigkeit über den Begriff als zentraler Grund für das Scheitern der GVK-Vorlage

Demzufolge stellt der fundamentale Dissens in bezug auf die Definition des Terminus *Minderheit*, der Befürworter und Gegner entzweite, meines Erachtens auch den zentralen Grund für das letztendliche Scheitern des Art. 20 b GG (n.F.) bei der Schlußabstimmung im Plenum des Deutschen Bundestages in Berlin am 30. Juni 1994[311] dar.[312] Der Verlauf der Beratungen in allen Gremien zeigte klar, daß sowohl die Befürworter des vorgeschlagenen Art. 20 b GG (n.F.) als auch die Gegner, die jeweils die großen politischen Kräfte in der Bundesrepublik Deutschland repräsentierten, an der Aufnahme einer Minderheitenschutzbestimmung in das Grundgesetz großes Interesse hatten. Dies wurde auch in den abschließenden Beratungen im Rechtsausschuß des Deutschen Bundestages[313] nochmals sehr deutlich. Dort kam man einem Kompromiß dann auch sehr nahe.[314] Und dennoch scheiterten alle Versuche, den Minderheitenschutz doch noch in das Grundgesetz zu bringen an der Unfähigkeit, sich auf eine konsensfähige Definition der Gruppe der Begünstigten zu verständigen.

c) Die Anerkennung *neuer Minderheiten*

In den abschließenden Beratungen im Rechtsausschuß des Deutschen Bundestages sah der Kompromißvorschlag der SPD-Fraktion, welcher der Position der Union sehr weit entgegenkam, folgendermaßen aus:[315]

> *„Der Staat achtet die Identität der ethnischen, kulturellen und sprachlichen Minderheiten. Er schützt und fördert die alteingesessenen Volksgruppen und Minderheiten deutscher Staatsangehörigkeit.“*

Dieser Vorschlag beschränkte die Schutz- und Förderpflicht für in der Bundesrepublik Deutschland ansässige Minderheiten zwar auf alteingesessene Volksgruppen und Minderheiten deutscher Staatsangehörigkeit, sah in seinem Satz 1 aber immer noch eine

---

[311] *Bannas*, FAZ vom 1. Juli 1994, S. 1 f.

[312] So auch *Pastor*, Die rechtliche Stellung der Sorben in Deutschland, S. 70; *Lemke*, Nationale Minderheiten und Volksgruppen im schleswig-holsteinischen und übrigen deutschen Verfassungsrecht, S. 412.

[313] BT.-Drucks. 12/8165 (Beschlußempfehlung und Bericht des Rechtsausschusses), S. 31.

[314] Vgl. oben Punkt II. 4. c).

[315] BT.-Drucks. 12/8165 (Beschlußempfehlung und Bericht des Rechtsausschusses), S. 66.

Achtenspflicht für die sog. *neuen Minderheiten* vor. Dieser Vorschlag war für die Union deshalb nicht akzeptabel, weil sie fürchtete, dadurch gezwungen zu sein, die sog. *neuen Minderheiten* als Minderheiten in der Bundesrepublik Deutschland offiziell anzuerkennen.[316] Und darin sah sie ein großes Gefahrenpotential für die Aufrechterhaltung des geltenden Minderheitenschutzes in Deutschland. Es erscheint müßig, sich nunmehr Gedanken darüber zu machen, ob dieses Gefahrenpotential tatsächlich vorhanden gewesen wäre. Die ablehnende Haltung der Union hinsichtlich der Erstreckung des Minderheitenschutzes auf die *neuen Minderheiten*, also auf Ausländer und Immigranten, war aber jedenfalls richtig und ist daher zu begrüßen. Eine Ausdehnung des Minderheitenschutzes auf Ausländer und Immigranten ist höchst kontraproduktiv und aus den oben[317] ausführlich dargelegten Gründen abzulehnen.

d) Die *Alteingesessenheit* als Kriterium der Minderheitendefinition

Obschon an der Staatsangehörigkeit als konstitutives Kriterium für die Minderheitendefinition festgehalten werden sollte, so hat dieses Kriterium in der Realität der modernen Gesellschaft doch viel von seiner Trennschäfe verloren.[318] Es fragt sich daher, welches andere Kriterium imstande ist, eine klare Abgrenzung zwischen eingebürgerten Immigrantengruppen, denen grundsätzlich kein Minderheitenschutz zukommen sollte, und autochthonen Minderheiten durchzuführen. Natürlich besteht immer die Möglichkeit, eine enumerative Aufzählung der offiziell anerkannten Minderheitengruppen in einer Minderheitendefinition einer innerstaatlichen Verfassungsnorm vorzunehmen.[319] Diese Möglichkeit ist allerdings nicht nur unelegant, sondern im Hinblick auf möglicherweise neu entstehende Minderheiten auch zu starr.[320] Daher bietet sich das Kriterium der *Alteingesessenheit* im Rahmen einer Minderheitendefinition als Abgrenzungskriterium an. Dieses Element einer Minderheitendefinition ist offensichtlich, wie der oben angeführte Vorschlag[321] der SPD-Fraktion im Rechtsausschuß des Deutschen Bundestages zeigt,[322] nicht nur auf innerstaatlich

[316] Dies merkt auch *Murswiek* an; vgl. *Murswiek*, in: *Blumenwitz/Murswiek*, Aktuelle rechtliche und praktische Fragen des Volksgruppen- und Minderheitenschutzrechts, S. 39, 54, Fn. 59.

[317] Vgl. insbesondere die Ausführungen oben in Punkt IV. 4. c).

[318] Dies wurde so auch an verschiedenen Stellen dieser Arbeit vertreten. Vgl. insbesondere oben Punkt IV. 4. c).

[319] Diesen Weg wollten die Unionsunterhändler bei der abschließenden Beratung des Art. 20 b GG (n.F.) im Rechtsausschuß des Deutschen Bundestages gehen und schlugen als Kompromißformel folgende Bestimmung vor: „*Der Staat schützt und fördert Volksgruppen und Minderheiten der Dänen, Friesen und Sorben deutscher Staatsangehörigkeit.*“; zitiert nach FAZ vom 30. April 1994, S. 2.

[320] So wohl auch *Siegert*, Minderheitenschutz in der Bundesrepublik Deutschland, S. 160 f.

[321] BT.-Drucks. 12/8165 (Beschlußempfehlung und Bericht des Rechtsausschusses), S. 66.

[322] Vgl. oben Punkt IV. 5. c).

bundesdeutscher Ebene kompromißfähig.[323] Auch auf europäischer Ebene scheint dieser Aspekt das Potential einer tragfähigen Grundlage zu besitzen. Das Merkmal „*separate or distinct groups, well-defined and long established on the territory of a state*" erwies sich bereits früh bei den Arbeiten an einem Zusatzprotokoll zur EMRK betreffend den Minderheitenschutz konsensfähig.[324] So definiert schließlich Art. 1 lit. a) des Entwurfs eines Zusatzprotokolls zur EMRK betreffend den Minderheitenschutz[325] eine Minderheit als eine „*(...) Gruppe von Personen (...), die (...) dessen Staatsbürger sind (und) langjährige, feste und dauerhafte Verbindungen zu diesem Staat aufrechterhalten (...)*".[326] Auch Art. 1 lit. a) der Europäischen Charta der Regional- und Minderheitensprachen[327] spricht von Sprachen, „*(...) herkömmlicherweise in einem bestimmten Gebiet eines Staates von Angehörigen dieses Staates gebraucht (...).*"[328] Daher sollte das Merkmal der *Alteingesessenheit*, insbesondere, da anhand dieses Kriteriums eine genaue Abgrenzung zwischen Immigranten und autochthonen Minderheiten möglich ist, ohne mit einer enumerativen Aufzählung der Rechtsträger einer Minderheitenschutzbestimmung operieren zu müssen, als Bestandteil einer Minderheitendefinition beibehalten oder berücksichtigt werden, falls sich der Bundesgesetzgeber entschließen sollte, eine Legaldefinition des Rechtsterminus der Minderheit vorzunehmen.

e) Die geltende Minderheitendefinition des bundesdeutschen Verfassungsrechts

Auch wenn der vorgeschlagene Art. 20 b GG (n.F.) im Plenum des Deutschen Bundestages schließlich abgelehnt wurde, so existiert doch, wie dargestellt,[329] ein deutsches Minderheitenrecht auch auf Bundesebene. Aus diesem Grunde besteht auch ein Bedürfnis, Klarheit hinsichtlich der Begünstigtengruppe dieses Minderheitenrechts zu haben. Dieser Notwendigkeit entsprechend soll daher an dieser Stelle nun die gegenwärtig geltende Minderheitendefinition für das Verfassungsrecht des Bundes ermittelt werden. Da es eine Legaldefinition des Rechtsterminus der Minderheit im Recht des Bundes nicht gibt, muß versucht werden, eine Definition anderweitig zu ermitteln. Und weil auch die Debatten zum Thema der Minderheitendefinition, die im Rahmen der Diskussion um die Einführung des

---

[323] Hierauf weist auch *Murswiek* hin; vgl. *Murswiek*, in: *Blumenwitz/Murswiek*, Aktuelle rechtliche und praktische Fragen des Volksgruppen- und Minderheitenschutzrechts, S. 39, 54, Fn. 59.

[324] Vgl. oben Kapitel 3. Punkt I. 2. b).

[325] Empfehlung 1201 (1993) betr. ein Zusatzprotokoll zur EMRK über Minderheitenrechte, voller Wortlaut abgedruckt in: EuGRZ 1993, S. 151 ff. oder BT.-Drucks. 12/4572.

[326] Vgl. oben Kapitel 3. Punkt I. 2. b).

[327] HRLJ 1993, S. 148 ff.; BGBl. 1998 II S. 1314 ff.

[328] Vgl. oben Kapitel 3. Punkt I. 2. b) aa).

[329] Daß das Minderheitenrecht nicht lediglich eine Angelegenheit der Länder ist, wurde versucht oben in Punkt IV. 3. nachzuweisen. Vgl. aber auch die Ausführungen in Kapitel 4.

Art. 20 b GG (n.F.) von den großen politischen Kräften in der Bundesrepublik Deutschland geführt wurden, zu keinem Konsens geführt haben, sind die Ergebnisse dieser Debatten hier leider nur bedingt brauchbar. Die geltende Minderheitendefinition des bundesdeutschen Verfassungsrechts kann allerdings auch nicht in einem gravierenden Gegensatz zum konsensfähigen Kern einer Minderheitendefinition, der ja insbesondere in den abschließenden Beratungen des Art. 20 b GG (n.F.) im Rechtsausschuß des Deutschen Bundestages[330] durchaus erkennbar war,[331] stehen. Nachdem die rechtliche Situation innerhalb eines Staates nicht im Gegensatz dazu stehen kann oder zumindest sollte, was der Staat auf völkerrechtlicher Ebene vertritt und erklärt, bietet es sich an, die geltende Minderheitendefinition des bundesdeutschen Verfassungsrechts aus völkerrechtlichen Erklärungen der Bundesrepublik Deutschland abzuleiten. Erfreulicherweise stellt sich die Position, welche die Bundesrepublik Deutschland bezüglich der Definition des Minderheitenbegriffs vertritt, als über Jahre hinweg konstant dar.[332] Auf völkerrechtlicher Ebene geht die Bundesrepublik Deutschland davon aus, daß es innerstaatlichen Minderheitenschutz für Ausländer und Immigranten nicht geben kann.[333] Die Staatsangehörigkeit des Aufenthaltsstaates ist für die Definition des Begriffs der Minderheit ebenso ein konstitutives Kriterium wie die Alteingesessenheit in angestammten Siedlungsgebieten. Eine konkrete Erklärung betreffend ihre Auffassung von einer Minderheitendefinition für den Bereich des bundesdeutschen Verfassungsrechts gab die Bundesrepublik Deutschland anläßlich des Inkrafttretens des Rahmenübereinkommens des Europarates zum Schutz nationaler Minderheiten vom 1. Februar 1995[334] ab:[335]

> *„Das Rahmenabkommen enthält keine Definition des Begriffs der nationalen Minderheiten. Es ist deshalb Sache der einzelnen Vertragsstaaten zu bestimmen, auf welche Gruppen es nach der Ratifizierung Anwendung findet. Nationale Minderheiten in der Bundesrepublik Deutschland sind die Dänen deutscher Staatsangehörigkeit und die Angehörigen des sorbischen Volkes mit deutscher Staatsangehörigkeit. Das Rahmenabkommen wird auch auf die Angehörigen der traditionell in Deutschland heimischen Volksgruppen der Friesen deutscher Staatsangehörigkeit und der Sinti und Roma deutscher Staatsangehörigkeit angewendet.*"

---

[330] BT.-Drucks. 12/8165 (Beschlußempfehlung und Bericht des Rechtsausschusses), S. 60 ff.

[331] Vgl. oben Punkt II. 4. c).

[332] Vgl. die detaillierten Ausführungen hierzu oben in Kapitel 3. Punkt I. 3.

[333] So beispielsweise die Erklärung der Bundesrepublik Deutschland anläßlich der „*Deklaration über die Rechte von Personen, die zu nationalen oder ethnischen, religiösen und sprachlichen Minderheiten gehören*" der Generalversammlung vom 18. Dezember 1992, UN Doc. A/RES/47/135, die deutsche Übersetzung ist abgedruckt in: VN 1993, S. 190 ff. Geschützt werden sollten nur „*well-defined separate and distinct groups which had been long established in the territory of a State*" (UN Doc. E/CN.4/1992/SR.38, Ziffer 30), was Ausländer und Immigranten faktisch vom Minderheitenschutz ausschloß.

[334] BGBl. 1997 II S. 1406 ff.; vgl. hierzu: *Klebes*, EuGRZ 1995, S. 262 ff.; *Weckerling*, EuGRZ 1997, S. 605 ff.

[335] Vgl. BT.-Drucks. 13/6912, S. 18.

Eine abstrakte Minderheitendefinition, die der Auffassung der Bundesrepublik Deutschland entspricht, findet sich in der „*Denkschrift zum Rahmenübereinkommen des Europarats zum Schutz nationaler Minderheiten*“:[336]

„*Die Bundesregierung sieht als nationale Minderheiten Gruppen der Bevölkerung an, die folgenden fünf Kriterien entsprechen:*

- *ihre Angehörigen sind deutsche Staatsangehörige,*
- *sie unterscheiden sich vom Mehrheitsvolk durch eigene Sprache, Kultur und*
- *Geschichte, also eigene Identität,*
- *sie wollen diese Identität bewahren,*
- *sie sind traditionell in Deutschland heimisch,*
- *sie leben hier in angestammten Siedlungsgebieten.*“

Diese Definition steht einerseits nicht im Gegensatz zum konsensfähigen Kern der im Rahmen der Diskussion um die Einfügung des Art. 20 b GG (n.F.) gefundenen Minderheitendefinition.[337] Andererseits zeichnete sich nach dem Regierungswechsel im Jahre 1998 ab, daß die neue Bundesregierung der Koalition aus SPD und BÜNDNIS 90/GRÜNE künftig auf völkerrechtlicher Ebene von dieser Definition nicht abzurücken gedenkt.[338] Diese Tendenz bestätigte sich in eindeutiger Weise im September 2000. Auf eine Kleine Anfrage der Abgeordneten *Ulla Jelpke* und der Fraktion der PDS im Bundestag betreffend die Förderung deutscher Minderheiten in Osteuropa seit 1991/1992[339] antwortete das Bundesministerium des Inneren namens der Bundesregierung mit Schreiben vom 4. September 2000 unter anderem mit den folgenden Ausführungen:

---

[336] Denkschrift zum Rahmenübereinkommen des Europarats zum Schutz nationaler Minderheiten, BT.-Drucks. 13/6912, S. 19, 21.

[337] Vgl. oben Punkt II. 4. c).

[338] Vgl. hierzu etwa den Kommentar im letzten Bericht der Beauftragten der Bundesregierung für Ausländerfragen und über die Lage der Ausländer in der Bundesrepublik Deutschland. BT.-Drucks. 14/2674 vom 9. Februar 2000, S. 40, zur Umsetzung des Punktes „*Minderheitenrechte*“ im Koalitionsvertrag: Aufbruch und Erneuerung – Deutschlands Weg ins 21. Jahrhundert, Koalitionsvereinbarung zwischen der Sozialdemokratischen Partei Deutschlands und BÜNDNIS 90/GRÜNE, Bonn, 20. Oktober 1998, S. 38.

[339] BT.-Drucks. 14/4006.

„Vorbemerkung

Zum Verständnis der Begriffe Minderheit und Minderheitenrecht wird darauf hingewiesen, dass in Deutschland als „nationale Minderheit" Volksgruppen bezeichnet werden, die unter dem Schutz des Rahmenübereinkommens des Europarates zum Schutz nationaler Minderheiten stehen. Die Bundesregierung hat bei Zeichnung des Übereinkommens am 11. Mai 1995 in einer Erklärung gegenüber dem Europarat festgelegt, dass das Übereinkommen auf die Dänen mit deutscher Staatsangehörigkeit, das sorbische Volk, die Volksgruppe der Friesen in Deutschland und die deutschen Sinti und Roma angewandt wird. Folgende Kriterien müssen zur Bestimmung als „nationale Minderheit" in Deutschland erfüllt sein:

1. *Die Angehörigen sind deutsche Staatsangehörige;*

2. *Sie unterscheiden sich vom Mehrheitsvolk durch eigene Sprache, Kultur und Geschichte, also durch eine eigene Identität;*

3. *Sie wollen diese Identität bewahren;*

4. *Sie sind traditionell in Deutschland heimisch;*

5. *Sie leben hier in angestammten Siedlungsgebieten.*

Durch das Rahmenübereinkommen werden damit die vier traditionell in Deutschland, in der Regel über mehrere hundert Jahre, lebenden Gruppen mit deutscher Staatsangehörigkeit geschützt. In diesem Zusammenhang wird vom Minderheitenrecht der nationalen Minderheiten gesprochen. Das Rahmenüber-einkommen ist am 1. Februar in Deutschland in Kraft getreten.

Neben den anerkannten nationalen Minderheiten leben in Deutschland sonstige ethnische Gruppen, die nicht die Voraussetzungen für die Anerkennung als nationale Minderheit erfüllen. Hierzu gehören auch die in der Anfrage bezeichneten in Deutschland lebenden Angehörigen aus den Ländern Mittel- und Osteuropas, unabhängig von der Frage, ob es sich um deutsche Staatsangehörige handelt, oder nicht. Diese Gruppen stehen unter dem Schutz der Freiheitsrechte des Grundgesetzes, der Europäischen Menschenrechtskonvention sowie des Internationalen Paktes über bürgerliche und politische Rechte. Damit werden ihnen die Entfaltung der Persönlichkeit sowie die Pflege der eigenen Kultur und Muttersprache ermöglicht. Darüber hinaus wird nur in dem bilateraten mit Polen sowie in dem mit der damalige Tschechoslowakei, der für die Tschechische Republik und die Slowakische Republik fortgilt, den Angehörigen der jeweiligen ethnsischen Gruppen in Deutschland die Bewahrung ihrer kulturellen Identität garantiert. Sie werden in diesen Verträgen ausdrücklich nicht als Minderheit bezeichnet und ihre Rechte in Deutschland dementsrechend nicht als Minderheitenrecht im eigentlichen Sinne verstanden.“[340]

Folglich kann davon ausgegangen werden, daß die zitierte Definition die geltende Minderheitendefinition im bundesdeutschen Verfassungsrecht ist.

6. Die Multikulturalismusproblematik und die Integrationsproblematik

Die Gegner des vorgeschlagenen Art. 20 b GG (n.F.) warfen den Befürwortern vor, durch die Einfügung dieser Bestimmung nicht lediglich Ziele des Minderheitenschutzes zu verfolgen, sondern darüber hinaus eine neue gesellschaftspolitische Konzeption, nämlich die einer multikulturellen Gesellschaft, in der Bundesrepublik Deutschland installieren zu wollen. Statt eines Modells der Integration von Immigranten in Staat und Gesellschaft bewirke und fördere die vorgeschlagene Achtensklausel das Modell eines Nebeneinanders weitestgehend eigenständiger Kulturen. Der vorgeschlagene Art. 20 b GG (n.F.) behindere damit im Ergebnis die Integration von Immigranten.[341] Damit sind zwei weitere Bereiche angesprochen, die im Rahmen der Diskussion um Art. 20 b GG (n.F.) heftigst umstritten waren. Im folgenden soll daher auf das Verhältnis des Minderheitenschutzes zur Multikulturalismusproblematik und zur Integrationsproblematik eingegangen werden.

a) Die Multikulturalismusproblematik

Fraglich ist also zunächst, ob Art. 20 b GG (n.F.), wäre er denn beschlossen worden, wirklich das Modell einer multikulturellen Gesellschaft im Grundgesetz und damit in der Bundesrepublik Deutschland installiert hätte. Und selbst wenn man dies verneint, wäre der Effekt des Art. 20 b GG (n.F.) in der Tat das Nebeneinander weitestgehend eigenständiger Kulturen in Deutschland gewesen, also das gefährliche Entstehen von Parallelgesellschaften ? Ohne nun an dieser Stelle die umfangreichen verfassungsrechtlichen Probleme, die im Zusammenhang mit dem Schlagwort der *multikulturellen Gesellschaft* diskutiert werden, erschöpfend analysieren zu wollen,[342] so erlaubte, wie oben festgestellt,[343] der vorgeschlagene

---

[340] BT.-Drucks. 14/4045 (Antwort der Bundesregierung auf die Kleine Anfrage der Abgeordneten *Ulla Jelpke* und der Fraktion der PDS - Drucksache 14/4006 -).

[341] Argumentationslinie vgl. BT.-Drucks. 12/6000, S. 74 f.

[342] Vgl. hierzu etwa: *Richter*, in: FS für *Mahrenholz*, S. 637 ff.; *Özdemir*, Currywurst und Döner - Integration in Deutschland, S. 209 ff.; *Gutmann*, Dtsch.Z.Philos. 43 (1995), S. 273 ff.; *Raz*, Dtsch.Z.Philos. 43 (1995), S. 307 ff.; *Hellermann*, in: *Grabenwarter ua.*, Allgemeinheit der Grundrechte und Vielfalt der Gesellschaft, S. 129 ff.; *Wassermann*, NJW 1996, S. 1253 f.; *Tibi*, Aus Politik und Zeitgeschichte, B 52-53/96, S. 27 ff.; *Oberndörfer*, Aus Politik und Zeitgeschichte, B 52-53/96, S. 37 ff.

Art. 20 b GG (n.F.) doch eine Interpretation dahingehend, daß es dem deutschen Staatswesen bis zu einem gewissen Grad verboten worden wäre, auf fremde Kulturen und Immigrantenkulturen im eigenen Land einwirken zu können. Und ohne daß dies nun als positiv oder negativ bewertet werden soll, so stellte dies zumindest einen Schritt hin zum gesellschaftspolitischen Modell einer multikulturellen Gesellschaft dar.[344] Statt eines integrativen gesellschaftlichen Miteinanders hätte Art. 20 b GG (n.F.) durchaus ein multikulturelles Nebeneinander weitestgehend eigenständiger Kulturen unterstützen können.[345] Am Beispiel von *Samuel Huntingtons* These vom Kampf der Kulturen soll aufgezeigt werden, welch großes Gefahrenpotential durch den Anreiz eines Nebeneinanders statt eines Miteinanders der Kulturen entstehen kann. Schließlich soll untersucht werden, wie das geltende Grundgesetz mit der Multikulturalismusproblematik umgeht.

aa) *Huntingtons* These vom „*Kampf der Kulturen*"

Im Jahre 1993 veröffentlichte der amerikanische Politologe *Samuel Huntington* einen vielbeachteten Aufsatz in der einflußreichen Zeitschrift *Foreign Affairs*, in welchem er erstmals die Prognose eines zukünftigen weltweiten Kampfes der Kulturen (clash of civilisations) voraussagte.[346] Drei Jahre später formulierte er seine damaligen Thesen aus und legte sie in Form einer umfangreichen Monographie vor.[347] *Huntington* vertritt die These, daß an die Stelle der ideologischen Konfrontationen der beiden Supermächte gegenwärtig und in der Zukunft die Auseinandersetzung der Zivilisationen oder Kulturkreise tritt. Er geht davon aus, daß das Zugehörigkeitsgefühl zu einer Zivilisation an Bedeutung gewinnen wird und die wichtigsten Konflikte der Zukunft entlang der Bruchlinien dieser Kulturen verlaufen werden.[348] Der Zusammenprall der Zivilisationen, der Kulturen, werde die Weltpolitik beherrschen, weniger die sich gegenüberstehenden Blöcke verschiedener Ideologien oder Wirtschaftsräume. *Huntington* zieht daraus die Konsequenz, daß der Westen langfristig

---

[343] Vgl. oben Punkt III.

[344] So auch: *Scholz*, ZG 1994, S. 1, 25; *Murswiek*, in: *Blumenwitz/Murswiek*, Aktuelle rechtliche und praktische Fragen des Volksgruppen- und Minderheitenschutzrechts, S. 39, 58 ff. Kritisch hierzu: *Inescu*, RuP 1995, S. 199, 203 f.; *Schönwalder*, in: *Konegen/Nitschke*, Revision des Grundgesetzes ?, S. 197, 208 f.; *Siegert*, Minderheitenschutz in der Bundesrepublik Deutschland, S. 152.

[345] Diese Befürchtung äußert *Murswiek*, in: *Blumenwitz/Murswiek*, Aktuelle rechtliche und praktische Fragen des Volksgruppen- und Minderheitenschutzrechts, S. 39, 55 f. Vgl. auch BT.-Drucks. 12/8165 (Beschlußempfehlung und Bericht des Rechtsausschusses), S. 62 f.

[346] *Huntington*, Foreign Affairs, Bd. 72, Nr. 3, S. 22 ff. (Sommer 1993).

[347] *Huntington*, The Clash of Civilisations. Deutsche Übersetzung veröffentlicht als „*Kampf der Kulturen*". Vgl. hierzu auch: *Dielentheis*, Der aktuelle Begriff: Krieg der Zivilisationen , Wissenschaftliche Dienste des Deutschen Bundestages, Der aktuelle Begriff, Nr. 22/95 vom 28. Dezember 1995; *Probst*, FAZ vom 21. Februar 1997.

[348] *Huntington*, Kampf der Kulturen, S. 291 ff.

versuchen müsse, sich auf nichtwestliche, moderne Kulturen einzustellen, deren Macht mehr und mehr an die des Westens heranreichen werde. Deren Werte und Interessen unterschieden sich deutlich von denen der westlichen Kulturen. Aus diesem Grunde sei es erforderlich, daß der Westen seine wirtschaftliche und militärische Macht bewahre, um seine Interessen gegenüber diesen Kulturen schützen zu können. Gleichzeitig sei es erforderlich, ein tieferes Verständnis für andere Kulturen oder Zivilisationen zu entwickeln.[349] Auch von einem Multikulturalismus innerhalb eines Staates her sieht *Huntington* im Rahmen seines Gesamtkonzeptes Gefahren.[350]

Man kann *Huntington* in seinen Thesen und Folgerungen nun zustimmen oder sie ablehnen. Am schieren Faktum, daß die Anzahl von Konflikten zwischen Kulturkreisen zugenommen hat, was *Huntington* in seinem Buch durch eindrucksvolle Beispiele belegt,[351] kommt man nicht vorbei. Entschärft werden können die Konflikte, die Huntington in seiner oftmals düsteren Prognose voraussieht, nur durch ein Aufeinanderzugehen der verschiedenen Kulturen. Nicht im Nebeneinander oder gar im Gegeneinander der Kulturen lassen sich Gegensätze aufheben und Mißverständnisse beseitigen, sondern nur im Miteinander. Wenn dies schon auf internationaler Ebene seine schwer bestreitbare Geltung hat, so trifft dies erst recht für den innerstaatlichen Bereich zu. Allein schon aus der Sorge um die Erhaltung seines inneren Friedens heraus muß jeder Staat ein fundamentales Interesse haben, ein Miteinander aller innerhalb seines Territoriums lebenden Kulturen zu erreichen. Ein multikulturelles Nebeneinander, das leicht in ein Gegeneinander umschlagen kann, wirkt hier kontraproduktiv und ist daher abzulehnen.

bb) Die Auseinandersetzung der „*Kulturen*“ unter dem Regime des Grundgesetzes

Fraglich ist nun, wie das Grundgesetz eine Auseinandersetzung der innerhalb seines Geltungsbereiches lebenden Kulturen regelt. In diesem Kontext ist die Verfassung in einer ihrer Grundfunktionen angesprochen, nämlich ihrer normativen Kraft zur Ordnung auch heterogener gesellschaftlicher Realitäten, ihrem Beitrag zu einer Rechts- und Friedensordnung, in der eine gewaltfreie Austragung auch grundsätzlicher Konflikte möglich ist, in der unterschiedliche Kulturen existieren, aufeinander einwirken, sich in ihrer Vielfalt erhalten und gleichwohl zusammenwirken können.[352] Obgleich das Grundgesetz wie jede Verfassung einem ständigen Wandel unterworfen ist und auch sein muß, hat es dem staatlichen Leben auch eine gewisse Stabilität zu verleihen und der Gesellschaft eine

---

[349] *Huntington*, Kampf der Kulturen, S. 495 ff.

[350] *Huntington*, Kampf der Kulturen, S. 316 ff.; *ders.*, FOCUS 38/98 vom 14. September 1998 (Interview).

[351] Vgl. nur *Huntington*, Kampf der Kulturen, S. 331 ff.

[352] So formuliert es *Hufen*, in: FS für *Mahrenholz*, S. 115, 116.

übergreifende Wertordnung vorzugeben. Entscheidungsmuster des Grundgesetzes zur Schlichtung interkultureller Konflikte sind die in ihm geschützten, aber auch beschränkten Freiheiten.[353] Ziel ist es, fremde Kulturen in das Gemeinwesen zu integrieren ohne sie dabei zu assimilieren. Die Forderung einer Assimilation fremder Kulturen als Preis für politische und kulturelle Teilhabe würde die grundgesetzlichen Gewährleistungen mißachten. Gleichwohl gibt das Grundgesetz für die Integration einen Grundkonsens vor, der selbstverständlich auch für fremde Kulturen verbindlich zu sein hat und eingefordert werden muß. *Hufen* bezeichnet diesen Grundkonsens als *interkulturelles Minimum*, welches eine inhaltliche und eine prozedurale Seite hat. Die inhaltliche läßt sich mit der unbedingten Achtung der Menschenwürde,[354] die prozedurale Seite mit der Wahrung demokratischer Spielregeln und der unbedingten Beachtung der Friedenspflicht bei der Austragung auch fundamentaler Konflikte umreißen.[355] Als offene Verfassung kann das Grundgesetz die Austragung von Konflikten in aller Öffentlichkeit zulassen, und es hält hierfür entsprechende Gewährleistungen und Freiheiten bereit. Voraussetzung ist jedoch, daß jede Gruppe insofern den Grundkonsens der Gemeinschaft wahrt. Eine offene und plurale Verfassungsordnung ginge zugrunde, wenn sie im Zeichen wichtiger kultureller, sozialer und wirtschaftlicher Konflikte nicht geradezu eisern die Spielregeln des legalen und damit gewaltfreien Protestes einhielte. Dies gilt gerade in einer mehrere Kulturen übergreifenden Gesellschaft.[356]

cc) *Kirchhofs* Lösungsansatz: *„kulturoffen, aber nicht multi-kulturell“*

Gerade in dieser Grundkonzeption liegt auch der Schlüssel zur Lösung von interkulturellen Konflikten unter dem Regime des Grundgesetzes. *Paul Kirchhof* brachte dies auf den Punkt, indem er feststellte, daß das Grundgesetz kulturoffen, aber nicht multi-kulturell ist.[357] Das Grundgesetz kann Freiheit für andere Kulturen und Religionen anbieten,[358] weil es sich seiner Identität und der Verläßlichkeit seiner geistesgeschichtlichen Bedingtheit sicher ist. Würde es hingegen seine eigenen Aussagen einem Wettbewerb der Kultursysteme anheimgeben, so gäbe es seinen Geltungs- und Gestaltungsanspruch auf. Nicht die Verfassung würde dann mehr bestimmen, was Recht ist, sondern es würde die jeweilige Ordnung den wechselnden Machthabern überlassen. Würde die Verfassung der freien Disposition der im Wettbewerb der Kultursysteme obsiegenden Macht unterworfen, so könnte eine fundamental andere Ordnung geschaffen werden, auf deren Grundlage Freiheit und Demokratie unrückgewinnbar abgeschafft werden könnten. Aus diesen Gründen kann das Grundgesetz nur insoweit

---

[353] *Hufen*, in: FS für *Mahrenholz*, S. 115, 120.

[354] Vgl. hierzu auch oben Kapitel 4. Punkt I.

[355] *Hufen*, in: FS für *Mahrenholz*, S. 115, 123.

[356] *Hufen*, in: FS für *Mahrenholz*, S. 115, 125.

[357] *Kirchhof*, Brauchen wir ein erneuertes Grundgesetz ?, S. 57 ff.

[358] Vgl. hierzu auch oben Kapitel 4. Punkt III.

kulturoffen sein, als die Ausübung fremder Kulturen die Gewährleistungen der Verfassung nicht gefährdet. Jeder kulturell Fremde mag im Selbstbewußtsein seiner Eigenständigkeit und Andersartigkeit seine Kultur, seine Religion oder seine politischen Grundanschauungen pflegen, muß dabei aber die in der Bundesrepublik Deutschland geltenden Regeln achten. Er wird nicht dem Rechtsverständnis des Grundgesetzes unterworfen, braucht insbesondere nicht die Auffassung von der Würde und Personalität jedes Menschen, seiner Freiheit und Gleichheit zu teilen, ist aber an die sich daraus ergebenden Rechtsfolgen gebunden.[359] Diese Grundsätze gelten selbstverständlich auch für die Behandlung von Minderheiten und Immigranten. Die Entfaltung ihrer Kulturen ist dem Regime des Grundgesetzes in seiner aufgezeigten Ausgestaltung unterworfen.

b) Die Integrationsproblematik

Die Frage der Integration ist sehr eng mit der Multikulturalismusproblematik verbunden. Auch zum Problembereich der Integration von Ausländern, Immigranten und Minderheiten existiert mittlerweile ein umfangreiches Schrifttum.[360] Allerdings ist es im Rahmen dieser Betrachtung wenig ergiebig, die verschiedenen in der Diskussion befindlichen Integrationsstrategien oder -konzepte zu bewerten. Die Frage der Integration soll hier nur im Hinblick auf ihre besondere Relevanz für den Minderheitenschutz untersucht werden. Die Integrationsproblematik im Bereich des deutschen Staatsrechts wurde erstmals umfassend von *Rudolf Smend* untersucht.[361]

aa) Die *Smend'sche* Integrationslehre

Unter Integration versteht man die Herstellung einer Einheit aus einzelnen Elementen, wobei die gewonnene Einheit mehr als die Summe der vereinigten Glieder darstellt.[362] Integration ist ein soziologischer Lebensvorgang gesellschaftlicher Gebilde. Es war das große Verdienst von *Rudolf Smend*, diesen *a priori* soziologischen Begriff für den Bereich der Staats- und Verfassungslehre zu deuten. *Smends* Ausgangspunkt ist die theoretische Begründung und Begründbarkeit des Staates, den er weder als rein normatives Gebilde im Sinne *Hans Kelsens*

---

[359] *Kirchhof*, Brauchen wir ein erneuertes Grundgesetz ?, S. 58.

[360] Vgl. hierzu etwa: *Oberndörfer*, ZAR 1989, S. 3 ff.; *ders.*, ZAR 1998, S. 3 ff.; *ders.*, Aus Politik und Zeitgeschichte, B 9/92, S. 21; *Richter*, in: FS für *Mahrenholz*, S. 637, 641 ff.; *Göbel-Zimmermann/Masuch*, ZAR 1998, S. 250 ff.; *Bryde*, StW&StPr. 1990, S. 212 ff.; *Hennis*, JZ 1999, S. 485 ff.; *Delbrück*, in: FS für *Bernhardt*, S. 777 ff.; *Winkler*, ZAR 1996, S. 123 ff.;

[361] Vgl. hierzu grundlegend *Smend*, Verfassung und Verfassungsrecht, S. 9 ff.; *ders.*, Integration, in: *Smend*, Staatsrechtliche Abhandlungen, S. 482 ff.

[362] Vgl. zum Ganzen auch *Brems*, Die politische Integration ethnischer Minderheiten, S. 5 ff.

noch als Teil der sozialen Wirklichkeit im Sinne *Hermann Hellers* und auch nicht als Entscheidung nach *Carl Schmitt*, sondern als geistige Wirklichkeit rein geisteswissenschaftlich verstanden wissen will. Diese geistige Wirklichkeit des Staates besteht nach *Smend* in Integrationsvorgängen.[363] Die Integrationslehre nimmt ihren Ausgangspunkt im Verhältnis zwischen Individuum und sozialer Gemeinschaft. Das Individuum wird nicht für sich betrachtet, sondern als Mitglied der Gemeinschaft. Umgekehrt wird auch die Gemeinschaft nicht als Kollektivorgan, sondern als einheitliches Gefüge individuellen Lebens verstanden. Individuum und Gemeinschaft stehen in einem dialektischen Verhältnis.[364] Angewendet auf den Bereich des Staatsrechts bedeutete dies, daß die Wirklichkeit des soziologischen Staates den Gegenstand des Staatsrechts bildete. Nach Smend ist der Staat ein realer Willensverband aller Staatsangehörigen.[365] So wie in jeder Gruppe, so besteht auch im Staat ein Bedürfnis nach stetiger Selbsterneuerung, nach fortwährendem Neuerfassen und Zusammenfassen seiner Angehörigen. *Smend* beschreibt dies folgendermaßen:

> *„So ist insbesondere der Staat nicht ein ruhendes Ganzes, das einzelne Lebensäußerungen, Gesetze, diplomatische Akte, Urteile, Verwaltungshandlungen von sich ausgehen läßt. Sondern er ist überhaupt nur vorhanden in diesen einzelnen Lebensäußerungen, sofern sie Betätigungen eines geistigen Gesamtzusammenhanges sind, und in noch wichtigeren Erneuerungen und Fortbildungen, die lediglich diesen Zusammenhang selbst zum Gegenstande haben. Er lebt und ist da nur in diesem Prozeß beständiger Erneuerung, dauernden Neuerlebtwerdens; er lebt, um Renans berühmte Charakterisierung der Nation auch hier anzuwenden, von einem Plebiszit, das sich jeden Tag wiederholt.“*[366]

Die Integrationslehre bezeichnet diesen Lebensvorgang des Staates als *Integration*; oder, in den Worten *Rudolf Smends*:

> *„Der Staat ist nur, weil und sofern er sich dauernd integriert, in und aus den einzelnen aufbaut - dieser dauernde Vorgang ist sein Wesen als geistig-soziale Wirklichkeit.“*[367]

---

[363] *Richter*, in: FS für *Mahrenholz*, S. 637, 641.

[364] Diesen Ansatz übernahm *Smend* von seinem Lehrer, dem Philosophen *Theodor Litt*. Vgl. auch dessen Hauptwerk zu dieser Thematik: *Litt*, Individuum und Gemeinschaft (1926).

[365] *Smend*, Verfassung und Verfassungsrecht, S. 14.

[366] *Smend*, Verfassung und Verfassungsrecht, S. 18.

[367] *Smend*, Verfassung und Verfassungsrecht, S. 20.

Smend hat zwischen drei Integrationstypen unterschieden, der persönlichen, der funktionellen und der sachlichen Integration.[368] Die persönliche Integration zeigte sich vor allem in dem durch Führungspersönlichkeiten erfolgenden Zusammenschluß zum Staatsganzen. Die funktionelle Integration wird in jeder Art von „*kollektivierenden Lebensformen*" gesehen, von einfachen materiellen Integrationsweisen bis hin zu rein geistigen Prozessen, wie beispielsweise Wahlen. Die sachliche Integration erfolgte schließlich durch Symbole oder Fahnen über Gebräuche bis hin zu den Werten der staatlichen Gemeinschaft. Die sachliche Integration wird von *Smend* auch als Kultur verstanden.[369] In Anbetracht dessen darf die Verfassung nicht lediglich ein Organisationsstatut sein, welches den Staat vorausetzt und sein Handeln regelt, sondern sie muß vielmehr zugleich Lebensordnung sein, die durch die genannten Integrationstypen den einzelnen in das staatliche Gemeinwesen mit einbezieht. Der Staat beruht letztlich nicht auf seinem Recht und seiner Macht, sondern auf der immer wieder neuen und freiwilligen Zustimmung seiner Angehörigen.[370] Darin liegt die grundlegende Bedeutung der Integrationslehre für die staatliche Verfassung und die politische Wirklichkeit.[371]

bb) Integration statt Segregation

Angewendet auf Minderheiten bedeutet die Integrationslehre die Aufforderung an den Staat, diese, wie alle anderen gesellschaftlichen Gruppen, in das politische Leben mit einzubeziehen.[372] Hierbei ist es hinderlich, wenn der Staat sich jeglicher integrativer Maßnahmen zu enthalten hat, weil ihn eine Achtensklausel dazu anhält.[373] Dies gilt umso mehr für Immigrantengruppen, die auf staatliche Hilfestellung zu ihrer gesamtgesellschaftlichen Integration angewiesen sind. Daher hätte der vorgeschlagene Art. 20 b GG (n.F.) auch im Hinblick auf die Integration mehr Schaden angerichtet als Nutzen gebracht. Verschlimmert wäre dies, es sei nochmals wiederholt, durch die kontraproduktive Gleichbehandlung von Immigranten und Minderheiten geworden. Bei der Bewertung eines Minderheitenschutzkonzeptes gilt es, die feinen Nuancen zwischen Integration und Assimilation zu beachten. Selbstverständlich muß einem Staat die von den Betroffenen unerwünschte Assimilation in die Mehrheitskultur untersagt sein. Was ihm jedoch gestattet sein muß, ist, die Minderheiten gesamtgesellschaftlich besser zu integrieren. Gerade das sind ja auch Ziel und Zweck von fördernden Maßnahmen zugunsten von Minderheiten. Ein

---

[368] Vgl. hierzu auch: *Richter*, in: FS für *Mahrenholz*, S. 637, 641; *Brems*, Die politische Integration ethnischer Minderheiten, S. 8 f.

[369] *Smend*, Verfassung und Verfassungsrecht, S. 25 ff.

[370] *Smend*, Integration, in: *Smend*, Staatsrechtliche Abhandlungen, S. 482 ff.

[371] *Brems*, Die politische Integration ethnischer Minderheiten, S. 8 ff.

[372] *Brems*, Die politische Integration ethnischer Minderheiten, S. 11.

[373] Vgl. oben Punkt III.

Minderheitenschutzsystem darf nicht auf einem Nebeneinander der unterschiedlichen Kulturen aufbauen. Es muß ein Miteinander der verschiedenen, in einem Staatswesen zusammenlebenden gesellschaftlichen Gruppen anstreben.[374] Ziel des Minderheitenrechts, wie im übrigen auch des Immigrantnenrechts muß, auch im Sinne der Lehren *Rudolf Smends*, die Integration sein. Verhindert werden muß eine Segregation der im Staate zusammenlebenden Gruppen unter dem Banner eines falsch verstandenen Multikulturalismusdeputates. Durch Segregation gefährdet man akut das hohe Gut des sozialen Friedens in einem Staatswesen.

c) Ergebnis

Zusammenfassend kann also festgehalten werden, daß der vorgeschlagene Art. 20 b GG (n.F.) durchaus dahingehend interpretiert hätte werden können, daß er statt eines integrativen Miteinanders der Kulturen ein multikulturelles Nebeneinander der Kulturen bewirkt hätte. Dieses Nebeneinander kann in Krisensituationen sehr schnell in ein Gegeneinander der Kulturen innerhalb eines Staates umschlagen und damit den sozialen Frieden gefährden. Das Grundgesetz ist kulturoffen, aber nicht multi-kulturell in einem Sinne, daß es sein Wertesystem dem Wettstreit konkurrierender Kulturen unterwirft.[375] Das Grundgesetz toleriert eine multikulturelle Gesellschaft, solange sich alle Mitglieder an die demokratischen Grundregeln halten und das im Grundgesetz kodifizierte Wertesystem akzeptieren. Der vorgeschlagene Art. 20 b GG (n.F.) hätte durchaus das Potential gehabt, diese Akzeptanz ein Stück weit zu relativieren. Minderheiten müssen, wie auch Immigrantengruppen, in das Staatswesen integriert werden. Ein Multikulturalismus, der Segregation statt Integration fördert, muß daher abgelehnt und verhindert werden.

7. Das Problem des *geschlossenen Siedlungsgebietes*

Der letzte Streitpunkt zwischen den Befürwortern und Gegnern des vorgeschlagenen Art. 20 GG (n.F.) war das Minderheitendefinitionskriterium *geschlossenes Siedlungsgebiet*.[376] Während die Gegner darauf bestanden, daß eine Minderheit, um als solche anerkannt werden zu können, in einem abgrenzbaren Teil des Staatsgebietes ansässig sein müsse, wollten die Befürworter von Art. 20 b GG (n.F.) den Minderheitenschutz auch solchen Gruppen

[374] In diesem Sinne dachte wohl auch der bayerische Ministerpräsident *Stoiber*, als er bei der Beschlußfassung über das neue Staatsangehörigkeitsrecht im Bundesrat erklärte: „*Wir wollen kein Nebeneinander von Minderheiten in Deutschland gestalten, sondern ein Miteinander von Bürgerinnen und Bürgern, die sich eindeutig zu unserer Nation bekennen.*". Zitiert nach *Müller*, FAZ vom 25. Juli 2000.

[375] So wohl im Ergebnis auch *Tibi*, Europa ohne Identität, S. 49 ff. und 92 ff.

[376] Vgl. hierzu grundlegend: *Rechenberg*, Zur inhaltlichen Bedeutung des Begriffs „*geschlossenes Siedlungsgebiet*" im Zusammenhang mit dem Schutz der nationalen/ethnischen Minderheiten deutscher Staatsangehörigkeit, Wissenschaftliche Dienste des Deutschen Bundestages, Reg.Nr. WF III-73/94.

zukommen lassen, die nicht in einem geschlossenen Siedlungsgebiet ansässig sind.[377] Die Diskussion um das Definitionskriterium *geschlossenes Siedlungsgebiet* kann im Grunde nur vor dem Hintergrund der verschiedenen theoretischen Ausgestaltungsmodelle für einen innerstaatlichen Minderheitenschutz verstanden werden. Die Beantwortung der Frage, ob am Kriterium *geschlossenes Siedlungsgebiet* festgehalten werden sollte, erfordert darüber hinaus einen Blick auf die Bedeutung, die das internationale Recht diesem Kriterium zukommen läßt.

a) Theoretische Ausgestaltungsmodelle für einen innerstaatlichen Minderheitenschutz

Es gibt verschiedene theoretische Ansätze, den Mindheitenschutz innerstaatlich auszugestalten. Oftmals kann es sinnvoll sein, den Minderheitengruppen die Regelung ihrer eigenen Angelegenheiten zu überlassen, ihnen also Autonomierechte zu gewähren. Hierfür gibt es verschiedene Modelle. Hinsichtlich der Autonomierechte unterscheidet man zwischen funktioneller, personaler und territorialer Autonomie.[378]

aa) Funktionelle Autonomie

Die Übertragung bestimmter staatlicher Funktionen und Rechte an privatrechtliche Minderheitenvereinigungen wird als *funktionelle Autonomie* bezeichnet, da die Erbringung bestimmter Leistungen in die eigenständige Verantwortung der Minderheit gelegt wird.[379] Praktiziert wird dies vor allem in den Bereichen der Kulturpflege, des Erziehungs- und des Schulwesens und des religiösen Lebens, also in den für die Identitätswahrung der Minderheit existentiellen Angelegenheiten. Vor allem in diesen Bereichen können private Minderheitenvereinigungen über die Wahrnehmung der genannten Aufgaben hinaus die sonstigen staatlich gewährten Finanzmittel zur Förderung der Minderheitengruppen selbst verwalten, im Rahmen der Minderheitenförderungsprogramme Entscheidungsbefugnisse erhalten und Koordinierungs- und Mitspracherechte in minderheitenrelevanten Fragen ausüben. Besondere Gruppenrechte für Minderheitengruppen sind in diesem Bereich nicht erforderlich. Beim Modell der *funktionellen Autonomie* übt eine auf freiwilliger und privatrechtlicher Basis zusammengeschlossene Gruppe ihre individuellen Minderheitenrechte kollektiv aus. Der Staat kann bei diesem Modell unterstützend eingreifen, indem er die Minderheitenvereine wie vergleichbare staatliche Organisationen mit öffentlichen Mitteln

---

[377] Argumentationslinien vgl. BT.-Drucks. 12/6000, S. 73 ff.

[378] Vgl. zum Ganzen etwa: *Kimminich*, Rechtsprobleme der polyethnischen Staatsorganisation, S. 189 ff.; *Brems*, Die politische Integration ethnischer Minderheiten, S. 129 ff.

[379] Vgl. zum Begriff der *funktionellen Autonomie* auch: *v. Studnitz*, in: *Blumenwitz/Gornig*, Minderheiten- und Volksgruppenrechte in Theorie und Praxis, S. 17, 25 ff.

subventioniert.[380] In der Bundesrepublik Deutschland hat sich das Modell der *funktionellen Autonomie* insbesondere im Hinblick auf die dänische Minderheit in Schleswig-Holstein bewährt.[381] Dieses Modell bietet sich bei zahlenmäßig kleinen Minderheiten an. Funktionelle Autonomiekonzepte haben den Vorteil, daß sie einfach und kostengünstig umgesetzt werden können. Als nachteilig erweist sich jedoch die fehlende öffenlich-rechtliche Verankerung und damit die leichtere Entziehbarkeit der gewährten Rechtsposition.[382]

bb) Personalautonomie

Der letztere Nachteil ist beim Modell der Personalautonomie[383] ausgeschlossen. Hier wird eine hohe Schutzintensität durch eine öffentlich-rechtliche Absicherung erreicht. Träger der Autonomie ist die als Personalkörperschaft des öffentlichen Rechts verfaßte Minderheit. Diesem öffentlich-rechtlichen Personenverband können vom Staat bestimmte Aufgaben zur eigenständigen Wahrnehmung übertragen werden. Damit ist die Personalkörperschaft zugleich Minderheitenselbstverwaltung und mittelbare Staatsverwaltung zur Entlastung des staatlichen Verwaltungsapparates. Der personellen Autonomie von Minderheiten liegt das Personalitätsprinzip zugrunde. Das bedeutet, daß die Ausübung der Autonomierechte nicht an die Zugehörigkeit zu einem bestimmten Gebiet, sondern an die ethnische Zugehörigkeit gekoppelt ist. Die historische Grundlage des Personalitätsprinzips liegt im Wesen des mittelalterlichen Staats, der im Gegensatz zum modernen territorial definierten Staatsverständnis auf dem Prinzip eines Personenverbandes basierte.[384] Insbesondere *Karl Renner* versuchte, das alte Prinzip der Personalautonomie, das durch das Vordringen des modernen Territorialstaates immer mehr in Vergessenheit zu geraten drohte, durch seine Schriften für den Bereich des Minderheitenrechts wieder nutzbar zu machen. Warum, so fragte er, sollte das, was bei den Konfessionen problemlos funktioniert, bei den Minderheiten versagen.[385] Im Gegensatz zu einer ausschließlich privatrechtlichen Organisation der Minderheit im Rahmen der funktionellen Autonomie ist eine öffentlich-rechtliche Organisation ein repräsentatives Vertretungsorgan der Minderheit, das deren Interessen bündeln und wesentlich nachdrücklicher vertreten kann. Der Aufgabenbereich der öffentlich-rechtlichen Minderheitenvertretung umfaßt die Wahrnehmung der politischen Interessen der Minderheit gegenüber dem Staat. Aus diesem Grunde müssen ihr die

[380] *v. Studnitz*, in: *Blumenwitz/Gornig*, Minderheiten- und Volksgruppenrechte in Theorie und Praxis, S. 17, 26.

[381] Vgl. hierzu die detaillierten Ausführungen unten in Kapitel 6. Punkt III. 1.

[382] *Brems*, Die politische Integration ethnischer Minderheiten, S. 132.

[383] Vgl. zum Ganzen: *Heckmann*, Ethnische Minderheiten, Volk und Nation, S. 222 ff.; *Brems*, Die politische Integration ethnischer Minderheiten, S. 133 ff.; *Kimminich*, Rechtsprobleme der polyethnischen Staatsorganisation, S. 191 ff.

[384] Vgl. hierzu etwa: *Mitteis/Lieberich*, Deutsche Rechtsgeschichte, 18. Aufl., S. 90 f. und S. 265 ff.

[385] *Renner*, Das Selbstbestimmungsrecht der Nationen, S. 128 ff.

minderheitenspezifischen Angelegenheiten zur eigenständigen Regelung übertragen werden. Um diese Interessen zu wahren und um ihre Zwecke zu fördern, bedarf die Minderheit einer Finanzhoheit in bezug auf ihre eigenen Angelegenheiten, um nicht durch ein Angewiesensein auf staatliche finanzielle Subventionen in eine *de-facto*-Abhängigkeit zu geraten. Weiterhin kommt bei einem Personalitätsautonomiesystem das Zugeständnis eines Rechts auf Besteuerung der Minderheitenangehörigen in Betracht.[386] Bei derart weitgehenden Befugnissen stößt man allerdings auf eine entscheidende Schwierigkeit. Im Hinblick auf die Gewährung einer Finanzhoheit müßte die Zugehörigkeit zu einer Minderheit exakt und offiziell feststehen. Dies widerspräche aber dem sog. Bekennerprinzip, nach dem es für das Wahrnehmen der Minderheitenrechte durch einzelne Personen entscheidend auf deren freies Bekenntnis, der Minderheit anzugehören, ankommt. Ein Minderheitenbekenntnis darf daher nicht erzwungen werden.[387] Neben dieser wohl nicht unüberwindlichen systematischen Schwierigkeit besteht aber gegen ein Prinzip der Personalautonomie weiterhin ein schwerwiegender praktischer Einwand. Das Modell der Personalautonomie wird in der überwältigenden Staatenpraxis abgelehnt, da es mit dem Prinzip der Einheitlicheit der Verwaltung nicht zu vereinbaren ist.[388] Da im Ergebnis die Überwindung des vorherrschenden territorialstaatlichen Denkens und dessen Ersetzung durch eine personenverbandsrechtliche Struktur nicht zu erwarten ist,[389] bleibt die Personalautonomie für das Minderheitenrecht wohl eine lediglich theoretische Option.

cc) Territorialautonomie

Das praktisch relevanteste Autonomiemodell zum Schutz von Minderheiten ist die Konzeption der Territorialautonomie.[390] Bei diesem Regelungskonzept erhält das von einer Minderheit besiedelte Gebiet einen Sonderstatus, der das Recht zur Selbstverwaltung von bestimmten Angelegenheiten vermittelt.[391] Dieser Sonderstatus unterscheidet sich vom Status einer kommunalen oder regionalen Selbstverwaltungskörperschaft, indem er sich gerade auf minderheitenspezifische Belange bezieht. Das Modell der Territorialautonomie setzt im wesentlichen zwei Bedingungen voraus, die in unseren modernen, von Flexibilität und Globalisierung geprägten Gesellschaften kaum noch vorhanden sind. Die Minderheit muß

---

[386] *Brems*, Die politische Integration ethnischer Minderheiten, S. 135 ff.

[387] *Brems*, Die politische Integration ethnischer Minderheiten, S. 138.

[388] *Oeter*, in: *Frowein/Hofmann/Oeter*, Das Minderheitenrecht europäischer Staaten, Teil 2, S. 492, 502; *Kimminich*, Rechtsprobleme der polyethnischen Staatsorganisation, S. 194.

[389] *Kimminich*, Rechtsprobleme der polyethnischen Staatsorganisation, S. 194; *Brems*, Die politische Integration ethnischer Minderheiten, S. 141.

[390] Vgl. hierzu allgemein: *Heckmann*, Ethnische Minderheiten, Volk und Nation, S. 222 ff.; *Kimminich*, Rechtsprobleme der polyethnischen Staatsorganisation, S. 194 ff.; *Brems*, Die politische Integration ethnischer Minderheiten, S. 142 ff.

[391] Vgl. auch *Blumenwitz*, Minderheiten- und Volksgruppenrecht – Aktuelle Entwicklungen, S. 72.

einerseits räumlich konzentriert, also in einem relativ geschlossenen Gebiet siedeln, und sie muß andererseits in diesem Gebiet die Bevölkerungsmehrheit stellen.[392] Träger der Territorialautonomie sind die Gebietskörperschaften. Daher kommen außerhalb des Kompetenzbereiches dieser Gebietskörperschaften lebende Minderheitenangehörige größtenteils nicht in den Genuß der Minderheitenrechte. Je nach den Spezifika des betreffenden Gebietes reicht die Bandbreite von Autonomiestatuten von reiner Dezentralisierung der Verwaltung über weitgehende Selbständigkeit einschließlich einer bestimmten Normsetzungskompetenz bis hin zu einer nahezu völligen Herauslösung des autonomen Gebietes aus der Rechtsordnung des Staates. Allerdings lassen sich einige Grundkomponenten jeder Territorialautonomie erkennen, die zur Bewahrung der Identität der Minderheit vorhanden sein müssen. Dazu gehört die Sprach- und Schulautonomie, eine Rechtssetzungskompetenz in den minderheitenspezifischen Belangen der Kulturpflege, des Wohlfahrts- und Sozialwesens, der Raumordnung, der Wirtschaftsförderung, des Umweltschutzes und der inneren Sicherheit sowie die Einrichtung eigener repräsentativer Selbstverwaltungsorgane. Neben einer Regierung ist hier außerdem eine gewählte Volksvertretung zu fordern, die instande ist, demokratische Legitimation zu vermitteln. Hinsichtlich der Finanzhoheit ist bei einer Territorialautonomie je nach den Bedürfnissen des Autonomiegebietes von bloßen Mittelzuweisungen durch den Gesamtstaat bis hin zu einer eigenen Steuerhoheit alles denkbar. Darüber hinaus sollten Kompetenzstreitigkeiten zwischen der Gebietskörperschaft und anderen Organen, die den Gesamtstaat repräsentieren, vor einem Verfassungsgericht ausgetragen werden müssen. Es ist daher wohl erforderlich, den Autonomiestatus eines bestimmten Gebietes nicht lediglich einfachgesetzlich, sondern in der Verfassung des Gesamtstaates zu verankern. Änderungen des Autonomiestatuts sollten schließlich nicht ohne die Zustimmung der betroffenen Gebietseinheit erfolgen dürfen.[393] In der Staatenpraxis finden sich viele Beispiele für die Umsetzung von Minderheitenrechten durch die Gewährung von Territorialautonomie.[394]

b) Kein Rückhalt des Kriteriums im internationalen Recht

Grundsätzlich ist *Rechenberg*[395] zuzustimmen, der in einer umfassenden Betrachtung der Problematik der Validität des Kriteriums *geschlossenes Siedlungsgebiet* für die Minderheitendefinition und als Voraussetzung für die Gewährung von Minderheitenrechten zu dem Ergebnis kommt, daß dies weder aus den wesentlichen Normen des minderheitenschützenden Völkerrechts noch aus denen des minderheitenschützenden Europarechts gefolgert werden könne. Obgleich es im Völkerrecht keine universell

---

[392] *Brems*, Die politische Integration ethnischer Minderheiten, S. 142.

[393] *Brems*, Die politische Integration ethnischer Minderheiten, S. 143.

[394] Beispiele vgl. etwa *Brems*, Die politische Integration ethnischer Minderheiten, S. 143 ff.

[395] *Rechenberg*, Zur inhaltlichen Bedeutung des Begriffs „*geschlossenes Siedlungsgebiet*" im Zusammenhang mit dem Schutz der nationalen/ethnischen Minderheiten deutscher Staatsangehörigkeit, Wissenschaftliche Dienste des Deutschen Bundestages, Reg.Nr. WF III-73/94.

anerkannte Minderheitendefinition gäbe, fänden sich in den vorhandenen Definitionen und Definitionsversuchen in völkerrechtlich relevanten Dokumenten keinerlei Hinweise auf dieses Kriterium.[396] Dennoch ist nach der Auffassung der Bundesrepublik Deutschland, die in ihren völkerrechtlichen Erklärungen zum Ausdruck kommt, die Komponente eines *geschlossenen Siedlungsgebietes* Bestandteil der Minderheitendefinition. Diese Meinung fände auch einen Rückhalt im Völkerrecht. In ihrem letzten Bericht[397] nach Art. 40 IPBPR an den Menschenrechtsausschuß der Vereinten Nationen verweist die Bundesrepublik Deutschland zur Begründung dieser Ansicht auf die *travaux préparatoires* zum IPBPR, insbesondere auf einen Bericht vom 1. Juli 1955, in dem es heißt:

> „*It was agreed that the article should cover only separate or distinct groups, well-defined and long established on the territory of a State.*"[398]

Die Beschränkung des Minderheitenbegriffs auf Gruppen in traditionell geschlossenen Siedlungsgebieten[399] versucht die Bundesregierung darüber hinaus damit zu begründen, daß bestimmte Minderheitenrechte, wie minderheitensprachliche topographische Bezeichnungen, besondere Minderheitenschulen oder Kultureinrichtungen und die Zulassung der Minderheitensprache als Amtssprache, *de facto* nur in geschlossenen Siedlungsgebieten gewährleistet werden könnten.[400] Dieser sehr restriktive Minderheitenbegriff wurde, wie bereits dargestellt,[401] in der Stellungnahme des Menschenrechtsausschusses zum deutschen Bericht als zu eng kritisiert.[402]

---

396 Vgl. zum Ganzen auch die umfangreichen Ausführungen oben in Kapitel 3. Punkt I.

397 Fourth periodic report of States parties due in 1993, Addendum, Germany; UN Doc. CCPR/C/84/Add.5 vom 22. Februar 1996.

398 UN Doc. A/2929, S. 181, Ziffer 184.

399 „*ethnic or linguistic groups who have a traditional area of settlement in particular regions*"

400 UN Doc. CCPR/C/84/Add.5, Ziffer 244. Vgl. hierzu auch das Summary record of the 1552nd meeting of the United Nations Human Rights Committee, UN Doc. CCPR/C/SR.1552 vom 7. November 1996, Ziffer 40: „*The question had been asked whether a member of the Danish minority in the north who moved to a different part of the country lost the special protection accorded to that minority. That was so, in practice, because such protective measures were linked to the presence of a large Danish community in that geographical area.*" (Aussage des Mitglieds der deutschen Delegation *Haberland*).

401 Vgl. oben Kapitel 3. Punkt I.

402 UN Doc. CCPR/C/79/Add. 73, S. 3, Ziff. 13: „*The Committee is of the view that article 27 applies to all persons belonging to minorities whether linguistic, religious, ethnic or otherwise including those who are not concentrated or settled in a particular area or a particular region or who are immigrants or who have been given asylum in Germany.*" Vgl. hierzu auch das Summary record of the 1551st meeting of the United Nations Human Rights Committee, UN Doc. CCPR/C/SR.1551 vom 1. Februar 1997, Ziffer 50: „*He noted the statement in paragraph 244 of the report that in Germany the rights of ethnic and linguistic minorities were protected only if they lived in a particular region. He wondered what was the fate of members of those minorities who did not*

Es mag wohl sein, daß Maßnahmen zum Schutz von Minderheiten nachhaltiger und effektiver in Gebieten umzusetzen sind, in denen eine Minderheit geschlossen siedelt. Wenn Minderheitenschutzmaßnahmen auf dem Prinzip der Territorialautonomie basieren, können sie nur in solchen geschlossenen Siedlungsgebieten umgesetzt werden. Es ist jedoch nicht einzusehen, weshalb deswegen die Komponente eines geschlossenen Siedlungsgebietes als Definitionskriterium für eine Minderheitenschutzdefinition anerkannt oder befürwortet werden sollte. Die völkerrechtliche und sachliche Argumentation der Bundesrepublik Deutschland in dieser Hinsicht ist äußerst dürftig und im Ergebnis nicht überzeugend. Im Hinblick auf dieses Kriterium ist die Kritik des Menschenrechtsausschusses an der Bundesrepublik Deutschland daher berechtigt.

c) Moderne Mobilität und Beschränkung des Schutzes auf das Siedlungsgebiet

Ein weiteres Argument gegen die Beschränkung des Minderheitenschutzes auf ein geschlossenes Siedlungsgebiet ist die moderne Flexibilität und Mobilität der Menschen im Zeitalter der Globalisierung. Es erscheint einfach nicht mehr zeitgemäß, Minderheitenschutz ausschließlich in Konzepten territorialer Autonomie umzusetzen und damit den Minderheitenschutz auf gewisse Gebiete, in denen Minderheiten verstärkt siedeln, zu begrenzen. Einerseits schließt man dadurch diejenigen Minderheitenangehörigen vom Minderheitenschutz aus, die nicht in diesen Gebieten wohnen. Andererseits werden dadurch auch Minderheitengruppen ausgegrenzt, die nicht geschlossen siedeln. In der Bundesrepublik Deutschland sind beispielsweise die Sinti und Roma, die Juden und die Polen nicht in geschlossenen Siedlungsgebieten ansässig. Dennoch sind diese Gruppen als Minderheiten mit ungeschriebenem verfassungsrechtlichem Minderheitenstatus anerkannt.[403] Aus diesen Gründen sieht *Brems*[404] im Erfordernis eines geschlossenen Siedlungsgebietes einen entscheidenden Nachteil von Konzepten, die auf dem Prinzip einer Territorialautonomie basieren. *Rechenberg*[405] hält durch die Beschränkung des Minderheitenschutzes auf Minderheiten in geschlossenen Siedlungsgebieten durch die Bundesrepublik Deutschland die Diskriminierungsverbote des IPBPR[406] und der EMRK[407] für verletzt.

---

live in the particular region, and whether they might be deprived of their rights." (Kommentar von *Prado Vallejo* vom UN-Menschenrechtsausschuß).

[403] Vgl. oben Kapitel 1. Punkt III. 2.

[404] *Brems*, Die politische Integration ethnischer Minderheiten, S. 142.

[405] *Rechenberg*, Zur inhaltlichen Bedeutung des Begriffs „*geschlossenes Siedlungsgebiet*" im Zusammenhang mit dem Schutz der nationalen/ethnischen Minderheiten deutscher Staatsangehörigkeit, Wissenschaftliche Dienste des Deutschen Bundestages, Reg.Nr. WF III-73/94, S. 18.

[406] In diesem Zusammenhang meint *Rechenberg* die Minderheitenschutzklausel des Art. 27 des Internationalen Paktes über bürgerliche und politische Rechte vom 16. Dezember 1966 (IPBPR) - (BGBl. 1973 II S. 1534).

d) Ergebnis

Die Völkerrechtstheorie und die Staatenpraxis kennen verschiedene Autonomiemodelle zur innerstaatlichen Ausgestaltung des Minderheitenschutzes. Die praktisch relevanteste Form ist die Territorialautonomie. Territorialautonomiekonzepte erfordern für ihre Umsetzung, daß die zu schützende Minderheitengruppe in einem geschlossenen Siedlungsgebiet ansässig ist. Dies ist der Hintergrund, warum man an die Aufnahme dieses Kriteriums in eine Minderheitendefinition denken könnte. Die Bundesrepublik Deutschland geht in ihren völkerrechtlichen Erklärungen wie innerstaatlich[408] davon aus, daß das Kriterium eines geschlossenen Siedlungsgebietes Bestandteil ihrer Minderheitendefinition ist. Diese Ansicht ist allerdings weder völkerrechtlich noch sachlich zu begründen und daher abzulehnen. Anhaltspunkte im Völkerrecht, die auf eine auch nur in Ansätzen bestehende *opinio iuris* bezüglich dieses Kriteriums schießen ließen, sind nicht ersichtlich. Andererseits ist die Beschränkung des Minderheitenschutzes auf geschlossene Siedlungsgebiete im Zeitalter der Globalisierung nicht mehr zeitgemäß. Hierbei wird keinesfalls verkannt, daß Minderheitenschutzkonzepte in Gebieten, in denen Minderheitengruppen gschlossen siedeln, am besten umgesetzt werden können. Aus diesem Faktum kann jedoch kein Argument konstruiert werden, weshalb diese Kriterium Bestandteil einer Minderheitendefinition sein sollte. Im Ergebnis sollte die Bundesrepublik Deutschland sowohl völkerrechtlich wie innerstaatlich das Kriterium eines geschlossenen Siedlungsgebietes für die Definition des Begriffs der Minderheit aufgeben.

---

[407] Art. 14 der Konvention zum Schutze der Menschenrechte und Grundfreiheiten (Europäische Menschenrechtskonvention - EMRK) vom 4. November 1950 (BGBl. 1952 II S. 685, 953); zuletzt geändert mit Wirkung zum 1. November 1994 (BGBl. 1994 II S. 3624 ff.).

[408] Vgl. oben Punkt IV. 5. e).

6. Kapitel: Der Minderheitenschutz in den Verfassungen der Länder

Wenn es, wie im vorangegangenen Kapitel dargestellt, auch 1994 nicht gelang, eine Minderheitenklausel in das Grundgesetz einzufügen, so finden sich doch in vielen Verfassungen der deutschen Bundesländer Bestimmungen, die dem Schutz von Minderheiten gewidmet sind. Traditionell finden sich Minderheitenschutzbestimmungen in der Verfassung des Landes Schleswig-Holstein.[1] Nach der Vollendung der Einheit Deutschlands nahmen auch viele der neuen bzw. wiedereingeführten Bundesländer Normen zum Schutz von Minderheiten in ihre Verfassungen auf.[2]

Nach einer kurzen Darstellung der Verfassungsentwicklung in den neuen Bundesländern und der nach der Wiedervereinigung durchgeführten Verfassungsrevisionen in den alten Bundesländern, in deren Territorium deutsche Minderheiten beheimatet sind,[3] soll zunächst eine theoretische Analyse des Verhältnisses von Grundrechten oder Staatszielen auf Landesebene zu denen im Grundgesetz kodifizierten unternommen werden. Danach sollen die geltenden Minderheitenschutzbestimmungen auf Landesebene umfassend analysiert werden.

I. Die Entstehung der Verfassungen der neuen Bundesländer und die Reform der Verfassungen einiger alter Bundesländer

Nach der Wiedereinführung der Länder im Vereinigungsgebiet gaben sich alle neuen Bundesländer eine neue Verfassung. In Schleswig-Holstein und in Niedersachsen erfolgten im Jahre 1990, respektive 1993, Verfassungsreformen.

1. Die Wiedereinführung der Länder im Rahmen der Vollendung der deutschen Einheit

Die Voraussetzungen für die Landesverfassungsgebung wurden im Einigungsvertrag (EV)[4] festgelegt. Art. 1 Abs. 1 EV bestimmt, daß mit dem Beitritt der Deutschen Demokratischen

---

[1] Landessatzung von Schleswig-Holstein vom 13. Dezember 1949 (GVBl. 1950 S. 3 ff.), seit der Fassung der Bekanntmachung vom 13. Juni 1990 (GVBl. 1990 S. 391 ff.) Verfassung des Landes Schleswig-Holstein, zuletzt geändert durch Gesetz vom 27. September 1998 (GVBl. Schleswig-Holstein 1998 S. 280).

[2] Explizite Minderheitenschutzbestimmungen finden sich in den Verfassungen der Bundesländer Sachsen, Brandenburg, Sachsen-Anhalt und Mecklenburg-Vorpommern. In der Verfassung des Freistaats Thüringen findet sich ein Diskriminierungsverbot in bezug auf die *ethnische Zugehörigkeit*.

[3] Das sind Schleswig-Holstein und Niedersachsen.

[4] Vertrag zwischen der Bundesrepublik Deutschland und der Deutschen Demokratischen Republik über die Herstellung der Einheit Deutschlands – Einigungsvertrag – vom 31. August 1990 (BGBl. 1990 II S. 889).

Republik zur Bundesrepublik Deutschland am 3. Oktober 1990 die Länder Brandenburg, Mecklenburg-Vorpommern, Sachsen, Sachsen-Anhalt und Thüringen Länder der Bundesrepublik Deutschland werden. Nach Art. 3 EV gilt ab dem Beitritt in diesen Ländern das Grundgesetz. Art. 8 i.V.m. Anlage I EV regelt die Überleitung von Bundesrecht. Art. 9 i.V.m. Anlage II EV regelt das Fortgelten des Rechts der DDR. Aus diesen Bestimmungen ergibt sich, daß die neuen Bundesländer ab dem 3. Oktober 1990 eigenes Landesverfassungsrecht unter Beachtung der Vorgaben des Grundgesetzes erlassen durften. Bevor hier allerdings ins Detail gegangen werden soll, bietet es sich an, das Schicksal der neuen Bundesländer nach dem Zweiten Weltkrieg kurz nachzuzeichnen.

Am 9. Juli 1945 sind in der sowjetisch besetzten Zone (SBZ) auf der Grundlage des Befehls Nr. 5 der sowjetischen Militäradministration (SMAD) fünf Länder geschaffen worden.[5] Dennoch entwickelten sich in der SBZ keine föderalistischen, sondern zentralistische Strukturen. Die II. Parteikonferenz der SED beschloß am 23. Juli 1952, die DDR neu zu organisieren. Es wurden 14 Bezirke geschaffen, deren Zuschnitt die bisherigen Landesgrenzen nicht beachtete. Die Befugnisse der aufgelösten Landtage und Landesregierungen nahmen die staatlichen Organe der Bezirke und die Organe des Zentralstaates wahr. Man spricht insofern von der Einführung des *Demokratischen Zentralismus*. *De facto* war damit der Föderalismus auf dem Gebiet der DDR zerschlagen.[6] Am 8. Dezember 1958 wurden die Länderkammern als letztes Relikt der bereits nicht mehr existierenden Ländergliederung beseitigt. Die DDR-Verfassungen von 1968 und 1974 vollzogen diese Entwicklung auch formal dadurch, daß sie die Länder nicht mehr erwähnten. Damit waren die Länder wohl auch *de jure* untergegangen.[7] Da also die Länder nicht mehr existierten, war es notwendig, sie wieder einzuführen bzw. neu zu bilden. Dies geschah durch das Verfassungsgesetz zur Bildung von Ländern in der Deutschen Demokratischen Republik, dem Ländereinführungsgesetz (LEG),[8] das die Volkskammer am 22. Juli 1990 beschloß. Die für die Länderbildung relevanten Bestimmungen dieses Gesetzes gelten gemäß Art. 9 i.V.m. Anlage II EV nach der Wiedervereinigung fort. Einschlägig sind vor allem § 1 Abs. 1 LEG, der die Landesgrenzen definiert und § 23 Abs. 2 LEG, welcher den jeweils erstgewählten Landtagen die Aufgabe einer verfassungsgebenden Landesversammlung aufträgt.[9]

---

[5] *Linck*, DÖV 1991, S. 730, 732.

[6] *Bernet*, LKV 1991, S. 2, 5.

[7] *Bayer*, DVBl. 1991, S. 1014, 1015.

[8] Verfassungsgesetz zur Bildung von Ländern in der Deutschen Demokratischen Republik (Ländereinführungsgesetz) vom 22. Juli 1990; GBl. 1990 I, S. 955, geändert durch das Gesetz vom 13. September 1990; GBl. 1990 I, S. 1567 und Anlage II Kapitel II Sachgebiet A Abschnitt II EV.

[9] Vgl. allgemein zur Verfassungsgebung und Verfassungsentwicklung in den neuen Bundesländern: *Kilian/Malinka*, DÖV 1996, S. 265 ff.; *Magiera*, in: *Stern*, Deutsche Wiedervereinigung, Band III, S. 141 ff.; *Rux*, NJ 1992, S. 147 ff.; *ders.*, ZParl. 1992, S. 291 ff.; *Röper*, ZG 1991, S. 149 ff.; *Bull*, in: FS für *Thieme*, S. 305 ff.; *Häberle*, JöR n.F. Bd. 43 (1995), S. 356 ff.; *ders.*, JöR n.F. Bd. 42 (1994), S. 150 ff.; *ders.*, JöR n.F. Bd. 41 (1993), S. 70 ff.; *ders.*, JöR n.F. Bd. 39 (1990), S. 319 ff.; *Berlit*, Vorgänge 1992, S. 85 ff.; *Starck*, ZG 1992, S. 1 ff.; *Feddersen*, DÖV 1992, S. 989 ff.; *Linck*, DÖV 1991, S. 730 ff.; *Vogelsang*, DÖV 1991, S. 1045 ff.; *v. Mangoldt*, Die Verfassungen der neuen Bundesländer, S. 41 ff.

Am 14. Oktober 1990 fanden in den neuen Bundesländern die ersten Wahlen statt. Nach der Wahl traten die Landtage zusammen und bildeten Regierungen. Alle Landtage haben nach der Verabschiedung ihrer Geschäftsordnungen als zweiten normativen Akt Regelungen über Einzelaspekte und die Organisation der staatlichen Grundordnung in ihren Ländern beschlossen. Diese Regelwerke, die unterschiedlich benannt wurden, werden von der Literatur als *vorläufige Verfassungen* bezeichnet. Gemeinsam ist diesen Regelwerken, daß sie sowohl materielles als auch formelles Verfassungsrecht darstellen, welches im Wege der Verfassungsgebung gesetzt worden ist.[10] Da die landesverfassungsgebende Gewalt nach ganz herrschender Meinung nicht durch Art. 79 GG gebunden ist, konnten diese vorläufigen Verfassungen mit einfachen Mehrheiten beschlossen werden. Wenn nun diese vorläufigen Verfassungen *echte* Verfassungen sind, stellt sich die Frage, ob die endgültigen Verfassungen als Fälle der Verfassungsgebung oder Fälle der die vorläufigen Verfassungen ändernden Verfassungsänderung zu bewerten sind. Da alle Landesgesetzgeber mit ihren vorläufigen Verfassungen nur kurzzeitige, vorgeschaltete Organisationsstatute schaffen wollten, ist die Inkraftsetzung der jeweiligen endgültigen Verfassungen als erneuter Akt der verfassungsgebenden Gewalt einzuordnen. Aus dieser rechtstheoretischen Erkenntnis folgt, daß keine verfahrensrechtlichen Vorgaben bestehen konnten. Die Selbstbindung einiger Länder an qualifizierte Mehrheiten im Landtag und Volksabstimmungen hat demnach also keine rechtliche, wohl aber eine erhebliche politische Bedeutung.[11]

2. Die Verfassungsentwicklung in Brandenburg

Am 1. November 1990 beschloß der Landtag Brandenburg mit dem Gesetz über die vorläufige Sicherung der Arbeitsfähigkeit des Landtages und der Regierung des Landes Brandenburg[12] seine vorläufige Verfassung.[13] Dieses Organisationsstatut ohne Grundrechtsteil enthielt die wichtigsten Grundlagen für die Arbeit des Landtages und der Landesregierung in bezug auf die Gesetzgebung und das Finanzwesen. § 42 Abs. 3 dieses Gesetzes bestimmte, daß diese vorläufige Verfassung mit dem Inkrafttreten der endgültigen Verfassung des Landes Brandenburg außer Kraft treten sollte. Am 13. Dezember 1990 verabschiedete der Landtag dann das Gesetz zur Erarbeitung einer Verfassung für das Land Brandenburg (VerfVorbG).[14]

---

[10] *Vogelsang*, DÖV 1991, S. 1045, 1047; *Linck*, DÖV 1991, S. 730.

[11] *Linck*, DÖV 1991, S. 730, 732 ff.

[12] GVBl. Brandenburg 1990 S. 2 ff.

[13] Vgl. allgemein zur Verfassungsentwicklung in Brandenburg: Brandenburgische Landeszentrale für politische Bildung, Eine Verfassung für unser Land, S. 11 ff.; *Theune*, DtZ 1991, S. 339 f.; *ders.*, DtZ 1992, S. 45; *ders.*, LKV 1992, S. 15; *Theune/Thieß*, DtZ 1992, S. 210 f.; *dies.*, DtZ 1992, S. 380 f.; *Thieß*, LKV 1992, S. 192; *Theune/Thieß*, LKV 1992, S. 364 f.; *Berlit*, in: *Simon/Franke/Sachs*, Handbuch der Verfassung des Landes Brandenburg, S. 37 ff.; *Franke/Kneifel-Haverkamp*, in: *Simon/Franke/Sachs*, Handbuch der Verfassung des Landes Brandenburg, S. 57 ff.; *Sachs*, in: *Stern*, Deutsche Wiedervereinigung, Band II, S. 3 ff.; *Franke*, in: *Stern*, Deutsche Wiedervereinigung, Band III, S. 1 ff.

[14] GVBl. Brandenburg 1990 S. 26 ff.

Dieses Gesetz sah vor, daß ein Verfassungsausschuß nach einem gestuften Verfahren mit festen Zeitvorgaben unter Beteiligung der Bevölkerung dem Landtag einen Verfassungsentwurf zuzuleiten hat. Der Entwurf sollte zu seiner Annahme der Mehrheit von $^{2}/_{3}$ der Mitglieder des Landtags bedürfen.[15] Der beschlossene Entwurf sollte dann innerhalb von drei Monaten den Bürgern des Landes Brandenburg zur Entscheidung vorgelegt werden.[16] Am 31. Januar 1991 berief der Landtag einen aus 30 Mitgliedern bestehenden Verfassungsausschuß ein, dem neben 15 Parlamentariern auch 15 Persönlichkeiten des öffentlichen Lebens angehörten.[17]

In 12 Sitzungen schuf der Verfassungsausschuß den Entwurf einer Landesverfassung in dem Bestreben, den größtmöglichen Konsens zu erreichen. Am 31. Mai 1991 wurde der Entwurf dem Präsidenten des Landtages vorgelegt.[18] Mit der Veröffentlichung des Entwurfes wurde die Bevölkerung aufgerufen, Vorschläge und Hinweise bis zum 15. September 1991 in die Verfassungsberatung einzubringen. Der Entwurf erfuhr eine breite öffentliche Resonanz,[19] was sicherlich auch mit den zeitgleich in Bonn aufkommenden Überlegungen zur vereinigungsbedingten Revision des Grundgesetzes zusammenhing.[20] Unmittelbar beim Ausschuß gingen über 400 Eingaben von verschiedenen Organisationen und von Bürgern ein. Obgleich mit Kritik nicht gespart wurde, so wurde der Entwurf in seinen wesentlichen Grundzügen doch gutgeheißen. Nach einer Überarbeitung legte der Verfassungsausschuß dem Landtag am 13. Dezember 1991 einen revidierten Entwurf vor.

In der Sitzung vom 19. Dezember 1991 beriet der Landtag den Verfassungsentwurf in erster Lesung.[21] In dieser Phase standen nun die parteipolitischen Differenzen zur Debatte. Die Oppositionsfraktionen im Landtag kritisierten insbesondere die vielfach aufgenommenen Staatsziele. CDU und F.D.P. waren der Ansicht, daß eine Verfassung, die dem einzelnen Rechte verspricht, die sich tatsächlich nicht verwirklichen ließen, nicht das Vertrauen der Bevölkerung gewinnen könne. Damit sei die Justiziabilität der Verfassung defizitär. Zudem würde durch die vielen Staatsziele der Handlungsspielraum der Regierung zu sehr eingeschränkt. Die Aufnahme der Staatsziele wurde von der regierenden SPD verteidigt, welche die Ansicht vertrat, daß der Staat wichtige Ziele anerkennen sollte und sich diesen verfassungsrechtlich auch verpflichten sollte. Die PDS/LL schloß sich dieser Meinung

---

[15] § 5 VerfVorbG.

[16] § 6 VerfVorbG.

[17] § 1 und § 2 VerfVorbG.

[18] Zu den inhaltlichen Grundzügen dieses Entwurfes vgl. *Theune*, DtZ 1991, S. 339 ff.

[19] Vgl. etwa: *Feddersen*, DÖV 1992, S. 989, 993; SPIEGEL 34/91, S. 50.

[20] Vgl. hierzu oben Kapitel 5. Punkt II.

[21] Landtag Brandenburg, Plenarprotokoll 1/34, S. 2502 ff.

grundsätzlich an. Am 25. März 1992 beriet man den Entwurf in zweiter Lesung.[22] Erneut wurde heftig über das Thema Staatsziele debattiert. CDU und F.D.P. kritisierten, daß der Verfassung die notwendige Klarheit und Ehrlichkeit fehlten, da im Entwurf immer noch Grundrechte neben nicht einklagbaren Staatszielen stünden. Zudem enthielte der Entwurf zu viele *Hinwirkungsklauseln*, mit denen das Land über fehlende Gesetzgebungszuständigkeiten hinwegzutäuschen versuchte. Eine Verfassung dürfe kein Wunschkatalog sein. Trotz der noch vorhandenen Meinungsunterschiede war jedoch parteiübergreifend der Wille zu spüren, bei den noch offenen Kontroversen zu einem Konsens zu finden. Dieser Konsens sollte in den Ausschüssen gefunden werden, in denen nochmals hart verhandelt wurde.[23] Am 9. April 1992 einigte sich der Verfassungsausschuß einstimmig auf die Vorlage für die Schlußabstimmung im Landtag. In der dritten Lesung[24] am 14. April 1992 wurde zunächst von den Rednern aller Parteien begrüßt, daß sich die politischen Kräfte im Land in wichtigen Fragen, wie der einer Verfassung, als kompromißfähig gezeigt hätten. Mittlerweile lag ein Entwurf vor, der von allen im Landtag vertretenen Parteien mit getragen werden konnte. Von den 87 Abgeordneten im Landtag Brandenburg stimmten 72 der Verfassung zu, womit die erforderliche $^{2}/_{3}$-Mehrheit erreicht war. Am 14. Juni 1992 wurde die Volksabstimmung durchgeführt. Bei einer Wahlbeteiligung von 48% stimmten 94% derjenigen, die eine gültige Stimme abgegeben hatten, der Verfassung zu.[25] Nach ihrer Verkündung trat die Verfassung des Landes Brandenburg am 21. August 1992 in Kraft.[26] Damit war Brandenburg das erste unter den neuen Bundesländern, das sich eine Verfassung gegeben hatte.[27]

3. Die Verfassungsentwicklung im Freistaat Sachsen

Die Verfassungsentwicklung im Freistaat Sachsen[28] begann mit der Verabschiedung des Gesetzes zur Herstellung der Arbeitsfähigkeit des Sächsischen Landtages und der Sächsischen

---

[22] Landtag Brandenburg, Plenarprotokoll 1/43, S. 3060 ff.

[23] Landeszentrale für politische Bildung Brandenburg, Bürgerinformation, Eine Verfassung für unser Land, S. 19.

[24] Landtag Brandenburg, Plenarprotokoll 1/45, S. 3213 ff.

[25] *Feddersen*, DÖV 1992, S. 989, 993.

[26] GVBl. Brandenburg 1992 I S. 298.

[27] Vgl. allgemein zum Inhalt der Verfassung des Landes Brandenburg: *Sachs*, LKV 1993, S. 241 ff.; *ders.*, in: *Stern*, Deutsche Wiedervereinigung, Band II, S. 3 ff.; *Franke/Kneifel-Haverkamp*, JöR n.F., Bd. 42 (1994), S. 112 ff.

[28] Vgl. allgemein zur Verfassungsentwicklung in Sachsen: *Maiwald*, DtZ, 1991, S. 87; *ders.*, DtZ 1991, S. 185 f.; *ders.*, DtZ 1991, S. 403 f.; *ders.*, DtZ 1992, S. 116; *Bayer*, DVBl. 1991, S. 1014 ff.; *Bönninger*, LKV 1991, S. 9 ff.; *Tautz*, in: *Stern*, Deutsche Wiedervereinigung, Band I, S. 25 ff.; *v. Mangoldt*, SächsVBl. 1993, S. 25 ff.; *Hinds*, ZRP 1993, S. 149 ff.; *Bönninger*, DuR 1991, S. 394 ff.; *Drehwald/Jestaedt*, Sachsen als Verfassungsstaat, S. 66 ff.

Landesregierung (Vorschaltgesetz) vom 27. Oktober 1990,[29] das sowohl in materieller als auch in formeller Hinsicht Verfassungsrecht darstellte und damit als vorläufige Sächsische Verfassung angesehen werden kann. Im materiell-verfassungsrechtlichen Bereich beschränkte sich die vorläufige Verfassung auf staatsorganisationsrechtliche Normen, welche die Zuständigkeit und Befugnisse des Sächsischen Landtages[30] und die Rechte und Pflichten der Staatsregierung und des Ministerpräsidenten[31] regeln. Neben diesem staatsorganisationsrechtlichen Teil bestimmte § 9 Vorschaltgesetz, daß Gesetze mit Verfassungscharakter einer $^{2}/_{3}$-Mehrheit bedürfen. § 10 Abs. 2 Vorschaltgesetz brachte den vorläufigen Charakter dieses Gesetzes zum Ausdruck, indem er bestimmte, daß das Vorschaltgesetz lediglich bis zu dem Tag gilt, an dem die Sächsische Verfassung, die durch Volksentscheid oder mit $^{2}/_{3}$-Mehrheit der Landtagsabgeordneten angenommen werden muß, in Kraft tritt. Aus den gleichen, bereits oben zur vorläufigen Verfassung von Brandenburg dargelegten Gründen konnte allerdings auch die Vorschrift des § 10 Abs. 2 Vorschaltgesetz keine normativ verbindliche verfahrensrechtliche Vorgabe für die endgültige Sächsische Verfassung aufstellen, da dies einen erneuten Akt der Verfassungsgebung darstellte. Der Landtag war also zwar nicht rechtlich, wohl aber politisch an die Vorgaben des § 10 Abs. 2 Vorschaltgesetz gebunden.[32] Am 8. November 1990 wurde auf der Grundlage des Vorschaltgesetzes die Regierung des Freistaats Sachsen unter Ministerpräsident *Biedenkopf* gebildet.

Hinsichtlich der verfahrenstechnischen Verfassungsgebung hat sich der Sächsische Landtag schließlich für das folgende Prozedere entschieden: Ein eigens zu diesem Zweck gebildeter Verfassungs- und Rechtsausschuß sollte den Entwurf einer Landesverfassung erarbeiten, der dann vom Landtag verabschiedet werden sollte. Dieser Entwurf sollte zwar in der Öffentlichkeit diskutiert werden, aber letztendlich ohne die Durchführung eines Volksentscheids vom Landtag beschlossen werden. Als Beratungsgrundlage dienten dem Verfassungsausschuß drei Verfassungsentwürfe.[33] Ein Verfassungsentwurf war von BÜNDNIS 90/GRÜNE[34] erarbeitet worden, einer von LINKE LISTE/PDS[35] und einer von CDU und F.D.P.[36] Bei dem von der CDU und der F.D.P. eingebrachten Verfassungsentwurf

[29] Gesetz zur Herstellung der Arbeitsfähigkeit des Sächsischen Landtages und der Sächsischen Landesregierung (Vorschaltgesetz) vom 27. Oktober 1990 (GVBl. Sachsen 1990 S. 1 ff.).

[30] § 1 Vorschaltgesetz.

[31] § 5 Vorschaltgesetz.

[32] *Linck*, DÖV 1991, S. 730 ff.

[33] Vgl. hierzu *Bönninger*, LKV 1991, S. 9 ff.

[34] Gesetzentwurf der Fraktion BÜNDNIS 90/GRÜNE, Landtag Sachsen Drucks. 1/29 vom 8. November 1990. Auch abgedruckt in: *Stober*, Quellen zur Entstehungsgeschichte der Sächsischen Verfassung, S. 175 ff.

[35] Gesetzentwurf der Fraktion LINKE LISTE/PDS, Landtag Sachsen Drucks. 1/26 vom 9. November 1990. Auch abgedruckt in: *Stober*, Quellen zur Entstehungsgeschichte der Sächsischen Verfassung, S. 214 ff.

[36] Gohrischer Entwurf - überarbeitete Fassung - (CDU/F.D.P.), Landtag Sachsen Drucks. 1/25. Auch abgedruckt in: *Stober*, Quellen zur Entstehungsgeschichte der Sächsischen Verfassung, S. 140 ff.

handelte es sich um eine überarbeitete Fassung des sog. *Gohrischen* Entwurfes, der ursprünglich von einer Arbeitsgruppe Landesverfassung, der Vertreter der verschiedensten politischen Gruppierungen und Parteien angehörten, im Kurort *Gohrisch* in der Sächsischen Schweiz erarbeitet wurde. Am 6. Juni 1991 wurde dann der Öffentlichkeit durch den Verfassungs- und Rechtsausschuß ein Dokument zur Diskussion unterbreitet, das den von CDU und F.D.P. eingebrachten Gohrischen Entwurf, einen vom Verfassungs- und Rechtsausschuß erarbeiteten Konsensentwurf, und die dazu eingebrachten Dissenspunkte der einzelnen Fraktionen enthielt. Dieses Dokument erschien als vom Landtag herausgegebener Sonderdruck und wurde in einigen Tageszeitungen abgedruckt. Die Bürger Sachsens waren aufgefordert, Anregungen, Bedenken, Kritik sowie Änderungs- und Ergänzungsvorschläge dem Verfassungs- und Rechtsausschuß mitzuteilen. Allerdings fiel die Beteiligung der Bevölkerung mit insgesamt 1.300 Zuschriften recht spärlich aus. Am 15. Juli 1991 fand eine Woche der Anhörungen vor dem Verfassungs- und Rechtsausschuß in Dresden, Leipzig und Chemnitz statt. Mit der Verarbeitung der Eingaben und Stellungnahmen aus der Bevölkerung und den Ergebnissen der Anhörungen begann im Januar 1992 die zweite Phase der Ausschußberatungen. Der hieraus entstandene Verfassungsentwurf wurde schließlich dem Landtag zur Beratung und Beschlußfassung zugeleitet. Am 25. und 26. Mai 1992 tagte der Sächsische Landtag in seiner 46. Sitzung als verfassungsgebende Versammlung und nahm den Entwurf mit $^{2}/_{3}$-Mehrheit an.[37] Trotz einer Initiative der LINKEN LISTE/PDS verzichtete der Landtag, wie bereits erwähnt, darauf, zur Bestätigung der neuen Verfassung eine Volksabstimmung durchzuführen. Die Verfassung des Freistaates Sachsen[38] wurde am 27. Mai 1992 ausgefertigt und trat daraufhin am 6. Juni 1992 in Kraft.[39]

4. Die Verfassungsentwicklung in Sachsen-Anhalt

Die Verfassungsentwicklung im Land Sachsen-Anhalt[40] beginnt mit Erlaß des Gesetzes über die vorläufige Ordnung der Regierungsgewalt im Land Sachsen-Anhalt vom 28. Oktober 1990.[41] Auch dieses Organisationsstatut ist als vorläufige Verfassung zu qualifizieren, da auch dieses Gesetz sowohl materielles als auch formelles Verfassungsrecht enthält. Die Einordnung

---

[37] Landtag Sachsen Plen.Prot. 1/46. Auch abgedruckt in: *Stober*, Quellen zur Entstehungsgeschichte der Sächsischen Verfassung, S. 409 ff.

[38] Verfassung des Freistaates Sachsen (GVBl. Sachsen 1992 S. 243 ff.)

[39] Vgl. allgemein zum Inhalt der Verfassung des Freistaates Sachsen: *Franke*, in: *Stern*, Deutsche Wiedervereinigung, Band III, S. 57 ff.; *Degenhart*, in: *Degenhart/Meissner*, Handbuch der Verfassung des Freistaates Sachsen, S. 157 ff.; *Heitmann*, SächsVBl. 1993, S. 2 ff.; *Degenhart*, LKV 1993, S. 33 ff.

[40] Vgl. allgemein zur Verfassungsentwicklung in Sachsen-Anhalt: *Bayer*, DVBl. 1991, S. 1014 ff.; *v. Bose*, in: *Stern*, Deutsche Wiedervereinigung, Band III, S. 79 ff.; Landeszentrale für politische Bildung Sachsen-Anhalt, Die Verfassung des Landes Sachsen-Anhalt, S. 35 ff.; *Brachmann*, DtZ 1991, S. 209; *ders.*, DtZ 1991, S. 436; *ders.*, DtZ 1992, S. 146; *ders.*, DtZ 1992, S. 324.

[41] Gesetz über die vorläufige Ordnung der Regierungsgewalt im Land Sachsen-Anhalt (GVBl. Sachsen-Anhalt 1990 S. 1 ff.).

als materielles Landesverfassungsrecht folgt aus dem staatsorganisatorischen Teil der Grundordnung, obgleich dieser sich auf ein Minimum beschränkt. In nur acht Paragraphen werden Essentialia wie die Wahl des Ministerpräsidenten, die Ernennung der Minister sowie einige wenige Grundzüge der Regierungstätigkeit geregelt. Nicht im Gesetz vom 28. Oktober 1990 enthalten sind Regelungen über die Arbeit des Landtages und sein Verhältnis zur Regierung. Auf der Grundlage dieser vorläufigen Verfassung wurde am 2. November 1990 die erste Regierung des Landes Sachsen-Anhalt unter Ministerpräsident *Gieß* gebildet, der allerdings bereits Mitte 1991 von *Werner Münch* abgelöst wurde.[42]

Zur Erarbeitung einer Verfassung für Sachsen-Anhalt hatte der Landtag zunächst einen Verfassungsausschuß gebildet. Diesem mit den Machtverhältnissen im Landtag korrespondierenden Ausschuß gehörten 13 stimmberechtigte Abgeordnete an. Die CDU stellte hierbei sechs, die SPD drei, die F.D.P. zwei und die PDS und BÜNDNIS 90/GRÜNE jeweils einen Abgeordneten. Neben diesen nahmen regelmäßig sieben bis acht nicht stimmberechtigte Mitglieder an den Ausschußberatungen teil. Dies waren zwei vom Landtag berufene Sachverständige, die Professoren *Schneider* aus Hannover und *Starck* aus Göttingen, Vertreter der Landesregierung und Mitglieder des Gesetzgebungs- und Beratungsdienstes des sachsen-anhaltinischen und des niedersächsischen Landtages. Dem Verfassungsausschuß lagen vier Verfassungsentwürfe vor. Dies waren der Verfassungsentwurf des Runden Tisches,[43] ein Verfassungsentwurf der Fraktion BÜNDNIS 90/GRÜNE, der sich eng an den ersteren Entwurf anlehnte, weiterhin ein Entwurf der Fraktionen der CDU und F.D.P. und ein Entwurf der SPD-Fraktion.[44] Bevor der Verfassungsausschuß seine Beratungen aufnahm, veranstaltete er im Februar 1991 eine Anhörung einer Vielzahl landesweiter Verbände sowie der beiden Kirchen. Im Oktober hatte der Verfassungsausschuß in zwölf, teilweise mehrtägigen Sitzungen schließlich seinen eigenen Verfassungsentwurf fertiggestellt. Der Präsident des sachsen-anhaltinischen Landtages rief daraufhin am 25. Oktober 1991 in einem Brief alle Bürger Sachsen-Anhalts sowie alle Verbände und Vereine auf, zum vorgelegten Verfassungsentwurf Stellung zu nehmen. Die eingegangenen knapp 1.000 Zuschriften legte der Verfassungsausschuß zusammen mit seinem Entwurf dem Landtag als fraktionsübergreifenden Antrag[45] zur ersten Lesung vor. In der ersten Lesung am 9. April 1992[46] überwies der Landtag den Entwurf nochmals in die Ausschüsse, und es wurden nochmals Anhörungen durchgeführt. Die zweite Lesung im Landtag fand am 25. Juni 1992 statt.[47] In dieser Sitzung wurde auch ein Gesetz über das Verfahren zur Verabschiedung und Verkündung der Landesverfassung beschlossen, welches am 1. Juli 1992 in Kraft trat. Dieses Gesetz bestimmte, daß die Landesverfassung mit $^{2}/_{3}$-Mehrheit verabschiedet werden muß. Am

[42] *Linck*, DÖV 1991, S. 730 ff.

[43] Vgl. hierzu oben Kapitel 5. Punkt I. 2.

[44] Diese Entwürfe finden sich alle in: Landtag Sachsen-Anhalt, Drucks. 1/1334.

[45] Landtag Sachsen-Anhalt, Drucks. 1/1334.

[46] Landtag Sachsen-Anhalt, Plen.Prot. der 31. Sitzung am 9. April 1992.

[47] Landtag Sachsen-Anhalt, Plen.Prot. der 34. Sitzung am 25. Juni 1992.

15. Juli 1992 fand die dritte und letzte Lesung im sachsen-anhaltinischen Landtag statt.[48] In dieser dritten Lesung wurde die Verfassung des Landes Sachsen-Anhalt mit $^{2}/_{3}$-Mehrheit angenommen. Mit ihrer Verkündung im Gesetzes- und Verordnungsblatt trat die Verfassung[49] am 17. Juli 1992 in Kraft.[50]

5. Die Verfassungsentwicklung in Mecklenburg-Vorpommern

Am 26. Oktober 1990 beschloß der Landtag von Mecklenburg-Vorpommern[51] in seiner konstituierenden Sitzung als vorläufige Landesverfassung das Vorläufige Statut für das Land Mecklenburg-Vorpommern.[52] Es enthält in seinen acht Paragraphen lediglich Regelungen, die für die Tätigkeit der Staatsorgane unbedingt erforderlich sind und tritt mit Inkrafttreten der endgültigen Landesverfassung außer Kraft. Durch einen Landtagsbeschluß wurde am 23. November 1990 eine Kommission zur Erarbeitung einer Landesverfassung konstituiert.[53] Die Kommission bestand aus 20 Mitgliedern: elf von den Fraktionen bestimmte Landtagsabgeordnete, acht Sachverständige[54] und Vertreter der Bürgerbewegung und der nicht im Landtag vertretenen BÜNDNIS 90/GRÜNE und der Justizminister als Vertreter der Regierung. Als Beratungsgrundlagen wurden der Kommission der Verfassungsentwurf des *Regionalausschusses Verfassung* und der Entwurf der *Gruppe Vorläufige Verfassung* zugeleitet.[55] Der Entwurf des Regionalausschusses Verfassung wurde von einer Arbeitsgruppe geschaffen, die Anfang März 1990 im Auftrag der *Runden Tische* der Bezirke Rostock, Schwerin und Neubrandenburg ihre Arbeit aufnahmen. In diesen Entwurf sind viele Anregungen von Parteien, Bürgerbewegungen, Organisationen und auch einzelnen Bürgern eingeflossen, was sich darin zeigt, daß insbesondere viele aktuelle und auch kontrovers diskutierte verfassungsrechtliche Probleme, wie beispielsweise der verfassungsrechtliche Status nichtehelicher Lebensgemeinschaften oder erweiterte plebiszitäre Elemente angesprochen sind. Der Verfassungsentwurf der Gruppe Vorläufige Verfassung wurde von dem im Ruhestand befindlichen ehemaligen Chef der schleswig-holsteinischen Staatskanzlei

---

[48] Landtag Sachsen-Anhalt, Plen.Prot. der 35. Sitzung am 15. Juli 1992.

[49] Verfassung des Landes Sachsen-Anhalt vom 16. Juli 1992 (GVBl. Sachsen-Anhalt 1992 S. 600 ff.).

[50] Vgl. allgemein zum Inhalt der Verfassung des Landes Sachsen-Anhalt: *Kilian*, LKV 1993, S. 73 ff.

[51] Vgl. allgemein zur Verfassungsentwicklung in Mecklenburg-Vorpommern: *Bayer*, DVBl. 1991, S. 1014 ff.; *Wedemeyer*, in: *Stern*, Deutsche Wiedervereinigung, Band III, S. 37 ff.; *Prachtl*, LKV 1994, S. 1 ff. ; *Hölscheidt/v. Wiese*, LKV 1992, S. 393 ff.; *Hölscheidt*, DVBl. 1991, S. 1066 ff.; *Erbguth/Wiegand*, DÖV 1992, S. 770 ff.

[52] GVBl. Mecklenburg-Vorpommern 1990 S. 1 ff.

[53] Landtag Mecklenburg-Vorpommern, Drucks. 1/26 und 1/86.

[54] Darunter die Professoren *Starck* und *von Mutius*.

[55] Landtag Mecklenburg-Vorpommern, LT-Drucks. 1/2000. Vgl. zum Ganzen auch: *Hölscheidt*, DVBl. 1991, S. 1066, 1068 f.

Georg Poetzsch-Heffter verfaßt. Dieser Entwurf ist rein organisationsrechtlich angelegt. Diese beiden Entwürfe bildeten im wesentlichen die Grundlage, auf der die Verfassungskommission ihren Vorschlag erarbeitete. Außerdem existierte noch ein ebenfalls rein organisationsrechtlicher Verfassungsentwurf, den Justizminister *Ulrich Born* in Abstimmung mit dem Innenministerium entworfen hat. Dieser letzte Entwurf, der im Juni 1991 vorgestellt wurde, stellte keine offizielle Diskussionsgrundlage dar, wurde aber dennoch sicherlich in der Verfassungskommission zur Kenntnis genommen.

Die konstituierende Sitzung der Verfassungskommission, in der man sich auf die Grundlagen der Arbeit einigte, fand am 31. Januar 1991 statt. Nach einer Grundsatzaussprache in der 2. bis 4. Sitzung im Februar/März 1991 wurden in der 5. und 6. Sitzung im April 1991 öffentliche Anhörungen durchgeführt, im Rahmen derer über 50 Verbände und Organisationen gehört wurden.[56] Der von den Professoren *Starck* und *von Mutius* entworfene Vorschlag für den staatsorganisatorischen Teil der Verfassung wurde in den folgenden Terminen diskutiert. Ab Januar 1992 wurden im Rahmen der 14. bis 17. Sitzung der Verfassungskommission die aufzunehmenden Grundrechte, Staatsziele und Präambelformulierungen beraten. Nach abschließenden Beratungen in den folgenden Sitzungen beendete die Kommission nach ihrer 20. Sitzung am 28. April 1992 ihre Arbeit mit einer abschließenden Aussprache und Stellungnahme. Der von ihr erarbeitete Entwurf wurde am 7. Mai 1992 der Öffentlichkeit vorgestellt.[57] Nach der öffentlichen Diskussion des Entwurfes der Verfassung wurde im Frühjahr 1993 ein abschließender Verfassungsentwurf erarbeitet.[58] Die erste Lesung betreffend die Verfassung des Landes Mecklenburg-Vorpommern fand am 12. Mai 1993 statt. Da allgemein keine großen Differenzen mehr bestanden und daher auch kein großer Beratungsaufwand mehr gesehen wurde, fand bereits am 14. Mai 1993 die zweite Lesung statt, im Rahmen derer die Verfassung mit $^2/_3$-Mehrheit vom Landtag angenommen wurde.[59] Nach der Schlußabstimmung im Parlament wurde die Verfassung vorläufig in Kraft gesetzt.[60] Nachdem die Bürger des Landes Mecklenburg-Vorpommern die Verfassung im Rahmen eines Volksentscheides am 12. Juni 1994 bestätigt hatten, konnte sie endgültig in Kraft treten.[61]

---

[56] *Hölscheidt*, DVBl. 1991, S. 1066, 1070.

[57] Landtag Mecklenburg-Vorpommern, LT-Drucks. 1/2000.

[58] *Hölscheidt/von Wiese*, LKV 1992, S. 393, 397 ff.

[59] Vgl. hierzu *Prachtl*, LKV 1994, S. 1 ff.

[60] Verfassung des Landes Mecklenburg-Vorpommern vom 23. Mai 1993 (GVBl. Mecklenburg-Vorpommern 1993 S. 372 ff.).

[61] Vgl. allgemein zum Inhalt der Verfassung des Landes Mecklenburg-Vorpommern: *Prachtl*, LKV 1994, S. 1 ff.

6. Die Verfassungsentwicklung im Freistaat Thüringen

Die erste Aufgabe des am 14. Oktober 1990 gewählten Thüringer Landtags bestand darin, das staatliche Leben im Land mittels einer verfassungsrechtlichen Grundlage zu organisieren.[62] Da Rechte und Pflichten des Landtags und der Regierung auf der Ebene einer Verfassung zu regeln sind, wurde auch in Thüringen zunächst eine vorläufige Verfassung geschaffen. Die bereits im Rahmen der konstituierenden Sitzung des Thüringer Landtages am 25. Oktober 1990 beschlossene *Vorläufige Geschäftsordnung* genügte diesem Anspruch nicht. Daher wurde der Entwurf einer *Vorläufigen Landessatzung für das Land Thüringen* von den Regierungsfraktionen CDU und F.D.P. in den Landtag eingebracht. In der am 26. Oktober 1990 stattfindenden ersten Lesung wurde dieser Gesetzentwurf an den 14-köpfigen Ältestenrat, der insofern die Funktion eines vorläufigen Verfassungsausschusses innehatte, überwiesen. Die *Vorläufige Landessatzung für das Land Thüringen*[63] wurde daraufhin am 7. November 1990 in zweiter Lesung vom Landtag beschlossen. Auch die Vorläufige Landessatzung für das Land Thüringen ist eine Verfassung im materiellen und im formellen Sinn. Der Landessatzung ist eine Präambel vorangestellt, die auf die unmittelbare Geltung der Grundrechte des Grundgesetzes sowie auf den vorläufigen Charakter der Landessatzung hinweist. Der inhaltliche Schwerpunkt der Landessatzung liegt im Staatsorganisationsrecht. Sie enthält Regelungen über die Bildung von Landtag und Landesregierung, deren Aufgaben und deren Verhältnis. Weiterhin wurden Vorschriften über das Finanzwesen niedergelegt. § 17 der Landessatzung bestimmt, daß Änderungen oder Ergänzungen der Landessatzung einer $^2/_3$-Mehrheit bedürfen, womit der Landessatzung ein erhöhter Bestandsschutz verliehen wird. Die Vorläufigkeit der Landessatzung kam in ihrem § 18 Abs. 2 zum Ausdruck, der bestimmte, daß die Landessatzung spätestens am 31. Dezember 1992 außer Kraft treten und bis zu diesem Zeitpunkt von der endgültigen Thüringer Verfassung abgelöst werden sollte. Als Ende 1992 deutlich wurde, daß dieser ehrgeizig gesetzte Termin nicht eingehalten werden konnte, war daher eine Änderung der Vorläufigen Landessatzung nötig, durch welche diese Zeitvorgabe ersatzlos gestrichen wurde.[64] Auf der Grundlage der Vorläufigen Landessatzung wurde am 8. Oktober 1990 die Thüringer Landesregierung gebildet. Anfang 1992 trat Ministerpräsident *Duchac* zurück und wurde vom ehemaligen Ministerpräsidenten des Landes Rheinland-Pfalz *Bernhard Vogel* abgelöst.[65]

Der Landtag stellte sich der Aufgabe, eine Vollverfassung für Thüringen zu erarbeiten, mit Enthusiasmus. Sämtliche im Thüringer Landtag vertretenen Fraktionen legten von Sommer

---

[62] Vgl. allgemein zur Verfassungsentwicklung in Thüringen: *Bayer*, DVBl. 1991, S. 1014 ff.; *Hochbaum*, DtZ 1991, S. 241 f.; *ders.*, DtZ 1992, S. 20; *ders.*, DtZ 1992, S. 181; *ders.*, DtZ 1992, S. 350; *Linck*, ThürVBl. 1992, S. 1 ff.; *Starck*, ThürVBl. 1992, S. 10 ff.; *Bernet*, in: *Stern*, Deutsche Wiedervereinigung, Band I, S. 43 ff.; *Schmid*, in: *Stern*, Deutsche Wiedervereinigung, Band III, S. 105 ff.

[63] Vorläufige Landessatzung für das Land Thüringen vom 7. November 1990 (GVBl. Thüringen 1990 S. 1 ff.).

[64] Zweites Gesetz zur Änderung der Vorläufigen Landessatzung für das Land Thüringen vom 15. Dezember 1992 (GVBl. Thüringen 1992 S. 575 ff.).

[65] *Linck*, DÖV 1991, S. 730 ff.; *ders.*, ThürVBl. 1992, S. 1 ff.; *Hochbaum*, DtZ 1991, S. 241.

bis Herbst 1991 Verfassungsentwürfe vor.[66] Der Landtag hat sich in seiner 28. Sitzung am 12. September 1991 in erster Lesung mit diesen fünf Verfassungsentwürfen befaßt und sie in den Verfassungs- und Geschäftsordnungsausschuß überwiesen.[67] Diesem Ausschuß gehörten zehn Abgeordnete an: fünf Abgeordnete der CDU, zwei der SPD und je einer der F.D.P., PDS und des Neuen Forums. Der Verfassungsausschuß beschloß Ende Oktober 1991 die Einsetzung eines aus je einem Vertreter jeder Fraktion bestehenden Unterausschusses, dessen Aufgabe darin bestand, konsensfähige Positionen zu eruieren und Formulierungsvorschläge für einen einheitlichen Verfassungsentwurf auszuarbeiten.[68] In Thüringen kam es nicht zu einer breiten öffentlichen Verfassungsdebatte. Einerseits lag dies wohl an der Nicht-Öffentlichkeit der Verhandlungen des Verfassungs- und Geschäftsordnungsausschusses, andererseits mag der Grund dafür auch einfach in mangelndem öffentlichen Interesse gelegen haben. Nach der zweiten Lesung[69] hatte der Landtagspräsident den vom Verfassungs- und Geschäftsordnungsausschuß vorgelegten Verfassungsentwurf in einer Auflage von 800.000 Stück an die Bevölkerung verteilen lassen. Die schwache Resonanz der Bevölkerung spiegelte sich jedoch auch darin wider, daß daraufhin lediglich 400 Stellungnahmen beim Verfassungsausschuß eingingen. In seiner Sitzung vom 22. Oktober 1993 hat der Thüringer Landtag schließlich die Beschlußempfehlung[70] des Verfassungs- und Geschäftsordnungsausschusses angenommen und die Verfassung daraufhin in der Schlußabstimmung am 25. Oktober 1993 mit der nach Art. 106 Abs. 1 der Vorläufigen Landessatzung vorgesehenen $^{2}/_{3}$-Mehrheit verabschiedet.[71] Die Verfassung des Freistaats Thüringen trat vorläufig am 30. Oktober 1993 in Kraft.[72] Nachdem sie von der Mehrheit der abstimmenden Bevölkerung Thüringens am 16. Oktober 1994 bestätigt wurde, konnte die Verfassung des Freistaats Thüringen[73] endgültig in Kraft treten.

---

[66] Entwurf der CDU-Fraktion vom 10. April 1991, Landtag Thüringen, LT-Drucks. 1/285; Entwurf der F.D.P.-Fraktion vom 25. April 1991, Landtag Thüringen, LT-Drucks. 1/301; Entwurf der SPD-Fraktion vom 9. Juli 1991, Landtag Thüringen, LT-Drucks. 1/590; Entwurf der Neues Forum/GRÜNE/Demokratie-Jetzt-Fraktion vom 23. August 1991, Landtag Thüringen, LT-Drucks. 1/659; Entwurf der LL/PDS-Fraktion vom 9. September 1991, Landtag Thüringen, LT-Drucks. 1/678.

[67] Landtag Thüringen, Plen.Prot. 1/28, S. 1707.

[68] Vgl. hierzu *Rommelfanger*, ThürVBl. 1993, S. 145, 149 f.

[69] Landtag Thüringen, Plen.Prot. 1/94, S. 7153 f.

[70] Landtag Thüringen, LT-Drucks. 1/2660.

[71] Vgl. zum Ganzen *Huber*, LKV 1994, S. 121 f.

[72] Verfassung des Freistaats Thüringen vom 25. Oktober 1993 (GVBl. Thüringen 1993 S. 625) zuletzt geändert durch Gesetz vom 12. Dezember 1997 (GVBl. Thüringen 1997 S. 625).

[73] Vgl. allgemein zum Inhalt der Verfassung des Freistaats Thüringen: *Huber*, LKV 1994, S. 121 ff.; *Rommelfanger*, ThürVBl. 1993, S. 145 ff.; *ders.*, ThürVBl. 1993, S. 173; *Jutzi*, ThürVBl. 1995, S. 25 ff.; *ders.*, ThürVBl. 1995, S. 54 ff.; *Neumann*, LKV 1996, S. 392 ff.

7. Die Verfassungsreform in Schleswig-Holstein

Am 30. Mai 1990 verabschiedete der schleswig-holsteinische Landtag einstimmig ein Gesetz zur Änderung der *Landessatzung* aus dem Jahr 1949.[74] Damit wurde mit Wirkung zum 1. August 1990 die Verfassung Schleswig-Holsteins umfassend novelliert.[75] Gleichzeitig erhielt sie die Bezeichnung *Verfassung des Landes Schleswig-Holstein*.[76]

Die neue Verfassung löste die seit dem 12. Januar 1950 in Kraft befindliche *Landessatzung für Schleswig-Holstein* ab. Die Landessatzung war die erste Landesverfassung der Bundesrepublik Deutschland, die auf das Grundgesetz abgestimmt war.[77] Infolgedessen verzichtete sie auf einen Grundrechtskatalog, obgleich sie bereits in dieser Fassung eine Minderheitenschutzklausel enthielt.[78] Dennoch stellte die Landessatzung nicht mehr als ein Organisationsstatut dar. Grund hierfür waren wohl die Zweifel der damaligen Landesregierung an der Lebensfähigkeit des Bundeslandes Schleswig-Holstein.[79] Hieraus resultierte auch ihre Bezeichnung als Landessatzung. Dennoch erwies sich das vermeintliche Provisorium über einen Zeitraum von fast 40 Jahren als tragfähige und bewährte Landesverfassung.[80]

Ausgangspunkt der Verfassungsreform im Land Schleswig-Holstein war die sog. *Barschel/Pfeiffer*-Affäre des Jahres 1987. Der in der 11. Wahlperiode eingesetzte Untersuchungsausschuß des schleswig-holsteinischen Landtages, der den Machtmißbrauch des früheren Ministerpräsidenten *Uwe Barschel* zu untersuchen hatte, formulierte 1988 als Auftrag für den neu zu wählenden Landtag: *„Über die Konsequenzen für die CDU hinaus, die sie aus der Tätigkeit ihres früheren Ministerpräsidenten und Spitzenkandidaten alleinverantwortlich ziehen muß, bleibt es die Aufgabe aller politisch Verantwortlichen in Parteien und Parlament, durch wirksame Kontrollmaßnahmen zu verhindern, daß sich solche staatszerstörerischen Ereignisse wiederholen können. Dazu sind nicht allein die Gesetzgeber*

---

[74] Landessatzung für Schleswig-Holstein vom 13. Dezember 1949 (GVBl. Schleswig-Holstein 1950 S. 3).

[75] Vgl. allgemein zur Verfassungsreform in Schleswig-Holstein: *v. Mutius*, Nordfriesland 1990, S. 39 ff.; *Börnsen*, RuP 1991, S. 69 ff.; *Rohn*, NJW 1990, S. 2782 ff.; *Bull*, RuP 1991, S. 193 ff.

[76] Verfassung des Landes Schleswig-Holstein vom 13. Juni 1990 (GVBl. Schleswig-Holstein 1990 S. 391), zuletzt geändert durch Gesetz vom 27. September 1998 (GVBl. Schleswig-Holstein 1998 S. 280).

[77] *Rohn*, NJW 1990, S. 2782.

[78] Vgl. hierzu die detaillierten Ausführungen unten unter Punkt III. und *Barschel/Gebel*, Landessatzung für Schleswig-Holstein, Kommentar, Einführung, S. 61 ff. und die Kommentierungen zu Art. 5 und 6.

[79] Vgl. die Rede des damaligen Innenministers *Käber* vom 24. Oktober 1949. Landtag Schleswig-Holstein, Plen.Prot. 1/26, S. 48.

[80] Zur alten Rechtslage vgl. insbesondere: *Barschel/Gebel*, Landessatzung für Schleswig-Holstein, Kommentar; *Barschel*, Die Staatsqualität der deutschen Länder, S. 174 ff.

aufgerufen, sondern insbesondere alle politisch Handelnden, die sich im politischen Tageskampf an gemeinsamen Normen der demokratischen Auseinandersetzung und des Machtwechsels orientieren müssen.“[81] In seinem Bericht an den Landtag empfahl der Ausschuß „*institutionelle Reformen zur Begrenzung und Kontrolle der politischen Macht. Die Beziehungen zwischen Regierung und Parlament, ganz besonders das Verhältnis von Regierung und Opposition, sind reformbedürftig. Die Rechte der Bürger sind zu stärken und gegen staatliche Übergriffe zu sichern. Letztlich ist auch das Untersuchungsverfahren selbst zu verbessern.*“[82] Daraufhin wurde im Juni 1988 eine Enquête-Kommission Verfassungs- und Parlamentsreform gebildet, die aus neun Mitgliedern unter der Leitung der Präsidentin des Landtages von Schleswig-Holstein *Lianne Paulina-Mürl* bestand und deren Auftrag lautete, „*auf der Grundlage neuerer verfassungsrechtlicher und verfassungspolitischer Erkenntnisse Möglichkeiten zur wirksameren Kontrolle der Regierung, zur verstärkten Beteiligung der Bürgerinnen und Bürger, zur Stärkung des Landtages sowie zur Verbesserung seiner Arbeitsbedingungen und seiner Arbeitsweise zu prüfen und Anregungen für entsprechende Änderungen der Landessatzung, der unterverfassungsrechtlichen Rechtsordung und der Parlamentspraxis zu geben.*“[83] Im Februar 1989 legte die Kommission ihren Schlußbericht[84] vor, der umfangreiche Änderungen der Landessatzung sowie anderer Rechtsnormen empfahl. Zur Beratung dieses Schlußberichts bildete der schleswig-holsteinische Landtag einen Sonderausschuß Verfassungs- und Parlamentsreform.[85] Dieser Sonderausschuß tagte öffentlich und führte mehrere Anhörungen durch. Zu Beginn seiner Tätigkeit forderte der Sonderausschuß Bürger, Verbände und Institutionen auf, Vorschläge zur Verfassungs- und Parlamentsreform und insbesondere zur Verbesserung der Bürgerrechte gegenüber Parlament und Regierung zu unterbreiten. Eine der öffentlichen Anhörungen war insbesondere dem Schutz und der Förderung nationaler Minderheiten und Volksgruppen gewidmet. Im Dezember 1989 legte der Sonderausschuß seine Vorschläge zur Änderung der Landessatzung sowie zur Änderung anderer Rechtsnormen vor.[86] Die Empfehlungen führten zu zwei Gesetzesinitiativen. Die Initiative der SPD-Mehrheitsfraktion und des SSW[87] übernahm die mit einfacher Mehrheit beschlossenen Vorschläge des Sonderausschusses. Die Gesetzesinitiative der CDU-Fraktion[88] wich in sechs Punkten von der Ausschußempfehlung ab. Beide Gesetzesinitiativen wurden vom Landtag in erster Lesung an den Sonderausschuß überwiesen, der nun die wenigen noch existierenden Kontroversen auflösen sollte. Die zur Erreichung einer verfassungsändernden Mehrheit erforderliche und anschließend auch erzielte interfraktionelle Einigung führte schließlich zu einer Beschlußempfehlung des

[81] Landtag Schleswig-Holstein, LT-Drucks. 11/66, S. 2 ff.

[82] Vgl. zum Ganzen insbesondere: *Börnsen*, RuP 1991, S. 69 f.; *Rohn*, NJW 1990, S. 2782, 2783.

[83] Landtag Schleswig-Holstein, LT-Drucks. 12/14, S. 1.

[84] Landtag Schleswig-Holstein, LT-Drucks. 12/180.

[85] Landtag Schleswig-Holstein, LT-Drucks. 12/218.

[86] Landtag Schleswig-Holstein, LT-Drucks. 12/620.

[87] Landtag Schleswig-Holstein, LT-Drucks. 12/637.

[88] Landtag Schleswig-Holstein, LT-Drucks. 12/638.

Sonderausschusses[89] an den Landtag. Am 30. Mai 1990 wurde daraufhin mit den Stimmen aller 74 Abgeordneten des schleswig-holsteinischen Landtages die neue Verfassung[90] beschlossen. Seit dem 1. August 1990 ist sie in Kraft.[91]

8. Die Verfassungsreform in Niedersachsen

Wesentliche Anstoß für die Verfassungsreform in Niedersachsen[92] nach Herstellung der staatlichen Einheit Deutschlands war, daß die bisherige Verfassung sich selbst als Provisorium verstanden hatte, was von ihrer Bezeichnung als *Vorläufige Niedersächsische Verfassung*[93] reflektiert wurde. Diese bisherige Verfassung war als reines Organisationsstatut angelegt und kannte weder eigene Grundrechte noch Staatsziele. Art. 61 Abs. 2 der Vorläufigen Niedersächsischen Verfassung bestimmte, daß die Verfassung ein Jahr nach Ablauf des Tages außer Kraft trete, an dem das deutsche Volk in freier Entscheidung eine Verfassung beschließt. Damit schloß sich das Land Niedersachsen sehr eng an den ursprünglichen vorläufigen Charakter des Grundgesetzes an. Bekanntermaßen wurde die staatliche Einheit Deutschlands jedoch nicht durch einen verfassungsgebenden, sondern durch einen verfassungsändernden Akt, dem Beitritt der DDR zum Grundgesetz nach Art. 23 GG a.F., und damit also auf der Grundlage des Grundgesetzes vollzogen. Demzufolge war die Verfassungsreform in Niedersachsen auch kein Anwendungsfall des Art. 61 Abs. 2 der Vorläufigen Niedersächsischen Verfassung.[94] So war der Entschluß des Niedersächsischen Landtages, ein Verfahren zur Revision der Landesverfassung durchzuführen, auch nicht durch die Vorschrift des Art. 61 Abs. 2 bestimmt, sondern beruhte auf der Überlegung, daß mit der Wiederherstellung der Einheit Deutschlands der Zeitpunkt gekommen ist, die Vorläufigkeit der Niedersächsischen Verfassung zu beenden und bei dieser Gelegenheit eine Verfassungsrevision durchzuführen.[95] Da kein verfassungsloser Zustand bestand oder drohte, konnte die Arbeit an der Reform auch ohne Zeitdruck angegangen und durchgeführt werden. Dadurch entfiel allerdings auch der für die Verfassungsentwicklung in den neuen Bundesländern so typische Konsensdruck zu einem großen Teil. Natürlich bestanden auch in

---

[89] Landtag Schleswig-Holstein, LT-Drucks. 12/826.

[90] Verfassung des Landes Schleswig-Holstein vom 13. Juni 1990 (GVBl. Schleswig-Holstein 1990 S. 391) zuletzt geändert durch Gesetz vom 27. September 1998 (GVBl. Schleswig-Holstein 1998 S. 280).

[91] Vgl. allgemein zum Inhalt der Verfassung des Landes Schleswig-Holstein: *Börnsen*, RuP 1991, S. 69, 70 ff.; *Rohn*, NJW 1990, S. 2782, 2784 ff.; *Bull*, RuP 1991, S. 193 ff.

[92] Vgl. allgemein zur Verfassungsreform in Niedersachsen: *Schneider*, RuP 1991, S. 160; *Bachmann*, RuP 1992, S. 75 ff.; *Berlit*, NVwZ 1994, S. 11 ff.; *Starck*, NdsVBl. 1994, S. 2 ff.; *Burmeister*, ZG 1995, S. 289 ff.

[93] Vorläufige Niedersächsische Verfassung vom 13. April 1951. In Kraft getreten am 1. Mai 1951 (Niedersächsisches GVBl. 1951 Sb. I S. 5).

[94] Vgl. *Berlit*, NVwZ 1994, S. 11, 12; *Starck*, NdsVBl. 1994, S. 2.

[95] So *Starck*, NdsVBl. 1994, S. 2.

Niedersachsen von Anfang an parteipolitische Differenzen hinsichtlich des zu erreichenden Ziels. Aus der Sicht der Regierungskoalition aus SPD und BÜNDNIS 90/GRÜNE war vorrangig der wegen der Vorläufigkeit der Verfassung vereinbarte Verzicht auf Grundrechte und Staatsziele und die Beschränkung auf ein reines Organisationsstatut zu überprüfen. Ihre Absicht war es, im Zuge einer breit angelegten Verfassungsreform eine um Grundrechte und Staatsziele ergänzte, moderne Verfassung zu schaffen. Die Oppositionsfraktionen von CDU und F.D.P. dagegen sahen unter Hinweis auf den Charakter der bisherigen Verfassung, der sich unbestritten bewährt habe, kaum inhaltlichen Änderungsbedarf. Umfassende Veränderungen und insbesondere die Aufnahme von Staatszielen und direktdemokratischen Elementen lehnten sie in ihrer Ausgangsposition ab.[96]

Da also die Verfassungsreform in Niedersachsen unter dem Regime der alten Vorläufigen Niedersächsischen Verfassung durchgeführt wurde, waren die verfassungsrevidierenden Körperschaften an das Erfordernis der qualifizierten Mehrheit des Art. 38 Satz 2 der Vorläufigen Niedersächsischen Verfassung gebunden. Das bedeutet auch, daß Kompromisse gefunden werden mußten und daß die konservativen Kräfte dadurch einen Vorteil hatten. Mit Beschluß vom 10. Oktober 1990 setzte der Landtag den Sonderausschuß *Niedersächsische Verfassung* ein, der den Auftrag erhielt, „*Vorschläge zur Änderung der Vorläufigen Niedersächsischen Verfassung mit dem Ziel der Schaffung einer endgültigen Verfassung zu erarbeiten.*“[97] Der Sonderausschuß war spiegelbildlich zu den Mehrheitsverhältnissen im Landtag zusammengesetzt. In einer ersten Phase ermittelte der Sonderausschuß durch eine Reihe von Anhörungen sachverständiger Personen, Organisationen und Interessenverbänden Richtung und Umfang des Änderungsbedarfes.[98] Die Sitzungen des Sonderausschusses waren seit dem Landtagsbeschluß vom 12. September 1991[99] grundsätzlich öffentlich, was allerdings das geringe öffentliche Interesse an der Verfassungsdiskussion nicht steigern konnte. Die zweite Phase der Verfassungsreform begann mit der Vorlage von Fraktionsentwürfen im Sommer 1992. Der gemeinsame Verfassungsentwurf von SPD und von BÜNDNIS 90/GRÜNE[100] enthielt eine von Grund auf erneuerte Verfassung mit Grundrechten, zahlreichen Staatszielen und vielen weiteren Neuerungen. Dagegen beschränkten sich die Entwürfe der CDU[101] und der F.D.P.[102] darauf, die Verfassung an wenigen Stellen zu ändern oder zu ergänzen, ohne jedoch ihren grundsätzlichen Charakter als Organisationsstatut zu

---

96 *Berlit*, NVwZ 1994, S. 11, 12.

97 Beschlußempfehlung: Niedersächsischer Landtag, LT-Drucks. 12/259; 1. Beratung 5. Sitzung vom 13. September 1990, LT.-Prot. 12/293-300; 2. Beratung 7. Sitzung vom 5. Oktober 1990, LT.-Prot. 12/480-486.

98 Vgl. hierzu Niedersächsischer Landtag, 78. Sitzung, LT.-Prot. 12/7344 f.

99 Beschluß vom 12. September 1991, Niedersächsischer Landtag, 34. Sitzung, LT.-Prot. 12/3045-3047.

100 Niedersächsischer Landtag, LT-Drucks. 12/3008. Vgl. hierzu insbesondere auch: *Bachmann*, RuP 1992, S. 75 ff.

101 Niedersächsischer Landtag, LT-Drucks. 12/3210.

102 Niedersächsischer Landtag, LT-Drucks. 12/3250.

verändern.[103] Von August 1992 bis Mai 1993 hat der Sonderausschuß in 25 Sitzungen einen gemeinsamen Verfassungsentwurf erarbeitet,[104] der nach weiteren Beratungen gewisse Änderungen erfahren hat.[105] Die neue Niedersächsische Verfassung[106] wurde am 13. Mai 1993 mit der nach Art. 38 Satz 2 der Vorläufigen Niedersächsischen Verfassung erforderlichen $^{2}/_{3}$-Mehrheit verabschiedet.[107] Sie wurde am 19. Mai 1993 ausgefertigt und verkündet[108] und trat am 1. Juni 1993 in Kraft.[109] Nachdem sich die politischen Verhältnisse nach der letzten Landtagswahl in Niedersachsen noch mehr in Richtung SPD verschoben hatten, schickte man sich in diesem Lager an, durch eine Verfassungsnovelle weitere Staatsziele, die aus Gründen einer erforderlichen Konsensfindung im Rahmen der Verfassungsreform im Jahr 1993 nicht beschlossen wurden, in die Verfassung einzufügen. Durch das Zweite Gesetz zur Änderung der Niedersächsischen Verfassung vom 21. November 1997[110] sind in Art. 6 die Förderung des Sports, in Art. 6a Arbeit und Wohnen und in Art. 6b der Tierschutz als Staatsziele in die Niedersächsische Verfassung aufgenommen worden.[111] Der Minderheitenschutz wurde allerdings verfassungsrechtlich wieder nicht berücksichtigt.

---

[103] Eine synoptische Übersicht über die verschiedenen Verfassungsentwürfe findet sich in: Niedersächsischer Landtag, LT-Drucks. 12/3350. Vgl. zum Ganzen auch: Niedersächsischer Landtag, Die Verabschiedung der Niedersächsischen Verfassung, 2. Aufl., S. 127 ff.

[104] Niedersächsischer Landtag, LT-Drucks. 12/4650. Eine Synopse dieses Entwurfes mit der Vorläufigen Niedersächsischen Verfassung findet sich in: Niedersächsischer Landtag, LT-Drucks. 12/4651.

[105] Niedersächsischer Landtag, LT-Drucks. 12/4800 und LT-Drucks. 12/4898.

[106] Vgl. allgemein zum Inhalt der neuen Niedersächsischen Verfassung: *Bachmann*, RuP 1993, S. 128 ff.; *Burmeister*, ZG 1995, S. 289, 291 ff.; *Bachmann*, RuP 1992, S. 75 ff.; *Berlit*, NVwZ 1994, S. 11, 13 ff.; *Starck*, NdsVBl. 1994, S. 2, 3 ff.

[107] Die Landtagsdebatte samt aller drei Lesungen ist dokumentiert in: Niedersächsischer Landtag, Die Verabschiedung der Niedersächsischen Verfassung, 2. Aufl., S. 8 ff.

[108] Niedersächsische Verfassung vom 19. Mai 1993 (Niedersächsisches GVBl. 1993 S. 107) zuletzt geändert durch Gesetz vom 21. November 1997 (Niedersächsisches GVBl. 1997 S. 480).

[109] Nach Art. 78 Abs. 1 Niedersächsische Verfassung.

[110] Art. 1 des Zweiten Gesetzes zur Änderung der Niedersächsischen Verfassung vom 21. November 1997 (Niedersächsisches GVBl. 1997 S. 480). Bereits vorher war durch das Erste Verfassungsänderungsgesetz vom 6. Juni 1994 eine Präambel in die Niedersächsische Verfassung eingefügt worden (Niedersächsisches GVBl. 1994 S. 229).

[111] Vgl. hierzu: *Schwarz*, NdsVBl. 1998, S. 225 ff.

II. Das Verhältnis von Landesgrundrechten und Landesstaatszielen zu Bundesrecht und Grundgesetz

Die grundsätzliche Bedeutung und der Wert der Minderheiten-schutzbestimmungen in den Verfassungen verschiedener Bundesländer können nicht richtig erfaßt und eingeordnet werden, wenn keine Klarheit hinsichtlich des Verhältnisses von Landesgrundrechten und Landesstaatszielen zum Grundgesetz und zum übrigen Bundesrecht besteht. Daher soll vor der konkreten Betrachtung des minderheitenschützenden Landesverfassungsrechts zunächst abstrakt das Verfassungskollisionsrecht im Verhältnis des Bundes zu den Ländern dargestellt werden.[112]

Nach einigen grundsätzlichen Gedanken zur harmonischen Abstimmung der Kompetenzaufteilung im Bundesstaat sollen im folgenden insbesondere die Kollisionsnormen des Art. 31 GG und des Art. 142 GG und das Homogenitätsgebot des Art. 28 GG untersucht werden.

1. Das Kompetenz- und Kollisionssystem im Bundesstaat des Grundgesetzes

Als Gegenmodell zum zentralistischen Einheitsstaat erscheint der Bundesstaat verfassungsrechtlich als Zusammenfassung mehrerer staatlicher Organisationen und Rechtsordnungen. Aus diesen unterschiedlichen Verfassungsebenen können sich in der bundesstaatlichen Ordnung Normenkonflikte ergeben, die mit dem Verfassungskollisionsrecht geregelt werden. Das Verfassungskollisionsrecht hat die Aufgabe, die unterschiedlichen Rechtsordnungen der zum Bundesstaat zusammengeschlossenen Länder zu harmonisieren. Für jede bundesstaatliche Ordnung stellt sich daher das Problem, die Rechtssetzungsgewalt des Zentralstaates und der Gliedstaaten gegeneinander abzugrenzen und eine Bestimmung über den Geltungsvorrang zwischen den Rechtsordnungen zu treffen.[113] Der Bundesstaat des Grundgesetzes definiert sich als ein Staat, der aus anderen Staaten in der Form zusammengesetzt ist, daß sowohl der Gesamtstaat als auch die Gliedstaaten Staatscharakter besitzen.[114] Die staatlichen Aufgaben sind zwischen Gesamtstaat und Gliedstaaten nach

---

[112] Vgl. hierzu allgemein: *Sachs*, ThürVBl. 1993, S. 121 ff.; *Isensee*, SächsVBl. 1994, S. 28 ff.; *Friedrich*, in: *Aulehner ua.*, Föderalismus - Aulösung oder Zukunft der Staatlichkeit ?, S. 57 ff.; *Dreier*, in: *Schmidt*, Vielfalt des Rechts - Einheit der Rechtsordnung ?, S. 113 ff.; *Erbguth/Wiegand*, Die Verwaltung 1996, S. 159 ff.; *v. Mutius/Friedrich*, StW&StPrax 1991, S. 243 ff.; *Iwers*, Entstehung, Bindungen und Ziele der materiellen Bestimmungen der Landesverfassung Brandenburg, S. 187 ff.; *Tiedemann*, DÖV 1999, S. 200 ff.; *Dietlein*, Jura 1994, S. 57 ff.; *Gallwas*, JA 1981, S. 536 ff.; *Jutzi*, DÖV 1983, S. 836 ff.; *Schneider*, DÖV 1987, S. 749 ff.; *Boehl*, Der Staat 1991, S. 572 ff.; *Graf Vitzthum*, VVDStL 46 (1988), S. 7 ff.; *Sachs*, DVBl. 1987, S. 857 ff.; *Grawert*, NJW 1987, S. 2329 ff.; *Hufen*, BayVBl. 1987, S. 513 ff.; *Pestalozza*, NVwZ 1987, S. 744 ff.; *Brohm*, DÖV 1983, S. 525 ff.; *Böckenförde/Grawert*, DÖV 1971, S. 119 ff.

[113] *Riegler*, Konflikte zwischen Grundgesetz und Länderverfassungen, S. 1.

[114] *Isensee*, in: *Isensee/Kirchhof*, Handbuch des Staatsrechts, Bd. I, § 13, Rn. 165 ff.

Sachgebieten und den auf sie bezogenen Kompetenzen aufgeteilt. Sowohl der Gesamtstaat als auch jeder Gliedstaat hat im Bereich seiner jeweiligen Kompetenzen unabgeleitete[115] originäre Staatsgewalt und dadurch die Eigenschaft der Staatlichkeit.[116] Regelungen, welche ein Land im Rahmen seiner Kompetenz trifft, müssen weder mit denen anderer Länder noch mit denen des Bundes übereinstimmen, da anderenfalls die Eigenstaatlichkeit der Länder hinfällig wäre, d.h. die Bundesstaatlichkeit als Verfassungsprinzip hätte keine Grundlage mehr. Die Beantwortung der Frage, inwieweit eine Übereinstimmung in dieser Hinsicht gegeben sein muß oder welches Maß an Ungleichheit im bundesstaatlichen Gefüge noch toleriert werden kann, muß und wird durch das Grundgesetz vor allem durch das Homogenitätsgebot des Art. 28 GG entschieden. Nach dieser Norm muß die verfassungsmäßige Ordnung in den Ländern den Grundsätzen des republikanischen, demokratischen und sozialen Rechtsstaats im Sinne des Grundgesetzes entsprechen. In den Worten des Bundesverfassungsgerichts bedeutet dies auf den Punkt gebracht: *„Die Länder sind Glieder des Bundesstaates mit eigener, wenn auch gegenständlich beschränkter, nicht vom Bund abgeleiteter, sondern von ihm anerkannter staatlicher Hoheit.“*[117] Das Bundesstaatsprinzip kann gemäß Art. 79 Abs. 3 GG nicht Gegenstand einer Verfassungsänderung sein. Das Grundgesetz sichert durch diese Bestimmung die Gliederung des Bundes in Länder und die grundsätzliche Mitwirkung der Länder bei der Gesetzgebung des Bundes. Darüber hinaus ist der Bundesstaat schlechthin durch die Verweisung auf die Grundsätze des Art. 20 GG geschützt.[118] Ihren wichtigsten Ausdruck findet die Staatlichkeit der Länder in deren Verfassungshoheit und Verfassungsautonomie.[119] Die Länder sind aus eigenem Recht befugt, sich Verfassungen zu geben und diese nach ihren Vorstellungen und gemäß den Charakteristika des jeweiligen Landes auszugestalten. Die verfassungsgebende Gewalt ist, wie bereits erwähnt, nicht vom Bund abgeleitet oder vom Grundgesetz konstituiert. Das Bundesstaatsprinzip des Grundgesetzes setzt vielmehr die verfassungsgebende Gewalt der Länder als vorhanden und weitestgehend unbeeinflußbar voraus. So stehen die Verfassungsräume des Bundes und der Länder grundsätzlich selbständig nebeneinander.[120] Die Länder verfügen bei der Ausgestaltung ihrer Verfassungen über einen nicht unerheblichen Spielraum. Neben der Möglichkeit, in ihre Verfassungen nicht nur Staatsfundamentalnormen aufzunehmen, die dem Grundgesetz unbekannt sind, haben sie auch das Recht, solche Bestimmungen, die mit den entsprechenden Regelungen des Grundgesetzes nicht im Einklang stehen, aufzunehmen. Das Nebeneinander von Bundes- und Landesverfassungsrecht wird allerdings dann gestört, wenn einzelne Vorschriften aus beiden

---

[115] So das Bundesverfassungsgericht grundlegend in: BVerfGE 1, 14 (34). Vgl. auch: *Bartlsperger*, in: *Isensee/Kirchhof*, Handbuch des Staatsrechts, Bd. IV, § 96, Rn. 3; *März*, Bundesrecht bricht Landesrecht, S. 172.

[116] Hierzu grundlegend: BVerfGE 36, 342 (360 ff.).

[117] BVerfGE 1, 14 (34).

[118] BVerfGE 1, 14 (34); BVerfGE 14, 197 (234). Vgl. hierzu auch *Riegler*, Konflikte zwischen Grundgesetz und Länderverfassungen, S. 10.

[119] Vgl. hierzu: *Storr*, Verfassungsgebung in den Ländern, S. 190 ff.

[120] BVerfGE 60, 175 (209); BVerfGE 22, 267 (270). Vgl. hierzu auch: *Riegler*, Konflikte zwischen Grundgesetz und Länderverfassungen, S. 11.

Rechtsordnungen einander widersprechen.[121] Der Auflösung solcher Konflikte dienen die unten genauer zu betrachtenden Kollisions- und Vorrangbestimmungen des Grundgesetzes. Neben ihnen wirken unter anderem die Kompetenznormen und das Homogenitätsprinzip auf das Verhältnis von Bundes- und Landesrecht ein.

Die Arbeitsteilung zwischen Bund und Ländern, die in erster Linie der Konfliktvorbeugung zwischen den Rechtsordnungen dienen soll, finden sich in den Kompetenzvorschriften des Grundgesetzes, also in den Art. 30, 70 ff. und 123 ff. GG.[122] Die Gesetzgebungszuständigkeit ist grundsätzlich nach Materien aufgeteilt, doch findet sich auch - wie in der Rahmenkompetenz des Bundes nach Art. 75 GG - eine Aufteilung derselben Materie nach Grundsatz und Ausführungsregelung. Im Grundgesetz unterbleibt eine abschließende Aufzählung sämtlicher Gesetzgebungskompetenzen von Bund und Ländern. Statt dessen werden die Zuständigkeiten der einen Seite aufgezählt und alle sonstigen Materien pauschal der anderen Seite zugewiesen. Diese Residualkompetenz findet sich in den Art. 70 ff. Grundgesetz. Wie in vielen Bundesstaaten, so ist auch in der Bundesrepublik Deutschland im Zuge einer industiell und sozial bedingten Egalisierungsbewegung ein starker zetripetaler Sog nicht zu verkennen, der in gewissem Rahmen zu einer seitens der Länder viel beklagten Aushöhlung der Länderkompetenzen führte. Klassische gliedstaatliche Domänen sind das Kulturrecht, das Sicherheits- und Ordnungsrecht und das Recht der inneren Organisation des Gliedstaates. Dies wird unter dem Regime des Grundgesetzes in gewisser Weise dadurch ausgeglichen, daß nach Art. 83 GG die Länder auch zur verwaltungsmäßigen Ausführung der Bundesgesetze kompetent sind. Art. 30 GG enthält die allgemeine Verteilungsregel, nach der dem Bund nur die im Grundgesetz explizit aufgezählten, alle anderen Aufgaben und Befugnisse aber den Ländern zustehen.[123] Diese Norm hat folgenden Wortlaut:

Artikel 30 GG

„*Die Ausübung der staatlichen Befugnisse und die Erfüllung der staatlichen Aufgaben ist Sache der Länder, soweit dieses Grundgesetz keine andere Regelung trifft oder zuläßt.*"

Art. 30 GG ist als Auffangklausel zu verstehen, die im Falle von Lücken der speziellen Kompetenzzuweisung den Ländern die Residualkompetenz zuweist. Auch wird Art. 30 GG oft und zutreffend als Generalklausel der Kompetenzverteilung bezeichnet. Die Vorschrift darf aber nicht als Zuständigkeitsvermutung mißverstanden werden. Im Regelungsbereich von Art. 30 GG geht es nicht um eine Beweislastverteilung, sondern um die Auslegungsfrage, ob

---

[121] *Riegler*, Konflikte zwischen Grundgesetz und Länderverfassungen, S. 12 ff.

[122] Vgl. hierzu etwa: *Pietzcker*, in: *Isensee/Kirchhof*, Handbuch des Staatsrechts, Bd. IV, § 99, Rn. 1 ff.; *Erbguth*, in: *Sachs*, Grundgesetz, Kommentar, 2. Aufl., Art. 30, Rn. 1 ff.

[123] *Pietzcker*, in: *Isensee/Kirchhof*, Handbuch des Staatsrechts, Bd. IV, § 99, Rn. 8 ff.

dem Bund durch das Grundgesetz in einem bestimmten Bereich Aufgaben zugewiesen sind. Stellt sich diese Frage, so ist die Kompetenzzuweisung nach den allgemeinen Auslegungsregeln zu ermitteln. Bei der Auslegung kann Art. 30 GG dann aber wieder seinem Charakter nach als länderfreundliche Auslegungsrichtlinie für die Fälle verstanden werden, in denen trotz Einsatzes der Auslegungsmethodik Zweifel an der Annahme einer Zuständigkeit des Bundes bleiben. Dann und nur dann begründet Art. 30 GG *im Zweifel* eine Zuständigkeit der Länder.[124] Die von Art. 30 GG im Grundsatz aufgestellte und von den Art. 70 ff., Art. 83 ff., Art. 92 ff. und Art. 104a ff. GG im Detail vorgenommene Zuständigkeitszuweisung ist zwingend. Weder der Bund noch die Länder können, sei es durch Gesetz oder durch Vereinbarung, ihre Zuständigkeiten auf die jeweils andere Seite übertragen.[125] Vor dem Hintergrund vielfältiger Berührungspunkte zwischen Bundes- und Länderzuständigkeit ist auch das aus Art. 20 Abs. 1 GG folgende Prinzip der Bundestreue zu beachten.[126] Auch im Bereich des Art. 30 GG hat dieses Prinzip eine ordnende Funktion. Insbesondere bringt es das Prinzip der Bundestreue im Rahmen der bundesstaatlichen Kompetenzverteilung mit sich, daß die Länder an kompetenzgerechtes Handeln des Bundes gebunden sind, wie auch der Bund einer Bindung an zuständigkeitsgemäßes Tun der Länder unterliegt. Hieraus folgt auch, daß zumindest der Kernbereich des Zuständigkeitsbereichs der jeweiligen Seite, mögen die Berührungspunkte in manchen Fällen auch noch so eng zusammenliegen, nicht berührt werden darf.[127] Nach alledem besteht die Hauptaufgabe bei der Anwendung von Art. 30 GG in der Auslegung. Nur für die Fälle, in denen das Grundgesetz dem Bund keine mit den herkömmlichen Auslegungsmitteln zu bestimmende Kompetenz verleiht, sind im Zweifel die Länder zuständig.[128]

2. Zur Terminologie: Grundrechte und Staatszielbestimmungen

Bevor nun das Verfassungskollisionsrecht des Grundgesetzes *en detail* betrachtet werden soll, erscheint es sinnvoll, mögliche Inhalte der Landesverfassungen in terminologischer Hinsicht zu definieren. Im Bereich der landesverfassungsrechtlichen Minderheitenschutzbestimmungen sind die Bestimmungen meist als Staatsziele, selten als Grundrechte formuliert. Insbesondere

---

124 Vgl. hierzu *Erbguth*, in: *Sachs*, Grundgesetz, Kommentar, 2. Aufl., Art. 30, Rn. 7 ff.

125 BVerfGE 26, 281 (296); BVerfGE 32, 145 (156); BVerfGE 63, 1 (39). Vgl. hierzu auch: *Erbguth*, in: *Sachs*, Grundgesetz, Kommentar, 2. Aufl., Art. 30, Rn. 11.

126 Vgl. hierzu: *Sachs*, in: *Sachs*, Grundgesetz, Kommentar, 2. Aufl., Art. 20, Rn. 68 ff.

127 *Erbguth*, in: *Sachs*, Grundgesetz, Kommentar, 2. Aufl., Art. 30, Rn. 28.

128 Für weitere Details zur Auslegung von Art. 30 GG vgl. etwa: *Erbguth*, in: *Sachs*, Grundgesetz, Kommentar, 2. Aufl., Art. 30, Rn. 30 ff.

diese beiden Normgruppen sollen nun folgend in Abgrenzung von anderen Normtypen definiert werden.[129]

a) Grundrechte

Grundrechte sind in Abgrenzung zu organisatorischen Regelungen dadurch gekennzeichnet, daß sie dem einzelnen subjektive, d.h. einklagbare öffentliche (Abwehr-)Rechte, die staatliches Handeln weniger steuern als begrenzen, gewährleisten. Entsprechend ihrem jeweiligen Schutzbereich schützen die Grundrechte den einzelnen in verschiedenen Lebensbereichen. Über dieses traditionelle Verständnis hinaus können den Grundrechten auch objektive Wertentscheidungen[130] und in Verbindung damit auch Schutzpflichten[131] des Staates entnommen werden. Da ein unbegrenzter Grundrechts- oder Freiheitsgebrauch des Grundrechtsträgers zu Konflikten im Rechtssystem führen würde, müssen die Grundrechte beschränkt sein. Eingriffe in die Grundrechte und Beschränkungen der Grundrechte müssen daher möglich sein. Die in Art. 1 Abs. 3 GG und auch in entsprechenden Bestimmungen der Landesverfassungen angelegte unmittelbare Geltung der Grundrechte führt zu einer besonderen Bedeutung der Grundrechtsinterpretation, welche durch die Existenz des Bundesverfassungsgerichts und der Landesverfassungsgerichte unterstrichen wird. Um praktikabel zu werden, bedürfen die meisten Grundrechtsnormen einer Konkretisierung. Dies geschieht dadurch, daß durch eine bestimmte Grundrechtstheorie, also eine systematisch orientierte Auffassung über den allgemeinen Charakter, die normative Zielrichtung und die inhaltliche Reichweite der Grundrechte geleitet und bestimmt werden. Die bestimmende Grundrechtstheorie ihrerseits findet ihre Grundlage in einer bestimmten Staatsauffassung oder Verfassungstheorie.[132] Das Bundesverfassungsgericht hat sich nicht kategorisch auf eine Grundrechtstheorie festgelegt, sondern hat sich die Freiheit genommen, je nach den Erfordernissen des vorliegenden Falles zu variieren.

Vor diesem Hintergrund können auch die Landesverfassungen nicht gehalten sein, ihre Grundrechte exakt nach der Grundrechtsinterpretation und -theorie des Grundgesetzes auszurichten. Selbstverständlich gibt jedoch Art. 28 GG die äußeren Grenzen der landesverfassungsrechtlichen Grundrechtsinterpretation und -theorie vor. Besondere Bedeutung kommt der grundgesetzlichen Grundrechtsinterpretation und -theorie in nach Art. 31 GG und Art. 142 GG aufzulösenden Kollisionssituationen zu. Hier kommt es nämlich

[129] Vgl. zum Ganzen: *Fischer*, Staatszielbestimmungen in den Verfassungen und Verfassungsentwürfen der neuen Bundesländer, S. 3 ff.; *Riegler*, Konflikte zwischen Grundgesetz und Länderverfassungen, S. 33 ff.

[130] Grundlegend insoweit: BVerfGE 7, 198 (205).

[131] Vgl. BVerfGE 39, 1 (41); BVerfGE 49, 89 (142).

[132] Vgl. zu den verschiedenen Grundrechtstheorien: *Riegler*, Konflikte zwischen Grundgesetz und Länderverfassungen, S. 34 ff.

gerade darauf an, auf welche Grundrechtstheorie sich das grundgesetzliche Grundrecht stützt und welche konkrete Interpretation daraus folgt.[133]

b) Staatszielbestimmungen

Der Begriff der Staatszielbestimmung geht zurück auf eine Rede *Hans Peter Ipsens*, in der er diese Bezeichnung im Hinblick auf den sozialen Rechtsstaat verwendet hat.[134] Der Begriff umfaßte somit das Sozial- und das Rechtsstaatsprinzip. *Ipsens* Absicht war es, ein Defizit des Grundgesetzes hinsichtlich der sozialen Erfordernisse der Nachkriegszeit zum Ausdruck zu bringen.[135] Eine 1981 vom Bundesminister des Inneren eingesetzte Sachverständigenkommission definierte und erklärte den Begriff der Staatszielbestimmung wie folgt:[136]

> „*Staatszielbestimmungen sind Verfassungsnormen mit rechtlich bindender Wirkung, die der Staatstätigkeit die fortdauernde Beachtung oder Erfüllung bestimmter Aufgaben - sachlich umschriebener Ziele - vorschreiben. In der parlamentarischen Demokratie ist es zunächst Sache der gesetzgebenden Volksvertretung, die politischen Zielsetzungen aufzugreifen, zu erwägen und durch Gesetz zu regeln. Die Verfassung und das Verfassungsrecht können der Politik Verfahrensweisen vorschreiben und Grenzen setzen, wie etwa durch das Sozialstaatsprinzip (Art. 20 GG). Sie sollten jedoch im einzelnen politische Entscheidungen nicht vorwegnehmen. Der demokratische Grundsatz der Gestaltungsfreiheit des Gesetzgebers ist ein maßgebliches Kriterium der Verfassungspolitik.*“

Staatsziele sind demnach Vorgaben, durch die sich der Staat für sein Handeln selbst gebunden hat.[137] Von den Staatszielen zu unterscheiden sind die Verfassungsgrundsätze (oder - prinzipien), die subjektiven, einklagbaren Grundrechte, die Institutsgarantien, die

---

[133] *Riegler*, Konflikte zwischen Grundgesetz und Länderverfassungen, S. 40 f.

[134] *Ipsen*, Über das Grundgesetz, S. 14, 41.

[135] *Ipsen*, AöR 1978, S. 413, 424.

[136] Zitiert nach *Graf Vitzthum*, Gedächtnisschrift für *Grabitz*, S. 819, 821 f.

[137] Vgl. hierzu allgemein etwa: *Rechenberg*, Wissenschaftliche Dienste des Deutschen Bundestages, Reg.Nr. 61/94; *Mertens*, in: *Klein*, Verfassungsentwicklung in Deutschland nach der Wiedervereinigung, S. 65 ff.; *ders.*, DÖV 1993, S. 368 ff.; *Scheuner*, in: Festschrift für *Forsthoff*, S. 325 ff.; *Maunz*, BayVBl. 1989, S. 545 ff.; *Simon*, in: Festschrift für *Mahrenholz*, S. 443 ff.; *Wahl*, AöR 1987, S. 26 ff.; *Badura*, ThürVBl. 1992, S. 73 ff.; *Brohm*, JZ 1994, S. 213 ff.

Gesetzgebungsaufträge und die bloßen Programmsätze.[138] Diese Definition stößt auf allgemeine Akzeptanz.[139] Adressat der Staatszielbestimmungen sind alle drei Gewalten, also nicht lediglich die Legislative, sonder auch die Exekutive und die Judikative.[140] Primärer Adressat ist jedoch die Legislative, was zum einen daraus folgt, daß die Legislative das entscheidende rechtliche Instrumentarium zur Zielverwirklichung besitzt, und zum anderen aus dem Vorbehalt des Gesetzes, der dem demokratisch legitimierten Gesetzgeber die wesentlichen Entscheidungen innerhalb des Gemeinwesens überträgt. Gerichte und die Verwaltung müssen bei der Gesetzesanwendung die den Staatszielbestimmungen zugrundeliegenden Wertentscheidungen zwar beachten, sie sind aber nicht zur eigenständigen Umsetzung von Staatszielen berechtigt. Obgleich der einzelne Bürger durch Staatszielbestimmungen nicht unmittelbar gebunden ist, sollen diese ihm gegenüber eine integrierende, edukatorische und appellative Wirkung entfalten. Im horizontalen Verhältnis zwischen den Bürgern kommen Staatszielbestimmungen durch die in ihnen verkörperten objektiven Wertentscheidungen im Wege der mittelbaren Drittwirkung zur Geltung. Staatsziele entfalten ausschließlich objektiv-rechtliche Wirkungen und begründen keine subjektiv-öffentlichen Rechte einzelner. Problematisch und anhand des Einzelfalles der jeweiligen Norm zu ermitteln ist die Reichweite der Bindungswirkung von Staatszielbestimmungen. Das besondere Charakteristikum von Staatszielbestimmungen ist, daß sie dem Staat eine zukunftsorientierte Aufgabe übertragen und einen Handlungsauftrag und eine normative Richtlinie darstellen. Sie setzen dem Staat Grenzen und definieren seine Prioritäten.[141]

Im allgemeinen wird die verfassungsrechtliche Normierung von Staatszielen in der Staatsrechtslehre eher verhalten beurteilt. Es wird vor einer Selbstfesselung der Politik gewarnt und darauf hingewiesen, daß es den gesetzgebenden Körperschaften ohnehin unbenommen bleibe, auch Ziele zu verwirklichen, die nicht als Staatsziele in die Verfassung aufgenommen wurden. Überdies entwerte ein Zuviel an speziellen Staatszielen alle übrigen.[142] Darüber hinaus bewirkt eine überzogene Normierung von Staatszielen die Verlagerung der Gewaltenteilung vom Parlament zu den Gerichten.[143] Das Grundgesetz ist jedenfalls sehr zurückhaltend, was die Aufnahme von Staatszielbestimmungen anbelangt.

---

[138] Vgl. hierzu: *Fischer*, Staatszielbestimmungen in den Verfassungen und Verfassungsentwürfen der neuen Bundesländer, S. 20 ff.; *Rincke*, Staatszielbestimmungen der Verfassung des Freistaates Sachsen, S. 7 ff.; *Lücke*, AöR 1982, S. 15 ff.; *Neumann/Tillmanns*, Verfassungsrechtliche Probleme bei der Konstituierung der neuen Bundesländer, S. 82 ff.; *Michel*, Staatszwecke, Staatsziele und Grundrechtsinterpretation, S. 108 ff.

[139] Nachweise vgl. bei: *Riegler*, Konflikte zwischen Grundgesetz und Länderverfassungen, S. 43, Fn. 48.

[140] *Lücke*, AöR 1982, S. 15, 23.

[141] *Riegler*, Konflikte zwischen Grundgesetz und Länderverfassungen, S. 44 f.; *Fischer*, Staatszielbestimmungen in den Verfassungen und Verfassungsentwürfen der neuen Bundesländer, S. 3 ff.

[142] *Rechenberg*, Wissenschaftliche Dienste des Deutschen Bundestages, Reg.Nr. 61/94 m.w.N.

[143] Vgl. zu Ganzen: *Kanther*, Die neuen Landesverfassungen im Lichte der Bundesverfassung, S. 148 ff.

c) Abgrenzungen

Grundrechte und Staatszielbestimmungen sind nun von anderen verfassungs-rechtlichen Gewährleistungen abzugrenzen.[144]

Staatszwecke dienen der Rechtfertigung der Existenz von Staaten und sind somit dem Recht vorgeschaltet, wohingegen Staatszielbestimmungen als Verfassungsnormen Bestandteile des Rechts sind. Daraus folgt, daß Staatszielbestimmungen konkreter und anwendungsfreundlicher sind als Staatszwecke.

Gesetzgebungsaufträge sind Staatszielbestimmungen sehr eng verwandt. Obgleich auch Gesetzgebungsaufträge objektive Wertentscheidungen enthalten, die auch Judikative und Exekutive nicht mißachten dürfen, so wenden sie sich doch regelmäßig nur an die Legislative, die sie mit einem konkreten einmaligen Legislativakt erfüllen kann.

Einrichtungsgarantien im Sinne von entweder privatrechtlichen Institutsgarantien oder öffentlich-rechtlichen institutionellen Garantien fehlt die zukunftsgerichtete Dynamik der Staatszielbestimungen. Häufig dienen Einrichtungsgarantien der verfassungsmäßigen Absicherung eine erreichten *status quo*.

Programmsätze sind lediglich unverbindliche Empfehlungen an die Legislative. Dies unterscheidet sie von der erheblichen Bindung der Staatsgewalt durch die Grundrechte und der immerhin beträchtlichen Bindungswirkung, die auch Staatszielbestimmungen entfalten.

Staatsstrukturprinzipien legen die innere Ordnung eines Staates fest. Die Strukturprinzipien des Art. 20 GG müssen sich aufgrund der Bestimmung des Art. 28 Abs. 1 und 3 GG auch in den Landesverfassungen wiederfinden.

Kompetenznormen eröffnen Handlungsräume, sie begründen jedoch keine Handlungspflichten, was sie von den Staatszielen unterscheidet.

Präambeln besitzen regelmäßig auch normative Inhalte, weswegen sie auch Staatsziele enthalten können.

---

[144] Vgl. hierzu die detaillierten Ausführungen bei: *Fischer*, Staatszielbestimmungen in den Verfassungen und Verfassungsentwürfen der neuen Bundesländer, S. 20 ff.; *Riegler*, Konflikte zwischen Grundgesetz und Länderverfassungen, S. 45 ff.

Staatsaufgaben umreißen den legitimen Tätigkeitsbereich des Staates, ohne jedoch den Anspruch einer abschließenden Regelung für sich zu beanspruchen. Sie unterscheiden sich von anderen Normtypen durch ihre Abstraktion und dadurch, daß sie ein Ziel festlegen, ohne die Mittel anzugeben, durch welche das Ziel erreicht werden soll. Staatsaufgaben können in Staatszielbestimmungen ausgestaltet sein.

Besondere Abgrenzungsschwierigkeiten ergeben sich hinsichtlich der sog. sozialen Grundrechte.[145] Das Grundgesetz hat auf diesen nicht eindeutig und allgemein anerkannt definierten Normtypus weitestgehend verzichtet, ganz im Gegensatz zu verschiedenen Landesverfassungen, insbesondere in den neuen Bundesländern. Im einzelnen können die sog. sozialen Grundrechte entweder als echte negatorische Freiheitsrechte ausgestaltet sein, die auch subjektive Geltung entfalten, oder sie können, was der Regelfall ist, als lediglich objektiv-rechtlich wirkende Verbürgungen ausgestaltet sein. Die Grenzen hierbei sind leider fließend. Einig ist man sich im Hinblick auf soziale Grundrechte lediglich darin, daß sie wesensmäßig von dem Hoheitsträger ein aktives förderndes Handeln zugunsten des einzelnen fordern. Mit guten Argumenten kann man daher auch bestreiten, daß es sich bei sozialen Grundrechten überhaupt um einen eigenständigen Normentypus handelt und soziale Grundrechte mittels verschiedener anderer Normtypen festgeschrieben werden können. Während sie in den Verfassungen der alten Länder oftmals als Programmsätze formuliert waren, finden sich in den Verfassungen der neuen Länder zahlreiche soziale Grundrechte, die in der Form von Staatszielbestimmungen ausgestaltet sind. Für die Kollisionsproblematik bedeutet dies, daß soziale Grundrechte in Landesverfassungen je nach ihrer typusmäßigen Ausgestaltung als Grundrecht, Staatsziel oder Programmsatz mit dem bundesrechtlichen Normengefüge kollidieren oder derogiert werden können oder daß sie parallel zum Bundesrecht weiter gelten können.

3. Die Kollisionsnorm des Art. 31 GG

a) Die Bedeutung von Art. 31 GG und sein Verhältnis zu den Kompetenznormen

Art. 31 GG regelt grundsätzlich das Rangverhältnis zwischen Bundes- und Landesrecht.[146] Ausdrucksstark bestimmt die Norm:

---

[145] Vgl. hierzu: *Lücke*, AöR 1982, S. 15 ff.; *Diercks*, LKV 1996, S. 231 ff.

[146] Vgl. zum Ganzen: *Stiens*, Chancen und Grenzen der Landesverfassungen im deutschen Bundesstaat der Gegenwart, S. 35 ff.

Art. 31 GG

„Bundesrecht bricht Landesrecht."

Umfaßt hiervon sind alle Rechtsnormen, das bedeutet alle Arten von Rechtssätzen mit Ausnahme von Einzelfallentscheidungen.[147] Der Begriff *Bundesrecht* bezeichnet dabei alle Rechtssätze, die von einem Organ des Bundes erlassen wurden, und Landesrecht bedeutet dementsprechend alle von einem Landesorgan gesetzten Normen. Art. 31 GG ordnet allgemein die Normenhierarchie im Bundesstaat des Grundgesetzes an. Bundesrecht jeder Stufe hat Vorrang vor Landesrecht jeder Stufe. Diese Rechtsfolge tritt im Falle einer Kollision ein, also einem Widerspruch zwischen einem Satz des Bundesrechts und einem Satz des Landesrechts. Sinn der Kollisionsnorm ist es, die Widerspruchsfreiheit der Teilrechtsordnungen im Bundesstaat zu sichern.[148]

Art. 31 GG berührt die grundgesetzliche Kompetenzverteilung nicht und regelt ausschließlich den Kollisionsfall. Ein solcher Kollisionsfall liegt dann allerdings nicht vor, wenn rechtswidriges - beispielsweise kompetenzwidrig erlassenes - Bundesrecht mit gültigem Landesrecht zusammentrifft. In einem solchen Fall wäre das rechtswidrige Bundesrecht nichtig und ließe das Landesrecht insofern unberührt. Vor dem Hintergrund der eigentlich trennscharfen Kompetenzverteilung zwischen Bund und Ländern drängt sich somit die Frage nach der Bedeutung des Art. 31 GG auf. Im Schrifttum finden sich zu dieser Frage im wesentlichen drei Erklärungsversuche.[149] Eine Ansicht versteht Art. 31 GG als bloße Rechtsfolgenanordnung, welche einen Kompetenzverstoß durch die Anordnung seiner Nichtigkeit sanktioniert. Dies greift allerdings zu kurz, da ein Kompetenzverstoß ohnehin zur Nichtigkeit der derart zustande gekommenen Norm führt. Eine andere Meinung sieht die Bedeutung von Art. 31 GG in der Regelung der Fälle, in denen ein inhaltlicher Widerspruch zwischen zwei Normen existiert, ohne daß eine Kompetenzverletzung vorläge. Diese Fälle lassen sich jedoch nur schwerlich konstruieren, da Landeskompetenzen auch durch die inhaltlichen Vorgaben des Bundesrechts begrenzt sind. Schließlich wird die Existenz von Art. 31 GG aus dem Erfordernis der Regelung von Doppelkompetenzen oder Kompetenzüberlagerungen erklärt. Obgleich aufgrund der Systematik der grundgesetzlichen Kompetenzverteilung Doppelkompetenzen eigentlich ausgeschlossen sein sollten, so sind diese dennoch denkbar, und zwar insbesondere zwischen Grundgesetz und Landesverfassung und zwischen einfachen Bundesgesetzen und Landesverfassungsrecht.[150] Auf vielen der im Grundgesetz angesprochenen Gebiete, insbesondere im Bereich der Staatsziele und

---

[147] Vgl. zum Ganzen: *Pietzcker*, in: *Isensee/Kirchhof*, Handbuch des Staatsrechts, Bd. IV, § 99, Rn. 24 ff.; *Huber*, in: *Sachs*, Grundgesetz, Kommentar, 2. Aufl., Art. 31, Rn. 4 ff.

[148] *Pietzcker*, in: *Isensee/Kirchhof*, Handbuch des Staatsrechts, Bd. IV, § 99, Rn. 24.

[149] Diese Theorien sind dargestellt bei: *Pietzcker*, in: *Isensee/Kirchhof*, Handbuch des Staatsrechts, Bd. IV, § 99, Rn. 27 ff.

[150] *Pietzcker*, in: *Isensee/Kirchhof*, Handbuch des Staatsrechts, Bd. IV, § 99, Rn. 30.

Grundrechte, existiert auch eine Kompetenz des Landesverfassungsgebers.[151] Art. 31 GG kommt demnach dann zur Anwendung, wenn Bund und Länder gleichermaßen zur Gesetzgebung berufen sind und man die Fälle nicht bereits über eine fehlende Kompetenz lösen will. Im Bereich von Art. 73 und 74 GG kann Landesrecht nur erlassen werden, solange und soweit der Bund von seiner Kompetenz noch keinen Gebrauch gemacht hat (Art. 72 Abs. 1 GG) oder wenn dies durch Bundesgesetz ausdrücklich zugelassen ist (Art. 71, 72 Abs. 2 GG). Die nachträgliche Inanspruchnahme von Bundeskompetenzen führt zur Nichtigkeit von bereits existierendem Landesrecht wegen der nunmehr weggefallenen Kompetenz. Zu Überschneidungen kann es auch im Bereich der Rahmengesetzgebung (Art. 75 GG) kommen. In diesen Bereichen kann es zu Kompetenzüberschneidungen kommen, wenn der Bund von seiner Legislativkompetenz nicht vollständig Gebrauch macht, sondern sich lediglich zum Erlaß von Grundsatzgesetzgebung entscheidet. Art. 31 GG ist dann anzuwenden, wenn sich die Länder über die bundesrechtlichen Vorgaben hinwegsetzen.[152]

b) Der Kollisionsfall

Art. 31 GG kommt demnach dann zur Anwendung, wenn Gegenstandsgleichheit besteht, die gleiche Rechtsfrage also durch Bundes- und Landesrecht geregelt ist und zwischen beiden Normen eine Kollision vorliegt. Dies ist dann der Fall, wenn ihre Anwendung auf den konkreten Fall, auf dasselbe Rechtsverhältnis, zu unterschiedlichen Rechtsfolgen führen würde.[153] Eine Regelung desselben Sachverhaltes liegt nicht nur bei gleicher Reichweite der Normen vor, sondern auch dann, wenn eine Norm nur einen Teil des Regelungsgegenstandes der kollidierenden Norm erfaßt. Ein Widerspruch liegt dann nicht vor, wenn die Bundes- und die Landesnorm dasselbe besagen oder wenn eine Norm weiter als die andere geht oder hinter ihr zurückbleibt, sondern nur, wenn sich unvereinbare Normbefehle gegenüberstehen.[154] Da die Kompetenzzuweisungs-normen der Art. 70 ff. GG nur auf die Gesetzgebung und nicht auf die Verfassungsgebung anwendbar sind,[155] ist eine landesverfassungsrechtliche Norm auf dem Gebiet der konkurrierenden oder Rahmengesetzgebung des Bundes zulässig und bleibt - anders als einfaches Landesrecht[156] - auch nach erschöpfender bundesrechtlicher Regelung der Materie in Kraft, sofern keine Kollision vorliegt. Das Grundgesetz definiert nicht die

---

[151] Für *Pietzcker* stellt allerdings auch diese Konstellation aufgrund der Existenz von Art. 28 Abs. 1 und Art. 20 GG keinen Kollisionsfall dar. *Pietzcker*, in: *Isensee/Kirchhof*, Handbuch des Staatsrechts, Bd. IV, § 99, Rn. 31.

[152] *Huber*, in: *Sachs*, Grundgesetz, Kommentar, 2. Aufl., Art. 31, Rn. 17 ff.

[153] So grundsätzlich BVerfGE 36, 342 (363). Vgl. hierzu *Kanther*, Die neuen Landesverfassungen im Lichte der Bundesverfassung, S. 110 ff.

[154] *Pietzcker*, in: *Isensee/Kirchhof*, Handbuch des Staatsrechts, Bd. IV, § 99, Rn. 33 f.

[155] Dies ist strittig. Wie hier auch *Pietzcker*, in: *Isensee/Kirchhof*, Handbuch des Staatsrechts, Bd. IV, § 99, Rn. 35; *Riegler*, Konflikte zwischen Grundgesetz und Länderverfassungen, S. 93.

[156] Vgl. Art. 72 Abs. 1 GG.

Regelungskompetenzen für die Landesverfassungsgebung und legt nicht die Inhalte der Landesverfassungen fest. In diesem Bereich sind die Länder lediglich an das Homogenitätsgebot des Art. 28 Abs. 1 GG gebunden.[157] Nach alledem ist unstreitig, daß der Vorrang des Bundesrechts jedenfalls gegenüber entgegenstehendem Landesrecht gilt. Streitig ist hingegen, ob dieser Vorrang auch gegenüber inhaltsgleichem Landesrecht zur Anwendung kommt.[158] Enthält ein Bundes- und ein Landesrechtssatz eine inhaltsgleiche Regelung, so liegt zwar kein Normwiderspruch vor, dennoch wird aus dem Umkehrschluß von Art. 142 GG teilweise angenommen, daß Bundesrecht auch inhaltsgleiches Landesrecht bricht. Richtigerweise ist hier zwischen der Ebene der Landesverfassung und des einfachen Landesrechts zu unterscheiden. Bei einfachem Landesrecht sprechen Überlegungen der Normenklarheit dafür, inhaltsgleiches Landesrecht als durch das Bundesrecht verdrängt zu sehen oder in bestimmten Fällen lediglich als deklaratorische Übernahme zu verstehen. Anders zu beurteilen dürfte Landesverfassungsrecht sein, das mit Vorschriften des Grundgesetzes oder des einfachen Bundesrechts inhaltsgleich ist. Das Bundesverfassungsgericht hat festgestellt, daß im Interesse der Vollständigkeit des Landesverfassungstextes und der Verfassungshoheit der Länder gleichlautendes Verfassungsrecht über den Bereich des Art. 142 GG hinaus fortgilt.[159] Die Gründe hierfür liegen insbesondere im mühsamen und aufwendigen Prozedere einer Landesverfassungsänderung, nachdem sich ein bundesrechtlicher Zustand (wieder) verändert hat. Außerdem erweitert die Fortgeltung den Wirkungskreis der Landesverfassungsgerichtsbarkeit. Dies alles spricht dafür, inhaltsgleiches Landesverfassungsrecht neben Bundesrecht forgelten zu lassen.[160]

c) Die Rechtsfolge der Kollision

„*Brechen*" im Sinne des Art. 31 GG bedeutet die endgültige Beseitigung bestehenden und die Verhinderung zukünftigen Landesrechts. Das gebrochene Landesrecht ist nichtig und lebt auch nach einer Beseitigung des Bundesrechts nicht wieder auf. Dies gilt aus Gründen der Rechtsklarheit wie aus dogmatischen Gründen auch für Landesverfassungsrecht. Die insofern eindeutige Aussage des Art. 31 GG spricht klar gegen die Annahme einer bloßen Suspendierung oder Überlagerung von Landesverfassungsrecht.[161]

---

[157] *Pietzcker*, in: *Isensee/Kirchhof*, Handbuch des Staatsrechts, Bd. IV, § 99, Rn. 37.

[158] Vgl. hierzu: *Huber*, in: *Sachs*, Grundgesetz, Kommentar, 2. Aufl., Art. 31, Rn. 11 f.; *Pietzcker*, in: *Isensee/Kirchhof*, Handbuch des Staatsrechts, Bd. IV, § 99, Rn. 38 f.

[159] BVerfGE 36, 342 (366).

[160] So auch: *Pietzcker*, in: *Isensee/Kirchhof*, Handbuch des Staatsrechts, Bd. IV, § 99, Rn. 39. A.A. *Huber*, in: *Sachs*, Grundgesetz, Kommentar, 2. Aufl., Art. 31, Rn. 12.

[161] So auch: *Kanther*, Die neuen Landesverfassungen im Lichte der Bundesverfassung, S. 114; *Huber*, in: *Sachs*, Grundgesetz, Kommentar, 2. Aufl., Art. 31, Rn. 13; *Pietzcker*, in: *Isensee/Kirchhof*, Handbuch des Staatsrechts,

4. Das Homogenitätsgebot des Art. 28 GG

Wie bereits in den einleitenden Anmerkungen zum Kompetenz- und Kollisionssystem der verfassungsmäßigen Ordnung der Bundesrepublik Deutschland angedeutet, hat auch die Vorschrift des Art. 28 GG in diesem System eine besondere Ordnungsfunktion.[162] Diese Norm bestimmt:

Art. 28 GG

„(1) Die verfassungsmäßige Ordnung in den Ländern muß den Grundsätzen des republikanischen, demokratischen und sozialen Rechtsstaates im Sinne dieses Grundgesetzes entsprechen. In den Ländern, Kreisen und Gemeinden muß das Volk eine Vertretung haben, die aus allgemeinen, unmittelbaren, freien, gleichen und geheimen Wahlen hervorgegangen ist. Bei Wahlen in Kreisen und Gemeinden sind auch Personen, die die Staatsangehörigkeit eines Mitgliedstaates der Europäischen Gemeinschaft besitzen, nach Maßgabe von Recht der Europäischen Gemeinschaft wahlberechtigt und wählbar. In Gemeinden kann an die Stelle einer gewählten Körperschaft die Gemeindeversammlung treten.

(2) Den Gemeinden muß das Recht gewährleistet sein, alle Angelegenheiten der örtlichen Gemeinschaft im Rahmen der Gesetze in eigener Verantwortung zu regeln. Auch die Gemeindeverbände haben im Rahmen ihres gesetzlichen Aufgabenbereiches nach Maßgabe der Gesetze das Recht der Selbstverwaltung. Die Gewährleistung der Selbstverwaltung umfaßt auch die Grundlagen der finanziellen Eigenverantwortung; zu diesen Grundlagen gehört eine den Gemeinden zustehende wirtschaftskraftbezogene und mit Hebesatzrecht ausgestattete Steuerquelle.

(3) Der Bund gewährleistet, daß die verfassungsmäßige Ordnung der Länder den Grundrechten und Bestimmungen der Absätze 1 und 2 entspricht.“

Die Verfassungsautonomie und -hoheit der Länder bildet zusammen mit ihrer Eigenstaatlichkeit das Herzstück des föderalistischen Systems der Bundesrepublik Deutschland.[163] In diesem Rahmen verfügen die Länder über die Kompetenz, sich selbst

---

Bd. IV, § 99, Rn. 40. A.A.: *v. Olshausen*, Landesverfassungsbeschwerde und Bundesrecht, S. 130; *Poscher*, NJ 1996, S. 351, 352 f.

[162] Vgl. zum Ganzen: *Stiens*, Chancen und Grenzen der Landesverfassungen im deutschen Bundesstaat der Gegenwart, S. 29 ff.; *Storr*, Verfassungsgebung in den Ländern, S. 170 ff.

[163] Vgl. hierzu: *Isensee*, in: *Isensee/Kirchhof*, Handbuch des Staatsrechts, Bd. IV, § 98.

mittels einer eigenen Verfassung zu definieren und zu organisieren. Der insoweit bestehende Gestaltungsspielraum ist groß, aber nicht unbegrenzt. Das bundes- und gliedstaatliche Verfassungsgefüge verlangt ein gewisses Mindestmaß an verfassungsstruktureller und materieller Übereinstimmung. Dieses Minimum an Homogenität[164] zu sichern, das für das Funktionieren eines Bundesstaates unerläßlich ist, ist der Zweck des Art. 28 Abs. 1 GG.[165] Das Bundesverfassungsgericht betont im Kontext von Art. 28 Abs. 1 GG, daß Homogenität nicht mit Uniformität gleichgesetzt werden darf[166] und daß vor diesem Hintergrund die Norm eng auszulegen ist.[167] Nach Art. 28 Abs. 3 GG trifft den Bund die Gewährleistungspflicht, dafür Sorge zu tragen, daß die verfassungsmäßige Ordnung der Länder den Bundesgrundrechten und den Bestimmungen des Art. 28 Abs. 1 und 2 entspricht. Das in Art. 28 Abs. 2 GG verbriefte Recht auf kommunale Selbstverwaltung bindet als sog. Durchgriffsnorm die Landesstaatsgewalt unmittelbar, also ohne Transformationsakt.[168]

a) Die Bedeutung des Homogenitätsgebots

Nach Art. 28 Abs. 1 Satz 1 GG muß die verfassungsmäßige Ordnung in den Ländern den Grundsätzen des republikanischen, demokratischen und sozialen Rechtsstaates im Sinne des Grundgesetzes entsprechen. Art. 28 Abs. 1 Satz 2 GG fordert eine aus allgemeinen, unmittelbaren, freien, gleichen und geheimen Wahlen hervorgegangene Repräsentation in Ländern, Kreisen und Gemeinden. Art. 28 Abs. 3 GG legt die Bundesgarantie dieser Grundsätze fest.[169] Bereits aus dem Wortlaut dieser Bestimmung ergibt sich die Doppelfunktion des Art. 28 Abs. 1 Sätze 1 und 2 GG. Einerseits begrenzt das Grundgesetz die verfassungsrechtlichen Gestaltungsmöglichkeiten der Länder, indem es sie auf eine bestimmte Ordnung verpflichtet, andererseits erkennt das Grundgesetz aber auch gerade diese Gestaltungsfreiheit an und legitimiert unterschiedliche Auffassungen und Ausgestaltungen gliedstaatlichen Verfassungsrechts. Dieser Tatsache wird auch durch die Anwendung auf das Zusammenspiel zwischen Art. 28 Abs. 1 Satz 1 und 2 GG und Art. 31 GG Rechnung getragen. Das Bundesverfassungsgericht hat dezidiert ausgeführt, daß Art. 28 Abs. 1 Satz 1 und 2 GG lediglich eine gewisse Homogenität durch Bindung an die leitenden Prinzipien, nicht jedoch Uniformität oder Konformität herbeiführen wollen.[170] Die Grundsätze dieser

---

[164] BVerfGE 36, 342 (361); BVerfGE 60, 175 (207 f.).

[165] *Nierhaus*, in: *Sachs*, Grundgesetz, Kommentar, 2. Aufl., Art. 28, Rn. 1.

[166] BVerfGE 90, 60 (84).

[167] BVerfGE 90, 60 (85).

[168] *Nierhaus*, in: *Sachs*, Grundgesetz, Kommentar, 2. Aufl., Art. 28, Rn. 2 ff.

[169] Vgl. hierzu etwa die detaillierten Ausführungen bei: *Riegler*, Konflikte zwischen Grundgesetz und Länderverfassungen, S. 100 ff.; *Nierhaus*, in: *Sachs*, Grundgesetz, Kommentar, 2. Aufl., Art. 28, Rn. 4 ff.

[170] Dazu grundlegend BVerfGE 9, 268 (279) und seitdem in ständiger Rechtsprechung: BVerfGE 24, 367 (390 f.); BVerfGE 27, 44 (55 f.); BVerfGE 36, 342 (360 f.).

Vorschrift will das Gericht als Normativbestimmungen im Sinne von Richtlinien verstanden wissen. Sie geben dem Landesverfassungsgeber einen Gestaltungsrahmen vor, setzen also in den Ländern nicht unmittelbar Verfassungsrecht.[171] Die Rückverweisung des Art. 28 Abs. 1 GG auf die Grundsätze des republikanischen, demokratischen und sozialen Rechtsstaates im Sinne des Grundgesetzes ist interpretationsbedürftig, da das Grundgesetz selbst diese vier Leitprinzipien undefiniert läßt. Eine Auslegung wird sich einerseits am Grundsatz der Einheit der Verfassung und andererseits an der Eigenart des Art. 28 Abs. 1 GG als Normativbestimmung und als Homogenitätsgebot zu orientieren haben. Der Bund kann also den Ländern nur Normativbestimmungen vorgeben, an die er selbst gebunden ist und muß auf der anderen Seite die erwähnte Eigenart des Homogenitätsgebotes achten, das ein einheitlich-unitarisches Verständnis der Grundsätze ausschließt. Damit kann eine Ausgestaltung der Länderverfassungen als exaktes Spiegelbild der Grundsätze des Art. 20 GG und des Art. 28 Abs. 1 GG nicht gewollt sein. Den Ländern muß hinsichtlich der Umsetzung der Leitprinzipien ein gewisser Spielraum verbleiben.[172] Die Leitprinzipien des Art. 28 Abs. 1 Satz 1 GG sind wie folgt zu verstehen.[173] Der Grundsatz der Republik schließt jede andere Staatsform, also insbesondere jede monarchistische oder aristokratische Staatsform aus. Das Gebot des Art. 28 Abs. 1 Satz 1 GG, in den Ländern eine demokratische Staatsform zu schaffen beinhaltet zunächst, daß die Landesstaatsgewalt vom Landesvolk ausgehen muß. Dies wird durch Art. 28 Abs. 1 Satz 2 GG präzisiert. Das Demokratiegebot verlangt somit von den Ländern eine repräsentative Demokratie, wobei allerdings keineswegs eine Verpflichtung zur Nachahmung der Ausformung des parlamentarischen Regierungssystems des Grundgesetzes besteht. Abweichungen von der repräsentativen Demokratie in bestimmten Formen direkter Demokratie[174] sind zulässig. Die Sozialstaatsklausel des Art. 28 Abs. 1 Satz 1 GG verpflichtet die Länder, für eine gerechte Sozialordnung unter Ausgleich sozialer Ungerechtigkeiten zu sorgen. Da jedoch der Bund von der meist konkurrierenden Gesetzgebungskompetenz in diesem Bereich ausgiebig Gebrauch gemacht hat, ist der Gestaltungsspielraum der Länder entsprechend verkürzt. Dennoch finden sich gerade in diesem Bereich in den Verfassungen vieler neuer Bundesländer oftmals umfangreiche soziale Grundrechte oder soziale Staatszielbestimmungen. Solange diese Bestimmungen in den Landesverfassungen nicht mit Bundesrecht kollidieren, sind sie zwar grundsätzlich wirksam. Verfassungsrechtlich sind sie jedoch weitestgehend wirkungslos, da sie nur der Bund durch entsprechende Gesetzgebungstätigkeit mit Leben füllen könnte. Schließlich sind die Länder verpflichtet, eine rechtsstaatliche Ordnung zu schaffen. Damit soll der Grundsatz der Rechtsstaatlichkeit, d.h. die Bindung der Staatsgewalt an Recht und Gesetz, in den Ländern verwirklicht werden. Die Geltung des Rechtsstaatsprinzips in den Ländern ist weitgehend dadurch sichergestellt, daß gemäß Art. 1 Abs. 3 GG eine umfassende Grundrechtsbindung im direkten Durchgriff auch für die Länderstaatsgewalten besteht und Art. 19 Abs. 4 GG auch ihnen gegenüber effektiven Rechtsschutz garantiert.[175] Über diese Normen gelten auch die

---

[171] *Riegler*, Konflikte zwischen Grundgesetz und Länderverfassungen, S. 100.

[172] *Nierhaus*, in: *Sachs*, Grundgesetz, Kommentar, 2. Aufl., Art. 28, Rn. 6 ff.

[173] *Riegler*, Konflikte zwischen Grundgesetz und Länderverfassungen, S. 101 f.

[174] Beispielsweise: Volksinitiative, Volksbegehren oder Volksentscheid.

[175] *Nierhaus*, in: *Sachs*, Grundgesetz, Kommentar, 2. Aufl., Art. 28, Rn. 16.

nicht explizit normierten Elemente des Rechtsstaatsprinzips, wie beispielsweise der Vertrauensschutz, die Rechtsklarheit und die Rechtssicherheit, unmittelbar in den Ländern und sind auch gerichtlich durchsetzbar. Auch in diesem Bereich verbleibt daher den Ländern wenig Gestaltungsfreiheit.[176]

Die inhaltliche Ausgestaltung des Homogenitätsprinzips ist im Zusammenhang mit der Gewährleistungspflicht durch den Bund nach Art. 28 Abs. 3 GG zu sehen. Dem Bund wird dadurch, daß er nach Art. 28 Abs. 3 GG dafür Sorge trägt, daß die verfassungsmäßige Ordnung der Länder der Bestimmung von Art. 28 Abs. 1 und 2 GG genügt, die Rechtspflicht zugeordnet, gegen ein Land vorzugehen, dessen verfassungsmäßige Ordnung im Widerspruch mit den Homogenitätsanforderungen des Grundgesetzes steht. Aus der Formulierung „*Gewährleisten*" folgt, daß der Bund auf die Einhaltung der Gewährleistungsobjekte nicht lediglich im Sinne einer Ermessensermächtigung dringen darf, sondern auch muß. Art. 28 Abs. 3 GG statuiert demnach eine Pflicht, alle notwendigen und erforderlichen Maßnahmen zu ergreifen, um die Einhaltung der Leitprinzipien durch die Länder sicherzustellen. Art. 28 Abs. 3 GG legt nur die Gewährleistungsobjekte und die Gewährleistungspflicht des Bundes fest. Er enthält keine Angaben über die zu wählenden Gewährleistungsmittel. Aus Gründen des Schutzes der Verfassungshoheit der Länder kommt daher als Gewährleistungsmittel eine selbständige Bundesaufsicht nicht in Betracht. Als Durchsetzungsmittel der Gewährleistung kommen folglich neben politischen Einwirkungsmöglichkeiten vor allem in Betracht: verfassungsgerichtliche Verfahren nach Art. 93 Abs. 1 Nr. 2, 3 und 4 GG, die Bundesintervention (Art. 35 Abs. 2 und 3, 87a Abs. 3 und 4, 91 Abs. 1 und 2 GG), die Zustimmungsverweigerung nach Art. 32 Abs. 3 GG sowie der Bundeszwang gemäß Art. 37 GG.[177]

b) Die Verfassungen der neuen Bundesländer und das Homogenitätsgebot

In der Folge des Verfassungsgebungsprozesses in den neuen Bundesländern nach der Wiedervereinigung kam aufgrund des hierbei oftmals beschrittenen landesverfassungsrechtlichen Neulandes die Frage auf, ob bei diesen Neukonstitutionalisierungen das Homogenitätsgebot des Art. 28 Abs. 1 GG in ausreichender Weise Beachtung fand.[178] Bedenken gegen die Vereinbarkeit insbesondere sozialer Grundrechte, Staatszielbestimmungen und Programmsätze mit der über Art. 28 GG auch für die Länder verbindlichen rechtsstaatlichen und sozialen Ordnung des Grundgesetzes sind im Hinblick auf die negatorischen Freiheitsrechte des Grundgesetzes, den Grundsatz der Gewaltenteilung und

---

[176] *Riegler*, Konflikte zwischen Grundgesetz und Länderverfassungen, S. 102.

[177] Vgl. hierzu *Riegler*, Konflikte zwischen Grundgesetz und Länderverfassungen, S. 102 f.; *Nierhaus*, in: *Sachs*, Grundgesetz, Kommentar, 2. Aufl., Art. 28, Rn. 71 ff.

[178] *Nierhaus*, in: *Sachs*, Grundgesetz, Kommentar, 2. Aufl., Art. 28, Rn. 10 f.

das Sozialstaatsprinzip erhoben worden.[179] Da jedoch die sozialen Grundrechte der neuen Landesverfassungen überwiegend als soziale Programmsätze oder soziale Staatszielbestimmungen ausgestaltet wurden, besteht weniger Konfliktpotential als zu befürchten war. Da im Grundgesetz eine Minderheitenschutzbestimmung fehlt, ist das Konflikt- und Kollisionspotential durch entsprechende Vorschriften in den Landesverfassungen minimiert.

c) Die Rechtsfolgen eines Verstoßes gegen das Homogenitätsgebot

Die Ansichten über die Rechtswirkung des Homogenitätsgebotes im Falle einer Kollision divergieren. Es geht hier im Grunde um die Frage, welche Rechtsfolgen[180] über welche Normen[181] eintreten, wenn der Landesverfassungsgesetzgeber es unterläßt, die verfassungsmäßige Ordnung im Land dem bundesverfassungsrechtlichen Mindeststandard des Art. 28 Abs. 1 GG anzupassen oder gar aktiv gegen die Homogenitätsprinzipien verstößt. Die Frage ist von geringer praktischer Relevanz. Im wesentlichen haben sich hierzu drei Meinungen etabliert.[182] Eine Ansicht sieht Art. 28 Abs. 1 GG als Garantie der vier in ihm kodifizierten Leitprinzipien, die entweder als Bundesverfassungsrecht oder als bundesverfassungsidentisches Landes-verfassungsrecht unmittelbar im Bereich der Länder gelten. Kollisionen, die sich nach dieser Ansicht ergeben können, sollen dann gemäß Art. 31 GG zugunsten des Bundesverfassungsrechts aufgelöst werden. Nach einer anderen Ansicht soll Art. 28 Abs. 1 GG nicht unmittelbar innerhalb der Landesrechtsordnung wirken, sondern lediglich Normativpflichten der Länder gegenüber dem Bund begründen. Die Nichtigkeitsfolge für widersprechendes Landesrecht kann sich hier nicht aus Art. 31 GG ergeben. Es würde sich folglich der intolerable Zustand ergeben, daß dieses Recht bis zu seiner Aufhebung durch die Landeslegislative oder den Bund weiter gelten würde. Nach der herrschenden Meinung soll homogenitätswidriges Landesrecht nicht nach Art. 31 GG, sondern nach Art. 28 Abs. 1 GG als vorrangig einschlägiger Bundesverfassungsrechtsnorm nichtig sein, weil diese Norm wie eine negative Kompetenzabgrenzungsvorschrift wirkt und quasi präventiv die Entstehung von Normwidersprüchen verhindern will.[183] Art. 28 Abs. 1 GG beschränke sich nämlich als Normativbestimmung auf die Begründung von Pflichten für

---

[179] Vgl. hierzu insbesondere die Dissertationen von *Fischer*, Staatszielbestimmungen in den Verfassungen und Verfassungsentwürfen der neuen Bundesländer; *Kanther*, Die neuen Landesverfassungen im Lichte der Bundesverfassung; *Riegler*, Konflikte zwischen Grundgesetz und Länderverfassungen.

[180] Nichtigkeit, Unanwendbarkeit, Anfechtbarkeit, Überlagerung des Landesrechts durch vorrangiges Bundesverfassungsrecht.

[181] Art. 31 GG oder Art. 28 Abs. 1 und/oder Abs. 3 GG.

[182] Die Meinungen sind mit vielen weiteren Nachweisen dargestellt bei: *Kanther*, Die neuen Landesverfassungen im Lichte der Bundesverfassung, S. 121 ff.; *Riegler*, Konflikte zwischen Grundgesetz und Länderverfassungen, S. 102 ff.; *Nierhaus*, in: *Sachs*, Grundgesetz, Kommentar, 2. Aufl., Art. 28, Rn. 27.

[183] So auch *Nierhaus*, in: *Sachs*, Grundgesetz, Kommentar, 2. Aufl., Art. 28, Rn. 28.

das Land. Die Nichtigkeitsfolge ergibt sich dann aus Art. 28 Abs. 1 GG selbst, da Art. 28 Abs. 1 GG insofern gegenüber Art. 31 GG *lex specialis* ist oder weil Art. 31 GG mangels Kollisionssituation gar nicht zur Anwendung zu kommen braucht.

5. Die Fortgeltung von Landesgrundrechten nach Art. 142 GG

Schließlich dient auch Art. 142 GG der Ordnung und Harmonisierung von Bundesverfassungsrecht und Landesverfassungsrecht und soll daher nachfolgend kurz erläutert werden. Die Vorschrift hat folgenden Wortlaut:

Art. 142 GG

> „*Ungeachtet der Vorschrift des Artikels 31 bleiben Bestimmungen der Landesverfassungen auch insoweit in Kraft, als sie in Übereinstimmung mit den Artikeln 1 bis 18 dieses Grundgesetzes Grundrechte gewährleisten.*“

a) Die Bedeutung des Art. 142 GG

Wie bereits festgestellt, bindet Art. 1 Abs. 3 GG auch alle Landesstaatsgewalt unmittelbar an die Grundrechte des Grundgesetzes. Art. 142 GG beläßt den Ländern aber dennoch die Möglichkeit, in ihren Verfassungen Grundrechte zu gewährleisten und eröffnet damit der Landesverfassungsgerichtsbarkeit den Bereich der Grundrechtsinterpretation. Diese Regelung ist ein weiterer Ausdruck des Respekts des Bundes vor der Verfassungshoheit der Länder.[184] Trotzdem erlangten Landesgrundrechte zu keinem Zeitpunkt eine nennenswerte Bedeutung,[185] da auch in diesem Bereich Art. 31 GG grundsätzlich anwendbar bleibt mit der Konsequenz, daß sich im Kollisionsfall Bundesrecht durchsetzt.[186]

Art. 142 GG ist nach herrschender Auffassung extensiv zu interpretieren. Über den Wortlaut der Vorschrift hinaus, bezieht sich Art. 142 GG nicht nur auf die Grundrechte der Art. 1 bis

[184] Vgl. auch *Herdegen*, in: *Isensee/Kirchhof*, Handbuch des Staatsrechts, Bd. IV, § 97, Rn. 50 ff.

[185] *Huber*, in: *Sachs*, Grundgesetz, Kommentar, 2. Aufl., Art. 142, Rn. 5. *Huber* weist jedoch auf die Möglichkeit hin, daß sich dies im Hinblick auf die im Gefolge der jüngsten Verfassungsgebungen in den neuen Bundesländern umfangreich erfolgte Aufnahme von sozialen Grundrechten in Landesverfassungen ändern könnte.

[186] *Pietzcker*, in: *Isensee/Kirchhof*, Handbuch des Staatsrechts, Bd. IV, § 99, Rn. 41.

18 GG, sondern auch auf grundrechtsgleiche Rechte, wie Art. 33 Abs. 1 GG, andere Grundrechte, wie die Justizgrundrechte der Art. 101 ff. GG, und Einrichtungsgarantien.[187] Darüber hinaus bleiben nicht nur die am 24. Mai 1949, dem Zeitpunkt des Inkrafttretens des Grundgesetzes,[188] schon bestehenden, sondern auch später geschaffene Landesgrundrechte in Kraft.[189]

b) Die Übereinstimmung von Landesgrundrechten mit Bundesgrundrechten

Da Art. 142 GG gerade die Intention verfolgt, für Grundrechtsvorschriften in den Landesverfassungen einen Gestaltungsspielraum zu erhalten, darf er nicht so interpretiert werden, daß die Möglichkeiten des Landesverfassungsgebers zur Setzung von Grundrechten geringer sind als bei sonstigem Landesverfassungsrecht. Weil in letztgenanntem Bereich aber lediglich Kollisionen ausgeschlossen sind, muß dies auch für landesverfassungsrechtliche Grundrechtsvorschriften gelten. Nach der herrschenden Meinung soll Art. 31 GG daher nur auf dem Bundesrecht entgegengesetztes Landesverfassungsrecht anwendbar sein, was der Norm des Art. 142 GG lediglich deklaratorische Bedeutung zumißt.[190] Der Spielraum des Landesverfassungsrechts endet demnach erst dort, wo eine Kollision auftritt. Wie bereits ausgeführt,[191] bleiben daher aus den oben genannten Gründen Landesgrundrechte, die mit Vorschriften des Grundgesetzes oder des einfachen Bundesrechts inhaltsgleich sind, wirksam und gelten fort.[192] Inhaltsgleich ist hierbei im Sinne einer sachinhaltlichen Entsprechung gemeint. Nicht der Wortlaut muß identisch sein mit dem Bundesgrundrecht, sondern die Landesgrundrechte dürfen erst nach einer Auslegung mit dem Grundgesetz verglichen werden.[193] Eine Differenzierung ist hierbei nach Schutzbereich oder nach Eingriffsmöglichkeiten denkbar. Das Landesgrundrecht kann mehr oder weniger Lebenssachverhalte oder Personen erfassen als das Bundesgrundrecht, es kann einen engeren Schutzbereich normieren oder es kann bei gleichem Schutzbereich stärkere Eingriffe vorsehen. Allein maßgeblich ist daher der tatsächliche Effekt der grundrechtlichen Gewährleistung. Übereinstimmend mit den Bundesgrundrechten sind Landesgrundrechte auch

[187] *Kanther*, Die neuen Landesverfassungen im Lichte der Bundesverfassung, S. 127.

[188] Zu diesem Zeitpunkt existierten in einigen Bundesländern, wie beispielsweise dem Freistaat Bayern, bereits Verfassungen. Vgl. Verfassung des Freistaates Bayern vom 2. Dezember 1946, BayRS 100-1-S.

[189] Vgl. zur historischen Entstehung des Art. 142 GG: *Riegler*, Konflikte zwischen Grundgesetz und Länderverfassungen, S. 58 f.

[190] *Huber*, in: *Sachs*, Grundgesetz, Kommentar, 2. Aufl., Art. 142, Rn. 1; *Pietzcker*, in: *Isensee/Kirchhof*, Handbuch des Staatsrechts, Bd. IV, § 99, Rn. 44.

[191] Vgl. oben Punkt II. 3. b).

[192] BVerfGE 36, 342 (366) und zuletzt auch ganz unmißverständlich: BVerfG, JZ 1998, S. 615 ff. Vgl. auch: *Pietzcker*, in: *Isensee/Kirchhof*, Handbuch des Staatsrechts, Bd. IV, § 99, Rn. 39.

[193] *Jutzi*, Landesverfassungsrecht und Bundesrecht, S. 29; *Sachs*, DÖV 1985, S. 469.

dann, wenn sie Teile einer bundesrechtlich gesicherten Grundrechtsauslegung kodifizieren.[194] Es ist allerdings insbesondere bei der Kodifizierung bundesverfassungsgerichtlicher Rechtsprechung auch möglich, daß sich diese ändert mit der Konsequenz, daß dann die Landesgrundrechte mit den Bundesgrundrechten kollidieren können und folglich nach Art. 31 GG gebrochen werden.

c) Schwächere Landesgrundrechte

Es ist denkbar, daß Grundrechte in den Landesverfassungen nur eine geringere Schutzintensität oder einen schwächeren Grundrechtsgehalt aufweisen als vergleichbare Bundesgrundrechte. Zur Lösung dieser Problematik werden im Schrifttum verschiedene Ansichten vertreten,[195] von denen hier lediglich die beiden konträrsten vorgestellt werden sollen. Nach einer Ansicht wird die Weitergeltung von schwächeren Landesgrundrechten abgelehnt mit der Konsequenz, daß diese schwächeren Verbürgungen gemäß Art. 31 GG als nichtig anzusehen sind.[196] Als Argumente für diese Ansicht werden einerseits die entstehungsgeschichtliche Einigkeit in bezug auf die Rechtsfolge der Nichtigkeit bei schwächeren Grundrechten angeführt. Andererseits würden Auslegungsschwierigkeiten heraufbeschworen, wenn zwischen schwächeren und widersprechenden Landesgrundrechten unterschieden werden müsse. Schließlich wird auch noch mit Art. 1 Abs. 3 GG argumentiert, der auch die Landesstaatsgewalt an den vollen Umfang der Bundesgrundrechte binde.

Die elegantere Lösung des Problems scheint aber trotz dieser Argumente die konkurrierende Ansicht anzubieten, die von einer grundsätzlichen Weitergeltung schwächerer Landesgrundrechte ausgeht.[197] Zunächst trägt diese Ansicht dem Grundsatz der Verfassungshoheit der Länder besser Rechnung. Begründet wird die konkurrierende Ansicht damit, daß in den allermeisten Fällen, in denen landesverfassungsrechtliche Grundrechte hinter Bundesgrundrechten zurückbleiben, keine Kollision mit diesen Bundesgrundrechten vorliegt. Ein Landesgrundrecht kann aus zweierlei Gründen hinter dem Bundesgrundrecht zurückbleiben: Entweder werden nur bestimmte Ausschnitte einer von Bundesgrundrecht geschützten Position landesgrundrechtlich geschützt oder der Schutzbereich des Landesgrundrechts ist kleiner als der des Bundesgrundrechts bzw. das Landesgrundrecht enthält einen weitergehenden Gesetzesvorbehalt. Gewährleistet eine Grundrechtsvorschrift der Landesverfassung einen auf eine bestimmte Position bezogenen Grundrechtsschutz nur

[194] *Kanther*, Die neuen Landesverfassungen im Lichte der Bundesverfassung, S. 126 ff.

[195] Eine Übersicht über diese Meinungen findet sich bei *Kanther*, Die neuen Landesverfassungen im Lichte der Bundesverfassung, S. 137 ff.

[196] So wohl die überwiegende Meinung im Schrifttum. Vgl. etwa: *Kanther*, Die neuen Landesverfassungen im Lichte der Bundesverfassung, S. 138; *Jutzi*, Landesverfassungsrecht und Bundesrecht, S. 38.

[197] So etwa: *Pietzcker*, in: *Isensee/Kirchhof*, Handbuch des Staatsrechts, Bd. IV, § 99, Rn. 45 ff.; *Huber*, in: *Sachs*, Grundgesetz, Kommentar, 2. Aufl., Art. 142, Rn. 10.

auf einigen der Gebiete, die auch die Bundesgrundrechte schützen, so ist diese Beschränkung des landesverfassungsrechtlichen Schutzes nicht als Normbefehl zu verstehen, weitergehenden Schutz zu unterlassen. Daher besteht zwischen zwei sich derart gegenüberstehenden Normen keine Kollision. Grundrechte garantieren in aller Regel ein Minimum an verfassungsrechtlichem Schutz, sie haben aber regelmäßig nicht die Intention, weitergehenden Schutz durch andere Vorschriften auszuschließen. Deswegen sind weniger weitgehende Landesgrundrechte regelmäßig mit weitergehenden Bundesgrundrechten vereinbar. Zu einer Kollision kommt es nur, wenn die weniger weitgehende Landesgarantie als zwingende Aussage dahin zu verstehen ist, daß die dem Staat eröffnete Eingriffsmöglichkeit in gleicher Weise garantiert ist und auch durch einfaches Gesetz nicht verringert werden kann. Dasselbe gilt, wenn die Landesgrundrechtsvorschrift größere Einschränkungsmöglichkeiten enthält als das Bundesgrundrecht. In diesen Kollisionsfällen bricht Art. 31 GG das schwächere Landesgrundrecht.[198] Da jedoch im Bereich des Minderheitenrechts ein geringerer Schutz in den Landesverfassungen mangels Minderheitenschutzklausel im Grundgesetz nicht möglich ist, muß an dieser Stelle die Diskussion nicht vertieft werden.

d) Weitergehende und neue Landesgrundrechte

Es kann sich allerdings auch die Konstellation ergeben, daß Landesgrundrechte einen weiteren Schutz vor staatlichen Eingriffen und damit ein Mehr an Freiheit oder einen größeren Anspruchsinhalt gewähren als es die Bundesgrundrechte vorsehen.[199] Gerade im Bereich des landesverfassungsrechtlichen Minderheitenschutzes existieren aber auch neue, dem Grundgesetz gänzlich unbekannte Grundrechte. Diese Problematik kann grundsätzlich anhand der oben zu den schwächeren Landesgrundrechten dargestellten Kriterien gelöst werden. Auch hier ist die entscheidende Frage, ob das betreffende in dieser Konstellation schwächere Bundesgrundrecht nur als Mindestgarantie zu verstehen ist - was in aller Regel zutreffen dürfte -, oder ob die verfassungsrechtlich vorgesehenen Einschränkungsmöglichkeiten im umgekehrten Sinne als Garantie zu verstehen sind, die auch die Landesverfassung im Verhältnis zum Landesgesetzgeber oder zur Exekutive oder Judikative nicht verringern darf.[200] Weitergehende und neue Landesgrundrechte sind damit grundsätzlich zulässig.[201] Problematisch in diesem Zusammenhang sind Grundrechtsgewährleistungen, die sich als Beschränkungen Dritter auswirken. Falls weitergehende Landesgrundrechte die Einschränkung der grundgesetzlichen Grundrechte Dritter zur Folge haben, liegt insofern eine

---

[198] *Pietzcker*, in: *Isensee/Kirchhof*, Handbuch des Staatsrechts, Bd. IV, § 99, Rn. 47 f.

[199] Vgl. zu dieser Problematik: *Kanther*, Die neuen Landesverfassungen im Lichte der Bundesverfassung, S. 131 ff.; *Pietzcker*, in: *Isensee/Kirchhof*, Handbuch des Staatsrechts, Bd. IV, § 99, Rn. 49 ff.; *Riegler*, Konflikte zwischen Grundgesetz und Länderverfassungen, S. 70 ff.; *Huber*, in: *Sachs*, Grundgesetz, Kommentar, 2. Aufl., Art. 142, Rn. 9.

[200] *Pietzcker*, in: *Isensee/Kirchhof*, Handbuch des Staatsrechts, Bd. IV, § 99, Rn. 49 ff.

[201] *Kanther*, Die neuen Landesverfassungen im Lichte der Bundesverfassung, S. 132.

Kollision vor, und es gilt Art. 31 GG mit der Konsequenz der Nichtigkeit des grundrechtsverkürzenden Landesverfassungsrechts.[202] Soweit die grundgesetzlichen Grundrechte der Drittbetroffenen einschränkbar sind, kann ein Landesgrundrecht eine solche Einschränkung vornehmen, sofern die Kompetenzfrage positiv beantwortet werden kann. Der Kollisionsfall ist anhand der Auslegung der Grundrechtsnorm und der Landesverfassungsnorm zu ermitteln. Dennoch wird im Regelfall ein vorbehaltlos gewährtes Landesgrundrecht nicht mit einem parallel unter Gesetzesvorbehalt stehenden Bundesgrundrecht kollidieren, weil der bundesgrundrechtliche Gesetzesvorbehalt regelmäßig nicht als Pflicht zur Einschränkung zu verstehen ist. In diesem Kontext kann es nur dann zu einer Kollision kommen, wenn der Bundesgesetzgeber von dem Gesetzesvorbehalt Gebrauch macht. Die landesverfassungsrechtliche Norm kann in solchen Fällen nur noch vor der Nichtigkeit bewahrt werden, wenn es nicht unter einem ungeschriebenen Gesetzesvorbehalt steht[203] oder wenn keine Identität der Normadressaten besteht,[204] was zu untersuchen ist. Auf die Selbstverständlichkeit, daß weitergehende Landesgrundrechte gemäß Art. 31 GG auch dann gebrochen werden, wenn sie einfachem Bundesrecht entgegenstehen, sei abschließend nochmals hingewiesen. Auch hier ist allerdings wieder zu prüfen, ob es einen geschriebenen oder ungeschriebenen landesverfassungsrechtlichen Gesetzesvorbehalt gibt, der auch als Verweis auf das einschränkende Bundesgesetz interpretiert werden kann, so daß keine Kollision vorläge.[205]

e) Die Kontrollkompetenz der Landesverfassungsgerichtsbarkeit

Bei einer empfundenen Grundrechtsverletzung hat der Grundrechtsträger grundsätzlich die Wahl, ob er das Bundesverfassungsgericht oder das Landesverfassungsgericht oder beide anrufen möchte.[206] Vor diesem Hintergrund stellt sich im besprochenen Kontext die Frage nach der Kontrollkompetenz der Landesverfassungsgerichtsbarkeit.[207] Landesgrundrechte binden grundsätzlich nur die Landesstaatsgewalt. Die Bundeslegislative, -exekutive und -jurisdiktion ist an das Grundgesetz, nicht jedoch gleichzeitig an die Landesverfassungen gebunden.[208] Angesichts dieser Situation stellt sich die theoretische Frage, ob

---

[202] So auch *Huber*, in: *Sachs*, Grundgesetz, Kommentar, 2. Aufl., Art. 142, Rn. 9.

[203] *Pietzcker*, in: *Isensee/Kirchhof*, Handbuch des Staatsrechts, Bd. IV, § 99, Rn. 52.

[204] *Kanther*, Die neuen Landesverfassungen im Lichte der Bundesverfassung, S. 133 ff..

[205] *Pietzcker*, in: *Isensee/Kirchhof*, Handbuch des Staatsrechts, Bd. IV, § 99, Rn. 54.

[206] BVerfGE 11, 192 (197); BVerfGE 34, 165 (178); BVerfGE 36, 342 (368). Vgl. auch: *Kanther*, Die neuen Landesverfassungen im Lichte der Bundesverfassung, S. 129.

[207] Hierzu ausführlich *Dietlein*, AöR 1995, S. 2, 25 ff.; *Franke*, in: FS für *Mahrenholz*, S. 923 ff.; *Sacksofsky*, NVwZ 1993, S. 235 ff.; *Bock/Bock*, LKV 1991, S. 182 ff.; *Lemhöfer*, NJW 1996, S. 1714 ff.; *Kunig*, NJW 1994, S. 687 ff.; *Endter*, EuGRZ 1995, S. 227 ff.

[208] *Pietzcker* weist hier auf einige enge Ausnahmen hin. Vgl. *Pietzcker*, in: *Isensee/Kirchhof*, Handbuch des Staatsrechts, Bd. IV, § 99, Rn. 54.

Landesverfassungsgerichte Akte der Bundesstaatsgewalt wegen Verletzung der Landesverfassung, insbesondere der Landesgrundrechte, aufheben dürfen, praktisch kaum. Bei der Auslegung von Landesgrundrechten, die mit Bundesgrundrechten textgleich sind, ist das Landesverfassungsgericht nicht an die Rechtsprechung des Bundesverfassungsgerichts gebunden. Die Entscheidung des Landesverfassungsgerichts kann ihrerseits aber vom Bundesverfassungsgericht auf die Vereinbarkeit mit dem Grundgesetz überprüft werden.[209]

f) Staatszielbestimmungen in Landesverfassungen

Die meisten Minderheitenschutzklauseln in den Verfassungen der Länder sind als Staatszielbestimmungen ausgestaltet, weswegen an dieser Stelle nochmals auf die grundsätzliche Bedeutung von Staatszielbestimmungen in Landesverfassungen eingegangen werden soll.

aa) Verfassungspolitische Bedenken

Auf die Definition und die grundsätzliche Kritik in der Staatsrechtslehre an Staatszielbestimmungen in Verfassungen wurde bereits oben eingegangen.[210] Die Sachverständigenkommission, die 1983 Vorschläge zur Aufnahme von Staatszielbestimmungen in das Grundgesetz machen sollte, kam zu einem sehr zurückhaltenden Ergebnis.[211] Wichtiges Anliegen der Kommission war es, eine klare Trennung von Grundrechten und Staatszielbestimmungen deutlich zu machen. Der objektiv-rechtliche Charakter von Staatszielbestimmungen dürfe nicht verwischt werden. Es ist ein Phänomen, daß gerade in den Verfassungen der neuen Länder ungewöhnlich viele Staatszielbestimmungen aufgenommen worden sind, obgleich gerade in Ostdeutschland aus den bekannten historischen Gründen eine Diskrepanz zwischen Regelungsversprechen und Wirklichkeit der Identifizierung mit der Landesverfassung nicht förderlich sein dürfte. Insgesamt spricht also vieles gegen die Normierung von Staatszielen in Landesverfassungen, und wer auf einer Normierung von Staatszielen besteht, trägt zumindest eine erschwerte Begründungslast.[212] Es handelt sich hier allerdings im Grunde um eine verfassungspolitische Frage, die hier nicht näher vertieft werden soll.

---

[209] *Pietzcker*, in: *Isensee/Kirchhof*, Handbuch des Staatsrechts, Bd. IV, § 99, Rn. 58.

[210] Vgl. oben Punkt II. 2. b).

[211] Bericht der Sachverständigenkommission, Rn. 25. Vgl. hierzu *Graf Vitzthum*, Gedächtnisschrift für *Grabitz*, S. 819 ff.

[212] So *Kanther*, Die neuen Landesverfassungen im Lichte der Bundesverfassung, S. 149.

bb) Staatszielbestimmungen und Bundesrecht

Art. 31 GG wird im Bereich der Staatszielbestimmungen in den Landesverfassungen kaum Bedeutung erlangen.[213] Theoretisch ist hier eine Kollision schon denkbar, so beispielsweise, wenn Staatsziele fundamentalen Aussagen des Grundgesetzes oder des einfachen Bundesrechts inhaltlich widersprechen. Praktisch dürfte dies jedoch nicht vorkommen, was sich aus dem Charakter der Staatsziele als rein objektives Recht selbst ergibt. Es bleibt die Frage, ob der Landesverfassungsgeber bei der Formulierung von Staatszielbestimmungen an die grundgesetzliche Kompetenzordnung gebunden ist. Viele Stimmen im Schrifttum[214] befürworten dies mit dem Argument, daß Staatszielbestimmungen, die mangels Zuständigkeit des Landes unerfüllbar sind, integrationshemmend und kontraproduktiv wirkten. Andere lehnen eine Bindung der Landesstaatsziele an die Kompetenzordnung des Grundgesetzes ab und wollen sie nur den Vorgaben des Art. 28 Abs. 1 GG unterwerfen.[215] Bundesverfassungsrechtlich ist eine Anbindung der landesverfassungsrechtlichen Staatszielbestimmungen an die Kompetenz-ordnung des Grundgesetzes nicht vorgesehen, da die Art. 70 ff. nur den Gesetzgeber verpflichten und Staatszielbestimmungen in aller Regel lediglich politische Direktiven vorgeben. Etwas anderes muß vor diesem Hintergrund gelten, wenn Staatszielbestimmungen gleichzeitig Gesetzgebungsaufträge enthalten. Dann sind sie lediglich im Bereich der ausschließlichen Landeszuständigkeit zulässig.[216] Probleme mit den Minderheitenschutzbestimmungen in den Landesverfassungen, das kann bereits an dieser Stelle gesagt werden, sind hier jedoch nicht zu erwarten. Hauptgrund dafür ist das Fehlen einer Minderheitenschutzklausel im Grundgesetz. Zudem ist das Sachgebiet des Minderheitenschutzes nicht der ausschließlichen Legislativkompetenz des Bundes unterworfen. Im Rahmen der Diskussion um die Einführung einer Minderheitenbestimmung in das Grundgesetz wurde sogar die Meinung vertreten, daß der Minderheitenschutz als reine Kulturangelegenheit ausschließlich unter die Länderkompetenz falle.[217] Insgesamt wurde hierzu oben[218] festgehalten, daß die Kulturhoheit der Länder der Einfügung einer Minderheitenklausel in das Grundgesetz nicht entgegenstehen kann.[219] Gleichzeitig können aber auch gegen die Kodifizierung des Minderheitenschutzes in Landesverfassungen, sei es nun als Staatszielbestimmung oder Grundrecht, aus kompetenz- oder kollisionsrechtlichen Erwägungen keine Vorbehalte vorgetragen werden.

---

[213] *Kanther*, Die neuen Landesverfassungen im Lichte der Bundesverfassung, S. 151 ff.

[214] *März*, Bundesrecht bricht Landesrecht, S. 185 f.

[215] *Pietzcker*, in: *Isensee/Kirchhof*, Handbuch des Staatsrechts, Bd. IV, § 99, Rn. 30.

[216] *Kanther*, Die neuen Landesverfassungen im Lichte der Bundesverfassung, S. 155.

[217] Argumentationslinie vgl. BT.-Drucks. 12/6000, S. 74 f.

[218] Vgl. oben Kapitel 5. Punkt IV. 3.

[219] So auch *Rechenberg*, Wissenschaftliche Dienste des Deutschen Bundestages, Reg.-Nr.: WF III-103/93 vom 28. Juli 1993, S. 5.

III. Der Minderheitenschutz der Landesverfassungen

Nachdem nun die kompetenz- und kollisionsrechtlichen Präliminarien für die Kodifizierung von Grundrechten und Staatszielen in den Verfassungen der Länder geklärt sind und der Gestaltungsspielraum der Landesverfassungsgeber insofern abgesteckt ist, kann zur Analyse der verschiedenen Minderheitenschutzbestimmungen in den Landesverfassungen übergegangen werden.

1. Schleswig-Holstein

a) Die Minderheitengruppen in Schleswig-Holstein

Im Bundesland Schleswig-Holstein siedelt die traditionell in der Bundesrepublik Deutschland beheimatete dänische Minderheit und der größte Teil der Volksgruppe der Friesen.[220] Darüber hinaus leben in Schleswig-Holstein auch Sinti und Roma.[221]

b) Die Entwicklung des Minderheitenschutzes in Schleswig-Holstein

Die Entwicklung des Minderheitenschutzes im Bundesland Schleswig-Holstein vollzog sich in mehreren Schritten. Der erste verfassungsrechtliche Versuch zur Schlichtung des Konfliktes der deutschen und dänischen Nationalbewegungen war Art. 24 des Staatsgrundgesetzes für die Herzogtümer Schleswig und Holstein vom 15. September 1848.[222] Diese Bestimmung hatte folgenden Wortlaut:

---

[220] Vgl. hierzu auch die ausführliche Darstellung oben in Kapitel 1. Punkt III. 1. a) und b).

[221] Vgl. oben Kapitel 1. Punkt III. 2. a).

[222] Zitiert nach *Lemke*, Nationale Minderheiten und Volksgruppen im schleswig-holsteinischen und übrigen deutschen Verfassungsrecht, S. 104.

Art. 24

„Der bestehende Gebrauch der Sprachen in Kirche und Schule, Rechtspflege und Verwaltung ist gewährleistet. Die Gesetze werden in deutscher Sprache erlassen; denselben wird für diejenigen Distrikte, in denen die dänische Sprache Kirchen- und Schulsprache ist, eine beglaubigte dänische Übersetzung hinzugefügt.“

Die Aufnahme von Art. 24 in das Staatsgrundgesetz wurde von der zeitgleich in Frankfurt stattfindenden Grundrechtsdiskussion[223] beeinflußt. Verglichen mit § 188 der Paulskirchenverfassung vom 28. März 1849[224] bietet Art. 24 des Staatsgrundgesetzes aber deutlich weniger Gehalt. Angesichts immer stärker aufkommender nationalstaatlicher Ideen wurden auch die Sprachen immer mehr zu nationalen Symbolen und traten demzufolge in eine immer heftigere Konkurrenz. Vor diesem Hintergrund strebte Art. 24 des Staatsgrundgesetzes eine tolerante Lösung des aufkommenden Sprachenstreites an, um die Einheit Scheswig-Holsteins zu wahren. Mehr als eine bloße Toleranz der dänischen Sprache um der Stabilität des Landes willen wollte die Bestimmung aber nicht erreichen. Weder verpflichtete Art. 24 des Staatsgrundgesetzes zur Ergreifung irgendwelcher Maßnahmen noch war die dänische Sprache gleichberechtigt. Abgesehen davon konnte Art. 24 kaum tatsächliche Wirkungen entfalten, da das Staatsgrundgesetz am 11. Januar 1851 nach dem Ende der schleswig-holsteinischen Erhebung aufgehoben wurde.[225] Es folgte eine Zäsur in der minderheitenschutzrechtlichen Verfassungstradition Schleswig-Holsteins, insbesondere, da es in der Zeit von 1867 bis 1946 als preußische Provinz keine Eigenstaatlichkeit besaß.

Nach dem Ende des Zweiten Weltkrieges nahm Schleswig-Holstein jedoch diese Verfassungstradition wieder auf. Mit der Militärregierungsverordnung Nr. 46[226] erhielt Schleswig-Holstein seine Eigenstaatlichkeit als Land wieder zurück. Damit hatte Schleswig-Holstein wieder die Möglichkeit, eine verfassungsrechtliche Regelung der Minderheitenfrage im Land anzustreben. Für die Entwicklung des heutigen minderheitenschutzrechtlichen Standards sind dabei insbesondere die *Kieler Erklärung* vom 26. September 1949, die Minderheitenschutzbestimmungen in der Landessatzung von 1949 und die *Bonn-Kopenhagener Erklärungen* vom 29. März 1955 von entscheidender Bedeutung.

---

[223] Vgl. hierzu oben Kapitel 2. Punkt III. 2.

[224] Verfassung des Deutschen Reiches („*Paulskirchenverfassung*“) vom 28. März 1849 (RGBl. 1849, S. 101).

[225] Vgl. zum Ganzen: *Lemke*, Nationale Minderheiten und Volksgruppen im schleswig-holsteinischen und übrigen deutschen Verfassungsrecht, S. 103 ff.

[226] AblMilReg. Nr. 13, S. 305.

aa) Die *Kieler Erklärung* vom 26. September 1949

Die *Kieler Erklärung*[227] ist als eine Reaktion auf die historischen Ereignisse der unmittelbaren Nachkriegszeit im Land Schleswig-Holstein zu verstehen. Während der Zeit des Dritten Reiches litt auch die dänische Minderheit unter den Repressionen der nationalsozialistischen Diktatur. Unmittelbar nach Kriegsende bekannten sich schlagartig viele Bewohner Schleswig-Holsteins zur dänischen Minderheit. Dies hatte verschiedene Gründe. Die dänische Seite hielt die Rückbesinnung auf die enge Verbindung Schleswigs mit Dänemark für das Hauptmotiv und erklärte das Anwachsen der dänischen Minderheit jenseits der Grenze mit dem Wiederaufleben verschütteten dänischen Nationalgefühls nach der Befreiung von der nationalsozialistischen Unterdrückung. Von deutscher Seite wurden demgegenüber vielfach die Verlockungen der materiellen Unterstützung als Motiv in den Vordergrund gerückt. Man unterschied zwischen der *echten* dänischen Minderheit, die ihre zahlenmäßige Stärke seit den zwanziger Jahren nicht verändert habe, und der *unechten* Minderheit, jener als *Speckdänen* diffamierten Gruppe, die aus Deutschen bestünde, die sich wegen der damit verbundenen materiellen Vorteile dem Dänentum zuwandten.[228] In Wirklichkeit gab es für diese Entwicklung ein Bündel weiterer Gründe und die Wahrheit lag wohl zwischen diesen beiden Polen.[229] Stand die britische Militäradministration den Anliegen der dänischen Minderheit anfangs noch durchaus wohlwollend gegenüber, so erkannte sie in dem raschen Anwachsen der dänischen Bewegung auf deutschem Boden doch zunehmend auch eine Bedrohung der fragilen Stabilität im Land. Daher initiierte sie bald direkte Kontakte zwischen ihrem und dem dänischen Außenministerium, um die weiteren Entwicklungen im deutsch-dänischen Grenzgebiet in geordnete Bahnen zu lenken. Das britische Foreign and Commonwealth Office schlug dem dänischen Außenministerium drei Optionen im Hinblick auf die Schleswig-Frage vor: einen Bevölkerungsaustausch, eine Grenzneuregelung auf der Basis einer Volksabstimmung und eine Grenzbereinigung ohne Plebiszit. Obgleich von seiten der dänischen Minderheit heftigst auf eine Grenzneuregelung auf der Basis einer Volksabstimmung gedrungen wurde, wies das dänische Außenministerium alle drei britischen Optionen zurück. Diese vor dem Hintergrund der historischen Situation sowohl als weise als auch als mutig zu bezeichnende Entscheidung folgte dem zukunftsgerichteten Wunsch, die Nachbarschaft mit einem neuen demokratischen Deutschland nicht mit der Hypothek einer unilateralen Grenzkorrektur belasten zu wollen. Die dänische Regierung wünschte vielmehr die Schleswig-Frage in bilateralen Verhandlungen mit Deutschland zu klären, was von

---

[227] Hierzu: *Kühl*, The "Schleswig Experience", S. 17 ff.; *Fischer/Schulz*, Vom Kanon der Kulturen, S. 35 ff.; *Höffken*, Die "Kieler Erklärung" vom 26. September 1949 und die "Bonn-Kopenhagener Erklärungen" vom 29. März 1955 im Spiegel deutscher und dänischer Zeitungen, S. 83 ff.; *Thieme*, in: FS für *Hugelmann*, S. 631, 634 ff.; *Barschel*, Die Staatsqualität der deutschen Länder, S. 206 ff.; *Lemke*, Nationale Minderheiten und Volksgruppen im schleswig-holsteinischen und übrigen deutschen Verfassungsrecht, S. 107 ff.; *Barschel/Gebel*, Landessatzung für Schleswig-Holstein, Kommentar, S. 61 ff.

[228] *Kühl*, The "Schleswig Experience", S. 18 f.; *Lemke*, Nationale Minderheiten und Volksgruppen im schleswig-holsteinischen und übrigen deutschen Verfassungsrecht, S. 109 f.

[229] *Lemke*, Nationale Minderheiten und Volksgruppen im schleswig-holsteinischen und übrigen deutschen Verfassungsrecht, S. 110.

britischer Seite im wesentlichen akzeptiert wurde.[230] Auch die Briten waren angesichts des aufkommenden Ost-West-Konfliktes daran interessiert, daß das Wiedererstarken der deutschen Staatlichkeit nicht durch eine Schleswig-Krise im Jahr 1948 erschwert wurde. Eine einvernehmliche Lösung der Schleswig-Problematik durch direkte Kontakte zwischen Dänemark und Deutschland erschien ihnen daher als durchaus opportun.[231] Damit war dem Irredentismus der dänischen Bewegung in Deutschland im Grundsatz der Boden entzogen, und es ging in der Folge eigentlich nur noch um die Frage, welche Stellung der dänischen Minderheit in einem Land Schleswig-Holstein zukommen sollte.[232] Schleswig-Holstein konnte jedoch aufgrund seiner fehlenden völkerrechtlichen Kompetenz hierfür nicht offiziell mit der dänischen Regierung verhandeln, und für deutsch-dänische Konsultationen auf höchster Ebene war einerseits die Zeit noch nicht reif und andererseits die Bundesrepublik Deutschland noch nicht konstituiert. Eine Lösung mußte folglich in Verhandlungen zwischen der schleswig-holsteinischen Landesregierung und der dänischen Minderheit im Land gefunden werden. Hierzu waren aber beide Parteien zunächst nicht bereit. Die Landesregierung weigerte sich zunächst, die dänische Minderheit als Verhandlungspartner anzuerkennen. Ein Ansinnen der Landesregierung auf Verhandlungen mit der dänischen Regierung wurde unter Verweis auf die genannten völkerrechtlichen Bedenken seitens Dänemark abschlägig beschieden. Ebenso wurde die Aufforderung der dänischen Minderheit an die dänische Regierung, eine Volksabstimmung mit dem Ziel einer Grenzrevision durchzuführen, in einer gemeinsamen Erklärung aller im dänischen Reichstag vertretenen Parteien vom 29. Juni 1949 schroff abgelehnt.[233] Mangels anderer Alternativen und auf den Druck der dänischen und britischen Diplomatie hin kam es schließlich doch am 29. März 1949 zu Verhandlungen der schleswig-holsteinischen Landesregierung und Vertretern der dänischen Minderheit unter dem Vorsitz des britischen Gouverneurs. Diese Verhandlungen, die einzig durch den erwähnten groben Vorstoß der dänischen Minderheit im Hinblick auf eine Volksabstimmung gestört wurden, führten am 26. September 1949 zur *Kieler Erklärung*, die aufgrund ihrer besonderen Bedeutung im schleswig-holsteinischen Gesetz- und Verordnungsblatt[234] abgedruckt wurde. Diese Erklärung hatte folgenden Wortlaut:

> *„Die schleswig-holsteinische Landesregierung, von dem Wunsche erfüllt, ein friedliches Zusammenleben der dänischen Minderheit mit der deutschen Bevölkerung zu sichern, die berechtigten Belange der dänischen Minderheit in Schleswig-Holstein zu gewährleisten und ein gut nachbarliches Verhältnis zum dänischen Volke herbeizuführen, erklärt mit Billigung des Schleswig-*

---

[230] *Barschel/Gebel*, Landessatzung für Schleswig-Holstein, Kommentar, S. 62.

[231] Vgl. die Erklärung des britischen Unterstaatssekretärs *Henderson* auf der britisch-dänischen Konferenz am 23. Oktober 1948 in London. Abgedruckt in: *Hansen/Johannsen/Runge/Steensen*, Minderheiten im deutsch-dänischen Grenzbereich, S. 226 f.

[232] *Lemke*, Nationale Minderheiten und Volksgruppen im schleswig-holsteinischen und übrigen deutschen Verfassungsrecht, S. 113 f.

[233] Nachweise bei: *Barschel/Gebel*, Landessatzung für Schleswig-Holstein, Kommentar, S. 62.

[234] GVBl. Schleswig-Holstein 1949 S. 183 ff.

Holsteinischen Landtages und in der bestimmten Erwartung, daß die dänische Regierung der deutschen Minderheit in Dänemark dieselben Rechte und Freiheiten einräumen und garantieren wird, folgendes:

I.

Das Grundgesetz der Bundesrepublik Deutschland vom 23. Mai 1949 gewährleistet einem jeden und damit auch jedem Angehörigen der dänischen Minderheit ohne Rücksicht auf die von ihm benutzte Sprache

a) *das Recht auf freie Entfaltung der Persönlichkeit sowie die Unverletzbarkeit der persönlichen Freiheit (Art. 2),*

b) *die Gleichheit vor dem Gesetz (Art. 3 As. 1),*

c) *das Verbot, jemanden wegen seiner Abstammung, seiner Sprache, seiner Herkunft oder seiner politischen Anschauungen zu benachteiligen oder zu bevorzugen (Art. 3 Abs. 3),*

d) *die Glaubens- und Gewissensfreiheit (Art. 4),*

e) *das Recht der freien Meinungsäußerung und die Pressefreiheit (Art. 5),*

f) *die Versammlungs- und Vereinsfreiheit (Art. 8 und 9),*

g) *das Recht, den Beruf und den Arbeitsplatz frei zu wählen (Art. 12),*

h) *die Unverletzbarkeit der Wohnung (Art. 13),*

i) *die freie Gründung und Betätigung der politischen Parteien gemäß Art. 21,*

k) *den gleichen Zugang zu jedem öffentlichen Amt nach seiner Eignung, Befähigung und fachlichen Leistung (Art. 33 Abs. 2) d. h. daß bei Beamten, Angestellten und Arbeitern des öffentlichen Dienstes zwischen Angehörigen der dänischen Minderheit und allen übrigen kein Unterschied gemacht werden darf,*

l) *das allgemeine, unmittelbare, gleiche, freie und geheime Wahlrecht, das auch für die Landes- und Kommunalwahlen gilt (Art. 28 Abs. 1),*

m) *das Recht, den Schutz der Gerichte anzurufen, wenn er durch die öffentliche Gewalt in seinen Rechten verletzt wird (Art. 19 Abs. 4),*

Niemand darf daher auf Grund des geltenden Bundesrechts, das nach Art. 31 des Grundgesetzes unbedingten Vorrang genießt, wegen seiner Zugehörigkeit zur dänischen Minderheit benachteiligt oder bevorzugt werden.

II.

In Ausführung dieser Rechtsprinzipien wird hiermit festgestellt:

1. *Das Bekenntnis zum dänischen Volkstum und zur dänischen Kultur ist frei. Es darf von Amts wegen nicht bestritten oder nachgeprüft werden.*

2. *Die dänische Minderheit, ihre Organisationen und Mitglieder dürfen am Gebrauch der gewünschten Sprache in Wort, Schrift oder Druck nicht behindert werden. Der Gebrauch der dänischen Sprache vor den Gerichten und den Verwaltungsbehörden bestimmt sich nach den allgemeinen Gesetzen.*

3. *Kindergärten, allgemeinbildende Schulen und Volkshochschulen (auch mit fachlicher Ausrichtung) können von der dänischen Minderheit nach Maßgabe der Gesetze errichtet werden. In Schulen mit dänischer Unterrichtssprache ist ein zureichender Unterricht in deutscher Sprache zu erteilen. Eltern und Erziehungsberechtigte können frei entscheiden, ob ihre Kinder Schulen mit dänischer Unterrichtssprache besuchen sollen.*

4. *Die Landesregierung hält es für selbstverständlich, daß die parlamentarische Gepflogenheit, alle politischen Gruppen in den Vertretungskörperschaften der Gemeinden, der Ämter, der Kreise und des Landes in angemessener Weise zur Mitarbeit in den Ausschüssen heranzuziehen, ohne Rücksicht auf die jeweiligen Mehrheitsverhältnisse Anwendung findet.*

5. *Die Landesregierung hält es für erwünscht, daß der Rundfunk der dänischen Minderheit wie anderen politischen und kulturellen Vereinigungen zugänglich gemacht wird.*

6. *Die Landesregierung hält es für erwünscht, daß dänische Geistliche und Kirchengemeinden nach vorhergehender Vereinbarung mit den zuständigen kirchlichen bzw. gemeindlichen Stellen, Kirchen, Friedhöfe und ähnliche Einrichtungen unter wahlfreier Verwendung der gewünschten Sprache benutzen können.*

7. *Bei Unterstützung und sonstigen Leistungen aus öffentlichen Mitteln, über die nach freiem Ermessen entschieden wird, bleibt die Zugehörigkeit zur dänischen Minderheit als solche unberücksichtigt.*

8. *Öffentliche Bekanntmachungen sollen den Zeitungen der dänischen Minderheit nicht vorenthalten werden.*

9. *Das besondere Interesse der dänischen Minderheit, ihre religiösen, kulturellen und fachlichen Verbindungen mit Dänemark zu pflegen, wird anerkannt.*

10. *Dänische Staatsangehörige, denen die Landesregierung die Genehmigung erteilt hat, als religiöse, kulturelle oder fachliche Berater zu wirken (z. B. Geistliche, Lehrer, Landwirtschaftsberater usw.), dürfen gegenüber anderen Angehörigen entsprechender Berufe bei der Erteilung der Zuzugsgenehmigung und bei der Zuweisung von Wohnraum in der Gemeinde ihres Dienstsitzes nicht benachteiligt werden. Sie dürfen keine politische Betätigung ausüben.*

11. *Soweit in den vorhergehenden Punkten eine Zuständigkeit des Landes nicht gegeben sein sollte, wird es sich die Landesregierung angelegen sein lassen, sich für ihre Billigung und Durchführung bei den jeweils zuständigen Stellen einzusetzen.*

III.

Zur Prüfung und Klärung von Vorschlägen, Beschwerden und anderen Eingaben der dänischen Minderheit wird ein Ausschuß gebildet. Dieser besteht aus drei Mitgliedern der dänischen Minderheit und drei Mitgliedern, die vom Landesbeauftragten für Schleswig bestellt werden.

Die Geschäfte des Ausschusses führt ein Sekretär, der vom Ausschuß aus drei Vorschlägen, die von der dänischen Minderheit aufgestellt werden, mit Mehrheit gewählt und von der Landesregierung angestellt wird. Es ist Aufgabe dieses Sekretärs, zunächst alle Eingaben mit dem Landesbeauftragten für Schleswig oder den örtlichen zuständigen Stellen im Verhandlungswege zu erledigen. Soweit dies nicht möglich ist, hat er sie dem Ausschuß zur gutachtlichen Äußerung vorzulegen. Der Landesbeauftragte für Schleswig kann diese und andere Gutachten des Ausschusses anfordern. Findet sich für Gutachten des Ausschusses keine Mehrheit, so können zwei unterschiedliche Gutachten erstattet werden.

Die Gutachten des Ausschusses werden der Landesregierung zur abschließenden Entscheidung überwiesen. Wenn Maßnahmen der Selbstverwaltungskörperschaften in Frage kommen, wird die Landesregierung im Rahmen ihrer Befugnisse das Erforderliche veranlassen.

Das Nähere bestimmt die Geschäftsordnung, die auch die Wahl des Vorsitzenden und den Wechsel im Vorsitz zwischen den beiden Gruppen des Ausschusses regelt. Die Geschäftsordnung beschließt der Ausschuß. Sie bedarf der Genehmigung der Landesregierung.

IV.

Die hier aufgestellten Grundsätze gelten sinngemäß auch für die friesische Bevölkerung in Schleswig-Holstein."

Diese Erklärung wurde vom Landtag einstimmig bei zwei Enthaltungen gebilligt. Aufgrund entsprechender Befürchtungen seitens der dänischen Minderheit stellte Teil I der Erklärung die Geltung der Grundrechte des Grundgesetzes für die Minderheitenangehörigen klar und nahm damit beinahe wörtlich den ersten Teil der späteren Bonn-Kopenhagener Erklärungen vorweg. Teil II der Erklärung interpretierte quasi diese Grundrechte hinsichtlich der dänischen Minderheit. Der Darstellung der materiell-rechtlichen Lage folgte ein verfahrensrechtlicher Abschnitt in Teil III der Erklärung. Der in Teil III erwähnte Ausschuß konnte bis zu einer Auflösung im Jahr 1958 eine Reihe von minderheitenrechtlichen Streitfragen klären. Teil IV enthielt schließlich die sog. „*Friesenklausel*", welche die sinngemäße Geltung der Grundsätze der Erklärung auch für die friesische Bevölkerung feststellte. Vielfach wurde diese Klausel als Anerkennung der friesischen Volksgruppe in Schleswig-Holstein als Minderheit mißinterpretiert. Von der Anerkennung einer friesischen Minderheit war man allerdings zum damaligen Zeitpunkt noch weit entfernt. Die Klausel erlaubte lediglich der friesischen Bevölkerung, die damals eng mit der dänischen Minderheit zusammenarbeitete und seit 1948 politisch vom SSW vertreten wurde, sich zur dänischen Minderheit zu bekennen.[235]

Der *Kieler Erklärung* kam keine unmittelbare materiell-rechtliche Bedeutung zu, da es sich formal lediglich um eine Regierungserklärung handelte.[236] Sie war weder ein Gesetz noch ein völkerrechtlicher Vertrag. Die *Kieler Erklärung* konnte keine Gesetzeskraft entfalten, da keine der für das Zustandekommen eines Gesetzes erforderlichen Bestimmungen eingehalten war. Auch ein völker- oder staatsrechtlicher Vertrag konnte die Erklärung nicht sein, da es der dänischen Minderheit einerseits an einer Völkerrechtssubjektivität fehlte und andererseits die Erklärung einseitig abgegeben worden war. Obgleich der Charakter der Erklärung demzufolge rein deklaratorisch war, konnte die *Kieler Erklärung* erheblich zur Entspannung des deutsch-dänischen Konfliktes in der Grenzregion beitragen. Dieser Charakter ermöglichte es der

---

[235] Vgl. insofern die eindeutige Erklärung des damaligen schleswig-holsteinischen Ministerpräsidenten *Diekmann* (SPD) vom 26. September 1949: Landtag Schleswig-Holstein, LT.-Prot. 1/25, S. 8. Vgl. auch *Lemke*, Nationale Minderheiten und Volksgruppen im schleswig-holsteinischen und übrigen deutschen Verfassungsrecht, S. 117 f. m.w.N.

[236] So auch: *Barschel/Gebel*, Landessatzung für Schleswig-Holstein, Kommentar, S. 65; *Lemke*, Nationale Minderheiten und Volksgruppen im schleswig-holsteinischen und übrigen deutschen Verfassungsrecht, S. 119.

Landesregierung auch, die *Kieler Erklärung* mit Zustimmung des Landtages am 13. September 1955 nach der Bonner Erklärung für gegenstandslos zu erklären und sie damit praktisch aufzuheben.[237] Der Grundgehalt der *Kieler Erklärung* wurde jedoch in die Landessatzung für Schleswig-Holstein[238] übernommen.

bb) Die Minderheitenschutzbestimmungen in der Landessatzung für Schleswig-Holstein von 1949

In den Beratungen zur Erarbeitung einer Landessatzung für Schleswig-Holstein wurde bald deutlich, daß auch und gerade im Hinblick auf die *Kieler Erklärung* der Status der dänischen Minderheit verfassungsrechtlich abgesichert werden sollte.[239] Die Minderheitenschutzbestimmungen wurden in Art. 5 und 6 der Landessatzung festgeschrieben und hatten folgenden Wortlaut:

Art. 5

„Das Bekenntnis zu einer nationalen Minderheit ist frei; es entbindet nicht von den allgemeinen staatsbürgerlichen Pflichten."

Art. 6 Abs. 4

„Die Erziehungsberechtigten entscheiden, ob ihre Kinder die Schule einer nationalen Minderheit besuchen sollen."

Art. 5 der Landessatzung unterschied sich in doppelter Hinsicht vom Inhalt der *Kieler Erklärung*. Statt von einer dänischen Minderheit zu sprechen, war nunmehr allgemein und abstrakt vom Bekenntnis zu einer nationalen Minderheit die Rede. Damit wurden zwei Ziele verfolgt. Zunächst wurde durch die Abstraktion ein gewisser Abstand zu der emotionsgeladenen deutsch-dänischen Diskussion hergestellt, der in gewissem Maße eine Versachlichung der zu regelnden Materie bewirken sollte, und andererseits entfiel der Eindruck einer Ausnahmeregelung für die dänischen Minderheit. Eine Intention, den Minderheitenschutz auf andere Gruppen auszudehnen, läßt sich hingegen jedenfalls

---

[237] GVBl. Schleswig-Holstein 1955 S. 163.

[238] Landessatzung für Schleswig-Holstein vom 13. Dezember 1949 (GVBl. Schleswig-Holstein 1950 S. 3).

[239] Vgl. Landtag Schleswig-Holstein, LT.-Prot. 26/47.

entstehungsgeschichtlich nicht belegen.[240] Der zweite Unterschied zur *Kieler Erklärung* bestand in der Anfügung einer klarstellenden Loyalitätsklausel im zweiten Halbsatz von Art. 5. Die Verpflichtung der Minderheitenangehörigen zu den allgemeinen staatsbürgerlichen Pflichten ergab sich sowohl in bezug auf die *Kieler Erklärung* als auch im Hinblick auf die Regelungen der Landessatzung unmittelbar aus dem Grundgesetz, dennoch hielt man die ausdrückliche Kodifizierung einer Loyalitätsklausel auch im Hinblick auf eine beständig verweigerte Loyalitätserklärung[241] der dänischen Minderheit für angebracht.[242] Es wurde klargestellt, daß das Bekenntnis zu einer Minderheit kein separatistisches oder irredentistisches Verhalten erlauben würde.

Art. 5 der Landessatzung wollte den Status der dänischen Minderheit in Schleswig-Holstein nicht neu regeln, sondern verfassungsrechtlich festschreiben. Daher wird es allgemein als zulässig erachtet, bei der Interpretation dieser Bestimmung auf den Wortlaut der *Kieler Erklärung* zurückzugreifen.[243] Das Bekenntnis zu einer nationalen Minderheit ist frei. Das bedeutet, daß es weder von Amts wegen nachgeprüft noch bestritten werden darf.[244] Diese Bekenntnisfreiheit gewährt Art. 5 der Landessatzung demzufolge auch als individuelles Grundrecht jedem Minderheitenangehörigen. Daneben stehen jedem Minderheitenangehörigen selbstverständlich auch die Grundrechte des Grundgesetzes zu. Aus dem Grundrechtscharakter von Art. 5 folgt weiterhin, daß die drei Gewalten im Land Schleswig-Holstein die Norm als unmittelbar geltendes Recht zu beachten haben, und daß die Bekenntnisfreiheit in ihrem Wesensgehalt nicht angetastet werden darf. *Barschel/Gebel*[245] sind im Hinblick auf die Befreiung der Minderheitenparteien von der 5%-Hürde der Meinung, daß aufgrund von Art. 5 erforderlich sein kann, einer Minderheit Vorrechte zu gewähren, um zu einer tatsächlichen Gleichheit zu gelangen. Da die Berechtigung zur Förderung einer Minderheit dem Gleichheitssatz nicht entgegensteht,[246] muß dies jedenfalls auch in bezug auf Art. 5 der Landessatzung gelten. Darüber hinaus sichert Art. 5 der Landessatzung nach Ansicht von *Barschel/Gebel*[247] verfassungsrechtlich eine weitgehende kulturelle und sonstige Autonomie. Dies kann dem Wortlaut jedenfalls nicht entnommen werden, ist allerdings möglich und wurde in der Praxis wohl auch so gehandhabt. Mit dem Argument, daß Art. 5

---

[240] *Lemke*, Nationale Minderheiten und Volksgruppen im schleswig-holsteinischen und übrigen deutschen Verfassungsrecht, S. 120 f.

[241] Vgl. allgemein zu den Loyalitätsverpflichtungen von Minderheiten oben Kapitel 1. Punkt IV. 1.

[242] *Lemke*, Nationale Minderheiten und Volksgruppen im schleswig-holsteinischen und übrigen deutschen Verfassungsrecht, S. 121 f.

[243] *Barschel/Gebel*, Landessatzung für Schleswig-Holstein, Kommentar, S. 65.

[244] Vgl. allgemein zur Interpretation des Art. 5 der Landessatzung für Schleswig.Holstein: *Barschel/Gebel*, Landessatzung für Schleswig-Holstein, Kommentar, Art. 5, S. 104 ff.

[245] *Barschel/Gebel*, Landessatzung für Schleswig-Holstein, Kommentar, Art. 5, S. 105.

[246] Vgl. hierzu die Ausführungen zu Art. 3 GG oben in Kapitel 4. Punkt II. 2. c).

[247] *Barschel/Gebel*, Landessatzung für Schleswig-Holstein, Kommentar, Art. 5, S. 105.

und 6 Abs. 4 der Landessatzung anderenfalls keinen positiven Inhalt hätten, vertrat *Thieme* schließlich die Ansicht, daß die Minderheitenbestimmungen einen gewissen Schutz der Minderheit als solcher geböten.[248]

Art. 6 Abs. 4 der Landessatzung sichert das Recht der Eltern, ihre Kinder die Schulen der dänischen Minderheit besuchen zu lassen, ab.[249]

Durch die Kodifikationen der Art. 5 und 6 in der Landessatzung war die *Kieler Erklärung* in ihrem Kern Verfassungsrecht geworden, was um so bemerkenswerter erscheint, als die Landessatzung im übrigen ein reines Organisationsstatut ohne eigenen Grundrechtskatalog darstellte. Dennoch verfehlten sowohl die *Kieler Erklärung* als auch das minderheitenschützende Verfassungsrecht in der Landessatzung ihr Ziel, die deutsch-dänische Grenzregion nachhaltig zu befrieden.[250] Aus diesem Grunde wurden die Stimmen, die den Abschluß eines Minderheitenvertrages mit Dänemark forderten, immer lauter. In diese Richtung führte auch die weitere Entwicklung.

cc) Die *Bonn-Kopenhagener Erklärungen* vom 29. März 1955

Spannungen auf der deutschen Seite des Grenzgebietes traten auch nach der Abgabe der *Kieler Erklärung* und nach Erlaß der Landessatzung für Schleswig-Holstein, insbesondere aufgrund des Streits um das Wahlrecht im Land auf.[251] Obgleich das Wählerpotential des SSW, der Partei der dänischen Minderheit, schwand, führte Schleswig-Holstein am 22. Oktober 1951 im Landeswahlrecht eine 7,5%-Sperrklausel ein, ohne die Parteien der nationalen Minderheiten hiervon zu befreien. Hiergegen klagte der SSW erfolgreich vor dem Bundesverfassungsgericht.[252] Daraufhin senkte der Landtag die Sperrklausel zwar auf 5%, ohne jedoch die Parteien nationaler Minderheiten davon zu befreien. Erneut klagte der SSW hiergegen vor dem Bundesverfassungsgericht. Diesmal verlor der SSW allerdings den Prozeß. Mit der Argumentation, daß es keine Rechtspflicht des Gesetzgebers gäbe, wonach die

---

[248] *Thieme*, in: FS für *Hugelmann*, S. 631, 637.

[249] *Barschel/Gebel*, Landessatzung für Schleswig-Holstein, Kommentar, Art. 5, S. 106 ff.; *Lemke*, Nationale Minderheiten und Volksgruppen im schleswig-holsteinischen und übrigen deutschen Verfassungsrecht, S. 122 f.

[250] Zur diesem Ergebnis kommt *Lemke*, der dies anhand einiger ausgewählter Rechtsprechung zu belegen versucht. Vgl. *Lemke*, Nationale Minderheiten und Volksgruppen im schleswig-holsteinischen und übrigen deutschen Verfassungsrecht, S. 124 ff.

[251] Vgl. hierzu etwa: *Barschel/Gebel*, Landessatzung für Schleswig-Holstein, Kommentar, S. 65 f.; *Lemke*, Nationale Minderheiten und Volksgruppen im schleswig-holsteinischen und übrigen deutschen Verfassungsrecht, S. 127 f.

[252] BVerfGE 1, 208 ff. Vgl. hierzu: *Kühn*, Privilegierung nationaler Minderheiten im Wahlrecht der Bundesrepublik Deutschland und Schleswig-Holsteins, S. 113 ff.

Parteien nationaler Minderheiten von der 5%-Sperrklausel zu befreien seien, wies das Bundesverfassungsgericht die Klage zurück.[253] Dies führte in der Folge zum Ausscheiden des SSW, der in der Landtagswahl 1954 lediglich 3,5 % der Wählerstimmen erringen konnte, aus dem Landtag von Schleswig-Holstein. Diese Entwicklung und die Tatsache, daß die Anhängerschaft des SSW und der dänischen Minderheit stetig zurückgingen, führte im Landtag zu einem erneuten Umdenken. Man sah die dänische Minderheit nun nicht mehr als Gefahr für die Stabilität und die Einheit des Landes.[254] Dieses Umdenken ebnete schließlich auch den Weg für die Verhandlungen zu den *Bonn-Kopenhagener Erklärungen*. Von der schleswig-holsteinischen Landesregierung wurde in der Folge der Abschluß eines völkerrechtlichen Vertrages zwischen der Bundesrepublik Deutschland und dem Königreich Dänemark betreffend die Rechtsstellung der Minderheiten angeregt. Dies ging wiederum der dänischen Seite zu weit. Daher wurde im Jahr 1954 vereinbart, daß zu den Problemen der beiden Minderheiten gleichlautende Erklärungen abgegeben werden sollten.[255] Diese Erklärungen wurden am 29. März 1955 in Bonn unterzeichnet und anschließend vom Dänischen Folketing, vom Deutschen Bundestag und vom Schleswig-Holsteinischen Landtag gebilligt.[256] Das Auswärtige Amt gab daraufhin das Verhandlungsergebnis und den Inhalt der Minderheitenerklärungen bekannt:[257]

„Die dänisch-deutschen Besprechungen über die Rechte der beiderseitigen Minderheiten haben zu folgenden Ergebnissen geführt:

I.

1. *Die Bundesregierung legt dem Bundestag die beigefügte Erklärung über die allgemeinen Rechte der dänischen Minderheit zur Billigung vor.*

---

[253] BVerfGE 4, 31 ff.

[254] Vgl. zum Ganzen auch *Vaagt*, Europa Ethnica 1988, S. 57 ff.

[255] *Barschel/Gebel*, Landessatzung für Schleswig-Holstein, Kommentar, S. 66.

[256] Vgl. hierzu: *Kühl*, The “Schleswig Experience”, S. 23 ff.; *Fischer/Schulz*, Vom Kanon der Kulturen, S. 37 ff.; *Höffken*, Die “Kieler Erklärung” vom 26. September 1949 und die “Bonn-Kopenhagener Erklärungen” vom 29. März 1955 im Spiegel deutscher und dänischer Zeitungen, S. 223 ff.; *Thieme*, in: FS für *Hugelmann*, S. 631, 642 ff.; *Barschel*, Die Staatsqualität der deutschen Länder, S. 212 f.; *v. Hassel*, in: 25 Jahre Bonn-Kopenhagener Minderheitenerklärungen, S. 4 ff.; *Stoltenberg*, in: 25 Jahre Bonn-Kopenhagener Minderheitenerklärungen, S. 10 ff.; *Andersen*, in: 25 Jahre Bonn-Kopenhagener Minderheitenerklärungen, S. 20 ff.; *Johannsen*, in: 25 Jahre Bonn-Kopenhagener Minderheitenerklärungen, S. 28 ff.; *Hertrampf*, in: 25 Jahre Bonn-Kopenhagener Minderheitenerklärungen, S. 38 ff.; *Lemke*, Nationale Minderheiten und Volksgruppen im schleswig-holsteinischen und übrigen deutschen Verfassungsrecht, S. 27 ff.; *Barschel/Gebel*, Landessatzung für Schleswig-Holstein, Kommentar, S. 69;

[257] Bundesanzeiger 1955, S. 4 ff.

2. *Die Bundesregierung setzt sich dafür ein, daß die im Bundeswahlgesetz vom 8.7.1953 (BGBl. I, S. 470) in § 9 Abs. 5 zu Gunsten der nationalen Minderheiten getroffene Regelung in das künftige Bundeswahlrecht übernommen wird.*

3. *Die Landesregierung Schleswig-Holstein hat die Bundesregierung davon unterrichtet, daß sie bereit ist:*

a) *darauf hinzuwirken, daß der Schleswig-Holsteinische Landtag eine Ausnahmebestimmung von der 5-%-Klausel in § 3 des Schleswig-Holsteinischen Landeswahlgesetzes zugunsten der dänischen Minderheit baldmöglichst beschließt;*

b) *die Zuschüsse für die Schulen der dänischen Minderheit in Zukunft wieder auf 80% der laufenden persönlichen und sachlichen Aufwendungen für einen Schüler der öffentlichen Volksschule im Landes Schleswig-Holstein zu bemessen;*

c) *gemäß Ziffer XI des Erlasses des Landesministers für Volksbildung vom 7.3.1950 über die Regelung des Schulwesens der dänischen Minderheit auf Antrag die Errichtung von weiterführenden allgemeinbildenden Schulen der dänischen Minderheit mit der Möglichkeit anerkannter Examina unter der Voraussetzung der Angleichung dieser Schulen an das deutsche Schulwesen zu gewähren.*

4. *Die Bundesregierung gibt im Einvernehmen mit der Schleswig-Holsteinischen Landesregierung der Erwartung Ausdruck, daß alle beteiligten Stellen sich bemühen werden, die Rechte der Minderheit im Geiste der in Ziffer 1 genannten Erklärung zu achten und zu wahren.*

II.

1. *Die dänische Regierung legt dem Folketing die beigefügte Erklärung über die allgemeinen Rechte der deutschen Minderheit zur Billigung vor.*

2. *Die dänische Regierung wird darauf hinwirken, daß § 4 des Gesetzes Nr. 412 vom 12. Juni 1946, wie durch Gesetz Nr. 214 vom 7. Juni 1952 geändert, baldmöglichst aufgehoben wird. Die dänische Regierung ist bereit, auf Antrag die Errichtung von weiterführenden allgemeinbildenden Schulen der deutschen Minderheit mit der Möglichkeit anerkannter Examina unter der Voraussetzung der Angleichung dieser Schulen an das dänische Schulwesen zu gewähren.*

3. *Die dänische Regierung gibt der Erwartung Ausdruck, daß alle beteiligten Stellen sich bemühen werden, die Rechte der Minderheit im Geiste der in Ziffer 1 genannten Erklärung zu achten und zu wahren.*

Beim Abschluß der deutsch-dänischen Besprechungen haben der Herr Bundeskanzler und der Herr Ministerpräsident im Namen ihrer Regierung nachfolgende Erklärungen abgegeben.

Erklärung der Regierung der Bundesrepublik Deutschland:

In dem Wunsche, das friedliche Zusammenleben der Bevölkerung beiderseits der deutsch-dänischen Grenze und damit auch die Entwicklung freundschaftlicher Beziehungen zwischen der Bundesrepublik Deutschland und dem Königreich Dänemark allgemein zu fördern und

eingedenk der völkerrechtlichen Verpflichtung, welche die Bundesrepublik durch ihre Mitgliedschaft in der Europäischen Konvention für Menschenrechte hinsichtlich der Verpflichtung zur Nichtdiskriminierung nationaler Minderheiten (Art. 14) übernommen hat,

erklärt die Regierung der Bundesrepublik Deutschland im Sinne der auch im Grundgesetz der Bundesrepublik Deutschland festgelegten Grundsätze, auf welche die Schleswig-Holsteinische Landesregierung in ihrer Erklärung vom 26.9.1949 Bezug genommen hatte, folgendes:

I.

Die Angehörigen der Minderheit genießen wie alle Staatsbürger die im Grundgesetz der Bundesrepublik Deutschland vom 23. Mai 1949 garantierten Rechte. Insbesondere haben sie im Rahmen des Grundgesetzes folgende Rechte:

1. *Das Recht auf die Unverletzlichkeit der persönlichen Freiheit,*

2. *die Gleichheit vor dem Gesetz,*

3. *die Glaubens- und Gewissensfreiheit,*

4. *das Recht der freien Meinungsäußerung und die Pressefreiheit,*

5. *die Versammlungs- und Vereinsfreiheit,*

6. *das Recht, den Beruf und den Arbeitsplatz frei zu wählen,*

7. *die Unverletzlichkeit der Wohnung,*

8. *die freie Gründung der politischen Parteien,*

9. *den gleichen Zugang zu jedem öffentlichen Amt nach Eignung, Befähigung und fachlicher Leistung; bei den Beamten, Angestellten und Arbeitern des öffentlichen Dienstes darf zwischen Angehörigen der dänischen Minderheit und anderen Staatsbürgern kein Unterschied gemacht werden;*

10. *das allgemeine, unmittelbare, freie, gleiche und geheime Wahlrecht, das auch für die Landes- und Kommunalwahlen gilt,*

11. *das Recht, bei Verletzung von Rechten durch die öffentliche Gewalt, den Schutz der Gerichte anzurufen,*

12. *das Recht auf gleiche Behandlung, nach dem niemand wegen seiner Abstammung, seiner Sprache, seiner Herkunft oder seiner politischen Anschauung benachteiligt oder bevorzugt werden darf.*

II.

In Ausführung dieser Rechtsgrundsätze wird hiermit festgestellt:

1. *Das Bekenntnis zum dänischen Volkstum und zur dänischen Kultur ist frei und darf von Amts wegen nicht bestritten oder nachgeprüft werden.*

2. *Angehörige der dänischen Minderheit und ihre Organisationen dürfen am Gebrauch der gewünschten Sprache in Wort und Schrift nicht behindert werden. Der Gebrauch der dänischen Sprache vor den Gerichten und Verwaltungsbehörden bestimmt sich nach den diesbezüglichen gesetzlichen Vorschriften.*

3. *Bei Unterstützungen und sonstigen Leistungen aus öffentlichen Mitteln, über die im Rahmen des Ermessens entschieden wird, dürfen Angehörige der dänischen Minderheit gegenüber anderen Staatsbürgern nicht unterschiedlich behandelt werden.*

4. *Das besondere Interesse der dänischen Minderheit, ihre religiösen, kulturellen und fachlichen Verbindungen mit Dänemark zu pflegen, wird anerkannt.*

III.

Die Bundesregierung gibt zur Kenntnis, daß die Landesregierung Schleswig-Holstein ihr mitgeteilt hat:

1. *Da das Verhältniswahlverfahren gemäß der Kommunal-gesetzgebung bei der Einsetzung von Ausschüssen in den kommunalen Vertretungskörperschaften Anwendung findet, werden die Vertreter der dänischen Minderheit zur Ausschußarbeit im Verhältnis zu ihrer Anzahl herangezogen.*

2. *Die Landesregierung empfiehlt, daß die dänische Minderheit im Rahmen der jeweils geltenden Regeln für die Benutzung des Rundfunks angemessen berücksichtigt wird.*

3. *Bei öffentlichen Bekanntmachungen sollen die Zeitungen der dänischen Minderheit angemessen berücksichtigt werden.*

4. *Im Lande Schleswig-Holstein können allgemeinbildende Schulen und Volkshochschulen (auch solche mit fachlicher Ausrichtung) sowie Kindergärten von der dänischen Minderheit nach Maßgabe der Gesetze errichtet werden. In Schulen mit dänischer Unterrichtssprache ist ein zureichender Unterricht in deutscher Sprache zu erteilen. Eltern und Erziehungsberechtigte können frei entscheiden, ob ihre Kinder Schulen mit dänischer Unterrichtssprache besuchen sollen.*"

Die „*Erklärung der dänischen Regierung über die allgemeinen Rechte der deutschen Minderheit*" ist, abgesehen von den umgekehrten Bezeichnungen, textgleich mit der Erklärung der Regierung der Bundesrepublik Deutschland. In der Folge der *Bonn-Kopenhagener Erklärungen* führte der schleswig-holsteinische Landtag in das Landeswahlrecht den Zusatz ein, daß die Sperrwirkung der 5%-Klausel für die Parteien nationaler Minderheiten nicht gelten sollte.[258]
Darüber hinaus wurde, wie bereits erwähnt, auch die *Kieler Erklärung* für gegenstandslos erklärt.

Aufgrund der gewählten Form sind jedoch auch die *Bonn-Kopenhagener Erklärungen* rechtlich unverbindlich.[259] Mit den Erklärungen wurde die politische Grundlage für die rechtliche Behandlung der Minderheiten auf beiden Seiten der Grenze gelegt, aus sich heraus entfalten die Erklärungen jedoch allenfalls politische, nicht jedoch auch rechtliche Bindungswirkungen. Die Parteien haben sich zunächst bewußt gegen den Abschluß eines völkerrechtlichen Vertrages zur Regelung der Minderheitenfrage entschieden.[260] Darüber hinaus gingen die Parteien übereinstimmend davon aus, daß nach der Übermittlung der *Vorschläge* der Delegationen an ihre Regierungen alle völkerrechtlichen Verpflichtungen erfüllt waren.[261] Daraus ergibt sich, daß sich die Parteien zu keinen neuen Maßnahmen verpflichten wollten und verpflichtet sahen, die noch umzusetzen gewesen wären und deren Umsetzung die Parteien voneinander hätte verlangen können. Selbstverständlich hatten die *Bonn-Kopenhagener Erklärungen* jedoch eine nicht zu unterschätzende außenpolitische Wirkung.

Eine Betrachtung des Inhalts der *Bonn-Kopenhagener Erklärungen* bekräftigt den Eindruck, daß hier politische Abreden getroffen und keine rechtlichen Verpflichtungen eingegangen werden sollten. Im Teil I der Mitteilung der Ergebnisse der Verhandlungen fallen zunächst die

---

258 § 3 Abs. 1 Satz 2 Landeswahlgesetz vom 31. Juli 1955 (GVBl. Schleswig-Holstein 1955 S. 124).

259 *Lemke*, Nationale Minderheiten und Volksgruppen im schleswig-holsteinischen und übrigen deutschen Verfassungsrecht, S. 27 ff.

260 *Thieme*, in: FS für *Hugelmann*, S. 631, 643 f.

261 *Thieme*, in: FS für *Hugelmann*, S. 631, 642; *Kühn*, Privilegierung nationaler Minderheiten im Wahlrecht der Bundesrepublik Deutschland und Schleswig-Holsteins, S. 284.

vorsichtigen Formulierungen auf.[262] Im operativen Teil I der Erklärung werden den Angehörigen der dänischen Minderheit keine Rechte gewährt, die nicht aufgrund der Geltung des Grundgesetzes ohnehin bereits gewährt würden. Auch in Teil II, in welchem die Bundesrepublik Deutschland Feststellungen zur Ausführung der in Teil I angeführten Rechtsgrundsätze macht, findet sich kein Recht, das über die Gewährleistungen des Grundgesetzes hinausginge. Die in Teil II Punkt 1 erwähnte Bekenntnisfreiheit folgte einerseits unmittelbar aus Art. 5 der Landessatzung für Schleswig-Holstein und kann darüber hinaus auch aus dem allgemeinen Persönlichkeitsrecht der Art. 2 Abs. 1 und 1 Abs. 1 GG abgeleitet werden. Dasselbe gilt für das Recht auf den Gebrauch der eigenen Sprache. Das Recht auf Gleichbehandlung bei Ermessensentscheidungen über Unterstützungen und sonstige Leistungen aus öffentlichen Mitteln folgt aus Art. 3 Abs. 3 GG. Die in Teil II Punkt 4 angesprochene Anerkennung des besonderen Interesses der dänischen Minderheit, ihre Verbindungen mit Dänemark zu pflegen, hat ebenfalls keine rechtlichen Auswirkungen, sondern stellt lediglich klar, daß grenzüberschreitende Kontakte nicht als Illoyalität gewertet werden. Teil III der Bonner Erklärung enthält ebenfalls keinen rechtlich bindenden Inhalt. Aus kompetenzrechtlichen Gründen gibt hier die Bundesregierung Erklärungen der Landesregierung von Schleswig-Holstein wieder. Auch hier wird lediglich auf bereits existierende Regelungen, unter anderem auch die in Art. 6 Abs. 4 der Landessatzung für Schleswig-Holstein enthaltene Bestimmung, verwiesen.[263]

Insgesamt brachte die Bonner Erklärung für die dänische Minderheit in Schleswig-Holstein keine neuen Rechte. In ihr wurden lediglich die bestehenden rechtlichen Grundlagen betreffend den Status der dänischen Minderheit deklaratorisch zusammengestellt. Dennoch hatte die Bonner Erklärung eine beachtliche politische Wirkung. Als programmatisches Manifest führte die Bonner Erklärung den Minderheitenangehörigen vor Augen, daß ihr Sonderstatus nicht lediglich anerkannt und geduldet wird, sondern daß die aufgeführten Minderheitenrechte auch politisch gewollt und umgesetzt würden.[264] Dies schuf zwischen Mehrheit und Minderheit im deutsch-dänischen Grenzgebiet Vertrauen, und es ist auch gerade dieser programmatisch politische Charakter der *Bonn-Kopenhagener Erklärungen*, der bis in die heutige Zeit nachwirkt. Die *Bonn-Kopenhagener Erklärungen* waren der Grundstein einer endgültigen und gütlichen Regelung der Minderheitenfrage in einer Region, in der die Grenze zwischen zwei Staaten im Laufe der Geschichte mehrmals verschoben wurde.

---

[262] Wie beispielsweise: „*Die Bundesregierung setzt sich dafür ein ...*"; „*Die Landesregierung hat (...) unterrichtet, daß sie bereit ist, darauf hinzuwirken ...*"; „*Die Bundesregierung gibt (...) der Erwartung Ausdruck ...*".

[263] Vgl. zum Ganzen: *Lemke*, Nationale Minderheiten und Volksgruppen im schleswig-holsteinischen und übrigen deutschen Verfassungsrecht, S. 29 f.

[264] *Lemke*, Nationale Minderheiten und Volksgruppen im schleswig-holsteinischen und übrigen deutschen Verfassungsrecht, S. 30 f.

c) Die Minderheitenschutzbestimmungen in der Verfassung des Landes Schleswig-Holstein

Im August 1990 novellierte der Landtag von Schleswig-Holstein die Landessatzung aus dem Jahre 1950 und wandelte das alte Organisationsstatut in eine Vollverfassung um.[265] Die Landessatzung für Schleswig-Holstein wurde zur *Verfassung des Landes Schleswig-Holstein.*[266] Im Rahmen dieser Verfassungsreform wurden auch die Minderheitenschutzbestimmungen der Landesverfassung neu formuliert und ausgebaut.[267] In der Fassung vom 13. Juni 1990 erhielten die Minderheitenbestimmungen der Verfassung des Landes Schleswig-Holstein folgenden Wortlaut:

Art. 5. Nationale Minderheiten und Volksgruppen

(1) *Das Bekenntnis zu einer nationalen Minderheit ist frei; es entbindet nicht von den allgemeinen staatsbürgerlichen Pflichten.*

(2) *Die kulturelle Eigenständigkeit und die politische Mitwirkung nationaler Minderheiten und Volksgruppen stehen unter dem Schutz des Landes, der Gemeinden und Gemeindeverbände. Die nationale dänische Minderheit und die friesische Volksgruppe haben Anspruch auf Schutz und Förderung.*

Art. 8 Abs. 4. Schulwesen

„Die Erziehungsberechtigten entscheiden, ob ihre Kinder die Schule einer nationalen Minderheit besuchen sollen.“

---

[265] Vgl. oben Punkt I. 7.

[266] Verfassung des Landes Schleswig-Holstein vom 13. Juni 1990 (GVBl. Schleswig-Holstein 1990 S. 391), zuletzt geändert durch Gesetz vom 27. September 1998 (GVBl. Schleswig-Holstein 1998 S. 280).

[267] Zur Entstehung der Art. 5 und 8 Abs. 4 der Verfassung des Landes Schleswig-Holstein vgl. die detaillierten Ausführungen bei *Lemke*, Nationale Minderheiten und Volksgruppen im schleswig-holsteinischen und übrigen deutschen Verfassungsrecht, S. 132 ff.

d) Der Minderheitenbegriff

Zunächst soll im Rahmen der Analyse der vorerwähnten Bestimmungen der persönliche Schutzbereich ermittelt werden. Es muß geklärt werden, welcher Minderheitenbegriff der Verfassung des Landes Schleswig-Holstein zugrunde liegt und welche Gruppen durch sie geschützt werden. Sowohl Art. 5 Abs. 1 als auch Art. 8 Abs. 4 der Verfassung des Landes Schleswig-Holstein beziehen sich auf *nationale Minderheiten*. Art. 5 Abs. 2 der Verfassung des Landes Schleswig-Holstein erwähnt darüber hinaus *Volksgruppen*. Angesichts der bereits ausführlich diskutierten Definitionsschwierigkeiten hinsichtlich des Begriffs der Minderheit[268] enthält die Verfassung des Landes Schleswig-Holstein keine Legaldefinition dieses Rechtsterminus. Für die Definition des Begriffes der Minderheit in Schleswig-Holstein können demnach grundsätzlich die für den Bereich des Bundesrechts oben herausgearbeiteten allgemeinen Kriterien[269] herangezogen werden. In den parlamentarischen Beratungen zur Erarbeitung der revidierten Version des Art. 5 der Verfassung Schleswig-Holsteins war, wie auch auf Bundesebene, umstritten, ob sich auch ausländische oder zugewanderte Minderheiten auf den Minderheitenschutz berufen können sollten.[270] Am Ende der Beratungen herrschte Einigkeit, daß sich auf den Minderheitenschutz nur Menschen berufen können sollten, welche die deutsche Staatsangehörigkeit besitzen.[271] Dies kam im Verfassungstext schließlich dadurch klar zum Ausdruck, daß die Loyalitätsklausel des Art. 5 Abs. 1, 2. Halbsatz der Verfassung des Landes Schleswig-Holstein unverändert auch in der revidierten Fassung dieser Bestimmung stehenblieb. Das Bekenntnis zu einer nationalen Minderheit entbindet danach nicht von den allgemeinen staatsbürgerlichen Pflichten. Staatsbürgerliche Pflichten haben jedoch lediglich die Staatsangehörigen und nicht auch die Fremden.[272] Daraus läßt sich folgern, daß Minderheitenstatus nur solchen Gruppen zukommen kann, deren Angehörige die deutsche Staatsangehörigkeit besitzen.[273] Damit ist allerdings noch nicht die Frage geklärt, ob sich Immigrantengruppen, deren Angehörige die deutsche Staatsangehörigkeit erworben haben, auf die Minderheitenbestimmungen berufen dürfen. Mangels entgegenstehender Aussagen der Landesverfassung kann auch hier auf das Ergebnis zurückgegriffen werden, das für die Minderheitendefinition auf Bundesebene gefunden wurde.[274] Aufgrund ihrer völlig unterschiedlichen Bedürfnis- und Interessensituation sind

---

[268] Vgl. oben Kapitel 3. Punkt I. und Kapitel 5. Punkt IV. 5.

[269] Vgl. oben Kapitel 5. Punkt IV. 5. e).

[270] Protokoll der 6. Sitzung des Sonderausschusses „*Verfassungs- und Parlamentsreform*" des Schleswig-Holsteinischen Landtages, S. 20 f. Vgl. auch *Lemke*, Nationale Minderheiten und Volksgruppen im schleswig-holsteinischen und übrigen deutschen Verfassungsrecht, S. 141 ff.

[271] Protokoll der 18. Sitzung des Sonderausschusses „*Verfassungs- und Parlamentsreform*" des Schleswig-Holsteinischen Landtages, S. 55 f.

[272] So auch *Siegert*, Minderheitenschutz in der Bundesrepublik Deutschland, S. 110.

[273] So auch: *v. Mutius*, in: *v. Mutius/Wuttke/Hübner*, Kommentar zur Landesverfassung Schleswig-Holstein, Art. 5, Rn. 4.

[274] Vgl. oben Kapitel 5. Punkt IV. 4. c).

Immigrantengruppen, selbst wenn ihre Angehörigen die deutsche Staatsangehörigkeit besitzen, nicht in den Schutzbereich des Minderheitenrechts einzubeziehen. Daher gilt auch das schleswig-holsteinische Minderheitenrecht nicht für Immigranten.[275]

In diesem Zusammenhang stellt sich in Schleswig-Holstein ein Sonderproblem. In Südschleswig, dem Siedlungsgebiet der dänischen Minderheit in der Bundesrepublik, leben auch Menschen mit dänischer Staatsangehörigkeit, die sich natürlich der dänischen Minderheit zugehörig fühlen. Diese Menschen lassen sich im wesentlichen in zwei Gruppen einteilen:[276] Zum einen sind dies dänische Staatsangehörige, die ihren ständigen Wohnsitz in Schleswig-Holstein genommen haben, weil sie dort arbeiten. Zum anderen sind dies Nachfahren dänischer Optanten, also Nachfahren von Personen, die im Laufe der bewegten Geschichte des deutsch-dänischen Grenzgebietes die Gelegenheit erhielten, die dänische Staatsangehörigkeit beizubehalten oder für ihren Erhalt zu votieren.[277] In bezug auf diese Personen vertritt *Lemke* die Ansicht,[278] daß sie ebenfalls in den Genuß des schleswig-holsteinischen Minderheitenrechts kommen müßten, da sie ebenso schutzwürdig seien wie die Angehörigen der dänischen Minderheit mit deutscher Staatsangehörigkeit. Der Begriff der Minderheit habe auch tatsächliche Zusammenhänge zu beachten, und das Minderheitenrecht nicht auf diese Menschen auszudehnen, wäre ineffektiv und formalistisch. Dieser Ansicht kann aus zwei grundsätzlichen Erwägungen nicht gefolgt werden. Der Unterschied in der rechtlichen Behandlung von Staatsangehörigen und Fremden ist so fundamental, daß man ihn nicht aus Erwägungen der Zweckmäßigkeit verwischen kann, insbesondere, wenn die Verfassung des Landes Schleswig-Holstein selbst zur grundsätzlichen Behandlung der Problematik eine so eindeutige Aussage trifft, wie dies in Art. 5 Abs. 1, 2. Halbsatz geschieht. Die Staatsangehörigkeit ist ein klares und trennscharfes Kriterium, das man nicht nach Opportunitätsgesichtspunkten be- oder mißachten kann. Darüber hinaus kommt man gegenüber eingebürgerten Immigrantengruppen in Erklärungsnotstand, wenn man ihnen erklären soll, warum ihnen der Minderheitenstatus nicht gewährt wird, wohingegen er manchen Ausländergruppen zustehen soll. In diesem Zusammenhang wird nicht verkannt, daß die Bundesregierung selbst in Deutschland lebenden polnischen Staatsangehörigen Minderheitenrechte aus dem deutsch-polnischen Nachbarschaftsvertrag zubilligen will, wie sie dies in einem Briefwechsel mit der polnischen Regierung zum Ausdruck brachte.[279] Dieses Zugeständnis, das allein der Verbesserung der Behandlung der deutschen Minderheit in Polen diente, hat jedoch klaren Ausnahmecharakter und sollte daher nicht zur Regel gemacht

---

[275] A.A. in bezug auf eingebürgerte Immigranten: *Lemke*, Nationale Minderheiten und Volksgruppen im schleswig-holsteinischen und übrigen deutschen Verfassungsrecht, S. 196 ff. und S. 236.

[276] *Lemke*, Nationale Minderheiten und Volksgruppen im schleswig-holsteinischen und übrigen deutschen Verfassungsrecht, S. 168 ff.

[277] Details vgl. bei: *Lemke*, Nationale Minderheiten und Volksgruppen im schleswig-holsteinischen und übrigen deutschen Verfassungsrecht, S. 168 f.

[278] *Lemke*, Nationale Minderheiten und Volksgruppen im schleswig-holsteinischen und übrigen deutschen Verfassungsrecht, S. 172 ff.

[279] Vgl. hierzu die detaillierten Ausführungen oben, Kapitel 3. Punkt I. 3. d).

werden. Personen dänischer Staatsangehörigkeit können sich daher im Ergebnis nicht auf die Minderheitenrechte der Verfassung des Landes Schleswig-Holstein berufen. Das bedeutet selbstverständlich nicht, daß sie sich nicht der dänischen Minderheit zugehörig fühlen oder deren Einrichtungen benutzen und deren Organisationen angehören dürfen. Weiterhin ist natürlich dort eine Grenze erreicht, wo eine Maßnahme, die dänische Staatsangehörige in Deutschland von einer Begünstigung ausschließt, in den Bereich des europarechtlichen Diskriminierungsverbotes des Art. 12 EGV[280] fällt. Ebenso selbstverständlich ist es, daß sich Menschen, welche die dänische und die deutsche Staatsangehörigkeit besitzen, auf die Minderheitenschutz-bestimmungen berufen dürfen.[281]

Art. 5 Abs. 2 Satz 2 der Verfassung des Landes Schleswig-Holstein bestimmt, das die nationale dänische Minderheit und die friesische Volksgruppe Anspruch auf Schutz und Förderung haben. Damit sind zwei Gruppen explizit benannt, die jedenfalls Minderheit bzw. Volksgruppe im Sinne der Verfassung des Landes Schleswig-Holstein sind. Hierzu ist anzumerken, daß der Terminus *Volksgruppe* lediglich deswegen in den Verfassungstext aufgenommen wurde, weil sich die Friesen selbst lieber als Volksgruppe denn als Minderheit bezeichnen.[282] Inhaltlich wird in der rechtlichen Behandlung von nationalen Minderheiten einerseits und Volksgruppen andererseits kein Unterschied gemacht.[283] Daher werden die beiden Begriffe, sofern ihr rechtlicher Gehalt betroffen ist, im folgenden synonym verwendet.[284] Die allgemein gehaltene Formulierung des Art. 5 Abs. 2 Satz 1 der Verfassung des Landes Schleswig-Holstein läßt allerdings erkennen, daß der Anwendungsbereich dieser Norm nicht auf die Gruppen der Dänen und Friesen beschränkt ist.[285] Der persönliche Schutzbereich der Minderheitenschutzbestimmungen ist jedenfalls offen gestaltet und erfaßt somit auch neu entstehende Minderheiten.[286] Unter welchen Voraussetzungen von einer neu entstandenen Minderheit ausgegangen werden kann, wurde bei den Beratungen zur Verfassungsreform in Schleswig-Holstein allerdings offengelassen. Da sich im schleswig-holsteinischen Landesrecht keine Anhaltspunkte finden, kann wiederum auf die Erkenntnisse,

---

[280] Nach der Numerierung des EGV in der Fassung des *Vertrages von Amsterdam*.

[281] So auch *Lemke*, Nationale Minderheiten und Volksgruppen im schleswig-holsteinischen und übrigen deutschen Verfassungsrecht, S. 173.

[282] Vgl. die 1992 vom Justizministerium des Landes Brandenburg durchgeführte Umfrage: GVK Arbeitsunterlage Nr. 77 (Positionspapier des Justizministerium des Landes Brandenburg), S. 6 und Anlage 2, S. 3; Protokoll der 11. Sitzung des Sonderausschusses „*Verfassungs- und Parlamentsreform*" des Schleswig-Holsteinischen Landtages, S. 4 ff.; Protokoll der 18. Sitzung des Sonderausschusses „*Verfassungs- und Parlamentsreform*" des Schleswig-Holsteinischen Landtages, S. 26 f. Vgl. auch oben Kapitel 1. Punkt III. 1. c).

[283] So auch *Lemke*, Nationale Minderheiten und Volksgruppen im schleswig-holsteinischen und übrigen deutschen Verfassungsrecht, S. 234.

[284] *Siegert*, Minderheitenschutz in der Bundesrepublik Deutschland, S. 109.

[285] *v. Mutius*, in: *v. Mutius/Wuttke/Hübner*, Kommentar zur Landesverfassung Schleswig-Holstein, Art. 5, Rn. 8.

[286] Protokoll der 18. Sitzung des Sonderausschusses „*Verfassungs- und Parlamentsreform*" des Schleswig-Holsteinischen Landtages, S. 37 f.; Landtag Schleswig-Holstein, LT-Drucks. 12/620, S. 34.

die zur Rechtslage auf Bundesebene gefunden wurden, zurückgegriffen werden. Auf Bundesebene sind die Sinti und Roma zwar aus verschiedenen Gründen nicht offiziell als Minderheit anerkannt.[287] Durch die aktive Förderung und weitestgehende Gleichbehandlung mit den anderen deutschen Minderheiten kann man die Sinti und Roma jedoch als *de facto* anerkannte Minderheit in Deutschland sehen.[288] So gab die Bundesrepublik Deutschland anläßlich des Inkrafttretens des Rahmenübereinkommens des Europarates zum Schutz nationaler Minderheiten vom 1. Februar 1995 eine Erklärung des Inhalts ab, daß das Rahmenübereinkommen auch auf die Volksgruppe der Sinti und Roma deutscher Staatsangehörigkeit angewendet werde.[289] Damit können die Sinti und Roma als deutsche Minderheit mit ungeschriebenem verfassungsrechtlichen Status bezeichnet werden. Dies muß auch für das Land Schleswig-Holstein gelten. Im Februar 1998 wurde im Landtag von Schleswig-Holstein zwar ein Antrag auf explizite Aufnahme der Sinti und Roma in den Kreis der geschützten Minderheiten in der schleswig-holsteinischen Landesverfassung abgelehnt.[290] Dennoch werden die Sinti und Roma im Land Schleswig-Holstein als Minderheit behandelt. Seit dem Minderheitenbericht für die 13. Legislaturperiode werden die Sinti und Roma deutscher Staatsangehörigkeit als traditionell in Schleswig-Holstein beheimatete deutsche Minderheit bezeichnet.[291] Auf ihren dahingehenden ausdrücklichen Wunsch werden die Sinti und Roma seit dem Minderheitenbericht der 14. Legislaturperiode als nationale Minderheit bezeichnet.[292] Damit sind die Sinti und Roma deutscher Staatsangehörigkeit ebenfalls eine Minderheit im Sinne der Verfassung des Landes Schleswig-Holstein und können sich auf die verfassungsmäßig garantierten Minderheitenrechte berufen.[293]

---

[287] Vgl. hierzu die detaillierten Ausführungen oben Kapitel 1. Punkt III. 2. a).

[288] Ähnlich auch *Siegert*, die zudem noch auf die Tatsache hinweist, daß ein Vertreter der Sinti und Roma zur öffentlichen Anhörung der Gemeinsamen Verfassungskommission zum Thema „*Rechte ethnischer Minderheiten*" eingeladen wurde. Vgl. *Siegert*, Minderheitenschutz in der Bundesrepublik Deutschland, S. 81.

[289] Vgl. oben Kapitel 3. Punkt I. 3. c).

[290] Vgl. *Verband Deutscher Sinti und Roma e.V.*, *Landesverband Schleswig-Holstein*, Jahresberichte 1997 und 1998, S. 11 f.

[291] *Präsidentin des Schleswig-Holsteinischen Landtages* (Hrsg.), Minderheitenbericht 1992-1996 der Landesregierung Schleswig-Holstein, S. 49.

[292] Der Vorsitzende des Zentralrats deutscher Sinti und Roma, *Romani Rose*, erklärte, daß durch diese Bezeichnung in besonderem Maße deutlich werde, daß die deutschen Sinti und Roma Bestandteil der deutschen Nation sind. Vgl. *Präsident des Schleswig-Holsteinischen Landtages* (Hrsg.), Minderheitenbericht 1996-2000 der Landesregierung Schleswig-Holstein, S. 55.

[293] So auch *Lemke*, Nationale Minderheiten und Volksgruppen im schleswig-holsteinischen und übrigen deutschen Verfassungsrecht, S. 236.

e) Das Bekenntnisprinzip des Art. 5 Abs. 1, 1. Halbsatz der Verfassung des Landes Schleswig-Holstein

Die Zugehörigkeit zu einer Minderheit in Schleswig-Holstein bestimmt sich nach dem in Art. 5 Abs. 1, 1. Halbsatz der Verfassung des Landes Schleswig-Holstein normierten Bekenntnisprinzip.[294] Das Bekenntnis zu einer Minderheit ist frei und leitet sich demnach allein aus der Gesinnung des einzelnen ab.
Dieses Prinzip gilt in Schleswig-Holstein seit der *Kieler Erklärung*, war in der Minderheitenbestimmung der alten Landessatzung enthalten und wurde in der *Bonner Erklärung* wiederholt. In einem Erlaß zur Regelung des dänischen Schulwesens wurde im Jahr 1950 apodiktisch formuliert:[295]

> „*Das Bekenntnis zur Minderheit darf von Amts wegen weder nachgeprüft noch bestritten werden.*"

Dieser einfache Grundsatz gilt fort. Die Motivation hinter dem Bekenntnis zu einer Minderheit ist irrelevant. Daß es dem Belieben des einzelnen überlassen bleibt, seine Zugehörigkeit zu einer nationalen Minderheit zu bestimmen, schließt auch den Fall ein, daß jemand, der keinerlei Verbindung zu einer nationalen Minderheit hat, keine ihrer typischen Eigenschaften, wie beispielsweise Kenntnisse der Minderheitensprache, aufweist und unzureichend über diese Gruppe informiert ist, sich dennoch zu ihr bekennen kann.[296] Die Bekenntnisfreiheit kann aus Gründen der Minderheitendefinition nicht für Fremde gelten, was dänische Staatsangehörige einschließt.[297] Dies folgt zunächst aus der Formulierung des Art. 5 Abs. 1 der Verfassung des Landes Schleswig-Holstein. Das Bekenntnis entbindet nicht von den allgemeinen staatsbürgerlichen Pflichten. Daraus folgt, daß sich zu einer Minderheit nur derjenige bekennen kann, der auch staatsbürgerliche Pflichten hat. Da dies lediglich auf die Staatsangehörigen zutrifft, können nur diese das Recht der Bekenntnisfreiheit haben. Wiederum ist festzuhalten, daß dies dänische Staatsangehörige keinesfalls vom Kontakt mit der dänischen Minderheit in Deutschland fernhalten soll. Im Gegenteil; es bedeutet lediglich, daß ein dänischer Staatsangehöriger aus der Verfassung des Landes Schleswig-Holstein für sich keine Minderheitenrechte herleiten kann. Dies mag auf den ersten Blick in bezug auf dänische Staatsangehörige widersinnig erscheinen. Einen Sinn ergibt dieses Verständnis, wenn man den Blick auf die Minderheit der Sinti und Roma richtet. Könnten sich auch Sinti

---

[294] Vgl. hierzu allgemein die detaillierten Ausführungen bei: *Lemke*, Nationale Minderheiten und Volksgruppen im schleswig-holsteinischen und übrigen deutschen Verfassungsrecht, S. 242 ff.

[295] Abl. Schleswig-Holstein 1950, S. 150 (zitiert nach *Barschel/Gebel*, Landessatzung für Schleswig-Holstein, Kommentar, S. 105.).

[296] *Lemke*, Nationale Minderheiten und Volksgruppen im schleswig-holsteinischen und übrigen deutschen Verfassungsrecht, S. 244.

[297] A.A. *Lemke*, Nationale Minderheiten und Volksgruppen im schleswig-holsteinischen und übrigen deutschen Verfassungsrecht, S. 247.

und Roma, die nicht die deutsche Staatsangehörigkeit besitzen, auf die Minderheitenrechte der Verfassung des Landes Schleswig-Holstein berufen, dann würde man einen Zuwanderungsanreiz für sämtliche ausländischen Sinti und Roma schaffen. Diese Furcht stand bislang einer offiziellen Anerkennung der deutschen Sinti und Roma als Minderheit stets entgegen.[298] Interpretierte man dies jetzt in die schleswig-holsteinische Verfassung hinein, so erwiese man sowohl den deutschen Sinti und Roma als auch den übrigen Minderheiten in Schleswig-Holstein einen schlechten Dienst. In diesem Zusammenhang sei auch nochmals ausdrücklich betont, daß das Bekenntnisprinzip lediglich etwas über die Zugehörigkeit zu einer Minderheit aussagt, nicht jedoch etwas über die Konstituierung einer Minderheit. Letztere bestimmt sich nach den Definitionskriterien für den Terminus der Minderheit, und diese sind weder frei noch beliebig. Die Auffassung, daß sich Fremde nicht auf das Bekenntnisprinzip berufen können, steht schließlich noch im Einklang mit der Regelung der Zugehörigkeit zu einer Minderheit im Rahmenübereinkommen des Europarats zum Schutz nationaler Minderheiten von 1995. Dort kodifiziert Artikel 3 das Bekenntnisprinzip und verbindet es mit der herrschenden Meinung[299] bezüglich der Minderheitendefinition, daß die Minderheiteneigenschaft durch subjektive und objektive Kriterien vermittelt wird.[300]

Im Kontext des Bekenntnisprinzips stellt sich noch ein weiteres Problem. Nach dem Landeswahlrecht von Schleswig-Holstein[301] sowie nach Bundes-wahlrecht[302] sind die Parteien nationaler Minderheiten von der 5%-Sperrklausel beim Einzug in die jeweiligen Parlamente befreit. Gälte das Bekenntnisprinzip nun kategorisch, so könnten sich Splitterparteien geschlossen zu einer Minderheit bekennen und somit die 5%-Hürde umgehen. Für derart offensichtlichen Mißbrauch ist das Bekenntnisprinzip nicht geschaffen, und derartige Fälle darf es folglich auch nicht erfassen. Für Fälle offensichtlichen Mißbrauches des Minderheitenstatus muß das Bekenntnisprinzip folglich teleologisch reduziert werden.[303]

---

[298] *Jansen*, Sinti und Roma und die deutsche Staatsangehörigkeit, S. 22; *Boehm*, AWR-Bulletin 1994, S. 38. Vgl. auch oben Kapitel 1. Punkt III. 2. a).

[299] Vgl. statt vieler: *Niewerth*, Der kollektive und der positive Schutz von Minderheiten und ihre Durchsetzung im Völkerrecht, S. 39 f.

[300] Vgl. hierzu ausführlich oben Kapitel 3. Punkt II. 4. e).

[301] § 3 Abs. 1 Satz 2 des Landeswahlgesetzes des Landes Schleswig-Holstein.

[302] § 6 Abs. 4 Satz 2 BWahlG. Vgl. auch oben Kapitel 4. Punkt II. 5. d).

[303] *Lemke* möchte in diesem Zusammenhang das gleiche Ziel erreichen, hält aber die Außerkraftsetzung des Bekenntnisprinzips für nicht erforderlich. Er glaubt, das Problem lösen zu können, indem Parteien, die sich auf das Wahlrechtsprivileg berufen wollen, verpflichtet werden sollen, ihr Minderheitenbekenntnis öffentlich zu bekunden. Vgl. *Lemke*, Nationale Minderheiten und Volksgruppen im schleswig-holsteinischen und übrigen deutschen Verfassungsrecht, S. 250 ff. Ähnlich wie hier wohl auch *Stopp*, Jahrbuch zur Staats- und Verwaltungswissenschaft 1995, S. 9, 15.

Das Bekenntnisprinzip ist darüber hinaus noch in einer weiteren Hinsicht eingeschränkt. Das Individualrecht der Bekenntnisfreiheit gilt nur gegenüber der öffentlichen Gewalt und nicht auch gegenüber einer nationalen Minderheit oder Volksgruppe als solcher oder gegenüber ihren Angehörigen, Vereinen oder Institutionen, die dem Privatrecht unterliegen. Zwar kann die Bekenntnisfreiheit auch von privater Seite nicht überprüft oder bestritten werden. Im Gegensatz zum Staat und seinen Einrichtungen sind die Angehörigen und Organisationen einer nationalen Minderheit oder Volksgruppe nicht an ein bestimmtes Bekenntnis zu einer Minderheit gebunden. Das Bekenntnis zu einer Minderheit löst daher keinen Anspruch auf Aufnahme in Minderheitenvereinen oder Minderheitenschulen aus. Insofern gilt der Grundsatz der Aufnahmeautonomie.[304]

f) Die Schutzpflicht des Art. 5 Abs. 2 Satz 1 der Verfassung des Landes Schleswig-Holstein

Nach Art. 5 Abs. 2 Satz 1 der Verfassung des Landes Schleswig-Holstein stehen nationale Minderheiten und Volksgruppen hinsichtlich ihrer kulturellen Eigenständigkeit und ihrer politischen Mitwirkung unter dem Schutz des Landes, der Gemeinden und Gemeindeverbände.

Als Adressaten der in Art. 5 Abs. 2 Satz 1 der Verfassung des Landes Schleswig-Holstein enthaltenen Verpflichtungen werden also ausdrücklich das Land, die Gemeinden und die Gemeindeverbände genannt. Der Sonderausschuß „*Verfassungs- und Parlamentsreform*" des Landtags von Schleswig-Holstein begründete diese Formulierung damit, daß im Gegensatz zu einer Staatszielbestimmung, die den Adressaten allgemein beschreibe und offenlasse, wen im einzelnen welche Verpflichtungen träfen, neben dem Land die Gemeinden und Gemeindeverbände explizit angesprochen werden müßten, weil die besonderen Probleme hinsichtlich des Schutzes und der Förderung nationaler Minderheiten und Volksgruppen nicht nur auf Landesebene, sondern in der Regel vor Ort aufträten.[305] Diese Erwägungen lesen sich so, als werde mit der Konkretisierung des Textes eine Erweiterung der Verpflichtung bewirkt. Das Gegenteil ist allerdings der Fall. Eine Staatszielbestimmung üblicher Formulierung richtet sich an sämtliche juristischen Personen des öffentlichen Rechts, die Formulierung des Art. 5 Abs. 2 Satz 1 der Verfassung des Landes Schleswig-Holstein hingegen klammert alle übrigen Personen des öffentlichen Rechts, außer den explizit genannten, die unter der Aufsicht des Landes stehen, wie beispielsweise Industrie- und Handelskammern, Landwirtschaftskammern, öffentliche Rundfunkanstalten und Universitäten aus dem Geltungsbereich der Norm aus.[306] Dieser Verzicht ist nicht unproblematisch, da eine Bindung

---

[304] *Lemke*, Nationale Minderheiten und Volksgruppen im schleswig-holsteinischen und übrigen deutschen Verfassungsrecht, S. 259.

[305] Landtag Schleswig-Holstein, LT-Drucks. 12/620, S. 34.

[306] Auf diese Problematik war in den Beratungen hingewiesen worden. Vgl. *Lemke*, Nationale Minderheiten und Volksgruppen im schleswig-holsteinischen und übrigen deutschen Verfassungsrecht, S. 154. Nach der ersten

auch anderer Träger öffentlicher Verwaltung von praktischer Bedeutung und auch Wichtigkeit gewesen wäre. Als Beispiel hierfür sei die Programmgestaltung öffentlich-rechtlicher Rundfunkanstalten genannt.[307]

In den parlamentarischen Beratungen um die Neufassung von Art. 5 der Verfassung des Landes Schleswig-Holstein bestand von Anfang an Einigkeit darüber, daß die Schutzpflicht des Abs. 2 als bloßes Staatsziel formuliert werden sollte.[308] Mit der Bestimmung sollte eine verfassungsrechtliche Zielbestimmung geschaffen werden, die eine Staatsaufgabe umschreibt, aber den Individuen keinen unmittelbaren, gerichtlich durchsetzbaren Anspruch einräumen sollte. Staatsziele[309] sind zwar normativ verbindlich, aber lediglich als objektives Recht und nur in der Weise, daß sie dem Handeln des Staates und seinen Untergliederungen inhaltliche Orientierungspunkte vorgeben. Sie fixieren zwar ein Ziel und eine Aufgabe, nicht aber die Wege zu ihrer Realisierung. Art. 5 Abs. 2 Satz 1 der Verfassung des Landes Schleswig-Holstein bedarf daher stets einer weiteren Umsetzung durch Gesetz, Verordnung, Satzung oder konkrete administrative oder politische Entscheidungen innerhalb des durch die Verfassung vorgegebenen Spielraums.[310] Die Bestimmung wirkt sich jedoch insofern unmittelbar praktisch aus, als sie die Interpretation anderer Normen beeinflußt, indem sie bei mehreren Auslegungsmöglichkeiten einer Vorschrift zu derjenigen Möglichkeit zwingt, die dem Schutzgedanken am ehesten entspricht. Diese Interpretationsvorgabe gilt hinsichtlich der Konkretisierung sämtlicher unterverfassungsrechtlicher Vorschriften, also hinsichtlich von Gesetzen, Verordnungen, Satzungen etc. Art. 5 Abs. 2 Satz 1 der Verfassung des Landes Schleswig-Holstein erzeugt insbesondere auch Wirkung in bezug auf verwaltungsinterne Richtlinien und Erlasse. Soweit Verwaltungsbehörden des Landes, der Gemeinden und Gemeindeverbände Rechtsnormen anwenden oder vollziehen, unterliegen sie der Kontrolle der Aufsichtsbehörden und gegebenenfalls auch der Gerichte. Diese Kontrolle umfaßt zumindest den Maßstab der Rechtmäßigkeit des Handelns. Aufsichtsbehörden und Gerichte sind daher befugt, darüber zu wachen, ob die Verwaltungsbehörden die interpretatorischen Auswirkungen des Art. 5 Abs. 2 Satz 1 der Verfassung des Landes Schleswig-Holstein auf

---

Lesung des Verfassungsentwurfes wurde angeregt, statt der expliziten Aufzählung der Verpflichteten die Formulierung „*unter dem besonderen Schutz der staatlichen Ordnung*" zu verwenden. Um allerdings zu diesem Zeitpunkt eine erneute Diskussion um den Kreis der Verpflichteten zu vermeiden, wurde die alte Formulierung beibehalten. Vgl. Protokoll der 22. Sitzung des Sonderausschusses „*Verfassungs- und Parlamentsreform*" des Schleswig-Holsteinischen Landtages, S. 6.

[307] *v. Mutius*, Nordfriesland 1990, S. 39, 41; *ders.*, in: *v. Mutius/Wuttke/Hübner*, Kommentar zur Landesverfassung Schleswig-Holstein, Art. 5, Rn. 7.

[308] Protokoll der 6. Sitzung des Sonderausschusses „*Verfassungs- und Parlamentsreform*" des Schleswig-Holsteinischen Landtages, S. 18 ff.; Protokoll der 7. Sitzung des Sonderausschusses „*Verfassungs- und Parlamentsreform*" des Schleswig-Holsteinischen Landtages, S. 6 ff.; Landtag Schleswig-Holstein, LT-Drucks. 12/43, S. 2524 ff.

[309] Zur Problematik der Staatsziele vgl. die allgemeinen Ausführungen oben Punkt II. 2. b).

[310] *v. Mutius*, Nordfriesland 1990, S. 39, 41; *v. Mutius*, in: *v. Mutius/Wuttke/Hübner*, Kommentar zur Landesverfassung Schleswig-Holstein, Art. 5, Rn. 6.

andere Normen beachtet haben und ob die Ermessensspielräume nicht verletzt sind.[311] Insofern werden die Entscheidungen des Landes, der Gemeinden und Gemeindeverbände in einem bestimmten Maß determiniert. Anträge der Minderheiten können von den Entscheidungsgremien nur mit denselben Argumenten beschieden werden, wie dies für Anträge der Bevölkerungsmehrheit der Fall ist. Dies bedeutet beispielsweise, daß die Einrichtungen der Minderheiten in aller Regel gleichwertig zu fördern sind wie ähnliche Einrichtungen in der Trägerschaft des Landes oder der Kommunen.[312] Dies kann besondere Bedeutung insbesondere im Hinblick auf sog. *freiwillige Leistungen* haben. Konkret müssen die Belange der dänischen Minderheit und der friesischen Volksgruppe bzw. ihrer Einrichtungen im Verhältnis zu den Belangen bzw. den Einrichtungen der Mehrheit gleichwertig behandelt werden. Insofern ist die Entscheidung über freiwillige Leistungen an die dänische Minderheit und die friesische Volksgruppe immer vor dem Hintergrund entsprechender freiwilliger Leistungen an die Mehrheit zu sehen und unterliegt nicht einer isolierten Betrachtung im Rahmen der kommunalen Selbstverwaltung.[313]

Inhaltlich verpflichtet Art. 5 Abs. 2 Satz 1 der Verfassung des Landes Schleswig-Holstein zum Schutz der nationalen Minderheiten und Volksgruppen hinsichtlich ihrer kulturellen Eigenständigkeit und ihrer politischen Mitwirkung. Der Begriff *politische Mitwirkung* war das Ergebnis der Diskussion über den Wunsch des Südschleswigschen Wählerverbandes (SSW), die Befreiung der Listen von Parteien nationaler Minderheiten von der 5%-Sperrklausel verfassungsrechtlich festzuschreiben.[314] Im Ergebnis konnte kein Konsens dahingehend erzielt werden, diese Befreiung direkt in die Verfassung aufzunehmen, und man entschied sich für eine allgemeine Gewährung des Schutzes der politischen Mitwirkung der Minderheiten. Aufgrund der in aller Regel unabänderlich geringeren Größe der Minderheiten gegenüber der Mehrheit besteht die Gefahr, daß die Minderheiten bei strikter Zugrundelegung der Mehrheitsverhältnisse in einem demokratischen System dauerhaft ohne Einfluß auf ihre eigene Entwicklung bleiben, soweit diese von gesamtgesellschaftlichen Faktoren abhängt.[315] Hier muß die Gewährleistung der politischen Mitwirkung der Minderheiten ansetzen. Mit ihr ist die Beteiligung an allen demokratisch bestimmten Formen zur Findung staatlicher Entscheidungen durch Legislative und Exekutive gemeint, welche die Gesamtentwicklung und zugleich die Minderheit betreffen. In aller Regel werden die Minderheiten von

---

[311] *v. Mutius*, Nordfriesland 1990, S. 39, 42.

[312] *v. Mutius*, Nordfriesland 1990, S. 39, 41 f.; *v. Mutius*, in: *v. Mutius/Wuttke/Hübner*, Kommentar zur Landesverfassung Schleswig-Holstein, Art. 5, Rn. 9.

[313] Hierauf wies der Innenminister des Landes Schleswig-Holstein im einem Runderlaß vom 29. September 1993 betreffend die Aufstellung der Haushaltspläne der Kommunen hin. Abl. für Schleswig-Holstein Nr. 40/41 vom 11. Oktober 1993. Vgl. hierzu auch *Lehfeldt*, Inhalt und Bedeutung des Artikel 5 der neuen Landesverfassung von Schleswig-Holstein, S. 3.

[314] *Lemke*, Nationale Minderheiten und Volksgruppen im schleswig-holsteinischen und übrigen deutschen Verfassungsrecht, S. 135 ff.

[315] Vgl. hierzu allgemein die Ausführungen oben Kapitel 1. Punkt IV.

Entscheidungen auf allen Ebenen betroffen, weswegen ihre politische Mitwirkung auch auf allen Ebenen sichergestellt werden muß.[316]

Auch der Begriff der zu schützenden *kulturellen Eigenständigkeit* muß als Generalklausel verstanden werden, die jede Form der Lebensweise und jede Daseinsäußerung in und aus den Minderheiten bezeichnet.[317] Dieser Begriff umfaßt zunächst natürlich die klassischen Kulturbereiche wie Sprache, Literatur, die bildenden Künste, die darstellenden Künste, die Religion und die Medien. Darüber hinaus erstreckt sich die Gewährleistung auch auf das Schulwesen und das Vereinswesen der Minderheiten, was alle Kultus-, Bildungs- und Forschungseinrichtungen umschließt.[318] Der Begriff der kulturellen Eigenständigkeit ist aber noch weiter auszulegen und umfaßt nicht lediglich den Bereich der Kultur im engeren Sinne, sondern auch die Lebensgrundlagen der Minderheiten und Volksgruppen, wie etwa ihren Bezug zu Natur und Umwelt oder ihre wirtschaftlichen Aktivitäten und ihr Verhalten anderen Gruppen gegenüber.[319] Der Begriff der Eigenständigkeit verdeutlicht, daß diese Gesamtheit aller Lebensumstände grundsätzlich auf der Eigenschaft einer Gruppe als Minderheit oder Volksgruppe beruht, ohne besondere staatliche Eingriffe gebildet wird und, im Rahmen der verfassungsmäßigen Ordnung, beliebig von den Lebensumständen anderer Gruppen abweichen kann. Die kulturelle Eigenständigkeit ist jedenfalls für die internen Angelegenheiten der Minderheiten zu schützen. Wenn Minderheitenbelange und Mehrheitsbelange sich berühren oder überschneiden oder gar decken, dann spielt die Gewährleistung der politischen Mitwirkung mit dem Schutz der kulturellen Eigenständigkeit zusammen.

Schutz bedeutet zunächst die Verpflichtung des Landes, der Gemeinden und der Gemeindeverbände, die Minderheiten und Volksgruppen in Schleswig-Holstein vor Eingriffen und Beeinträchtigungen zu bewahren.[320] Dieser Schutz ist auf die Bewahrung eines *status quo* in doppelter Hinsicht ausgerichtet. Er verpflichtet einerseits zu einer dynamischen Erhaltung des jeweils bestehenden Entwicklungsstandes der jeweiligen Minderheit. Dieser Schutz kann andererseits bei verschiedenen Minderheitengruppen verschiedene Inhalte aufweisen, was bedeutet, daß er nicht auf eine standardisierte Idealgruppe, sondern immer auf die konkrete Minderheitengruppe bezogen ist.[321] Die Schutzverpflichteten sind zur

---

316 *Lemke*, Nationale Minderheiten und Volksgruppen im schleswig-holsteinischen und übrigen deutschen Verfassungsrecht, S. 240 f.; *Stopp*, Jahrbuch zur Staats- und Verwaltungswissenschaft 1995, S. 9, 18 ff.

317 *Lemke*, Nationale Minderheiten und Volksgruppen im schleswig-holsteinischen und übrigen deutschen Verfassungsrecht, S. 203 ff.; *Stopp*, Jahrbuch zur Staats- und Verwaltungswissenschaft 1995, S. 9, 17 f.

318 Vgl. hierzu die Darstellung oben Kapitel 1. Punkt III. 1. a) und b) und 2. a).

319 *Lemke*, Nationale Minderheiten und Volksgruppen im schleswig-holsteinischen und übrigen deutschen Verfassungsrecht, S. 240 f.

320 *v. Mutius*, Nordfriesland 1990, S. 39, 40.

321 *Lemke*, Nationale Minderheiten und Volksgruppen im schleswig-holsteinischen und übrigen deutschen Verfassungsrecht, S. 263 f.

Gewährleistung in passiver und aktiver Hinsicht aufgefordert. Sie haben einerseits selbst alles zu unterlassen, was die Minderheiten in ihrem Bestand bedrohen könnte. Sie dürfen nicht in diskriminierender Weise in Minderheitenrechte eingreifen. Beispielsweise darf die Existenz einer Minderheit nicht geleugnet oder ignoriert werden. Des weiteren ist eine Nichtbeachtung ihrer gewachsenen Strukturen oder ihrer kulturellen Zentren oder die Förderung der Abwanderung oder Auflösung durch raumordnende Maßnahmen oder die Unterbindung ihres Kontaktes zu anderen Gruppen oder ins Ausland unzulässig. Andererseits haben die Schutzverpflichteten Dritte daran zu hindern, die Minderheiten in ihrem Bestand zu stören oder zu beeinträchtigen. Dies muß sich zum einen gegen die Benachteiligung einzelner Angehöriger einer Minderheit, zum anderen gegen Störungen der Minderheit als Gruppe durch Dritte richten. Die Schutzverpflichtung kann hier aktives staatliches Handeln vorschreiben. Um eine Minderheit vor Beeinträchtigungen zu schützen, kann es erforderlich sein, ihr staatliche Institutionen zur Seite zu stellen, welche die Interessen der Minderheit Dritten gegenüber verteidigen oder durchsetzen können. Dieser Schutz kann aber immer nur mit dem Willen der Minderheit gewährt werden. So müssen die Minderheit oder einzelne ihrer Angehörigen beispielsweise nicht vor ihrer willentlichen Assimilierung in die Mehrheitskultur bewahrt werden.[322]

Eine geeignete Möglichkeit, eine effektive Minderheitenschutzgewährung anzustoßen, ist zunächst der Aufbau eines Informations- und Aufklärungssystems hinsichtlich der Minderheiten. Ein derartiges System wirkt in zwei Richtungen. Einerseits ermöglicht es den Schutzverpflichteten ein besseres Kennenlernen der spezifischen Bedürfnisse der Berechtigten und andererseits ermöglicht es die Aufklärung der Mehrheitsbevölkerung über die besondere Kultur und die Lebensverhältnisse der Minderheiten. Dies trägt zum Abbau von Vorurteilen bei und erhöht das gegenseitige Verständnis von Mehrheit und Minderheit. Sind die spezifischen Bedürfnisse der Minderheiten ermittelt, können adäquate Schutzkonzepte entwickelt werden. Zu diesem Zweck führte die Landesregierung von Schleswig-Holstein im Jahre 1986 ein Minderheitenberichtssystem ein.[323] Der erste Minderheitenbericht wurde daraufhin am 29. Oktober 1986 vom Landtag diskutiert. In der Folge legte die Landesregierung dem Landtag einmal in der Legislaturperiode einen derartigen Minderheitenbericht vor. Seit dem Bericht für die 13. Legislaturperiode[324] finden außer der dänischen Minderheit und der friesischen Volksgruppe auch die in Schleswig-Holstein lebenden Sinti und Roma Erwähnung. Diese Art der Informationsbeschaffung und Aufklärung mit anschließender Aussprache im Landtag ist mittlerweile etabliert und hat sich sehr bewährt. Ein derartiges Minderheitenberichtssystem wurde daraufhin auch im Freistaat Sachsen eingeführt. Seit 1990 werden von der Präsidentin des Schleswig-Holsteinischen Landtags Konferenzen zu Minderheitenfragen veranstaltet. Diese Konferenzen bieten

---

[322] *Lemke*, Nationale Minderheiten und Volksgruppen im schleswig-holsteinischen und übrigen deutschen Verfassungsrecht, S. 263 ff.

[323] Vgl. den Beschluß des Landtages Schleswig-Holstein vom 28. Januar 1986.

[324] *Präsidentin des Schleswig-Holsteinischen Landtages* (Hrsg.), Minderheitenbericht 1992-1996 der Landesregierung Schleswig-Holstein.

insbesondere den Vertretern der Minderheiten die Möglichkeit, Probleme vorzutragen oder Anliegen zu formulieren.[325]

Die politische Mitwirkung von Minderheiten verfolgt im wesentlichen fünf Aufgaben: Sie hat die Vertretung in und gegenüber dem Staat zu gewährleisten, sie dient der Wahrnehmung der Interessen, sie gewährleistet gegebenenfalls die Wahrnehmung der Gesamtinteressen der Region, in der die Minderheit beheimatet ist, sie unterstützt die Gestaltung des Verhältnisses zwischen Gliedstaat und Gesamtstaat sowie zwischen diesen und dem Mutterstaat der Minderheit, und sie hat die Gelegenheit zur Stellungnahme zu allgemeinen Fragen der Gesetzgebung und Politik zu ermöglichen.[326] Die politische Mitwirkung der dänischen nationalen Minderheit und der friesischen Volksgruppe in Schleswig-Holstein ist auf verschiedene Weise sichergestellt. In der parlamentarischen Demokratie vollzieht sich die politische Mitwirkung verschiedener Bevölkerungsgruppen durch die Entsendung von Abgeordneten in das Parlament. Es lag also nahe, den Minderheiten diese Möglichkeit zu erleichtern. Die Listen der Parteien der dänischen Minderheit wurden daher bei der Wahl zum Landtag von der 5%-Sperrklausel befreit. § 3 Abs. 1 des schleswig-holsteinischen Landeswahlgesetzes[327] lautet demnach:

> *„(1) An dem Verhältnisausgleich nimmt jede politische Partei teil, für die eine Landesliste aufgestellt und zugelassen worden ist, sofern für sie in mindestens einem Wahlkreis ein Abgeordneter gewählt worden ist oder sofern sie insgesamt fünf v.H. der im Land abgegebenen Stimmen erzielt hat. Diese Einschränkung gilt nicht für die Parteien der dänischen Minderheit.*"

Dies bedeutet nicht, daß dem SSW, der Partei der dänischen Minderheit, ein Mandat im Landtag von Schleswig-Holstein garantiert ist. Der SSW muß trotz der Befreiung von der 5%-Hürde zum Einzug in den Landtag so viele Stimmen auf sich vereinigen, wie für das letzte Mandat der am Verhältnisausgleich teilnehmenden Wahllisten anderer Parteien notwendig sind. In aller Regel sind dies rund 20.000 Stimmen für ein Mandat. Bereits bei der Landtagswahl vom 24. März 1996 konnte der SSW zwei Mandate erringen.[328] Für die Wahl zum 15. Schleswig-Holsteinischen Landtag wurde das Wahlrecht geändert. Am 27. Februar 2000 wurde der Kieler Landtag zum ersten Mal für eine Legislaturperiode von fünf Jahren

---

[325] *Lemke*, Nationale Minderheiten und Volksgruppen im schleswig-holsteinischen und übrigen deutschen Verfassungsrecht, S. 275 f.

[326] Vgl. hierzu und zum folgenden: *Lemke*, Nationale Minderheiten und Volksgruppen im schleswig-holsteinischen und übrigen deutschen Verfassungsrecht, S. 277 ff.

[327] Landeswahlgesetz (LWahlG) Schleswig-Holstein i.d.F. der Bekanntmachung vom 30. Mai 1985 (GVOBl. Schleswig-Holstein 1985 S. 135).

[328] *Lemke*, Nationale Minderheiten und Volksgruppen im schleswig-holsteinischen und übrigen deutschen Verfassungsrecht, S. 278.

gewählt;[329] bislang betrug sie vier Jahre. Außerdem hatten die Wähler wie bei der Bundestagswahl erstmals zwei Stimmen zu vergeben. Mit der ersten wurde über Wahlkreisbewerber abgestimmt, die Zweitstimmen entschieden über die Zusammensetzung des Parlaments.[330] Aufgrund dieses neuen Zweitstimmen-Wahlrechts war der SSW zum ersten Mal im ganzen Land, also nicht lediglich in Schleswig, sondern auch in Holstein, wählbar. Bei der Wahl vom 27. Februar 2000 erreichte der SSW sein bestes Ergebnis seit 50 Jahren und konnte 4,1 % der Wählerstimmen auf sich vereinigen. Im neuen Kieler Landtag sitzen nunmehr drei Abgeordnete des SSW.[331] Wie bereits erwähnt,[332] werden bereits gegen die Verfassungsmäßigkeit des wahlrechtlichen Minderheitenprivilegs Bedenken erhoben. Gegen die Kombination von Zweitstimmen-Wahlrecht und Minderheitenprivileg werden diese Bedenken noch lauter vorgetragen.[333] Im Rahmen der Analyse des Bundeswahlrechts wurde die Verfassungsmäßigkeit der Befreiung der Parteien der Minderheiten von der 5%-Sperrklausel festgestellt.[334] Bei einer Kombination von dieser Befreiung und einem Zweistimmen-Wahlrecht sind jedoch keine neuen Argumente ersichtlich, die an der Verfassungsmäßigkeit dieser Regelung zweifeln ließen.[335] Das Landeswahlrecht Schleswig-Holsteins ist daher in bezug auf Minderheitenparteien verfassungsmäßig.

Weitere Regelungen im Bereich der politischen Mitwirkung von Minderheiten in Schleswig-Holstein enthält § 1 Abs. 2 des FraktionsG:[336]

> „*(2) Der, dem oder den Abgeordneten der dänischen Minderheit stehen die Rechte einer Fraktion zu.*“

und im Anschluß daran § 22 Abs. 4 GeschO LT:[337]

---

[329] Art. 13 Abs. 1 Satz 1 der Verfassung des Landes Schleswig-Holstein.

[330] *Präsident des Schleswig-Holsteinischen Landtages* (Hrsg.), Minderheitenbericht 1996-2000 der Landesregierung Schleswig-Holstein, S. 43.

[331] Vgl. FAZ vom 28. Februar 2000; FAZ vom 29. Februar 2000. Vgl. zum neuen Zweitstimmen-Wahlrecht auch *Zastrow*, FAZ vom 8. Januar 2000.

[332] Vgl. oben Kapitel 4. Punkt II. 5. c).

[333] *Zastrow*, FAZ vom 29. Februar 2000; *ders.*, FAZ vom 8. Januar 2000.

[334] Vgl. oben Kapitel 4. Punkt II. 5. c).

[335] So auch *Präsident des Schleswig-Holsteinischen Landtages* (Hrsg.), Minderheitenbericht 1996-2000 der Landesregierung Schleswig-Holstein, S. 43.

[336] Gesetz über die Rechtsstellung und Finanzierung der Fraktionen im schleswig-holsteinischen Landtag (FraktionsG) vom 18. Dezember 1994 (GVOBl. Schleswig-Holstein 1994 S. 4).

„(4) Der, dem oder den Abgeordneten der nationalen dänischen Minderheit stehen die Rechte einer Fraktion zu.“

Damit können die SSW-Abgeordneten alle Vorteile des Fraktionsstatus für sich in Anspruch nehmen, insbesondere die finanzielle Ausstattung und die Mitarbeit in den Ausschüssen.[338] Sollte der SSW es bei einer der kommenden Landtagswahlen nicht mehr schaffen, in den Landtag einzuziehen, so müßten andere Wege gefunden werden, die politische Mitwirkung der dänischen Minderheit zu gewährleisten. Dies kann beispielsweise durch die Schaffung eines Kontaktausschusses oder eines Beirats erfolgen, der zu bestimmten Themen zu konsultieren sein müßte. Diese Modelle werden teilweise auf Kreis- oder Gemeindeebene genutzt. Auf Kreis- und Gemeindeebene ist der SSW nicht von der 5%-Hürde befreit, ist aber in den Siedlungsgebieten meist in der Lage, sie zu überwinden.[339] Eine weitere Möglichkeit, die politische Mitwirkung von Minderheiten sicherzustellen, war im Rahmen der Änderung des Bundeswahlrechts im Jahre 1953 diskutiert worden.[340] Parteien nationaler Minderheiten, die mindestens ein Tausendstel der abgegebenen Stimmen erhalten haben, sollten einen Vertreter mit Rede- und Initiativrecht, aber in lediglich beratender Funktion in den Bundestag entsenden dürfen. Eine solche Regelung hätte gegenüber einer Kontaktausschußlösung den Vorteil der größeren Öffentlichkeitswirksamkeit.[341]

Obgleich der SSW auch die Anliegen der friesischen Volksgruppe mit vertritt, herrschte das Bedürfnis, der friesischen Volksgruppe eine eigene Möglichkeit der politischen Mitwirkung zuzugestehen. Daher hat der Schleswig-Holsteinische Landtag am 7. September 1988 die Bildung des „*Gremiums für Fragen der friesischen Bevölkerungsgruppe im Lande Schleswig-Holstein*“ beschlossen.[342] Aufgabe dieses Gremiums ist die Erörterung aller Fragen, die die friesische Bevölkerungsgruppe im Lande betreffen, mit dem Ziel, die friesische Sprache, Bildung und Kultur zu pflegen und zu fördern. Darüber hinaus gibt es das Amt des

---

[337] Geschäftsordung des schleswig-holsteinischen Landtages (GeschO LT) vom 8. Februar 1991 (GVOBl. Schleswig-Holstein 1991 S. 85) zuletzt geändert am 27. Januar 1995 (GVOBl. Schleswig-Holstein 1995 S. 63).

[338] Vgl. hierzu auch *Kühn*, Privilegierung nationaler Minderheiten im Wahlrecht der Bundesrepublik Deutschland und Schleswig-Holsteins, S. 297 f.

[339] *Lemke*, Nationale Minderheiten und Volksgruppen im schleswig-holsteinischen und übrigen deutschen Verfassungsrecht, S. 281 ff.

[340] Der gescheiterte § 54a BWahlG hatte folgenden Wortlaut: *„Die Partei einer nationalen Minderheit, die keinen Sitz im Bundestag (§ 9) erhalten hat, kann den ersten Bewerber auf ihrer Bundesliste als Vertreter mit beratender Stimme in den Bundestag entsenden, wenn auf ihre Bundesliste ein von Tausend der abgegebenen Zweitstimmen entfallen sind.“* (Drucks. des Wahlrechtsausschusses des 1. Deutschen Bundestags Nr. 19 vom 2. Juni 1953).

[341] *Kühn*, Privilegierung nationaler Minderheiten im Wahlrecht der Bundesrepublik Deutschland und Schleswig-Holsteins, S. 165 ff.

[342] Landtag Schleswig-Holstein, LT-Drucks. 12/38. Vgl. hierzu *Präsident des Schleswig-Holsteinischen Landtages* (Hrsg.), Minderheitenbericht 1996-2000 der Landesregierung Schleswig-Holstein, S. 50.

„Beauftragten des Ministerpräsidenten für Fragen der deutschen und dänischen Minderheiten und für friesische Angelegenheiten" (*Grenzlandbeauftragter*). Der Grenzlandbeauftragte beobachtet die Entwicklung im kulturellen, sozialen und wirtschaftlichen Bereich des Grenzlandes mit Auswirkungen auf die dänische Minderheit und die friesische Volksgruppe und berät die Landesregierung. Seine Tätigkeit bewegt sich vor allem im politischen Bereich und konnte Lösungen für verschiedene Probleme bewirken.[343]

Die Minderheit der Sinti und Roma ist bislang ohne institutionalisierte politische Mitwirkungsmöglichkeiten geblieben. Träger der politischen und kulturellen Arbeit dieser Minderheit im Land ist der Landesverband Deutscher Sinti und Roma e.V. in Kiel. Der Landesverband unterhält in Kiel eine Geschäfts- und Beratungsstelle, die seit 1990 von der Landesregierung gefördert wird, gegenwärtig mit jährlich 128.000 DM. Die Geschäfts- und Beratungsstelle hat die Aufgabe, bei der Verbesserung der bürgerrechtlichen und sozialen Lage der Mitglieder zu helfen.[344]

g) Die Förderpflicht des Art. 5 Abs. 2 Satz 2 der Verfassung des Landes Schleswig-Holstein

Art. 5 Abs. 2 Satz 2 der Verfassung des Landes Schleswig-Holstein geht über die Gewährleistungen des Satzes 1 hinaus. Die nationale dänische Minderheit und die friesische Volksgruppe haben Anspruch auf Schutz und Förderung.

aa) Der grundsätzliche Inhalt der Bestimmung

Diese Aufzählung der beiden begünstigten Gruppen ist abschließend. Förderung zielt auf die Herstellung der Gleichheit von Minderheiten und Mehrheit ab. Im Gegensatz zum *Schutz*, der sich an den bestehenden Zuständen orientiert und den Erhalt des jeweils bestehenden *status quo* sicherstellen soll, strebt die *Förderung* die Erreichung eines Soll-Zustandes an, der an der Situation der Mehrheitsbevölkerung ausgerichtet sein muß. Das Ziel der Minderheitenförderung muß es sein, die betroffenen Gruppen in die Lage zu versetzen, ihren Angehörigen ebensoviele Entfaltungs- und Entwicklungsmöglichkeiten zu geben, wie es dem

---

[343] Vgl. *Präsident des Schleswig-Holsteinischen Landtages* (Hrsg.), Minderheitenbericht 1996-2000 der Landesregierung Schleswig-Holstein, S. 41 f.; *Präsidentin des Schleswig-Holsteinischen Landtages* (Hrsg.), Minderheitenbericht 1992-1996 der Landesregierung Schleswig-Holstein, S. 38; *Präsidentin des Schleswig-Holsteinischen Landtages* (Hrsg.), Bericht zur Arbeit der Minderheiten und der friesischen Volksgruppe für die 12. Legislaturperiode (1988-1992), S. 41; *Lemke*, Nationale Minderheiten und Volksgruppen im schleswig-holsteinischen und übrigen deutschen Verfassungsrecht, S. 284 ff.

[344] *Präsident des Schleswig-Holsteinischen Landtages* (Hrsg.), Minderheitenbericht 1996-2000 der Landesregierung Schleswig-Holstein, S. 55.

Standard der Mehrheitsbevölkerung entspricht, ohne daß die Minderheitenangehörigen dafür auf ihre spezifische Identität verzichten müssen.[345] Diese Bevorzugung der dänischen Minderheit und der friesischen Volksgruppe im Vergleich mit der Minderheit der Sinti und Roma wird im allgemeinen als mit dem Gleichheitssatz vereinbar angesehen.[346] Aufgrund des Bestrebens des Verfassungsgebers, der besonderen historischen und kulturellen Rolle beider Gruppen in Schleswig-Holstein Rechnung tragen zu wollen treten verfassungsrechtliche Bedenken insofern zurück. Der Verpflichtetenkreis ist in Satz 2 derselbe wie in Satz 1. Dies ergibt sich aus der Systematik von Art. 5 der Verfassung des Landes Schleswig-Holstein. Zur Förderung der dänischen Minderheit und der friesischen Volksgruppe sind das Land, die Gemeinden und die Gemeindeverbände verpflichtet. Auch zur Förderung werden keine anderen Träger öffentlicher Gewalt und keine weiteren Körperschaften des öffentlichen Rechts verpflichtet.[347]

Der Begriff der Förderung umfaßt insbesondere natürlich die Form der finanziellen Unterstützung. Diese finanzielle Förderung kann sich auf alle förderbaren Aktivitäten[348] der dänischen Minderheit und der friesischen Volksgruppe erstrecken, soweit sie nach der Einschätzung der politisch Verantwortlichen dem Fortbestand und der Verbesserung der Situation der Minderheiten nützen und der gesamtgesellschaftlichen Integration nicht zuwiderlaufen. Dies sind schwerpunktmäßig kulturell, aber auch sozial und wirtschaftlich ausgerichtete Aktivitäten.[349] Im Jahr 1998 wurden verschiedene Aktivitäten der dänischen Minderheit vom Land Schleswig-Holstein mit insgesamt rund 53,5 Millionen DM gefördert.[350] Im gleichen Zeitraum wurde die friesische Volksgruppe mit insgesamt rund 630.000 DM gefördert.[351] Schwerpunkte der Förderung begünstigen die Minderheitenschulen, die kulturelle Arbeit, das Minderheitenbibliothekswesen, die Minderheitenvereine, die Jugendarbeit und die Minderheitenkindertagesstätten. Weiterhin bildet die Förderung der Minderheitensprachen einen Schwerpunkt.[352] Ähnlich wie im Bundesrecht[353] gibt es auch im

---

[345] *Lemke*, Nationale Minderheiten und Volksgruppen im schleswig-holsteinischen und übrigen deutschen Verfassungsrecht, S. 300 f.

[346] *v. Mutius*, in: *v. Mutius/Wuttke/Hübner*, Kommentar zur Landesverfassung Schleswig-Holstein, Art. 5, Rn. 8.

[347] *Lemke*, Nationale Minderheiten und Volksgruppen im schleswig-holsteinischen und übrigen deutschen Verfassungsrecht, S. 301 f.

[348] Vgl. hierzu auch oben Kapitel 1. Punkt III. 1. a) und b).

[349] Vgl. hierzu allgemein die sehr umfassenden Ausführungen bei: *Lemke*, Nationale Minderheiten und Volksgruppen im schleswig-holsteinischen und übrigen deutschen Verfassungsrecht, S. 304 ff.

[350] *Präsident des Schleswig-Holsteinischen Landtages* (Hrsg.), Minderheitenbericht 1996-2000 der Landesregierung Schleswig-Holstein, S. 76.

[351] *Präsident des Schleswig-Holsteinischen Landtages* (Hrsg.), Minderheitenbericht 1996-2000 der Landesregierung Schleswig-Holstein, S. 97.

[352] *Lemke*, Nationale Minderheiten und Volksgruppen im schleswig-holsteinischen und übrigen deutschen Verfassungsrecht, S. 334 ff.

[353] Vgl. hierzu oben Kapitel 4. Punkt II. 3.

Landesrecht von Schleswig-Holstein Normen, welche eine Berücksichtigung der Minderheitensprachen im öffentlichen Leben intendieren. Auf die Gerichtssprache kann Art. 5 Abs. 2 Satz 2 der Verfassung des Landes Schleswig-Holstein allerdings keinen Einfluß haben, da diese im wesentlichen von Bundesgesetzen bestimmt wird. Auf die Amtssprache kann die Landesverfassung auch lediglich insoweit Einfluß nehmen, als die Behörden Landesgesetze ausführen. Dann gilt aber § 82a LVwG:[354]

„(1) Die Amtssprache ist Deutsch.

(2) Werden bei einer Behörde in einer fremden Sprache Anträge gestellt oder Eingaben, Belege, Urkunden oder sonstige Schriftstücke vorgelegt, kann die Behörde die Vorlage einer Übersetzung verlangen. In begründeten Fällen kann die Vorlage einer beglaubigten oder von einem öffentlich bestellten oder beeidigten Dolmetscher oder Übersetzer angefertigten Übersetzung verlangt werden. Wird die verlangte Übersetzung nicht unverzüglich vorgelegt, so kann die Behörde auf Kosten des Beteiligten selbst eine Übersetzung beschaffen. Hat die Behörde Dolmetscher oder Übersetzer herangezogen, werden diese in entsprechender Anwendung des Gesetzes über die Entschädigung von Zeugen und Sachverständigen entschädigt.

(3) Soll durch eine Anzeige, einen Antrag oder die Abgabe einer Willenserklärung eine Frist in Lauf gesetzt werden, innerhalb derer die Behörde in einer bestimmten Weise tätig werden muß, und gehen diese in einer fremden Sprache ein, so beginnt der Lauf der Frist erst mit dem Zeitpunkt, in dem der Behörde eine Übersetzung vorliegt.

(4) Soll durch eine Anzeige, einen Antrag oder eine Willenserklärung, die in fremder Sprache eingehen, zugunsten eines Beteiligten eine Frist gegenüber der Behörde gewahrt, ein öffentlich-rechtlicher Anspruch geltend gemacht oder eine Leistung begehrt werden, so gelten die Anzeige, der Antrag oder die Willenserklärung als zum Zeitpunkt des Eingangs bei der Behörde abgegeben, wenn auf Verlangen der Behörde innerhalb einer von dieser zu setzenden angemessenen Frist eine Übersetzung vorgelegt wird. Andernfalls ist der Zeitpunkt des Eingangs der Übersetzung maßgebend, soweit sich nicht aus zwischenstaatlichen Vereinbarungen etwas anderes ergibt. Auf diese Rechtsfolge ist bei der Fristsetzung hinzuweisen."

[354] Allgemeines Verwaltungsgesetz für das Land Schleswig-Holstein (Landesverwaltungsgesetz) - LVwG - i.d.F. vom 19. März 1979 (GVOBl. Schleswig-Holstein 1979 S. 181).

Diese Vorschrift stimmt fast wörtlich mit der Vorschrift des § 23 VwVfG überein, weshalb auf die Ausführungen zum Bundesrecht verwiesen werden kann.[355] Im Rahmen des Ermessens nach § 82a LVwG bleibt Art. 5 Abs. 2 Satz 2 der Verfassung des Landes Schleswig-Holstein unter den genannten Voraussetzungen jedoch zu beachten. Formell sind das Dänische und das Friesische zwar keine Amtssprachen, sie werden aber in gewisser Weise und unter gewissen Voraussetzungen dem Deutschen als offizieller Amtssprache gleichgestellt. In diesen Bereich gehört auch die Verwendung von Minderheitensprachen bei topographischen Bezeichnungen. So findet beispielsweise das Friesische durchaus bei der öffentlichen Beschilderung auf Gemeindeebene Beachtung.[356]

Eine staatliche Förderung der dänischen Minderheit und der friesischen Volksgruppe im Bereich des öffentlichen Rundfunks ist schwierig, da die öffentlich-rechtlichen Rundfunkanstalten nicht im Kreis der von Art. 5 der Verfassung des Landes Schleswig-Holstein Verpflichteten sind. Dennoch finden sich im Landesrundfunkgesetz[357] auch minderheitenschützende Regelungen:

§ 24 Programmgrundsätze

„*(3) Die Rundfunkprogramme sollen die Zusammengehörigkeit im vereinten Deutschland und die internationale Verständigung fördern, zum Frieden und zur sozialen Gerechtigkeit auffordern, zum Abbau von Fremdenfeindlichkeit, zur sozialen Integration fremdländischer und ausländischer Mitbürgerinnen und Mitbürger, zur Gleichstellung von Frauen und Männern und zum Schutz und zur Förderung von Minderheiten sowie zur Achtung der Umwelt und der natürlichen Lebensgrundlagen beitragen. Hierbei soll auf die Gewaltfreiheit der Programme besonders Wert gelegt werden.*“

---

[355] Vgl. hierzu oben Kapitel 4. Punkt II. 3. c).

[356] *Lemke*, Nationale Minderheiten und Volksgruppen im schleswig-holsteinischen und übrigen deutschen Verfassungsrecht, S. 337 ff.

[357] Rundfunkgesetz für das Land Schleswig-Holstein - Landesrundfunkgesetz LRG - vom 7. Dezember 1995 (GVOBl. Schleswig-Holstein 1995 S. 422) zuletzt geändert durch Gesetz vom 13. Oktober 1999 (GVOBl. Schleswig-Holstein 1999 S. 290).

§ 26 Unzulässige Sendungen

„(1) Sendungen sind unzulässig, wenn sie,

1. zum Haß gegen Teile der Bevölkerung oder gegen eine nationale, rassische, religiöse oder durch ihr Volkstum bestimmte Gruppe aufstacheln, (...)"

Des weiteren ist das Land den minderheitenschützenden Bestimmungen seiner Verfassung bei der Verhandlung von Rundfunkstaatsverträgen verpflichtet. Somit können auch öffentlich-rechtliche Rundfunkanstalten indirekt von der Wirkung des Art. 5 Abs. 2 Satz 2 der Verfassung des Landes Schleswig-Holstein erfaßt werden.[358]

Der Schutz- und Fördergedanke findet sich auch im Jugendförderungsgesetz[359] wieder:

§ 7 Ziele der Jugendarbeit

„(2) Leitlinien der Jugendarbeit sind dabei insbesondere (...)

5. Weltoffenheit und Aufgeschlossenheit für Menschen anderer Nationalität und Kultur, (...)

(3) Ein besonderes Ziel der Jugendarbeit ist die Entwicklung von Toleranz gegenüber Menschen anderer Herkunft, Weltanschauung und Lebensweise."

[358] *Lemke*, Nationale Minderheiten und Volksgruppen im schleswig-holsteinischen und übrigen deutschen Verfassungsrecht, S. 350.

[359] Erstes Gesetz zur Ausführung des Kinder- und Jugendhilfegesetzes - Jugendförderungsgesetz (JuFöG) - vom 5. Februar 1992 (GVOBl. Schleswig-Holstein 1992 S. 158, ber. S. 226) zuletzt geändert durch Gesetz vom 21. Dezember 1998 (GVOBl. Schleswig-Holstein 1998 S. 460).

§ 13 Internationale und interkulturelle Jugendarbeit

„(2) Jugendarbeit mit Kindern und Jugendlichen nationaler und ethnischer Minderheiten soll ihre Chancengleichheit fördern. Die Jugendarbeit soll eigenständige Ansätze und Angebote in diesem Bereich entwickeln. Die kulturelle Identität ist zu beachten.“

Selbstverständlich bilden die Verpflichtungen aus Art. 5 Abs. 2 Satz 2 der Verfassung des Landes Schleswig-Holstein keine absoluten Maßstäbe. Sie sind im Verhältnis zu anderen Rechtsgütern der Verfassung zu sehen und daher auch nicht grenzenlos zu verwirklichen. Einerseits kann die Minderheitenförderung nicht über eine rechtliche und tatsächliche Gleichstellung mit der Mehrheitsbevölkerung hinausgehen. Eine andere Grenze wird durch die finanzielle Leistungsfähigkeit des Landes Schleswig-Holstein und seiner Gemeinden und Gemeindeverbände gezogen.[360]

bb) Der einklagbare Anspruch auf *faktische* Gleichbehandlung aus Art. 5 Abs. 2 Satz 2 der Verfassung des Landes Schleswig-Holstein i.V.m. Art. 3 Abs. 3 Satz 1 GG

Art. 5 der Verfassung des Landes Schleswig-Holstein ist, insgesamt gesehen, als Staatsziel konzipiert und auch so formuliert. Daher geht die wohl herrschende Meinung grundsätzlich davon aus, daß Angehörige von Minderheiten aus dieser Bestimmung keine subjektivrechtlichen Ansprüche herleiten oder solche Ansprüche gerichtlich einfordern können.[361] Im Anwendungsbereich des Art. 5 Abs. 2 Satz 1 der Verfassung des Landes Schleswig-Holstein mag dies richtig sein. Für den Bereich des Art. 5 Abs. 2 Satz 2 der Verfassung des Landes Schleswig-Holstein muß jedoch etwas anderes gelten. Auch von der wohl herrschenden Meinung wird konzediert, daß man hier in den Grenzbereich einer objektiv-rechtlichen Staatszielbestimmung kommt.[362] Im Rahmen der Analyse des minderheitenschützenden Gehalts des Art. 3 Abs. 3 Satz 1 GG wurde festgestellt, daß diese Norm einer Förderung von Minderheiten nicht entgegensteht.[363] Andererseits können die Minderheiten aus Art. 3 Abs. 3

---

[360] *Lemke*, Nationale Minderheiten und Volksgruppen im schleswig-holsteinischen und übrigen deutschen Verfassungsrecht, S. 357 ff.

[361] *v. Mutius*, in: *v. Mutius/Wuttke/Hübner*, Kommentar zur Landesverfassung Schleswig-Holstein, Art. 5, Rn. 9; *ders.*, Nordfriesland 1990, S. 39, 41; *Lemke*, Nationale Minderheiten und Volksgruppen im schleswig-holsteinischen und übrigen deutschen Verfassungsrecht, S. 261.

[362] *v. Mutius*, Nordfriesland 1990, S. 39, 42; *Lemke*, Nationale Minderheiten und Volksgruppen im schleswig-holsteinischen und übrigen deutschen Verfassungsrecht, S. 262.

[363] Vgl. oben Kapitel 4. Punkt II. 2. c).

Satz 1 GG aber auch keine Ansprüche auf Förderung herleiten.[364] In Verbindung mit Art. 3 Abs. 3 Satz 1 GG wird Art. Art. 5 Abs. 2 Satz 2 der Verfassung des Landes Schleswig-Holstein zu einem echten Grundrecht. Aus der Kombination dieser Vorschriften können Angehörige der dänischen Minderheit und der friesischen Volksgruppe vor einem konkreten Hintergrund einen Anspruch auf Förderung herleiten. Dieser Anspruch zielt auf die Herstellung einer faktischen, nicht lediglich einer rechtlichen Gleichheit mit der Mehrheitsbevölkerung ab. Der Anspruch aus Art. 5 Abs. 2 Satz 2 der Verfassung des Landes Schleswig-Holstein i.V.m. Art. 3 Abs. 3 Satz 1 GG hat subjektiv-rechtlichen Charakter und ist auch gerichtlich einklagbar.[365] Dies folgt zunächst aus der Formulierung von Art. 5 Abs. 2 Satz 2 der Verfassung des Landes Schleswig-Holstein. Eine Norm, die von einem *„Anspruch auf Förderung“* spricht und darüber hinaus auch die Gruppe der Berechtigten genau definiert, verläßt den Bereich des objektiven Rechts und bekommt einen subjektiven Charakter. Daß Art. 5 Abs. 2 Satz 2 der Verfassung des Landes Schleswig-Holstein i.V.m. Art. 3 Abs. 3 Satz 1 GG einen subjektiv-rechtlichen Anspruch verleiht, folgt auch aus einem Vergleich mit der Bestimmung des Art. 5 Abs. 2 Satz 1 der Verfassung des Landes Schleswig-Holstein. Die unbenannten Minderheiten und Volksgruppen in Schleswig-Holstein sind zu schützen. Dies ist ein klares Staatsziel, da es Mittel und Umfang seiner Umsetzung grundsätzlich dem Landesgesetzgeber überläßt. Anders ist dies bei Art. 5 Abs. 2 Satz 2 der Verfassung des Landes Schleswig-Holstein. Hier wird klar eine Förderung angeordnet und ein Anspruch hierauf verliehen. Art. 3 Abs. 3 Satz 1 GG steuert zu diesem Anspruch ein Ziel bei. Es ist durch die Förderung die faktische Gleichstellung der Minderheiten mit der Mehrheit zu erreichen. Damit wird Art. 5 Abs. 2 Satz 2 der Verfassung des Landes Schleswig-Holstein i.V.m. Art. 3 Abs. 3 Satz 1 GG zum echten einklagbaren Grundrecht. Die Grenze dieses Grundrechts ist wieder von der finanziellen Leistungsfähigkeit des Landes Schleswig-Holstein gezogen. In aller Regel wäre dieses Recht vor der Verwaltungsgerichtsbarkeit einzuklagen. Da das Land Schleswig-Holstein kein Verfassungsgericht hat, ist dieses Grundrecht in letzter Konsequenz vor dem Bundesverfassungsgericht nach Art. 44 der Verfassung des Landes Schleswig-Holstein i.V.m. Art. 99, 1. Alt. GG einzuklagen. Als sehr nachteilig erweist sich in diesem Zusammenhang, daß die Grundrechte der Verfassung des Landes Schleswig-Holstein nicht mittels einer Verfassungsbeschwerde durchgesetzt werden können, da die Landesverfassung ein solches Rechtsmittel nicht vorsieht. Zur Durchsetzung des Grundrechts aus Art. 5 Abs. 2 Satz 2 der Verfassung des Landes Schleswig-Holstein i.V.m. Art. 3 Abs. 3 Satz 1 GG steht lediglich die Klageart der abstrakten Normenkontrolle zur Verfügung.[366] Damit muß der Schutz und die Durchsetzung der verfassungsrechtlichen Garantien in Schleswig-Holstein als defizitär bezeichnet werden. Der Rechtsschutz verfassungsmäßig gewährter Rechtsgüter liegt damit deutlich unter dem Niveau des Bundes und anderer Länder.

---

[364] Vgl. oben Kapitel 4. Punkt II. 2. d).

[365] So im Ergebnis auch *Siegert*, Minderheitenschutz in der Bundesrepublik Deutschland, S. 111; A.A.: *v. Mutius*, in: *v. Mutius/Wuttke/Hübner*, Kommentar zur Landesverfassung Schleswig-Holstein, Art. 5, Rn. 9; *ders.*, Nordfriesland 1990, S. 39, 41; *Lemke*, Nationale Minderheiten und Volksgruppen im schleswig-holsteinischen und übrigen deutschen Verfassungsrecht, S. 261.

[366] *Siegert*, Minderheitenschutz in der Bundesrepublik Deutschland, S. 110 f.

h) Rechtsprobleme der Finanzierung einer Minderheitengruppe durch einen konationalen Staat

Die dänische Minderheit in Schleswig-Holstein wird in einem beträchtlichen Maße finanziell durch den dänischen Staat gefördert. Im Jahr 1999 floß der dänischen Minderheit von der dänischen Regierung ein Gesamtbetrag von rund 93,6 Millionen DM zu.[367] Die Finanzierung einer Bevölkerungsgruppe in einem fremden Staat durch einen anderen Staat verstößt grundsätzlich gegen das völkerrechtliche Interventionsverbot, also das Verbot, sich in die Angelegenheiten eines anderen Staates einzumischen.[368] Hier erfolgt die Finanzierung der dänischen Minderheit in Deutschland durch das Königreich Dänemark jedoch mit Zustimmung der Bundesrepublik Deutschland, die ihrerseits im Gegenzug die deutsche Minderheit in Dänemark finanziell unterstützt. Damit sind die finanziellen Zuwendungen an die dänische Minderheit aus dem Ausland völkerrechtskonform und unproblematisch.

i) Art. 8 Abs. 4 der Verfassung des Landes Schleswig-Holstein und das Landesminderheitenschulrecht

Gemäß Art. 8 Abs. 4 der Verfassung des Landes Schleswig-Holstein entscheiden die Erziehungsberechtigten, ob ihre Kinder die Schule einer nationalen Minderheit besuchen sollen.[369] Wer für ein Kind erziehungsberechtigt ist, ergibt sich aus den einschlägigen zivilrechtlichen Vorschriften, also insbesondere aus den §§ 1626 ff. BGB. Weitere persönliche Voraussetzungen brauchen bei den Erziehungsberechtigten im Sinne des Art. 8 Abs. 4 der Verfassung des Landes Schleswig-Holstein nicht vorzuliegen. Weder brauchen sie deutsche Staatsangehörige noch brauchen sie selbst Angehörige einer Minderheit zu sein. Das Recht aus Art. 8 Abs. 4 der Verfassung des Landes Schleswig-Holstein steht auch Erziehungsberechtigten zu, die der Mehrheit angehören, ihre Kinder aber die Schule einer nationalen Minderheit besuchen lassen möchten, wobei die Motivation hierfür irrelevant ist. Von staatlicher Seite darf in diese Rechte nicht eingegriffen werden.[370] Dieses Recht der Eltern führt jedoch nicht zu einer Aufnahmepflicht der Minderheitenschulen. Vielmehr haben die als Privatschulen organisierten Minderheitenschulen das Recht, Aufnahmekriterien für die

[367] Vgl. die Aufstellung in: *Präsident des Schleswig-Holsteinischen Landtages* (Hrsg.), Minderheitenbericht 1996-2000 der Landesregierung Schleswig-Holstein, S. 79.

[368] Vgl. hierzu grundsätzlich: *Fischer*, in: *Ipsen*, Völkerrecht, 4. Aufl., § 59, Rn. 50 ff.

[369] Vgl. hierzu *Lemke*, Nationale Minderheiten und Volksgruppen im schleswig-holsteinischen und übrigen deutschen Verfassungsrecht, S. 255 ff.

[370] Wobei die Grenze sich selbstverständlich am Wohl des Kindes zu orientieren hat. Vgl. § 1666 BGB.

aufzunehmenden Schüler, wie beispielsweise ausreichende Kenntnisse der Minderheitensprache, zu formulieren. Insofern gilt der Grundsatz der Aufnahmeautonomie.[371]

Unter *Schule einer nationalen Minderheit* werden in Schleswig-Holstein derzeit nur die vom Dänischen Schulverein getragenen Privatschulen verstanden.[372] Allerdings ist denkbar, daß auch seitens anderer Minderheiten Schulen eingerichtet werden. Daher ist die Verfassungsnorm insofern offen gehalten.[373] Da Volksgruppen und Minderheiten im Schleswig-Holstein rechtlich gleich behandelt werden, wäre Art. 8 Abs. 4 der Verfassung des Landes Schleswig-Holstein analog auch auf von einer Volksgruppe eingerichtete Schulen anzuwenden. Die vom Dänischen Schulverein getragenen Privatschulen sind solche im Sinne des Art. 7 Abs. 4 und Abs. 5 GG.[374] Die Verfassungsnorm des Art. 8 der Verfassung des Landes Schleswig-Holstein ist im Landesschulgesetz[375] näher ausgestaltet.

Die dänische Minderheit stützt sich seit der Schließung der letzten öffentlichen Minderheitenschulen im Jahre 1949 auf das private Schulwesen der dänischen Minderheit in der Trägerschaft des Dänischen Schulvereins.[376] Die friesische Volksgruppe greift auf das öffentliche Schulsystem im Kreis Nordfriesland und auf Helgoland zurück.[377] In der Kieler Erklärung werden der dänischen Minderheit die Möglichkeit zur Errichtung von Kindergärten, allgemeinbildenden Schulen und Volkshochschulen nach Maßgabe der Gesetze zugesichert. Eine umfassende Regelung des Schulwesens der dänischen Minderheit wurde erst durch das Schulgesetz von 1978 geschaffen. Dieses Gesetz ist in seiner aktuellen Fassung noch immer die einfachgesetzliche Grundlage der dänischen Minderheitenschulen. Die Zulassung von dänischen Minderheitenschulen ist in § 58 des Schulgesetzes geregelt:

---

[371] *Lemke*, Nationale Minderheiten und Volksgruppen im schleswig-holsteinischen und übrigen deutschen Verfassungsrecht, S. 259.

[372] *Präsident des Schleswig-Holsteinischen Landtages* (Hrsg.), Minderheitenbericht 1996-2000 der Landesregierung Schleswig-Holstein, S. 44 ff.

[373] *v. Mutius*, in: *v. Mutius/Wuttke/Hübner*, Kommentar zur Landesverfassung Schleswig-Holstein, Art. 8, Rn. 17.

[374] Vgl. hierzu oben Kapitel 4. Punkt IV. 1.

[375] Schulgesetz des Landes Schleswig-Holstein in der Fassung der Bekanntmachung vom 2. August 1990 (GVOBl. Schleswig-Holstein 1990 S. 451) zuletzt geändert durch Gesetz vom 21. September 1999 (GVOBl. Schleswig-Holstein 1999 S. 263).

[376] Vgl. zur Geschichte des Schulwesens der dänischen Minderheit in Schleswig-Holstein: *Sigaard-Madsen*, in: *Schmalz-Jacobsen/Hansen* (Hrsg.),Ethnische Minderheiten in der Bundesrepublik Deutschland, S. 142 ff.; *Lemke*, Nationale Minderheiten und Volksgruppen im schleswig-holsteinischen und übrigen deutschen Verfassungsrecht, S. 311 ff.

[377] *Präsident des Schleswig-Holsteinischen Landtages* (Hrsg.), Minderheitenbericht 1996-2000 der Landesregierung Schleswig-Holstein, S. 52.

§ 58 Genehmigung von Ersatzschulen

„(1) Ersatzschulen dürfen nur mit vorheriger Genehmigung der obersten Schulaufsichtsbehörde errichtet und betrieben werden. (...)

(4) Grundschulen in freier Trägerschaft sind nur zuzulassen, wenn das Ministerium für Bildung, Wissenschaft, Forschung und Kultur ein besonderes pädagogisches Interesse anerkennt, die Eltern die Errichtung einer Bekenntnis- oder Weltanschauungsschule beantragen oder eine Schule der dänischen Minderheit errichtet werden soll. Im übrigen können Ersatzschulen von den Lernzielen, Lerninhalten, Lehrverfahren und Organisationsformen der Schularten des öffentlichen Schulwesens abweichen, solange sie den in den §§ 11 bis 16, 18 bis 26 festgelegten Anforderungen für diese Schularten entsprechen. (...)"

Im übrigen müssen auch die Voraussetzungen der Ziffer IV des Erlasses von 1950 erfüllt sein:[378]

„Für die Genehmigung der Errichtung einer privaten Volksschule der dänischen Minderheit sind folgende Voraussetzungen erforderlich:

1. Die Schule darf in ihren Lehrplänen nicht hinter den öffentlichen Schulen zurückstehen. Von dem Lehrplan der öffentlichen Volksschulen darf insoweit abgewichen werden, als es notwendig ist, um die Kenntnis der dänischen Sprache und Kultur angemessen zu vermitteln. Die ausreichende Beherrschung der deutschen Sprache in Wort und Schrift muß vermittelt werden. Auch in deutscher Geschichte, Staatsbürgerkunde und Erdkunde ist angemessener Unterricht zu erteilen.

2. Die Lehrkräfte müssen die Befähigung zur Anstellung für den deutschen oder dänischen Schuldienst besitzen.

3. Die wirtschaftliche und rechtliche Stellung der Lehrkräfte muß genügend gesichert sein.

[378] Vgl. hierzu *Lemke*, Nationale Minderheiten und Volksgruppen im schleswig-holsteinischen und übrigen deutschen Verfassungsrecht, S. 314 f.

4. *Es muß nachgewiesen werden, daß die für die Errichtung und Unterhaltung erforderlichen Mittel zur Verfügung stehen. Der Nachweis der für die Unterhaltung der Schule erforderlichen Mittel ist als erbracht anzusehen, wenn der Dänische Schulverein GmbH in Flensburg die Gewähr dafür übernimmt.*

5. *Die Unterrichtsräume sollen den Anforderungen entsprechen, die für öffentliche Schulen zu stellen sind.*"

Die Unterrichtssprache ist Dänisch, nur Deutsch wird in deutscher Sprache unterrichtet. Die Förderung der dänischen Minderheitenschulen ist in §§ 60 ff. des Schulgesetzes geregelt. Dort heißt es:

§ 60 Voraussetzungen

„*(1) Das Land gewährt bei Bedarf Trägern von Ersatzschulen Zuschüsse zu den laufenden Kosten (Sachkosten) und den Kosten der Lehrkräfte (Personalkosten), wenn (...)*

(3) Den Ersatzschulen der dänischen Minderheit werden Zuschüsse unabhängig vom Bedarf gewährt.

(4) Über die Zuschüsse zu den Sach- und Personalkosten hinaus können Zuschüsse zu Bauinvestitionen gewährt werden."

§ 63 Höhe des Zuschusses

„*(5) Für Schulen der dänischen Minderheit wird unabhängig vom Bedarf der Zuschuß in Höhe von 100 v.H. des Betrages gewährt, der im Landesdurchschnitt für eine Schülerin oder einen Schüler einer vergleichbaren öffentlichen Schule im Vorjahr aufgewendet wurde. (...)*"

Zwar wird vom Land Schleswig-Holstein pro Schüler der Durchschnittssatz als Zuschuß gewährt, der für die Ausbildung eines Kindes an einer öffentlichen Schule aufgewendet werden muß. Dies ist im Regelfall allerdings zu wenig, da der Schulbetrieb an den Minderheitenschulen teurer ist als der an öffentlichen Schulen. Dies ergibt sich aufgrund der Tatsache, daß beispielsweise die Lehrerbesoldung höher ist und die Transportkosten der

Schüler zur Schule höher sind, da weitere Wege zurückgelegt werden müssen.[379] Art. 5 Abs. 2 Satz 2 der Verfassung des Landes Schleswig-Holstein i.V.m. Art. 3 Abs. 3 Satz 1 GG verpflichtet hier beispielsweise das Land Schleswig-Holstein, einen höheren, den tatsächlich benötigten, Betrag für jedes Schulkind der dänischen Minderheit aufzuwenden. Dies könnte auch gerichtlich durchgesetzt werden.[380]

Zur Vermittlung der Sprache und Kultur der dänischen Minderheit und der friesischen Volksgruppe ist neben dem Minderheitenschulwesen auch das Minderheitenkindergartenwesen von großer Bedeutung.[381] Der Dänische Schulverein ist auch Träger mehrerer Kindergärten in Schleswig-Holstein.[382] Eine gesetzliche Regelung hat das Kindergartenwesen im KiTaG[383] erfahren:

§ 5 Grundsätze

„(6) Die Arbeit in den Kindertageseinrichtungen und Tagespflegestellen soll die Gleichberechtigung von Mädchen und Jungen, von Kindern mit unterschiedlichen Fähigkeiten und von unterschiedlicher sozialer Herkunft sowie das Zusammenleben von Kindern unterschiedlicher nationaler und kultureller Herkunft fördern.“

§ 7 Bedarfsplanung

„(4) Das Recht nationaler Minderheiten und Volksgruppen im Sinne des Artikel 5 der Verfassung des Landes Schleswig-Holstein, eigene Kindertageseinrichtungen zu errichten und zu betreiben, wird gewährleistet und muß bei der Bedarfsplanung berücksichtigt werden.“

---

379 Interview mit *Hans Andreesen*, dem Leitenden Direktor des Dänischen Schulvereins vom 13. September 1996.

380 Vgl. oben Punkt III. 1. g) (2).

381 Vgl. hierzu *Lemke*, Nationale Minderheiten und Volksgruppen im schleswig-holsteinischen und übrigen deutschen Verfassungsrecht, S. 329 ff.

382 *Präsident des Schleswig-Holsteinischen Landtages* (Hrsg.), Minderheitenbericht 1996-2000 der Landesregierung Schleswig-Holstein, S. 44 ff.

383 Gesetz zur Förderung von Kindern in Tageseinrichtungen und Tagespflegestellen - Kindertagesstättengesetz KiTaG - in der Fassung der Bekanntmachung vom 12. Dezember 1991 (GVOBl. Schleswig-Holstein 1991 S. 651) zuletzt geändert durch Gesetz vom 15. Juli 1999 (GVOBl. Schleswig-Holstein 1999 S. 166).

§ 12 Aufnahme

„(2) Die Aufnahme eines Kindes in eine Kindertageseinrichtung, die mit öffentlichen Mitteln gefördert wird, darf nicht aus Gründen seiner Herkunft, seiner Nationalität und nicht aus konfessionellen, weltanschaulichen oder ethnischen Gründen verweigert werden. Bei Kindertageseinrichtungen, die von einer nationalen Minderheit getragen werden, gelten deren Aufnahmeregeln."

Gegen eine Unterfinanzierung einer Minderheitenkindertagesstätte, die aus Gründen einer nicht staatlicherseits erfolgten tatsächlichen, faktischen Gleichstellung mit entsprechenden Einrichtungen der Mehrheit resultiert, kann ebenfalls aus Art. 5 Abs. 2 Satz 2 der Verfassung des Landes Schleswig-Holstein i.V.m. Art. 3 Abs. 3 Satz 1 GG klageweise vorgegangen werden.[384]

j) Der Schutz der niederdeutschen Sprache nach Art. 9 Abs. 2 der Verfassung des Landes Schleswig-Holstein

Am 1. März 1998[385] trat die Europäische Charta der Regional- oder Minderheitensprachen vom 5. November 1992[386] in Kraft.[387] Durch diesen völkerrechtlichen Vertrag hat sich die Bundesrepublik Deutschland verpflichtet, das Niederdeutsche als Regionalsprache zu schützen. Das Bundesland Schleswig-Holstein ist durch diese Verpflichtung am meisten betroffen und sah sich deswegen veranlaßt, seine Verfassung entsprechend zu ergänzen. In Art. 9 der Verfassung des Landes Schleswig-Holstein wurde ein neuer Absatz eingeschoben:

Art. 9

„(2) Das Land schützt und fördert die Pflege der niederdeutschen Sprache."

---

[384] Vgl. oben Punkt III. 1. g) (2).

[385] Vgl. BT.-Drucks. 14/1130, S. 5 (Bericht der Bundesregierung über die Tätigkeit des Europarats).

[386] HRLJ 1993, S. 148 ff.; BGBl. 1998 II S. 1314 ff.

[387] Vgl. hierzu die detaillierten Ausführungen oben in Kapitel 3. Punkt II. 4. c).

Sprecher der niederdeutschen Sprache werden damit aber nicht zu einer Minderheit im völker-, bundes- oder landesrechtlichem Sinne, weswegen auf eine ausführliche Erläuterung dieser Verfassungsbestimmung verzichtet werden soll.[388]

k) Die Einhaltung der Verpflichtungen der Europäischen Charta der Regional- oder Minderheitensprachen

Durch den Beitritt zur Europäischen Charta der Regional- oder Minderheitensprachen[389] vom 5. November 1992[390] hat sich die Bundesrepublik Deutschland darüber hinaus zur Ergreifung und Einhaltung bestimmter Schutzmaßmahmen hinsichtlich der Verwendung der dänischen und nordfriesischen Sprache gegenüber den Justiz- und Verwaltungsbehörden in den respektiven Sprachgebieten im Bundesland Schleswig-Holstein verpflichtet.[391] In bezug auf die Gerichtssprache sind diese Verpflichtungen in Bundesgesetzen geregelt.[392] Soweit diese Verpflichtungen die Amtssprache vor Landesbehörden betreffen, sind sie äußerst *weich* formuliert. Es ist daher insgesamt nicht ersichtlich, daß die Verpflichtungen der Europäischen Charta der Regional- oder Minderheitensprachen in bezug auf Dänisch im dänischen Sprachgebiet und auf Nordfriesisch im nordfriesischen Sprachgebiet vom Bundesland Schleswig-Holstein nicht eingehalten würden.

l) Das Minderheitenberichtssystem

Im Jahre 1986 beschloß der Landtag von Schleswig-Holstein, ein Minderheitenberichtssystem einzuführen.[393] Die Landesregierung wurde beauftragt, in jeder Legislaturperiode einen Bericht vorzulegen über die Arbeit der Minderheiten, die finanziellen und organisatorischen Bedingungen sowie die politische und gesellschaftliche Bedeutung für den Landesteil Schleswig und das Zusammenleben von Minderheit und Mehrheit in diesem Raum.[394] Der

---

[388] Vgl. hierzu etwa: *Präsident des Schleswig-Holsteinischen Landtages* (Hrsg.), Minderheitenbericht 1996-2000 der Landesregierung Schleswig-Holstein, S. 33 ff.; *Lemke*, Nationale Minderheiten und Volksgruppen im schleswig-holsteinischen und übrigen deutschen Verfassungsrecht, S. 197 ff.

[389] Vgl. hierzu die detaillierten Ausführungen oben in Kapitel 3. Punkt II. 4. c).

[390] HRLJ 1993, S. 148 ff.; BGBl. 1998 II S. 1314 ff.

[391] Vgl. hierzu die detaillierten Ausführungen oben in Kapitel 4. Punkt II. 3. b) und c).

[392] Vgl. hierzu die detaillierten Ausführungen oben in Kapitel 4. Punkt II. 3. b).

[393] Vgl. den Landtagsbeschluß vom 28. Januar 1986.

[394] *Präsident des Schleswig-Holsteinischen Landtages* (Hrsg.), Minderheitenbericht 1996-2000 der Landesregierung Schleswig-Holstein, S. 29; *Fischer/Schulz*, Vom Kanon der Kulturen, S. 76 ff.

erste Minderheitenbericht wurde am 29. Oktober im Landtag diskutiert, damals bezogen nur auf die dänische und die deutsche Minderheit.[395] 1992 legte die Landesregierung den zweiten Bericht vor, der nun auch die Friesen erwähnte.[396] 1996 wurden die deutschen Sinti und Roma erstmals in diesem Bericht berücksichtigt.[397] Der Bericht für die 14. Legislaturperiode wurde 1999 vorgelegt.[398] Der nächste Bericht ist im Jahr 2004 fällig. Die Berichte tragen dazu bei, eine bessere Kenntnis über das Wirken und die Situation der Minderheiten in Schleswig-Holstein zu vermitteln. Sie geben einen allgemeinen und detaillierten Überblick über wichtige Fragen in der Minderheitenpolitik, über Lösungsmöglichkeiten, über die organisatorische Struktur und die Finanzierung der Minderheiten. Auch die Arbeit der schleswig-holsteinischen Grenzverbände wird bezogen auf ihr Minderheitenengagement dargestellt. Die Vorlage der Berichte ist immer Anlaß einer Parlamentsdebatte. Damit werden nicht lediglich die Anliegen der im Land lebenden Minderheiten in das Blickfeld der im Landtag vertretenen Parteien gerückt, es bietet sich darüber hinaus auch für die Minderheitenvertreter die Gelegenheit zur Lobbyarbeit. Das Minderheitenberichtssystem hat sich derart bewährt, daß auch im Freistaat Sachsen ein ähnliches System eingeführt wurde.

2. Freistaat Sachsen

a) Die Minderheitengruppen im Freistaat Sachsen

In der Oberlausitz im Freistaat Sachsen siedelt ein Teil der in der Bundesrepublik Deutschland lebenden Sorben.[399] Ansonsten ist nicht ersichtlich, daß der Freistaat Sachsen die Minderheitenschutzbestimmungen seiner Verfassung auf weitere im Lande lebende Minderheitengruppen anwendet.

---

[395] Landtag Schleswig-Holstein, LT-Drucks. 10/1730.

[396] Landtag Schleswig-Holstein, LT-Drucks. 12/1785; *Präsidentin des Schleswig-Holsteinischen Landtages* (Hrsg.), Bericht zur Arbeit der Minderheiten und der friesischen Volksgruppe für die 12. Legislaturperiode (1988-1992).

[397] Landtag Schleswig-Holstein, LT-Drucks. 13/3241; *Präsidentin des Schleswig-Holsteinischen Landtages* (Hrsg.), Minderheitenbericht 1992-1996 der Landesregierung Schleswig-Holstein.

[398] Landtag Schleswig-Holstein, LT-Drucks. 14/2500; *Präsident des Schleswig-Holsteinischen Landtages* (Hrsg.), Minderheitenbericht 1996-2000 der Landesregierung Schleswig-Holstein.

[399] Vgl. hierzu die detaillierten Ausführungen oben Kapitel 1. Punkt III. 1. c).

b) Entstehungsgeschichte der Minderheitenschutznormen

Angesichts der Vorgaben des Einigungsvertrages,[400] die den Rechtsstatus der Sorben im wiedervereinigten Deutschland wahren und sichern sollten,[401] bestand zu keinem Zeitpunkt der Verfassungsentwicklung in Sachsen Zweifel daran, daß Minderheitenschutzbestimmungen in die Verfassung des Freistaates Sachsen eingefügt werden sollten.[402] Die Minderheitenklauseln der Sächsischen Verfassung gehen auf die im Oktober 1990 vorgelegte überarbeitete Fassung des Gohrischen Entwurfes[403] zurück. Der ursprüngliche Gohrische Entwurf sah die Zusammenfassung des Minderheitenschutzes in einem Artikel vor. Art. 6 des Gohrischen Entwurfes[404] bezog sich auf *nationale Minderheiten*, denen neben der *Achtung ihrer Interessen* die Gewährleistung und der Schutz eines Rechts auf *Bewahrung ihrer nationalen Identität sowie auf Pflege ihrer Sprache, Religion, Kultur und Tradition* zugesichert wurde. Der folgende Absatz enthielt dann weitergehende Rechte für die Sorben. Ihnen wurde die *besondere Förderung des Landes* für ihre Sprache und Kultur sowie die Berücksichtigung ihrer *besonderen Lebensbedürfnisse* in der Landes- und Kommunalplanung zugesichert. In der überarbeiteten Version des Gohrischen Entwurfes[405] findet sich die später beschlossene Kodifizierung des Minderheitenschutzes in zwei Artikeln bereits wieder. Der Schutz der Sorben wurde in einem eigenen Artikel niedergelegt. Die folgenden durch den Verfassungs- und Rechtsausschuß an diesem Artikel vorgenommenen Änderungen waren dann nur noch Konkretisierungen in technischer Hinsicht.[406] Der allgemeine Minderheitenartikel wurde hingegen in den Beratungen nochmals wesentlich überarbeitet. Ihm wurde ein Absatz betreffend die Zusammensetzung des sächsischen Volkes vorangestellt, und es wurde zwischen deutschen und ausländischen Minderheiten unterschieden.[407]

---

[400] Vertrag zwischen der Bundesrepublik Deutschland und der Deutschen Demokratischen Republik über die Herstellung der Einheit Deutschlands – Einigungsvertrag – vom 31. August 1990 (BGBl. 1990 II S. 889 ff.).

[401] Vgl. oben Kapitel 5. Punkt II. 1. a).

[402] Zur Entwicklung der Minderheitenschutzbestimmungen in der Verfassung des Freistaates Sachsen vgl. *Stopp*, Jahrbuch zur Staats- und Verwaltungswissenschaft 1995, S. 9, 30 f.; *Kunzmann/Haas/Baumann-Hasske*, Die Verfassung des Freistaates Sachsen, 2. Aufl., Art. 6, Rn. 2; *Pastor*, Die rechtliche Stellung der Sorben in Deutschland, S. 89 ff.

[403] Vgl. oben Punkt I. 3.

[404] Abgedruckt im Dokumentenanhang von *Pastor*, Die rechtliche Stellung der Sorben in Deutschland, S. 253.

[405] Art. 6 und Art. 6a des Entwurfes vom Oktober 1990, Sächsischer Landtag, LT-Drucks. 1/25. Abgedruckt im Dokumentenanhang von *Pastor*, Die rechtliche Stellung der Sorben in Deutschland, S. 254.

[406] *Pastor*, Die rechtliche Stellung der Sorben in Deutschland, S. 90.

[407] *Pastor*, Die rechtliche Stellung der Sorben in Deutschland, S. 90 f.

c) Die Minderheitenschutzbestimmungen in der Verfassung des Freistaats Sachsen

Der Minderheitenschutz ist in der Verfassung des Freistaates Sachsen an verschiedenen Stellen verankert. Die zentralen Bestimmungen sind Art. 5 und Art. 6. Art. 5 der Verfassung des Freistaates Sachsen definiert das sächsische Staatsvolk und befaßt sich mit unbenannten Minderheiten:

„Art. 5

(1) Dem Volk des Freistaates Sachsen gehören Bürger deutscher, sorbischer und anderer Volkszugehörigkeit an. Das Land erkennt das Recht auf die Heimat an.

(2) Das Land gewährleistet und schützt das Recht nationaler und ethnischer Minderheiten deutscher Staatsangehörigkeit auf Bewahrung ihrer Identität sowie auf Pflege ihrer Sprache, Religion, Kultur und Überlieferung.

(3) *Das Land achtet die Interessen ausländischer Minderheiten, deren Angehörige sich rechtmäßig im Land aufhalten.*“

Art. 6 der Verfassung des Freistaates Sachsen regelt die Rechte der sorbischen Minderheit:

„Art. 6

(1) Die im Land lebenden Bürger sorbischer Volkszugehörigkeit sind gleichberechtigter Teil des Staatsvolkes. Das Land gewährleistet und schützt das Recht auf Bewahrung ihrer Identität sowie auf Pflege und Entwicklung ihrer angestammten Sprache, Kultur und Überlieferung, insbesondere durch Schulen, vorschulische und kulturelle Einrichtungen.

(2) In der Landes- und Kommunalplanung sind die Lebensbedürfnisse des sorbischen Volkes zu berücksichtigen. Der deutsch-sorbische Charakter des Siedlungsgebietes der sorbischen Volksgruppe ist zu erhalten.

(3) *Die landesübergreifende Zusammenarbeit der Sorben, insbesondere in der Ober- und Niederlausitz, liegt im Interesse des Landes.*“

Art. 5 und 6 der Verfassung des Freistaates Sachsen sind als Bestandteil der Verfassung zunächst einmal bindendes objektives Recht. Die statuierte Schutzpflicht des Landes erstreckt sich generell darauf, Beeinträchtigungen Dritter abzuwehren. Darüber hinaus sind dem Handeln der staatlichen Organe Grenzen gesetzt. Die weiterhin normierte Pflicht zur Gewährleistung dieser Rechte verlangt grundsätzlich vom Staat und dem ihm nachgeordneten Hoheitsträgern die Erbringung der dazu notwendigen Leistungen, insbesondere bedeutet dies auch die Erbringung entsprechender materieller Unterstützung. In bezug auf die Sorben ist diese Unterstützungspflicht weiter konkretisiert. Es sind Mittel für die Errichtung und Unterhaltung sorbischer Schulen und sorbischer vorschulischer und kultureller Einrichtungen bereitzustellen. Die Achtung der Interessen ausländischer Minderheiten bedeutet grundsätzlich, daß sie in Gesetzgebung und Verwaltung mit ihrem jeweiligen Gewicht in die Entscheidungsabwägungen eingehen müssen. Es muß den Interessen ausländischer Minderheiten allerdings kein Vorrang eingeräumt werden.[408]

Vom Wortlaut her ist den Bestimmungen der Art. 5 und 6 der Verfassung des Freistaates Sachsen nicht zu entnehmen, daß den Schutz-, Gewährleistungs- und Achtungspflichten subjektive Erfüllungsansprüche der einzelnen Minderheitenangehörigen gegenüberstehen sollen. Die beiden Vorschriften stehen im Abschnitt über die Grundlagen des Staates. Wie Art. 13 der Verfassung des Freistaates mittelbar zu entnehmen ist, befinden sich in diesem Abschnitt die Staatsziele der Verfassung, die das Land nach Kräften anzustreben hat und wonach es sein Handeln auszurichten hat. Subjektive Rechte für den einzelnen sollen sich aus ihnen aber nicht ergeben. Die Grundrechte der Verfassung des Freistaates Sachsen sind in den Art. 14 ff. kodifiziert.[409] Folgerichtig können auf die beiden Minderheitenartikel auch keine Verfassungsbeschwerden zum Sächsischen Verfassungsgerichtshof gestützt werden, da die Artikel 5 und 6 in Art. 81 Abs. 1 Nr. 4 der Verfassung des Freistaates Sachsen nicht aufgeführt sind. Somit sind die objektiven Rechte der Art. 5 und 6 der Verfassung des Freistaates Sachsen grundsätzlich nicht einklagbar, da sie grundsätzlich keinen subjektiv-öffentlichen und individualschützenden Charakter haben.[410] Dennoch wäre es verfehlt anzunehmen, daß sich aus Art 5 und 6 der Verfassung des Freistaates Sachsen unter keinen Umständen Rechtsansprüche herleiten lassen. Die Mißachtung der Minderheitenrechte kann beispielsweise das Recht auf freie Entfaltung der Persönlichkeit des Art. 15 der Verfassung des Freistaates Sachsen und Art. 2 Abs. 1 GG in der besonderen Form der Wahrung der Minderheitenidentität verletzen. Überdies kann sich aus dem Anspruch auf fehlerfreie

---

[408] *Fastenrath*, in: *Degenhart/Meissner*, Handbuch der Verfassung des Freistaates Sachsen, S. 101, 117; *Kunzmann/Haas/Baumann-Hasske*, Die Verfassung des Freistaates Sachsen, 2. Aufl., Art. 5, Rn. 13.

[409] Auf diesen Unterschied weist auch *Siegert* hin: *Siegert*, Minderheitenschutz in der Bundesrepublik Deutschland, S. 117.

[410] So wohl die herrschende Meinung. Vgl. *Fastenrath*, in: *Degenhart/Meissner*, Handbuch der Verfassung des Freistaates Sachsen, S. 101, 117 f.; *Siegert*, Minderheitenschutz in der Bundesrepublik Deutschland, S. 117; *Pastor*, Die rechtliche Stellung der Sorben in Deutschland, S. 90 f.; *Lemke*, Nationale Minderheiten und Volksgruppen im schleswig-holsteinischen und übrigen deutschen Verfassungsrecht, S. 384; *Neumann/Tillmanns*, Verfassungsrechtliche Probleme bei der Konstituierung der neuen Bundesländer, S. 126 ff. A.A. *Müller*, Verfassung des Freistaates Sachsen, Kommentar, Art. 6; *Degenhart*, LKV 1993, S. 33, 37; *Stopp*, Jahrbuch zur Staats- und Verwaltungswissenschaft 1995, S. 9, 32.

Ermessensentscheidungen mittelbar ein Anspruch auf Berücksichtigung der Minderheitenrechte ergeben. Einer weitergehenden Justiziabilität der verfassungsrechtlichen Bestimmungen zum Minderheitenschutz steht jedoch deren relative Unbestimmtheit entgegen.[411] Art. 6 der Verfassung des Freistaates Sachsen wird insbesondere durch das Sächsische Sorbengesetz vom 31. März 1999 konkretisiert und ausgestaltet.[412]

Die Zugehörigkeit zu einer Minderheit bestimmt sich auch nach dem sächsischen Verfassungsrecht nach dem Bekenntnisprinzip.[413] Für die sorbische Minderheit ergibt sich dies einerseits aus Ziffer 14 der Protokollnotiz zu Art. 35[414] des Einigungsvertrages:[415]

> *„Die Bundesrepublik Deutschland und die Deutsche Demokratische Republik erklären im Zusammenhang mit Artikel 35 des Vertrags:*
>
> *1. Das Bekenntnis zum sorbischen Volkstum und zur sorbischen Kultur ist frei. (...)"*

Diese Bestimmung hat nach Art. 45 Abs. 2 Einigungsvertrag den Rang von einfachem Bundesrecht.[416] Das Bekenntnisprinzip ist zudem im Sächsischen Sorbengesetz[417] niedergelegt, in dem es heißt:

---

[411] *Fastenrath*, in: *Degenhart/Meissner*, Handbuch der Verfassung des Freistaates Sachsen, S. 101, 118.

[412] Gesetz über die Rechte der Sorben im Freistaat Sachsen - Sächsisches Sorbengesetz (SächsSorbG) - vom 31. März 1999 (Sächsisches GVBl. 1999 S. 161). Vgl. hierzu auch die folgenden Ausführungen.

[413] So auch *Hahn*, in: *Frowein/Hofmann/Oeter*, Das Minderheitenrecht europäischer Staaten, Teil 1, S. 62, 74 f.; *Lemke*, Nationale Minderheiten und Volksgruppen im schleswig-holsteinischen und übrigen deutschen Verfassungsrecht, S. 384.

[414] Art. 35 Einigungsvertrag betrifft Maßnahmen im Bereich der Kulturförderung.

[415] Vertrag zwischen der Bundesrepublik Deutschland und der Deutschen Demokratischen Republik über die Herstellung der Einheit Deutschlands – Einigungsvertrag – vom 31. August 1990 (BGBl. 1990 II S. 889 ff.).

[416] Vgl. oben Kapitel 5. Punkt II. 1. a).

[417] Gesetz über die Rechte der Sorben im Freistaat Sachsen - Sächsisches Sorbengesetz (SächsSorbG) - vom 31. März 1999 (Sächsisches GVBl. 1999 S. 161).

§ 1 SächsSorbG
„Sorbische Volkszugehörigkeit

Zum sorbischen Volk gehört, wer sich zu ihm bekennt. Das Bekenntnis ist frei. Es darf weder bestritten noch nachgeprüft werden. Aus diesem Bekenntnis dürfen keine Nachteile erwachsen.“

Wie im Kontext des schleswig-holsteinischen Verfassungsrechts[418] bedeutet das Bekenntnisprinzip auch im sächsischen Verfassungsrecht für das Individuum im positiven Sinne die Freiheit, sich zu einer Minderheit zu bekennen, oder im negativen Sinn die Freiheit, dies nicht zu tun. Das Bekenntnisprinzip zur sorbischen Minderheit ist lediglich in einer Hinsicht eingeschränkt.
Zur sorbischen Minderheit können sich nur deutsche Staatsangehörige[419] bekennen. Dies ergibt sich aus Art 5 Abs. 1 Satz 1 und Art. 6 Abs. 1 Satz 1 der Verfassung des Freistaates Sachsen. Hieraus ergibt sich, daß die deutsche Staatsangehörigkeit eine Voraussetzung für die sorbische Minderheiteneigenschaft ist. Diese Einschränkung gilt natürlich nicht für Personen, die sich zu einer ausländischen Minderheit bekennen wollen. Anders als im Kontext des schleswig-holsteinischen Verfassungsrechts ist eine weitere Einschränkung des Bekenntnisprinzips im sächsischen Verfassungsrecht nicht erforderlich, da die Minderheitenangehörigen einerseits ihre Rechte im Freistaat Sachsen in aller Regel nicht klageweise durchsetzen können und da andererseits Minderheitenparteien im sächsischen Wahlrecht nicht von der 5%-Sperrklausel befreit oder sonst privilegiert sind.[420]

d) Der Minderheitenbegriff

Auch im sächsischen Verfassungsrecht ist der Begriff der Minderheit nicht legaldefiniert. Daher können auch hier grundsätzlich die für den Bereich des Bundesrechts oben herausgearbeiteten allgemeinen Kriterien[421] herangezogen werden. Der Minderheitenbegriff ist allerdings vor dem Hintergrund des dreifach abgestuften Minderheitenschutzes der Verfassung des Freistaats Sachsen zu sehen.[422] In Art. 5 Abs. 2 und 3 sowie in Art. 6 der Verfassung des Freistaates Sachsen sind drei unterschiedliche Schutzstandards enthalten. In

---

[418] Vgl. oben Punkt III. 1. e).

[419] Denen selbstverständlich die Volksdeutschen im Sinne des Art. 116 GG gleichstehen.

[420] *Fastenrath*, in: *Degenhart/Meissner*, Handbuch der Verfassung des Freistaates Sachsen, S. 101, 119; *Kunzmann/Haas/Baumann-Hasske*, Die Verfassung des Freistaates Sachsen, 2. Aufl., Art. 6, Rn. 5.

[421] Vgl. oben Kapitel 5. Punkt IV. 5. e).

[422] Vgl. hierzu *Fastenrath*, in: *Degenhart/Meissner*, Handbuch der Verfassung des Freistaates Sachsen, S. 101, 116 f.; *Stopp*, Jahrbuch zur Staats- und Verwaltungswissenschaft 1995, S. 9, 31 f.

bezug auf ausländische Minderheiten hat das Land nur deren Interessen zu achten. Nationalen und ethnischen Minderheiten deutscher Staatsangehörigkeit wird hingegen ein vom Land zu gewährleistendes und zu schützendes Recht auf Bewahrung ihrer Identität sowie auf Pflege ihrer Sprache, Religion, Kultur und Überlieferung zugestanden. Der sorbischen Minderheit schließlich werden noch weitergehende Rechte eingeräumt. Dieser dreistufigen Rechtsgewährung liegt eine grundsätzliche Zweiteilung zugrunde. Die Verfassung des Freistaates Sachsen unterscheidet fundamental zwischen Minderheiten deutscher Staatsangehörigkeit und Minderheiten ausländischer Staatsangehörigkeit. Damit greift der Verfassungsgeber die Problematik der Gewährung von Minderheitenrechten für Ausländergruppen aktiv auf. Die Verfassung des Freistaates Sachsen steht damit keinesfalls im Widerspruch zu dem auf Bundesebene geltenden Minderheitenbegriff. Minderheitenrechte werden lediglich nationalen oder ethnischen Minderheiten deutscher Staatsangehörigkeit gewährt. Ein besonders geregelter Fall einer solchen Minderheit deutscher Staatsangehörigkeit sind die Sorben. Fraglich ist somit, welche Minderheiten Art. 5 Abs. 2 der Verfassung des Freistaates Sachsen meint. Kommentator *Müller* nennt hier Polen, Tschechen und Juden.[423] Art. 5 Abs. 2 der Verfassung des Freistaates Sachsen ist offen und neutral formuliert und kann daher potentiell alle in der Bundesrepublik Deutschland lebenden Minderheiten mit geschriebenem[424] oder ungeschriebenem[425] verfassungsrechtlichen Minderheitenstatus erfassen. In der Praxis wurde die Vorschrift des Art. 5 Abs. 2 der Verfassung des Freistaates Sachsen allerdings, soweit ersichtlich, noch nicht angewendet. Andere Gruppen können sich nicht auf die Minderheitenrechte der Verfassung des Freistaates Sachsen berufen. Dies gilt insbesondere für eingebürgerte Immigrantengruppen, die aus den an vielen anderen Stellen dieser Arbeit[426] ausführlich dargelegten Gründen der bundesrechtlichen Minderheitendefinition[427] nicht unterfallen. Zu diesem Ergebnis gelangt man, wenn man für die Auslegung des Minderheitenbegriffs der Verfassung des Freistaates Sachsen die bundesrechtlichen Grundsätze heranzieht, was mangels entgegenstehender Anhaltspunkte zulässig sein muß.

Daneben erwähnt die Verfassung des Freistaates Sachsen in Art. 5 Abs. 3 ausländische Minderheiten. Diese Vorschrift trägt dem Umstand Rechnung, daß Gruppen von Immigranten und andere Fremde ohne deutsche Staatsbürgerschaft, die im Freistaat Sachsen leben, im Vergleich zur Mehrheitsbevölkerung eine schwächere Position innehaben und aus diesem Grunde, ähnlich wie Minderheiten, besonders schutzbedürftig und schutzwürdig sind. Hinsichtlich dieser Tatsache besteht in Deutschland ein allgemeiner und sehr wenig bestrittener Konsens. Dennoch unterscheidet sich die Situation von Ausländern und Minderheiten darin, daß die für Minderheiten entwickelten Schutzkonzepte auf Ausländer

[423] *Müller*, Verfassung des Freistaates Sachsen, Kommentar, Art. 5, Anm. 2.

[424] Außer den Sorben sind dies die Dänen und die Friesen. Vgl. oben Kapitel 1. Punkt III. 1.

[425] Dies sind die Sinti und Roma, die Juden, die Polen und diejenigen Gruppen osteuropäischer oder ex-sowjetischer Herkunft, die durch bilaterale Verträge besonders geschützt sind. Vgl. oben Kapitel 1. Punkt III. 2.

[426] Vgl. etwa Kapitel 4. Punkt II. 2. b) und Kapitel 5. Punkt IV 5. c).

[427] Vgl. oben Kapitel 5. Punkt IV. 5. e).

nicht oder nur wenig passen. Diesem Faktum trägt die Verfassung des Freistaates Sachsen dadurch Rechnung, daß sie ihre Minderheitenschutzkonzepte nicht einfach auf die Ausländergruppen erstreckt, sondern daß sie andeutet, daß für diese Gruppen eigene Schutzkonzepte entwickelt werden müssen. Der Freistaat Sachsen gewährt Ausländern daher keinen Minderheitenschutz, sondern achtet ihre Interessen mittels anderer Schutzkonzepte. Um Begriffsverwirrungen zu vermeiden, sollten diese besonderen Schutzkonzepte allerdings nicht als *Minderheitenrechte* bezeichnet werden.[428] Eine derartige Konzeption hat der Freistaat Sachsen auch im Rahmen der Beratungen der Verfassungskommission des Bundesrates und der GVK zur Einfügung einer Minderheitenschutzklausel in das Grundgesetz vorgeschlagen.[429] Dadurch, daß die Verfassung des Freistaates Sachsen ausländische Minderheiten erwähnt, entspricht sie der Ansicht des Menschenrechtsausschusses der Vereinten Nationen.[430] Damit besteht zu der auf Bundesebene geltenden Minderheitendefinition allerdings kein Widerspruch. Im Ergebnis werden im Freistaat Sachsen also einerseits den Minderheiten deutscher Staatsangehörigkeit Minderheitenrechte gewährt, und andererseits werden die Rechte von Ausländern dadurch beachtet, daß sich das Land verpflichtet, ihre Interessen zu achten.

e) Art. 6 der Verfassung des Freistaates Sachsen

Art. 6 der Verfassung des Freistaates Sachsen kodifiziert die verfassungsmäßigen Rechte der Sorben. Die Sorben sind die einzige Minderheitengruppe, welche die Verfassung des Freistaates Sachsen explizit benennt. Den Sorben werden die meisten Rechte eingeräumt. Rechtliche Bedenken, insbesondere im Hinblick auf den Gleichheitssatz, gegen diese Sonderstellung der Sorben bestehen indes nicht. Aufgrund ihrer historischen Verwurzelung im geschlossenen Siedlungsgebiet der Lausitz und der Anzahl ihrer Angehörigen[431] sind die Sorben im Freistaat Sachsen im Vergleich zu den anderen Minderheiten in einer besonderen Position. Aus diesem Grunde erscheint es zulässig, ihren verfassungsmäßigen Rechtsstatus gesondert zu regeln und ihnen ein Mehr an Rechten zuzugestehen.[432]

Innerhalb des Art. 6 der Verfassung des Freistaates Sachsen ist der Absatz 1 die zentrale Bestimmung. Dieser enthält eine Gleichberechtigungsklausel und die - fast wörtlich auch in Art. 5 Abs. 2 der Verfassung des Freistaates Sachsen enthaltene - Schutzklausel. Der

[428] So im Ergebnis auch *Bülow* in der Aussprache zu *Franke*, in: *Stern*, Deutsche Wiedervereinigung, Band III, S. 57, 70.

[429] Vgl. oben Kapitel 5. Punkt II.

[430] UN Doc. CCPR/C/79/Add. 73, S. 3, § 13. Vgl. hierzu oben Kapitel 3. Punkt I. 1. f).

[431] Vgl. oben Kapitel 1. Punkt III. 1. c).

[432] *Fastenrath*, in: *Degenhart/Meissner*, Handbuch der Verfassung des Freistaates Sachsen, S. 101, 116; *Thiele*, in: *Heintze*, Selbstbestimmungsrecht der Völker – Herausforderung der Staatenwelt, S. 342, 358.

Minderheitenschutz in der Verfassung des Freistaates Sachsen ist vom Ansatz her kollektivrechtlich ausgestaltet.

aa) Die Gleichberechtigungsklausel (Art. 6 Abs. 1 Satz 1 der Verfassung des Freistaates Sachsen)

Die Besonderheit des Schutzes für das sorbische Volk ergibt sich in erster Linie aus seiner gleichberechtigten Stellung als Teil des sächsischen Staatsvolkes, die durch Art. 6 Abs. 1 Satz 1 der Verfassung des Freistaates Sachsen gewährleistet ist.[433] Dies bedeutet, daß die sorbische Minderheit als Gruppe mit der deutschen Mehrheitsbevölkerung als Gruppe gleichgestellt wird, da die individuelle Gleichberechtigung bereits durch Art. 3 GG und Art. 18 der Verfassung des Freistaates Sachsen sichergestellt wird. Aus dieser Gleichstellung, die lediglich für die Sorben und nicht auch für andere Minderheiten in Sachsen gilt, ergibt sich, daß staatliche Leistungen, wie etwa die in Art. 6 Abs. 1 Satz 2 der Verfassung des Freistaates Sachsen genannten Schulen, Kindergärten und kulturellen Einrichtungen, die zwar allen Sachsen gleichermaßen zugänglich sind, die sich aber gleichwohl über die Verwendung oder Vermittlung einer bestimmten Sprache und Kultur auch an einer bestimmten Gruppe im Staat orientieren müssen, für die Sorben in gleichem Maße zur Verfügung zu stellen sind wie für die Mehrheitsbevölkerung.[434] Es ist gerade dieser Ansatz einer kollektiven Gleichstellung, der die bloße Schutzklausel zu einer echten Förderklausel werden läßt, da es einer Minderheit aus eigener Kraft in der Regel nicht möglich ist, für ihre Sprache und Kultur eine Infrastruktur zu schaffen, die derjenigen der Mehrheitsbevölkerung entspräche.[435] Obwohl also Art. 6 Abs. 1 Satz 1 der Verfassung des Freistaates Sachsen den Charakter einer echten Förderklausel hat, folgt nach herrschender Meinung[436] hieraus kein subjektiv-rechtlicher Anspruch für Angehörige der sorbischen Minderheit. Dies folgt, wie bereits erwähnt, aus dem Wortlaut und der systematischen Stellung dieser Norm in der Verfassung.

Die politische Mitwirkung von Minderheiten ist in der Verfassung des Freistaates Sachsen nicht ausdrücklich geregelt. Für die politische Mitwirkung der Sorben kann jedoch als

---

[433] *Pastor*, Die rechtliche Stellung der Sorben in Deutschland, S. 91 ff.; *Kunzmann/Haas/Baumann-Hasske*, Die Verfassung des Freistaates Sachsen, 2. Aufl., Art. 6, Rn. 6 ff.; *Siegert*, Minderheitenschutz in der Bundesrepublik Deutschland, S. 118.

[434] *Kunzmann/Haas/Baumann-Hasske*, Die Verfassung des Freistaates Sachsen, 2. Aufl., Art. 6, Rn. 6.

[435] *Pastor*, Die rechtliche Stellung der Sorben in Deutschland, S. 91 f.

[436] So wohl die herrschende Meinung. Vgl. *Fastenrath*, in: *Degenhart/Meissner*, Handbuch der Verfassung des Freistaates Sachsen, S. 101, 117 f.; *Siegert*, Minderheitenschutz in der Bundesrepublik Deutschland, S. 117; *Pastor*, Die rechtliche Stellung der Sorben in Deutschland, S. 90 f.; *Lemke*, Nationale Minderheiten und Volksgruppen im schleswig-holsteinischen und übrigen deutschen Verfassungsrecht, S. 384; *Neumann/Tillmanns*, Verfassungsrechtliche Probleme bei der Konstituierung der neuen Bundesländer, S. 126 ff. A.A. *Müller*, Verfassung des Freistaates Sachsen, Kommentar, Art. 6; *Degenhart*, LKV 1993, S. 33, 37; *Stopp*, Jahrbuch zur Staats- und Verwaltungswissenschaft 1995, S. 9, 32.

verfassungsrechtliche Grundlage ebenfalls die Gleichberechtigungsklausel des Art. 6 Abs. 1 Satz 1 der Verfassung des Freistaates Sachsen herangezogen werden. Im Hinblick auf die politische Mitbestimmung kann aus dieser Norm gefolgert werden, daß die sorbische Minderheit bestimmte Möglichkeiten erhalten muß, die politischen Geschicke des Freistaates mitzugestalten. Einfachgesetzlich wurde diese Verpflichtung in den §§ 5 und 6 des Sächsischen Sorbengesetzes[437] aufgegriffen und konkretisiert.

§ 5 SächsSorbG
„Interessenvertretung der Sorben

Die Interessen der Bürger sorbischer Volkszugehörigkeit können auf Landes-, Regional- und Kommunalebene von einem Dachverband der sorbischen Verbände und Vereine wahrgenommen werden.“

§ 6 SächsSorbG
„Rat für sorbische Angelegenheiten

(1) Der Sächsische Landtag wählt mit der Mehrheit der abgegebenen Stimmen jeweils für die Dauer einer Wahlperiode einen Rat für sorbische Angelegenheiten. Dieser besteht aus fünf Mitgliedern. Den sorbischen Verbänden und Vereinen sowie den Gemeinden des sorbischen Siedlungsgebietes gemäß § 3 steht für die Wahl ein Vorschlagsrecht zu.

(2) In Angelegenheiten, die die Rechte der sorbischen Bevölkerung berühren, haben der Sächsische Landtag und die Staatsregierung den Rat für sorbische Angelegenheiten zu hören.

(3) *Die Mitglieder des Rates für sorbische Angelegenheiten üben ihr Amt ehrenamtlich aus. Für ihre Tätigkeit erhalten sie vom Staatsministerium für Wissenschaft und Kunst eine Abfindung.“*

§ 5 SächsSorbG trägt dem Umstand Rechnung, daß es mit der Domowina[438] zwar einen Dachverband der sorbischen Vereine und Verbände gibt, aber keine politische Partei der sorbischen Minderheit. Die Bestimmung ist auf die Domowina zugeschnitten. Ohne eine politische Partei zu sein, kann die Domowina in gewisser Weise wie eine politische Partei im

---

[437] Gesetz über die Rechte der Sorben im Freistaat Sachsen - Sächsisches Sorbengesetz (SächsSorbG) - vom 31. März 1999 (Sächsisches GVBl. 1999 S. 161).

[438] Vgl. hierzu oben Kapitel 1. Punkt III. 1. c).

Interesse der Bürger sorbischer Volkszugehörigkeit im Freistaat Sachsen an politischen Entscheidungsfindungen auf Landes-, Regional- und Kommunalebene mitwirken. Nach der Begründung des Entwurfes des SächsSorbG[439] setzt die Wahrnehmung der Pflichten und Aufgaben auf den verschiedenen Verwaltungsebenen einen ständigen Austausch mit den Sachwaltern sorbischer Interessen voraus. Mit der Domowina ist hier ein kompetenter Ansprechpartner vorhanden. In grundsätzlichen und wichtigen Verwaltungsentscheidungen wollen der Freistaat, die Kreise und die Gemeinden eine umfassende Beteiligung der sorbischen Minderheit anstreben. Über § 5 SächsSorbG kann das Interesse der sorbischen Minderheit über die Domowina berücksichtigt werden, um politischen und administrativen Entscheidungen eine möglichst breite Legitimationsgrundlage zu verschaffen.

Über § 6 SächsSorbG ist eine politische Mitwirkung der Sorben durch den Rat für sorbische Angelegenheiten auf Landesebene möglich. Der Sächsische Landtag und die Staatsregierung haben den Rat für sorbische Angelegenheiten zwingend anzuhören, wenn Angelegenheiten behandelt werden, welche die Rechte der sorbischen Bevölkerung berühren. Näheres zur Beratung des Landtages und der Staatsregierung kann in den jeweiligen Geschäftsordnungen geregelt werden.[440]

Im sächsischen Wahlrecht[441] wurde die sorbische Minderheit nicht besonders berücksichtigt. Die einzigen Regelungen zugunsten der Sorben sind hier die Bestimmungen des § 44 SächsLWO[442] und des § 63 SächsKWO,[443] die gebieten, daß alle Bekanntmachungen, Wahlbenachrichtigungen usw. im Siedlungsgebiet der Sorben auch in sorbischer Sprache erfolgen müssen.[444] Obwohl in frühen Verfassungsentwürfen eine Ausnahme von der 5%-Sperrklausel für Parteien der sorbischen Minderheit vorgesehen war, wurde diese Klausel im zweiten Gohrischen Entwurf fallengelassen und auch in der Folge nicht wieder aufgegriffen. Der Grund hierfür war die sich durchsetzende Meinung, daß die Sorben in den bestehenden Parteien effektiver repräsentiert würden als durch eigene nationale Bewerber.[445] Überdies existiert gegenwärtig keine Partei, die den Anspruch erheben würde, eine Partei der sorbischen Minderheit zu sein, so daß diese Rechtslage keine praktischen Probleme aufwirft.

---

439 Sächsischer Landtag, LT-Drucks. 2/9376, S. 11 der Begründung.

440 Sächsischer Landtag, LT-Drucks. 2/9376, S. 12 der Begründung.

441 *Pastor*, Die rechtliche Stellung der Sorben in Deutschland, S. 123.

442 Sächsische Landeswahlordnung - SächsLWO - (Sächsisches GVBl. 1994 S. 369).

443 Sächsische Kommunalwahlordnung - SächsKWO - vom 13. Dezember 1993 (Sächsisches GVBl. 1994 S. 21).

444 *Lemke*, Nationale Minderheiten und Volksgruppen im schleswig-holsteinischen und übrigen deutschen Verfassungsrecht, S. 385 f.; *Fastenrath*, in: *Degenhart/Meissner*, Handbuch der Verfassung des Freistaates Sachsen, S. 101, 121.

445 *Fastenrath*, in: *Degenhart/Meissner*, Handbuch der Verfassung des Freistaates Sachsen, S. 101, 119 f.; *Kunzmann/Haas/Baumann-Hasske*, Die Verfassung des Freistaates Sachsen, 2. Aufl., Art. 6, Rn. 5.

Seit dem verfassungsgebenden Sächsischen Landtag sind für alle im Landtag vertretenen Parteien sorbische Abgeordnete im Parlament.

Adressaten der Minderheitenschutzstaatsziele der Verfassung des Freistaates Sachsen sind alle Träger öffentlicher Gewalt. In § 3 Abs. 3 Satz 1 der sächsischen Landkreisordnung (SächsLKrO)[446] und in § 15 Abs. 4 Satz 1 der sächsischen Gemeindeordnung (SächsGemO)[447] werden alle Landkreise und Gemeinden, also nicht lediglich die Gebietskörperschaften des sorbischen Siedlungsgebietes, verpflichtet, die Rechte der sorbischen Bürger auf der Grundlage der Verfassung des Freistaates Sachsen zu gewährleisten. Darin ist jedoch kein eigenständiges politisches Recht zu sehen, da diese Bestimmungen nicht über die Vorgaben der Verfassung hinausgehen und die Landkreise und Gemeinden in diesem Umfang ohnehin gebunden sind.[448]

bb) Die Schutzklausel (Art. 6 Abs. 1 Satz 2 der Verfassung des Freistaates Sachsen)

Art. 6 Abs. 1 Satz 2 der Verfassung des Freistaates Sachsen bestimmt, daß das Land das Recht der Sorben auf Bewahrung ihrer Identität sowie auf Pflege und Entwicklung ihrer angestammten Sprache, Kultur und Überlieferungen, insbesondere durch Schulen, vorschulische und kulturelle Einrichtungen, gewährleistet und schützt. Die Formulierung dieser Schutzklausel ähnelt Art. 5 Abs. 2 der Verfassung des Freistaates Sachsen. Art. 6 Abs. 1 Satz 2 der Verfassung des Freistaates Sachsen enthält allerdings nicht den Schutz der Religion, da dies aufgrund der Tatsache, daß die überragende Mehrheit der Sorben christlichen Glaubens ist, entbehrlich erschien.[449] Dafür ist die Schutznorm zugunsten der Sorben in bezug auf die bereitzustellenden Einrichtungen konkreter als Art. 5 der Verfassung des Freistaates Sachsen. Aufgrund seines konkreten Charakters enthält Art. 6 Abs. 1 Satz 2 der Verfassung des Freistaates Sachsen somit hinsichtlich der genannten Einrichtungen eine objektiv-rechtliche Garantie.[450] Die Schutzklausel ist in ihren verschiedenen Aspekten einfachgesetzlich ausgestaltet.

---

[446] Landkreisordnung für den Freistaat Sachsen - SächsLKrO - vom 19. Juli 1993 (Sächsisches GVBl. 1993 S. 577). Die Bestimmung hat folgenden Wortlaut: *„Auf der Grundlage der Verfassung des Freistaates Sachsen gewährleisten die Landkreise die Rechte der Bürger sorbischer Nationalität.“*

[447] Gemeindeordnung für den Freistaat Sachsen - SächsGemO - vom 21. April 1993 (Sächsisches GVBl. 1993 S. 301). Die Bestimmung hat folgenden Wortlaut: *„Auf der Grundlage der Verfassung des Freistaates Sachsen gewährleisten die Gemeinden die Rechte der Bürger sorbischer Nationalität.“*

[448] *Pastor*, Die rechtliche Stellung der Sorben in Deutschland, S. 124.

[449] *Kunzmann/Haas/Baumann-Hasske*, Die Verfassung des Freistaates Sachsen, 2. Aufl., Art. 6, Rn. 7; *Siegert*, Minderheitenschutz in der Bundesrepublik Deutschland, S. 118.

[450] *Pastor*, Die rechtliche Stellung der Sorben in Deutschland, S. 92.

Der Schutz der sobischen Kultur, Kunst, Bildung und Wissenschaft wird durch Art. 6 Abs. 1 Satz 2 i.V.m. Art 11 der Verfassung des Freistaates Sachsen gewährleistet. Art. 11 bestimmt:

„Art. 11

(1) Das Land fördert das kulturelle, das künstlerische und das wissenschaftliche Schaffen, die sportliche Betätigung sowie den Austausch auf diesen Gebieten.

(2) Die Teilnahme an der Kultur in ihrer Vielfalt und am Sport ist dem gesamten Volk zu ermöglichen. Zu diesem Zweck werden öffentliche Museen, Bibliotheken, Archive, Gedenkstätten, Theater, Sportstätten, musikalische und weitere kulturelle Einrichtungen sowie allgemein zugängliche Universitäten, Hochschulen, Schulen und andere Bildungseinrichtungen unterhalten.

(3) *Denkmale und andere Kulturgüter stehen unter dem Schutz und der Pflege des Landes. Für ihr Verbleiben in Sachsen setzt sich das Land ein.*“

Für den Schutz der sorbischen Kultur, Kunst und Wissenschaft statuiert also Art. 6 Abs. 1 Satz 2 der Verfassung des Freistaates Sachsen eine objektiv-rechtliche Garantie hinsichtlich entsprechender Einrichtungen. Darüber hinaus statuiert Art. 11 Abs. 1 der Verfassung des Freistaates Sachsen ein diesbezügliches Fördergebot. Die Bereiche Wissenschaft und Kultur werden einfachgesetzlich im sächsischen Sorbengesetz[451] aufgegriffen und konkretisiert.

§ 12 SächsSorbG
„Wissenschaft

(1) Der Freistaat Sachsen fördert die wissenschaftliche Forschung auf dem Gebiet der sorbischen Sprache, Geschichte und Kultur.

(2) *Der Freistaat Sachsen unterhält eine universitäre Forschungs- und Lehreinrichtung für Sorabistik an der Universität Leipzig.*“

[451] Gesetz über die Rechte der Sorben im Freistaat Sachsen - Sächsisches Sorbengesetz (SächsSorbG) - vom 31. März 1999 (Sächsisches GVBl. 1999 S. 161).

§ 13 SächsSorbG
„Kultur

(1) Der Freistaat Sachsen schützt und fördert die Kultur und das künstlerische Schaffen der Sorben.

(2) Die Landkreise und Gemeinden im sorbischen Siedlungsgebiet beziehen die sorbische Kultur angemessen in ihre Kulturarbeit ein. Sie fördern sorbische Kunst, Sitten und Gebräuche sowie von Tradition, Toleranz und gegenseitiger Achtung geprägtes Zusammenleben ihrer Bürger."

Auf den Schutz der sorbischen Kultur und Sprache werden die Landkreise und Gemeinden im sorbischen Siedlungsgebiet nochmals gesondert in § 3 Abs. 3 Satz 2 der sächsischen Landkreisordnung (SächsLKrO)[452] und in § 15 Abs. 4 Satz 2 der sächsischen Gemeindeordnung (SächsGemO)[453] verpflichtet.

§ 3 Abs. 3 SächsLKrO
„Satzungen

Auf der Grundlage der Verfassung des Freistaates Sachsen gewährleisten die Landkreise die Rechte der Bürger sorbischer Nationalität. Die Landkreise des sorbischen Siedlungsgebietes regeln die Förderung der sorbischen Kultur und Sprache durch Satzung. Gleiches gilt für die zweisprachige Benennung der Landkreise sowie der öffentlichen Gebäude, Einrichtungen, Straßen, Wege, Plätze und Brücken im sorbischen Siedlungsgebiet, soweit dies nicht Aufgabe der Gemeinden ist."

§ 15 Abs. 4 SächsGemO
„Bürger der Gemeinde

Auf der Grundlage der Verfassung des Freistaates Sachsen gewährleisten die Gemeinden die Rechte der Bürger sorbischer Nationalität. Die Gemeinden des sorbischen Siedlungsgebietes regeln die Förderung der sorbischen Kultur und Sprache durch Satzung. Gleiches gilt für die zweisprachige Benennung der

---

[452] Landkreisordnung für den Freistaat Sachsen - SächsLKrO - vom 19. Juli 1993 (Sächsisches GVBl. 1993 S. 577).

[453] Gemeindeordnung für den Freistaat Sachsen - SächsGemO - vom 21. April 1993 (Sächsisches GVBl. 1993 S. 301).

Gemeinden und Gemeindeteile sowie der öffentlichen Gebäude, Einrichtungen, Straßen, Wege, Plätze und Brücken."

Die wichtigste staatliche Institution zur Umsetzung des verfassungsrechtlich garantierten kulturellen Schutzes für die Sorben ist die *„Stiftung für das sorbische Volk"*, die am 19. Oktober 1991 als eine vom Bund und den Ländern Brandenburg und Sachsen gemeinsam getragene nicht rechtsfähige Stiftung des Freistaates Sachsen errichtet wurde.[454] Diese Stiftung dient als Instrument, um Fördermittel des Bundes und dieser beiden Länder für Belange und unter wesentlicher Mitwirkung von Vertretern des sorbischen Volkes zu vergeben. Der Stiftungszweck wird insbesondere verwirklicht durch die Förderung von Kultur- und Bildungseinrichtungen der Sorben, die Förderung sorbischer Publikationen, die Förderung der Bewahrung und Fortentwicklung der sorbischen Sprache, die Förderung der Bewahrung der sorbischen Identität, die Förderung der Zusammenarbeit der Sorben mit anderen nationalen oder internationalen Minderheiten und der Mitwirkung bei der Gestaltung staatlicher und anderer Programme, die sorbische Belange berühren.[455] Durch Satzungen gemäß § 15 Abs. 4 SächsGemO und § 3 Abs. 3 SächsLKrO haben die meisten Gemeinden, Städte und Landkreise im sorbischen Siedlungsgebiet die Förderung der sorbischen Kultur im Rahmen der zur Verfügung stehenden Mittel direkt oder indirekt vorgesehen.[456] Einfachgesetzliche Schutzvorschriften zugunsten der sorbischen Kultur sind weiterhin im sächsischen Kulturraumgesetz (SächsKRG)[457] und im sächsischen Denkmalschutzgesetz (SächsDSchG)[458] enthalten.[459]

Aufgrund der landesverfassungsrechtlichen Vorschriften, aber auch im Hinblick auf den Beitritt der Bundesrepublik Deutschland zur Europäischen Charta der Regional- oder Minderheitensprachen[460] vom 5. November 1992[461] hat der Freistaat Sachsen verschiedene

---

[454] *Sächsische Staatsregierung*, Bericht zur Lage des sorbischen Volkes 1997, S. 49 ff.; Sächsischer Landtag, LT-Drucks. 2/9376, S. 18 der Begründung; *Ermisch*, pogrom 179, Okt./Nov. 1994, S. 25; *Meskank*, DA 1992, S. 109 f.; *Fastenrath*, in: *Degenhart/Meissner*, Handbuch der Verfassung des Freistaates Sachsen, S. 101, 122 f.

[455] Vgl. hierzu die Gemeinsame Erklärung des Ministerpräsidenten des Freistaates Sachsen, des Ministerpräsidenten des Landes Brandenburg und des Bundesministers des Inneren vom 19. Oktober 1991 und den Erlaß des Ministerpräsidenten des Freistaates Sachsen über die Errichtung einer Stifung für das sorbische Volk. Die Texte finden sich in der Sonderbroschüre *„Stiftung für das sorbische Volk"* der Sächsischen Staatskanzlei. Der Erlaß ist ebenfalls abgedruckt in DA 1992, S. 110 ff. und bei *Pastor*, Die rechtliche Stellung der Sorben in Deutschland, S. 304 ff. Mittlerweile wurden von den Stiftungsgremien Fördergrundsätze erarbeitet.

[456] Sächsischer Landtag, LT-Drucks. 2/9376, S. 18 der Begründung; *Pastor*, Die rechtliche Stellung der Sorben in Deutschland, S. 155 f.

[457] Gesetz über die Kulturräume in Sachsen - SächsKRG - vom 20. Januar 1994 (Sächsisches GVBl. 1994 S. 175).

[458] Gesetz zum Schutz und zur Pflege der Kulturdenkmale im Freistaat Sachsen - SächsDSchG - vom 3. März 1993 (Sächsisches GVBl. 1993 S. 229).

[459] *Pastor*, Die rechtliche Stellung der Sorben in Deutschland, S. 157.

[460] Vgl. hierzu die detaillierten Ausführungen oben in Kapitel 3. Punkt II. 4. c).

einfachgesetzliche Maßnahmen zum Schutze der (ober-)sorbischen Sprache getroffen.[462] Der Ausgangspunkt des Schutzes der sorbischen Sprache ist das Sächsische Sorbengesetz:[463]

§ 8 SächsSorbG
„Sorbische Sprache

Der Gebrauch der eigenen Sprache ist ein wesentliches Merkmal sorbischer Identität. Der Freistaat Sachsen erkennt die sorbischen Sprachen, insbesondere das Obersorbische, als Ausdruck des geistigen und kulturellen Reichtums des Landes an. Ihr Gebrauch ist frei. Ihre Anwendung in Wort und Schrift im öffentlichen Leben und die Ermutigung dazu werden geschützt."

§ 8 SächsSorbG ist die einfachgesetzliche Grundsatznorm des Sprachschutzes. Sie trägt dem Umstand Rechnung, daß die Anwendung der sorbischen Sprache im Alltag akut gefährdet ist. Ihre Erhaltung stellt ein komplexes Problemfeld von der Familie über Kindergarten und Schule bis hin zu allen Sphären des öffentlichen Lebens dar. Daher wird die Bedeutung der Schutzbedürftigkeit der sorbischen Sprache als wesentliches Merkmal sorbischer Identität besonders hervorgehoben. Alle Einrichtungen des öffentlichen Lebens werden aufgefordert, die Anwendung der sorbischen Sprache zu schützen und zu fördern.[464] Als Grundlage der Zulässigkeit der Verwendung der sorbischen Sprache als Gerichtssprache und Amtssprache[465] im Freistaat Sachsen finden sich im einfachen Recht noch speziellere Bestimmungen. Die zentrale Bestimmung findet sich in § 9 des Sächsischen Sorbengesetzes.[466]

---

[461] HRLJ 1993, S. 148 ff.; BGBl. 1998 II S. 1314 ff.

[462] *Thiele*, in: *Heintze*, Selbstbestimmungsrecht der Völker – Herausforderung der Staatenwelt, S. 342, 370 ff.; *Fastenrath*, in: *Degenhart/Meissner*, Handbuch der Verfassung des Freistaates Sachsen, S. 101, 120 f.

[463] Gesetz über die Rechte der Sorben im Freistaat Sachsen - Sächsisches Sorbengesetz (SächsSorbG) - vom 31. März 1999 (Sächsisches GVBl. 1999 S. 161).

[464] Sächsischer Landtag, LT-Drucks. 2/9376, S. 13 f. der Begründung.

[465] Vgl. hierzu die detaillierten Ausführungen oben in Kapitel 4. Punkt II. 3. b) und c).

[466] Gesetz über die Rechte der Sorben im Freistaat Sachsen - Sächsisches Sorbengesetz (SächsSorbG) - vom 31. März 1999 (Sächsisches GVBl. 1999 S. 161).

§ 9 SächsSorbG
„*Sorbische Sprache vor Gerichten und Behörden*

(1) Im sorbischen Siedlungsgebiet haben die Bürger das Recht, sich vor Gerichten und Behörden des Freistaates Sachsen sowie der seiner Aufsicht unterstehender Körperschaften, Anstalten und Stiftungen des öffentlichen Rechts der sorbischen Sprache zu bedienen. Machen sie von diesem Recht Gebrauch, hat dies dieselben Wirkungen, als würden sie sich der deutschen Sprache bedienen. In sorbischer Sprache vorgetragene Anliegen der Bürger können von den Behörden des Freistaates Sachsen und der seiner Aufsicht unterstehender Körperschaften, Anstalten und Stiftungen des öffentlichen Rechts in sorbischer Sprache beantwortet und entschieden werden. Kostenbelastungen oder sonstige Nachteile dürfen den sorbischen Bürgern hieraus nicht entstehen.

(2) *Der Freistaat Sachsen setzt sich dafür ein, daß die Festlegungen des Absatzes 1 auch auf Bundesbehörden und Einrichtungen des Privatrechts, insbesondere des Verkehrs- und Fernmeldewesens, der Post, des Gesundheits- und Sozialwesens sowie der Kultur und Bildung, die im sorbischen Siedlungsgebiet ansässig sind, angewandt werden.*"

Ergänzt wird diese Vorschrift von § 11 des Sächsischen Sorbengesetzes.[467]

§ 11 SächsSorbG
„*Ansprechpartner bei den Behörden*

(1) Im sorbischen Siedlungsgebiet soll bei den Behörden des Freistaates Sachsen und den Behörden der seiner Aufsicht unterstehenden Körperschaften, Anstalten und Stiftungen des öffentlichen Rechts möglichst ein der sorbischen Sprache mächtiger Mitarbeiter als Ansprechpartner zur Verfügung stehen.

(2) *Im sorbischen Siedlungsgebiet wirkt der Freistaat Sachsen darauf hin, daß die Belange der Sorben sowie der Erwerb sorbischer Sprachkenntnisse in dem Angebot für die Aus- und Weiterbildung der Bediensteten der öffentlichen Verwaltung angemessen Berücksichtigung findet.*"

[467] Gesetz über die Rechte der Sorben im Freistaat Sachsen - Sächsisches Sorbengesetz (SächsSorbG) - vom 31. März 1999 (Sächsisches GVBl. 1999 S. 161).

Bereits durch das Grundrecht auf freie Entfaltung der Persönlichkeit ist der Gebrauch der sorbischen Sprache im privaten Bereich geschützt. Die Regelungen über Deutsch als Gerichts- und Amtssprache[468] sind durch die vorzitierten Bestimmungen in gewisser Weise durchbrochen. Im sachlichen und räumlichen Anwendungsbereich der Sprachschutzbestimmungen des sächsischen Sorbengesetzes können sich die Sorben ihrer Sprache gegenüber Behörden bedienen. Hieraus dürfen ihnen weder Kosten noch andere Nachteile entstehen. Allerdings ist dieses Recht auf die Behörden in den sorbischen Siedlungsgebieten, die in § 3 SächsSorbG definiert sind, beschränkt. Die gleichen Rechte haben die Sorben auch gegenüber Gerichten im sorbischen Siedlungsgebiet. Dies folgt aber nicht direkt aus dem sächsischen Sorbengesetz, da Normen wie § 184 GVG insofern vorrangiges kollidierendes Bundesrecht wären.[469] Das Recht, auch gegenüber Gerichten im sorbischen Siedlungsgebiet die sorbische Sprache benutzen zu dürfen, folgt aus § 9 SächsSorbG i.V.m. Anlage I Kapitel III Sachgebiet A Abschnitt III Nr. 1 lit. r des Einigungsvertrages, der insofern im Rang von einfachem Bundesrecht steht.[470] Eingaben, die in sorbischer Sprache bei den im Anwendungsbereich liegenden Behörden gemacht werden, können in sorbischer Sprache beschieden werden, die Behörden sind hierzu aber nicht verpflichtet. Wird auf sorbisch geantwortet, muß die Behörde prüfen, ob ein Verwaltungsakt mit Drittwirkung vorliegt und neben der sorbischen Textfassung eine deutschsprachige Fassung erstellt werden muß.[471] Im Bereich des § 9 Abs. 2 SächsSorbG kann der Freistaat lediglich seinen Willen zum Einsatz zum Ausdruck bringen, da der Landesgesetzgeber in diesen Bereichen keine Kompetenzen hat. Die Vorschrift läuft allerdings mitnichten leer, wie man vielleicht vermuten könnte. Post und Bahn verwenden neben den deutschen auch die sorbischen Ortsbezeichnungen im Postleitzahlenverzeichnis, in den Telefon- und Kursbüchern, auf Poststempeln und auf Bahnhöfen.[472] Da das Recht zur Benutzung der sorbischen Sprache als Gerichts- und Amtssprache in den sorbischen Siedlungsgebieten des Freistaates Sachsen nunmehr an einer Stelle im sächsischen Sorbengesetz zusammengefaßt wurde, konnten die entsprechenden Bestimmungen des sächsischen Verwaltungsverfahrensgesetzes[473] und des sächsischen Justizausführungs-gesetzes[474] gemäß § 17 SächsSorbG aufgehoben werden. § 11 SächsSorbG stellt einen Kompromiß zwischen der

---

[468] Vgl. hierzu die detaillierten Ausführungen oben in Kapitel 4. Punkt II. 3. b) und c).

[469] Vgl. hierzu die Ausführungen oben in Kapitel 4. Punkt II. 3. b) und in Kapitel 6. Punkt II. 3.

[470] Vgl. hierzu die Ausführungen oben in Kapitel 4. Punkt II. 3. b).

[471] Sächsischer Landtag, LT-Drucks. 2/9376, S. 14 f. der Begründung.

[472] Antwort der Bundesregierung auf eine Kleine Anfrage, BT-Drucks. 12/ 3245. Vgl. hierzu auch *Fastenrath*, in: *Degenhart/Meissner*, Handbuch der Verfassung des Freistaates Sachsen, S. 101, 121; *Hahn*, in: *Frowein/Hofmann/Oeter*, Das Minderheitenrecht europäischer Staaten, Teil 1, S. 62, 85 f.

[473] § 3 des Vorläufigen Verwaltungsverfahrensgesetzes für den Freistaat Sachsen - SächsVwVfG - vom 21. Januar 1993 (Sächsisches GVBl. 1993 S. 74), geändert durch § 22 des Gesetzes vom 19. April 1994 (Sächsisches GVBl. 1994 S. 777, 781). Vgl. hierzu auch noch *Pastor*, Die rechtliche Stellung der Sorben in Deutschland, S. 172.

[474] § 3 des Gesetzes zur Ausführung verfahrensrechtlicher und grundstücksrechtlicher Vorschriften im Geschäftsbereich des Staatsministeriums der Justiz - Justizausführungsgesetz (JustAG) - vom 12. Dezember 1997 (Sächsisches GVBl. 1997 S. 638).

Position des Sächsischen Landkreistages, der diese Regelung zunächst angesichts des erwarteten erhöhten Verwaltungsaufwandes ablehnte, und der Domowina, die eine verpflichtende Einstellung hauptamtlicher Sorbenbeauftragter forderte, dar. § 11 SächsSorbG wurde schließlich als „*Soll*"-Vorschrift aufgenommen. Die Bestellung hauptberuflicher Sorbenbeauftragter wurde als ineffektiv verworfen, da das von § 11 SächsSorbG intendierte Ziel nicht von einer Person allein bewältigt werden kann, sondern von der gesamten Verwaltung wahrgenommen werden muß. Mit der Regelung soll nun sichergestellt werden, daß bei den genannten Behörden ein Mitarbeiter zur Verfügung steht, der mit den Angelegenheiten der Sorben vertraut ist und möglichst auch die sorbische Sprache beherrscht. In der Praxis ist dieser Norm gut entsprochen, da bereits vor Erlaß des sächsischen Sorbengesetzes in jeder Behörde im genannten Gebiet mindestens ein sorbischsprachiger Mitarbeiter vorhanden war.[475]

Das durch Art. 6 Abs. 1 Satz 2 der Verfassung des Freistaates Sachsen verbriefte Recht der Sorben auf Bewahrung ihrer Identität sowie auf Pflege und Entwicklung ihrer angestammten Sprache, Kultur und Überlieferung soll insbesondere durch Schulen, vorschulische und kulturelle Einrichtungen verwirklicht werden.[476] Dies bedeutet, daß der Freistaat Sachsen eine objektiv-rechtliche Einrichtungsgarantie für sorbische Schulen und Kindergärten übernimmt. Hieraus kann zwar grundsätzlich kein Anspruch auf den Erhalt einzelner oder auf die Einrichtung zusätzlicher sorbischer Schulen oder Kindergärten abgeleitet werden, der Staat muß aber gleichwohl dafür sorgen, daß die sorbischen Schulen und Kindergärten als solche erhalten bleiben. Im Ergebnis haben die Sorben somit im Freistaat Sachsen ein Recht auf die Einrichtung öffentlicher sorbischer Schulen.[477] Daneben gewährt die Verfassung des Freistaates Sachsen die Möglichkeit der Errichtung von Privatschulen über Art. 102 Abs. 3:

Art. 102 Abs. 3 (Schulwesen)

> „*(3) Das Recht zur Errichtung von Schulen in freier Trägerschaft wird gewährleistet. Nehmen solche Schulen die Aufgaben von Schulen in öffentlicher Trägerschaft wahr, bedürfen sie der Genehmigung des Freistaates. Die Genehmigung ist zu erteilen, wenn sie in ihren Lehrzielen und Einrichtungen sowie in der wissenschaftlichen Ausbildung ihrer Lehrkräfte nicht hinter den Schulen in öffentlicher Trägerschaft zurückstehen und eine Sonderung der Schüler nach den Besitzverhältnissen der Eltern nicht gefördert wird. Die Genehmigung ist zu versagen, wenn die wirtschaftliche und rechtliche Stellung der Lehrkräfte nicht genügend gesichert ist.*"

---

[475] Sächsischer Landtag, LT-Drucks. 2/9376, S. 16 f. der Begründung.

[476] Vgl. zum sächsischen Schulrecht insbesondere die detaillierten Ausführungen bei *Pastor*, Die rechtliche Stellung der Sorben in Deutschland, S. 133 ff.

[477] *Pastor*, Die rechtliche Stellung der Sorben in Deutschland, S. 133.

Art. 102 Abs. 3 der Verfassung des Freistaates Sachsen ist nahezu wortgleich mit Art. 7 Abs. 4 GG.[478] Da im Freistaat Sachsen einerseits ein Recht auf öffentliche sorbische Schulen besteht und andererseits die Unterhaltung von Privatschulen nur unter Aufwendung von erheblichen finanziellen Mitteln möglich ist, dürfte die Privatschulfreiheit für die Sorben keine allzu große Bedeutung haben.[479] Die Ausgestaltung des Rechts der öffentlichen sorbischen Schulen ist im Schulgesetz für den Freistaat Sachsen[480] erfolgt.[481] Dieses Gesetz nimmt an zwei Stellen auf die sorbische Minderheit Bezug: § 2 behandelt die Schulen im deutsch-sorbischen Gebiet, und § 63 bestimmt, daß dem Landesbildungsrat ein Vertreter der Sorben angehört.

§ 2 SchulG
„Schulen im deutsch-sorbischen Gebiet

(1) Im deutsch-sorbischen Gebiet ist allen Kindern und Jugendlichen, deren Erziehungsberechtigte dies wünschen, die Möglichkeit zu geben, die sorbische Sprache zu erlernen bzw. in festzulegenden Fächern und Klassenstufen in sorbischer Sprache unterrichtet zu werden.

(2) Das Staatsministerium für Kultus wird ermächtigt, die erforderlichen besonderen Bestimmungen zur Arbeit an sorbischen und anderen Schulen im deutsch-sorbischen Gebiet zu treffen, insbesondere hinsichtlich

1. der Organisation;

2. des Status der sorbischen Sprache als

a) Muttersprache

b) Zweitsprache und

c) Fremdsprache;

3. der gemäß Absatz 1 festzulegenden Fächer und Klassenstufen.

---

[478] Weswegen an dieser Stelle ein Verweis auf die Ausführungen oben in Kapitel 4. Punkt IV. 1. genügen soll.

[479] *Pastor*, Die rechtliche Stellung der Sorben in Deutschland, S. 134.

[480] Schulgesetz für den Freistaat Sachsen - SchulG - vom 3. Juli 1991 (Sächsisches GVBl. 1991 S. 213), zuletzt geändert durch Gesetz vom 15. Juli 1994 (Sächsisches GVBl. 1994 S. 143).

[481] *Fastenrath*, in: *Degenhart/Meissner*, Handbuch der Verfassung des Freistaates Sachsen, S. 101, 121 f.; *Pastor*, Die rechtliche Stellung der Sorben in Deutschland, S. 135 ff.; *Lemke*, Nationale Minderheiten und Volksgruppen im schleswig-holsteinischen und übrigen deutschen Verfassungsrecht, S. 386.

(3) Darüber hinaus sind an allen Schulen im Freistaat Sachsen Grundkenntnisse aus der Geschichte und Kultur der Sorben zu vermitteln."

§ 63 SchulG
„Landesbildungsrat

(3) Dem Landesbildungsrat gehören an (...)

9. ein Vertreter der Sorben im Freistaat Sachsen; (...)"

§ 2 Abs. 1 SchulG enthält zwei Gewährleistungen. Einerseits garantiert er jedem Schüler im deutsch-sorbischen Gebiet die Teilnahme an sorbischem Sprachunterricht als Fremdsprachenunterricht, sofern seine Eltern dies wünschen und andererseits gewährt er Schülern, welche die sorbische Sprache bereits beherrschen, die Möglichkeit, Sorbisch als Unterrichtssprache zu wählen. Zur Ausgestaltung dieser Rechte hat das sächsische Kultusministerium, gestützt auf § 2 Abs. 2 SchulG, die Verordnung über die Arbeit an sorbischen und anderen Schulen im deutsch-sorbischen Gebiet[482] erlassen.[483] Nach § 6 dieser

---

[482] Verordnung vom 22. Juni 1992 (Sächsisches GVBl. 1992 S. 307).

[483] Diese Verordnung hat den folgenden Wortlaut:
§ 1 Grundsatz
Die Schulen im deutsch-sorbischen Gebiet erziehen die ihnen anvertrauten Kinder und Jugendlichen im Geiste eines auf Freundschaft, gegenseitige Achtung und Toleranz beruhenden Verhältnisses von Sorben und Deutschen.
§ 2 Sorbische Sprache
(1) Sorbisch ist Muttersprache im Sinne dieser Verordnung für diejenigen Kinder, die allein die sorbische Sprache bereits im Vorschulalter erlernt haben.
(2) Sorbisch ist Zweitsprache im Sinne dieser Verordnung für diejenigen Kinder, die die deutsche und sorbische Sprache bereits im Vorschulalter erlernt haben.
(3) Sorbisch ist Fremdsprache im Sinne dieser Verordnung für alle diejenigen Kinder, die im Vorschulalter die deutsche, nicht aber die sorbische Sprache erlernt haben.
§ 3 Wettbewerbe
Zur Förderung der sorbischen Sprache sowie zur Pflege der sorbischen Kultur sollen an Schulen nach dieser Verordnung Wettbewerbe und Leistungsvergleiche auf dem Gebiet der sorbischen Sprache und Kultur (Feste der sorbischen Sprache und Kultur, Sorbischolympiaden, Tage des sorbischen Liedes und Theater und anderes) durchgeführt werden.
§ 4 Sorbische Schulen
(1) Sorbische Schulen im Sinne von § 2 Abs. 2 Satz 1 SchulG sind solche Schulen im deutsch-sorbischen Gebiet, an denen Sorbisch je nach Unterrichtsfach und Klassenstufe Unterrichtssprache ist.
(2) Sorbische Schulen tragen den Zusatz „Sorbische Schule". Sie haben die Aufgabe, das kulturelle und sprachliche Erbe der Sorben zu pflegen und zu entwickeln.
(3) Sorbische Schulen werden nur dort eingerichtet, wo eine ausreichende Anzahl von Schülern vorhanden ist, um Klassen mit sorbischer Unterrichtssprache zu bilden. In den sobischen Grundschulen wird der Klassenteiler auf 25 Schüler festgelegt. Im Deutschunterricht wird die Klasse ab 15 Schülern in Gruppen geteilt.
(4) In Klassen mit sorbischer Unterrichtssprache werden nur Schüler aufgenommen, für die Sorbisch Mutter- oder Zweitsprache im Sinne von § 2 Abs. 2 und 3 ist. An sorbischen Schulen im Sinne dieser Verordnung werden nur Lehrer eingesetzt, die die sorbische Sprache in der für den Unterricht erforderlichen Weise beherrschen.

Verordnung wird Sorbisch allerdings nicht als Ersatz für eine Fremdsprache im Abitur oder Realschulabschluß anerkannt, an anderen als sorbischen Schulen gelten auch gute Noten nicht als Ausgleich im Rahmen einer Versetzungsentscheidung. Diese Regelungen sind ambivalent. Einerseits ist es nicht leistungsfördernd, wenn die im Sorbischunterricht erzielten Noten für die Versetzung ohne Belang sind. Andererseits erleichtert diese Regelung möglicherweise die Entscheidung der Erziehungsberechtigten, ihr Kind Sorbisch lernen zu lassen, da auch schlechte Zensuren in diesem Fach sich nicht negativ auswirken.[484] § 2 Abs. 3 SchulG bestimmt schließlich, daß an allen Schulen im Freistaat Sachsen, also auch an solchen, an denen Sorbisch weder als Unterrichts- noch als Fremdsprache angeboten wird, Grundkenntnisse über die Geschichte und Kultur der Sorben vermittelt werden müssen.[485]

---

(5) Für sorbische Schulen gelten besondere Stundentafeln und Lehrpläne. Das Nähere regelt eine Verwaltungsvorschrift des Staatsministeriums für Kultus.

§ 5 Deutsche Sprache an sorbischen Schulen

Der Deutschunterricht erfolgt in deutscher Unterrichtssprache. In den sorbischen Mittelschulen und Gymnasien wird in den mathematisch-naturwissenschaftlichen Fächern, außer in Biologie in der 5. und 6. Klasse, die deutsche Unterrichtssprache eingeführt. Häufig zu benutzende Fachausdrücke sind nach Möglichkeit auch in Sorbisch zu vermitteln.

§ 6 Sorbische Sprache an sorbischen Schulen

(1) Der sorbische Sprachunterricht wird an den Schulen im deutsch-sorbischen Gebiet von der 1. bis zur 12. Klasse erteilt und entspricht in Umfang und Qualität der Ausbildung in einer Fremdsprache. Lehrpläne und Stundentafeln werden hierauf ausgerichtet.

(2) Der sorbische Sprachunterricht an einer sorbischen Schule der Schulart Gymnasium ersetzt nicht die zur Erreichung der allgemeinen Hochschulreife erforderliche Fremdsprachenausbildung in einem Fach. Entsprechendes gilt für die Abschlüsse, die an einer Mittelschule erreicht werden.

(3) Der sorbische Sprachunterricht wird in Gruppen durchgeführt. Eine Gruppe umfaßt in der Regel mindestens 5 und höchstens 15 Schüler. Bei Jahrgangsstufen mit weniger als 5 Schülern entscheidet der Schulleiter, ob ein Mehrstufenunterricht oder eine Unterrichtsteilnahme in einer höheren Jahrgangsstufe am sorbischen Sprachunterricht erfolgt.

§ 7 Begriff „Andere Schulen im deutsch-sorbischen Gebiet"

Andere Schulen im deutsch-sorbischen Gebiet sind solche, die sorbischen Sprachunterricht anbieten, bei denen aber Sorbisch nicht Unterrichtssprache ist.

§ 8 Sorbischer Sprachunterricht an anderen Schulen

(1) § 6 gilt entsprechend für den sorbischen Sprachunterricht an anderen Schulen im Sinne von § 7.

(2) An anderen Schulen ist die Teilnahme am sorbischen Sprachunterricht freiwillig. Die Erziehungsberechtigten entscheiden über die Teilnahme bei Aufnahme der Schüler in diese Schule. Wollen die Erziehungsberechtigten ihre Entscheidung widerrufen, so teilen sie dies dem Schulleiter rechtzeitig vor Ablauf des laufenden Schuljahres mit.

(3) In den Halbjahresinformationen und Zeugnissen werden Noten auch im freiwilligen Fach Sorbisch ausgewiesen. Sie sind für die Versetzungsentscheidung ohne Bedeutung.

§ 9 Außerkrafttreten

Mit Inkrafttreten dieser Verordnung tritt entgegenstehendes oder entsprechendes Recht der ehemaligen DDR außer Kraft, insbesondere die 4. Durchführungsbestimmung zum Gesetz über das einheitliche sozialistische Bildungssystem – Bildung und Erziehung im zweisprachigen Gebiet der Bezirke Cottbus und Dresden – vom 20. Dezember 1968 (Gesetzblatt II der DDR, 1969, S. 33).

§ 10 Inkrafttreten

Diese Rechtsverordnung tritt am Tage nach ihrer Verkündung in Kraft.

[484] *Pastor*, Die rechtliche Stellung der Sorben in Deutschland, S. 138; A.A. *Lemke*, Nationale Minderheiten und Volksgruppen im schleswig-holsteinischen und übrigen deutschen Verfassungsrecht, S. 386.

[485] *Pastor*, Die rechtliche Stellung der Sorben in Deutschland, S. 139.

Das sächsische Gesetz über Kindertageseinrichtungen[486] bezieht sich in § 2 Abs. 5 auf das deutsch-sorbische Gebiet im Freistaat Sachsen.[487]

§ 2 Abs. 5 SächsKitaG
„Aufgabe der Kindertageseinrichtungen

(5) Kindertageseinrichtungen im deutsch-sorbischen Gebiet sollen dazu beitragen, daß die sorbische Sprache und Kultur vermittelt und gepflegt und sorbische Traditionen bewahrt werden. Für Kinder, deren Erziehungsberechtigte es wünschen, werden sorbischsprachige und zweisprachige Gruppen gebildet. Das Staatsministerium für Soziales, Gesundheit und Familie wird ermächtigt, die erforderlichen besonderen Bestimmungen zur Arbeit an sorbischen und zweisprachigen Kindertageseinrichtungen im deutsch-sorbischen Gebiet zu treffen.“

Dem Verfassungsauftrag des Art. 6 Abs. 1 Satz 2 der Verfassung des Freistaates Sachsen folgend, setzt die Vermittlung der sorbischen Sprache und Kultur bereits in den Kindertageseinrichtungen ein, sofern die Erziehungsberechtigten dies für ihre Kinder wünschen.[488]

Eine weitere Bestimmung im sächsischen Sorbengesetz[489] dient der verstärkten Wahrnehmbarkeit der sorbischen Sprache im öffentlichen Leben. § 10 SächsSorbG regelt die zweisprachige Beschilderung im sorbischen Siedlungsgebiet.

---

[486] Gesetz zur Förderung von Kindern in Tageseinrichtungen im Freistaat Sachsen - SächsKitaG - vom 3. Juli 1991 (Sächsisches GVBl. 1991 S. 237), zuletzt geändert durch Gesetz vom 19. August 1993(Sächsisches GVBl. 1993 S. 686).

[487] Vgl. hierzu *Fastenrath*, in: *Degenhart/Meissner*, Handbuch der Verfassung des Freistaates Sachsen, S. 101, 122; *Pastor*, Die rechtliche Stellung der Sorben in Deutschland, S. 141 f.

[488] *Fastenrath*, in: *Degenhart/Meissner*, Handbuch der Verfassung des Freistaates Sachsen, S. 101, 122; *Pastor*, Die rechtliche Stellung der Sorben in Deutschland, S. 141f.

[489] Gesetz über die Rechte der Sorben im Freistaat Sachsen - Sächsisches Sorbengesetz (SächsSorbG) - vom 31. März 1999 (Sächsisches GVBl. 1999 S. 161).

§ 10 SächsSorbG
„Zweisprachige Beschilderung

(1) Die Beschilderung im öffentlichen Raum durch die Behörden des Freistaates Sachsen und die seiner Aufsicht unterstehenden Körperschaften, Anstalten und Stiftungen des öffentlichen Rechts, insbesondere an öffentlichen Gebäuden, Einrichtungen, Straßen, Wegen, öffentlichen Plätzen und Brücken, soll im sorbischen Siedlungsgebiet in deutscher und sorbischer Sprache erfolgen.

(2) *Der Freistaat Sachsen und die seiner Aufsicht unterstehenden Körperschaften, Anstalten und Stiftungen des öffentlichen Rechts wirken darauf hin, daß auch andere Gebäude von öffentlicher Bedeutung im sorbischen Siedlungsgebiet in deutscher und sorbischer Sprache beschriftet werden.*"

Die Verpflichtung der staatlichen Stellen und der dem Landesrecht unterliegenden juristischen Personen des öffentlichen Rechts, eine zweisprachige Beschilderung vorzunehmen, wurde als „*Sollvorschrift*" gefaßt und ist daher nicht in jedem Fall zwingend. Die Ausführung der Verpflichtung zur zweisprachigen Beschilderung muß in der für die jeweilige Stelle vorgesehenen Weise erfolgen.[490] Bei den Gemeinden und Landkreisen geschieht dies durch Satzung gemäß § 15 Abs. 4 Satz 2 der sächsischen Gemeindeordnung (SächsGemO)[491] bzw. § 3 Abs. 3 Satz 2 der sächsischen Landkreisordnung (SächsLKrO).[492] Für eine zweisprachige Verkehrsbeschilderung muß als zusätzliche Rechtsgrundlage wiederum Punkt 3 von Ziffer 14 der Protokollnotiz zu Art. 35[493] des Einigungsvertrages[494] herangezogen werden. Der Grund hierfür ist, daß der Bund für die Gestaltung von Verkehrszeichen, die Teil des Straßenverkehrsrechts ist, nach Art. 74 Nr. 22 GG eine Kompetenz zur konkurrierenden Gesetzgebung besitzt, von der er durch den Erlaß des Straßenverkehrsgesetzes (StVG) Gebrauch gemacht hat, so daß Landesrecht gemäß Art. 72 Abs. 1 GG unzulässig ist. Eine zweisprachige Beschilderung ist jedoch in der Straßenverkehrsordnung (StVO) nicht vorgesehen, so daß die Protokollnotiz zum Einigungsvertrag, die im Rang von einfachem

---

[490] Sächsischer Landtag, LT-Drucks. 2/9376, S. 15 f. der Begründung.

[491] Gemeindeordnung für den Freistaat Sachsen - SächsGemO - vom 21. April 1993 (Sächsisches GVBl. 1993 S. 301).

[492] Landkreisordnung für den Freistaat Sachsen - SächsLKrO - vom 19. Juli 1993 (Sächsisches GVBl. 1993 S. 577).

[493] Art. 35 Einigungsvertrag betrifft Maßnahmen im Bereich der Kulturförderung.

[494] Vertrag zwischen der Bundesrepublik Deutschland und der Deutschen Demokratischen Republik über die Herstellung der Einheit Deutschlands – Einigungsvertrag – vom 31. August 1990 (BGBl. 1990 II S. 889 ff.).

Bundesrecht steht, mit herangezogen werden muß.[495] § 10 Abs. 2 SächsSorbG statuiert wieder die Pflicht des Freistaates Sachsen und der ihm untergebenen juristischen Personen des öffentlichen Rechts, auf eine zweisprachige Beschriftung von anderen Gebäuden von öffentlicher Bedeutung hinzuwirken, bei denen dies nicht einfach angeordnet werden kann.

§ 14 SächsSorbG[496] betrifft schließlich den Bereich der Medien.[497]

§ 14 SächsSorbG
„Medien

Der Freistaat Sachsen ist bemüht, daß die sorbische Sprache und Kultur insbesondere durch sorbischsprachige Sendungen und Beiträge in den Medien angemessen berücksichtigt werden."

Ein effektiver Schutz der Belange des sorbischen Volkes setzt eine angemessene Berücksichtigung in den Medien voraus.[498] Die Medienfreiheit, wie sie sich aus Art. 5 Abs. 1 GG ergibt, entzieht jedoch diesen Bereich weitgehend der Regelungskompetenz des Gesetzgebers. Dies gilt besonders für inhaltliche Fragen. Der Freistaat Sachsen kann daher nur verpflichtet werden, sich zu bemühen, daß den sorbischen Belangen im Programm der öffentlich-rechtlichen und privaten Medien, insbesondere durch sorbischsprachige Programme, Rechnung getragen wird.[499] Nach § 6 Abs. 3 des MDR-Staatsvertrages[500] haben die Sendungen des Mitteldeutschen Rundfunks (MDR)[501] den Belangen aller Bevölkerungsgruppen, einschließlich der Minderheiten Rechnung zu tragen.[502] Die Einflußmöglichkeiten der Sorben im privaten Rundfunk sind in gewisser Weise dadurch berücksichtigt, daß deren Verbände gemäß § 29 Abs. 1 Nr. 18 SächsPRG[503] ein Mitglied in

---

[495] Vgl. zum Ganzen: *Pastor*, Die rechtliche Stellung der Sorben in Deutschland, S. 175 ff.

[496] Gesetz über die Rechte der Sorben im Freistaat Sachsen - Sächsisches Sorbengesetz (SächsSorbG) - vom 31. März 1999 (Sächsisches GVBl. 1999 S. 161).

[497] Vgl. hierzu *Fastenrath*, in: *Degenhart/Meissner*, Handbuch der Verfassung des Freistaates Sachsen, S. 101, 122 f.; *Pastor*, Die rechtliche Stellung der Sorben in Deutschland, S. 180 ff.

[498] Sächsischer Landtag, LT-Drucks. 2/9376, S. 19 der Begründung.

[499] Vgl. hierzu auch oben Kapitel 1. Punkt III. 1. c).

[500] Staatsvertrag über den MDR vom 30. Mai 1991 (Sächsisches GVBl. 1991 S. 169).

[501] Der Mitteldeutsche Rundfunk (MDR) ist vom Freistaat Sachsen zusammen mit den Ländern Sachsen-Anhalt und Thüringen durch einen Staatsvertrag als gemeinsame Rundfunkanstalt errichtet worden.

[502] *Pastor*, Die rechtliche Stellung der Sorben in Deutschland, S. 181.

[503] Sächsisches Privatrundfunkgesetz - SächsPRG - vom 27. Juni 1991 (Sächsisches GVBl. 1991 S. 178).

die bei der Sächsischen Landesanstalt für privaten Rundfunk und neue Medien gebildete Versammlung entsenden.[504]

cc) Der Schutz der sorbischen Lebensbedürfnisse und des sorbischen Siedlungsgebieten (Art. 6 Abs. 2 und 10 Abs. 1 der Verfassung des Freistaates Sachsen)

Art. 6 Abs. 2 der Verfassung des Freistaates Sachsen gebietet die Berücksichtigung der Lebensbedürfnisse des sorbischen Volkes in der Landes- und Kommunalplanung und den Erhalt des deutsch-sorbischen Charakters des Siedlungsgebietes dieser Minderheit. Unterstützend zu dieser Bestimmung kann Art. 10 Abs. 1 Satz 2 der Verfassung des Freistaates Sachsen herangezogen werden.

Art. 10 Abs. 1 Satz 1 und 2

> *„Der Schutz der Umwelt als Lebensgrundlage ist, auch in Verantwortung für kommende Generationen, Pflicht des Landes und Verpflichtung aller im Land. Das Land hat insbesondere den Boden, die Luft und das Wasser, Tiere und Pflanzen sowie die Landschaft als Ganzes einschließlich ihrer gewachsenen Siedlungsräume zu schützen. (...)*“

Mit der Verpflichtung des Landes, auch die gewachsenen Siedlungsräume zu schützen, wird nach *Pastor* auch für das sorbische Siedlungsgebiet ein Schutz gewährleistet, der Art. 6 Abs. 2 der Verfassung des Freistaates Sachsen so nicht zu entnehmen ist. Als gewachsener Siedlungsraum wird es, unabhängig davon, ob die Lebensbedürfnisse des sorbischen Volkes bereits betroffen sind, von der Verfassung des Freistaates Sachsen zusätzlich geschützt. Dies könnte für den Bereich des Braunkohletagebaus Bedeutung erlangen.[505] Zu beachten ist hier allerdings, daß auch Art. 10 der Verfassung des Freistaates Sachsen lediglich eine Staatszielbestimmung nach der Definition des Art. 13 der Verfassung des Freistaates Sachsen ist und somit keine grundrechtsähnliche absolute Wirkung haben kann. Das sorbische Siedlungsgebiet ist gemäß § 19 Abs. 2 Nr. 2 des sächsischen Landesplanungsgesetzes[506] Teil des Regionalen Planungsverbandes *„Oberlausitz/Niederschlesien*“. Für die Sorben hat die Domowina gemäß § 20 Abs. 5 Nr. 10 SächsLPlG das Vorschlagsrecht für ein beratendes Mitglied dieser Verbandsversammlung. Darüber hinaus finden sich im sächsischen

---

[504] *Fastenrath*, in: *Degenhart/Meissner*, Handbuch der Verfassung des Freistaates Sachsen, S. 101, 122.

[505] *Pastor*, Die rechtliche Stellung der Sorben in Deutschland, S. 95.

[506] Gesetz zur Raumordnung und Landesplanung des Freistaates Sachsen - Landesplanungsgesetz (SächsLPlG) - vom 24. Juni 1992 (Sächsisches GVBl. 1992 S. 259).

Landesentwicklungsplan[507] die Vorgaben, daß der Besonderheit des deutsch-sorbischen Gebietes bei allen raumbedeutsamen Planungen und Maßnahmen Rechnung getragen werden soll, zweisprachige Kindertageseinrichtungen, Bildungsstätten und Jugendfreizeitstätten in ausreichendem Maß vorhanden sein sollen, und daß bei regional bedeutsamen Kultureinrichtungen der besondere bikulturelle Charakter des sorbischen Siedlungsgebietes berücksichtigt werden soll. Auch die Vorgaben hinsichtlich des Braunkohletagebaus tragen sorbischen Interessen Rechnung, da der LEP insofern bestimmt, daß der Braunkohletagebau umweltschonend und sozialverträglich gestaltet werden soll, so daß insbesondere weitere Ortsverlagerungen nach Möglichkeit unterbleiben sollen.[508] *Kunzmann/Haas/Baumann-Hasske* kritisieren in diesem Zusammenhang, daß der LEP lediglich Hinweise gäbe, ohne aus den Grundsätzen des Art. 6 Abs. 2 der Verfassung des Freistaates Sachsen irgendwelche Schlußfolgerungen zu ziehen.[509]

dd) Die landesübergreifende Zusammenarbeit mit dem Bundesland Brandenburg (Art. 6 Abs. 3 der Verfassung des Freistaates Sachsen)

Art. 6 Abs. 3 der Verfassung des Freistaates Sachsen bestimmt schließlich, daß eine landesübergreifende Zusammenarbeit der Sorben, insbesondere in der Ober- und Niederlausitz, also zwischen dem Freistaat Sachsen und dem Bundesland Brandenburg, im Interesse des Landes liegt. Auch hierzu enthält das sächsische Sorbengesetz[510] eine konkretisierende Bestimmung.

§ 15 SächsSorbG
„Länderübergreifende Zusammenarbeit

(1) Der Freistaat Sachsen fördert die Zusammengehörigkeit und unterstützt die Länderübergreifenden Interessen der Sorben der Ober- und Niederlausitz. Zu diesem Zweck arbeitet er mit dem Land Brandenburg zusammen.

---

[507] Verordnung der Sächsischen Landesregierung über den Landesentwicklungsplan Sachsen - LEP - vom 16. August 1994 (Sächsisches GVBl. 1994 S. 1489).

[508] *Fastenrath*, in: *Degenhart/Meissner*, Handbuch der Verfassung des Freistaates Sachsen, S. 101, 123; *Pastor*, Die rechtliche Stellung der Sorben in Deutschland, S. 125. *Kunzmann/Haas/Baumann-Hasske*, Die Verfassung des Freistaates Sachsen, 2. Aufl., Art. 6, Rn. 5.

[509] *Kunzmann/Haas/Baumann-Hasske*, Die Verfassung des Freistaates Sachsen, 2. Aufl., Art. 6, Rn. 10.

[510] Gesetz über die Rechte der Sorben im Freistaat Sachsen - Sächsisches Sorbengesetz (SächsSorbG) - vom 31. März 1999 (Sächsisches GVBl. 1999 S. 161).

(2) Der Freistaat Sachsen bezieht die sorbischen Verbände und Institutionen in seine grenzüberschreitende Zusammenarbeit mit anderen Ländern und Staaten angemessen ein."

Während ihrer gesamten Geschichte hatten die Sorben versucht, wann immer sie eine historische Chance dafür sahen, die Lausitz in einer einzigen administrativen Einheit zusammenzufassen. Zuletzt versuchten sie dies nach Ende des Zweiten Weltkrieges[511] und im Rahmen der deutschen Wiedervereinigung. Die Erreichung dieses Ziels blieb ihnen jedoch stets versagt. Als sich im Vorfeld der deutschen Wiedervereinigung abzeichnete, daß die ehemals in Sachsen und Preußen lebenden Sorben wiederum mangels der Bereitschaft der Mehrheitsbevölkerung zum Abrücken von der historischen Länderstruktur in den beiden Nachfolgestaaten Sachsen und Brandenburg geteilt leben würden, wurde zum Ausgleich für diese Teilung der berechtigte Anspruch der Sorben auf landesübergreifende Zusammenarbeit in die Verfassungen dieser beiden Bundesländer aufgenommen.[512] Art. 6 Abs. 3 der Verfassung des Freistaates Sachsen, Art. 25 Abs. 2 der Verfassung des Landes Brandenburg, § 15 SächsSorbG und § 13 SWG[513] erkennen die Bedeutung einer Zusammenarbeit aller Sorben für den ethnisch-kulturellen Zusammenhalt und damit letztendlich für den Fortbestand des zahlenmäßig kleinen sorbischen Volkes an. Wie § 15 Abs. 2 SächsSorbG und im übrigen auch Art. 12 der Verfassung des Freistaates Sachsen[514] entnommen werden kann, bezieht sich diese Zusammenarbeit nicht nur auf die Kooperation mit dem Land Brandenburg, sondern greift darüber hinaus. Auch die Interessen der vereinzelt an anderen Orten im In- und Ausland lebenden Sorben und das Interesse der Sorbischen Verbände zur Kooperation mit anderen Gruppen oder Minderheiten im In- und Ausland sind dabei angemessen zu berücksichtigen.[515] Dem Zweck der landesübergreifenden Zusammenarbeit der Sorben im Freistaat Sachsen und im Land Brandenburg dient in erster Linie die durch diese beiden Länder unter finanzieller Mithilfe des Bundes errichtete Stiftung für das sorbische Volk.[516] Ein weiterer zu diesem Zweck geplanter Staatsvertrag zwischen dem Freistaat Sachsen und dem Land Brandenburg konnte bislang noch nicht abgeschlossen werden.[517] Die Zusammenarbeit dieser Länder ist insbesondere für die Sorben in der brandenburgischen Niederlausitz im Hinblick auf die Förderung der Sorabistik und die Aus- und Fortbildung von Sorbischlehrern im Hinblick auf

---

[511] Vgl. hierzu oben Kapitel 1. Punkt III. 1. c).

[512] *Kunzmann/Haas/Bartlitz/Baumann-Hasske*, Die Verfassung des Freistaates Sachsen, 1. Aufl., Art. 6, Rn. 4.

[513] Gesetz zur Ausgestaltung der Rechte der Sorben (Wenden) im Land Brandenburg - Sorben(Wenden)Gesetz (SWG) - vom 7. Juli 1994 (GVBl. Brandenburg 1994 S. 294). Hierzu sogleich.

[514] Art. 12 der Verfassung des Freistaates Sachsen hat folgenden Wortlaut: „*Das Land strebt grenzüberschreitende regionale Zusammenarbeit an, die auf den Ausbau nachbarschaftlicher Beziehungen, auf das Zusammenwachsen Europas und auf eine friedliche Entwicklung in der Welt gerichtet ist.*"

[515] *Kunzmann/Haas/Baumann-Hasske*, Die Verfassung des Freistaates Sachsen, 2. Aufl., Art. 6, Rn. 12 f.; Sächsischer Landtag, LT-Drucks. 2/9376, S. 19 f.

[516] Vgl. oben Punkt III. 2. e) bb) und *Pastor*, Die rechtliche Stellung der Sorben in Deutschland, S. 125 ff.

[517] *Kunzmann/Haas/Baumann-Hasske*, Die Verfassung des Freistaates Sachsen, 2. Aufl., Art. 6, Rn. 13.

das Institut für Sorabistik an der Universität Leipzig, das an brandenburgischen Hochschulen keine Entsprechung hat, wichtig.[518] Daß sorbischen Verbände und Institutionen in diese grenzüberschreitende Zusammenarbeit im Sinne des § 15 Abs. 2 SächsSorbG einbezogen werden müssen, ist eigentlich eine Selbstverständlichkeit. Art. 6 Abs. 3 der Verfassung des Freistaates Sachsen ist ebenfalls lediglich eine Staatszielbestimmung.[519]

f) Art. 5 der Verfassung des Freistaates Sachsen

In Art. 5 der Verfassung des Freistaates Sachsen ist, neben der Definition des sächsischen Staatsvolkes und dem Recht auf die Heimat, der Schutz für im Freistaat lebende unbenannte Minderheiten und für Ausländer geregelt.

aa) Die Staatsvolkdefinition des Art. 5 Abs. 1 Satz 1 der Verfassung des Freistaates Sachsen

Nach der Verfassung des Freistaates Sachsen hat das Volk eine zentrale Rolle. Es ist Inhaber der Staatsgewalt (Art. 3 Abs. 1 Satz 1), es nimmt Wahlen und Abstimmungen vor (Art. 4 Abs. 1), es kann Gesetzesvorlagen einbringen (Art. 70 Abs. 1), und es kann Gesetze im Wege des Volksentscheides beschließen (Art. 70 Abs. 2). Aus diesem Grunde definiert die Verfassung des Freistaates Sachsen das Staatsvolk in Art. 5 Abs. 1 Satz 1. Es besteht aus Bürgern deutscher Volkszugehörigkeit, Bürgern sorbischer Volkszugehörigkeit und Bürgern anderer Volkszugehörigkeit. Der Begriff des Bürgers ist in Art. 115 der Verfassung des Freistaates Sachsen definiert. Bürger im Sinne der Verfassung des Freistaates Sachsen sind die Deutschen nach Art. 116 Abs. 1 GG. Menschen sorbischer und anderer Volkszugehörigkeit gehören dem Volk des Freistaates Sachsen dann an, wenn sie deutsche Staatsangehörige sind.[520] Wie sich aus der Auffangkategorie der *anderen Volkszugehörigkeit* ergibt, spielen ethnische Gesichtspunkte für die Abgrenzung des Staatsvolkes keine Rolle. Es kommt in diesem Zusammenhang allein auf den Deutschenbegriff des Art. 116 GG an.[521] Die Aufzählung dient lediglich dazu, den Sorben den gleichberechtigten Status aller Volksgruppen, der bezüglich der Sorben in Art. 6 Abs. 1 Satz 1 der Verfassung des Freistaates

---

[518] *Pastor*, Die rechtliche Stellung der Sorben in Deutschland, S. 126 f.

[519] *Kunzmann/Haas/Baumann-Hasske*, Die Verfassung des Freistaates Sachsen, 2. Aufl., Art. 6, Rn. 13.

[520] *Müller*, Verfassung des Freistaates Sachsen, Kommentar, Art. 5, Anm. 1; *Kunzmann/Haas/Baumann-Hasske*, Die Verfassung des Freistaates Sachsen, 2. Aufl., Art. 5, Rn. 4.

[521] Der selbstverständlich auch die Volksdeutschen einschließt.

Sachsen nochmals ausdrücklich betont wird, deutlich zu machen. Keiner und insbesondere nicht der deutschen Volksgruppe soll eine hervorgehobene Position zukommen.[522]

bb) Der Minderheitenschutz des Art. 5 Abs. 2 der Verfassung des Freistaates Sachsen

Art. 5 Abs. 2 der Verfassung des Freistaates Sachsen ist die zentrale Schutznorm für im Freistaat lebende unbenannte Minderheiten. Für die Sorben stellt Art. 5 Abs. 2 der Verfassung des Freistaates Sachsen lediglich eine *lex generalis* dar, so daß der Bestimmung in bezug auf die größte in Sachsen lebende Minderheit keine eigenständige Bedeutung zukommt.[523] Der Wortlaut des Art. 5 Abs. 2 ähnelt in auffälliger Weise dem Wortlaut des Art. 6 Abs. 1 Satz 2 der Verfassung des Freistaates Sachsen. Allerdings ist Art. 5 Abs. 2 der Verfassung des Freistaates Sachsen weit weniger einfachgesetzlich konkretisiert als Art. 6 Abs. 1 Satz 2.[524] Aus dieser Tatsache folgt, daß für die im Freistaat lebenden unbenannten Minderheiten grundsätzlich ein geringeres Schutzniveau besteht als für die Sorben. Man könnte nun auf den Gedanken kommen, die für die sorbische Minderheit geschaffenen einfachgesetzlichen Konkretisierungen des verfassungsrechtlichen Minderheitenschutzes einfach analog für die unbenannten Minderheiten zu übernehmen. Eine analoge Anwendung beispielsweise des sächsischen Sorbengesetzes[525] auf unbenannte Minderheiten wäre jedoch verfehlt und ist unzulässig. Daß dies so sein muß, folgt einerseits schon aus der Trennung des Schutzes für die sorbische Minderheit und des Schutzes für andere Minderheiten durch die Kodifizierung in zwei verschiedenen Artikeln der Verfassung des Freistaates Sachsen. Andererseits folgt die Unzulässigkeit der analogen Anwendung der einfachen Sorbenschutzgesetze auf andere Minderheiten aus der Sonderstellung der Sorben aufgrund ihrer historischen Verwurzelung in der Lausitz und der Anzahl ihrer Angehörigen.[526] Wie bereits erwähnt,[527] ist es aus diesem Grunde zulässig, ihren verfassungsmäßigen Rechtsstatus gesondert zu regeln und ihnen gegenüber den unbenannten Minderheiten des Freistaates Sachsen ein Mehr an Rechten zuzugestehen.[528]

---

[522] *Fastenrath*, in: *Degenhart/Meissner*, Handbuch der Verfassung des Freistaates Sachsen, S. 101, 110.

[523] *Pastor*, Die rechtliche Stellung der Sorben in Deutschland, S. 93.

[524] *Lemke*, Nationale Minderheiten und Volksgruppen im schleswig-holsteinischen und übrigen deutschen Verfassungsrecht, S. 386 f.

[525] Gesetz über die Rechte der Sorben im Freistaat Sachsen - Sächsisches Sorbengesetz (SächsSorbG) - vom 31. März 1999 (Sächsisches GVBl. 1999 S. 161).

[526] Vgl. oben Kapitel 1. Punkt III. 1. c).

[527] Vgl. oben Punkt III. 2. e).

[528] *Fastenrath*, in: *Degenhart/Meissner*, Handbuch der Verfassung des Freistaates Sachsen, S. 101, 116; *Thiele*, in: *Heintze*, Selbstbestimmungsrecht der Völker – Herausforderung der Staatenwelt, S. 342, 358.

Der Pflichtenumfang, den der Freistaat den unbenannten Minderheiten zu gewähren hat, wird durch die Begriffe *gewährleisten* und *schützen* beschrieben.[529] *Schützen* bedeutet, dafür zu sorgen, daß Beeinträchtigungen der Rechte auf Identitätsbewahrung und Kulturpflege, die von Dritten außerhalb der genannten Minderheiten beabsichtigt sind oder tatsächlich unternommen werden, vom Freistaat Sachsen und seinen Körperschaften abzuwehren sind. In diesem Sinne wirkt Art. 5 Abs. 2 der Verfassung des Freistaates Sachsen defensiv. Gleichermaßen gilt dies natürlich als Schranke für das Handeln der Organe des Landes selbst. *Gewährleisten* bedeutet, daß der Freistaat das von ihm bisher (über einen gewissen Zeitraum regelmäßig) zur Ausübung des Rechtes Geleistete auch künftig zu erbringen verpflichtet bleibt und nicht einseitig einstellen darf. Insofern hat das Recht den Charakter einer Leistungspflicht. Die typischen schutzbegründenden Merkmale sind auch bei den unbenannten Minderheiten die eigene Sprache und die Kultur, wobei letztere auch die Überlieferung in Form der Tradition umfaßt. Zusätzlich wurde im Rahmen der Bestimmung für die unbenannten Minderheiten noch das Kriterium der Religion aufgenommen.[530] Im Gegensatz zu Art. 6 Abs. 1 Satz 2 verzichtet Art. 5 Abs. 2 der Verfassung des Freistaates Sachsen jedoch auf die Erwähnung, daß die Bewahrung der Identität und die Pflege der identitätsstiftenden Merkmale „*insbesondere durch Schulen, vorschulische und kulturelle Einrichtungen*" erfolgen soll.[531]

Wie bereits oben erwähnt,[532] sind in Art. 5 Abs. 2 der Verfassung des Freistaates Sachsen lediglich objektive Rechte niedergelegt. Die Bestimmung ist folglich grundsätzlich nicht einklagbar, da sie grundsätzlich keinen subjektiv-öffentlichen und individualschützenden Charakter hat.[533] Soweit ersichtlich, wurde die Vorschrift des Art. 5 Abs. 2 der Verfassung des Freistaates Sachsen praktisch noch nicht angewendet.

---

[529] *Kunzmann/Haas/Baumann-Hasske*, Die Verfassung des Freistaates Sachsen, 2. Aufl., Art. 5, Rn. 12.

[530] *Lemke*, Nationale Minderheiten und Volksgruppen im schleswig-holsteinischen und übrigen deutschen Verfassungsrecht, S. 387.

[531] *Pastor*, Die rechtliche Stellung der Sorben in Deutschland, S. 93.

[532] Vgl. oben Punkt III. 2. c).

[533] So wohl die herrschende Meinung. Vgl. *Fastenrath*, in: *Degenhart/Meissner*, Handbuch der Verfassung des Freistaates Sachsen, S. 101, 117 f.; *Siegert*, Minderheitenschutz in der Bundesrepublik Deutschland, S. 117; *Pastor*, Die rechtliche Stellung der Sorben in Deutschland, S. 90 f.; *Lemke*, Nationale Minderheiten und Volksgruppen im schleswig-holsteinischen und übrigen deutschen Verfassungsrecht, S. 384; *Neumann/Tillmanns*, Verfassungsrechtliche Probleme bei der Konstituierung der neuen Bundesländer, S. 126 ff. A.A. *Müller*, Verfassung des Freistaates Sachsen, Kommentar, Art. 6; *Degenhart*, LKV 1993, S. 33, 37; *Stopp*, Jahrbuch zur Staats- und Verwaltungswissenschaft 1995, S. 9, 32.

cc) Der Schutz für Ausländer (Art. 5 Abs. 3 der Verfassung des Freistaates Sachsen)

Art. 5 Abs. 3 der Verfassung des Freistaates Sachsen ist schließlich den rechtmäßig im Land lebenden ausländischen Minderheiten gewidmet.
Der Freistaat wird verpflichtet, die Interessen dieser Menschen zu achten. Damit wurde in der Landesverfassung ein Konzept verwirklicht, das der Freistaat Sachsen im Rahmen der Diskussion um die Einfügung einer Minderheitenschutzklausel in das Grundgesetz vorgeschlagen hatte.[534] Ausgehend von einem weiten Minderheitenbegriff[535] werden Ausländergruppen als *Minderheiten* bezeichnet. Dadurch wird verfassungsmäßig festgeschrieben, daß sie im Vergleich zur Mehrheitsbevölkerung eine schwächere Position innehaben und daher, wie Minderheiten im engeren Sinne, schutzbedürftig und schutzwürdig sind. Allerdings wird dann hinsichtlich des Schutzstandards differenziert. Dadurch wird dem Umstand Rechnung getragen, daß die für Minderheiten entwickelten Schutzkonzepte auf Ausländergruppen nur unvollständig oder gar nicht passen. Deswegen erstreckt die Verfassung des Freistaates Sachsen ihre Minderheitenschutzkonzepte nicht einfach auf Ausländergruppen, sondern deutet durch die Formulierung des Art. 5 Abs. 3 an, daß für diese Gruppen eigene Schutzkonzepte entwickelt werden müssen.
Es sei allerdings in diesem Zusammenhang nochmals darauf hingewiesen, daß die Wahl des Begriffs der *ausländischen Minderheit* sehr unglücklich und verwirrend ist.[536]
Ausländer sind eben gerade keine Minderheiten im Rechtssinne. Sie sind vielmehr in ihrer Eigenschaft als Ausländer hinsichtlich der damit zusammenhängenden spezifischen Bedürfnisse zu schützen.

Der Interessenschutz für Ausländer ist deutlich schwächer als der Minderheitenschutz für die sorbische Minderheit und für die unbenannten Minderheiten. Das Land ist lediglich verpflichtet, die Interessen der Ausländer zu achten. Achten bedeutet, daß der Freistaat alles unterlassen muß, was zu einer Kollision mit diesen Interessen führt, es sei denn, daß für sein Handeln besondere, aus anderen Aufgaben erwachsende Gründe im überwiegenden öffentlichen Interesse maßgeblich sind. Darüber hinaus ist das Land verpflichtet, von sich aus diese Interessen in Rechnung zu stellen und sein Handeln auf Konfliktvermeidung auszurichten.[537] Konkret bedeutet dies nicht viel. Zur Auslegung des Begriffs des *Achtens* kann auf die im Rahmen der Interpretation des vorgeschlagenen Art. 20 b GG n.F. verwiesen werden.[538] Die Achtensklausel des Art. 5 Abs. 3 der Verfassung des Freistaates Sachsen verbietet die Ausübung von assimilativem Druck auf die Ausländer. Verboten sind damit jedenfalls Maßnahmen der Zwangsassimilation. Ansonsten kann unter den unbestimmten

[534] Vgl. oben Kapitel 5. Punkt II. 1. b).

[535] Vgl. oben Punkt III. 2. d).

[536] So auch *Bülow* in der Aussprache zu *Franke*, in: *Stern*, Deutsche Wiedervereinigung, Band III, S. 57, 70.

[537] *Kunzmann/Haas/Baumann-Hasske*, Die Verfassung des Freistaates Sachsen, 2. Aufl., Art. 5, Rn. 13; *Siegert*, Minderheitenschutz in der Bundesrepublik Deutschland, S. 118.

[538] Vgl. oben Kapitel 5. Punkt III. 1. und 3.

Begriff der *Interessen*, die der Freistaat zu achten hat, vieles subsumiert werden, aber wenig Konkretes hergeleitet werden.[539] Die gleichen Einwendungen, die gegen die Achtensklausel des vorgeschlagenen Art. 20 b GG n.F. angeführt wurden, könnten auch gegen den Art. 5 Abs. 3 der Verfassung des Freistaates Sachsen vorgebracht werden.[540]

Auf die Achtensklausel des Art. 5 Abs. 3 der Verfassung des Freistaates Sachsen sollen sich schließlich nur diejenigen Ausländer berufen können, die sich rechtmäßig im Land aufhalten.[541] Der rechtmäßige Aufenthalt in diesem Sinne richtet sich danach, ob der Ausländer im Besitz einer der in § 5 Ausländergesetz aufgeführten Aufenthaltsgenehmigungen ist.[542]

dd) Das Recht auf die Heimat (Art. 5 Abs. 1 Satz 2 der Verfassung des Freistaates Sachsen)

In Art. 5 Abs. 1 Satz 2 der Verfassung des Freistaates Sachsen erkennt das Land das Recht auf die Heimat an.[543] Das Recht auf die Heimat ist direkt der Definition des Volksbegriffs in Art. 5 Abs. 1 Satz 1 der Verfassung des Freistaates Sachsen angefügt und will damit allen das Staatsvolk des Freistaates Sachsen konstituierenden Bürgern verschiedener Volkszugehörigkeit ein Recht auf die Heimat zusichern. Das Recht auf die Heimat steht somit allen unbenannten Minderheiten im Freistaat[544] und insbesondere natürlich den Sorben zu. Das Recht auf die Heimat steht darüber hinaus allerdings auch noch den Schlesiern zu, was zumindest mittelbar aus der Präambel und aus Art. 2 Abs. 4 der Verfassung des Freistaates Sachsen folgt.[545] Der Begriff der Heimat wurde in seiner räumlichen, zeitlichen und psychisch-geistigen Dimension umfassend von *Kimminich* erklärt.[546] Für den Bereich des Art.

---

[539] Vgl. *Fastenrath*, in: *Degenhart/Meissner*, Handbuch der Verfassung des Freistaates Sachsen, S. 101, 116 f.; *Siegert*, Minderheitenschutz in der Bundesrepublik Deutschland, S. 116 ff.

[540] Vgl. oben Kapitel 5. Punkt III. 1.

[541] Kritisch hierzu *Lemke*, Nationale Minderheiten und Volksgruppen im schleswig-holsteinischen und übrigen deutschen Verfassungsrecht, S. 387 f.

[542] *Kunzmann/Haas/Baumann-Hasske*, Die Verfassung des Freistaates Sachsen, 2. Aufl., Art. 5, Rn. 14.

[543] Vgl. hierzu etwa *Schimpff/Partsch*, LKV 1994, S. 47 ff.; *Stopp*, Jahrbuch zur Staats- und Verwaltungswissenschaft 1995, S. 9, 33 ff.. Vgl. allgemein zum Themenkomplex „*Recht auf die Heimat*“: *Kimminich*, Das Recht auf die Heimat, 2. Aufl.; *ders.*, in: *Blumenwitz/v. Mangoldt*, Neubestätigung und Weiterentwicklung von Menschenrechten und Volksgruppenrechten in Mitteleuropa, S. 39 ff.; *Eisert*, Das Menschenrecht auf die Heimat in der Landesverfassung von Baden-Württemberg; *Baer*, NVwZ 1997, S. 27 ff.

[544] A.A. offenbar *Kunzmann/Haas/Baumann-Hasske*, Die Verfassung des Freistaates Sachsen, 2. Aufl., Art. 5, Rn. 6.

[545] *Schimpff/Partsch*, LKV 1994, S. 47, 48.

[546] *Kimminich*, Das Recht auf die Heimat, 2. Aufl., S. 121 ff.; vgl. auch *Baer*, NVwZ 1997, S. 27, 28 ff.

5 Abs. 1 Satz 2 der Verfassung des Freistaates Sachsen ist diese Deutung lediglich noch um eine in die räumliche Dimension einfließende umweltpolitische Komponente zu ergänzen. Das Recht auf die Heimat wurde im Freistaat Sachsen auch als Reaktion auf die drastischen Eingriffe des Braunkohletagebaus eingefügt, der die Sorben in ihrer Existenz bedrohte. Bei diesen rücksichtslosen Verwüstungen fielen viele jahrhundertealte sorbische Dörfer der sozialistischen Planwirtschaft zum Opfer. Derartige Eingriffe in die Lebensgrundlagen der Sorben, die heimatbedrohenden Charakter haben, werden von Art. 5 Abs. 1 Satz 2 der Verfassung des Freistaates Sachsen erfaßt.[547]

Allgemein bedeutet das Recht auf die Heimat das Recht, in der angestammten Heimat zu leben.[548] Damit geht das Recht auf die Heimat über das Recht der Freizügigkeit des Art. 11 GG hinaus. Freizügigkeit betrifft die freie Wahl des Aufenthaltsortes. Heimat dagegen bedeutet eine viel engere Bindung als der bloße Aufenthalt. Als ein zunächst gefühlsmäßiger Vorgang ist sie dem staatlichen Eingriff entzogen. Der Verfassungsgrundsatz des Rechtes auf die Heimat bedeutet, daß der Staat das Entstehen und den Bestand dieser gefühlsmäßigen Beziehungen nicht stören darf. Weiterhin darf er aber auch Erscheinungsformen, welche dieses Heimatgefühl artikulieren, wie beispielsweise Heimatfeste oder ähnliches, nicht verbieten.[549] Das Recht auf die Heimat umfaßt also das Verbot der Vertreibung, der demographischen Veränderung, der willkürlichen Ausweisung und das Recht auf Rückkehr.[550]

Auch das Recht auf die Heimat ist ein nicht einklagbares objektives Recht, das keine subjektiv-öffentlichen Ansprüche begründen kann.[551]

g) Die Insignien der Sorben (Art. 2 Abs. 4 der Verfassung des Freistaates Sachsen)

Die Insignien der Sorben sind über Art. 2 Abs. 4 der Verfassung des Freistaates Sachsen geschützt. Diese Bestimmung hat folgenden Wortlaut:

---

547 *Schimpff/Partsch*, LKV 1994, S. 47, 49.

548 *Kunzmann/Haas/Baumann-Hasske*, Die Verfassung des Freistaates Sachsen, 2. Aufl., Art. 5, Rn. 6; *Siegert*, Minderheitenschutz in der Bundesrepublik Deutschland, S. 116.

549 *Müller*, Verfassung des Freistaates Sachsen, Kommentar, Art. 5, Anm. 1; *Baer*, NVwZ 1997, S. 27, 30.

550 *Schimpff/Partsch*, LKV 1994, S. 47, 49; *Kimminich*, in: *Blumenwitz/v. Mangoldt*, Neubestätigung und Weiterentwicklung von Menschenrechten und Volksgruppenrechten in Mitteleuropa, S. 39, 45 ff.

551 A.A. *Schimpff/Partsch*, LKV 1994, S. 47, 49.

Art. 2 Abs. 4

„Im Siedlungsgebiet der Sorben können neben den Landesfarben und dem Landeswappen Farben und Wappen der Sorben, im schlesischen Teil des Landes die Farben und das Wappen Niederschlesiens, gleichberechtigt geführt werden.“

Die Anerkennung der Insignien der Sorben als gleichberechtigt neben den Insignien des Freistaates Sachsen soll sowohl der Selbstdarstellung des sächsischen Staates als auch der Identifizierung der sorbischen Bevölkerung mit diesem Staat dienen und damit eine integrative Wirkung entfalten.

Art. 2 Abs. 4 der Verfassung des Freistaates Sachsen ermöglicht zwar die Verwendung der sorbischen Insignien, schreibt sie aber nicht vor, so daß die Bestimmung davon abhängig ist, ob von ihr vor Ort Gebrauch gemacht wird. Da Gesetze des Freistaates Sachsen über Flaggen und Wappen bislang noch nicht existieren, hängt die Umsetzung dieser Verfassungsnorm von den Behördenleitern und Bürgermeistern als Leiter der Kommunen ab, die über die Benutzung der sorbischen Insignien entscheiden.[552] Die Farben der Sorben sind Blau-Rot-Weiß. Ein offizielles Wappen der Sorben existiert nicht. Ob das Emblem der Domowina, das einen dreiblättrigen Baum mit drei Wurzeln zeigt, als Wappen der Sorben gelten kann, erscheint zweifelhaft, da die Domowina nicht ohne weiteres für das gesamte Volk der Sorben stehen kann.[553] Die Farben, die Flagge und das Wappen des Freistaates Sachsen und der Sorben sind durch § 90 a StGB gegen Verunglimpfen sowie gegen Entfernen, Zerstören, Beschädigen, Unbrauchbar- oder Unkenntlichmachen oder beschimpfenden Unfug strafbewehrt. Das unbefugte Benutzen gilt als Ordungswidrigkeit im Sinne des § 124 OWiG.[554]

h) Das sächsische Sorbengesetz (SächsSorbG) vom 31. März 1999

Nachdem die Verfassung des Freistaates Sachsen in Kraft gesetzt war, fanden sich Bestimmungen, die den Sorbenartikel 6 der Verfassung des Freistaates Sachsen einfachgesetzlich umsetzen sollten, verteilt in verschiedenen sächsischen Gesetzen. Teilweise galten Vorschriften zum Schutze der sorbischen Minderheit aus der Zeit der Existenz der Deutschen Demokratischen Republik und vereinzelt sogar noch davor fort. Daher beschloß die Sächsische Staatsregierung zu prüfen, ob und inwieweit für ein neues Gesetz zum Schutze der Minderheitenrechte der Sorben ein Bedürfnis besteht. Diese Prüfung führte zur

---

[552] *Pastor*, Die rechtliche Stellung der Sorben in Deutschland, S. 94; *Kunzmann/Haas/Baumann-Hasske*, Die Verfassung des Freistaates Sachsen, 2. Aufl., Art. 5, Rn. 8.

[553] *Kunzmann/Haas/Baumann-Hasske*, Die Verfassung des Freistaates Sachsen, 2. Aufl., Art. 2, Rn. 6.

[554] *Kunzmann/Haas/Baumann-Hasske*, Die Verfassung des Freistaates Sachsen, 2. Aufl., Art. 2, Rn. 9.

Ausarbeitung eines Gesetzes über die Rechte der Sorben im Freistaat Sachsen unter der Federführung des Sächsischen Staatsministeriums für Wissenschaft und Kunst. Nach der Beratung mit führenden sorbischen Gremien wurde am 31. März 1999 das sächsische Sorbengesetz (SächsSorbG)[555] verabschiedet. In diesem Gesetz wurden die wesentlichen einfachgesetzlichen Konkretisierungen des Art. 6 der Verfassung des Freistaates Sachsen vorgenommen.[556] Damit bekräftigte die Staatsregierung den symbolischen und politischen Wert eines Gesetzes, das Ziele und Vorschriften zum Schutz und zur Förderung der sorbischen Identität enthalten soll.[557] Das Gesetz über die Rechte der Sorben im Freistaat Sachsen wurde in deutscher und in obersorbischer Sprache ausgefertigt und ist in beiden Fassungen gleichermaßen gültig.

i) Die Einhaltung der Verpflichtungen der Europäischen Charta der Regional- oder Minderheitensprachen

Durch den Beitritt zur Europäischen Charta der Regional- oder Minderheitensprachen[558] vom 5. November 1992[559] hat sich die Bundesrepublik Deutschland auch zur Ergreifung und Einhaltung bestimmter Schutzmaßmahmen hinsichtlich der Verwendung der obersorbischen Sprache gegenüber den Justiz- und Verwaltungsbehörden in den respektiven Sprachgebieten im Freistaat Sachsen verpflichtet.[560] In bezug auf die Gerichtssprache sind diese Verpflichtungen in Bundesgesetzen geregelt.[561] Das Gesetz über die Rechte der Sorben im Freistaat Sachsen wurde gerade auch im Hinblick darauf geschaffen, den Anforderungen der Europäischen Charta der Regional- oder Minderheitensprachen zu genügen.[562] Soweit die Verpflichtungen die Amtssprache vor Landesbehörden betreffen, sind sie äußerst *weich* formuliert. Es ist daher insgesamt nicht ersichtlich, daß die Verpflichtungen der Europäischen Charta der Regional- oder Minderheitensprachen in bezug auf Obersorbisch im obersorbischen Sprachgebiet im Freistaat Sachsen nicht eingehalten würden.

---

[555] Gesetz über die Rechte der Sorben im Freistaat Sachsen - Sächsisches Sorbengesetz (SächsSorbG) - vom 31. März 1999 (Sächsisches GVBl. 1999 S. 161).

[556] Eine Besprechung des Inhaltes dieses Gesetzes erfolgte weiter oben im Rahmen der Analyse des Art. 6 der Verfassung des Freistaates Sachsen. Vgl. oben Punkt III. 2. e).

[557] Sächsischer Landtag, LT-Drucks. 2/9376, S. 1 ff. der Begründung.

[558] Vgl. hierzu die detaillierten Ausführungen oben in Kapitel 3. Punkt II. 4. c).

[559] HRLJ 1993, S. 148 ff.; BGBl. 1998 II S. 1314 ff.

[560] Vgl. hierzu die detaillierten Ausführungen oben in Kapitel 4. Punkt II. 3. b) und c).

[561] Vgl. hierzu die detaillierten Ausführungen oben in Kapitel 4. Punkt II. 3. b).

[562] Sächsischer Landtag, LT-Drucks. 2/9376, S. 2 der Begründung.

j) Das Minderheitenberichtssystem

Im Jahre 1986 wurde im Bundesland Schleswig-Holstein ein Minderheitenberichtssystem eingeführt.[563] Dieses System hat sich derart bewährt, daß der Sächsische Landtag beschloß, ebenfalls ein derartiges Minderheitenberichtssystem einzuführen. Am 22. Mai 1996 beauftragte der Sächsische Landtag die Staatsregierung beginnend mit dem Jahr 1997, alle drei Jahre einen Bericht zur Lage des sorbischen Volkes vorzulegen.[564] Durch den Erlaß des sächsischen Sorbengesetzes[565] wurde diese Intervallfrist auf eine Legislaturperiode verlängert:

§ 7 SächsSorbG
„Bericht der Staatsregierung

Die Staatsregierung erstattet dem Sächsischen Landtag mindestens einmal in jeder Legislaturperiode einen Bericht zur Lage des sorbischen Volkes im Freistaat Sachsen.“

Der erste Minderheitenbericht wurde 1997 noch vor dem Erlaß des sächsischen Sorbengesetzes vorgelegt.[566] An der Erarbeitung des Berichts wurden neben den Staatsministerien die Domowina, die Stiftung für das sorbische Volk sowie das Evangelische und Katholische Büro beteiligt. Der nächste Bericht ist gemäß der zitierten Vorschrift des § 7 SächsSorbG bis zum Ende der laufenden Legislaturperiode, also spätestens im Jahr 2002, zu erstellen.

---

[563] Vgl. den Landtagsbeschluß vom 28. Januar 1986. Vgl. auch oben Punkt III. 1. 1).

[564] Sächsischer Landtag, LT-Drucks. 2/3320 i.V.m. LT-Drucks. 2/2725.

[565] Gesetz über die Rechte der Sorben im Freistaat Sachsen - Sächsisches Sorbengesetz (SächsSorbG) - vom 31. März 1999 (Sächsisches GVBl. 1999 S. 161).

[566] Bericht der Sächsischen Staatsregierung zur Lage des sorbischen Volkes 1997.

3. Brandenburg

a) Die Minderheitengruppen in Brandenburg

In der Niederlausitz im Bundesland Brandenburg siedelt der andere Teil der in der Bundesrepublik Deutschland lebenden Sorben.[567] Die Sorben sind die einzige im Hoheitsbereich der Verfassung des Landes Brandenburg anerkannte Minderheit. Für andere Minderheitengruppen existiert im Bundesland Brandenburg weder ein verfassungsmäßiger noch ein faktischer Minderheitenschutz.[568]

b) Entstehungsgeschichte der Minderheitenschutznorm

Obwohl der erste Entwurf einer Verfassung für das Land Brandenburg,[569] der von einer Arbeitsgruppe Landesverfassung im Auftrag des Koordinierungsausschusses zur Bildung des Landes Brandenburg erarbeitet worden war, in seiner Urfassung noch keine Minderheitenschutzklausel enthielt, so bestand doch von Beginn bis Abschluß des Verfassungsgebungsprozesses in Brandenburg weitgehend Konsens darüber, daß die Verfassung für das Land eine Bestimmung zum Schutz von Minderheiten enthalten sollte.[570] Die revidierte Fassung vom 8. Mai 1990 des Referentenentwurfes I enthielt dann auch mit Art. 23a[571] eine Minderheitenbestimmung, die der Endfassung bereits sehr ähnlich war. Von

---

[567] Vgl. hierzu die detaillierten Ausführungen oben Kapitel 1. Punkt III. 1. c).

[568] *Lemke*, Nationale Minderheiten und Volksgruppen im schleswig-holsteinischen und übrigen deutschen Verfassungsrecht, S. 368; *Siegert*, Minderheitenschutz in der Bundesrepublik Deutschland, S. 112.

[569] Bei diesem Entwurf handelte es sich um den Referentenentwurf I vom 22. April 1990, bei dessen Erarbeitung Beamte des Landes Nordrhein-Westfalen, dem Partnerland Brandenburgs, maßgeblich mitgewirkt hatten. Der Entwurf ist abgedruckt bei *Häberle*, JöR n.F. 39 (1990), S. 387 ff.

[570] Vgl. zur Entstehungsgeschichte der Minderheitenschutzbestimmung in der Verfassung des Landes Brandenburg allgemein: *Iwers*, Entstehung, Bindungen und Ziele der materiellen Bestimmungen der Landesverfassung Brandenburg, S. 451 ff.; *Franke/Kier*, in: *Simon/Franke/Sachs*, Handbuch der Verfassung des Landes Brandenburg, S. 171, 173 ff.; *Pastor*, Die rechtliche Stellung der Sorben in Deutschland, S. 96 ff.

[571] Art. 23a des Referentenentwurfes I hatte folgenden Wortlaut:
(1) Das sorbische Volk besitzt das Recht auf Schutz, Erhaltung und Entfaltung seiner nationalen Identität. Das Land fördert die Verwirklichung dieses Rechts.
(2) Zur Wahrung der kulturellen Eigenständigkeit des sorbischen Volkes wirkt das Land auf die Sicherung einer länderübergreifenden kulturellen Autonomie der Sorben hin.
(3) Bürger sorbischer Nationalität haben das Recht zur Pflege und Förderung ihrer Muttersprache und Kultur.
(4) Im Siedlungsgebiet der Sorben ist die sorbische Fahne mit den Farben Blau, Rot, Weiß gleichberechtigt einzubeziehen.
(5) Näheres bestimmt ein Gesetz.

Beginn der Arbeit an einer Schutznorm zugunsten der Minderheiten waren Vertreter der Sorben in die Beratungen mit einbezogen.[572] Die Minderheitenschutzbestimmung der Verfassung des Landes Brandenburg geht auf Art. 13 des Entwurfes der parlamentarischen Arbeitsgruppe des Bezirkstages Dresden vom 19. März 1990 zurück,[573] der seinerseits von Art. 34 des Entwurfes des Zentralen Runden Tisches für eine Verfassung der DDR beeinflußt war.[574] Trotz der im wesentlichen gleichen Ausgangsvoraussetzungen und Ausgangsmaterialien und trotz des über weite Strecken parallel zu der Entwicklung im Freistaat Sachsen verlaufenen Verfassungsdiskussion entstand in Brandenburg dennoch eine andere Minderheitenschutzbestimmung, der auch eine teilweise andere Konzeption zugrunde lag. Während sich in Sachsen im Laufe der Beratungen noch diverse Veränderungen der Minderheiten-bestimmung ergaben, können die Änderungen des ursprünglichen Art. 23a des Referentenentwurfes I zur Endversion des Art. 25 der Verfassung des Landes Brandenburg fast als unwesentlich bezeichnet werden.[575]

c) Art. 25 der Verfassung des Landes Brandenburg

Die Verfassung des Landes Brandenburg hat die Rechte der Sorben (Wenden) in Art. 25 niedergelegt und diesen in den „*2. Hauptteil: Grundrechte und Staatsziele*" der Verfassung als eigenen Abschnitt eingeordnet. Art. 25 der Verfassung des Landes Brandenburg bezieht sich ausschließlich auf die Sorben, auf möglicherweise existierende andere Minderheiten geht die Verfassung hingegen nicht ein.[576] Die Bestimmung hat folgenden Wortlaut:

---

[572] *Iwers*, Entstehung, Bindungen und Ziele der materiellen Bestimmungen der Landesverfassung Brandenburg, S. 451; *Franke/Kier*, in: *Simon/Franke/Sachs*, Handbuch der Verfassung des Landes Brandenburg, S. 171, 174.

[573] Art. 13 des Entwurfes der parlamentarischen Arbeitsgruppe des Bezirkstages Dresden vom 19. März 1990 hatte folgenden Wortlaut:

(1) *Im zweisprachigen Gebiet des Landes Sachsen leben und arbeiten Bürger deutscher und sorbischer Nationalität gleichberechtigt und gleichverpflichtet zusammen.*
(2) *Das sorbische Volk hat das Recht auf Schutz, Erhaltung und Entfaltung seiner nationalen Identität. Die Verwirklichung dieses Rechts wird durch das Land gefördert.*
(3) *Das sorbische Volk hat das Recht auf Bewahrung und Förderung der sorbischen Sprache im öffentlichen Leben und ihre Vermittlung in Schulen und Vorschuleinrichtungen.*
(4) *Die Bedingungen für die Pflege und Entwicklung der sorbischen Kultur sind durch das Land zu sichern.*
(5) *Im Siedlungsgebiet der Sorben ist die sorbische Fahne mit den Farben Blau, Rot, Weiß gleichberechtigt einzubeziehen.*

[574] Vgl. hierzu die Analyse von Art. 34 des Entwurfes des Zentralen Runden Tisches für eine Verfassung der DDR; oben Kapitel 5. Punkt I. 2.

[575] *Pastor*, Die rechtliche Stellung der Sorben in Deutschland, S. 97.

[576] *Lemke*, Nationale Minderheiten und Volksgruppen im schleswig-holsteinischen und übrigen deutschen Verfassungsrecht, S. 368; *Siegert*, Minderheitenschutz in der Bundesrepublik Deutschland, S. 112.

Art. 25

(1) Das Recht des sorbischen Volkes auf Schutz, Erhaltung und Pflege seiner nationalen Identität und seines angestammten Siedlungsgebietes wird gewährleistet. Das Land, die Gemeinden und Gemeindeverbände fördern die Verwirklichung dieses Rechtes, insbesondere die kulturelle Eigenständigkeit und die wirksame politische Mitgestaltung des sorbischen Volkes.

(2) Das Land wirkt auf die Sicherung einer Landesgrenzen übergreifenden kulturellen Autonomie der Sorben hin.

(3) Die Sorben haben das Recht auf Bewahrung und Förderung der sorbischen Sprache und Kultur im öffentlichen Leben und ihre Vermittlung in Schulen und Kindertagesstätten.

(4) Im Siedlungsgebiet der Sorben ist die sorbische Sprache in die öffentliche Beschriftung einzubeziehen. Die sorbische Fahne hat die Farben Blau, Rot, Weiß.

(5) Die Ausgestaltung der Rechte der Sorben regelt ein Gesetz. Dies hat sicherzustellen, daß in Angelegenheiten der Sorben, insbesondere bei der Gesetzgebung, sorbische Vertreter mitwirken.

Flankiert wird diese Bestimmung von dem speziellen Diskriminierungsverbot des Art. 12 Abs. 2 der Verfassung des Landes Brandenburg, welches im Vergleich zu Art. 3 Abs. 3 Satz 1 GG den Katalog der verbotenen Diskriminierungsmerkmale um die *Nationalität* erweitert. Im Unterschied zur Verfassung des Freistaates Sachsen enthält die Verfassung des Landes Brandenburg keine klare Trennung von Grundrechten und Staatszielen,[577] so daß der

[577] Vgl. zur Diskussion der in Art. 25 der Verfassung des Landes Brandenburg enthaltenen Grundrechte oder Staatsziele: *Degenhart*, Rechtsfragen der Braunkohleplanung für Brandenburg, S. 68 ff.; *Fischer*, Staatszielbestimmungen in den Verfassungen und Verfassungsentwürfen der neuen Bundesländer, S. 82; *Pastor*, Die rechtliche Stellung der Sorben in Deutschland, S. 98 ff.; *Iwers*, Entstehung, Bindungen und Ziele der materiellen Bestimmungen der Landesverfassung Brandenburg, S. 453; *Franke/Kier*, in: *Simon/Franke/Sachs*, Handbuch der Verfassung des Landes Brandenburg, S. 171, 175; *Bendig*, NJ 1998, S. 169, 174; *Lemke*, Nationale Minderheiten und Volksgruppen im schleswig-holsteinischen und übrigen deutschen Verfassungsrecht, S. 368; *Neumann/Tillmanns*, Verfassungsrechtliche Probleme bei der Konstituierung der neuen Bundesländer, S. 94 f.; *Kemper/Szarka*, NJ 1995, S. 294, 295; *v. Brünneck*, NJ 1999, S. 169 ff.; *Merkel*, Die Pläne zur Auflösung der Gemeinde Horno, Rechtsgutachten erstellt für die PDS-Fraktion im Landtag Brandenburg, S. 6 ff.; *Simon*, in: *Simon/Franke/Sachs*, Handbuch der Verfassung des Landes Brandenburg, S. 85, 91; *Sachs*, in: *Simon/Franke/Sachs*, Handbuch der Verfassung des Landes Brandenburg, S. 95, 98; *Siegert*,

Charakter jeder einzelnen Gewährleistung von Art. 25 der Verfassung des Landes Brandenburg gesondert untersucht werden muß.[578] Für jedes in der Minderheitenschutznorm verbürgte Recht ist demnach zu ermitteln, ob eine subjektiv-rechtliche oder objektiv-rechtliche Gewährleistung vorliegt und ob und gegebenenfalls wie diese Gewährleistung gerichtlich durchgesetzt werden kann.[579]

Art. 25 der Verfassung des Landes Brandenburg wird insbesondere durch das Sorben(Wenden)-Gesetz (SWG) vom 7. Juli 1994 konkretisiert und ausgestaltet.[580]

Die Zugehörigkeit zu einer Minderheit bestimmt sich auch nach dem Verfassungsrecht des Landes Brandenburg nach dem Bekenntnisprinzip.[581] Für die sorbische Minderheit ergibt sich dies einerseits aus Ziffer 14 der Protokollnotiz zu Art. 35[582] des Einigungsvertrages:[583]

> *„Die Bundesrepublik Deutschland und die Deutsche Demokratische Republik erklären im Zusammenhang mit Artikel 35 des Vertrags:*
>
> *2. Das Bekenntnis zum sorbischen Volkstum und zur sorbischen Kultur ist frei. (...)“*

Diese Bestimmung hat nach Art. 45 Abs. 2 Einigungsvertrag den Rang von einfachem Bundesrecht.[584] Das Bekenntnisprinzip ist zudem im SWG niedergelegt, in dem es heißt:

Minderheitenschutz in der Bundesrepublik Deutschland, S. 112 f.; Verfassungsgericht des Landes Brandenburg, EuGRZ 1998, S. 698 ff.

578 So auch *Fischer*, Staatszielbestimmungen in den Verfassungen und Verfassungsentwürfen der neuen Bundesländer, S. 45; *Pastor*, Die rechtliche Stellung der Sorben in Deutschland, S. 96.

579 Zur Justiziabilität von Art. 25 der Verfassung des Landes Brandenburg vgl. etwa: *Bendig*, NJ 1998, S. 169, 171 ff.; *Pastor*, Die rechtliche Stellung der Sorben in Deutschland, S. 100 f.; *Siegert*, Minderheitenschutz in der Bundesrepublik Deutschland, S. 114 f.

580 Verkündet als Art. 1 des Gesetzes zur Ausgestaltung der Rechte der Sorben (Wenden) im Land Brandenburg - Sorben(Wenden)-Gesetz (SWG) - vom 7. Juli 1994 (GVBl. Brandenburg 1994 I S. 294). Vgl. hierzu auch die folgenden Ausführungen.

581 *Hahn*, in: *Frowein/Hofmann/Oeter*, Das Minderheitenrecht europäischer Staaten, Teil 1, S. 62, 74 f.; *Pastor*, Die rechtliche Stellung der Sorben in Deutschland, S. 112; *Franke/Kier*, in: *Simon/Franke/Sachs*, Handbuch der Verfassung des Landes Brandenburg, S. 171, 176.

582 Art. 35 Einigungsvertrag betrifft Maßnahmen im Bereich der Kulturförderung.

583 Vertrag zwischen der Bundesrepublik Deutschland und der Deutschen Demokratischen Republik über die Herstellung der Einheit Deutschlands – Einigungsvertrag – vom 31. August 1990 (BGBl. 1990 II S. 889 ff.).

§ 2 SWG
„Sorbische (Wendische) Volkszugehörigkeit

Zum sorbischen (wendischen) Volk gehört, wer sich zu ihm bekennt. Das Bekenntnis ist frei und darf weder bestritten noch nachgeprüft werden. Aus diesem Bekenntnis dürfen dem Bürger keine Nachteile erwachsen."

Wie im Kontext des schleswig-holsteinischen[585] und des sächsischen[586] Verfassungsrechts bedeutet das Bekenntnisprinzip auch im Verfassungsrecht des Landes Brandenburg für das Individuum im positiven Sinne die Freiheit, sich zu einer Minderheit zu bekennen, oder im negativen Sinn die Freiheit, dies nicht zu tun. Das Bekenntnisprinzip zur sorbischen Minderheit ist lediglich in einer Hinsicht eingeschränkt. Zur sorbischen Minderheit können sich nur deutsche Staatsangehörige[587] bekennen. Dies ergibt sich aus dem Wortlaut des § 2 Satz 3 SWG und des § 1 Abs. 1 SWG, die davon sprechen, daß einem *Bürger*, der sich zur sorbischen Minderheit bekennt, hieraus keine Nachteile erwachsen dürfen. *Bürger* im Sinne der Verfassung des Landes Brandenburg können allerdings nur deutsche Staatsangehörige im Sinne des Art. 116 GG einschließlich diesen gleichgestellte Personen sein.[588] Wie im Kontext des Wahlrechts des Bundes[589] und des Landes Schleswig-Holstein[590] stellt sich auch im Landeswahlrecht des Landes Brandenburg die Frage einer teleologischen Reduktion des Bekenntnisprinzips. Gemäß § 3 Abs. 1 Satz 2 des brandenburgischen Landeswahlgesetzes (BbgLWahlG)[591] sind Parteien der sorbischen Minderheit von der 5%-Sperrklausel beim Einzug in den Potsdamer Landtag befreit.[592] Gälte das Bekenntnisprinzip nun kategorisch, so könnten sich Splitterparteien geschlossen zur sorbischen Minderheit bekennen und somit die 5%-Hürde umgehen. Für derart offensichtlichen Mißbrauch ist das Bekenntnisprinzip nicht geschaffen und derartige Fälle darf es folglich auch nicht erfassen. Für Fälle offensichtlichen Mißbrauches des Minderheitenstatus muß das Bekenntnisprinzip folglich auch hier

---

[584] Vgl. oben Kapitel 5. Punkt II. 1. a).

[585] Vgl. oben Punkt III. 1. e).

[586] Vgl. oben Punkt III. 2. c).

[587] Denen selbstverständlich die Volksdeutschen im Sinne des Art. 116 GG gleichstehen.

[588] Dies verkennt *Pastor*, wenn er § 2 Satz 3 SWG für „*schlicht überflüssig*" hält. Vgl. *Pastor*, Die rechtliche Stellung der Sorben in Deutschland, S. 112.

[589] § 6 Abs. 4 Satz 2 BWahlG. Vgl. auch oben Kapitel 4. Punkt II. 5. d).

[590] § 3 Abs. 1 Satz 2 des Landeswahlgesetzes des Landes Schleswig-Holstein.

[591] Wahlgesetz für den Brandenburgischen Landtag - Brandenburgisches Landeswahlgesetz (BbgLWahlG) - vom 2. März 1994 (GVBl. Brandenburg 1994 I S. 38).

[592] *Franke/Kier*, in: *Simon/Franke/Sachs*, Handbuch der Verfassung des Landes Brandenburg, S. 171, 177; *Pastor*, Die rechtliche Stellung der Sorben in Deutschland, S. 123.

teleologisch reduziert werden. Hiervon geht offensichtlich auch das brandenburgische Landeswahlgesetz selbst aus, indem es in § 3 Abs. 1 Satz 3 BbgLWahlG bestimmt, daß der Landeswahlausschuß auf Vorschlag des Präsidiums des Landtages nach Anhörung des Rates für sorbische Angelegenheiten entscheidet, ob eine Landesliste von einer Partei, politischen Vereinigung oder Listenvereinigung eine Landesliste der Sorben ist.[593]

aa) Der Minderheitenbegriff

Auch im Verfassungsrecht des Landes Brandenburg ist der Begriff der Minderheit nicht definiert. Konsequenterweise geht das brandenburgische Verfassungsrecht davon aus, daß die einzige in seinem Hoheitsgebiet lebende Minderheit die Sorben sind.[594] Dies ergibt sich unmittelbar aus Art. 25 der Verfassung des Landes Brandenburg, der lediglich den Sorben Minderheitenrechte zuerkennt. Aus dem Wort *Bürger* im vorzitierten § 2 Satz 3 SWG und in § 1 Abs. 1 SWG ergibt sich weiterhin, daß sich nur Sorben, die Deutsche im Sinne des Art. 116 GG sind, Angehörige dieser Minderheit sein können. Damit steht der Minderheitenbegriff des Verfassungsrechts des Landes Brandenburg im Einklang mit der Minderheitendefinition, von der auch das bundesdeutsche Verfassungsrecht ausgeht.[595]

bb) Der Schutz der Identität und des angestammten Siedlungsgebietes der Sorben (Art. 25 Abs. 1 Satz 1 der Verfassung des Landes Brandenburg)

Art. 25 Abs. 1 Satz 1 der Verfassung des Landes Brandenburg gewährleistet das Recht des sorbischen Volkes auf Schutz, Erhaltung und Pflege seiner nationalen Identität und seines angestammten Siedlungsgebietes. Dieses Recht zu fördern, sind gemäß Art. 25 Abs. 1 Satz 2 der Verfassung des Landes Brandenburg das Land, die Gemeinden und die Gemeindeverbände verpflichtet. Diese Bestimmung beinhaltet eine Fülle von Problemen und war (und ist) Gegenstand mehrerer gerichtlicher Verfahren, die bereits zu mehreren

---

[593] § 3 Abs. 1 Wahlgesetz für den Brandenburgischen Landtag (BbgLWahlG) hat folgenden Wortlaut:
(1) Bei der Verteilung der Sitze auf die Landeslisten werden nur Parteien, politische Vereinigungen und Listenvereinigungen berücksichtigt, die mindestens fünf vom Hundert der im Wahlkreis abgegebenen gültigen Zweitstimmen erhalten oder mindestens in einem Wahlkreis einen Sitz errungen haben. Die Bestimmungen über die Sperrklausel nach Satz 1 findet auf die von Parteien, politischen Vereinigungen oder Listenvereinigungen der Sorben eingereichten Landeslisten keine Anwendung. Ob eine Landesliste von Parteien, politischen Vereinigungen oder Listenvereinigungen eine Landesliste der Sorben ist, entscheidet der Landeswahlausschuß auf Vorschlag des Präsidiums des Landtages nach Anhörung des Rates für sorbische (wendische) Angelegenheiten nach § 5 des Sorben (Wenden)-Gesetzes.

[594] *Lemke*, Nationale Minderheiten und Volksgruppen im schleswig-holsteinischen und übrigen deutschen Verfassungsrecht, S. 368; *Siegert*, Minderheitenschutz in der Bundesrepublik Deutschland, S. 112.

[595] Vgl. hierzu oben Kapitel 5. Punkt IV. 5. e).

Entscheidungen brandenburgischer Obergerichte[596] und zu zwei Urteilen des Verfassungsgerichtes des Landes Brandenburg führten.[597] Entsprechend dem Gesetzgebungsauftrag des Art. 25 Abs. 5 Satz 1 der Verfassung des Landes Brandenburg wurde zur Ausgestaltung des Art. 25 der Verfassung des Landes Brandenburg neben anderen Vorschriften in allgemeinen Gesetzen insbesondere das Sorben(Wenden)-Gesetz (SWG) vom 7. Juli 1994 erlassen.[598] Der Konkretisierung des Art. 25 Abs. 1 der Verfassung des Landes Brandenburg dienen neben dem bereits besprochenen § 2 SWG die §§ 1 und 3 SWG:

§ 1 SWG
„Recht auf nationale Identität

(1) Die im Land Brandenburg lebenden Bürger sorbischer (wendischer) Volkszugehörigkeit sind gleichberechtigter Teil des Staatsvolkes.

(2) Das sorbische (wendische) Volk und jeder Sorbe (Wende) haben das Recht, ihre ethnische, kulturelle und sprachliche Identität frei zum Ausdruck zu bringen, zu bewahren und weiterzuentwickeln, frei von jeglichen Versuchen, gegen ihren Willen assimiliert zu werden.

(3) Das sorbische (wendische) Volk und jeder Sorbe (Wende) haben das Recht auf Schutz, Erhaltung und Pflege ihrer nationalen Identität. Die Ausübung dieses Rechtes wird vom Land und den Kommunen im angestammten Siedlungsgebiet der Sorben (Wenden) gewährleistet und gefördert.“

§ 3 SWG
„Siedlungsgebiet der Sorben (Wenden)

(1) Das Recht des sorbischen (wendischen) Volkes auf Schutz, Erhaltung und Pflege seines angestammten Siedlungsgebietes wird gewährleistet. Der besondere Charakter des angestammten Siedlungsgebietes und die

---

[596] Zu den jüngsten Entscheidungen vgl. FAZ vom 11. August 2000; *Pergande*, FAZ vom 15. August 2000; FAZ vom 19. August 2000; FAZ vom 22. August 2000; *Rust*, Der SPIEGEL Nr. 36/2000 vom 4. September 2000, S. 34 f.; Der Tagesspiegel vom 30. September 2000.

[597] Urteil vom 1. Juni 1995, VfGBbg 6/95; vgl. hierzu: *Kemper/Szarka*, NJ 1995, S. 294 ff.; *Merkel*, Die Pläne zur Auflösung der Gemeinde Horno, Rechtsgutachten erstellt für die PDS-Fraktion im Landtag Brandenburg, S. 4 ff. und Urteil vom 18. Juni 1998, VfGBbg 27/97. Letzteres Urteil ist abgedruckt in EuGRZ 1998, S. 698 ff. Vgl. hierzu: *Bendig*, NJ 1998, S. 169 ff.; *v. Brünneck*, NJ 1999, S. 169 ff.

[598] Verkündet als Art. 1 des Gesetzes zur Ausgestaltung der Rechte der Sorben (Wenden) im Land Brandenburg - Sorben(Wenden)-Gesetz (SWG) - vom 7. Juli 1994 (GVBl. Brandenburg 1994 I S. 294).

Interessen der Sorben (Wenden) sind bei der Gestaltung der Landes- und Kommunalplanung zu berücksichtigen.

(2) Zum angestammten Siedlungsgebiet der Sorben (Wenden) im Land Brandenburg gehören alle Gemeinden, in denen eine kontinuierliche sprachliche und kulturelle Tradition bis zur Gegenwart nachweisbar ist. Es liegt im Landkreis Spree-Neiße, in der kreisfreien Stadt Cottbus, in den Ämtern Märkische Heide, Lieberose und Straupitz des Landkreises Dahme-Spreewald sowie in den Ämtern Lübbenau, Vetschau, Altdöbern, Großräschen und Am Senftenberger See des Landkreises Oberspreewald-Lausitz.“

(1) Art. 25 Abs. 1 Satz 1 der Verfassung des Landes Brandenburg als Grundrecht

In seiner Gesamtheit ist Art. 25 Abs. 1 der Verfassung des Landes Brandenburg zunächst als allgemeine Schutz- und Förderklausel zugunsten der sorbischen Bevölkerung zu verstehen.[599] Damit ist allerdings das bedeutendste Problem im Kontext dieser Bestimmung, nämlich ob Art. 25 Abs. 1 der Verfassung des Landes Brandenburg subjektiv-rechtlichen oder objektiv-rechtlichen Charakter hat und ob und gegebenenfalls wie diese Norm gerichtlich durchgesetzt werden kann, noch nicht beantwortet. Diese Frage stellte auch die zentrale Problematik im Rechtsstreit um den Braunkohletagebau in der brandenburgischen Lausitz dar. Durch die Formulierungen „*wird gewährleistet*“ und „*fördern*“ in Art. 25 Abs. 1 der Verfassung des Landes Brandenburg kommt zum Ausdruck, daß der Verfassungsgeber sowohl Abwehrrechte festschreiben wollte als auch den Staat zu positiven Maßnahmen zum Schutze der Sorben verpflichten wollte. Hieraus ergibt sich allerdings noch nicht zwingend, daß durch diese Formulierungen auch echte Grundrechte kodifiziert werden sollten und nicht bloße Staatsziele. Auch der Formulierung „*Recht (...) auf*“ kann eine Lösung dieser Frage nicht entnommen werden. Zwar könnte man nun auf den Gedanken kommen, aus dieser Formulierung zu folgern, daß, wenn schon *Rechte* benannt und verfassungsmäßig gewährt werden, diese Rechte für die Rechtsträger nötigenfalls auch gerichtlich durchsetzbar sein müssen und mithin durch Art. 25 Abs. 1 der Verfassung des Landes Brandenburg subjektive Rechte in der Form von kollektiven Grundrechten begründet werden. Andererseits verwendet die Verfassung des Landes Brandenburg die Formulierung „*Recht auf*“ auch im Zusammenhang mit einem „*Recht auf eine angemessene Wohnung*“[600] und einem „*Recht auf Arbeit*“,[601] welche beide eindeutig erkennbar lediglich Staatsziele beschreiben.[602] Aus den

---

[599] *Pastor*, Die rechtliche Stellung der Sorben in Deutschland, S. 98 ff.

[600] Art. 47 Abs. 1 der Verfassung des Landes Brandenburg bestimmt: „*Das Land ist verpflichtet, im Rahmen seiner Kräfte für die Verwirklichung des Rechts auf eine angemessene Wohnung zu sorgen, insbesondere durch Förderung von Wohnungseigentum, durch Maßnahmen des sozialen Wohnungsbaus, durch Mieterschutz und Mietzuschüsse.*“

[601] Art. 48 Abs. 1 der Verfassung des Landes Brandenburg bestimmt: „*Das Land ist verpflichtet, im Rahmen seiner Kräfte durch eine Politik der Vollbeschäftigung und Arbeitsförderung für die Verwirklichung des Rechts auf Arbeit zu sorgen, welches das Recht jedes einzelnen umfaßt, seinen Lebensunterhalt durch freigewählte Arbeit zu verdienen.*“

travaux préparatoires des Verfassungsausschusses ergibt sich jedoch eindeutig, daß - zumindest in bezug auf den Schutz des sorbischen Siedlungsgebietes - mit Art. 25 Abs. 1 Satz 1 der Verfassung des Landes Brandenburg ein klassisches einklagbares Abwehrrecht geschaffen werden sollte, um den weiteren Verlust sorbischen Siedlungsgebietes durch den Braunkohletagebau zu verhindern.[603] Eine Staatszielbestimmung hätte dies nicht gewährleisten können.[604] Als weiterer Anhaltspunkt, der für ein subjektiv-rechtliches Verständnis von Art. 25 Abs. 1 Satz 1 der Verfassung des Landes Brandenburg spricht, ist die Formulierung des § 1 SWG, der neben dem sorbischen Volk jedem einzelnen Sorben das Recht auf Schutz, Erhaltung und Pflege seiner nationalen Identität einräumt. Natürlich soll hier nicht einfaches Recht zur Interpretation der Verfassung herangezogen werden, dennoch kann der Formulierung von einem Gesetz, das eine Verfassungsnorm ausgestalten soll, in gewisser Weise entnommen werden, wie der Gesetzgeber diese Verfassungsnorm interpretiert. Diesen Indiz kann aber wiederum keine eindeutige Entscheidung entnommen werden, da die Formulierung des § 3 SWG, der das Recht auf Schutz, Erhaltung und Pflege des angestammten Siedlungsgebietes ausgestaltet, von der des § 1 SWG gerade abweicht und die unklare Formulierung des Art. 25 Abs. 1 Satz 1 der Verfassung des Landes Brandenburg übernimmt.[605] Klar ist jedoch, daß es dogmatisch ausgeschlossen ist, die beiden Schutzgegenstände des Art. 25 Abs. 1 Satz 1 der Verfassung des Landes Brandenburg, einerseits die sorbische Identität und andererseits das angestammte Siedlungsgebiet, unterschiedlich, also das erstere als Grundrecht und das letztere als Staatsziel, zu interpretieren. Weiterhin gibt auch die systematische Stellung des Art. 25 der Verfassung des Landes Brandenburg keinen Hinweis für oder gegen seine Grundrechtsqualität, da die Bestimmung dem zweiten von drei Hauptteilen der Verfassung zugeordnet ist, der unter der Überschrift „*Grundrechte und Staatsziele*" Normen unterschiedlicher Qualität vereint.[606] *Pastor* will schließlich aus der Haltung Brandenburgs im Rahmen der Diskussion um die Einfügung einer Minderheitenschutzklausel in das Grundgesetz eine grundsätzliche Haltung folgern, nach welcher Minderheitenbestimmungen nach der Ansicht Brandenburgs grundrechtlichen Charakter haben sollten.[607] Mit diesem Argument ist jedoch über den ohnehin schon festgestellten eindeutigen Konsens während des Prozesses der Verfassungsgebung hinsichtlich des Charakters von Art. 25 Abs. 1 Satz 1 der Verfassung des Landes Brandenburg als subjektives Recht nichts erwiesen. Die Lösung des Problems, ob Art. 25 Abs. 1 Satz 1 der Verfassung des Landes Brandenburg ein Grundrecht oder ein Staatsziel

---

602 *Pastor*, Die rechtliche Stellung der Sorben in Deutschland, S. 99; *Bendig*, NJ 1998, S. 169.

603 Vgl. die Nachweise bei: *Kemper/Szarka*, NJ 1995, S. 294, 295; *Degenhart*, Rechtsfragen der Braunkohleplanung für Brandenburg, S. 73; *Bendig*, NJ 1998, S. 169, 170.

604 *Pastor*, Die rechtliche Stellung der Sorben in Deutschland, S. 99.

605 *Pastor*, Die rechtliche Stellung der Sorben in Deutschland, S. 99.

606 *Bendig*, NJ 1998, S. 169, 170.

607 *Pastor*, Die rechtliche Stellung der Sorben in Deutschland, S. 100. *Pastor* weist darauf hin, daß das Land Brandenburg, das zusammen mit dem Freistaat Sachsen Berichterstatter zum Thema Minderheiten war, ausdrücklich eine subjektiv-rechtliche Formulierung einer Minderheitenschutzklausel im Grundgesetz vorgeschlagen hat.

kodifiziert, kann allerdings mittels zweier Umkehrschlüsse eindeutig gefunden werden.[608] Vergleicht man einerseits Art. 25 Abs. 1 Satz 1 der Verfassung des Landes Brandenburg mit den Verfassungsnormen, die unzweifelhaft Staatsziele normieren, wie etwa Art. 47 und Art. 48 der Verfassung des Landes Brandenburg, so fällt auf, daß die Formulierungen der beiden letztgenannten Artikel das *„Recht auf"* erkennbar relativieren. Nach Art. 47 und Art. 48 der Verfassung des Landes Brandenburg ist das Land lediglich verpflichtet, *„im Rahmen seiner Kräfte für die Verwirklichung"* dieser Rechte zu sorgen. Anstelle einer Verpflichtung des Staates ist im Rahmen dieser Bestimmungen lediglich eine staatliche *„Sorgens-Pflicht"* niedergelegt. Zudem steht die Verpflichtung des Staates, Sorge zu tragen, unter dem Vorbehalt des rechtlich und wirtschaftlich Möglichen, denn sie ist lediglich *„im Rahmen der Kräfte des Landes"* zu erfüllen. Damit unterscheiden sich die Staatsziele der Art. 47 und 48 der Verfassung des Landes Brandenburg deutlich von der Formulierung des Art. 25 Abs. 1 Satz 1 der Verfassung des Landes Brandenburg, der insofern keine solchen Eingrenzungen enthält. Zwar spricht auch Art. 25 der Verfassung des Landes Brandenburg eine staatliche Förderungspflicht aus, diese ist aber nicht Gegenstand des Abs. 1 Satz 1, sondern vielmehr des nachfolgenden zweiten Satzes. Er enthält für das Land, die Gemeinden und Gemeindeverbände den Auftrag, die Verwirklichung *„dieses Rechtes"*, nämlich jenes aus Satz 1 der Norm, zu fördern. Die Aufnahme der Förderungspflicht in einen zweiten, erst nachfolgenden Satz spricht daher im (zweiten) Umkehrschluß dafür, daß die Gewährleistung des Art. 25 Abs. 1 Satz 1 der Verfassung des Landes Brandenburg eine eigenständige grundrechtliche Verstärkung der nachbenannten Förderpflicht bilden soll.[609] Aus diesen letztlich den Ausschlag gebenden Gründen sind die Rechte des Art. 25 Abs. 1 Satz 1 der Verfassung des Landes Brandenburg im Ergebnis als Grundrechte zu verstehen.[610] Sie weisen eine Besonderheit lediglich in der Hinsicht auf, daß sie kollektivrechtlich ausgestaltet sind.[611]

---

[608] *Bendig*, NJ 1998, S. 169, 170.

[609] *Bendig*, NJ 1998, S. 169, 170.

[610] So auch *Pastor*, Die rechtliche Stellung der Sorben in Deutschland, S. 98 ff.; *Bendig*, NJ 1998, S. 169, 170 (die jedoch aus verfassungskollisionsrechtlichen Gründen, die hier nicht geteilt werden, zu einem anderen Endergebnis kommt); *Neumann/Tillmanns*, Verfassungsrechtliche Probleme bei der Konstituierung der neuen Bundesländer, S. 94 f.; *Kemper/Szarka*, NJ 1995, S. 294, 295; *Merkel*, Die Pläne zur Auflösung der Gemeinde Horno, Rechtsgutachten erstellt für die PDS-Fraktion im Landtag Brandenburg, S. 16; *Sachs*, in: *Simon/Franke/Sachs*, Handbuch der Verfassung des Landes Brandenburg, S. 95, 98. **A.A.** *Degenhart*, Rechtsfragen der Braunkohleplanung für Brandenburg, S. 68 ff.; *Fischer*, Staatszielbestimmungen in den Verfassungen und Verfassungsentwürfen der neuen Bundesländer, S. 82; *Iwers*, Entstehung, Bindungen und Ziele der materiellen Bestimmungen der Landesverfassung Brandenburg, S. 453; *Franke/Kier*, in: *Simon/Franke/Sachs*, Handbuch der Verfassung des Landes Brandenburg, S. 171, 175; *Lemke*, Nationale Minderheiten und Volksgruppen im schleswig-holsteinischen und übrigen deutschen Verfassungsrecht, S. 368; *v. Brünneck*, NJ 1999, S. 169 ff.; *Simon*, in: *Simon/Franke/Sachs*, Handbuch der Verfassung des Landes Brandenburg, S. 85, 91; *Siegert*, Minderheitenschutz in der Bundesrepublik Deutschland, S. 112 f.

[611] Hierauf weisen *Pastor* und *Bendig* zutreffend hin. *Pastor*, Die rechtliche Stellung der Sorben in Deutschland, S. 100; *Bendig*, NJ 1998, S. 169, 170.

(2) Die Rechtsprechung des Verfassungsgerichts des Landes Brandenburg zum Braunkohletagebau in der Lausitz

Im Rahmen des bereits seit geraumer Zeit anhängigen Rechtsstreites[612] zwischen der Gemeinde Horno und den in der brandenburgischen Lausitz Braunkohlebergbau betreibenden Energieversorgungsunternehmen ergab sich auch für das Verfassungsgericht des Landes Brandenburg die Gelegenheit, zu dem vorgenannten Streit, ob Art. 25 Abs. 1 Satz 1 der Verfassung des Landes Brandenburg subjektiv-rechtlichen oder objektiv-rechtlichen Charakter hat, Stellung zu beziehen.[613] In seiner Entscheidung vom 18. Juni 1998 stellte das Verfassungsgericht des Landes Brandenburg fest, daß ein brandenburgisches Gesetz, daß den Energieversorgungsunternehmen die Umsiedlung und Abbaggerung des sorbischen Dorfes Horno erlaubt, mit Art. 25 Abs. 1 Satz 1 der Verfassung des Landes Brandenburg vereinbar ist.[614] Im Ergebnis stellte das Verfassungsgericht weiterhin fest, daß es sich bei Art. 25 Abs. 1 Satz 1 der Verfassung des Landes Brandenburg um ein Staatsziel handelt, *„solange kein gezielt gegen das Sorbentum gerichteter Eingriff in Frage steht*“. Bereits im Frühjahr 1995 hatten die Domowina sowie ein einzelner Anwohner des Dorfes Horno, gestützt auf Art. 25 Abs. 1 Satz 1 der Verfassung des Landes Brandenburg, Verfassungsbeschwerde gegen den damaligen Braunkohleplan Tagebau Jänschwalde zum Verfassungsgericht des Landes Brandenburg erhoben. Gleichzeitig hatte die Gemeinde Horno Kommunalverfassungsbeschwerde gegen den Braunkohleplan zum Verfassungsgericht erhoben. Damals erklärte das Verfassungsgericht den Braukohleplan, der in seiner Konsequenz die Auflösung der Gemeinde Horno beinhaltete, aus formalen Gründen für nichtig[615] und brauchte sich mit Art. 25 Abs. 1 Satz 1 der Verfassung des Landes Brandenburg nicht zu befassen.[616] Mit der Entscheidung des Verfassungsgerichts des Landes Brandenburg vom 1. Juni 1995 über die Kommunalverfassungsbeschwerde der Gemeinde Horno[617] waren die anderen Verfassungsbeschwerden obsolet geworden, und die Beschwerdeführer erklärten die Erledigung in der Hauptsache. Auf diese Entscheidung hin wurde im Brandenburgischen Landtag eine neue, nunmehr formal korrekte Rechtsgrundlage für den Braunkohletagebau

---

612 Vgl. hierzu insbesondere *Bendig*, NJ 1998, S. 169 ff.; *Kemper/Szarka*, NJ 1995, S. 294 ff.; *Merkel*, Die Pläne zur Auflösung der Gemeinde Horno, Rechtsgutachten erstellt für die PDS-Fraktion im Landtag Brandenburg, S. 4 ff.; *Degenhart*, Rechtsfragen der Braunkohleplanung für Brandenburg, S. 68 ff.; *v. Brünneck*, NJ 1999, S. 169 ff.; *Baer*, NVwZ 1997, S. 27 ff.

613 Vgl. zum Ganzen auch: Erster Bericht der Bundesrepublik Deutschland gemäß Artikel 25 Absatz 1 des Rahmenübereinkommens des Europarates zum Schutz nationaler Minderheiten, S. 118 ff.

614 Urteil vom 18. Juni 1998, VfGBbg 27/97, abgedruckt in EuGRZ 1998, S. 698 ff.

615 Der Braunkohleplan war als Rechtsverordnung ergangen, wohingegen gemäß Art. 98 Abs. 2 Satz 2 der Verfassung des Landes Brandenburg ein förmliches Gesetz erforderlich gewesen wäre. Vgl. das Urteil des Verfassungsgerichts des Landes Brandenburg vom 1. Juni 1995, VfGBbg 6/95, insbesondere S. 14 ff.

616 Vgl. zu diesem Verfahren die ausführliche Besprechung von *Degenhart*, Rechtsfragen der Braunkohleplanung für Brandenburg, S. 18 ff.;

617 Urteil vom 1. Juni 1995, VfGBbg 6/95, abgedruckt in NJ 1995, S. 529 ff.

eingebracht,[618] der aber von seiner Zielrichtung und seinem Inhalt vom ursprünglichen Braunkohleplan nicht wesentlich abwich.[619] Am 12. Juni 1997 hat der Landtag daraufhin das Brandenburgische Braunkohlengrundlagengesetz (BbgBkGG)[620] verabschiedet, welches u.a. die Auflösung der Gemeinde Horno und die Eingliederung des Gemeindegebietes in die im Bereich des Braunkohletagebaus liegende Gemeinde Jänschwalde zum Gegenstand hatte.[621] Gegen dieses Gesetz strengten 18 Abgeordnete des Landtages Brandenburg ein Normenkontrollverfahren vor dem Verfassungsgericht des Landes Brandenburg an. Gegenstand dieses Normenkontrollverfahrens war die Frage, ob Art. 2 § 1 des Brandenburgischen Braunkohlengrundlagengesetzes (BbgBkGG),[622] der die Auflösung der Gemeinde Horno vorsah, i.V.m. Art. 1 BbgBkGG,[623] soweit er die Inanspruchnahme des Gebietes der Gemeinde für den Braunkohletagebau betraf, mit der Verfassung des Landes Brandenburg, insbesondere mit Art. 25 Abs. 1 Satz 1 der Verfassung des Landes Brandenburg, vereinbar sei. Die Gemeinde Horno befindet sich im Braunkohletagebaugebiet Jänschwalde.[624] Das Tagebaugebiet Jänschwalde, aufgeschlossen 1970, liegt nördlich der

---

[618] Gesetzentwurf vom 31. Januar 1997. Landtag Brandenburg, LT-Drucks. 2/3750.

[619] Vgl. hierzu auch die umfangreichen Materialien der öffentlichen Anhörung des Ausschusses für Umwelt, Naturschutz und Raumordnung des Landtages Brandenburg vom 23. April 1997. Landtag Brandenburg, Ausschuß für Umwelt, Naturschutz und Raumordnung, Ausschußprotokoll 2/712.

[620] GVBl. Brandenburg 1997 I S. 72.

[621] Art. 2 § 1 i.V.m. Art. 1 BbgBkGG.

[622] Art. 2
Gesetz zur Auflösung der Gemeinde Horno und zur Eingliederung ihres Gemeindegebietes in die Gemeinde Jänschwalde
§ 1 Gebietsgliederung
Die Gemeinde Horno (Landkreis Spree-Neiße) wird mit dem Tag der nächsten Kommunalwahlen aufgelöst; ihr Gebiet wird zum selben Zeitpunkt in die Gemeinde Jänschwalde (Landkreis Spree-Neiße) eingegliedert.

[623] Art. 1
Gesetz zur Förderung der Braunkohle im Land Brandenburg
§ 1 Braunkohlegewinnung
Braunkohle, die in der Region Lausitz-Spreewald lagert, kann nach Maßgabe der Gesetze zur Sicherung der Rohstoff- und Energieversorgung sowie zur Stärkung der Wirtschaftskraft des Landes unter Berücksichtigung des Lagerstättenschutzes, des Schutzes der natürlichen Lebensgrundlagen und bei schonender Nutzung des Bodens gewonnen werden.
§ 2 Bergbaubedingte Umsiedlungen
Für die unvermeidbare Inanspruchnahme von Siedlungen ist rechtzeitig gleichwertiger Ersatz anzubieten und zu gewährleisten. Es ist anzustreben, dörfliche Gemeinden und soziale Bindungen durch gemeinsame Umsiedlungen zu erhalten. Die Umsiedlung erfolgt auf Kosten des Bergbautreibenden.
§ 3 Siedlungsgebiet der Sorben (Wenden)
Für Siedlungen, in denen eine kontinuierliche sprachliche und kulturelle sorbische Tradition nachweisbar ist, sind im Falle einer bergbaubedingten Umsiedlung geeignete Wiederansiedlungsflächen innerhalb des angestammten Siedlungsgebietes der Sorben (Wenden) im Sinne von § 3 Abs. 2 des Sorben(Wenden)-Gesetzes anzubieten.

[624] Über den Braunkohlebergbau in Deutschland im allgemeinen und das Schicksal der Gemeinde Horno wurde auch in der Presse ausführlich berichtet. Vgl. etwa: *Graf Hohenthal*, FAZ vom 28. Januar 1997; *Winters*, FAZ vom 28. Januar 1997; *ders.*, FAZ vom 30. Januar 1997; *ders.*, FAZ vom 19. Februar 1997; Der SPIEGEL Nr.

Bahntrasse Cottbus-Forst und soll sich bis zum voraussichtlichen Ende des Abbauzeitraums im Jahre 2019 in nördlicher Richtung bis zur sog. Taubendorfer Rinne erstrecken. Bis Ende 1993 wurden 3243 ha. in Anspruch genommen. Bei Fortführung des Tagebaus in der vorgesehenen Form werden weitere 4699 ha. devastiert. In der Feldesmitte liegt die Ortslage Horno. Sie soll nach Maßgabe des Rahmenbetriebsplans der Lausitzer Braunkohle AG (LAUBAG) im Jahre 2000 umgesiedelt und voraussichtlich im Jahre 2002 überbaggert werden. Die Gemeinde Horno liegt im angestammten Siedlungsgebiet der Sorben und hat etwa 300 Einwohner.

Das Verfassungsgericht des Landes Brandenburg beantwortete die ihm im Rahmen des Normenkontrollverfahrens gestellte Frage in drei Schritten. Zunächst stellte das Verfassungsgericht fest, daß Art. 25 Abs. 1 Satz 1 der Verfassung des Landes Brandenburg kein absolutes Eingriffsverbot enthält, sondern dem angestammten Siedlungsgebiet der Sorben als Ganzem sowie den darin liegenden einzelnen Siedlungen einen der Abwägung zugänglichen Schutz vor Veränderung gewährleiste. Bei der Norm handele es sich, jedenfalls solange kein gezielt gegen das Sorbentum gerichteter Eingriff in Frage steht, nicht um ein Grundrecht, sondern um ein Staatsziel. Die sich aus dieser Konstellation ergebenden Schutzpflichten habe der Gesetzgeber schließlich beachtet. Dieses Urteil begegnet, insbesondere in seiner Begründung, vielen Bedenken.

Dem Verfassungsgericht des Landes Brandenburg kann lediglich in seinem ersten Schritt gefolgt werden. Es kann in der Tat nicht das Ziel von Art. 25 Abs. 1 Satz 1 der Verfassung des Landes Brandenburg sein, einen absoluten Schutz vor jeglicher Veränderung des angestammten Siedlungsgebietes der Sorben zu gewährleisten. Einleuchtend erscheint in diesem Zusammenhang insbesondere das Argument des Verfassungsgerichts, daß ohne Teilhabe am technischen, wirtschaftlichen und kulturellen Fortschritt im weitesten Sinne das Siedlungsgebiet auf Dauer keine Lebensgrundlage bieten könne. Eine Abkoppelung von der allgemeinen infrastrukturellen Entwicklung führte auf die Dauer zur Bildung einer Art *Sorbenreservates*, was auch die Sorben nicht wünschen könnten. Dieses Ergebnis wird umfassend begründet. In diesem Schritt erfolgt jedoch noch keine Vorentscheidung der Frage, ob Art. 25 Abs. 1 Satz 1 der Verfassung des Landes Brandenburg ein Grundrecht oder eine Staatszielbestimmung ist, und sie ist an dieser Stelle auch noch nicht notwendig, da auch Grundrechte fast nie absoluten Charakter haben. Grundrechte können, auch wenn sie schrankenlos gewährleistet sind, mittels der Lehre vom kollidierenden Verfassungsrecht mit anderen Grundrechten in einen stimmigen Ausgleich gebracht und damit auch eingeschränkt werden.

In seinem nächsten Schritt wird das Urteil allerdings rechtsdogmatisch nicht mehr nachvollziehbar. Der Grund für die, positiv ausgedrückt, innovative Lösung des Verfassungsgerichts des Landes Brandenburg an dieser Stelle liegt wohl darin, daß man ab dieser Stelle des Urteils *ergebnisorientiert* arbeiten mußte. In Anbetracht der auf dem Spiel

---

22/97 vom 26. Mai 1997, S. 77; *Winters*, FAZ vom 12. Juni 1997; *Hoof*, FAZ vom 2. August 1999; *Wagner*, FAZ vom 11. August 2000 (Berliner Seiten); *Pergande*, FAZ vom 15. August 2000.

stehenden 8.000 bis 10.000 Arbeitsplätze, die bei einem anderen Ausgang des Verfahrens in einer strukturschwachen Region mit hoher Arbeitslosigkeit ersatzlos weggefallen wären, ließ der Mehrheit der Verfassungsrichter offenbar die Opferung des 300-Seelen-Dorfes Horno für vertretbar erscheinen, und anders wußte man sich nicht zu helfen. Rechtsdogmatisch sauber und auch vertretbar wäre es gewesen, Art. 25 Abs. 1 Satz 1 der Verfassung des Landes Brandenburg anhand der oben angeführten Argumente grundsätzlich zum Staatsziel zu erklären, um dann zur Abwägung mit anderen Staatszielen der Verfassung zu schreiten. Stattdessen läßt es das Verfassungsgericht des Landes Brandenburg offen, „*ob Art. 25 Abs. 1 Satz 1 LV für den Fall, daß eine Maßnahme sich gegen die Sorben richtet, nicht auch eine subjektiv-rechtliche/grundrechtliche Komponente enthält und sich für diesen Fall als grundrechliches Abwehrrecht darstellt (...).*“ Man glaubt, keine Grundsatzentscheidung treffen zu müssen, „*weil es sich bei der durch das Brandenburgische Braunkohlengrundlagengesetz vorgesehenen Inanspruch-nahme von Gelände für den Braunkohlentagebau - und in diesem größeren Zusammenhang steht auch die Inanspruchnahme von Horno - nicht um einen in diesem Sinne sorbenspezifischen - gegen die Sorben als Sorben gerichteten oder nur sie betreffenden - Eingriff handelt, sondern der Braunkohlentagebau sorbisches wie nichtsorbisches Gebiet betreffen kann.*“ Nachgeschoben wird dann allerdings mit den bekannten und meines Erachtens als nicht überzeugend gewerteten Argumenten eine Begründung, warum Art. 25 Abs. 1 Satz 1 der Verfassung des Landes Brandenburg ein Staatsziel und kein Grundrecht sei. Abgesehen von der Tatsache, daß, wie oben ausgeführt, die Argumente, daß Art. 25 Abs. 1 Satz 1 der Verfassung des Landes Brandenburg ein Staatsziel und kein Grundrecht ist, nicht zu überzeugen vermögen, ist die Konstruktion des Verfassungsgerichts des Landes Brandenburg im vorliegenden Fall nicht vertretbar. Genaugenommen vertritt das Verfassungsgericht des Landes Brandenburg die Meinung, daß es sich bei Art. 25 Abs. 1 Satz 1 der Verfassung des Landes Brandenburg zwar um ein Staatsziel handelt, das aber quasi zu einem Grundrecht für den Fall mutiert, daß sich eine Maßnahme „*gegen die Sorben als Sorben*“ richtet. Von Fall zu Fall ist also nach der Rechtsprechung des Verfassungsgerichtes des Landes Brandenburg Art. 25 Abs. 1 Satz 1 der Verfassung des Landes Brandenburg einmal ein Staatsziel und einmal ein Grundrecht. Eine derartige Ansicht ist schlechterdings falsch. Es sei nur am Rande erwähnt, daß für den Fall, daß sich eine Maßnahme „*gegen die Sorben als Sorben*“ richtet, andere Vorschriften gegen eine solche Maßnahme eingriffen und es, man möchte fast sagen gottlob, nicht auf Art. 25 Abs. 1 Satz 1 der Verfassung des Landes Brandenburg in der Auslegung des Verfassungsgerichts des Landes Brandenburg ankäme.

Im dritten Schritt der Entscheidung wird dann das *Staatsziel im vorliegenden Fall* des Art. 25 Abs. 1 Satz 1 der Verfassung des Landes Brandenburg gegen andere Staatsziele, wie die Strukturförderung des Art. 44 der Verfassung des Landes Brandenburg,[625] und die

---

[625] Art. 44 der Verfassung des Landes Brandenburg bestimmt: „*Das Land gewährleistet eine Strukturförderung der Regionen mit dem Ziel, in allen Landesteilen gleichwertige Lebens- und Arbeitsbedingungen zu schaffen und zu erhalten.*“

Arbeitssicherung des Art. 48 Abs. 1 der Verfassung des Landes Brandenburg[626] abgewogen und tritt gegenüber diesen konsequenterweise zurück.

Die Entscheidung des Verfassungsgerichts des Landes Brandenburg zeigt, wie sehr das Gericht dahin tendierte, dem Art. 25 Abs. 1 Satz 1 der Verfassung des Landes Brandenburg grundrechtlichen Charakter zuzusprechen. Daran sah es sich jedoch gehindert, da Art. 25 Abs. 1 Satz 1 der Verfassung des Landes Brandenburg nicht gegenüber den Staatszielen der Art. 44 und Art. 48 Abs. 1 der Verfassung des Landes Brandenburg hätte zurücktreten können. Konsequent wäre es somit gewesen, Art. 25 Abs. 1 Satz 1 der Verfassung des Landes Brandenburg generell zu einer Staatszielbestimmung zu erklären. Dies wollte das Verfassungsgericht jedoch offenbar auch nicht und entschied sich daher für die unvertretbare Lösung, Art. 25 Abs. 1 Satz 1 der Verfassung des Landes Brandenburg zum *Staatsziel im vorliegenden Fall* zu erklären und gleichzeitig anzudeuten, daß die Norm im anderen Fällen grundrechtlichen Charakter haben müßte. Sicher scheute das Gericht davor zurück, durch eine Entscheidung den ersatzlosen Wegfall von 8.000 bis 10.000 Arbeitsplätzen in einer strukturschwachen Region zu riskieren. Ein Verfassungsgericht ist allerdings nicht dazu berufen, politische Reserveentscheidungen zu treffen, es ist dazu berufen, die Verfassung auszulegen. Hier wäre allerdings etwas mehr Mut und Weitsicht erforderlich gewesen. Das Brandenburgische Braunkohlen-grundlagengesetz passierte den Landtag mit einer komfortablen fraktionsübergreifenden $^2/_3$-Mehrheit. Es war also klar, daß der Braunkohletagebau, so wie er vorgesehen war, politisch realisiert worden wäre. Es wäre die Pflicht des Verfassungsgerichts gewesen, den Landtag Brandenburg als der vom Volk demokratisch legitimierten und diesem auch politisch verantwortlichen Instanz, diese Entscheidung mit allen Konsequenzen zu überlassen und ihn notfalls zu einer ändernden Klarstellung des Art. 25 Abs. 1 Satz 1 der Verfassung des Landes Brandenburg zu veranlassen. Auch in der DDR wurde ein sorbisches Dorf nach dem anderen aus Gründen der Braunkohlegewinnung abgebaggert, obgleich der Minderheitenschutz der Sorben in allen Verfassungen der DDR verankert war.[627] In Brandenburg scheint man nunmehr auf diese *Tradition* zurückgekommen zu sein. Durch das Urteil des Verfassungsgerichts des Landes Brandenburg ist ein Stück DDR in die Verfassungsrealität der Bundesrepublik Deutschland zurückgekehrt. Ob dies allerdings zu einer gesteigerten Identifikation der Menschen und insbesondere der Sorben in Brandenburg mit ihrem Land führen wird, erscheint fraglich. Abschließen sei noch angemerkt, daß in dieser Urteilskritik wirtschaftspolitische Erwägungen nicht mit einbezogen wurden. Es scheint wirklich vieles dafür zu sprechen, die Umsiedlung eines sorbischen 300-Seelen-Dorfes um der Erhaltung von 8.000 bis 10.000 Arbeitsplätzen in der strukturschwachen Region der brandenburgischen Lausitz willen in Kauf zu nehmen. Wenn die Politik dieses wünscht, dann sollte sie auch soviel Anstand und Aufrichtigkeit besitzen, der Wirtschaftsförderung und der Arbeitsplatzerhaltung klaren Vorrang vor dem Minderheitenschutz in der Verfassung einzuräumen. Mit einem verfassungsmäßigen

[626] Art. 48 Abs. 1 der Verfassung des Landes Brandenburg bestimmt: „*Das Land ist verpflichtet, im Rahmen seiner Kräfte durch eine Politik der Vollbeschäftigung und Arbeitsförderung für die Verwirklichung des Rechts auf Arbeit zu sorgen, welches das Recht jedes einzelnen umfaßt, seinen Lebensunterhalt durch freigewählte Arbeit zu verdienen.*"

[627] Vgl. oben Kapitel 2. Punkt VI.

Minderheitenschutz, der in vollmundigen Formulierungen in der Landesverfassung steht, aber nur in guten Zeiten gilt, ist den Sorben wenig geholfen.[628] Diese Situation hatten sie bereits zu Zeiten der DDR.

Das tragische Schicksal des Dorfes Horno scheint mitterweile festzustehen. Der ebenfalls angerufene Europäische Gerichtshof für Menschenrechte konnte in der geplanten Abbaggerung der Gemeinde keinen Menschenrechtsverstoß erkennen[629] und auch die Klagen einzelner Anwohner von Horno, die das Brandenburgische Braunkohlengrundlagengesetz aufgrund der fehlenden Umweltverträglichkeitsprüfung zu Fall bringen wollten, sind inzwischen letztinstanzlich vom Oberverwaltungsgericht in Frankfurt/Oder abgewiesen worden.[630] Gegen die letztgenannte Entscheidung sind nur noch außerordentliche Rechtsbehelfe möglich.

(3) Die Justiziabilität von Art. 25 Abs. 1 Satz 1 der Verfassung des Landes Brandenburg

Im Rahmen der beiden erwähnten Verfahren vor dem Verfassungsgericht des Landes Brandenburg mußte die Frage nicht beantwortet werden, wie die Rechte des Art. 25 Abs. 1 Satz 1 der Verfassung des Landes Brandenburg seitens der Sorben gerichtlich geltend gemacht werden können.[631] Wie bereits festgestellt wurde, gewährt die Vorschrift ein kollektivrechtlich ausgestaltetes Grundrecht. Fraglich ist in diesem Zusammenhang zunächst, wer Träger dieses kollektiven Grundrechts sein soll. In Betracht kommt jeder einzelne Sorbe oder die Gruppe der Sorben in ihrer Gesamtheit. Hinsichtlich des Rechtes auf nationale Identität trifft § 1 Abs. 3 Satz 1 SWG eine klare Aussage, da diese Vorschrift den Art. 25 Abs. 1 Satz 1 der Verfassung des Landes Brandenburg insofern als Individualrecht ausgestaltet, auf das sich jeder Sorbe als auch das sorbische Volk berufen kann.[632] Für das Recht auf das angestammte Siedlungsgebiet liegt keine derart eindeutige Formulierung des SWG vor. Da jedoch das angestammte Siedlungsgebiet eng mit der nationalen Identität der Sorben verbunden ist, kann hier nichts anderes gelten. So wie ein Staatsvolk einem bestimmten Staatsgebiet zugeordnet wird, besteht zwischen einer Minderheit und ihrem traditionellen

[628] In diese Richtung ging auch die Einschätzung des FAZ-Korrespondenten vor Ort *Winters*, der noch vor dem Urteil des Verfassungsgerichts des Landes Brandenburg die eingeleitete Entscheidung der Landesregierung von Brandenburg, Horno dem Braunkohlenbergbau zu opfern, wie folgt kommentierte: *„Es wäre ein fatales Signal für den Minderheitenschutz, wenn eine 80-Millionen-Nation die Rechte einer nur 60.000 Personen zählenden Minderheit - der Sorben - nicht respektierte.“* *Winters*, FAZ vom 19. Februar 1997.

[629] *Wagner*, FAZ vom 11. August 2000 (Berliner Seiten).

[630] Vgl. die dpa-Meldung im Tagesspiegel vom 30. September 2000.

[631] Vgl. hierzu *Siegert*, Minderheitenschutz in der Bundesrepublik Deutschland, S. 114 f.; *Bendig*, NJ 1998, S. 169, 172 f.; *Pastor*, Die rechtliche Stellung der Sorben in Deutschland, S. 100 f.; *Kemper/Szarka*, NJ 1995, S. 294, 295 f.

[632] *Pastor*, Die rechtliche Stellung der Sorben in Deutschland, S. 100.

Siedlungsgebiet eine besondere Beziehung. Diese Beziehung ist der Bundesrepublik Deutschland als Völkerrechtssubjekt sogar so wichtig, daß sie das Bewohnen eines traditionellen Siedlungsgebietes zu einem Definitionskriterium der von ihr intern und völkerrechtlich vertretenen Minderheitendefinition macht.[633] Jeder Raum besitzt als Heimat der dort lebenden Personen einen menschenbezogenen und damit identitätsprägenden Aspekt. Das gilt in besonderem Maße für die Angehörigen von Minderheiten. Sie leben innerhalb des Territoriums einer von ihnen sich in bestimmter Weise unterscheidenden Mehrheit. Ihre Gemeinsamkeit, ihr Rückhalt und ihr soziales Leben ist daher auf das Engste mit diesem traditionellen Siedlungsraum verknüpft. Soll nun der Minderheit ein Identitätsschutz zukommen, so kann dieser nur dann wirksam sein, wenn er auch die räumlich-regionale Beziehung der Minderheit zu ihrem Siedlungsgebiet umfaßt und schützt. Schutzgegenstand der Gebietsschutzkomponente ist somit der Erhalt des Charakters des sorbischen Lebensraumes als Teil des Identitätsschutzes. Die gemeinsame, kollektive Identität aller Sorben ist aber nicht nur Voraussetzung, sondern zugleich Gegenstand der Identität jedes einzelnen Gruppenmitgliedes. Jeder einzelne Sorbe ist Teil des sorbischen Volkes, und seine individuelle Identität als Sorbe ist deckungsgleich mit jener der sorbischen Gesamtheit. Insofern besteht ein enger und untrennbarer Zusammenhang zwischen dem kollektiven und einem davon notwendig mit umfaßten individuellen Schutzgegenstand des Art. 25 Abs. 1 Satz 1 der Verfassung des Landes Brandenburg. Daher kann sich auch jeder einzelne Sorbe sowohl auf die Gewährleistung seiner nationalen Identität als auch auf den Schutz des angestammten Siedlungsgebietes des Art. 25 Abs. 1 Satz 1 der Verfassung des Landes Brandenburg berufen.[634] Jeder einzelne Sorbe kann daher mit der Begründung, daß er aus seinem Recht aus Art. 25 Abs. 1 Satz 1 der Verfassung des Landes Brandenburg verletzt ist, in letzter Konsequenz Verfassungsbeschwerde gemäß Art. 6 Abs. 2 Satz 1 i.V.m. Art. 113 Nr. 4 der Verfassung des Landes Brandenburg zum Verfassungsgericht des Landes Brandenburg erheben. Die vom Ansatz her kollektivrechtliche Ausgestaltung des Art. 25 Abs. 1 Satz 1 der Verfassung des Landes Brandenburg wirft nun weiterhin die Frage auf, ob es eine Vertretung der Sorben gibt, die das kollektive Minderheitengrundrecht im Namen des sorbischen Volkes geltend machen könnte. Hier kommt in erster Linie der durch § 5 SWG geschaffene Rat für sorbische Angelegenheiten in Betracht. Dieses Gremium wurde in Ermangelung einer genuin sorbischen Partei kreiert, um die Angelegenheiten der Sorben politisch zu vertreten. In dieser Funktion muß es dem Rat für sorbische Angelegenheiten daher auch möglich sein, die verfassungsmäßig garantierten Minderheitenrechte der Sorben auch gerichtlich geltend zu machen.[635] Problematischer ist, ob die minderheitlichen Kollektivgrundrechte der Sorben auch durch die Domowina im Namen des sorbischen Volkes wahrgenommen werden können. Kraft Eintragung ins Vereinsregister besitzt die Domowina den Status einer juristischen Person des Privatrechts nach §§ 55 Abs. 1 und 21 BGB. Eine juristische Person des Privatrechts ist nach den verfassungsprozessualen Grundsätzen der Art. 19 Abs. 3 GG bzw. Art. 5 Abs. 3 der Verfassung des Landes Brandenburg grundrechtsfähig und damit vor dem

---

[633] Vgl. hierzu oben Kapitel 3. Punkt I. 3. und Kapitel 5. Punkt IV. 5. e).

[634] *Bendig*, NJ 1998, S. 169, 171 f. A.A. in bezug auf den Schutz des angestammten Siedlungsgebietes ist *Pastor*, Die rechtliche Stellung der Sorben in Deutschland, S. 100.

[635] So im Ergebnis auch *Pastor*, Die rechtliche Stellung der Sorben in Deutschland, S. 100; *Iwers*, Entstehung, Bindungen und Ziele der materiellen Bestimmungen der Landesverfassung Brandenburg, S. 456.

Verfassungsgericht beschwerdefähig, wenn und soweit das als verletzt gerügte Grundrecht seinem Wesen nach auf sie anwendbar ist. Die Schutzrichtung des Art. 25 Abs. 1 Satz 1 der Verfassung des Landes Brandenburg knüpft nicht lediglich an originäre Eigenschaften eines Menschen an sich an, sondern auch an bestimmte Gruppenbeziehungen. Damit steht fest, daß die Domowina das kollektive Grundrecht des Art. 25 Abs. 1 Satz 1 der Verfassung des Landes Brandenburg ebenfalls grundsätzlich geltend machen kann. Fraglich ist hier nur, ob sie dies auch im Namen des gesamten sorbischen Volkes tun kann. Problematisch ist hier, daß die als Verein konstituierte Domowina nicht zweifelsfrei die Interessen aller Sorben vertritt.[636] Dennoch sieht sich die Domowina als Vertreterin der Interessen aller Sorben und wird nach diesem Selbstverständnis auch von den politischen Instanzen sowohl auf Landes- als auch auf Bundesebene akzeptiert, ohne daß gegen diese Rolle ein erheblicher Protest seitens einzelner Sorben oder konkurrierender sorbischer Interessenverbände erkennbar wäre.[637] Daher kann im Ergebnis zusätzlich zum Rat für sorbische Angelegenheiten auch die Domowina die kollektiven Grundrechte des Art. 25 Abs. 1 Satz 1 der Verfassung des Landes Brandenburg im Namen des sorbischen Volkes wahrnehmen.[638]

(4) Die Ausgestaltung durch die §§ 1 und 3 SWG

Die Bestimmung des Art. 25 Abs. 1 Satz 1 der Verfassung des Landes Brandenburg wurde insbesondere durch die §§ 1 und 3 SWG näher ausgestaltet.[639] Neben der bereits erwähnten Klarstellung des § 1 Abs. 3 Satz 1 SWG, der den Art. 25 Abs. 1 Satz 1 der Verfassung des Landes Brandenburg hinsichtlich des Rechtes der Sorben auf Schutz, Erhaltung und Pflege ihrer nationalen Identität individualrechtlich ausgestaltet, enthält die Norm eine Nachbesserung. In § 1 Abs. 1 SWG werden die brandenburgischen Sorben als gleichberechtigter Teil des Staatsvolkes bezeichnet, nachdem sie in Art. 3 der Verfassung des Landes Brandenburg keine besondere Erwähnung gefunden hatten. Diese Bestimmung entspricht wörtlich dem Art. 6 Abs. 1 der Verfassung des Freistaates Sachsen. Allerdings weist *Pastor* in diesem Zusammenhang zutreffend darauf hin, daß dies nicht zur übrigen Konzeption des Minderheitenschutzes der Verfassung des Landes Brandenburg paßt, da den Sorben im Land Brandenburg außerhalb ihres angestammten Siedlungsgebietes keine Rechte zukommen, die sie der Mehrheitsbevölkerung gleichzustellen geeignet sind.[640] Die

---

[636] Dies gibt *Siegert* zu bedenken. *Siegert*, Minderheitenschutz in der Bundesrepublik Deutschland, S. 115.

[637] *Bendig*, NJ 1998, S. 169, 172 f..

[638] So auch *Bendig*, NJ 1998, S. 169, 172 f.; *Pastor*, Die rechtliche Stellung der Sorben in Deutschland, S. 100 f.; *Kemper/Szarka*, NJ 1995, S. 294, 295 f. A.A. *Siegert*, Minderheitenschutz in der Bundesrepublik Deutschland, S. 115.

[639] Vgl. hierzu *Lemke*, Nationale Minderheiten und Volksgruppen im schleswig-holsteinischen und übrigen deutschen Verfassungsrecht, S. 368 f.; *Pastor*, Die rechtliche Stellung der Sorben in Deutschland, S. 109 ff.; *Franke/Kier*, in: *Simon/Franke/Sachs*, Handbuch der Verfassung des Landes Brandenburg, S. 171, 175 f.

[640] *Pastor*, Die rechtliche Stellung der Sorben in Deutschland, S. 111.

einfachgesetzliche Bestimmung, daß die Sorben in Brandenburg der Mehrheitsbevölkerung gleichgestellt sind, kann entgegenstehenden Regelungen daher lediglich im Rahmen der allgemeinen Grundsätze entgegengehalten werden. Ansonsten wiederholen die §§ 1 und 3 SWG lediglich die in der Verfassung des Landes Brandenburg ohnehin bereits verbürgten Rechte. Der territorialen Beschränkung des § 1 Abs. 3 SWG kommt keine eigenständige Bedeutung zu, da durch sie der insofern weitere Art. 25 Abs. 1 Satz 1 der Verfassung des Landes Brandenburg nicht eingeschränkt werden kann. Die rechtliche Bedeutung des § 1 Abs. 2 SWG erschöpft sich gegenüber § 1 Abs. 3 SWG darin, daß hier eine territoriale Beschränkung nicht mehr vorgenommen wird. Die Norm stellt damit eine allgemeine Rechtsgrundlage für alle außerhalb des angestammten Siedlungsgebietes lebenden Sorben dar. Der Gehalt des § 1 Abs. 2 SWG umfaßt allerdings nicht die Verpflichtung des Landes Brandenburg, positive Maßnahmen zugunsten der Sorben zu ergreifen und geht daher seinerseits nicht über den Standard hinaus, den Punkt 1 von Ziffer 14 der Protokollnotiz zu Art. 35[641] des Einigungsvertrages[642] ohnehin mit einfachgesetzlicher Wirkung bundesweit gewährleistet.[643] § 1 Abs. 2 SWG wiederholt damit im Ergebnis lediglich als landesrechtliche Norm einen Rechtszustand, der kraft Bundesrecht in Brandenburg ohnehin bereits herrschte.[644]

In § 3 Abs. 1 Satz 1 SWG wird Art. 25 Abs. 1 Satz 1 der Verfassung des Landes Brandenburg hinsichtlich der Schutzes des angestammten Siedlungsgebietes der Sorben wiederholt. Zudem werden in § 3 Abs. 2 SWG die Gemeinden aufgezählt, die im angestammten Siedlungsgebiet der brandenburgischen Sorben liegen. Allerdings beschränkt sich das SWG hier auf die Beschreibung der Gebietskörperschaften, in denen das Siedlungsgebiet liegt, ohne daß jedoch das Gebiet der aufgezählten Kommunalverbände für mit diesem Gebiet identisch erklärt wird, was durch die Formulierung *„Es (...) liegt in“* deutlich wird. Über die Zugehörigkeit einer Gemeinde zum angestammten Siedlungsgebiet entscheidet gemäß § 3 Abs. 3 Satz 1 SWG die Nachweisbarkeit einer kontinuierlichen sprachlichen und kulturellen Tradition bis zur Gegenwart. Damit wird eine eindeutige Definition vermieden und somit unnötigerweise ein möglicher Anlaß für Streitigkeiten geschaffen.[645]

---

[641] Art. 35 Einigungsvertrag betrifft Maßnahmen im Bereich der Kulturförderung.

[642] Vertrag zwischen der Bundesrepublik Deutschland und der Deutschen Demokratischen Republik über die Herstellung der Einheit Deutschlands – Einigungsvertrag – vom 31. August 1990 (BGBl. 1990 II S. 889 ff.).

[643] Vgl. hierzu oben Kapitel 5. Punkt II. 1. a).

[644] *Pastor*, Die rechtliche Stellung der Sorben in Deutschland, S. 112.

[645] *Pastor*, Die rechtliche Stellung der Sorben in Deutschland, S. 109 f.

cc) Die politische Integration der Sorben in Brandenburg (Art. 25 Abs. 1 Satz 2 und Abs. 5 Satz 2 der Verfassung des Landes Brandenburg)

Art. 25 Abs. 1 Satz 2 der Verfassung des Landes Brandenburg enthält in erster Linie eine Verpflichtung zur Förderung der Verwirklichung der kollektiven Grundrechte der Sorben nach Art. 25 Abs. 1 Satz 1 der Verfassung des Landes Brandenburg. Gesonderte Erwähnung finden hierbei die *kulturelle Eigenständigkeit* und die *wirksame politische Mitgestaltung*. Im Gegensatz zu Satz 1 kodifiziert die Förderklausel des 2. Satzes des Art. 25 Abs. 1 der Verfassung des Landes Brandenburg kein Grundrecht, sondern ist als dauernde Staatsaufgabe und damit als Staatszielbestimmung zu verstehen. Die Inhalte des Art. 25 Abs. 1 Satz 2 der Verfassung des Landes Brandenburg sind zu unbestimmt, um hieraus subjektive Rechte für jeden einzelnen Sorben oder die Gesamtheit der Sorben ableiten zu können.[646]

Darüber hinaus bestimmt Art. 25 Abs. 1 Satz 2 zusammen mit Art. 25 Abs. 5 Satz 2 der Verfassung des Landes Brandenburg den Rahmen, in welchem die politische Integration der Sorben in Brandenburg stattfinden soll.[647] Die *wirksame politische Mitgestaltung* der Sorben war gemäß Art. 25 Abs. 5 Satz 2 der Verfassung des Landes Brandenburg in ihrem wesentlichen Bereich, der Mitwirkung in Angelegenheiten der Sorben besonders bei der Gesetzgebung, zwingend im SWG[648] zu regeln. Dort sieht § 5 SWG die Bildung eines Rates für sorbische Angelegenheiten beim Landtag und § 6 SWG als Soll-Bestimmung die Bestellung eines Beauftragten für Angelegenheiten der Sorben bei den Kommunen vor.

---

[646] So wohl die allgemeine Meinung. Vgl. *Pastor*, Die rechtliche Stellung der Sorben in Deutschland, S. 101; *Neumann/Tillmanns*, Verfassungsrechtliche Probleme bei der Konstituierung der neuen Bundesländer, S. 95.

[647] *Pastor* weist in diesem Zusammenhang zusätzlich auf Art. 21 der Verfassung des Landes Brandenburg hin, der das allgemeine Recht auf politische Mitgestaltung enthält, hin. *Pastor*, Die rechtliche Stellung der Sorben in Deutschland, S. 101. Diese Bestimmung hat folgenden Wortlaut:
Art. 21 Recht auf politische Mitgestaltung
(1) Das Recht auf politische Mitgestaltung ist gewährleistet.
(2) Jeder hat nach Maßgabe der Eignung, Befähigung und fachlichen Leistung das gleiche Recht auf Zugang zu öffentlichen Ämtern, soweit nicht für die Wahrnehmung hoheitlicher Befugnisse etwas anderes gesetzlich bestimmt ist. Eine Entlassung oder Disziplinierung wegen einer Betätigung in Bürgerinitiativen, Verbänden, Religionsgemeinschaften oder Parteien ist unzulässig.
(3) Alle Menschen haben das Recht, sich in Bürgerinitiativen oder Verbänden zur Beeinflussung öffentlicher Angelegenheiten zusammenzuschließen. Diese haben das Recht auf Information durch alle staatlichen und kommunalen Stellen und auf Vorbringen ihrer Anliegen bei den zuständigen Stellen und Vertretungskörperschaften. Das Nähere regelt ein Gesetz.
(4) Jeder hat nach Maßgabe des Gesetzes das Recht auf Einsicht in Akten und sonstige amtliche Unterlagen der Behörden und Verwaltungseinrichtungen des Landes und der Kommunen, soweit nicht überwiegende öffentliche oder private Interessen entgegenstehen.
(5) Wer durch öffentliche oder private Vorhaben in seinen rechtlich geschützten Interessen betroffen wird, hat das Recht auf Verfahrensbeteiligung. Dieses Recht steht auch Zusammenschlüssen von Betroffenen zu. Das Nähere regelt ein Gesetz.

[648] Verkündet als Art. 1 des Gesetzes zur Ausgestaltung der Rechte der Sorben (Wenden) im Land Brandenburg - Sorben(Wenden)-Gesetz (SWG) - vom 7. Juli 1994 (GVBl. Brandenburg 1994 I S. 294).

§ 5 SWG
„Rat für sorbische (wendische) Angelegenheiten.

(1) Der Landtag wählt jeweils für die Dauer einer Wahlperiode einen Rat für sorbische (wendische) Angelegenheiten. Dieser besteht aus fünf Mitgliedern. Die Mitglieder dieses Rates für sorbische (wendische) Angelegenheiten sollen Angehörige des sorbischen (wendischen) Volkes sein. Den sorbischen (wendischen) Verbänden steht bei der Wahl das Vorschlagsrecht zu. Die Mitglieder des Rates für sorbische (wendische) Angelegenheiten üben ihr Amt ehrenamtlich aus. Für ihre Tätigkeit erhalten sie eine Entschädigung für Aufwand.

(2) Der Rat für sorbische (wendische) Angelegenheiten berät den Landtag. Er hat die Aufgabe, bei allen Beratungsgegenständen, durch die die Rechte der Sorben (Wenden) berührt werden können, die Interessen der Sorben (Wenden) zu wahren. Das Nähere regelt die Geschäftsordnung des Landtages."

§ 6 SWG
„Beauftragte für Angelegenheiten der Sorben (Wenden) bei den Kommunen.

(1) Bei den Ämtern, den amtsfreien Städten und Gemeinden sowie den Landkreisen im angestammten sorbischen (wendischen) Siedlungsgebiet sollen im Rahmen der kommunalen Selbstverwaltung Beauftragte für Angelegenheiten der Sorben (Wenden) benannt oder andere geeignete Maßnahmen zur Wahrung der Interessen der Sorben (Wenden) getroffen werden.

(2) Die Beauftragten für Angelegenheiten der Sorben (Wenden) vertreten die Belange der sorbischen (wendischen) Mitbürger. Sie sind Ansprechpartner für die Sorben (Wenden) und fördern ein gedeihliches Zusammenleben zwischen sorbischer (wendischer) und nichtsorbischer (nichtwendischer) Bevölkerung. § 23 Abs. 3 der Gemeindeordnung vom 15. Oktober 1993 (GVBl. I S. 398) und § 21 Abs. 3 der Landkreisordnung vom 15. Oktober 1993 (GVBl. I S. 398), zuletzt geändert durch Gesetz vom 14. Februar 1994 (GVBl. I S. 34), gelten entsprechend."

Die Schaffung des Rates für sorbische Angelegenheiten stellt den zentralen Akt der Verwirklichung der politischen Integration der Sorben in Brandenburg dar. Durch diesen Rat werden die Sorben an der parlamentarischen Arbeit des Landtags in Potsdam beteiligt. Der Rat für sorbische Angelegenheiten fungiert als beratendes Organ des Landtages und ist obligatorisch an allen Beratungsgegenständen zu beteiligen, durch welche die Rechte der Sorben berührt werden können. Der Rat besteht aus fünf Mitgliedern, die für die Dauer einer

Legislaturperiode vom Landtag gewählt werden. Das Vorschlagsrecht für die Kandidaten dieses Gremiums steht den sorbischen Verbänden zu. Die ursprüngliche Vorstellung der Sorben, die Mitglieder des Rates für sorbische Angelegenheiten direkt zu wählen, wurde seitens des brandenburgischen Gesetzgebers mit der Argumentation abgelehnt, daß der Kreis der Wahlberechtigten nicht eingegrenzt werden könne.[649] Die erstmals für den Rat für sorbische Angelegenheiten vorgeschlagenen Personen sind auf einer eigens hierfür von den sorbischen Verbänden einberufenen niedersorbischen Vollversammlung gewählt worden, die am 30. September 1994 in Cottbus zusammengetreten war.[650]

Landkreise, Ämter sowie amtsfreie Städte und Gemeinden im angestammten Siedlungsgebiet der Sorben sollen gemäß § 6 Abs. 1 SWG Beauftragte für Angelegenheiten der Sorben benennen oder andere geeignete Maßnahmen zur Wahrung der Interessen der Sorben treffen. Diese Bestimmung ist ein Kompromiß, der einen Streit des Innenausschusses des Landtages, der angesichts des Rechtes auf kommunale Selbstverwaltung die Bestellung von Beauftragten für sorbische Angelegenheiten in das Ermessen der betroffenen Kommunen stellen wollte, und der Fraktion der PDS/LL im Potsdamer Landtag, die eine zwingende Einsetzung solcher Beauftragter auf kommunaler Ebene durchsetzen wollte, reflektiert.[651] Auch ohne die Vorschrift des § 6 Abs. 1 SWG wären die Kommunen im sorbischen Siedlungsgebiet in der Lage gewesen, Beauftragte für sorbische Angelegenheiten einzusetzen. Andererseits zwingt sie die Soll-Bestimmung des § 6 Abs. 1 SWG auch nicht, dies zu tun, falls sie dies nicht wollen. Damit hat die Vorschrift des § 6 Abs. 1 SWG im Ergebnis nur appellativen Charakter. Richtigerweise weist jedoch Pastor darauf hin, daß von § 6 SWG jedenfalls eine Änderung zumindest insofern zu erwarten ist, als die Soll-Bestimmung eine Begründung erfordert, die ein Abweichen von der von ihr aufgestellten Regel zu rechtfertigen vermag.[652]

Die brandenburgische Gemeindeordnung (BbgGemO)[653] und die brandenburgische Landkreisordnung (BbgLKrO)[654] beziehen sich an zwei Stellen auf die sorbische Bevölkerung. Einerseits verpflichtet § 3 Abs. 3 BbgGemO[655] und § 2 Abs. 2 BbgLKrO[656] die

---

[649] Nachweise und Kritik hierzu bei *Pastor*, Die rechtliche Stellung der Sorben in Deutschland, S. 108. Vgl. hierzu auch die entsprechenden Bestimmungen des von sorbischer Seite vorgeschlagenen Entwurfes eines Gesetzes zum Schutze und zur Förderung des sorbischen Volkes, Landtag Brandenburg, LT-Drucks. 1/2320.

[650] *Pastor*, Die rechtliche Stellung der Sorben in Deutschland, S. 108.

[651] *Pastor*, Die rechtliche Stellung der Sorben in Deutschland, S. 108 f.

[652] *Pastor*, Die rechtliche Stellung der Sorben in Deutschland, S. 109.

[653] Gemeindeordnung für das Land Brandenburg (BbgGemO) - vom 15. Oktober 1993 (GVBl. Brandenburg 1993 I S. 398).

[654] Landkreisordnung für das Land Brandenburg (BbgLKrO) - vom 15. Oktober 1993 (GVBl. Brandenburg 1993 I S. 433).

[655] § 3 Abs. 3 Gemeindeordnung für das Land Brandenburg (BbgGemO) hat folgenden Wortlaut:

Gemeinden bzw. Landkreise zur Förderung der Gleichstellung aller Einwohner, wobei das Kriterium der *Nationalität* gesondert erwähnt wird. Andererseits enthält § 24 Abs. 2 BbgGemO[657] und § 22 Abs. 2 BbgLKrO[658] eine Sonderregelung für die Gemeinden und Landkreise im angestammten Siedlungsgebiet der Sorben, die neben Sprache und Kultur auch die *wirksame politische Mitgestaltung* sorbischer Bürger zu fördern haben.[659]

Eine weitere Verbesserung der politischen Integration der Sorben in Brandenburg intendieren auch die Modifikationen zugunsten der sorbischen Minderheit im brandenburgischen Landeswahlrecht.[660] § 3 Abs. 1 Satz 2 des brandenburgischen Landeswahlgesetzes (BbgLWahlG)[661] enthält eine Ausnahme von der in § 3 Abs. 1 Satz 1 festgeschriebenen 5%-Sperrklausel für *die von Parteien, politischen Vereinigungen oder Listenvereinigungen der Sorben eingereichten Landeslisten.*[662] Bei der vom Landeswahlausschuß auf Vorschlag des

---

(3) Bei der Lösung der Aufgaben in der Gemeinde ist im Rahmen der Gesetze die Gleichstellung aller Einwohner, unabhängig von ihrer Abstammung, Nationalität, Sprache, Religion, ihres Geschlechts oder einer Behinderung zu fördern.

656 § 2 Abs. 2 Landkreisordnung für das Land Brandenburg (BbgLKrO) hat folgenden Wortlaut:
(2) Bei der Lösung der Aufgaben im Landkreis ist im Rahmen der Gesetze die Gleichstellung aller Einwohner, unabhängig von ihrer Abstammung, Nationalität, Sprache, Religion, ihres Geschlechts oder einer Behinderung zu fördern.

657 § 24 Gemeindeordnung für das Land Brandenburg (BbgGemO) hat folgenden Wortlaut:
(1) *Die Gemeinde fördert das kulturelle Leben und die Vermittlung des kulturellen Erbes in ihrem Gebiet und ermöglicht ihren Einwohnern die Teilnahme am kulturellen Leben sowie den Zugang zu den Kulturgütern.*
(2) *Die Gemeinden im sorbischen Siedlungsgebiet fördern die sorbische Kultur, Sprache und wirksame politische Mitgestaltung der sorbischen Bürger. Öffentliche Gebäude und Einrichtungen, Straßen, Wege, Plätze und Brücken sind zweisprachig zu beschriften. Das Nähere regeln die Gemeinden in ihren Hauptsatzungen.*

658 § 22 Landkreisordnung für das Land Brandenburg (BbgLKrO) hat folgenden Wortlaut:
(1) *Der Landkreis fördert das kulturelle Leben und die Vermittlung des kulturellen Erbes auf seinem Gebiet und ermöglicht seinen Einwohnern die Teilnahme am kulturellen Leben sowie den Zugang zu den Kulturgütern.*
(2) *Die Landkreise im sorbischen Siedlungsgebiet fördern die sorbische Kultur, Sprache und wirksame politische Mitgestaltung der sorbischen Bürger. Öffentliche Gebäude und Einrichtungen, Straßen, Wege, Plätze und Brücken sind zweisprachig zu beschriften. Das Nähere regeln die Landkreise in ihren Hauptsatzungen.*

659 *Pastor*, Die rechtliche Stellung der Sorben in Deutschland, S. 124.

660 Vgl. hierzu *Iwers*, Entstehung, Bindungen und Ziele der materiellen Bestimmungen der Landesverfassung Brandenburg, S. 452 f.; *Franke/Kier*, in: *Simon/Franke/Sachs*, Handbuch der Verfassung des Landes Brandenburg, S. 171, 177; *Lemke*, Nationale Minderheiten und Volksgruppen im schleswig-holsteinischen und übrigen deutschen Verfassungsrecht, S. 372; *Pastor*, Die rechtliche Stellung der Sorben in Deutschland, S. 123.

661 Wahlgesetz für den Brandenburgischen Landtag - Brandenburgisches Landeswahlgesetz (BbgLWahlG) - vom 2. März 1994 (GVBl. Brandenburg 1994 I S. 38).

662 § 3 Abs. 1 Wahlgesetz für den Brandenburgischen Landtag (BbgLWahlG) hat folgenden Wortlaut:
(1) Bei der Verteilung der Sitze auf die Landeslisten werden nur Parteien, politische Vereinigungen und Listenvereinigungen berücksichtigt, die mindestens fünf vom Hundert der im Wahlkreis abgegebenen gültigen Zweitstimmen erhalten oder mindestens in einem Wahlkreis einen Sitz errungen haben. Die Bestimmungen über die Sperrklausel nach Satz 1 findet auf die von Parteien, politischen Vereinigungen oder Listenvereinigungen der

Präsidiums des Landtages zu treffenden Entscheidung, ob es sich bei einer Landesliste um eine sorbische handelt, hat der Rat für sorbische Angelegenheiten gem. § 3 Abs. 1 Satz 3 BbgLWahlG ein Anhörungsrecht. Die Ausnahme von der 5%-Hürde im brandenburgischen Landeswahlrecht wird ergänzt durch das brandenburgische Wahlkampfkostenerstattunggesetz[663] (WKKG). Dieses sieht in seinem § 1 Abs. 4 für Listenvereinigungen der Sorben unabhängig von der in § 1 Abs. 2 und 3 WKKG vorgesehenen Mindeststimmenzahl eine Erstattung von Wahlkampfkosten vor. Weiterhin werden in § 3 Abs. 5 WKKG politische Vereinigungen der Sorben von der in § 3 Abs. 3 und 4 WKKG festgelegten Mindeststimmenzahl für eine jährliche Zuwendung gemäß § 3 Abs. 1 WKKG ausgenommen. Weitere Sonderregelungen zugunsten der Sorben enthalten § 46 BbgLWahlV[664] und § 85 BbgKomWahlV,[665] die sich auf die mit Wahlen zusammenhängenden Hinweise in sorbischer Sprache beziehen.[666]

In dem im Herbst 1993 von der Domowina vorgelegten Entwurf zum Schutz und zur Förderung des sorbischen Volkes,[667] dem das SWG über weite Strecken folgt, war in § 8 die Schaffung des Amtes eines Beauftragten des Ministerpräsidenten für Sorbenangelegenheiten vorgesehen. Diese Norm wurde nicht ins SWG übernommen. Art. 74 Abs. 2 der Verfassung des Landes Brandenburg sieht jedoch die Möglichkeit weiterhin vor, einen Sonderbeauftragten als Landesbeauftragten zu bestellen. Hiervon ist allerdings ebenfalls noch kein Gebrauch gemacht worden. Innerhalb der Exekutive besteht jedoch ein Referat für Angelegenheiten der Sorben in der Staatskanzlei.[668]

Sorben eingereichten Landeslisten keine Anwendung. Ob eine Landesliste von Parteien, politischen Vereinigungen oder Listenvereinigungen eine Landesliste der Sorben ist, entscheidet der Landeswahlausschuß auf Vorschlag des Präsidiums des Landtages nach Anhörung des Rates für sorbische (wendische) Angelegenheiten nach § 5 des Sorben (Wenden)-Gesetzes.

663 Gesetz über die Erstattung der Wahlkampfkosten für die Landtagswahlen an politische Vereinigungen, Listenvereinigungen und Einzelbewerber sowie über die Zahlung von Mitteln nach dem Parteiengesetz - Wahlkampfkostenerstattungsgesetz (WKKG) - vom 4. Juli 1994 (GVBl. Brandenburg 1994 I S. 261).

664 Brandenburgische Landeswahlverordnung (BbgLWahlV) vom 11. März 1994 (GVBl. Brandenburg 1994 I S. 182).

665 Brandenburgische Kommunalwahlverordnung (BbgKomWahlV) vom 31. Juli 1993 (GVBl. Brandenburg 1993 I S. 412).

666 *Pastor*, Die rechtliche Stellung der Sorben in Deutschland, S. 123.

667 Entwurf eines Gesetzes zum Schutze und zur Förderung des sorbischen Volkes, Landtag Brandenburg, LT-Drucks. 1/2320.

668 *Franke/Kier*, in: *Simon/Franke/Sachs*, Handbuch der Verfassung des Landes Brandenburg, S. 171, 176.

dd) Die Bewahrung und Förderung der sorbischen Sprache und Kultur im öffentlichen Leben (Art. 25 Abs. 3 der Verfassung des Landes Brandenburg)

Art. 25 Abs. 3 der Verfassung des Landes Brandenburg beinhaltet das Recht der Sorben auf Bewahrung und Förderung der sorbischen Sprache und Kultur im öffentlichen Leben und ihre Vermittlung in Schulen und Kindertagesstätten. Hinsichtlich dieser Bestimmung geht die herrschende Meinung davon aus, daß sie subjektive Rechte vermittelt.[669] Einerseits soll die Bestimmung im Sinne eines Abwehrrechts Eingriffe unterbinden, andererseits soll aber auch eine Förderung erfolgen, was der Bestimmung den Charakter eines Leistungsrechts gibt. Dem Wortlaut der Vorschrift ist nicht zu entnehmen, ob es sich hierbei um ein individuelles oder nur ein kollektives Grundrecht der Sorben handelt. Sinn und Zweck der Vorschrift legen aber nahe, daß neben dem sorbischen Volk in seiner Gesamtheit auch jeder einzelne Sorbe die Rechte des Art. 25 Abs. 3 der Verfassung des Landes Brandenburg für sich einfordern kann.[670] Für den weiten Bereich der Bewahrung und Förderung der Kultur muß dieses Grundrecht jedoch eng ausgelegt werden.

Art. 25 Abs. 3 der Verfassung des Landes Brandenburg enthält also zunächst ein Recht auf Bewahrung der sorbischen Sprache im öffentlichen Leben. Dieses Recht stellt den seit langem bestehenden Bestandsschutz der Verwendung der sorbischen Sprache bei Behörden, vor Gericht und in der öffentlichen Beschriftung auf eine neue verfassungsmäßige Grundlage. Die gleiche Schutzrichtung[671] hat auch Punkt 3 von Ziffer 14 der Protokollnotiz zu Art. 35[672] des Einigungsvertrages.[673] Der Inhalt des Rechts auf Bewahrung der sorbischen Kultur im öffentlichen Leben ist schwieriger zu bestimmen. *Pastor* gibt hier zu bedenken, daß die Konsequenz, daß nach einer weiten Auslegung dieser Komponente im Grunde alles, was sorbische Kultur darstellt, Bestandsschutz genießen würde, unabsehbare finanzielle Folgen hätte. Er schlägt daher vor, den Begriff *öffentliches Leben* eng auszulegen und ihn auf den Bereich der Staatstätigkeit zu reduzieren. Damit ergäbe sich aus Art. 25 Abs. 3 der Verfassung des Landes Brandenburg ein Bestandsschutz für sorbische Kultur, der sich auf die staatlichen kulturellen Einrichtungen bezieht.[674] Dennoch kann *Pastor* nicht gefolgt werden, wenn er in diesem Zusammenhang lediglich von einer objektiv-rechtlichen

---

[669] Vgl. etwa: *Neumann/Tillmanns*, Verfassungsrechtliche Probleme bei der Konstituierung der neuen Bundesländer, S. 94 f.; *Fischer*, Staatszielbestimmungen in den Verfassungen und Verfassungsentwürfen der neuen Bundesländer, S. 82; *Franke/Kier*, in: *Simon/Franke/Sachs*, Handbuch der Verfassung des Landes Brandenburg, S. 171, 175; *Siegert*, Minderheitenschutz in der Bundesrepublik Deutschland, S. 113.

[670] So auch *Siegert*, Minderheitenschutz in der Bundesrepublik Deutschland, S. 113 f.

[671] Vgl. oben Kapitel 5. Punkt II. 1. a).

[672] Art. 35 Einigungsvertrag betrifft Maßnahmen im Bereich der Kulturförderung.

[673] Vertrag zwischen der Bundesrepublik Deutschland und der Deutschen Demokratischen Republik über die Herstellung der Einheit Deutschlands – Einigungsvertrag – vom 31. August 1990 (BGBl. 1990 II S. 889 ff.).

[674] *Pastor*, Die rechtliche Stellung der Sorben in Deutschland, S. 102.

Einrichtungsgarantie ausgehen will.[675] Der insofern klare Wortlaut des Art. 25 Abs. 3 der Verfassung des Landes Brandenburg läßt hier keine andere Auslegung zu als von einem Grundrecht auszugehen. Der Inhalt diese Grundrechts, das in bezug auf die Bewahrung der sorbischen Kultur eigentlich nur dann Sinn ergibt, wenn es nur von dem sorbischen Volk in seiner Gesamtheit eingefordert wird, ist die Erhaltung aller staatlichen sorbischen Kulturgüter. Negativ ausgedrückt verbietet die Bestimmung die Schließung oder Einstellung der Finanzierung oder Mitfinanzierung einer sorbischen kulturellen Einrichtung ohne oder gegen den Willen der Sorben. Neben dem Recht auf Bewahrung enthält Art. 25 Abs. 3 der Verfassung des Landes Brandenburg ein Recht auf Förderung der sorbischen Sprache und Kultur im öffentlichen Leben. Hier muß im Grunde das gleiche gelten. Dieses Grundrecht kann sinnvollerweise nur von den Sorben in ihrer Gesamtheit eingefordert werden. Inhalt des Rechts ist der Anspruch der Sorben auf eine Weiterförderung aller laufenden kulturellen oder sprachlichen Projekte.[676] Die absolute Grenze der Bewahrung und Förderung der sorbischen Sprache und Kultur im öffentlichen Leben ist natürlich die finanzielle Leistungsfähigkeit des Landes, die jedoch bei einer Förderung der Sorben im gegenwärtigen Umfang noch lange nicht erreicht scheint. Die letzte Komponente, die Art. 25 Abs. 3 der Verfassung des Landes Brandenburg enthält, ist die Pflicht, die sorbische Sprache und Kultur in Schulen und Kindergärten zu vermitteln. Es ist hier die Pflicht des Landes, eine ausreichende Versorgung der sorbischen Bevölkerung mit sorbischen Schulen und Kindertagesstätten sicherzustellen.[677] Eine solche Versorgung kann von den Sorben in ihrer Gesamtheit und auch von jedem einzelnen Sorben beansprucht werden.

Die durch Art. 25 Abs. 3 der Verfassung des Landes Brandenburg verbrieften Rechte sind in erster Linie durch die Förderklauseln der §§ 7 bis 10 und 12 des Sorben(Wenden)-Gesetzes (SWG) vom 7. Juli 1994 konkretisiert und ausgestaltet:[678]

---

[675] Wie hier: *Neumann/Tillmanns*, Verfassungsrechtliche Probleme bei der Konstituierung der neuen Bundesländer, S. 94 f.; *Fischer*, Staatszielbestimmungen in den Verfassungen und Verfassungsentwürfen der neuen Bundesländer, S. 82; *Franke/Kier*, in: *Simon/Franke/Sachs*, Handbuch der Verfassung des Landes Brandenburg, S. 171, 175; *Siegert*, Minderheitenschutz in der Bundesrepublik Deutschland, S. 113. A.A. *Pastor*, Die rechtliche Stellung der Sorben in Deutschland, S. 102; *Lemke*, Nationale Minderheiten und Volksgruppen im schleswig-holsteinischen und übrigen deutschen Verfassungsrecht, S. 371.

[676] A.A. *Pastor*, Die rechtliche Stellung der Sorben in Deutschland, S. 103. *Pastor* geht hier wieder nur von einem Staatsziel im Sinne eines sozialen Grundrechts aus.

[677] *Pastor*, Die rechtliche Stellung der Sorben in Deutschland, S. 103.

[678] Verkündet als Art. 1 des Gesetzes zur Ausgestaltung der Rechte der Sorben (Wenden) im Land Brandenburg - Sorben(Wenden)-Gesetz (SWG) - vom 7. Juli 1994 (GVBl. Brandenburg 1994 I S. 294).

§ 7 SWG
„Kultur

(1) Das Land Brandenburg schützt und fördert die sorbische (wendische) Kultur.

(2) *Die Landkreise und Gemeinden im angestammten Siedlungsgebiet der Sorben (Wenden) beziehen die sorbische (wendische) Kultur angemessen in ihre Kulturarbeit ein. Sie fördern sorbische (wendische) Kultur, Sitten und Gebäuche."*

§ 8 SWG
„Sprache

Die sorbische Sprache, insbesondere das Niedersorbische, ist zu schützen und zu fördern. Der Gebrauch der sorbischen Sprache ist frei."

§ 9 SWG
„Sorabistik

Das Land Brandenburg fördert die Sorabistik als Wissenschaft. Es arbeitet auf diesem Gebiet eng mit dem Freistaat Sachsen zusammen."

§ 10 SWG
„Bildung

(1) Kindern und Jugendlichen im angestammten sorbischen (wendischen) Siedlungsgebiet, deren Eltern es wünschen, ist die Möglichkeit zu geben, die sorbische Sprache zu erlernen.

(2) In den Kindertagesstätten im angestammten sorbischen (wendischen) Siedlungsgebiet ist die sorbische (wendische) Geschichte und Kultur altersgerecht in die Spielgestaltung und Bildungsarbeit einzubeziehen.

(3) Das Land Brandenburg fördert die Aus-, Fort- und Weiterbildung von Lehrern der sorbischen Sprache. Es arbeitet auf diesem Gebiet eng mit dem Freistaat Sachsen zusammen.

(4) Durch Angebote in der Weiterbildung für Erwachsene soll die Bewahrung und Pflege der sorbischen (wendischen) Sprache und Kultur gefördert werden.

(5) Kindertagesstätten und Schulen, die durch sorbische (wendische) Verbände im angestammten Siedlungsgebiet der Sorben (Wenden) betrieben werden, werden durch das Land besonders gefördert und unterstützt, sofern diese Einrichtungen vorrangig der Pflege, Förderung und Vermittlung der sorbischen (wendischen) Sprache und Kultur dienen und somit dauerhaft zweisprachig betrieben werden."

§ 12 SWG
„Medien

(1) Im Programm der öffentlich-rechtlichen Medien sind der sorbischen (wendischen) Kultur und Sprache angemessen Rechnung zu tragen.

(2) Das Land wirkt darauf hin, daß die sorbische (wendische) Kultur und Sprache auch in privaten Medien Berücksichtigung finden."

In den §§ 7 und 8 SWG ist der Anspruch auf Förderung der sorbischen Kultur und Sprache deutlicher ausformuliert als in Art. 25 Abs. 3 der Verfassung des Landes Brandenburg. Die Verpflichtung der Gemeinden und Landkreise zur Mitwirkung bei der Verwirklichung dieser Rechte, die bereits in der brandenburgischen Gemeinde- und Landkreisordnung niedergelegt war, wird nochmals wiederholt.[679] Die §§ 9 und 10 Abs. 3 und 4 SWG entsprechen dem Gesetzgebungsauftrag des Art. 25 Abs. 5 der Verfassung des Landes Brandenburg, da sie die Rechte auf Förderung noch konkreter fassen und über den Gehalt von Art. 25 der Verfassung des Landes Brandenburg hinaus noch erweitern.[680] § 10 SWG enthält für den Bildungsbereich die Rechte, die sorbische Sprache in der Schule erlernen zu können (Abs. 1) sowie sorbische Geschichte und Kultur in Kindertagesstätten und Schulen einzubeziehen (Abs. 2). Diese Rechte werden Eltern, Kindern und Jugendlichen im sorbischen Siedlungsgebiet zugesprochen. Während § 10 Abs. 1 SWG lediglich ein Recht wiederholt, das bereits im

---

[679] *Pastor*, Die rechtliche Stellung der Sorben in Deutschland, S. 156.

[680] *Pastor*, Die rechtliche Stellung der Sorben in Deutschland, S. 114; *Lemke*, Nationale Minderheiten und Volksgruppen im schleswig-holsteinischen und übrigen deutschen Verfassungsrecht, S. 370 f.

brandenburgischen Schulrecht niedergelegt ist, ist die Einbeziehung von sorbischer Geschichte und Kultur in die Spielgestaltung der Kindertagesstätten im sorbischen Siedlungsgebiet im brandenburgischen Gesetz über die Kindertagesstätten (KitaG)[681] nicht vorgesehen, so daß das SWG hier eine Erweiterung bestimmt.[682] Für den Bereich der Erwachsenenbildung enthält § 10 SWG in seinen Absätzen 3 bis 5 entsprechende Förderklauseln. Das Land Brandenburg verpflichtet sich dort zur Förderung der Aus-, Fort- und Weiterbildung von Lehrern der sorbischen Sprache, zu Angeboten der sorbischen Sprache und Kultur in der Erwachsenenbildung und zu einer besonderen Förderung von privaten Kindertagesstätten und Schulen, wenn sie von sorbischen Verbänden und dauerhaft zweisprachig betrieben werden.[683]

Im Gegensatz zur Situation im Freistaat Sachsen gibt es in Brandenburg kein sorbischen öffentliches Schulwesen. Ein solches existiert weder praktisch, noch kann ein Anspruch hierauf aus Art. 25 der Verfassung des Landes Brandenburg hergeleitet werden.[684] Art. 25 Abs. 3 der Verfassung des Landes Brandenburg sichert den Sorben das Recht auf Bewahrung und Förderung der sorbischen Sprache im öffentlichen Leben und ihre Vermittlung in Schulen und Kindertagesstätten zu. Der Formulierung ist wohl lediglich zu entnehmen, daß die sorbische Sprache in den genannten Bildungseinrichtungen in irgendeiner Weise vermittelt werden soll, nicht jedoch, daß die Einrichtungsgarantie eines genuinen öffentlichen Kindertagesstätten- und Schulwesens seitens der Sorben beansprucht werden kann. Die Gewährleistungen des Art. 25 Abs. 3 der Verfassung des Landes Brandenburg beschränken sich daher auf die Erteilung von Sorbischunterricht an den Schulen und die Möglichkeit, die sorbische Sprache auch in den Kindertagesstätten verwenden zu dürfen. Wie Schleswig-Holstein läßt Brandenburg zudem in diesem Zusammenhang die Möglichkeit zu, ein sorbisches Kindertagesstätten- und Schulwesen in privater Trägerschaft zu errichten.[685] Art. 30 Abs. 6 der Verfassung des Landes Brandenburg[686] gewährleistet zu diesem Zweck die Privatschulfreiheit nochmals ausdrücklich unter Bezugnahme auf Art. 7 Abs. 4 GG.[687] Das als

---

681 Zweites Gesetz zur Ausführung des Achten Buches des Sozialgesetzbuches - Kinder- und Jugendhilfe - Kindertagesstätten-Gesetz (KitaG) - vom 10. Juni 1992 (GVBl. Brandenburg 1992 I S. 178).

682 *Pastor*, Die rechtliche Stellung der Sorben in Deutschland, S. 113.

683 *Pastor*, Die rechtliche Stellung der Sorben in Deutschland, S. 139.

684 *Pastor*, Die rechtliche Stellung der Sorben in Deutschland, S. 134 f.; *Lemke*, Nationale Minderheiten und Volksgruppen im schleswig-holsteinischen und übrigen deutschen Verfassungsrecht, S. 371 f.

685 *Pastor*, Die rechtliche Stellung der Sorben in Deutschland, S. 135.

686 Art. 30 Abs. 6 der Verfassung des Landes Brandenburg hat folgenden Wortlaut:
„*(6) Das Recht zur Errichtung von Schulen in freier Trägerschaft wird nach Maßgabe von Artikel 7 Absatz 4 des Grundgesetzes gewährleistet. Die Träger haben Anspruch auf einen öffentlichen Finanzierungszuschuß.*"

687 Vgl. hierzu oben Kapitel 4. Punkt IV. 1.

Vorschaltgesetz zum Landesschulgesetz verabschiedete Erste Schulreformgesetz für das Land Brandenburg[688] bezieht sich in seinem § 2 Abs. 3 auf das deutsch-sorbische Gebiet:

§ 2 Abs. 3 Erstes Schulreformgesetz für das Land Brandenburg

„(3) Kindern und Jugendlichen im deutsch-sorbischen Gebiet, deren Eltern es wünschen, ist die Möglichkeit zu geben, die sorbische Sprache zu erlernen und Kenntnisse aus der Geschichte und Kultur der Sorben vermittelt zu bekommen.“

Schüler, deren Eltern dies wünschen, müssen demnach die Möglichkeit bekommen, die sorbische Sprache zu lernen und sorbische Geschichte und Kultur vermittelt zu bekommen. Die Bestimmung ist nahezu deckungsgleich mit der Regelung des § 10 Abs. 1 und 2 SWG. Allerdings beschränkt Brandenburg mit diesen Regelungen die Gewährleistung des Sorbischunterrichts damit im Grunde auf einen Unterricht, der die Vermittlung von Sorbisch als Fremdsprache zum Gegenstand hat. Sorbisch als Unterrichtssprache oder die Verwendung von Sorbisch in einem muttersprachlichen Unterricht ist dagegen von den zitierten Bestimmungen nicht erfaßt. Der Grund hierfür ist wohl die Tatsache, daß es mittlerweile nicht mehr ausreichend viele Schüler in Brandenburg gibt, die Sorbisch in einer Art beherrschen, daß ein Unterricht möglich wäre, in welchem die sorbische Sprache als Unterrichtssprache Verwendung finden könnte.[689] Details betreffend das brandenburgische Minderheitenschulrecht sind in den Verwaltungsvorschriften über die Arbeit an sorbischen und anderen Schulen im deutsch-sorbischen Gebiet (VV Sorbisch)[690] geregelt. Die VV Sorbisch stimmt in

---

[688] Erstes Schulreformgesetz für das Land Brandenburg (Vorschaltgesetz zum Landesschulgesetz) vom 28. Mai 1991 (GVBl. Brandenburg 1991 I S. 116).

[689] *Pastor*, Die rechtliche Stellung der Sorben in Deutschland, S. 140.

[690] Verwaltungsvorschriften über die Arbeit an sorbischen und anderen Schulen im deutsch-sorbischen Gebiet (VV Sorbisch) vom 22. Juli 1992:
Auf der Grundlage des § 75 Absatz 4 des Ersten Schulreformgesetzes für das Land Brandenburg (Vorschaltgesetz - 1. SRG) vom 28. Mai 1991 (GVBl. S. 116) in der Fassung des Gesetzes vom 20. Dezember 1991 (GVBl. 694) bestimmt die Ministerin für Bildung, Jugend und Sport:

1. Allgemeine Grundsätze

(1) Die Schulen im deutsch-sorbischen Gebiet erziehen die ihnen anvertrauten Kinder und Jugendlichen im Sinne eines auf Freundschaft, gegenseitige Achtung und Toleranz beruhenden Verhältnisses von Deutschen und Sorben.

(2) Alle Schulen des deutsch-sorbischen Gebietes vermitteln ihren Schülerinnen und Schülern fundierte Kenntnisse über die sorbische Kultur und die Geschichte der Sorben.

2. Status der sorbischen Sprache

(1) Die sorbische (wendische) Sprache kann den Status
1. der Muttersprache
2. einer Zweitsprache
3. einer Fremdsprache
haben.

(2) Sorbisch gilt als Muttersprache für diejenigen Kinder, die im Vorschulalter zuerst die sorbische Sprache erlernt haben.

(3) Sorbisch gilt als Zweitsprache für diejenigen Kinder, die die sorbische und die deutsche Sprache im frühen Kindesalter erlernt haben.

(4) Sorbisch gilt als Fremdsprache für diejenigen Kinder und Jugendlichen, die im frühen Kindesalter die deutsche, nicht aber die sorbische Sprache erlernt haben.

3. Wettbewerbe

Zur Förderung der sorbischen Sprache sowie zur Pflege der sorbischen Kultur werden Wettbewerbe und Leistungsvergleiche im Bereich von Kultur und Sprache, wie Feste der sorbischen Sprache und Kultur, Sorbischolympiaden, Tage des sorbischen Liedes und Theaters und anderes durchgeführt.

4. Begriff „sorbische Schule"

Als „sorbische Schule" gilt im deutsch-sorbischen Gebiet jede Schule mit einem obligatorischen Bildungsgang in niedersorbischer Sprache.

5. Begriff „andere Schule"

Als „andere Schule" gelten im deutsch-sorbischen Gebiet solche Schulen, die niedersorbischen Sprachunterricht anbieten oder auf Antrag als Fremdsprache durchführen.

6. Jahrgangsstufen, Gruppenunterricht Fächer

(1) Der sorbische Sprachunterricht wird an den Schulen im deutsch-sorbischen Gebiet von der 1. bis zur 13. Klasse erteilt und entspricht in Umfang und Qualität der Ausbildung in einer Fremdsprache.

(2) Lehrpläne und Stundentafeln werden auf das in Absatz 1 Gesagte ausgerichtet.

(3) Sorbischer Sprachunterricht wird in Gruppen durchgeführt. Eine Gruppe umfaßt in der Regel mindestens 5 Schülerinnen und Schüler. Bei Jahrgangsstufen mit weniger als 5 Schülern entscheidet die Schulleitung, ob ein Mehrstufenunterricht oder eine Teilnahme in diesem Fach in einer höheren Jahrgangsstufe zur Durchführung des Sorbischunterrichts erfolgt. Begründete Ausnahmen werden durch die oberste Schulaufsicht genehmigt.

(4) An sorbischen Schulen im Sinne dieser Verordnung ist Sorbisch in den musischen Fächern und Sport als Unterrichtssprache möglich. Häufig benutzte Fachausdrücke sollten in allen Fächern auch in Sorbisch vermittelt werden.

7. Arbeit an sorbischen Schulen

(1) Sorbsiche Schulen sind als Zentren der Sprach-, Kultur- und Traditionspflege der Sorben zu entwickeln.

(2) An sorbischen Schulen sind vorzugsweise Lehrkräfte einzusetzen, die die sorbische Sprache mindestens als Umgangssprache beherrschen.

(3) In sorbischen Schulen sind vornehmlich Schülerinnen und Schüler aufzunehmen, die sorbische mutter-, zweit- oder fremdsprachliche Voraussetzungen haben.

(4) Für sorbische Schulen wird die durchschnittliche Klassenfrequenz auf 25 festgelegt.

8. Arbeit an anderen Schulen

(1) An Schulen, die sorbischen Sprachunterricht anbieten, kann bei entsprechenden Voraussetzungen ein Zentrum der Kultur- und Traditionspflege der Sorben entstehen. Zu solch einem Zwecke können Schüler zusammenarbeiten oder auch ein Zentrum nach Abschnitt 7. Absatz 1 unterstützen.

(2) Die Teilnahme am Sorbischunterricht ist freiwillig. Die Eltern entscheiden über die Teilnahme bei Aufnahme in diese Schule, spätestens jedoch zu Beginn der Klasse 2.

(3) Wollen die Eltern ihre Entscheidung widerrufen, so richten sie einen begründeten Antrag an die Schulleitung. Diese ist verpflichtet, im Falle der Antragstellung ein Beratungsgespräch mit den Eltern zu führen. Beharren diese auf ihrem Wunsch, so ist die Schülerin oder der Schüler mit Beginn des kommenden Schuljahres von der Teilnahme am sorbischen Sprachunterricht befreit.

9. Stundentafeln, Noten, Zeugnisse

(1) Für sorbische Schulen gelten besondere Lehrpläne und eine besondere Stundentafel.

(2) An sorbischen und anderen Schulen werden in den Halbjahresinformationen und Zeugnissen Noten im Fach Sorbisch ausgewiesen. Diese sind für die Versetzungsentscheidung nicht von Bedeutung.

(3) Der sorbische Sprachunterricht an einer sorbischen Schule ersetzt in der Regel nicht die zur Erreichung der allgemeinen Hochschulreife erforderliche Fremdsprachenausbildung in einem Fach. Entsprechendes gilt für andere Abschlüsse.

(4) Abweichend davon kann Sorbisch auf Antrag als Fremdsprache zur Erreichung der Hochschulreife anerkannt werden. Die Entscheidung darüber trifft die oberste Schulaufsicht.

(5) Abweichend von Absatz 3 kann Sorbisch auf Antrag Abiturprüfungsfach statt des Faches Deutsch werden. Die Entscheidung darüber trifft die oberste Schulaufsicht.

10. Inkrafttreten

Diese Verwaltungsvorschriften treten am 1. August 1992 in Kraft.

weiten Teilen mit der sächsischen Verordnung über die Arbeit an sorbischen und anderen Schulen im deutsch-sorbischen Gebiet[691] überein, unterscheidet sich jedoch von dieser in der Bestimmung der zentralen Begriffe *sorbische Schule* und *andere Schule*. *Sorbische Schulen* sind in Brandenburg nicht Schulen mit grundsätzlicher sorbischer Unterrichtssprache, sondern Schulen, an denen Niedersorbisch gemäß Nr. 4 VV Sorbisch als *obligatorischer Bildungsgang* angeboten wird. Gleichzeitig ist jedoch weder die Leistung im Fach Sorbisch nach Nr. 9 VV Sorbisch für die Versetzung von Bedeutung, noch erfüllt der Sorbischunterricht die für die Erlangung des Abiturs erforderliche Fremdsprachenausbildung. Da der Zugang zu den sorbischen Schulen in Brandenburg nicht an eine perfekte Beherrschung der sorbischen Sprache gebunden ist, kann der Sorbischunterricht an sorbischen Schulen in Brandenburg theoretisch sowohl muttersprachlicher als auch fremdsprachlicher Unterricht sein. *Andere Schulen* sind nach Nr. 5 VV Sorbisch Schulen, die niedersorbischen Sprachunterricht anbieten. Die Teilnahme am Sorbischunterricht ist an den *anderen Schulen* freiwillig. An den allgemeinbildenden Schulen des Landes Brandenburg kann Sorbisch als erste Fremdsprache angeboten werden.[692] Darüber hinaus sieht das brandenburgische Kindertagesstättengesetz (KitaG)[693] in seinem § 3 Abs. 2 Nr. 5 2. HS vor, daß die Kindertagesstätten insbesondere die Aufgabe haben, für sorbische Kinder die Vermittlung und Pflege der sorbischen Sprache und der sorbischen Kultur zu gewährleisten.[694] Diese Vorgabe ist allerdings wieder auf das deutsch-sorbische Gebiet beschränkt.[695] Die in den §§ 9 und 10 Abs. 3 SWG angesprochene Zusammenarbeit mit dem Freistaat Sachsen in den Bereichen der Förderung der Sorabisitik und der Aus-, Fort- und Weiterbildung der Lehrer der sorbischen Sprache ist für das Land Brandenburg deshalb so wichtig, weil mit dem Institut für Sorabistik an der Universität Leipzig im Freistaat Sachsen eine wissenschaftliche Einrichtung existiert, die an brandenburgischen Hochschulen keine Entsprechung hat.[696] Das Ministerium für Bildung, Jugend und Sport des Landes Brandenburg hat lediglich an der Universität Potsdam (Institut für Slawistik und Weiterbildungszentrum) einen Erweiterungsstudiengang für das

---

[691] Vgl. oben Punkt III. 2. e) bb).

[692] Weitere Details zu diesem Bereich finden sich bei *Pastor*, Die rechtliche Stellung der Sorben in Deutschland, S. 140 f.

[693] Zweites Gesetz zur Ausführung des Achten Buches des Sozialgesetzbuches - Kinder- und Jugendhilfe - Kindertagesstätten-Gesetz (KitaG) - vom 10. Juni 1992 (GVBl. Brandenburg 1992 I S. 178).

[694] Die Vorschrift des § 3 Abs. 2 Nr. 5 KitaG hat folgenden Wortlaut:
§ 3 Aufgaben und Ziele der Kindertagesstätte
(2) Kindertagesstätten haben insbesondere die Aufgabe,
5. die unterschiedlichen Lebenslagen, kulturellen und weltanschaulichen Hintergründe sowie die alters- und entwicklungsbedingten Bedürfnisse der Jungen und Mädchen zu berücksichtigen; im deutsch-sorbischen Gebiet für die sorbischen Kinder die Vermittlung und Pflege der sorbischen Sprache und der sorbischen Kultur zu gewährleisten.

[695] *Pastor*, Die rechtliche Stellung der Sorben in Deutschland, S. 141 f.

[696] *Pastor*, Die rechtliche Stellung der Sorben in Deutschland, S. 126 f.

Fach Sorbisch (Wendisch) in der Sekundarstufe I vorbereitet, der am 1. April 1998 begonnen hat.[697]

§ 12 SWG, der den Bereich der Medien betrifft,[698] wiederholt in seinem Absatz 1 einen Programmauftrag für die öffentlich-rechtlichen Medien, der sich so bereits in § 4 Abs. 3 ORB-Gesetz[699] findet.[700] In § 12 Abs. 2 SWG findet sich diesbezüglich im Hinblick auf die privaten Medien lediglich eine Hinwirkungsklausel.[701]

Die letzte Regelung, die in Art. 25 Abs. 3 der Verfassung des Landes Brandenburg angesprochen ist, ist die Verwendung der Sorbischen Sprache als Amtssprache in Brandenburg. Diese Regelung ist in § 23 des Verwaltungsverfahrensgesetzes für das Land Brandenburg (BbgVwVfG)[702] ausgestaltet:

§ 23 BbgVwVfG

(1) Die Amtssprache ist deutsch.

(2) Werden bei einer Behörde in einer fremden Sprache Anträge gestellt oder Eingaben, Belege, Urkunden oder sonstige Schriftstücke vorgelegt, soll die Behörde unverzüglich die Vorlage einer Übersetzung verlangen. In begründeten Fällen kann die Vorlage einer beglaubigten oder von einem öffentlich bestellten oder beeidigten Dolmetscher oder Übersetzer angefertigten Übersetzung verlangt werden. Wird die verlangte Übersetzung nicht unverzüglich vorgelegt, so kann die Behörde auf Kosten des Beteiligten selbst eine Übersetzung beschaffen. Hat die Behörde

---

[697] Erster Bericht der Bundesrepublik Deutschland gemäß Artikel 25 Absatz 1 des Rahmenübereinkommens des Europarates zum Schutz nationaler Minderheiten, S. 93.

[698] Vgl. hierzu *Pastor*, Die rechtliche Stellung der Sorben in Deutschland, S. 113; *Franke/Kier*, in: *Simon/Franke/Sachs*, Handbuch der Verfassung des Landes Brandenburg, S. 171, 177.

[699] Gesetz über den Ostdeutschen Rundfunk Brandenburg (ORB-Gesetz) vom 6. November 1991 (GVBl. Brandenburg 1991 S. 472) zuletzt geändert durch Gesetz vom 30. Juli 1994 (GVBl. Brandenburg 1994 I S. 244).

[700] Die Vorschrift des § 4 Abs. 3 ORB-Gesetz hat folgenden Wortlaut:
§ 4 Programmauftrag
(3) Der regionalen Gliederung und der kulturellen Vielfalt des Landes Brandenburg sowie der sorbischen Kultur und Sprache ist im Programm Rechnung zu tragen.

[701] Kritisch hierzu *Pastor*, Die rechtliche Stellung der Sorben in Deutschland, S. 114.

[702] Verwaltungsverfahrensgesetz für das Land Brandenburg - BbgVwVfG - vom 26. Februar 1993 (GVBl. Brandenburg 1993 I S. 26).

Dolmetscher oder Übersetzer herangezogen, werden diese in entsprechender Anwendung des Gesetzes über die Entschädigung von Zeugen und Sachverständigen entschädigt.

(3) Soll durch eine Anzeige, einen Antrag oder die Abgabe einer Willenserklärung eine Frist in Lauf gesetzt werden, innerhalb deren die Behörde in einer bestimmten Weise tätig werden muß, und gehen diese in einer fremden Sprache ein, so beginnt der Lauf der Frist erst mit dem Zeitpunkt, in dem der Behörde eine Übersetzung vorliegt.

(4) *Soll durch eine Anzeige, einen Antrag oder die Abgabe einer Willenserklärung, die in fremder Sprache eingeht, zugunsten eines Beteiligten eine Frist gegenüber der Behörde gewahrt, ein öffentlich-rechtlicher Anspruch geltend gemacht oder eine Leistung begehrt werden, so gelten die Anzeige, der Antrag oder die Willenserklärung als zum Zeitpunkt des Eingangs bei der Behörde abgegeben, wenn auf Verlangen der Behörde innerhalb einer von dieser zu setzenden angemessenen Frist eine Übersetzung vorgelegt wird. Andernfalls ist der Zeitpunkt des Eingangs der Übersetzung maßgebend, soweit sich nicht aus zwischenstaatlichen Vereinbarungen etwas anderes ergibt. Auf diese Rechtsfolge ist bei der Fristsetzung hinzuweisen.*

(5) *Die Bestimmungen der Absätze 2 bis 4 gelten innerhalb des Siedlungsgebietes der Sorben mit der Maßgabe, daß von sorbischen Verfahrensbeteiligten Kosten für Dolmetscher oder Übersetzer im Verwaltungsverfahren nicht erhoben werden. Abweichend von Absatz 3 beginnt der Lauf einer Frist auch dann, wenn innerhalb des Siedlungsgebietes der Sorben eine Anzeige, ein Antrag oder eine Willenserklärung in sorbischer Sprache bei der Behörde eingeht.*"

Die Bestimmungen des § 23 BbgVwVfG stimmen in ihren Absätzen 1 bis 4 wörtlich mit den Bestimmungen des § 23 (Bundes)VwVfG überein. Deutsch ist grundsätzlich auch die Amtssprache in Brandenburg, wobei § 23 Abs. 5 BbgVwVfG zwei auf das Siedlungsgebiet der Sorben begrenzte Sonderregelungen enthält.[703] Nach § 23 Abs. 5 Satz 1 BbgVwVfG dürfen die Behörden im Siedlungsgebiet der Sorben von sorbischen Verfahrensbeteiligten keine Dolmetscher- oder Übersetzerkosten erheben. Dies bedeutet allerdings nicht, daß die Behörden den sorbischen Verfahrensbeteiligten auch die ihnen selbst entstandenen Dolmetscher- oder Übersetzerkosten zu erstatten hätten. Diese Regelung trifft daher nur eine unvollständige Anordnung hinsichtlich der Verwendung der sorbischen Sprache vor brandenburgischen Behörden. Ebenso fragwürdig erscheint die Regelung des § 23 Abs. 5 Satz

[703] Vgl. hierzu *Pastor*, Die rechtliche Stellung der Sorben in Deutschland, S. 172 ff.; *Franke/Kier*, in: *Simon/Franke/Sachs*, Handbuch der Verfassung des Landes Brandenburg, S. 171, 177 f.

2 BbgVwVfG für den wohl häufigen Fall, daß die Behörde selbst der sorbischen Sprache nicht ausreichend mächtig ist.[704] Eine Förderung der sorbischen Sprache im Verwaltungsverfahren vor brandenburgischen Behörden fällt damit sehr bescheiden aus, obgleich sie dem Deputat des Art. 25 Abs. 3 der Verfassung des Landes Brandenburg genügen dürfte.[705] Insgesamt bleibt diese Regelung jedoch hinter den Anforderungen, die an eine echte Zweisprachigkeit im brandenburgischen Verwaltungsverfahren im Siedlungsgebiet der Sorben zu stellen gewesen wären, zurück.[706]

ee) Zweisprachige topographische Bezeichnungen im sorbischen Siedlungsgebiet (Art. 25 Abs. 4 Satz 1 der Verfassung des Landes Brandenburg)

Art. 25 Abs. 4 Satz 1 der Verfassung des Landes Brandenburg gebietet, die sorbische Sprache im Siedlungsgebiet der Sorben in die öffentliche Beschriftung einzubeziehen.[707] Diese Bestimmung wird durch § 11 SWG[708] näher ausgestaltet:

§ 11 SWG

„Zweisprachige Beschriftung im angestammten Siedlungsgebiet

(1) Öffentliche Gebäude und Einrichtungen, Straßen, Wege, Plätze und Brücken im angestammten Siedlungsgebiet sowie Hinweisschilder hierauf sind in deutscher und niedersorbischer Sprache zu kennzeichnen.

(2) Das Land Brandenburg wirkt darauf hin, daß auch andere Gebäude im angestammten Siedlungsgebiet in deutscher und niedersorbischer Sprache beschriftet werden, sofern diese für die Öffentlichkeit Bedeutung haben."

Da die Gemeinden und Landkreise im sorbischen Siedlungsgebiet bereits vorher nach § 24 Abs. 2 Satz 2 BbgGemO[709] und § 22 Abs. 2 Satz 2 BbgLKrO[710] zu einer zweisprachigen

---

[704] Vgl. die Kritik hierzu bei *Pastor*, Die rechtliche Stellung der Sorben in Deutschland, S. 173.

[705] *Pastor*, Die rechtliche Stellung der Sorben in Deutschland, S. 174.

[706] *Franke/Kier*, in: *Simon/Franke/Sachs*, Handbuch der Verfassung des Landes Brandenburg, S. 171, 178.

[707] *Franke/Kier*, in: *Simon/Franke/Sachs*, Handbuch der Verfassung des Landes Brandenburg, S. 171, 178.

[708] Verkündet als Art. 1 des Gesetzes zur Ausgestaltung der Rechte der Sorben (Wenden) im Land Brandenburg - Sorben(Wenden)-Gesetz (SWG) - vom 7. Juli 1994 (GVBl. Brandenburg 1994 I S. 294).

[709] § 24 Abs. 2 Gemeindeordnung für das Land Brandenburg (BbgGemO) hat folgenden Wortlaut:

Beschriftung öffentlicher Gebäude und Orte verpflichtet waren, schafft § 11 Abs. 1 SWG lediglich bezüglich derjenigen Landesbehörden, die ihre Dienststellen im sorbischen Siedlungsgebiet haben, eine neue Verpflichtung.[711] Für Wegweiser und Vorwegweiser gilt in Brandenburg wie auch in Sachsen, daß innerhalb des sorbischen Siedlungsgebietes alle Ortsangaben zweisprachig sein müssen, mit Ausnahme der Ziele, die sich außerhalb diese Gebietes befinden. Umgekehrt sind auch Wegweiser, die sich außerhalb des sorbischen Siedlungsgebietes befinden, zweisprachig zu beschriften, wenn sie ein Nahziel angeben, das bereits zum sorbischen Siedlungsgebiet gehört. Von dieser Regel sind allein die Schilder auf den Bundesautobahnen ausgenommen.[712] Als Rechtsgrundlage für die zweisprachige Verkehrsbeschilderung muß, parallel zur Rechtslage im Freistaat Sachsen, auch in Brandenburg Punkt 3 von Ziffer 14 der Protokollnotiz zu Art. 35[713] des Einigungsvertrages[714] herangezogen werden. Der Grund hierfür ist, es sei nochmals erwähnt, daß der Bund für die Gestaltung von Verkehrszeichen, die Teil des Straßenverkehrsrechts ist, nach Art. 74 Nr. 22 GG eine Kompetenz zur konkurrierenden Gesetzgebung besitzt, von der er durch den Erlaß des Straßenverkehrsgesetzes (StVG) Gebrauch gemacht hat, so daß Landesrecht gemäß Art. 72 Abs. 1 GG unzulässig ist. Die Bedeutung der zweisprachigen topographischen Bezeichnungen ist zum einen eine praktische, da sie es der sorbischen Bevölkerung ermöglicht, sich auch in ihrer Muttersprache zu orientieren, zum anderen aber auch eine symbolische, da die Gegenwart des Sorbischen im öffentlichen Straßenbild auf die Existenz des sorbischen Volkes hinweist und die besondere kulturelle und sprachliche Situation des sorbischen Siedlungsgebietes hervorhebt. Die Symbolik dieser Zweisprachigkeit soll auch die Idee der Gleichberechtigung von Sorben und Deutschen zum Ausdruck bringen. Die Sorben sind die einzige Minderheit in Deutschland, die dieses Privileg genießt.[715]

§ 11 Abs. 2 SWG statuiert die Pflicht des Freistaates Sachsen und der ihm untergebenen juristischen Personen des öffentlichen Rechts auf eine zweisprachige Beschriftung von anderen Gebäuden von öffentlicher Bedeutung hinzuwirken, bei denen dies nicht einfach angeordnet werden kann.

---

(2) Die Gemeinden im sorbischen Siedlungsgebiet fördern die sorbische Kultur, Sprache und wirksame politische Mitgestaltung der sorbischen Bürger. Öffentliche Gebäude und Einrichtungen, Straßen, Wege, Plätze und Brücken sind zweisprachig zu beschriften. Das Nähere regeln die Gemeinden in ihren Hauptsatzungen.

[710] § 22 Abs. 2 Landkreisordnung für das Land Brandenburg (BbgLKrO) hat folgenden Wortlaut:
(2) Die Landkreise im sorbischen Siedlungsgebiet fördern die sorbische Kultur, Sprache und wirksame politische Mitgestaltung der sorbischen Bürger. Öffentliche Gebäude und Einrichtungen, Straßen, Wege, Plätze und Brücken sind zweisprachig zu beschriften. Das Nähere regeln die Landkreise in ihren Hauptsatzungen.

[711] *Pastor*, Die rechtliche Stellung der Sorben in Deutschland, S. 113.

[712] *Pastor*, Die rechtliche Stellung der Sorben in Deutschland, S. 175 f.

[713] Art. 35 Einigungsvertrag betrifft Maßnahmen im Bereich der Kulturförderung.

[714] Vertrag zwischen der Bundesrepublik Deutschland und der Deutschen Demokratischen Republik über die Herstellung der Einheit Deutschlands – Einigungsvertrag – vom 31. August 1990 (BGBl. 1990 II S. 889 ff.).

[715] Vgl. zum Ganzen: *Pastor*, Die rechtliche Stellung der Sorben in Deutschland, S. 175 ff.

ff) Das Beflaggungsrecht (Art. 25 Abs. 4 Satz 2 der Verfassung des Landes Brandenburg)

Art. 25 Abs. 4 Satz 2 der Verfassung des Landes Brandenburg beschränkt sich darauf, die sorbische Flagge zu beschreiben. Dieser Bestimmung allein ist daher noch kein regelungstechnischer Inhalt zu entnehmen. Die Verfassungsnorm wird jedoch in § 4 SWG SWG[716] ausgestaltet:

§ 4 SWG
„Sorbische (Wendische) Fahne

Die sorbische (wendische) Fahne hat die Farben Blau, Rot, Weiß. Sie kann im angestammten Siedlungsgebiet der Sorben (Wenden) gleichberechtigt mit staatlichen Symbolen verwendet werden."

Durch § 4 Satz 2 SWG wird Art. 25 Abs. 4 Satz 2 der Verfassung des Landes Brandenburg in regelungstechnischer Hinsicht nachgebessert. Die sorbische Flagge kann demnach im Siedlungsgebiet gleichberechtigt mit staatlichen Symbolen geführt werden. Diese Vorschrift schafft, da sie als Kann-Bestimmung formuliert ist, jedoch keine Verpflichtung, sondern überläßt es den einzelnen Behördenleitern, ob sie sorbisch beflaggen wollen oder nicht.[717]

gg) Die landesübergreifende Zusammenarbeit mit Sachsen
(Art. 25 Abs. 2 der Verfassung des Landes Brandenburg)

Art. 25 Abs. 2 der Verfassung des Landes Brandenburg verpflichtet das Land, auf die Sicherung einer Landesgrenzen übergreifenden kulturellen Autonomie der Sorben hinzuwirken. Hier sind zwei Themen angerissen, einerseits die Hinwirkung auf die Schaffung einer kulturellen Autonomie der Sorben[718] und andererseits die Unterstützung einer hierauf bezogenen Landesgrenzen übergreifenden Zusammenarbeit. Diese Bestimmung enthält ein Politikziel,[719] da den Sorben einerseits keine Rechte zuerkannt werden und da die Verfassung andererseits durch die Formulierung einer Hinwirkungsklausel anerkennt, daß sie im grenzüberschreitenden Bereich keine umfassenden Kompetenzen hat. Jedenfalls ist das Land

---

[716] Verkündet als Art. 1 des Gesetzes zur Ausgestaltung der Rechte der Sorben (Wenden) im Land Brandenburg - Sorben(Wenden)-Gesetz (SWG) - vom 7. Juli 1994 (GVBl. Brandenburg 1994 I S. 294).

[717] *Pastor*, Die rechtliche Stellung der Sorben in Deutschland, S. 110.

[718] Vgl. hierzu auch *Stopp*, Jahrbuch zur Staats- und Verwaltungswissenschaft 1995, S. 9, 24 f.

[719] Vgl. zum Begriff des Politikziels *Fischer*, Staatszielbestimmungen in den Verfassungen und Verfassungsentwürfen der neuen Bundesländer, S. 83 ff.

hinsichtlich der Sicherung der kulturellen Autonomie der Sorben verpflichtet, sich dafür einzusetzen, daß im Bereich der sorbischen Kultur, sei es bei der Verteilung von Mitteln, sei es bei der Besetzung von Stellen, die Entscheidungen von den Sorben selbst getroffen werden. Da das Siedlungsgebiet der Sorben über das Hoheitsgebiet des Landes Brandenburg hinausreicht, ist das Land weiterhin verpflichtet, diesbezüglich landesübergreifende Regelungen anzustreben. Damit entfaltet Art. 25 Abs. 2 der Verfassung des Landes Brandenburg auch eine Appellwirkung zum Abschluß von entsprechenden Abkommen mit dem Freistaat Sachsen oder dem Bund.[720]

Die landesübergreifende Zusammenarbeit mit dem Freistaat Sachsen in Angelegenheiten der Sorben ist im Sorben(Wenden)-Gesetz[721] näher ausgestaltet.[722] In den §§ 9 und 10 Abs. 3 SWG ist eine enge Zusammenarbeit mit dem Freistaat Sachsen in den Bereichen der Förderung der Sorabistik und der Aus-, Fort- und Weiterbildung der Lehrer der sorbischen Sprache vorgesehen. Dies ist für das Land Brandenburg von besonderer Bedeutung, da in diesem Bereich der Freistaat Sachsen über spezialisierte wissenschaftliche Einrichtungen verfügt, die im Land Brandenburg fehlen.[723] Darüber hinaus gebietet § 13 SWG in allgemeiner Weise, den kulturellen Austausch zwischen den Sorben der Nieder- und der Oberlausitz zu fördern:

§ 13 SWG
„*Länderübergreifende Zusammenarbeit*

> *Das Land Brandenburg fördert den kulturellen Austausch zwischen den Sorben (Wenden) der Nieder- und der Oberlausitz. Zu diesem Zweck arbeitet es eng mit dem Freistaat Sachsen zusammen.*“

Einzelheiten der Zusammenarbeit zwischen dem Land Brandenburg und dem Freistaat Sachsen werden mittels Verwaltungsabkommen geregelt.

---

[720] *Pastor*, Die rechtliche Stellung der Sorben in Deutschland, S. 104.

[721] Verkündet als Art. 1 des Gesetzes zur Ausgestaltung der Rechte der Sorben (Wenden) im Land Brandenburg - Sorben(Wenden)-Gesetz (SWG) - vom 7. Juli 1994 (GVBl. Brandenburg 1994 I S. 294).

[722] Vgl. hierzu auch *Franke/Kier*, in: *Simon/Franke/Sachs*, Handbuch der Verfassung des Landes Brandenburg, S. 171, 178; *Pastor*, Die rechtliche Stellung der Sorben in Deutschland, S. 126 f.; *Lemke*, Nationale Minderheiten und Volksgruppen im schleswig-holsteinischen und übrigen deutschen Verfassungsrecht, S. 370.

[723] *Pastor*, Die rechtliche Stellung der Sorben in Deutschland, S. 126 f.

hh) Die Ausgestaltung der Rechte der Sorben (Art. 25 Abs. 5 Satz 1 der Verfassung des Landes Brandenburg)

In Ausführung des Art. 25 Abs. 5 Satz 1 der Verfassung des Landes Brandenburg hat der Landtag am 7. Juli 1994 das Gesetz zur Ausgestaltung der Rechte der Sorben (Wenden) im Land Brandenburg - Sorben(Wenden)-Gesetz (SWG) - erlassen.[724] Art. 25 Abs. 5 Satz 1 der Verfassung des Landes Brandenburg hat nach einhelliger Meinung lediglich den Charakter eines Gesetzgebungsauftrages, nicht den eines Gesetzesvorbehalts.[725] Das Gesetz zur Ausgestaltung der Rechte der Sorben (Wenden) im Land Brandenburg wurde in deutscher und in niedersorbischer Sprache ausgefertigt und verkündet.[726]

d) Die Einhaltung der Verpflichtungen der Europäischen Charta der Regional- oder Minderheitensprachen

Durch den Beitritt zur Europäischen Charta der Regional- oder Minderheitensprachen[727] vom 5. November 1992[728] hat sich die Bundesrepublik Deutschland auch zur Ergreifung und Einhaltung bestimmter Schutzmaßmahmen hinsichtlich der Verwendung der niedersorbischen Sprache gegenüber den Justiz- und Verwaltungsbehörden in den respektiven Sprachgebieten im Land Brandenburg verpflichtet.[729] In bezug auf die Gerichtssprache sind diese Verpflichtungen in Bundesgesetzen geregelt.[730] Hinsichtlich des niedersorbischen Sprachgebietes im Land Brandenburg hat sich die Bundesrepublik Deutschland zu weniger Gewährleistungen verpflichtet als in bezug auf das obersorbische Sprachgebiet im Freistaat Sachsen. Das SWG enthält demzufolge auch weniger Regelungen, welche die Umsetzung der Rechte der Europäischen Charta der Regional- oder Minderheitensprachen beabsichtigen. Die am direktesten auf die Charta bezogene Regelung trifft § 23 Abs. 5 BbgVwVfG. Da allerdings, wie bereits erwähnt, die Verpflichtungen der Europäischen Charta der Regional- oder Minderheitensprachen sehr *weich* formuliert sind, ist insgesamt nicht ersichtlich, daß die Bestimmungen der Charta in bezug auf Niedersorbisch im niedersorbischen Sprachgebiet im Land Brandenburg nicht eingehalten würden.

---

[724] Verkündet als Art. 1 des Gesetzes zur Ausgestaltung der Rechte der Sorben (Wenden) im Land Brandenburg - Sorben(Wenden)-Gesetz (SWG) - vom 7. Juli 1994 (GVBl. Brandenburg 1994 I S. 294).

[725] So auch *Bendig*, NJ 1998, S. 169, 173; *Pastor*, Die rechtliche Stellung der Sorben in Deutschland, S. 111; *Franke/Kier*, in: *Simon/Franke/Sachs*, Handbuch der Verfassung des Landes Brandenburg, S. 171, 175.

[726] Vgl. § 14 SWG.

[727] Vgl. hierzu die detaillierten Ausführungen oben in Kapitel 3. Punkt II. 4. c).

[728] HRLJ 1993, S. 148 ff.; BGBl. 1998 II S. 1314 ff.

[729] Vgl. hierzu die detaillierten Ausführungen oben in Kapitel 4. Punkt II. 3. b) und c).

[730] Vgl. hierzu die detaillierten Ausführungen oben in Kapitel 4. Punkt II. 3. b).

e) Minderheitenschutz in einem Bundesland Berlin-Brandenburg

Am 22. Juni 1995 hatten sowohl das Berliner Abgeordnetenhaus als auch der Landtag Brandenburg jeweils mit $^{2}/_{3}$-Mehrheit dem Staatsvertrag der Länder Berlin und Brandenburg über die Bildung eines gemeinsamen Bundeslandes Berlin-Brandenburg (Neugliederungsvertrag)[731] zugestimmt.[732] Für das Inkrafttreten des die Länderfusion vollziehenden Staatsvertrages war jedoch eine Volksabstimmung erforderlich. Diese wurde am 5. Mai 1996 durchgeführt. Während der Länderfusion in Berlin von einer Mehrheit von 58,5 % zugestimmt wurde, wurde sie in Brandenburg mit 53,8 % abgelehnt. Damit war der Volksentscheid gescheitert und die Bildung eines gemeinsamen Bundeslandes Berlin-Brandenburg gescheitert. Auch in einem Bundesland Berlin-Brandenburg wären allerdings die Minderheitenrechte der Sorben zu schützen gewesen. Im Hinblick darauf wurde eine Bestimmung in den Neugliederungsvertrag eingefügt:[733]

Art. 50
„*Rechte der Sorben*

Das Recht des sorbischen Volkes auf Schutz, Erhaltung und Pflege seiner nationalen Identität, seines angestammten Siedlungsgebietes und auf Bewahrung und Förderung der sorbischen Sprache und Kultur wird gewährleistet.“

Diese Bestimmung enthielt eine Kombination aus Art. 25 Abs. 1 Satz 1 und Abs. 3 der Verfassung des Landes Brandenburg. Gemäß Art. 9 Abs. 1 des Neugliederungsvertrages hätten zwar mit der Bildung eines neuen Bundeslandes Berlin-Brandenburg und bis zum Inkrafttreten einer neuen gemeinsamen Verfassung dieses Landes die Grundrechtsteile der Verfassungen für ihren jeweiligen Geltungsbereich weitergelten sollen. Es erscheint jedoch als sehr ungewiß, ob in einer Verfassung des Landes Berlin-Brandenburg die in der Verfassung des Landes Brandenburg gewährten Minderheitenrechte in ihrer gesamten Breite Berücksichtigung gefunden hätten.[734] Insbesondere im Hinblick auf die verfassungsgerichtlichen Streitigkeiten um den Braunkohlebergbau in der Lausitz wäre nicht

---

[731] Staatsvertrag der Länder Berlin und Brandenburg über die Bildung eines gemeinsamen Bundeslandes - Neugliederungsvertrag - vom 27. April 1995 (GVBl. Berlin 1995 S. 490 oder GVBl. Brandenburg 1995 I S. 151).

[732] FAZ vom 23. Juni 1995.

[733] Zu Inhalt und Entstehungsgeschichte dieser Bestimmung vgl. *Pastor*, Die rechtliche Stellung der Sorben in Deutschland, S. 127 ff.; *Lemke*, Nationale Minderheiten und Volksgruppen im schleswig-holsteinischen und übrigen deutschen Verfassungsrecht, S. 374.

[734] *Lemke*, Nationale Minderheiten und Volksgruppen im schleswig-holsteinischen und übrigen deutschen Verfassungsrecht, S. 374.

ausgeschlossen gewesen, daß Brandenburg den Minderheitenschutzstandard diesbezüglich senkt.[735]

Auch nach dem Scheitern der Durchführung der Länderfusion im ersten Anlauf bleibt die Bildung eines gemeinsamen Bundeslandes Berlin-Brandenburg eine Option, die sowohl in der Verfassung von Berlin[736] als auch in der Verfassung des Landes Brandenburg[737] eine Grundlage findet.[738] Nach gegenwärtigen Umfragen hätte die Länderfusion eine Mehrheit, und die politischen Kräfte in Berlin und Brandenburg scheinen immer noch sehr fusionswillig.[739]

4. Sachsen-Anhalt

a) Die Minderheitengruppen in Sachsen-Anhalt

Im Hoheitsgebiet des Bundeslandes Sachsen-Anhalt siedelt keine der Gruppen, die in der Bundesrepublik Deutschland einen geschriebenen verfassungsrechtlichen Status als Minderheit hat. Auch die Ansiedlung von Gruppen mit ungeschriebenem verfassungsrechtlichen Minderheitenstatus in erheblichem Ausmaße ist nicht ersichtlich.

---

[735] Dies will *Pastor* bereits aus der Entstehungsgeschichte des Neugliederungsvertrages ersehen. *Pastor*, Die rechtliche Stellung der Sorben in Deutschland, S. 128.

[736] Art. 97 Verfassung von Berlin.

[737] Art. 116 Verfassung des Landes Brandenburg.

[738] *Franke/Kneifel-Haverkamp*, JöR n.F. Bd. 42 (1994), S. 112, 122 f.; *Franke* in: *Stern*, Deutsche Wiedervereinigung, Band III, S. 1, 21 f.; *Berlit*, in: *Simon/Franke/Sachs*, Handbuch der Verfassung des Landes Brandenburg, S. 37, 54 f.

[739] FAZ vom 11. November 1999 (Berliner Seiten); *Pergande*, FAZ vom 20. Januar 2000; FAZ vom 4. Mai 2000.

b) Art. 37 der Verfassung des Landes Sachsen-Anhalt

Dennoch findet sich in der Verfassung des Landes Sachsen-Anhalt vom 16. Juli 1992 mit Art. 37 eine Verfassungsbestimmung, die dem Minderheitenschutz gewidmet ist.[740] Art. 37 der Verfassung des Landes Sachsen-Anhalt hat folgenden Wortlaut:

Art. 37

(1) „Die kulturelle Eigenständigkeit und die politische Mitwirkung ethnischer Minderheiten stehen unter dem Schutz des Landes und der Kommunen.

(2) Das Bekenntnis zu einer kulturellen oder ethnischen Minderheit ist frei; es entbindet nicht von den allgemeinen staatsbürgerlichen Pflichten."

Der Wortlaut dieser Bestimmung offenbart eine Anlehnung an die Minderheitenschutznorm der Verfassung des Landes Schleswig-Holstein. Aus der systematischen Stellung des Art. 37 in der Verfassung des Landes Sachsen-Anhalt ergibt sich, daß mit der Vorschrift ein Staatsziel geschaffen werden sollte. Art. 37 steht im Dritten Abschnitt des 2. Hauptteils (Bürger und Staat) der Verfassung des Landes Sachsen Anhalt unter der Überschrift *Staatsziele*. Art. 3 Abs. 3 der Verfassung des Landes Sachsen-Anhalt bestimmt insofern im Einklang mit der Staatszieldefinition der herrschenden Meinung:[741] *„Die nachfolgenden Staatsziele verpflichten das Land, sie nach Kräften anzustreben und sein Handeln danach auszurichten.*" Richtigerweise weisen jedoch *Lemke* und *Siegert* darauf hin, daß das in Art. 37 Abs. 2 1. Halbsatz der Verfassung des Landes Sachsen-Anhalt niedergelegte Bekenntnisprinzip durchaus subjektiv-rechtlichen Gehalt aufweist.[742] Dennoch bleibt Art. 37 der Verfassung des Landes Sachsen-Anhalt seinem Gesamtcharakter folgend ein bloßes Staatsziel.[743] Demzufolge sind das Land Sachsen-Anhalt und seine Kommunen lediglich dazu verpflichtet, die kulturelle Eigenständigkeit und politische Mitwirkung ethnischer Minderheiten im Rahmen ihrer

---

[740] Verfassung des Landes Sachsen-Anhalt vom 16. Juli 1992 (GVBl. Sachsen-Anhalt 1992 S. 600 ff.).

[741] Vgl. oben Punkt II. 2 b).

[742] *Lemke*, Nationale Minderheiten und Volksgruppen im schleswig-holsteinischen und übrigen deutschen Verfassungsrecht, S. 389; *Siegert*, Minderheitenschutz in der Bundesrepublik Deutschland, S. 120. A.A. *Reich*, Die Verfassung des Landes Sachsen-Anhalt - Kommentar, Art. 37, Rn. 2.

[743] So die allgemeine Meinung: *Siegert*, Minderheitenschutz in der Bundesrepublik Deutschland, S. 120; *Kilian*, LKV 1993, S. 73, 76; *Reich*, Die Verfassung des Landes Sachsen-Anhalt - Kommentar, Art. 37, Rn. 2; *Stopp*, Jahrbuch zur Staats- und Verwaltungswissenschaft 1995, S. 9, 36.

Möglichkeiten abzusichern. Einen hiermit korrespondierenden Anspruch der Minderheiten oder der Minderheitenangehörigen gibt es nicht.[744]

Die Zugehörigkeit zu einer Minderheit bestimmt sich auch nach dem Verfassungsrecht des Landes Sachsen-Anhalt nach dem Bekenntnisprinzip, was sich unmittelbar aus Art. 37 Abs. 2 1. Halbsatz der Verfassung des Landes Sachsen-Anhalt ergibt.[745] Wie im Kontext des schleswig-holsteinischen,[746] des sächsischen[747] und des brandenburgischen[748] Verfassungsrechts bedeutet das Bekenntnisprinzip auch im Verfassungsrecht des Landes Sachsen-Anhalt für das Individuum im positiven Sinne die Freiheit, sich zu einer Minderheit zu bekennen, oder im negativen Sinn die Freiheit, dies nicht zu tun. Die Bekenntnisfreiheit kann aus Gründen der Minderheitendefinition nicht für Fremde gelten, was aus der Formulierung des Art. 37 Abs. 2 2. Halbsatz der Verfassung des Landes Sachsen-Anhalt folgt. Das Bekenntnis entbindet nicht von den allgemeinen staatsbürgerlichen Pflichten. Daraus folgt, daß sich zu einer Minderheit nur derjenige bekennen kann, der auch staatsbürgerliche Pflichten hat. Da dies lediglich auf die Staatsangehörigen zutrifft, können nur diese das Recht der Bekenntnisfreiheit haben. Die Auffassung, daß sich Fremde nicht auf das Bekenntnisprinzip berufen können, steht weiterhin im Einklang mit der Regelung der Zugehörigkeit zu einer Minderheit im Rahmenübereinkommen des Europarats zum Schutz nationaler Minderheiten von 1995. Dort kodifiziert Artikel 3 das Bekenntnisprinzip und verbindet es mit der herrschenden Meinung[749] bezüglich der Minderheitendefinition, daß die Minderheiteneigenschaft durch subjektive und objektive Kriterien vermittelt wird.[750] Eine weitere Einschränkung des Bekenntnisprinzips ist auch im Verfassungsrecht des Landes Sachsen-Anhalt nicht erforderlich, da die Minderheitenrechte der Verfassung des Landes Sachsen-Anhalt nur in der Form eines Staatsziels gewährt werden und da andererseits Minderheitenparteien im sachsen-anhaltinischen Wahlrecht nicht von der 5%-Sperrklausel befreit oder sonst privilegiert sind.

---

[744] *Siegert*, Minderheitenschutz in der Bundesrepublik Deutschland, S. 120.

[745] *Mahnke*, Die Verfassung des Landes Sachsen-Anhalt, Art. 37, Rn. 3; *Lemke*, Nationale Minderheiten und Volksgruppen im schleswig-holsteinischen und übrigen deutschen Verfassungsrecht, S. 389; *Reich*, Die Verfassung des Landes Sachsen-Anhalt - Kommentar, Art. 37, Rn. 2.

[746] Vgl. oben Punkt III. 1. e).

[747] Vgl. oben Punkt III. 2. c).

[748] Vgl. oben Punkt III. 3. c) aa).

[749] Vgl. statt vieler: *Niewerth*, Der kollektive und der positive Schutz von Minderheiten und ihre Durchsetzung im Völkerrecht, S. 39 f.

[750] Vgl. hierzu ausführlich oben Kapitel 3. Punkt II. 4. e).

aa) Der Minderheitenbegriff

Auch im Verfassungsrecht des Landes Sachsen-Anhalt ist der Begriff der Minderheit nicht definiert. Das Staatsziel des Art. 37 Abs. 1 der Verfassung des Landes Sachsen-Anhalt bezieht sich auf *ethnische Minderheiten*. Auf die Bekenntnisfreiheit des Art. 37 Abs. 2 1. Halbsatz der Verfassung des Landes Sachsen-Anhalt sollen sich neben den *ethnischen Minderheiten* auch *kulturelle Minderheiten* berufen können.[751] Aus der Loyalitätsklausel des Art. 37 Abs. 2 2. Halbsatz der Verfassung des Landes Sachsen-Anhalt ergibt sich zunächst parallel zur Rechtslage in Schleswig-Holstein, daß nur deutsche Staatsangehörige und diesen gleichgestellte Personen[752] Minderheit im Sinne der Verfassung des Landes Sachsen-Anhalt sein können. Das Bekenntnis zu einer kulturellen oder ethnischen Minderheit entbindet danach nicht von den allgemeinen staatsbürgerlichen Pflichten. Staatsbürgerliche Pflichten haben nach Art. 8 Abs. 1 der Verfassung des Landes Sachsen-Anhalt[753] jedoch lediglich die Staatsangehörigen und nicht auch die Fremden. Daraus läßt sich folgern, daß Minderheitenstatus nur solchen Gruppen zukommen kann, deren Angehörige die deutsche Staatsangehörigkeit besitzen.[754] Abgesehen von dieser Einschränkung liegt der Verfassung des Landes Sachsen-Anhalt eine sehr weite Minderheitendefinition zugrunde. Unter den Begriff der *kulturellen Minderheit* lassen sich alle möglichen Gruppen subsumieren. Unter diesen Begriff lassen sich insbesondere auch alle sozialen Gruppen fassen, denen ein Anderssein bezüglich der gesamtgesellschaftlich bestimmenden Merkmale zugesprochen wird oder die dieses für sich beanspruchen.[755] Im Ergebnis wirkt sich die weite Minderheitendefinition allerdings nicht aus, da man sich unter dem Verfassungsrecht des Landes Sachsen-Anhalt zwar zu einer kulturellen Minderheit bekennen kann, die Minderheitenrechte des Art. 37 Abs. 1 der Verfassung des Landes Sachsen-Anhalt stehen aber dann nur den ethnischen Minderheiten zu.[756] In der insgesamt sehr uneinheitlichen Kommentierung des Art. 37 der Verfassung des Landes Sachsen-Anhalt besteht schließlich noch Streit hinsichtlich der Frage, ob sich eingebürgerte Ausländer auf den Minderheitenschutz der Verfassung des Landes Sachsen-Anhalt berufen können dürfen.[757]

---

[751] Zu den Begriffen *ethnische Minderheit* und *kulturelle Minderheit* vgl. oben Kapitel 1. Punkt II. 3.

[752] Im Sinne des Art. 116 GG.

[753] Art. 8 Abs. 1 der Verfassung des Landes Sachsen-Anhalt hat folgenden Wortlaut:
(1) Jeder Deutsche hat in Sachsen-Anhalt die gleichen staatsbürgerlichen Rechte und Pflichten.

[754] So auch: *Mahnke*, Die Verfassung des Landes Sachsen-Anhalt, Art. 37, Rn. 2; *Lemke*, Nationale Minderheiten und Volksgruppen im schleswig-holsteinischen und übrigen deutschen Verfassungsrecht, S. 388; *Siegert*, Minderheitenschutz in der Bundesrepublik Deutschland, S. 119.

[755] Vgl. oben Kapitel 1. Punkt II. 2.

[756] A.A. *Stopp*, Jahrbuch zur Staats- und Verwaltungswissenschaft 1995, S. 9, 36. *Stopp* vertritt die Ansicht, daß eine kulturelle Minderheit dasselbe ist wie eine ethnische Minderheit.

[757] Dafür sind: *Reich*, Die Verfassung des Landes Sachsen-Anhalt - Kommentar, Art. 37, Rn. 1; *Stopp*, Jahrbuch zur Staats- und Verwaltungswissenschaft 1995, S. 9, 36. A.A. ist offenbar *Lemke*, Nationale Minderheiten und Volksgruppen im schleswig-holsteinischen und übrigen deutschen Verfassungsrecht, S. 389.

Reich[758] und *Stopp*[759] sind hier der Ansicht, daß Art. 37 der Verfassung des Landes Sachsen-Anhalt auch auf eingebürgerte Immigranten anwendbar sein muß, da ansonsten nicht ersichtlich sei, auf welche Minderheiten die Norm Anwendung finden solle. Diese Argumentation vermag indes nicht zu überzeugen. Die Antwort auf die Frage, ob sich der Minderheitenschutz der Verfassung des Landes Sachsen-Anhalt auch auf eingebürgerte Immigranten erstreckt, ist vielmehr durch einen Blick auf das Bundesrecht zu beantworten. Mangels entgegenstehender Aussagen der Landesverfassung kann auch hier auf das Ergebnis zurückgegriffen werden, das für die Minderheitendefinition auf Bundesebene gefunden wurde.[760] Aufgrund ihrer völlig unterschiedlichen Bedürfnis- und Interessensituation sind Immigrantengruppen, selbst wenn ihre Angehörigen die deutsche Staatsangehörigkeit besitzen, nicht in den Schutzbereich des Minderheitenrechts einzubeziehen. Daher gilt auch das sachsen-anhaltinische Minderheitenrecht nicht für Immigranten.[761] Ansonsten ist Art. 37 der Verfassung des Landes Sachsen-Anhalt offen und neutral formuliert und kann daher potentiell alle in der Bundesrepublik Deutschland lebenden Minderheiten mit geschriebenem[762] oder ungeschriebenem[763] verfassungsrechtlichen Minderheitenstatus erfassen. Eine praktische Anwendung der Minderheitenschutzklausel der Verfassung des Landes Sachsen-Anhalt ist allerdings bislang nicht ersichtlich.

bb) Der Inhalt und die Bedeutung des von Art. 37 der Verfassung des Landes Sachsen-Anhalt gewährten Minderheitenschutzes

Inhaltlich fällt an Art. 37 der Verfassung des Landes Sachsen-Anhalt zunächst eine widersinnige Zweiteilung auf. Die Bekenntnisfreiheit des Art. 37 Abs. 2 der Verfassung des Landes Sachsen-Anhalt gilt für kulturelle und ethnische Minderheiten, die Rechte des Art. 37 Abs. 1 der Verfassung des Landes Sachsen-Anhalt hingegen gelten nur für ethnische Minderheiten. Damit wird die Gewährung der Bekenntnisfreiheit für kulturelle Minderheiten, die nicht gleichzeitig auch ethnische Minderheiten sind, völlig sinnlos. Sie hätten dann zwar einen verfassungsrechtlichen Minderheitenstatus, könnten sich aber nicht auf die verfassungsmäßig verbrieften Minderheitenrechte berufen.

---

758 *Reich*, Die Verfassung des Landes Sachsen-Anhalt - Kommentar, Art. 37, Rn. 1.

759 *Stopp*, Jahrbuch zur Staats- und Verwaltungswissenschaft 1995, S. 9, 36.

760 Vgl. oben Kapitel 5. Punkt IV. 4. c) und 5. e).

761 A.A. in bezug auf eingebürgerte Immigranten: *Reich*, Die Verfassung des Landes Sachsen-Anhalt - Kommentar, Art. 37, Rn. 1; *Stopp*, Jahrbuch zur Staats- und Verwaltungswissenschaft 1995, S. 9, 36.

762 Außer den Sorben sind dies die Dänen und die Friesen. Vgl. oben Kapitel 1. Punkt III. 1.

763 Dies sind die Sinti und Roma, die Juden, die Polen und diejenigen Gruppen osteuropäischer oder ex-sowjetischer Herkunft, die durch bilaterale Verträge besonders geschützt sind. Vgl. oben Kapitel 1. Punkt III. 2.

Art. 37 Abs. 1 der Verfassung des Landes Sachsen-Anhalt gewährt seinen ethnischen Minderheiten Schutz hinsichtlich ihrer *kulturellen Eigenständigkeit* und ihrer *politischen Mitwirkung*.[764] Die Vorschrift entspricht inhaltlich Art. 5 Abs. 2 Satz 1 der Verfassung des Landes Schleswig-Holstein.[765] Die Kommentierung zu dieser Norm kann daher an dieser Stelle analog herangezogen werden. Mit der *politischen Mitwirkung* der Minderheiten ist die Beteiligung an allen demokratisch bestimmten Formen zur Findung staatlicher Entscheidungen durch Legislative und Exekutive gemeint, welche die Gesamtentwicklung und zugleich die Minderheit betreffen. In aller Regel werden die Minderheiten von Entscheidungen auf allen Ebenen betroffen, weswegen ihre politische Mitwirkung auch auf allen Ebenen sichergestellt werden muß. Auch der Begriff der zu schützenden *kulturellen Eigenständigkeit* muß als Generalklausel verstanden werden, die jede Form der Lebensweise und jede Daseinsäußerung in und aus den Minderheiten bezeichnet. Dieser Begriff umfaßt zunächst natürlich die klassischen Kulturbereiche wie Sprache, Literatur, die bildenden Künste, die darstellenden Künste, die Religion und die Medien. Darüber hinaus erstreckt sich die Gewährleistung auch auf das Schulwesen und das Vereinswesen der Minderheiten, was alle Kultus-, Bildungs- und Forschungseinrichtungen umschließt. Der Begriff der kulturellen Eigenständigkeit ist aber noch weiter auszulegen und umfaßt nicht lediglich den Bereich der Kultur im engeren Sinne, sondern auch die Lebensgrundlagen der Minderheiten und Volksgruppen, wie etwa ihren Bezug zu Natur und Umwelt oder ihre wirtschaftlichen Aktivitäten und ihr Verhalten anderen Gruppen gegenüber. *Schutz* bedeutet die Verpflichtung des Landes und der Kommunen, die Minderheiten in Sachsen-Anhalt vor Eingriffen und Beeinträchtigungen zu bewahren. Dieser Schutz ist auf die Bewahrung eines *status quo* in doppelter Hinsicht ausgerichtet. Er verpflichtet einerseits zu einer dynamischen Erhaltung des jeweils bestehenden Entwicklungsstandes der jeweiligen Minderheit. Die Schutzverpflichteten sind zur Gewährleistung in passiver und aktiver Hinsicht aufgefordert. Andererseits haben die Schutzverpflichteten Dritte daran zu hindern, die Minderheiten in ihrem Bestand zu stören oder zu beeinträchtigen.

cc) Bedenken gegen einen *zukunftsgewandten* Minderheitenschutz

Problematisch an der Minderheitenschutzklausel in der Verfassung des Lande Sachsen-Anhalt ist, daß es offenbar im Landes an Minderheitengruppen fehlt, auf die sie Anwendung finden könnte. In einer Kommentierung zu Art. 37 der Verfassung des Landes Sachsen-Anhalt in einer von der Landeszentrale für politische Bildung des Landes Sachsen-Anhalt herausgegebenen Broschüre heißt es: *„Da die Verfassung jede Art von Minderheiten schützt und das Bekenntnis dazu durch den Grundrechtsteil jedermann freigestellt ist, fragt es sich,*

---

[764] Vgl. hierzu die uneinheitlichen Kommentierungen bei: *Mahnke*, Die Verfassung des Landes Sachsen-Anhalt, Art. 37, Rn. 1; *Reich*, Die Verfassung des Landes Sachsen-Anhalt - Kommentar, Art. 37, Rn. 1; *Stopp*, Jahrbuch zur Staats- und Verwaltungswissenschaft 1995, S. 9, 36; *Lemke*, Nationale Minderheiten und Volksgruppen im schleswig-holsteinischen und übrigen deutschen Verfassungsrecht, S. 388 f.; *Siegert*, Minderheitenschutz in der Bundesrepublik Deutschland, S. 120.

[765] Vgl. hierzu oben Punkt III. 1. f).

ob hierfür überhaupt noch ein praktisches Bedürfnis besteht. Nach der Vorgeschichte der Vorschrift war wohl an sorbische oder wendische Kultur gedacht, die aber in Sachsen-Anhalt keine besondere Rolle spielen dürfte."[766] Man fragt sich also offenbar sogar an offizieller Stelle, was diese Norm eigentlich für einen Sinn hat. Kommentator *Mahnke* hat diesbezüglich folgenden Vorschlag parat: „*Es handelt sich hier um eine in die Zukunft gewandte Bestimmung zum Schutz kultureller und ethnischer Minderheiten, die im Zeitpunkt der Verabschiedung der Verfassung in Sachsen-Anhalt noch nicht existieren, deren Niederlassung in Sachsen-Anhalt aber angesichts der Migrationsbewegungen im 21. Jahrhundert nicht auszuschließen ist.*"[767] Diese Erklärung vermag jedoch nicht zu überzeugen. Es erscheint im Gegenteil als völlig sinnlos, „*in die Zukunft gewandte*" Bestimmungen in eine Verfassung aufzunehmen, obgleich man nicht weiß, ob und wenn überhaupt, wann sie jemals zur Anwendung kommen. Eine Verfassung ist kein statisches Instrument, es kann und soll sich den Entwicklungen der Zeit anpassen. Aus diesem Grund sieht auch jede Verfassung Verfahren zu ihrer Änderung vor. Sollte sich in der Zukunft eine Situation in Sachsen-Anhalt ergeben, in der eine verfassungsrechtliche Minderheitenschutzbestimmung benötigt würde, so hätte man sie dann zu gegebener Zeit einfügen können. Eine Minderheitenheitenschutzklausel in der Verfassung des Landes Sachsen-Anhalt, das in seinem Territorium keine Minderheiten anerkennt, ist daher im Ergebnis in etwa so sinnvoll, wie wenn der Freistaat Bayern in seine Verfassung Bestimmungen einfügt, welche den Status seiner Hochseehäfen regelten. Offenbar hat sich der Verfassungsgeber in Sachsen-Anhalt von einem allgemeinen Trend zur Kodifizierung von Minderheitenrechten anstecken lassen, der zur Zeit der Schaffung der Landesverfassungen der neuen Bundesländer durchaus vorhanden war. Dennoch sollten zukunftsgewandte Verfassungsbestimmungen ohne konkreten Anwendungsbereich, wie der Art. 37 der Verfassung des Landes Sachsen-Anhalt, generell unterbleiben.

c) Die einfachgesetzliche Ausgestaltung und Praxis des Minderheitenschutzes

Aufgrund der Tatsache, daß Art. 37 der Verfassung des Landes Sachsen-Anhalt keinen praktischen Anwendungsbereich hat, fehlt es in Sachsen-Anhalt natürlich auch an einer einfachgesetzlichen Ausgestaltung dieser Bestimmung. Daher existieren in Sachsen-Anhalt auch keine praktischen Erfahrungen mit dem Minderheitenschutz.

---

[766] Landeszentrale für politischen Bildung Sachsen-Anhalt, Die Verfassung des Landes Sachsen-Anhalt, S. 40.

[767] *Mahnke*, Die Verfassung des Landes Sachsen-Anhalt, Art. 37, Rn. 1.

5. Mecklenburg-Vorpommern

a) Die Minderheitengruppen in Mecklenburg-Vorpommern

Auch auf dem Territorium des Bundeslandes Mecklenburg-Vorpommern siedelt keine der Gruppen, die in der Bundesrepublik Deutschland einen geschriebenen verfassungsrechtlichen Status als Minderheit haben.[768] Die Ansiedlung von Gruppen mit ungeschriebenem verfassungsrechtlichen Minderheitenstatus in erheblichem Ausmaße ist ebenfalls nicht ersichtlich.

b) Entstehungsgeschichte der Minderheitenschutznorm

Eine Minderheitenschutzbestimmung kam erst zu einem sehr späten Zeitpunkt in den Verfassungsentwurf, der schließlich verabschiedet werden sollte. So enthielt der Entwurf der Verfassungskommission,[769] der am 7. Mai 1992 der Öffentlichkeit vorgestellt wurde,[770] die spätere Bestimmung des Art. 18 der Verfassung des Landes Mecklenburg-Vorpommern noch nicht. Die letztendliche Einfügung der Minderheitenschutzes in die Verfassung des Landes Mecklenburg-Vorpommern ging auf eine Initiative der SPD, LL/PDS, der GRÜNEN und der Bürgerbewegung zurück.[771] Ihr Vorschlag für einen Minderheitenschutzartikel lautete:[772]

> *„Die kulturelle Eigenständigkeit und die politische Mitwirkung ethnischer und nationaler Minderheiten und Volksgruppen stehen unter dem Schutz des Landes, der Gemeinden und Kreise."*

Auch an diesem Vorschlag fällt seine Ähnlichkeit zu Art. 5 Abs. 2 Satz 1 der Verfassung des Landes Schleswig-Holstein auf. Er unterscheidet sich aber vom verfassungsrechtlichen Minderheitenschutzkonzept in Schleswig-Holstein dadurch, daß er ausländische Minderheiten ohne weiteres in den Schutzbereich mit einbezieht. Während der 25. Sitzung modifizierte die

---

[768] *Siegert*, Minderheitenschutz in der Bundesrepublik Deutschland, S. 121.

[769] Landtag Mecklenburg-Vorpommern, LT-Drucks. 1/2000.

[770] Vgl. oben Punkt I. 5.

[771] *Stopp*, Jahrbuch zur Staats- und Verwaltungswissenschaft 1995, S. 9, 37 f.

[772] Art. 15a, eingebracht als Alternativvorschlag zum Verfassungsentwurf des Verfassungsausschusses, Vgl. Landtag Mecklenburg-Vorpommern, LT-Drucks. 1/2000, S. 26.

SPD-Fraktion jedoch insbesondere in bezug auf den Schutz von ausländischen Minderheiten ihre Haltung und schlug vor, den Passus über die politischen Mitwirkungsrechte sowie die Worte *Gemeinden und Kreise* zu streichen und die Worte *deutscher Staatsangehörigkeit* einzufügen. Zur Begründung erklärte die SPD-Fraktion, daß es im Hinblick auf die Frage des Schutzes ausländischer Minderheiten keinen gesellschaftlichen Konsens gebe.[773] Der Sachverständige *v. Mutius* erläuterte, daß der Hinweis auf die politische Mitwirkung verzichtbar sei, da den Minderheiten und Volksgruppen deutscher Staatsangehörigkeit ohnehin die volle politische Mitwirkung offenstehe.[774] Hierbei wurde offenbar die besondere Situation, in der sich Minderheiten befinden, nicht ausreichend gewürdigt. Angehörigen von Minderheiten ist es eben unter der Dominanz einer andersartigen Mehrheit nicht so ohne weiteres möglich, politisch mitzuwirken.[775] Die Fraktion der LL/PDS erklärte, daß für sie der Schutz der im Lande lebenden nichtdeutschen Minderheiten unverzichtbar sei und sie daher eine Abstimmung über den ursprünglichen Text verlange. Damit kam zu Ausdruck, daß die Fraktion der LL/PDS eine von der Mehrheitsmeinung in der Bundesrepublik Deutschland fundamental unterschiedliche Auffassung vom Minderheitenbegriff und von einem Minderheitenschutzkonzept hat. Hierzu erklärte der Sachverständige *v. Mutius* richtigerweise, daß der Schutz von Ausländern kein Minderheitenproblem darstelle, sondern im Rahmen der Menschenrechte zu bewerten sei.[776] Der von der SPD-Fraktion eingebrachte Textvorschlag wurde mehrheitlich gegen die Stimmen der Fraktion der LL/PDS beschlossen und nach weiteren kleineren Änderungen in seiner Endversion im Rahmen der 26. Sitzung des Verfassungsausschusses angenommen.[777]

c) Art. 18 der Verfassung des Landes Mecklenburg-Vorpommern

Die Minderheitenschutzbestimmung des Art. 18 der Verfassung des Landes Mecklenburg-Vorpommern vom 23. Mai 1993[778] hat somit folgenden Wortlaut:

---

[773] Landtag Mecklenburg-Vorpommern, LT-Drucks. 1/3100, S. 109.

[774] Landtag Mecklenburg-Vorpommern, LT-Drucks. 1/3100, S. 110.

[775] So auch *Stopp*, Jahrbuch zur Staats- und Verwaltungswissenschaft 1995, S. 9, 38.

[776] Landtag Mecklenburg-Vorpommern, LT-Drucks. 1/3100, S. 110.

[777] Landtag Mecklenburg-Vorpommern, LT-Drucks. 1/3100, S. 110.

[778] Verfassung des Landes Mecklenburg-Vorpommern vom 23. Mai 1993 (GVBl. Mecklenburg-Vorpommern 1993 S. 372 ff.).

Art. 18
„Die kulturelle Eigenständigkeit ethnischer und nationaler Minderheiten und Volksgruppen von Bürgern deutscher Staatsangehörigkeit steht unter dem besonderen Schutz des Landes.“

Auch hier ergibt sich aus der systematischen Stellung des Art. 18 in der Verfassung des Landes Mecklenburg-Vorpommern, daß mit der Vorschrift ein Staatsziel geschaffen werden sollte. Art. 18 steht im 1. Abschnitt (Grundlagen) der Verfassung des Landes Sachsen-Anhalt unter der Überschrift *III. Staatsziele.* Mit der Vorschrift sollte einzelnen Minderheitenangehörigen oder einer Minderheit als Gruppe keine subjektiven Rechte eingeräumt werden, sondern es sollte vielmehr ein das Land objektiv-rechtlich bindendes Staatsziel kodifiziert werden.[779] Aus Art. 18 der Verfassung des Landes Mecklenburg-Vorpommern geht nicht hervor, ob auch hier das Bekenntnisprinzip die Zugehörigkeit zu einer Minderheit bestimmen soll.[780] Da aber ohnehin völlig unklar ist, auf welche Minderheiten Art. 18 der Verfassung des Landes Mecklenburg-Vorpommern überhaupt Anwendung finden soll, braucht diese Frage hier nicht weiter vertieft zu werden.

aa) Der Minderheitenbegriff

Auch das Verfassungsrecht des Landes Mecklenburg-Vorpommern nimmt keine Definition des Begriffes der Minderheit vor. Hinsichtlich der Staatsangehörigkeit trifft Art. 18 der Verfassung des Landes Mecklenburg-Vorpommern eine klare Aussage. Nur deutsche Staatsangehörige[781] können eine Minderheit im Sinne der Verfassung des Landes Meckelnburg-Vorpommern bilden. Fremde bleiben vom Minderheitenschutz ausgenommen.[782] Unsicherheiten herrschen in der Kommentierung des Art. 18 der Verfassung

---

[779] So auch *Siegert*, Minderheitenschutz in der Bundesrepublik Deutschland, S. 121; *Prachtl*, LKV 1994, S. 1, 3; *Thiele/Pirsch/Wedemeyer-Thiele*, Die Verfassung des Landes Mecklenburg-Vorpommern, Kommentierte Textausgabe, Art. 18, Rn. 4; *Fischer*, Staatszielbestimmungen in den Verfassungen und Verfassungsentwürfen der neuen Bundesländer, S.142; *Neumann/Tillmanns*, Verfassungsrechtliche Probleme bei der Konstituierung der neuen Bundesländer, S. 122.

[780] So *Lemke*, der die allgemeine Geltung des Bekenntnisprinzips aber ohnehin aus dem Grundgesetz herleitet. *Lemke*, Nationale Minderheiten und Volksgruppen im schleswig-holsteinischen und übrigen deutschen Verfassungsrecht, S. 376. Der gleichen Ansicht ist auch *Thiele*: *Thiele/Pirsch/Wedemeyer-Thiele*, Die Verfassung des Landes Mecklenburg-Vorpommern, Kommentierte Textausgabe, Art. 18, Rn. 3.

[781] Das sind auch im Kontext der Verfassung des Landes Mecklenburg-Vorpommern Deutsche im Sinne des Art. 116 Abs. 1 GG.

[782] *Thiele/Pirsch/Wedemeyer-Thiele*, Die Verfassung des Landes Mecklenburg-Vorpommern, Kommentierte Textausgabe, Art. 18, Rn. 3; *Fischer*, Staatszielbestimmungen in den Verfassungen und Verfassungsentwürfen der neuen Bundesländer, S.142; *Neumann/Tillmanns*, Verfassungsrechtliche Probleme bei der Konstituierung der neuen Bundesländer, S. 122.

des Landes Mecklenburg-Vorpommern hinsichtlich der Frage vor, auf welche Personengruppen der verfassungsrechtliche Minderheitenschutz denn nun konkret Anwendung finden soll. Diese Unsicherheit geht offenbar von der offiziellen Erläuterung des Art. 18 der Verfassung des Landes Mecklenburg-Vorpommern aus, in der es heißt:[783] *„Mit der Aufnahme dieser Bestimmung trägt die Verfassungskommission auch der bevölkerungpolitischen Entwicklung Rechnung. Neben bereits im Lande lebenden Minderheiten und Volksgruppen ist insbesondere mit deutschstämmigen Einwanderern aus dem osteuropäischen Raum zu rechnen, die deutsche Staatsbürger werden.*" Um welche Minderheiten es sich allerdings bei *den bereits im Lande lebenden* handeln soll, bleibt offen und unklar. Offenbar von der offiziellen Begründung beeinflußt führt Kommentator *Thiele* aus:[784] *„Das gesellschaftliche Leben der Bundesrepublik Deutschland wird zunehmend von einer Vielzahl unterschiedlicher Kulturen beeinflußt. Zu den traditionellen nationalen Minderheiten (...) sind in den vergangenen Jahrzehnten andere Gruppen eigener Kultur hinzugekommen. Dazu gehören sowohl die Ausländer, die in der Bundesrepublik dauerhaft Aufnahme gefunden haben, als auch die deutschstämmigen Aussiedler aus Osteuropa. Insbesondere die Zuwanderung aus Osteuropa wird sich in den kommenden Jahren voraussichtlich verstärken.*" Nach diesen Ansichten fände Art. 18 der Verfassung des Landes Mecklenburg-Vorpommern also insbesondere auf eingebürgerte Immigranten und Aussiedler Anwendung. Das kann nicht richtig sein und stände überdies in einem flagranten Widerspruch zu der auf Bundesebene vertretenen Minderheitendefinition.[785] Flüchtlinge, Vertriebene und Aussiedler, die insbesondere aus Gebieten Osteuropas in die Bundesrepublik Deutschland umgesiedelt sind, haben innerhalb der Bundesrepublik Deutschland zwar einen besonderen Rechtsstatus, keinesfalls haben sie jedoch einen Minderheitenstatus.[786] Sie kehren ja gerade nach Deutschland zurück, um von einer Minderheit, die sie im Ausland waren, wieder zu einem Bestandteil der Mehrheitsbevölkerung zu werden. Demzufolge kann Art. 18 der Verfassung des Landes Mecklenburg-Vorpommern auf diese Menschen auch keine Anwendung finden. Was die eingebürgerten Immigranten anbelangt, so kann im Rahmen der Interpretation der Verfassung des Landes Mecklenburg-Vorpommern nichts anderes gelten als auf Bundesebene. Mangels eindeutiger entgegenstehender Aussagen der Landesverfassung kann auch hier auf das Ergebnis zurückgegriffen werden, das für die Minderheitendefinition auf Bundesebene gefunden wurde.[787] Aufgrund ihrer völlig unterschiedlichen Bedürfnis- und Interessensituation sind Immigrantengruppen, selbst wenn ihre Angehörigen die deutsche Staatsangehörigkeit besitzen, nicht in den Schutzbereich des Minderheitenrechts einzubeziehen. Daher gilt auch der verfassungsrechtliche Minderheitenschutz des Landes Mecklenburg-Vorpommern nicht für eingebürgerte Immigranten.[788] Ansonsten ist auch Art.

---

[783] Landtag Mecklenburg-Vorpommern, LT-Drucks. 1/3100, S. 109.

[784] *Thiele/Pirsch/Wedemeyer-Thiele*, Die Verfassung des Landes Mecklenburg-Vorpommern, Kommentierte Textausgabe, Art. 18, Rn. 1.

[785] Vgl. oben Kapitel 5. Punkt IV. 4. c) und 5. e).

[786] Vgl. hierzu oben Kapitel 1. Punkt III. 3. c).

[787] Vgl. oben Kapitel 5. Punkt IV. 4. c) und 5. e).

18 der Verfassung des Landes Mecklenburg-Vorpommern offen und neutral formuliert und kann daher potentiell alle in der Bundesrepublik Deutschland lebenden Minderheiten mit geschriebenem[789] oder ungeschriebenem[790] verfassungsrechtlichen Minderheitenstatus erfassen. Eine praktische Anwendung der Minderheitenschutzklausel der Verfassung des Landes Mecklenburg-Vorpommern ist allerdings bislang nicht ersichtlich.

bb) Interpretation von Art. 18 der Verfassung des Landes Mecklenburg-Vorpommern

Hinsichtlich der Interpretation hält sich auch Art. 18 der Verfassung des Landes Mecklenburg-Vorpommern im Rahmen des bislang bereits Bekannten. Die Bestimmung stellt die kulturelle Eigenständigkeit ethnischer und nationaler Minderheiten und Volksgruppen von Bürgern deutscher Staatsangehörigkeit unter den besonderen Schutz des Landes. Im Gegensatz zu den Minderheitenschutzklauseln in anderen Verfassungen deutscher Bundesländer ist alleiniger Adressat des Staatsziels der Verfassung des Landes Mecklenburg-Vorpommern das Land. Damit sind die kommunalen Gebietskörperschaften von der Schutzverpflichtung freigestellt.[791]

Der Begriff der zu schützenden *kulturellen Eigenständigkeit* ist als Generalklausel zu verstehen, die jede Form der Lebensweise und jede Daseinsäußerung in und aus den Minderheiten bezeichnet. Umfaßt sind alle klassischen Kulturbereiche und darüber hinaus auch die Lebensgrundlagen der Minderheiten. *Schutz* bedeutet die Verpflichtung des Landes, die Minderheiten in Mecklenburg-Vorpommern vor Eingriffen und Beeinträchtigungen zu bewahren. Art. 18 der Verfassung des Landes Mecklenburg-Vorpommern verpflichtet einerseits zu einer dynamischen Erhaltung des jeweils bestehenden Entwicklungsstandes der jeweiligen Minderheit, und andererseits hat das schutzverpflichtete Land Dritte daran zu hindern, die Minderheiten in ihrem Bestand zu stören oder zu beeinträchtigen.[792]

---

[788] A.A. in bezug auf eingebürgerte Immigranten: *Thiele/Pirsch/Wedemeyer-Thiele*, Die Verfassung des Landes Mecklenburg-Vorpommern, Kommentierte Textausgabe, Art. 18, Rn. 1; A.A. in bezug auf alle Immigranten: *Stopp*, Jahrbuch zur Staats- und Verwaltungswissenschaft 1995, S. 9, 38.

[789] Außer den Sorben sind dies die Dänen und die Friesen. Vgl. oben Kapitel 1. Punkt III. 1.

[790] Dies sind die Sinti und Roma, die Juden, die Polen und diejenigen Gruppen osteuropäischer oder ex-sowjetischer Herkunft, die durch bilaterale Verträge besonders geschützt sind. Vgl. oben Kapitel 1. Punkt III. 2.

[791] *Lemke*, Nationale Minderheiten und Volksgruppen im schleswig-holsteinischen und übrigen deutschen Verfassungsrecht, S. 376.

[792] In diese Richtung argumentieren auch die Kommentierungen von *Thiele* und *Siegert*: *Thiele/Pirsch/Wedemeyer-Thiele*, Die Verfassung des Landes Mecklenburg-Vorpommern, Kommentierte Textausgabe, Art. 18, Rn. 2 und 4; *Siegert*, Minderheitenschutz in der Bundesrepublik Deutschland, S. 121.

d) Der Schutz der niederdeutschen Sprache durch Art. 16 Abs. 2 der Verfassung des Landes Mecklenburg-Vorpommern

Durch den Beitritt zur Europäischen Charta der Regional- oder Minderheitensprachen vom 5. November 1992[793] hat sich die Bundesrepublik Deutschland verpflichtet, das Niederdeutsche als Regionalsprache zu schützen. Auch in der Verfassung des Landes Mecklenburg-Vorpommern findet sich mit Art. 16 Abs. 2 der Verfassung des Landes Mecklenburg-Vorpommern eine Bestimmung, die diese Verpflichtung umsetzt:

Art. 16 Abs. 2
„*(2) Das Land schützt und fördert die Pflege der niederdeutschen Sprache.*“

Diese Bestimmung ist identisch mit Art. 9 Abs. 2 der Verfassung des Landes Schleswig-Holstein.[794] Sprecher der niederdeutschen Sprache werden damit aber nicht zu einer Minderheit im völker-, bundes- oder landesrechtlichem Sinne, weswegen auf eine ausführliche Erläuterung dieser Verfassungsbestimmung verzichtet werden soll.[795]

e) Die einfachgesetzliche Ausgestaltung und Praxis des Minderheitenschutzes

Wie im Kontext der Minderheitenschutzklausel in der Verfassung des Landes Sachsen-Anhalt fehlen auch im Bundesland Mecklenburg-Vorpommern Minderheitengruppen, auf die Art. 18 der Verfassung des Landes Mecklenburg-Vorpommern Anwendung finden könnte. Auch Art. 18 der Verfassung des Landes Mecklenburg-Vorpommern erscheint vor diesem Hintergrund von seiner Grundtendenz her *der Zukunft zugewandt* zu ein.[796] Wie bereits aber in der Analyse zu Art. 37 der Verfassung des Landes Sachsen-Anhalt festgehalten wurde, sind zukunftsgewandte Verfassungsbestimmungen dann abzulehnen, wenn völlig unklar erscheint, ob und wann sie jemals zur Anwendung kommen. Daher wäre es auch in Mecklenburg-Vorpommern sinnvoller und ehrlicher gewesen, auf die Aufnahme einer Minderheitenschutzklausel in der Verfassung zu verzichten. Eine Minderheiten-schutzbestimmung ohne Anwendungsbereich wertet eine Landesverfassung nicht auf. Konsequenterweise erging daher auch in Mecklenburg-Vorpommern keine die

---

[793] HRLJ 1993, S. 148 ff.; BGBl. 1998 II S. 1314 ff. Vgl. hierzu die detaillierten Ausführungen oben in Kapitel 3. Punkt II. 4. c).

[794] Vgl. hierzu oben Punkt III. 1. j).

[795] Vgl. hierzu etwa: *Lemke*, Nationale Minderheiten und Volksgruppen im schleswig-holsteinischen und übrigen deutschen Verfassungsrecht, S. 197 ff. und 377.

[796] Dies wird angedeutet bei *Thiele/Pirsch/Wedemeyer-Thiele*, Die Verfassung des Landes Mecklenburg-Vorpommern, Kommentierte Textausgabe, Art. 18, Rn. 1.

Verfassungsnorm des Art. 18 der Verfassung des Landes Mecklenburg-Vorpommern ausgestaltende einfache Gesetzgebung. Auf Anfrage teilte das Ministerium für Justiz und Angelegenheiten der Europäischen Union des Landes Mecklenburg-Vorpommern mit, daß die Landesregierung den Standpunkt vertritt, *daß es für weitergehende Maßnahmen zur Erreichung des in Art. 18 der Landesverfassung definierten Staatsziels zur Zeit keinen Handlungsbedarf gibt.*[797] Es existieren daher auch in Mecklenburg-Vorpommern keine praktischen Erfahrungen mit dem Minderheitenschutz.

6. Freistaat Thüringen

a) Die Minderheitengruppen im Freistaat Thüringen

Auch auf dem Gebiet des Freistaates Thüringen siedelt keine der Gruppen, die in der Bundesrepublik Deutschland einen geschriebenen verfassungsrechtlichen Status als Minderheit haben. Und auch in Thüringen ist die Ansiedlung von Gruppen mit ungeschriebenem verfassungsrechtlichen Minderheitenstatus in erheblichem Ausmaße nicht ersichtlich.

b) Die Minderheitenschutzbestimmung im Verfassungsentwurf der SPD-Fraktion

Wie bereits dargestellt,[798] legte jede der im Thüringer Landtag vertretenen Parteien einen eigenen Verfassungsentwurf vor. Im Verfassungsentwurf der SPD-Fraktion vom 9. Juli 1991[799] war eine Minderheitenschutzbestimmung für die Verfassung des Freistaats Thüringen enthalten:

---

[797] Schreiben des Ministeriums für Jusitz und Angelegenheiten der Europäischen Union des Landes Mecklenburg-Vorpommern vom 16. September 1996 an den Verfasser.

[798] Vgl. oben Punkt I. 6.

[799] Entwurf der SPD-Fraktion vom 9. Juli 1991, Landtag Thüringen, LT-Drucks. 1/590, S. 5.

Art. 5
„Das Land achtet und schützt nationale Minderheiten, die im Lande leben.“

Diese Bestimmung wurde letztendlich jedoch nicht in die Endversion der Verfassung des Freistaats Thüringen aufgenommen und wurde daher auch nicht geltendes Recht.

c) Art. 2 Abs. 3 der Verfassung des Freistaats Thüringen

In Anbetracht der Tatsache, daß im Freistaat Thüringen keine der Gruppen, die in der Bundesrepublik Deutschland einen geschriebenen oder ungeschriebenen verfassungsrechtlichen Status als Minderheit haben, in größerem Maße siedelt, wählte der Thüringer Landtag stattdessen eine andere Lösung. Man verzichtete zwar auf die Aufnahme einer Minderheitenschutzbestimmung, führte aber gleichzeitig in das Diskriminierungsverbot des Art. 2 Abs. 3 der Verfassung des Freistaats Thüringen das Kriterium der *ethnischen Zugehörigkeit* ein. Dieses Kriterium im Diskriminierungsverbot geht auf einen Vorschlag im Verfassungsentwurf der Neues Forum/GRÜNE/Demokratie-Jetzt-Fraktion zurück.[800] Art. 2 Abs. 3 der Verfassung des Freistaats Thüringen vom 25. Oktober 1993[801] hat folgenden Wortlaut:[802]

Art. 2 Abs. 3

„(3) Niemand darf wegen seiner Herkunft, seiner Abstammung, seiner ethnischen Zugehörigkeit, seiner sozialen Stellung, seiner Sprache, seiner politischen, weltanschaulichen oder religiösen Überzeugung, seines Geschlechts oder seiner sexuellen Orientierung bevorzugt oder benachteiligt werden.“

---

[800] Art. 3 Abs. 5 des Entwurfes der Neues Forum/GRÜNE/Demokratie-Jetzt-Fraktion vom 23. August 1991: *„(5) Niemand darf wegen ethnischer Zugehörigkeit, Abstammung, Nationalität, Sprache Geschlecht, sexueller Identität, Heimat und sozialer Stellung sowie religiöser, weltanschaulicher oder politischer Überzeugung benachteiligt oder bevorzugt werden.“* Vgl. Landtag Thüringen, LT-Drucks. 1/659, S. 4.

[801] Verfassung des Freistaats Thüringen vom 25. Oktober 1993 (GVBl. Thüringen 1993 S. 625) zuletzt geändert durch Gesetz vom 12. Dezember 1997 (GVBl. Thüringen 1997 S. 625).

[802] Zur Interpretation dieser Bestimmung vgl. *Linck*, Die Verfassung des Freistaats Thüringen, Kommentar, Art. 2, Rn. 44 ff.; *Birkmann*, Verfassung des Freistaats Thüringen, 6. Aufl., S. 33; *Huber*, LKV 1994, S. 121, 124. Vgl. hierzu auch die Ausführungen zur Interpretation des Diskriminierungsverbots des Grundgesetzes oben Kapitel 4. Punkt II. 2.

Die Aufnahme des Kriteriums der *ethnischen Zugehörigkeit* in das Diskriminierungsverbot des Art. 2 Abs. 3 der Verfassung des Freistaats Thüringen gewährleistet einen mittelbaren Minderheitenschutz. In Bundesländern, die Minderheiten auf ihrem Territorium nicht explizit anerkennen und schützen, erscheint diese Lösung angemessen. Sie ist der Lösung der Kodifizierung einer verfassungsrechtlichen Minderheitenschutzbestimmung ohne Anwendungsbereich und ohne einfachgesetzliche Umsetzung, wie sie in Sachsen-Anhalt und in Mecklenburg-Vorpommern gewählt wurde, vorzuziehen.

7. Niedersachsen

a) Die Minderheitengruppen in Niedersachsen

Im Bundesland Niedersachsen ist die traditionell in der Bundesrepublik Deutschland siedelnde und auch auf Bundesebene offiziell anerkannte Minderheit der Ostfriesen beheimatet.[803] In Niedersachsen leben ca. 100.000 Ostfriesen, deren Hauptsiedlungsgebiet zwischen der Ems und dem Jadebusen um die Zentren Aurich und Leer gelegen ist.[804] Dieser Gruppe ist jedoch das bedeutendste identitätsstiftende Merkmal, die Beherrschung der ostfriesischen Sprache, abhanden gekommen. Die ostfriesische Sprache hat in Niedersachsen nur noch im Saterland, einer kleinen ostfriesischen Enklave im Landkreis Cloppenburg zwischen Oldenburg und Leer, überlebt. In den Dörfern Ramsloh, Strücklingen und Scharrel sowie in angrenzenden Bauernschaften wird Ostfriesisch oder Saterfriesisch noch von ca. 2.000 Personen aktiv gesprochen.[805]

b) Die Bemühungen um die Aufnahme einer Minderheitenschutznorm in die Niedersächsische Verfassung

Im Zuge der Verfassungsreform in Niedersachsen, in deren Rahmen das Organisationsstatut der *Vorläufigen Niedersächsischen Verfassung* in eine Vollverfassung, die *Niedersächsische Verfassung* vom 19. Mai 1993, umgewandelt wurde, wurde auch die Einfügung einer

[803] Vgl. Kapitel 1. Punkt III. 1. b).

[804] *Hahn*, in: *Frowein/Hofmann/Oeter*, Das Minderheitenrecht europäischer Staaten, Teil 1, S. 62, 65; *Tholund*, in: *Gemeinsame Verfassungskommission*, Stenographischer Bericht der 9. Öffentlichen Anhörung, Rechte ethnischer Minderheiten, S. 36.

[805] *Lemke*, Nationale Minderheiten und Volksgruppen im schleswig-holsteinischen und übrigen deutschen Verfassungsrecht, S. 378 f.; *Fort*, pogrom 179, Okt./Nov. 1994, S. 17.

Minderheitenschutzklausel in die Landesverfassung diskutiert.[806] Zur Beratung standen ein Vorschlag der Fraktionen der SPD und BÜNDNIS 90/GRÜNE,[807] die zu dieser Zeit gemeinsam die Regierungsverantwortung im Land innehatten, und ein Vorschlag der F.D.P.-Fraktion.[808]

aa) Der Vorschlag der Fraktionen der SPD und BÜNDNIS 90/GRÜNE
(Art. 2/5 n.F. Niedersächsische Verfassung)

Der Vorschlag der Fraktionen der SPD und BÜNDNIS 90/GRÜNE zur Einfügung einer Verfassungsnorm zum Schutz kultureller und ethnischer Minderheiten hatte folgenden Wortlaut:[809]

Art. 2/5
(Kulturelle und ethnische Minderheiten)

(1) Das Bekenntnis zu einer kulturellen, ethnischen oder regionalen Minderheit ist frei; es entbindet nicht von den allgemeinen staatsbürgerlichen Pflichten.

(2) Die kulturelle Eigenständigkeit und die politische Mitwirkung ethnischer und regionaler Minderheiten und Volksgruppen stehen unter dem Schutz des Landes und der Kommunen. Die heimatbezogenen Einrichtungen und Eigenheiten der einzelnen Regionen innerhalb des Landes sind zu pflegen. Ihre innere Ordnung muß demokratischen Grundsätzen entsprechen.

(3) Das Land hat Sprachen und Kulturen von Regionen und Minderheiten in Niedersachsen zu wahren und zu fördern.

---

[806] *Lemke*, Nationale Minderheiten und Volksgruppen im schleswig-holsteinischen und übrigen deutschen Verfassungsrecht, S. 380 ff.; *Bachmann*, RuP 1993, S. 128, 130; *Schwarz*, NdsVBl. 1998, S. 225, 229; *Burmeister*, ZG 1995, S. 289, 306.

[807] Niedersächsischer Landtag, LT-Drucks. 12/3008 und 12/3160 (Verfassungsentwurf der Fraktionen der SPD und BÜNDNIS 90/GRÜNE).

[808] Niedersächsischer Landtag, LT-Drucks. 12/3250 (Verfassungsentwurf der Fraktion der F.D.P.).

[809] Niedersächsischer Landtag, LT-Drucks. 12/3008 und 12/3160 (Verfassungsentwurf der Fraktionen der SPD und BÜNDNIS 90/GRÜNE).

Art. 2/5 Abs. 1 des SPD/GRÜNE-Entwurfes weist Parallelen zu Art. 5 Abs. 1 der Verfassung des Landes Schleswig-Holstein und zu Art. 37 Abs. 2 der Verfassung des Landes Sachsen-Anhalt auf. Die Zugehörigkeit zu einer Minderheit bestimmt sich auch nach dem SPD/GRÜNE-Entwurf nach dem Bekenntnisprinzip. Dies gilt aber nicht für Personen, die nicht die deutsche Staatsangehörigkeit haben, was sich aus dem 2. Halbsatz von Art. 2/5 Abs. 1 ergibt. Das Bekenntnis zu einer kulturellen, ethnischen oder regionalen Minderheit ist frei. Die affirmative Formulierung suggeriert auch hier, daß das Bekenntnisprinzip einen subjektiv-rechtlichen Gehalt haben soll, auf den sich der einzelne direkt berufen können soll. Auch der SPD/GRÜNE-Entwurf läßt den Begriff der Minderheit undefiniert und nennt drei Kategorien von Minderheiten, zu denen man sich bekennen kann. Durch die Verwendung des Begriffes der kulturellen Minderheit wird der Minderheitenbegriff wieder sehr weit ausgedehnt. Anders als im Kontext der Verfassung des Landes Sachsen-Anhalt ist dies jedoch hier nicht irrelevant, da zwar Abs. 2 des Entwurfes lediglich den ethnischen und regionalen Minderheiten Rechte zugesteht, in Abs. 3 aber diese Einschränkung nicht enthalten ist. Die Verwendung des Begriffs der regionalen Minderheit bewirkt keine weitere Vergrößerung des Kreises der potentiellen Rechtsträger. Damit soll lediglich signalisiert werden, daß man bei der Erarbeitung dieser Norm insbesondere an Minderheiten gedacht hat, die lediglich in einem bestimmten Gebiet, in einer bestimmten Region, beheimatet sind. Ein Ausufern des Kreises der potentiellen Rechtsträger kann auch im Kontext von Art. 2/5 des SPD/GRÜNE-Entwurfes dadurch verhindert werden, daß die Minderheitendefinition, wie sie auf Bundesebene vertreten wird,[810] zur Interpretation des Minderheitenbegriffes der SPD/GRÜNE-Entwurfes herangezogen wird. Der Minderheitenschutz des Art. 2/5 des SPD/GRÜNE-Entwurfes soll demnach nicht für Fremde gelten, was sich aus dem Wortlaut des Abs. 1 ergibt. Weiterhin sollen keine eingebürgerten Immigranten im Kreis der Begünstigten sein, was sich aus der auf Bundesebene geltenden Minderheitendefinition[811] ergibt, die mangels entgegenstehender Aussagen der Landesverfassung auch hier herangezogen werden darf. Ansonsten ist Art. 2/5 des SPD/GRÜNE-Entwurfs offen und neutral formuliert und kann daher potentiell alle in der Bundesrepublik Deutschland lebenden Minderheiten mit geschriebenem[812] oder ungeschriebenem[813] verfassungsrechtlichen Minder-heitenstatus erfassen.

Art. 2/5 Abs. 2 Satz 1 des SPD/GRÜNE-Entwurfes stellt die *kulturelle Eigenständigkeit* und die *politische Mitwirkung* von Minderheiten unter den Schutz des Landes und der Kommunen. Dieses Recht beschränkt die Norm auf ethnische und regionale Minderheiten und Volksgruppen. Es fragt sich, warum Abs. 1 das Bekenntnis zu einer kulturellen Minderheit *expressis verbis* freistellt, in Abs. 2 den nur kulturellen Minderheiten dann aber keine Rechte zugesteht. Zudem ist in Abs. 2 Satz 1 in Gegensatz zu Abs. 1 der Begriff der Volksgruppen genannt. Im Rahmen dieser Arbeit wurde vertreten, daß der Begriff der Minderheit und der Begriff der Volksgruppe für den Bereich des deutschen Verfassungsrecht synonym verwendet

---

[810] Vgl. oben Kapitel 5. Punkt IV. 4. c) und 5. e).

[811] Vgl. oben Kapitel 5. Punkt IV. 4. c) und 5. e).

[812] Außer den Sorben sind dies die Dänen und die Friesen. Vgl. oben Kapitel 1. Punkt III. 1.

[813] Dies sind die Sinti und Roma, die Juden, die Polen und diejenigen Gruppen osteuropäischer oder ex-sowjetischer Herkunft, die durch bilaterale Verträge besonders geschützt sind. Vgl. oben Kapitel 1. Punkt III. 2.

werden können. Dennoch fallen diese Unstimmigkeiten im Rahmen des Art. 2/5 des SPD/GRÜNE-Entwurfes auf und dürften wohl damit zu erklären sein, daß es sich hierbei lediglich um eine Bestimmung im Entwurfsstadium handelt. Zur Auslegung der Tatbestandsmerkmale der *kulturellen Eigenständigkeit* und der *politischen Mitwirkung* kann an dieser Stelle auf die Analysen der Verfassungen der Länder Schleswig-Holstein[814] und Sachsen-Anhalt[815] verwiesen werden, die insofern identische Formulierungen verwenden. Auch im Hinblick auf seinen Charakter ist Art. 2/5 Abs. 2 Satz 1 des SPD/GRÜNE-Entwurfes analog zu seinen Vorbildern Art. 5 Abs. 2 Satz 1 der Verfassung des Landes Schleswig-Holstein und Art. 37 Abs. 1 der Verfassung des Landes Sachsen-Anhalt als Staatszielbestimmung zu verstehen.

Zudem wird in Art. 2/5 Abs. 2 Satz 2 und 3 des SPD/GRÜNE-Entwurfes dann noch die Pflege der heimatbezogenen Einrichtungen und Eigenheiten der einzelnen Regionen angeordnet, deren innere Ordnung demokratischen Grundsätzen entsprechen müsse. Diese Bestimmung zielt allgemein auf die Pflege heimatlichen Kulturgutes ab, was wohl für die Minderheiten zu einem sehr großen Teil durch die Gewährleistung ihrer kulturellen Eigenständigkeit abgedeckt sein dürfte und daher weniger Bedeutung für die Minderheiten als für andere heimatorientierte Gruppen haben dürfte.

Art. 2/5 Abs. 3 des SPD/GRÜNE-Entwurfes bestimmt schließlich, daß das Land Sprachen und Kulturen von Minderheiten in Niedersachsen zu wahren und zu fördern hat. Obgleich hier die Förderung der Sprachen und Kulturen von Minderheiten angeordnet wird, haben diese hierauf keinen subjektiven Anspruch. Vielmehr wäre diese Bestimmung wohl als Staatsziel aufzufassen gewesen. Dennoch hätte diese Bestimmung, wäre sie denn geltendes Recht geworden, eine einfachgesetzliche Ausgestaltung dieser Rechte erforderlich gemacht. Die Wahrung der Sprachen und Kulturen von Minderheiten hätte die Beibehaltung des gegenwärtigen *status quo* in diesen Bereichen erforderlich gemacht. Das Gebot der Förderung wäre noch darüber hinausgegangen und hätte positive Maßnahmen zur Erhaltung und Fortentwicklung der Sprachen und Kulturen der Minderheiten zugelassen und auch angeordnet. Gerade im Hinblick auf das drohende Aussterben der friesischen Sprache in Niedersachsen[816] wären positive Maßnahmen zur Erhaltung dieses Kulturgutes dringend erforderlich.[817] Aus dem Fördergebot hätte sich weiterhin explizit die Vereinbarkeit von positiven Maßnahmen mit dem übrigen bundesdeutschen und niedersächsischen

---

814 Vgl. oben Punkt III. 1. f)

815 Vgl. oben Punkt III. 4. b) bb).

816 Vgl. oben Kapitel 1. Punkt III. 1 b).

817 In diesem Sinne wohl auch *Lemke*, Nationale Minderheiten und Volksgruppen im schleswig-holsteinischen und übrigen deutschen Verfassungsrecht, S. 379.

Verfassungsrecht, insbesondere mit Art. 3 GG[818] und Art. 3 Abs. 3 Satz 1 der Niedersächsischen Verfassung,[819] ergeben.

Die Bestimmung des Art. 2/5 des SPD/GRÜNE-Entwurfs wurde vom Sonderausschuß „*Niedersächsische Verfassung*" im Rahmen seiner Sitzung am 14. September 1992 beraten.[820] Fundamentalkritik an der vorgeschlagenen Bestimmung wurde hier vom Abgeordneten *Möllring* (CDU) geübt. Gegen Abs. 1 wandte er ein, daß in Niedersachsen niemand daran gehindert werde, sich einer Gruppe anzuschließen und Ziele zu verfolgen, die möglicherweise auch nicht als förderungswürdig angesehen werden.[821] Gegen Abs. 2 Satz 1 des Vorschlages brachte er vor, daß diese Bestimmung mit den demokratischen Grundsätzen, sprich dem Mehrheitsprinzip, nicht vereinbar sei. Er sehe kaum die Möglichkeit, daß sich die CDU-Fraktion diesem Artikel anschließen werde. Gegen Abs. 3 hätte die CDU-Fraktion zwar inhaltlich nichts einzuwenden, lehne aber dennoch die Aufnahme in die Verfassung ab.[822] Aus diesen Aussagen ergibt sich, daß der für die CDU-Fraktion sprechende Abgeordnete *Möllring* entweder den generellen Sinn des Minderheitenrechts[823] nicht verstanden hat oder, was fast noch schlimmer wäre, daß sich die CDU-Fraktion einer Kodifizierung von Minderheitenrechten grundsätzlich verweigerte. Jedenfalls scheiterte Art. 2/5 des SPD/GRÜNE-Entwurfs bereits im Sonderausschuß „*Niedersächsische Verfassung*", da klar war, daß der vorgeschlagene Artikel ohne die Zustimmung der CDU-Fraktion den Landtag nicht würde passieren können.

bb) Der Vorschlag der F.D.P.-Fraktion (Art. 7 Abs. 3 n.F. Niedersächsische Verfassung)

Auch die F.D.P.-Fraktion schlug im Rahmen des Verfassungsrevisionsprozesses eine Minderheitenschutzklausel für die Verfassung vor:[824]

---

[818] Vgl. hierzu oben Kapitel 4. Punkt II. 1. und 2.

[819] Art. 3 Abs. 3 Satz 1 der Niedersächsischen Verfassung hat folgenden Wortlaut:
„*(3) Niemand darf wegen seines Geschlechts, seiner Abstammung, seiner Rasse, seiner Sprache, seiner Heimat und Herkunft, seines Glaubens, seiner religiösen oder politischen Anschauungen benachteiligt oder bevorzugt werden. (...)*"

[820] Niedersächsischer Landtag, LT-Drucks. 12/906, S. 39 ff.

[821] Niedersächsischer Landtag, LT-Drucks. 12/906, S. 39.

[822] Niedersächsischer Landtag, LT-Drucks. 12/906, S. 40.

[823] Vgl. hierzu oben Kapitel 1. Punkt IV.

[824] Niedersächsischer Landtag, LT-Drucks. 12/3250 (Verfassungsentwurf der Fraktion der F.D.P.).

Art. 7 Abs. 3
„(3) Die friesische Volksgruppe hat Anspruch auf Schutz und Förderung."

Diese Formulierung lehnt sich erkennbar an Art. 5 Abs. 2 Satz 2 der Verfassung des Landes Schleswig-Holstein an.[825] In dem Vorschlag der F.D.P.-Fraktion war die Gruppe der Begünstigten klar und abschließend festgelegt. Die friesische Volksgruppe allein hätte Anspruch auf Schutz und Förderung gehabt. Im Gegensatz zum *Schutz*, der sich an den bestehenden Zuständen orientiert und den Erhalt des jeweils bestehenden *status quo* sicherstellen soll, strebt die *Förderung* die Erreichung eines Soll-Zustandes an, der an der Situation der Mehrheitsbevölkerung ausgerichtet sein muß. Das Ziel wäre dann gewesen, die Friesen in die Lage zu versetzen, ihren Angehörigen ebenso viele Entfaltungs- und Entwicklungsmöglichkeiten zu geben, wie es dem Standard der Mehrheitsbevölkerung entspricht, ohne daß die Minderheitenangehörigen dafür auf ihre spezifische Identität verzichten müssen. Aufgrund der besonderen historischen und kulturellen Rolle der Friesen in Niedersachsen wäre diese Regelung, wie die analoge Regelung in Schleswig-Holstein, mit dem Gleichheitssatz vereinbar gewesen. Der Begriff der Förderung hätte insbesondere natürlich die Form der finanziellen Unterstützung umfaßt. Selbstverständlich hätten die Verpflichtungen aus Art. 7 Abs. 3 des F.D.P.-Entwurfs keine absoluten Maßstäbe gesetzt. Sie wären im Verhältnis zu anderen Rechtsgütern der Niedersächsischen Verfassung zu sehen gewesen. Die Minderheitenförderung hätte nicht über eine rechtliche und tatsächliche Gleichstellung mit der Mehrheitsbevölkerung hinausgehen dürfen, und sie hätte eine weitere Grenze durch die finanzielle Leistungsfähigkeit des Landes Niedersachsen gefunden.

Mit Art. 7 Abs. 3 des F.D.P.-Entwurfes wäre ein echtes minderheiten-schützendes Grundrecht kodifiziert worden. In Verbindung mit Art. 3 Abs. 3 Satz 1 GG hätte die friesische Volksgruppe einen Anspruch auf Förderung herleiten können. Dieser Anspruch hätte auf die Herstellung einer faktischen, nicht lediglich einer rechtlichen Gleichheit mit der Mehrheitsbevölkerung abgezielt. Der Anspruch aus Art. 7 Abs. 3 des F.D.P.-Entwurfes i.V.m. Art. 3 Abs. 3 Satz 1 GG hätte subjektiv-rechtlichen Charakter gehabt und wäre auch gerichtlich einklagbar gewesen. Die Grenze dieses Grundrechts wäre wieder von der finanziellen Leistungsfähigkeit des Landes Niedersachsen gezogen worden.

Die SPD lehnte diesen Entwurf ab, weil er andere Volksgruppen von Schutz und Förderung ausschließe.[826] Dabei wurde jedoch versäumt zu spezifizieren, welche anderen Minderheiten neben den Friesen denn in Niedersachsen geschützt und gefördert worden wären. Die Fundamentalopposition der CDU-Fraktion gegen die Einfügung einer Minderheitenschutzbestimmung in die Niedersächsische Verfassung richtete sich auch gegen den F.D.P.-Vorschlag. So scheiterte Art. 7 Abs. 3 des F.D.P.-Entwurfes ebenfalls bereits im Sonderausschuß *„Niedersächsische Verfassung"*.

---

[825] Vgl. hierzu oben Punkt III. 1. 1. g)

[826] Niedersächsischer Landtag, LT-Drucks. 12/906, S. 39.

c) Das sonstige minderheitenschützende Verfassungsrecht

Damit hat die revidierte Niedersächsische Verfassung im Ergebnis keine Bestimmung, die dem besonderen Schutz der Minderheiten im Land gewidmet ist. *Lemke*[827] weist jedoch auf den minderheitenschützenden Charakter des Art. 72 der Niedersächsischen Verfassung hin:[828]

Art. 72
Besondere Belange und überkommene Einrichtungen der ehemaligen Länder

(1) Die kulturellen und historischen Belange der ehemaligen Länder Hannover, Oldenburg, Braunschweig und Schaumburg-Lippe sind durch Gesetzgebung und Verwaltung zu wahren und zu fördern.

(2) *Die überkommenen heimatgebundenen Einrichtungen dieser Länder sind weiterhin dem heimatlichen Interesse dienstbar zu machen und zu erhalten, soweit ihre Änderung oder Aufhebung nicht in Verfolgung organisatorischer Maßnahmen, die sich auf das gesamte Land Niedersachsen erstrecken, notwendig sind.*

Es sei immerhin möglich, so meint *Lemke*, aus Art. 72 Abs. 1 der Niedersächsischen Verfassung eine Föderungspflicht des Landes zugunsten der Saterfriesen und ihrer Sprache abzuleiten.[829] Dem soll hier zwar nicht widersprochen werden. Dennoch erscheint die, wenn überhaupt, dann doch nur mittelbar minderheitenschützende Bestimmung des Art. 72 der Niedersächsischen Verfassung nicht ausreichend, um die Friesen in Niedersachsen ausreichend zu unterstützen und insbesondere das Aussterben des Saterfriesischen zu verhindern.

---

[827] *Lemke*, Nationale Minderheiten und Volksgruppen im schleswig-holsteinischen und übrigen deutschen Verfassungsrecht, S. 381 f.

[828] Niedersächsische Verfassung vom 19. Mai 1993 (Niedersächsisches GVBl. 1993 S. 107) zuletzt geändert durch Gesetz vom 21. November 1997 (Niedersächsisches GVBl. 1997 S. 480).

[829] *Lemke*, Nationale Minderheiten und Volksgruppen im schleswig-holsteinischen und übrigen deutschen Verfassungsrecht, S. 382.

d) Die einfachgesetzliche Ausgestaltung und Praxis des Minderheitenschutzes

Nach Auskunft der Niedersächsischen Staatskanzlei ist ein besonderer Minderheitenschutz auch in den einfachen niedersächsischen Gesetzen und den Rechtsvorschriften nicht vorgesehen.[830] Im Niedersächsischen Schulgesetz[831] ist die friesische Sprache zwar erwähnt,[832] geschützt oder besonders vermittelt wird sie jedoch nicht.[833] Falles also eine Praxis eines Minderheitenschutzes in Niedersachsen gibt, so findet diese auf rein tatsächlicher Ebene und in einem rechtsfreien Raum statt.

e) Die Einhaltung der Verpflichtungen der Europäischen Charta der Regional- oder Minderheitensprachen

In bezug auf Saterfriesisch im saterfriesischen Sprachgebiet im Land Niedersachsen hat sich die Bundesrepublik Deutschland unter anderem zur Einhaltung der folgenden Bestimmungen der Europäischen Charta der Regional- oder Minderheitensprachen vom 5. November 1992[834] verpflichtet:[835]

„Artikel 10
Verwaltungsbehörden und öffentliche Dienstleistungsbetriebe (...)

(2) In bezug auf die örtlichen und regionalen Behörden, in deren örtlichen Zuständigkeitsbereich die Zahl der Einwohner, welche die Regional- oder Minderheitensprachen gebrauchen, die nach-stehenden Maßnahmen rechtfertigt, verpflichten sich die Vertrags-parteien, folgendes zuzulassen und/oder dazu zu ermutigen.

---

[830] Schreiben der Niedersächsischen Staatskanzlei vom 26. September 1996 an den Verfasser.

[831] Niedersächsisches Schulgesetz (NSchG) i.d.F. vom 27. September 1993 (Niedersächsisches GVBl. 1993 S. 383).

[832] In § 2 Abs. 1 Satz 3 des Niedersächsischen Schulgesetzes heißt es:
„Die Schülerinnen und Schüler sollen fähig werden, (...) ihre Wahrnehmungs- und Empfindungsmöglichkeiten sowie ihre Ausdrucksmöglichkeiten unter Einschluß der bedeutsamen jeweiligen regionalen Ausformung des Niederdeutschen oder des Friesischen zu entfalten (...).“

[833] *Lemke*, Nationale Minderheiten und Volksgruppen im schleswig-holsteinischen und übrigen deutschen Verfassungsrecht, S. 379.

[834] HRLJ 1993, S. 148 ff.; BGBl. 1998 II S. 1314 ff.

[835] Vgl. hierzu die detaillierten Ausführungen oben in Kapitel 3. Punkt II. 4. c).

a) den Gebrauch von Regional- oder Minderheitensprachen innerhalb der regionalen oder örtlichen Behörde;

b) die Möglichkeit, daß Personen, die Regional- oder Minderheitensprachen gebrauchen, mündliche oder schriftliche Anträge in diesen Sprachen stellen; (...)

c) die Veröffentlichung der amtlichen Schriftstücke der regionalen Behörden durch diese auch in den betreffenden Regional- oder Minderheitensprachen;

d) die Veröffentlichung der amtlichen Schriftstücke der örtlichen Behörden durch diese auch in den betreffenden Regional- oder Minderheitensprachen;

e) den Gebrauch von Regional- oder Minderheitensprachen durch die regionalen Behörden in deren Ratsversammlungen, ohne jedoch den Gebrauch der Amtssprache(n) des Staates auszuschließen;

f) den Gebrauch von Regional- oder Minderheitensprachen durch die örtlichen Behörden in deren Ratsversammlungen, ohne jedoch den Gebrauch der Amtssprache(n) des Staates auszuschließen; (...)

(4) Die Vertragsparteien verpflichten sich, eine oder mehrere der folgenden Maßnahmen zu treffen, um die von ihnen angenommenen Bestimmungen der Absätze 1, 2 und 3 in Kraft zu setzen:

a) Übersetzen oder Dolmetschen je nach Bedarf; (...)“

Da es weder in der Niedersächsischen Verfassung noch in den einfachen niedersächsischen Gesetzen und Rechtsvorschriften einen besonderen Minderheitenschutz gibt,[836] wird es den niedersächsischen Verwaltungsbehörden möglich sein, alle dieser Verpflichtungen, sogar in ihrer *weichen* Formulierung, zu erfüllen. Wenn der Gebrauch der saterfriesischen Sprache in Niedersachsen keinerlei gesetzliche Grundlage hat, dann haben die örtlichen und regionalen Behörden im Siedlungsgebiet dieser Minderheit auch keine Möglichkeit, etwa Anträge in der Minderheitensprache entgegenzunehmen oder amtliche Schriftstücke in der Minderheitensprache zu veröffentlichen. Damit hat sich die Bundesrepublik Deutschland völkerrechtlich zu etwas verpflichtet, was innerstaatlich, hier im Bundesland Niedersachsen, nicht umgesetzt wird. Damit verletzt die Bundesrepublik Deutschland ihre völkerrechtliche Umsetzungspflicht. Es besteht somit ein Regelungsdefizit hinsichtlich des Minderheitenschutzes im Bundesland Niedersachsen.

[836] Schreiben der Niedersächsischen Staatskanzlei vom 26. September 1996 an den Verfasser.

f) Fazit: Regelungsdefizit

Als Fazit bleibt der bedauernswerte Zustand festzuhalten, daß sich weder in der Niedersächsischen Verfassung noch in den Gesetzen oder Rechtsvorschriften des Bundeslandes Niedersachsen ein besonderer Minderheitenschutz findet, und daß dies dazu führt, daß hinsichtlich der Verpflichtungen der Bundesrepublik Deutschland aus der Europäischen Charta der Regional- oder Minderheitensprachen in bezug auf Saterfriesisch im saterfriesischen Sprachgebiet im Land Niedersachsen ein Regelungsdefizit besteht. Diesem Zustand sollte schnellstmöglich abgeholfen werden. Es ist zwar begrüßenswert, daß die Niedersächsische Staatskanzlei sich nach wie vor für eine Verankerung des Minderheitenschutzes in der Niedersächsischen Verfassung ausspricht.[837] Daß sie allerdings die Erfolgsaussichten hierfür für derzeit nicht gegeben einschätzt,[838] entschuldigt sie indes nicht. Vor diesem Hintergrund erscheint es wie eine traurige Ironie, daß es zwar gelang, den Tierschutz in die Niedersächsische Verfassung aufzunehmen,[839] die Einfügung einer Minderheitenschutzklausel aber bislang unterblieb.

---

[837] Schreiben der Niedersächsischen Staatskanzlei vom 26. September 1996 an den Verfasser.

[838] Schreiben der Niedersächsischen Staatskanzlei vom 26. September 1996 an den Verfasser.

[839] Art. 6b der Niedersächsischen Verfassung besagt: „*Tiere werden als Lebewesen geachtet und geschützt.*“

7. Kapitel: Eine Bestandsaufnahme des verfassungsrechtlichen Minderheitenschutzes in der Bundesrepublik Deutschland und Vorschläge für seine Reform

„Es gibt für einen Menschen nichts Traurigeres, als den Verlust seines Charakters zu überleben."

(*Charles Louis de Secondat, Baron de la Brède*, 1748)[1]

Diese Worte, niedergeschrieben vor über 250 Jahren von dem großen Staatstheoretiker *Montesquieu*, erscheinen wie eine zeitlose Formulierung des Zieles allen Strebens nach der verfassungsrechtlichen Absicherung des Schutzes von Minderheiten. Jede staatliche Ordnung ist ausnahmslos verpflichtet, den unter ihr lebenden Menschen die Bewahrung ihres Charakters, ihrer Identität zu ermöglichen und dafür einzutreten. Ohne bestimmte Rechte, die ihrer besonderen Situation angemessen Rechnung tragen, ist eine Minderheit in aller Regel nicht in der Lage, ihren Charakter im Assimilationssog der Mehrheitskultur zu erhalten. Dies gilt sowohl für die Gruppe als auch für den einzelnen Minderheitenangehörigen. Sinnvollerweise sollten Minderheitenrechte aufgrund ihrer überragenden Bedeutung für ein friedliches Zusammenleben von Mehrheit und Minderheit unter einer staatlichen Ordnung, die von beiden getragen werden muß, im Fundament dieser staatlichen Ordnung, der Verfassung, verankert werden.

Die Anzahl der Angehörigen von Minderheiten, die in der Bundesrepublik Deutschland siedeln, ist vergleichsweise gering. Das Verfassungsrecht der Bundesrepublik Deutschland hat daher umso sorgfältiger dafür Sorge zu tragen, daß die auf ihrem Staatsgebiet beheimateten Minderheiten verfassungsrechtliche Garantien bekommen, die ihnen den Erhalt ihres Charakters ermöglichen.

Gestützt auf die Erkenntnisse, die aus der vorstehenden Darstellung des Minderheitenschutzes im deutschen Verfassungsrecht gewonnen wurden, kann daher nunmehr eine Bestandsaufnahme des verfassungsrechtlichen Minderheitenschutzes in der Bundesrepublik Deutschland vorgenommen werden, und es können einige Reformvorschläge formuliert werden.

---

[1] *Charles Louis de Secondat, Baron de la Brède* - bekannter als *Baron de Montesquieu*, Vom Geist der Gesetze, 1748.

I. Der verfassungsrechtliche Minderheitenschutz in der Bundesrepublik Deutschland vor dem Hintergrund der völker- und europarechtlichen Vorgaben

Die Bundesrepublik Deutschland ist in die Rechtsgemeinschaft der Europäischen Union fest eingebunden und als Völkerrechtssubjekt der allgemeinen Völkerrechtsordnung unterworfen. Die Frage, die sich dieser Feststellung anschließt, ist folglich, ob der verfassungsrechtliche Minderheitenschutz in der Bundesrepublik Deutschland den völker- und europarechtlichen Vorgaben entspricht.

Deutschland hat sich in minderheitenrechtlicher Hinsicht durch verschiedene bi- und multilaterale Instrumente und ihre Mitgliedschaft in der Europäischen Union in einen völker- und europarechtlichen Rahmen integriert. Die wichtigsten dieser multilateralen Instrumente sind Art. 27 des Internationalen Paktes über bürgerliche und politische Rechte, die Deklaration der Generalversammlung der Vereinten Nationen über die Rechte von Angehörigen nationaler, ethnischer, religiöser oder sprachlicher Minderheiten von 1992, die Europäische Charta der Regional- oder Minderheitensprachen von 1992 und das Rahmenübereinkommen des Europarats zum Schutz nationaler Minderheiten von 1995. Des weiteren hat die Bundesrepublik Deutschland bilaterale Verträge abgeschlossen, welche minderheitenschützende Wirkung auch innerhalb Deutschlands entfalten. Die minderheitenschützenden Instrumente des Völkerrechts gehen in ihren materiellen Gewährleistungen im wesentlichen nicht über die Kodifizierung eines Diskriminierungsverbotes hinaus. Darüber hinaus stellen diese Instrumente lediglich klar, daß minderheitenfördernde Maßnahmen nicht als diskriminatorische Maßnahmen gegenüber der Mehrheitsbevölkerung zu verstehen sind. Die Europäische Charta der Regional- und Minderheitensprachen von 1992 macht es aufgrund ihrer Struktur und der vielfachen Unverbindlichkeit ihrer Formulierungen schwierig, einen allgemeinen Schutzstandard aus ihr herauszufiltern. Das zentrale Dokument, das für die Bewertung des deutschen Minderheitenschutzrechts herangezogen werden sollte, ist daher das Rahmenübereinkommen des Europarats zum Schutz nationaler Minderheiten von 1995. Das Rahmenübereinkommen geht in seinem materiellen Bestand vom „Bekenntnisprinzip“ aus, dem es gewisse objektive Kriterien als Korrektiv gegenüberstellt. Die Art. 4 und 5 kodifizieren die Gleichheit der Angehörigen von Minderheiten vor dem Gesetz, ein Diskriminierungsverbot und ein Zwangsassimilierungsverbot. Minderheitenfördernde Maßnahmen werden als mit dem allgemeinen Gleichheitssatz vereinbar festgelegt. Die Art. 7 und 8 gewähren die Versammlungs-, Vereinigungs- und Religionsfreiheit. Art. 9 regelt den Gebrauch der Minderheitensprache hinsichtlich der Meinungs- und Pressefreiheit. Art. 10 kodifiziert die gestufte Zulassung des Gebrauchs der Minderheitensprache: Im privaten sowie im öffentlichen Bereich ist der Gebrauch der Minderheitensprache natürlich frei, eingeschränkter ist die Zulassung des Gebrauchs vor Verwaltungs- und Justizbehörden. Art. 11 regelt den Gebrauch der Minderheitensprache im Namensrecht und hinsichtlich topographischer Bezeichnungen. Die Art. 12 bis 14 gewähren Rechte im Bildungssektor: Angehörige von Minderheiten sollen sich in bezug auf ihre eigene Kultur und Tradition informieren und weiterbilden können, sie sollen Bildungseinrichtungen unterhalten dürfen und ihnen soll die Möglichkeit gegeben werden, ihre Muttersprache zu erlernen bzw. in ihr unterrichtet zu werden. Art. 16 will schließlich den Zusammenhalt der Minderheit in angestammten

Siedlungsgebieten erhalten und die Art. 17 und 18 regen eine grenzüberschreitende Kooperation in Sachen Minderheitenschutz an.

Auf Bundesebene wird der verfassungsrechtliche Minderheitenschutz insbesondere durch die Grundrechte des Grundgesetzes verwirklicht. Das Fundament des Minderheitenschutzes des Grundgesetzes ist das Gebot der Menschenwürde des Art. 1 Abs. 1 GG. Direkt aus der Menschenwürde kann Schutz vor massiven Verletzungen der Gleichheit des Menschen, massiven Verletzungen der körperlichen und seelischen Identität und Integrität und massiven Vernachlässigungen der sozial- und rechtsstaatlichen Verantwortung gegenüber dem einzelnen abgeleitet werden. Aus der gruppenbezogenen Dimension der Menschenwürde kann gefolgert werden, daß es dem Bundes- oder Landesgesetzgeber freisteht, Minderheiten mit kollektivrechtlichen Konzepten zu schützen. Aus einer mittelbaren Drittwirkung der Grundrechte allgemein und der Menschenwürde im besonderen ergibt sich eine Ausstrahlung der Grundrechte in den Bereich des Privatrechts. Schließlich ist die Menschenwürde durch verschiedene Normen des Straf-, des Ordnungswidrigkeitsrechts und anderer Rechtsgebiete einfachgesetzlich bewehrt. Eine zentrale Bedeutung für den Minderheitenschutz hat daneben der allgemeine Gleichheitssatz des Art. 3 Abs. 1 GG und das Diskriminierungsverbot des Art. 3 Abs. 3 Satz 1 GG. Art. 3 GG gebietet keine Gleichbehandlung von Immigranten, die neuerdings oftmals irreführenderweise auch als *neue Minderheiten* bezeichnet werden, und den *klassischen autochthonen Minderheiten*. Aufgrund der tatsächlich existierenden Ungleichheiten läßt Art. 3 Abs. 3 Satz 1 GG bis zur Grenze der faktischen Gleichstellung mit der Mehrheitsbevölkerung eine Förderung von Minderheiten zu, ohne daß dies eine Diskriminierung anderer Gruppen darstellen würde. Allerdings haben weder die Minderheiten in ihrer Gesamtheit noch die einzelnen Minderheitenangehörigen unter dem Grundgesetz einen Anspruch auf fördernde Maßnahmen. Das Grundgesetz geht legitimerweise davon aus, daß die deutsche Sprache alleinige Staatssprache der Bundesrepublik Deutschland ist. Minderheitensprachen werden daneben wie andere Fremdsprachen behandelt, womit die Bundesrepublik Deutschland zwar ihre völker- und europarechtlichen Verpflichtungen in minderheitensprachenrechtlicher Hinsicht erfüllt, den Minderheitensprachen auf Bundesebene aber keine besondere verfassungsrechtliche Förderung zukommen läßt. Letzteres stellt zwar keinen Rechtsverstoß dar, eine besondere verfassungsrechtliche Förderung der Minderheitensprachen wäre aber dennoch wünschenswert. Dieses Defizit wird allerdings durch verfassungsrechtliche Regelungen auf Länderebene zum größten Teil ausgeglichen. Minderheitenschützenden Charakter haben weiterhin die speziellen Gleichheitsrechte der Art. 33 und 38 und die Religionsfreiheit des Art. 4 Abs. 1 und 2. Eine Förderung von Minderheiten ist weiterhin aufgrund von grundgesetzlichen Rechten im Schul-, Wissenschafts- und Kulturbereich möglich. Besondere Bedeutung für den grundgesetzlichen Minderheitenschutz haben darüber hinaus die Meinungs-, Informations-, Presse-, Rundfunk- und Filmfreiheit des Art. 5 Abs. 1 und 2 GG, die Versammlungsfreiheit des Art. 8 GG und die Vereinigungsfreiheit des Art. 9 GG. Selbstverständlich können sich Minderheitenangehörige auch stets auf das Grundrecht der allgemeinen Handlungsfreiheit des Art. 2 Abs. 1 GG berufen.

Ein explizit normierter Minderheitenschutz findet sich in den Verfassungen vieler Bundesländer. Mit der unrühmlichen Ausnahme von Niedersachsen findet sich in den

Verfassungen aller Länder, in denen Minderheiten traditionell siedeln, auch Minderheitenschutzbestimmungen unterschiedlichster Ausgestaltung.

Im Ergebnis erfüllt die Bundesrepublik Deutschland damit ihre aus multilateralen völker- und europarechtlichen Instrumenten zum Schutz von Minderheiten erwachsenden Verpflichtungen in befriedigender Weise. Auch die sich aus bilateralen völkerrechtlichen Verträgen ergebenden Pflichten hinsichtlich des Minderheitenschutzes werden von der Bundesrepublik Deutschland gut erfüllt. Lediglich einzelne Verpflichtungen aus der Europäischen Charta der Regional- oder Minderheitensprachen in bezug auf Saterfriesisch im saterfriesischen Sprachgebiet im Land Niedersachsen werden von der Bundesrepublik Deutschland völkerrechtswidrig nicht erfüllt. Hier sollten insbesondere vom Land Niedersachsen schnellstmöglich Maßnahmen ergriffen werden, da die saterfriesische Sprache und Kultur akut vom Aussterben bedroht sind.

II. Der Minderheitenbegriff des deutschen Verfassungsrechts

Die größte Schwierigkeit, die aus dem internationalen Bereich in das innerstaatliche Minderheitenrecht ausstrahlt, scheint die Unfähigkeit zu sein, sich auf einen universell akzeptierten völkerrechtlichen Minderheitenbegriff zu einigen. Die Definition des Begriffs *Minderheit* bedingt jedoch das materielle Minderheitenrecht und die Konzeption des innerstaatlichen Minderheitenrechts. Dadurch entsteht ein Dilemma. Das Unvermögen hinsichtlich einer Minderheitendefinition paralysiert eine dringend gebotene Weiterentwicklung des materiellen Minderheitenrechts auf internationaler Ebene und führt zu Streitigkeiten um die innerstaatliche Konzeption des Minderheitenschutzes. Paradebeispiel hierfür ist der hinsichtlich des Minderheitenbegriffes bestehende Dissens zwischen dem Menschenrechtsausschuß der Vereinten Nationen und der Bundesrepublik Deutschland. Im Zentrum dieses Dissens steht die Frage, ob der Minderheitenschutz auch auf Immigranten ausgedehnt werden sollte. Die Bedeutung des völkerrechtlichen Minderheitenbegriffs kann erst verstanden werden, wenn man sich die damit zusammenhängende Hintergrundproblematik und deren Konsequenzen vor Augen führt. Logisch zwingend ist, daß der den Minderheiten gewährte Schutz bzw. die ihnen gewährten Rechte, je restriktiver sind, desto weiter der vertretene Minderheitenbegriff ist. Umgekehrt ist bei einem engeren Minderheitenbegriff ein weitergehender Minderheitenschutz möglich. Vertritt man einen Minderheitenbegriff, der sich an die sehr weite Auffassung des Menschenrechtsausschusses anlehnt, so wird der daran anknüpfende Minderheitenschutz nicht wesentlich über ein Diskriminierungsverbot hinausreichen können.

Aufgrund des Phänomens der Globalisierung und angesichts spürbarer Migrationsbewegungen besteht in der Tat Anlaß, die hergebrachten mehrheitlich konsensfähigen Kernbereiche der Minderheitendefinition, auch vor dem Hintergrund einer neuen Bedeutung der Staatsangehörigkeit, zu überdenken. Ein modernes Minderheitenrecht kann diese Problembereiche nicht außer Acht lassen. Ob allerdings die mit diesen Problemen zusammenhängenden neuen Herausforderungen für das Völkerrecht und für die Staatenwelt durch eine bloße Ausdehnung des Minderheitenbegriffs auf Zuwanderergruppen in den Griff zu bekommen sind, erscheint jedoch mehr als fraglich.

Insgesamt läßt sich nicht leugnen, daß sich die alteingesessenen, *autochthonen*, also die *klassischen Minderheiten* im Vergleich mit den Zuwanderern, seien sie nun bereits eingebürgert oder nicht, in einer fundamental verschiedenen Situation befinden. Während bei den *klassischen Minderheiten* die Erhaltung der besonderen kulturellen Identität im Vordergrund der Schutzbemühungen stehen muß, sollte bei den Immigrantengruppen die gesamtgesellschaftliche Integration absolute Priorität haben. Die *klassischen Minderheiten* sind in aller Regel gesellschaftlich gut integriert. Ihr Problem ist der Assimilationssog, der von der Mehrheitsbevölkerung ausgeht und der permanent den Verlust der besonderen kulturellen Identität der Minderheit bedroht erscheinen läßt. Die Immigrantengruppen kämpfen dagegen in erster Linie gegen Diskriminierungen, denen sie teilweise ausgesetzt sind, und um ihre Eingliederung in die Arbeits- und Sozialwelt des Gastlandes. Für sie hat das Erlernen bzw. die Perfektionierung der Sprache ihres Gastlandes und das Verstehen der sozialen und gesellschaftlichen Wirkungszusammenhänge der Mehrheitsbevölkerung zentrale Bedeutung. Es ist also völlig klar, daß ein für Minderheiten im klassischen Sinne entwickeltes Schutzkonzept auf sog. *neue Minderheiten* nicht paßt. Dies ändert in keiner Weise etwas an der Schutzbedürftigkeit der *neuen Minderheiten*, die ja im übrigen auch allgemein nicht ernsthaft in Frage gestellt wird. Es legt lediglich die Vermutung nahe, daß mit einer simplen Ausdehnung des hergebrachten Minderheitenschutzes und des bisherigen Minderheitenbegriffes auf die *neuen Minderheiten* kein einziges Problem gelöst ist, eher im Gegenteil. Der Schutz der *klassischen* und *neuen Minderheiten* scheint daher eine differenzierte Betrachtungsweise mit differenzierten Schutzkonzepten zu erfordern.

Einen möglichen Ausweg aus diesem Dilemma weist der Vorschlag von UN-Sonderberichterstatter *Asbjørn Eide*, der ausgehend von einer sehr weiten Minderheitendefinition, die er mit der Garantie eines Mindestschutzstandards verbinden möchte, es den Staaten zugestehen will, verschiedenen Minderheitengruppen unterschiedliche Rechte und Schutzstandards zu gewährleisten. Der Nachteil dieser Lösung ist jedoch, daß die Definitionsproblematik lediglich auf eine andere Ebene verlegt wird.

Praktikabler erscheint daher der unter anderem von der Bundesrepublik Deutschland gewählte Ansatz. Dieser geht zunächst von einer klaren Unterscheidung zwischen den Rechten und Schutzkonzepten zugunsten von Minderheiten und denen von Immigranten aus. Grundlage dieser Unterscheidung ist eine engere Minderheitendefinition, die sich an der Definition von UN-Sonderberichterstatter *Caportoti* orientiert. Auf diese Weise können für die Minderheiten auf der einen Seite und für die Immigranten auf der anderen Seite jeweils auf ihre besonderen Bedürfnisse zugeschnittene Schutzkonzepte erarbeitet und umgesetzt werden. Weder im Bundes- noch im Landesrecht ist der Begriff der Minderheit legaldefiniert. Dennoch läßt sich die Minderheitendefinition, die dem deutschen Verfassungsrecht zugrunde liegt, ermitteln. Sie läßt sich aus völkerrechtlichen Erklärungen der Bundesrepublik Deutschland ableiten. Auf völkerrechtlicher Ebene geht die Bundesrepublik Deutschland davon aus, daß es innerstaatlichen Minderheitenschutz für Ausländer und Immigranten nicht geben kann. Die Staatsangehörigkeit des Aufenthaltsstaates ist für die Definition des Begriffs der Minderheit ebenso ein konstitutives Kriterium wie die Alteingesessenheit in angestammten Siedlungsgebieten. Eine konkrete Erklärung betreffend ihre Auffassung von einer Minderheitendefinition für den Bereich des bundesdeutschen Verfassungsrechts gab die Bundesrepublik Deutschland anläßlich des Inkrafttretens des Rahmenübereinkommens des Europarates zum Schutz nationaler Minderheiten vom 1. Februar 1995 ab:

„Das Rahmenabkommen enthält keine Definition des Begriffs der nationalen Minderheiten. Es ist deshalb Sache der einzelnen Vertragsstaaten zu bestimmen, auf welche Gruppen es nach der Ratifizierung Anwendung findet. Nationale Minderheiten in der Bundesrepublik Deutschland sind die Dänen deutscher Staatsangehörigkeit und die Angehörigen des sorbischen Volkes mit deutscher Staatsangehörigkeit. Das Rahmenabkommen wird auch auf die Angehörigen der traditionell in Deutschland heimischen Volksgruppen der Friesen deutscher Staatsangehörigkeit und der Sinti und Roma deutscher Staatsangehörigkeit angewendet.“

Eine abstrakte Minderheitendefinition, die der Auffassung der Bundesrepublik Deutschland entspricht, findet sich in der „Denkschrift zum Rahmenübereinkommen des Europarats zum Schutz nationaler Minderheiten“:

„Die Bundesregierung sieht als nationale Minderheiten Gruppen der Bevölkerung an, die folgenden fünf Kriterien entsprechen:

- *ihre Angehörigen sind deutsche Staatsangehörige,*
- *sie unterscheiden sich vom Mehrheitsvolk durch eigene Sprache, Kultur und Geschichte, also eigene Identität,*
- *sie wollen diese Identität bewahren,*
- *sie sind traditionell in Deutschland heimisch,*
- *sie leben hier in angestammten Siedlungsgebieten.“*

Darüber hinaus steht diese Definition einerseits nicht im Gegensatz zum konsensfähigen Kern der im Rahmen der Diskussion um die Einfügung des Art. 20 b GG (n.F.) gefundenen Minderheitendefinition. Andererseits zeichnete sich nach dem Regierungswechsel im Jahre 1998 ab, daß die neue Bundesregierung der Koalition aus SPD und BÜNDNIS 90/GRÜNE auch künftig an dieser Definition festhalten will. Folglich kann davon ausgegangen werden, daß die zitierte Definition die geltende Minderheitendefinition im bundesdeutschen Verfassungsrecht ist.

Auch auf der Ebene der Länder ist der Begriff der Minderheit nicht legaldefiniert. Dem auf Länderebene festgelegten verfassungsrechtlichen Minderheitenschutz kann allerdings die auf Bundesebene geltende Minderheitendefinition zugrunde gelegt werden, oder sie kann zumindest für die Interpretation des Minderheitenbegriffs der jeweiligen Landesverfassung herangezogen werden, ohne daß dies zu Konflikten mit den auf Länderebene gewährten Minderheitenrechten führte.

Im Ergebnis führt dies dazu, daß die dänische Minderheit, die friesische Volksgruppe und das sorbische Volk in der Bundesrepublik Deutschland dem verfassungsrechtlichen Minderheitenbegriff unterfallen und überdies einen geschriebenen verfassungsrechtlichen Minderheitenstatus haben. Die jüdische und die polnische Minderheit und die Volksgruppe der Sinti und Roma haben im Verfassungsrecht der Bundesrepublik Deutschland einen ungeschriebenen verfassungsrechtlichen Minderheitenstatus. Um diese Minderheitengruppen unter den Minderheitenbegriff des deutschen Verfassungsrechts subsumieren zu können, ist das abstrakte Kriterium des *angestammten Siedlungsgebietes* weit zu interpretieren. Es kann folglich nicht in einer Weise interpretiert werden, die für die Zuerkennung eines Minderheitenstatus eine Ansiedlung in einem *geschlossenen Siedlungsgebiet* erfordern würde. Das Kriterium des *angestammten* oder *geschlossenen Siedlungsgebietes* hat darüber hinaus größtenteils seine Bedeutung verloren und sollte folglich aufgegeben werden. Im übrigen wäre es auch zu begrüßen, wenn diejenigen anerkannten Minderheiten im Verfassungsrecht der Bundesrepublik Deutschland, die lediglich über einen ungeschriebenen verfassungsrechtlichen Minderheitenstatus verfügen, einen geschriebenen verfassungsrechtlichen Minderheitenstatus erhalten würden.

Immigranten unterfallen nicht dem Minderheitenbegriff des geltenden deutschen Verfassungsrechts, gleichgültig ob sie die deutsche Staatsangehörigkeit besitzen oder nicht. Folglich erstreckt sich auch der verfassungsrechtliche Minderheitenschutz nicht auf diese Gruppen.

Entgegen der Ansicht des Menschenrechtsausschusses der Vereinten Nationen sollte die Bundesrepublik Deutschland ihren Minderheitenbegriff innerstaatlich wie völkerrechtlich weiter vertreten. Dem Minderheitenbegriff des Menschenrechtsausschusses der Vereinten Nationen liegt eine verfehlte Konzeption des rechtlichen Schutzes von Minderheiten zugrunde. Dies ist ein wesentlicher Grund für den spürbaren Stillstand der Weiterentwicklung von materiellen Minderheitenrechten auf der Ebene des universellen Völkerrechts.

III. Die Verankerung des verfassungsrechtlichen Minderheitenschutzes im Grundgesetz

Im Rahmen der wiedervereinigungsbedingten Grundgesetzrevision wurde auch über die Einfügung einer Minderheitenschutzbestimmung in das Grundgesetz beraten. Zur Abstimmung stand schließlich folgender Artikel:

Art. 20 b GG (n.F.)

„Der Staat achtet die Identität der ethnischen, kulturellen und sprachlichen Minderheiten."

Bei der Endabstimmung am 30. Juni 1994 im Berliner Reichstag erreichte diese Bestimmung allerdings nicht die erforderliche $^2/_3$-Mehrheit und wurde, obwohl SPD, F.D.P., BÜNDNIS 90/GRÜNE und PDS dafür stimmten, aufgrund der Gegenstimmen der CDU/CSU abgelehnt. Die Ablehnung dieses Artikels ist zu begrüßen, da er im Ergebnis keine Verbesserung des Schutzes der Minderheiten in der Bundesrepublik Deutschland bewirkt hätte. Der vorgeschlagenen Norm war nicht zu entnehmen, auf welche Minderheiten sie sich bezogen hätte. Im Zweifel wären damit Immigranten und Ausländer, möglicherweise sogar gesellschaftliche Randgruppen in den Schutzbereich der Norm einzubeziehen gewesen. Eine Gleichbehandlung mit diesen Gruppen hätte den Minderheiten in der Bundesrepublik Deutschland jedoch lediglich Nachteile gebracht. Auch hinsichtlich seines materiellen Gehaltes wäre Art. 20 b GG (n.F.) aufgrund seiner unklaren Formulierung dürftig gewesen. Die als Staatszielbestimmung ausgestaltete Achtensklausel sah nicht ein einziges konkretes Recht für die Minderheiten vor. Der Norm wäre lediglich ein Zwangsassimilationsverbot in bezug auf die Minderheiten zu entnehmen gewesen. Hierfür hätte es jedoch keiner grundgesetzlichen Minderheitennorm bedurft. Gleiches gilt für die von einigen Schöpfern der vorgeschlagenen Norm beabsichtigte „Signalwirkung" hin zu mehr kultureller Toleranz. Die Norm hätte diesbezüglich mehr Schaden als Nutzen angerichtet, da sie statt kultureller Toleranz einen Kampf der Kulturen heraufbeschworen hätte.

Dennoch muß die Einfügung einer Minderheitenschutzbestimmung in das Grundgesetz mit Nachdruck gefordert werden. Insofern sind sogar einige Argumente der Befürworter der vorgeschlagenen Minderheitenklausel überzeugend. Die Kulturhoheit der Länder steht der Einfügung eines Minderheitenartikels in das Grundgesetz nicht entgegen. Einerseits betreffen die Probleme des Minderheitenrechts nicht lediglich den Bereich der kulturellen Angelegenheiten, und andererseits bemißt sich die Zulässigkeit einer Verfassungsänderung lediglich nach den Grenzen des Art. 79 Abs. 3 GG, die jedoch durch die Kodifizierung des Minderheitenschutzes im Grundgesetz nicht berührt werden. Die Einfügung einer Minderheitenschutzklausel wäre weiterhin auch verfassungskollisionsrechtlich unproblematisch. Wären die Minderheitenrechte des Grundgesetzes stärker ausgeprägt, so könnten die Rechtsträger bundesweit hierauf rekurrieren. Wären die Minderheitenrechte des Grundgesetzes schwächer ausgeprägt als entsprechende Bestimmungen in Landesverfassungen, so ergäbe sich wiederum kein Problem, da das

Verfassungskollisionsrecht grundsätzlich weitergehende Landesgrundrechte oder Landesstaatsziele zuläßt.

Bei der Formulierung einer Minderheitenschutzklausel für das Grundgesetz sollten jedoch verschiedene Dinge beachtet werden. Aus Gründen der Rechtsklarheit wäre es von Vorteil, wenn der Begriff der Minderheit legaldefiniert würde. Eine Leitlinie für diese Legaldefinition könnte die geltende Minderheitendefinition des deutschen Verfassungsrechts sein. Sollte sich der Verfassungsgeber angesichts der fehlenden völkerrechtlichen Minderheitendefinition nicht zu einer Legaldefinition entschließen können, so sollte auf alle Fälle klargestellt werden, daß sich der Minderheitenschutz nicht auf Immigranten erstreckt. Minderheiten und Immigranten befinden sich in einer fundamental unterschiedlichen Situation, weshalb beiden Gruppen, die hinsichtlich ihrer jeweils besonderen Probleme zweifelsohne schutzwürdig und schutzbedürftig sind, mit einer willkürlichen Gleichsetzung nicht geholfen ist. Minderheitenschutz kann es weder für Immigranten mit einer fremden Staatsangehörigkeit noch für eingebürgerte Immigranten geben. Dabei ist nicht ausgeschlossen, daß sich eine Gruppe von eingebürgerten Immigranten über die Jahre zu einer Minderheit entwickelt. In der gegenwärtigen Verfassungsrealität der Bundesrepublik Deutschland ist dies jedoch bei keiner Immigrantengruppe der Fall, und eine derartige Entwicklung ist auch für die absehbare Zukunft nicht ersichtlich. Das Minderheitendefinitionsmerkmal der *Alteingesessenheit* sollte beibehalten werden, insbesondere, da anhand dieses Kriteriums eine genaue Abgrenzung zwischen Immigranten und autochthonen Minderheiten möglich ist, ohne mit einer enumerativen Aufzählung der Rechtsträger einer Minderheitenschutzbestimmung operieren zu müssen. Im Gegensatz dazu sollte jedoch auf das Definitionskriterium des *geschlossenen Siedlungsgebietes* verzichtet werden. Dieses Kriterium ist weder völkerrechtlich noch sachlich zu begründen und daher abzulehnen. Anhaltspunkte im Völkerrecht, die auf eine auch nur in Ansätzen bestehende *opinio iuris* bezüglich dieses Kriteriums schließen ließen, sind nicht ersichtlich. Andererseits ist die Beschränkung des Minderheitenschutzes auf geschlossene Siedlungsgebiete im Zeitalter der Globalisierung nicht mehr zeitgemäß. Im Ergebnis sollte die Bundesrepublik Deutschland sowohl völkerrechtlich wie innerstaatlich das Kriterium eines geschlossenen Siedlungsgebietes für die Definition des Begriffs der Minderheit aufgeben.

Bei der inhaltlichen Ausgestaltung einer Minderheitenschutzklausel für das Grundgesetz sollte darauf geachtet werden, daß die Bestimmung die Integration der Minderheiten in das gesamtgesellschaftliche Gefüge der Bundesrepublik Deutschland fördert. In diesem Zusammenhang sollten Lehren aus dem multikulturellen Charakter des vorgeschlagenen Art. 20 b GG (n.F.) gezogen werden. Der vorgeschlagene Art. 20 b GG (n.F.) hätte dahingehend interpretiert werden können, daß er statt eines integrativen Miteinanders der Kulturen ein multikulturelles Nebeneinander der Kulturen bewirkt hätte. Dieses Nebeneinander kann in Krisensituationen sehr schnell in ein Gegeneinander der Kulturen innerhalb eines Staates umschlagen und damit den sozialen Frieden gefährden. Das Grundgesetz ist kulturoffen, aber nicht multi-kulturell in einem Sinne, daß es sein Wertesystem dem Wettstreit konkurrierender Kulturen unterwirft. Das Grundgesetz toleriert eine multikulturelle Gesellschaft, solange sich alle Mitglieder an die demokratischen Grundregeln halten und das im Grundgesetz kodifizierte Wertesystem akzeptieren. Der vorgeschlagene Art. 20 b GG (n.F.) hätte durchaus das Potential gehabt, diese Akzeptanz ein Stück weit zu relativieren. Minderheiten müssen in das Staatswesen integriert werden. Ein Multikulturalismus, der Segregation statt Integration fördert, muß daher abgelehnt und verhindert werden.

Eine Minderheitenschutzbestimmung im Grundgesetz sollte als Grundrecht konzipiert werden, das sowohl eine individualrechtliche als auch eine kollektivrechtliche Komponente enthält, da auf diese Weise der Minderheitenschutz in der Verfassungsrealität der Bundesrepublik Deutschland am effektivsten und am intensivsten abgesichert werden könnte. Allerdings ist sogar ein minderheitenschützendes Staatsziel im Grundgesetz der gegenwärtigen Situation des kompletten Fehlens eines besonderen Minderheitenschutzartikels vorzuziehen.

Eine Minderheitenschutzbestimmung, die lediglich zur Achtung von Minderheiten verpflichtet, wäre größtenteils wert- und sinnlos. Unter dem gegenwärtig bestehenden Minderheitenschutz des Grundgesetzes haben Minderheitenangehörige nämlich bereits ein Recht auf Achtung ihrer besonderen Minderheitenidentität. Daher sollte eine Minderheitenschutzbestimmung im Grundgesetz Rechte auf fördernde Maßnahmen begründen. Ein Fördergebot könnte in der Form eines Anspruchs auf faktische, nicht lediglich rechtliche Gleichstellung der Minderheiten mit der Mehrheit kodifiziert werden. Als Beispiel hierfür ließen sich die bereits bestehenden entsprechende Ansprüche der Dänen und Friesen im schleswig-holsteinischen Verfassungsrecht anführen.

Wie eine Minderheitenschutzbestimmung für das Grundgesetz dann konkret aussehen sollte, ist eine Frage, die dann zu beantworten sein wird, wenn das Thema der Einfügung einer solchen Klausel in das Grundgesetz wieder auf der politischen Tagesordnung steht. Wichtiger ist die Beachtung der vorstehend angeführten Anforderungen. Sind die dargestellten Anforderungen gewährleistet, dann ist die letztendliche Formulierung der Bestimmung eigentlich nur noch von sekundärer Bedeutung.

IV. Reformvorschläge für das minderheitenschützende Landesverfassungsrecht

Die explizite Verankerung des Minderheitenschutzes in vielen Landesverfassungen ist vom Grundsatz her zu begrüßen. In den Bundesländern Schleswig-Holstein und Brandenburg und im Freistaat Sachsen ist eine detaillierte einfachgesetzliche Umsetzung der minderheitenschützenden Verfassungsnormen positiv zu bewerten. Insbesondere die Implementierung des Minderheitenschutzes in die Verfassungsrealität dieser Länder weist in die richtige Richtung. Dennoch sollen einige Kritikpunkte nicht unerwähnt bleiben.

Meist ist der Minderheitenschutz in den Landesverfassungen nicht in der Form von Grundrechten sondern, in der Form von Staatszielen ausgestaltet. Ganz abgesehen von den insgesamt sehr überzeugenden grundsätzlichen Einwendungen und Bedenken, die gegen die

Kodifizierung von Staatszielen vorgebracht werden, erscheint die verfassungsrechtliche Gewährleistung des Minderheitenschutzes durch Staatsziele als unzureichend. Wenn die staatliche Ordnung den Minderheitenschutz in einer ernsthaften und aufrichtigen Weise in einer Verfassung verankern will, was sie jedenfalls tun sollte, so sollte dies in der Form von Grundrechten geschehen. Minderheitengruppen und deren Angehörige brauchen Schutz und Förderung durch echte einklagbare Grundrechte, um in die Lage versetzt zu werden, ihre besondere Identität gegen den Assimilationssog der Mehrheit zu bewahren. Erst wenn sie ihre legitimen Forderungen gegenüber der Rechtsordnung, der sie unterworfen sind, durch einklagbare Grundrechte abgesichert wissen, werden die Minderheiten vollstes Vertrauen in die staatliche Ordnung haben, die sie aufgrund der Tatsache regiert, daß sie niemals die Chance haben werden, die demokratische Mehrheit zu stellen. Erst dann werden sie diese staatliche Ordnung mit ganzer Kraft mittragen und sich ihr verbunden und verpflichtet fühlen. Und erst dann kann auch die staatliche Ordnung die Loyalität der Minderheiten erwarten. Für eine diesbezügliche konkrete Umformulierung der Minderheitenschutzbestimmungen in den Landesverfassungen gilt das oben zur Formulierung einer Minderheitenschutzklausel für das Grundgesetz Gesagte.

Weiteren Anlaß zu Kritik bieten die in den Verfassungen der Länder Sachsen-Anhalt und Mecklenburg-Vorpommern niedergelegten *zukunftsgewandten* Minderheitenschutzbestimmungen. *Zukunftsgewandte* Verfassungsbe-stimmungen sind abzulehnen, wenn völlig unklar erscheint, ob und wann sie jemals zur Anwendung kommen. Daher wäre es sowohl in Sachsen-Anhalt als auch in Mecklenburg-Vorpommern sinnvoller und ehrlicher gewesen, auf die Aufnahme einer Minderheitenschutzklausel in der Verfassung zu verzichten. Zu den Minderheitenschutzbestimmungen in den Verfassungen der Länder Sachsen-Anhalt und Mecklenburg-Vorpommern gibt es jeweils weder eine einfachgesetzliche Konkretisierung der Vorgaben der Verfassungen in dieser Hinsicht noch eine minderheitenschutzrechtliche Praxis. Die Minderheitenschutzartikel haben daher keinen Anwendungsbereich und laufen folglich leer. Eine Minderheitenschutzbestimmung ohne Anwendungsbereich wertet eine Landesverfassung nicht auf.

Auf die als völkerrechtswidrig zu bezeichnende Nichtumsetzung einiger Verpflichtungen aus der Europäischen Charta der Regional- oder Minderheitensprachen in bezug auf Saterfriesisch im saterfriesischen Sprachgebiet im Land Niedersachsen wurde bereits hingewiesen. Hier sollten vom Land Niedersachsen schnellstmöglich Maßnahmen ergriffen werden.

Schließlich ist das Minderheitenberichtssystem, wie es im Land Schleswig-Holstein und im Freistaat Sachsen existiert, ein sehr effektives Instrument, um eine Erfolgskontrolle des verfassungsrechtlichen Minderheitenschutzes zu erreichen. Die Einführung eines solchen Minderheitenberichtssystems bietet sich daher auch für andere Länder, insbesondere für das Land Brandenburg oder den Bund an.

8. Kapitel: Zusammenfassung in Thesen und Ausblick

1. Weder eine etymologische Analyse noch eine grammatische Auslegung des Begriffes der Minderheit sind für die Bestimmung des juristischen Gehalts des Minderheitenbegriffs von großem Nutzen.

2. Das juristische Schrifttum teilt die Minderheitengruppen üblicherweise in die Kategorien ethnisch, national, sprachlich, kulturell und religiös ein.

3. Im Verfassungsrecht der Bundesrepublik Deutschland haben die dänische Minderheit, die friesische Volksgruppe und das sorbische Volk einen gesicherten und geschriebenen verfassungsrechtlichen Minderheitenstatus. Die Volksgruppe der Sinti und Roma, die jüdische Minderheit und die polnische Minderheit sind im Verfassungsrecht der Bundesrepublik Deutschland als Minderheiten anerkannt und verfügen über einen ungeschriebenen verfassungsrechtlichen Minderheitenstatus. Darüber hinaus leben in der Bundesrepublik Deutschland weitere Bevölkerungsgruppen, die sich zwar durch spezifische Merkmale von der Mehrheitsbevölkerung unterscheiden, aber über keinen verfassungsrechtlichen Minderheitenstatus verfügen. Zur letzteren Kategorie zählen insbesondere Immigrantengruppen.

4. Die dänische Minderheit siedelt im Bundesland Schleswig-Holstein und bildete sich im Grenzgebiet zum Königreich Dänemark als Folge der im Laufe der Geschichte mehrmals verschobenen Staatsgrenze.

5. Die Volksgruppe der Friesen siedelt traditionell in den Bundesländern Schleswig-Holstein und Niedersachsen. Das bedeutendste Identitätsmerkmal dieser Minderheit ist die in mehrere Untergruppen zerfallende friesische Sprache.

6. Das Volk der Sorben lebt seit über 1200 Jahren in der Lausitz auf dem heutigen Gebiet des Bundeslandes Brandenburg und des Freistaates Sachsen. Die Sorben sind ein kleines slawisches Volk mit eigener Sprache, das niemals in seiner Geschichte einen eigenen Staat hatte.

7. Die deutschen Sinti und Roma sind eine Volksgruppe, die seit über 600 Jahren traditionell auf dem heutigen Staatsgebiet der Bundesrepublik Deutschland beheimatet ist.

8. Die deutschen Staatsbürger jüdischen Glaubens sind eine weitere traditionell in der Bundesrepublik Deutschland beheimatete Minderheit. Eine offizielle Anerkennung als Minderheit und die Verankerung eines entsprechenden verfassungsrechtlichen Minderheitenstatus der Juden in Deutschland scheiterte bislang an Unklarheiten hinsichtlich des Minderheitenselbstverständnisses der deutschen Juden.

9. Durch den Vertrag zwischen der Bundesrepublik Deutschland und der Republik Polen über gute Nachbarschaft und freundschaftliche Zusammenarbeit vom 17. Juni 1991 bekamen die *Personen deutscher Staatsangehörigkeit in der Bundesrepublik Deutschland, die polnischer Abstammung sind oder die sich zur polnischen Sprache, Kultur oder Tradition bekennen* einen *quasi* Minderheitenstatus eingeräumt. Der Vertrag vermeidet es allerdings von einer *polnischen Minderheit* in Deutschland zu sprechen. Die Inanspruchnahme der Rechte aus diesem Vertrag durch eine polnische Minderheit in Deutschland scheiterte bislang an der großen Heterogenität der Angehörigen der potentiell begünstigten Gruppe und an der guten Integration der Angehörigen dieser Gruppe in die deutsche Mehrheitsbevölkerung. Die Heterogenität und gute Integration lassen überdies Zweifel an einem subjektiven Selbstverständnis der polnischstämmigen Bevölkerung in Deutschland als Minderheit aufkommen.

10. Durch verschiedene nach dem Ende des *Kalten Krieges* von der Bundesrepublik Deutschland mit osteuropäischen Staaten geschlossene Freundschafts- und Nachbarschaftsverträge bekamen weitere Bevölkerungsgruppen mehr oder minder einen *quasi* Minderheitenstatus eingeräumt. Da jedoch in der Bundesrepublik Deutschland kaum nennenswerte Bevölkerungsgruppen leben, die sich auf diese Rechte berufen könnten, und da diesen Gruppen zudem das subjektive Zusammengehörigkeitsgefühl nahezu gänzlich fehlt, ist nicht davon auszugehen, daß es sich bei diesen Bevölkerungsgruppen um Minderheiten handelt.

11. Darüber hinaus leben in der Bundesrepublik Deutschland eingebürgerte Immigranten und Fremde, die von Teilen der Literatur als *neue Minderheiten* bezeichnet werden. Typische Vertreter dieser Gruppe sind die in der Bundesrepublik Deutschland lebenden Türken oder türkischstämmigen Personen. Da auf diese Gruppen die Schutzkonzepte des Minderheitenrechts nicht passen, wäre es widersinnig diesen Gruppen einen Minderheitenstatus zuzusprechen.

12. Flüchtlingen, Vertriebenen und Aussiedlern werden zwar, wenn sie die deutsche Volkszugehörigkeit besitzen, vom bundesdeutschen Verfassungsrecht in seiner einfachgesetzlichen Ausgestaltung besonders privilegierende Rechtspositionen zugewiesen; dennoch haben diese Gruppen keinen Minderheitenstatus.

13. Von der sozialwissenschaftlichen Literatur werden Bevölkerungsgruppen, die gesamtgesellschaftlich gesehen eine Randposition innehaben oder sich durch eine besondere Schutzbedürftigkeit auszeichnen, wie beispielsweise Obdachlose, Prostituierte, Homosexuelle oder Behinderte, als *Minderheiten* bezeichnet. Aus verfassungsrechtlicher Sicht sind diese Gruppen allerdings ebenfalls keine Minderheiten.

14. Der innerstaatliche Minderheitenschutz muß von seiner Zielsetzung her im Spannungsfeld zwischen dem Selbstbestimmungsrecht der Völker und dem Herrschaftsanspruch der demokratischen Mehrheit und ihrer damit korrelierenden Loyalitätserwartung an die Minderheiten innerhalb einer staatlichen Ordnung richtig positioniert werden. In diesem Spannungsfeld muß der Minderheitenschutz zwei grundsätzliche Ziele verfolgen: Die Bewahrung der spezifischen Minderheitenkultur und die Erhaltung des innerstaatlichen sozialen Friedens. Die Mehrheit kann ihren Herrschaftsanspruch über die Minderheiten nur unter einer Verpflichtung zum Erhalt der Minderheitenidentität legitimieren. Nur unter dieser Voraussetzung kann von der Minderheit ein durch ihre Loyalität zum Ausdruck gebrachter Beitrag zur Sicherung des innerstaatlichen sozialen Friedens erwartet werden.

15. Im Kontext des Verhältnisses von Mehrheit und Minderheit darf die Gewährung von Minderheitenrechten nicht lediglich als Belastung für die staatliche Ordnung gesehen werden, sondern es ist auch der Gewinn zu bedenken, den Minderheiten durch ihre besonderen sprachlichen und kulturellen Kompetenzen für eine Volkswirtschaft realisieren.

16. Der Minderheitenschutz in Deutschland hat seinen historischen Anfangspunkt im Schutz religiöser Minderheiten durch den Nürnberger Religionsfrieden vom 23. Juli 1532. Der Schutz religiöser Minderheiten etablierte sich in der Folge im Augsburger Religionsfrieden vom 25. November 1555 und im Westfälischen Frieden vom 24. Oktober 1648.

17. In der deutschen Rechtsgeschichte enthält die Wiener Schlußakte vom 9. Juni 1815 die ersten Bestimmungen zum Schutze ethnischer und nationaler Minderheiten.

18. Die Verfassung des Deutschen Reiches vom 28. März 1849 (die sogenannte Paulskirchenverfassung) enthielt in ihrem § 188 die erste Minderheitenschutzbestimmung der deutschen Verfassungsgeschichte.

19. Minderheitenschutzbestimmungen fanden sich danach auch in Verfassungen deutscher Einzelstaaten und in bilateralen Verträgen des Deutschen Reiches und in bilateralen Verträgen der freien Stadt Danzig.

20. Die Verfassung des Deutschen Reiches vom 11. August 1919 (die sogenannte Weimarer Verfassung) enthielt in Artikel 113 eine Minderheitenschutzbestimmung. Der praktische Anwendungsbereich dieser als Programmsatz ausgestalteten Verfassungsnorm war zwar gering; dennoch wäre es verfehlt, ihr jegliche Wirkung abzusprechen.

21. Der Schutz der sorbischen Minderheit in der Deutschen Demokratischen Republik sollte verfassungsrechtlich durch Artikel 11 der Verfassung der DDR vom 7. Oktober 1949 und Artikel 40 der Verfassung der DDR vom 6. April 1968 abgesichert werden. In der Verfassungsrealität der DDR hatte der verfassungsrechtliche Minderheitenschutz allerdings lediglich programmatischen Charakter.

22. Der verfassungsrechtliche Minderheitenschutz in der Bundesrepublik Deutschland kann nicht bewertet werden, ohne die Vorgaben des Völker- und Europarechts hierfür zu kennen. Problematisch erweist sich in diesem Zusammenhang, daß es auf internationaler Ebene bislang nicht gelang, sich auf eine allgemeingültige Definition des Rechtsbegriffs der Minderheit zu einigen. Für eine Bestimmung der völkerrechtlichen Minderheitendefinition sind drei auf Artikel 27 des Internationalen Paktes über bürgerliche und politische Rechte vom 16. Dezember 1966 bezogene Ansichten von besonderer Wichtigkeit: Die Definitionsvorschläge der Sonderberichterstatter *Capotorti* und *Eide* und die Position des Menschenrechtsausschusses der Vereinten Nationen.

23. Nach *Capotorti* ist eine Minderheit zu definieren als:„*(...) eine der übrigen Bevölkerung eines Staates zahlenmäßig unterlegene Gruppe, die keine beherrschende Stellung einnimmt, deren Angehörige - Bürger dieses Staates - in ethnischer, religiöser oder sprachlicher Hinsicht Merkmale aufweisen, die sie von der übrigen Bevölkerung unterscheiden, und die, zumindest implizit, ein Gefühl der Solidarität bezeigen, das auf die Bewahrung der eigenen Kultur, der eigenen Traditionen, der eigenen Religion oder der eigenen Sprache gerichtet ist.*“ Diese Definition enthält subjektive und objektive Elemente. Unumstrittene Kriterien dieser Definition sind die numerische Inferiorität, die schwächere Position der Minderheit gegenüber der Mehrheit, das Aufweisen minderheitenspezifischer ethnischer, religiöser oder sprachlicher Charakteristika und das Vorhandensein eines gewissen Solidaritätsgefühls innerhalb der Minderheitengruppe. Streit herrscht hinsichtlich der Fragen, ob auch eingewanderte Gruppen oder Fremde als Minderheit betrachtet werden müssen, ob eine Minderheit traditionell in einem gewissen Territorium heimisch sein muß und ob die Angehörigen einer Minderheit die Staatsangehörigkeit des Staates besitzen müssen, in welchem sie einen Minderheitenstatus beanspruchen.

24. Eine neuere Meinung im völkerrechtlichen Schrifttum will Immigranten und Fremde in den Minderheitenschutz mit dem Argument einbeziehen, daß anderenfalls ein Staat durch die Vorenthaltung der Staatsangehörigkeit den Minderheitenstatus willkürlich verweigern könnte. Die Gegenansicht lehnt diese Ansicht mit dem Hinweis auf die grundsätzliche Unterscheidung, die das Völkerrecht zwischen Staatsangehörigen und Fremden trifft, ab.

25. Eine weitere Definition des Begriffes der Minderheit stammt von Sonderberichterstatter *Eide*: „*a minority is any group of persons resident within a sovereign State which constitutes less than half the population of the national society and whose members share common characteristics of an ethnic religious or linguistic nature that distinguish them from the rest of the population.*" Diese Definition umfaßt auch zugewanderte Immigranten und Fremde. Das Interessante an *Eides* Ansatz ist aber nicht seine Definition, sondern sein Vorschlag, verschiedene Schutzkonzepte und verschiedene Rechte auf unterschiedliche Minderheitengruppen anzuwenden. Auch wenn *Eide* Immigranten unter seine Minderheitendefinition faßt und ihnen Minderheitenrechte zukommen lassen will, so betont er doch gleichzeitig, daß es nicht klug ist, diesen Gruppen dieselben Rechte zu gewähren, die für alteingesessene Minderheitengruppen geeignet erscheinen. Dasselbe gilt für Nicht-Staatsangehörige.

26. Die weiteste Minderheitendefinition liegt der Ansicht des Menschenrechtsausschusses der Vereinten Nationen zugrunde. Danach brauchen Minderheitenangehörige weder Staatsbürger ihres Wohnstaates zu sein, noch müssen sie in diesem Staat dauerhaft aufenthaltsberechtigt sein. *Expressis verbis* werden somit Immigranten in den Schutzbereich des Artikel 27 des Internationalen Paktes über bürgerliche und politische Rechte einbezogen und der Anwendungsbereich wird sogar auf bloße Besucher im Land erstreckt. In Anwendung dieser Ansicht kritisierte der Menschenrechtsausschuß den seiner Meinung nach zu engen Minderheitenbegriff des deutschen Verfassungsrechts und forderte die Bundesrepublik Deutschland auf, ihren verfassungsrechtlichen Minderheitenschutz auch auf Immigranten und Asylbewerber auszudehnen.

27. Im völkerrechtlichen Bereich vertritt die Bundesrepublik Deutschland einen Minderheitenbegriff, der sich an die Definition von *Capotorti* anlehnt, und damit im Gegensatz zur Ansicht des Menschenrechtsausschusses der Vereinten Nationen steht. Im Hinblick auf das Rahmenübereinkommen des Europarats zum Schutz nationaler Minderheiten vom 1. Februar 1995 erklärte die Bundesrepublik Deutschland: „*Das Rahmenabkommen enthält keine Definition des Begriffs der nationalen Minderheiten. Es ist deshalb Sache der einzelnen Vertragsstaaten zu bestimmen, auf welche Gruppen es nach der Ratifizierung Anwendung findet. Nationale Minderheiten in der Bundesrepublik Deutschland sind die Dänen deutscher Staatsangehörigkeit und die Angehörigen des sorbischen Volkes mit deutscher Staatsangehörigkeit. Das Rahmenabkommen wird auch auf die Angehörigen der traditionell in Deutschland heimischen Volksgruppen der Friesen deutscher Staatsangehörigkeit und der Sinti und Roma deutscher Staatsangehörigkeit angewendet.*" Abstrakt vertritt die Bundesrepublik Deutschland daher folgende Minderheitendefinition: „*Die Bundesregierung sieht als nationale Minderheiten Gruppen der Bevölkerung an, die folgenden fünf Kriterien entsprechen: ihre Angehörigen sind deutsche Staatsangehörige, sie unterscheiden sich vom Mehrheitsvolk durch eigene Sprache, Kultur und Geschichte, also eigene Identität, sie wollen diese Identität bewahren, sie sind traditionell in Deutschland heimisch und sie leben hier in angestammten Siedlungsgebieten.*" Diese Definition wird von der Bundesrepublik Deutschland seit langem und konsequent auf völkerrechtlicher Ebene vertreten.

28. Von dieser konsequente Linie mußte die Bundesrepublik Deutschland lediglich einmal abweichen. Im Rahmen der Verhandlung des Vertrages zwischen der Bundesrepublik Deutschland und der Republik Polen über gute Nachbarschaft und freundschaftliche Zusammenarbeit vom 17. Juni 1991 erklärte sich die Bundesrepublik Deutschland in einem interpretativen Briefwechsel bereit, auch den polnischstämmigen Personen in Deutschland, die nicht die deutsche Staatsangehörigkeit besitzen, Minderheitenrechte aus diesem Vertrag zukommen lassen zu wollen. Dies geschah ausschließlich um für die deutsche Minderheit in Polen einen besseren materiellen Schutzstandard erreichen zu können und ändert daher nichts an der grundsätzlichen Auffassung der Bundesrepublik Deutschland hinsichtlich der Minderheitendefinition.

29. Die Bundesrepublik Deutschland hat sich auch materiellrechtlich durch verschiedene multilaterale Instrumente und ihre Mitgliedschaft in der Europäischen Union in einen völker- und europarechtlichen Rahmen zum Schutz der Minderheitenrechte eingebunden. Die wichtigsten dieser multilateralen Instrumente sind Artikel 27 des Internationalen Paktes über bürgerliche und politische Rechte vom 16. Dezember 1966, die Deklaration der Generalversammlung der Vereinten Nationen über die Rechte von Angehörigen nationaler, ethnischer, religiöser oder sprachlicher Minderheiten vom 18. Dezember 1992, die Europäische Charta der Regional- oder Minderheitensprachen von 1992 und das Rahmenübereinkommen des Europarats zum Schutz nationaler Minderheiten von 1995. Darüber hinaus existieren viele den Minderheitenschutz flankierende Bestimmungen, zu deren Einhaltung sich die Bundesrepublik verpflichtet hat, die aber im einzelnen an der besonderen Problemsituation autochthoner Minderheiten vorbeigehen, da sie entweder eine andere Hauptschutzrichtung haben oder lediglich Diskriminierungsverbote aufstellen.

30. Aufgrund seines universellen Charakters läßt sich aus Artikel 27 des Internationalen Paktes über bürgerliche und politische Rechte nicht viel materieller Inhalt gewinnen. Angehörigen von Minderheiten soll im wesentlichen ein gegenüber der Mehrheit der Bevölkerung privilegierendes Recht auf gemeinsame Pflege ihrer besonderen Kultur, Sprache oder Religion garantiert werden. Damit hat diese Norm in erster Linie den Charakter eines Diskriminierungsverbotes, das Assimilationsdruck von den Minderheitengruppen abwenden will.

31. Die Minderheitenschutzdeklaration der Generalversammlung der Vereinten Nationen von 1992 geht in der Gewährung ihres Rechtsstandards mehr ins Detail und in die Breite. Artikel 2 und 3 formulieren den von Artikel 27 des Internationalen Paktes über bürgerliche und politische Rechte gewährten Schutzstandard detaillierter aus und gewähren zusätzlich das Recht für Angehörige von Minderheiten, eigene Organisationen zu gründen. Artikel 4 enthält darüber hinaus gestufte Staatenverpflichtungen. Einerseits wird den Staaten erlaubt, fördernde Maßnahmen zur Verwirklichung der in Artikel 2 und 3 niedergelegten Ziele zu ergreifen. Weiterhin soll den Angehörigen von Minderheiten Gelegenheit gegeben werden, ihre Muttersprache zu erlernen bzw. darin unterrichtet zu werden. Ferner soll eine gegenseitige Annäherung von Mehrheits- und Minderheitsbevölkerung über das Kennenlernen der Sprache und Kultur der anderen die

gesamtgesellschaftliche Integration von Minderheitengruppen erleichtern. Dieses Ziel verfolgt auch Artikel 5. Artikel 6 und 7 unterstreichen schließlich den konfliktpräventiven Charakter des Minderheitenschutzes, indem sie zu grenzüberschreitender Kooperation auffordern. Alle diese Rechte sind in vage Formulierungen gekleidet, stehen zum Teil unter ausdrücklichen *ordre-public* Vorbehalten und dürfen keinesfalls zu Verstößen gegen die souveräne Gleichheit, die territoriale Integrität und die politische Integrität von Staaten instrumentalisiert werden.

32. Das Minderheitenkonzept des KSZE/OSZE-Prozesses, der materiell in minderheitenschutzrechtlicher Hinsicht mit der Charta von Paris im Jahre 1991 zum Stillstand kam, enthält gegenüber den vorzitierten und den nachfolgenden Instrumenten keine neuen oder weitergehenden Schutzbestimmungen. Überdies verringert der lediglich politische Charakter der Verpflichtungen die konkrete Schutzgeeignetheit der KSZE/OSZE-Dokumente.

33. Die Heranziehung der Europäischen Charta der Regional- und Minderheitensprachen von 1992 ist mit gewissen Schwierigkeiten verbunden. Die Struktur der Charta, die den Mitgliedstaaten große Auswahlmöglichkeiten hinsichtlich der konkret zu gewährenden Rechte einräumt, macht es kompliziert, einen allgemeinen Schutzstandard herauszufiltern, der einen regional europäischen Minderheitenschutzstandard in sprachenrechtlicher Hinsicht darstellen würde. Artikel 7, der den Kernbestand des Schutzes beschreibt der jeder Regional- oder Minderheitensprache zuteil werden muß, fordert die Staaten lediglich unverbindlich zur allgemeinen Förderung des Gebrauchs von Regional- oder Minderheitensprachen auf und stellt klar, daß fördernde Maßnahmen nicht gegen den allgemeinen Gleichheitssatz verstoßen. Eine gewisse Schwerpunktsetzung ist lediglich darin zu erkennen, daß Artikel 2 Absatz 2 die Mitgliedstaaten verpflichtet, mindestens drei Absätze, respektive Litera der Artikel 8 (Bildung) und 12 (kulturelle Tätigkeiten und Einrichtungen) auszuwählen. Insbesondere das Erlernen und die Pflege der Regional- oder Minderheitensprachen zu ihrem Erhalt wird von der Charta besonders betont.

34. Das zentrale Dokument, das für die Bewertung des deutschen Minderheitenrechts herangezogen werden sollte, ist das Rahmenübereinkommen des Europarats zum Schutz nationaler Minderheiten von 1995. Das Rahmenübereinkommen geht in seinem materiellen Bestand vom Bekenntnisprinzip aus, dem es gewisse objektive Kriterien als Korrektiv gegenüberstellt. Die Artikel 4 und 5 kodifizieren die Gleichheit der Angehörigen von Minderheiten vor dem Gesetz, ein Diskriminierungsverbot und ein Zwangsassimilierungsverbot. Fördernde Maßnahmen werden als mit dem allgemeinen Gleichheitssatz vereinbar festgelegt. Die Artikel 7 und 8 gewähren die Versammlungs-, Vereinigungs- und Religionsfreiheit. Artikel 9 regelt den Gebrauch der Minderheitensprache hinsichtlich der Meinungs- und Pressefreiheit. Artikel 10 kodifiziert die gestufte Zulassung des Gebrauchs der Minderheitensprache: Im privaten sowie im öffentlichen Bereich ist der Gebrauch der Minderheitensprache frei, eingeschränkter ist die Zulassung des Gebrauchs vor Verwaltungs- und Justizbehörden. Artikel 11 regelt den Gebrauch der Minderheitensprache im Namensrecht und hinsichtlich topographischer

Bezeichnungen. Die Artikel 12 bis 14 gewähren Rechte im Bildungssektor: Angehörige von Minderheiten sollen sich in bezug auf ihre eigene Kultur und Tradition informieren und weiterbilden können, sie sollen Bildungseinrichtungen unterhalten dürfen und ihnen soll die Möglichkeit gegeben werden, ihre Muttersprache zu erlernen bzw. in ihr unterrichtet zu werden. Artikel 16 will schließlich den Zusammenhalt der Minderheit in angestammten Siedlungsgebieten erhalten, und die Artikel 17 und 18 regen eine grenzüberschreitende Kooperation in Sachen Minderheitenschutz an.

35. Die *Kopenhagener Kriterien*, deren Einhaltung den mittel- und osteuropäischen Beitrittskandidaten als Rechtsstandard hinsichtlich des Minderheitenschutzes von der Europäischen Union nahegelegt werden, rekurrieren ebenfalls auf den Rechtsbestand des Rahmenübereinkommens.

36. Der Entwurf einer Charta der Grundrechte der Europäischen Union vom 28. Juli 2000 enthält entgegen entsprechenden Forderungen aus Politik und Wissenschaft keine gesonderte Minderheitenschutzbestimmung. Es wurden lediglich die Merkmale der *ethnischen Herkunft* und der *Zugehörigkeit zu einer nationalen Minderheit* in das Diskriminierungsverbot des Artikel 21 Absatz 1 des Entwurfes aufgenommen.

37. Die Bundesrepublik Deutschland hat bilaterale Verträge abgeschlossen, welche minderheitenschützende Wirkung innerhalb Deutschlands entfalten. Diese Verträge hat die Bundesrepublik mit dem Ziel abgeschlossen, die Lage der deutschen Minderheiten im Ausland zu verbessern. In den Fällen, in denen die auswärtigen Vertragspartner auf einer reziproken Wirkung der Minderheitenklauseln bestanden, fehlt es an Berechtigten in Deutschland, die als solche erkennbar wären. Einzig die polnischstämmigen Personen in Deutschland besitzen eine Chance, sich auf diese Rechte berufen zu können, wenn sie ihre große interne Heterogenität überwinden und sich insgesamt besser organisieren könnten.

38. Das internationale Minderheitenrecht steckt in einem Dilemma. Die Unfähigkeit, sich auf einen universell akzeptierten völkerrechtlichen Minderheitenbegriff zu einigen, paralysiert eine dringend gebotene Weiterentwicklung des materiellen Minderheitenrechts auf internationaler Ebene und führt zu Streitigkeiten um die richtige innerstaatliche Konzeption des Minderheitenschutzes. Der Schlüssel zur Lösung dieses Dilemmas muß über die Erfassung der diesem Dilemma zugrundeliegenden Hintergrundproblematik gefunden werden. Logisch zwingend ist, daß der den Minderheiten gewährte Schutz bzw. die ihnen gewährten Rechte, je restriktiver sind, desto weiter der vertretene Minderheitenbegriff ist. Umgekehrt ist bei einem engeren Minderheitenbegriff ein weitergehender Minderheitenschutz möglich. Vertritt man einen Minderheitenbegriff, der sich an die sehr weite Auffassung des Menschenrechtsausschusses anlehnt, so wird der daran anknüpfende Minderheitenschutz nicht wesentlich über ein Diskriminierungsverbot hinausreichen können. Ein bloßes Diskriminierungsverbot ist allerdings weder für den Schutz der Minderheiten, noch für die Integration der Immigranten ausreichend. Eine Ausdehnung der Minderheitendefinition auf Immigranten und Fremde ist im Ergebnis

kontraproduktiv. Die Auffassung des Menschenrechtsausschusses der Vereinten Nationen hinsichtlich der Minderheitendefinition ist daher abzulehnen.

39. Entgegen der deutschen Verfassungstradition enthält das Grundgesetz keine unmittelbar dem Schutz von Minderheiten dienende Bestimmung. Dies ist durch den Entstehungszeitpunkt und die grundsätzliche Konzeption des Grundgesetzes zu erklären. Es entsprach dem vorherrschenden Trend der damaligen Zeit, die Absicherung der Menschenrechte über Individualrechtsschutzkonzeptionen zu gewährleisten. Menschenrechte der *dritten Generation* oder besser der *dritten Dimension*, also Rechte, die gestützt auf den Grundgedanken der Brüderlichkeit, Solidaritätsrechte kollektiver Art begründen, kennt das Grundgesetz nicht. Folglich fehlen im Grundgesetz minderheitenschützende Gruppenrechtskonzeptionen. Die umfassende Kodifizierung von individuellen Menschen- und Bürgerrechten ließ eine besondere Erwähnung der Minderheiten überhaupt als überflüssig erscheinen. Dies bedeutet nun allerdings nicht, daß das Grundgesetz Angehörigen von Minderheiten keinen Schutz gewährt. Der Minderheitenschutz des Grundgesetzes ergibt sich aus der Auslegung und Anwendung der Grundrechte.

40. Das Gebot der Menschenwürde aus Artikel 1 Absatz 1 GG ist das Fundament des Minderheitenschutzes des Grundgesetzes. Wenn auch im einzelnen wenig detaillierte Rechte direkt aus dieser Norm hergeleitet werden können, so ist ein Minderheitenschutz doch ohne die Achtung und den Schutz der Würde der Minderheitenangehörigen nicht denkbar. Direkt aus der Menschenwürde kann Schutz vor massiven Verletzungen der Gleichheit des Menschen, massiven Verletzungen der körperlichen und seelischen Identität und Integrität und massiven Vernachlässigungen der sozial- und rechtsstaatlichen Verantwortung gegenüber dem einzelnen abgeleitet werden. Aus der gruppenbezogenen Dimension der Menschenwürde kann gefolgert werden, daß es dem Bundes- oder Landesgesetzgeber freisteht, Minderheiten mit kollektivrechtlichen Konzepten zu schützen. Aus einer mittelbaren Drittwirkung der Grundrechte allgemein und der Menschenwürde im besonderen ergibt sich eine Ausstrahlung der Grundrechte in den Bereich des Privatrechts. Die Menschenwürde ist durch verschiedene Normen des Straf-, des Ordnungswidrigkeitenrechts und anderer Rechtsgebiete einfachgesetzlich bewehrt. Dennoch muß vor einer Überinterpretation der Menschenwürde im Bereich des Minderheitenrechts gewarnt werden. Obgleich das Schutz- und Achtensgebot des Artikels 1 Absatz 1 GG das Fundament des grundgesetzlichen Minderheitenschutzes darstellt, so können hieraus allein nicht alle Rechte abgeleitet werden, die für einen effektiven Minderheitenschutz notwendig sind.

41. Ebenfalls von fundamentaler Bedeutung für den grundgesetzlichen Minderheitenschutz ist der allgemeine Gleichheitssatz des Artikels 3 Absatz 1 GG und das Diskriminierungsverbot des Artikels 3 Absatz 3 Satz 1 GG.

42. Aus Artikel 3 Absatz 3 Satz 1 GG folgt unmittelbar ein umfassender Diskriminierungsschutz zugunsten von Minderheiten über die Kriterien *Sprache*, *Abstammung*, *Glaube*, *religiöse Anschauung*, *Rasse*, *Heimat* und *Herkunft*, da diese Kriterien viele Facetten der Minderheitenidentität beschreiben.

43. Aus dem allgemeinen Gleichheitssatz folgt keine Pflicht zur Gleichbehandlung von Minderheiten und Immigranten, da es sich insofern um nicht wesentlich gleiche Gruppen handelt oder, weil es zumindest den sachlichen Grund der unterschiedlichen Schutzbedürfnisse gibt, der eine Pflicht zur Gleichbehandlung ausschließt.

44. Aufgrund faktisch existierender Unterschiede zwischen der Mehrheit und der Minderheit sind fördernde Maßnahmen zugunsten von Minderheiten mit Artikel 3 GG bis zur Grenze der tatsächlichen (nicht lediglich rechtlichen) Gleichstellung der Minderheiten mit der Mehrheit zulässig.

45. Allerdings folgt aus Artikel 3 GG keine Verpflichtung der Bundesrepublik Deutschland, die auf ihrem Staatsgebiet lebenden Minderheiten besonders zu fördern, da es für die Staatsfinanzen unabsehbare Folgen hätte, wenn die Bundesrepublik aus Artikel 3 GG zur Beseitigung aller faktisch existierenden Ungleichheiten verpflichtet wäre.

46. Das Grundgesetz geht vom Prinzip aus, daß die deutsche Sprache alleinige Staatssprache der Bundesrepublik Deutschland ist. Dieser Grundsatz wird auch in der einfachgesetzlichen Ausgestaltung der Verfassung deutlich, wenn Deutsch sowohl zur grundsätzlich alleinigen Gerichts- als auch zur grundsätzlich alleinigen Verwaltungssprache bestimmt wird. Lockerungen dieses Prinzips zugunsten der Menschen, die in der Verfassungsrealität der Bundesrepublik Deutschland leben oder sich darin aufhalten ohne der deutschen Sprache ausreichend mächtig zu sein, sichern lediglich behelfsmäßig ab, daß diese Menschen ihre Grundrechte auch ohne deutsche Sprachkenntnisse wahrnehmen und genießen können. Der Grundsatz, daß Deutsch Gerichts-, Amt-, Schul- und Staatssprache ist, ist verfassungsrechtlich unbedenklich.

47. Im übrigen hat ein sprachlich relativ homogener Staat wie die Bundesrepublik Deutschland ein legitimes Interesse an der Erhaltung der einheitsbildenden und einheitswahrenden Kraft seiner Staatssprache. Mit diesem legitimen Interesse muß das ebenfalls legitime Anliegen der Minderheiten, die kultur- und identitätsstiftende Wirkung ihrer Sprachen zu erhalten, in Einklang gebracht werden. Diese Balance ist gegenwärtig nur in bedingt befriedigender Weise hergestellt. Dies liegt daran, daß Immigranten- und Minderheitensprachen im wesentlichen in sprachenrechtlicher Hinsicht gleich behandelt werden. Damit ist jedoch weder den Immigranten, noch den Minderheiten geholfen. Unbestrittenermaßen ist die deutsche Sprache innerhalb der Bundesrepublik Deutschland eines der wichtigsten Integrationsmittel. Die deutsche Sprache muß den einzelnen in die Kultur- und Rechtsgemeinschaft der Bundesrepublik Deutschland einbinden.

Immigranten, die in die Bundesrepublik Deutschland kommen, haben daher die Pflicht, die deutsche Sprache als Teil des von ihnen gewählten Wohnsitzes oder Berufsortes anzuerkennen und zu lernen. Selbstverständlich ist die Bundesrepublik Deutschland im Gegenzug gehalten, den Immigranten für die Erlernung der Sprache gewisse Hilfestellungen zu gewährleisten.

48. Die in der Bundesrepublik Deutschland beheimateten autochthonen Minderheiten sind, da sie in aller Regel die deutsche Sprache beherrschen, in einer anderen Situation und Schutzbedürftigkeit. Obgleich sie Deutsch beherrschen, haben sie ein legitimes Interesse an der Förderung ihrer Minderheitensprache. Gegenwärtig wird lediglich das Sorbische in sprachenrechtlicher Hinsicht gefördert. Einen positiven Ansatz läßt allerdings das deutsche Verhalten in bezug auf die Europäische Charta der Regional- oder Minderheitensprachen erkennen. Hier sind die Minderheitensprachen explizit genannt und die Immigrantensprachen ausgeschlossen. Es muß allerdings leider auch festgestellt werden, daß die Rechte zu deren Gewährleistung sich die Bundesrepublik Deutschland im Rahmen der Ratifizierung der Sprachencharta verpflichtet hat, nicht wesentlich über das hinausreichen, was ohnehin bereits gewährleistet war, und zwar für Minderheiten- wie für Immigrantensprachen.

49. Für die in der Bundesrepublik Deutschland heimischen Minderheiten wäre die Bedeutung eines Antidiskriminierungsgesetzes als sehr gering einzuschätzen, da Diskriminierungen in der gesellschaftlichen Realität der Bundesrepublik Deutschland meist an ein *fremdländisches* Aussehen oder eine unsichere Beherrschung der deutschen Sprache anknüpfen. Mit der teilweisen Ausnahme der Sinti und Roma liegen beide Kriterien bei den deutschen Minderheiten nicht oder selten vor. Eine Verbesserung ihrer Lage ist daher von einem Antidiskriminierungsgesetz nicht zu erwarten.

50. Eine Förderung von Minderheitenangehörigen beim Zugang zu öffentlichen Ämtern ist zulässig und mit Artikel 33 Absatz 2 GG vereinbar. Hierauf besteht aber kein Anspruch. Eine derartige Förderung von Minderheitenangehörigen bietet sich dort an, wo das Vorliegen von besonderen Qualifikationen, die regelmäßig bei Minderheitenangehörigen vorhanden sind, für die Behörde nützlich sein kann. Dies wird insbesondere in den jeweiligen Siedlungsgebieten der respektiven Minderheiten der Fall sein.

51. Eine Bevorzugung von Parteien nationaler Minderheiten ist auf Bundesebene einfachgesetzlich im Bundeswahlrecht und im Rahmen der Parteienfinanzierung vorgesehen und mit Artikel 38 GG vereinbar.

52. In der Bundesrepublik Deutschland leben verschiedene religiöse Minderheiten, die in ihrer Religionsausübung durch die Religionsfreiheit des Artikel 4 Absatz 1 und 2 GG geschützt sind. Die Religionsfreiheit läßt sich relativ einfach von den sonstigen Komponenten eines umfassenden Minderheitenschutzkozeptes separieren und wird daher oftmals auch als eine

Spezialdisziplin gesehen und behandelt. Im Bereich der Religionsausübung einschließlich des Rechts des einzelnen, sein gesamtes Verhalten an seinem Glauben, seiner Weltanschauung oder seinem Gewissen auszurichten, sind Konflikte etwa mit der Menschenwürde, dem Tierschutz, der Lehrfreiheit, zwischen der negativen und positiven Religionsfreiheit, dem staatlichen Erziehungsauftrag und im Extremfall sogar mit dem Recht auf Leben anderer vorstellbar. In vielen dieser Bereiche ist eine direkte Relevanz hinsichtlich des Schutzes von Minderheiten gegeben.

53. Grundrechtliche Spannungslagen können sich in besonderen Gewaltenverhältnissen ergeben, wenn die Religionsfreiheit mit spezifischen im jeweiligen Gewaltenverhältnis bestehenden Pflichten kollidiert. In vielen dieser Bereiche ist eine klare Lösung nicht möglich und es besteht mithin die Notwendigkeit, kollidierende Verfassungsgüter in einen möglichst schonenden Ausgleich zu bringen. Besonders konfliktträchtig sind in diesem Zusammenhang Situationen, in denen die Religionsfreiheit mit der Schulpflicht kollidiert.

54. Aus minderheitenschutzrechtlichen aber auch aus politischen Gründen hat die Bundesrepublik Deutschland ein vitales Interesse an der Einführung eines islamischen Religionsunterrichts unter deutscher Schulaufsicht an deutschen Schulen. Dieser Religionsunterricht hat in deutscher Sprache zu erfolgen. Es muß darauf hingewirkt werden, daß sich innerhalb der muslimischen Bevölkerung in Deutschland organisatorische Strukturen bilden, auf die der deutsche Staat als Partner zur Veranstaltung eines islamischen Religionsunterrichts zurückgreifen kann. Des weiteren sind Voraussetzungen zu schaffen, daß ein Lehrkörper ausgebildet werden kann, der in der Lage ist, islamischen Religionsunterricht in deutscher Sprache an öffentlichen Schulen zu vermitteln.

55. Eine Lehrerin darf im Schulbereich nicht aus religiösen Gründen ein Kopftuch tragen, da dies der grundsätzlichen Neutralitätspflicht des Staates und der negativen Religionsfreiheit der Eltern und der Schüler widerspräche. Im Ergebnis ist auch dem *Kruzifix*-Beschluß des Bundesverfassungsgerichts zuzustimmen. Durch eine Aufwertung der negativen Religionsfreiheit, in gewisser Abweichung von seiner früheren Rechtsprechung, stärkt das Bundesverfassungsgericht dadurch die Rechte von religiösen Minderheiten.

56. Mit der Einführung des Faches Lebenserziehung-Ethik-Religion (LER) in Brandenburg entstand keine minderheitenrechtlich relevante Problemkonstellation, da bekenntnislose Menschen nicht als religiösen Minderheit bezeichnet werden können.

57. Weitere minderheitenrechtlich relevante Sonderprobleme im Bereich der Religionsfreiheit können unter Anwendung der allgemeinen Auslegungsregeln des Artikels 4 GG in minderheitenfreundlicher Weise in den Griff bekommen werden.

58. Drei Bereiche sind für die Pflege der kulturellen Besonderheiten von Minderheiten von besonderer Wichtigkeit: Das Schulwesen, der Wissenschaftssektor und der Bereich der allgemeinen finanziellen Förderung der Kultur der Minderheiten. Die Grundrechte gewähren auch im Schul-, Wissenschafts- und Kulturbereich den Minderheiten besondere Rechte.

59. Unter dem Grundgesetz haben Angehörige von Minderheiten das Recht, Privatschulen für ihre Kinder zu errichten und zu betreiben, wobei der Staat zur Förderung dieser Privatschulen verpflichtet ist. Ein Recht oder ein Anspruch auf die Errichtung eines öffentlichen Minderheitenschulwesens kann allerdings aus dem Grundgesetz nicht hergeleitet werden. Dem Staat bleibt zwar unbenommen, öffentliche Minderheitenschulen einzurichten, eine dahingehende Verpflichtung besteht allerdings nicht.

60. Das Grundgesetz gewährt dem Bund Möglichkeiten zur Minderheitenförderung im Wissenschaftsbereich.

61. Eine finanzielle Mitwirkung des Bundes an allgemeinen Förderungsmaßnahmen zugunsten der Minderheitenkulturen steht, verfassungsrechtlich gesehen, auf tönernen Beinen. Im Interesse eines effektiven und berechenbaren Minderheitenschutzes wäre es daher wünschenswert, eine - auch finanzielle - Mitverantwortung des Bundes bei der Förderung der Minderheitenkulturen direkt aus der Verfassung ableiten zu können.

62. Darüber hinaus haben auch die Meinungs-, Informations-, Presse-, Rundfunk- und Filmfreiheit des Artikels 5 Absätze 1 und 2 GG, die Versammlungsfreiheit des Artikels 8 GG und die Vereinigungsfreiheit des Artikels 9 GG minderheitenschützenden Charakter.

63. Im Wendejahr 1990 noch vor dem Vollzug der deutschen Einheit erarbeitete der *Zentrale Runde Tisch* den Entwurf einer Verfassung für die DDR, der in seinem Artikel 34 eine Minderheitenschutzbestimmung enthielt. Dieser Entwurf wurde jedoch vom Lauf der Geschichte überholt und folglich nie geltendes Recht.

64. Statt dessen fanden sich einige Passagen, die dem Minderheitenschutz im wiedervereinigten Deutschland gewidmet waren, im Einigungsvertrag.

65. Die Wiedervereinigung war der Ausgangspunkt der letzten großen Revision des Grundgesetzes. Im Rahmen dieser Revision wurde auch die Aufnahme einer Minderheitenschutzbestimmung in das Grundgesetz diskutiert. Der zur Abstimmung im Plenum des Deutschen Bundestages eingebrachte aber letztlich abgelehnte Artikel 20 b GG (n.F.) hatte den folgenden Wortlaut: „*Der Staat achtet die Identität der ethnischen, kulturellen und sprachlichen Minderheiten.*“

66. Die Befürworter einer Minderheitenschutzklausel betonten unter Verweis auf die Paulskirchenverfassung und die Weimarer Reichsverfassung, daß eine solche Grundgesetzergänzung der deutschen Verfassungstradition entspräche. Überdies werde mit Blick auf Artikel 27 des Internationalen Paktes über bürgerliche und politische Rechte, den KSZE-Prozeß und die europäischen Minderheitenschutzentwicklungen festgestellt, daß sich eine Minderheitenschutzklausel gut in die europäische und internationale Rechtsentwicklung einpasse und dazu einen Beitrag leiste. Die Bundesrepublik Deutschland habe in internationalen Foren dem Minderheitenschutz immer besondere Aufmerksamkeit beigemessen, wie beispielsweise aus dem deutsch-polnischen Nachbarschaftsvertrag ersichtlich sei. Mit einer Minderheitenschutzklausel im Grundgesetz fördere die Bundesrepublik Deutschland somit das deutsche Ansehen in Europa und unterstütze die deutschsprachigen Minderheiten in den Staaten Osteuropas, deren Förderung sich die Bundesrepublik Deutschland zu einem wesentlichen außenpolitischen Anliegen gemacht habe. Gerade gegenüber den Staaten, in denen deutsche Minderheiten leben, sei eine Norm in der eigenen Verfassung ein deutliches Zeichen für die Glaubwürdigkeit deutscher Minderheitenpolitik. Schließlich machten die bestehenden Normen in den deutschen Landesverfassungen eine bundesstaatliche Regelung nicht überflüssig. Entsprechende Regelungen in den Landesverfassungen sollten durch einen Passus in der Bundesverfassung *gesamtstaatlich überwölbt* werden, damit ein gemeinsamer Standard auch in den Bundesländern gewährleistet sei, in denen keine besonderen Regelungen in der Landesverfassung enthalten sind. Überdies solle ein Minderheitenschutzartikel im Grundgesetz auch solchen Minderheiten zugute kommen, die nicht in geschlossenen Siedlungsgebieten leben. Das bundesstaatliche Kompetenzgefüge werde durch eine Minderheitenschutz-Staatszielbestimmung nicht verändert, da die Länder weiterhin für detaillierte Regelungen in Anwendung und Durchsetzung einer solchen Bestimmung im Rahmen ihrer Kulturhoheit zuständig blieben. Auf die jetzt vorgeschlagene Achtensklausel, die sich an Artikel 27 des Internationalen Paktes über bürgerliche und politische Rechte orientiere, könnten sich auch Ausländergruppen berufen. Im Grundgesetz solle angesichts von über 5 Millionen auf Dauer bei uns lebenden und zur kulturellen Vielfalt beitragenden Ausländern, ein Zeichen kultureller Toleranz gesetzt werden. Die Achtensklausel sei im Grunde nichts anderes als eine besondere Ausprägung des Gebotes der Achtung der Menschenwürde mit bezug auf die Minderheiten. Die individualrechtliche Unverletzlichkeit der Identität eines Minderheitenangehörigen werde durch Menschen- und Grundrechte geschützt; die Achtensklausel solle Gruppenschutz gewährleisten und die ethnische und kulturelle Identität von Minderheiten als Gruppe kollektivrechtlich achten. Das habe zur Folge, daß dem Mehrheitsvolk Versuche untersagt würden, etwa die Sprache oder andere kulturelle Besonderheiten der betreffenden Gruppe von Staats wegen zu beeinflussen oder gar wegzudrängen. Die Achtensklausel wolle jeglichen Assimilationsdruck auf Minderheiten deutscher Staatsangehörigkeit und ausländische Minderheiten ausschließen. Dieser Assimilationsdruck gehe normalerweise von der Kraft eines sich nach wie vor national verstehenden Staates und seiner alle Lebensbereiche durchdringenden Kultur, der Kultur des Mehrheitsvolkes aus, die langfristig strukturell überlegen sei. Allerdings sei die Achtensklausel eine schwächere Form staatlicher Zuwendung, insbesondere Förderungsansprüche seien damit nicht ausgedrückt.

67. Die Gegner eines - oder besser gesagt dieses - Minderheitenschutzartikels waren der Auffassung, daß eine diesbezügliche Ergänzung der Bundesverfassung sachlich nicht erforderlich sei, da aufgrund der Festschreibung des Minderheitenschutzes in den dafür relevanten Länderverfassungen in der Bundesrepublik Deutschland kein Regelungsdefizit bestehe. Wenn Mängel im Minderheitenschutz beklagt würden, dann handle es sich regelmäßig um bloße Vollzugsdefizite, die auf einfachgesetzlicher bzw. administrativer Ebene behoben werden müßten. Die Gegner des Minderheitenschutzartikels definierten *nationale Minderheit* als Gruppe von Personen, welche die Staatsangehörigkeit des Aufenthaltsstaates besäßen, seit jeher in einem abgrenzbaren Teil des Staatsgebietes (sogenanntes *geschlossenes Siedlungsgebiet*) ansässig seien und sich von der überwiegenden Mehrheit des Staatsvolkes deutlich in volkstumsmäßiger oder nationaler Hinsicht unterschieden. Dieser Definition entsprächen in Deutschland nur die Friesen, die Dänen und die Sorben, deren Schutz in den einschlägigen Landesverfassungen jedoch bereits kodifiziert sei. Die Bundesrepublik Deutschland schütze ihre nationalen Minderheiten sowohl individuell als auch als Gruppe. Der Individualrechtsschutz sei durch die allgemeinen Freiheitsrechte des Grundgesetzes gewährleistet, kollektivrechtlich schützten die Landesverfassungen. Überdies sei der Minderheitenschutz ein Aspekt der Kulturhoheit und falle somit ohnehin in den ausschließlichen Zuständigkeitsbereich der Länder. Aus diesem Grund sei daher ein zusätzlicher Minderheitsschutzartikel in der Bundesverfassung nicht erforderlich. Hinter dem von der SPD vorgelegten Minderheitenschutzartikel verberge sich eine neue gesellschaftspolitische Konzeption, nämlich die einer multikulturellen Gesellschaft. Der in dem SPD-Antrag enthaltene Begriff der nationalen Minderheit solle bewußt offengehalten werden, um jeder zuwandernden oder sich neu formierenden Minderheitengruppe Anerkennung sowie Schutz und Förderung als nationale Minderheit zu eröffnen. Statt eines Modells der Integration von Zuwanderern in Staat und Gesellschaft unseres Landes werde damit das Modell eines Nebeneinanders weitestgehend eigenständiger Kulturen gefördert. Es könne jedoch nicht angestrebt werden, auf dem Staatsgebiet der Bundesrepublik Deutschland verfassungsrechtlich das Nebeneinander möglichst vieler eigenständiger Kulturen zu organisieren, sondern es müsse erwartet werden, daß Zuwanderer sich in Staat und Gesellschaft integrieren. Aus dem gleichen Grunde könnte auch die beschlossene Achtensklausel nicht befürwortet werden. Wenn der Staat die ethnischen, kulturellen und sprachlichen Minderheiten als Gruppe achte, erkläre er damit, daß er sie als eigenständige Kultur im Aufenthaltsland anerkenne und darauf verzichte, ihre Integrationsbereitschaft zu fordern, weil dies die Identität der Minderheiten in Frage stellen könnte. Die außenpolitische Relevanz des Themas Minderheitenschutz sei unbestritten und die Bundesrepublik Deutschland fühle sich zu Recht zur Fürsorge für die deutschen Minderheiten in den Staaten Ost- und Südosteuropas verpflichtet. Daher strebe die Bundesrepublik Deutschland auf internationaler Ebene die Verwirklichung eines effektiven Minderheitenschutzsystems an und habe mit den ost- und südosteuropäischen Staaten, in denen deutsche Minderheiten leben, bilaterale Verträge, in denen Minderheitenschutzklauseln aufgenommen wurden, geschlossen. Die Bundesrepublik Deutschland erfülle die eingegangen vertraglichen Verpflichtungen gut und es sei nicht zu erwarten, daß darüber hinaus eine *Vorbildfunktion* durch die Verankerung eines Minderheitenschutzartikels in der Bundesverfassung zu konkreten Vorteilen für die deutschen Minderheiten in Osteuropa führen werde.

68. Eine Interpretation des vorgeschlagenen Artikels führt zum Ergebnis, daß die rechtliche Stellung der autochthonen Minderheiten in der Bundesrepublik Deutschland ohne einen Minderheitenartikel im Grundgesetz besser, als wenn der vorgeschlagene Artikel 20 b GG (n.F.) geltende Recht geworden wäre. Der vorgeschlagenen Norm war nicht zu entnehmen, auf welche Minderheiten sie sich bezogen hätte. Im Zweifel wären damit Immigranten und Ausländer, möglicherweise sogar gesellschaftliche Randgruppen in den Schutzbereich der Norm einzubeziehen gewesen. Eine Gleichbehandlung mit diesen Gruppen hätte den autochthonen Minderheiten in der Bundesrepublik Deutschland jedoch lediglich Nachteile gebracht. Auch hinsichtlich seines materiellen Gehaltes wäre Artikel 20 b GG (n.F.) aufgrund seiner unklaren Formulierung schwach gewesen. Die als Staatszielbestimmung ausgestaltete Achtensklausel sieht nicht ein einziges konkretes Recht für die Minderheiten vor. Der Norm wäre lediglich ein Zwangsassimilationsverbot in bezug auf die Minderheiten entnehmen zu gewesen. Hierfür hätte es jedoch keiner grundgesetzlichen Minderheitennorm bedurft. Gleiches gilt für die von einigen Schöpfern der vorgeschlagenen Norm beabsichtigte *Signalwirkung* hin zu mehr kultureller Toleranz. Die Norm hätte diesbezüglich wohl mehr Schaden verursacht, als Gutes bewirkt, da sie statt kultureller Toleranz wohl eher einen Kampf der Kulturen heraufbeschworen hätte. Insgesamt ist daher die Ablehnung dieser Norm bei der Schlußabstimmung im Ergebnis zu begrüßen.

69. Eine Einzelanalyse der in der Diskussion um die Einführung des Artikel 20 b GG (n.F.) angeführten Argumente ergibt zunächst, daß die Verfassungstradition untauglich ist, um die Einführung einer Minderheitenschutzbestimmung in das Grundgesetz zu begründen.

70. Auch das außenpolitische Argument erweist sich für die Begründung der Einfügung einer Minderheitenbestimmung in das Grundgesetz als nicht überzeugend. Zwar mag eine Minderheitenklausel in der eigenen Verfassung außenpolitisch bei der Forderung nach Rechten für die deutschen Minderheiten im Ausland nützlich sein. Innenpolitisch ist dies jedoch völlig irrelevant, da der Minderheitenschutz nicht von Reaktionen ausländischer Staaten abhängen kann.

71. Weder steht die Kulturhoheit der Länder der Einführung einer Minderheitenklausel in das Grundgesetz entgegen, noch ist eine *gesamtstaatliche Überwölbung* des bundesdeutschen Minderheitenrechts ein überzeugendes Argument für die Einführung einer Minderheitenklausel in das Grundgesetz.

72. Für Ausländer und Immigranten kann es keinen Minderheitenschutz geben. Bei den klassischen autochthonen und staatlicherseits anerkannten Minderheiten in der Bundesrepublik Deutschland steht die Kulturerhaltungsfunktion des Minderheitenschutzes im Zentrum der Bemühungen. In bezug auf eingebürgerte Immigrantengruppen geht es schwerpunktmäßig um eine nachhaltige Integration in die Gesamtbevölkerung und nachfolgend um die Absicherung dieser Integration durch einen effektiven Diskriminierungsschutz. Von autochthonen Minderheiten, die in aller Regel

gesellschaftlich gut integriert sind und die Mehrheitssprache beherrschen, ist der von der Mehrheitsbevölkerung ausgehende kulturelle Assimilationssog abzuwenden. Immigranten sind in erster Linie am Erlernen der Mehrheits- bzw. Landessprache interessiert. Ausreichende Sprachkenntnisse des Wohnstaates sind die Grundvoraussetzung für eine Eingliederung in dessen Arbeits- und Sozialwelt. Schutzkonzepte, die für klassische Minderheiten entwickelt wurden, passen demzufolge nicht auf Immigrantengruppen und umgekehrt. Die Nichterstreckung von Minderheitenrechten auf Immigranten beinhaltet keinerlei Aussage über die Schutzbedürftigkeit und Schutzwürdigkeit dieser Gruppen. Darüber, daß Immigranten aufgrund verschiedener Aspekte gegenüber der Mehrheitsbevölkerung benachteiligt sind und daher besonders geschützt werden müssen, bestehen in der Bundesrepublik Deutschland keine ernsthaften Zweifel. Der Ansatz, diesen Schutz allerdings mit Mitteln des Minderheitenrechts oder der simplen Gleichstellung mit den autochthonen Minderheiten herstellen oder erreichen zu wollen, ist jedoch in höchstem Maße kontraproduktiv. Durch ein solches Konzept würden sowohl die Minderheiten, als auch die Immigranten im Ergebnis schlechter gestellt. Für beide Gruppen wäre nichts erreicht. Aus all diesen Gründen bleibt es nach dem geltenden Recht der Bundesrepublik Deutschland dabei und hat auch rechtspolitisch so zu bleiben: Die Ersteckung des Minderheitenschutzes auf Immigranten, eingebürgert oder nicht, bleibt kontraproduktiv, war seit jeher falsch und ist daher abzulehnen.

73. Schwierigkeiten hinsichtlich der Definition des Begriffes der Minderheit können beinahe schon als Wesensmerkmal des Minderheitenrechts bezeichnet werden. Die Uneinigkeit über den Begriff der Minderheit war 1994 auch ein zentraler Grund für das Scheitern der Einfügung einer Minderheitenschutzklausel in das Grundgesetz.

74. Das Merkmal der *Alteingesessenheit* sollte als Definitionskriterium des Begriffes der Minderheit beibehalten werden, da anhand dieses Kriteriums eine genaue Abgrenzung zwischen Immigranten und autochthonen Minderheiten möglich ist, ohne mit einer enumerativen Aufzählung der Rechtsträger einer Minderheitenschutzbestimmung operieren zu müssen.

75. Die geltende Minderheitendefinition des deutschen Verfassungsrechts deckt sich mit der in Teilziffer 27 dargestellten Minderheitendefinition, welche die Bundesrepublik Deutschland außenpolitisch und völkerrechtlich vertritt.

76. Der vorgeschlagene Artikel 20 b GG (n.F.) hätte durchaus dahingehend interpretiert werden können, daß er statt eines integrativen Miteinanders der Kulturen ein multikulturelles Nebeneinander der Kulturen bewirkt. Dieses Nebeneinander kann in Krisensituationen sehr schnell in ein Gegeneinander der Kulturen innerhalb eines Staates umschlagen und damit den sozialen Frieden gefährden. Das Grundgesetz ist kulturoffen. Es ist jedoch nicht multikulturell in einem Sinne, daß es sein Wertesystem dem Wettstreit konkurrierender Kulturen unterwirft. Das Grundgesetz toleriert eine multikulturelle Gesellschaft, solange sich alle Mitglieder an die demokratischen Grundregeln halten und

das im Grundgesetz kodifizierte Wertesystem akzeptieren. Der vorgeschlagene Artikel 20 b GG (n.F.) hätte durchaus das Potential gehabt, diese Akzeptanz ein Stück weit zu relativieren. Minderheiten müssen, wie auch Immigrantengruppen, in das Staatswesen integriert werden. Ein Multikulturalismus, der Segregation statt Integration fördert, muß daher abgelehnt und verhindert werden.

77. Die Völkerrechtstheorie und die Staatenpraxis kennt verschiedene Autonomiemodelle zur innerstaatlichen Ausgestaltung des Minderheitenschutzes. Die praktisch relevanteste Form ist die Territorialautonomie. Territorialautonomiekonzepte erfordern für ihre Umsetzung, daß die zu schützende Minderheitengruppe in einem geschlossenen Siedlungsgebiet ansässig ist. Dies ist der Hintergrund, warum man an die Aufnahme dieses Kriteriums in eine Minderheitendefinition denken könnte. Die Bundesrepublik Deutschland geht in ihren völkerrechtlichen Erklärungen wie innerstaatlich davon aus, daß das Kriterium eines geschlossenen Siedlungsgebietes Bestandteil ihrer Minderheitendefinition ist. Diese Ansicht ist allerdings weder völkerrechtlich noch innenpolitisch zu begründen und daher abzulehnen. Anhaltspunkte im Völkerrecht, die auf eine bestehende *opinio iuris* bezüglich dieses Kriteriums schießen ließen, sind nicht ersichtlich. Die Beschränkung des Minderheitenschutzes auf geschlossene Siedlungsgebiete ist im Zeitalter der Globalisierung nicht mehr zeitgemäß. Hierbei wird keinesfalls verkannt, daß Minderheitenschutzkonzepte in Gebieten, in denen Minderheitengruppen geschlossen siedeln, am besten umgesetzt werden können. Aus diesem Faktum kann jedoch kein Argument konstruiert werden, weshalb dieses Kriterium Bestandteil einer Minderheitendefinition sein müßte. Im Ergebnis sollte die Bundesrepublik Deutschland sowohl völkerrechtlich wie innerstaatlich das Kriterium eines geschlossenen Siedlungsgebietes für die Definition des Begriffs der Minderheit aufgeben.

78. Nach der Vollendung der deutschen Einheit gaben sich die wiedereingeführten neuen Bundesländer Brandenburg, Sachsen, Sachsen-Anhalt, Mecklenburg-Vorpommern und Thüringen Landesverfassungen. In allen neuen Landesverfassungen wurden Minderheitenschutzbestimmungen aufgenommen. Die Bundesländer Schleswig-Holstein und Niedersachsen, auf deren Territorium traditionell Minderheiten siedeln, reformierten ihre Landesverfassungen.

79. Für die Bewertung der Bedeutung der Minderheitenschutzbestimmungen in den Landesverfassungen ist das grundsätzliche Verhältnis von Landesgrundrechten und Landesstaatszielen zu Bundesrecht und Grundgesetz von entscheidender Wichtigkeit. Dieses Verhältnis wird durch das Kompetenz- und Kollisionssystem des Grundgesetzes geregelt.

80. Die Kompetenzzuweisung im Bundesstaat des Grundgesetzes wird von Artikel 30 GG im Grundsatz und von den Artikeln 70 ff., Artikeln 83 ff., Artikeln 92 ff. und Artikeln 104a ff. GG im Detail vorgenommen. Vor dem Hintergrund vielfältiger Berührungspunkte zwischen Bundes- und Länderzuständigkeit ist auch das aus Artikel 20 Absatz 1 GG

folgende Prinzip der Bundestreue zu beachten. Die Arbeitsteilung zwischen Bund und Ländern, die in diesem Kompetenzsystem zum Ausdruck kommt, dient der Konfliktvorbeugung zwischen den verschiedenen Rechtsordnungen.

81. Grundrechte sind dadurch gekennzeichnet, daß sie dem einzelnen subjektive, d.h. einklagbare öffentliche (Abwehr-)Rechte, die staatliches Handeln weniger steuern als begrenzen, gewährleisten. Entsprechend ihrem jeweiligen Schutzbereich schützen die Grundrechte den einzelnen in verschiedenen Lebensbereichen. Über dieses traditionelle Verständnis hinaus können den Grundrechten auch objektive Wertentscheidungen und in Verbindung damit auch Schutzpflichten des Staates entnommen werden. Da ein unbegrenzter Grundrechts- oder Freiheitsgebrauch des Grundrechtsträgers zu Konflikten im Rechtssystem führen würde, müssen die Grundrechte beschränkt sein. Eingriffe und Beschränkungen der Grundrechte müssen daher möglich sein. Die in Artikel 1 Absatz 3 GG und auch in entsprechenden Bestimmungen der Landesverfassungen angelegte unmittelbare Geltung der Grundrechte führt zu einer besonderen Bedeutung der Grundrechtsinterpretation, welche durch die Existenz des Bundesverfassungsgerichts und der Landesverfassungsgerichte unterstrichen wird. Um praktikabel zu werden, bedürfen die meisten Grundrechtsnormen jedoch einer Konkretisierung.

82. Eine 1981 vom Bundesminister des Inneren eingesetzte Sachverständigenkommission definierte und erklärte den Begriff der Staatszielbestimmung wie folgt: *„Staatszielbestimmungen sind Verfassungsnormen mit rechtlich bindender Wirkung, die der Staatstätigkeit die fortdauernde Beachtung oder Erfüllung bestimmter Aufgaben - sachlich umschriebener Ziele - vorschreiben. In der parlamentarischen Demokratie ist es zunächst Sache der gesetzgebenden Volksvertretung, die politischen Zielsetzungen aufzugreifen, zu erwägen und durch Gesetz zu regeln. Die Verfassung und das Verfassungsrecht können der Politik Verfahrensweisen vorschreiben und Grenzen setzen, wie etwa durch das Sozialstaatsprinzip (Artikel 20 GG). Sie sollten jedoch im einzelnen politische Entscheidungen nicht vorwegnehmen. Der demokratische Grundsatz der Gestaltungsfreiheit des Gesetzgebers ist ein maßgebliches Kriterium der Verfassungspolitik.“* Diese Definition stößt auf allgemeine Akzeptanz. Adressat der Staatszielbestimmungen sind alle drei Gewalten. Primärer Adressat ist jedoch die Legislative, was zum einen daraus folgt, daß die Legislative das entscheidende rechtliche Instrumentarium zur Zielverwirklichung besitzt, und zum anderen aus dem Vorbehalt des Gesetzes, der dem demokratisch legitimierten Gesetzgeber die wesentlichen Entscheidungen innerhalb des Gemeinwesens überträgt. Gerichte und die Verwaltung müssen bei der Gesetzesanwendung die den Staatszielbestimmungen zugrundeliegende Wertentscheidungen zwar beachten, sie sind aber nicht zur eigenständigen Umsetzung von Staatszielen berechtigt. Obgleich der einzelne Bürger durch Staatszielbestimmungen nicht unmittelbar gebunden ist, sollen diese ihm gegenüber eine integrierende, edukatorische und appellative Wirkung entfalten. Im horizontalen Verhältnis zwischen den Bürgern kommen Staatszielbestimmungen durch die in ihnen verkörperten objektiven Wertentscheidungen im Wege der mittelbaren Drittwirkung zur Geltung. Staatsziele entfalten ausschließlich objektiv-rechtliche Wirkungen und begründen keine subjektiv-öffentlichen Rechte einzelner.

83. Der Ordnung und Harmonisierung von Bundesverfassungsrecht und Landesverfassungsrecht dienen die Kollisionsnorm des Artikel 31 GG, das Homogenitätsgebot des Artikel 28 GG und Artikel 142 GG, der die Fortgeltung von Landesgrundrechten regelt.

84. Artikel 31 GG regelt grundsätzlich das Rangverhältnis von Bundesrecht und Landesrecht. Die Norm kommt zur Anwendung, wenn Gegenstandsgleichheit besteht, die gleiche Rechtsfrage also durch Bundes- und Landesrecht geregelt ist und zwischen beiden Normen eine Kollision vorliegt. Dies ist dann der Fall, wenn ihre Anwendung auf den konkreten Fall, auf das selbe Rechtsverhältnis, zu unterschiedlichen Rechtsfolgen führen würde. Für diesen Fall bricht das Bundesrecht das Landesrecht, was die endgültige Beseitigung bestehenden und die Verhinderung zukünftigen Landesrechts dieses Inhalts bedeutet.

85. Das Homogenitätsprinzip des Artikel 28 GG hat eine Doppelfunktion. Einerseits begrenzt das Grundgesetz die verfassungsrechtlichen Gestaltungsmöglichkeiten der Länder, indem es sie auf eine bestimmte Ordnung verpflichtet, andererseits erkennt das Grundgesetz aber auch gerade diese Gestaltungsfreiheit an und legitimiert unterschiedliche Auffassungen und Ausgestaltungen gliedstaatlichen Verfassungsrechts.

86. Artikel 142 GG beläßt den Ländern die Möglichkeit, in ihren Verfassungen Grundrechte zu gewährleisten und eröffnet damit der Landesverfassungsgerichtsbarkeit den Bereich der Grundrechtsinterpretation. Diese Regelung ist Ausdruck des Respekts des Bundes vor der Verfassungshoheit der Länder. Trotzdem erlangten Landesgrundrechte zu keinem Zeitpunkt eine nennenswerte Bedeutung, da auch in diesem Bereich Artikel 31 GG grundsätzlich anwendbar bleibt mit der Konsequenz, daß sich im Kollisionsfall Bundesrecht durchsetzt. Landesgrundrechte, die mit Vorschriften des Grundgesetzes oder des einfachen Bundesrechts inhaltsgleich sind, sind wirksam und gelten fort. Auch wenn Landesgrundrechte einen schwächeren Schutz gewährleisten als entsprechende Bundesgrundrechte, gelten sie, sofern nicht im Einzelfall eine Kollision vorliegt, vom Grundsatz her weiter. Weitergehende und neue Landesgrundrechte sind ebenfalls grundsätzlich zulässig. Problematisch in diesem Zusammenhang sind Grundrechtsgewährleistungen, die sich als Beschränkungen der Rechte Dritter auswirken. Falls weitergehende Landesgrundrechte die Einschränkung der grundgesetzlichen Grundrechte Dritter zur Folge haben, liegt insofern eine Kollision vor und es gilt Artikel 31 GG mit der Konsequenz der Nichtigkeit des grundrechtsverkürzenden Landesverfassungsrechts.

87. Im Bundesland Schleswig-Holstein siedelt die traditionell in der Bundesrepublik Deutschland beheimatete dänische Minderheit und der größte Teil der Volksgruppe der Friesen. Darüber hinaus leben in Schleswig-Holstein auch Sinti und Roma.

88. Der Minderheitenschutz hat im Landesverfassungsrecht von Schleswig-Holstein eine lange Tradition. Bereits die Landessatzung für Schleswig-Holstein vom 13. Dezember 1949 enthielt eine Minderheitenklausel. Daneben wurden mit der *Kieler Erklärung* vom 26. September 1949 und den *Bonn-Kopenhangener Erklärungen* vom 29. März 1955, die allerdings keine unmittelbaren materiell-rechtlichen Wirkungen hatten, die politischen Grundlagen für die rechtliche Behandlung der Minderheiten auf beiden Seiten der deutsch-dänischen Grenze gelegt.

89. Im August 1990 novellierte der Landtag von Schleswig-Holstein die Landessatzung und wandelte das alte Organisationsstatut in eine Vollverfassung um. Die zentrale Minderheitenschutzbestimmung des schleswig-holsteinischen Landesverfassungsrechts ist nunmehr Artikel 5 der Verfassung des Landes Schleswig-Holstein. Der Minderheitenbegriff, der dieser Bestimmung zugrunde liegt, ist im Einklang mit der Minderheitendefinition des bundesdeutschen Verfassungsrechts auszulegen. Daraus folgt, daß sich einerseits nur deutsche Staatsangehörige auf den verfassungsrechtlichen Minderheitenschutz berufen dürfen und andererseits Immigranten von ihm ausgeschlossen bleiben. Anerkannte Minderheiten im schleswig-holsteinischen Minderheitenrecht sind damit jedenfalls die dänische Minderheit, die friesische Volksgruppe und die Sinti und Roma. Die Zugehörigkeit zu einer Minderheit bestimmt sich in Schleswig-Holstein nach dem Bekenntnisprinzip. Dieses Prinzip muß jedoch für Fälle offensichtlichen Mißbrauchs teleologisch reduziert werden.

90. Nach Artikel 5 Absatz 2 Satz 1 der Verfassung des Landes Schleswig-Holstein stehen nationale Minderheiten und Volksgruppen hinsichtlich ihrer kulturellen Eigenständigkeit und ihrer politischen Mitwirkung unter dem Schutz des Landes, der Gemeinden und Gemeindeverbände. Artikel 5 Absatz 2 Satz 2 der Verfassung des Landes Schleswig-Holstein geht über die Gewährleistungen des Satzes 1 hinaus. Die nationale dänische Minderheit und die friesische Volksgruppe haben Anspruch auf Schutz und Förderung.

91. Artikel 5 der Verfassung des Landes Schleswig-Holstein ist, insgesamt gesehen, als Staatsziel konzipiert und auch so formuliert. Daher geht die wohl herrschende Meinung grundsätzlich davon aus, daß Angehörige von Minderheiten aus dieser Bestimmung keine subjektiv-rechtlichen Ansprüche herleiten oder solche Ansprüche gerichtlich einfordern können. Für den Bereich des Artikel 5 Absatz 2 Satz 2 der Verfassung des Landes Schleswig-Holstein muß jedoch etwas anderes gelten. In Verbindung mit Artikel 3 Absatz 3 Satz 1 GG wird Artikel 5 Absatz 2 Satz 2 der Verfassung des Landes Schleswig-Holstein zu einem echten Grundrecht. Aus der Kombination dieser Vorschriften können Angehörige der dänischen Minderheit und der friesischen Volksgruppe vor einem konkreten Hintergrund einen Anspruch auf Förderung herleiten. Dieser Anspruch zielt auf die Herstellung einer faktischen, nicht lediglich einer rechtlichen Gleichheit mit der Mehrheitsbevölkerung ab. Dieser Anspruch hat subjektiv-rechtlichen Charakter und ist auch gerichtlich einklagbar. Aufgrund der Nichtexistenz eines Landesverfassungsgerichts und des fehlenden Rechtsbehelfs der Landesverfassungsbeschwerde müssen der Schutz

und die Durchsetzungsmöglichkeiten landesverfassungsrechtlicher Garantien in Schleswig-Holstein als defizitär bezeichnet werden.

92. In der Oberlausitz im Freistaat Sachsen siedelt ein Teil der in der Bundesrepublik Deutschland lebenden Sorben.

93. Die zentralen minderheitenschützenden Bestimmungen der Verfassung des Freistaates Sachsen finden sich in Artikel 5 und Artikel 6. In Artikel 5 Absatz 2 und 3 sowie in Artikel 6 der Verfassung des Freistaates Sachsen sind drei unterschiedliche Schutzstandards enthalten. In bezug auf ausländische Minderheiten hat das Land nur deren Interessen zu achten. Nationalen und ethnischen Minderheiten deutscher Staatsangehörigkeit wird hingegen ein vom Land zu gewährleistendes und zu schützendes Recht auf Bewahrung ihrer Identität sowie auf Pflege ihrer Sprache, Religion, Kultur und Überlieferung zugestanden. Der sorbischen Minderheit schließlich werden noch weitergehende Rechte eingeräumt. Dieser dreistufigen Rechtsgewährung liegt eine grundsätzliche Zweiteilung zugrunde. Die Verfassung des Freistaates Sachsen unterscheidet fundamental zwischen Minderheiten deutscher Staatsangehörigkeit und Minderheiten ausländischer Staatsangehörigkeit. Auch der Minderheitenbegriff der Verfassung des Freistaates Sachsen kann und muß in Einklang mit dem im bundesdeutschen Verfassungsrecht geltenden Minderheitenbegriff interpretiert werden. Der Minderheitenschutz ist auf deutsche Staatsangehörige beschränkt. Immigranten, die als *ausländische Minderheiten* bezeichnet werden, genießen keine Minderheitenrechte. Ihre Interessen sind lediglich zu achten. Die Zugehörigkeit zu einer Minderheit bestimmt sich auch im sächsischen Verfassungsrecht nach dem Bekenntnisprinzip. Die Bestimmungen der Artikel 5 und 6 der Verfassung des Freistaates Sachsen sind als Staatsziele objektives Recht und damit grundsätzlich nicht einklagbar, da sie keinen subjektiv-öffentlichen und individualschützenden Charakter haben.

94. Artikel 6 der Verfassung des Freistaates Sachsen kodifiziert die verfassungsmäßigen Rechte der Sorben. Die Sorben sind die einzige Minderheitengruppe, welche die Verfassung des Freistaates Sachsen explizit benennt. Die Besonderheit des Schutzes für das sorbische Volk ergibt sich in erster Linie aus seiner gleichberechtigten Stellung als Teil des sächsischen Staatsvolkes, die durch Artikel 6 Absatz 1 Satz 1 der Verfassung des Freistaates Sachsen gewährleistet ist. Artikel 6 Absatz 1 Satz 2 der Verfassung des Freistaates Sachsen bestimmt, daß das Land das Recht der Sorben auf Bewahrung ihrer Identität sowie auf Pflege und Entwicklung ihrer angestammten Sprache, Kultur und Überlieferungen, insbesondere durch Schulen, vorschulische und kulturelle Einrichtungen gewährleistet und schützt. Im Gesetz über die Rechte der Sorben im Freistaat Sachsen (SächsSorbG) vom 31. März 1999 wurden die wesentlichen einfachgesetzlichen Konkretisierungen des Artikel 6 der Verfassung des Freistaates Sachsen vorgenommen.

95. In Artikel 5 der Verfassung des Freistaates Sachsen ist, neben der Definition des sächsischen Staatsvolkes und dem Recht auf die Heimat, der Schutz für im Freistaat lebende unbenannte Minderheiten und für Ausländer geregelt. Artikel 5 Absatz 2 der Verfassung des Freistaates Sachsen ist die zentrale Schutznorm für im Freistaat lebende unbenannte Minderheiten. Der Wortlaut des Artikel 5 Absatz 2 ähnelt dem des Artikel 6 Absatz 1 Satz 2 der Verfassung des Freistaates Sachsen. Allerdings ist erstere Bestimmung weit weniger einfachgesetzlich konkretisiert als letztere, woraus folgt, daß für die im Freistaat lebenden unbenannten Minderheiten grundsätzlich ein geringeres Schutzniveau besteht, als für die Sorben.

96. Artikel 5 Absatz 3 der Verfassung des Freistaates Sachsen ist schließlich den rechtmäßig im Land lebenden ausländischen Minderheiten gewidmet. Der Freistaat wird verpflichtet, die Interessen dieser Menschen zu achten. Ausgehend von einem weiten Minderheitenbegriff werden Ausländergruppen als *Minderheiten* bezeichnet. Dadurch wird verfassungsmäßig anerkannt, daß sie im Vergleich zur Mehrheitsbevölkerung eine schwächere Position innehaben und daher, wie Minderheiten im engeren Sinne, schutzbedürftig und schutzwürdig sind. Allerdings wird dann hinsichtlich des Schutzstandards differenziert. Dadurch wird dem Umstand Rechnung getragen, daß die für Minderheiten entwickelten Schutzkonzepte auf Ausländergruppen nur unvollständig oder gar nicht passen. Deswegen erstreckt die Verfassung des Freistaates Sachsen ihre Minderheitenschutzkonzepte nicht einfach auf Ausländergruppen, sondern deutet durch die Formulierung des Artikel 5 Absatz 3 an, daß für diese Gruppen eigene Schutzkonzepte entwickelt werden müssen. Es sei allerdings in diesem Zusammenhang darauf hingewiesen, daß die Wahl des Begriffs der *ausländischen Minderheit* sehr unglücklich und verwirrend ist. Ausländer sind eben gerade keine Minderheiten im Rechtssinne. Sie sind vielmehr in ihrer Eigenschaft als Ausländer hinsichtlich der damit zusammenhängenden spezifischen Bedürfnisse zu schützen.

97. In der Niederlausitz im Bundesland Brandenburg siedelt der andere Teil der in der Bundesrepublik Deutschland lebenden Sorben. Die Sorben sind die einzige im Hoheitsbereich der Verfassung des Landes Brandenburg anerkannte Minderheit. Für andere Minderheitengruppen existiert im Bundesland Brandenburg weder ein verfassungsmäßiger noch ein faktischer Minderheitenschutz.

98. Die Verfassung des Landes Brandenburg hat die Rechte der Sorben in Artikel 25 niedergelegt. Da die Verfassung des Landes Brandenburg keine klare Trennung von Grundrechten und Staatszielen vornimmt, ist für jedes in Artikel 25 verbürgte Recht gesondert zu ermitteln, ob eine subjektiv-rechtliche oder eine objektiv-rechtliche Gewährleistung vorliegt. Die Zugehörigkeit zu einer Minderheit bestimmt sich auch nach dem Verfassungsrecht des Landes Brandenburg nach dem Bekenntnisprinzip, welches allerdings auch hier für die Fälle offensichtlichen Mißbrauches teleologisch reduziert werden muß. Artikel 25 der Verfassung des Landes Brandenburg wird insbesondere durch das Sorben(Wenden)-Gesetz (SWG) vom 7. Juli 1994 konkretisiert und ausgestaltet.

99. Artikel 25 Absatz 1 Satz 1 der Verfassung des Landes Brandenburg gewährleistet das Recht des sorbischen Volkes auf Schutz, Erhaltung und Pflege seiner nationalen Identität und seines angestammten Siedlungsgebietes. Dieses Recht zu fördern, sind gemäß Artikel 25 Absatz 1 Satz 2 der Verfassung des Landes Brandenburg, das Land, die Gemeinden und die Gemeindeverbände verpflichtet. Die Rechte des Artikel 25 Absatz 1 Satz 1 der Verfassung des Landes Brandenburg sind als Grundrechte zu verstehen, die lediglich die Besonderheit ihrer kollektivrechtlichen Ausgestaltung aufweisen. Der offenbar gegenteiligen Ansicht des Verfassungsgerichtes des Landes Brandenburg kann aufgrund der schwerwiegenden rechtsdogmatischen Mängel, die das Urteil aufweist, in welchem diese Ansicht geäußert wurde, nicht gefolgt werden.

100. Artikel 25 Absatz 1 Satz 2 der Verfassung des Landes Brandenburg enthält in erster Linie eine Verpflichtung zur Förderung der Verwirklichung der kollektiven Grundrechte der Sorben aus Artikel 25 Absatz 1 Satz 1 der Verfassung des Landes Brandenburg. Gesonderte Erwähnung finden hierbei die *kulturelle Eigenständigkeit* und die *wirksame politische Mitgestaltung*. Im Gegensatz zu Satz 1 kodifiziert die Förderklausel des 2. Satzes von Artikel 25 Absatz 1 der Verfassung des Landes Brandenburg kein Grundrecht, sondern ist als dauernde Staatsaufgabe und damit als Staatszielbestimmung zu verstehen. Darüber hinaus bestimmt Artikel 25 Absatz 1 Satz 2 zusammen mit Artikel 25 Absatz 5 Satz 2 der Verfassung des Landes Brandenburg den Rahmen in welchem die politische Integration der Sorben in Brandenburg stattfinden soll.

101. Artikel 25 Absatz 3 der Verfassung des Landes Brandenburg beinhaltet das Recht der Sorben auf Bewahrung und Förderung der sorbischen Sprache und Kultur im öffentlichen Leben und ihre Vermittlung in Schulen und Kindertagesstätten. Hinsichtlich dieser Bestimmung geht die herrschende Meinung davon aus, daß sie subjektive Rechte vermittelt. Einerseits soll die Bestimmung im Sinne eines Abwehrrechts Eingriffe unterbinden, andererseits soll aber auch eine Förderung erfolgen, was der Bestimmung den Charakter eines Leistungsrechts gibt. Sinn und Zweck der Vorschrift legen nahe, daß neben dem sorbischen Volk in seiner Gesamtheit auch jeder einzelne Sorbe die Rechte des Artikel 25 Absatz 3 der Verfassung des Landes Brandenburg für sich einfordern kann. Für den weiten Bereich der Bewahrung und Förderung der Kultur muß dieses Grundrecht jedoch eng ausgelegt werden.

102. Artikel 25 Absatz 4 Satz 1 der Verfassung des Landes Brandenburg gebietet, die sorbische Sprache im Siedlungsgebiet der Sorben in die öffentliche Beschriftung einzubeziehen. Artikel 25 Absatz 4 Satz 2 der Verfassung des Landes Brandenburg beschreibt schließlich die sorbische Flagge.

103. Obgleich im Hoheitsgebiet des Bundeslandes Sachsen-Anhalt keine der Gruppen, die in der Bundesrepublik Deutschland einen geschriebenen verfassungsrechtlichen Status als Minderheit haben, siedelt, und auch die Ansiedlung von Gruppen mit ungeschriebenem verfassungsrechtlichen Minderheitenstatus in erheblichem Ausmaße nicht ersichtlich ist,

findet sich dennoch in der Verfassung des Landes Sachsen-Anhalt mit Artikel 37 eine Verfassungsbestimmung, die dem Minderheitenschutz gewidmet ist.

104. Artikel 37 Absatz 1 der Verfassung des Landes Sachsen-Anhalt gewährt ethnischen Minderheiten Schutz hinsichtlich ihrer kulturellen Eigenständigkeit und ihrer politischen Mitwirkung. Artikel 37 Absatz 2 der Verfassung des Landes Sachsen-Anhalt kodifiziert das Prinzip der Bekenntnisfreiheit und stellt klar, daß dieses Bekenntnis nicht von den allgemeinen staatsbürgerlichen Pflichten entbindet.

105. Artikel 37 der Verfassung des Landes Sachsen-Anhalt ist in *die Zukunft gewandt*, was bedeutet, daß der Bestimmung mangels im Land lebender Minderheiten gegenwärtig der Anwendungsbereich fehlt. Derartige *zukunftsgewandte* Verfassungsbestimmungen sollten jedoch unterbleiben.

106. Auch auf dem Territorium des Landes Mecklenburg-Vorpommern siedeln weder Gruppen, die in der Bundesrepublik Deutschland einen geschriebenen verfassungsrechtlichen Status als Minderheit haben, noch ist die Ansiedlung von Gruppen mit ungeschriebenem verfassungsrechtlichen Minderheitenstatus in erheblichem Ausmaße ersichtlich. Trotzdem findet sich mit Artikel 18 eine Minderheitenschutzbestimmung in der Verfassung des Landes Mecklenburg-Vorpommern.

107. Artikel 18 der Verfassung des Landes Mecklenburg-Vorpommern stellt die kulturelle Eigenständigkeit ethnischer und nationaler Minderheiten und Volksgruppen von Bürgern deutscher Staatsangehörigkeit unter den besonderen Schutz des Landes.

108. Auch Artikel 18 der Verfassung des Landes Mecklenburg-Vorpommern ist mangels im Land lebender Minderheiten *der Zukunft zugewandt*. Zukunftsgewandte Verfassungsbestimmungen sind jedoch zumindest dann abzulehnen, wenn völlig unklar erscheint, ob und wann sie jemals zur Anwendung kommen. Daher wäre es auch in Mecklenburg-Vorpommern sinnvoller und ehrlicher gewesen, auf die Aufnahme einer Minderheitenschutzklausel in der Verfassung zu verzichten.

109. In Anbetracht der Tatsache, daß im Freistaat Thüringen keine der Gruppen, die in der Bundesrepublik Deutschland einen geschriebenen oder ungeschriebenen verfassungsrechtlichen Status als Minderheit haben, in größerem Maße siedeln, verzichtete der Thüringer Landtag auf die Aufnahme einer Minderheitenschutzbestimmung in die Verfassung des Freistaats Thüringen. Statt dessen wurde in das Diskriminierungsverbot des Artikels 2 Absatz 3 der Verfassung des Freistaats Thüringen das Kriterium der *ethnischen Zugehörigkeit* aufgenommen.

110. Im Bundesland Niedersachsen ist die traditionell in der Bundesrepublik Deutschland siedelnde und auch auf Bundesebene offiziell anerkannte Minderheit der Ostfriesen beheimatet.

111. Obgleich entsprechende Vorschläge existierten, wurde im Zuge der Verfassungsreform keine Minderheitenschutzbestimmung in die neue Niedersächsische Verfassung aufgenommen. Auch in den einfachen Gesetzen und Rechtsvorschriften im Bundesland Niedersachsen ist ein besonderer Minderheitenschutz nicht vorgesehen.

112. Im Ergebnis bleibt somit in Niedersachsen ein Umsetzungsdefizit hinsichtlich einiger Bestimmungen aus der Europäischen Charta der Regional- oder Minderheitensprachen in bezug auf den Schutz der saterfriesischen Sprache festzustellen. Da die saterfriesische Sprache und Kultur akut vom Aussterben bedroht ist, sollte dieses Defizit schnellstmöglich beseitigt werden.

113. Die Bundesrepublik Deutschland hat sich in minderheitenrechtlicher Hinsicht durch verschiedene bi- und multilaterale Instrumente und ihrer Mitgliedschaft in der Europäischen Union in einen völker- und europarechtlichen Rahmen eingebunden. Auf Bundesebene wird der verfassungsrechtliche Minderheitenschutz insbesondere durch die Grundrechte des Grundgesetzes und ihre einfachgesetzliche Umsetzung gewährleistet. Mit der unrühmlichen Ausnahme im Bundesland Niedersachsen wurden in den Verfassungen aller Länder, in denen Minderheiten traditionell beheimatet sind, explizite Minderheitenschutzklauseln aufgenommen. Im Ergebnis erfüllt die Bundesrepublik Deutschland damit ihre aus völker- und europarechtlichen Instrumenten zum Schutz von Minderheiten erwachsenden Verpflichtungen in befriedigender Weise.

114. Der Minderheitenbegriff, der dem deutschen Verfassungsrecht zugrunde liegt, ist der gleiche, den die Bundesrepublik Deutschland auch außenpolitisch und völkerrechtlich vertritt. Diese Definition, die sich an die Definition des Sonderberichterstatters *Capotorti* anlehnt, umfaßt fünf Kriterien: 1. die Angehörigen einer Minderheit sind deutsche Staatsangehörige; 2. sie unterscheiden sich vom Mehrheitsvolk durch eine eigene Sprache, Kultur und Geschichte, also eigene Identität; 3. sie wollen diese Identität bewahren; 4. sie sind traditionell in Deutschland heimisch; und 5. sie leben hier in angestammten Siedlungsgebieten. Diese Definition ist bei der Interpretation von Minderheitenschutz-bestimmungen in Landesverfassungen zu berücksichtigen. Das fünfte Definitionskriterium, das des angestammten Siedlungsgebietes, sollte aufgegeben werden. Ansonsten sollte die Bundesrepublik Deutschland, entgegen der Auffassung des Menschenrechtsausschusses der Vereinten Nationen, an diesem Minderheitenbegriff festhalten.

115. Die Ablehnung des 1994 vorgeschlagenen Minderheitenschutzartikels 20 b GG (n.F.) für das Grundgesetz ist zwar im Ergebnis zu begrüßen, dennoch muß die Einfügung einer Minderheitenschutzbestimmung in das Grundgesetz mit Nachdruck gefordert werden. Bei der Formulierung einer Minderheitenschutzklausel für das Grundgesetz sollten verschiedene Dinge beachtet werden. Aus Gründen der Rechtsklarheit wäre es von Vorteil, wenn der Begriff der Minderheit legaldefiniert würde. Eine Leitlinie für diese Legaldefinition könnte die geltende Minderheitendefinition des deutschen Verfassungsrechts sein. Minderheitenschutz kann es weder für Immigranten mit einer fremden Staatsangehörigkeit noch für eingebürgerte Immigranten geben. Dabei ist nicht ausgeschlossen, daß sich eine Gruppe von eingebürgerten Immigranten über die Jahre zu einer Minderheit entwickelt. Das Minderheitendefinitionmerkmal der *Alteingesessenheit* sollte beibehalten werden, auf das Definitionskriterium des *geschlossenen Siedlungsgebietes* sollte verzichtet werden. Bei der inhaltlichen Ausgestaltung einer Minderheitenschutzklausel für das Grundgesetz sollte darauf geachtet werden, daß die Bestimmung die Integration der Minderheiten in das gesamtgesellschaftliche Gefüge der Bundesrepublik Deutschland fördert. Eine Minderheitenschutzbestimmung im Grundgesetz sollte als Grundrecht konzipiert werden, das sowohl eine individualrechtliche, als auch eine kollektivrechtliche Komponente enthält, da auf diese Weise der Minderheitenschutz in der Verfassungsrealität der Bundesrepublik Deutschland am effektivsten und am intensivsten abgesichert werden könnte. Allerdings ist sogar ein minderheitenschützendes Staatsziel im Grundgesetz der gegenwärtigen Situation des kompletten Fehlens eines besonderen Minderheitenschutzartikels vorzuziehen. Ein Fördergebot sollte in der Form eines Anspruchs auf faktische, nicht lediglich rechtliche, Gleichstellung der Minderheiten mit der Mehrheit kodifiziert werden.

116. Die explizite Verankerung des Minderheitenschutzes in vielen Landesverfassungen ist zu begrüßen. In den Bundesländern Schleswig-Holstein und Brandenburg und im Freistaat Sachsen ist eine detaillierte einfachgesetzliche Umsetzung der minderheitenschützenden Verfassungsnormen positiv zu bewerten.

117. Von der Ausgestaltung des landesverfassungsrechtlichen Minderheitenschutzes her wäre es in vielen Fällen wünschenswert gewesen, wenn der verfassungsrechtliche Minderheitenschutz in der Form von Grundrechten statt in der Form von Staatszielen verwirklicht worden wäre.

118. Demgegenüber sollte von der Kodifizierung von *zukunftsgewandten* Minderheitenschutzbestimmungen in Landesverfassungen abgesehen werden.

Literaturverzeichnis

Abel, R. B.
Die aktuelle Entwicklung der Rechtsprechung zu neueren Glaubens- und Weltanschauungsgemeinschaften,
in: NJW 1996, 91

Abel, R. B.
Die aktuelle Entwicklung der Rechtsprechung zu neueren Glaubens- und Weltanschauungsgemeinschaften,
in: NJW 1997, 426

Abel, R. B.
Die aktuelle Entwicklung der Rechtsprechung zu neueren Glaubens- und Weltanschauungsgemeinschaften,
in: NJW 1999, 331

Abel, R. B.
Religion als nützliche Tarnung ?
Wie Scientology versucht, vor Gericht den Status einer Religionsgemeinschaft zu erstreiten,
in: FAZ vom 11. März 1997

Abel, R. B.
Zeugen Jehovas keine Körperschaft des öffentlichen Recht,
in: NJW 1997, 2370

Adam, K.
Politsche Romantik,
in: FAZ vom 4. November 1999

Addy, D. N.
Internationale Migration - Herausforderung für eine Antidiskriminierungspolitik,
in: Aus Politik und Zeitgeschichte B 44-45/96, S. 17

Ahrndt, M.
Welche Zukunft für die Sorben in Deutschland ?
in: NZZ vom 17./18. Oktober 1998

Alan, Ö. / Steuten, U.
Kopf oder Tuch – Überlegungen zur Reichweite politischer und sozialer Akzeptanz,
in: ZRP 1999, 209

Albers, H.
Glaubensfreiheit und schulische Integration von Ausländerkindern,
in: DVBl. 1994, 984

Alexy, H.
Die Einwanderer als „neue" Minderheiten - Minderheitenschutz und Grundgesetz – Zur Rechtsstellung von Zuwanderern,
in: Barwig, K. / Brinkmann, G. / Huber, B. / Lörcher, K./ Schumacher, Chr. (Hrsg.)
Vom Ausländer zum Bürger - Festschrift für F. Franz und G. Müller

Alexy, H.
Minderheitenschutz und Grundgesetz – Zur Rechtsstellung von Zuwanderern,
in: InfAuslR 1994, 301
Alfredson, G. / Macalister-Smith, P.
The living law of nations: essays on refugees, minorities indigenous peoples and the human rights of other vulnerable groups in memory of Atle Grahl-Madsen, Kehl Strassbourg Arlington, VA, 1996
Alfredson, G. / de Zayas, A.
Minority rights: protection by the United Nations,
in: HRLJ 1993, 1
Allmaier, M.
Ein neues Schlafmittel für Deutschtürken,
in: FAZ vom 3. November 1999
Althammer, W.
Die politsche Bedeutung des Migrationsproblems in Deutschland,
in: AWR Bulletin 1/95, S. 38
Andersen, K. B.
Deutschland und Dänemark 25 Jahre nach den Bonn-Kopenhagener Erklärungen – Bilanz und Ausblick,
in: 1955-1980, 25 Jahre Bonn-Kopenhagener Minderheitenerklärung Schriften der Hermann-Ehlers-Akademie
Angenendt, S. (Hrsg.)
Migration und Flucht, Bonn 1997
Ansbach, T.
Die Unterkommission zur Verhinderung der Diskriminierung und zum Schutz von Minderheiten – Perspektiven ihrer weiteren Arbeit,
in: AVR 1993, 232
Anschütz, G.
Die Verfassung des Deutschen Reiches, Berlin 1933
Anschütz, G. / Thoma, R. (Hrsg.)
Handbuch des Deutschen Staatsrechts, Band 1, Tübingen 1930
Arnold, R.
Minderheiten,
in: Evangelisches Staatslexikon
Aulehner, J. (Hrsg.)
Föderalismus – Auflösung oder Zukunft der Staatlichkeit, München 1997
Aybay, R.
Dual-Nationality under Turkish Law – Permitted or tolerated ?
Rede im Rahmen des Berlin Meeting des German Marshall Fund Project on Dual Nationality vom 13. und 14. Juli 2000. Die Ergebnisse dieser Konferenz werden voraussichtlich im Laufe des Jahres 2001 in Buchform unter der Herausgeberschaft der Professoren Kay Hailbronner und David Martin publiziert.
Bachmann, U.
Grundzüge der neuen Niedersächsischen Verfassung,
in: RuP 1993, 128

Bachmann, U.
Verfassungsreform in Niedersachsen,
in: RuP 1992, 75
Bacia, H.
Die dramatische Entsendung ranghoher Emissäre der EU überzeugt Ankara. Es bedurfte viel guten Zuredens, ehe die Türken den Beschluss von Helsinki zum Kandidatenstatus annahmen,
in: FAZ vom 13. Dezember 1999
Bacia, H.
Springt Griechenland über den eigenen Schatten ? Vor der Entscheidung in Helsinki über den EU-Kandidatenstatus für die Türkei,
in: FAZ vom 9. Dezember 1999
Bade, K. J.
Deutsche im Ausland - Fremde in Deutschland, München 1992
Bade, K. J.
Die multikulturelle Herausforderung, München 1996
Bade, K. J.
Migration-Ethnizität-Konflikt: Systemfragen und Fallstudien, 1. Aufl., Osnabrück 1996
Bader, J.
Darf eine muslimische Lehrerin in der Schule ein Kopftuch tragen ?
in: VBlBW. 1998, 361
Bader, J.
Zur Verfassungsmäßigkeit des obligatorischen Ethikunterrichts,
in: NVwZ 1998, 256
Badura, P.
Das Kreuz im Schulzimmer,
in: BayVBl. 1996, 33 und BayVBl. 1996, 71
Badura, P.
Der Schutz von Religion und Weltanschauung durch das Grundgesetz: Verfassungsfragen zur Existenz und Tätigkeit der neuen „Jugendreligionen", Tübingen, 1989
Badura, P.
Deutschland - Heimat und Zufluchtsort,
in: Ruland, F. / Baron v. Maydell, B. / Papier, H.-J.
Verfassung, Theorie und Praxis des Sozialstaats,
Festschrift für Hans F. Zacher
Badura, P.
Die Staatsaufgaben nach dem Grundgesetz und die Reformfrage,
in: ThürVBl. 1992, 73
Baer, S.
Zum „Recht auf die Heimat" - Art. 11 GG und Umsiedlungen zugunsten des Braukohletagebaus,
in: NVwZ 1997, 27
Baker, III., James A.
The Politics of Diplomacy, New York 1995

Bannas, G.
Die größte Verfassungsdebatte seit dem Kriege.
Bundestag beschließt Änderungen/Eine Sternstunde/Jahns und Vogels letzte Auftritte,
in: FAZ vom 1. Juli 1994
Bannas, G.
Die Union im Rechtssausschuß überstimmt.
Entwürfe zur Verfassungsdebatte,
in: FAZ vom 24. Juni 1994
Bannas, G.
Hoffnungen und Ängste waren übertrieben. In der Verfassungskommission von Bundestag und Bundesrat siegt schließlich die Mäßigung,
in: FAZ vom 3. Juli 1993
Bannas, G.
Unverbindliche Unterschriften.
Die Änderungen des Grundgesetzes und die Fallstricke des Föderalismus,
in: FAZ vom 5. Juli 1994
Barham, K. / Oats, D.
The International Manager, London 1991
Barschel, U.
Die Staatsqualität der deutschen Länder, Heidelberg/Hamburg 1982
Barschel, U. / Gebel, V.
Landessatzung für Schleswig-Holstein - Kommentar, Kiel 1976
Bartelsperger, R.
Das Verfassungsrecht der Länder in der gesamtstaatlichen Verfassungsordnung,
in: Isensee/Kirchhof - Handbuch des Staatsrechts, Band IV
Bartlett, C.A. / Ghoshal, S.
What is a global manager ?
in: Harvard Business Review, Sept.-Okt. 1992, S. 124
Bartsch, S.
Das Minderheitenschutzverfahren des Völkerbundes,
in: Mohr, M.
Friedenssichernde Aspekte des Minderheitenschutzes in der Ära des Völkerbundes und der Vereinten Nationen in Europa
Bartsch, S.
Minderheitenschutz in der internationalen Politik, Berlin 1992
Barwig, K. (Hrsg.)
Aufenthalt - Niederlassung - Einbürgerung, Baden-Baden 1987
Barwig, K. / Brinkmann, G. / Huber, B. / Lörcher, K. / Schumacher, Chr.
Vom Ausländer zum Bürger - Festschrift für F. Franz und G. Müller, Baden-Baden 1994
Battis, U.
Kopftuchverbot im Schuldienst,
in: Zeitschrift für Tarif-, Arbeits- und Sozialrecht 1998, 529

Bauer, H. / Kahl, W.
Europäische Unionsbürger als Träger von Deutschen-Grundrechten ?
in: JZ 1995, 1077
Baumbach, A. / Lauterbach, W. / Albers, J. / Hartmann, P.
Zivilprozeßordnung, 58. Aufl., München 2000
Bäumlisberger, B. u.a.
Doppel-Paß für Hessen. Mit ihrer Kampagne gegen die doppelte Staatsbürgerschaft trifft die Union die Stimmung und viele Parteipromis ins Mark,
in: FOCUS 2/99 vom 11. Januar 1999, S. 20
Bayer, D.
Die Konstituierung der Bundesländer Brandenburg, Mecklenburg-Vorpommern, Sachsen, Sachsen-Anhalt und Thüringen,
in: DVBl. 1991, 1014
Bayer, K. D.
Das Grundrecht der Religions- und Gewissensfreiheit unter besonderer Berücksichtigung des Minderheitenschutzes, Baden-Baden 1997
Bayerische Landeszentrale für politische Bildungsarbeit (Hrsg.)
Migration und Toleranz, München 1993
Bayerische Landeszentrale für politische Bildungsarbeit (Hrsg.)
Verfassungsdiskussion in Deutschland, München 1992
Becht, E.
Die 5%-Klausel im Wahlrecht,
Stuttgart/München/Hannover 1989
Becker, B. / Bull, H.P. / Seewald, O. (Hrsg.)
Festschrift für Werner Thieme, Köln u.a. 1993
Behr, A.
Das Erwerbsleben verlängern. Zukunftskommission fordert neue Arbeitszeitmuster und bessere Ausbildung,
in: FAZ vom 29. Dezember 1999
Behr, A.
Warnung vor „sozialem Sprengstoff". Bericht der „Zukunftskommission Gesellschaft 2000" zur Zuwanderung,
in: FAZ vom 7. Dezember 1999
Benda, E.
Das Kruzifix-Urteil ist zu apodiktisch,
in: ZRP 1995, 427
Benda, E. / Maihofer, W. / Vogel, H.-J.
Handbuch des Verfassungsrechts, 2. Aufl., Berlin/New York 1994
Bendig, S.
Gewährt die Verfassung des Landes Brandenburg den Sorben einen Grundrechtsschutz vor Umsiedlungen ?
in: NJ 1998, 169
Berber, F.
Lehrbuch des Völkerrechts, Erster Band, Allgemeines Friedensrecht, 2. Aufl., München 1975

Berliner Institut für Vergleichende Sozialforschung (Hrsg.)
Ethnische Minderheiten in Deutschland, Berlin 1994

Berlit, U.
Das Ende der Verfassungsreform,
in: RuP 1994, 194

Berlit, U.
Die neue Niedersächsische Verfassung,
in: NVwZ 1994, 11

Berlit, U.
Die Reform des Grundgesetzes nach der staatlichen Einigung Deutschlands,
in: Jahrbuch des öffentlichen Rechts n.F., Bd. 44, S. 17 (1996)

Berlit, U.
Rahmenbedingungen der (Wieder-)entstehung der brandenburgischen Staatlichkeit,
in: Simon, H. / Franke, D. / Sachs, M.
Handbuch der Verfassung des Landes Brandenburg

Berlit, U.
Rechtspolitik zur Gleichstellung behinderter Menschen,
in: RdJB 1996, 145

Berlit, U.
Zur Diskussion um die Landesverfassungen,
in: Vorgänge (Zeitschrift für Bürgerrechte und Gesellschaftspolitik)1992, 85

Bernet, W.
Aspekte zur Wiedereinführung der Länder,
in: LKV 1991, 2

Bernet, W.
Die Entstehung einer Verfassung in Thüringen,
in: Stern, K.
Deutsche Wiedervereinigung, Band I, S. 43

Bernhardt, R. (Hrsg.)
Encyclopaedia of public international law (EPIL),
Amsterdam/New York/Oxford 1985

Bernhardt, R. / Geck W.K. u.a. (Hrsg.)
Festschrift für H. Mosler, Berlin/Heidelberg/New York 1983

v. Bethlenfalvy, P.
Refugees, migrants and ethnic minorities in Europe,
in: Alfredson, G. / Macalister-Smith, P.
The living law of nations: essays on refugees, minorities indigenous peoples and the human rights of other vulnerable groups in memory of Atle Grahl-Madsen

Beyerlin, U.
Umgekehrte Rassendiskriminierung in der U.S. Verf.Rspr.,
in: ZaöRV (39) 1979, 496

Beyerlin, U. / Bothe, M. / Hofmann, R. / Petersmann, E.-U.
Recht zwischen Umbruch und Bewahrung, Festschrift für R. Bernhardt, Berlin 1995
Biehl, H.-H.
Minderheitenschulrecht in Nord- und Südschleswig, Hamburg 1960
Biletzki, G. C.
Das Kreuz im Klassenzimmer,
in: NJW 1996, 2633
Bils, I.
Internationale Schutzmechanismen zur Durchsetzung von Minderheiten- und Volksgruppenrechten, Neustadt am Main 1995
Birkmann, A.
Die Verfassung des Freistaats Thüringen – auf dem Weg nach Europa, 6. Aufl., Erfurt 1999
Bleckmann, A.
Anwartschaft auf die deutsche Staatsangehörigkeit ?
in: NJW 1990, 1397
Bleckmann, A.
Die Wahrung der „nationalen Identität" im Unions-Vertrag,
in: JZ 1997, 265
Bleckmann, A.
Ausländerpolitik und Verfassung,
in: DVBl. 1980, 693
Bleckmann, A.
Das Nationalstaatsprinzip im Grundgesetz,
in: DÖV 1988, 437
Blöckl, E.
Religionsunterricht und Ethikunterricht - Zusammenhänge und Unterschiede,
in: Politische Studien, Heft 350, Nov./Dez. 1996
Bloed, A.
The Challenges of Change, Dordrecht/Boston/London 1994
Bloed, A. / van Dijk, P.
The human dimension of the Helsinik process,
Dordrecht/Boston/London 1991
Blumenthal, W.M.
Dass du geliebt warst, wirst du wissen, doch nie, wie sehr.
300 Jahre jüdisches Leben in Berlin oder: das Jüdische Museum als nationale Herausforderung,
in: FAZ vom 25. September 1999 (Berliner Seiten).
Blumenwitz, D.
Der Begriff der Minderheit/Volksgruppe,
in: Forum für Kultur und Politik, Heft 6 (Februar 1993), S. 27

Blumenwitz, D.
Die minderheitenschutzrechtlichen Anforderungen der EU hinsichtlich des Beitritts der ost- und mitteleuropäischen Staaten,
in: Blumenwitz, D. / Gornig, G. / Murswiek, D.
Fortschritte im Beitrittsprozeß der Staaten Mitteleuropas zur EU

Blumenwitz, D.
Inhalt und Umfang dernVerpflichtungen gemäß Art. 20 Abs. 2 des deutsch-polnischen Nachbarschaftsvertrages vom 17. Juni 1991 im Hinblick auf den internationalen Standard für Minderheiten,
in: Blumenwitz D. / Murswiek, D.
Aktuelle rechtliche und praktische Fragen des Volksgruppen- und Minderheitenschutzrechts

Blumenwitz, D.
Internationale Schutzmechanismen zur Durchsetzung von Minderheiten- und Volksgruppenrechten, Köln 1997

Blumenwitz, D.
Minderheiten- und Volksgruppenrecht, Aktuelle Entwicklungen, Bonn 1992

Blumenwitz, D.
Territorialitätsprinzip und Mehrstaatigkeit,
in: ZAR 1993, 151

Blumenwitz, D.
Volksgruppen und Minderheiten - Politische Vertretung und Kulturautonomie, Berlin 1995

Blumenwitz D. / Gornig, G.
Der Schutz von Minderheiten- und Volksgruppenrechten durch die Europäische Union, Köln 1996

Blumenwitz, D. / Gornig, G. / Murswiek, D.
Fortschritte im Beitrittsprozeß der Staaten Mitteleuropas zur EU, Bonn 1999

Blumenwitz D. / Gornig, G.
Minderheiten- und Volksgruppenrechte in Theorie und Praxis, Bonn 1993

Blumenwitz D. / Gornig, G.
Rechtliche und politische Perspektiven deutscher Minderheiten und Volksgruppen, Bonn 1995

Blumenwitz, D. / Gornig, G. H. / Murswiek, D.
Rechtsanspruch und Rechtswirklichkeit des europäischen Minderheitenschutzes, Köln 1998

Blumenwitz D. / Mangoldt, H. v.
Fortentwicklung des Minderheitenschutzes und der Volksgruppenrechtein Europa, Bonn 1992

Blumenwitz D. / Mangoldt, H. v.
Neubestätigung und Weiterentwicklung von Menschenrechten und Volksgruppenrechten in Mitteleuropa, Bonn 1991

Blumenwitz D. / Murswiek, D.
Aktuelle rechtliche und praktische Fragen des Volksgruppen- und Minderheitenschutzrechts, Bonn 1994
Blumenwitz, D. / Pallek, M.
Vorschlag einer Minderheitenschutzbestimmung in der Charta der Grundrechte der Europäischen Union, Gutachten im Auftrag des Internationalen Instituts für Nationalittätenrecht und Regionalismus (INTEREG), München 2000
Bluntschli, J.C.
Allgemeine Staatslehre, 5. Aufl., Stuttgart 1875
Bock, W.
Die Religionsfreiheit zwischen Skylla und Charybdis, in: AöR 1998, 444
Boden, M.
Nationalitäten, Minderheiten und ethnische Konflikte in Europa, München 1993
Boehl, H.J.
Landesverfassungsgebung im Bundesstaat - Zur Neukonstituierung der Länder im beigetretenen Teil Deutschlands, in: Der Staat, 1991, 572
Boehm, C.
Die drei nationalen Minderheiten im deutsch-dänischen Grenzgebiet – Bericht zur Diskusion eines Modells, in: AWR-Bulletin Nr. 1-2/94, S. 34
Boerefijn, I.
Towards a strong system of supervision: The Human Rights Committee's role in reforming the reporting procedure under Article 40 of the Covenant on Civil and Political Rights, in: HRQ 1995, 765
Boettcher, E. / Högner, R.
Bundeswahlgesetz, Bundeswahlordnung - Handkommentar, 13. Aufl., München 1994
Bock, C. / Bock, W.
Zur Verfassungsgerichtsbarkeit der Länder, in: LKV 1991, 182
Böckenförde, E.-W. / R., Grawert
Kollisionsfälle und Geltungsprobleme im Verhältnis von Bunderecht und Landesverfassung, in: DÖV 1971, 119
v. Bogdandy, A.
Skizzen einer Theorie der Gemeinschaftsverfassung,
in: v. Danwitz, Th.
Auf dem Weg zu einer Europäischen Staatlichkeit
v. Bogdandy, A. / Nettesheim, M.
Die Europäische Union: ein einheitlicher Verband mit eigener Rechtsordnung, in: EuR 1995, 3126

Böhm, W.
Nach der Wende - die Wende für die Sorben,
in: Das Parlament vom 1. Mai 1992
Bokatola, I. O.
L'Organisation des Nations Unis et la Protection des Minorités,
Brüssel 1992
Bönninger, K.
Verfassungsdiskussion im Lande Sachsen,
in: LKV 1991, 9
Bönninger, K.
Verfassungsdiskussion in den ostdeutschen Ländern - Beispiel Sachsen,
in: DuR 1991, 394
Borgmann, K. / Hermann, M.
Soziale Grundrechte - Regelungmodell und Konsequenzen,
in: JA 1992, 337
Börnsen, G.
Die Verfassungs- und Parlamentsreform in Schleswig-Holstein,
in: RuP 1991, 69
Borttscheller, R.H.
Wenn der Muezzin ruft,
in: FAZ vom 19. März 1997
Bose, D.K.
The classification of minorities in international law,
in: Chandra, S.
Minorities in national and international laws
v. Bose, H.
Der Stand der Verfassungsberatungen in Sachsen-Anhalt,
in: Stern, K.
Deutsche Wiedervereinigung, Band III, S. 79
Bosniak, L.
Multiple Nationality and the postnational transformation of Citizenship. Rede im Rahmen des Berlin Meeting des German Marshall Fund Project on Dual Nationality vom 13. und 14. Juli 2000. Die Ergebnisse dieser Konferenz werden voraussichtlich im Laufe des Jahres 2001 in Buchform unter der Herausgeberschaft der Professoren Kay Hailbronner und David Martin publiziert.
Bothe, M.
Die Kompetenzstruktur im modernen Bundesstaat in rechtsvergleichender Sicht, Berlin/Heidelberg/New York 1977
Bothe, M. / Hailbronner, K. / Klein, E. / Kunig, Ph. /Schröder, M. / Graf Vitzthum, W.
Völkerrecht, 1. Aufl., Berlin/New York 1997
Bothe, M. / Kurzidem, Th. / Schmidt, Chr.
Amazonia and Siberia - Legal aspects of the preservation of the environment and developments in the last open spaces, London 1993
Brachmann, R.
Rechts- und Justizentwicklung im Land Sachsen-Anhalt,
in: DtZ 1991, 209; DtZ 1991, 436; DtZ 1992, 146; DtZ 1992, 324.

Brandenburgische Landeszentrale für politische Bildung
Eine Verfassung für unser Land – Bürgerinformation, Potdam 1992
v. Braunschweig, St.
Verfassungsentwicklung in den westlichen Bundesländern,
Pfaffenweiler 1993
Bredt, J.V.
Der Geist der Deutschen Reichsverfassung, Berlin 1924
Breitenmoser S. / Richter D.
Die Verwirklichung der KSZE-Grundsätze zum Schutze nationaler
Minderheiten durch Organleihe bei der EMRK,
in: EuGRZ 1991, 141
Brems, M.
Die politische Integration ethnischer Minderheiten,
Frankfurt am Main 1995
Brenner, M.
Der Kruzifix-Beschluß des Bundesverfassungsgerichts,
in: ThürVBl. 1996, 145
de Bresson, H.
Les Quinze adoptent la Charte des droits fondamentaux des Européens,
in: Le Monde vom 15./16. Oktober 2000
Brockhaus Enzyklopädie
darin: Begriff „Minderheiten/Minorität", Mannheim 1987
Brohm, W.
Kompetenzüberschneidungen im Bundesstaat,
in: DÖV 1983, 525
Brohm, W.
Soziale Grundrechte und Staatszielbestimmungen in der Verfassung,
in: JZ 1994, 213
Brölmann, C. / Lefeber, R. / Zieck, M.
Peoples and Minorities in International Law,
Dordrecht/Boston/London 1993
Brühl-Moser, D.
Die Entwicklung des Selbstbestimmungsrechts der Völker unter
besonderer Berücksichtigung seines innerstaatlich-demokratischen
Aspekts und seiner Bedeutung für den Minderheitenschutz,
Basel/Frankfurt am Main 1994
Brümmer, Chr.
Die Nachbarschafts- und Freundschaftsverträge mit Polen, Ungarn,
Rumänien und der Tschechischen Republik im rechtlichen und
praktischen Vollzug,
in: Blumenwitz D. / Murswiek, D.
Aktuelle rechtliche und praktische Fragen des Volksgruppen- und
Minderheitenschutzrechts
v. Brünneck, A.
Die Staatszielbestimmungen über die Rechte der Sorben in der
Brandenburgischen Verfassung,
in: NJ 1999, 169

Brunner, G.
„Minderheit" und „Volksgruppe". Ein Streit um die richtigen Definitionen und Begriffe,
in: Das Parlament vom 20. August 1999, S. 1
Brunner, G. / Camartin, I. / Harbich, H. / Kimminich, O.
Minderheitenschutz in Europa, Heidelberg 1985
Brunner, G.
Nationalitätenprobleme und Minderheitenkonflikte in Osteuropa, Gütersloh 1996
Brusis, M. / Janning, J.
„Verhinderte Nationen". Über den Umgang mit ethnischen Minderheiten,
in: Internationale Politik, Heft 9/1999, S. 1
Bryde, B.-O.
Integrationsverzicht als Verfassungsgebot,
in: Staatswissenschaft und Staatspraxis 1990, 212
Bryde, B. O.
Verfassungsentwicklung, Baden-Baden 1982
Bubis, I.
Juden in Deutschland, Berlin 1996
Budzinski, M.
Die multikulturelle Realität, Göttingen 1999
Bukow, W.-D.
Feindbild: Minderheit, Opladen 1996
Bull, H.P.
Abschied von einem Provisorium, Kiel 1991
Bull, H.P.
Abschied von einem Provisorium
in: RuP 1992, 193
Bull, H.P.
Die Verfassungen der neuen Länder – zwischen östlicher Selbstbestimmung und westlichen Vorgaben,
in: Becker, B. / Bull, H.P. / Seewald, O. (Hrsg.)
Festschrift für Werner Thieme
Bündnis 90 / Die Grünen - Bundestagsfraktion
Ausländer werden Inländer,
in: grün & bündig (Zeitung von BÜNDNIS 90/GRÜNE), Bonn, März 1996
Bundesrat
Dokumentation - Stärkung des Föderalismus in Deutschland und Europa sowie weitere Vorschläge zur Änderung des Grundgesetzes Bericht der Kommission Verfassungsreform des Bundesrates, Bonn 1992
BÜNDNIS 90/GRÜNE (AL) - UFV im Abgeordnetenhaus von Berlin
Brauchen wir ein Einwanderungsgesetz, Berlin 1992
Burmeister, G. C.
Chancen und Risiken einer niedersächsischen Landesverfassungsbeschwerde,
in: NdsVBl. 1998, 53

Burmeister, G. C.
Von der Kunst der Landesverfassungsgebung,
in: ZG 1995, 289
Burmeister, J. (Hrsg.)
Verfassungsstaatlichkeit, Festschrift für K. Stern, München 1997
Bushardt, Chr.
Verfassungsänderung in Bund und Ländern, München 1989
Caesar, P. / Heitmann, St. / Lehmann-Grube, H. / Limbach, J.
Die Entwicklung der Rechtsstaatlichkeit in den neuen Bundesländern,
Heidelberg 1992
v. Campenhausen, A. Frhr.
Aktuelle Aspekte der Religionsfreiheit,
in: ZevKR 1992, 405
v. Campenhausen, A. Frhr.
Zur Kruzifix-Entscheidung des Bundesverfassungsgerichts,
in: AöR 1996, 448
v. Campenhausen, A. Frhr.
Zum Stand des Staatskirchenrechts in Deutschland,
in: BayVBl. 1999, 65
Capotorti, F.
Die Rechte der Angehörigen von Minderheiten,
in: VN 1980, 113
Capotorti, F.
Minderheiten,
in: Wolfrum, R., Handbuch Vereinte Nationen
Capotorti, F.
Minorities,
in: Bernhardt, R., Encyclopedia of Public International Law (EPIL)
Capotorti, F.
Study on the rights of Persons belonging to ethnic, religious and linguistic
Minorities, Study No. 5, Center for Human Rights Study Series,
New York 1991
Capotorti, F.
Study on the rights of persons belonging to Ethnic, Religious and
Linguistic Minorities, UN Doc. E/CN.4/Sub.2/384 Rev. 1.
Carmesin, D.
Die Anhörung im brandenburgischen Landtag zur Einführung des
Unterrichtsfachs „Lebensgestaltung-Ethik-Religionskunde",
in: RdJB 1996, 351
Chandra, S.
Minorities in national and international laws, New Delhi, 1985
Christian-Albrechts-Universität zu Kiel / Schleswig-Holsteinischer Landtag
Aspekte der Minderheiten- und Volksgruppenpolitik. Eine Ringvorlesung
im Wintersemester 1993/94. Kiel 1994

Classen, C. D.
Die Drittwirkung der Grundrechte in der Rechtsprechung des Bundesverfassungsgerichts,
in: AöR 1997, 65
Cohen-Tanugi, L.
Un succès pour l'Europe,
in: Le Monde vom 9./10. Oktober 2000
Cremer, W. / Kelm, T.
Mitgliedschaft in sog. „Neuen Religions- und Weltanschauungsgemeinschaften" und Zugang zum öffentlichen Dienst,
in: NJW 1997, 832
Currie, D. P.
Die Verfassung der Vereinigten Staaten von Amerika,
Frankfurt am Main 1988.
Cyz, B.
Die DDR und die Sorben, Bautzen 1969
Czermak, G.
Das bayerische Kruzifix-Gesetz und die Entscheidung des BayVerfGH vom 1.8.1997,
in: DÖV 1998, 107
Czermak, G.
Der Kruzifix-Beschluß des BVerfG – ein kulturwidriges Dokument,
in: ThürVBl. 1996, 241
Czermak, G.
Der Kruzifix-Beschluß des Bundesverfassungsgerichts, seine Ursachen und seine Bedeutung,
in: NJW 1995, 3348
Czermak, G.
Der Kruzifix-Beschluß zwischen Neutralität und Glaubensförderung sowie als Spielball der Emotionen,
in: ZRP 1996, 201
Dafis, L. (Hrsg.)
Economic development and lesser used languages: partnerships for action,
Aberaeron, 1993
Dansk Generalsekretariat
Südschleswig - der Landesteil und die dänische Volksgruppe,
Kopenhagen 1991
Dansk Skoleforening for Sydslesvig
Dänische Schulen und Kindergärten in Südschleswig,
Flensburg 1990
v. Danwitz, Th.
Auf dem Weg zu einer Europäischen Staatlichkeit, Baden Baden 1993
v. Danwitz, Th.
Zwischen Symbolismus und Realismus. Die Grundrechtecharta der Europäischen Union,
in: Internationale Politik, Heft 2/2001, 37

Darnstädt, Th. / Emke, C. / Mascolo, G.
Der Kampf um die Pässe,
in: SPIEGEL 2/99 vom 11. Januar 1999, S. 22
Däubler-Gmelin, H. / Kinkel, K. / Meyer, H. / Simon, H.
Gegenrede - Festschrift für E. G. Mahrenholz, Baden-Baden 1994
Däubler-Gmelin, H.
Eine europäische Charta der Grundrechte – Beitrag zur gemeinsamen Identität,
in: EuZW 2000, 1
Däubler-Gmelin, H.
Vom Marktbürger zum EU-Bürger. Plädoyer für eine Grundrechts-Charta der Europäischen Union,
in: FAZ vom 10. Januar 2000
Degenhart, Chr.
Staatsrecht I, Staatszielbestimmungen, Staatsorgane, Staatsfunktionen, 7. Aufl., Heidelberg 1991
Degenhart, Chr.
Die Grundrechte der Sächsischen Verfassung
in: Degenhart, Chr. / Meissner, C.
Handbuch der Verfassung des Freistaates Sachsen
Degenhart, Chr.
Die Staatszielbestimmungen der Sächsischen Verfassung
in: Degenhart, Chr. / Meissner, C.
Handbuch der Verfassung des Freistaates Sachsen
Degenhart, Chr.
Grundzüge der neuen sächsischen Verfassung,
in: LKV 1993, 33
Degenhart, Chr. / Meissner, C.
Handbuch der Verfassung des Freistaates Sachsen, Leipzig 1997
Degenhart, Chr.
Rechtsfragen der Braunkohleplanung für Brandenburg, Bochum 1996
Dehnhard, A.
Verfassungsrevision in Berlin,
in: LKV 1991, 177
Dehtloff, N.
Doppelstaatsangehörigkeit und Internationales Privatrecht,
in: JZ 1995, 64
Delbrück, J.
Das Staatsvolk und die „Offene Republik". Staatstheortische, völker- und staatsrechtliche Aspekte
in: Beyerlin, U. / Bothe, M. / Hofmann, R. / Petersmann, E.-U.
Recht zwischen Umbruch und Bewahrung, Festschrift für R. Bernhardt
Detterbeck, St.
Gelten die Entscheidungen des Bundesverfassungsgerichts auch in Bayern ?
in: NJW 1996, 426

Devetak, S. / Flere, S. / Seewann, G.
Kleine Nationen und ethnische Minderheiten im Umbruch Europas, München 1993
Dicke, K.
Die UN-Deklaration zum Minderheitenschutz,
in: EA 1993, 107
Dielentheis, J.
Der aktuelle Begriff: Krieg der Zivilisationen,
in: Wissenschaftliche Dienste des DBT 22/95 vom 28. Dezember 1995
Diercks, K.
Soziale Grundrechte der neuen Landesverfassungen,
in: LKV 1996, 231
Dietlein, J.
Die Grundrechte in den Verfassungen der neuen Bundesländer, München 1993
Dietlein, J.
Die Rezeption von Bundesgrundrechten durch Landesverfassungsrecht,
in: AöR 1995, 1
Dietlein, J.
Landesgrundrechte im Bundesstaat,
in: JURA 1994, 57
Diner, D.
Gottesvolk am Scheideweg,
in: FAZ vom 3. November 1999
Dinstein, Y. / Tabori, M.
The protection of minorities and human rights,
Dordrecht/Boston/London 1992
ohne Verfasser
Staat und Völkerrechtsordnung, Festschrift für Karl Doehring,
Berlin/Heidelberg/New York 1989
Doehring, K.
Das Selbstbestimmungsrecht der Völker
in: Simma, B.
Charta der Vereinten Nationen, Kommentar, Nach Art. 1, S. 15
Dolzer, R. (Hrsg.)
Bonner Kommentar zum Grundgesetz, Heidelberg (Stand: April 1999)
Domowina
Domowina Information, Bautzen 1996
Domowina
Rechtsvorschriften zum Schutz und zur Förderung des sorbischen Volkes,
Bautzen, Stand Februar 1997
Drehwald, S. / Jestaedt, Ch.
Sachsen als Verfassungsstaat, Leipzig 1998
Dreier, H.
Einheit und Vielfalt der Verfassungsordnungen im Bundesstaat
in: Schmidt, K. (Hrsg.)
Vielfalt des Rechts – Einheit der Rechtsordnung ?
Hamburger Ringvorlesung

Dreier, H. (Hrsg.)
Grundgesetz, Kommentar, Tübingen 1996

DuBrin, A.J.
Essential of Management, 4. Aufl., Cincinnati (Ohio) 1997

Duchhardt, H.
Glaubensflüchtlinge und Entwicklungshelfer: Niederländer, Hugenotten, Waldenser, Salzburger.
in: Bade, K. J.
Deutsche im Ausland - Fremde in Deutschland, S. 278

Ebbinghaus, F.
Eine Suche,
in: FAZ vom 27. Oktober 1999

Eglin, D.
Demokratie und Minderheiten, Bern 1998

Eide, A. / Krause, C. / Rosas, A.
Economic, Social and Cultural Rights, Dordrecht/Boston/London 1995

Eide, A.
Equaltiy, nationalism and the protection of minorities: a dilemma in democratization
in: Alfredson, G. / Macalister-Smith, P.
The living law of nations: essays on refugees, minorities indigenous peoples and the human rights of other vulnerable groups in memory of Atle Grahl-Madsen

Eide, A.
Minority protection and world order: towards a framework for law and policy,
in: Eide, A. / Krause, C. / Rosas, A.
Economic, Social and Cultural Rights

Eide, A.
Minority protection and world order: towards a framework for law and policy,
in: Phillips A./Rosas, A.
Universal Minority Rights

Einarsen, T.
Mass movements of refugees - in search of new international mechanisms
in: Alfredson, G. / Macalister-Smith, P.
The living law of nations: essays on refugees, minorities indigenous peoples and the human rights of other vulnerable groups in memory of Atle Grahl-Madsen

Eisert, J. H.
Das Menschenrecht auf die Heimat in der Landesverfassung von Baden-Württemberg, Tübingen 1991

Ekin, A. / Singler, A.
Religion und Arbeit (Teil 1),
in: FAZ vom 8. Februar 1997

Ekin, A. / Singler, A.
Religion und Arbeit (Teil 2),
in: FAZ vom 15. Februar 1997

Elle, L.
Zur aktuellen Sprachsituation der Lausitzer Sorben,
in: Europa Ethnica 1992, 1
Endruweit, G. / Trommsdorff, G.
Wörterbuch der Soziologie, Stuttgart 1990
Endter, St.
Zum Verhältnis von Bundesrecht und Landesgrundrechten und zur Reichweite der Prüfungskompetenz der Landesverfassungsgerichte
in: EuGRZ 1995, 227
Engel, D.
Der Minderheitenschutz in Vergangenheit und Gegenwart,
in: Weiss, N. / Engel, D. / D'Amato, G.
Menschenrechte
Engel, D.
Die sprachenrechtliche Situation von Minderheiten,
in: Weiss, N. / Engel, D. / D'Amato, G.
Menschenrechte
Engelmann, J.
Ist die Beobachtung von Scientology durch den Verfassungsschutz zulässig ?
in: BayVBl. 1998, 358
Erbguth, W. / Wiegand, B.
Über Möglichkeiten und Grenzen von Landesverfassungen im Bundesstaat,
in: DÖV 1992, 770
Erbguth, W. / Wiegand, B.
Zur Bedeutung des Landesverfassungsrechts bei der Rechtsanwendung,
in: Die Verwaltung 1996, 159
Erichsen, H.-U.
Die Drittwirkung der Grundrechte,
in: Jura 1996, 527
Eriksen, L.H.
Fall und Gegenfall. Ein Vergleich der Stellung und Sprache der deutschen Minderheit in Dänemark und der dänischen in Deutschland aus sprachenrechtlicher Sicht,
in: Hinderling, R.
Europäische Sprachminderheiten im Vergleich
Erler, G.
Das Recht der nationalen Minderheiten, Münster 1931
Ermacora, F.
Minderheitenschutz im Rahmen der Vereinten Nationen, Wien 1988
Ermacora, F.
Minderheitenschutz im neuen Europa,
in: Menschenrechte Sept./Okt. 1992, 9
Ermacora, F.
Nationale Minderheiten – das Definitionsproblem,
in: Müller, K. (Hrsg.)
Minderheiten im Konflikt

Ermacora, F.
Späte Einsichten - Der Entwurf der UN-Erklärung zum Minderheitenschutz,
in: VN 1992, 149
Ermacora, F. / Tretter, H. / Pelzl, A. (Hrsg.)
Volksgruppen im Spannungsfeld von Recht und Souveränität in Mittel- und Osteuropa, Wien 1993
Ermisch, G.
Über die Stiftung für das sorbische Volk,
in: pogrom 179, Oktober/November 1994, S. 25
Eschenbach, J. / Niebaum, F.
Von der mittelbaren Drittwirkung unmittelbar zur staatlichen Bevormundung,
in: NVwZ 1994, 1079
Europäische Akademie Bozen
Paket für Europa
Arbeitsheft der Akademie Nr. 10, Bozen 1998
Europäisches Parlament, Generaldirektion Wissenschaft
Die Situation der Minderheiten in Europa, Arbeitsdokument,
Brüssel, April 1993
Europäisches Parlament, Generaldirektion Wissenschaft
Staatsangehörigkeitsrecht in den Mitgliedstaaten der EG,
Luxemburg, 5. November 1998
Europarat (Parlamentarische Versammlung)
Empfehlung 1255 (1995) betreffend den Schutz der Rechte nationaler Minderheiten,
in: EuGRZ 1995, 284
Fastenrath, U.
Anpassung oder Achtung. Der internationale Schutz von Minderheiten.
in: FAZ vom 17. Februar 1994
Fastenrath, U.
Staatsvolk, Staatsbürgerschaft, Minderheitenschutz
in: Degenhart, Chr. / Meissner, C.
Handbuch der Verfassung des Freistaates Sachsen
Feddersen, Chr.
Die Verfassungsgebung in den neuen Ländern: Grundrechte, Staatsziele, Plebiszite,
in: DÖV 1992, 989
Fenet, A.
Le droit et les minorités, Brüssel 1995
Fenwick, Ch. G.
International Law, New York/London 1948
Feuerhelm, W.
Polizei und Zigeuner. Strategien, Handlungsmuster und Alltagstheorien im polizeilichen Umgang mit Sinti und Roma, Stuttgart 1987
Fikentscher, W.
Migration, Akkulturation und Bikulturalität aus rechtsanthropologischer Sicht
in: Festschrift für W. Odersky, Berlin/New York 1996

Filos, A.
Die rechtliche Stellung der Minderheiten in Griechenland,
in: Frowein, J.A. / Hofmann, R. / Oeter, S.
Das Minderheitenrecht europäischer Staaten, Teil 2
Finkelnburg, K.
Verfassungsfragen des wiedervereinigten Berlin,
in: LKV 1991, 6
Finkenzeller, R.
Verständnis für jede Art von Erotik.
Vorsichtige Worte der CSU azu Lesben und Schwulen,
in: FAZ vom 10. Juli 2000
Fischer, K.-R. / Schulz, K.
Vom Kanon der Kulturen. Minderheiten- und Volksgruppenpolitik in Schleswig-Holstein als Architektur des Friedens, Bredstedt 1998
Fischer, P. Chr.
Staatszielbestimmungen in den Verfassungsentwürfen der neuen Bundesländer, München 1994
Flachbarth, E.
System des internationalen Minderheitenrechts, Budapest 1937
Fleiner-Gerster, T.
Die multikulturelle und multi-ethnische Gesellschaft, Fribourg 1995
Flume, W.
Das „Kruzifixurteil" und seine Berichtigung,
in: NJW 1995, 2904
Fontane, Th.
Wanderungen durch die Mark Brandenburg, Berlin 1862-1882
Fort, M. C.
Nur hier hat Ostfriesisch überlebt. Zur Situation des Saterfriesischen im Saterland,
in: pogrom 179, Okt./Nov. 1994, 17
Fouques-Duparc, J.
La Protection des Minorités de Race, de Langue et de Religion, Paris 1922
Foy, T. / Thiele, C.
The legal status of the Sorbian minority in the Federal Republic of Germany,
in: 4 International Journal on Minority and Group Rights 41 (1997)
Franke, A.
Zur Verfassung des Freistaates Sachsen,
in: Stern, K.
Deutsche Wiedervereinigung, Band III, S. 57
Franke, D.
Der Entwurf der brandenburgischen Landesverfassung,
in: Stern, K.
Deutsche Wiedervereinigung, Band III, S. 1
Franke, D. / Kneifel-Haverkamp, R.
Die brandenburgische Landesverfassung,
in: Jahrbuch des öffentlichen Rechts n.F., Band 42, S. 111 (1994)

Franke, D.
Verfassungsgerichtsbarkeit der Länder - Grenzen und Möglichkeiten
in: Däubler-Gmelin, H. / Kinkel, K. / Meyer, H. / Simon, H.
Gegenrede - Festschrift für E. G. Mahrenholz
Franke, D./Hofmann, R.
Nationale Minderheiten - Ein Thema für das Grundgesetz ?
in: EuGRZ 1992, 401
Franke, D. / Kier, R.
Die Rechte der sorbischen Minderheit,
in: Simon, H. / Franke, D. / Sachs, M.
Handbuch der Verfassung des Landes Brandenburg
Franke, D. / Kneifel-Haverkamp, R.
Entstehung und wesentliche Strukturmerkmale der Brandenburgischen Landesverfassung,
in: Simon, H. / Franke, D. / Sachs, M.
Handbuch der Verfassung des Landes Brandenburg
Freudenberg, T.
Das diktierte Wohlverhalten für die Neuen im EU-Club,
in: Das Parlament vom 20. August 1999, S. 5
v. Freytagh-Loringhoven, A. Frhr.
Die Weimarer Verfassung in Lehre und Wirklichkeit, München 1924
Friedrich, Th.
Chancen und Spielräume gliedstaatlicher Verfassungsautonomie – von den Runden Tischen zu den Länderverfassungen in den neuen Ländern
in: Aulehner, J. u.a. (Hrsg.)
Föderalismus – Auflösung oder Zukunft der Staatlichkeit ?, S. 37
Frisch, M.
Die Bremer Klausel und die neuen Bundesländer,
in: DtZ 1992, 144
Frowein, J.A. / Hofmann, R. / Oeter, S.
Das Minderheitenrecht europäischer Staaten, Teil 1,
Berlin/Heidelberg/New York 1993
Frowein, J.A. / Hofmann, R. / Oeter, S.
Das Minderheitenrecht europäischer Staaten, Teil 2,
Berlin/Heidelberg/New York 1994
Frowein, J.A.
Die Überwindung von Diskriminierung als Staatsauftrag in Art. 3 Abs. 3 GG
in: Ruland, F. / Baron v. Maydell, B. / Papier, H.-J.
Verfassung, Theorie und Praxis des Sozialstaats,
Festschrift für H. F. Zacher
Fuchs, J.
Landesverfassungsrecht im Umbruch, Vieselbach/Erfurt 1994
Füssel, H.-P.
Die Befreiung einer Schülerin islamischen Glaubens vom koedukativen Sportunterricht,
in: RdJB 1994, 285

Füssel, H.-P. / Nagel, T.
Islamischer Religionsunterricht und Grundgesetz,
in: EuGRZ 1985, 497
Gallwas, H.-U.
Konkurrenz von Bundes- und Landesgrundrechten,
in: JA, 1981, 536
Geiger, R.
Grundgesetz und Völkerrecht, 2. Aufl., München 1994
Geil, R.
Deutschland auf dem Weg zum Einwanderungsland ?
in: ZRP 1995, 369
Geis, M.E.
Ergänzung des GG um eine Kulturklausel,
in: Zeitschrift für Gesetzgebung 7 (1992), 38
Gelinsky, K.
Das Verhältnis von Kirche und Staat.
Bundesverfassungsgericht verhandelt über den Status der Zeugen Jehovas,
in: FAZ vom 21. September 2000
Gelinsky, K.
Die Ehe muß der Staat besonders schützen. Homosexuelle verweisen auf das Gleichbehandlungsgebot im Grundgesetz,
in: FAZ vom 4. Dezember 1999
Gelinsky, K.
Ein Luftschloß ?
in: FAZ vom 28. September 1999
Gelinsky, K.
Im Jubiläumsjahr des Grundgesetzes steht Europa im Mittelpunkt,
in: FAZ vom 26. April 1999
Gelinsky, K.
Kleine Schritte genügen nicht,
in: FAZ vom 18. April 1999
Gelinsky, K.
Minderheitenschutz und Staatsangehörigkeit,
in: FAZ vom 19. Februar 1999
Gelinsky, K.
Mindestschutz.
Mit Argwohn betrachten die deutschen Politiker die Zuwanderungspolitik,
in: FAZ vom 6. Juli 2000
Gelinsky, K.
Verfassungsrecht und Vertragsrecht. Die Diskussion über die Einwanderung rückt auch die Debatte über das Asylrecht wieder ins Blickfeld.
in: FAZ vom 6. Juni 2000
Gemkow, E. / Heinz, M. / Neumann, St.
Die Sorben in der Lausitz,
in: Heinz, M. / Neumann, St.
Ethnische Minderheiten in Westeuropa

Genscher, H.-D.
Erinnerungen, Berlin 1995
Gerber, H.
Minderheitenrecht im Deutschen Reich - Ein Kommentar zu Art. 113 der Reichsverfassung, Berlin 1929
Gerdes, D.
Minderheitenschutz – eine internationale Rechtsnorm auf der Suche nach ihrem Gegenstand
in: VN 1980, 26
Gerhardt, W.
Einwanderung kontrollieren – Eingliederung und Einbürgerung erleichtern,
in: ZAR 1997, 107
Gessenharter, W. / Fröchling, H.
Minderheiten - Störpotential oder Chance für eine friedliche Gesellschaft?
Baden Baden 1991
Gilbert, G.
The Legal Protection accorded to Minority Groups in Europe
in: Netherlands Yearbook of International Law, Band 23, S. 67 (1992)
Giese, F.
Die Verfassung des Deutschen Reiches, 8. Aufl., Berlin 1931
Giesen, T.
Die Vorbereitung der Grundgesetzänderungen nach der Wiedervereinigung, Kiel 1997
Glos, M.
Klare Entscheidungen statt leerer Worte,
in: FAZ vom 10. Dezember 1999
Gnauck, G.
Potsdamer Anfang. Die Deutsch-Polnische Gesellschaft in der Krise,
in: FAZ vom 13. Januar 1997
Gnauck, G.
Sie werben mit Chopin und singen polnische Schlager,
in: FAZ vom 19. Dezember 1995
Göbel-Zimmermann, R. / Masuch, Th.
Integrationspolitik im „Reformstau",
in: ZAR 1998, 250
Goerlich, H.
Krieg dem Kreuz in der Schule ?
in: NVwZ 1995, 1184
Gogolin, I. / Neumann, U. / Reuter, L.
Schulbildung für Minderheiten,
in: Zeitschrift für Pädagogik (Z.f.Päd.) 1998, 663
Goldmann, R.B.
Die große Lücke. Über jüdisches Leben in Deutschland vor und nach dem Holocaust,
in: FAZ vom 14. September 1999
Goppel, Th.
Die Region: Ein Hort für Minderheiten,
in: Das Parlament vom 1. Mai 1992

Götz, V.
Minorities, human rights and the peace within the state,
in: Starck, Chr. (Hrsg.)
Studies in German Constitutionalism
Grabenwarter, Chr.
Die Charta der Grundrechte der Europäischen Union
in: DVBl., 2001, 1
Grabenwarter, G. u.a. (Hrsg.)
Allgemeinheit der Grundrechte und Vielfalt der Gesellschaft,
34. Tagung der Wissenschaftlichen Mitarbeiterinnen und Mitabeiter der Fachrichtung „Öffentliches Recht", Wien 1994
Grawert, R.
Die Bedeutung gliedstaatlichen Verfassungsrecht in der Gegenwart,
in: NJW 1987, 2329
Grawert, R.
Staatsvolk und Staatsangehörigkeit,
in: Isensee/Kirchhof - Handbuch des Staatsrechts, Band I
Grewe, W.G.
Epochen der Völkerrechtsgeschichte, 2. Aufl., Baden-Baden 1988
Grimm, D.
Braucht Europa eine Verfassung ?
in: JZ 1995, 581
Grin, F.
Minority language protection: on the practical usefulness of economic theory
in: Dafis, L. (Hrsg.)
Economic development and lesser used llanguages: partnerships for action
Grin, F.
The economic approach to minority languages,
in: 11 Journal of multilingual and multicultural development 153 (1990)
Grulich, R. / Pulte, P.
Nationale Minderheiten in Europa, Opladen 1975
Güngör, D.
Bitte keine Haustiere in der Küche ! Immer mehr Unternehmen entwickeln Werbefime für Türken in Deutschland,
in: FAZ vom 24. Mai 2000
Guntau, B.
Der Ruf des Muezzin in Deutschland - Ausdruck der Religionsfreiheit ?
in: ZevKR 1998, 369
Gutmann, A.
Das Problem des Multikulturalismus in der politischen Ethik,
in: 43 Dtsch.Z.Philos. 273 (1995)
Haberland, J.
Daniel Cohn-Bendits „Heimat Babylon" - zugleich eine Rezension,
in: ZAR 1993, 128
Häberle, P.
Aktuelle Probleme des deutschen Föderalismus,
in: Die Verwaltung 1991, 169, 205

Häberle, P.
Der Entwurf der Arbeitsgruppe "Neue Verfassung der DDR" des Runden Tisches (1990),
in: Jahrbuch des öffentlichen Rechts n.F., Band 39, S. 319 (1990)

Häberle, P.
Die europäische Verfassungsstaatlichkeit,
in: Weber, K. / Rath-Kathrein, I.
Neue Wege der Allgemeinen Staatslehre

Häberle, P.
Die Schlußphase der Verfassungsbewegung in den neuen Bundesländern (1992/93),
in: Jahrbuch des öffentlichen Rechts n.F., Band 43, S. 355 (1995)

Häberle, P.
Die Verfassungsbewegung in den fünf neuen Bundesländern,
in: Jahrbuch des öffentlichen Rechts n.F., Band 41, S. 69 (1993)

Häberle, P.
Die Verfassungsbewegung in den fünf neuen Bundesländern Deutschlands 1991 bis 1992,
in: Jahrbuch des öffentlichen Rechts n.F., Bd. 42, S. 149 (1994)

Häberle, P.
Die Zukunft der Landesverfassung der Freien Hansestadt Bremen im Kontext Deutschlands und Europas,
in: JZ 1998, 57

Häberle, P.
Europa in Kulturverfassungsrechtlicher Hinsicht,
in: Jahrbuch des öffentlichen Rechts n.F., Band 32, S. 9 (1983)

Häberle, P.
Grundrechte im Leistungsstaat,
in: VVDStRL Band 30, 43

Hahn, M.J.
Die rechtliche Stellung der Minderheiten in Deutschland,
in: Frowein, J.A. / Hofmann, R. / Oeter, S.
Das Minderheitenrecht europäischer Staaten, Teil 1

Hahn, U.
„LER" kontra Religionsunterricht - Der Streit im Bundesland Brandenburg und seine Folgen,
in: Politische Studien, Heft 350, Nov./Dez. 1996

Hailbronner, K.
Der Schutz der Minderheiten im Völkerrecht,
in: Festschrift für D. Schindler

Hailbronner, K.
Doppelte Staatsangehörigkeit,
in: ZAR 1999, 51

Hailbronner, K.
Einbürgerung von Wanderarbeitnehmern und doppelte Staatsangehörigkeit, Baden-Baden 1992

Hailbronner, K.
Es bleibt nicht viel zu regeln übrig. Die Forderung nach einem Einwanderungsgesetz weckt falsche Erwartungen,
in: FAZ vom 26. April 1996

Hailbronner, K.
Es geht auch pragmatisch,
in: FAZ vom 20. Januar 1999

Hailbronner, K.
Was kann ein Einwanderungsgesetz bewirken ?
in: Aus Politik und Zeitgeschichte B 46/97 vom 7. November 1997, S. 39

Hailbronner, K. / Martin, D.
German Marshall Fund Project on Dual Nationality.
(Die Publikation der Ergebnisse der Konferenzserie ist im Jahr 2001 geplant.)

Hain, K.-E.
Anmerkung zu BVerfG Beschluß vom 15.10.1997,
in: JZ 1998, 615

Haller, W. / Kölz, A. / Müller, G. / Thürer, D. (Hrsg.)
Im Dienst an der Gemeinschaft - Festschrift für D. Schindler,
Basel/Frankfurt am Main 1989

Hamburg, D.
Ethnische Konflikte,
in: Europa Archiv 1993, 117

Haneke, B.
Zur Einführung: Der Streit um „LER" - ein Streit um die Wertegrundlagen unserer Gesellschaft ?
in: Politische Studien, Heft 350, Nov./Dez. 1996

Hannum, H.
Documents on autonomy and minority rights,
Dordrecht/Boston/London 1993

Hansen, R. / Johannsen, P.I. / Runge, J. / Steensen, T.
Minderheiten im deutsch-dänischen Grenzbereich, Kiel 1993

Hansen, R.
Die deutsch-dänische Grenze in historischer Perspektive,
in: Hansen, R. / Johannsen, P.I. / Runge, J. / Steensen, T.
Minderheiten im deutsch-dänischen Grenzbereich

Hasenau, M.
Changing features of economic migration and international law,
in: in: German Yearbook of International Law, Band 38, S. 208 (1995)

v. Hassel, K.-U.
Der Weg zu den Bonn-Kopenhagener Erklärungen – Ein Beitrag zur Entspannung zwischen Deutschland und Dänemark,
in: 1955-1980, 25 Jahre Bonn-Kopenhagener Minderheitenerklärung
Schriften der Hermann-Ehlers-Akademie

Hattenhauer, H.
Europäische Rechtsgeschichte, Heidelberg 1992

Hatschek, J. / Strupp, K.
Wörterbuch des Völkerrechts und der Diplomatie, Band 2, Berlin/Leipzig 1925
Hausmann, H.
Bescheidener Einstieg in ein gesamteuropäisches Recht, in: Das Parlament vom 20. August 1999, S. 2
Hausmann, H.
Die bloße Existenz der Europäischen Charta ist ihre Stärke, in: Das Parlament vom 20. August 1999, S. 3
Hausmann, H.
KSZE... Ein Kürzel, das die Welt veränderte, in: Das Parlament vom 1. Mai 1992
Häußler, U.
Religion und Integration, in: ZAR 1999, 32
Heckel, M.
Religionskunde im Lichte der Religionsfreiheit. Zur Verfassungsmäßigkeit des LER-Unterrichts in Brandenburg, in: ZevKR 1999, 147
Heckmann, F.
Ethnische Minderheiten, Volk und Nation. Soziologie Inter-Ethnischer Beziehungen, Stuttgart 1992
Hefty, G. P.
In allem der Ehe gleichgestellt. Der Gesetzentwurf zu homosexuellen Lebensgemeinschaften, in: FAZ vom 8. Januar 2000
Heidelmeyer, W.
Das Selbstbestimmungsrecht der Völker, Paderborn 1973
Heine, P.
Späte Anerkennung, in: Tagesspiegel vom 5. März 2000
Heintze, H.-J.
Moderner Minderheitenschutz, Bonn 1998
Heintze, H.-J.
Selbstbestimmungsrecht der Völker - Herausforderung der Staatenwelt, Bonn 1997
Heintze, H.-J.
Selbstbestimmungsrecht und Minderheitenrechte im Völkerrecht, Baden-Baden 1994
Heintze, H.-J.
The protction of indigenous peoples under the ILO Convention,
in: Bothe, M. / Kurzidem, Th. / Schmidt, Chr.
Amazonia and Siberia - Legal aspects of the preservation of the environment and developments in the last open spaces
Heintze, H.-J.
Völkerrecht und Indigenous peoples, in: ZaöRV 1990, 39

Heinz, M. / Koch, U. / Leppers, N.
Ungeliebte Minderheit: Sinti, Roma und Calé,
in: Heinz, M. / Neumann, St.
Ethnische Minderheiten in Westeuropa
Heinz, M. / Neumann, St.
Ethnische Minderheiten in Westeuropa, Bonn 1996
Heise, A.
Minderheiten- und Volksgruppenrecht im ausgehenden 20. Jahrhundert, Würzburg 1994
Heitmann, St.
Die neue sächsische Verfassung – zwischen Aufbruch und Bewahrung,
in: SächsVBl. 1993, 2
Helfritz, H.
Allgemeines Staatsrecht, 5. Aufl., Erlangen 1949
Hellermann, J.
Multikulturalität und Grundrechte – am Beispiel der Religionsfreiheit,
in: Grabenwarter, G. u.a. (Hrsg.)
Allgemeinheit der Grundrechte und Vielfalt der Gesellschaft
Helnig, E.
Wie entstehen nationale Minderheiten,
in: Das Parlament vom 1. Mai 1992
Henkin, L. (Hrsg.)
The International Bill of Rights, Boston 1981
Hennecke, F. J.
Rechtsprobleme religiöser Minderheiten im öffentlichen Schulwesen der Bundesrepublik Deutschland,
in: Jahrbuch zur Staats- und Verwaltungswissenschaft 1995, 83
Hennis, W.
Integration durch Verfassung ?
in: JZ 1999, 485
Héraud, G.
Minoritäten und ethnische Gruppen in der europäischen Geschichte bis 1939 - Selbstbestimmungsrecht der Völker und und Schutz der Minoritäten,
in: Wittmann, F. / Graf Bethlen, St.
Volksgruppenrecht
Herbert, U.
Wie lange müssen „Fremde“ „fremd“ bleiben ? Minderheiten in Deutschland,
in: Barwig, K. / Brinkmann, G. / Huber, B. / Lörcher, K. / Schumacher, Chr. (Hrsg.)
Vom Ausländer zum Bürger - Festschrift für F. Franz und G. Müller
Herdegen, M.
Die Aufnahme besonderer Vorschriften zugunsten behinderter Menschen in das Grundgesetz,
Gutachten im Auftrag des Deutschen Bundestages, Bonn 1992
Herdegen, M.
Europarecht, 1. Aufl., München 1997

Herdegen, M.
Strukturen und Institute des Verfassungsrechts der Länder,
in: Isensee/Kirchhof - Handbuch des Staatsrechts, Band IV
Hertrampf, P. O.
25 Jahre Bonn-Kopenhagener Minderheitenerklärung. Was haben die Erklärungen für die Minderheiten bewirkt ? Was bedeuten sie für die Zukunft der Minderheiten ?
in: 1955-1980, 25 Jahre Bonn-Kopenhagener Minderheitenerklärung
Schriften der Hermann-Ehlers-Akademie
Herzog, R. / Kunst, H. / Schlaich, K. / Schneemelcher, W.
Evangelisches Staatslexikon, 3. Aufl., Stuttgart 1987
Hesse, K.
Die Vereinigung Deutschlands und die gesamtdeutsche Verfassung (1991),
in: Jahrbuch des öffentlichen Rechts n.F., Band 44, S. 1 (1996)
Hesselberger, D.
Das Grundgesetz, Kommentar für die politische Bildung, 9. Aufl., Bonn 1995
Hildebrand, K.
Das vergangene Reich, Stuttgart 1995
Hilf, M.
Eine Verfassung für die Europäische Union: Zum Entwurf des Institutionellen Ausschusses des Europäischen Parlaments,
in: Integration 1994/2
Hillgruber, Chr.
Der deutsche Kulturstaat und der muslimische Kulturimport,
in: JZ 1999, 538
Hillgruber, Chr. / Jestaedt, M.
Die Europäische Menschenrechtskonvention und der Schutz nationaler Minderheiten, Bonn 1993
Hillgruber, Chr.
Minderheitenschutz im Rahmen der Europäischen Menschenrechts-konvention – Stand und Entwicklung
in: Blumenwitz D. / Gornig, G.
Minderheiten- und Volksgruppenrechte in Theorie und Praxis
Hinderling, R. (Hrsg.)
Europäische Sprachminderheiten im Vergleich, Stuttgart 1986
Hinds, C.
Die neue Verfassung des Freistaates Sachsen,
in: ZRP 1993, 149
Hirsch, G.
Ein Bekenntnis zu den Grundwerten.
Die Grundrechte-Charta wird der Europäischen Union den Weg weisen,
in: FAZ vom 12. Oktober 2000
Hirte, H.
Access to the courts for indigent persons: a comparative analysis of the legal framework in the United Kingdom, United States and Germany,
in: 40 International and Comparative Law Quarterly 91 (1991)

Hobe, St.
Das Staatsvolk nach dem Grundgesetz,
in: JZ 1994, 191
Hoch, M.
Türkische politische Organisationen in der Bundesrepublik Deutschland,
in: ZAR 1994, 17
Hochbaum, H.-U.
Die ersten 150 Tage Rechtsentwicklung im Lande Thüringen,
in: DtZ 1991, 241
Hochbaum, H.-U.
Rechtsentwicklung in Thüringen von April bis September 1991,
in: DtZ 1992, 20
Hochbaum, H.-U.
Rechtsentwicklung in Thüringen von September 1991 bis März 1992,
in: DtZ 1992, 181
Hochbaum, H.-U.
Rechtsentwicklung in Thüringen von April 1992 bis August 1992,
in: DtZ 1992, 350
Höffken, M.
Die Kieler Erklärung vom 26. September 1949 und die Bonn-Kopenhagener Erklärung vom 29. März 1955 im Spiegel deutscher und dänischer Zeitungen, Frankfurt am Main 1994
Höfling, W.
Menschen mit Behinderungen, das „Menschenrechtsübereinkommen zur Biomedizin“ und die Grund- und Menschenrechte,
in: KritV. 1998, 99
Hofmann, R.
Die Bedeutung des Schutzes von Minderheiten und Volksgruppen für eine neue Ordnung in Europa und in der Welt,
in: AWR-Bulletin Nr. 1-2/94, S. 12
Hofmann, R.
Minderheitenschutz in Europa-Überblick über die völker- und staatsrechtliche Lage,
in: ZaöRV 1992, 1
Hofmann, R.
Minderheitenschutz in Europa, Berlin 1995
Hofmann, R.
Minority rights: individual or group rights ? A comparative view on European legal systems,
in: German Yearbook of International Law, Band 40, S. 356 (1997)
Hohenthal, C. Graf
Die Eingriffe in die Natur sind erheblich. Deutschland ist der größte Braunkohlenproduzent der Welt. Umsieldungen und Rekultivierung,
in: FAZ vom 28. Januar 1997
Holander, R. K.
Die Friesen in Nordfriesland,
in: Europa Ethnica 1994, 16

Holander, R. K. / Steensen, Th. (Hrsg.)
Friesen und Sorben. Beiträge zu einer Tagung über zwei Minderheiten in Deutschland in Sankelmark 1991, Bräist / Bredstedt 1991
Holfelder, W. / Bosse, W.
Sächsiches Schulgesetz. Handkommentar mit Sonderteil Lehrerdienstrecht, 2. Aufl., Stuttgart/München/Hannover/Berlin/Weimar 1992
Holmes, S. A.
Re-Rethinking affirmative action,
in: The New York Times, 5. April 1998
Hölscheidt, S.
Grundlagen und Entwicklung der Verfassungsberatungen in Mecklenburg-Vorpommern,
in: DVBl. 1991, 1066
Hölscheidt, S. / v. Wiese, I.
Grundrechte und Staatsziele in der Verfassung für Mecklenburg-Vorpommern,
in: LKV 1992, 392
Hoof, H.-H.
Die Welt blickt nach Horno.
Ein Dorf in Brandenburg soll den Braunkohlebaggern weichen,
in: FAZ vom 2. August 1999
Hösch, U.
Anmerkungen zur 5%-Klausel des § 6 Abs. 6 Satz 1 BwahlG,
in: ThürVBl. 1996, 265
Huber, E.R.
Deutsche Verfassungsgeschichte seit 1789,
Stuttgart/Berlin/Köln/Mainz 1988
Huber, P. M.
Die neue Verfassung des Freistaats Sachsen,
in: LKV 1994, 121
Hufen, F.
Die Bedeutung gliedstaatlichen Verwaltungsrechts in der Gegenwart,
in: BayVBl. 1987, 513
Hufen, F.
Die kulturintegrative Kraft der Verfassung,
in: Däubler-Gmelin, H. / Kinkel, K. / Meyer, H. / Simon, H.
Gegenrede - Festschrift für E. G. Mahrenholz
Hummel, K.
Glaubensfreiheit oder ein Fall für das Emissionsschutzgesetz ?
In Siegen darf der Muezzin über Lautsprecher zum Gebet rufen, in Duisburg nicht,
in: FAZ vom 26. März 1997
Hummer, W. / Simma, B. / Vedder, Chr.
Europarecht in Fällen, 3. Aufl., Baden-Baden 1999
Huntington, S.
The clash of civilizations ?
in: Foreign Affairs, Band 72, S. 22 (Sommer 1993)
Huntington, S.
The clash of civilizations, New York 1996

Huntington, S.
Kampf der Kulturen, München/Wien 1996
Huntington, S.
Leben mit dem Quasi-Krieg. (Interview),
in: FOCUS 38/98 vom 14. September 1998
Igstadt, V.
Die Rechtsstellung von Ausländern der 2. Generation,
in: ZAR 1998, 99
Inescu, L.
Der Schutz ethnischer Minderheiten in der Verfassungsdiskussion,
in: RuP 1995, 199
Inescu, L.
Verspielte Chance: Die Arbeit der Gemeinsamen Verfassungskommission,
in: KJ 1993, 475
Ipsen, H. P.
Über das Grundgesetz. Rede gehalten anläßlich des Beginns des neuen Amtjahres des Rektors der Universität Hamburg am 17. November 1949, Hamburg 1950
Ipsen, H. P.
Das große „Staatsrecht" von Klaus Stern.
in: AöR 1978, 413.
Ipsen, J. / Rengeling, H.-W. / Mössner, J.M. / Weber, A.
Verfassungsrecht im Wandel, Köln/Berlin/Bonn/München 1995
Ipsen, K.,
Die Minderheitensituation im dänisch-deutschen Grenzraum
in: Mohr, M.
Friedenssichernde Aspekte des Minderheitenschutzes in der Ära des Völkerbundes und der Vereinten Nationen in Europa
Ipsen, K.,
Völkerrecht, 3. Aufl., München 1990
Ipsen, K.,
Völkerrecht, 4. Aufl., München 1999
Ipsen, K.
Völkerrechtlicher Individualschutz in Konfliktgebieten ?
in: Vierteljahresschrift für Sicherheit und Frieden 1991, 124
Isensee, J.
Bildersturm durch Grundrechtsinterpretation,
in: ZRP 1996, 10
Isensee, J.
Chancen und Grenzen der Landesverfassung im Bundesstaat,
in: SächsVBl. 1994, 28
Isensee, J. / Kirchhof, P. (Hrsg.)
Handbuch des Staatsrechts der Bundesrepublik Deutschland, Heidelberg 1987-1997
Isensee, J.
Idee und Gestalt des Föderalismus im Grundgesetz,
in: Isensee/Kirchhof - Handbuch des Staatsrechts, Band IV

Isensee, J.
Staat und Verfassung,
in: Isensee/Kirchhof - Handbuch des Staatsrechts, Band I
Isensee, J.
Mit einem blauen Auge davongekommen - das Grundgesetz ?
in: NJW 1993, 2583
Iwers, St. J.
Entstehung, Bindungen und Ziele der materiellen Bestimmungen der Landesverfassung Brandenburg, Aachen 1998
Jach, M.
Der drohende Konflikt.
Die Unionsparteien fürchten, daß ein Minderheitenschutz für Ausländer in der Verfassung deren Integration in Deutschland unmöglich macht,
in: FOCUS 14/94 vom 2. April 1994, S. 18
Jach, M.
Giftige Gazetten. Türkische Blattmacher untergraben die Integration ihrer Landsleute in Deutschland,
in: FOCUS 17/97 vom 21. April 1997, S. 54
Jach, M.
Trotzreaktion,
in: FOCUS 9/99 vom 1. März 1999
Jahn, F.-A.
Empfehlungen der Gemeinsamen Verfassungskommission zur Änderung und Ergänzung des Grundgesetzes,
in: DVBl. 1994, 177
Jansen, M.
Sinti and Roma: an ethnic minority in Germany,
in: Packer, J. / Myntti, K.
The Protection of ethnic and linguistic minorities in Europe
Jansen, M.
Sinti und Roma und die deutsche Staatsangehörigkeit, Bonn 1995
Jarass, H.D. / Pieroth, B.
Grundgesetz für die Bundesrepublik Deutschland, Kommentar, 2. Aufl., München 1992
Jellinek, G.
Das Recht der Minoritäten - Vortrag gehalten in der juristischen Gesellschaft zu Wien am 19. April 1898, Wien 1898
Jennings, R. / Watts, A.
Oppenheim's International Law, 9th Ed., Vol. 1, Peace, Harlow 1992
Johannsen, P. I.
25 Jahre Bonn-Kopenhagener Minderheitenerklärung.
Was haben die Erklärungen für die Minderheiten bewirkt ?
Was bedeuten sie für die Zukunft der Minderheiten ?
in: 1955-1980, 25 Jahre Bonn-Kopenhagener Minderheitenerklärung
Schriften der Hermann-Ehlers-Akademie

Jonutz, S. / Holl, K.
Die Minderheit der Roma (und Sinti),
in: Schmalz-Jacobsen C. / Hansen, G. (Hrsg.)
Ethnische Minderheiten in der Bundesrepublik Deutschland
Junckerstorff, K.
Minderheitenrecht,
in: Handwörterbuch der Sozialwissenschaften,
Stuttgart/Tübingen/Göttingen 1961
Jungblut, G. / Köller, F.
Zugewanderte Kinder und Jugendliche an deutschen Schulen,
in: RdJB 1995, 254
Jürgens, A.
Der Diskriminierungsschutz im Grundgesetz,
in: DVBl. 1997, 410
Jürgens, G.
Grundrecht für Behinderte,
in: NVwZ 1995, 453
Jutzi, S.
Grundrechte der Landesverfassungen und Ausführung von Bundesrecht,
in: DÖV 1983, 836
Jutzi, S.
Landesverfassungsrecht und Bundesrecht, Berlin 1982
Jutzi, S.
Staatsziele der Verfassung des Freistaats Thüringen – zugleich ein Beitrag zur Bedeutung landesverfassungsrechtlicher Staatsziele im Bundesrat,
in: ThürVBl. 1995, 25 und 54
Kälin, W. / Riedel, E. / Karl, W. / Bryde, B.-O. / v. Bar, Chr. / Geimer, R.
Aktuelle Probleme des Menschenrechtsschutzes
Berichte der DGVR Heft 33, S. 49, Heidelberg 1994
Kallas, M.
Parlamentarische Arbeiten am Status der nationalen und ethnischen Minderheiten in Polen,
in: Osteuroparecht 1995, 173
Kammradt, St.
Die Verfassungsdiskussion: Motive, Ziele, Perspektiven,
Frankfurt am Main 1992
Kanther, M.
Deutschland ist kein Einwanderungsland.
Eine gesetzliche Regelung ist überflüssig,
in: FAZ vom 13. November 1997
Kanther, M.
Wenn die jungen Bürger plötzlich das Wahlrecht verlieren.
Die Fragwürdigkeit des „Optionsmodells" im Staatsangehörigkeitsrecht,
in: FAZ vom 11. Februar 1999
Kanther, W.
Die neuen Landesverfassungen im Lichte der Bundesverfassung,
Köln 1993

Karl, W.
Minderheiten
in: Ergänzbares Lexikon des Rechts (Stand Juli 1991), Neuwied
Kasper, M.
Die rechtliche Stellung der Sorben im 20. Jahrhundert. Historische Entwicklung und Gegenwartsprobleme,
in: Holander, R. K. / Steensen, Th. (Hrsg.)
Friesen und Sorben. Beiträge zu einer Tagung über zwei Minderheiten in Deutschland
Kästner, K.-H.
Das Grundrecht auf Religions- und Weltanschauungsfreiheit in der neueren höchstrichterlichen Rechtsprechung,
in: AöR 1998, 408
Kästner, K.-H.
Hypertrophie des Grundrechts auf Religionsfreiheit ?
in: JZ 1998, 974
Kästner, K.-H.
Lernen unter dem Kreuz ?
in: ZevKR 1996, 241
Kaube, J.
Sag mir, wer ich bin. Golem: eine neue Zeitschrift,
in: FAZ vom 14. Dezember 1999 (Berliner Seiten)
Kaufmann, E.
Deutsche Hypothekenforderungen in Polen, Berlin 1922
Keim, I / Androutsopoulos, J.
Hey Lan, isch geb dir konkret Handy. Deutsch-Türkische Mischsprache und Deutsch mit ausländischem Akzent: Wie Sprechweisen der Straße durch die Medien populär werden,
in: FAZ vom 26. Januar 2000
Keller, H.
Sprengsatz Minderheiten,
in: Das Parlament vom 1. Mai 1992
Kemper, R. / Szarka, A.
Braukohlenbergbau im Siedlungsgebiet der Sorben in Brandenburg,
in: NJ 1995, 294
Kilian, M.
Die neue Verfassung des Landes Sachsen-Anhalt,
in: LKV 1993, 73
Kimminich, O.
Das Recht auf die Heimat, 2. Aufl., Bonn 1979
Kimminich, O.
Das Recht auf die Heimat, ein Menschenrecht für alle,
in: Blumenwitz D. / Mangoldt, H. v.
Neubestätigung und Weiterentwicklung von Menschenrechten und Volksgruppenrechten in Mitteleuropa

Kimminich, O.
Der Schutz ethnischer Minderheiten in Westeuropa,
in: Brunner, G. / Camartin, I. / Harbich, H. / Kimminich, O.
Minderheitenschutz in Europa
Kimminich, O.
Die innerstaatliche Organisation eines völkerrechtlich gebotenen Schutzes ethnischer Minderheiten,
in: Festschrift für K. Doehring
Kimminich, O.
Migration, Ethnizität und Recht in Europa,
in: Bade, K.J.
Migration-Ethnizität-Konflikt: Systemfragen und Fallstudien
Kimminich, O.
Minderheiten- und Volksgruppenrecht im Spiegel der Völkerrechtsentwicklung nach dem Zweiten Weltkrieg,
in: BayVBl. 1993, 321
Kimminich, O.
Minderheiten und Selbstbestimmung,
in: Ermacora, F. / Tretter, H. / Pelzl, A. (Hrsg.)
Volksgruppen im Spannungsfeld von Recht und Souveränität in Mittel- und Osteuropa, Wien 1993
Kimminich, O.
Rechtsprobleme der polyethnischen Staatsorganisation,
Mainz/München 1985
Kimminich, O.
Regelungen der Minderheiten- und Volksgruppenprobleme in der Vergangenheit,
in: Wittmann, F. / Graf Bethlen, St.
Volksgruppenrecht
Kimminich, O.
The conventions for the prevention of double citizenship and their meaning for Germany and Europe in an era of migration,
in: German Yearbook of International Law, Band 38, S. 224 (1995)
Kimminich, O.
Towards a European Charter for the protection of ethnic groups,
in: Alfredson, G. / Macalister-Smith, P.
The living law of nations: essays on refugees, minorities indigenous peoples and the human rights of other vulnerable groups in memory of Atle Grahl-Madsen
Kinkel, K.
Deutsche Rechtseinheit - Eine Standortbestimmung,
in: NJW 1991, 340
Kirchhof, P.
Brauchen wir ein erneuertes Grundgesetz ?, 2. Aufl., München 1993
Kirchhof, P.
Deutsche Sprache,
in: Isensee/Kirchhof - Handbuch des Staatsrechts, Band I

Kirchhof, P.
Stetige Verfassung und politische Erneuerung, Goldbach 1995
Kirchhof, P.
Verfassungsrechtlicher Schutz und internationaler Schutz der Menschenrechte: Konkurrenz oder Ergänzung ?
in: EuGRZ 1994, 16
Kirchner, K.H.
Polnische Auswanderer im Ruhrpott,
in: FAZ vom 19. November 1996
Kissel, O. R.
Gerichtsverfassungsgesetz, Kommentar, 2. Aufl., München 1994
Kissinger, H.A.
Diplomacy, New York 1994
Klebes, H.
Der Entwurf eines Minderheitenprotokolls zur EMRK,
in: EuGRZ 1993, 148
Klebes, H.
Für ein gesamteuropäisches Minderheitenrecht,
in: Das Parlament vom 1. Mai 1992
Klebes, H.
Rahmenübereinkommen des Europarats zum Schutz nationaler Minderheiten,
in: EuGRZ 1995, 262
Klebes, H.
Rechtsnormen – politische Willenserklärungen – praktische Projekte,
in: Das Parlament vom 20. August 1999, S. 2
Klein, E.
Das Selbstbestimmungsrecht der Völker und die deutsche Frage, Berlin 1990
Klein, E.
Der Einigungsvertrag - Verfassungsprobleme und –aufträge,
in: DÖV 1991, 569
Klein, E.
Der Status des deutschen Volkszugehörigen und die Minderheiten im Ausland,
in: Isensee/Kirchhof - Handbuch des Staatsrechts, Band VIII
Klein, E.
Überlegungen zum Schutz von Minderheiten und Volksgruppen im Rahmen der Europäischen Union,
in: Beyerlin, U. / Bothe, M. / Hofmann, R. / Petersmann, E.-U. Festschrift für R. Bernhardt
Klein, E.
Schriftliche Bemerkungen zur Anhörung zum Thema „Europäische Grundrechte-Charta",
in: Materialsammlung der Öffentlichen Anhörung der EU-Ausschüsse des Deutschen Bundestages und des Bundesrates am 5. April 2000 im Abgeordnetenhaus Berlin zur Charta der Grundrechte der Europäischen Union.
Klein, E.
Verfassungsentwicklung in Deutschland nach der Wiedervereinigung, Berlin 1994

Kleßmann, Chr.
Einwanderungsprobleme im Auswanderungsland: das Beispiel der „Ruhrpolen",
in: Bade, K. J.
Deutsche im Ausland - Fremde in Deutschland
Kloepfer, M.
Verfassungsänderung statt Verfassungsreform, Berlin/Baden-Baden 1995
Kloepfer, M.
Zukunftsbewältigung aus Vergangenheitserfahrung. Die Verfassungskommission wird dem vereinten Deutschland nicht gerecht,
in: FAZ vom 1. Februar 1994
Knack, H.-J. (Begründer)
Verwaltungsverfahrensgesetz, Kommentar, 6. Aufl., Köln u.a. 1998
Köbler, G.
Etymologisches Rechtswörterbuch, Tübingen 1995
Kohl, H.
Ich wollte Deutschlands Einheit, Berlin 1996
Kölble, J.
Zur Lehre von den - stillschweigend - zugelassenen Verwaltungszuständigkeiten des Bundes,
in: DÖV 1963, 660
Konegen, N. / Nitschke, P. (Hrsg.)
Revision des Grundgesetzes ?, Opladen 1997
König, K.
Staatsaufgaben und Verfassungen der neuen Bundesländer
in: Ipsen, J. / Rengeling, H.-W. / Mössner, J.M. / Weber, A.
Verfassungsrecht im Wandel
Königlich Dänisches Ministerium des Äußeren
40 Jahre Zusammenarbeit im Grenzland, Kopenhagen 1995
Konstantinov, E.
Minderheitenschutz und Europarat,
in: Heintze, H.-J.
Selbstbestimmungsrecht der Völker - Herausforderung der Staatenwelt
Kopp, F.
Verwaltungsverfahrensgesetz, Kommentar, 5. Aufl., München 1991
Korioth, St.
Islamischer Religionsunterricht und Art. 7 III GG,
in: NVwZ 1997, 1041
Kraas-Schneider, F.
Bevölkerungsgruppen und Minoritäten, Stuttgart 1989
Kraus, H.
Das Recht der Minderheiten, Berlin 1927
Kremser, H.
Das Verhältnis von Art. 7 Abs. 3 Satz 1 GG und Art. 141 GG im Gebiet der neuen Bundesländer,
in: JZ 1995, 928

Kriele, M.
Die rechtspolitische Empfehlungen der Sektenkommission,
in: ZRP 1998, 349
Kriele, M.
Über jeden Grundgesetzartikel einzeln abstimmen.
Aktuelle Probleme der Verfassungsreform,
in: FAZ vom 21. Dezember 1993
Krüger-Potratz, M.
Ausländer in der ehemaligen DDR,
in: Berliner Institut für Vergleichende Sozialforschung (Hrsg.)
Ethnische Minderheiten in Deutschland
Kühl, J.
The „Schleswig Experience". The National Minorities in the Danish-German Border Area, Aabenraa 1998
Kühn, A.
Privilegierung nationaler Minderheiten im Wahlrecht der Bundesrepublik Deutschland und Schleswig-Holsteins, Frankfurt am Main 1991
Kuhn, A. K.
The future of the international law for the protection of minorities,
in: AJIL, Band 39, S. 89 (1945)
Kühne, J.-D.
Die Reichsverfassung der Paulskirche. Vorbild und Verwirklichung im späteren deutschen Rechtsleben, Frankfurt am Main 1985
Kunig, Ph.
Die rechtsprechende Gewalt in den Ländern und die Grundrechte des Landesverfassungsrechts,
in: NJW 1994, 687
Kunz, J.L.
Present status of the interntional law for the protection of minorities,
in: AJIL, Band 48, S. 282 (1954)
Kunzmann, B. / Haas, M. / Bartlitz, U. / Baumann-Hasske, H.
Die Verfassung des Freistaates Sachsen, 1. Aufl., Berlin 1993
Kunzmann, B. / Haas, M. / Baumann-Hasske, H.
Die Verfassung des Freistaates Sachsen, 2. Aufl., Berlin 1997
Kurthen, H. / Losey, K.M.
Schlagwort oder Kampfbegriff?
Zur „Political Correctness"-Debatte in den USA
in: Aus Politik und Zeitgeschichte B 21-22 / 1995 (19. Mai 1995)
Kuschert, R.
Der Kreis Nordfriesland, Oldenburg 1992
Kuss, St.
Was Kaderschulweisheit sich träumen läßt. Es gibt mehr Dinge zwischen Himmel und Erde, als Brandenburgs Schüler lernen dürfen: Lehrbücher für „Lebensgestaltung, Ethnik, Religionskunde",
in: FAZ vom 21. September 2000

Kustor, P.
Die Neuordnung Europas und das Selbstbestimmungsrecht der Völker – Überblick und Schlußfolgerungen,
in: HuV 1997, 27

Kutscha, M.
Grundrechte und Minderheitenschutz,
in: JuS 1998, 673

Lackner, K.
Strafgesetzbuch mit Erläuterungen, 19. Aufl., München 1991

Landeszentrale für politische Bildung Brandenburg
Bürgerinformation. Eine Verfassung für unser Land, Potsdam 1992

Landeszentrale für politische Bildung Sachsen-Anhalt
Die Verfassung des Landes Sachsen-Anhalt, Magdeburg 1992

Landtag Mecklenburg-Vorpommern
Die vorläufige Verfassung, 1. Aufl., Rostock 1993

Landtag Schleswig-Holstein
Informationen zur Minderheiten- und Volksgruppenpolitik des Schleswig-Holsteinischen Landtages (Broschüre), Kiel 1993

Langenfeld, Chr.
Integration und kulturelle Identität zugewanderter Minderheiten: Eine Herausforderung für das deutsche Schulwesen – Einführung in einige grundrechtliche Fragestellungen
in: AöR 1988, 375

Lannung, H.
The rights of minorities,
in: Festschrift für Modinos

Laufer, H.
Das föderative System der Bundesrepublik Deutschland, 6.Aufl., München 1991

Lecheler, H. / Isensee, J. (Hrsg.)
Freiheit und Eigentum. Festschrift für W. Leisner zum 70. Geburtstag, Berlin 1999

Lehfeldt, R.
Inhalt und Bedeutung des Artikel 5 der neuen Landesverfassung von Schleswig-Holstein, Kiel 1990

Lemhöfer, B.
Landesverfassungsgerichte als kleine Bundesverfassungsgerichte,
in: NJW 1996, 1714

Lemke, J.
Nationale Minderheiten und Volksgruppen im schleswig-holsteinischen und übrigen Verfassungsrecht, Kiel 1998

Lerch, G.
Der Kalender der Ereignisse. Die türkischen Zeitungen in Deutschland sind noch nicht anders als die in der Türkei,
in: FAZ vom 21. Januar 2000

Lerch, G.
Die Eindeutschung des Propheten.
Von der Schwierigkeit einen Islam für Deutschland zu schaffen,
in: FAZ vom 13. September 1999

Lerch, G.
Dreihundert Jahre präsent. Doch erst in den letzten dreißig Jahren ist der Islam in Deutschland zumThema geworden,
in: FAZ vom 11. Dezember 1999
Lerch, G.
Islamkunde, Religionsunterricht oder gelebter Glaube? Religiöse Unterweisung für Muslime in Deutschland,
in: FAZ vom 14. Januar 1999
Lerch, G.
Mill und die Scharia. Wie der Islam in Deutschland sich selbst verändern könnte,
in: FAZ vom 16. Dezember 1999
Lerner, N.
Group rights and discrimination in international law,
Dordrecht/Boston/London 1991
Lichtenstein, H.
Die Minderheit der 30.000. Juden in der Bundesrepublik Deutschland
in: Gessenharter, W. / Fröchling, H.
Minderheiten – Störpotential oder Chance für eine friedliche Gesellschaft ?
Lieberam, E. / Heuer, U.-J.
Die Arbeit der Gemeinsamen Verfassungskommission,
in: DuR 1993, 118
Linck, J.
Die vorläufige Landessatzung für das Land Thüringen,
in: ThürVBl. 1992, 1
Linck, J.
Die vorläufigen Verfassungen in den neuen Ländern,
in: DÖV 1991, 730
Linck, J. / Jutzi, S. / Hopfe, J.
Die Verfassung des Freistaats Thüringen, Kommentar,
Stuttgart/München/Hannover/Berlin/Weimar/Dresden 1994
Link, Chr.
Stat Crux ?
in: NJW 1995, 3353
Lisken, H. / Seibert, G.
Aktuelle Rechtsprobleme des Minderheitenschutzes,
in: EuGRZ 1979, 66
Litt, Th.
Individuum und Gemeinschaft, 3. Aufl., Leipzig/Berlin 1926
Lörler, S.
Verfassungsrechtliche Maßgaben für den Religionsunterricht in Brandenburg,
in: ZRP, 1996, 121
Luchterhand, O.
Grenzen der Loyalität bei ethnischen Minderheiten,
in: Blumenwitz D. / Gornig, G.
Minderheiten- und Volksgruppenrechte in Theorie und Praxis

Luchterhand, O.
Loyalitätskonflikte bei nationalen/ethnischen Minderheiten,
in: Blumenwitz D. / Gornig, G.
Der Schutz von Minderheiten- und Volksgruppenrechten durch die Europäische Union
Luchterhand, O.
Nationale Minderheiten und Loyalität, Köln 1997
Lücke, J.
Soziale Grundrechte als Staatszielbestimmungen und Gesetzgebungsaufträge,
in: AöR 1982, 15
Lücke, J.
Zur Dogmatik der kollektiven Glaubensfreiheit
in: EuGRZ 1995, 651
Ludwig, K.
Werden sie wirksam geschützt, so zücken sie den Dolch nicht – Nationale Minderheiten verlangen kollektivrechtlichen Volksgruppenschutz,
in: FAZ vom 1. Mai 1994
Mäder, W.
Sprachordnung und Minderheitenschutzrechte in Deutschland,
in: ZAR 1997, 29
Magiera, S.
Verfassungsgebung der Länder als Gliedstaaten der Bundesrepublik Deutschland,
in: Stern, K.
Deutsche Wiedervereinigung, Band III, S. 141
Mahnke, H. H.
Die Verfassung von Sachsen-Anhalt, Berlin 1993
Mahrenholz, E.G.
Darf die Schulverwaltung einer Schülerin das Tragen eines Schleiers in der Schule verbieten ?
in: RdJB 1998, 287
Maiwald, R.
Rechtsentwicklung im Freistaat Sachsen im Jahre 1990,
in: DtZ 1991, 87
Maiwald, R.
Zur Rechtsentwicklung in Sachsen bis Februar 1991,
in: DtZ 1991, 185
Maiwald, R.
Zur Rechtsentwicklung im Freistaat Sachsen von März bis August 1991,
in: DtZ 1991, 403
Maiwald, R.
Zur Rechtsentwicklung im Freistaat Sachsen von September bis Dezember 1991,
in: DtZ 1992, 116
Makarov, A. N. / v. Mangoldt, H.
Deutsches Staatsangehörigkeitsrecht, Kommentar,
Neuwied (Stand: Januar 1984)

Malinka, H.
DieVerfassungen der neuen Bundesländer im Spiegel der Kommentarliteratur,
in: DÖV 1996, 265
Mampel, S.
Die sozialistische Verfassung der DDR, Kommentar, 2. Aufl., Goldbach 1982
v. Mangoldt, H.
Die Verfassungen der neuen Bundesländer, Berlin 1993
v. Mangoldt, H.
Die Verfassungen des Freistaates Sachsen – Entstehung und Gestalt,
in: SächsVBl. 1993, 25
v. Mangoldt, H.
Ius-sanguinis-Prinzip, Ius-soli-Prinzip und Mehrstaatigkeit: Umbrüche
durch das Staatsangehörigkeitsreformgesetz,
in: ZAR 1999, 243
v. Mangoldt, H.
Öffentlich-rechtliche und völkerrechtliche Probleme mehrfacher
Staatsangehörigkeit aus deutscher Sicht,
in: JZ 1993, 965
v. Mangoldt, H. / Klein, F.
Das Bonner Grundgesetz, Kommentar, 4. Aufl., München 1999
Mann, G.
Deutsche Geschichte des 19. und 20. Jahrhunderts, Frankfurt am Main 1992
Mannheimer, O.
Kaddisch für die Diaspora,
in: FAZ vom 2. November 1999
Marko, J.
Zur politischen Repräsentation und Partizipation von ethnischen Gruppen,
in: Europa Ethnica 1998, 130
Marten-Gotthold, D.
Der Schutz der Sinti und Roma in der Bundesrepublik Deutschland als
ethnische Minderheit gemäß Art. 3 Abs. 3 GG, Frankfurt am Main 1998
Marti, R.
Die Sorben - Prüfstein und Experimentierfeld für Nationalitätenpolitik,
in: Europa Ethnica 1992, 13
Martini, C.
Die rumänische Minderheit,
in: Schmalz-Jacobsen C. / Hansen, G. (Hrsg.)
Ethnische Minderheiten in der Bundesrepublik Deutschland
Martini, C.
Die ungarische Minderheit,
in: Schmalz-Jacobsen C. / Hansen, G. (Hrsg.)
Ethnische Minderheiten in der Bundesrepublik Deutschland

Martinen, H.
Sprache und Sprachpolitik in den Schulen – Bestand und Perspektiven. Bericht aus Nordfriesland,
in: Holander, R. K. / Steensen, Th. (Hrsg.)
Friesen und Sorben. Beiträge zu einer Tagung über zwei Minderheiten in Deutschland
Martiny, D.
Probleme der Doppelstaatsangehörigkeit im deutschen Internationalen Privatrecht,
in: JZ 1993, 1145
März, W.
Bundesrecht bricht Landesrecht, Berlin 1989
Mathiak, R.
Die rechtliche Stellung der Minderheiten in Belgien,
in: Frowein, J.A. / Hofmann, R. / Oeter, S.
Das Minderheitenrecht europäischer Staaten, Teil 1
Matlock, S.
Zu Hause - und in Europa,
in: Das Parlament vom 1. Mai 1992
Matscher, F.
Wiener Internationale Begegnung zu aktuellen Fragen nationaler Minderheiten, Kehl/Straßburg/Arlington, VA 1995
von Matt, B.
Vom Zwiegefühl. Schreiben – Sorbisch und Deutsch,
in: NZZ (Internationale Ausgabe) vom 17. Januar 2000
Maunz, Th. / Dürig, G. / Herdegen, M. / Herzog, R. / Klein, H. H. / Lerche, P. / Papier, H.-J. / Randelzhofer, A. / Schmidt-Assmann, E. / Scholz, R.
Grundgesetz, Kommentar, München (Stand: Oktober 1996)
Maunz, Th.
Staatsziele in den Verfassungen von Bund und Ländern,
in: BayVBl. 1989, 545
Mayer, M.
Religionsfreiheit und Schächtverbot,
in: NVwZ 1997, 561
Meißner, O.
Das Staatsrecht des Reichs und seiner Länder, 2. Aufl., Berlin 1924
Meissner, B.
Das Selbstbestimmungsrecht der Völker in Osteuropa und China, Köln 1969
Kardinal Meissner, J.
Die Sinnlichkeit des Glaubens. Warum die katholische Kirche dagegen ist, daß homosexuelle Menschen heiraten,
in: FAZ vom 19. Januar 2000
Kardinal Meissner, J.
Der Bundeskanzler muß des Ehediskriminierungsgesetz aufhalten,
in: FAZ vom 16. September 2000

Melder, H.-J.
Vom Abänderungsantrag blieb nur der erste Satz stehen,
in: Das Parlament 2/94 vom 14. Januar 1994
Mengel, H.-J.
Maßnahmen "Positiver Diskriminierung" und Grundgesetz,
in: JZ 1982, 530
Merkel, K.
Die Pläne zur Auflösung der Gemeinde Horno und die Landesverfassung Gutachten erstellt im Auftrag der PDS Fraktion im Landtag Brandenburg, Hof, Oktober 1996
Merten, D.
Der „Kruzifix-Beschluß" des Bundesverfassungsgerichts aus grundrechtsdogmatischer Sicht,
in: Burmeister, J. (Hrsg.)
Verfassungsstaatlichkeit, Festschrift für K. Stern
Merten, D.
Die Staatszieldebatte,
in: Klein, E.
Verfassungsentwicklung in Deutschland nach der Wiedervereinigung
Merten, D.
Über Staatsziele,
in: DÖV 1993, 368
Meskank, T.
Stiftung für das sorbische Volk,
in: DA 1992, 109
Messtorff, S.
Die Rechtsstellung der ethnischen Minderheiten in der Bundesrepublik Deutschland, Frankfurt am Main 1987
Meyer, J.
Modell für eine europäische Verfassungsgebung ? Der Konvent und die Charta,
in: FAZ vom 25. September 2000
Miall, H.
Minority Rights in Europe: The Scope for a Transnational Regime, London 1994
Michel, L.H.
Staatszwecke, Staatsziele und Grundrechtsinterpretationen unter besonderer Berücksichtigung der Positivierung des Umwerltschutzes im Grundgesetz, Frankfurt am Main 1986
Milleker, E.
Kompetenzkonflikt zwischen Bundesverfassunsgericht und einem Landesverfassungsgericht im Rahmen der Verfassungsbeschwerde,
in: DVBl. 1969, 129
Minority Rights Group
World Directory of Minorities, Chicago 1990
Minority Rights Group
World Directory of Minorities, London 1997
Mitterrand, F.
De l'Allemagne et de la France, Paris 1996

Modeen, T.
The International Protection of National Minorities in Europe, Turku (Åbo) 1969
Mohr, M.
Friedenssichernde Aspekte des Minderheitenschutzes in der Ära des Völkerbundes und der Vereinten Nationen in Europa, Berlin/Heidelberg/New York 1996
Mönch, R.
Was ist eine Religionsgemeinschaft ? in: FAZ vom 23. Februar 2000 (Berliner Seiten)
Montesquieu, Baron de (auch: Charles Louis de Secondat, Baron de la Brède),
Vom Geist der Gesetze, Genf 1748
Muckel, St.
Muslimische Gemeinschaften als Körperschaften des öffentlichen Rechts, in: DÖV 1995, 311
Muckel, St.
Streit um den muslimischen Gebetsruf, in: NwVBl. 1998, 1
Muckel, St. / Tillmanns, R.
"Lebensgestaltung-Ethik-Religionskunde" statt Religionskunde ? in: RdJB 1996, 360
Mückl, St.
Anmerkung zur Entscheidung des Bundesverwaltungsgericht vom 17.6.1998, in: JZ 1999, 353
Müller, H. M.
Schlaglichter der deutschen Geschichte, 3. Aufl., Mannheim 1996
Müller, K. (Hrsg.)
Minderheiten im Konflikt, Zürich 1993
Müller, K.
Verfassung des Freistaats Sachsen, Baden-Baden 1993
Müller, R.
Mehr als ein rechtliches Band. Die Fälle mehrfacher Staatsangehörigkeit nehmen zu, in: FAZ vom 25. Juli 2000
Müller-Volbehr, J.
Neue Minderheiten - aktuelle verfassungsrechtliche Probleme, in: JZ 1981, 41
Müller-Volbehr, J.
Positive und negative Religionsfreiheit, in: JZ 1995, 996
Müller-Volbehr, J.
Rechtstreue und Verfassungloyalität: Voraussetzung für die Verleihung des Körperschaftsstatus an Religions- und Weltanschauungsgemeinschaften ? in: NJW 1997, 3358
v. Münch, I.
Antidiskriminierungsgesetz – notwendig oder überflüssig ? in: NJW 1999, 260

v. Münch, I.
Was bedeutet eigentlich Staatsangehörigkeit ?
Merkwürdigkeiten in einer aktuellen Debatte,
in: FAZ vom 8. März 1999
v. Münch, I. / Kunig, Ph. (Hrsg.)
Grundgesetz-Kommentar, 4. Aufl., München 1992
Münz, R. / Seifert, W. / Ulrich, R.
Zuwanderung nach Deutschland, Frankfurt am Main/New York 1997
Murswiek, D.
Minderheitenschutz - für welche Minderheiten ?
in: Blumenwitz D. / Murswiek, D.
Aktuelle rechtliche und praktische Fragen des Volksgruppen- und Minderheitenschutzrechts
oder in: Deutschland und seine Nachbarn, Forum für Kultur und Politik, Heft 8, März 1994
Murswiek, D.
Offensives und defensives Sebstbestimmungsrecht. Zum Subjekt des Selbstbestimmungsrechts der Völker,
in: Der Staat 1984, 523
Murswiek, D.
Schutz der Minderheiten in Deutschland
in: Isensee/Kirchhof - Handbuch des Staatsrechts, Band VIII
v. Mutius, A.
Anspruch auf Schutz und Förderung - der Art. 5 in der neuen Verfassung von Schleswig-Holstein
in: Nordfriesland 1990, 39
v. Mutius, A. / Friedrich, Th.
Verfassungsentwicklung in den neuen Bundesländern - zwischen Eigenstaatlichkeit und notwendiger Homogenität,
in: Staatswissenschaften und Staatspraxis 1991, 243
v. Mutius, A. / Wuttke, H. / Hübner, P.
Kommentar zur Landesverfassung Schlesig-Holstein, Kiel 1995
Neuman, G. L.
Recent trends in United States migration control,
in: German Yearbook of International Law, Band 38, S. 284 (1995)
Neumann, J.
Rechts- oder Glaubensstaat,
in: ZRP 1995, 381
Neumann, J. / Fischer, M.W.
Toleranz und Repression - Zur Lage religiöser Minderheiten in modernen Gesellschaften, Frankfurt am Main/New York 1987
Neumann, P.
Staatszielbestimmungen in den Verfassungen der neuen Bundesländer,
in: Neumann, P. / Tillmanns, R. (Hrsg.)
Verfassungsrechtliche Probleme bei der Konstituierung der neuen Bundesländer

Neumann, P.
Staatsziele in der Verfassung des Freistaates Thüringen,
in: LKV 1996, 392
Neumann, P. / Tillmanns, R. (Hrsg.)
Verfassungsrechtliche Probleme bei der Konstituierung der neuen Bundesländer,
Berlin 1997
Newson, H.
Europa und das Königshaus als Kitt für die zerstrittenen Volksgruppen,
in: Das Parlament vom 20. August 1999, S. 8
Nicolaysen, G.
Europarecht II, Das Wirtschaftsrecht im Binnenmarkt, 1. Aufl., Baden-Baden 1996
Niedersächsischer Landtag
Die Verabschiedung der Niedersächsischen Verfassung, 2. Aufl., Hannover 1993
Niessen, J.
Migrant workers,
in: Eide, A. / Krause, C. / Rosas, A.
Economic, Social and Cultural Rights
Niewerth, J.
Der kollektive und der positive Schutz von Minderheiten und ihre
Durchsetzung im Völkerrecht, Berlin 1996
Nipperdey, H.C.
Boykott und freie Meinungsäußerung,
in: DVBl. 1958, 445
Nipperdey, H.C. (Hrsg.)
Die Grundrechte und Grundpflichten der Reichsverfassung, Band 1, Berlin 1929
Nomer, E.
Türkisches Internationales Privatrecht und doppelte Staatsangehörigkeit,
in: JZ 1993, 1142
Nordfriisk Instituut
Friesen - Friesisch, Bräist/Bredstedt 1992
Novak, M.
Anmerkung zu EuGH, Rs. C-274/96, Urteil vom 24.11.1998,
in: EuZW 1999, 82
Nowak, M.
UNO-Pakt über bürgerliche und politische Rechte und
Faktultativprotokoll, CCPR-Kommentar, Kehl/Straßburg/Arlington 1989
Nowusch, H.
Die Gleichberechtigung der Bürger sorbischer Nationalität in der DDR -
verwirklichtes Menschenrecht, 3. Aufl., Bautzen 1988
Nussbaum, A.
Geschichte des Völkerrechts, München/Berlin 1960
Obermayer, K. (Begründer)
Kommentar zum Verwaltungsverfahrensgesetz, 3. Aufl., Neuwied/Kriftel 1999
Oberndörfer, D.
Der Nationalstaat - ein Hindernis für das dauerhafte Zusammenleben mit
ethnischen Minderheiten,
in: ZAR 1989, 3

Oberndörfer, D.
Die politische Gemeinschaft und ihre Kultur - Zum Gegensatz zwischen Pluralismus und Multikulturalismus,
in: Aus Politik und Zeitgeschichte B-52-53/96, S. 37

Oberndörfer, D.
Integration oder Abschottung ? - Auf dem Weg zur postnationalen Gesellschaft,
in: ZAR 1998, 3

Oberndörfer, D.
Vom Nationalstaat zur offenen Republik - Zu den Voraussetzungen der politschen Integration von Einwanderung,
in: Aus Politik und Zeitgeschichte B 9/92, S. 21

Oellers-Frahm, K. / Zimmermann, A.
France's and Germany's constitutional changes and their impact on migration law. Policy and practice,
in: German Yearbook of International Law, Band 38, S. 249 (1995)

Oeter, S.
Selbstbestimmungsrecht im Wandel,
in: ZaöRV 1992, 741

Oeter, S.
Minderheiten im institutionellen Staatsaufbau,
in: Frowein, J.A. / Hofmann, R. / Oeter, S.
Das Minderheitenrecht europäischer Staaten, Teil 2

Oeter, S.
Überlegungen zum Minderheitenbegriff und zur Frage der „neuen Minderheiten"
in: Matscher, F.
Wiener Internationale Begegnung zu aktuellen Fragen nationaler Minderheiten

v. Olshausen, H.
Landesverfassungsbeschwerde und Bundesrecht, Baden-Baden 1980

Oschlies, W.
Die Sorben - Slawisches Volk im Osten Deutschlands, 2. Aufl., Bonn 1991

Ossenbühl, F.
Probleme der Verfassungsreform in der Bundesrepublik Deutschland,
in: DVBl. 1992, 468

Oxenknecht, R.
Der Schutz ethnischer, religiöser und sprachlicher Minderheiten in Art. 27 des Internationalen Paktes über bürgerliche und politische Rechte vom 16. Dezember 1966, Frankfurt am Main 1988

Oxenknecht, R.
Die Minderheit als Rechtsbegriff
in: Hinderling, R. (Hrsg.)
Europäische Sprachminderheiten im Vergleich

Özcan, E.
Die türkische Minderheit,
in: Schmalz-Jacobsen C. / Hansen, G. (Hrsg.)
Ethnische Minderheiten in der Bundesrepublik Deutschland

Özdemir, C.
Currywurst und Döner - Integration in Deutschland, Bergisch Gladbach 1999

Özdemir, C.
Gestalten statt Leugnen - zum Reformbedarf im Einwanderungsland Deutschland, in: ZAR 1997, 156

Packer, J. / Myntti, K.
The Protection of ethnic and linguistic minorities in Europe, Turku (Åbo) 1993

Paech, N.
Staatsziele und Grundrechte in der Anhörung, in: DuR 1992, 265

Palt, B. / Reuter, L. / Witte, A.
Schulbildung für Migrantenkinder und Kinder autochthoner Minderheiten in der Bundesrepublik Deutschland: eine Synopse schulrechtlicher Bestimmungen. Beiträge aus dem Fachbereich Pädagogik der Universität der Bundeswehr Hamburg, Heft 2/1998

Partsch, K.J.
Gedanken zum Schutz ethnischer und sprachlicher Minderheiten in: Festschrift für K. Geck

Partsch, K. J.
Menschenrechte und Minderheitenschutz
in: Bernhardt, R. / Geck W.K. u.a. (Hrsg.) Festschrift für H. Mosler

Partsch, K. J.
Minderheitenschutz - wohin steuert Europa ?
in: Beyerlin, U. / Bothe, M. / Hofmann, R. / Petersmann, E.-U. Recht zwischen Umbruch und Bewahrung, Festschrift für R. Bernhardt

Partsch, K.J.
Selbstbestimmung
in: Wolfrum, R. (Hrsg.) Handbuch Vereinte Nationen

Partsch, K. J.
„Volk" und „Nation" im internationalen Recht – einst und jetzt, in: VN 1990, 41

Pastor, T.
Die rechtliche Stellung der Sorben in Deutschland, Bautzen 1997

Pejic, J.
Minority rights in international law, in: HRQ 1997, 667

Pellenbarg, P.
Language, economy and the regional image: a case study of Friesland
in: Dafis, L. (Hrsg.) Economic development and lesser used languages: partnerships for action

Pergande, F.
„Lebensbedrohende Lästerung der Schöpfung." Horno kämpft um seine Existenz, aber die Baggerketten sind schon zu hören, in: FAZ vom 15. August 2000

Pergande, F.
Versuche, einen Streit zu entfachen. Aber auch der zweite Anlauf für eine Fusion Brandenburgs mit Berlin taugt nicht dafür,
in: FAZ vom 20. Januar 2000

Pergande, F.
Von den Bretonen lernen. Wie das kleine Volk der Sorben versucht, seine Sprachen wieder lebendig werden zu lassen,
in: FAZ vom 10. August 2000

Pernice, I.
Eine Grundrechte-Charta für die Europäische Union,
in: DVBl. 2000, 847

Pernice, I.
Europäische Grundrechte-Charta. Antworten auf einen Fragenkatalog für die Gemeinsame Anhörung der Europaausschüsse des Bundestages und Bundesrates.
in: Materialsammlung der Öffentlichen Anhörung der EU-Ausschüsse des Deutschen Bundestages und des Bundesrates am 5. April 2000 im Abgeordnetenhaus Berlin zur Charta der Grundrechte der Europäischen Union

Pernice, I.
Institutionelle Reformen,
in: Internationale Politik, Heft 8/2000, S. 11

Pernice, I.
Vertragsrevision oder Europäische Verfassungsgebung,
in: FAZ vom 7. Juli 1999

Pernthaler, P.
Volksgruppe und Minderheit als Rechtsbegriffe,
in: Wittmann, F. / Graf Bethlen, St.
Volksgruppenrecht

Pestalozza, Ch.
Die Bedeutung gliedstaatlichen Verfassungsrechts in der Gegewart,
in: NVwZ 1987, 744

Pestalozza, Ch.
Thesen zur kompetenzrechtlichen Qualifikation von Gesetzen im Bundesstaat,
in: DÖV 1972, 181

Petersen, K.
Die rechtliche Stellung der Nordfriesen im 20. Jahrhundert. Historische Entwicklung und Gegenwartsprobleme,
in: Holander, R. K. / Steensen, Th. (Hrsg.)
Friesen und Sorben. Beiträge zu einer Tagung über zwei Minderheiten in Deutschland

Pieper, H.
Die Minderheitenfrage und das Deutsche Reich 1919 - 1933/34,
Hamburg 1974

Pieroth, B / Schlink, B.
Grundrechte, Staatsrecht II, 7. Aufl., Heidelberg 1991

Pieroth, B / Schlink, B.
Grundrechte, Staatsrecht II, 15. Aufl., Heidelberg 1999

Pircher, E. H.
Der vertragliche Schutz ethnischer, sprachlicher und religiöser Minderheiten im Völkerrecht, Bern 1979

Pirson, D.
Religiöse Minderheiten nach der Rechtsordnung der Bundesrepublik Deutschland,
in: Neumann, J. / Fischer, M.W.
Toleranz und Repression - Zur Lage religiöser Minderheiten in modernen Gesellschaften, Frankfurt am Main/New York 1987

Pietzcker, J.
Zuständigkeit und Kollisionsrecht im Bundesstaat,
in: Isensee/Kirchhof (Hrsg.), Handbuch des Staatsrechts Band IV

Phillips A./Rosas, A.
Universal Minority Rights, Turku (Åbo)/London 1995

Plancker, M.
Das Vereinsverbot - einsatzbereites Instrument gegen verfassungsfeindliche Glaubensgemeinschaften ?
in: DÖV 1997, 101

Plewnia, U.
Islam auf dem Plan. CDU und SPD liefern sich einen Glaubenskrieg um die Zukunft des Religionsunterricht,
in: FOCUS 47/99 vom 16. November 1998

Poetzsch-Heffter, F.
Handkommentar der Reichsverfassung, Berlin 1928

Polakiewicz, J.
Die rechtliche Stellung der Minderheiten in Frankreich,
in: Frowein, J.A. / Hofmann, R. / Oeter, S.
Das Minderheitenrecht europäischer Staaten, Teil 1

Polenz, R.
Der Weg zum EU-Beitritt wird lang und mühsam sein. Eine Türkei, welche die Kopenhagener Kriterien tatsächlich erfüllt, wäre ein völlig anderes Land als heute,
in: FAZ vom 9. Dezember 1999

Polenz, R.
Islamischer Religionsunterricht baut Spannungen ab,
in: FAZ vom 12. Mai 1999

Poscher, R.
Landesgrundrechte und Bundesrecht,
in: NJ 1996, 351

Prachtl, R.
Die vorläufige Verfassung des Landes Mecklenburg-Vorpommern,
in: LKV 1994, 1

Präsidentin des Schleswig-Holsteinschen Landtages
Bericht zur Arbeit der Minderheiten und der friesischen Volksgruppe für die 12. Legislaturperiode (1988 - 1992), Kiel 1992

Präsidentin des Schleswig-Holsteinschen Landtages
Bericht zur Arbeit der dänischen Minderheit, der deutschen Minderheit in Nordschleswig, der friesischen Volksgruppe und der deutschen Sinti und Roma für die 13. Legislaturperiode (1992 - 1996), Kiel 1996

Präsident des Schleswig-Holsteinschen Landtages
Bericht zur Arbeit der dänischen Minderheit, der deutschen Minderheit in Nordschleswig, der friesischen Volksgruppe und der deutschen Sinti und Roma für die 14. Legislaturperiode (1996 - 2000), Kiel 1999
Predeick, H.-U.
Staatsangehörigkeit und Ausländerpolitik,
in: DVBl. 1991, 623
Priesnitz, W.
Minderheiten- und Volksgruppenrechte als Instrumet zur Vermeidung von neuen Flüchtlingsströmen,
in: AWR-Bulletin Nr. 1-2/94, S. 3
Probst, L.
Unfriedliches Weltdorf.
Sind Kulturkämpfe die unvermeidliche Folge der Globalisierung ?
in: FAZ vom 21. Februar 1997
Quaritsch, H.
Die Einbürgerung der „Gastarbeiter"
in: Staat und Völkerrechtsordnung, Festschrift für K. Doehring
Quaritsch, H.
Staatsangehörigkeit und Wahlrecht,
in: DÖV 1983, 15
Rädler, P.
Gesetze gegen Rassendiskriminierung ?
in: ZRP 1997, 5
Rädler, P.
Verfahrensmodelle zum Schutz vor Rassendiskriminierung,
Berlin/Heidelberg/New York 1999
Radtke, D.
Religions- und Weltanschauungsgemeinschaften mit dem Status einer Körperschaft des öffentlichen Rechts in Niedersachsen,
in: NdsVBl. 1999, 32
Ramaga, P.V.
The bases of minority identity,
in: HRQ 1992, 409
Ramaga, P.V.
The group concept in minority protection,
in: HRQ 1993, 574
Rao-Casimir, A.
Die Minderheit der Sinti (und Roma),
in: Schmalz-Jacobsen C. / Hansen, G. (Hrsg.)
Ethnische Minderheiten in der Bundesrepublik Deutschland
Raschhofer, H.
Das altösterreichische Nationalitätenrecht und die deutschen Volksgruppen nach 1918,
in: Wittmann, F. / Graf Bethlen, St.
Volksgruppenrecht
Raschhofer, H.
Selbstbestimmungsrecht und Völkerbund, Köln 1969

Rauchberg, H.
Die Reform des Minderheitenschutzes, Breslau 1930
Raz, J.
Multikulturalismus: eine liberale Perspektive
in: Dtsch.Z.Philos., Band 43, S. 327 (1995)
Rechenberg, H.
Minority status and dual nationality.
Rede im Rahmen des Berlin Meeting des German Marshall Fund Project on Dual Nationality vom 13. und 14. Juli 2000. Die Ergebnisse dieser Konferenz werden voraussichtlich im Laufe des Jahres 2001 in Buchform unter der Herausgeberschaft der Professoren Kay Hailbronner und David Martin publiziert.
Rechenberg, H.
Modelle für den Schutz „aufgeteilter" Minderheiten, Gutachten für Dr. Sperling, MdB, Bonn, 18. Dezember 1997 (unveröffentlicht)
Rechenberg, H.
Staatsziele,
in: Wissenschaftliche Dienste der Deutschen Bundestages (Reg.Nr.61/94)
Rechenberg, H.
Übersicht und Analyse der seit 1980 eingebrachten Initiativen zur Änderung des Grundgesetzes,
in: Wissenschaftliche Dienste der Deutschen Bundestages (22. Dezember 1998)
Rechenberg, H.
Zu den Auswirkungen einer Ergänzung „im Rahmen der allgemeinen Völkerrechts" in Art. 16 Abs. 2 Satz 2 GG,
in: Wissenschaftliche Dienste der Deutschen Bundestages (11. Dezember 1994)
Rechenberg, H.
Zum Thema deutsche Minderheiten in der ehemaligen Sowjetunion,
in: Wissenschaftliche Dienste der Deutschen Bundestages (8. Mai 1994)
Rechenberg, H.
Zur Frage der Auswirkungen von Masseneinbürgerungen auf das Wahlrecht durch die Entstehung von Minderheiten,
in: Wissenschaftliche Dienste der Deutschen Bundestages (8. März 1999)
Rechenberg, H.
Zur Frage der Einführung des Minderheitenschutzes unter besonderer Berücksichtigung der Kulturhoheit der Länder,
in: Wissenschaftliche Dienste der Deutschen Bundestages (28. Juli 1993)
Rechenberg, H.
Zur inhaltlichen Bedeutung des Begriffs „geschlossenes Siedlungsgebiet" im Zusammenhang mit dem Schutz der nationalen/ethnischen Minderheiten deutscher Staatsangehörigkeit,
in: Wissenschaftliche Dienste der Deutschen Bundestages (20. Oktober 1994)
Reich, A.
Verfassung des Landes Sachsen-Anhalt - Kommentar, Bad Honnef 1994
Reich-Ranicki, M.
Das Beste, was wir sein können,
in: FAZ vom 2. Dezember 1998

Reis, H.
Rechts- oder Glaubensstaat ? Eine Erwiderung,
in: ZRP 1996, 56
Remmers, W.
Neue Staatsziele,
in: Politische Studien Sonderheft 2 / 1991
Die Zukunft des Grundgesetzes - Braucht Deutschland eine neue Verfassung ?
Renck, L.
Das Problem eines Grundrechts auf Bekenntnisunterricht,
in: ThürVBl. 1997, 97
Renck, L.
Der Bayerische Verfassungsgerichtshof und das Schulkreuz-Gesetz,
in: NJW 1999, 994
Renck, L.
Positive und negative Bekenntnisfreiheit und Glaubens- oder Rechtsstaat,
in: ZRP 1996, 205
Renck, L.
Probleme der Rechtsangleichung im Staatskirchenrecht,
in: ThürVBl. 1992, 177
Renck, L.
Rechtsfragen des Religionsunterrichts an den öffentlichen Schulen der neuen Bundesländer,
in: ThürVBl. 1993, 102
Renck, L.
Religionsunterricht in Brandenburg ?
in: LKV 1997, 81
Renck, L.
Staatliche Grundrechtsvorsorge und Bekenntnisunterricht,
in: ZRP 1999, 137
Renck, L.
Staatlicher und kirchlicher Erziehungsauftrag im öffentlichen Schulwesen,
in: ThürVBl. 1997, 221
Renck, L.
Verfassungsprobleme des Ethikunterrichts,
in: BayVBl. 1992, 519
Renck, L.
Zum rechtlichen Gehalt der Kruzifix-Debatte,
in: ZRP 1996, 16
Renck, L.
Zum Stand des Bekenntnisverfassungsrechts in der Bundesrepublik Deutschland,
in: BayVBl. 1999, 70
Rengeling, H.-W.
Eine Charta der Grundrechte,
in: FAZ vom 21. Juli 1999
Renner, G.
Grundgesetz und deutsche Staatsangehörigkeit,
in: NJ 1999, 230

Renner, G.
Mehrstaatigkeit in Europa,
in: ZAR 1993, 50
Renner, G.
Verhinderung von Mehrstaatigkeit bei Erwerb und Verlust der Staatsangehörigkeit,
in: ZAR 1993, 18
Renner, G.
Was ist neu am neuen Staatsangehörigkeitsrecht ?
in: ZAR 1999, 154
Renner, K.
Das Selbstbestimmungsrecht der Nationen in besonderer Anwendung auf
Österreich, Leipzig/Wien 1918
Rensmann, Th.
Der Minderheitenschutz im Rechtssystem der Vereinten Nationen,
in: AWR Bulletin 1992, 99
Reuter, L. / Zhang, X.
Zur Schulpflicht von Minderheiten- und Zuwandererkindern im deutschen
Schulwesen, Beiträge aus dem Fachbereich Pädagogik der Universität der
Bundeswehr Hamburg, Heft 4/1997
Ress, G.
Die neue Kulturkompetenz der EG,
in: DÖV 1992, 944
Richter, C.
Die Sorben haben jeden „Untergang" überlebt,
in: FAZ vom 8. März 1994
Richter, I.
Verfassungsfragen multikultureller Gesellschaften,
in: Däubler-Gmelin, H. / Kinkel, K. / Meyer, H. / Simon, H.
Gegenrede - Festschrift für E. G. Mahrenholz
Riecken, C.
Sprache und Sprachpolitik in den Medien - Bestand und Perspektiven.
Bericht aus Nordfriesland,
in: Holander, R. K. / Steensen, Th. (Hrsg.)
Friesen und Sorben. Beiträge zu einer Tagung über zwei
Minderheiten in Deutschland
Riedel, E.
Gruppenrechte und kollektive Aspekte individueller Menschenrechte
in: Kälin / Riedel / Karl / Bryde / v. Bar / Geimer
Aktuelle Probleme des Menschenrechtsschutzes, Berichte der
DGVR Heft 33 (1994), 49
Riedel, E.
Menschenrechte der dritten Dimension,
in: EuGRZ 1989, 9
Riegler, J. J.
Konflikte zwischen Grundgesetz und Länderverfassungen: zur Bedeutung
der Grundrechte und Staatszielbestimmungen in den Verfassungen der
neuen Länder, Würzburg 1996

Riepe, C.
Der Minderheitenschutzstandard in der KSZE/OSZE, Hamburg 1997
Rieß, P. / Hilger, H.
Das Rechtspflegerecht des Einigungsvertrages, Gesamtdarstellung mit besonderer Berücksichtigung der Gerichtsverfassung und des Strafverfahrens, Berlin/New York 1991
Riesse, J.
Der verfassungsrechtliche Schutz der Homosexualität, Baden-Baden 1998
Rilinger, L.
Die Europäisierung des Einbürgerungsrechts,
in: ZRP 1995, 372
Rincke, Th.
Staatszielbestimmungen der Verfassung des Freistaats Sachsen,
Frankfurt am Main 1997
Rittstieg, H.
Doppelt Staatsangehörigkeit im Völkerrecht,
in: NJW 1990, 1401
Rittstieg, H.
Staatsangehörigkeit und Minderheiten in der transnationalen Industriegesellschaft,
in: NJW 1991, 1383
Rittstieg, H. / Rowe G.C.
Einwanderung als gesellschaftliche Herausforderung, Baden-Baden 1992
Röben, V.
Völkerechtliche Praxis der Bundesrepublik Deutschland im Jahre 1996,
in: ZaöRV 1997, 907
Rodenbach, H.J.
Der Rechtsstatus der Sorben in der DDR,
in: ROW 1985, 271
Rodley, N. S.
Conceptual problems in the protection of minorities: international legal developments,
in: HRQ 1995, 48
Rodriguez-Iglesias, G.C.
Zur "Verfassung" der Europäischen Gemeinschaft,
in: EuGRZ 1996, 125
Roellecke, G.
Der Bürger ist unteilbar. Wer Klarheit will, darf den Doppelpaß nicht wünschen,
in: FAZ vom 10. Februar 1999
Rohn, St. / Sanwald, R.
Die Ergebnisse der Gemeinsamen Verfassungskommission,
in: ZRP 1994, 65
Rohn, St.
Verfassungsreform in Schleswig-Holstein,
in: NJW 1990, 2782
Rommelfanger, U.
Die Verfassung des Freistaats Thüringen des Jahres 1993,
in: ThürVBl. 1993, 145 und 173

Röper, E.
Minderheitenschutz im Vielvölkerstaat Deutschland,
in: DA 1995, 625
Röper, E.
Verfassungsgebung und Verfassungskontinuität in den östlichen Bundesländern,
in: ZG 1991, 149
Rose, R.
Bürgerrechte für Sinti und Roma, Heidelberg 1987
Rosen, K. H.
Die Minderheit der Sorben,
in: Barwig, K. / Brinkmann, G. / Huber, B. / Lörcher, K. / Schumacher, Chr. (Hrsg.)
Vom Ausländer zum Bürger - Festschrift für F. Franz und G. Müller
Rößler, H.-Chr.
Angst in den Moscheen. Die islamistische Gruppe Milli Görüs,
in: FAZ vom 21. September 1996
Rößler, H.-Chr.
Deutsch hält langsam Einzug in Moscheen und Koranschulen.
Muslimische Dachverbände für Islamunterricht in deutscher Sprache,
in: FAZ vom 2. März 1999
Rößler, H.-Chr.
Die „Deutschländer" im Visier.
Türkische Medien in der Bundesrepublik sind bunt und oft polemisch,
in: FAZ vom 10. März 1997
Rothe, F.
Orientalische Kirchen – Religion und Religionsausübung,
in: Schmalz-Jacobsen C. / Hansen, G. (Hrsg.)
Ethnische Minderheiten in der Bundesrepublik Deutschland
Roxin, C.
Strafverfahrensrecht, 22. Aufl., München 1991
Rüb, M.
Früh und regelmäßig. Aus dem Erfahrungsschatz eines Hochkommissars,
in: FAZ vom 19. November 1999
Rubel, R.
Wo bleibt das neue Grundgesetz ?
in: Stud.iur. 2/1994, 12
Rudolf, W.
Über Minderheitenschutz in Europa,
in: Lecheler, H. / Isensee, J. (Hrsg.)
Freiheit und Eigentum. Festschrift für W. Leisner
Rüfner, W.
Die mittelbare Diskriminierung und die speziellen Gleichheitssätze in Art. 3 Abs. 2 und 3 GG,
in: Wendt, R. / Höfling, W. / Karpen, U. / Oldiges, M.
Festschrift für K.H. Friauf

Rüfner, W.
Zum Verhältnis von Bundes- und Landesverfassungsgerichtsbarkeit im Bereich der Grundrechte,
in: DÖV 1967, 668
Ruland, F. / Baron v. Maydell, B. / Papier, H.-J.
Verfassung, Theorie und Praxis des Sozialstaats, Festschrift für H.F. Zacher, Heidelberg 1998
Rumpf, Chr.
Citizenship and Multiple Citizenship in Turkish Law.
Rede im Rahmen des Berlin Meeting des German Marshall Fund Project on Dual Nationality vom 13. und 14. Juli 2000. Die Ergebnisse dieser Konferenz werden voraussichtlich im Laufe des Jahres 2001 in Buchform unter der Herausgeberschaft der Professoren Kay Hailbronner und David Martin publiziert.
Rumpf, Chr.
Die Zollunion EU – Türkei,
in: RIW 1997, 46
Rumpf, Chr.
Freizügigkeit der Arbeitnehmer und Assoziation EG - Türkei,
in: RIW 1993, 214
Rust, A.
Hoffnung der Rebellen. Eine Gerichtsentscheidung stoppt die Bagger im Lausitzer Tagebau. Die Braunkohle ist eine Energie ohne Zukunft.
in: Der SPIEGEL Nr. 36/2000 vom 4. September 2000, S. 34
Rux, J.
Die Verfassungsdiskussion in den neuen Bundesländern - Vorbild für die Reform des Grundgesetzes ?
in: ZParl 1992, 291
Rux, J.
Die Verfassungsentwürfe in den neuen Bundesländern,
in: NJ 1992, 147
Ruzas, St. / Schneider, I.
Vom Gast zum Star,
in: FOCUS 43/99 vom 25. Oktober 1999
Sachs, M.
Bericht zur Verfassung des Landes Brandenburg,
in: Stern, K.
Deutsche Wiedervereinigung, Band II, S. 3
Sachs, M.
Besondere Gleichheitsgarantien,
in: Isensee/Kirchhof - Handbuch des Staatsrechts, Band V
Sachs, M.
Das Grundrecht der Behinderten aus Art. 3 Abs. 3 Satz 2 GG,
in: RdJB 1996, 154
Sachs, M.
Das materielle Landesverfassungsrecht,
in: Burmeister, J. (Hrsg.)
Verfassungsstaatlichkeit. Festschrift für K. Stern

Sachs, M.
Der Gleichheitssatz als eigenständiges subjektives Grundrecht
in: Wendt, R. / Höfling, W. / Karpen, U. / Oldiges, M.
Festschrift für K.H. Friauf
Sachs, M.
Die Bedeutung gliedstaatlichen Verfassungsrechts in der Gegewart,
in: DVBl. 1987, 857
Sachs, M.
Die Grundrechte der brandenburgischen Landesverfassung,
in: Simon, H. / Franke, D. / Sachs, M.
Handbuch der Verfassung des Landes Brandenburg
Sachs, M.
Die Grundrechts im GG und in den Landesverfassungen - zur Voraussetzung des Normwiderspruchs bei Art. 31 und 142,
in: DÖV 1985, 469
Sachs, M.
Die Landesverfassung im Rahmen der bundesstaatlichen Rechts- und Verfassungsordnung,
in: Simon, H. / Franke, D. / Sachs, M.
Handbuch der Verfassung des Landes Brandenburg
Sachs, M.
Die Landesverfassung im Rahmen der bundesstaatlichen Rechts- und Verfassungsordnung,
in: ThürVBl. 1993, 121
Sachs, M.
Die Maßstäbe des allgemeinen Gleichheitssatzes - Willkürverbot und sogenannte neue Formel,
in: JuS 1997, 124
Sachs, M.
Grenzen des Diskriminierungsverbotes, München 1987
Sachs, M. (Hrsg.)
Grundgesetz, Kommentar, 2. Aufl., München 1999
Sachs, M.
Was kann eine Landesverfassung heute leisten ?
in: KritV 1996, 125
Sachs, M.
Zur Verfassung des Landes Brandenburg,
in: LKV 1993, 245
Sächsische Staatsregierung
Bericht der Sächsischen Staatsregierung zur Lage des sorbischen Volkes, Dresden 1997
Sächsische Staatsregierung
Stiftung für das sorbische Volk, Informationsschrift, Dresden 1996
Sacksofsky, U.
Das Grundrecht auf Gleichberechtigung, Baden-Baden 1991

Sacksofsky, U.
Landesverfassungen und Grundgesetz – am Beispiel der Verfassungen der neuen Bundesländer,
in: NVwZ 1993, 235
Sannwald, R.
Die Reform des Grundgesetzes,
in: NJW 1994, 3313
Schäffer, A.
Erfolgsgeschichte von amerikanischen Ausmaßen,
in: FAZ vom 1. Oktober 1996
Schäffer, A.
Rot-grüne Dissonanzen. Der Entwurf zum Rechtsinstitut für gleichgeschlechtliche Partnerschaften lässt auf sich warten,
in: FAZ vom 4. Dezember 1999
Schäffer, A.
Symbolik mit Doppeldeutigkeiten.
Die Standpunkte der Parteien zur Reform des Staatsangehörigkeitsrechts,
in: FAZ vom 8. Januar 1999
Schäffer, A.
Sozialtechniker und Samariter. Mehrere Gesetzentwürfe wollen eine Einwanderung nach Deutschland regeln,
in: FAZ vom 17. April 1997
Schäuble, W.
Der Vertrag, Stuttgart 1991
Schäuble, W. / Lamers, K.
Europa braucht einen Verfassungsvertrag,
in: FAZ vom 4. Mai 1999
Scheffer, P.
Das Mißtrauenskapital schwindet,
in: FAZ vom 12. Dezember 1998
Schefold, D.
Erziehung als Wertvermittlung im wertpluralistischen Staat,
in: RdJB 1996, 309
Scheilke, Chr. Th.
Religion in der Schule einer pluralen Gesellschaft,
in: RdJB 1996, 340
Scheuner, U.
Staatszielbestimmungen,
in: Festschrift für E. Forsthoff
Scherer-Leydecker, Chr.
Minderheiten und sonstige ethnische Gruppen, Berlin 1997
Schiemann, M.
Interview vom 7. Dezember 1999 mit Marko Schiemann, MdL, sorbischer CDU-Abgeordneter im Sächsischen Landtag
Schilling, Th.
Die Verfassung Europas,
in: Staatswissenschaften und Staatspraxis 1996, 387

Schimpff, V. / Partsch, K. J.
Renaissance des Rechts auf die Heimat im nationalen und internationalen Recht ?
in: LKV 1994, 47
Schleßmann, L.
Die Baha'i-Religion,
in: Schmalz-Jacobsen C. / Hansen, G. (Hrsg.)
Ethnische Minderheiten in der Bundesrepublik Deutschland
Schleßmann, L. / Akashe-Böhme, F.
Der Islam und die muslimische Minderheit,
in: Schmalz-Jacobsen C. / Hansen, G. (Hrsg.)
Ethnische Minderheiten in der Bundesrepublik Deutschland
Schmalz-Jacobsen C. / Hansen, G. (Hrsg.)
Ethnische Minderheiten in der Bundesrepublik Deutschland, München 1995
Schmalz-Jacobsen, C.
Sagen Sie mal, Frau Schmalz-Jacobsen ... was würde ein
Einwanderungsgesetz ändern ? (Interview)
in: FOCUS 13/97 vom 24. März 1997, S. 82
Schmid, M.
Der Stand der Verfassungsberatungen im Land Thüringen,
in: Stern, K.
Deutsche Wiedervereinigung, Band III, S. 105
Schmid, R.
Gerichtssprache und anwaltliche Tätigkeit,
in: Barwig, K. / Brinkmann, G. / Huber, B. / Lörcher, K. /
Schumacher, Chr. (Hrsg.)
Vom Ausländer zum Bürger - Festschrift für F. Franz und G. Müller
Schmidhuber, P.
EG-Erweiterung und Nationalitätenfrage,
in: Das Parlament vom 1. Mai 1992
Schmidt, K. (Hrsg.)
Vielfalt des Rechts – Einheit der Rechtsordnung ?
Hamburger Ringvorlesung, Berlin 1994
Schmidt, M.
Die GVK - Auftrag, Zusammensetzung und Verfahren,
in: Konegen, N. / Nitschke, P. (Hrsg.)
Revision des Grundgesetzes ?
Schmitt-Kammler, A.
In hoc signo - Zum „Schulkreuz-Erkenntnis" des Bundesverfassungsgericht,
in: Wendt, R. / Höfling, W. / Karpen, U. / Oldiges, M.
Festschrift für K.H. Friauf
Schmoll, H.
Multireligiös gescheitert. Für einen konfessionell profilierten Religionsunterricht,
in: FAZ vom 12. Januar 1999
Schmoll, H.
Religionsunterricht als Unruhefaktor in der Berliner großen Koalition.
Entscheidung muß bis Schuljahresbeginn fallen,
in: FAZ vom 4. August 2000

Schmoll, H.
Religionsunterricht für Muslime. Trotz unbefriedigender bisheriger Regelungen sind noch nicht alle Bedingungen geklärt,
in: FAZ vom 27. Mai 1999

Schneider, H.-P.
Das Grundgesetz - auf Grund gesetzt ?
in: NJW 1994, 558

Schneider, H.-P.
Die Europäische Union als Verfassungsstaat,
in: Weber, K. / Rath-Kathrein, I.
Neue Wege der Allgemeinen Staatslehre

Schneider, H.-P.
Verfassungsrecht der Länder - Relikt oder Rezept ?
in: DöV 1987, 749

Schneider, H.-P.
Vom Organisationsstatut zur Vollverfassung,
in: RuP 1991, 160

Schnur, R.
Festschrift für E. Forsthoff zum 70. Geburtstag, 2. Aufl., München 1974

Schockenhoff, M.
Ist Ethikunterricht verfassungswidrig ?
in: BayVBl. 1993, 737

Scholz, R.
Die Gemeinsame Verfassungskommission von Bundestag und Bundesrat,
in: ZG 1994, 1

Scholz, R.
GG zwischen Reform und Bewahrung, Regensburg 1993

Scholz, R.
„Neue Jugendreligionen" und Äußerungsrecht,
in: NVwZ 1994, 127

Scholz, R.
Zur Reform des Grundgesetzes, Berlin/New York 1993

Scholz, R. / Uhle, A.
Staatsangehörigkeit und Grundgesetz,
in: NJW 1999, 1510

Schönbohm, J.
Die nationale Identität bewahren, die Zuwanderung begrenzen,
in: FAZ vom 7. Juli 2000

Schöndube, C.
Eine Ära des Föderalismus in Europa ist angesagt,
in: Das Parlament vom 1. Mai 1992

Schöneberg, U.
Gestern Gastarbeiter, morgen Minderheit, Frankfurt am Main 1993

Schöneburg, K.-H.
Der deutsche Staat braucht eine neue Verfassung,
in: NJ 1992, 384

Schönwälder, K.
Schutz ethnischer Minderheiten,
in: Konegen, N. / Nitschke, P. (Hrsg.)
Revision des Grundgesetzes ?
Schreiber, W.
Handbuch des Wahlrechts zum Deutschen Bundestag, 6. Aufl.,
Köln/Berlin/Bonn/München 1998
Schröder, M.
Grundsatzfragen einer europäischen Verfassungsgebung,
in: Festschrift für Heymanns Verlag
Schrötter, H. J. / Möhlig, A.
Staatsangehörigkeit in der Diskussion,
in ZRP 1995, 374
Schuller, K.
Den Staat beim Wort nehmen,
in: FAZ vom 11. April 2000
Schuller, K.
Die Untaten entzweien die Opfer,
in: FAZ vom 20. Mai 1994
Schuller, K.
Hoffnung auf einen „deutschen" Islam,
in: FAZ vom 9. November 1998
Schuller, K.
Muslimischer Religionsunterricht oder Islamkunde und Ethik ?
in: FAZ vom 3. Dezember 1998
Schuller, K.
Sieg für die Kiezmullahs. Berlin unterliegt im Schulstreit,
in: FAZ vom 24. Februar 2000 (Berliner Seiten)
Schulze-Fielitz, H.
Verfassungsrecht und neue Minderheiten,
in: Fleiner-Gerster, T.
Die multikulturelle und multi-ethnische Gesellschaft
Schumann, J.
Faktische Gleichberechtigung: die Grundgesetzerweiterung des
Art. 3 Abs. 2 Satz 2, Mannheim 1997
Schümer, D.
Freesk, frasch, fräisch, freesch,
in: FAZ vom 20. Februar 1999
Schuppert, G.F.
Zur Staatswerdung Europas – Überlegungen zu Bedingungsfaktoren und
Perspektiven der europäischen Verfassungsentwicklung,
in: Staatswissenschaften und Staatspraxis 1994, 35
Schurmann, P.
Die sorbische Bewegung 1945-1948 zwischen Selbstbehauptung und
Anerkennung, Bautzen 1998

Schuster, G.
Völkerrechtliche Praxis der Bundesrepublik Deutschland,
in: ZaöRV 1992, 828
Schuster, J.
„Symbiose“ ist das falsche Wort. Die Juden waren Teil der deutschen Gesellschaft und Kultur,
in: FAZ vom 16. April 1997
Schwabe, J.
Anmerkungen zum Verfassungshandwerk,
in: ZRP 1991, 361
Schwarz, K.-A.
Neue Staatsziele in der Niedersächsischen Verfassung,
in: NdsVBl. 1998, 225
Schwimmer, W.
Fundament auch für die Union. Die Europäische Menschenrechtskonvention,
in: FAZ vom 25. September 2000
Seidel, G.
Handbuch der Grund- und Menschenrechte auf staatlicher, europäischer und universeller Ebene, Baden-Baden 1996
Seifert, K.-H.
Bundeswahlrecht, 3.Aufl., München 1976
Seligmann, R.
Neue Heimat Deutschland,
in: DER SPIEGEL 15/97 vom 7. April 1997, S. 57
Sen, F.
Türkei, 4. Aufl., München 1996
Sen, F. / Goldberg, A.
Türken in Deutschland, München 1994
Sen, F.
Türkische Migranten in Deutschland,
in: Evangelischer Pressedienst
epd-Dokumentation Nr. 23/97 vom 26. Mai 1997
Sen, F.
Über den Status der Türken in Deutschland:
Wann werden alte zu neuen Minderheiten ?
in: Das Parlament vom 20. August 1999, S. 7
Sengöz, V.
Regelungen zu den Rechten ethnischer, religiöser und sprachlicher Minderheiten,
in: Wissenschaftliche Dienste des Deutschen Bundestages (7. Mai 1998)
Siegert, A.
Minderheitenschutz in der Bundesrepublik Deutschland, Berlin 1999
Sieveking, K.
Migration und Rechtsstatus von Zuwanderern - bundesrepublikanische und europäische Aspekte,
in: RuP 1992, 135

Sigaard-Madsen, E.
Die dänische Minderheit,
in: Schmalz-Jacobsen C. / Hansen, G. (Hrsg.)
Ethnische Minderheiten in der Bundesrepublik Deutschland
Simma, B.
Charta der Vereinten Nationen, Kommentar, München 1991
Simon, H.
Gutachten im Auftrag des Zentralrates Deutscher Sinti und Roma, Heidelberg 1993
Simon, H. / Franke, D. / Sachs, M.
Handbuch der Verfassung des Landes Brandenburg,
Stuttgart/München/Hannover/Berlin/Weimar/Dresden 1994
Simon, H.
Staatsziele,
in: Simon, H. / Franke, D. / Sachs, M.
Handbuch der Verfassung des Landes Brandenburg
Simon, H.
Zur Aufnahme von Staatszielbestimmungen in Verfassungen,
in: Däubler-Gmelin, H. / Kinkel, K. / Meyer, H. / Simon, H.
Gegenrede - Festschrift für E. G. Mahrenholz
Smend, R.
Staatsrechtliche Abhandlungen, 2. Aufl., Berlin 1968
Smend, R.
Verfassung und Verfassungsrecht, München/Leipzig 1928
Sohn, L.
The Rights of Minorities,
in: Henkin, L. (Hrsg.)
The International Bill of Rights
Sorbisches Institut e.V.
Minderheiten - Rechte und Realitäten (Letopis Sonderheft), Bautzen 1995
Sorgenicht, K. / Weichelt, W. / Riemann, T. / Semler, H.-J. (Hrsg.)
Verfassung der Deutschen Demokratischen Republik, Dokumente,
Kommentar, Band 2, Berlin (Ost) 1969
Sozialdemokratische Partei Deutschlands (SPD) / BÜNDNIS 90/GRÜNE
Aufbruch und Erneuerung - Deutschlands Weg ins 20. Jahrhundert
Koalitionsvereinbarung vom 20. Oktober 1998
Spranger, T. M.
Der Verzicht von Mehr- und Doppelstaatern auf die deutsche Staatsangehörigkeit,
in: ZAR 1999, 71
Spranger, T. M.
Wen schützt Art. 3 Abs. 3 Satz 2 GG ?
in: DVBl. 1998, 1058
Stabenow, M.
Die Botschaft von Biarritz. Nach außen entschlossen, nach innen offen,
in: FAZ vom 16. Oktober 2000
Stamatopoulou, E.
Indigenous peoples and the UN: Human rights as a developing dynamic,
in: HRQ 1994, 58

Starck, Ch.
Der Honnecker Beschluß des Berliner Verfassungsgerichtshofes,
in: JZ 1993, 231
Starck, Chr.
Die neue Niedersächsische Verfassung von 1993,
in: NdsVBl. 1994, 2
Starck, Chr.
Die Verfassungen der neuen deutschen Länder, Heidelberg 1994
Starck, Chr. (Hrsg.)
Studies in German Constitutionalism, Baden-Baden 1995
Starck, Chr.
Verfassungsgebung in den neuen Ländern,
in: ZG 1992, 1
Starck, Chr.
Verfassungsgebung in Thüringen,
in: ThürVBl. 1992, 10
Steensen, Th.
Die Friesen als autochthone Minderheit in Schleswig-Holstein,
in: Christian-Albrechts-Universität zu Kiel / Schleswig-Holsteinischer Landtag
Aspekte der Minderheiten- und Volksgruppenpolitik
Steensen, Th.
Die Friesen in Schleswig-Holstein,
in: Hansen, R. / Johannsen, P.I. / Runge, J. / Steensen, T.
Minderheiten im deutsch-dänischen Grenzbereich
Steensen, Th.
Verhaltener Optimismus ist angebracht,
in: pogrom 179, Okt./nov. 1994, S. 13
Stefanski, V.M.
Die polnische Minderheit,
in: Schmalz-Jacobsen C. / Hansen, G. (Hrsg.)
Ethnische Minderheiten in der Bundesrepublik Deutschland
Steinbach, U.
Europas multireligiöse Zukunft – Überlegungen zum Zusammenleben von Christen und Muslimen, Rede vom 23. Februar 2000 in der Bayerischen Landesvertretung in Berlin.
Steinberg, R.
Der Beitrag des Einigungsprozesses und der neuen Bundesländer zur Verfassungsentwicklung in Deutschland,
in: Däubler-Gmelin, H. / Kinkel, K. / Meyer, H. / Simon, H.
Gegenrede - Festschrift für E. G. Mahrenholz
Steinberg, R.
Verfassungsrechtlicher Umweltschutz durch Grundrechte und Staatsziele,
in: NJW 1996, 1985
Steiner, H.J. / Alston, Ph.
International Human Rights in Context, Oxford 1996
Stelkens, P. / Bonk, H. J. / Sachs, M.
Verwaltungsverfahrensgesetz, Kommentar, 5. Aufl., München 1998

Stern, K. (Hrsg.)
Deutsche Wiedervereinigung, Köln/Berlin/Bonn/München 1991/92
Stern, K.
Der Staat des Grundgesetzes, Köln/Berlin/Bonn/München 1992
Stern, K.
Der verfassungsändernde Charakter des Einigungsvertrages,
in: DtZ 1990, 289
Sterzel, D.
Staatsziele und soziale Grundrechte,
in: ZRP 1993, 13
Stiens, A.
Chancen und Grenzen der Landesverfassungen im deutschen Bundesstaat der Gegenwart, Berlin 1997
Stier-Somlo, F.
Deutsches Reichs- und Landesstaatsrecht, Berlin/Leipzig 1924
Siftung für das sorbische Volk
Die Sorben in Deutschland, 2. Aufl., Görlitz 1997
Stober, R.
Quellen zur Entstehungsgeschichte der Sächsischen Verfassung, Dresden 1993
Stock, R. A.
Zugang zu Gaststätten und Rassendiskriminierung,
in: ZAR 1999, 118
Stock, W.
Wo fangen die Rechte der Volksgruppen an, wo hören sie auf?
Streit um eine Verfassungsänderung,
in: FAZ vom 18. April 1994
van der Stoel, M.
Die KSZE und die Minderheitenfrage,
in: EA 1994, 629
Stoiber, E.
Das will das Volk nicht (Interview),
in: FOCUS 1/99 vom 4. Januar 1999, S. 22
Stoltenberg, G.
Die politischen und kulturellen Beziehungen zwischen der Bundesrepublik Deutschland und Dänemark nach den Bonn-Kopenhagener Erklärungen,
in: 1955-1980, 25 Jahre Bonn-Kopenhagener Minderheitenerklärung
Schriften der Hermann-Ehlers-Akademie
Stopp, A.
Das Grundgesetz und die Minderheitenschutzbestimmungen in deutschen Landesverfassungen. Einige Anmerkungen zur Interpretation verfassungsrechtlichen Minderheitenschutzes,
in: Jahrbuch zur Staats- und Verwaltungswissenschaft 1995, 9
Stopp, A.
Die Behandlung ethnischer Minderheiten als Gleichheitsproblem, Baden-Baden 1994
Stopp, A.
Minderheitenschutz im reformierten Grundgesetz,
in: Staatswissenschaften und Staatspraxis 1994, 3

Storr, St.
Verfassunggebung in den Ländern,
Stuttgart/München/Hannover/Berlin/Weimar/Dresden 1995
Strauß, E.
Der Minderheitenschutz in den Nachbaschaftsverträgen und die deutschen Minderheiten,
in: Blumenwitz, D. / Gornig, G. H. / Murswiek, D.
Rechtsanspruch und Rechtswirklichkeit des europäischen Minderheitenschutzes
Streinz, R.
Europarecht, 3. Aufl., Heidelberg 1996
Streinz, R.
Minderheiten- und Volksgruppenrechte in der Europäischen Union,
in: Blumenwitz D. / Gornig, G.
Der Schutz von Minderheiten- und Volksgruppenrechten durch die Europäische Union
Stricker, G.
Das „Kruzifixurteil" in der wissenschaftlichen Diskussion,
in: NJW 1996, 440
Strupp, K. / Schlochauer, H.-J.
Wörterbuch des Völkerrechts, Band 2, Berlin 1961
v. Studnitz, E.J.
Minderheitenschutz im KSZE-Prozeß,
in: Blumenwitz D. / Mangoldt, H. v.
Neubestätigung und Weiterentwicklung von Menschenrechten und Volksgruppenrechten in Mitteleuropa
v. Studnitz, E.J.
Politische Vertretung von Minderheiten- und Volksgruppenrechten auf verschiedenen staatlichen und zwischenstaatlichen Ebenen
in: Blumenwitz D. / Gornig, G.
Minderheiten- und Volksgruppenrechte in Theorie und Praxis
Stuppe, A.
„Treu und gefühlsbetont". Mit speziellen Werbekampagnen buhlen immer mehr Unternehmen um eine kaufkräftige Klientel: die Türken in Deutschland,
in: SPIEGEL 49/99 vom 6. Dezember 1999, S. 152
Stuyt, A.M.
The UN Year of Indigenous Peoples 1993,
in: Netherlands International Law Review 1993, 449
Süssmuth, R.
„Ich werde wieder freundlicher gegrüßt." Rita Süssmuth sieht in ihrer Arbeit als Chefin der Zuwanderungskommission keinen Verrat an der CDU (Interview),
in: Tagesspiegel vom 22. Juli 2000
Tanzmann, H.
Die Diskussion über den Begriff der „Nationalen Minderheit", Dresden 1932
Teef, O.
In Schleswig ist Däne, wer Däne sein will,
in: Das Parlament vom 20. August 1999

Tettinger, P.J.
Mehr als eine fleißige Sammlung zum Schutz von Eurokraten ?
Zum Entwurf einer Charta der Grundrechte der Europäischen Union,
in: FAZ vom 26. August 2000
Theune, W.
Rechts- und Justizentwicklung im Land Brandenburg,
in: DtZ 1991, 339 und DtZ 1992, 45
Theune, W.
Länderreport: Brandenburg,
in: LKV 1992, 15
Theune, W. / Thieß, U.
Länderreport: Brandenburg,
in: LKV 1992, 364
Theune, W. / Thieß, U.
Rechts- und Justizentwicklung im Land Brandenburg,
in: DtZ 1992, 210 und DtZ 1992, 380
Thedieck, K.
Deutsche Staatsangehörigkeit im Bund und in den Ländern, Berlin 1989
Thiele, B. / Pirsch, J. / Wedemeyer, K.
Kommentar zur Landesverfassung Mecklenburg-Vorpommern, Berlin 1995
Thieme, W.
Rechtsfragen der nationalen Minderheiten in der Bundesrepublik Deutschland,
in: W. Wegener (Hrsg.)
Festschrift für K. G. Hugelmann
Thieß, U.
Länderreport: Brandenburg
in: LKV 1992, 192
Thornberry, P.
International and European Standards on minority rights,
in: Miall, H.
Minority Rights in Europe: The Scope for a Transnational Regime
Thornberry, P.
International Law and the Rights of Minorities, Oxford 1991
Thornberry, P.
Is there a Phoenix in the Ashes ? International law and minority rights,
in: TexasILJ, Band 15, S. 421 (1981)
Thürer, D.
Das Selbstbestimmungsrecht der Völker,
in: ArchVR 1984, 113
Thürer, D.
Region und Minderheitenschutz - Aufbauelemente einer europäischen Architektur ?
in: Beyerlin, U. / Bothe, M. / Hofmann, R. / Petersmann, E.-U.
Recht zwischen Umbruch und Bewahrung, Festschrift für R. Bernhardt
Thürer, D.
Self-Determination,
in: Bernhardt, R., EPIL

Tibi, B.
Europa ohne Identität ? Die Krise der multikulturellen Gesellschaft, München 1998
Tibi, B.
Im Schatten Allahs. Der Islam und die Menschenrechte, München 1994
Tibi, B.
Im Banne des Multikulturalismus. Verfassungsmäßig verbriefte Rechte ethnischer Kollektive im Grundgesetz,
in: FAZ vom 11. Januar 1994
Tibi, B.
Multikultureller Werte-Relativismus und Werteverlust,
in: Aus Politik und Zeitgeschichte B-52-53/96, S. 27
Tiedemann, P.
Landesverfassungsrecht und Bundesrecht,
in: DÖV 1999, 200
Tillich, St.
Nicht mehr und nicht weniger. Die Charta der Grundrechte soll die Rechte des Bürgers gegenüber der EU benennen,
in: FAZ vom 25. September 2000
Thüsing, G.
Kirchenautonomie und Staatsloyalität,
in: DÖV 1996, 25
Tomuschat, Chr.
Manche Rechte bedürfen der Konkretisierung. Stärken und Schwächen der Charta der Grundrechte der Europäischen Union,
in: FAZ vom 7. August 2000
Tomuschat, Chr.
Protection of Minorities under Article 27 of the International Covenant on Civil and Political Rights,
in: Festschrift für H. Mosler
Tautz, G.
Die Entstehung einer Verfassung im Freistaat Sachsen,
in: Stern, K.
Deutsche Wiedervereinigung, Band I, S. 25
Tretter, H.
Die Verwendung von Volksgruppensprachen vor Behörden und auf topographischen Hinweisen - Überblick über Rechtslage und Rechtspraxis,
in: Europa Ethnica 1997, 103
Tretter, H.
Internationales und europäisches Volksgruppenrecht, Wien 1995
Tröndle, H. / Fischer, Th.
Strafgesetzbuch, 49. Aufl., München 1999
v. Turegg, K. E.
Minderheitenrecht, Köln 1950
Uhle, A.
Die Verfassungsgarantie des Religionsunterrichts und ihre territoriale Reichweite,
in: DÖV 1997, 409

United Nations
Study on the rights of persons belonging to ethnic, religious and linguistic Minorities, Study series, New York 1991

Vaagt, G.
Nationale Minderheit oder Regionalpartei ? Über die politischen Möglichkeiten der dänischen Minderheit in Schleswig-Holstein,
in: Europa Ethnica 1988, 57

de Varennes, F.
The protection of linguistic minorities in Europe and human rights: possible solutions to ethnic conflicts ?
in: Columbia Journal of European Law, Band 2, S. 107 (1995/96)

Veiter, Th.
Die Rechtsstellung der sorbischen Minderheit in der „DDR",
in: Meissner, B.
Das Selbstbestimmungsrecht der Völker in Osteuropa und China

Veiter, Th.
Minderheiten- und Volksgrupenrecht als Instrument zur Vermeidung von neuen Flüchtlingsströmen
in: AWR-Bulletin Nr. 1-2/94, S. 48

Veiter, Th.
Neueste Entwicklungen auf dem Gebiet des internationalen Volksgruppenrechts und des Schutzes ethnischer Minderheiten,
in: Festschrift für F. Ermacora

Veiter, T.
Nationalitätenkonflikt und Volksgruppenrecht im ausgehenden 20. Jhdt., Band I, München 1984

Verband Deutscher Sinti und Roma e.V., Landesverband Schleswig-Holstein
Jahresberichte 1997 und 1998, Kiel 1999

Vette, M.
Religionsunterricht/„LER" - Eine Frage der Toleranz ?
in: Politische Studien, Heft 350, Nov./Dez. 1996

Vitzthum, W. Graf
Die Bedeutung gliedstaatlichen Verfassungsrecht in der Gegenwart,
in: VVDStRL Band 46, S. 7 (1988)

Vitzthum, W. Graf
Staatszielbestimmungen und Grundgesetzreform - Eine Stellungnahme für die Gemeinsame Verfassungskommission,
in: Gedächtnisschrift für E. Grabitz

Vodika, K.
Die tschechische und slowakische Minderheit,
in: Schmalz-Jacobsen C. / Hansen, G. (Hrsg.)
Ethnische Minderheiten in der Bundesrepublik Deutschland

Vogel, H.-J.
Die Reform des Grundgesetzes nach der deutschen Einheit,
in: DVBl. 1994, 497

Vogel, H.-J.
Die Verfassung darf den geistigen, sozialen und politischen Entwicklungsstand nicht ignorieren, (Rede im Bundestag vom 30. Juni 1994)
in: Pressemitteilung SPD Bundestagsfraktion
Vogel, H.-J.
Aus dem Westen nichts Neues,
in: NJ 1994, 145
Vogelsang, K.
Die Verfassungsentwicklung in den neuen Bundesländern,
in: DÖV 1991, 1045
Völkel, M.
Sprache und Sprachpolitik in den Medien - Bestand und Perspektiven. Bericht aus der Lausitz,
in: Holander, R. K. / Steensen, Th. (Hrsg.)
Friesen und Sorben. Beiträge zu einer Tagung über zwei Minderheiten in Deutschland
Volkov, S.
Jüdisches Leben und Antisemitismus im 19. und 20. Jahrhundert, München 1990
Voßwinckel, E.
Der völkerrechtliche Minderheitenschutz außerhalb des Völkerbundes, Berlin 1938
Wagner, D.
Die Ziegel von Horno. Oben die Geier, unten die Braunkohle,
in: FAZ vom 11. August 2000
Wagner, H.
Der Einigungsvertrag nach dem Beitritt, Berlin 1994
Wahl, R.
Grundrechte und Staatszielbestimmungen im Bundesstaat,
in: AöR 1987, 26
de Wall, H.
Das Grundrecht auf Religionsunterricht: Zur Zulässigkeit der Verfassungsbeschwerden gegen das Brandenburgische Schulgesetz,
in: NVwZ 1997, 465
Warderholt, J.P.
Das Minderheitenrecht in Oberschlesien, Berlin 1930
Wassermann, H.
"Affirmative action" - Trendwende in den USA,
in: RuP 1995, 214
Wassermann, R.
Multiethnische Gerichte,
in: NJW 1996, 1253
Wassermann, R.
Polygamie, väterliche Gewalt, Tod für Rushdie - alles erlaubt ? Die Vorschläge der Verfassungskommission öffnen den Weg zur multiethnischen Gesellschaft,
in: Die Welt vom 15. Januar 1994

Wassermann, R.
Staatszielbestimmungen in der Verfassungsdiskussion,
in: RuP 1992, 69
Wasserstein, B.
Europa ohne Juden. Das europäische Judentum seit 1945, Köln 1999
Weber, A.
Eine einmalige Chance für eine europäische Verfassungsgebung.
Plädoyer für eine offensive Debatte,
in: FAZ vom 26. August 2000
Weber, A.
Klarheit und Bürgernähe. Was ein Einwanderungsgesetz leisten könnte,
in: FAZ vom 26. August 1996
Weber, H.
Der Minderheitenschutz des Völkerbundes,
in: Mohr, M.
Friedenssichernde Aspekte des Minderheitenschutzes in der Ära des Völkerbundes und der Vereinten Nationen in Europa
Weber, K. / Rath-Kathrein, I.
Neue Wege der Allgemeinen Staatslehre, Innsbruck 1993
Weckerling, M.
Der Durchführungsmechanismus des Rahmenabkommens des Europarates zum Schutz nationaler Minderheiten,
in: EuGRZ 1997, 605
Wedemeyer, K.
Das Verfahren der Verfassungsgebung in Mecklenburg-Vorpommern,
in: Stern, K.
Deutsche Wiedervereinigung, Band III, S. 37
Wegener, W. (Hrsg.)
Festschrift für K. G. Hugelmann, Aalen 1959
Wegner, A.
Geschichte des Völkerrechts, Stuttgart 1936
Wenz, D.
Die Wohnzimmer-Sozialisten als Königsmacher. Warum die „Dänen-Partei" SSW Mehrheitsbeschaffer in Kiel werden könnte,
in: FAZ vom 5. Januar 2000
Weiss, N. / Engel, D. / D'Amato, G.
Menschenrechte, Berlin 1997
Wentzel, S.
Schutz und Unterstützung ethnischer Minderheiten, Gelsenkirchen 1994
Wendt, R. / Höfling, W. / Karpen, U. / Oldiges, M.
Staat Wirtschaft Steuern - Festschrift für K.H. Friauf, Heidelberg 1996
Werner, G.
Ethik als Ersatzfach,
in: NVwZ 1998, 816
Werner, G.
Verfassungsrechtliche Fragen des Ersatzunterrichts zum Religionsunterricht, Bonn 1998

Wessels, W.
Die EU darf nicht an Überdehnung zugrunde gehen,
in: FAZ vom 14. Dezember 1999
Westphalen Fürstenberg, E.
Das Problem der Grundrechte im Verfassungsleben Europas, Wien 1935
Weyrauch, W.O.
Romani (Gypsy) law and its implications for Gajikane (non-Gypsy) cultures
in: Alfredson, G. / Macalister-Smith, P.
The living law of nations: essays on refugees, minorities indigenous peoples and the human rights of other vulnerable groups in memory of Atle Grahl-Madsen
Widmer, P.
Europäische Bemühungen zur Lösung von Minderheitenfragen,
in: EA 1993, 265
Wiegel, M.
Ein Grammatikbuch ist besser als eine Anleitung zur Sprengkörperherstellung,
in: Das Parlament vom 20. August 1999, S. 8
Wiegel, M.
Die Sprache der Republik,
in: FAZ vom 29. Juni 1999
Wiessner, S.
Die Funktion der Staatsangehörigkeit, Tübingen 1989
Wiegard, F. (Hrsg.)
Stenographische Berichte über die Verhandlungen der deutschen constituierenden National-Versammlung zu Frankfurt am Main, Band 1, Frankfurt am Main 1848
Winkler, B.
Interkulturelle Konflikte aufgreifen – Lösungsmöglichkeiten finden,
in: ZAR 1996, 123
Winters, P. J.
Auflösung der Gemeinde Horno von Brandenburgs Regierung beschlossen.
Angebot zur Bürgerbeteiligung. „Keine praktikable Alternative",
in: FAZ vom 30. Januar 1997
Winters, P. J.
Ein umtriebiger Engländer organisiert den Bürgerprotest in Horno.
Im Jahre 2003 sollen die Kohle-Bagger das Dorf erreicht haben.
„Umsiedlung ohne finanzielles Risiko",
in: FAZ vom 19. Februar 1997
Winters, P. J.
Erhalt der Arbeitsplätze oder „staatlich verordnete Vertreibung einer Minderheit" ? Brandenburgs Landtag beschließt Braunkohle-Grundlagengesetz. Horno muß dem Bergbau weichen. Gegner wollen Verfassungsgericht anrufen,
in: FAZ vom 12. Juni 1997
Winters, P. J.
Mitten im Kohlefeld des Tagebaus von Jänschwalde.
Das Dorf Horno soll dem Abbau weichen. Energie- und Strukturpolitik,
in: FAZ vom 28. Januar 1997

Wintgens, H.
Der völkerrechtliche Schutz der nationalen, sprachlichen und religiösen Minderheiten, Stuttgart 1930
Witte, G.
Reform des Staatsangehörigkeitsrechts aus Sicht des Deutschen Städtetages, in: ZG 1999, 68
Wittmann, F. / Graf Bethlen, St.
Volksgruppenrecht. Ein Beitrag zur Friedenssicherung, München 1980
Wolf, Th.
Landesverfassungen in den neuen Ländern unter dem Grundgesetz, in: Verwaltungsrundschau 1994, 117
Wolffsohn, M.
Warum ist Deutschland Ihre Heimat, Professor Wolffsohn ? (Interview) in: FAZ Magazin 37/96 vom 13. September 1996, S. 66
Wolfrum, R. (Hrsg.)
Handbuch Vereinte Nationen, 2. Aufl., München 1991
Wolfrum, R.
International law on migration reconsidered under the challenge of new population movements,
in: German Yearbook of International Law, Band 38, S. 191 (1995)
Wolfrum, R.
Ohne Völkerrechts-Konsens zum Minderheitenschutz,
Leserbrief in FAZ vom 6. März 1999
Wolfrum, R.
The Emergence of New Minorities as a Result of Migration,
in: Brölmann, C. / Lefeber, R. / Zieck, M.
Peoples and Minorities in International Law
Wollenschläger, M. / Schraml, A.
Ius soli und die Hinnahme von Mehrstaatigkeit,
in: ZRP 1994, 225
Wollenschläger, M.
Minderheitenschutz im internationalen, europäischen und nationalen Recht,
in: AWR-Bulletin Nr. 1-2/94, S. 6
Wollenschläger, M.
Nationalstaat, Ethnizität und Einwanderungsgesetzgebung in Deutschland
in: Bade, K. J.
Migration-Ethnizität-Konflikt: Systemfragen und Fallstudien
Wollenschläger, M.
Rechtsfragen eines Konzepts gegen Ausländerdiskriminierung,
in: ZAR 1994, 10
Wowcer-Schäfer, R.
Sprache und Sprachpolitik in den Schulen – Bestand und Perspektiven. Bericht aus der Lausitz
in: Holander, R. K. / Steensen, Th. (Hrsg.)
Friesen und Sorben. Beiträge zu einer Tagung über zwei Minderheiten in Deutschland

Wrege, W. R.
Zum Religionsunterricht in den neuen Bundesländern (Art. 7 Abs. 3 Satz 1, 141 GG),
in: LKV 1996, 191
Zaagman, R.
The CSCE High Commissioner on National Minorities. An analysis of the mandate and the institutional impact,
in: Bloed, A.
The Challenges of Change
Zastrow, V.
Rød grød,
in: FAZ vom 8. Januar 2000
Zastrow, V.
Nur Gewinner ?
in: FAZ vom 29. Februar 2000
Zelikow, Ph. / Rice, C.
Germany unified and Europe transformed, Cambridge MA 1995
Zieger, M.
Gesetz zum Schutz vor ethnischer Diskriminierung - Chancen und Möglichkeiten eines Anti-Diskriminierungsgesetzes
in: Berliner Anwaltsblatt 1994, 447
Ziemske, B.
Verfassungsrechtliche Garantien des Staatsangehörigkeitsrechts,
in: ZRP 1994, 229
Zimmermann, A.
Europäisches Gemeinschaftsrecht und Staatsangehörigkeitsrecht der Mitgliedstaaten unter besonderer Berücksitigung der Probleme mehrfacher Staatsangehörigkeit,
in: Europarecht, 1995, 54
Zippelius, R.
Brauchen wir eine neue Verfassung ?
in: Politische Studien Sonderheft 2 / 1991
Die Zukunft des Grundgesetzes - Braucht Deutschland eine neue Verfassung ?
Zöller, R.
Zivilprozeßordnung, 20. Aufl., Köln 1997
Zuleeg, M.
Die Bedeutung des europäischen Gemeinschaftsrechts für das Ausländerrecht,
in: NJW 1987, 2193
Zuleeg, M.
Die Verfassung der Europäischen Gemeinschaft in der Rechtsprechung des Europäischen Gerichtshofs,
in: BB 1994, 581
Zuleeg, M.
Doppelstaatsangehörigkeit - ein gangbarer Weg ?
in: Barwig, K. (Hrsg.)
Aufenthalt - Niederlassung - Einbürgerung

AUGSBURGER SCHRIFTEN ZUM STAATS- UND VÖLKERRECHT

Herausgegeben von Professor Dr. Dieter Blumenwitz

Band 1 Fritz-Harald Wenig: Rechtsprobleme des innerdeutschen Handels.

Band 2 Wilfried Niedermeier: Der Beitritt der Bundesrepublik Deutschland zum Statut des Internationalen Gerichtshofes unter besonderer Berücksichtigung der obligatorischen Gerichtsbarkeit.

Band 3 Johann G. Gleich: Die Anerkennung der DDR durch die Bundesrepublik.

Band 4 Matthias Weigand: Der Vertrag über die gegenseitigen Beziehungen zwischen der Bundesrepublik Deutschland und der Tschechoslowakischen Sozialistischen Republik vom 11. Dezember 1973 - Eine völkerrechtliche Analyse.

Band 5 Werner Trützschler von Falkenstein: Die sich ändernde Bedeutung der Feindstaatenartikel (Artikel 53 und 107 der Satzung der Vereinten Nationen) für Deutschland.

Band 6 Reiner Schenk: Die Viermächteverantwortung für Deutschland als Ganzes, insbesondere deren Entwicklung seit 1969.

Band 7 Wolfgang Wagner: Die Verwirklichung der Menschenrechte im Pakt der Vereinten Nationen über bürgerliche und politische Rechte vom 16. Dezember 1966, im Grundvertrag und den ihn begleitenden Nebeninstrumenten.

Band 8 Ulrich Wacker: Der Konflikt verschiedener Rechtssysteme vor, während und nach der Kolonialzeit in Kenia.

Band 9 Wolfgang Enders: Der mexikanische Bundesstaat. Die politische und sozioökonomische Problematik eines föderalen Verfassungssystems in einem Land der "Dritten Welt".

Band 10 Heiner Hasford: Die Jurisdiktion der Europäischen Gemeinschaften. Zur extraterritorialen Wirkung des Gemeinschaftsrechts.

SCHRIFTEN ZUM STAATS- UND VÖLKERRECHT

Band 11 Wolf Dieter Remmele: Die Selbstdarstellung der Bundesrepublik Deutschland im Ausland durch den Rundfunk als Problem des Staats- und Völkerrechts.

Band 12 Elisabeth Lichtenstern: Die Gesetzgebung im Spannungsverhältnis zwischen Bund und Ländern.

Band 13 Peter Gassner: Kollektivmacht und Individualschutz im amerikanischen Arbeitsrecht.

Band 14 Helga Walter: Das Selbstverständnis des modernen Algeriens. Die historisch-nationalen und islamischen Elemente.

Band 15 Dieter Schütz: Der internationale ordre public. Der Ausschluß völkerrechtswidrigen fremden Rechts im Internationalen Privatrecht der Bundesrepublik Deutschland.

Band 16 Klaus-Peter Kißler: Die Zulässigkeit von Wirtschaftssanktionen der Europäischen Gemeinschaft gegenüber Drittstaaten.

Band 17 Rainhardt Freiherr von Leoprechting: Die neue Rohrwaffen-Artillerie-Munition im Lichte des I. Genfer Zusatzprotokolles vom 12. Dezember 1977. Zur Frage der Völkerrechtskonformität der Verteidigung der Bundesrepublik Deutschland mit modernen konventionellen Artilleriesystemen.

Band 18 Roland Steinmeyer: Die Schiffsgläubigerrechte im südafrikanischen nationalen und internationalen Privatrecht. Eine rechtsvergleichende Darstellung unter Einbeziehung des englischen und deutschen internationalen Privatrechts und unter besonderer Berücksichtigung des ordre public.

Band 19 Martin C. Ney: Der Einsatz von Atomwaffen im Lichte des Völkerrechts. Summary: The Use of Nuclear Weapons and International Law.

Band 20 Teodoro Ribera Neumann: Das chilenische Verfassungsgericht und das deutsche Bundesverfassungsgericht - Ein Rechtsvergleich -. 1985.

Band 21 Theodora Antoniou: Europäische Integration und griechische Verfassung. 1985.

Band 22 Georg Teyssen: Deutschlandtheorien auf der Grundlage der Ostvertragspolitik. 1987.

Band 23 Karin Klüpfel: Selbstbestimmung durch Assoziation. Die Assoziation als Verwirklichung des Selbstbestimmungsrechts der Völker - dargestellt am Beispiel von Puerto Rico. 1987.

Band 24 Friedrich Dehner: Die Stellung Berlins im Bundesrat. 1987.

Band 25 Thilo Morhard: Die Rechtsnatur der Übereinkommen der Internationalen Arbeitsorganisation. Zugleich ein Beitrag zur Lehre vom "soft law". 1988.

Band 26 Ralf Jahn: Ansiedlung von Einzelhandelsgroßprojekten (§ 11 Abs. 3 BauNVO 1977). Zur Frage der Bestimmtheit grundrechtsbeschränkender Eingriffsnormen. 1988.

Band 27 Wolfgang Götzer: Der völkerrechtliche Status der Donau zwischen Regensburg und Kelheim. Eine völkerrechtliche Untersuchung des Donauabschnittes Regensburg - Kelheim unter Einbeziehung der gesamten deutschen Donau. 1988.

Band 28 Michael Hakenberg: Die Iran-Sanktionen der USA während der Teheraner Geiselaffäre aus völkerrechtlicher Sicht. 1988.

Band 29 Renate Oxenknecht: Der Schutz ethnischer, religiöser und sprachlicher Minderheiten in Art. 27 des Internationalen Paktes über bürgerliche und politische Rechte vom 16. Dezember 1966. 1988.

Band 30 Raphael Quarshie Avornyo: Deutschland und Togo. (1847-1987). 1988.

Band 31 Friedrich Frhr. Waitz von Eschen: Die völkerrechtliche Kompetenz der Vier Mächte zur Gestaltung der Rechtslage Deutschlands nach dem Abschluß der Ostvertragspolitik. 1988.

Band 32 Gisela Süß: Die Zulassung von Zahnärzten aus dem EG-Bereich zur deutschen Kassenarztpraxis. Ein Beitrag zu Standort und Bedeutung der Grundrechte im Europäischen Gemeinschaftsrecht. 1988.

Band 33 Meggy Steffens: Die deutsche Ostpolitik im Spiegel publizistischer Stellungnahmen in den USA 1969-1973. 1988.

Band 34 Norbert Karl Riedel: Der Einsatz deutscher Streitkräfte im Ausland - verfassungs- und völkerrechtliche Schranken -. 1989.

Band 35 Heidi Dünisch: Der Mundatwald - Zur Bereinigung letzter Kriegsfolgenprobleme zwischen Deutschland und Frankreich.1989.

Band 36 Sabine Niedermeyer-Krauß: Kommunalwahlrecht für Ausländer und Erleichterung der Einbürgerung. Integrationsmöglichkeiten für Ausländer aus verfassungs- und europarechtlicher Sicht. 1989.

Band 37 Dirk-Hermann Voß: Regionen und Regionalismus im Recht der Mitgliedstaaten der Europäischen Gemeinschaft: Strukturelemente einer Europäischen Verfassungsordnung. 1989.

Band 38 Tilo Klinner: Satellitenfernerkundung im Völkerrecht. Inwieweit existiert ein völkerrechtlicher Datenschutz? 1989.

Band 39 Barbara Schmidt: Die Erweiterung der seewärtigen Hoheitsrechte der Bundesrepublik Deutschland und der DDR unter besonderer Berücksichtigung deutschlandrechtlicher Probleme. 1989.

Band 40 Hans-Joachim Brauns: Wiedervereinigung und europäische Integration. 1990.

Band 41 Gilbert-Hanno Gornig: Der Hitler-Stalin-Pakt. Eine völkerrechtliche Studie. 1990.

Band 42 Gudrun Lehnberger: Kommunale Entwicklungshilfe. Eine Aufgabe der Gemeinden? - Bestandsaufnahme und rechtliche Würdigung unter besonderer Berücksichtigung der bayerischen Verwaltungspraxis. 1990.

Band 43 Heike Kaup: Der Schwangerschaftsabbruch aus verfassungsrechtlicher Sicht. Eine rechtsvergleichende Untersuchung anhand des deutschen und des amerikanischen Rechts. 1991.

Band 44 Bernadette Steinmeyer: Verfassungsrechtliche Ansätze zur Neuordnung der multirassischen Gesellschaft Südafrikas unter Berücksichtigung des Vorschlages des Verhandlungsforums der "KwaZulu/Natal Indaba". 1991.

Band 45 Burkhard Schöbener: Die amerikanische Besatzungspolitik und das Völkerrecht. 1991.

Band 46 Christian Raap: Die Souveränität der Bundesrepublik Deutschland unter besonderer Berücksichtigung des militärischen Bereichs und der deutschen Einheit. 1992.

Band 47 Andrea Wagner: Der argentinisch-chilenische Konflikt um den Beagle-Kanal. Ein Beitrag zu den Methoden friedlicher Streiterledigung. 1992.

Band 48 Ralf Wittkowski: Die Staatensukzession in völkerrechtliche Verträge unter besonderer Berücksichtigung der Herstellung der staatlichen Einheit Deutschlands. 1992.

Band 49 Michael Piazolo: Das Recht auf Abtreibung als Teilaspekt des Right of Privacy. 1992.

Band 50 Silke Wenk: Das konfiszierte deutsche Privatvermögen in Polen und der Tschechoslowakei. Die Rechtslage nach Abschluß des deutsch-polnischen und deutsch-tschechoslowakischen Nachbarschaftsvertrages. 1993.

Band 51 Antje Kießwetter: Die Verfassungsentwicklung in Namibia. 1993.

Band 52 Angelika Kleffner-Riedel: Regionalausschuß und Subsidiaritätsprinzip. Die Stellung der deutschen Bundesländer nach dem Vertrag über die Europäische Union. 1993.

Band 53 Jerzy Kranz: Entre l'influence et l'intervention. Certains aspects juridiques de l'assistance financière multilatérale. 1994.

Band 54 Knut Kettwig: Rechtsgrundlagen dezentraler grenzüberschreitender Zusammenarbeit im deutsch-polnischen und deutsch-tschechischen Grenzraum. 1994.

Band 55 Ulrich Seidenberger: Die diplomatischen und konsularischen Immunitäten und Privilegien. Ein Beitrag zur Diskussion über die Reformbedürftigkeit des Diplomaten- und Konsularrechts aus staats- und völkerrechtlicher Sicht. 1994.

Band 56 Christian Schede: Bundesrat und Europäische Union. Die Beteiligung des Bundesrates nach dem neuen Artikel 23 des Grundgesetzes. 1994.

Band 57 Florian Prugger: Die Nachfolge in das Vermögen der ehemaligen DDR. Ein Beitrag zu Art. 21 ff Einigungsvertrag unter besonderer Berücksichtigung der Firma F.C. Gerlach des Bereichs Kommerzielle Koordinierung. 1994.

Band 58 Mark Zimmer: Einsätze der Bundeswehr im Rahmen kollektiver Sicherheit. Staats- und völkerrechtliche Grundlagen unter Berücksichtigung des BVerfG-Urteils vom 12.07.1994. 1995.

Band 59 Gerd von Laffert: Die völkerrechtliche Lage des geteilten Zypern und Fragen seiner staatlichen Reorganisation. 1995.

Band 60 Wolfram Schneeweiß: Die rechtliche Stellung der Indianerstämme innerhalb der Vereinigten Staaten von Amerika. Ein Modell für den Schutz der *indigenous peoples*. 1995.

Band 61 Marianne Janik: Möglichkeiten und Grenzen einer gemeinsamen Exportkontrolle für sensitive Waren und Dienstleistungen im Lichte des europäischen Gemeinschaftsrechts. 1995.

Band 62 Michael Brems: Die politische Integration ethnischer Minderheiten aus staats- und völkerrechtlicher Sicht. 1995.

Band 63 Martin Vocke: Verfassungsinterpretation und Normbegründung - Grundlegung zu einer prozeduralen Theorie der Verfassungsgerichtsbarkeit. 1995.

Band 64 Stefan von der Beck: Die Konfiskationen in der Sowjetischen Besatzungszone von 1945 bis 1949. Ein Beitrag zu Geschichte und Rechtsproblemen der Enteignung auf besatzungsrechtlicher und besatzungshoheitlicher Grundlage. 1996.

Band 65 Stephanie Baer: Der Zerfall Jugoslawiens im Lichte des Völkerrechts. 1995.

Band 66 Christine Sauerwald: Die Unionsbürgerschaft und das Staatsangehörigkeitsrecht in den Mitgliedstaaten der Europäischen Union. 1996.

Band 67 Silke Buchner: Die Rechtswidrigkeit der Taten von "Mauerschützen" im Lichte von Art. 103 II GG unter besonderer Berücksichtigung des Völkerrechts. Ein Beitrag zum Problem der Verfolgung von staatlich legitimiertem Unrecht nach Beseitigung des Unrechtssystems. 1996.

Band 68 Bernd Weiß: Einführung und Umsetzung der Europäischen Charta der kommunalen Selbstverwaltung in Deutschland, insbesondere in Bayern und Nordrhein-Westfalen. 1996.

Band 69 Gesine Katharina Neumann: Boliviens Recht auf freien Zugang zum Pazifik. Zur völkerrechtlichen Problematik des Zugangs der Binnenstaaten zum Meer. 1997.

Band 70 Elvira Pfrang: Das Verhältnis zwischen Europäischem Gemeinschaftsrecht und deutschem Recht nach der Maastricht-Entscheidung des Bundesverfassungsgerichts. Eine Studie zu den Konflikten beider Rechtsordnungen auf dem Gebiet des Grundrechtsschutzes und der Kompetenzen. 1997.

Band 71 Dieter Blumenwitz / Burkhard Schöbener: Stabilitätspakt für Europa. Die Sicherstellung mitgliedstaatlicher Haushaltsdisziplin im Europa- und Völkerrecht. 1997.

Band 72 Matthias Weinberg: Schutz der deutschen Minderheit in Polen nach den Weltkriegen. Ein Vergleich unter Berücksichtigung der aktuellen Rechtslage. 1997.

Band 73 Reinhard Müller: Der "2+4-Vertrag und das Selbstbestimmungsrecht der Völker. 1997.

Band 74 Stefan Strobl: Das Nichtverbreitungsregime für Kernwaffen nach 1995 und der freie Zugang zu nuklearen Technologien und Materialien. 1997.

Band 75 Christine Weber: Das Gegenzeichnungsrecht unter besonderer Berücksichtigung der Verfassung des Fürstentums Liechtenstein. 1997.

Band 76 Stephan Semrau: Die Gemeinsame Außen- und Sicherheitspolitik der Europäischen Union. 1998.

Band 77 Marcus Schultz: Die Auslandsentsendung von Bundeswehr und Bundesgrenzschutz zum Zwecke der Friedenswahrung und Verteidigung. Völker- und verfassungsrechtliche Analyse unter besonderer Berücksichtigung der Entscheidung des Bundesverfassungsgerichtes zum Einsatz deutscher Streitkräfte vom 12. Juli 1994. 1998.

Band 78 Benedikt P. Kuttenkeuler: Die Verankerung des Subsidiaritätsprinzips im Grundgesetz. Ein Beitrag zur Bedeutung des Subsidiaritätsprinzips für die Kompetenzabgrenzung im Bundesstaat. 1998.

Band 79 Winfried Bausback: Verfassungsrechtliche Grenzen des Wahlrechts zum Deutschen Bundestag. 1998.

Band 80 Elvira Pfrang: Towards Liberalisation of the European Electricity Markets. The Directive concerning Common Rules for an Internal Market in Electricity in the Frame of the Competition and Internal Market Rules of the EC-Treaty. 1999.

Band 81 Alexander Wolf: Prozessuale Probleme des „Maastricht"-Urteils des Bundesverfassungsgerichts. 1999.

Band 82 Jürgen Bartl: Die humanitäre Intervention durch den Sicherheitsrat der Vereinten Nationen im "Failed State". Das Beispiel Somalia. 1999.

Band 83 Thomas Gnielinski: Die Reform des deutschen Staatsangehörigkeitsrechts. Eine Analyse und Bewertung der vorliegenden Gesetzesvorhaben. 1999.

Band 84 Margarita González: Der völkerrechtliche Status des Panamakanals nach Ablauf der Übergangszeit im Jahr 1999. 2000.

Band 85 Petra Johnen: Die Verfassungsentwicklung Südafrikas unter besonderer Berücksichtigung der verfassunggebenden Gewalt des Volkes. 2001.

Band 86 Markus Allstadt: Die offene Völkerrechtslage im deutsch-tschechischen Verhältnis und ihre Bedeutung für die Osterweiterung der Europäischen Union. Zugleich Überlegungen zu den Auswirkungen zwingenden Völkerrechts in der Vertriebenenfrage. 2000.

Band 87 Gerrit Aschmann: Europol aus Sicht der deutschen Länder. 2000.

Band 88 Mark Weber: Der Berlin-Status im intertemporalrechtlichen Konflikt. Dargestellt am Beispiel von Grundstücksenteignungen im Ostteil Groß-Berlins. 2001.

Band 89 Heidi Hellwig: Die Staatsangehörigkeit als Anknüpfung im deutschen IPR. Unter besonderer Berücksichtigung des Gesetzes zur Reform des Staatsangehörigkeitsrechts. 2001.

Band 90 Aline Bruer-Schäfer: Der Internationale Strafgerichtshof. Die Internationale Strafgerichtsbarkeit im Spannungsfeld von Recht und Politik. 2001.

Band 91 Andreas Rosenfeld: Die Verfassungsentwicklung von Mosambik. Ein Beitrag zur rechtsstaatlichen Transformation im südlichen Afrika. 2001.

Band 92 Markus Pallek: Der Minderheitenschutz im deutschen Verfassungsrecht. Eine analytische Untersuchung des Begriffs sowie der bundes- und landesverfassungsrechtlichen Stellung der ethnischen, nationalen, sprachlichen, kulturellen und religiösen Minderheiten in der Bundesrepublik Deutschland vor dem Hintergrund der völker- und europarechtlichen Rahmenbedingungen. 2001.

Guido Hobert

Datenschutz und Datensicherheit im Internet

Interdependenz und Korrelation von rechtlichen Grundlagen und technischen Möglichkeiten
2., durchgesehene Auflage

Frankfurt/M., Berlin, Bern, Bruxelles, New York, Oxford, Wien, 2000. 302 S.
Europäische Hochschulschriften: Reihe 2, Rechtswissenschaft. Bd. 2501
ISBN 3-631-36130-0 · br. DM 98.–*

Unsere Zeit ist geprägt durch den alles beherrschenden Einfluß der digitalen Medien. Kommunikationsforscher sprechen vom Beginn einer neuen technischen Ära: dem Zeitalter der totalen Informations- und Kommunikationsgesellschaft. Diese wird jedoch in Zukunft nicht nur höchste Anforderungen an die multimedialen Technologien stellen, sondern auch neue Fragen im Bereich der Gesetzgebung und Rechtsprechung aufwerfen. In den Mittelpunkt des Interesses rücken in diesem Zusammenhang Schutz und Sicherheit der Datenübertragung. Die Arbeit beschäftigt sich mit dem Spannungsverhältnis von technischer Entwicklung (Datensicherheit) und normativen rechtlichen Vorgaben (Datenschutz). Ziel der Arbeit ist eine Gesamtdarstellung der aktuellen Problematik des Datenschutzes und der Datensicherheit im Internet. Eine Bewertung des vorhandenen Datenschutzes und der bestehenden Datensicherheit sowie ein Ausblick auf deren künftige Entwicklung bilden den Abschluß des Buches.

Aus dem Inhalt: Entstehung, Funktionsweise und Dienste des Internets · Daten und Risiken der Internet-Kommunikation · Technische und rechtliche Möglichkeiten der Gefahrenabwehr · Kryptographie, Digitale Signaturen, Electronic Commerce, Home Banking · Gesamtsituation und Bewertung von Datenschutz und Datensicherheit im Internet

FSC
www.fsc.org
MIX
Papier | Fördert
gute Waldnutzung
FSC® C083411

Kolibri 360 GmbH
Ferdinand-Jühlke-Straße 7
99095 Erfurt, Deutschland
produktsicherheit@kolibri360.de

Druck:
CPI Druckdienstleistungen GmbH
im Auftrag der
Kolibri 360 GmbH
Ferdinand-Jühlke-Str. 7
99095 Erfurt